Manual
de
Cozinha e Copa

J. ALBANO MARQUES

Manual de Cozinha e Copa

COLEÇÃO MANUAIS DE HOTELARIA

THEX EDITORA
Rio de Janeiro
2002

Reservam-se os direitos desta edição à
THEX EDITORA LTDA.
Rua da Lapa, 180 gr. 804/05
Rio de Janeiro – RJ – República Federativa do Brasil
Printed in Brazil/Impresso no Brasil

ISBN – 85-85575-78-6

Capa
GERALDO JANTZEN

Editoração
VIDA EDITORAÇÃO ELETRÔNICA LTDA.

Revisão
DANIEL CAMARINHA DA SILVA

Diagramação e Programação Visual
ANTONIO HERRANZ

CIP-Brasil. Catalogação-na-fonte
Sindicato Nacional dos Editores de Livros, RJ

M318m Marques, J. Albano (José Albano Marques), 1930. Manual de cozinha e copa / J. Albano Marques. – Rio de Janeiro: Thex Ed., 2002.
(Manuais de hotelaria)

ISBN 85-85575-78-6

1. Administração de hotéis. 2. Restaurantes, bares etc. – Administração – Manuais. 3. Cozinha – Manuais. I. Título.

01-1819 CDD – 647.94
CDU – 640.41

À minha mulher,

TEREZA MARQUES,

com o meu reconhecimento pelo entusiasmo com que sempre apóia cada um dos meus livros e pela excitação com que sempre recebe a sua publicação.

São Paulo, Agosto de 2001

Comer! Oh! Sim, comer
É lei da Natureza.
Mas, quando um prato
É misto de beleza
E de sabor,
O seu preparador
É, com certeza,
Um príncipe,
Um rei,
Um Grão-Senhor!

Lisboa, outubro de 1960

NOTA HISTÓRICA

Cozinhar não é mais do que produto de civilização, pois, com o avanço da inteligência, nasceu no homem a necessidade de conforto.

No seu primitivo estado, o habitante da terra alimentava-se de frutos e raízes, que comia tal como eram encontrados. Ao fazer nascer, pela fricção de duas pedras, uma faísca luminosa – o fogo –, o homem deu um dos maiores passos para melhorar a sua dieta, incluindo nela alimentos cozinhados. Essa faísca que crescia e rugia, crepitante e ameaçadora, produzindo, ao contato, dor forte e insuportável, proporcionava-lhe também – ao aprender a controlá-la – vantagens das mais extraordinárias.

Com a progressão dos seus conhecimentos, tornou-se pescador e agricultor, primeiros passos para o desenvolvimento da "Arte Culinária", que nasceu com o princípio da cocção dos alimentos.

Ao estabelecer-se em comunidades, criou novos hábitos e idéias, tais como o direito de propriedade e a utilização da água na cozinha.

A floresta, o rio e o mar tornaram-se insuficientes à sua ânsia de buscar novas variedades de comestíveis. Da mesma maneira, a máxima "Comer para Viver" foi sendo esquecida.

Começaram a ser usados o sal e outros condimentos. O vinho dá a sua entrada como companheiro inseparável da Culinária.

O necessário não será já viver, mas viver bem, viver o mais confortável e luxuosamente possível. Disso, vem o Império Romano dar-nos o maior exemplo, e a prova indiscutível.

Tal como se desenvolvem as artes, a cozinha avança; tal como surgem vitórias sobre a pedra, em estátuas, túmulos e monumentos, das mãos dos cozinheiros começam surgindo novas composições, que deliciam os paladares, entorpecem os membros e tornam a volúpia da mesa prazer único.

Em Roma, as bacanais duravam dias seguidos. Os convivas, depois de saciados, deixavam a sala de jantar (*Triclinium*), iam para outro compartimento, já para o efeito preparado, onde se recompunham, e regressavam depois ao seu lugar, para recomeçar de novo.

É o grande triunfo da Culinária, que se sobrepõe a tudo na vontade do homem e no seu sentir. Um bom cozinheiro é um grande senhor.

Nos tempos de luxúria da Grécia antiga. os cozinheiros sicilianos eram disputados e recebiam altos honorários pelos seus serviços. Entre eles, um, chamado Trimálcio, tomou-se famoso pela maneira admirável como cozinhava peixe.

Um chefe cozinheiro, nos tempos áureos de Roma, ganhava anualmente o equivalente a cerca de 8 mil escudos; Marco António ofereceu uma cidade ao cozinheiro que fez a ceia capaz de satisfazer Cleópatra.

São famosas as ceias romanas dos tempos de Tibério, Calígula e Nero. Apício, gastrônomo conceituado e libertino famoso, ainda hoje representa, através da literatura, o valor da ciência culinária de então.

A ocupação da Libéria pelas legiões da República influenciou a cozinha nativa, razão por que se nota acentuada relação entre as especialidades típicas, portuguesas e italianas, descendentes diretas das que até nós foram trazidas pelos cozinheiros dos generais romanos.

Com a queda do Império, a arte culinária caiu em menor consideração; na Idade Média, os cozinheiros lutavam por impor-se e ganhar reputação, compondo novos molhos e fazendo estranhas combinações, em busca de novidade.

Foi na Europa Central que gradualmente a Culinária se foi impondo, e, entre todos os países do mundo, a França mantém ainda o primeiro lugar, pela excelência e o cuidado dos seus pratos.

A contribuição portuguesa foi enorme, pois, no século XVI, com a descoberta do caminho marítimo para a Índia, Vasco da Gama tornou possível, a baixo preço, a utilização das especiarias vindas do Oriente nas nossas naus. Mercê da grande procura das mesmas, pela sua enorme necessidade na cozinha, Lisboa elevou-se ao primeiro lugar das capitais comerciais da Europa desse tempo, competindo com Veneza, que até então detinha o quase monopólio da comercialização desses produtos.

A pimenta, o cravinho, a canela e outros tão culinariamente necessários condimentos, até então caríssimos devido às enormes sobrecargas do transporte por terra – motivadas por penosas caminhadas através de desertos e pelos ataques dos piratas salteadores de caravanas –, tornaram-se mais acessíveis aos que confeccionavam os ágapes dos grandes senhores.

Essas tão disputadas sementes foram fruto das invejas e ataques que os portugueses sofreram; da Espanha, como rival mais direto na conquista das terras donde elas provinham, e da Holanda, Alemanha e potentados árabes, que os comercializavam, ou recebiam taxas de passagem pelos seus territórios, das caravanas de transporte.

Muitos foram os pioneiros desta grande Arte, que alguns chamam (e com razão) Ciência Culinária. Não vamos enumerá-los, mas foi à sua persistência, imaginação e poder criador que ficamos devendo o conceito que ela atualmente merece. Isso prova bem que *Gutta cavat lapidem.*

INTRODUÇÃO

A Arte Culinária é das mais sublimes, sendo a única, talvez, que tem a força imensa de fazer amigos.

Enquanto, em todas as épocas, houve artistas perseguidos ou maltratados, não consta ter havido algum bom cozinheiro que não gozasse de reputação, ou não tivesse amigos na Corte, muitas vezes até na própria pessoa do rei.

Em França, os cozinheiros do palácio real tinham os seus títulos honoríficos, usando espada como os fidalgos; isto dá-nos bem a idéia do alto conceito em que eram tidos.

Entre outros, podemos até citar Auguste Escoffier, que foi Cavaleiro da Legião de Honra, Carême, que depois de atribulada infância, se cotou como "Mestre de mestres", e Vatel, de quem o grande Condé dizia maravilhas.

Sobre este último, é interessante referirmos que Prosper Montagné, no *Larousse Gastronomique*, apresenta a hipótese de ele ser, não cozinheiro, mas Maître d'Hotel, mordomo geral ou Intendente. Para isso, baseia-se em cartas de Madame de Sevigné a Madame de Grignam, numa das quais diz: "Vatel, le grand Vatel, Maître d'Hotel de M. Fouquet, qui l'était présentement de M. le Prince, s'est poignardé". Com efeito, Madame de Sevigné, que conhecia bem – segundo nos cita o autor – a categoria de Vatel e qual a sua posição na casa, designa-o aqui, ao dar a notícia da sua morte, como Maître d'Hotel.

Aliás, ele podia muito bem ser, como um biógrafo pretende, um Maître d'Hotel-cozinheiro, ou, para o que me inclino, um Maître d'Hotel imaginativo, de real categoria. Com grande poder criador, aliado a profundos conhecimentos de culinária, fez furor pelas confecções que idealizava, mas isso não quer obrigatoriamente dizer que fosse cozinheiro.

Nós, como o autor citado, assim o admitimos, não só por essa razão, como por tudo o que ele nos diz, em seguida, para reforçar as suas palavras.

Para uma boa cozinha, é necessário dispor de bons utensílios, de bons gêneros, de muitos conhecimentos técnicos e de tempo.

Por esta última razão, é aconselhável aos Chefes de Mesa e Empregados de Restaurante nunca insistirem neste ponto, nas suas relações com a cozinha, nem deixarem ao cliente idéia errada sobre o tempo de preparação. Isso depende de muitos fatores, e um prato que hoje demorou 20 minutos pode amanhã requerer 30 para a sua confecção.

Sendo isto, muitas vezes, motivo de questões entre a cozinha e a sala, ao evitá-lo, dá-se grande passo no caminho da compreensão mútua, tão necessária ao bom andamento dos serviços.

As bases da cozinha são os Fundos. Deles se preparam, depois, os molhos, os pratos ou suas guarnições.

Daremos início ao livro, apresentando um esquema de organização para Cozinha e Copa, bem como algumas sugestões para Custos e Cardápios, mas, ao iniciar a parte Culinária, começaremos pelos Fundos e Bases de Cozinha.

Queremos, também, dar uma explicação aos nossos leitores, que os ajude a entender este livro.

Procuramos que ele fosse útil ao uso comum do dia-a-dia, mas que, ao mesmo tempo, fornecesse muitos outros conhecimentos sobre a Cozinha Internacional.

Os leitores irão encontrar muitos nomes ou preparações, menos usados ou menos comuns no Brasil, mas que incluímos, apesar disso, para dar aos que consultassem o livro, acesso ao conhecimento mais amplo da cozinha mundial, sobretudo européia, da França e Itália.

Esperamos que nos entendam e que possam tirar disso o proveito que nos propusemos dar-lhes.

Este é um livro de trabalho que se propõe também ser didático.

Um abraço.

SUMÁRIO

NORMAS DE ORGANIZAÇÃO EM COZINHAS, CAMBUZAS, COPAS E SEÇÕES AFINS

COZINHA

APRESENTAÇÃO DO PESSOAL

Todo o Pessoal de Cozinha deve apresentar-se devidamente uniformizado e limpo, sendo da responsabilidade do chefe de cozinha ou do seu substituto, em caso de folga ou impedimento, a fiscalização desta Norma.

Sempre que existam dificuldades com a rouparia para troca ou entrega de uniformes, o chefe de cozinha deve, imediatamente, avisar à gerência, para que elas sejam sanadas.

O gerente ou o seu preposto deve tomar essas providências imediatamente, para que a apresentação do pessoal de copas esteja dentro do desejável.

O uniforme deve estar de acordo com os padrões estabelecidos.

(Veja em *Uniformes* os padrões para a cozinha).

APRESENTAÇÃO NO SETOR

A apresentação dos cozinheiros no setor deve ser feita até no máximo 10 minutos após a hora indicada para início do seu período de trabalho.

O cozinheiro deve cumprimentar seus colegas e chefe ou supervisor (e vice-versa).

Deve procurar saber se há algum serviço fora daqueles que lhe são correspondentes e tomará conhecimento de alterações que possam existir em relação à sua rotina.

ARRUMAÇÃO DOS UTENSÍLIOS E PRATELEIRAS

A arrumação dos utensílios e prateleiras deve ser mantida, de forma a que se faça uma rápida identificação dos materiais ou utensílios, sempre que for necessário.

Compete ao chefe de cozinha designar os lugares dos vários itens a arrumar e compete aos cozinheiros responsáveis pelos vários setores da cozinha, manter cada coisa no lugar que lhe foi destinado, treinando o seu pessoal nessa rotina.

O trabalho fica facilitado e o aspecto visual, de arrumação e limpeza, será constante.

ARRUMAÇÃO DAS CÂMARAS, GELADEIRAS E FREEZERS

A estocagem de produtos, nas câmaras, geladeiras e freezers, não poderá, em hipótese alguma, ser feita em recipientes de alumínio ou metal, caixas de madeira ou papelão, ou latas de folha.

Devem ser usados apenas recipientes de plástico para o efeito.

A cozinha deve ter sempre recipientes de plástico de vários tamanhos, para estocagem, conservação e transporte dos produtos.

Os alimentos preparados com antecedência não podem ficar descobertos ou destapados.

Não será permitido colocar recipientes sem tampa, uns sobre os outros.

Carne moída não pode ser guardada por mais de 24 horas, pelo que deve ser moída a cada vez, apenas o necessário para o consumo.

Os derivados de leite deverão ter lugar fixo, ao lado dos frios.

Os peixes e crustáceos deverão ter um freezers próprio.

As aves devem ser guardadas separado das outras carnes para evitar a transmissão de salmonelas.

(Deve ser explicado o que são Salmonelas, com um *Curso de Higiene e Sanidade* disponível no estabelecimento).

CARDÁPIOS E SUGESTÕES

(Veja Cardápios, na Seção própria do Manual).

CARTÃO DE PONTO

À chegada.

À saída.

Todo o Pessoal deve ter pleno conhecimento das Normas que regem o Cartão de Ponto.

COMANDA

É o documento emitido pelo pessoal de restaurante para obter, na cozinha ou copa, os itens inerentes aos pedidos dos clientes. Uma cópia é entregue na cozinha, na copa ou na cambuza, outra no caixa e a terceira via fica com o emissor, para providenciar o serviço de acordo com o solicitado pelo cliente. As duas primeiras vias (são casadas no controle) para conferência, não podendo apresentar rasuras ou divergências no seu texto.

CONFECÇÃO DOS ALIMENTOS

A confecção dos pratos constantes do cardápio deve obedecer as especificações inerentes ao mesmo, de acordo com as receitas da culinária tradicional.

A qualidade das matérias primas intervenientes na receita deve ser a melhor, nada tendo a ver com o nosso desejo de comprar mais barato.

A preparação dos pratos deve ser exatamente aquela solicitada pelo cliente pelo que o chefe de cozinha deve ter o maior cuidado em prestar ao pessoal de sala, através do maître ou de um quadro especial afixado na boqueta, todas as informações sobre as faltas ou restrições eventuais de materiais, para que estes possam evitar pedidos sem possibilidade de seqüência.

Na confecção de alimentos devem seguir-se todas as normas de Higiene e Sanidade.

CONTROLE DOS CUSTOS

Compete ao chefe de cozinha garantir um bom controle dos custos em todos os setores sob a sua supervisão.

(Veja na Seção própria deste Manual: *Custos de Alimentação*).

CONTROLE DOS DESPERDÍCIOS

(Veja na Seção própria do Manual: *Custos de Alimentação*).

ORIENTAÇÃO PARA CONTROLE DOS DESPERDÍCIOS

(Veja na Seção própria do Manual: *Custos de Alimentação*).

DESPESAS COM MATERIAIS E UTENSÍLIOS

(Veja na Seção própria do Manual: *Custos de Alimentação*)

DEDETIZAÇÃO

A dedetização das copas, cozinhas, restaurante e outros departamentos, incluindo vestiários, deve ser feita com a maior freqüência (três a quatro vezes por ano, no mínimo).

Pelo menos oito dias antes da dedetização deve ser feito um aviso escrito com distribuição a todos os setores do hotel e afixação na portaria de serviço para que todos tomem as providências cabíveis de guarda de alimentos e vestuário, bem como no caso do pessoal, para deixarem os armários abertos. Este aviso deve ser feito pelo departamento de pessoal, solicitado pela governante e chefe de manutenção, responsáveis pelo acompanhamento dos serviços.

DISCIPLINA

Os supervisores detestam disciplina e o pessoal nem quer ouvir.

Este posicionamento vem do fato de que a disciplina tem sido mal interpretada e mal aplicada, induzindo a maior parte das pessoas a associar à falta de liberdade ou à punição.

Alguns mitos da disciplina, que não correspondem à realidade são:

- Disciplina é uma forma de castigo.
- Mandar significa que todos têm que fazer o que você diz.
- Se você for "bonzinho" para o pessoal não precisa de disciplina.
- Todas as situações disciplinares são tratadas da mesma maneira.

ANALISANDO A DISCIPLINA

A razão dos esforços usados para inculcar disciplina nas empresas é conseguir que padrões razoáveis de atitudes e serviços sejam mantidos, o que beneficia os próprios empregados.

É importante que os supervisores comecem por analisar as normas e verificar se estas são razoáveis, evitando manter ou impor normas que sejam ignoradas com freqüência. Se o supervisor verifica que as normas são razoáveis e que uma vez seguidas irão facilitar o serviço ou a convivência deve começar por explicar e justificar estas normas aos empregados. A forma comprometida como estes as aceitam e seguirem no seu dia-a-dia é uma atitude de disciplina.

Quanto mais eles se ativerem às normas, menores serão os problemas disciplinares e um apoio positivo do supervisor, à atitude dos empregados, tornará a disciplina um "jogo" agradável para ambas as partes.

EMERGÊNCIAS

Todos os empregados do hotel devem ser preparados para agir em caso de emergência, cabendo ao gerente a responsabilidade de providenciar o treinamento adequado, através do setor de segurança da unidade.

(Para seu conhecimento, veja *Emergências* na seção própria deste Manual).

EQUIPAMENTOS

Os esquipamentos devem ser tratados com cuidado, seguindo o que dizem os manuais, de foama evitar acidentes ou desgaste prematuro.

As normas abaixo devem ser difundidas entre os empregados:

- Manusear os equipamentos com cuidado, para evitar reposições constantes.
- Arrumar os equipamentos que não está usando em uma bancada de apoio.
- Checar a temperatura das câmaras e manter estas bem limpas.
- Manter a temperatura de câmaras e freezers regulada para cada produto.
- Evitar que os queimadores de gás fiquem acesos desnecessariamente.
- No final de cada turno de trabalho deve ser feita uma limpeza geral na cozinha e áreas anexas, incluindo máquinas e equipamentos (Ver *Limpeza da Cozinha*).

ESTOQUES E ARRUMAÇÃO DOS PRODUTOS

Os estoques devem ser mantidos, tendo em conta os consumos normas da seção. O estoque máximo deve igualar o consumo médio de uma semana e o estoque mínimo o consumo de três dias. Deve haver cuidado para evitar aumento ou deterioração, bem como permanência de produtos sem consumo por longos períodos.

FICHA DE PRATO

A ficha de prato ou ficha técnica é a receita padronizada elaborada pelo chefe de cozinha.

Partindo desta receita, e com base nos produtos para a sua preparação e nos preços destes, deve ser elaborada a ficha de custo, com a qual se pode estabelecer o preço de venda adequado no restaurante.

A elaboração da ficha técnica é da responsabilidade da gerência geral, que delegará e treinará para a sua elaboração quem achar mais adequado.

Todos os hotéis, porém, devem ter fichas técnicas dos seus pratos.

HIGIENE E SANIDADE

Uma boa higiene é fundamental em todos os locais onde são manipulados ou armazenados alimentos, razão por que uma boa limpeza é importante na cozinha. Mas higiene não é apenas uma impecável limpeza. É também arejamento, dedetização, verificação de prazos de validade e cuidados na armazenagem, evitando produtos tóxicos perto de alimentos.

Um bom tratamento sanitário evita a contaminação dos alimentos e doenças.

Manter as condições sanitárias é trabalho de todos, mas deve ser uma preocupação constante do pessoal de cozinha, que deve seguir as seguintes normas:

- Lavar as mãos depois de fumar, espirrar, comer ou ir ao banheiro.
- Não trabalhar em áreas contaminadas ou se estiver doente.
- Usar utensílios e não as mãos para manipular alimentos.
- Manter os alimentos na embalagem própria e não destruir os rótulos.
- Checar a temperatura das câmaras e manter estas bem limpas.
- Limpar e desinfetar todas as áreas de trabalho ao fim de cada turno.
- Manter as áreas de lixo limpas. Depositar o lixo em lixeiras com tampa.
- Guardar os alimentos tapados, mesmo nas câmaras frigoríficas.
- Não guardar carne, peixe e frangos no mesmo freezer.

(Deve existir um curso completo de higiene e sanidade disponível no hotel).

INVENTÁRIOS

Mensalmente devem ser feitos inventários nas cozinhas, cambuzas, copas e outros setores de consumo, dos gêneros e dos estoques de materiais de uso permanente, sempre com a presença dos chefes de setor e de um representante da área administrativa.

KIT DE PRIMEIROS SOCORROS

Uma caixa de primeiros socorros deve existir na área de cozinha e copas.

Primeiros socorros devem ser prestados a qualquer pessoa, seja ou não do setor. Para isso só é nessário alguns conhecimentos além da boa-vontade.

(Deve existir um Curso de Primeiros Socorros disponível no hotel).

Cada empregado pode precisar desses conhecimentos. Até no seu lar ou para seus vizinhos.

O conhecimento do que pode ser feito, aonde ir e como evitar é muito importante.

LIMPEZA DA COZINHA

A limpeza das áreas de trabalho deve ser impecável e constante.

No final de cada turno de trabalho deverá ser feita uma limpeza geral na cozinha e áreas anexas, incluindo máquinas e outros equipamentos.

Os fogões, fornos, chapas, queimadores, placas etc. devem ser bem limpos.

Devem ser removidos detritos e sujeiras dos equipamentos e áreas de serviço.

As fritadeiras devem ser bem limpas e verificado o óleo existente.

Os gratinadores e salamandras devem ser limpos e verificado o seu funcionamento.

Usando água quente e os materiais de limpeza indicados, devem ser limpos:

- Balcões e pisos;
- Prateleiras, cubas e pias de lavagem;
- Paredes e azulejos.

LIMPEZA DAS CÂMARAS, FREEZERS E GELADEIRAS

Independente da manutenção diária é aconselhável que, uma vez por semana, em dia indicado pelo chefe de cozinha, seja feita uma limpeza geral das geladeiras, freezers e câmaras frigoríficas, com verificação do estado dos artigos ali armazenados e datas de validade para os que a tiverem, com lavagem geral das mesmas. Deve ser tomada decisão imediata para os artigos que se apresentarem com *data vencida* ou com aspecto de conservação duvidoso.

LIMPEZA DAS COISAS

A limpeza das coifas deve ser uma das grandes preocupações do chefe de cozinha, pois além do aspecto desagradável de sujeira, é também necessário prevenir riscos de incêndio.

Sugere-se que: *uma vez por semana* = sábados das 15 às 16 horas.

Deve ser feita a limpeza das coifas e substituição dos filtros com ajuda do pessoal da manutenção, que tem a responsabilidade por este trabalho.

LIMPEZA DOS RALOS

Para o bom funcionamento de uma cozinha, bem como para a sua limpeza, é muito importante que os ralos estejam em perfeito funcionamento e desentupidos.

O chefe de cozinha deve solicitar à manutenção freqüentes inspeções destes.

LIXOS

O lixo é um perigoso transmissor de doenças e, pela sua natureza, atrai para os locais onde se encontra variados tipos de insetos, eles também, veículos de transmissão de perigosos males.

Os recipientes do lixo devem ser mantidos nos locais fixos e previamente designados, tendo sempre um saco de plástico dentro, para facilitar a remoção final.

Devem ser conservados tampados sempre que não estiverem em uso.

Manter as áreas de lixo limpas.

Evitar acumular grandes quantidades de lixo.

Depositar o lixo em lixeiras com tampa.

Limpar e desinfetar os locais onde o lixo seja armazenado, ainda que por pouco tempo.

MANUTENÇÃO GERAL

Compete ao chefe de cozinha providenciar manutenção sempre que necessária e supervisionar o funcionamento e o manuseio de todas as máquinas e equipamentos em serviço na sua seção.

Deve ser mantido um esquema de manutenção preventiva, previamente estabelecido e coordenado em conjunto pelos chefes de cozinha e de manutenção.

Damos a seguir um esboço de plano, qie pode facilitar esse trabalho:

No 1º sábado de cada mês:

- Revisão geral dos equipamentos da cozinha, câmaras, geladeiras.
- Revisão de exaustores, fornos, batedeiras, fogões, cortadores de frios, gratinadores etc.
- Poderá também se revisar: tomadas, lâmpadas e outros itens elétricos.

NORMAS GERAIS

As cubas deverão estar sempre limpas e observadas as regras de sanidade.

A lavagem das baterias de cozinha não poderá ser feita juntamente com louças de cerâmica ou travessas.

Os utensílios, tais como liquidificadores, espremedores etc. deverão ser lavados cada vez que mudar o produto neles processado, e ao final do turno.

Nos freezers de carne, peixe e aves não será permitido, sob qualquer pretexto, a colocação de outros produtos.

As geladeiras deverão ser desligadas para limpeza uma vez por semana, dentro do seguinte critério:

- Desligar as geladeiras no último turno de sexta-feira para limpeza ao sábado.

Os dias e horários indicados servirão também para faxina geral e manutenção.

A lavagem de louças deve ser feita com água à temperatura entre 65° e 70°C.

Os dosadores de produto de lavagem devem estar sempre regulados para bom aproveitamento em qualidade e consumo.

No fim de cada turno devem ser seguidos os seguintes procedimentos:

- Remover todas as sujeiras e restos de comida das cubas onde estiver lavando.
- Usar sempre água bem quente e produtos de lavagem indicados.
- Usar o material de limpeza de acordo com as instruções, respeitando quantidades.

• Empilhar as louças de acordo com seu tipo e tamanho.

Os materiais prateados devem ser revisados após a lavagem e, se necessário, devem ter uma nova limpeza para melhorar o brilho.

Todas as normas de limpeza geral, manutenção, uniformes ou outras aplicadas na cozinha e cambuza são aplicáveis às copas.

Para os casos omissos, cada gerente estabelecerá normas que vigorarão no seu hotel.

ORGANIZAÇÃO GERAL

Uma boa organização é importante para a obtenção de resultados, bem como chegar às metas ou objetivos propostos. Ela começa numa boa distribuição do quadro de pessoal e termina numa boa distribuição de serviços e responsabilidades. Compete ao chefe de cozinha vigiar e manter uma boa organização neste setor.

PEDIDOS E REQUISIÇÕES

Não haverá pedidos de materiais ou produtos sem que seja feita uma requisição.

As requisições precisam conter os códigos de materiais, além do nome destes, ser legíveis e mostrar todos os dados que permitam a identificação da mercadoria.

• Não devem ter rasuras ou emendas.

• Devem estar assinadas pelo chefe da seção ou seu preposto, que deve ter funções de supervisão.

• Os itens não entregues devem constar com esta indicação e não poderão ficar em pendência para entrega futura.

• As bebidas para serviço devem ser diferentes das vendidas no bar.

PESSOAL

Admissão de pessoal.
Vagas a preencher.
Fichas de avaliação.
Penalizações e demissões.
Reuniões com o pessoal.

> Todo o pessoal deve ter conhecimento e treinamento das normas que regem a movimentação de pessoal. Os supervisores devem ser treinados dentro deste princípio e serem capazes de repassar as normas ao seu pessoal.

PRAZOS DE VALIDADE

Nunca é demais alertar para os cuidados a ter na verificação periódica de prazos de validade, sobretudo dos itens de alimentação.

A verificação dos prazos de validade deve ser feita no almoxarifado ou no setor de destino no momento do recebimento e, como rotina, uma vez por semana, em todos os setores.

PREVENÇÃO DE ACIDENTES

O acidente é o mais prejudicial inimigo de quem trabalha.

Devem ser evitadas todas as causas de acidente ou de incêndio, ensinando o pessoal a:

• Não armazenar produtos inflamáveis, perto de quadros de força ou de caldeiras.

• Não amontoar ou guardar papéis, plásticos ou papelão nas áreas de trabalho.

Evitar obstruir com caixas ou semelhantes as passagens ou rotas de fuga para caso de incêndio.

• Não deixar líquidos ou gorduras no chão sem limpar. Evitar piso escorregadio.

• Abrir portas vaivém devagar e com as mãos.

• Não sobrecarregar recipientes ou bandejas.
• Remover, imediatamente, líquidos ou sujeiras derramados.
• Manejar com cuidado facas, garrafas ou líquidos muito quentes.
• Fumar somente nos lugares indicados.
• Evitar correr (andar apenas e não perder tempo).

PREVENÇÃO DE INCÊNDIO

Muitos incêndios originam-se na área de alimentos e bebidas, sobretudo nas cozinhas e copas. Eles são resultado de negligência, falta de cuidado ou de atenção às possíveis causas.

Alguns elementos que provocam incêndio são:
• Grandes quantidades de óleo inflamável e gordura.
• Fios gastos ou desencapados.
• Pontas de cigarro.
• Queimadores de fogão deixados acesos.
• Excesso de gordura nas coifas e fogões.

A maioria dos incêndios pode ser prevenida com as seguintes normas:
• Verificar quadros de força e detectar fios gastos ou desencapados.
• Retirar material inflamável de perto das áreas de calor.
• Não sobrecarregar circuitos elétricos.
• Colocar cinzeiros suficientes e bem distribuídos.
• Relatar a existência de fios soltos ou desencapados.
• Desligar conexões ou equipamentos defeituosos.
• Tomar cuidado ao acender bicos de gás ou queimadores de álcool e ao manusear álcool perto destes.
• Fumar apenas nos locais indicados.
• Desligar todos os equipamentos e queimadores, quando não estiverem sendo usados, ou durante o período do fechamento.

PRIMEIROS SOCORROS

Veja em *Kit de Primeiros Socorros*.

(Deve existir um curso de primeiros socorros disponível no estabelecimento).

RESPONSABILIDADE

A responsabilidade pela cozinha, cambuza e copas é do chefe de cozinha, devendo este supervisionar as suas equipes, dar apoio e treinamento, fazer escalas e distribuir tarefas, manter a disciplina e o cumprimento das normas, vigiar a apresentação e a limpeza dos uniformes, bem como a *mise-en-place* e a qualidade da preparação dos pratos e do serviço. Na ausência do chefe de cozinha, estas funções são exercidas pelo substituto natural ou designado.

Antes do início de cada período de serviço e de cada período de refeição compete ao chefe de cozinha verificar o estágio de adiantamento da *mise-en-place* e preparação dos diversos itens do cardápio, tomando as providências cabíveis para que o serviço decorra em ordem.

Mensalmente, o chefe de cozinha deve orientar o inventário de todos os materiais em uso ou para consumo que se encontrem sob sua supervisão, dando apoio ao representante do órgão de controle, no escritório.

A estocagem e a arrumação de todos os materiais deve ser cuidada e verificada pelo chefe de cozinha.

SEGURANÇA

Independente dos cuidados a ter na prevenção de acidentes, existem outras normas de segurança que todos devem conhecer:

• Compete à gerência e às chefias dar os treinamentos necessários para a segurança dos empregados e dos clientes.

Veja em *Emergências* na Seção própria deste Manual.

TREINAMENTO

Para que o pessoal que trabalha na cozinha tenha um bom conhecimento das Normas/Procedimentos/Especificações/Políticas/Rotinas/Leis e Posturas que regem o Setor onde trabalham, bem como as técnicas inerentes ao serviço, higiene e sanidade, segurança e prevenção de acidentes, é importante que recebam treinamento adequado sobre estes itens logo na admissão e antes de iniciarem o trabalho na seção.

Compete ao chefe de cozinha manter a qualidade do treinamento admissional através de reciclagem e treinamento para valorização e promoção do seu pessoal.

Sempre que o chefe de cozinha notar que o pessoal de sala está cometendo erros excessivos, seja nos pedidos, seja no preenchimento das comandas (ou sempre que houver mudança de cardápio), deve solicitar uma pequena reunião para que seja dado conhecimento de novos pratos ou para revisão dos erros ou falhas cometidos nos períodos anteriores.

UNIFORMES

A apresentação dos uniformes deve ser impecável, cabendo aos chefes evitar que empregados, não estando devidamente uniformizados, se apresentem ao serviço.

O crachá integra o uniforme e deve ser sempre usado como parte deste.

Os uniformes devem obedecer ao padrão estabelecido, o qual pode ser o seguinte:

CHEFE DE COZINHA
Calça branca
Blusa de manga comprida, branca
Chapéu branco
Lenço e avental branco
Sapato branco

COZINHEIROS E CONFEITEIROS
Inverno – Calça Xadrez
Blusa branca, manga comprida
Chapéu branco
Avental branco
Bota de acordo com a lei
Verão – Blusa branca, manga curta

Todos os uniformes devem ser entregues por troca, na rouparia, no momento da lavagem. A periodicidade das lavagens de uniforme deve ser estabelecida pelas gerências para cada setor, tendo em conta todas as premissas e analisadas todas as necessidades. Para casos em que não seja possível dar todas as lavagens desejadas pelos funcionários, estes podem ser autorizados a cuidar, eles próprios, do seu uniforme.

CUSTOS DE ALIMENTAÇÃO

CONTROLE DOS CUSTOS

Compete ao chefe de cozinha garantir os custos nos setores sob a sua supervisão, pelo que ele controlará os custos dos alimentos, através de uma boa estrutura de cardápios e do treinamento do seu pessoal, na compreensão da melhor forma de aproveitar e manipular os gêneros e materiais utilizados no setor.

O chefe da cozinha deve também transferir ao maître e pessoal de sala o sentimento e os conhecimentos necessários que permitam a estes controlar os custos e as despesas adicionais na sua área, seja restaurante ou *coffee-shop*.

Custos, porém, não são só baseados em sábias e profissionais gestões da preparação.

Bons preços de compra das mercadorias e a qualidade destas ajudam bastante, sendo conseguidos através de uma pesquisa de mercado tão ampla quanto as quantidades a comprar e o tempo disponível para isso.

O gerente do hotel deve informar o índice de custos a todos os chefes e supervisores, para que cada um possa trabalhar na sua área a estrutura de custos e despesas.

CONTROLE DOS DESPERDÍCIOS

A composição do custo em alimentação é alta e o retorno pequeno. Se os custos e despesas tornarem-se muito grandes não poderá haver lucro. Muitos restaurantes deixam de operar por não olharem corretamente os seus custos.

Para manter custos e despesas dentro de padrões aceitáveis, eles devem ser controlados e todos os empregados que trabalham no setor podem dar a sua ajuda evitando despesas desnecessárias.

Os custos podem ser minimizados através da eliminação dos desperdícios, nas várias etapas do processo:

Recebimento/Armazenamento/Preparação/Serviço.

Orientação para controle dos desperdícios:

• Preparar alimentos só em quantidades necessárias para o serviço imediato.

No caso de buffets com pratos quentes, evitar preparar grandes quantidades de uma vez, fazendo apenas o que for sendo necessário para reposição pois esta atitude, além de evitar desperdícios, melhora a qualidade da comida que está sendo consumida.

É aconselhável um cozinheiro no buffet para reposição.

• Manter as áreas de estocagem fechadas quando não estiverem em uso e os estoques no mínimo necessário.

• Exigir comandas escritas de maneira legível e correta.

• Porcionar os alimentos de acordo com o indicado nas receitas.

• Quando preparar os pedidos, verificar o tamanho das porções, as quantidades, o acompanhamento e a temperatura corretas.

• Reutilizar todos os produtos que seja possível, para evitar desperdício.

• Manter a temperatura das câmaras e freezers regulada para cada produto.

Despesas com materiais e utensílios

Os materiais e utensílios usados no serviço de cozinha representam um investimento considerável (*Todos os funcionários devem saber o preço de cada peça*).

As despesas inerentes podem ser controladas, reduzindo-se a quebra.

Será interessante divulgar no setor uma cartilha de instruções como a que sugerimos.

Siga as instruções abaixo:

• Empilhe travessas e outros materiais de serviço, de acordo com o tipo e tamanho.

• Arrume os equipamentos que não está usando, em uma bancada de apoio.

• Nunca arremesse ou amontoe, travessas ou outros materiais.

• Carregue corretamente bandejas equilibradas.

• Manuseie os equipamentos com cuidado, para evitar reposições desnecessárias.

• Evite que os queimadores de gás fiquem acesos desnecessariamente.

• Use material de limpeza, de acordo com as instruções do rótulo, sobretudo quanto às quantidades.
• Dê preferência a materiais de fácil manutenção.
• Carregue bandejas com cuidado, para evitar quedas.

CAMBUZAS E COPAS

APRESENTAÇÃO DO PESSOAL

Todo o pessoal de cambuza e copas deve apresentar-se devidamente uniformizado e impecavelmente limpo, sendo da responsabilidade do chefe de cozinha ou do seu substituto (em caso de folga ou impedimento), a fiscalização deste procedimento.

Sempre que existam dificuldades com a rouparia, para troca de uniforme, o chefe de cozinha deve imediatamente avisar à gerência, para sanar as dificuldades.

O gerente ou o seu preposto deve tomar providências imediatamente, para que a apresentação do pessoal de copas esteja dentro do desejável.

Os uniformes devem obedecer ao padrão estabelecido.

(Todo o pessoal deve ter conhecimento das sugestões dadas em *Uniformes* neste Manual).

APRESENTAÇÃO NO SETOR

A apresentação dos cambuzeiros no setor, deve ser feita no máximo 10 minutos após a hora indicada para início do período de trabalho.

O cambuzeiro deve cumprimentar os seus colegas e supervisor (e vice-versa).

Deve saber se há algum serviço além dos que lhe são correspondentes e tomará conhecimento de alterações que possam existir em relação à sua rotina.

ARRUMAÇÃO DOS UTENSÍLIOS

A arrumação dos utensílios e prateleiras deve ser mantida de forma a que se faça rápida identificação de materiais ou utensílios, sempre que houver necessidade.

Compete ao chefe de cozinha designar os lugares dos itens a arrumar e compete ao chefe ou responsável pelas copas ou cambuza manter cada coisa no lugar que lhe foi destinado, treinando o seu pessoal nessa rotina.

O trabalho fica facilitado e o aspecto visual, de arrumação e limpeza, será constante.

CARTÃO DE PONTO

(Todo o pessoal deve ter conhecimento das sugestões dadas em *Cartão de Ponto* neste Manual).

COMANDA

É o documento emitido pelo pessoal de restaurante, para obter na cozinha ou copa, os itens inerentes aos pedidos dos clientes. Uma cópia é entregue na cozinha, na copa ou na cambuza outro na caixa e a terceira via fica com o emissor, para providenciar o serviço de acordo com o solicitado pelo cliente. As duas primeiras vias se encontram no controle (casar Comandas) para conferência, não podendo apresentar rasuras ou divergências no seu texto.

DEDETIZAÇÃO

A dedetização das copas, cozinhas, restaurantes e outros departamentos deve ser feita com freqüência (de mensal até três a quatro vezes por ano).

Oito dias antes da dedetização, deve ser feito um aviso escrito com distribuição a todos os setores do hotel e afixação na portaria de serviço, para que se tomem as providências cabíveis, de guarda de alimentos e vestuário, bem como no caso do pessoal para deixarem os armários abertos.

Este aviso deve er feito pelo Depto. de Pessoal, sob solicitação da governante e chefe de manutenção, responsáveis pelo acompanhamento dos serviços.

DISCIPLINA

Muitos supervisores detestam a disciplina e o pessoal nem quer ouvir falar.

Este posicionamento se deve a uma errada aplicação e interpretação da disciplina, induzindo a maior parte das pessoas a associar à falta de liberdade ou à punição.

(Os chefes devem conhecer as sugestões sobre disciplina dadas neste Manual, em *Pessoal*).

EMERGÊNCIAS

Todos os empregados devem estar preparados para agir em caso de emergência, cabendo ao gerente a responsabilidade de providenciar o treinamento adequado, através do setor de segurança da unidade.

(Todo o pessoal deve ter conhecimento das sugestões dadas em *Emergências* neste Manual).

ESCALA DE SERVIÇO

As escalas de serviço do setor são elaboradas pelo chefe de cozinha ou supervisor, e devem prever:

• Revezamento nas tarefas, na previsão de folgas regulamentares e rodízio nos feriados, para que todos trabalhem em condições de igualdade.

• As escalas definidas serão levadas ao conhecimento da equipe e, uma vezx aprovadas, não poderão sofrer qualquer alteração, salvo motivo de força maior.

• As alterações por força maior, salvo acidente ou doença, devem ser solicitadas por escrito ao chefe ou supervisor, com 48 horas de antecedência.

ESTOQUES E ARRUMAÇÃO DE GÊNEROS E MATERIAIS

Os estoques devem ser mantidos, tendo em conta os consumos normais da seção.

O estoque máximo deve corresponder ao consumo médio de uma semana e o estoque mínimo ao consumo aproximado de três dias.

Deve haver o maior cuidado na vigilância dos estoques, para evitar aumento destes, ou deterioração, bem como permanência de produtos sem consumo, por longos períodos.

Os órgãos administrativos não deverão, por sua conta, cancelar, diminuir ou modificar quantidades ou especificações dos materiais solicitados pelos setores.

HIGIENE E SANIDADE

Uma boa higiene é fundamental nos locais onde são manipulados ou armazenados alimentos, razão por que uma boa limpeza é importante na cambuza ou nas copas.

Mas higiene não é só impecável limpeza. É também arejamento, desbaratização, verificação de prazos de validade dos produtos e cuidado na armazenagem, evitando que produtos tóxicos ou semelhantes estejam junto de alimentos.

Um bom tratamento sanitário evita a contaminação dos alimentos, evitando doenças.

Manter as condições sanitárias é trabalho de todos, mas deve ser uma preocupação constante do pessoal de cambuzas e copas.

As instruções abaixo devem ser divulgadas a todo o pessoal do setor:

- Lave as mãos depois de fumar, espirrar, comer ou ir ao banheiro.
- Não trabalhe em áreas contaminadas ou se estiver doente.
- Use utensílios e não as mãos para manipular alimentos.
- Mantenha os alimentos na embalagem própria e não destrua rótulos.
- Cheque a temperatura das câmaras e mantenha estas bem limpas.
- Limpe e desinfete bem as áreas de trabalho, ao fim de cada turno.
- Mantenha a área de lixo limpa. Deposite o lixo em lixeira com tampa.
- Guarde os alimentos tampados, mesmo nas câmaras frigoríficas.
- Não guarde carne, peixe e frangos no mesmo freezer.

Compere às gerências e chefes de departamento providenciar o treinamento ao pessoal sobre higiene e sanidade.

(Um curso de higiene e sanidade deve estar disponível no estabelecimento).

LAVAGEM DAS LOUÇAS E VIDROS

A lavagem das louças implica muito mais responsabilidade do que aparenta.

Além da limpeza e melhoria de aspecto, a lavagem pressupõe também higienização e sanitização, para evitar contágios e doenças.

Deve haver portanto o maior cuidado em:

- Remover todas as sujeiras e restos de comida, da louça que estiver lavando.
- Usar sempre água bem quente e os produtos de lavagem indicados.
- Usar o material de limpeza de acordo com as instruções recebidas, respeitando as quantidades.
- Empilhar os pratos de acordo com o seu tipo e tamanho.
- Não arrumar copos, uns dentro de outros.
- Arrumar, evitando arremessar ou amontoar, pratos e copos, numa bancada de apoio.
- Deixar, sempre que possível, que a louça seque arejada.

LIMPEZA DAS CAMBUZAS E COPAS

A limpeza das áreas de trabalho deve ser impecável e constante. No final de cada turno de trabalho, deverá ser feita uma limpeza geral na cambuza e copas, incluindo máquinas e outros equipamentos.

Devem ser removidos detritos e sujeiras dos equipamentos e áreas de serviço.

Usando água quente e materiais de limpeza indicados, devem ser limpos: balcões, pisos, prateleiras, pias de lavagem, paredes e azulejos.

LIMPEZA DAS CÂMARAS

Independente da manutenção diária, é aconselhável que, uma vez por semana, em dia indicado pelo chefe de cozinha, seja feita uma limpeza geral das câmaras frigoríficas, com verificação do estado dos artigos ali armazenados e lavagem geral das mesmas. Deve usar-se procedimento idêntivo para os freezers existentes.

LIMPEZA DAS GELADEIRAS

Deve usar-se para as geladeiras o procedimento que se indica para câmaras e freezers.

(Veja o que se diz em *Limpeza das Câmaras*).

MATERIAL (SUA ARRUMAÇÃO NAS COPAS)

A arrumação do material de serviço deve ser cuidada e dentro dos seguintes procedimentos:

• Bules em lugar apropriado, enfileirados sem amontoar, por capacidades.

• Pratos empilhados até um máximo de 20 unidades.

• Copos em prateleiras, devidamente alinhados, nunca empilhados, nem uns dentro dos outros.

• Talheres separados por tipos, em gavetas devidamente forrados com feltro.

• Cestos de vime empilhados por tamanhos e formatos, sem quebraduras.

• Galheteiros, sempre muito limpos, sempre cheios e com tampas padrão.

• Xícaras devidamente enfileiradas, com empilhamento máximo de três.

• Pires perto das xícaras, empilhados até um máximo de 15 por pilha.

• Baldes bem arrumados e polidos nunca uns dentro dos outros para não riscar ou amassar.

• Usar no room-service apenas, embalagens sachet: sal, pimenta, mostarda, catchup etc.

NORMAS GERAIS PARA CAMBUZAS

As cubas deverão estar sempre forradas com piso de borracha, para evitar danos ao material.

A máquina de café, água e leite deverá ser limpa ao terminar o serviço, não esquecendo de enchê-la de água, até o dia seguinte, para evitar entupimento.

Os utensílios, como liquidificadores, espremedores etc. deverão ser lavados a cada vez que mudar o produto neles processado e ao final do turno de serviço.

No freezer de sorvete não será permitida a colocação de outros produtos.

As geladeiras deverão ser limpas uma vez por semana; desligá-las no último turno de sexta-feira para limpeza ao sábado, também para a faxina geral e manutenção das cambuzas.

NORMAS GERAIS PARA COPAS

As copas seguirão normas gerais das cambuzas, naquilo que for comum a ambas, visto que em alguns hotéis não existe separação destes setores. No caso de copas, valerá o seguinte critério:

• As cubas deverão estar sempre forradas com piso de borracha, evitando quebras desnecessárias ou danos ao material.

• A lavagem de copas não poderá ser feita junto com xícaras, pratos ou travessas.

• Todo o material de serviço deve receber uma pré-lavagem, antes de entrar na lavadora.

Esta máquina deve trabalhar com uma temperatura entre 65° e 70°C.

• Os dosadores de detergente devem estar regulados para bom resultado em qualidade e consumo.

• No final de cada turno a máquina de lavar louça deve ser limpa e enxaguada.

Nos hotéis onde a louça seja lavada manualmente, devem ser seguidos os seguintes procedimentos:

• Remover todas as sujeiras e restos de comida da louça que estiver lavando.

• Usar, se possível, água bem quente e produtos de lavagem indicados.

• Usar o material de limpeza de acordo com as instruções recebidas, respeitando as quantidades.

• O pano de limpar paredes e pisos deve ser lavado com freqüência, para evitar cheiro de azedo.

• Empilhar os pratos de acordo com o seu tipo e tamanho.

• Não arrumar copos uns dentro de outros.

• Arrumar, sem arremessar ou amontoar pratos e copos, em bancada de apoio.

• Deixar, sempre que possível, que a louça seque arejada.

• Os materiais prateados devem ser revisados após a lavagem e, se necessário, devem ter uma nova limpeza para melhorar o brilho.

Todas as normas de limpeza geral, manutenção, uniformes ou outras aplicadas na cozinha e cambuza são aplicáveis às copas.

Para os casos omissos o gerente do estabelecimento estabelecerá normas que vigorarão.

(Veja *Normas Gerais para Cambuzas*).

ORGANIZAÇÃO DAS CÂMARAS, GELADEIRAS E FREEZERS

A estocagem de produtos, nas câmaras, geladeiras e freezers não poderá, em hipótese alguma, ser feita em recipientes de alumínio ou metal, caixas de madeira ou papelão, ou latas de folha.

Devem ser usados apenas recipientes de plástico para o efeito.

A cambuza deverá ter sempre recipientes de plástico de vários tamanhos, para estocagem e conservação, bem como para transporte dos produtos.

Os alimentos preparados com antecedência não poderão ficar descobertos ou destapados.

Não será permitido colocar recipientes sem tampa uns sobre outros.

Carne moída não pode ser guardada por mais de 24 horas. Deve ser moída a cada vez apenas o necessário para consumo imediato.

Os derivados de leite deverão ter lugar fixo, ao lado dos frios.

Os peixes e crustáceos deverão ter um freezer próprio.

As aves serão guardadas separadas das outras carnes para evitar transmissão de salmonelas.

As bebidas deverão ter câmaras próprias.

(Deve ser explicado o que são Salmonelas, no Curso de Higiene e Sanidade, disponível no estabelecimento).

SERVIÇO DE CAMBUZA

A distribuição de horários e o quadro é estabelecida pelo gerente.

Nos hotéis onde assim esteja determinado, o cambuzeiro deve ter todos os itens do café da manhã preparados antes das 06:00 hs., para que estes possam ser arrumados no buffet, até esse horário.

A preparação do couvert deverá começar (de acordo com os padrões indicados pela gerência e chefe de cozinha) logo que termine o café da manhã.

Nos hotéis onde o café da manhã não saia da cambuza toma-se como base às 10:00 horas da manhã. Ao jantar, a preparação do couvert começa uma hora antes de iniciar o serviço.

Deve haver o maior cuidado com os restos de pão e pão amanhecido. A gaveta que guarda o pão deve ser limpa no final de cada refeição.

Nos hotéis onde o pão não esteja à guarda da cambuza, esta norma vale para quem tiver esta obrigação.

Nenhuma bebida deve ser liberada sem comanda. Sempre que ouver um retorno (devolução), o maître deve justificar o motivo.

No final de cada turno, compete ao empregado que sai entregar o setor limpo e arrumado com as bebidas requisitadas arrumadas no respectivo lugar.

Compete ao empregado que inicia o turno receber o serviço do que está saindo e tomar conhecimento do que precisa ser feito.

SEGURANÇA

Independente dos cuidados a ter na prevenção de acidentes, existem outras normas de segurança que todos devem conhecer:

• Todos os empregados devem saber "onde ir" ou "o que fazer".

• Saber a localização e uso de equipamentos quando ocorrer uma emergência.

TREINAMENTO

Para que o pessoal que trabalha nas cambuzas e copas tenha um bom conhecimento das Normas/Procedimentos/Especificações/Políticas/Rotinas que regem o Setor onde trabalham, bem como as técnicas inerentes à higiene e sanidade, segurança e prevenção de acidentes, é de toda a importância que recebam um treinamento adequado sobre estes itens logo na admissão e antes de iniciarem o trabalho na seção.

Compete ao chefe de cozinha manter a qualidade do treinamento admissional através de reciclagem periódica e de treinamento para valorização e promoção do seu pessoal.

Sempre que houver mudança de cardápio ou implantação de novos serviços, deve ser feita uma reunião de treinamento.

Para apoio e revisão dos erros ou falhas cometidos nos períodos anteriores, uma pequena reunião diariamente, antes do início do serviço, é obrigatória.

UNIFORMES

A apresentação dos uniformes deve ser impecável, cabendo aos chefes evitar que empregados, não estando devidamente uniformizados, se apresentem ao serviço.

O crachá integra o uniforme e deve ser sempre usado como parte deste.

Os uniformes devem obedecer ao padrão estabelecido, o qual pode ser o seguinte:

CAMBUZEIRO E AJUDANTES
Calça Xadrez
Blusa de manga curta, branca
Bibi branco
Avental branco de borracha
Bota de acordo com a lei

COPEIROS E AJUDANTES
Calça Xadrez
Blusa de manga curta, branca
Bibi branco
Avental branco de borracha
Bota de acordo com a lei

Todos os uniformes devem ser entregues por troca, na rouparia, no momento da lavagem destes. A periodicidade das lavagens de uniforme deve ser estabelecida pelas gerências para cada setor, tendo em conta todas as premissas e analisadas todas as necessidades. Para casos em que não seja possível dar todas as lavagens desejadas pelos funcionários, estes podem ser autorizados a cuidar, eles próprios, do seu uniforme.

(Todo o pessoal deve ter conhecimento das normas usadas para *Uniformes*).

Manual de Cozinha e Copa

FUNDOS DE COZINHA
(FONDS DE CUISINE)

Antes de entrar a fundo na descrição dos milhares de pratos que enriquecem, para nossa satisfação, o imenso formulário da cozinha, torna-se necessário revelar, ou melhor, descrever as bases sobre as quais eles se iniciam.

Elas serão talvez conhecidas por muitos; devem até ser conhecidas pela totalidade, mas, em meu entender, um livro de culinária que não as inclua será não só incompreensível, em muitos casos, como também incompleto.

Entre essas bases, os "Fundos" desempenham papel principal, nunca sendo demais insistir nos cuidados e atenções que eles merecem. É que, sendo o "Fundo" tudo em culinária, pelo menos tal como nós a praticamos, sem ele nada pode ser feito.

Se são bons e cuidados, todo o resto é fácil; se, pelo contrário, são maus ou meramente medíocres, escusado será alimentar esperanças de satisfatórios resultados.

O cozinheiro que busca sucesso deve, portanto, dirigir a sua atenção para a preparação dos seus "Fundos" e, para atingir bons resultados, procurará, não só utilizar produtos frescos e de boa qualidade, mas também manter o máximo de cuidado na preparação, pois, como é óbvio, em cozinha, cuidado é meio caminho trilhado.

Nenhuma teoria, nenhuma receita, nenhum método, ainda que bem apresentados, podem substituir a experiência prática; essa é a mais importante, a mais essencial e, certamente, a mais difícil questão, podendo ser, em grande parte, suprida com boa vontade, mas nunca substituída.

Para o bom funcionamento de uma cozinha, todos os chefes devem vigiar para que pelo menos os seguintes fundos estejam prontos e em boas condições de serem utilizados:

1. Consomês vulgares e clarificados;
2. Fundo Escuro, ou *Estouffade*, e fundo de caça: bases de molhos escuros e espessos;
3. Fundo Branco, para a preparação de molhos claros;
4. Fundo de peixe;
5. As diversas essências de aves, caça, peixe, etc., como complementos de molhos;
6. As várias glaces, ou, pelo menos, Demi-glace;
7. Os molhos base: Espanhol, Aveludado, Bechamel, Tomate e Holandês, aos quais juntaremos Manteiga Mordomo;
8. Geléias, ou *Aspic*, que, sendo bases da cozinha antiga, são muitas vezes utilizadas;
9. O Ru ou Embamata, como elemento indispensável para engrossar molhos;

10. Marinadas.

A estes fundos, que representam, no mínimo, os alicerces do edifício culinário, podemos adicionar, como complemento, os seguintes auxiliares dos acima mencionados:

1. O *Mirepoix* e o *Matignon*, como elementos aromáticos e sápidos;
2. Recheios diversos;
3. Guarnições diversas para sopas, entradas, etc. (Duxelles, Duquesa, Delfina, Massa de Chus, Polme, ou Massa de fritos, Salpicões diversos, Profiteroles, Real, Fios de Ovos, Diabretes, Tarteletas, Crostões). (Alguns destes últimos devem também estar na sala, durante as refeições, para poderem ser oferecidos aos convivas);
4. Arroz Branco, Batatas Cozidas, Saladas diversas, como guarnições de urgência. (As batatas para fritar podem já estar preparadas dentro de água, mas devem ser fritas apenas no momento de servir);
5. Pão ralado, salsa picada, beterraba cozida, limão canelado, alcaparras, champignons, farinha, etc., como elementos complementares necessários;
6. Filetes de anchovas, ovos cozidos, rabanetes, azeitonas recheadas etc., como elementos decorativos.

SÉRIE DE FUNDOS DIVERSOS

Aparelho de Cromesquis e Croquetes (*Appareil à Cromesquis et Croquettes*)
(*Ver, com o mesmo nome, em* ENTRADAS LIGEIRAS).

Aparelho Maintenon (*Appareil Maintenon*)
2/3 de Molho Bechamel com cebola, 1/3 de purê de champignons. Ligar com gemas de ovo. Juntar champignons picados.

Aparelho Montglas (*Appareil Montglas*)
Juliana de língua, um pouco grossa e curta; pasta de fígado; champignons cozidos; trufas. Ligar com Molho Madeira, bastante reduzido. Arrefecer em prato untado com manteiga.

Aparelho para Musse quente ou Mussellina
Appareil à Mousse Chaude et Mousseline)
(*Ver* RECHEIO PARA CROQUETES).
Deve ter maior quantidade de natas do que esse recheio, para tornar o aparelho menos denso.

Aparelho para Musse Fria ou Musselina (*Appareil à Mousse Froide et Mousseline*)
Purê do elemento principal, cozido, junto com geléia derretida. Temperar e misturar com natas levemente batidas. (Este aparelho serve também para a preparação de suflês).

Aparelho para Batata Delfina, Duquesa e Marquesa (*Appareil à Pommes Dauphine, Duchesse et Marquise*)
(*Ver batata do nome, em* LEGUMES).

Arroz para Recheios (*Riz à Farcir*)
Cebolas picadas, puxadas em manteiga, a branco. Juntar arroz Carolino ou Indiano e o dobro da quantidade do arroz, de consomê branco. Tempo de cocção: 17 minutos. Ligar com natas, Molho Supremo ou Glace de Carne, conforme o fim a que se destina.

Aspic
(*Ver* GELÉIA).

Borduras (*Bordures*)
As borduras são feitas com recheios, massa branca, folhada, ou crostões fritos. Quando feitas com recheio, podem ser decoradas com trufas, língua, pistácias, clara de ovo cozido etc. Se a decoração se compõe exclusivamente de legumes, elas recebem o nome de BORDURAS DE LEGUMES. As de massa branca, ou outra, são cortadas com o corta-massa, secas e montadas, colando-se com massa de união ou gema de ovo.
As borduras em crostões fritos são montadas,

colando-se com Glace de Carne, e deixando secar.

Caldo Aromatizado (*Court-Bouillon*)
a) Ervas de cheiro, vinho tinto ou branco e Fumete de Peixe. (*Para Matalotas*).
b) Água com sal, leite e sumo de limão. (*Para peixes de mar, de carne branca*).
c) Água com sal, vinagre e ramo de cheiros. (*Para crustáceos, salmão, trutas e peixes de rio*).

Chaud-Froid
Cobrir as peças de um Molho *Chaud-Froid* sobre uma rede. Decorá-las e lustrá-las com geléia. Montá-las em pirâmide. Terminar a decoração com geléia picada e crostões de geléia.

Consomês Brancos (*Consommés Blancs*)
São feitos de jarrete ou carnes magras. Molhar com água; salgar com sal grosso. Cozer longamente. Guarnecer, depois de escumado, com cenouras, nabos, porros, rama de aipo, cebolas picadas, cravinho. Tempo de cozedura: 5 horas. Passar pelo chinês.

Consomês Clarificados (*Consommés Clarifiés*)
Consomê Branco, citado atrás, clarificado com carne da perna de vaca, desossada e picada (servindo os ossos para a confecção de Consomê Branco). Guarnecer com cenouras, nabos, aipo, cebolas salteadas. Fazer ferver. Tempo de cocção: 3 horas.

Clarificação, Processo de (*Procédé de Clarification*)
Meter a carne picada num tacho, com um pouco de água fria e legumes. Triturar tudo e juntar o Consomê Branco, frio e sem gordura. Fazer levantar fervura o mais rápido possível, mexendo, de vez em quando; deixar depois num fervilhar lento, ao lado da boca de fogo. Terminada a cocção, passar por um pano fino.

Consomê de Aves, Caça etc. (*Consommé de Volaille, Gibier, etc.*)
O mesmo que o anterior, mas com adição de carcaças de aves ou caça ligeiramente passadas no forno; juntar à carne de cocção.

Coulis de Lagostins ou Lagosta (*Coulis d'Écrevisses ou Homard*)
(*Ver* MOLHO NANTUA ou MOLHO AMERICANO. Um pouco mais espesso).

Crostões (*Croûtons*)
São feitos de pão, cortados em formas diversas. Fritam-se em azeite, ou, de preferência, em manteiga clarificada.

Duxelles Boa Dona (*Duxelles Bonne Femme*)
1/2 de Duxelles seco, 1/2 de Recheio de Pastelão (*Patê*). Misturar.

Duxelles para guarnições diversas (*Duxelles pour garnitures diverses*)
1/2 de Duxelles seco, 1/2 de recheio de croquetes. Misturar.

Duxelles para legumes recheados (*Duxelles pour légumes farcis*)
Redução de vinho branco, com Duxelles Seco. Juntar Molho Demi-glace fortemente atomatado, alho, miolo de pão e salsa picada. Deixar ferver lentamente até ter a consistência desejada.

Duxelles Seco (*Duxelles Sèche*)
Cebolas picadas, puxadas em manteiga. No último momento, juntar chalotas picadas, cogumelos (*champignons*) picados e espremidos. Temperar com sal e pimenta. Deixar cozer até a evaporação completa da umidade.

Essências (*Essences*)
Suco do ingrediente, reduzido a um grau muito concentrado, para a extração do paladar.

Fondue de Tomates
(*Ver* TOMATE *CONCASSÉ*).

Fumete de Peixe (*Fumet de Poisson*)
Cebolas picadas, com espinhas e aparas de linguados, pescadas etc. Fazer suar em manteiga. Molhar com água e vinho branco; juntar raiz de salsa, cogumelos (*champignons*), pimenta em grão, sumo de limão. Temperar com sal. Deixar ferver 20 a 25 minutos. Passar.

Fumete de Peixe com Vinho Tinto (*Fumet de Poisson au Vin Rouge*)
Trabalhar como o precedente, usando vinho tinto em vez de vinho branco.

Fundo Branco (*Fonds Blanc*)
As partes gelatinosas (*como seja, a carne do jarrete de vitela*), lavadas em água fria. Carcaças de aves. Branquear; escorrer;

refrescar. Molhar com água. Juntar cebolas picadas, cravinho, porros, aipo, pés de salsa, tomilho, louro, pimenta em grão. Temperar com sal. Deixar ferver, lenta e regularmente, 3 horas. Passar.

Fundo Escuro, ou Estufado (*Fonds Brun, ou Estouffade*)
Os aproveitamentos e aparas de vaca, ligeiramente corados no forno, num tabuleiro. Juntar ramo de cheiros, cebola, cenouras, pés de salsa, alho. Molhar com água. Adicionar tomilho, louro, aparas de tomates. Deixar ferver 6 a 8 horas. Desengordurar de tempos em tempos e acrescentar água quente. Passar pela estamenha.

Fundo Branco de Aves (*Fonds Blanc de Volaille*)
A mesma preparação que o Fundo Branco vulgar, juntando galinha e carcaças de aves.

Fundo de Caça (*Fonds de Gibier*)
Bocados de carne menos apreciados; ossos e aparas de peças de caça de pêlo; carcaças coradas no forno. Aromatizar fortemente com cenouras, tomilho, louro, salva, cebolas, pés de salsa e pés de zimbro. Molhar com vinho branco e água. Tempo de cozedura: 4 a 5 horas.

Fundos de Prato, Tampões e Crustadas (*Fonds de Plat, Tampons et Croustades*)
São feitos de pão, de purê de batata e de arroz. Os de pão são cortados de formas diversas e fritos em azeite ou, de preferência, em manteiga clarificada. Unem-se à peça com Glace de Carne. Os de arroz ou purê de batata são enformados e passados no forno, ou não.
Preparação do arroz para tampões: Arroz lavado escrupulosamente, branqueado 5 minutos, escorrido e lavado uma segunda vez em água quente; escorrido novamente. Cobrir o fundo de uma caçarola com fatias de toucinho e despejar-lhe o arroz dentro. Recobrir com as tiras de toucinho e deixar cozer docemente, a seco, durante 5 horas. Pisar e triturar num guardanapo untado com banha. Quando frio, cortar à vontade e conservar em água.

Geléia Vulgar (*Gelée Ordinaire*)
Proceder como para o Fundo Branco, juntando um ou diversos bocados de vaca, mãozinhas de vitela e couratos de porco. Clarificar no dia seguinte. (*Ver Clarificação*). Utiliza-se também consomê, para evitar o trabalho de preparar um fundo exclusivo para a geléia.

Geléia de Aves (*Gelée de Volaille*)
Operar como a anterior, substituindo a carne de vaca por galinha. Neste caso, se se utilizar consomê, só poderá ser de aves.

Geléia de Caça (*Gelée de Gibier*)
Aparas e carcaças de peças de caça, em vez de vaca ou galinha.

Geléia de Peixe (*Gelée de Poisson*)
Fumete de Peixe clarificado. Vinho tinto ou branco, segundo o emprego. Regular a consistência do princípio gelatinoso pelo encorpado do Fumete.

Glace de Carne, de Aves ou Caça (*Glace de Viande, Volaille ou Gibier*)
Redução dos Fundos, Escuro, de Aves ou de Caça, segundo os casos.

Godiveau
Vitela sem nervos e gordura de rim de vaca, picados e pisados, aos quais se juntam ovos (*um por um*) e os temperos. Passar pela estamenha e deixar repousar um dia. No outro dia, juntar glace em pequena quantidade ou natas, pisando novamente. Iniciar a cozedura, e deixar depois ferventar sobre a placa.

Godiveau Lionês (*Lyonnais*)
1/2 de Carne de Lúcio, 1/4 de gordura de rins de vaca, 1/4 de tutanos. Pisar no almofariz com PANADA C, juntando-lhe os temperos e claras de ovos. Passar pela estamenha.

Guarnição de Pratos Frios (*Garniture de Mets Froids*)
Composto como segue, segundo o gosto ou a necessidade:
- quartos ou metades de ovos cozidos, recheados ou cobertos com geléia;
- pequenos tomates guarnecidos;
- quartos de tomates grandes, recheados;
- timbales ou tarteletas, guarnecidos de salada russa;
- pequenos suflês frios;
- barquetas contendo purês de legumes com natas;
- olhos de alface em quartos ou picados;
- azeitonas;
- filetes de anchovas;

– legumes, beterrabas etc.;
– ovos ou salsa, picados, etc., etc.

Kache de trigo para sopas (*Kache, Kashe ou Kasha de Sarrasin pour Potages*)
Pasta compacta, feita com papas de trigo e água morna, com sal, posta a ferver numa caçarola durante 2 horas, em banho-maria, de preferência. Tirar a crosta e trabalhar com manteiga o aparelho obtido. Abaixar e deixar arrefecer, comprimido (*espessura de 1 cm*). Cortar com o corta-massas redondo, de 3 cm de diâmetro. Fazer fritar em manteiga clarificada. Servir.

Kache de sêmola para os Culbaques (*Kache de semoule pour les Coulibiac*)
Grossa sêmola de trigo, misturada com um ovo batido, seca e cozida com consomê. Tempo de cozedura: 20 minutos; depois, escorrer.

Marinada Instantânea (*Marinade Instantanée*)
Chalotas picadas, fragmentos de pés de salsa, sal, pimenta, sumo de limão, azeite. Lançar sobre as peças que se pretende marinar.

Marinada Crua (*Marinade Crue*)
Em caçarola; cenouras, cebolas, chalotas e aipo, picados; alho, pés de salsa, tomilho, louro, pimenta em grão e cravinho. Molhar com 1/2 de vinho branco, 1/4 de vinagre, 1/4 de azeite. Juntar as peças a marinar, já temperadas, e envolvê-las nos aromáticos. Deixar repousar um ou dois dias.

Marinada Cozinhada (*Marinade Cuite*)
Os mesmos elementos de condimento que acima. Puxá-los ligeiramente em azeite. Molhar com vinho branco e vinagre. Tempo de cozedura: 30 minutos. Deixar arrefecer antes de empregar.

Marinada com Vinho Tinto (*Marinade au Vin Rouge*)
O mesmo processo da MARINADA COZINHADA, substituindo o vinho branco por maior quantidade de vinho tinto, e menos vinagre. Pode-se empregar esta marinada em quente, se as peças a marinar forem servidas num curto prazo.

Massa de Chus (*Pâte à Choux*)
Meter, numa caçarola, água, sal e manteiga. Fazer ferver. Incorporar, fora do fogo, a farinha peneirada. Enxugar a fogo vivo. Retirar e juntar os ovos.

Massa de Fritar (*Pâte à Frire*)
Numa tigela, fazer uma massa encorpada, composta de farinha peneirada, sal, colher de azeite e água morna. Juntar claras de ovo batidas.

Matignon
Aldeã (*Paysanne*), composta de cenouras, cebolas, aipo, presunto, 1/2 de folha de louro, tomilho; puxar em manteiga e adelgaçar com vinho da Madeira.

Mirepoix
Cubos de cenouras, cebolas, presunto, louro e tomilho, puxados em manteiga.

Mirepoix à Bordalesa (*Mirepoix à la Bordelaise*)
Brunesa fina, composta de cenouras, cebolas. raízes de salsa, tomilho e louro. Estufar em manteiga até completa cocção.

Pães Frios (*Pains Froids*)
Fumete do elemento principal, reduzido quase a glace. Levantar com gemas de ovos e manteiga, como o Molho Holandês. Deixar arrefecer e misturar com purê, trufas e o elemento em preparação. Servir numa fôrma encamisada com geléia.

Panadas (*Panades*)
a) Miolo de pão embebido em leite, temperado com sal. Enxugar sobre o fogo, mexendo com a espátula. Deixar arrefecer antes de empregar.
b) Arroz molhado três vezes o seu volume com consomê branco. Juntar manteiga e cozer 45 minutos. Trabalhar para obter massa homogênea. Deixar arrefecer.
c) Trabalhar como para MASSA DE CHUS, sem a adição de ovos. Arrefecer antes de utilizar.
d) Farinha misturada com gemas de ovos e manteiga derretida; sal, pimenta, noz-moscada. Molhar com leite fervente. Passar pelo fogo. Arrefecer antes de usar.
e) Batatas cozidas, esmagadas. Molhar com leite. Temperar com sal, pimenta, noz-moscada. Reduzir. Trabalhar. Juntar manteiga. Empregar quando a preparação estiver morna.
Observação: Dar as receitas dos Recheios de Panadas é inútil, por ser desnecessário, pois eles são fáceis de preparar com as receitas de *recheios*, juntando natas e 1/2 de panada do elemento base.
Para todos os Recheios à base de Panadas, é necessário juntar gemas de ovos, ou mesmo ovos inteiros.

Provençal (*Provençale*)
Molho Bechamel muito reduzido, com um pouco de alho. Ligar com gemas de ovos.

Recheio à Americana (*Farce à l'Américaine*)
Cebolas picadas, refogadas com fatias de toucinho fumado (*bacon*); juntar miolo de pão e temperar com sal e pimenta do moinho.

Recheio de Caça (*Farce à Gibier*)
1/2 de carne de porco, 1/4 de carne de caça, 1/4 de toucinho gordo; temperar. Mesma preparação que Recheio para Pastelão (*Patê*).

Recheio de Gratém para Crostões (*Farce à Gratin pour Croûtons*)
Temperar fígados de aves com sal, pimenta do moinho, cravinho, etc. Saltear ligeiramente com toucinho, em fogo vivo. Pisar e passar por peneira fina.

Recheio de Gratém para Caça (*Farce à Gratin pour Gibier*)
O mesmo que RECHEIO DE GRATÉM PARA PASTELÕES QUENTES; juntar carne de caça (*de pêlo ou de penas*), tomilho e louro.

Recheio de Gratém para Pastelões Quentes (*Farce à Gratin pour Patés Chauds*)
Fígados de aves e toucinho gordo. Saltear, temperar com sal, pimenta e especiarias. Pisar e passar pela peneira.

Recheio para Pastelões (*Farce à Patês*)
a) 1/2 de carne magra, 1/2 de toucinho gordo, temperados e picados muito finos.
b) 1/3 de carne de porco, 1/3 de carne de vitela, 1/3 de toucinho gordo; temperar, juntar um cálice de brande, picar, pisar e passar.

Recheio de Pato à Ruanesa (*Farce de Canard à la Rouennaise*)
Cebolas picadas, puxadas em manteiga. Juntar, a frio, os fígados do pato e a salsa, picados; sal, pimenta do moinho, especiarias.

Recheio de Pato à Inglesa (*Farce de Canard à l'Anglaise*)
Cebolas picadas, puxadas em manteiga. Juntar, a frio, com miolo de pão, salsa picada, sal, pimenta do moinho, especiarias, noz-moscada.

Recheio de Peixe (*Farce de Poisson*)
Filetes de peixe de mar ou de água doce. Pisar no almofariz, temperar, passar na peneira. Levantar com natas, adicionando claras de ovo.

Recheio para Croquetes de Vitela, Aves, Caça, Peixe etc. (*Farce à Quenelles de Veau, Volaille, Gibier, Poisson etc.*)
Pisar no almofariz as carnes cruas e sem nervos; passar na peneira. Temperar com bom paladar. Levantar com natas, sobre gelo. Juntar clara de ovo para os RECHEIOS DE PEIXE.
Observação: Na cozinha antiga, a maior parte dos recheios era feito pela adição de panadas e ovos (*ver* PANADAS); contudo, na cozinha moderna, que pretende se desembaraçar das matérias supérfluas, aliás com plena concordância dos mestres e gastrônomos, as panadas e os ovos são substituídos pelas natas, fornecendo a própria carne a matéria coagulante. Por Recheios não se entende somente a massa que se aplica em rechear certas peças, mas também as que são feitas para outros fins, como Croquetes, Pastéis Folhados de Carne, Pastelões etc., etc.

Ru ou Roux Branco (*Roux Blanc*)
Manteiga clarificada, misturada com farinha peneirada; ligar em fogo brando, alguns minutos.

Ru ou Roux Alourado (*Roux Blond*)
O mesmo que o precedente, deixando prolongar o tempo de cozedura um pouco mais até obter cor alourada.

Ru ou Roux Escuro (*Roux Brun*)
O mesmo que os precedentes. mas alongando ainda mais o tempo de cocção, até conseguir cor semelhante à da casca de avelã.

Salmoura com Sal (*Saumure au Sel*)
Sal grosso misturado com salitre. As peças de carne a salgar devem ser picadas com a agulha de lardear, esfregadas com o salitre em pó e depois postas num recipiente onde são cobertas com a mistura de sal e salitre, tomilho e louro. Comprimir, colocando um peso sobre as peças, de forma a mantê-las sempre dentro da infusão.

Salmoura Líquida (*Saumure Liquide*)
Água, salitre, sal e açúcar mascavado. Fazer ferver, num recipiente de cobre estanhado. Experimentar com uma batata descascada; se

ela ficar no nível, estando coberta de liquido e sem tocar no fundo, a salmoura está pronta; caso contrário, juntar água ou reduzir o liquido, conforme a necessidade.

Salpicões (*Salpicons*)

Dados de cogumelos (*champignons*), de trufas, de galinha, de presunto ou outros. Qualquer elemento cortado em picado miúdo.

Suco Ligado (*Jus Lié*)

Fundo escuro em que o elemento dominante é a vitela. Ligar com farinha de araruta (*arrow-root*).

Tomate *Concassé* (*Fondue de Tomates ou Tomates Concassés*)

Cebolas picadas, passadas em manteiga; juntar tomates descascados, cortados em dados, alhos, sal e pimenta. Deixar no fogo até completa evaporação do líquido.

Tvaroque para Piroguis (*Twaroque pour Piroguis,* ou *Pirojkis*)

Misturar, numa caçarola, queijo branco com MANTEIGA TRABALHADA (*ver MANTEIGAS). Juntar ovo cru, sal e pimenta.*

ACEPIPES
(HORS-D'OEUVRE)

ALGUMAS CONSIDERAÇÕES

Sob esta epígrafe, vamos fornecer uma série de receitas e nomes de artigos já preparados, que pertencem à categoria dos Acepipes, ou Hors-d'Oeuvre, frios, uma vez que, para os quentes, será muito fácil encontrar, nas ENTRADAS LIGEIRAS, *grande quantidade deles que satisfaçam qualquer gosto.*

Regra geral, os Acepipes (deixemos a palavra Hors-d'Oeuvre) devem constar somente duma ementa em que não figure sopa.

Devemos também observar como absoluta a regra que nos indica sejam os Acepipes servidos apenas nos almoços, abrindo, em certos casos, exceção para os canapés.

Deliberadamente e contra todas as regras – o que, neste caso, aliás, é aceitável – , os restaurantes à la carte fogem a esta última norma, como solução para o fato de necessitarem manter os clientes despreocupados enquanto são preparados os pratos encomendados.

Assim, "Acepipes de Luxo", tais como Caviar, Ostras, Ovos de Tarambola, Salmão e Pasta de Fígado (Foie-Gras) figuram muitas vezes em serviços de jantares. Não deve, no entanto, esta solução servir de base, para não criar um hábito que, sendo contrário às normas estabelecidas, nenhuma vantagem traria.

ZAKOUSKI

Embora tenhamos feito acima algumas considerações baseadas na lógica, não deixaremos, no entanto, de citar, como apontamento interessante, o fato de, na Rússia de outrora, servir-se, antes dos jantares, numa sala diferente, algo muito parecido com as nossas Reuniões Mundanas (coquetéis), *a que davam o nome de* Zakouski.

Constavam os Zakouski *de uma mesa enorme* (bufê), *decorada com todas as variedades de pastelaria, peixe fumado, peças montadas, canapés, etc., e de um serviço de bebidas fortes: Vodca, Kümmel, Áraque, Gin etc.*

Ainda que, em muitas partes do mundo, tal uso tenha se generalizado, pelo desejo dos Hoteleiros de apresentar novidades, sem levarem em conta as diferenças de costumes dos povos, hoje até mesmo na Rússia ele não é praticado. O que resta desse costume é ainda o clássico "Bufê Frio" *dos restaurantes de luxo, e o* "Smörgasbord" *Sueco.*

DELÍCIAS À RUSSA
(*Délices à la Russe*)

Com este nome, servem-se diversos pratos e peças frias, tais como Lagosta, Lagostins, Presunto, Fiambre, Barquetas etc., gelatinadas. e decorados com trufas, beterraba, pimenta, aipo etc.

SERVIÇO DE ACEPIPES

Os acepipes frios, saladas, peixes pequenos, azeitonas etc., são servidos em recipientes próprios, colocados sobre gelo, num carro preparado para este fim, com decorações ao gosto do preparador.

Peças grandes são servidas sobre uma tábua que facilite o corte, num leito de folhas de alface ou semelhantes.

Outros ainda, como os Torresmos, por exemplo, essa ótima especialidade a que os franceses dão o nome de Rillons de Tours, ou ainda as cebolas fritas em rodelas muito crispas, são servidos sobre um guardanapo dobrado, num prato de vidro.

ACEPIPES
(Hors-d'Oeuvre)

Abacate (*Avocado*)
Em fatias, com azeite, vinagre, sal e pimenta.

Aceto-Dolce
Produto comercial italiano, com base em legumes e frutas diversas, marinados em vinagre e preparados depois, com uma mistura agridoce de moscatel, mel e mostarda.

Achards
Produto comercial francês, constando de Macedônia de Legumes, vinagre, mostarda etc.

Agoursis
Pepinos russos salgados. Servir em rodelas.

Aipo (*Céleri*)
Em rama, natural: estufado, frio ou em salada.

Aipo Boa Dona (*Céleri Bonne Femme*)
Rama de aipo e maçãs, picados. Temperados com Molho de Mostarda e natas.

Aipo à Grega (*Céleri à la Grecque*)
Pés de aipo, preparados da mesma maneira que as alcachofras do nome.

Alcachofras Recheadas (*Artichauts Garnis*)
Pequenos fundos de alcachofras, cozidos, marinados em azeite e vinagre, guarnecidos ao gosto, com ovas de peixe; purê de peixes; Macedônia de Legumes, ligados com Maionese etc.

Alcachofras à Grega (*Artichauts à la Grecque*)
Alcachofras inteiras, com folhas, cozidas numa mistura de 1/2 de água, 1/2 de vinho branco; fazer suar com cenouras, cebolas, azeite e limão; aromatizar a cozedura com funcho, coentros, aipo, pimenta em grão, louro e tomilho. Deixar arrefecer no próprio caldo da cocção.

Almôndegas
Picado de peixe ou carne, enrolado em massa como para rissoles. Estufar em Molho de Carne.

Amêijoas (*Clovisses*)
Naturais, com limão, Molho de Chalotas etc.

American Relishes
Aperitivos americanos, espécie de picles; passas, ameixas, alperches, cebolinhas, pepinos verdes (*cornichons*), preparados com vinagre, caiena, açúcar e canela. Servidos com pequenos biscoitos de canela; permanecem sobre a mesa durante todo o serviço.

Amoras (*Mûres*)
Frescas, cobertas de açúcar e gotas de vinagre.

Anchovas, Palito de (*Allumettes aux Anchois*)
Retângulos de massa folhada cobertos com pasta de anchovas.

Anchovas Frescas, Marinadas (*Anchois Frais Marinés*)
Salgar durante 2 horas; apertar em azeite fervente, marinar e servir com a marinada.

Anchovas, Filetes de (*Filets d'Anchois*)
Filetes de anchovas, cortados em Juliana e marinados com azeite. Servir decorado segundo o gosto.

Anchovas, Medalhões de (*Médaillons d'Anchois*)
Rodelas de batata, circundadas por filetes de anchovas, guarnecidas com ovos cozidos, caviar etc.

Anchovas, Rolinhos de (*Paupiettes d'Anchois*)
Filetes enrolados com recheio de peixe, decorados com Manteiga de Anchovas.

Anchovas com Pimentos (*Anchois aux Poivrons*)
1/2 de Pimentos, 1/2 de Filetes de Anchovas. Servir em prato pouco profundo, decorados ao gosto.

Anchovas de Tamarindos (*Anchois de Tamarins*)
Purê de maçãs assadas, temperado em quente, com azeite, vinagre, sal e pimenta. Servir com rolinhos de anchovas ao redor.

Anchovada (*Anchoyade*)
Torrada coberta com purê de anchovas e guarnecida com rodelas de ovo cozido, salpicado com cebola verde picada e gotas de azeite.

Arenques Diéppoise (*Harengs Diéppoise*)
Marinados com a seguinte composição: 1/3 de vinho branco, 2/3 de vinagre, rodelas finas de cebolas e cenouras, louro, tomilho, pés de salsa; 10 minutos de cozedura com os arenques. Deixar arrefecer dentro da marinada.

Arenques Fumados (*Harengs Saurs*)
Servidas em fatias muito finas, com manteiga e torrada Melba.

Arenques Fumados, Filetes de (*Filets d'Harengs Saurs*)
Cobrem-se com Maionese de purê de ovas de peixe, adicionada de cebola, salsa, tomilho, estragão, cerefólio e aipo, tudo cortado muito fino.

Arenques Salgados, Filetes de (*Filets de Harengs Salés*)
A mesma operação que para os precedentes.

Arenques à Livoniana (*Harengs à la Livonienne*)
Arenques fumados. Aparelho composto de dados de filetes, sem peles; de batatas, maçãs, salsa, cerefólio, estragão e funcho, picados; azeite e vinagre. Montar com a forma do arenque, juntando as cabeças e os rabos, guardados para este fim.

Arenques Lucas (*Harengs Lucas*)
Arenques fumados, dos quais se tira a pele em água tépida, remolhados em leite, e cortados depois em lâminas. São cobertos com Maionese de gemas de ovo cozido, com mostarda, chalotas, cerefólio e *cornichons* picados; algo picante.

Arenques à Russa (*Harengs à la Russe*)
1/2 de escalopes de filetes de arenque, 1/2 de rodelas de batata, alternados. Temperar com azeite, vinagre, chalotas, funcho e estragão picados.

Arroz (*Riz*)
Com Caril, Açafrão, Legumes etc. Em Timbale.

Atum (*Thon*)
Em azeite, em purê, em filetes marinados, bifinhos etc.

Atum Marinete (*Thon à la Marinette*)
Fatias de atum e de tomates pequenos; cebolinhas novas; alternadas e rodeadas por batatas, temperadas com Molho Vinagrete.

Azeitonas (*Olives*)
Naturais ou sem caroço, recheadas etc.

Azeitonas Recheadas (*Olives Farcis*)
Descaroçadas e guarnecidas ao gosto, com manteiga de anchovas, de atum, de salmão, de sardinhas; pimentão; gemas de ovo cozido, com mostarda e manteiga, etc.

Bacalhau Recheado (*Cabillaud Farci*)
Bacalhau remolhado inteiro, com recheio de peixe, ovos cozidos etc.; assado no forno. Servido em fatias, depois de frio.

Bacalhau, Pastelinhos de (*Croquettes de Cabillaud*)
Batata purê, bacalhau pisado de almofariz, sal, pimenta, gemas de ovo. Fazer uma massa. Enformar. Fritado em azeite bem quente.

Barquetas (*Barquettes*)
Em massa. Guarnecidas à vontade, com musse de peixe, aves, legumes, ostras, salada de peixe, Maionese, ou outros.

Beiça e Palato de Vaca (*Museau et Palais de Boeuf*)
Cozidos a branco; cortados finamente e temperados com azeite, vinagre, cebola e salsa picada. (Vaca ou Vitela).

Beterrabas (*Betteraves*)
Cozidas no forno; cortadas em formas diversas. Naturais ou em salada.

Beterrabas em Salada, com Natas (*Betteraves en Salade à la Crème*)
Juliana de beterrabas e cebolas, em salada, temperadas com sal, pimenta, sumo de limão, mostarda francesa e natas.

Biqueirões, Escabeche de (*Eperlans Marinés*)
Fritar em azeite fervente; retirar e colocar em prato fundo. No azeite, fritar, durante 10

minutos, alho não descascado, cenouras e cebolas em rodelas finas; juntar vinagre, tomilho, louro, salsa, pimentões. Deixar macerar durante 24 horas, para melhor concentração do sabor.

Bolotas de Porco à Caseira (*Gayettes de Porc à la Menagère*)
Folhas de crepe, ou redanho de porco, recheadas com picado de fígado e carne de porco magra, toucinho, sal, chalotas, pimenta. salsa picada e caiena. Enroladas em forma de bolas, ou não, se se preferir. Acamar, numa caçarola, sobre uma camada de banha e vinho branco, cobrindo depois com mais banha. Pôr no forno, com calor brando, 30 a 35 minutos. Servir quente ou frio; neste último caso, acompanhado de mostarda e pepinos verdes (*cornichons*).

Cabeça de Porco em Galantina (*Hure de Porc, Fromage de Porc ou Tête d'Achard*)
Galantina, tendo por invólucro exterior a própria cabeça desprovida de orelhas, ou enformada em gelatina. Picado de cabeça, língua, carne magra, palato, couratos, com sal, pimenta, cravinho, louro, tomilho e cebolas. Deixa-se em salmoura fraca, 4 dias, e coze-se com ramo de cheiros, aipo, tomilho e louro, durante 4 horas. Servido em fatias.

Cabeça de Porco (*Tête de Porc*)
Como a de vitela, ou em Marmita, condimentada, depois de grosseiramente cortada. (*Tête d'Achard*).

Cabeça de Vitela (*Tête de Veau*)
Cozida em branco; cortada em fatias, servida com Vinagrete, Molho Vilão etc.

Caboz à Russa (*Goujon à la Russe*)
Cozidos; em *Chaud-Froid*, com Maionese e sal, picados, com salsa picada.

Camarões (*Crevettes*)
Rosa ou negros; com Manteiga Fresca, Maionese, Vinagrete etc.

Canapés
Fatias de pão torrado de variadas formas, untadas com manteiga, sobre as quais são servidos diversos acepipes.

Canapés Almirante (*à l'Amiral*)
Ovais e dentados. Cobertos com Manteiga de Camarões, circundados com camarão descascado; centro guarnecido com ovos de lagosta.

Canapés de Anchovas (*aux Anchois*)
Losangos. Cobertos com Manteiga de Anchovas; decorados em quadriláteros, com filetes de anchovas.

Canapés Arlequim (*à l'Arlequin*)
Decorados com manteigas de diferentes cores, intercaladas.

Canapés Caçador (*Chasseur ou Gibier*)
Retângulos. Cobertura de manteiga com caiena; guarnecidos com purê de perdiz, lebre ou outro.

Canapés de Camarão (*aux Crevettes*)
Redondos. Cobertos com Manteiga de Camarão rosa; no meio, uma rosácea de camarões descascados, com uma alcaparra sobreposta.

Canapés de Caviar (*au Caviar*)
Redondos. Decorados com manteiga; guarnecidos no centro com Caviar fresco.

Canapés City
Redondos. Cobertura com aparelho composto de manteiga fresca, *gruyère* e parmesão ralados, natas; recobertos com uma meia-lua de salsichão e outra de *gruyère.*

Canapés Dinamarquesa (*danoise*)
Losangos. Pão integral; cobertura com Manteiga de Rábanos (*raifort*); guarnecido com lâminas de salmão fumado, filetes de arenque em vinho branco e cordões de caviar.

Canapés Escarlate (*écarlate*)
Estrelas. Cobertura de manteiga amostardada; guarnecidos com estrelas de língua. Ponto central com desenho em manteiga amostardada.

Canapés de Lagostins (*ecrevisses*)
Crescentes. Cobertura com Manteiga de Gambas, decorada com manteiga vulgar; guarnecidos com lagostins abertos ao meio, colocadas no sentido do crescente.

Canapés de Lagosta (*homard ou languiste*)
Quadrados. Cobertos com Manteiga de Lagosta; decorados com ovo cozido picado, ligado com Maionese; no centro, lâminas de lagosta.

Canapés Lucília (*Lucile*)
Ovais. Cobertos com manteiga amostardada; circundados por língua picada; centro

guarnecido com picado de aves, ligeiramente ligado com Maionese.

Canapés de Ovos (*Oeufs*)
Barrados com manteiga; ovos mexidos com salsa, ligeiramente picantes; decoração de salsa picada.

Canapés de Ovos (*Oeufs*)
Maionese de gema de ovo cozida, com mostarda e Roquefort; decoração de salsa picada.

Canapés de Peixe (*Poisson*)
Cobertos com Manteiga de Ovas de peixe; decorado com Manteiga de Camarão; centro guarnecido com picado de peixe, ligado com Maionese.

Canapés Primaveril (*Printaniers*)
Redondos. Cobertos com Manteiga Mompilher (*ver* MANTEIGAS COMPOSTAS); circundados de gemas de ovo cozido, picadas. Centro guarnecido de agrião picado grosso.

Canapés Rochelais
Redondos. Cobertos com Manteiga de Ovas de peixe; decorados com Manteiga de Camarão; centro guarnecido com uma ostra, cozida com vinho branco.

Caracóis (*Escargots*)
Naturais, com alho, pimenta etc.
Carapaus (*Mellets ou Harenguets*)
(*Ver* BIQUEIRÕES).

Carolinas (*Carolines Diverses*)
São ÉCLAIRS, guarnecidos de musses diversas, em *Chaud-Froid*, e cobertos com geléia.

Cavalas (*Maquereaux*)
Marinadas; Escabeche; as menores podem ser preparadas como ARENQUES À DIÉPPOISE.

Caviar
Ovos de esturjão, especialmente preparados; servidos sobre gelo pilado, com Blinis ou torrada Melba.

Cebolas (*Oignons*)
Cozidas, temperadas com vinagre e sal; salteadas em azeite, sal, pimenta etc.; fritas em rodelas, muito secas.

Cerejas (*Cerises*)
Maceradas em vinagre, sal etc.

Cerejas à Alemã (*Cerises à l'Allemande*)
Ácidas. Marinadas em vinagre, sal, açúcar mascavado, cravinho, canela e noz-moscada. Em maceração durante 15 dias.

Cerejas Bicais (*Bigarreaux*)
Cerejas com pé, marinadas em vinagre, fervido com estragão e sal. Maceração durante 20 dias.

Chalotas (*Echalotes*)
O mesmo que as CEBOLAS.

Chouriços (*Cervelas*)
Diversos; servido ao natural ou em salada.

Cogumelos
(*Ver* TORTULHOS).

Conservas
De todas as qualidades; as de peixe, com rodelas de cebola ou em saladas; as de carnes ou outras, ao natural ou em saladas.

Cornichons
Pepinos verdes, macerados em vinagre; servidos em rodelas, em prato de vidro.

Cornucópias de York (*Cornets de York*)
Triângulos de fiambre enrolado em cornucópias, guarnecidos com geléia picada.

Costeletas (*Côtelettes*)
De carneiro; panadas ou Villeroy.

Couve-flor (*Chou-fleur*)
Cozidas, marinadas em azeite e vinagre, ou cobertas de Molho de Mostarda, com natas.

Couve Espanhola (*Chou Espagnole*)
Juliana, em vinagre, misturada com juliana de maçãs; tempero de salada vulgar.

Couve, Rolinhos de (*Choux en Paupiettes*)
Folhas de couve cozidas em branco, cortadas em retângulos; recheadas com cebolas cozidas a branco, salada de arroz etc. Temperar e enrolar. Cobrir a superfície com azeite, no momento de servir.

Cremes (*Crèmes*)
Podem substituir vantajosamente as manteigas. Purês de todos os gêneros, com natas batidas.

Cremes Moldados (*Crèmes Moulés*)
O mesmo aparelho acima, adicionado de algumas colheres de geléia derretida. Em formas de todos os modelos. Servir bem gelado.

Crepes (*Crèpes*)
Recheados com purês diversos ou com um salpicão; enrolados e cortados em fatias.

Cromesquis
Gênero de croquetes. Picado de carne enrolado em folhas de crepe e frito. (*Ver* ENTRADAS LIGEIRAS).

Croquetes (*Croquettes*)
Bolinhos com picado de carne, farinha e ovo. De vaca, de galinha, ou outros. São passados por pão ralado e fritos.

Crustadas (*Croustades*)
Pastéis redondos, de massa frita, recheados ao gosto.

Culbaques (*Coulibiacs, Culbacks*)
Pastel feito de massa de brioche, recheado com escalopes de enguia, ovos cozidos, champignons, cebola picada etc., em camadas sobrepostas. Cozido no forno. Tempo regular de preparação, 30 a 40 minutos.

Dartois
Diversos; picantes; servir sortidos no mesmo prato. (*Ver* ENTRADAS LIGEIRAS).

Delícias (*Mignardises*)
(*Ver* FRIVOLIDADES).

Duquesas (*Duchesses*)
Couves pequenas, recheadas com creme e cobertas com geléia.

Duquesas com Caviar (*Duchesses au Caviar*)
Recheadas com caviar e cobertas com geléia.

Duquesas Nantua (*Duchesses Nantua*)
Couves Santo Honório (*Saint-Honoré*) recheadas com purê de gambas, cobertas com geléia e polvilhadas com pistácia picada.

Duquesas à Norueguesa (*Duchesses à la Norvégienne*)
Recheadas com purê de Anchovas Norueguesas (*Kilkis*) e cobertas com geléia.

Duquesas Rainha (*Duchesses la Reine*)
Recheadas com purê de aves e cobertas com geléia.

Duquesas de Salmão Fumado (*Duchesses de Saumon Fumé*)
Recheadas com creme de salmão fumado. Cobertas com geléia.

Duquesas Sultana (*Duchesses Sultane*)
Recheadas com purê de aves e pistácia. Cobertas com geléia e pistácia picada.

Éclairs
Pequenos. Guarnecidos com purês, em *Chaud-Froid*; cobertos com geléia.

Éclairs Karoly
Recheados com purê das partes interiores da galinhola, com FINE CHAMPAGNE (*brande*) e manteiga; um pouco de caiena. Em *Chaud-Froid*, cobertos com geléia e decorados com trufas.

Enguias (*Anguilles*)
Fumadas ou em geléia. Em filetes ou postas; de Escabeche, Marinadas etc.

Enguia fumada de Kiel (*Anguille fumé de Kiel*)
Em filetes, servidos sobre guardanapo.

Enguias à Húngara (*Anguille à la Hongroise*)
Postas de enguia, cozidas como para Matalota (*Matelote*), com vinho branco. Condimentadas com páprica, cortadas em filetes e arrefecidas no próprio caldo da cozedura, ligeiramente gelatinado.

Escabeche (*Escavèche*)
De peixes pequenos ou filetes. Fritos e depois marinados, durante 24 horas, com uma fritura de cebola, azeite, vinagre, alho e sal. Servir dentro da própria marinada.

Feijão-verde (*Haricots Verts*)
Cozido; temperado em quente, com azeite e vinagre. Enfeitado com uma juliana de ovo cozido e cebola.

Figos (*Figues*)
Servidos sobre folhas de videira, num leito de gelo picado.

Figos com Natas (*Figues à la Crème*)
Polpa de figos, coberta com nata fresca.

Figos com Presunto (*Figues au Jambon*)
Cornucópias de presunto, recheadas com polpa de figos, que se pode extrair com uma colher de chá, torneando, obtendo assim umas bolinhas.

Filetes de Anvers (*Filets d'Anvers*)
Como CORNUCÓPIAS DE YORK.

Filetes de Peixe (*Filets de Poisson*)
Fritos, cozidos, em Maionese. Escabeche, com Vinagrete etc.

Foie-Gras
(*Ver* PASTA DE FIGADO).

Folhados (*Feuilles*)
Diversos, guarnecidos com carne, peixe ou legumes.

Frivolidades (*Frivolités*)
Variedades de Acepipes bem ornamentados e guarnecidos.

Funcho (*Fenouil*)
Pés, crus ou marinados; preparados como ALCACHOFRAS À GREGA.

Galantinas (*Galantines*)
De pato, de galinha, de galo ou outras, em fatias.

Gambas
Marinadas, em musse, Maionese etc.

Kilkis (*ou Anchovas da Noruega*)
Produto comercial. Servida com limão.

Lagosta (*Langouste*)
Em pequenos medalhões, com Salada Russa, em Maionese, Vinagrete etc.

Lagostins (*Langoustines ou Écrevisses*)
Cozidos; com Remulada, Vinagrete e Tártaro etc.

Lavagante (*Homard*)
O mesmo que para a LAGOSTA.

Legumes (*Légumes*)
Marinados, em salada etc.

Leitão (*Cochon de Lait*)
Frio, em fatias, sobre guardanapo.

Língua (*Langue*)
Escarlate (*Écarlate*) ou Fumada (*Fumée*). Servida em fatias.

Lulas (*Calmars*)
Fritas, marinadas.

Macedônia (Macédoine)
Pequenas cebolas brancas, cozidas; couve-flor; feijão-verde; escalopes de fundos de alcachofras, cozidos; pepinos verdes (*cornichons*), pimentões; tudo, numa caçarola, coberto com vinagre fervente, sal e pimenta. Deixar macerar.

Maionese (*Mayonnaise*)
Salada de legumes ou outros elementos, ligados com Maionese e decorados ao gosto.

Manteigas (*Beurres*)
Ao natural, ou diversas outras maneiras. Para sugestões, *ver* MANTEIGAS COMPOSTAS.

Mãozinhas (*Pieds*)
De carneiro ou vitela. Em fatias, depois de cozidas a branco; com azeite, Vinagrete ou Tártaro.

Mariscos (*Coquillages ou Fruits de Mer*)
Diversos. Naturais ou condimentados.

Marmitas (*Marmites, Potées ou Confits*)
Frituras ou cozidos gordurosos, no gênero dos ROJÕES, que após esfriar são servidos inteiros ou em fatias.

Medalhões (*Médaillons*)
Canapés de forma redonda, guarnecidos e decorados.

Medula de Vegetais (*Moelle de Vegetaux*)
Diversas: alcachofras, bambu, couve, couve-flor, alface etc. Desfibradas, picadas grossas e temperadas em salada. Podem também ser preparadas à Grega. (*Ver alcachofras do nome, em* LEGUMES).

Melão (*Melon*)
Sobre gelo picado, em fatias; ou em fatias com presunto.

Melão, Coquetel de (*Melon Cocktail*)
Dados grossos ou bolinhas de melão, com açúcar, marrasquino, *kirsch*, brande ou vinho do Porto, segundo o gosto. Servido bem gelado, em taças.

Melão Gelado, Aromatízado (*Melon Frappé aux Bouquets*)
Cortar, numa das extremidades do melão, um círculo com 8 cm de diâmetro. Desembaraçar o interior das sementes, filamentos etc., e encher o espaço vazio com vinhos da Madeira, do

Porto, de Marsala ou de Xerez. Tampar, de novo, com o tampão retirado e pôr para gelar. Servido com uma colher.

Melões em vinagre (*Melons Confits*)
Pequenos melões, tratados como os pepinos verdes (*cornichons*).

Mexilhão (*Moules*)
Abertos e retirados da concha; cobertos com juliana de aipo muito fina, e temperados com Molho de Mostarda, com natas.

Miolos (*Cervelles*)
Marinados ou em Vinagrete. Medalhões ou escalopes.

Miolos à Roberto (*Cervelles Robert*)
Escalopes de miolos e juliana de aipo; tudo coberto com um Molho de Mostarda, com natas e purê de miolos.

Mortadela (*Mortadelle*)
Em fatias, ou enrolada com picles.

Nozes (*Noix*)
Naturais ou como abaixo.

Nozes Verdes (*Cerneaux*)
Polpa de nozes frescas, com aipo em juliana, agraço e sal.

Ostras (*Huîtres*)
Sobre gelo picado. À parte, fatias de pão escuro com manteiga; limão e Molho de Chalotas.

Ostras com Caviar (*Huîtres au Caviar*)
Pequenas tarteletas, com o fundo guarnecido de caviar. Colocada uma ostra sobre este, temperar com pimenta de moinho e sumo de limão.

Ostras Marinadas (*Huîtres Marinés*)
Em conserva, ou em preparação própria, com Marinada vulgar.

Ouriços do Mar (*Oursins*)
Naturais. Muito bem limpos, com sumo de limão.

Ovos (*Oeufs*)
Cozidos, com Maionese, em geléia etc.

Ovos Recheados e Guarnecidos (*Oeufs Farcis et Garnis*)
Cozidos; guarnecidos segundo o gosto e o talento do preparador.

Ovos de Pavoncinho (*Oeufs de Vanneau*)
Cozidos em 8 minutos. Servidos em ninhos especiais, com pão escuro barrado de manteiga.

Pãezinhos à Francesa (*Pains*)
Pãezinhos de leite, de forma oblonga, abertos de lado e com todos os recheios desejados. Servidos, sobretudo, em serviços de BUFÊS.

Pãezinhos de Varsóvia (*Pains à la Varsovienne*)
Os mesmos de acima, recheados com Salada Russa. adicionando dados de filetes de arenque.

Palitos de Peixe (*Allumettes de Poisson*)
Pequenos retângulos de massa folhada, com recheio de peixe e decorados. Podem ser utilizados outros recheios que modificarão o nome dos palitos, tais como: anchovas (*Anchois*); Salmão (*Saumon*), etc.

Pasta de Fígado (*Foie-Gras*)
Em pequenos recipientes, sobre gelo picado. Acompanhada de torradas Melba e manteiga. Servida também em geléia (*Aspic*), Musse, Terrina etc.

Pastelões (*Patês*)
Diversos; em terrinas, fatias, geléia, etc.

Pastelão de Andorinhas (*Patê d'Alouettes*)
Em fatias muito finas ou em triângulos.

Paupiettes
(*Ver* ROLINHOS).

Peixes (*Poissons*)
Do mar, do rio ou de lago; marinados, salgados ou fumados.

Pepinos (*Concombres*)
Descascados; em rodelas ou dados; com sal ou em salada.

Pepinos à Dinamarquesa (*Concombres à la Danoise*)
Troços de pepino em forma de Barquetas, guarnecidos com salpicão de salmão fumado, arenque fumado e ovos cozidos, cobertos com rábano forte, ralado.

Pepinos Recheados (*Concombres Farcis*)
Cortados em Barquetas, cozidos e marinados. Guarnecidos com Recheio de Carne, de Peixe, um salpicão picante, Macedônia etc.

Perceves
Cozidos; ao natural, sobre folhas de alface.

Picallilis
Produto comercial semelhante aos picles, mas conservado com Molho de Mostarda. (*Preparado inglês muito apreciado*).

Picles
Legumes diversos, branqueados e conservados em vinagre. Servidos em pratos de vidro.

Pimentão (*Piments*)
Grelhados; recheados, cortados em fatias e temperados ou em salada.

Pimentão à Algeriana (*Piments à l'Algérienne*)
Grelhados; pelados. Abertos ao meio no sentido do comprimento; tirar as grainhas e cortar em juliana grossa; temperar com azeite e vinagre. Servir com pequenas rodelas de cebola, em volta.

Pimentão Doce (*Poivron Doux*)
O mesmo que o Pimentão.

Polvo (*Poulpe*)
Cozido, marinado ou em salada.

Porós (*Poireaux*)
Cozidos, com azeite e vinagre, sal e pimenta.

Porós à Grega (*Poireaux à la Grecque*)
Cortados com 8 cm de comprimento. Cozidos fortemente. Proceder depois como para ALCACHOFRAS À GREGA.

Poutargue
Produto oriental em forma de salsicha. Há os de atum, de salmão e outros. Servido em fatias, com azeite e limão.

Praires
Derivativo das amêijoas grandes. Servido como as ostras, com limão.

Pressed-Beef
Produto inglês de carne de vaca. Servido em fatias finas, com picles.

Presunto (*Jambon Fumé ou Jambon de Campagne*)
Em fatias ou cornucópias; com picles, melão ou figos.

Presunto Cru (*Jambon Cuit, Jambon d'York*)
Em fatias finas, com picles.

Purês para Acepipes (*Purês pour Hors-d'Oeuvre*)
Em tigela. De vaca, porco, presunto, fígado, peixe, aves, caça etc. Servidos no próprio utensílio onde são preparados.

Purês Comerciais
Especialidades inglesas, conhecidas pelo nome de *Potted-Beef*, *Potted-Ham*, *Potted-Chicken*, *Potted-Tongue*, *Potted-Salmon* etc.

Rabanetes Escuros (*Radis Noirs*)
Descascados; picados em salada, com azeite, vinagre, sal e pimenta.

Rabanetes Vermelhos (*Radis Roses*)
Servidos ao natural.

Rebentos e Gavinhos de Videira (*Vrilles de Vigne*)
Fortemente cozidos. Marinados em vinagre fervente, com estragão. Macerar 4 ou 5 dias. Servir na marinada. (*Só servem os realmente tenros e não fibrosos*).

Relishes Américains
(*Ver* AMERICAN RELISHES).

Rilletes de Tours
Especialidade francesa. Servidos na própria caçarola onde são feitos. (*Espécie de purê, feito de pássaros e carne de porco, frito e pisado depois de frio*).

Rissoles (*Rissoles*)
Pastéis de massa folhada, com recheios diversos.

Rojões
Marmita de carne de porco, frita com bastante gordura, alho, louro, sal, pimenta, colorau e vinho branco, sendo este, de preferência, verde. Servido na marmita (*tacho*), frio ou quente.

Rolinhos (*Paupiettes*)
Rolinhos de filetes de peixe ou carne, com recheio ou não. Os de peixe são servidos em marinada, vinagrete, ou outro. Os de carne, com o próprio molho, um pouco amostardado.

Rolmops
Azeitonas bem graúdas, sem caroço, enroladas com peixe cru em conserva de vinagre.

Saladas (*Salades*)
Composições infinitas; com tudo e de todas as maneiras, segundo o gosto e o que se pretende utilizar.

Salame (*Salami*)
De todas as origens; são famosos os de Milão, Gotha e o Salame Húngaro (*Hongrois*). Servido em rodelas finas, com picles.

Salmão fumado (*Saumon fumé*)
A peça deve ser cortada na presença do cliente. Em fatias muito finas ou em cornucópias.

Salsichas (*Saucisses*)
De Francfurt, Estrasburgo, Viena; em água quente, 10 minutos. Rábano ralado ou mostarda, à parte.

Salsichão (*Saucisson*)
De todas as procedências. São especialidades os de Lyon, Arles, Toulouse, Bologne etc. Servido em rodelas finas.

Salsichão de Fígado de Frango ou de Faisão (*Saucisson de Foie de Poulet ou de Faison*)
Em rodelas, sobre um prato; Geléia (*Aspic*) picada, no centro.

Salmonetes com Açafrão ou à Oriental (*Rougets au Safron ou à l'Orientale*)
Pequenos; acamados num prato com azeite, vinho branco, sal, tomates *concassés*, pés de salsa picados, funcho, tomilho, louro, alho, pimenta em grão, coentros e açafrão. Ferver 10 minutos. Deixar arrefecer no molho. Servir com a marinada e rodela de limão.

Sandes (*Sandwiches*)
Pequenas, diversas; recheadas à vontade. Mais indicadas para serviço de BUFÊ.

Santola (*Crabe*)
Em salada ou recheada com miolo de pão, vinho da Madeira, Maionese, sal, pimenta, natas. Faz-se uma massa, não muito espessa, e junta-se a própria água da santola e mostarda. Servida dentro da casca, decorada com gema de ovo cozido, picada; salsa, beterraba etc.

Sardinhas (*Sardines*)
Fritas, em conserva, em filetes, fumadas, marinadas, com Molho de Tomate, Escabeche etc.

Sigui Fumado
Corta-se em agulhetas finas.

Tarteletas (*Tartelettes*)
O mesmo que BARQUETAS, mas redondas.

Tarteletas de Atum (*Tartelettes de Thon*)
Pequenas crustadas com o fundo guarnecido de purê de atum, com Molho Maionese, tendo uma rodela de atum sobreposta. Decoradas com bordura de gemas e claras de ovo cozido, alternadas com salsa picada entre elas.

Tomates à Genovesa (*Tomates à la Génoise*)
Cortar em fatias. Decorar com tiras de pimentões verdes e encarnados. Cobrir com vinagrete e filetes de anchovas. Circundar com rodelas de batata cozida com pele.

Tomates à Monegasca (*Tomates à la Monégasque*)
Pequenos tomates esvaziados, marinados interiormente, e recheados com um aparelho composto de atum, ovos cozidos, cebola, salsa, cerefólio e estragão, picados e ligados com Maionese.

Tomates Naturais (*Tomates au Naturel*)
Pequenos tomates arredondados, apertados com um pano e marinados em azeite e vinagre. Para imitar o pé, coloca-se uma folha de salsa com caule.

Tomates em Quartos (*Tomates en Quartiers*)
Tomates médios, esvaziados e reenchidos com purê de peixe ou Macedônia, ligados com Maionese e geléia. Deixá-los arrefecer e cortar em quartos.

Toranja (*Pamplemousse*)
Servido dentro da própria casca ou em taças, polvilhada com açúcar e enfeitada com uma cereja. (Dita *Grape-Fruit*).

Torresmos
Fritura de gordura de porco, muito crespa e enxuta. Servidos sobre guardanapo. (*Os RILLONS dos franceses, que quase se assemelham, são tiras de couratos de porco, fritas e bem enxutas*).

Tortilhas (*Tortilles*)
Diversas. Em fatias ou quartos.

Tortulhos (*Cèpes*)
Marinados como segue: vinagre, azeite, alho, tomilho, louro, coentros, pimenta em grão, funcho, pés de salsa, Brunesa de legumes cozidos. Ferver durante 10 minutos. Em maceração 15 dias.

Tripas (*Gras-Double*)
Cozidas em Vinagrete ou com Molho de Mostarda.

Trutas Marinadas (*Truites Marinés*)
Cozidas em Caldo Aromatizado (*Court-Bouillon*) com: 1/3 de vinho branco, 2/3 de vinagre forte. Arrefecer no caldo. Servir na própria marinada, com rodelas de limão canelado.

Trutas Marinadas, Filetes de (*Filets de Truites Marinés*)
Tirar a pele dos filetes; cobrir com Maionese e salpicar com coral picado. Servir sobre salada de legumes, com uma bordura de rodelas de ovo cozido, rabanetes e pepinos, alternados.

Tubérculos (*Racines*)
Entenda-se todas as raízes de vegetais comestíveis. Cozidos, marinados, em salada, etc.

Vaca Cozida (*Boeuf Bouilli*)
Fatias em salada.

Vaca Fumada (*Boeuf Fumé*)
Em fatias muito finas.

Vaca Fumada de Hamburgo (*Boeuf Fumé de Hambourg*)
Especialidade comercial. Em fatias muito finas.

Walnuts
(*Ver* NOZES, *palavra inglesa*).

Zampino
Pés de porco ou leitão, cozidos. Servidos desossados, com qualquer molho picante. (*Ver* COZINHA ITALIANA).

GUARNIÇÕES
(GARNITURES)

Em culinária – ainda que pareçam coisas de menor importância – as guarnições são, sem sombra de dúvida, muito necessárias, pois, se é o Molho que dá ao prato o paladar, são elas que lhe dão o nome e a aparência, o adorno que tanto contribui para o sucesso de uma peça cozinhada.

As guarnições podem constar de um ou mais produtos, mas deve haver sempre, da parte de quem prepara um prato, o maior cuidado para que a apresentação deste coincida com as normas estabelecidas.

Se, de momento, nos falta um condimento, ou legume, será preferível buscar outra confecção onde eles não intervenham, a insistir servindo aquela com essa falta, o que, sendo imperdoável denotaria falta de escrúpulo e de pundonor profissional.

Há ainda o fato, aliás muito generalizado, de certos cozinheiros apresentarem novas confecções, por eles idealizadas, com nomes de pratos clássicos, ou vice-versa. Esta prática é um erro, pois, se o prato é agradável, terá, de qualquer modo, o justo aplauso; caso contrário, o desagrado não deixará de se manifestar, seja qual for o nome que apresente.

Agindo assim, ainda que sem disso se aperceberem, esses profissionais estão forçosamente conduzindo a Culinária ao descrédito e conseqüente decadência, pela confusão que criam entre os que de fato tomam nota.

Os que servem e os que são servidos devem defender, o mais possível, o sentido da verdade culinária, pois foi assim que ela se impôs à nossa consideração.

Africana (*Africaine*)
(*Para peças grandes*). Cogumelos; pepinos; beringelas, torneadas como dentes de alho; quartos de tomates, limpos de sementes; tudo salteado em azeite. Batata Castelo (*Château*).

Agnès Sorel
(*Para peças grandes e aves*). Salpicão de língua, champignons e trufas. Pequenas fôrmas de arroz branco. Molho da própria peça, com vinhos da Madeira e Demi-glace.

Albano
(*Para aves, tornedós ou caça*) Banana cortada ao meio, no sentido do comprimento, enrolada em fatias de presunto. Fritar em manteiga. Reduzir com Madeira. Colocar sobre a peça a servir.

Albigeoise
(*Para pequenas e grandes peças*). Croquetes de batata em aparelho de Duquesa (Duchesse), misturado com presunto magro, picado. Pequenos tomates, com recheio de Duxelles e miolo de pão, alho e salsa picada. Demi-glace atomatado.

Albufera
(*Para aves cozidas*). Pequenas tarteletas, recheadas com trufas, torneadas a colher, de le-

gumes, do tamanho de ervilhas; bolinhas de recheio de aves do mesmo tamanho, fritas, com rins de galo e champignons; fatias de língua escarlate, cortadas como cristas de galo, colocadas sobre as tarteletas. Molho Albufera. (*As aves com esta guarnição são recheadas de arroz misturado com salpicão de fígado de pato e trufas*).

Aldeã (*Paysanne*)
(*Para entradas*). (*Ver* QUINTEIRA). Juntar batatas coradas no forno, cebolas e fatias de toucinho.

Alemã (*Alemande*)
(*Para peças grandes*). Nulhes salteados em manteiga, e purê de batata.

Algeriana (*Algérienne*)
(*Para peças grandes*). Pequenos tomates descascados, sem sementes, estufados em azeite. Croquetes de batata-doce.

Almirante (*Amiral*)
(*Para peixes*). Mexilhões à Villeroy, lagostins e Molho Matalota (*Matelote*).

Alsaciana (*Alsacienne*)
a) (*Para peças grandes*). Tarteletas de chucrute, estufada, com uma rodela de presunto sobreposta.
b) Nulhes salteados em manteiga, misturados com dados de trufas e de pasta de fígado (*foie-gras*).

Americana (*Américaine*)
(*Para peixes*). Escalopes de lavagante e rodelas de trufas. Molho Americano.

Americana (*Américaine*)
(*Para aves ou peças pequenas*). Fatias de toucinho fumado (*bacon*) grelhadas, colocadas sobre a peça. Batata Palha (*Paille*), montinhos de agrião e tomates inteiros, grelhados. (*Geralmente só para grelhados*).

Andaluza (*Andalouse*)
(*Para peças grandes e aves*). Pimentões grelhados, abertos ao meio, recheados com Arroz à Grega; fatias de beringela salteadas em azeite. Guarnecer os pimentões com tomate *concassé* salteado em azeite, polvilhado com salsa picada.

Antiga (*Ancienne*)
(*Para aves*). Cebolas pequenas estufadas a branco, e champignons. (*Geralmente usa-se em estufados e caçarola*).

Antiga (*Ancienne*)
(*Para aves cozidas e estufadas,* vol-au-vent*: timbalos e crustadas*). Croquetes de aves trufados; trufas como azeitonas; champignons; lagostins cozidos em Caldo Aromatizado (*Court-Bouillon*). Molho Supremo com Mirepoix fino de legumes, perfumado com vinho da Madeira.

Antiga (*Ancienne*)
(*Para grandes peças estufadas, sobretudo lombo de vitela*). Pequenas crustadas em aparelho de Batata Duquesa (*Duchesse*) fritas e recheadas com rim de vitela em cubos, salteado em manteiga; champignons em dados, ligados com fundo de vitela reduzido. Alfaces estufadas, Batatas Avelãs (*Noisettes*), feijão-verde com manteiga. Fundo da peça.

Antiga (*Ancienne*)
(*Para peixes cozidos ou estufados*). Pequenas barquetas, recheadas com salpicão de ovas, ligado com Molho Normando; trufas como azeitonas; champignons; lagostins cozidos em Caldo Aromatizado (*Court-Bouillon*). Fundo da cocção, reduzido com aveludado magro e natas, perfumado com vinho da Madeira.

Anversoise
(*Para peças grandes*).
a) Tarteletas recheadas com lúpulo e natas. Batata à inglesa.
b) Endívias com manteiga; feijão-verde ou lúpulo com natas, servidos dentro de fundos de alcachofras.

Aranjuez
(*Aves, caça e peixe*). Pontas de espargos, ligadas com Molho Holandês.

Argenteuil
O mesmo que ARANJUEZ.

Arlesiana (*Arlésienne*)
(*Para tornedós e medalhões*).
Fatias de beringelas, fritas em azeite. Rodelas de cebola frita e tomates *concassés*, passados em azeite.

Armenonville
(*Para peças grandes*). Alcachofras em quartos, batatas em caçarola (*cocotte*). Tomates *concassés* e feijão-verde.

Astrônomo (*Astronome*)
(*Para entradas ou aves*). Croquetes de arroz com fiambre picado, fundos de alcachofras recheados com purê de ervilhas, castanhas estufadas. Molho Espanhol atomatado.

Badoise
a) (*Para peças grandes*). Couves roxas estufadas, toucinho magro, purê de batata.
b) (*Para tornedós e medalhões*). Cerejas sem caroço.

Banqueira (*Banquière*)
a) (*Para tornedós e medalhões*). Calhandras desossadas e recheadas, croquetes e lâminas de trufas.
b) (*Para peixes*). Fundos de alcachofras, champignons, trufas e pepinos frescos estufados. Aveludado de peixe.

Bateleira (*Batelière*)
(*Para peixes*). Champignons, pequenas cebolas estufadas, ovos fritos e lagostins.

Beatriz (*Béatrix*)
(*Para peças grandes*). Míscaros salteados em manteiga, cenouras novas torneadas, quartos de alcachofras e batatas novas assadas.

Beaufort
(*Para peixes*). Escalopes de lavagante; lagosta; ostras; champignons e Manteiga de Lavagante.

Beauharnais
(*Para tornedós e medalhões*). Champignons recheados e quartos de alcachofras.

Beauvilliers
(*Para peças grandes estufadas*). Crepes enrolados com recheio de espinafres; passar por massa de fritos e fritar no momento de servir. Tomates recheados com purê de miolos, gratinados. Fundo do estufado.

Bela Helena (*Belle Hélène*)
(*Para peças grandes*). Champignons grelhados, tomates *concassés*, ervilhas novas, cenouras novas torneadas e croquetes de batata.

Bela Vista (*Bellevue*)
O mesmo que BELA HELENA. Acompanhar com Molho Bearnês.

Beneditina (*Bénédictine*)
(*Para peixes ou ovos escalfados*). Pequenas tarteletas ou barquetas, recheadas com purê de bacalhau seco, adicionado de trufas picadas. Molho Vinho Branco, para os peixes; Molho Natas, para os ovos.

Beringela (*Aubergine*)
(*Para peças grandes*). Fatias de beringela fritas em azeite, recheadas e gratinadas. Batata Castelo (*Château*).

Berrichone (*Berrichone*)
(*Para peças grandes*). Bolas de couve, estufadas; pequenas cebolas e castanhas inteiras, fatias de toucinho.

Berny
(*Para caça*). Croquetes de Batata Berny; tarteletas guarnecidas com purê de lentilhas e lâminas de trufas sobrepostas.

Bizantina (*Byzantine*)
Crustadas de Batata Duquesa, guarnecidas com purê de couve-flor; alfaces estufadas, recheadas.

Boêmia (*Bohémienne*)
a) (*Para medalhões*). Pilaw de arroz, tomates *concassés*, rodelas de cebola fritas; dados de trufas e de presunto.
b) (*Para assados*). O assado deve ser recheado com recheio de trufas e pasta de fígado. Molho Madeira com essência de trufas.

Boitelle
(*Para peixes*). Champignons picados em cru, salteados em manteiga.

Bordalesa (*Bordelaise*)
(*Para aves e caça*). Molho Bordalês com rodelas de tutano escalfado.

Borgonhesa (*Bourguignonne*)
(*Para peças grandes*). Cebolas tostadas, quartos de champignons salteados, fatias de toucinho.

Brabançonne
(*Para tornedós e medalhas*). Tarteletas guarnecidas de couve-de-bruxelas, cobertas

com Molho Mornay e passadas no forno (*glacés*). Croquetes de batata, espalmados.

Bragança (*Bragance*)
(*Para medalhas e tornedós*). Pequenos tomates sem sementes, recheados com Molho Bearnês; croquetes de batata.

Bragantina (*Bragantine*)
(*Para tornedós ou medalhas*). Tarteletas recheadas com couves-de-bruxelas; cobertura de Molho de Champignons.

Brélan
(*Para peças grandes*). Fundos de alcachofras guarnecidos em cúpula, com purê de favas frescas. Raminhos de couve-flor cobertos com Molho Holandês. Batatas polvilhadas com salsa picada.

Bretã (*Bretonne*)
(*Para peças grandes*). Feijão branco cozido, ligado com Molho Bretão. Salsa picada.

Brillat-Savarin
(*Para caça*). Pequenas tarteletas, cheias com aparelho de suflê quente, de galinhola com trufas. Cobrir com lâminas de trufas.

Bristol
(*Para peças grandes*). Pequenos croquetes de arroz em forma de ameixas. Feijão manteiga ligado com Molho Aveludado. Batatas Avelãs (*Noisettes*) grandes, ligadas com glace de carne.

Bruxelense (*Bruxelloise*)
(*Para peças grandes*). Endívias estufadas; couves-de-bruxelas estufadas em manteiga. Batata Castelo (*Château*).

Burguesa (*Bourgeoise*)
(*Para peças grandes*). Cenouras torneadas em forma de dentes de alho, cebolas coradas, fatias de toucinho. Molho da cocção, engrossado.

Cambacères
(*Aves e carne*). Trufas, champignons, azeitonas; Molho Madeira.

Camerani
(*Aves e carne*). Chucrute estufado com suco de vitela; Molho Madeira com trufas picadas.

Cancalesa (*Cancalaise*)
(*Para peixes*). Ostras abertas e lavadas; lagostins; ligar com Molho Normando. Cobrir a peça.

Canova
(*Para aves e carne*). Escalopes de pasta de fígado, rins de cabrito, trufas. Molho Demi-glace.

Cardeal (*Cardinal*)
(*Para peixes*). Escalopes de lavagante e lâminas de trufas. Dados de trufa e lavagante, em Molho Cardeal. Cobrir a peça.

Carmelita
(*Para aves e carne*). Couve-flor, arroz de manteiga, tomates recheados com purê de ervilhas. Molho Supremo.

Cartuxo (*Chartreux*)
(*Para aves e carne*). Croquetes de ave com estragão. Decora-se a peça com estragão. Servir com o próprio Molho, engrossado.

Casadinha (*Jeune Mariée*)
Cenouras e nabos, torneados com a colher de legumes; croquetes de batata do mesmo tamanho; ervilhas. Molho Demi-glace atomatado.

Castelã
a) (*Châtelaine*). (*Para peças grandes*). Quartos de alcachofras; meios tomates sem sementes; aipo estufado; Batatas Castelo (*Château*).
b) Fundos de alcachofras guarnecidos de Soubise; castanhas inteiras; Batata Avelã (Noisette).

Castelhana (*Castillane*)
(*Para tornedós e medalhas*). Tomates *concassés*, passados por azeite com alho. Pôr sobre a peça. Guarnecer com pequenos croquetes de batatas e rodelas de cebola frita.

Castiglione
(*Para tornedós e medalhas*). Cogumelos grandes, com recheio de arroz açafronado e presunto picado, gratinados. Rodelas de beringelas, salteadas em manteiga; rodelas de tutano cozido. Fundo da peça, reduzido com vinho branco, chalota picada e manteiga.

Catalã (*Catalane*)
(*Para tornedós e escalopes*). Fundos de alcachofras; tomates grelhados. Fundo da peça.

Cavaleiro (*Chevalier*)
(*Para aves e carne*). Rodelas de trufas e de champignons. Cristas de galo picadas, ligadas com Molho Bechamel.

Cavour
(*Para peças grandes*). Croquetes de sêmola, ravioles. Molho Demi-glace atomatado.

Ceifeira (*Moissonneuse*)
Ervilhas, batatas torneadas, fatias de toucinho. Molho da carne, reduzido.

Chalonnaise
(*Para aves cozidas ou a branco*). Pequenas tarteletas, recheadas com rins de galo, ligados com Molho Aveludado reduzido; cristas de galo Villeroy; rodelas de trufas e de champignons. Molho Supremo.

Chambord
(*Para peixes*). Croquetes de peixe grandes, decorados; cabeças de champignons caneladas; ovas salteadas em manteiga; lagostins; rodelas de trufas e florões. (*Ovos fritos, se desejado*).

Champignons
(*Para tornedós ou medalhas*). Champignons cortados em rodelas e salteados; champignons recheados.

Chantillon
(*Para peças grandes*). Batata Parisiense. Croquetes de arroz em forma de ameixa. Molho da própria carne.

Charollaise
(*Para peças grandes*). Couves-flores Villeroy; crustadas, recheadas com purê de nabos.

Chartres
(*Para tornedós e escalopes*).
a) Pequenas Batatas Fondantes. Decorar com folhas de estragão branqueadas.
b) Champignons recheados. Alfaces recheadas.
c) Nabos torneados, estufados. Purê de ervilhas e purê de batata.

Chauchat
(*Para peixes*). Fatias de batata cozida, rodeando o peixe.

Chevrosa (*Chevreuse*)
(*Para escalopes e tornedós*). Fundos de alcachofras, recheados com purê de champignons, cobertos com uma rodela de trufa. Batata Avelã (*Noisette*).

Chinesa (*Chinoise*)
(*Para peças grandes*). Pequenas bolas de repolho, recheadas com picado de carne para salsichas, estufadas; batatas cozidas, polvilhadas com salsa picada. Molho Demi-glace.

Chipolata
(*Para peças grandes*). Cebolas estufadas; salsichas chipolatas; castanhas inteiras, cozidas em consomê; fatias de toucinho.

Chivry
a) (*Para carne*). Crustadas com recheio de aves, trufado. Molho de Carne com trufas.
b) (*Para peixes*). Tarteletas com recheio de ostras e mexilhão. Rodelas de trufas. Molho Aveludado.

Choisy
(*Para tornedós e medalhas*). Alfaces e aipo estufado; Batatas Castelo (*Château*).

Chorão (*Choron*)
(*Para tornedós e medalhas*). Fundos de alcachofras recheadas de ervilhas; Batatas Avelãs (*Noisette*). Molho Chorão.

Clamart
(*Para peças grandes*). Tarteletas, ou fundos de alcachofras, cheios com Ervilhas à Francesa ou purê de ervilhas frescas. Pequenas Batatas Castelo (*Château*).

Clarinda
(*Para assados*). Castanhas cozidas, salteadas em manteiga; rodelas de cebola fritas. Molho Demi-glace atomatado.

Clermont
(*Para tornedós e medalhas*). Castanhas *concassés*, misturadas com Molho Soubise, ligado com manteiga e gemas de ovo. Rodear de cebola frita.

Comodoro (*Commodore*)
(*Para peixes*). Croquetes ovais de Recheio de Lagostins; grandes croquetes de peixe, enfeitados exteriormente com lagostins abertos ao meio. Amêijoas Villeroy.

Compota (*Compote*)
(*Para pombos ou perdiz*). Tiras de toucinho, cebolas estufadas, quartos de champignons estufados.

Concórdia (*Concorde*)
(*Para peças grandes*). Ervilhas; cenouras torneadas, estufadas. Purê de batata.

Conti
(*Para peças grandes*). Purê de lentilhas e retângulos de toucinho magro, cozidos com lentilhas.

Couves (*Choux*)
(*Para assados*). Bolas de couve, estufadas. Ramos de couve-flor. Molho da peça.

Cumberland
(*Para assados*). Purê de maçã, ligado com Demi-glace. Cobrir a peça com Molho Veação.

Cussy
(*Para tornedós, escalopes e aves*). Champignons grandes, grelhados, guarnecidos com purê de castanhas. Rins de galo e trufas, inteiros; Molho Madeira.

Czarina (*Tzarine*)
(*Para supremos de aves*). Pepinos torneados, preparados com natas.

Dartois
(*Para peças grandes*). Cenouras e nabos torneados, aipos estufados, Batatas Rissolês.

Daumont
(*Para peixes*). Cabeças de champignons grandes estufadas em manteiga, guarnecidas com lagostins, ligados com Molho Nantua. Croquetes de peixe em forma redonda, decorados. Ovas panadas, fritas.

Delfina (*Dauphine*)
a) (*Para aves e carnes*). Croquetes de batata. Molho Demi-glace com Madeira.
b) (*Para caça*). Macarrão, misturado com purê de caça e trufas.

Delfinesa (*Dauphinoise*)
(*Para peixes*). Escalopes de lavagante; croquetes de lagosta; champignons. Molho de Lavagante.

Demidoff
(*Para aves e carne*). Cenouras e nabos, cortados como gomos de tangerina; lâminas de trufa. Molho Demi-glace.

Derval
(*Para tornedós e escalopes*). Quartos de alcachofras salteados.

Descartes
(*Para peças grandes*). Fundos de alcachofras, recheados com salpicão de aves; croquetes de batata.

Diepa (*Diéppoise*)
(*Para peixes*). Lagostins, amêijoas e cabeças de champignons.

Dória
(*Para entradas*). Pepinos, torneados como dentes de alho, estufados em manteiga.

Dubarry
(*Para peças grandes*). Couves-flores moldadas, cobertas com Molho Mornay. Gratinar. Batata Castelo (*Château*).

Dubellay
(*Para peças grandes*). Crustadas de Batata Duquesa, recheadas com purê de champignons. Champignons grelhados.

Duce
(*Para peças grandes*). Feijão-verde e batatas, salteados. Tomates recheados com picado de carne. Molho Italiano.

Duperré
(*Para peixes*). Ostras, champignons e trutas, sobre a peça. Cobrir com Molho Aveludado de peixe.

Duquesa (*Duchesse*)
(*Para peças grandes*). Batata Duquesa de formatos diferentes.

Duroc
(*Para tornedós ou aves salteadas*). Batatas novas (*pequenas*). coradas em manteiga. Molho Caçador (*Chasseur*).

Duse
(*Para peças grandes*). Feijão-verde salteado, tomates cozidos. Batata Parmentier.

Duxelles
(*Para tornedós ou medalhas*). Champignons picados, puxados em manteiga e azeite. Misturar com cebolas e chalotas picadas, molhando com vinho branco. Polvilhar com salsa picada.

Embaixador (*Ambassadeur*)
(*Para peças grandes*). Batata Duquesa; fundos de alcachofras, recheados com purê de champignons. Polvilhar com rábano ralado.

Embaixatriz (*Ambassadrice*)
(*Para tornedós, medalhas ou aves*). Cristas e rins de galo; champignons e fígado de pato, salteados; rodelas de trufas. Fundo da peça, com vinho da Madeira e Suco de Vitela ligado (*Jus de Veau Lié*).

Espanhola (*Espagnole*)
(*Para tornedós e escalopes*). Tomates recheados com arroz atomatado; pimentos e cebolas pequenas, estufados. Molho Madeira.

Estrasburguesa (*Strasbourgeoise*)
(*Para peças grandes*). Chucrute estufado; fatias de toucinho, cozidas com chucrute; escalopes de fígado de pato, salteados.

Excelsior
(*Para tornedós e escalopes*). Alfaces estufadas e Batatas Fondantes.

Favart
(*Para aves*). Croquetes de aves com estragão picado; tarteletas em massa fina, com recheio de salpicão de tortulhos, com natas. Aveludado de aves, reduzido com Manteiga de Lagostins.

Favorita (*Favorite*)
a) (*Para medalhas e tornedós*). Escalopes de fígado de aves, salteados; lâminas de trufas e pontas de espargos.
b) (*Para peças grandes*). Quartos de alcachofras, aipo e pequenas Batatas Castelo (*Château*).

Fédora
(*Para peças grandes*). Tarteletas, recheadas com pontas de espargos, cenouras e nabos torneados. Gomos de laranja; castanhas assadas.

Ferval
(*Para entradas de carne*). Fundos de alcachofras e croquetes de batata, envoltos em salpicão de presunto.

Financeira (*Financière*)
(*Para aves*). Croquetes, cristas e rins de galo, trufas, cabeças de champignons caneladas e azeitonas sem caroço.

Flamenga (*Flamande*)
(*Para peças grossas*). Bolas de couves, estufadas; cenouras e nabos torneados, retângulos de toucinho, da preparação de couves e rodelas de salsichão. Batatas à Inglesa.

Florentina (*Florentine*)
(*Para peixes ou carnes*). Espinafres rama, estufados.

Florestal (*Forestière*)
(*Para peças grandes*).
a) Tortulhos salteados, fatias de toucinho e Batatas Parmentier.
b) Tortulhos salteados, champignons salteados e batatas estufadas em caçarola (*cocotte*).

Floriano (*Florian*)
(*Para peças grandes*). Alfaces estufadas; cebolas estufadas; cenouras torneadas e Batatas Fondantes.

Florista (*Fleuriste*)
(*Para tornedós e medalhas*). Tomates limpos, recheados com jardineira; Batatas Castelo (*Château*).

Fontainebleau
(*Para escalopes e tornedós*). Pequenos pastéis de Batata Duquesa, recheados com jardineira.

Foyot
(*Para tornedós*). Couve-flor à Inglesa, Batata Avelã (Noisette) . Molho Bearnês sem salsa.

Francesa (*Française*)
(*Para peças grandes*). Espinafres em folhas e Batatas Ana.

Frascati
(*Para aves e peças grandes*). Escalopes de fígado de aves, salteados; cabeças de champignons caneladas; trufas; pontas de espargos; crescentes (*croissants*) de Batata Duquesa (*Duchesse*).

Gastrônomo (*Gastronome*)
(*Para aves ou carnes*). Castanhas estufadas; trufas; rins de galo rolados em Glace de Aves. Metades de míscaros, salteadas.

Gaulesa (*Gauloise*)
(*Para aves*). Trufas; champignons; cristas e rins de galo; gemas de ovo. Molho Espanhol reduzido, atomatado.

Gaulesa (*Gauloíse*)
(*Para carnes*). Champignons; trufas; cristas e rins de galo; presunto, cortado a fingir cristas. Molho da peça.

Genovesa (*Génoise*)
(*Para peixes*). Juliana de legumes e Molho Genovês.

Godard
(*Para aves e carnes*). Croquetes, feitos com colher de café; croquetes grandes, decorados; cabeças de champignons, caneladas; cristas e rins de galo; escalopes de moleja de vitela; trufas e azeitonas sem caroço. Molho Godard.

Gorenflot
(*Para peças grandes, estufadas*). Couves roxas estufadas, cortadas em juliana grossa; rodelas de chouriço, cozinhado com as couves. Batatas Caseiras (*Ménagère*). Fundo do estufado.

Gouffé
(*Para tornedós e medalhas*). Pequenas crustadas de Aparelho Duquesa (*Duchesse*), fritas e recheadas de Míscaros com Natas; pontas de espargos em manteiga. Fundo da peça, com vinho da Madeira e fundo de vitela ligado.

Gourmet
(*Para carnes*). Língua de vaca, fundos de alcachofras, champignons e trufas. Molho da peça, aromatizado com vinho da Madeira.

Grão-Duque (*Grand-Duc*)
(*Para peixes*). Pontas de espargos, lagostins e rodelas de trufas.

Grega (*Grecque*)
(*Para entradas*). Arroz à Grega.

Hélder
(*Para tornedós e medalhas*). Batatas Avelãs (*Noisettes*). Em volta, sobre o bordo da peça, fazer um cordão de Molho Bearnês. Molho de Tomate bem espesso, colocado no centro do Bearnês.

Henrique IV (*Henri IV*)
(*Para tornedós e medalhas*). Batatas Ponte Nova (*Pont-Neuf*). Molho Bearnês.

Húngara (*Hongroise*)
(*Para peças grandes*). Raminhos de couve-flor, cobertos com Molho Mornay adicionado de páprica e presunto picado. Gratinar a couve-flor, e servir com batata, cozida ao natural.

Hussardo (*Hussard*)
(*Para peças grandes*). Batatas ocadas e recheadas; quadrados de beringela recheados e rábano ralado. Demi-glace atomatado.

Imperial (*Impériale*)
(*Para aves*). Escalopes de fígado; trufas; champignons e croquetes de aves.

Indiana (*Indienne*)
(*Para entradas*). Arroz à Indiana.

Inglesa (*Anglaise*)
(*Para entradas e aves*). Cenouras e nabos torneados, couve-flor, feijão-verde, batatas à inglesa; tudo cozido em água com sal.

Ismail Bayeldi
(*Para tornedós e escalopes*). Lâminas de beringelas fritas; metades de tomates salteadas; pilaw de arroz.

Italiana (*Italienne*)
(*Para peças grandes*). Quartos de alcachofras à italiana e croquetes de macarrão, de forma chata. Molho da peça.

Japonesa (*Japonaise*)
(*Para peças grandes*). Tarteletas guarnecidas com crosnes salteados em manteiga, cobertos com Molho Aveludado. Croquetes de batata.

Jardineira (*Jardinière*)
(*Para entradas*). Retângulos de cenouras, nabos, feijão-verde, ligados com manteiga e colocados separadamente ao redor da peça, com feijão-manteiga, ervilhas e raminhos de couve-flor, cobertos com Molho Holandês.

Jerusalém
(*Para entradas*). Fundos de alcachofras, com ervilhas e Batatas Fondantes. Molho Demi-glace, perfumado com vinho do Porto.

Joinville
(*Para peixes*). Salpicão de champignons cozidos e trufas. Camarões ligados com Molho Joinville. Cabeças de champignons, picadas

com camarões inteiros, só com a cauda descascada.

Judic
(*Para tornedós*). Trufas, cristas de galo e alfaces estufadas.

Judite (*Judith*)
(*Para entradas*). Tomates recheados, bolas de alface estufada, Batatas Castelo (*Château*). Molho Demi-glace.

Júlio Dantas
(*Para entradas*). Batatas pequenas assadas, recheadas com espinafres. Nabos torneados ao tamanho das batatas, cozidas e recheadas com picado de carne. Molho Demi-glace atomatado.

Júlio Verne (*Jules Verne*)
(*Para peças grandes*). Batatas e nabos estufados, quartos de champignons salteados e croquetes de carne.

Jussière
(*Para entradas*).
a) Cebolas recheadas e estufadas. Batatas Castelo (*Château*).
b) Cenouras, cebolas e alfaces, estufadas. Batatas Castelo (*Château*).

Languedociana (*Languedocienne*)
(*Para entradas*). Rodelas de beringelas fritas; cogumelos picados, salteados em azeite; tomates *concassés*, com alho e salsa picada.

Lavalière
(*Para aves e carnes*). Fundos de alcachofras, recheadas com fressura de carneiro picada; pontas de espargos. Molho Bordalês, com tutanos.

Lionesa (*Lyonnaise*)
(*Para entradas*). Cebolas recheadas, estufadas; batatas torneadas; Molho de Carne.

Liguriana (*Ligurienne*)
(*Para peças grandes*). Tomates recheados, arroz de açafrão, Batatas Duquesa (*Duchesse*).

Loreto (*Lorette*)
(*Para entradas*). Croquetes de aves, pontas de espargos e lâminas de trufas.

Lorena (*Lorraine*)
(*Para peças grandes*). Couves roxas, estufadas e Batatas Fondantes.

Lúculo (*Lucullus*)
(*Para aves e carnes*). Trufas, cozidas com Mirepoix e vinho da Madeira. Esvaziar o interior, guardando o pequeno tampão. Encher a cavidade com rins de galo, rolados em glace de carne; tapar e fechar a junção com recheio de aves. Pôr no forno croquetes, feitos com colher de café, de recheio de aves e da polpa retirada das trufas, passada na peneira. Cristas de galo.

Luisiana (*Louisiane*)
(*Para aves*). Milho com natas; arroz em pequenas fôrmas, sobre rodelas de batata-doce, fritas. Rodelas de banana, fritas.

Macedônia (*Macédoine*)
(*Para peças grandes*). Jardineira de cebolas, nabos e feijão-verde, com feijão-manteiga, ervilhas e pontas de couve-flor; tudo misturado e servido em fundos de alcachofras.

Madalena (*Madeleine*)
(*Para peças grandes*). Fundos de alcachofras recheados de Soubise; pequenas fôrmas de purê de feijão-branco, ligado com gemas de ovo.

Maillot
(*Para entradas*). Cenouras e nabos torneados; cebolas e alfaces estufadas. Feijão-verde e ervilhas.

Maintenon
(*Para supremos de aves e carne*). Champignons salteados, Soubise e Bechamel; cobre-se e gratina-se.

Maisonnette
(*Para carnes*). Ervilhas, batatas torneadas, fatias de toucinho e Molho de Carne reduzido.

Maraîchère
(*Para peças grandes*). Sersifins, ligados com aveludado espesso; couves-de-bruxelas estufadas em manteiga; Batatas Castelo (*Château*).

Marechala (*Maréchale*)
a) (*Para entradas*). Croquetes trufados, feitos com colher de café; lâminas de trufas à Italiana, cristas de galo.
b) Pontas de espargos, lâminas de trufas.

Marfim (*Ivoire*)
(*Para carnes*). Escalopes de fígado de aves, cristas e rins de galo. Molho Marfim.

Maria Joana (*Marie Jeanne*)
(*Para tornedós e escalopes*). Tarteletas recheadas com purê de champignons, coberto com lâminas de trufas. Batatas Avelãs (*Noisettes*).

Maria Luísa (*Marie Louise*)
a) (*Para entradas*). Fundos de alcachofras, recheados com purê de champignons, com cebola. Batatas Avelãs (*Noisettes*).
b) Quartos de alcachofras; metades de tomates, limpas, passadas em azeite; Batatas Castelo (*Château*). Alfaces estufadas.

Maria Stuart (*Marie Stuart*)
(*Para entradas*). Tarteletas, recheadas com purê de nabos e rodelas de tutano.

Marigny
(*Para entradas*). Tarteletas, cheias com ervilhas e feijão-verde em losangos. Batatas Fondantes.

Marinette
(*Para tornedós*). Batata Loreto, champignons e trufas.

Marinheira (*Marinière*)
(*Para peixes*). Amêijoas e lagostins, puxados em manteiga.

Marivaux
(*Para peixes*). Grãos de milho, cozidos, ligados com aveludado de peixe.

Marquesa (*Marquise*)
(*Para tornedós e escalopes*). Salpicão de tutanos, pontas de espargos, juliana de trufas, ligados com Molho Supremo. Batata Duquesa (*Duchesse*) e tomates *concassés*.

Marroquina (*Marocaine*)
(*Para medalhas de carneiro ou cabrito*). Pequenos tampões de arroz pilaw, ligeiramente açafronado, como suporte das peças; abóbora em dados, salteada em azeite; pimentos com recheio de aves, estufados. Fundo da peça com Molho de Tomate.

Marselhesa (*Marseillaise*)
(*Para tornedós e medalhas*). Pequenos tomates, esvaziados, postos no forno com azeite e dente de alho. Enrolar uma azeitona sem caroço, num filete de anchova, e colocar dentro. Batatas Palitos (*Allumettes*).

Maruja (*Matelote*)
(*Para carnes*). Crostões ovalados, guarnecidos com cebolas estufadas, e champignons picados, salteados.

Mascote (*Mascotte*)
(*Para aves e peças grandes*). Quartos de alcachofras salteados em manteiga; batatas em caçarola (*cocotte*) e lâminas de trufas.

Massena (*Massena*)
(*Para escalopes e tornedós*). Fundos de alcachofras guarnecidos de Molho Périgueux. Lâminas de tutano cozido, sobre a peça.

Massenet
(*Para tornedós e escalopes*). Fundos de alcachofras, recheados com purê de tutanos; feijão-verde e Batatas Ana.

Mayer
(*Para peças grandes*). Cebolas recheadas com picado de carne; tarteletas com rim salteado e timbales de espinafres. Molho Demi-glace.

Mazarino (*Mazarine*)
(*Para entradas*). Fundos de alcachofras cheios de jardineira; croquetes de arroz e champignons.

Médicis
(*Para tornedós e escalopes*). Fundos de alcachofras cheios de ervilhas, cenouras e nabos, torneados ao tamanho das ervilhas. Alternar os legumes. Batatas Avelãs (*Noisettes*). Molho Chorão sobre a peça.

Melba
(*Para tornedós e medalhas*). Tomates pequenos, com recheio de salpicão de aves, trufas e champignons, ligado com Molho Aveludado, gratinados; alfaces estufadas. Fundo da peça, ligado e reduzido, aromatizado com vinho do Porto.

Mentonesa (*Mentonnaise*)
(*Para peças grandes*). Pequenas abóboras recheadas, pequenas alcachofras estufadas e batatas novas RISSOLÉS.

Mercedes (*Mercédès*)
(*Para peças grandes*). Tomates grelhados, champignons grelhados, alfaces estufadas e croquetes de batata.

Metternich
(*Para carnes*). Castanhas estufadas; couve lombarda em bolas, estufada com Molho de Carne.

Mexicana (*Mexicaine*)
(*Para peças grandes*). Champignons grelhados; tomates *concassés*, pimentões grelhados e metades de beringela, cortadas no sentido do comprimento, grelhadas.

Mignon
(*Para aves e carnes*). Fundos de alcachofras, recheados de ervilhas em manteiga; croquetes redondos, decorados com lâminas de trufas.

Mikado
(*Para supremos de aves e escalopes de vitela*). Pequenos tampões de arroz de caril, como suporte das peças; tarteletas, recheadas de soja com natas. Molho de Caril, com essência de soja.

Milanesa (*Milanaise*).
(*Para escalopes*). Juliana de língua, presunto, champignons e trufas. Fazer suar em manteiga e puxar com vinho da Madeira. Juntar espaguete, ligado com Molho de Tomate, queijo ralado e manteiga.

Mirabeau
(*Para grelhados*). Filetes de anchovas grelhados. Azeitonas sem caroço. À parte, Manteiga de Anchovas.

Mireille
(*Para carnes*). Tarteletas cheias de arroz de açafrão. Croquetes de batata, com tomate salteado. Molho de Tomate, à parte.

Mirette
(*Para entradas*). Timbales de Batata Mirette. (*Ver* BATATA MIRETTE).

Mirepoix
(*Para tornedós*). Cenouras, cebolas, tomilho e louro. Picar fino. Serve só para dar gosto ao Molho. Passar na peneira. Legumes à Inglesa.

Moderna (*Moderne*)
(*Para peças grandes*). Couves-flores cobertas de Molho Mornay, gratinadas. Tomates recheados e Batata Duquesa (*Duchesse*).

Moïna
(*Para filetes de linguado*). Pequenos quartos de alcachofras estufados em manteiga; míscaros com natas.

Montbazon
(*Para aves*). Miudezas de carneiro, picadas, salteadas com trufas. Croquetes decorados, cabeças de champignons salteadas e lâminas de trufas.

Mont-bry
(*Para tornedós e medalhas*). Pequenas rodelas (*tampões*) de purê de espinafres com parmesão, como suporte das peças; tortulhos com natas. Fundo da peça, com vinho branco e Fundo de Vitela ligado.

Montglas
(*Para carnes*). Escalopes de fígado de aves, língua, lâminas de trufas e croquetes. Molho de Carne com vinho da Madeira.

Montmorency
(*Para tornedós e medalhas*). Fundos de alcachofras, recheados com bolinhas de cenoura do tamanho de avelãs. Batata Avelã (*Noisette*).

Montpensier
(*Para tornedós etc.*). Fundos de alcachofras, recheados com pontas de espargos; Batatas Avelãs (*Noisettes*). Juliana de trufas, sobre a peça.

Montreuil
(*Para medalhas e tornedós*). Fundos de alcachofras, cheios até o meio, de ervilhas, e bolas de cenoura do tamanho das mesmas.

Montreuil
(*Para peixes*). Batatas à inglesa, cobertas com Molho de Camarão.

Mozart
(*Para entradas*). Fundos de alcachofras, cheios com purê de aipo. Batata Palitos (*Allumettes*).

Mussard
(*Para entradas*). Fundos de alcachofras, recheados com tomates salteados e batatas, também salteadas. Molho Demi-glace com vinho do Porto.

Nabos (*Navets*)
(*Para peças grandes*). Nabos, torneados como gomos de tangerina, salteados com manteiga e açúcar em pó. Cebolas preparadas da mesma maneira. Terminar a cocção com a própria peça.

Nanette
(*Para costeletas de carneiro ou escalopes de vitela*). Fundos de alcachofras estufados em manteiga, recheados com juliana estufada, de alfaces, com natas; champignons estufados em manteiga; salpicão de trufas, ligado com Demi-glace. Fundo da peça, com Marsala, Molho Aveludado de aves e natas.

Nantesa (*Nantaise*)
(*Para peças grandes*). Nabos estufados, ervilhas e purê de batata.

Nantua
(*Para peixes*). Caudas de lagostins ligadas com Molho Nantua. Lâminas de trufas.

Napolitana (*Napolitaine*)
(*Para escalopes*). Esparguete passado em manteiga crua, Molho de Tomate e queijo ralado. Montinhos de tomate *concassé*.

Nemours
(*Para entradas*). Ervilhas, cenouras torneadas e Batata Duquesa (*Duchesse*).

Nemrod
(*Para caça de pêlo*). Rissoles de tutano; croquetes de batata; pequenos pastéis folhados, recheados de picado de fígado; champignons grelhados, recheados com purê de castanhas, e feijão-verde.

Nicense (*Niçoise*)
a) (*Para peixes*). Tomates *concassés*, com dentes de alho picado, azeitonas e alcaparras; rodelas de limão sobre a peça; em redor destas, Manteiga de Anchovas.
b) (*Para peças grandes e aves*). Pequenos tomates esvaziados, cozidos no forno com azeite; feijão-verde salteado em manteiga; Batatas Castelo (*Château*).

Nichette
(*Para pequenas peças e supremos*). Champignons grelhados, recheados com rábano ralado; pequeno estufado de cristas de galo, ligado com Molho Tutano. Cobrir com Molho Tutano.

Ninon
(*Para entradas e aves*). Alfaces estufadas, sumo de laranja, e gomos de laranja ou tangerina, estufados.

Nivernesa (*Nivernaise*)
(*Para entradas*). Cenouras e nabos, torneados e estufados; alfaces estufadas; cebolas em branco e batatas ao natural.

Normanda (*Normande*)
(*Para peixes*). Ostras e amêijoas, abertas e limpas; cabeças de champignons caneladas; caudas de lagostins; filetes de linguado *em goujons*, fritos. Fazer N N de pão, e fritar em manteiga. Lâminas de trufas. Coberto com Molho de Vinho Branco.

Nulhes (*Nouilles*)
(*Para entradas*). Nulhes cozidas, salteadas em manteiga.

Ópera
(*Para medalhas e tornedós*). Tarteletas, recheadas com escalopes de fígado de aves salteados em manteiga, com Molho Madeira. Crustadas de Batata Duquesa (*Duchesse*), guarnecidas com pontas de espargos.

Oriental (*Orientale*)
(*Para peças grandes*). Metades de tomates, recheadas com Arroz à Grega. Croquetes de batata-doce. Molho de Tomate açafronado.

Orleães (*Orléanaise*)
(*Para peças grandes*). À parte, chicórias estufadas e Batatas Mordomo (*Maître d'Hotel*) em timbales.

Orloff
(*Para peças grandes*). Pequenas fôrmas, forradas com rama de aipo estufada, cheias com musselina de purê de aipo; tomates Navarra (*Navarraise*); alfaces estufadas e recheadas; Batatas Castelo (*Château*).

Padeira (*Boulangère*)
(*Para peças grandes*). Numa assadeira, puxam-se ligeiramente, em manteiga, cebolas e batatas picadas. Sal e pimenta. Molhar com consomê branco e cozinhar ao mesmo tempo que a peça a assar, servindo tudo junto na mesma assadeira.

Paloise
(*Para peças grandes*). Primores, com raminhos de couve-flor, cobertos de Molho Holandês; croquetes de batata.

Panachés
(*Para entradas*). Feijão-verde e feijão-seco, misturados e ligados com manteiga.

Parisiense (*Parisienne*)
a) (*Para entradas*). Alfaces estufadas, rodeadas de Batata Parisiense (*Parisienne*).
b) Fundos de alcachofras, recheados com juliana de língua, champignons e trufas ligada com aveludado de carne. Gratinar. Batatas Parisiense (*Parisienne*).

Parmentier
(*Para entradas*). Batata Parmentier.

Pepinos (*Concombres*)
(*Para entradas*). Pepinos recheados com Duxelles, gratinados.

Pequeno Duque (*Petit Duc*)
(*Para entradas*). Tarteletas cheias de purê de aves, com natas; raminhos de pontas de espargos; lâminas de trufas.

Persa (*Persane*)
(*Para costeletas e medalhas de carneiro ou vitela*). Rodelas ou fatias de beringela, salteadas em azeite; rodelas de cebola, fritas em azeite; estufado de tomates com pimentos. Colocar em montinhos ao redor das peças. Fundo do cozinhado, atomatado.

Peruana (*Péruvienne*)
(*Para entradas*). Batatas assadas com casca, recheadas de purê das mesmas. Fiambre e galinha em tiras, misturados com Bechamel; colocar sobre a peça e gratinar. Em redor, as batatas e rodelas de tomate frito. Molho de Tomate.

Piemontesa (*Piémontaise*)
(*Para entradas*). RISOTO com trufas brancas.

Pontas de Espargos (*Pointes d'Asperges*)
(*Para peixes ou carnes*). Pontas de espargos picadas, sobre a peça, e raminhos de pontas de espargos ao redor.

Portuguesa (*Portugaise*)
(*Para entradas*). Pequenos tomates recheados e Batata Castelo (*Château*).

Porte-Maillot
(*Para entradas*). Jardineira grossa, em montinhos.

Prado Verde (*Vert-Pré*)
a) (*Para grelhados*). Raminhos de agrião e montinhos de Batata Palha (*Paille*).
b) (*Para carnes brancas e patos*). Ervilhas, feijão-verde e pontas de espargos, misturadas e ligadas com manteiga.

Primaveril (*Printanière*)
a) (*Para entradas*). Dados de legumes tratados como jardineira e Batatas Avelãs (*Noisettes*).
b) (*Para caçarolas*). Cenouras e nabos torneados em bolas, estufados; cebolas estufadas com Molho de Carne; ervilhas, dados de feijão-verde e pontas de espargos. Em caçarola (*cocotte*). com a própria peça.

Primores (*Primeurs*)
(*Para entradas*). Cenouras e nabos, torneados em bolinhas, estufados; dados de feijão-verde e ervilhas; encher tarteletas e juntar raminhos de couve-flor, cobertos com Molho Holandês.

Princesa (*Princesse*)
(*Para entradas*). Fundos de alcachofras, cheios com pontas de espargos. Batatas Avelãs (*Noisettes*).

Príncipe Alberto (*Prince Albert*)
(*Para lombo de* vaca). Trufas inteiras, estufadas. O lombo será previamente recheado com pasta de fígado (*foie-gras*). Fundo da cocção, com vinho da Madeira ou do Porto e suco de vitela ligado.

Provençal (*Provençale*)
a) (*Para entradas*). Pequenos tomates limpos; champignons recheados; Duxelles com dente de alho.
b) Tomates *concassés*, com dente de alho e azeitonas sem caroço.

Provinciana (*Provincienne*)
(*Para entradas*). Tomates recheados com picado de carne; rolinhos de couve lombarda estufada; 1/2 de Molho de Carne e 1/2 de Molho de Tomate, misturados.

Quinteira (*Fermière*)'
(*Para as aves e peças grandes*). Cenouras, nabos, cebolas e aipo, cortados à Aldeã e estufados em manteiga.

Rainha Amélia (*Reine Amélie*)
(*Para entradas*). Tomates, limpos e esvaziados, recheados de ovos mexidos com leite; rodela de trufa no topo. Croquetes de batata em forma de tarteletas, cheios de ervilhas salteadas em manteiga. Molho Champignons.

Rainha Margot (*Reine Margot*)
(*Para aves e carnes*). Croquetes de carne, tarteletas com ervilhas salteadas, fatias de língua fumada. Molho Demi-glace com vinho da Madeira.

Ramalheteira (*Bouquetière*)
(*Para peças grandes*). Fundos de alcachofras, guarnecidos com cenouras e nabos, torneados em bolinhas e estufados. Feijão-verde e ervilhas; raminhos de couve-flor cobertos de Molho Holandês. Alternar as cores. Pequenas Batatas Castelo (*Château*).

Raquel (*Rachel*)
(*Para tornedós e escalopes*). Fundos de alcachofras recheados com tutano cozido. Salsa picada sobre o tutano.

Ravioles (*Raviolis*)
(*Para entradas*). Peça rodeada de pequenos ravioles.

Real (*Royale*)
(*Para aves, carnes ou peixe*). O mesmo que REGÊNCIA.

Reforma (*Réforme*)
(*Para tornedós e escalopes*). Juliana de trufas, língua e gemas de ovos cozidos. Molho Pimentada, champignons e pepinos *cornichons*.

Regência (*Régence*)
a) (*Para peixes*). Croquetes de peixe, enfeitados com lagostins abertos ao meio; ostras, cabeças de champignons caneladas, ovas cozidas e lâminas de trufas.
b) (*Para aves*). Croquetes de ave trufados, cristas de galo, escalopes de pasta de fígado, cabeças de champignons caneladas, trufas torneadas do tamanho de azeitonas; ligar com Molho Alemão (*Allemande*).
c) (*Para caça de penas*). O mesmo que a precedente, mas os croquetes menores, e feitos em recheio de caça. Ligar com Molho de Salmis.

Renascença (*Renaissance*).
(*Para peças grandes*). Fundos de alcachofras, recheados com cenouras e nabos, torneados a colher de legumes; feijão-verde, ervilhas, pontas de espargos e couve-flor, cobertos com Molho Holandês. Colocar ao redor da peça, alternando as cores. batatas novas, Fondantes.

Rica (*Riche*)
(*Para entradas*). Fundos de alcachofras cheios com ervilhas e cobertos de Molho Chorão (*Choron*): guarnecer de lâminas de trufas.

Ricardi
(*Para entradas*). Nulhes, cenouras torneadas em bolas, espinafres à inglesa; Molho Demi-glace.

Richelieu
(*Para peças grandes*). Tomates e champignons recheados; alfaces estufadas; Batatas Castelo (*Château*).

Richemond
(*Para entradas*). Cogumelos salteados e trufas.

Rochambeau
(*Para peças grandes*). Crustadas de Batata Duquesa (*Duchesse*), cheias com cenouras Vichy; alfaces recheadas; couve-flor Polonesa (*Polonaise*); Batatas Ana.

Rohan
(*Para aves*). Fundos de alcachofras, com a parte interior barrada de Glace de Carne, recheadas de pasta de fígado e cobertas com lâminas de trufa. Tarteletas, cheias com cristas de galo ligadas com Molho Supremo. Entre cada tarteleta e fundo de alcachofra. alternados, colocar uma crista de galo.

Romana (*Romaine*)
(*Para peças grandes*). Tarteletas recheadas, Nhoque à Romana, gratinados. Pequenas fôrmas de espinafres, moldadas com geléia de aves.

Romanoff
(*Para peças grandes*). Pepinos recheados, crustadas de Batata Duquesa (*Duchesse*), cheias com salpicão de aipo; champignons ligados com Molho Rábano (*Raifort*).

Rossini
(*Para tornedós e medalhões*). Escalopes de fígado de aves salteados em manteiga; rodelas

de pasta de fígado (*foie-gras*). sobre a peça, com lâmina de trufa sobreposta.

Russa (*Russe*)
a) (*Para peças frias*). Macedônia com dados de presunto, língua, batata e trufas. Cobrir com Maionese.
b) (*Para escalopes ou medalhas*). Macedônia como acima; juliana de presunto e língua, sobre a peça, cobrindo com Maionese. Gratinar, com rodela de trufa no centro.

Samaritana (*Samaritaine*)
(*Para peças grandes*). Timbales de arroz, Batatas Delfina (*Dauphine*) e alfaces estufadas.

São Florentino (*Saint-Florentin*)
(*Para peças grandes*). Cogumelos em fatias, salteados à Bordalesa (*Bordelaise*). Batatas São Florentino.

São Germano (*Saint-Germain*)
a) (*Para entradas*). Purê de ervilhas novas com manteiga, servido em cúpula, sobre fundos de alcachofras.
b) (*Para peças grandes*). Purê de ervilhas ligado com gema de ovo e terminado com manteiga e natas. Colocar em fôrmas pequenas. Desenformar e colocar em volta da peça, alternando com cenouras torneadas, estufadas, e Batatas Fondantes.

São Mandê (*Saint-Mandé*)
(*Para entradas*). Ervilhas e feijão-verde, ligados com manteiga. Batatas Macário (*Macaire*).

São Saëns (*Saint Saëns*)
(*Para supremos de aves*). Pequenos Sonhos (*Beignets*) de trufas, com pasta de fígado; rins de galo; pontas de espargos. Molho Supremo com essência de trufas.

Sarda (*Sarde*)
(*Para peças grandes*). Croquetes em forma de bolas, feitos com Arroz à Piemontesa; tomates recheados e troços de pepinos recheados.

Sarladesa (*Sarladaise*)
(*Para peças grandes*). Batatas e trufas picadas em cru. Preparar como Guarnição Padeira (*Boulangère*).

Sarracena (*Sarrasine*)
(*Para peças grandes*). Pequenos palitos de farinha de trigo escuro, corados em manteiga; pequenas fôrmas de arroz, recheadas com tomates estufados, pimentos doces e cebola frita. Demi-glace pouco espesso.

Sérgio (*Serge*)
(*Para escalopes de vitela*). Quartos de alcachofras, estufados em manteiga; juliana grossa de presunto, passada por vinho da Madeira quente. As peças servidas À SÉRGIO (*à la Serge*) são panadas com uma mistura de miolo de pão, trufas e champignons picados. Molho Demi-glace, com essência de trufas.

Sévigné
(*Para entradas*). Alfaces estufadas; champignons grelhados; Batatas Castelo (*Château*).

Siciliana (*Sicilienne*)
(*Para entradas*). Tomates recheados e timbales de Arroz à Piemontesa. Croquetes de batata.

Soissonaise
(*Para peças grandes*). Feijão branco grande.

Soubeyran
(*Para entradas*). Purê de cebolas e trufas estufadas.

Sultana (*Sultane*)
(*Para peças grandes*). Couves roxas; Batata Duquesa (*Duchesse*) em forma de crescentes (*croissants*).

Suzette
(*Para entradas*). Purê de batata, purê de ervilhas e purê de aipo. Colocam-se intervalados.

Talleyrand
(*Para entradas e aves*). Macarrão ligado com manteiga e queijo ralado, guarnecido de juliana de trufas e dados de fígado de aves.

Tartaruga (*Tortue*)
(*Para entradas*). Croquetes, champignons, pepinos torneados, dente de alho, escalopes de língua e miolos de vitela; pequenos ovos fritos, crostões em forma de corações, lagostins, lâminas de trufas; Molho de Tartaruga (*Tortue*).

Tirolesa (*Tyrolienne*)
(*Para tornedós e medalhas*). Rodelas de cebola fritas e tomates *concassés*.

Tivoli
(*Para entradas*). Montinhos de pontas de espargos; champignons grelhados; salpicão de cristas e rins de galo, ligados com Molho Supremo, em tarteletas.

Tolosana (*Toulousaine*)
(*Para aves e entradas*). Croquetes de aves; escalopes de fígado de aves; cristas e rins de galo; cabeças de champignons, ligadas com Molho Supremo, Lâminas de trufas.

Toscana (*Toscane*)
(*Para escalopes de vitela ou filetes de aves*). Macarrões grandes, cortados em pedaços e ligados com purê de pasta de fígado (*foie-gras*): trufas salteadas em manteiga. As peças preparadas À TOSCANA devem ser panadas com uma mistura de pão e parmesão, ralados. Fundo de Vitela, reduzido.

Tourangelle
(*Para entradas*). Feijão-verde e feijão branco, cozidos. Juntar um Molho Aveludado.

Trosquine
(*Para entradas*). Tarteletas com recheio de espinafres, cobertas com Molho Mornay e gratinadas. Batatas assadas, recheadas com picado de carne, ou aves, com natas. Molho Demi-glace.

Trouvillaise
(*Para peixes*). Lagostins, amêijoas, champignons, ligados com Molho de Camarões (*Crevettes*).

Valenciana (*Valencienne*)
(*Para entradas*). Timbales de Arroz Valenciana e croquetes de batata.

Valois
(*Para peças pequenas*). Batatas cortadas e fundos de alcachofras, salteados em manteiga (*servidos à parte em caçarola*). Fundo da cocção, reduzido com vinho branco e Fundo de Vitela amanteigado.

Ventadour
(*Para tornedós e medalhões*). Lâminas de tutano, cobertas com purê de alcachofras e lâminas de trufas; Batatas em Caçarola (*Cocotte*).

Vernon
(*Para entradas*). Fundos de alcachofras, cheios com pontas de espargos; tarteletas feitas de nabos torneados cheias de purê de batatas, e outras de batatas cheias de purê de ervilhas.

Vicente (*Vincent*)
Tarteletas com recheio de ervilhas e nabos, em purê; Batatas Rissoladas; fundos de alcachofras. Molho de Carne, atomatado.

Vichy
(*Para entradas*). Guarnição de Cenouras Vichy.

Vidago
(*Para entradas*). Cenouras à Vidago; batatas Delfina (*Dauphine*): tomates, recheados de ovos mexidos com natas. Molho Champignons.

Vienense (*Viennoise*)
(*Para peças grandes*). Crustadas de Nulhes (*Nouilles*), fritas e recheadas com espinafres em folhas; aipo estufado e batatas ao natural.

Viriato
(*Para entradas*). Fundos de alcachofras, recheados com purê de ervilhas; Batatas em Caçarola (*Cocotte*); Molho Português.

Viroflay
(*Para peças grandes*). Bolas de Espinafres Viroflay; quartos de alcachofras, salteados com salsa picada. Batatas Castelo (*Château*).

Vitória (*Victoria*)
(*Para peças grandes*). Macarrão, tomates, alfaces e purê de batata.

Vladimiro (*Wladimir*)
(*Para peças pequenas*). Pepinos em bolinhas, estufados em manteiga; abóbora em dados grossos, salteados em manteiga. Fundo da cocção, ligado com nata azeda, temperado com páprica e rábano ralado.

Walewska
(*Para peixes*). Escalopes de lagosta, ou lavagantes, e lâminas de trufas.

Washington
(*Para aves*). Milho cozido, com natas.

Zíngara
(*Para escalopes*). Juliana de presunto, língua, champignons e trufas, passados em manteiga; adicionar vinho da Madeira; ligar com Demi-glace atomatado e essência de estragão. Servir sobre a peça.

PURÊS PARA GUARNIÇÕES
(Purés pour Garnitures)

Andaluza (*Andalouse*)
Purê de grão, com Molho de Carne.

Aranjuez
Purê de espargos, com dente de alho e azeite.

Argenteuil
Purê de espargos, com natas.

Bretã (*Bretonne*)
Purê de feijão-branco à Bretã, bem temperado.

Bruxelense (*Bruxelloise*)
Purê de couve-de-bruxelas, com gema de ovo e natas.

Condé
Purê de feijão encarnado.

Conti
Purê de lentilhas.

Crecy
Purê de cenouras com arroz.

Crioula (*Créole*)
Purê de arroz com tomate, bem temperado.

Dominó (*Domino*)
Purê de alcachofras, aipo e batata, em iguais quantidades.

Dubarry
Purê de couve-flor.

Esaú
Purê de lentilhas.

Farinheira (*Farineuse*)
Purê de batata-doce, com aroma de vinho da Madeira.

Musard
Purê de feijão-verde.

Parmentier
Purê de batata, com gemas de ovo e natas.

Português (*Portugais*)
Purê de tomates, com alho e azeite.

Primaveril (*Printanière*)
Purê de legumes diversos.

Raquel (*Rachel*)
Purê de alcachofras.

São Cláudio (*Saint-Claude*)
Purê de alface e ervilhas.

São Germano (*Saint-Germain*)
Purê de ervilhas frescas.

Saxão (*Saxonne*)
Purê de batatas, nabos e cebolas.

Soissonaise
Purê de feijão branco.

Solferino
Purê de batata e tomate.

Soubise
Purê de cebolas, espesso.

Vichy
Purê de cenouras.

GUARNIÇÕES PARA SOPAS
(Garnitures pour Potages)

Não falaremos das guarnições que são utilizadas já prontas, tais como tapioca, pérolas, massinhas, e outras, mas das que, por serem preparadas na cozinha, necessitam mais da nossa atenção.

Aparas de cerefólio (*Pluches de cerfeuil*)
Por aparas de cerefólio, entende-se as folhas que se destacam e não têm outro aproveitamento. Quase todas as sopas de legumes, ou à base de purê de legumes, levam adição final de Aparas de Cerefólio, na base de uma colher por litro de sopa. Em razão do sabor e aroma muito fino da planta, ela deve ser adicionada sempre no último instante, e nunca em ebulição.

Brunesa (*Brunoise*)
Os elementos da Brunesa variam segundo a natureza da sopa a que se destina. Ela pode ser apenas de um legume, como cenoura, nabo, aipo, alcachofra etc., ou de uma Brunesa vulgar. Deve-se tomar como regra, 2 ou 3 colheres desta guarnição, por litro de sopa, haja ou não outros elementos a adicionar. Cortar os legumes

em dados de 3 milímetros de lado, estufá-los em manteiga, e terminar a cocção com um pouco de consomê. Podem também ser utilizados, na Brunesa para sopas, outros elementos, tais como branco de aves, língua escarlate, filetes de caça, de peixes etc.

Chucrute (*Choucroute*)
Bem lavada, escorrida e cozida lentamente, com consomê branco ou Fundo branco.

Crepes (*Crêpes*)
125 g de farinha peneirada, e 5 g de sal fino. Adicionar 2 ovos inteiros. Misturar muito bem. Juntar 2,5 decilitros de leite a ferver, ou consomê. Fazer os crepes seguindo o método habitual e empregá-los segundo a indicação da receita.

Crepes recheados (*Pannequets*)
Fazer os crepes muito finos, e recheá-los segundo a necessidade, com Duxelles seco, trufas picadas, Mirepoix de legumes etc. Enrolar ou cobrir com outro crepe, e cortar com o corta-massa. Cozer em consomê fervente, no último momento.

Crostões (*Croûtons*)
Cortar cubos com meio centímetro de lado, de pão sem côdea. Fritá-los em azeite, ou manteiga clarificada de preferência, mas apenas alguns instantes antes de os servir. Contar com 60 g de crostões, por litro de sopa.

Croquetes (*Quenelles*)
De recheios diversos, segundo a necessidade, fritos no momento de servir.

Diabretes (*Diablotins*)
Cortar de pão pequeno (*cacetes*) rodelas de 5 a 6 mm de espessura. Cobri-las em cúpula, com Bechamel reduzido, adicionado de queijo ralado e caiena. Gratiná-los e servi-los à parte.

Fios de ovos (*Oeufs Filetes*)
Para um litro de sopa, bater um ovo; passá-lo pela estamenha e lançá-lo num passador ou chinês, colocado a pouca altura sobre uma caçarola com consomê fervente. Mover o chinês no sentido rotativo, a fim de evitar que os fios se acamem. Retirar, enxugar, e servir os fios de ovos.

Juliana (*Julienne*)
Legumes finamente cortados: cenoura, hortaliça, nabos, cebolas, aipo, passados em manteiga, onde se cozinham muito lentamente. Molhar com consomê e utilizam-se com ervilhas e outros.

Juliana Estufada (*Chiffonade*)
Juliana fina de folhas de alface e azedas, passada em manteiga. Utilizada como elemento complementar de numerosas sopas.

Kache, Kasche ou Kacha
(*Ver em* FUNDOS DE COZINHA).

Profiteroles (*Profiterolles*)
Pequenas bolas de Massa de Chus do tamanho de avelãs, cozidas no forno. Se necessário, rechear com purê, ou qualquer outro aparelho, e aquecer, servindo-o à parte.

Ravioles
Preparados segundo a receita base, mas de pequeno tamanho. Recheados com pasta de fígado, recheio de aves ou outros. Cozidos e adicionados à sopa, no último instante.

Real (*Royale*)
Esta guarnição de sopas é preparada com uma composição feita, geralmente, de consomê, ligado com ovos e perfumado, ou com um purê qualquer, igualmente ligado com ovos. Coloca-se numa fôrma, e coze-se em banho-maria. Logo que esteja completamente frio, desmolda-se e corta-se em rodelas, losangos, ou quadrados, segundo o caso. Pode ser feito com adição de purês diversos, segundo as necessidades, tais como cenoura, aipo, espargos, ervilhas, tomates, aves ou caça.

Tomates
Podem ser só cozidos, em cubos, sem pele. ou *concassés*. (*Ver, para estes últimos, a receita em* FUNDOS DE COZINHA).

Trufas (*Truffes*)
Esta guarnição não é empregada com muita freqüência em sopas. Prepara-se em juliana, em dados de 1 centímetro de lado, ou em bolas com igual medida de diâmetro. Colocá-las na sopa bem quente, mas só no último instante, pois o calor do caldo é suficiente para cozer a trufa.

MOLHOS, MAIONESES E MANTEIGAS
(SAUCES, MAYONNAISES ET BEURRES)

MOLHOS BASE OU FUNDAMENTAIS

Aveludado (*Velouté*)
Roux branco, molhado com Fundo Branco, ramo de cheiros e aparas de champignons. Cozinhar e passar pela estamenha. O Aveludado gordo pode ser feito com Fundo de Aves; o magro, pelo mesmo processo, mas com Fumete de Peixe.

Bechamel
Roux branco, molhado com leite e temperado; juntar Fundo de Vitela branqueado e ramo de cheiros. Ferver e passar pela estamenha. (*Tempo de preparação*: *20 a 25 minutos*).

Demi-glace
Molho Espanhol, reduzido com vinho da Madeira na proporção de 1/10.

Espanhol (*Espagnole*)
Roux louro, Mirepoix, purê de tomates. Ferver e passar. (*Como um Demi-glace pouco cozido*).

Fundo Branco (*Fonds Blanc*)
(*Ver* FUNDOS DE COZINHA).

Fundo Escuro (*Fonds Brun*)
(*Ver* FUNDOS DE COZINHA).

Fumete de peixe (*Fumet de Poisson*)
(*Ver* FUNDOS DE COZINHA).

Glace de Carne (*Glace de Viande*)
(*Ver* FUNDOS DE COZINHA).

Parisiense (*Parisienne*)
Consomê, manteiga, farinha, sal, pimenta, noz-moscada, gema de ovo e sumo de limão. Passa-se pela estamenha; junta-se manteiga fresca, batendo com varas (*fouet*).

Ru, ou *Roux*
(*Ver* FUNDOS DE COZINHA).

Supremo (*Suprême*)
Consomê com natas; ferver para reduzir; juntar molho de carne e passar. Adicionar manteiga fresca, batendo com varas (*fouet*).

Tomate
Purê de tomate, refogado com alho, cenouras, cebolas, azeite e manteiga, sal e pimenta; mexer bem, juntando consomê. Passar pela estamenha.

MOLHOS
(Sauces)

Africano (*Africaine*)
Molho Espanhol, reduzido com Madeira, cebolinhas e trufas.

Agraço
Agraço pisado, fervido em consomê; sal e pimenta em grão.

Aipo (*Céleri*)
Aipo cozido em consomê branco, com ramo de cheiros, cebola picada e cravinho. Escorrer. Guardar o caldo. Passar pela estamenha. Juntar o purê a um molho Creme à Inglesa. Juntar ao caldo da cocção e apurar. (*Receita inglesa: Celery Sauce*).

Airelles
(*Ver* MIRTILHO).

Alberto (*Albert*)
Manteiga à inglesa, aumentada de rábano (*raifort*) ralado e consomê branco. Fazer um creme. Juntar miolo de pão, ferver e passar pela estamenha, sob pressão. Ligar com gemas de ovo, temperar e apurar com mostarda inglesa, desfeita em vinagre. (*Receita inglesa; Albert Sauce*).

Albufera
Aveludado de Fumete de Aves, levantado com manteiga, e pimenta de Caiena.

Alcaparras (*Câpres*)
a) Molho Bastardo sem ligação. Guarnecer de alcaparras. (*Receita inglesa: Caper Sauce*).
b) Molho Bastardo com alcaparras.

Aldeão (*Paysanne*)
Cebola puxada em manteiga; juntar Aveludado com Fumete de Aves e espanhol, gema de ovo e manteiga.

Alhada (*Agliata*)
Alho pisado com miolo de pão, azeite e vinagre.

Alholi (*Aioli*)
(*Frio*) Dentes de alho pisados no almofariz, com batata encamisada, depois de descascada e enquanto quente. Juntar gema de ovo, sal, pimenta e sumo de limão. Levantar lentamente, incorporando azeite gota a gota, como para a Maionese. (*Na Catalunha é costume fazer este molho sem ovo*).

Almirante (*Amiral*)
Roux branco, molhado com caldo de peixe e adicionado de purê de anchovas, alcaparras, chalotas e limão.

Almoirama
(*Frio*) Maionese perfumada de alho cru, cominhos em pó (*pouco*). Molho de Tomate, sal, pimenta, vinagre e azeitonas negras, picadas miúdas. (*Para peixes fritos ou cozidos, caracóis, carnes frias, ovos, saladas etc. Receita espanhola*).

Amarelo (*Jaune*)
Gemas de ovo ligadas com manteiga, a que se junta consomê de carne e sumo de limão.

Amargo (*Aigre*)
Farinha dissolvida em consomê. Cozer. Juntar sumo de limão e cebolas refogadas em manteiga.

Americano (*Américaine*)
Preparar como para Lagosta à Americana. (*Ver* LAGOSTA). Pisar as cabeças e as pernas no almofariz, ou à máquina; incorporar com aveludado de peixe e manteiga.

Anchovas (*Anchois*)
Molho Normando, levantado com Manteiga de Anchovas. Guarnecer com filetes de anchovas, picados grossos.

Andaluz (*Andalouse*)
(*Frio*) Maionese com purê de tomates. Guarnecer com pimentões doces, picados.

Andral
Com meio litro de leite, 40 g de farinha, 40 g de manteiga e um pouco de sal, fazer um molho seguindo o processo do Bechamel. Ligar a manteiga só no final. (*Substitui o Bechamel, sobretudo em carnes brancas, aves, peixes ou legumes cozidos. Molho dietético*).

Aromático (*Aromates*)
Aveludado de *Roux* louro, com a seguinte infusão: tomilho, basílico, segurelha, manjerona, salva, cebolinho, chalotas picadas, noz-moscada, pimenta em grão. Guarnecer com cerefólio e estragão, branqueados e picados; sumo de limão. (*Receita inglesa: Aromatic Sauce*).

Arquiduque (*Archiduc*)
1/3 de vinho do Porto, 1/3 de vinho tinto, 1/3 de Glace de Carne ou de aves. Reduzir. Juntar natas frescas. Bater, em banho-maria, com gemas de ovos e manteiga. Passar pela estamenha. (*Servido com Supremo de aves ou pequenas peças*).

Araruta (*Arrow-root*)
Farinha de araruta fervida com consomê; juntar sumo de limão, sal e pimenta. Ligar com gema de ovo.

Aurora (*Aurore*)
a) (*Magro*). Aveludado de Peixe atomatado: juntar um pouco de manteiga.
b) Molho Supremo, ligeiramente atomatado.

Avelãs (*Noisettes*)
Molho Holandês, com manteiga de avelãs.

Aveludado (*Velouté*)
(*Ver* MOLHOS BASE OU FUNDAMENTAIS).

Azedas (*Oseille*)
Cebolas puxadas em manteiga, com azeite, pimenta e alho; juntam-se azedas. Passar na peneira.

Azeitonas (*Olives*)
2/3 de molho Espanhol, 1/3 de Fundo de Aves, misturados. Ferver mais 10 minutos, em fogo brando.

Bacalhau (*Morue*)
Roux louro, a que se junta Molho de Tomate, Marsala, Fundo de Peixe, cebola picada, manteiga, champignons picados, cravinho, presunto finamente picado, sal e pimenta. Deixar cozinhar em fogo brando, 20 minutos; passar pela peneira, e retificar o tempero, sobre o fogo. (*Receita inglesa: Codfish Sauce*).

Bacon (*Sauce au Lard Fumé*)
Cubos de *bacon* passados numa frigideira, aos quais são adicionados cebola picada, farinha, vinagre, consomê, sal e pimenta. Passar pela peneira e servir quente. (*Receita inglesa: Bacon Sauce*).

Bagna Calda
Picado de alho e anchovas, com azeite, manteiga e trufas. Passado numa frigideira, muito levemente, e servido quente. (*Cozinha italiana*).

Bastardo (*Bâtarde*)
Roux branco, molhado com água; ligar com gemas de ovos e manteiga, formando mistura ligeiramente cremosa. Adicionar sumo de limão e passar pela estamenha.

Bávaro (*Bavaroise*)
Redução de pimenta em grão, rábano (*raifort*), tomilho, louro, pés de salsa, vinagre. Trabalhar em seco, com gema de ovo. Levantar como o Holandês (*ver* MOLHO HOLANDÊS). Lagostins e um pouco de manteiga, para formar um creme menos espesso. Guarnecer com lagostins picados grossos.

Bearnês (*Bearnaise*)
Redução de chalotas picadas, cravinho, estragão e sal. Molhar com vinagre. Juntar gemas de ovo, e tratar como o Holandês (*ver* MOLHO HOLANDÊS). Passar pela estamenha. Terminar com estragão e cerefólio, picados.

Bechamel
(*Ver* MOLHOS BASE E FUNDAMENTAIS).

Beirão
Gemas de ovos, batidas com azeite e vinagre. Claras de ovo cozido, picadas com cebola, salsa, pimenta e sal. Misturar.

Benton
Vinagre com infusão de rábano ralado, a que se junta mostarda preparada, e açúcar mascavado, em pequena quantidade este último. Agitar bem, para uma boa mistura, (*Para rosbife, quente ou frio; receita inglesa*).

Berbigão (*Clovisses*)
Cebola puxada em manteiga; juntar Fumete de Peixe e farinha, berbigões lavados e abertos ao natural. Ligar com gema de ovo e sumo de limão.

Bercy
a) Chalotas picadas, ligeiramente passadas em manteiga, molhadas com 1/2 de vinho branco, 1/2 de Fumete de Peixe; reduzir. Juntar Aveludado de Peixe ou Glace de Peixe, e salsa picada. Terminar com manteiga. (*Serve-se com peixes*).
b) Chalotas picadas e pimenta de moinho; molhar com vinho branco. Reduzir. Juntar Glace de Carne, líquida. Levantar com manteiga. Enfeitar com rodelas de tutano e salsa picada. (*Serve-se com carnes grelhadas*).

Bife (*Beef-steak*)
Cebola picada miúda, refogada em manteiga. Molhar com vinho da Madeira. Reduzir e juntar Glace de Carne, manteiga e sumo de limão. (*Servido com carne e caça; receita inglesa*).

Bigarrada (*Bigarade*)
Fundo de pato, reduzido, sumo de laranja e limão; juliana de casca de laranja e limão. Juntar manteiga. Desejando-se, pode ligar-se com araruta (*arrow-root*).

Boa Mulher, ou Boa Dona (*Bonne Femme*)
Cebola, picada fina, e chalota, ligeiramente passadas em manteiga. Ferver e reduzir, com bom Fundo Branco de peixe. Ligar com gema de ovo. Levantar com natas batidas (*fouettées*). Sumo de limão, para terminar.

Boêmio (*Bohémienne*)
(*Frio*) Molho Bechamel frio, ligado com gemas de ovo, sal, pimenta e vinagre. Misturar. Levantar com azeite, como uma vulgar Maionese. Terminar com vinagre de estragão.

Bom (*Bonne*)
Farinha alourada em manteiga. Juntar consomê e sal, gemas de ovo, sumo de limão e vinagre.

Bonnefoy
(*Ver* MOLHO TUTANO). Substituir o Demi-glace por Aveludado e juntar estragão picado.

Bordalês (*Bordelaise*)
Chalotas picadas, cravinho, tomilho e louro; reduzir com vinho tinto. Juntar Demi-glace e passar.

Bourguignonne
Chalotas picadas, raiz de salsa, tomilho, louro e champignons. Molhar com vinho tinto; reduzir até a metade e passar. Ligar com Manteiga Trabalhada (*ver* MANTEIGAS) e caiena.

Branco (*Blanche*)
Aveludado de carne, a que se junta leite ou natas.

Branco Suflê (*Blanche Soufflé*)
Farinha ligada com manteiga; juntar leite, sal, pimenta, noz-moscada. Ligar com gemas de ovos. Terminar juntando claras em castelo (*neige*).

Brande
Demi-glace com um pouco de consomê, manteiga, noz-moscada, sal e pimenta; ligar bem, e adicionar brande no momento de servir. (*Receita inglesa: Brandy Sauce*).

Bretão (*Bretonne*)
a) Cebolas picadas, puxadas em manteiga até terem uma bela cor loura; molhar com vinho branco. Reduzir. Juntar purê de tomates frescos e dente de alho. Passar, e adicionar manteiga e salsa picada.
b) Juliana de porros, aipo, cebolas e champignons, refogada em manteiga, servindo de guarnição a um Aveludado de Peixe, ligeiramente cremoso.

Broglie
Molho Espanhol reduzido com presunto, vinho da Madeira, champignons e manteiga.

Byron
Redução de vinho tinto, com trufas em dados. Juntar Demi-glace.

Cabeça de Urso (*Tête d'Ours*)
Casca de laranja finamente picada; junta-se geléia de groselhas em líquido, e adiciona-se vinho do Porto, chalotas, mostarda, pimenta e açúcar. (*Este molho é suscetível de ser guardado em garrafas rolhadas, por tempo indeterminado*).

Cabrito (*Chevreuil*)
Mirepoix de legumes e aparas de caça, puxado em manteiga. Molhar com vinho tinto e reduzir. Juntar molho Pimentada. Passar pela estamenha. Terminar com pimenta de Caiena e uma colher de açúcar.

Caça (*Gibier*)
Molho Espanhol com adição de um cálice de jerez, cebola pequena, cenoura, nabo, ramo de cheiros, cravinho, sal, pimenta e carcaças de caça de penas (*galinhola, de preferência*). Puxar bem numa frigideira e passar pela estamenha. Tornar a levar ao fogo, retificar os temperos e apurar. (*Receita inglesa: Game Sauce*).

Caçador (*Chasseur*)
Champignons picados, salteados em manteiga; juntar chalotas picadas; molhar com vinho branco e reduzir. Adicionar Demi-glace e manteiga. (*No momento de servir, salsa picada*).

Camarões (*Crevettes*)
Aveludado de Peixe, com camarões descascados. Um pouco de pimenta de Caiena.

Camarões à Inglesa (*Crevettes à l'Anglaise*)
Manteiga à inglesa, guarnecida de camarões descascados. Juntar molho de Anchovas e pimenta de Caiena. (*Receita inglesa*: *Shrimp Sauce*).

Cambridge
(*Frio*) Purê feito no almofariz, com gemas de ovos cozidos, filetes de anchovas, alcaparras, cerefólio, estragão, cebolinho, mostarda. Juntar azeite, vinagre e pimenta de Caiena, procedendo como para a Maionese. Passar pela estamenha. Terminar com salsa picada. (*Receita inglesa*).

Caminho (*Chemin*)
Mirepoix de legumes e cravinho. Junta-se molho Supremo e passa-se pela estamenha.

Cardeal (*Cardinal*)
a) Molho Bechamel, com Fumete de Peixe, trufas e Lavagante ou lagosta. Pimenta de Caiena.
b) Fundo de Peixe, reduzido, gemas de ovos e manteiga de mariscos.

Carignan
Molho Espanhol reduzido, com cocção de trufas e Fumete de Pato.

Caril (*Curry*)
Dados de cebolas e maçãs, puxados em manteiga. Juntar pó de caril, desfeito em vinho branco. Molhar com leite de coco. Adicionar Aveludado de carne ou de peixe, consoante a aplicação a que se destina. Passar pela estamenha e terminar com natas.

Carne Assada (*Boeuf Rôti*)
Molho de assar carne; juntar manteiga e vinho da Madeira; reduzir. Terminar com natas, deixando estas ferver um pouco.

Carrack
Colocar, numa garrafa, vinagre, nozes picadas, picles de manga, purê de champignons, dois dentes de alho picados, sal, pimenta e cravinho. Deixar de infusão 1 mês, agitando 2 vezes por dia. (*Servir com carnes frias*).

Casanova
Maionese, com gemas de ovos picados, estragão e trufas.

Caseiro (*Maison*)
Miolo de pão desfeito em leite; gemas de ovo; sal, pimenta e salsa picada.

Castanhas (*Marrons*)
Fundo Branco de carne, a que se juntam natas. Adicionar castanhas, já previamente passadas no forno; uma casca de limão, pimenta de Caiena e sal.

Castelã (*Châtelaine*)
Molho Espanhol, reduzido em Glace de Carne, presunto picado e quadrados de morrones.

Castelhano (*Castillane*)
Demi-glace, com jerez; reduzir com fatias de *bacon* e sumo de limão. Enfeitar com morrones picados.

Catraeira (*Canotière*)
Fundo de Peixe, ligado com gemas de ovo e Manteiga Trabalhada. (*Ver* MANTEIGAS). Juntar sumo de limão.

Cebolada (*Oignonade*)
Cebola cortada em rodelas, frita em azeite, com sal, pimenta e um dente de alho. Junta-se vinagre ou vinho branco e uma folha de louro.

Cebolas (*Oignons*)
a) Em Molho Bechamel, misturam-se cebolas picadas, pimenta, sal, um pouco de açúcar e manteiga. Tornar menos espesso, incorporando natas.
b) Cebolas cortadas, cozidas em azeite, temperadas com sal, pimenta, noz-moscada e ramo de cheiros. Escorrer e guardar o caldo. Picar as cebolas. Fazer um molho com o caldo e *Roux* branco. Juntar as cebolas picadas. Deve ficar bem espesso. (*Receita inglesa*: *Onion Sauce*).

Cenouras (*Carottes*)
Derreter manteiga numa frigideira e adicionar cenoura ralada, deixando cozinhar durante 10 minutos. Juntar Fundo de Carne, sal e pimenta. Passar, misturar salsa picada e sumo de limão, aquecendo novamente. (*Para carnes ou caça*).

Cerveja (*Bière*)
Com manteiga, açúcar, cebola picada, sal, pimenta, cravinho, louro e canela em pau, fazer uma pasta no almofariz. Passar na peneira. Juntar cerveja e vinagre. Ligar com Maionese e terminar com manteiga.

Chalota (*Échalote*)
Chalotas cozidas, picadas; vinagre; pimenta e sal: juntar algum caldo da cozedura e reduzir com vinho branco.

Chambord
Molho Espanhol com Fundo de Peixe, ligado com manteiga de Anchovas.

Champanha (*Champagne*)
(*Ver* CIDRA). Substituir a cidra por champanha. (*Receita inglesa*).

Champignons
a) Demi-glace com Fumete de Champignons. Ligar com manteiga e guarnecer de champignons picados.
b) Molho Alemão com essência de champignons. Guarnecer com champignons cozidos, picados.

Chantilly
(*Frio*) Maionese com limão, servindo de elemento ácido, adicionada de natas batidas,

no momento de servir. (*Ver* MOLHO MUSSELINA).

Charentaise
Cebolas refogadas em manteiga, com suco de carne, vinho branco ou da Madeira, tomate, Demi-glace, mostarda e pepinos verdes (*cornichons*). picados.

Châteaubriand
Redução de chalotas picadas, tomilho, louro e champignons; molhar com vinho branco. Juntar Glace de Carne. Levantar com manteiga. Terminar com estragão e salsa, picados.

Chaud-Froid Branco (*Blanche*)
Aveludado com geléia.

Chaud-Froid Escuro (*Brune*)
Demi-glace com geléia, essência de trufas e vinho da Madeira.

Chaud-Froid Atomatado (*Tomaté*)
Molho de Tomate com geléia. (*O molho* Chaud-Froid *pode ser feito com diferentes essências, de caça, de pato etc., conforme o emprego a que se destina*).

Cherburgo (*Cherbourg*)
Bechamel levantado com manteiga e guarnecido de lagostins picados grossos.

Chileno (*Chilienne*)
(*Frio*) Purê de cebola cozida, reduzido de líquido. Junta-se igual porção de tomate ou concentrado do mesmo, sumo de limão e caiena. Bate-se bastante, fazendo absorver certa quantidade de azeite. Bate-se novamente, no momento de servir. (*Para rosbife, carneiro assado, caça, peixes ou ovos*).

Chivry
Aveludado de aves, com a seguinte mistura: cerefólio, salsa, estragão, cebolinho e pimpinela. Adicionar vinho branco. Passar. Terminar com manteiga Chivry. (*Ver* MANTEIGAS).

Chorão (*Choron*)
Molho Bearnês atomatado.

Christopher
1 cálice de vinho do Porto, Fundo escuro, purê de champignons, sumo de limão, açúcar mascavado, pimenta de Caiena e sal. Os ingredientes são misturados e colocados num recipiente em banho-maria, sem deixar ferver. (*Para aves ou caça. Receita inglesa: Christopher North's Sauce*).

Cidra (*Cidre*)
Fundo escuro, alho, louro, sal e pimenta. Juntar cidra e reduzir. Servido como substituto para o molho champanha, com aves assadas ou outros. (*Receita inglesa: Cíder Sauce*).

Ciganita (*Gitanette*)
(*Frio*) Uma mistura, pisada no almofariz, composta de cebola estufada, alho, alcaparras, coentros, salsa, ovo cozido, sal, pimenta e um pouco de purê de tomate. Juntar gema de ovo crua. Mistura-se depois, pouco a pouco, com o dobro do volume de Maionese, batendo bem. (*Receita espanhola: Salsa Calé*).

Citadino (*Villageoise*)
Aveludado de Fundo de Vitela, cocção de champignons e mistura de molho Soubise.

Coelho (*Lapin*)
Molho Espanhol, com adição de vinho branco, alho, salsa e glace de caça.

Colbert
a) Glace de aves, ligeiramente levantada com manteiga; estragão picado.
b) 1/2 de Glace de Carne, 1/2 de natas batidas; sumo de limão e cerefólio picado.

Colorido (*Jus Coloré*)
a) Molho de carne assada, reduzido com vinho do Porto.
b) (*Para acompanhar assados de vitela*) 2/3 de manteiga à inglesa, 1/3 do molho do assado; misturar. Juntar *catchup*. (*Receita inglesa: Brown Gravy*).

Condessa (*Contesse*)
Molho de vinho branco, com essência de peixe, purê de trufas e purê de fígado, este último em pequena quantidade.

Copétienne
Molho de vinho branco, engrossado com purê de tomate.

Corintiano (*Corinthienne*)
Roux louro; juntar água, sumo de limão e sal. Ferver e juntar vinho da Madeira, passas de uva e amêndoa picada.

Cornichon
Fundo escuro, reduzido com um pouco de vinagre, a que se juntam pepinos verdes (*cornichons*), finamente picados, sal e pimenta. (*Receita inglesa*: *Gherkin Sauce*).

Corticeira (*Liège*)
Molho de Manteiga, com purê de cebola e salsa picada.

Costa Brava (*Côte-Brave*)
(*Frio*) Dentes de alho, esmagados no almofariz, com filetes de anchovas e atum de conserva; juntar azeite do atum, pimenta, caiena (*não muita*), e gemas de ovo cruas. Trabalha-se como uma Maionese espessa, temperando com sal. (*Para carnes, peixes, acepipes etc. Receita espanhola*).

Crapaudine
Chalotas picadas, vinagre e vinho branco; refogar e reduzir. Incorporar com molho Espanhol, caiena e salsa picada.

Creme (*Crème*)
Molho Bechamel bastante cremoso. (*Ver* MOLHO NATAS).

Creme à Inglesa (*Crème à l'Anglaise*)
Aveludado de essência de champignons. Fazer ferver, com um ramo de salsa e cebolas, que se retiram no momento de servir. Juntar natas. (*Receita inglesa*: *Cream Sauce*).

Creme de Aspic (*Crème d'Aspic*)
Nata bem fresca. Bate-se com as varas e vai-se adicionando gelatina líquida, limão e pimenta branca. Passa-se por uma peneira fina. (*Serve para gelatinar aves ou outros*). (*Receita inglesa*: *Aspic Cream*).

Criação, Molho de (*Sauce Volaille*)
Molho de assado de aves domésticas, reduzido com um pouco de vinho da Madeira.

Crioula (*Créole*)
Molho de Tomate, com vinho branco, chalotas picadas, e juliana fina de morrones.

Cumberland
(*Frio*) Geléia de groselhas com vinho do Porto. Juntar chalotas, picadas e branqueadas; juliana de casca de laranja e de limão, branqueada. Terminar com sumo de laranja e de limão, pimenta de Caiena, um pouco de mostarda e gengibre. (*Receita inglesa*).

Cussy
Molho Espanhol reduzido com vinho da Madeira e essência ou Fumete de Pinhões.

Czarina (*Tzarine*)
Demi-glace com cogumelos, pepinos verdes (*cornichons*), picados e passas de uva.

Damasco, ou Persa (*Damas, ou Perse*)
Fundo escuro, a que se junta purê de maçã, manteiga, sal, pimenta e uma cebola picada. Adicionar um pouco de caril, sumo de limão, algumas passas de uva e bocadinhos de ananás. (*Receita inglesa*: *Persian Sauce*).

Daumont
Molho Holandês, levantado com Glace de Carne, champignons, lâminas de trufas e ostras.

Demidoff
Molho Madeira com trufas.

Demi-glace
(*Ver* MOLHOS BASE OU FUNDAMENTAIS).

Demi-glace Atomatado (*Demi-glace tomatée*)
Molho Demi-glace, acrescido de Molho de Tomate.

Demi-glace Claro (*Demi-glace claire*)
Molho Demi-glace menos puxado, com menos cor, portanto.

Dessigny
Molho Holandês muito fino, com vinho branco reduzido, manteiga e caiena. (*Especial para peixes muito finos ou legumes, tais como espargos, couve-flor etc.*).

Diabo (*Diable*)
a) Chalotas picadas com cravinho; molhar com 1/2 de vinho branco, 1/2 de vinagre. Reduzir, juntar Demi-glace e passar. No momento de servir, salsa picada.
b) Redução de chalotas picadas com vinagre, a seco; juntar Demi-glace atomatada. Passar pela estamenha. Retificar com um pouco de Molho Escoffier e pimenta de Caiena. (*Receita inglesa*: *Devilled Sauce*).

Diana (*Diane*)
Molho apimentado, mais cremoso.

Diéppoise
Molho branco, feito de Aveludado de Peixe, cocção de mexilhões, champignons e sumo de limão. Com ele são cobertos os peixes cozidos, depois de guarnecidos com mexilhões e champignons.

Dijon (*Dijonnaise*)
Numa caçarola em banho-maria, juntar gemas, manteiga, sumo de limão, pimenta e mostarda, com estragão. Passar.

Dinamarquês (*Danoise*)
Bechamel de cocção de champignons, purê de aves e salsa.

Diplomata (*Diplomate*)
Molho Normando de lagosta. Guarnecer com dados de trufas e lagosta.

Divino (*Divine*)
O mesmo que o Musselina.

Douzy
Molho Mordomo, amostardado.

Duglerê
Cebolinho, chalotas, tomate e salsa, refogados (*mas não muito*), e refrescados com caldo de peixe. Fazer um Bechamel com vinho branco e salsa picada e cobrir a peça. (*Para peixes*).

Duquesa (*Duchesse*)
Bechamel, levantado com manteiga e um salpicão fino de presunto.

Duxelles
Cebolas e chalotas picadas, puxadas em manteiga. Molhar com vinho branco e reduzir. Juntar 1/2 de Demi-glace e 1/2 de Molho de Tomate e Duxelles seco (*Ver* FUNDOS DE COZINHA); salsa picada, para terminar.

Embaixatriz (*Ambassadrice*)
Molho Supremo, de aves, com purê branco das mesmas, manteiga e natas frescas. Bem batido.

Enguia (*Anguille*)
Juliana de enguia e de presunto. Colocar numa frigideira com Fumete de Peixe, cebola, cenoura, louro, grãos de pimenta e sal. Cozinhar em fogo brando, durante 45 minutos. (*Receita inglesa*: *Eel Sauce*).

Epicuro (*Epicurienne*)
Molho de Manteiga, com um picado de melão cantalupo, pimenta de Caiena e vinagre. (*Cantalupo é uma variedade francesa de melão, muito parecida com a que vulgarmente designamos por meloa*).

Ervas Finas (*Fines Herbes*)
a) Infusão de ervas aromáticas, como salsa, funcho, estragão e coentros, em vinho branco. Passar e juntar Demi-glace, salsa e estragão picados e sumo de limão.
b) Molho de Vinho Branco com picado de salsa, estragão, coentros e outros aromáticos. Juntar Manteiga de Chalotas (*ver* MANTEIGAS).

Escabeche (*Escavèche*)
(*Frio*) Azeite; cebola e cenouras em juliana, alho pisado, pimenta, vinagre e sal. Um pouco de coentros, à vontade. (*Para peixes fritos. Conserva-se em imersão vários dias*).

Escabeche (*Escavèche*)
(*Quente*) Num pouco de manteiga, com azeite, fritar cebolas, cenouras, tomilho e cerefólio, cortados em juliana muito fina. Juntar vinho branco seco, salsa, louro, alho, pimenta. sal e sumo de limão.

Escocês (*Écossaise*)
a) Molho Normando, guarnecido com Brunesa grossa de cenouras, trufas e aipo. (*Receita inglesa*: *Scotch Sauce*).
b) Molho Bechamel ligeiro, guarnecido com claras de ovos cozidos, picadas, e gemas de ovos cozidos, passadas na peneira grossa (*Receita inglesa*: *Scotch Egg Sauce*).

Escoffier
Molho Demi-glace com perfume de vinho da Madeira seco. Juntar trufas picadas e pasta de fígado, natural.

Escudo (*Écu*)
Molho de carne, com mostarda francesa, aromatizado com vinho do Porto seco.

Escuro (*Brun*)
O mesmo que REMOLHAGEM.

Espanhol (*Espagnole*)
(*Ver* MOLHOS BASE OU FUNDAMENTAIS).

Espanhol Verde (*Espagnole Verte*)
Miolo de pão ensopado, salsa picada, cebola também picada e pepinos de conserva. Tudo

isto bem amalgamado, de forma a fazer uma massa, que se desengrossa, juntando azeite e vinagre nas proporções necessárias.

Espargos (*Asperges*)
Caldo da cocção de espargos. Juntar um pouco de leite, manteiga, gemas de ovo e fécula de batata. Ferver muito docemente em banho-maria.

Especial (*Exprès*)
Cebolas refogadas em manteiga e refrescadas com vinho branco; reduzir. Juntar Molho de Tomate e Espanhol, bem como um pouco de caldo. Adicionar presunto e alho esmagados e salsa picada.

Espuma (*Mousse*)
O mesmo que MUSSELINA.

Espumante (*Mousseuse*)
Idem.

Esquisito (*Exquis*)
Maionese com Molho de Tomate, juntar pimentos morrones e estragão picado.

Estragão (*Estragon*)
a) Suco Ligado (*Jus Lié*), com essência de estragão. Estragão picado.
b) Aveludado de Peixe ou carne, com purê de estragão. Estragão picado.

Estufado (*Estouffade*)
O mesmo que REMOLHAGEM.

Financeiro (*Financière*)
Molho Madeira, com essência de trufas.

Flamengo (*Flamande*)
Molho de manteiga, com mostarda; salsa, aipo e coentros picados.

Floriano (*Floriani*)
Maionese com mostarda; trufas, salsa e cerefólio picados.

Foyot
Molho Bearnês, com Glace de Carne.

Francês (*Française*)
a) Molho Bearnês atomatado, com Fumete de Peixe.
b) Molho Estragão com purê de tomates.

Francisco I (*Françoise I*)
Molho de Vinho Branco, com champignons picados e tomates *concassés*. Levantar com manteiga.

Franganita (*Poulette*)
Molho Alemão, de Fumete de Champignons. Juntar natas e bater bem. Terminar com sumo de limão e salsa picada.

Fricassé
a) Molho Aveludado de aves.
b) Manteiga e gemas pouco espessas, com sumo de limão, sal e pimenta.

Frietine
Maionese Tirolesa (*Tyrolienne*) (*Ver* MAIONESES) com gambas e amêijoas picadas.

Funcho (*Fenouil*)
Molho de manteiga à inglesa, com funcho branqueado e picado. (*Receita inglesa*: *Fennel Sauce*).

Gambas (*Gamberi*)
Gambas pisadas no almofariz, mostarda e salsa picadas, juntar Maionese e servir enfeitado com gambas em rodelas. (*Receita italiana*).

Gaspoz
Demi-glace levantado com manteiga e molho inglês (*Comercial*). Juliana de língua e presunto. Termina-se com gema de ovo cozido, passada na peneira e salsa picada.

Gastrônomo (*Gourmet*)
a) Redução de vinho do Porto com Aveludado de Peixe. Terminar com Manteiga de Anchovas.
b) Molho de peixe com vinho tinto, levantado com Manteiga de Lagosta. Guarnição de trufas e gambas.

Gemas (*Jaunes d'Oeufs*)
Gemas de ovo, cozidas, passadas na peneira. Juntar mostarda, salsa, sumo de limão, sal, pimenta, noz-moscada e manteiga.

Genebrino (*Génevoise*)
Mirepoix e cabeça de salmão *concassés*. Estufar em manteiga, com cravinho, tomilho, louro e ramo de cheiros. Molhar com vinho tinto e reduzir à metade. Juntar Demi-glace. Ferver 4 minutos. Passar, comprimindo, pela estamenha. Terminar com Manteiga de Anchovas.

Genovês (*Génoise*)
(*Frio*) Purê de ervas aromáticas, pinhões e amêndoas, ligado com gemas de ovo, a frio. Temperar com sumo de limão, sal e pimenta. Levantar com azeite, como a Maionese.

Geraldo
Consomê, vinho branco, louro, sal, pimenta, casca de limão e vinagre, em infusão. Ferve-se e passa-se.

Gloucester
(*Frio*) Maionese e natas azedas. Terminar com um pouco de Molho Escoffíer e funcho picado. (*Receita inglesa*).

Godard
Redução de vinho branco, com Mirepoix e salpicão de presunto. Juntar Demi-glace e essência de champignons. Ferve-se 10 minutos e passa-se pela estamenha.

Granville
Molho de Vinho Branco, com guarnição de berbigão, trufas e champignons.

Gratém (*Gratin*)
Molho de Vinho Branco, com cogumelos, salsa picada e Demi-glace.

Gribiche
a) (*Frio*) Maionese, com gemas de ovos cozidos e mostarda. Juntar picado de pepinos verdes (*cornichons*), alcaparras, cerefólio, salsa, estragão e juliana de claras de ovos, cozidas. Misturar.
b) Maionese com salsa, estragão e alcaparras, guarnecida de claras de ovos cozidos, picadas.

Groselhas (*Groseilles*)
a) Groselhas meio verdes, branqueadas e cozidas com vinho branco e açúcar. Passar pela estamenha. Misturar este purê com Molho Bastardo.
b) Purê açucarado de groselhas, com Demi-glace. (*Receita inglesa*: *Gooseberry Sauce*).

Groselhas e Rábano (*Groseille au Raifort*)
Geléia de groselhas, derretida e adicionada a rábano ralado.

Havre (*Havraise*)
Molho de peixe, com cocção de mexilhões e amêijoas. Guarnecer de mexilhões e trufas picadas.

Holandês (*Hollandaise*)
Redução de cravinho com vinagre, quase a seco. Juntar gemas de ovo. Bater, incorporando pouco a pouco, manteiga derretida, ou fresca, e de quando em quando umas gotas de água, ou de natas, para obter consistência regular. Passar pela estamenha, e completar o tempero pela adição de um pouco de sumo de limão e sal. (*Este molho deve ser feito em banho-maria, a um grau de calor pouco elevado*).

Homem Pobre (*Pauvre Homme*)
Molho Espanhol, com cebolinho, chalotas e salsa picada.

Hortelã (*Menthe*)
(*Frio*) Vinagre bastante açucarado, sal e pimenta, formando um xarope pouco espesso. Juntar folhas de hortelã picadas, e deixar em infusão. (*Receita inglesa*: *Mint Sauce*).

Húngaro (*Hongroise*)
Cebolas picadas, puxadas em manteiga de páprica. Refrescar com vinho branco. Juntar raminho de cheiros e reduzir para 2/3. Adicionar Molho Supremo.

Hussardo (*Hussarde*)
Cebolas e chalotas picadas, refogadas em manteiga; refrescar com vinho branco e reduzir. Juntar Demi-glace atomatado. Fundo Branco (*ver* FUNDOS DE COZINHA), presunto magro, cru, dente de alho e raminho de cheiros. Em cocção por 25 minutos. Passar sob pressão, pela estamenha, depois de haver retirado o presunto, que se corta em Brunesa. Juntar ao molho, depois de pronto, a Brunesa de presunto, rábano ralado e salsa picada.

Ideal
a) Pimentos e alhos com Demi-glace. Juntar Molho Holandês.
b) Molho Esquisito, a que se juntam picles e mostarda francesa.

Imperatriz (*Impératrice*)
O mesmo que o MOLHO SUPREMO.

Indiano (*Indienne*)
(*Ver* MOLHO DE CARIL).

Infernal (*Enfernalle*)
Chalotas, alho e pimenta, cozidos em vinagre. Passar pela peneira. Juntar purê de tomates e sumo de limão.

Italiano (*Italienne*)
a) Molho Duxelles, com Brunesa de presunto e salsa picada.
b) (*Frio*) Maionese de limão. Guarnecer com miolos cozidos, picados e salsa, também finamente picada.

Jasmim
Molho de Tomate, a que se juntam natas, Demi-glace, Molho Holandês e vinho do Porto seco.

Jerez (*Xérès*)
O mesmo processo que para o Molho Madeira, substituindo este por vinho jerez.

Joinville
Molho Normando, com lagostins e camarão. Pode ser guarnecido com juliana de trufas.

Lagostins (*Écrevisses*)
Aveludado de Peixe levantado com manteiga de lagostins, juntando um picado de caudas dos mesmos, como guarnição.

Lagosta (*Langouste*)
O mesmo que LAVAGANTE.

Laguipière
Molho Bastardo, com Glace de Peixe.

Languedoc
Roux Louro, com alho, salsa, pimenta e sal, juntando um pouco de consomê e sumo de limão.

Laranja (*Orange*)
Demi-glace, com vinho da Madeira, sumo de laranja e casca da mesma, cortada em juliana fina.

Laranja Azeda (*Orange Aigre, ou Bigarade*)
Molho de assar pato, com Demi-glace. Reduzir com vinho branco, sumo de laranja azeda e casca de laranja cortada em juliana fina. Pode ser aromatizado com gotas de curaçau.

Larouille
Pisar no almofariz dois ou três alhos; juntar um pouco de miolo de pão, ensopado em caldo, e um pimento encarnado, previamente grelhado. Continua-se pisando, e adiciona-se sal e azeite muito fino. (*Próprio para peixes e carnes, frios ou quentes*).

Lavagante (*Homard*)
MOLHO DIPLOMATA sem guarnição.

Lavagante à Inglesa (*Homard à l'Anglaise*)
Molho Bechamel, com essência de anchovas. Guarnecer com dados de carne de Lavagante e caiena. (*Receita inglesa*: *Lobster Sauce*).

Lavalière
Molho Espanhol com Fumete de Caça. Juntam-se natas azedas, juliana de trufas e estragão.

Ligado (*Jus Lié*)
Fundo de Vitela, escuro, ligado com araruta (*arrow-root*).

Ligado Atomatado (*Jus Lié Tomaté*)
O mesmo que o antecedente, com essência de tomates.

Ligado com Estragão (*Jus Lié à l'Estragon*)
O mesmo que os dois acima, mas com essência de estragão.

Limão (*Citronée*)
Com gemas de ovo cozidas, cebolas e pepinos de conserva, picados, alcaparras, azeite e sumo de limão, fazer um molho de características idênticas ao Tártaro.

Lionês (*Lyonnaise*)
Cebolas picadas, alouradas em manteiga. Refrescar com 1/2 de vinho branco e 1/2 de vinagre. Reduzir. Juntar Demi-glace e passar pela estamenha.

Livônia (*Livonienne*)
Aveludado de Fumete de Peixe, levantado com manteiga. Guarnecer com juliana de trufas, cenouras e salsa.

Maçãs (*Pommes*)
Purê de maçãs ligeiramente açucarado, com um pouco de canela em pó, Demi-glace e pimenta. (*Receita inglesa*: *Apple Sauce*).

Madeira (*Madère*)
Demi-glace, com vinho da Madeira.

Maillot
Molho de vinho da Madeira, com gemas de ovos cozidos, passadas pela peneira, chalotas e pimenta de Caiena.

Maintenon
Molho Natas, com purê de champignons, alho, caiena e parmesão ralado.

Maionese (*Mayonnaise*)
(*Vem* MAIONESES).

Maître d'Hôtel
(*Ver* MORDOMO).

Maltês (*Maltaise*)
Molho Holandês, com sumo e casca de laranjas sangüíneas.

Manga
Manteiga com vinagre de estragão; reduzir e adicionar compota de manga ou Mango Chutney.

Manteiga (*Beurre*)
Manteiga derretida, com sumo de limão, sal e pimenta.

Manteiga à Inglesa (*Beurre à l'Anglaise*)
Molho Bastardo, sem ligação. (*Receita inglesa*: *Butter Sauce*).

Marechala (*Maréchale*)
Molho Alemão, ou Aveludado, com champignons.

Marfim (*Ivoire*)
Molho Branco, de Fundo de Aves, levantado com natas e manteiga.

Margarida (*Margueritte*)
Molho Holandês, de cocção de ostras, com ostras picadas.

Marigny
Redução de vinho branco, com Molho Espanhol atomatado. Guarnecer com azeitonas recheadas, pequenos champignons e manteiga.

Marinheiro (*Marinière*)
Molho Bercy, com caldo de mexilhões reduzido. Levantar com manteiga e guarnecer de mexilhões cozinhados.

Marly
Aveludado, com Bechamel, caldo de champignons e caiena.

Marselhês (*Marseillaise*)
Molho Holandês, com purê de tomate açafronado.

Matalota (*Matelote*)
Redução de Caldo Aromatizado (*Court-Bouillon*) de peixe, com vinho tinto e champignons. Juntar Demi-glace, passar pela estamenha e adicionar manteiga e caiena.

Matalota Branco (*Matelote Blanche*)
Redução de Caldo Aromatizado (*Court-Bouillon*) de peixe, com vinho branco e champignons. Juntar Aveludado de Peixe e passar pela estamenha. Adicionar manteiga e caiena. Guarnecer com champignons cozidos, canelados, pequenas cebolas cozidas a branco, e passadas em manteiga.

Médicis
Molho Bearnês, com purê de tomate e vinho tinto.

Meio-luto (*Demi-deuil*)
Molho Aveludado, com trufas.

Mel e Rabanetes (*Miel et Radis*)
(*Frio*) Rabanetes picantes, ralados; folhas de aipo e cerefólio; um pouco de água e mel, líquido (*não muito*), sal e pimenta. Bate-se bem, com azeite e sumo de limão. (*Para assados de caça, frios ou quentes*).

Mexilhão (*Moules*)
O mesmo que o MOLHO DE AMÊIJOAS, com mexilhão.

Miolos (*Cervelles*)
Cozer os miolos. Guardar um pouco de caldo. Derreter, numa frigideira, um pouco de manteiga e juntar farinha, deixando alourar; adicionar cebola e continuar refogando até tomar uma cor escura. Colocar então o caldo, vinagre, sal e pimenta. Passar, e enfeitar com os miolos, cortados grossos.

Mirabeau
Molhos Alemão e Veneziano, juntos, perfumados com essência de anchovas.

Mirotão (*Miroton*)
Molho Espanhol, com cebolas estufadas, tomates e mostarda.

Mirtilho (*Airelles*)
Cozer os mirtilhos em água. Escorrer e guardar o caldo. Passar por uma peneira fina. Aumentar o purê obtido, com um pouco de caldo, e juntar açúcar. (*Receita inglesa*: *Cramberry Sauce*).

Monteiro-Mor (*Grand-Veneur*)
Molho Pimentada com essência de caça, a que se junta geléia de groselha e natas.

Mompilher (*Montpellier*)
Cerefólio, salsa, estragão e espinafres cozidos, pisados num almofariz com filetes de anchovas, pepinos de conserva, alcaparras, sal e pimenta. Juntar gemas de ovo cozido, manteiga, azeite e vinagre de estragão.
Passar pela peneira e juntar caiena.

Mordomo (*Majordome*)
Molho Aveludado, levantado com bastante manteiga, noz-moscada, sumo de limão e salsa picada. (Dito *Maître d'Hotel*).

Mornay
Molho Bechamel, levantado com manteiga. Junta-se *gruyère* e parmesão ralados. Pode-se também ligar com gemas de ovos, antes de levantar com a manteiga.

Moscovita (*Moscovite*)
Molho Pimentada, com infusão de bagas de azinho. Guarnecer com amêndoas cortadas e passas de uvas, lavadas em água tépida. Juntar um cálice de vinho de Marsala, no momento de servir.

Mosqueteiro (*Mousquetaire*)
Molho Maionese, com chalotas picadas, passadas em vinho branco, numa frigideira. Guarnecer com cebolinho picado e caiena.

Mostarda (*Moutarde*)
Molho Holandês ou Bastardo, amostardados.

Mulher do Diabo (*Diablesse*)
Como o Molho Crapaudine, mas com mais pimenta. (*Servido, geralmente, com frangos e borrachos grelhados*).

Musselina (*Mousseline, ou Mousseuse*)
Molho Holandês, no qual, batendo energicamente sobre o calor, se incorpora certa quantidade de água. Esta, obrigando-o a criar bolhas de ar, torna-o mais leve. Pode-se terminar com natas batidas ou claras de ovos em castelo (*en neige*).

Nantua
Mirepoix de legumes, puxado em manteiga com lagostins. Flamejar (*flamber*) com brande e refrescar com vinho branco, juntando depois um bom Fumete de Peixe. Adicionar tomates frescos, purê de tomates, Aveludado de Peixe, sal e pimenta de Caiena. Cozinhar tudo, passar pela peneira e servir. Este molho é servido, geralmente, cobrindo a peça.

Napolitano (*Napolitaine*)
Mirepoix de legumes, refogado com vinho de Marsala e tomates. Junta-se Molho Espanhol e levanta-se com manteiga.

Natas (*Crème Fraîche*)
Bechamel vulgar, com gema de ovo e sumo de limão. Levantar com natas.

Newbourg
(*A cru*). Puxar em azeite bocados de lagosta crua temperados com sal e pimenta de Caiena. Guardar as partes internas da lagosta. Flamejar (*flamber*) com brande e vinho da Madeira os bocados, que se salteiam; refrescar com natas e Fumete de Peixe. Em cocção durante 25 minutos. Escorrer e juntar as partes internas da cabeça, pisadas num almofariz. Ligar com Manteiga de Lagosta e passar pela estamenha.

Newbourg
(*Cozinhado*). Escalopes de lagosta cozida, aquecidos em manteiga, temperados com sal e pimenta de Caiena e molhados com vinho da Madeira. Reduzir ligeiramente, e ligar com gemas de ovos e natas.

Nicense (*Niçoise*)
Molho composto com Demi-glace, purê de tomate e anchovas trituradas.

Normando (*Normande*)
Aveludado de Fumete de Linguado, com essência de champignons e suco de ostras. Ligar com gemas de ovo e natas. Reduzir. Levar à consistência desejada, com manteiga e natas.

Norueguês (*Norvégienne*)
Gemas de ovo cozidas, passadas pela peneira; mostarda, azeite e vinagre, tudo numa mistura homogênea.

Novo (*Nouvelle*)
Manteiga, ligada em cru, com gemas de ovo e sal.

Nozes (*Nougat*)
Refogar cebola em manteiga e, quando estiver bem loura, juntar farinha, deixando cozinhar um

pouco; adicionar Fundo Branco e ferver docemente 20 minutos. Passar. Tornar a pôr numa caçarola; temperar com sal e pimenta, e juntar vinagre e nozes picadas. (*Servir com carneiro assado ou outros*).

Oriental (*Orientale*)
Molho Americano com pó de caril. Juntar natas.

Orleães (*Orléans*)
Caldo de champignons, vinho branco reduzido e Aveludado de Peixe. Levantar com Manteiga de Lagostins e um pouco de caiena.

Orly
Molho de Tomate, com quantidade generosa de manteiga.

Ostras (*Huîtres*)
a) Molho Normando de suco de ostras. Guarnecer com ostras cozinhadas ligeiramente.
b) Molho Bechamel, de suco de ostras. Guarnecer com ostras cozidas, picadas. (*Receita inglesa*: *Oyster Sauce*).

Ostras Escuro (*Huîtres à Brun*)
Como o anterior, mas substituindo o Bechamel por Demi-glace. (*Receita inglesa*; *Brown Oyster Sauce*).

Ovas (*Laitances*)
Cozer ovas. Tirar-lhes a pele e desmanchar. Com mostarda já preparada, essência de anchovas e vinagre fazer uma pasta. Juntar esta com manteiga derretida; temperar com sal e pimenta, passar e servir. (*Receita inglesa*: *Roe Sauce*).

Ovo cozido, de (*Oeufs durs*)
Gemas cozidas, desfeitas em azeite, com vinagre, salsa picada, sal e claras cozidas, picadas.

Ovo á Inglesa, de (*Oeuf à l'Anglaise*)
Molho Bechamel. Guarnecer com ovos cozidos, picados, e noz-moscada. (*Receita inglesa*: *Egg Sauce*).

Ovo com manteiga (*Oeuf au Beurre Fondu*)
Manteiga derretida, com ovos cozidos, picados, sal, pimenta do moinho e sumo de limão. Salsa branqueada, picada, para enfeitar no momento de servir. (*Receita inglesa*: *Egg and Butter Sauce*).

Ovo para Peixe (*Oeuf à Poisson*)
Azeite e manteiga em banho-maria, a que se juntam gemas de ovos e sumo de limão.

Oxford
(*Frio*) (*Ver* CUMBERLAND), empregue casca ralada, em vez de juliana. (*Receita inglesa*).

Paloise
Molho Bearnês; empregando hortelã, em vez de estragão.

Pão (*Pain*)
Leite, fervido com cebolas e cravinho. Juntar miolo de pão fresco. Retirar a cebola antes de servir. (*Receita inglesa*: *Bread Sauce*).

Pão frito (*Pain Frit*)
Consomê, com presunto magro cortado em dados pequenos, e chalota picada. Ferver 10 minutos. Ligar com miolo de pão, frito em manteiga. Terminar com sumo de limão e salsa picada. (*Receita inglesa*: *Fried Bread Sauce*).

Páprica
Aveludado de aves, fortemente temperado com páprica.

Parisiense (*Parisienne*)
Manteiga, derretida em consomê de galinha. Juntar farinha e misturar com gemas de ovo e limão.

Pepinos (*Concombres*)
Fazer suar em manteiga fatias de pepino, até ficar bem tenro (30 minutos). Juntar Bechamel, sumo de limão e verde de espinafres (*ver* MANTEIGA DE ESPINAFRES). Temperar com sal e pimenta; passar e servir.

Perigordino (*Périgourdine*)
Demi-glace, com purê de pasta de fígado. Guarnecer com trufas.

Périgueux
Demi-glace, com essência de trufas. Guarnecer com trufas picadas.

Picadilly
Demi-glace, com Manteiga de Anchovas e mostarda inglesa.

Picado (*Hachis*)
Picado de cebola, champignons, chalotas, anchovas e salsa. Leva-se ao fogo, com manteiga

de alcaparras. Incorpora-se farinha, bate-se e engrossa-se.

Picada, de (*Hachée*)
Chalotas e cebolas picadas, passadas em manteiga, a branco. Refrescar com vinagre e reduzir. Juntar Demi-glace atomatado e deixar 5 minutos em ebulição. Guarnecer com presunto e salsa picados, alcaparras e Duxelles seco.

Picada, de (*Hachée*)
(*Magro*) O mesmo que acima, substituindo o Demi-glace por Aveludado de Peixe e o presunto por anchovas.

Picante (*Piquante*)
Chalotas picadas, molhadas com 1/2 de vinho branco e 1/3 de vinagre. Reduzir e juntar Demi-glace, deixando 10 minutos em ebulição. Passar pela estamenha. Guarnecer com (*cornichons*), salsa, cerefólio e estragão picados, e pimenta do moinho em quantidade suficiente.

Piemontês (*Piémontaise*)
a) Aveludado de Fundo de Vitela, com Manteiga de Anchovas e trufas.
b) Demi-glace com concentrado de tomate, salpicão de trufas brancas, manteiga e pimenta de Caiena.

Pignoli
Molho Poivrade, adicionado de pinhões.

Pimento (*Piment*)
Cebola picada, pisada no almofariz com pimento em juliana; molhar com vinho branco, Demi-glace e Molho de Tomate. Juntar um pouco de caiena.

Pímentada
Toucinho refogado com sal, pimenta, salsa, cebolas e cenouras. Refrescar com vinho branco. Passar pela peneira.

Pimpinela (*Pimprenelle*)
Folhas de pimpinela, em picado muito fino. Bate-se um pouco de nata fresca e, quando esta estiver engrossada, junta-se-lhe pimpinela, uma gema de ovo crua, e continua-se a bater, adicionando sal, pimenta e duas colheres de vinagre. (*Serve para todas as carnes e aves. Cozidas ou assadas, frias ou quentes*).

Pinhões (*Pignons*)
Molho Poivrade, com mistura de groselhas e pinhões.

Poivrade Vulgar (*Poivrade Ordinaire*)
Forte Mirepoix de raízes de salsa, tomilho, louro e pimenta em grão, puxados em azeite. Refrescar com 1/3 de marinada e 1/3 de vinagre. Reduzir quase a seco, juntar Demi-glace, e deixar 30 minutos em fervura lenta. Passar, sob pressão, pela estamenha. Apurar com marinada.

Poivrade para Caça (*Poivrade pour Gibier*)
Proceder como para o anterior, juntando ao Mirepoix algumas aparas de caça de pêlo. Trabalhar com Fundo de Caça e pouco de manteiga.

Polonês (*Polonaise*)
a) Aveludado com natas azedas, rábano ralado, cravinho e sumo de limão.
b) (*Frio*) Sumo de laranja e de limão, mostarda, pimenta e um pouco de açúcar.

Polignac
Molho Vinho Branco, com natas e juliana de champignons.

Porto
a) Demi-glace, aromatizado com um cálice de vinho do Porto no momento de servir.
b) Redução de vinho do Porto, com chalotas picadas e tomilho, quase a seco. Adicionar sumo e casca de laranja e limão, sal e pimenta de Caiena. Passar, e juntar a um bom suco de vitela ligado. (*Receita inglesa*: *Port Wine Sauce*).

Português (*Portugaise*)
Cebola picada, alourada em azeite. Juntar tomates *concassés*, sal, pimenta do moinho, Molho de Tomate, Glace de Carne líquida, alho e salsa picada.

Presunto (*Jambon*)
Presunto em dados, passado a fogo brando; acrescentar vinho branco, aromáticos, cebola, cravinho e pimenta. Reduzir e adicionar suco de vitela.

Primaveril (*Printanière*)
Aveludado, levantado com Manteiga de Legumes.

Princesa (*Princesse*)
Molho Bechamel, com Fundo de Aves e cocção de champignons. Termina-se, levantando com natas.

Príncipes (*Princes*)
Molho Lagostins, com salpicão de trufas e lagostins.

Principesco (*Princière*)
Molho Nantua, com caudas de lagostins e trufas picadas.

Provençal (*Provençale*)
a) Tomates *concassés*, passados em azeite a ferver, com sal, pimenta de moinho, açúcar em pó, dente de alho e salsa, picados. 20 minutos de fervura.
b) Champignons picados, puxados em azeite. Juntar à receita precedente e trabalhar com Molho de Tomate claro.
c) Molho espesso, composto de um refogado em azeite, de alho, tomate e aromáticos. Junta-se Demi-glace e Manteiga de Anchovas.
d) Molho Vinho Branco, com salsa, champignons, azeitonas, tomates, alcaparras, alho e Manteiga de Anchovas.
e) Molho Espanhol, adicionado de um refogado de champignons, com tomate, cebola e alho.
f) (*Frio*) Pisam-se no almofariz dois alhos e dois ou três filetes de anchovas. Juntam-se duas gemas de ovos e, como se fosse para Maionese, vai-se pondo azeite (3 dl) e sal. (*Serve para carnes grelhadas e peixes frios*).

Prussiano (*Prussienne*)
Cebola branqueada, frita com alho. Ramo de cheiros. Juntar suco de vitela reduzido e Molho de Tomate. Salsa picada.

Queijo (*Fromage*)
Presunto refogado, com cebola, ramo de cheiros, pimenta, noz-moscada, cravinho, salsa e vinho branco. Adicionar consomê e queijo ralado.

Quinteira (*Fermière*)
Cebolas, cenouras torneadas e aipo, refogados em manteiga; juntar vinho branco e Demi-glace. Reduzir e passar.

Rábano (*Raifort*)
a) (*Quente*). O mesmo que Molho Alberto. (*Receita inglesa*).
b) (*Frio*) Rábano ralado fino. Temperar com sal e pimenta de moinho. Juntar natas e sumo de limão. Misturar muito bem. (*Receita inglesa*: *Horseradish Sauce*).

Ravigote
a) (*Frio*) Azeite, vinagre, alcaparras, salsa, cerefólio, estragão e cebolas picadas. Juntar sal e pimenta, misturando muito bem.
b) (*Quente*) 1/2 de vinho branco, 1/2 de vinagre, reduzidos. Juntar Aveludado vulgar e Manteiga de Chalotas. Guarnecer com cerefólio, cebolinho e estragão picados.
c) Rábano ralado, pisado com miolo de pão, formando um purê. Adicionar sal, pimenta, um pouco de açúcar, mostarda feita com vinagre. Misturar tudo muito bem e juntar natas batidas.
d) Molho Aveludado, rábano ralado, manteiga fresca e natas batidas.

Real (*Royal*)
Manteiga, azeite, limão e mostarda, cozinhados em fogo brando. Juntar natas.

Reforma (*Réforme*)
1/2 Poivrade, 1/2 Demi-glace. Guarnecer com juliana curta, de gema de ovo cozido, (*cornichons*), champignons, trufas e língua. (*Receita inglesa*: *Reform Sauce*).

Regência (*Régence*)
a) Mirepoix com aparas de trufas. Molhar com vinho do Reno e reduzir. Juntar Demi-glace, deixando cozinhar 10 minutos. Passar pela estamenha.
b) (*Para peixes*). Molho Normando, com redução de vinho branco, aparas de champignons e trufas. Passar, e terminar com essência de trufas.
c) (*Para aves*). Molho Supremo, com a mesma preparação precedente.

Remolada (*Remoulade*)
Maionese com mostarda. Guarnecer com alcaparras, salsa, *cornichons*, cerefólio e estragão picados. Terminar com gotas de essência de anchovas.

Rico (*Riche*)
(*Ver* MOLHO DIPLOMATA).

Rim (*Rognons*)
Cubos de rim, puxados em manteiga. Adicionar um pouco de farinha e deixar cozinhar até ter uma cor alourada. Juntar Fundo de Carne, sal e pimenta. Ferver 20 minutos, passar e servir. (*Receita inglesa*: *Kidney Sauce*).

Rinzi
Maionese clara, que se coloca num recipiente rodeado de gelo, e à qual se adiciona boa quantidade de coral de lagosta, passado pela peneira; mostarda inglesa (*1 colher de chá*). Guarnecer com gelatina (*aspic*) e cerefólio, picados muito finos.

Roberto (*Robert*)
Cebolas picadas, passadas por manteiga a branco. Molhar com 2/3 de vinho branco e 1/3 de vinagre. Pimenta do moinho. Reduzir. Juntar Demi-glace e mostarda.

Romano (*Romaine*)
Caramelo escuro, dissolvido em vinagre; juntar 2/3 de Demi-glace e 1/3 de Fundo de Aves. Reduzir e passar pela estamenha. Guarnecer com pinhões grelhados e passas de uva, ligeiramente passadas por água morna.

Romesco
(*Frio*) 20 g de amêndoas torradas, e uma cabeça de alho, pisadas com seis tomates assados no forno, tudo formando uma massa. Juntar sal e pimenta, 3 dl. de azeite e 2,5 de vinagre. Temperar bem picante e deixar macerar 7 horas. Passa-se pela peneira e bate-se num recipiente rodeado com gelo, para ficar bem gelado. (*Para peixes, mariscos, bacalhau, caracóis, carnes grelhadas, saladas etc.* (*Receita catalã*).

Rosa Brava (*Églantine*)
Flores de erva doce, com açúcar, vinho branco e sumo de limão.

Ruanês (*Rouennaise*)
Molho Bordalês com purê de fígado de pato, feito a cru. Aquecer até que se consiga a cocção dos fígados, sem nunca deixar ferver. Passar pela estamenha, sob pressão. Apurar um pouco picante, com pimenta de moinho, sumo de limão, e redução de vinho tinto com chalotas.

Rubens
Redução de vinho branco e de Fumete de Peixe, com Mirepoix fino; 25 minutos de cocção. Passar e juntar gemas de ovos; levantar com manteiga, como o Holandês. Apurar com caudas de lagostins e Molho de Anchovas.

Russo (*Russe*)
a) (*Frio*) Maionese, a que se adiciona um purê de partes internas de lagosta e caviar, condimentado com mostarda e um pouco de Molho Escoffier (*comercial*).
b) (*Frio*) Caviar, azeite, vinagre, salsa, cebola, gema de ovo cozido, tudo muito picado e misturado.
c) Molho Remolada com rábano ralado, misturado com natas batidas.
d) Molho Demi-glace, com Manteiga de Lagostins. Juntar natas azedas e essência de anchovas.

Rússia Antiga (*Vieille Russie*)
Maionese com vinagre de estragão e molho inglês (*comercial*), adicionada de natas; guarnecida de caviar, coral de lagosta e anchovas picadas.

Salmis
Mirepoix, com carcaças de caça puxadas em manteiga. Molhar com vinho tinto ou branco, à vontade, e reduzir. Juntar Demi-glace e ramo de cheiros. 1 hora de cocção. Passar, sob pressão, pela peneira e depois pela estamenha. Apurar com Fundo de Caça e adicionar manteiga.

Salsa (*Persil*)
Molho de Manteiga à Inglesa, com infusão de folhas de salsa. Terminar como o anterior. (*Receita inglesa*).

Salsicheiro (*Saucissier*)
Cebola refogada em manteiga, refrescada com vinagre e reduzida. Molho Espanhol e de tomate; juntar alcaparras, picles, mostarda inglesa e salsa picada.

Santola (*Crabe*)
Santola esmagada com mostarda, salsa, pimenta e ovos da mesma. Juntar azeite e vinagre.

Santola, para (*Pour Crabe*)
Gemas de ovo cruas, batidas com azeite, pimenta e sal, adicionadas da água da santola e mostarda.

São Maló (*Saint-Malo*)
Molho de Vinho Branco, com mostarda e chalotas picadas, cozidas em vinho branco, com gotas de Molho de Anchovas.

São Menehould (*Saint-Menehould*)
Bechamel adicionado de Glace de vitela, champignons e salsa picada.

São Vicente (*Saint-Vincent*)
Remulada, adicionado de redução de vinho branco.

Saramago
Farinha com manteiga, temperada com sal e pimenta. Juntar consomê de carne e saramago ralado.

Sardinhas (*Sardines*)
Derreter manteiga, juntar farinha e Fundo de Peixe. Ferver com espinhas de sardinha, casca de limão, chalotas, louro, sal e pimenta. Cozinhar 15 minutos. Adicionar as sardinhas, picadas grossas, passar pela peneira e servir com peixe. (*Receita inglesa*: *Sardines Sauce*).

Siciliano (*Sicilienne*)
Demi-glace com vinho de Marsala, a que se juntam rodelas de cebola, passadas por farinha e fritas. Temperar com páprica.

Smitano (*Smitane*)
Cebolas picadas, puxadas em manteiga até terem uma bonita cor loura. Molhar com natas pouco espessas, já azedas. Cozer 20 a 25 minutos. (*As natas cozidas ganham certa consistência*). Passar e apurar com gotas de Molho Inglês.

Soberano (*Souverain*)
Reduzir água e açafrão; juntar Molho de Tomate e Bechamel, alcaparras, Maionese e salsa.

Soffrito
Carne de porco, fígado de aves, pimentões encarnados e tomates. Refogar com alho e passar na peneira. Servir, depois de reaquecido, bem quente. (*Receita italiana*).

Soffrito à Calabresa (*alla Calabresa*)
Picado de miúdos de carneiro e porco, refogado com pimentões morrones, cebolas e tomates, em azeite. Passado na peneira, e tornado a aquecer, reduzido um pouco com vinho branco. (*Receita italiana, da Calábria*).

Solférino
Glace de Carne, levantada com Manteiga de Chalotas e Mordomo (*Maître d'Hôtel*). Apurar com essência de tomates, pimenta de Caiena e sumo de limão.

Souchet
Molho Vinho Branco, Fundo de Peixe, e juliana de aipo, de cenouras e raízes de salsa.

Soubise
a) Cebolas picadas, passadas em manteiga, a branco. Juntar Molho Bechamel; estufar durante 30 minutos. Passar e temperar a gosto.
b) Cebolas picadas, branqueadas; arroz carolino branqueado. Molhar com consomê, ou Fundo Branco. Temperar. Cozer 30 a 35 minutos. Pisar no almofariz, e passar pela estamenha. Apurar com manteiga e natas. (*Estes molhos podem ser atomatados, se se desejar*).

Suchet
O mesmo que SOUCHET.

Sueco (*Suédoise*)
(*Frio*) Purê de maçãs, cozidas em vinho branco. Misturar com Maionese e juntar rábano ralado.

Sultana (*Sultane*)
Molho Espanhol, com Fumete de Caça, redução de vinho do Porto e passas de uva.

Supremo (*Suprême*)
Molho Alemão de consomê de aves, com essência de aves e de trufas. Ligar com gemas de ovo e levantar com manteiga.

Tango
Maionese espessa com sumo de limão, temperada com pimenta de Caiena, páprica, e à qual se junta polpa de tomate.

Tártaro (*Tartare*)
(*Frio*) Maionese de gemas de ovos cozidos. Guarnecer com cebolas e cebolinho picado, temperando ao paladar.

Tartaruga (*Tortue*)
Molho Demi-glace atomatado, com infusão de aromáticos e tartaruga (*ver* TARTARUGA CLARIFICADA *em* SOPAS). Juntar um cálice de vinho da Madeira, essência de trufas e pimenta de Caiena, no momento de servir.

Términus
Salpicão de chalotas, champignons, tomates, salsa e cerefólio; saltear com Manteiga Noisette, pouco puxada. Adicionar açafrão, caril e pimenta branca; molhar com Fundo de Peixe ao Chablis (*vinho branco como o Serradayres*). Levantar depois da redução, com manteiga e natas. (*Para filetes de linguado ou outros*).

Texas (*Sauce à la Texas*)
Molho de Caril, a que se adiciona, no momento de servir, sumo de limão, salsa, açafrão e manteiga.

Tirolês (*Tyrolienne*)
Molho Chorão, levantado com manteiga.

Tomates
Mirepoix passado em manteiga. Fazer um *Roux* Branco; molhar com um bom fundo e um pouco de vinho branco. Juntar tomates frescos, ou de conserva, e passar.

Tornedós (*Tournedos*)
Fundo de vaca, reduzido com vinho branco; purê de tomate, chalotas, alcaparras e champignons.

Toulouse
Molho Supremo, ligado com gemas de ovo e natas, e reduzido.

Toulouse-Lautrec
Fatias de presunto, puxadas em manteiga com mostarda. Reduzir com vinho da Madeira. Juntar purê de banana e deixar ferver. Passar pela estamenha e servir.

Tournée
Manteiga derretida, a que se junta Fundo Branco, farinha, cebolas, champignons, ramo de cheiros, sal e pimenta. Cozinha-se 20 minutos, passa-se pela peneira e serve-se.

Trufas (*Truffes*)
Demi-glace com essência de trufas. Reduzir e juntar vinho da Madeira e trufas.

Turco (*Turque*)
Reduzir vinagre com cebola picada. Juntar Molho Espanhol, manteiga derretida, pão ralado e salsa picada.

Tutano (*Moelle*)
Molho Bordalês, guarnecido com dados de tutano.

Urso (*Ours*)
Poivrade, reduzido com caiena e manteiga.

Valois
(*Ver* MOLHO FOYOT).

Veação (*Venaison*)
O mesmo que MONTEIRO-MOR).

Veneziano (*Vénitienne*)
Molho Vinho Branco com redução de vinagre de estragão, chalotas picadas e cerefólio. Passar. Apurar com manteiga verde (*ver* MANTEIGAS), cerefólio e estragão, picados.

Verde (*Verte*)
(*Frio*) Maionese, com purê de espinafres, agriões, salsa, cerefólio e estragão, pisados depois de branqueados. Passar por peneira de crina. Misturar com Maionese.

Vernet
Bechamel com salsa, guarnecido com clara de ovo cozido, trufas e pepinos verdes (*cornichons*) picados.

Véron
Misturar 3/4 de Molho Normando com 1/4 de Tirolês. Terminar com Glace de Carne e essência de anchovas.

Vicente (*Vincent*)
Maionese com estragão, salsa, agriões e gemas de ovo cozidas, passadas pela peneira.

Vienense (*Viennoise*)
Molho Poivrade, com natas azedas; guarnecido de juliana fina, de casca de laranja e limão.

Vilão
Cebola e salsa picados. Juntar azeite e vinagre, pimenta e sal.

Vilão à Espanhola
Passar cebola em azeite, juntamente com uma folha de louro; adicionar vinagre, sal e colorau.

Villeroy
Molho Alemão, muito reduzido com Fumete de presunto e essência de trufas. Pode-se juntar Soubise ou atomatado; nesse caso, tomará um desses nomes, conforme a adição.

Vinagrete (*Vinaigrette*)
Azeite e vinagre, batidos com sal e pimenta. Juntar ovo cozido, salsa, cebola picada e pimenta.

Vinho Branco (*Vin Blanc*)
a) Aveludado de Peixe, misturado com Fumete de Peixe. Ligar com gemas de ovos e levantar com manteiga.
b) Fumete de Peixe reduzido. Ligar com gemas de ovos. Levantar com manteiga como o Holandês.

c) Gemas de ovos. Aquecer e levantar com manteiga, incorporando Fumete de Peixe reduzido.
d) Fumete de peixe, quase levado ao ponto de Glace de Peixe. Levantar com manteiga.

Vinho Tinto (*Vin Rouge*)
Redução de chalotas picadas, com vinho tinto. Adicionar Glace de Peixe. Levantar com manteiga. Terminar com Manteiga de Anchovas (*ver* MANTEIGAS) e caiena.

Vitela (*Veau*)
Molho de assado de vitela, levado ao ponto de um Demi-glace, não muito apurado.

Vitória (*Victoria*)
Molho Creme levantado com Manteiga de Lagosta. Sem qualquer guarnição.

Yorkshire
Molho Porto com geléia de groselhas. Guarnecer com juliana de casca de laranja. (*Receita inglesa*: *Yorkshire Sauce*).

Zíngara
a) Demi-glace atomatado, guarnecido com juliana de champignons, trufas, presunto e língua; pimenta de Caiena e gotas de vinho da Madeira.
b) Chalotas picadas. Molhar com vinagre; reduzir e juntar suco de carne e miolo de pão, frito em manteiga. Cocção: 5 minutos. Passar pela peneira. Terminar com salsa picada e sumo de limão.

MAIONESES
(Mayonnaises)

Fundamentais

Maionese (*Mayonnaise*)
Pôr numa tigela gemas de ovo cruas. Temperar com sal, pimenta, mostarda, caiena. Incorporar azeite, pouco a pouco, mexendo continuamente. De vez em quando, para desprender um pouco, adiciona-se vinagre simples, de estragão, ou sumo de limão. A Maionese pode ser adicionada de geléia, para Chaud-Froid, ou de fundos de caça, legumes etc., tomando, nesse caso, o nome do corpo a ela agregado. (*Nota*: *O facto de, muitas vezes, a Maionese "cortar", durante a preparação, deve-se à exagerada quantidade de azeite que se adiciona de uma só vez, pois este deve ser incorporado muito lentamente, num fio contínuo, mas muito fino*).

Maionese à Russa (*Mayonnaise à la Russe*)
Maionese com vinagre de estragão e rábano ralado, que, pela adição de Glace de Carne e natas batidas, torna-se menos espessa.

Azeite de Crustáceos (*Huile de Crustacés*)
O mesmo processo utilizado para a Manteiga de Lagosta ou de Lavagante. Substituir a manteiga por azeite e trabalhar a frio. (*Serve para perfumar as Maioneses*).

Derivadas

Americana (*Américaine*)
Misturar gemas de ovo, mostarda, sal e pimenta, com a parte cremosa da cabeça da lagosta. Levantar com azeite e adicionar vinagre.

Andaluza (*Andalouse*)
Maionese com purê de tomate e dados de morrones.

Boêmia (*Bohémienne*)
Maionese com Bechamel e vinagre de estragão.

Cambridge
Maionese com gemas cozidas, filete de anchovas, cerefólio, cebolinho, alcaparras e estragão. Juntar vinagre, mostarda e salsa picada.

Chantilly
Maionese com limão, em vez de vinagre. Juntar com natas batidas. (*Crème Fouettée*).

Creme (*Crème*)
Maionese misturada, meio a meio, com natas batidas. (*Crème Fouettée*).

Espanhola (*Espagnole*)
Maionese com presunto picado, mostarda, alho e caiena.

Esquisita (*Exquise*)
Maionese com Molho de Tomate, morrones e estragão, picados.

Estragão (*Estragon*)
Maionese com estragão picado.

Genovesa (*Génoise*)
Maionese com purê de ervas aromáticas, pinhões e pistácias.

Gloucester
Maionese com nata azeda, sumo de limão, funcho picado e molho inglês (*comercial*).

Gribiche
Maionese com adição de gemas de ovos cozidas e mostarda. Guarnecer com *cornichons*, cerefólio, estragão e salsa, picados, alcaparras e claras de ovos cozidas em juliana muito fina.

Inglesa (*Anglaise*)
Maionese com mostarda e natas.

Italiana (*Italienne*)
Maionese com pimenta e mostarda, a que se adicionam miolos de vitela, cozidos e passados pela peneira.

Portuguesa (*Portugaise*)
Maionese com mostarda, adicionada de purê de tomates com alho pisado, um pouco de açúcar e vinho da Madeira.

Ravigote
Maionese com picado de ervas aromáticas, mostarda e ovos cozidos, picados muito finos.

Remulada (*Remoulade*)
Maionese com mostarda, alcaparras e pepinos verdes (*cornichons*), picados.

Rinzi
Maionese gelada, com adição de coral de lagosta, passado na peneira.

Sueca (*Suédoise*)
Maionese misturada com rábano ralado, e purê de maçãs, cozidas em vinho branco, sem açúcar.

Tártaro (*Tartare*)
Maionese de gemas de ovo cozidas, com cebolinho e cebola picados, e essência de anchovas.

Tirolesa (*Tyrolienne*)
Maionese com purê de tomate e salsa picada.

Veneziana (*Vénitienne*)
Maionese com purê de ervas aromáticas branqueadas e purê de espinafres ou agriões.

Verde (*Verte*)
O mesmo que VENEZIANO.

Vicente (Vincent)
Misturar 1/2 de Maionese verde e 1/2 de molho.

MANTEIGAS COMPOSTAS
(Beurres composés)

Alcaparras, de (*Câpres*)
Manteiga Noisette, à qual se adicionam alcaparras.

Alho, de (*Ail*)
Dentes de alho, branqueados, pisados no almofariz. Juntar manteiga. Passar pela estamenha.

Amêndoas, de (*Amandes*)
Pasta feita com amêndoas doces, descascadas e pisadas, e um pouco de água fria; juntar manteiga; passar pela peneira.

Amendoins, de (*Pistaches de Terre*)
O mesmo que de AMÊNDOAS, substituindo estas por amendoins.

Anchovas, de (*Anchois*)
Filetes de anchovas, pisados no almofariz. Juntar manteiga. Passar pela estamenha.

Arenques, de (*Harengs*)
Filetes de arenques fumados, pisados. Juntar manteiga. Passar pela estamenha.

Avelãs, de (*Avelines ou Noisettes*)
Avelãs torradas, descascadas, pisadas em pasta com algumas gotas de água. Juntar manteiga. Passar pela peneira.

Bercy
Redução de vinho branco, com chalotas picadas, incorporadas; dados de tutano cozido, salsa picada, sal, pimenta do moinho, sumo de limão; misturar com manteiga amolecida e natas.

Camarões, de (*Crevettes*)
Camarões negros, pisados. Juntar manteiga. Passar pela estamenha.

Caracóis, para (*Pour Escargots*)
Chalota finamente picada, dente de alho esmagado, salsa picada, sal e pimenta do

moinho. Amassar com manteiga, incorporando um cálice de bom brande.

Caril, de (*Curry*)
Um pouco de caril em pó, misturado com manteiga.

Caviar, de
Pisar o caviar, no almofariz, com manteiga e passar pela estamenha.

Chivry
Salsa, chalota picada, estragão, cebolinho, pimpinela fresca. Branquear, refrescar e espremer. Pisar no almofariz, juntar manteiga e passar pela estamenha.

Colbert
Manteiga Mordomo, com Glace de Carne. Terminar com estragão picado.

Diversas (*Divers*)
Manteiga amassada com chalotas, salsa ou com os condimentos que se desejar.

Escura (*Noir*)
Ao fogo, até que esteja escurecida. Algumas gotas de vinagre.

Estragão, de (*Estragon*)
Folhas de estragão, branqueadas e picadas. Juntar manteiga. Passar pela estamenha.

Lagosta, de (*Langouste*)
Partes cremosas da cabeça, ovos e coral, pisados. Amassar com manteiga e passar pela estamenha.

Lagostins, de (*Langoustines, Écrevisses*)
Cabeças e pernas de lagostins, pisados com manteiga. Passar pela estamenha.

Lavagante, de (*Homard*)
O mesmo processo que para a de LAGOSTA.

Legumes, de (*Légumes*)
Qualquer legume cozido, pisado, misturado com manteiga.

Manteiga Vermelha (*Beurre Rouge*)
Para dar cor a molhos. Restos de cabeças de mariscos, enxutos, pisados com manteiga. Derreter em fogo brando e passar por pano fino, sobre água fria. Escorrer a apertar.

Manteiga Verde (*Beurre Vert*)
Espinafres crus pisados, apertados num pano, torcendo. Põe-se o suco obtido num recipiente e coagula-se em banho-maria, escorrendo depois sobre um guardanapo estendido. Recolher o verde e misturar com manteiga. Passar pela estamenha.

Mercador de Vinhos (*Marchand de Vins*)
Vinho tinto, reduzido com chalotas picadas, pimenta do moinho, sal; misturado com Glace de Carne dissolvida, sumo de limão e salsa picada, em manteiga amolecida.

Moleira (*Meunière*)
Manteiga Noisette, com sumo de limão.

Mompilher (*Montpellier*)
Folhas de agrião, salsa, cerefólio, cebolinho, espinafres e chalotas picadas. Branquear. Juntar *cornichons*, alcaparras, dente de alho, filetes de anchovas. Pisar tudo; terminar com manteiga, gemas de ovos cruas e gemas de ovos cozidas; incorporar, gota a gota, uma pequena quantidade de azeite. Passar pela peneira fina, com pimenta de Caiena. (*Para decorações, suprimem-se as gemas de ovos e o azeite, na confecção desta manteiga*).

Mordomo (*Maître d'Hotel*)
Manteiga amolecida, misturada com salsa picada, sal, pimenta do moinho e sumo de limão. (*Servida bem gelada*).

Mostarda, de (*Moutarde*)
Manteiga amolecida, misturada com mostarda francesa.

Musselina (*Mousseline*)
Manteiga amolecida, batida com as varas (*fouet*) e misturada com natas bem espessas.

Noisette
Posta ao fogo até que apresente cor alourada.

Ovas, de (*Laitances*)
Pisar ovas cozidas. Juntar manteiga e mostarda. Passar pela estamenha.

Páprica, de
Cebola picada e páprica, puxadas em manteiga, ligadas com manteiga amolecida. Passar pela estamenha.

Pimentões, de (*Piments*)
Pisar os pimentões e juntar manteiga. Passar pela estamenha.

Pistácias, de (*Pistaches*)
Como MANTEIGA DE AMÊNDOA, utilizando pistácias.

Polaca (*Polonaise*)
Ovos cozidos e miolo de pão, picados finos em conjunto, misturados com manteiga Noisette.

Primaveril (*Printanière*)
Manteiga de Legumes de novidade. (*Ver* MANTEIGA DE LEGUMES).

Rábano, de (*Raifort*)
Ralar e pisar o rábano; juntar manteiga e passar pela estamenha.

Ravigote
Como CHIVRY.

Salmão Fumado, de (*Saumon Fumé*)
Pisar o salmão fumado; juntar manteiga. Passar pela estamenha.

Siri
Proceder como com a Lagosta

Tomates, de
Tomates sem sementes, pisados; juntar manteiga. Passar pela estamenha.

Trabalhada (*Manié*)
Manteiga amolecida, misturada com farinha.

Trufas (*Truffes*)
Pisar as trufas com Molho Bechamel. Juntar manteiga. Passar pela estamenha.

SOPAS
(POTAGES)

CONSOMÊS, CALDOS E SOPAS LIGEIRAS
(Consommés, Bouillons et Potages Legères)

Africano (*Africaine*)
Consomê de aves com um pouco de caril; guarnição de pequenas bolinhas de recheio de aves, fritas, e arroz, cozido à parte.

Agneloti
Consomê de aves. Guarnição de pequenos raviólis com recheio de cordeiro. (*Italiano*).

Albion
Consomê vulgar. Guarnição de croquetes de pasta de fígado, pontas de espargos, juliana de trufas e cristas de galo.

Aldeão (*Paysanne*)
Consomê de vaca e aves, com guarnição de nabos, cenouras, porros e batatas, cortados finos, e ervilhas.

Alemão (*Allemande*)
Consomê com tapioca, perfumado com genebra. Guarnecer com couves roxas e rodelas de salsichas *Francfort*. À parte, rábano ralado.

Aletria
(*Ver* FIOS DE MASSA).

Alexandra ou Alexandrina
Consomê de aves, ligeiramente ligado com tapioca. Passar, e guarnecer com: juliana de aves, pequenos croquetes de aves e picado de alface.

Alfaces (*Laitues*)
Consomê vulgar, guarnecido de alfaces recheadas, cozidas no próprio consome.

Alho (*Ail*)
Consomê vulgar, aromatizado com alho pisado, e guarnecido com pequenos crostões e alho picado. (*Português*).

Alho Branco (*Ail Blanc*)
Consomê com aroma de alho, guarnecido com amêndoas e pequenos crostões. (*Espanhol: Ajo Blanco*).

Alsaciano (*Alsacienne*)
Consomê vulgar, guarnecido com nulhetes e profiteroles, recheados com purê de pasta de fígado.

Americano (*Américaine*)
Como o CONSOMÊ MADRILENO, mas servido frio.

Andaluz (*Andalouse*)
Consomê com Fumete de Tomates. Guarnecer com dados de Pudim Real (*Royal*), de tomates, juliana de presunto, arroz e fios de ovos.

Antigo (*Ancienne*)
Consomê de PEQUENA MARMITA. Guarnecer com crostões gratinados, recheados de purê de legumes, à parte.

Aremberg
Consomê de aves. Guarnecer com ervilhas, cenouras, nabos em bolas do tamanho de ervilhas, pequenas bolinhas de recheio de aves e rodelas de Pudim Real com purê de espargos.

Arroz (*Riz*)
Consomê vulgar. Guarnecido com bagos de arroz carolino, cozido à parte.

Asas (*Ailerons*)
Consomê de aves. Guarnecer com asas desossadas, recheadas e estufadas, e arroz cozido.

Aulagnier
Consomê vulgar, com juliana de hortaliça e ervilhas.

Aurora (*Aurore*)
Consomê com Fumete de Tomates, ligeiramente ligado com tapioca. Guarnecer com juliana de aves.

Aves (*Volaille*)
Consomê de aves, com juliana de peito e fígados de aves.

Barzey Pomo d'Ori
Consomê com Fumete de Tomates. Guarnecer com juliana de aipo, muito fina. À parte, pequenos pastéis com recheio de aves. (*Italiano*).

Basco (*Basquaise*)
Consomê vulgar. Guarnição juliana de pimentos, tomates em cubos, arroz e aparas de cerefólio.

Bearchoux
Consomê com Fumete de Caça. Guarnecer com dados de Pudim Real (*Royal*), aromatizados com essência de codorniz e cobertos com purê de castanhas. Juliana de trufas e champignons.

Beatriz (*Béatrice*)
Consomê de vaca. Guarnecido com sêmola de trigo, rodelas de recheio de aves com purê de tomates, e Pudim Real (*Royal*).

Beauharnais
Consomê de aves, ligado com araruta (*arrow-root*). Guarnição: rolinhos de alface cozidos em consomê, pontas de espargos, juliana de trufas e aparas de cerefólio.

Beef-Tea
Caldo, obtido pela cocção de carne de vaca, numa panela hermeticamente fechada. Servido sem guarnição, em taças. (*Inglês*).

Bela Gabriela (*Belle Gabrielle*)
Consomê ligado com tapioca. Guarnecer com retângulos de musselina de aves e caudas de lagostins.

Bela Pastora (*Belle Bergère*)
Consomê forte. Guarnição de juliana finíssima de hortaliça e feijão-verde, e cubos de Pudim Real (*Royal*).

Bela Quinteira (*Belle Fermière*)
Consomê de vaca. Guarnecer com juliana de repolho, losangos de feijão-verde, e massas miúdas.

Bennet Soup
Consomê de vaca, com cevada pilada. Guarnecer com dados de cenoura, nabos, aipo, cebolas, juliana de hortaliça, pimenta em grão e cravinho (*Americano*).

Berny
Consomê, ligado com tapioca. Guarnecer com bolas de Batata Delfina (*Dauphine*), do tamanho de avelãs, nas quais se incorporam amêndoas torradas, picadas, trufas picadas e cerefólio.

Bizet
Consomê de aves, ligado com tapioca. Guarnição: croquetes muito pequenos, de ave e estragão picado; aparas de cerefólio.

Boêmio (*Bohémienne*)
Consomê de aves, ligeiramente ligado com tapioca. Guarnecer com dados de Pudim Real (*Royal*), com purê de fígado. À parte, profiteroles.

Boieldieu
Consomê ligado com tapioca. Guarnecer com 3 qualidades de pequenos croquetes. Pasta de fígado (*castanhos*); aves (*brancos*); trufas picadas (*negros*).

Borchock
Consomê de aves e vaca, com suco de beterraba. Servido em taças, com pequenos piroguis (*pirojkis*) *á parte*. (*Russo*).

Borchock Escuro
Consomê, clarificado com carne magra de vaca e carcaças de caça, passadas no forno. Aipo e beterraba. Bem temperado, aromatizado com vinho da Madeira seco e corado com suco de beterraba. À parte, palhetas folhadas com parmesão.

Bordalesa (*Bordelaise*)
Consomê de aves e carne. Guarnição de rins de galo, pepinos frescos cozidos e Pudim Real (*Royal*).

Bortsch à Russa
Consomê de pato, vaca, carneiro, salsichas fumadas e legumes. Serve-se com tiras de vaca e carneiro, e rodelas de salsicha. À parte, natas azedas. (*Russo*).

Bortsch à Polaca
Consomê de pato e vaca, com carneiro e sumo de beterraba. Servido com juliana de legumes, de pato e de vaca, e croquetes de champignons. À parte, natas azedas e Kascha (*Kache*). (*Ver* KACHE *em* FUNDOS DE COZINHA).

Botzaris
Consomê de carneiro, com dados de carne do mesmo. Macedônia de legumes, arroz e um pouco de purê de ervilhas, dissolvido. (*Grego*).

Bourdaloue
Consomê vulgar. Guarnecer com Pudim Real (*Royal*) de quatro espécies: Atomatado (*vermelho*); vulgar (*branco*); purê de espargos verdes (*verde*); purê de cenouras (*rosado*). Os diferentes pudins serão cortados em cubos pequenos e misturados.

Bourbon
Consomê ligado com tapioca. Guarnecer com ovais de recheio de aves, pérolas-do-japão e folhas de cerefólio.

Brancas
Consomê vulgar. Guarnição: Juliana estufada de alface e azedas, aletria (*vermicelle*), juliana de champignons passada em manteiga, aparas de cerefólio.

Brasileiro (*Brésilienne*)
Consomê substancial de carnes e aves. Guarnição de tiras finas de legumes, e arroz, cozido à parte.

Bretão (*Bretonne*)
Consomê vulgar, guarnecido com juliana de porros, aipo, cebolas, champignons e folhas de cerefólio.

Brieux
Consomê ligado com tapioca. Guarnecer com estrelas de Pudim Real (*Royal*) com pó de pistácias; dados de trufas e pérolas-do-japão.

Brillat-Savarin
Consomê de aves ligado com tapioca. Guarnição: juliana de branco de aves, crepes em losangos, juliana estufada de alface e azedas. Aparas de cerefólio.

Britânia (*Britannia*)
a) Consomê ligado com tapioca. Dados de Pudim Real (*Royal*) com purê de lagosta e juliana de trufas.
b) Consomê de aves. Guarnição de croquetes de pasta de fígado, juliana de trufas, pontas de espargos e triângulos de Real (*Royal*) de tomate.

Brunesa (*Brunoise*)
Consomê vulgar. Guarnecer com pequenos cubos de cenoura, nabo, aipo, e porros, estufados em manteiga. (*Faz-se também com a adição de arroz, cevada, pérolas-do-japão e croquetes. Neste caso, tomará o nome desses ingredientes. Ex.: Brunesa com Arroz etc.*).

Cabeça de Carneiro (*Tête de Mouton*)
Consomê da cocção de cabeça de carneiro, sem miolos nem língua, guarnecido com cenouras, cebola, nabos e aipo picados.

Cabelos de Anjo (*Cheveux d'Ange*)
Consomê de aves, guarnecido com aletria (*vermicelle*) muito fina.

Caçador (*Chasseur*)
Consomê com Fumete de Caça de penas, aromatizado com vinho do Porto. Guarnecer com juliana de champignons e cascas de cerefólio. À parte, profiteroles com recheio de purê de caça.

Caldo de Carneiro (*Bouillon de Mouton*)
Caldo de cocção de carneiro, com legumes em cubos e cevada perlada. (*Mutton Broth; Inglês*).

Caldo de Frango (*Bouillon de Poulet*)
Caldo de cocção de frango, a que se juntou uma cebola, arroz, sal e pimenta. (*Chicken Broth; Inglês*).

Calia ou Kalía
Consomê de aves com pepinos russos (*agoursis*). Guarnição de cenouras, aipo, couves, salsa e juliana de aves. (*Russo*).

Camaro
Consomê, que se obtém pela cocção numa caçarola de barro, de frango, cebolas, tomates,

salsa, arroz e sal. Servido na própria caçarola. (*Brasileiro*).

Canja
Caldo da cocção de galinha, com a adição, durante a fervura, de chouriço de carne, cebola, arroz e miudezas de galinha. Servido com galinha desfiada, e com as miudezas.

Canja Sul-Americana (*Cancha Sud-Américaine*)
Caldo de galinha, com tomate picado, cebola e sal, a que se adiciona arroz. Servido tal qual, com a galinha cortada em bocados. (*Cancha cubana*).

Carmen
Consomê, com Fumete de pimentões doces e tomates. Guarnecer com losangos de tomates, juliana de pimentos, arroz e casca de cerefólio.

Carniceira (*Bouchère*)
Consomê de PEQUENA MARMITA. Guarnecer com quadrados de couve, cozidos no consomê, e rodelas de tutano da grossura de 1 cm.

Carolino (*Caroline*)
Consomê de aves, guarnecido com losangos de Real (*Royal*) com leite de amêndoas, arroz e cascas de cerefólio.

Cartuxa (*Chartreuse*)
Consomê ligado com tapioca. Guarnecer com cubos de tomates raviólis com recheio de pasta de fígado, espinafres e champignons picados, e cascas de cerefólio.

Casadinha (*Petite Mariée*)
Consomê de aves muito branco. Guarnecer com pequenas rodelas de Real (*Royal*) com purê de aves e leite de amêndoas. Cascas de cerefólio.

Castelã (*Châtelaine*)
Consomê de aves, ligeiramente ligado com tapioca. Guarnição: dados de Real (*Royal*) com 1/3 soubise e 2/3 de purê de alcachofras. Croquetes de aves, com recheio de purê de castanhas.

Castelhano (*Castillane*)
Consomê de caça com Fumete de galinhola. Guarnição: rodelas de Real (*Royal*) com 1/3 purê de galinhola e 2/3 de purê de lentilhas. Gemas de ovo cozido picadas e juliana de filetes de galinhola.

Caubet
Consomê vulgar. Guarnição: profiteroles, Real (*Royal*), e macarrão cortado em argolas finas.

Celestina (*Célestine*)
Consomê ligeiramente ligado com tapioca. Guarnição: juliana fina de crepes com ervas aromáticas ou trufas.

Cerveja (*Bière*)
Cerveja açucarada, ligada com gemas de ovos, e servida com pão fresco, torrado no momento. (*Biersuppe; Alemã*).

Cevada *pilada* (*Orge Perlé*)
Consomê vulgar, guarnecido com cevada pilada, cozida em água, à parte.

Chanceler (*Chancelière*)
Consomê de aves. Guarnição: rodelas de Real (*Royal*) com purê de ervilhas frescas; juliana de aves, trufas e champignons.

Charley
Consomê ligado com tapioca. Guarnição: pontas de espargos, ovos escalfados e cerefólio.

Charolesa (*Charolaise*)
Consomê de PEQUENA MARMITA. Guarnição: cebolas pequenas, estufadas; bolas de cenoura do tamanho de avelãs; rodelas de couve recheada e bocados de rabo de boi.

Chesterfield
Caldo forte, aromatizado com bastante xerez seco e guarnecido com croquetes de ave. (*Americano*).

Chevrosa (*Chevreuse*)
Consomê de aves. Guarnição: croquetes de aves com purê de espargos verdes, e juliana de trufas.

Chicória (*Chicorée*)
Consomê vulgar, com guarnição de juliana de chicória.

Chiffonette
Consomê vulgar, com juliana de alface, azedas e cerefólio, previamente branqueados.

Chileno (*Chilienne*)
Consomê de aves. Guarnição: arroz cozido e salpicão de pimentos verdes, cozidos em consomê; aparas de cerefólio. À parte, servir

Diabretes (*Diablotins*). (*Ver receita dos mesmos em* GUARNIÇÕES DE SOPAS).

Choiseul
Consomê vulgar. Guarnição: pontas de espargos e Pudim Real (*Royal*).

Chop-Soly
Caldo da cocção de frango, toucinho, carne de porco magra, cenouras, cogumelos e bambu, tendo os mesmos por guarnição. (*Chinês*).

Cirano (*Cyrano*)
Consomê de pato. À parte, croquetes ovais de recheio de pato, rolados em parmesão ralado e Glace de Carne.

Citadino (*Villageois*)
Consomê vulgar. Porros picados, branqueados e puxados em manteiga. Adicionar, no último momento, massas miúdas.

Cockie-Leeckie
Consomê de capão. Guarnição: porros, juliana de aves e ameixas secas. (*Escocês*).

Cock-a-Leekie
Consomê de galinha, com guarnição de cenouras, porros, cebolas e arroz. Salsa picada, no momento de servir.

Colbert
Consomê vulgar. Guarnecer com legumes e ovos escalfados.

Colnet
Consomê de aves. Guarnição: Brunesa de cenouras e de aipo, estufada em manteiga; fios de ovos e aparas de cerefólio.

Colombina (*Colombine*)
Consomê de aves. Guarnição: picado de legumes, juliana de pombo, e ovos de pombo escalfados.

Condessa (*Comtesse*)
Consomê de aves, ligado com tapioca. Guarnição: losangos de Pudim Real (*Royal*), com purê de espargos brancos; rodelas de folhas de alface recheadas, e croquetes redondos com trufas no topo.

Crecy
Consomê de aves, ligeiramente ligado com tapioca.Guarnição: losangos de Real (*Royal*) com purê de cenouras. Brunesa de cenouras e cerefólio.

Cristóvão Colombo (*Cristophoro Columbus*)
a) Consomê vulgar, com tapioca e Real (*Royal*) em quadrados.
b) Consomê de aves, com essência de tomates, e guarnição de croquetes de ave.

Croûte-au-Pot
Consomê de PEQUENA MARMITA. Guarnição: cenouras e nabos torneados; couves e porros em quadrados. À parte, crostões talhados em V, passados por gordura e secos no forno.

Cultivador (*Cultivateur*)
Consomê vulgar. Guarnição de legumes picados, e cubos de pão, não torrados.

Cussy
Consomê de Fumete de Perdizes. Guarnição: rodelas de Real (*Royal*), com purê de castanhas e perdiz, incorporado; croquetes de perdiz e juliana de trufas. No momento de servir, 1/2 cálice de vinho da Madeira e brande.

Czarina (*Tsarine*)
Consomê de aves, perfumado com funcho.

Dalayrac
Consomê de aves, ligado com tapioca. Guarnição: juliana de peito de aves, de champignons e de trufas.

Dama Branca (*Dame Blanche*)
Consomê de aves, ligeiramente ligado com tapioca. Guarnição: dados de Real (Royal), com leite de amêndoas, estrelas de recheio de aves e pérolas-do-japão.

Demidoff
Consomê de aves. Guarnição: legumes a colher, trufas, croquetes com ervas finas.

Deslignac
Consomê de aves, ligeiramente ligado com tapioca. Guarnição: dados de Real (*Royal*), rodelas de alface recheadas e cozidas.

Diabretes (*Diablotins*)
Consomê de aves. Guarnição: rodelas de pão, com 2 cm de diâmetro e 6 cm de espessura, cobertas com uma massa de queijo ralado, manteiga e caiena, gratinadas.

Diana (*Diane*)
Consomê de Fumete de Caça. Guarnição: crescentes (*croissants*) de recheio de caça e dados de trufas. 1 cálice de vinho da Madeira no momento de servir.

Dinamarquês (*Danoise*)
Consomê de pato e champignons, com aroma de vinho da Madeira. Guarnição: croquetes de recheio de pato; purê de ervilhas, ligado com gemas.

Diplomata (*Diplomate*)
Consomê de aves, ligeiramente ligado com tapioca. Guarnição: rodelas de recheio de aves, com caudas de lagostins, e juliana de trufas.

Divette
Consomê de aves. Guarnição: ovais de Real (*Royal*) com purê de lagostins; croquetes de biqueirão, e pérolas de trufas.

Dominicano (*Dominicaine*)
Consomê vulgar. Guarnição: juliana de peito de frango, e massa miúda (*estrelas e pevides*).

Dória
Consomê de aves. Guarnição: legumes e pepino torneados a colher; macarrão grosso, recheado de purê de aves atomatado, cozido e cortado com 1 cm de comprimento; profiteroles.

Dorsay
Consomê de frango, muito claro. Guarnição: croquetes de frango, moldados com colher de chá; gemas de ovo escalfadas; juliana de peito de frango; pontas de espargos.

Douglas
Consomê vulgar. Guarnição: rodelas de vitela, fundos de alcachofras e pontas de espargos.

Dragão Marinho (*Vives*)
Consomê de aves, com essência de tomate. Guarnição: aletria (vermicelle); filetes de peito de frango; fundos de alcachofras salteados, cortados em lâminas finas.

Dubarry
Consomê ligeiramente ligado com tapioca. Guarnição: rodelas de Real (*Royal*); pontas de couve-flor e cascas de cerefólio.

Dubourg
Consomê vulgar. Guarnição: cubos pequenos de Real (*Royal*); arroz e ervilhas cozidas.

Duperre
Consomê vulgar. Guarnição: bolinhas de cenoura e nabos, croquetes de ave e crostões à francesa (*passados por* ovo *e fritos*).

Duquesa (*Duchesse*)
Consomê de aves. Guarnição: pérolas-do-japão; dados de Real (*Royal*), juliana de alface.

Duse
Consomê com Fumete de Tomates. Guarnição: croquetes atomatados e massinhas diversas.

Eduardo VII (*Edouard VII*)
Consomê de aves, ligado com araruta (*arrow-root*). Guarnição: Real (*Royal*) de trufas; rodelas fritas de Pão de Aves (*Pain de Volaille*): *recheio de croquetes. cozido em fôrma. num banho-maria e arrefecido*): pontas de espargos. Aromatizar com vinho do Porto, no momento de servir.

Efêmeros (*Ephémères*)
Consomê de aves. Guarnição: juliana grossa de cenouras, pontas de espargos, ervilhas e efêmeros. *Aparelho dos Efémeros:* 2 colheres de sopa de parmesão ralado; 1 colher de sopa de araruta; 3 gemas de ovos; 1/2 colher de nata. Temperar com pimenta branca, noz-moscada, e juntar algumas gotas de Glace de Aves. Cortar em forma de meias-luas dentadas e cozer no consomê.

Embaixadores (*Ambassadeurs*)
Consomê de aves. Guarnição: dados de Real (*Royal*) com trufas; champignons e aves picados.

Embaixatriz (*Ambassadrice*)
Consomê de aves. Guarnição: 3 reais (*Royales*) diferentes: trufas picadas (*negro*), tomate (*encarnado*), purê de ervilhas (*verde*); juliana de aves e champignons.

Escocês (*Écossaise*)
Caldo de carneiro, sem gordura. Guarnição: dados de carneiro cozido, cevada pilada, e Brunesa grossa de legumes.

Faisão (*Faisan*)
Consomê com Fumete de Faisão. Juliana de peito do mesmo.

Favorito (*Favorite*)
Consomê com tapioca. Guarnição: bolas de batata (*tamanho de ervilhas*), juliana de fundos

de alcachofras e de champignons; aparas de cerefólio.

Fios de Massa, ou Aletria (*Vermicelle*)
O mesmo que MASSAS DIVERSAS. Guarnecer com aletria.

Fios de Ovos (*Oeufs Filés*)
Consomê vulgar. Guarnição: fios de ovos sem açúcar.

Flamengo (*Flamande*)
Consomê vulgar. Guarnição: dados de Real (*Royal*), com purê de couve-de-bruxelas; ervilhas e aparas de cerefólio.

Flip
Consomê de aves, ligado com tapioca. Guarnição: juliana de alface e de porros, estufada em manteiga e molhada com consomê; juliana de presunto e aparas de cerefólio.

Floréal
Consomê de aves. Guarnição: margaridas de cenouras e nabos, ervilhas, pontas de espargos, pequenos croquetes com pó de pistácias; aparas de cerefólio.

Florença (*Florence*)
Consomê vulgar. Guarnição: aletria (*vermicelle*) cozida em consomê; trufas em juliana.

Florentino (*Florentine*)
Consomê vulgar. Guarnição: juliana de língua e peito de frango; espinafres em rama.

Francilhão (*Francillon*)
Consomê de aves. Guarnição: pequena coroa de recheio de aves, com gema de ovo escalfada, ao centro.

Fru-Fru (*Frou-Frou*)
Consomê vulgar. Guarnição: bastantes profiteroles e cerefólio picado.

Gansesuppe
Consomê de asas, patas, moela e cabeça de pato. Quase como um *Roux* Branco. Guarnição: croquetes de miudezas de pato. (*Austríaco*).

Gabriela (*Gabrielle*)
Consomê vulgar. Guarnição: juliana de galinha e língua; pontas de espargos.

Garibaldi
Consomê de aves. Guarnição: pérolas-do-japão e esparguete.

Gaulês (*Gauloise*)
Consomê de aves, ligado com gemas de ovo. Guarnição: pequenas cristas e rins de galo, e rodelas de recheio de presunto.

Geleia (*Gelée*)
(*Frio*) Consomê forte, de carne ou aves. Gelatinado e gelado. (*Pode ser aromatizado com vinho ou essências*).

Germana (*Germaine*)
Consomê vulgar. Guarnição: croquetes de aves; rodelas de Real (*Royal*), com purê de ervilhas frescas e Brunesa; cerefólio.

Germinal
Consomê com Fumete de Estragão. Guarnição: ervilhas; dados de feijão-verde; pontas de espargos; croquetes e cerefólio.

Girondino (*Girondine*)
Consomê de vaca. Guarnição: losangos de Real (*Royal*), com presunto picado; juliana de cenouras.

Gombos
(*Ver* QUIABOS).

Grã-Duquesa (*Grande Duchesse*)
Consomê de aves. Guarnição: croquetes de aves; juliana de branco de frango e de línguas escarlate; pontas de espargos.

Granada (*Grenade*)
Consomê com Fumete de Tomates. Guarnição: dados de Real (*Royal*) com purê de legumes atomatado (*sem cenouras*); dados de tomate; aparas de cerefólio.

Grimaldi
Consomê com Fumete de Tomates. Guarnição: dados de Real (*Royal*) e juliana de aipo.

Henrique IV (*Henry IV*)
Consomê de PEQUENA MARMITA com galinha, que depois é cortada para servir de guarnição.

Hoche-pot
Consomê de rabo de vaca, previamente estufado com vinho da Madeira. Guarnição: couves e legumes torneados.

Holandês (*Hollandaise*)
Consomê temperado com páprica. Guarnição: pequenos croquetes de fígado de vitela e dados de tutano cozido; aparas de cerefólio.

Hotch-Potch ou Hodge-Podge
Consomê de carneiro. Guarnição: cevada pilada; ervilhas e Brunesa com dados de carneiro. (*inglês*).

Húngaro (*Hongroise*)
Consomê com Fumete de Tomates, excitado com páprica. Guarnição: rodelas de recheio de aves com páprica e croquetes de fígado de vitela.

Imperatriz (*Impératrice*)
a) Consomê de aves. Guarnição: cristas e rins de galo; pontas de espargos; Real (*Royal*) em rodelas.
b) Consomê de aves. Guarnição: rodelas de recheio de aves, cortadas de um chouriço previamente feito com esse mesmo recheio; feijão-verde; tiras de cenouras e de trufas.

Imperial (*Impérial*)
Consomê de aves com tapioca. Guarnição: croquetes; cristas e rins de galo; ervilhas e aparas de cerefólio

Indiano (*Indienne*)
Consomê vulgar, condimentado com caril. Guarnição: dados de Real (*Royal*) com leite de coco. À parte, Arroz à Indiana.

Infante
Consomê de aves, ligeiramente ligado com tapioca. Guarnição: crostões com recheio de purê de legumes, gratinados muito lentamente.

Irlandesa (*Irlandaise*)
Consomê vulgar. Guarnição: salpicão de carneiro; cevada pilada (*orge perlé*); legumes em cubos e aparas de cerefólio.

Irma
Consomê vulgar. Guarnição: croquetes de ave, com recheio de pontas de espargos; champignons e um pouco de caril.

Isabel (*Isabelle*)
Consomê vulgar. Guarnição: juliana de trufas; ervilhas; croquetes de carne, ou pequenos raviólis.

Italiano (*Italienne*)
Consomê vulgar. Guarnição: dados de Real (*Royal*) com purê de tomates; *idem*, com purê de espinafres; esparguete. À parte, queijo ralado.

Jacobino (*Jacobine*)
Consomê de aves. Guarnição: dados de batata, de feijão-verde, de nabos; ervilhas; juliana de trufas.

Japonesa (*Japonaise*)
Consomê vulgar, ligado com natas. Guarnição: gema de ovo e pérolas-do-japão.

Jaquelina (*Jacqueline*)
Consomê vulgar. Guarnição: bolinhas de cenouras; Real (*Royal*) em pequenas pastilhas; ervilhas; pontas de espargos e um pouco de arroz.

Jardineira (*Jardinière*)
Consomê vulgar. Guarnição: bolinhas, como ervilhas, de cenoura, nabo e pepino.

Jenny-Lind
Consomê com essência de tordos (*grives*). Guarnição: champignons e filetes de tordo, em juliana.

Jerusalém
Consomê de carneiro. Guarnição: cubos de fundos de alcachofras; arroz e pérolas-do-japão.

Jockey Club
Consomê de aves. Guarnição: dados de Real (*Royal*) com Purê Crecy; *idem*, purê de ervilhas, e *idem*, de aves.

Joinville
Consomê de aves. Guarnição: croquetes de três cores; verdes, vermelhos e brancos.

Jouvencel
Consomê ligado com tapioca. Guarnição: folhas de alface recheadas, enroladas como cigarros e cozidas. À parte, crostões redondos com Purê Crecy, gratinados com cobertura de queijo.

Juanita
Consomê de aves. Guarnição: dados de Real (*Royal*) de tomates; gemas de ovos cozidas, passadas na peneira, em fios.

Judia (*Juive*)
Consomê vulgar. Guarnição: olhos de alface estufados, croquetes de ave, e juliana de champignons.

Judic
Consomê de aves bem forte. Guarnição: (à parte, *em caçarolas*) alfaces estufadas, com rosáceas de recheio de ave, e juliana de trufas.

Judite (*Judith*)
Consomê de aves, ligado com tapioca. Guarnição: Pudim Real (*Royal*), de diversas cores, cortado em rodelas; macarrões e profiteroles.

Juliana (*Julienne*)
Consomê vulgar. Guarnição: tiras muito finas de cenouras, nabos, porros e couves, temperadas com sal e açúcar, passadas por manteiga. Juntar ervilhas, tiras finas de feijão-verde e aparas de cerefólio.

Julieta (*Juliette*)
Consomê de aves. Guarnição: pequenos croquetes; clara de ovo cozida, em tiras finas, e Real (*Royal*) de cor verde.

Kale-Broth
Caldo de cocção de vaca, couves e aveia, com as mesmas como guarnição. (*Escocês*).

Kapriva
Consomê levantado com nata azeda. Guarnição: urtigas salteadas, azedas e salsichas chipolatas. À parte, ovos fritos e nata azeda. (*Russo*).

Kapustniak
Caldo de vaca, com hortaliça e presunto. Guarnição: as carnes da cocção, em pedaços. À parte, nata azeda. (*Russo*).

Kiseleff
Consomê de aves com vitela. Guarnição: presunto, repolho, porros, cenouras, alfaces e frango em juliana. (*Russo*).

Krupnik
Consomê de aves. Guarnição: legumes e peito de aves, em quadrados pequenos. (*Polaco*).

Lafitte
Consomê forte, de aves. Guarnição: champignons, cenouras e nabos, em cubos. Aromatizado com vinho da Madeira.

Leberknodeln (*Boulettes de Foie*)
Consomê de vaca ou de aves. Guarnição: croquetes grandes, de fígado de vitela. (*Alemão*).

Leopoldo (*Léopold*)
Consomê com sêmola. Guarnição: picado grosso de alface e azedas.

Leverrier
Consomê de aves, ligado com tapioca. Guarnição: reais (*Royales*) diversos, cortados em forma de estrelas; aparas de cerefólio.

Lisboeta (*Lisbonienne*)
Caldo de galinha, com rodelas de chouriço e hortelã.

London Derby
Consomê com essência de faisão. Guarnição: Real (*Royal*) de faisão, juliana de cebola, e ervilhas.

Longchamps
Consomê vulgar. Guarnição: aletria (*vermicelle*); azedas e cerefólio cozidos, em juliana.

Lorde Maior (*Lord Maire*)
Caldo de pé e orelha de porco, ligado com um pouco de *Roux* Branco. Guarnição: croquetes de ave; os pés e orelhas, desossados, cortados em filetes pequenos.

Loreto (*Lorette*)
Consomê de aves com pimenta. Guarnição: juliana de trufas; pontas de espargos. À parte, bolinhas de Batata Loreto (*Lorette*).

Lucília (*Lucille*)
Consomê vulgar. Guarnição: massa miúda, tomate *concassé*, e um ovo escalfado por pessoa.

Macarrão (*Macaroni*)
Consomê vulgar, com guarnição de macarrão, cozido à parte.

Mac Donald
Consomê vulgar. Guarnição: rodelas de Real (*Royal*), purê de miolos; dados de pepinos e pequenos raviólis.

Macedônia (*Macédoine*)
Consomê vulgar. Guarnição: legumes em cubos pequeninos.

Madeira (*Madère*)
Consomê vulgar, com aroma de vinho da Madeira.

Madrileno (*Madrilène*)
Consomê com Fumete de Aipo e tomates, apimentado. Gelatinado. (*Serve-se frio ou quente*). No segundo caso, guarnecido com juliana de aipo; picado de tomates; aletria (*vermicelle*).

Mancelle
Consomê de caça, ligado com purê de castanhas. Guarnição: crostões fritos.

Manon
Consomê ligado com tapioca. Guarnição: croquetes e legumes modelados do tamanho de ervilhas.

Manjar-Branco (*Blanc-Manger*)
Consomê de aves. Guarnição: ervilhas e aparas de cerefólio. À parte, pequenas tarteletas, cheias com picado de aves.

Marchknodeln
Consomê de vaca, bastante carregado. Guarnição: bolinhas de tutano. (*Alemão*). Aparelho das Bolinhas: miolo de pão, ovos e gemas, salsa picada, sal, pimenta e noz-moscada. Fazer uma massa, juntando o tutano. Cozer as bolas, do tamanho de ovos de pomba.

Margarida (*Marguerite*)
Consomê de aves. Guarnição: margaridas em recheio de aves, com gema de ovo cozido no meio, para fingir os estames; pontas de espargos.

Maria (*Marie*)
Consomê de aves com tapioca. Guarnição: rodelas de Real (*Royal*) com purê de feijão branco; legumes em dados.

Marmita (*Marmite*)
Consomê de carnes diversas, feito em panela de barro (*marmita*). Guarnição: legumes torneados, cubos de vaca e de aves. À parte, crostões fritos.

Marquesa (*Marquise*)
a) Consomê com Fumete de Aipo. Guarnecer com rodelas de tutano de vitela, croquetes de ave e avelãs picadas.
b) Consomê de aves. Guarnição: croquetes de ave atomatados; juliana de alface e de trufas.

Martinière
Consomê de aves. Guarnição: rodelas de couve recheadas, ervilhas, aparas de cerefólio. À parte, Diabretes. (*Ver* GUARNIÇÕES DE SOPAS).

Massas Diversas (*Pâtes Diverses*)
Consomê vulgar. Massas conforme o gosto. À parte, queijo ralado.

Médicis
Consomê ligeiramente ligado com tapioca. Guarnição: dados de Real (*Royal*) com Purê Crécy; *idem*, com purê de ervilhas frescas e azedas picadas grossas.

Megera (*Mégère*)
Consomê vulgar. Guarnição: Nhoques de batata, picado de alface; aletria grossa (*vermicelle*).

Mercedes (*Mercédès*)
Consomê com jerez. Guarnição: anéis de pimentos encarnados, estrelas de cristas de galo.

Messalina (*Messaline*)
Consomê de aves com Fumete de Tomates. Guarnição: juliana de pimentos doces; rins de galo e arroz.

Messines
Consomê da PEQUENA MARMITA. Guarnição: rodelas de salsicha e pequenas bolas de couve, estufadas.

Metternich
Consomê com Fumete de Faisão. Guarnição: dados de Real (*Royal*) com purê de alcachofras; juliana de faisão.

Mikado
Consomê de aves, com Fumete de Tomates. Guarnição: dados de tomates e de aves.

Milanesa (*Milanaise*)
Consomê de aves com Fumete de Tomates. Guarnição: juliana de champignons, trufas e presunto, com esparguete. À parte, queijo ralado.

Mil Folhas (*Mille Feuilles*)
Consomê vulgar. Guarnição: pão e queijo, ralados, misturados com gema de ovo batida. Deita-se por um funil no consomê a ferver e mexe-se bem. Tira-se do lume e deixa-se descansar alguns minutos.

Mimado (*Mitonnée*)
O mesmo que INFANTE

Mimosa
Consomê de aves. Guarnição: dados de Real; (*rosados*) Purê Crecy; (*amarelos*) purê de gema de ovo cozido; (*verde*) purê de ervilhas.

Minestrine
Consomê vulgar, com porros, couves, tiras de toucinho, tomates, alho e queijo ralado. (*Italiano*).

Mireille
Consomê de aves. Guarnição: sêmola de trigo; rodelas de Real (*Royal*), e recheio de aves atomatado.

Mirette
Consomê de PEQUENA MARMITA. Guarnição: croquetes de ave, picado de alface, cascas de cerefólio. À parte, palhetas de parmesão.

Mirettes
Consomê vulgar. Guarnição: pequenos Diabretes (*Diablotins*), feitos com crostões de 1 cm de diâmetro, cobertos em cúpula com uma massa composta de Bechamel reduzido, gema de ovo, ervas aromáticas e queijo ralado. Levados à salamandra, para dar cor no topo, de forma a imitar as pupilas dos olhos.

Miss Betsy
Consomê com cevada pilada, salsa, cerefólio, aipo e purê de tomates. Passar. Guarnição: dados de maçãs. (*Inglês*).

Miudezas (*Abatis*)
Consomê vulgar. Guarnição: dados de miudezas de aves e de legumes. (*Inglês; Giblets*).

Mônaco
Consomê de aves. Guarnição: bolas pequenas de legumes, trufas, pérolas-do-japão e profiteroles.

Monte Carlo
Consomê de aves, ligeiro. Guarnição: rodelas de cenouras e nabos, crepes recheados, lâminas de trufas.

Montmorency
Consomê de aves, ligeiramente ligado com tapioca. Guarnição: pontas de espargos, croquetes brancos, arroz.

Montmort
Consomê vulgar. Guarnição: rodelas de chouriço, feito com recheio de aves, trufas e língua, picadas; Real (*Royal*); purê de ervilhas; nabos e cenouras, cortados em crescentes dentados; pontas de espargos e aparas de cerefólio.

Mosaico (*Mosaïque*)
Consomê vulgar. Guarnição: cubos, retângulos, rodelas, triângulos, losangos e ovais de Real (*Royal*) e recheio de aves de cores diversas, para obter o máximo de contrastes.

Mulher do Diabo (*Diablesse*)
Consomê de aves. Guarnição à parte: crostões à francesa (*passados por ovo e fritos*), polvilhados com queijo ralado e caiena.

Murillo
Consomê de aves. tomates *concassés* e aletria (*vermicelle*).

Musselina (*Mousseline*)
Consomê de aves. Guarnição: pequenas musses de aves, cozidas em fôrmas, já do tamanho a empregar.

Navarino (*Navarin*)
Consomê vulgar. Guarnição: rodelas de Real (*Royal*) com purê de ervilhas frescas; caudas de lagostins e salsa *concassé*, branqueadas.

Nélson
Consomê ligado com tapioca, aromatizado com vinho da Madeira e aromáticos. Guarnição: croquetes de cores diversas; lagosta (*vermelhos*); espinafres (*verdes*); ave com natas (*brancos*) e trufas (*negros*).

Nemours
Consomê de aves, ligeiramente ligado com tapioca. Guarnição: rodelas caneladas de Real (*Royal*) Crecy; Brunesa de cenouras; pérolas-do-japão; juliana de trufas.

Nemrod
Consomê de caça, ligado com araruta (*arrow-root*), e aromatizado com vinho do Porto. Guarnição: croquetes pequenos, de recheio de caça e trufas.

Nesselrode
Consomê com Fumete de Abetarda. Guarnição: rodelas caneladas de Real (*Royal*), com purê

de castanhas e caça; juliana de abetarda e codorniz.

Neve de Florença (*Neige de Florence*)
Consomê vulgar. Guarnição: Neves de Florença (*produto comercial*).

Nhoque (*Gnocchi*)
Consomê vulgar. Guarnição: croquetes de massa de chus (*choux*) com queijo, cozidos em água.

Nicense (*Niçoíse*)
Consomê com Fumete de Tomates. Guarnição: dados de tomates, de feijão-verde e de batatas; aparas de cerefólio.

Nílson
Consomê ligado com tapioca. Guarnição: croquetes de aves com presunto; trufas e cebolinho picados; ervilhas e cerefólio.

Ninhos de Andorinhas (*Nids d'Hirondelles*)
Consomê de aves carregado. Guarnição: ninhos de andorinhas, bem limpos de qualquer parte terrosa ou penas. Lava-se a parte gelatinosa e deixa-se ferver um pouco no consomê. (*As andorinhas depois do ninho pronto, forram-no com uma camada gelatinosa* (baba., *sobre a qual colocam depois as palhas e penas; é essa parte que se aproveita para o consomê; dela há à venda conserva, feita sobretudo no Japão*).

Ninon
Consomê de aves. Guarnição: bolas de cenouras e nabos, do tamanho de avelãs; pérolas, trufas e aparas de cerefólio. À parte, tarteletas recheadas com purê de aves e gemas de ovos, decoradas com uma estrela de trufa.

Normando (*Normande*)
Consomê vulgar. Guarnição: porros, nabos e cenouras, cortados finos; alface, azedas e cerefólio, estufados.

Novo Reino (*Nouveau Royaume*)
Consomê de aves forte (*Double*). Guarnição: croquetes de ave com natas, decorados com trufas em forma de coroa.

Nulhes (*Nouilles*)
Consomê vulgar. Nulhes cozidas, como guarnição. À parte, queijo ralado.

Olga
Consomê vulgar, aromatizado com vinho do Porto. Guarnição: juliana de porros, aipo, cenouras e pepinos russos (*Agoursis*).

Oriental (*Oriental*)
Consomê vulgar. Guarnição: crescentes (*croissants*) de cenouras, nabos e beterrabas; arroz açafronado.

Orleanesa (*Orléanaise*)
Consomê vulgar. Guarnição: grossos cubos de Real (*Royal*), com purê de chicória; losangos de feijão-verde, feijão manteiga e aparas de cerefólio.

Orleães (*Orléans*)
Consomê ligeiramente ligado com tapioca. Guarnição: pequenos croquetes de 3 cores; (*brancos*) aves; (*vermelhos*) tomates; (*verdes*) espinafres.

Orsay
Consomê de aves. Guarnição: gemas de ovos escalfados; croquetes de pombo; juliana de peito de pombo; pontas de espargos verdes.

Ovos
Consomê de galinha. Guarnição: rodelas de ovo cozido.

Ovos Escalfados (*Oeufs Pochés*)
Consomê de aves. Guarnição: ovos escalfados; dentro do consomê ou à parte.

Palermo (*Gibier à la Palermo*)
Caldo de coelho, vaca, vitela, presunto e caça; clarificado. Guarnição: juliana de aipo; macarrão em pequenas rodelas; croquetes de aves. À parte, queijo ralado. (*Italiano*).

Pamkail
Caldo de cozer hortaliça, adicionado de flocos de aveia, sal e pimenta. Guarnição: juliana de hortaliça. (*Escocês*).

Pão (*Pain*)
Consomê vulgar. Guarnição: fatias de pão torrado.

Parisiense (*Parisienne*)
Consomê com Fumete de Porros. Guarnição: juliana de batata e de porros.

Parmesão (*Parmesane*)
Consomê vulgar. Guarnição: massa de biscoitos com parmesão incorporado, enformada com colher de café.

Pastora (*Bergère*)
Consomê de vaca, ligado com tapioca. Guarnição: pontas de espargos; tortulhos picados; folhas de estragão e aparas de cerefólio.

Patuscos (*Viveurs*)
Consomê de vaca e de pato, com Fumete de Aipo, sumo de beterraba e caiena. Guarnição: juliana de aipo. À parte, Diabretes com páprica. (*Ver* DIABRETES *em* GUARNIÇÕES DE SOPAS).

Patti
Consomê vulgar, ligado com tapioca. Guarnição: fundos de alcachofras e trufas.

Pavese
(*Ver em* SOPAS ESPESSAS E COM ENSOPADOS).

Pepita
Consomê de aves com sumo de tomates, temperado com páprica. Guarnição: Real (*Royal*) de tomate, cortado em dados; pimentos sem pele, cortados em cubos; aparas de cerefólio.

Pequena Marmita (*Petite Marmite*)
Consomê forte, de vaca e aves. Guarnição: cenouras e nabos torneados; quadrados de porros e couves; juliana de aipo; rodelas de tutano, filetes de vaca e aves. Servido numa panela especial. À parte, fatias de papo-secos passadas em manteiga e secas no forno.

Pérolas das Rochas (*Perles des Roches*)
Consomê vulgar, com pérolas-do-japão cozidas no próprio.

Pilaw ou Pilaf
Caldo forte de carneiro. Guarnição: arroz cozido com gordura de carneiro (*Turco*).

Pojarsky
Consomê de aves. Guarnição: pequenas Costeletas Pojarsky e crostões. (*Russo*).

Polaco (*Polonais*)
Consomê de aves. Guarnição: à parte: Ciernikis. (*Palhetas de massa feita com queijo branco, manteiga, farinha, ovos batidos, sal, pimenta e noz-moscada*).

Polpetti
Consomê vulgar. Guarnição: croquetes de parmesão fritos. (*Italiano*).

Porós (*Poireaux*)
Consomê vulgar. Guarnição: juliana de porros e cerefólio.

Portuguesa (*Portugaise*)
Consomê vulgar. Guarnição: tomates *concassés* e juliana de aipo. Caiena.

Pot-au-Feu
O mesmo que PEQUENA MARMITA.

Poule-au-Pot
O mesmo que HENRIQUE IV.

Prado Verde (*Vert-Pré*)
Consomê, ligado com tapioca. Guarnição: pontas de espargos; ervilhas; losangos de feijão-verde; picado de alface e azedas; aparas de cerefólio.

Primaveril (*Printanier*)
Consomê vulgar, ou de aves. Guarnição: cenouras e nabos, torneados com a colher de legumes, do tamanho de ervilhas; aparas de cerefólio e ervilhas.

Primaveril Colbert (*Printanier Colbert*)
Como o anterior, mas adicionando um ovo escalfado por pessoa.

Primaveril Real (*Printanier Royal*)
Consomê Real e Primaveril, misturados.

Princesa (*Princesse*)
Consomê de aves. Guarnição: dados de Real (*Royal*) com purê de ervilhas; cevada pilada (*orge perlé*); lâminas de branco de aves.

Príncipe (*Prince*)
Consomê vulgar. Guarnição: Real (*Royal*) em losangos, e pontas de espargos.

Príncipe de Gales (*Prince de Gales*)
Consomê ligeiramente ligado com tapioca. Guarnição: juliana de amêndoas torradas e Diabretes (*Diablotins*), bem apimentados.

Professor (*Professeur*)
Consomê vulgar. Guarnição: Nhoques cozinhados no forno, envoltos em purê de aves, ou pasta de fígado.

Profiteroles (*Profiteroles*)
Consomê vulgar. Guarnecer com profiteroles pequenos.

Quail Soup
Consomê com essência de codorniz, aromatizado com vinho da Madeira. Guarnição: arroz e cubos de carne de codorniz. (*Americano*).

Quenelles
Consomê vulgar. Guarnição de croquetes, à vontade.

Quenelles de Tutano (*Quenelles à la Moelle*)
Consomê vulgar, ligeiramente ligado com tapioca. Guarnição: croquetes de tutano.

Quenelles Vienense (*Quenelles à la Viennoise*)
O mesmo que os anteriores, mas com croquetes de fígado de vitela, com funcho.

Quinteira (*Fermière*)
Consomê vulgar. Guarnição: cenouras, nabos, cebolas e porros, picados e ligeiramente refogados; juliana de repolho; fatias de papos-secos torradas.

Rabelais
Consomê com Fumete de Andorinhas e suco de trufas. Guarnição: juliana de aipo; croquetes de andorinha trufados. 1 cálice de vinho de Seuilly (ou *da Madeira*), no momento de servir.

Rabo de Boi (*Queue de Boeuf*)
Caldo obtido da cauda de vaca e ossos, puxados previamente em manteiga, com aromáticos Liga-se depois, ligeiramente, com araruta. Guarnição: cenouras e nabos em cubos grossos e bocados do rabo de vaca. Aromatizar com 1 cálice de vinho da Madeira velho, no momento de servir. (*Ox-tail-Soup*).

Rainha (*Reine*)
Consomê de aves, ligeiramente ligado com tapioca. Guarnição: dados de Real (*Royal*) de purê de aves; juliana de aves.

Ramayanha
Consomê de aves com caril. Guarnição: Real (*Royal*) de caril, cortado em crescentes (*croissants*). (*Indiano*).

Raquel (*Rachel*)
Consomê de aves, com tapioca. Guarnição: juliana de fundos de alcachofras. *À pane*: crostões com manteiga e rodelas de tutano.

Rãs (*Grenouilles*)
Consomê de aves. Guarnição: pernas de rãs, estufadas com manteiga.

Raviólis (*Raviolis*)
Consomê vulgar. Guarnição: pequenos raviólis.

Real (*Royale*)
Consomê de aves. Guarnição: Real (*Royal*) cortado em cubos, losangos, etc.

Reis (*Reis*)
O mesmo que PRÍNCIPE

Réjane
Consomê de aves com tapioca. Guarnição: fios de ovos; pequenas rodelas de Real (*Royal*) Crecy, com leite de avelãs.

Renascença (*Renaissance*)
Consomê de aves. Guarnição: legumes em cubos pequenos; Real (*Royal*) de legumes, cortado em lâminas e aparas de cerefólio.

Richelieu
Consomê de vaca, picante. Guarnição: croquetes de ave, feitos a colher, com uma bola de gelatina (*aspic*) no interior; rolinhos de folha de alface, recheados com picado de carne; juliana de cenouras e nabos, passados em manteiga; cerefólio. (*Os croquetes só devem ser fritos no próprio momento de servir, para que a geleia, derretendo, forme um interior líquido*).

Richepin
Consomê de vaca. Guarnição: croquetes de ave, juliana de legumes e cerefólio. (*Os croquetes para este consomê podem ser feitos como os do anterior*).

Rico (*Riche*)
Consomê forte, de aves. Guarnição: trufas e branco de frango. (*Ou sem guarnição*).

Rizzo Fegatiní
Consomê de aves com Fumete de Aipo, ligado com gemas de ovo e natas. Guarnição: escalopes de fígado de ave, salteados em manteiga. À parte, queijo ralado. (*Italiano*).

Rossini
Consomê de aves, ligeiramente ligado com tapioca, perfumado com essência de trufas. Guarnição: profiteroles com recheio de pasta de fígado; trufas.

Rothschild
Consomê com Fumete de Caça. Guarnição: rodelas de Real (*Royal*) com purê de castanhas e faisão, ligados com Molho Salmis; juliana de filetes de faisão e de trufas. 1 cálice de vinho Sauternes no momento de servir. (*O Sauternes é um vinho branco, doce*).

Rubens
Consomê de aves, com Fumete de Tomates. Guarnição: pontas de lúpulo.

Russo (*Russe*)
Consomê de aves, atomatada. Guarnição: pepinos russos (*agoursis*) e feijão-verde, cortados finos.

Sagu (*Sagou*)
Consomê vulgar, com sagu cozido como guarnição.

Salepo
Como o consomê PÉROLAS DAS ROCHAS, mas com salepo (*legume oriental da família dos farináceos*).

Salvador (*Salvatore*)
Consomê vulgar. Guarnição: tomates *concassés* e cerefólio.

Sans-Gêne
Consomê de aves. Guarnição: cristas e rins de galo; juliana de trufas.

Santo Huherto (*Saint-Hubert*)
Consomê de caça de pêlo, com vinho branco reduzido. Guarnição: cruzes de Real (*Royal*) de purê de caça 2/3 e purê de lentilhas 1/3; juliana de caça.

Santos Dumont
Consomê de aves com sagu. Guarnição: trufas, cenouras e nabos, em bolinhas; feijão-verde em tiras; arroz e profiteroles. (*Pouco de cada*).

Sara Bernhardt
Consomê ligado com tapioca, Fumete de Aromáticos e tartaruga, aromatizado com vinho da Madeira. Guarnição: croquetes de purê de tomate e rodelas de tutano.

Saxão (*Saxon*)
Consomê vulgar. Guarnição: juliana de presunto e língua; um pouco de chucrute.

Scotch Kail
Caldo de carneiro, cebola, porros e repolho, com os mesmos como guarnição. (*Escocês*).

Selianka
Consomê vulgar. Guarnição: juliana de presunto, chucrute e cerefólio. (*Russo*).

Sêmola (*Semoule*)
Consomê vulgar, com sêmola de trigo dentro.

Sévigné
Consomê de aves. Guarnição: croquetes brancos; juliana de alface; pontas de espargos.

Soberana (*Souveraine*)
Consomê de aves. Guarnição: croquetes grandes com recheio de Brunesa de legumes; cerefólio.

Solange
Consomê vulgar. Guarnição: cevada pilada (*orge perlé*); juliana de alface e de aves.

Solferino
Consomê vulgar. Guarnição: massa de chus (*choux*) com queijo, enformada em colher de café, alisando a parte de cima com uma faca. (*Ficam com o formato de metades de amendoim*). Fritam-se em manteiga e lançam-se no consomê.

Soubrette
Consomê de aves com Fumete de Tomates, condimentado com pimenta de Caiena. Guarnição: croquetes redondos e chatos, decorados no meio com rodelas de trufas (*imitando um olho*); caudas de camarões rosados.

Stchy
Consomê vulgar. Guarnição: tiras de pato e cebola, puxadas em manteiga; chucrute e carneiro em cubos. À parte, natas azedas.

Surpresa (*Surprise*)
O mesmo que o anterior. Croquetes recheados com geleia, de sumo de beterraba.

Talma
Consomê substancial de aves. Guarnição: arroz e Real (*Royal*) em cubos.

Tapioca
Consomê vulgar, com guarnição de tapioca.

Tapioca Imperial (*Impériale*)
Consomê com tapioca e natas. Guarnição: gema de ovo cozida, passada pela peneira.

Tartaruga (*Tortue*)
Consomê de tartaruga, vaca, aves e mãozinhas de vitela, com aromáticos. Guarnição: carne de tartaruga em cubos (*À inglesa, serve-se com um ponche de leite;* Milk Punch). (*Inglesa;* Tunle Soup). Pode aromatizar-se ou não com vinho da Madeira.
Aromáticos para a cocção da tartaruga: basílico, manjerona, salva, rosmaninho, segurelha, tomilho, coentros, pimenta em grão e louro.
Ponche de Leite ou Milk Punch: Xarope a 17°, com suco de casca de laranja e limão, rum, kirsch e leite. Passar e servir bem frio.

Tartaruga em Conserva (*Consomê de Tartaruga em latas*)
Desdobrar o conteúdo da lata, com consomê forte, aromatizando como o vulgar, com vinho da Madeira.

Tartaruga Seca (*Tortue Sèche*)
Remolhar a carne de tartaruga durante 24 horas e proceder como para a Tartaruga vulgar.

Teodora (*Théodore*)
Consomê de aves ligeiro. Guarnição: juliana de aves e trufas; dados de Real (*Royal*); pontas de espargos.

Terrapia (*Terrapène*)
O mesmo que TARTARUGA. Feito com Tartaruga Terrapia.

Tosca
Consomê de aves, ligeiramente ligado com tapioca, Fumete de aromáticos da tartaruga e de vinho da Madeira. Guarnição: juliana de porros; profiteroles.

Três Filetes (*Trois filets*)
Consomê vulgar. Guarnição: juliana de trufas, de língua e de aves.

Trevise
O mesmo que TRÊS FILETES.

Tricolor (*Trois couleurs*)
O mesmo que TRÊS FILETES.

Turistas (*Touristes*)
Como RABO DE BOI. Substituir os legumes por arroz.

Tutano (*Moelle*)
Consomê de vaca. Guarnição: rodelas de tutano e aparas de cerefólio.

Valenciano (*Valenciennes*)
Consomê vulgar. Guarnição: croquetes, juliana de alface e cerefólio.

Valois
Consomê vulgar. Guarnição: croquetes atomatados; cevada pilada (*orge perlé*); pontas de espargos.

Veludo (*Velours*)
Consomê de Pequena Marmita, aromatizado com ervas da tartaruga. Guarnição: cubos de tartaruga e pérolas-do-japão.

Veneziano (*Vénitienne*)
Consomê vulgar, perfumado com cerefólio, estragão e basílico. Guarnição: arroz. À parte, Pequenos Nhoques gratinados.

Véron
Consomê com essência de trufas. Guarnição: dados de Real (*Royal*) com purê de feijão branco; juliana de pimentões. 1 cálice de vinho do Porto, no momento de servir.

Vienense (*Viennoise*)
Consomê de vaca com páprica. Guarnição: juliana de crepes com queijo; Nhoques com páprica.

Vila Nova (*Villeneuve*)
Consomê de aves. Guarnição: retângulos de alface, recheados com crepes de presunto; Real (*Royal*) em dados.

Vinhos (*Vins*)
Consomê de aves, forte. Pela adição de um cálice do vinho escolhido, podem fazer-se os seguintes: *Consomê com Bastardinho*; *Consomê com Vinho de Chipre*; *Consomê com Vinho de Jerez; Consomê com Vinho da Ma-*

deira; Consomê com Vinho Malvasia; Consomê com Vinho Marsala; Consomê com Vinho do Porto; Consomê com Vinho de Samos; Consomê com Vinho de Zucco, etc.

Vitória (*Victoria*)
Consomê forte, de aves, ligeiramente ligado com tapioca. Guarnição: croquetes de lagosta, de aves e de pistácias.

Viviane
Consomê de aves. Guarnição: filetes de aves; juliana de cenouras, trufas e champignons.

Wedel
Consomê de perdiz com redução de jerez. Guarnição; croquetes de perdiz; pérolas-do-japão e trufas cortadas como pérolas.

Westmoreland
Consomê vulgar, ligado com araruta e aromatizado com vinho da Madeira. Guarnição: cabeça de vitela e pepinos de conserva, picados; trufas e croquetes de ave. (*Americano*).

Windsor
Consomê vulgar, com essência da cocção de mãozinhas de vitela e aromáticos de tartaruga. Guarnição: croquetes de ave; trufas em juliana; mãozinhas de vitela e tartaruga, picadas.

Xavier
a) Consomê vulgar. Guarnição: dados de Real (*Royal*) com purê de aves e ervilhas; cerefólio.
b) Consomê vulgar. Guarnição: ovos batidos, passados pelo chinês e cozidos no próprio consomê, em fios.

SOPAS ESPESSAS E COM ENSOPADOS
(Potages et Soupes)

Açorda
Água, pão, azeite, coentros e ovos escalfados, formando uma papa espessa. (*Portuguesa*).

Agricultor (*Agriculteur*)
Sopa de cocção de legumes, com dados de toucinho. Servir sobre fatias de pão, com manteiga, dentro de terrina.

Aïgo à Caseira (*Aïgo à la Ménagère*)
Base água. Branco de porros e cebolas, picados e puxados em azeite; tomates picados; alhos esmagados; funcho; ramo de cheiros; casca de laranja seca; açafrão e batatas cortadas. 20 minutos de fervura. Escalfar ovos dentro e servir sobre fatias de pão, em tacho de barro.

Aïgo Bouído
Base água. Alho picado, salva, azeite, sal e pimenta. Ferver 20 minutos Servir sobre fatias de pão, com salsa picada.

Ajiaco Cubano (*Ajiaco Cubane*)
Carne salgada, 1 kg; porco magro, 250 g; *bacon*, 25 g; grão, 400 g. Ferve-se meia hora e junta-se banana verde, beringela, manga, quiabo, inhame, uma espiga de milho inteira, abóbora, batatas, sal, cominhos e açafrão. Depois de bem cozido, servir caldoso. (*Cubano*).

Akroschka
Purês de espinafres e de azedas, cebolas verdes, pepinos frescos e funcho em dados. Ligar com mostarda inglesa, sal e açúcar. Adicionar Kwass e suco de pepinos russos (*agoursis*). Gelo em cubos. Juntar carnes cozidas, em dados; filetes de aves, presunto, vitela, etc. Tudo bem misturado e ligado no último instante com nata azeda, enfeitando com quartos de ovos cozidos. (*Sopa russa fria*).

Albigeoise
Marmita de vaca, mão de vitela, presunto, salsichão fumado, pato; com dados de cenouras, nabos, couves, porros, alfaces e favas. À parte, Agulhetas (*aiguillettes*) de pato fumado.

Aldeã (*Paysanne*)
Quartos de legumes diversos, aparados em tamanhos iguais e estufados em manteiga. Refrescar com consomê e juntar ervilhas, losangos de feijão-verde, feijão-manteiga e aparas de cerefólio.

Alénois
Batatas cortadas finas, agriões, manteiga e leite, com cerefólio. Em cocção durante 20 minutos.

Alentejana
Fatias de pão, colocadas numa terrina com alho pisado, sal, pimenta, coentros e hortelã. Caldo bem quente e azeite cru. Ovos, escalfados no próprio caldo fervente. (*Cozinha Portuguesa*).

Alho (*Ail*)
Fatias de papo-seco gratinadas com queijo, temperadas com azeite. Fazer um bom caldo,

com água, dentes de alho, salva, folhas de louro, cravinho, sal e pimenta; fazer ferver e deitar sobre o pão, já colocado numa terrina.

Alho à Catalã (*Ail à la Catalane*)
Dentes de alho, fritos em azeite e lançados numa caçarola com água e sal. Deixa-se ferver 20 minutos e verte-se sobre bastantes fatias de pão branco, acamadas numa terrina (*Espanhola*).

Alho e Chouriço Aranzazu
Refogar, numa caçarola com azeite, rodelas de chouriço e alho. Quando estoverem douradas, juntam-se tomates *concassés*, tiras de morrones e água com sal. Ferve-se 25 minutos, juntando fatias de pão de centeio. (*Espanhola típica*).

Alho à Madrilena (*Ail à la Madrilène*)
Alhos salteados em azeite, fervidos com água e pimenta de Caiena. Serve-se sobre fatias de pão frito, envolto em ovo, com ovos escalfados.

Alho à Portuguesa (*Ail à la Portugaise*)
Alho pisado no almofariz, cozido com quartos de tomate. Lançar sobre fatias de pão caseiro, chouriço cru e rodelas de ovo cozido, já temperadas com azeite cru, pimenta e ramos de coentros ou hortelã. (*Cozinha Portuguesa*).

Alsaciana (*Alsacienne*)
Chucrute e purê de cebola, ligado com farinha e molhado com consomê branco. Guarnição de croquetes de batata

Amêndoa e Avelã *à* Caseira (*Amandes et Noisettes à la Ménagère*)
Põem-se a ferver em caldo de Puchero, até que se desfaçam, fatias de pão finas, previamente torradas. Pisam-se açafrão, alho, amêndoas e avelãs torradas, juntando depois à sopa. (*Espanhola*).

Andaluza (*Andalouse*)
Sopa Juliana com tomates *concassês* e fatias de pão torrada

Ardenense (*Ardennaise*)
Endívias, batatas e porros picados; molhada com leite e guarnecida com fatias de papo-seco.

Asmesnal
Fritar, em azeite; alhos, chouriço, tomate picado e pão de centeio. Juntar água e sal e deixar ferver. (*Espanhola*).

Auvergnate
Marmita de cabeça de porco salgada, cenouras, nabos, porros, batatas, couves e lentilhas; guarnecer com cubos de cabeça de porco e fatias de pão de centeio.

Aveirense (*Aveyronnaíse*)
Em marmita: couves, batatas, aipo, nabos e cenouras cortadas; juntar feijão branco, presunto, pato fumado, toucinho picado e alho. Temperar com sal e pimenta. Tempo de cocção: 2 horas. Servir sobre fatias de pão caseiro, em terrina (*Cozinha Portuguesa*).

Avozínha (*Grand-Mère*)
Mirepoix grosseiro de porros, cebolas, aipo, couves, batatas e nabos. Molhar com 3/4 de água e 1/4 de leite. Guarnição: azedas, alfaces, espinafres, massas finas e cerefólio. Juntar manteiga.

Barcelonesa (*Barcelonaise*)
Fazem-se croquetes, com carne de carneiro, alho, salsa picada, canela em pó, sal, pimenta, ovo e miolo de pão (*em bolas do tamanho de avelãs*). Numa marmíta com caldo de carneiro fervente lançam-se fatias de pão torrado, que se deixam desfazer, batendo, se necessário for. Juntam-se os croquetes, cerefólio, salsa picada, Molhos Espanhol e de Tomate. Ferver mais 15 minutos e servir bem quente. (*Espanhola*).

Batwinja
2 partes de purê de azedas, 2 partes de purê de espinafres, 1 parte de purê de folhas de beterraba; condimentos aromáticos, sal e açúcar em pó. Pepinos russos (*agoursis*) em pequenos dados. Juntar quantidade igual de vinho branco (*Kisslischy na receita original*) e cubos de gelo. Servir à parte, ao mesmo tempo, esturjão ou salmão cozido, frio, com rábano ralado e salsa picada (*Sopa russa fria*).

Beaucaire
Couves, porros, aipo e moelas de frango, em juliana, estufados em manteiga. Molhar com consomê branco. Juntar basílico, manjerona, cevada pilada e escalopes de fígado de aves. À parte, queijo ralado. (*Basílico é o mesmo que manjericão; do francês* basilic).

Beirã
Sopa de legumes, hortaliças, favas, cenoura, cebola, arroz ou massa e presunto. Ferver 2

horas. Servir com ovos batidos, lançados no caldo a ferver, no momento de servir. (*Cozinha Portuguesa*).

Benevolente (*Bénévole*)
Caldo de cocção de ossos de cabeça de vaca, com guarnição da própria carne dos ossos, aipo, cenouras, cebolas, nabos, couves, ervilhas ou lentilhas, sal e pimenta.

Boa Mulher, ou Boa Dona (*Bonne Femme*)
Batata e porros, picados e puxados em manteiga; molhar com consomê branco. Juntar manteiga e natas e servir com rodelas de pão (*cacetes*).

Brabançonne
Cenouras, nabos, porros, cebolas; tudo picado e puxado em manteiga. Molhar com leite e guarnecer com rodelas de pão torrado.

Brasileira (*Brésilienne*)
Cenouras, nabos, porros, aipo e cebolas, passados em manteiga, a fogo brando. Juntar tomates *concassês* e molhar com consomê branco. Ligar com purê de feijão preto e guarnecer com arroz cozido.

Brilla
Caldo de cocção de jarrete de vaca, com cebola, cenoura, nabo, ramo de cheiros, sal e pimenta; guarnecido com Sagu.

Bûcherone
Repolho, nabo e batatas cortadas, estufados com toucinho fresco, picado. Adicionar água de cozer feijão branco. Com os mesmos e fatias de pão torrado, faz-se a guarnição.

Buseca
Tripas de vaca, refogadas com cebola e aromáticos. Faz-se depois uma sopa, a que se junta feijão-manteiga e diversos legumes verdes. (*Italiana*).

Busega
O mesmo que a anterior, com tripas de cordeiro. Juntar tomates e ligar com farinha. Queijo ralado à opção. (*Italiana*).

Cabeça de Porco (*Tête de Porc*)
Caldo da cocção de cabeça de porco, com feijão branco, cenouras, couve-lombarda, cebola, nabo e aromáticos. Cortam-se os legumes em cubos, bem como um pouco da cabeça. Serve-se sobre fatias de pão torrado, aromatizada com um ramo de hortelã. (*Cozinha Portuguesa*).

Caçadora (*Chasseur*)
Aparas de caça, presunto, cebola, cenoura, aipo e aromáticos, refogados. Adicionar farinha e molhar com consomê. Sal e pimenta.

Caldo Verde
Caldo da cocção de juliana de couve espanhola, engrossado com purê de batata; sal, pimenta e azeite cru. À parte, fatias de pão de milho ou de centeio. (*Cozinha Portuguesa*).

Carneiro à Grega (*Mouton à la Grecque*)
São Germano ligeira, com fundo de carneira. Guarnição: dados de carneiro e Brunesa de legumes. (*Grega*).

Casamento (*Mariage*)
Cozido feito com vaca, carneiro e galinha. Guarnecida como a Marmita vulgar, com a adição de arroz fortemente açafronado.

Cebola (*Oignon*)
Cebola cortada em rodelas, cozida em caldo com aromáticos, sal, pimenta e azeite. Colocar fatias de pão torrado no topo da caçarola; polvilhar bem com queijo ralado e gratinar.

Cebola à Espanhola (*Oignon à l'Espagnole*)
Cebola picada frita em azeite, molhada com água; sal e pimenta. Deixar ferver e juntar pão branco, cortado fino.

Cebola à Portuguesa (*Oignon à la Portugaise*)
Como SOPA DE CEBOLA, com um dente de alho esmagado e louro. Sem gratinar. (*Podem juntar-se algumas rodelas de tomate, se se desejar*).

Cevada e Aipo (*Orge et Céleri*)
Caldo de cocção de legumes, com adição de aipo finamente picado, farinha de cevada, sal, pimenta e manteiga. (*Americana*).

Chicória (*Chicorée*)
Chicória finamente picada, cebola, salsa, sal e pimenta; molhada com 2/3 água e 1/3 leite. Juntar tapioca.

Chotodriée
(*Fria*). Cortar uma beterraba em rodelas finas e colocar numa terrina; juntar 2 ovos cozidos,

cortados em rodelas; duas colheres de sopa de camarão cozido, descascado; fatias de pepino. Misturar funcho e cebolinho picados. Molhar com 1 litro de suco de pepinos marinados, previamente fervidos com um pouco de levedura e um litro de leite cortado. Temperar e servir bem frio. (*Polaca*).

Chowder
Sopa americana de legumes ou peixe. (*Ver* SOPAS DE PEIXE).

Citadina (*Villageoise*)
Porros picados, puxados em manteiga. Molhar com consomê branco. Guarnição: juliana de couves; aletria (*vermicelle*) e aparas de cerefólio.

Coelho (*Lapin*)
Caldo de cozer coelho, toucinho fumado (*bacon*), aipo, cebolas e aromáticos, molhado com leite e ligado com farinha. Guarnição: croquetes de caça.

Cozido (*Bouillon*)
Caldo de cocção de vaca, frango, presunto e chouriços, com hortaliça, arroz e grão, tendo um ramo de hortelã cru como guarnição. (*Cozinha Portuguesa*).

Crostões (*Croûtons*)
Cocção de legumes, com guarnição de ervilhas e crostões barrados com manteiga.

Cultivador (*Cultivateur*)
Legumes estufados em manteiga, com toucinho; batatas cortadas. Molhar com consomê branco. Dados de presunto e toucinho.

Delfinesa (*Dauphinoise*)
Nabos, abóbora e batatas, cortados em cubos. Molhar com 1/2 de água e 1/2 de leite. Juntar folhas de beterraba picadas. Guarnição: aletria (*vermicelle*) e aparas de cerefólio.

Estéril
Cebola picada, puxada em manteiga. Cubos de abóbora, feijão branco fresco ou seco. Molhar com consomê e guarnecer com aletria (*vermicelle*) grossa.

Fígado (*Foie*)
Cebola, cenoura, chalotas, aipo e cerefólio, refogados em manteiga com fígados de aves. Molhar com consomê. Ferver e servir com crostões, barrados de pasta de fígado.

Flamenga (*Flamande*)
Couves-de-Bruxelas, estufadas em manteiga, com batatas cortadas. Molhar com consomê branco. Engrossar com purê de couve-de-Bruxelas

Franc-Comtoise
Dados grossos de batata e nabo, com alface e azedas picadas. Molhar com leite. Guarnição: aletria (*vermicelle*).

Frischbenschisuppe
Legumes em juliana, cebolas, água, vinagre, sal, pimenta e ramo de cheiros Ferver 45 minutos e juntar leite e aipo. Servir sobre crostões fritos, passados por ovo. (*Austríaca*).

Fualdés
O mesmo que VALDÉS.

Gaspacho
Num tacho pôr rodelas de pepino, de tomate e de cebola, sobre fatias de pão caseiro. Juntar rodelas de paio e fatias finas e curtas de presunto; rodelas de ovo cozido, sal, pimenta, coentros e azeite com fartura. Lançar por cima água bem gelada até cobrir tudo. (*Cozinha Portuguesa*).

Gaspacho à Espanhola
Os ingredientes são mais ou menos os mesmos do português, exceto as carnes, mas é pisado, formando uma espécie de purê desligada (*Dito Gaspacho à Andaluza*).

Gombos
Caldo de legumes, com bastante quiabo refogado em azeite; aipo, cerefólio, sal e pimenta.

Gulyassuppe
Sopa de vaca, com cebola, manjerona, cominho, batatas e páprica, previamente refogados em manteiga. Cubos de vaca como guarnição. (*Austro-húngara*).

Hoche-Pot
O mesmo que RABO DE BOI.

Hortaliceira (*Maraîchère*)
Boa Mulher, com aletria (*vermicelle*), alface, azedas, espinafres, folhas de beldroega e aparas de cerefólio.

Húngara (*Hongroise*)
Cebolas refogadas com manteiga; juntar Aveludado de carne reduzido e caldo de vitela. Bastante páprica e terminar com natas.

Inverno, Sopa de (*Potage d'Hiver*)
Repolho, arroz, cebola, porros, sal, pimenta e manteiga. Molhar com 1/2 de água e 1/2 de leite. Servir sobre pão torrado.

Joaninha (*Jeanette*)
Legumes em cubos grossos, batatas, ervilhas, feijão-verde, azedas, agriões e cerefólio. Molhar com consomê branco. Leite no momento de servir. À parte, rodelas de pão (*cacetes*).

Juliana (*Julienne*)
Legumes cortados em tiras finas, estufadas em manteiga. Molhar com água.

Juliana à Russa (*Julienne à la Russe*)
Juliana vulgar, adicionada de raízes de salsa e urtigas. Molhar com consomê. No momento de servir, misturar funcho picado e natas azedas. À parte, rissoles, com recheio à vontade.

Kalbstnorpel
Sopa de peito de vitela, com legumes cortados grossos, alface e ervilhas. Ligada com gemas de ovo. Servir com a carne do peito, cortada em pedacinhos. (*Alemã*).

Kirschen Supê
Cerejas sem caroço, cozidas em água pouco açucarada com canela e limão. Passar pela peneira. Ligar ligeiramente com fécula. Juntar infusão de vinho tinto com os caroços pisados Guarnecer com cerejas À parte, pequenos biscoitos. (*Alemã*).

Kroupnich
Cevada, moelas de aves cortadas em tiras, bocados de pescoços de aves; tudo puxado em manteiga, até a cevada começar a alourar. Molhar com fundo de aves e deixar ferver 1 hora. Adicionar bastante nata. À parte, pequenos pastéis de salpicão de aves, ligado com Molho Supremo. (*Russa*).

Lebre (*Liévre*)
O mesmo que COELHO.

Legumes (*Légumes*)
O mesmo que JULIANA. Aumentar a variedade de legumes.

Leite (*Lait*)
Juliana de repolho, estufada em manteiga; junta-se leite fervente e adiciona-se farinha, lentamente, mexendo sempre. (*Inglesa: Milk Soup*).

Leopoldo (*Léopold*)
Sêmola de trigo e leite, com folhas de alface e cerefólio, estufados em manteiga.

Lituaníana, ou Po Litowski
Juntar a litro e meio de Creme Parmentier, pouco espesso e sem manteiga, juliana de aipo estufada em manteiga. Deixar cozer durante 30 minutos Juntar, no momento de servir, juliana de azedas estufada. 1 dl de natas ácidas e 50 g de manteiga fresca. Guarnição: 8 pequenos retângulos de toucinho magro fumado, 8 salsichas chipolatas, e 4 gemas de ovos, fritas.

Macarrão
Caldo de legumes com macarrão e toucinho. Sobre fatias de pão. À parte, queijo ralado.

Magra (*Maigre*)
Cebolas em dados, aipo, alface, espinafres, salsa, sal e pimenta, estufados em manteiga a fogo brando. Juntar caldo de legumes e adicionar gemas de ovo e vinagre.

Maiorquina (*Majorquine*)
Cebola, alho, salsa e tomates, refogados em azeite, até alourar; refrescar com vinho branco e deixar reduzir um pouco. Junta-se pão torrado, molha-se com caldo de peixe e, depois de ferver mais 20 minutos, serve-se. (*Espanhola*).

Mehl Supe
Roux louro, porros e cebolas. Molhar com consomê. Cozer e passar. Ligar com ovos e natas. Servir depois sobre fatias de pão fritas em manteiga. (*Austríaca*).

Mehl Supe Suíça
Como a anterior, mas com crostões cobertos de *gruyère*. (*Suíça*).

Migas à Alentejana
Miolo de pão de milho, esfarelado e coberto com alho picado, sal, pimenta, bastante azeite, um pouco de vinagre, presunto ou chouriço cortado muito fino. Envolve-se o pão no molho (*não leva água*).

Mille-Fanti
Miolo de pão, igual quantidade de queijo ralado e ovos inteiros. Bate-se bem e junta-se consomê fervente, mantendo a fervura alguns minutos (*Italiana*).

Minestra
Cebola picada e legumes de todas as qualidades, em cubos, puxados com toucinho. Juntar água ou consomê branco. Guarnecer com: tomates *concassés*, dados de feijão-verde, esparguete, arroz e ervilhas No momento de servir, juntar alho e toucinho, picados com salsa. (*Italiana*).

Minestrone
O mesmo que MINESTRA.

Miudezas à Alemã (*Abatis à l'Allemande*)
Bocados de miúdos de aves, ligeiramente salteados em manteiga. Molhar com consomê branco. Guarnição: os miúdos, cevada pilada e fígado de ave cozidos. Ligar com gemas de ovo, natas e manteiga. (*Alemã*).

Miudezas à Inglesa (*Abatis à l'Anglaise*)
O mesmo que a anterior, mas estufado. Guarnição: arroz e juliana de aipo, condimentados com pimenta.

Montanhesa (*Montagnarde*)
Em caldo de Pequena Marmita, fazer cozer abóbora, repolho, nabos, aipo e tomate, cortados em cubos. Junta-se feijão encarnado, arroz, açafrão e toucinho, deixando ferver até bem cozinhada. Serve-se tal-qual.

Nevers
Couve-de-Bruxelas e cenouras picadas, estufadas separadamente em manteiga. Misturar, molhar com consomê e guarnecer com aletria (*vermicelle*) e cerefólío.

Noctívagos (*Noctambules*)
Sopa de cebola, com consomê e vinho branco. Ligar com gemas de ovo; cobrir com fatias de pão e queijo ralado. Gratinar.

Normanda (*Normande*)
Cubos de cenouras, batatas e aipo. Molhar com consomê branco e juntar feijocas frescas Adicionar manteiga e natas.

Normando (*Normande*)
Legumes salteados em manteiga, cozidos em consomê. Ligar com natas e adicionar aparas de cerefólio.

Okroschka
O mesmo que AKROSCHKA.

Olla Podrida
Cozido composto de rabo de vaca e de porco, peito de carneiro, presunto, chouriço, frango, diversos legumes e grão. Retirar as carnes e servir o caldo com os legumes. (*Espanhola*).

Oriental (*Orientale*)
Caldo de carneiro, com tomate e açafrão (*este em pequena quantidade*). Guarnição: arroz cozido, pão, tomate e cubos de gema de ovo cozido.

Orloff
(*Ver* BORTSCH POLACO). Caldo de carneiro, em vez de vaca, com dados de carneiro como guarnição. (*Russa*).

Ossos (*Os*)
Como BENEVOLENTE, mas utilizando ossos com tutano, em vez de cabeça.

Ovos à Caseira (*Oeufs à la Ménagère*)
Água fervente temperada com sal, à qual se juntam ovos batidos e fatias de pão, deixando ferver alguns minutos. (*Espanhola*).

Palestro
Caldo de miúdos de galinha, presunto, alfaces, porros, aipo e cerefólio, guarnecido com juliana de legumes e de alfaces, ervilhas e arroz. Ligado com araruta.

Parisiense (*Parisienne*)
Porros picados, puxados em manteiga; juntar batatas picadas, molhar com caldo vulgar e terminar com um copo de leite. Fatias de pão e cerefólio, como guarnição.

Pasta e Fasoi
Caldo de cocção de feijão encarnado e toucinho, com adição de macarronete. (*Italiana*).

Pavese
Consomê de aves, com pão torrado. Colocar dois ovos frescos em cima; queijo ralado a cobrir e gratinar. (*Italiana*).

Perdíz (*Perdrix*)
Como CAÇADORA, mas tendo a perdiz como base principal.

Peru (*Dinde*)
Caldo da cocção de peru, com adição de juliana de legumes e arroz. Ligeiramente ligado com farinha

Pistou
Picado de legumes diversos, cozido em água, com sal e aromáticos. Juntar aletria (*vermicelle*). No momento de servir, ligar com purê de tomates com forte aroma de alho, basílico, etc. Temperar com azeite e servir com queijo ralado, à parte.

Portuguesa, Familiar (*Potage de Famille*)
Sopa espessa de hortaliça, massa, feijão encarnado e cenouras, temperadas com sal, azeite e coentros. (*Cozinha Portuguesa*).

Primaveril Magra (*Printanière Maigre*)
Cocção de ervilhas, feijão-verde, pontas de espargos, alface picada, cenoura, cebola e aromáticos, com sal e azeite.

Puchero (*Pot-au-Feu Espagnol*)
Carne magra de vaca, ossos, chouriço, toucinho, presunto, cenoura, aipo, grão e batatas, cozidas numa panela de barro. Noutra panela, coze-se hortaliça previamente salteada, com azeite e alho. Dos dois caldos misturados faz-se uma sopa que se guarnece com arroz e aletria (*vermicelle*). À parte, numa travessa, servem-se as carnes com os restantes legumes. (*Espanhola*).

Quarto de Hora (*Quart* d'heure)
Cebola, presunto picado, alho, salsa, arroz e amêijoas, refogados com azeite; temperar com sal e pimenta. Juntar água, ervilhas e ovos cozidos, deixando ferver. Aromatiza-se com vinho da Madeira ou de Jerez seco.

Queijo (*Fromage*)
O mesmo que SOPA DE CEBOLA; gratinada com mais queijo.

Quinteira (*Fermière*)
Cubos de legumes e juliana de couves. Molhar com consomê. À parte, fatias de pão caseiro.

Rabo de Boi (*Queue de Boeuf*)
Bocados de rabo de vaca, com aromáticos, passados no forno e postos a ferver até completa cocção. Clarificar. Ligar ligeiramente com araruta (*arrow root*). Guarnição: cubos grossos de legumes e bocados da cauda de vaca, da cocção. Perfumar com vinho da Madeira no momento de servir.

Rainha (*Reine*)
O mesmo que a CANJA DE GALINHA, ligada com araruta.

Rim (*Rognons*)
Rim em cubos, salteado com manteiga, carne magra de vaca, cebola e salsa. Molhar com água, sal e pimenta. Ferver 3 horas. Tirar a carne, fazer um purê, lançar no caldo e engrossar com farinha

Russa (*Russe*)
Bisque e tomates, com dados de feijão-verde. As sopas russas magras, de peixe ou de legumes, servem-se também sob este nome.

Saboiana (*Savoyarde*)
Aipo, porros, cebolas e batatas cortadas, estufadas com toucinho gordo picado. Molhar com 1/2 de água e 1/2 de leite. À parte, fatias de pão, gratinado com queijo.

Sagu (*Sagou*)
Fundo de carne, com adição de cebola, cenoura, aromáticos e sagu. Ligar com leite, natas e gemas de ovo.

Stchy Kapriva
(*Urtigas*). Ainda a mesma, com urtigas em vez de couves. (*Russa*).

Stchy Kisleie
(*Azeda*). A mesma anterior, mas com chucrute picado, em vez de couve. Kascha, à parte. (*Esta sopa chama-se também* SOLDASKI, Sopa do Soldado). (*Russa*).

Stchy-Linevy
Cebola picada, puxada. Couve em quadrados; cenouras e nabos, torneados; ramo de cheiros e porros. Um bocado de peito de vaca, branqueado. Molhar com 1/2 de água e 1/2 de caldo vulgar. Cozer 2 horas. Tirar a vaca, quando já estiver cozida, e cortar em dados grossos. Meter na terrina e lançar-lhe a sopa sem ramo de cheiros. Ligar com nata azeda e juntar salsa picada. À parte, Pirojkis. (*Russa*).

Stchy Zelione
(*Verde*). A mesma: substituir os legumes por 1/2 de azedas, passadas pela peneira e 1/2 de espinafres, picados. Ligar com natas no último instante; juntar quartos de ovos cozidos e salsa picada. À parte, Watrouschkas e Pirojkis. (*Russa*).

Stracciatella
Caldo gorduroso, no qual se lançam gemas de ovo batidas, sêmolas de trigo e pão ralado. (*Italiana*).

Tapioca
Caldo de tapioca ligado com natas. Guarnição: gemas de ovo cozido, passadas por peneira grossa.

Thourins
Cebolas picadas, alouradas em manteiga e adicionadas de farinha. Molhar com leite, temperar de sal e ligar com gemas de ovo e natas. À parte, fatias de pão (*cacetes*).

Thouríns Roumanille
O mesmo que a precedente. Guarnição: aletria (*vermicelle*). À parte, queijo ralado.

Tomates
Tomates em purê, com Mirepoix, vinho branco, consomê e Aveludado. Guarnição: crostões.

Trabalhador (*Laboureur*)
Caldo, feito com jarretes de porco desossados, sela de carneiro e ervilhas, adicionados de cenouras, nabos, porros e cebolas. No momento de servir, juntar à sopa os jarretes, cortados em dados, e toucinho.

Turinesa (*Turinaise*)
Como MINESTRONE, mas mais cuidada. Os legumes são previamente refogados em manteiga e adiciona-se arroz açafronado. Queijo ralado no momento de servir. (*Italiana*).

Turitdo
Sopa de tomate, beringelas, sal, pimenta e toucinho, cozidos até ficarem quase em purê. Juntar macarrão e servir com parmesão ralado. (*Italiana*).

Valdês
Caldo de carne, com tomates *concassés*, ligado com tapioca e coberto com queijo ralado.

Venta Eritana (*Vente Eritagne*)
Quadrados de presunto fritos em azeite, com alho, tomate, pão e pimentos morrones. Molhar com consomê e temperar com sal. Serve-se, por pessoa, um ovo escalfado. Aromatiza-se, no momento de servir, com um pouco de erva-doce. (*Espanhola*).

Verde Amoroso (*Vert Galant*)
Consomê forte, de capão. Ensopar crostões barrados de purê de ave, ligado com gemas de ovo, bem picantes. Cobrir com queijo ralado e gratinar.

Vienense (*Viennoise*)
Marmita carregada, com cubos de vaca, vaca salgada e toucinho fumado (*bacon*). Guarnição: dados de cenouras e cebolas, feijão fresco, ervilhas, arroz e cevada pilada (*orge perlé*).

Wilfrid
Cebola, refogada com pimentos verdes em azeite fervente; junta-se alho picado e sumo de tomate. Molha-se com água, sal e um pouco de canela. Ferve 30 minutos. Guarnição: fatias de pão torrado e ovos escalfados. (*Espanhola*).

Zuppa la Pavese
Caldo gordo, lançado a ferver sobre dois ovos, colocados em cima de fatias de pão torrado. Queijo ralado. (*Italiana*).

Zuppa di Soffrito
Fígado de porco e toucinho, refogados com tomate e pimentões. Juntar sal, pimenta, alhos e água. Ferver e servir com queijo ralado. (*italiana*).

SOPAS CREMES, CREMES AVELUDADOS E PURÊS
(Crèmes, Veloutés et Purêes)

Abjy-L'Amid
(*Frio*). Purê de batatas, com bastante sumo de limão. (*Turca*).

Abóbora (*Citrouille*)
Purê de abóbora e batatas cozidas, com leite. Ligado com natas e guarnecido com arroz e crostões fritos.

Agnès Sorel
Creme Aveludado de aves com champignons. Guarnição: juliana de champignons, peito de aves e língua. Ligado com natas.

Agrião (*Cressonière*)
Purê de batatas, com agrião. Guarnição: folhas de agrião branqueadas. Ligado com natas.

Aipo (*Céleri*)
Creme Aveludado com purê de aipo. Ligado com natas.

Alcachofras (*Artichauts*)
Creme Aveludado, com purê de alcachofras. Guarnição: fundos de alcachofras em juliana. Ligado com gemas de ovo.

Alface (*Laitues*)
Creme Aveludado de alface. Guarnição: crostões fritos e cerefólio. Ligado com natas.

Algeriano (*Algérienne*)
Purê de batata-doce, com avelãs torradas e moídas. Ligado com natas.

Alsaciano (*Alsacienne*)
Purê de batatas, nabos, porros e chucrute. Guarnição: rodelas de pão (*cacetes*) torradas. Ligado com natas e gemas de ovo.

Americano (*Américaine*)
Creme de caldo de carne, com refogado de cebola e presunto, adicionado de purê de tomate. Guarnição: tiras de presunto muito finas. Ligado com gemas de ovo e natas.

Andaluz (*Andalouse*)
Creme Aveludado, de cebola e tomate. Guarnição: tomate em cubos, arroz e juliana de pimentões doces. Ligado com natas.

Apreciador (*Gourmet*)
Creme de peças de caça. Guarnição: arroz cozido, feito em purê.

Aranjuez
O mesmo que ARGENTEUIL.

Ardenense (*Ardennais*)
Purê de faisão e feijão encarnado cozido em vinho. Ligado com gemas de ovo e natas; perfumado com vinho do Porto.

Argenteuil
Purê de espargos, ligado com natas e gemas de ovo.

Arroz (*Riz*)
Creme Aveludado, com purê de arroz. Guarnição: arroz cozido. Ligado com natas.

Astrônomo (*Astronome*)
Creme Aveludado de pato, com purê de tomates e de batata, aromatizado pela cocção conjunta de cenouras, cebola e ramo de cheiros. Ligado com nata e gemas de ovo.

Aurora (*Aurore*)
Creme de tomates, ligado com tapioca. Guarnição: juliana de aves. Natas.

Auvergnate
Creme de castanhas com leite. Guarnição: crostões fritos.

Aveia e Cevada (*Avoine et Orge*)
Creme Aveludado de aveia e cevada. Guarnição: pérolas-do-japão. Ligar com natas.

Azedas (*Oseille*)
O mesmo do anterior, mas com azedas em vez de pérolas.

Bagration
(*Gordo*). Creme Aveludado de vitela. Guarnição: macarrão, cortado com 5 cm de comprimento. À parte, queijo ralado. Ligar com natas.

Bagration
(*Magro*). (*Ver* SOPAS DE PEIXE).

Balvais
São Germano e Croûte-au-Pot, misturados. Ligado com natas e gemas de ovos.

Balvet
(*Ver* JUBILEU).

Balzac
Creme de cevada com Fumete de Aipo. Guarnição: juliana de aipo e porros.

Baronia
Purê de tomate, abóbora e beringela. Guarnição: juliana de pimentos; alhos salteados em azeite; cominhos. (*Espanhola*).

Batata (*Pommes de Terre*)
Purê de batata, deslassado com leite e natas, formando um creme Aveludado. Ligar com gemas de ovo.

Baviera
Purê de lentilhas. Guarnição: rodelas de salsichão cozido. Ligar com natas.

Beaufort
Purê de caça. Guarnição: salsichas fumadas, cozidas e juliana de lebre. Ligado com gemas de ovo.

Beldroegas (*Pourpier*)
Purê de batatas com beldroegas. Guarnição: folhas de beldroegas, branqueadas. Ligado com natas.

Belga (*Belge*)
Creme de galinha, com purê de cenouras e couves-de-Bruxelas. Ligado com gemas de ovo e natas.

Belmonte
Purê de batatas com feijão branco, adicionados do refogado de toucinho, cebola, porros e manteiga. Guarnição: folhas de nabiças e arroz. Ligado com gemas de ovo e natas.

Bercheaux
Purê de caça e lentilhas, em quantidades iguais. Guarnição: crostões fritos. Ligado com natas.

Berchoux
Purê de caça e cogumelos. Guarnição: juliana de caça, trufas e cogumelos. Ligado com natas.

Bercy
Purê de batata e lentilhas, com essência de caça. Guarnição: juliana de trufas e caça. Ligado com natas.

Bercy
Purê de batata e nabos, ligado com natas.

Bloum
Purê de legumes, com guarnição de crostões fritos e cerefólio.

Boa Mulher, ou Boa Dona (*Bonne Femme*)
Purê de batatas, aipo e porros. Guarnição: rodelas de pão torrado. Ligado com natas.

Boieldieu
Creme Aveludado de aves. Guarnição: croquetes de ave, recheados de pasta de fígado; dados de ave e de trufas. Ligado com natas.

Bom Valete (*Bon Valet*)
Purê de nabos e batatas, misturados. Guarnição: dados de Real (*Royal*); feijão-verde; ervilhas, feijão branco; juliana de porros e cerefólio. Ligado com natas.

Bourbon
Creme de galinha, guarnecido com pérolas-do-japão e croquetes de ave, decorados com trufas em flor-de-lis.

Bourdaloue
Creme Aveludado, com purê de arroz. Guarnição: reais diversos; encarnado (*tomate*); branco (*aves*); amarelo (*purê de feijão branco*); verde (*purê de espargos*): rosado (*purê de cenouras*). Ligado com natas.

Bressane
Purê de abóbora (*Potiron*). Guarnição: massas miúdas cozidas em leite. Ligar com natas.

Bretã (*Bretonne*)
Pufê de feijão branco e cebola, com um pouco de purê de porros e tomate. Ligar com natas e manteiga.

Burguesa (*Bourgeoise*)
Creme de aves, com juliana de cenouras, aipo, trufas e champignons.

Cabreira (*Chevrière*)
Batatas, porros, alface, azedas, cerefólio, pimpinela fresca; tudo picado, cozido e passado. Guarnição: crostões de batata, fritos. Ligar com natas e manteiga.

Cabrillan
Purê de tomate, com guarnição de croquetes de ave e aletria (*vermicelle*).

Cabrita (*Chevreuse*)
Creme Aveludado de aves. Guarnição: juliana de trufas e aves, sêmola de trigo. Ligado com creme.

Caça à Condé (*Gibier à la Condé*)
Purê de caça e de feijões encarnados. Guarnição: crostões de pão, fritos no momento. Ligado com natas.

Caçador (*Chasseur*)
1/2 de purê de caça e 1/2 de purê de lentilhas. Ligado com natas.

Calabrês (*Calabraise*)
Purê de feijão branco e azedas. Guarnição: arroz. Ligado com natas.

Cambacères
Purê de caça e camarões, em quantidades iguais. Guarnição: croquetes grandes de caça e caudas de lagostins. Ligado com natas.

Camélia
Purê de ervilhas frescas. Ligado com tapioca. Guarnição: juliana de aves e de porros. Juntar manteiga e natas.

Campestre (*Champêtre*)
Purê de batata e aipo. Guarnição: crostões fritos. Ligado com natas.

Capuchinho (*Capucin*)
Purê de espinafres, com consomê. Guarnição: pequenos profiteroles de purê de aves. Ligado com natas e gemas de ovos.

Carmen
Creme Aveludado, com natas e arroz atomatado. Guarnição: tomates em dados, juliana de pimentões doces. Ligado com manteiga e natas.

Carminado (*Carminée*)
Purê de tomates com consomê; purê de cenouras e pimentos morrones. Guarnição: arroz cozido. Ligado com natas e gemas de ovo.

Carniceiro (*Boucher*)
Purê de batatas com cevada pilada (*orge perlé*). Guarnição: pedaços de batata, cenouras e nabos, torneados como ervilhas. Ligado com natas.

Carolina (*Caroline*)
a) Creme Aveludado, com purê de arroz. Guarnição: Real (*Royal*) com leite de amêndoas; arroz cozido à parte. Ligado com natas
b) O mesmo que o anterior, mas sem o Real. Ligado com manteiga e natas.

Cartuxa (*Chartreuse*)
Creme Aveludado de aves. Guarnição: dados de tomates, pequenos raviólis com recheio de espinafres, pasta de fígado e champignons picados; cerefólio. Ligado com natas.

Casanova
Creme Aveludado de aves. Guarnição: rolinhos de crepes com recheio de purê de aves. Ligado com natas.

Castelo (*Château*)
Creme de ave e couve-flor, em iguais quantidades. Guarnição: crostões de pão frito e pontas de couve-flor. Ligado com natas e tapioca.

Castelã (*Chatelaine*)
Purê de cebolas. Guarnição: croquetes de ave em bolas muito pequenas e ervilhas. Ligado com natas.

Castelhano (*Castillane*)
Purê de grão. Guarnição: folhas de espinafres, picados. Molhado com consomê e ligeiramente ligado com natas.

Celestina (*Celestine*)
Purê de aves e fundos de alcachofras. Guarnição: crostões fritos em manteiga. Ligado com natas.

Ceres (*Cérès*)
Creme Aveludado, com purê de trigo verde. Ligado com natas.

Chabrillan
Purê de tomates. Guarnição: croquetes de ave com suco de estragão; aletria (*vermicelle*). Amanteigar.

Champenoise
1/2 de Creme Parmentier, 1/2 de Creme de Aipo. Misturar. Guarnição: Brunesa de cenouras e aipo.

Chantilly
Purê de lentilhas com natas. Guarnição: croquetes de aves.

Chatillon Plessis
Creme de aves e sêmola de trigo. Guarnição: feijão-verde, ervilhas e cerefólio picado.

Checo (*Tchèque*)
Purê de batata e tomate, ligado com natas azedas. Guarnição: couve lombarda estufada, em juliana; pepinos frescos; azeitonas e toucinho cozido, cortado em tirinhas.

Cherville
Creme Aveludado, de coelho doméstico. Guarnição: míscaros picados e escalopes de coelho. Ligar com natas e aromatizar com vinho da Madeira.

Chevrosa (*Chevreuse*)
Creme Aveludado de aves e arroz. Guarnição: juliana de trufas e aves. Ligado com natas.

Chicória (*Chicorée*)
Creme Aveludado de chicória. Guarnição: crostões, cerefólio picado e folhas de chicória. Ligado com natas.

Choiseul
Purê de lentilhas. Guarnição: folhas de azedas picadas e arroz. Juntar manteiga.

Choisy
Creme Aveludado de alface. Guarnição: crostões e cerefólio. Ligado com natas.

Citadino (*Villageoise*)
Purê de legumes, dissolvido em leite e consomê. Guarnição: juliana de legumes.

Clamart
Purê de ervilhas frescas, com consomê. Guarnição: crostões fritos. Ligar com natas e gemas de ovo.

Clementina (*Clémentine*)
Creme de aves. Guarnição: Real (*Royal*) em quadrados e bolinhas de recheio de ave, fritas.

Clermont
Creme Aveludado de aipo, com purê de castanhas. Guarnição: pequenas rodelas de cebola frita e pequenas bolas de purê de castanhas com natas. Ligar com natas.

Colombina (*Colombine*)
Creme Aveludado de pombo, perfumado com erva doce. Guarnição: juliana de peito de pombo e croquetes.

Compiègne
Purê de feijão branco. Guarnição: picado de folhas de azedas e cerefólio. Adicionar manteiga.

Concha Azul (*Coquille Blue*)
Creme Aveludado de purê de ervilhas e batatas, com arroz. Ligar com natas.

Condé
Purê de feijão encarnado, com vinho tinto. Adicionar manteiga. Servir com crostões, á *parte.*

Condessa (*Comtesse*)
a) Creme Aveludado de espargos. Guarnição: picado de azedas e pontas de espargos brancos. Ligar com natas.
b) Purê de feijão branco. Guarnição: crostões fritos e cerefólio. Ligar ligeiramente com natas e manteiga.

Conti
Purê de lentilhas com manteiga. Guarnição: dados de toucinho frito e cerefólio.

Conti com Brunesa (*Conti à la Brunoise*)
O mesmo que o anterior, com Brunesa.

Conti-Clermont
O mesmo que o anterior, mas com guarnição Clermont.

Cormeilles
Purê de batata e feijão-verde. Guarnição: dados de feijão-verde. Ligado com natas.

Cornélia (*Cornélie*)
Creme de alface, ligado com tapioca.

Costa Azul (*Côte Bleu*)
Purê de tomate ligado com natas. Guarnição: crostões, fritos em azeite.

Couve-flor (*Chou-fleur*)
Purê de couve-flor, com fécula de arroz. Guarnição: pontas de couve-flor. Ligado com natas.

Crecy
Purê de cenouras com arroz. Adicionar manteiga e ligar com natas.

Crecy à Antiga (*Crecy à l'Ancienne*)
Purês de cenouras e batatas, misturados.

Crecy-Briarde (*Crecy à la Briarde*)
Purê de cenouras e batatas, misturados. Guarnição: crostões fritos e cerefólio. Ligar com natas.

Crecy com Arroz (*Crecy au Ríz*)
Creme Crecy, com bagos de arroz inteiros, como guarnição.

Crecy com Pérolas-do-Japão (*Crecy aux Perles du Japon*)
Creme Crecy, guarnecido de pérolas-do-japão.

Cretois
Purê de tomate e abóbora, em porções iguais. Guarnição: crostões de pão frito. Ligado com natas.

Criadinha (*Chambrillon*)
Purê de tomate, ligado com natas. Guarnição: aletria (*vermicelle*).

Crostões (*Croûtons*)
Purê espesso de qualquer legume, dissolvido com consomê e guarnecido com crostões fritos.

Czar (*Tzar*)
Purê de galinha brava (*gelinotte*) e de castanhas, com consomê. Ligado com gema de ovo e creme de pasta de fígado, no último instante.

Czarina (*Tzarine*)
Creme de galinha brava (*gelinotte*) e de aipo, em igual quantidade. Guarnição: juliana de aipo. Ligado com natas.

Dama Branca (*Dame Blanche*)
Creme Aveludado de aves. Guarnição: dados de carne de aves, croquetes brancos, pérolas-do-japão. Ligar com natas.

Darblay
Purê de batata. Guarnição: juliana de cenouras, aipo e champignons. Ligar com natas e gemas de ovos.

Dartois
Purê de feijão branco. Guarnição: Brunesa de legumes. Adicionar manteiga e ligar com natas.

Demidoff
Purê de tarambolas com Aveludado. Ligar com pasta de fígado e natas.

Derby
Creme Aveludado, com purê de arroz e cebola, condimentado com caril. Guarnição: croquetes de ave recheados com pasta de fígado (*foie gras*); pérolas-do-japão; trufas e arroz. Ligar com natas.

Desporto (*Sport*)
Creme Saúde, com aletria (*vermicelle*).

Diana (*Diane*)
Creme Aveludado, com essência de perdiz. Guarnição: crescentes (*croissants*) de recheio de perdiz; juliana de trufas. Adicionar manteiga e ligar com natas. Aromatizar com vinho da Madeira, no momento de servir.

Dinamarquês (*Danoise*)
Creme Aveludado de alcachofras, com essência de pato. Guarnição: croquetes de pato e juliana de champignons. Adicionar manteiga e ligar com natas. No momento de servir, aromatizar com vinho de Marsala.

Diplomata (*Diplomate*)
Creme de galinha com purê de ervilhas. Guarnição: quadrados de feijão-verde, cozidos à parte.

Dolgoruki
Purê de aves com cebolas. Guarnição: peito de aves e presunto, em juliana. Adiciona-se consomê e liga-se com gemas de ovos.

Dória
Creme Aveludado de pepinos. Guarnição: bolinhas de pepino (*como ervilhas*) e arroz. Ligar com natas.

Doyen
Creme Aveludado de feijão manteiga. Adicionar manteiga e ligar com natas e gemas de ovos.

Dubarry
Creme Aveludado de batata e couve-flor, ligeiramente passado por manteiga. Guarnição: pontas de couve-flor e cerefólio. Ligar com natas.

Dubelley ou Dubley
Creme de alface com tapioca. Ligar com natas.

Dunquerque
Creme Aveludado de couve-flor, batata e porros. Ligado com natas e gemas de ovos.

Duquesa (*Duchesse*)
Purê de batata e porros, com essência de champignons. Guarnição: crostões de pão, fritos. Ligados com natas.

Duriense
Purês de feijão frade, cenouras, arroz. Adicionar consomê e manteiga. Guarnição: juliana muito fina de feijão-verde, cozido à parte. Ligar com natas e gemas de ovos.

Eduardo VII (*Edouard VII*)
Creme de aveia com leite. Guarnição: Brunesa de legumes, toucinho fumado e carneiro cozido, em cubos pequenos.

Egípcio (*Egyptienne*)
Purê de ervilhas amarelas (*egípcias*). Adicionar manteiga e ligar com natas.

Elisa
Creme Aveludado de aves. Guarnição: picado de azedas e cerefólio. Ligado com natas.

Embaixador (*Ambassadeur*)
Purê de ervilhas. Guarnição: juliana estufada de azedas e alface, cerefólio e arroz. Adicionar manteiga e ligar ligeiramente com natas.

Endívias (*Endives*)
Purê de batata com endívias. Ligar com natas.

Erbsensuppe
Purê de ervilhas com leite. Guarnição: quadrados de toucinho fumado (*bacon*), orelha de porco e crostões fritos. (*Alemã*).

Ervas (*Herbes*)
Purê de batata com azedas, agrião, pimpinela e cerefólio. Guarnição: cerefólio em juliana. Adicionar manteiga.

Ervilhas (*Pois Frais*)
Purê de ervilhas frescas. Guarnição: ervilhas e aparas de cerefólio. Adicionar manteiga e ligar com natas.

Ervilhas com Hortelã (*Pois Frais à la Menthe*)
Como o anterior, mas adicionado de hortelã, branqueada e picada.

Esaú
Purê de lentilhas com arroz. Adicionar manteiga e ligar ligeiramente com natas.

Escocês (*Ecossaise*)
Creme de aves. Guarnição: Brunesa de legumes, cozida em *concassé*, e cevada pilada (*orge perlé*). Ligado com natas.

Espanhol (*Espagnole*)
Purês de tomate, de cebolas e de arroz, dissolvidos em leite ou consomê. Guarnição: arroz cozido. Ligado com gemas de ovos.

Excelsior
Creme Aveludado de aveia e espargos verdes. Guarnição: cevada pilada (*orge perlé*). Ligado com natas.

Fanchette
1/2 de Creme Aveludado de aves e 1/2 de Creme de Espargos. Guarnição: folhas de alface recheadas, enroladas, cozidas e cortadas em rodelas; ervilhas. Ligado com natas.

Faubonne
Purê de feijão branco. Guarnição: juliana de legumes e cerefólio. Adicionar manteiga e ligar com natas.

Favas (*Fèves*)
Purê de favas com manteiga. Ligado com natas.

Favas à Pitágoras (*Fèves à la Pythagore*)
Purê de favas com manteiga. Guarnição: massa miúda (*números*). Ligado com natas.

Favorita (*Favorite*)
Creme Aveludado de aves. Guarnição: Real (*Royal*) em rodelas e pérolas-do-japão.

Favorito (*Favorit*)
Cremes Aveludados de aves, alfaces e espargos, em partes iguais. Guarnição: pontas de espargos verdes, juliana estufada de alface. Ligado com natas.

Feijão-Verde (*Haricots verts*)
Creme Aveludado de purê de feijão-verde. Guarnição: dados de feijão-verde e cerefólio. Ligar com natas.

Fígado de Aves à Inglesa (*Foies de Volaille à l'Anglaise*)
Demi-glace ligeiro e purê de fígados de aves, ligado com araruta. Guarnição: escalopes de fígado de aves, salteados (*Receita Inglesa*: *Poultry Livers Cream Soup*).

Filósofo (*Philosophe*)
Purê de feijão branco e cenoura. Adicionar manteiga. Guarnição: juliana de presunto e feijão-verde. Adelgaçado com leite.

Flamengo (*Flamande*)
Purê de batata e couve-de-Bruxelas. Ligado com natas.

Flocos de Aveia (*Flocons d'Avoine*)
Flocos de aveia cozidos em leite (*1/2 hora*). Sal e açúcar. Servir com leite frio. (*Receita inglesa*: *Porridge ou Oatmeal*). (*Toma-se vulgarmente no pequeno-almoço, em Inglaterra*).

Florentino (*Florentine*)
Creme de espinafres. Guarnição: crostões fritos. Ligado com natas.

Fontanges
Purê de ervilhas. Guarnição: juliana estufada, de azedas e cerefólio. Adicionar manteiga e ligar ligeiramente com natas.

Francfort
O mesmo que LIÈGE.

Franklim
Purê de feijão branco e abóbora-menina. Guarnição: Nulhes em rodelas, toucinho frito com cebola, ambos picados. Adicionar manteiga e consomê. Ligar com gemas de ovos.

Freneuse
Purê de nabos e batatas. Ligado com natas.

Galinha (*Poularde*)
Caldo de cocção de galinha, com cebola e aromáticos, engrossado com fécula de arroz ou de trigo e ligado com natas e gemas de ovos Adicionar manteiga. Guarnição: cubos de galinha.

Galinha à Espanhola (*Poularde à l'Espagnole*)
O mesmo que a anterior, mas com quadrados de pimentos morrones, adicionados.

Galinha à Francesa (*Poularde à la Française*)
Creme de galinha, com picado de miudezas (*abatis*) como guarnição.

Galinha à Italiana (*Poularde à l'italienne*)
Creme de galinha, com fígados de ave, picados e salteados com alho, como guarnição.

Galinha à Portuguesa (*Poularde à la Portugaise*)
Creme de galinha, tendo como guarnição, além dos pedacinhos de galinha, tomate cozido em cubos e gema de ovo cozido, também em cubos.

Garbure
Purê de legumes, adicionado de manteiga. Guarnição: à parte: crostões fritos. Ligado ligeiramente com natas.

Garbure Aldeã (*Paysanne*)
O mesmo que GARBURE QUINTEIRA.

Garbure Bearnesa (*Béarnaise*)
Pequena Marmita feita com toucinho do peito, pato fumado, nabos, couves, batatas cortadas, feijão branco e feijão-verde. Guarnição: à parte, pequenas fatias de pão (*papo-seco*), gratinadas com queijo.

Garbure Crecy
Purê de cenouras, ligado com tapioca. Adicionar manteiga e ligar ligeiramente com natas. Guarnição, à parte: fatias de pão (*papo-seco*). gratinadas com queijo.

Garbure Delfinesa (*Dauphinoise*)
Batatas, abóboras, beterraba e cenouras, picadas e passadas em manteiga. Fazer purê e molhar com consomê branco. Guarnição: à parte: fatias de pão, polvilhadas com queijo ralado, gratinadas.

Garbure Freneuse
Consomê vulgar. À parte, fatias de pão (*cacetes*), com purê de nabos, coberto de queijo, gratinadas.

Garbure Hortaliceira (*Maraichère*)
Consomê vulgar. À parte, fatias de pão (*cacetes*), com purê de sersifim, aipo, batatas e porros; cobertas com queijo ralado e gratinadas.

Garbure Quinteira (*Fermière*)
Juliana de couves, com consomê. À parte, purê de legumes cozidos, colocado em cúpula sobre fatias de pão (*cacetes*); coberto com queijo ralado e gratinado.

Garbure Saboiana (*Savoyarde*)
O mesmo que GARBURE HORTALICEIRA. Substituir o purê de sersifim por purê de cebola

Garrett
Creme Aveludado, de purê de caça e de lentilhas. Guarnição: quadrados de caça e de trufas. Ligado com natas.

Gascão (*Gasconne*)
Creme Aveludado de tomates, com cebola. Guarnição: dados de perna de pato fumado. Adicionar manteiga.

Gaulês (*Gauloise*)
O mesmo que BOA MULHER

Génin
Purê de cenouras, porros, tomates, champignons e arroz. Guarnição: juliana estufada, de azedas e cerefólio. Adicionar manteiga e ligar ligeiramente com natas.

Gentil-homem (*Gentilhomme*)
Purê de lentilhas com essência de caça. Guarnição: presunto em dados e crostões fritos. Adicionar manteiga e um cálice de vinho da Madeira, no momento de servir.

Georgette
a) Creme Aveludado de alcachofras. Guarnição: pérolas-do-japão. Ligado com natas.
b) Purê de cenouras e Aveludado de tomates, ligados com tapioca. Adicionar manteiga.

Germinal
Creme Aveludado de aves, com essência de estragão. Guarnição: pontas de espargos e cerefólio. Ligado com natas.

Germiny
Gemas de ovo ligadas com manteiga e natas. Molhar com consomê branco a ferver. Guarnição: juliana de azedas. À parte, palhetas de parmesão.

Gosford
Creme Aveludado de espargos verdes, com tapioca. Ligar ligeiramente com natas.

Gounod
Purê de ervilhas. Guarnição: dados de aves, crostões, cerefólio. Adicionar manteiga e ligar ligeiramente com natas.

Gralhas (*Corneilles*)
Purê de lentilhas, com um pouco de tapioca. Ligado com natas e gemas de ovos.

Granada (*Grenade*)
Purê de tomates e cebolas. Guarnição: arroz cozido. Ligado com gemas de ovos e natas.

Granadína (*Grenadine*)
Purê de tomate e arroz. Guarnição: cubos de presunto e crostões. Ligado com natas e gemas de ovos.

Grão à Andaluza (*Pois-chiches à l'Andalouse*)
Purê de grão, cozido com outros legumes. Molhar com caldo da cocção e juntar alho, frito em manteiga. Guarnição: arroz e crostões fritos. Ligado com gema de ovo.

Grão à Florentína (*Pois-chiches à la Florentine*)
Purê de grão e batata. Juntar toucinho e cebola, refogados em manteiga. Guarnição: folhas de espinafres estufadas em manteiga. Ligado com gema de ovo e natas.

Grão à Madrilena (*Pois-chiches à la Madrilène*)
Purê de grão, molhado com consomê. Guarnição: crostões fritos em azeite.

Grão à Portuguesa (*Pois-chiches à la Portugaise*)
Purê de grão com arroz. Guarnição: cubos de tomate salteados com alho. Molhado com consomê e ligado ligeiramente com natas.

Grão à Romana (*Pois-chiches à la Romaine*)
Purê de grão e alface. Molhado com consomê. Guarnição: macarrão curto, cozido à parte; presunto em cubos pequenos, salteado em manteiga. Ligar ligeiramente com natas.

Grego (*Grecque*)
a) Purê de ervilhas com fundo de carneiro. Guarnição: juliana de cenouras, porros e couves lombardas. Adicionar manteiga.
b) Creme Aveludado de tomates, com abóbora. À parte, crostões fritos. Adicionar manteiga.

Holandês (*Hollandaíse*)
Purê de ervilhas e batata, com refogado de toucinho e cebola. Adiciona-se queijo ralado e gemas de ovo. Molhar com consomê e leite. Guarnição: juliana de repolho.

Hortense
Purê de ave e de espargos, com tapioca. Guarnição: pontas de espargos. Ligado com natas.

Hoteleiro (*Hótelière*)
Purê de batatas, lentilhas e feijão branco. Guarnição: crostões fritos. Ligado com natas.

Hugo
Creme Aveludado, de purê de alcachofras, com tapioca e cerefólio. Ligado com natas.

Imperador (*Empereur*)
Purê de lentilhas, com essência de faisão. Guarnição: croquetes de faisão, juliana de trufas, Real (*Royal*) em dados, pequenos raviólis com recheio de pasta de fígado (*foie gras*). Adicionar manteiga. No momento de servir, aromatizar com um cálice de vinho de Marsala.

Imperatriz (*Impératrice*)
Creme Aveludado de arroz. Guarnição: dados de trufas e de Real (*Royal*) com leite de amêndoas. Ligado com natas e manteiga.

Imperial (*Impérial*)
Tapioca, ligada com natas e gemas de ovos. Passar pela estamenha. Guarnição: pérolas-do-japão.

Indiano (*Indienne*)
Creme Aveludado de aves com leite de coco, apurado com caril em pó. Guarnição: arroz à Indiana. Ligar com natas.

Infante Santo
Creme de arroz, tomate e espargos, com essência de champignons. Guarnição: arroz cozido e trufas em juliana. Ligar com natas.

Irma
Creme Aveludado de aves. Guarnição: croquetes de aves, com caril e pontas de espargos. Ligar com natas.

Isoline
Purê rainha com Coulis de Lagostins. Guarnição: pérolas-do-japão. Ligar com natas.

Istambul
Purê de tomates e arroz, um pouco açafronada. Guarnição: crostões fritos e passados por ovo.

Ivone (*Ivonne*)
Purê de aipo. Guarnição: pérolas-do-japão, rodelas de salsichas chipolata e trufas picadas. Ligado com natas.

Jackson
Purê de batatas e feijocas, engrossado com tapioca. Guarnição: juliana de porros. Ligado com natas.

Jambalaya
Creme de arroz, com tomate e cebola puxada em manteiga. Um pouco de açúcar. Guarnição: juliana de aves. (*Árabe*).

Japonês (*Japonnaise*)
Creme Aveludado de crosnes (*tubérculo oriental não muito divulgado na Europa*). Guarnição: pequenos crostões. Ligado com natas.

Jasmim (*Jasmin*)
Purê de feijão branco e cenouras, aromatizado com toucinho e cebola refogados. Molhar com consomê. Ligar com natas e gemas de ovos.

Jenny-Lind
Creme de aves, ligado com tapioca.

Jerusalém
Purê de cenouras, alhos porros e nabos. Molhar com caldo. Adicionar manteiga e toucinho, refogado com cebola; passar na peneira. Ligar com natas e gemas de ovo. Guarnição: cubos de batata salteados.

Joaninha (*Jeannette*)
Creme Aveludado de sersifins. Guarnição: arroz e dados de aves. Ligado com natas.

Juanita
Creme Aveludado de purê de arroz. Guarnição: croquetes de ave com gema de ovo cozida; cubos de tomate. Ligado com natas.

Jubileu (*Jubilée*)
Consomê de Pequena Marmita e purê São Germano. Misturar. Guarnição: cenouras, nabos, aipo e porros em juliana. (*Este creme fica pouco consistente*).

Judite (*Judith*)
Cremes de alface e arroz, em quantidades iguais. Misturar.

Lamballe
Purê de ervilhas e tapioca, em partes iguais. Adicionar manteiga.

La Vallière
Cremes Aveludados de aves e de aipo, misturados. Guarnição: Real (*Royal*) e aipo em dados. *À parte*: profiteroles recheados com purê de aves. Ligado com natas.

Lebre (*Lièvre*)
Purê de lebre com araruta, aromatizado com vinho do Porto. Guarnição: crostões com recheio de lebre. Molhado com leite. (*Receita inglesa: Hare Soup*).

Legumes (*Légumes*)
Purê de legumes diversos, com porros e cebolas. Molhar com caldo e adicionar manteiga. Ligar com natas e gemas de ovos.

Legumes (*Légumes*)
(*Magro*). O mesmo do anterior, mas com azeite em vez de manteiga. Não leva natas.

Liège (*Liégeoise*)
Purê de tordos (*cozidos com Mirepoix*), pão de centeio e arroz, em consomê. Passado por peneira fina. Guarnição: juliana de peito de tordos. Ligado com natas e gemas de ovos.

Lisette
Creme de aipo, guarnecido com juliana de trufas.

Lituaniano (*Lithuanienne*)
Purê de batata pouco espesso; juliana de raiz de aipo e azedas, ligadas com farinha. Misturar e servir com dados de toucinho fumado, rodelas de salsichas chipolatas e metades de ovos, panadas e fritas. (*Russa*).

Livoniano (*Livonien aux Kloskis*)
Creme Aveludado de purê de azedas e espinafres, com um pouco de cebola. Adicionar manteiga e natas. Guarnição: kloskis' e aparas de cerefólio.
Aparelho dos 'kloskis': Bolas de Massa de Chus (*Choux*) adicionada de presunto, chalotas picadas e pequenos crostões fritos. (*Russa*).

Longchamps
Purê de ervilhas frescas. Guarnição: aletria (*vermicelle*) e juliana estufada, de azedas e cerefólio. Adicionar manteiga.

Longueville
O mesmo que o anterior. Empregar esparguete em vez de aletria (*vermicelle*).

Loubet
Creme São Germano. Guarnição: quadrados pequenos de Real (*Royal*). Ligar com natas batidas.

Lusitano
Purê de favas e batata, com cebola. Molhado com consomê de aves. Guarnição: juliana de presunto, refogada com juliana de cenouras e aromáticos. Ligado com natas.

Mac-Donald
Purê de aves, cebola e molejas de vitela, molhado com consomê e perfumado com caril. Guarnição: bolinhas de pepinos frescos, estufadas. Ligado com gemas de ovos (*Inglês*).

Madalena (*Madeleine*)
Purê de feijão branco com cebola e Creme Aveludado de alcachofras, em partes iguais. Guarnição: pérolas-do-japão. Adicionar um pouco de manteiga e ligar com natas.

Madrileno (*Madrilène*)
Purê de tomates, ligado com gema de ovo e um pouco de natas. Guarnição: aletria (*vermicelle*).

Magiar (*Magyar ou Madgyar*)
Creme de caça e de tomate, misturados. Condimentar com páprica.

Malakoff
Purê de batata e tomates. Guarnição: juliana de espinafres. Ligado com natas.

Mancelle
Purê de caça e purê de castanhas com aipo, em partes iguais. Guarnição: filetes de perdiz. Adicionar manteiga e ligar com natas. No momento de servir, perfumar com um cálice de vinho da Madeira

Marcilly
Creme Aveludado de aves e purê de ervilhas frescas, misturados. Guarnição: pérolas-do-japão; croquetes de ave. Adicionar manteiga e ligar ligeiramente com natas.

Marechala (*Maréchale*)
Creme Aveludado de aves. Guarnição: lâminas de trufa, pontas de espargos e filetes de ave.

Maria
Purê de feijão branco. Guarnição: legumes em cubos. Adicionar manteiga e ligar ligeiramente com natas.

Maria Luísa (*Marie Louise*)
Creme Aveludado de aves, ligado com tapioca. Guarnição: pontas de espargos. Ligado com natas.

Maria Stuart (*Marie Stuart*)
Creme Aveludado de aves, com creme de cevada. Guarnição: ervilhas e bolas de cenoura. Ligado com natas.

Mariana (*Marianne*)
Purês de batata e de abobora, misturados. Guarnição: juliana estufada, de alface e azedas; fatias de pão (*cacete*) gratinadas com queijo. Adicionar manteiga e ligar ligeiramente com natas.

Marigny
Purê de ervilhas frescas. Guarnição: ervilhas, losangos de feijão-verde e juliana estufada, de azedas e cerefólio. Adicionar manteiga e ligar com natas.

Marquês de Pombal (*Marquis de Pombal*)
Creme de ervilhas, batata e cebola. Molhar com consomê. Guarnição: gemas de ovo escalfadas. Adicionar manteiga e ligar com natas.

Marta (*Martha*)
Creme Aveludado de aves, com cebola. Guarnição: croquetes de aves com salsa picada e recheio de Brunesa; ervilhas e cerefólio. Ligado com natas.

Martim Moniz
Creme Aveludado de purê de ervilhas, tomate e abóbora. Molhado com consomê. Guarnição: massas miúdas (*estrelinha*); juliana de porros. Adicionar um pouco de manteiga e ligar com gemas de ovos.

Massena
Purê de caça e lentilhas, ligado com tapioca, manteiga e gemas e ovos. Guarnição: crostões de pão, fritos.

Matilde (*Mathilde*)
Creme Aveludado de pepinos frescos, ligado com natas e gemas de ovo. Guarnição: bolinhas de pepino, estufadas; azeitonas sem caroço.

Médicis
Purê de cenouras e de ervilhas frescas, misturados. Guarnição: juliana de cerefólio. Adicionar um pouco de manteiga e ligar com natas.

Melão (*Melon*)
Refogado de cebola e porros, em manteiga, com melão, tomates sem pele e batatas. Adicionar consomê e deixar cozinhar. Passar pela peneira. Ligar com natas. Guarnição: juliana de alface.

Messidor
Purês de ervilhas, espargos e trigo verde, misturados. Guarnição: pontas de espargos e ervilhas. Ligar com natas.

Messinesa
Miolo de pão e queijo ralado, ligados com gemas de ovo. Molhar com consomê e ferver, até formar uma papa espessa. (*italiana*).

Mikado
Creme de crosnes do Japão (*legume oriental pouco divulgado na Europa*). Guarnição: crosnes. Ligado com natas e gemas de ovos.

Milanesa (*Milanaise*)
Creme Aveludado de aves, com tomate. Guarnição: dados de macarrão, juliana de trufas brancas, presunto e champignons. Ligar com natas.

Milho (*Maïs*)
Creme Aveludado de farinha de milho. Guarnição: grãos de milho, cozidos. Ligados com natas.

Míscaros (*Morilles*)
Creme Aveludado de míscaros. Guarnição: míscaros picados. Ligado com natas.

Miudezas (*Abatis*)
Creme Aveludado de galinha. Guarnição: miudezas de ave picadas, com cubos de legumes cozidos. Ligar com natas e gemas de ovo (*Receita inglesa*: *Giblets Cream Soup*).

Mogador
Creme Aveludado de aves, com purê de pasta de fígado (*foie gras*). Guarnição: juliana de aves, língua e trufas. Ligado com natas.

Mônaco
Creme de leite e araruta, com um pouco de açúcar. Ligado com gemas de ovo. Guarnição: pequenos crostões de pão frito, polvilhados de açúcar.

Montalvo
Creme Aveludado de purê de arroz, adicionado de manteiga. Guarnição: bolinhas de cenouras, ervilhas e cubos pequenos de branco de galinha. Ligado com natas.

Monte Branco (*Mont-Blanc*)
Creme de aves. Guarnição: 1 ovo escalfado, sobre uma pequena fatia de pão frito, por pessoa.

Montespan
Creme Aveludado de espargos. Guarnição: tapioca e ervilhas. Ligado com natas.

Mont-Frigoul
Creme Aveludado de leite e sêmola de trigo. Ligado com gemas de ovos e manteiga.

Montglas
Creme Aveludado, de aves e champignons, ligado com natas, manteiga e gemas de ovos. Guarnição: juliana de trufas e champignons.

Montorgueil
Creme Aveludado de aves, um pouco líquida. Guarnição: cubos de legumes e juliana estufada, de azedas e cerefólio. Ligar com natas.

Mozart
Purê de caça e lentilhas. Guarnição: pequenos crostões de pão frito, passados em clara de ovo. Ligado com natas.

Mulligatawny
Creme Aveludado de aves, com caril e purê de maçã. Guarnição: arroz e picado de aves. (*Indo-britânica*).

Mulligatawny Delmoníco (*Mulligatawny à la Delmonico*)
O mesmo que a anterior. Guarnição: arroz de caril, peito de aves, ostras e beringelas salteadas.

Musard
Purê de feijão manteiga. Guarnição: feijões inteiros e crostões fritos Adicionar manteiga e ligar com natas.

Navarino (*Navarin*)
Purê de ervilhas frescas. Guarnição: caudas de lagostins, ervilhas e salsa picada, branqueada. Adicionar manteiga.

Nazareno
Creme de aves com tapioca. Guarnição: pontas de espargos e rodelas de champignons. Ligado com natas.

Nelusko
Creme Aveludado de aves, com avelãs torradas, picadas. Guarnição: croquetes de ave, com farinha de avelã. Ligado com natas.

Nemours
Purê de batata, com consomê e tapioca. Ligado com natas e gemas de ovos.

Nemrod
Creme Aveludado de caça, com purê de lentilhas. Guarnição: croquetes de caça com caiena. Aromatizado com Jerez.

Nissarde
Purê de abóbora com consomê. Guarnição: tapioca. Ligado com natas e gemas de ovos.

Nivernesa (*Nivernaise*)
2/3 de Creme Crecy e 1/3 de Creme Freneuse. Guarnição: Brunesa de legumes. Ligado com natas.

Noques
Creme Aveludado de aves. Guarnição: Noques. (*Não são Nhóquis*). (*Alsaciana*).
Aparelho dos Noques: Manteiga, gemas de ovos crus, farinha, claras de ovo batidas; formar com tudo uma massa algo consistente. Fazer croquetes dessa massa e cozê-los em consomê.

Normando (*Normande*)
Purê de batatas, porros, feijão manteiga e nabos. Adelgaçado com leite. Guarnição: à parte, pão torrado.

Norueguês (*Norvégienne*)
Purê de hortaliça. Guarnição: juliana de beterraba. Ligado com natas.

O'Connor
Creme de aves com araruta. Guarnição: aves e porros, em juliana. Ligado com gemas de ovos.

Okra
Purê de tomates e quiabos (*gombos*), ligado com natas. (*Russa*).

Orleães (*Orléans*)
Creme Rainha. Guarnição: croquetes de aves (*brancos*): de Coulis de Lagostins (*rosados*); de essência de ervas (*verdes*).

Orloff
Cremes de pepino e cebolas, em partes iguais. Guarnição: juliana de trufas; à parte: crostões com queijo. Ligado com natas e gemas de ovos.

Ortigas (*Orties*)
Creme Aveludado de ortigas. Guarnição: crostões fritos. Ligado com natas.

Oukrop
Purê de cebolas com consomê. (*Boémio*).

Oxalis
Creme Aveludado de oxalis. Guarnição: oxalis picados. Ligado com natas.

Palestina (*Palestine*)
Purê de topinambos. Ligado com natas.

Paquita
Purê de ervilhas. Guarnição: tomates *concassés*, salteados com manteiga; pérolas-do-japão.

Parisiense (*Parisien*)
Purê de batatas e porros, molhado com fundo de vitela. Guarnição: crostões fritos. Ligado com natas.

Parmentier
Purê de batata, com porros picados ligeiramente passados em manteiga. Guarnição: crostões fritos e cerefólio. Ligado com natas.

Pastorinha (*Pastourelle*)
Creme Parmentier com tortulhos. Guarnição: pequenos tortulhos e pequenas batatas salteados. Ligado com natas.

Patroka
Consomê de legumes com farinha. Guarnição: miudezas de pato, salsa e cerefólio picados. Ligado com natas e gemas de ovos. (*Russa*).

Patti
Creme Aveludado, de alcachofras e aves. Guarnição: fundos de alcachofras e trufas, em quadradinhos.

Pavilhão (*Pavillon*)
Creme de crosnes do Japão (*legume oriental pouco divulgado na Europa*), com Creme Aveludado de aves. Guarnição: Brunesa de legumes e agrião.

Pedro, o Grande (*Pierre-le-Grand*)
a) Creme Aveludado de aves e champignons. Guarnição: juliana de cenouras e aipo. Adicionar manteiga e ligar com natas. 1 cálice de vodca no momento de servir.

b) Creme Aveludado de aves, com aipo. Guarnição: dados de aipo. Ligado com natas.

Pedro V
Creme Aveludado de champignons, com consomê de aves. Ligado com natas e gemas de ovos. Guarnição: champignons e trufas.

Pepinos (*Concombres*)
Creme Aveludado de pepinos frescos. Guarnição: pepinos frescos torneados; cerefólio e azeitonas cozidas, picados.

Pequeno Duque (*Petit-Duc*)
Creme Aveludado com essência de galinholas. Guarnição: pequenos filetes de galinhola e dados de Real (*Royal*) com essência de caça. Adicionar manteiga e ligar com natas. Um cálice de brande, no momento de servir.

Persa (*Persane*)
Purê de batatas e azedas, ligado com natas. Guarnição: crostões fritos.

Pescador (*Pêcheur*)
Purê de tomate com miolo de pão. Ligado com natas e gemas de ovos. Guarnição: camarões fritos com alho..

Pluche
Creme de lentilhas ligado com natas. Guarnição: lentilhas e crostões fritos.

Polonesa (*Polonaise*)
Purê de ervilhas. Guarnição: juliana de beterraba, porros, aipo e cebola. Ligado com natas.

Pommerische Suppe
Purê de batatas, pato, presunto e legumes. Guarnição: arroz e juliana de pato. (*Alemã*).

Pompadour
Purê de lentilhas com tapioca. Guarnição: tomates e alface estufada. Ligado com natas.

Porridge
(*Ver* FLOCOS DE AVEIA).

Porós (*Poireaux*)
Creme Aveludado de Porros. Guarnição: crostões fritos. Ligado com natas.

Português (*Portugaise*)
Purê de tomates. Guarnição: arroz cozido. Adicionar manteiga e ligar com natas.

Potiron
O mesmo que ABÓBORA. Guarnição: aletria (*vermicelle*).

Potiron Maraichère
1/2 purê de abóbora e 1/2 purê de Parmentier, misturados. Guarnição: juliana de porros, alface, azedas, espinafres, ervilhas, arroz e aparas de cerefólio. Adicionar manteiga e ligar com natas. (*Em português pode dizer-se* Creme de Abóbora à Hortaliceira..

Prado Verde (*Vert Pré*)
Purê de batatas e espinafres. Ligado com natas e gema de ovo.

Prateado (*Argentée*)
Creme Parmentier, guarnecido com pérolas-do-japão.

Primaveril (*Printanière*)
Creme de legumes frescos. Ligado com natas.

Princesa (*Princesse*)
1/2 purê Rainha e 1/2 creme de espargos. Misturar. Guarnição: dados de aves, pontas de espargos e cerefólio. Ligar com natas.

Purê de Azedas e Fios de Massa, com Natas (*Purê d'Oseille et Vermicelle à la Crème*)
Azedas picadas, puxadas em manteiga. Molhar com leite e consomê. Guarnição: aletria (*vermicelle*). Ligar com gemas de ovos.

Purê de Presunto (*Puré de Jambon*)
Purê de tomates e cebola, com purê de presunto. Molhar com consomê e caiena. Guarnição: crostões fritos. Adicionar manteiga. No momento de servir, perfumar com um cálice de vinho da Madeira.

Québec
O mesmo que MARIA.

Quiabo (*Gombos*)
O mesmo que OKRA.

Rabo de Vaca Ligado (*Ox-tail lié*)
(*Ver* RABO DE BOI *em* SOPAS ESPESSAS). Ligado com *Roux* Escuro e araruta. (*Inglesa*).

Rafael (*Raphaël*)
Creme Aveludado de aves e aipo. Guarnição: aipo em juliana. Ligado com natas e gemas de ovos.

Rahmsuppe
Creme Aveludado, com leite e fundo de vitela, aromatizado com raízes de salsa, pimenta em grãos, cebola, cravinho, Kummel, noz-moscada. Temperado com sal e ligado com natas azedas. À parte, crostões fritos. (*Alemã*).

Rainha (*Reine*)
Purê de aves com arroz. Guarnição: dados de aves. Ligar com natas.

Rainha Hortense (*Reine Hortense*)
Creme de aves, com Fumete de bagas de zimbro. Guarnição: dados de Real (*Royal*).

Rainha Margot (*Reine Margot*)
Purê Rainha, com leite e amêndoas. Guarnição: croquetes de ave com pó de pistácias.

Rainha Santa (*Reine Sante*)
Metade de Creme São Germano e metade de Purê Rainha. Guarnição: croquetes de aves e ervilhas. Ligado com natas.

Raquel (*Rachel*)
Purê de fundos de alcachofras, arroz e azedas. Guarnição: crostões fritos e bagos de arroz cozido.

Rãs (*Grenouilles*)
O mesmo que NINFAS. (*Ver* SOPAS DE PEIXE).

Recamier
Purê de sagu, ligado com natas e gemas de ovos.

Regência (*Régence*)
Creme Aveludado, com cevada e Coulis de Lagostins. Guarnição: croquetes de ave com Coulis de Lagostins, cristas de galo e cevada perlada Adicionar manteiga e ligar ligeiramente com natas.

Rigoletto
Purê de ervilhas. Guarnição: espinafres salteados em manteiga, colocados sobre crostões, cobertos com Bechamel e gratinados.

Rim de Vitela (*Rognon de Veau*)
Creme Aveludado de aves, ligado com gemas de ovos, suco de pepinos russos (*agoursis*) e natas. Guarnição: pequenos escalopes de fígado de vitela, salteados em manteiga; losangos de pepinos russos; azeitonas recheadas, cozidas; salsa picada. (*Russa*).

Rim à Inglesa (*Rognon à l'Anglaise*)
(*Ver* FÍGADOS DE AVES Á INGLESA).
Substituir os fígados por rins de vitela, ou de carneiro. (*Inglesa*).

Rossini
Creme de aves, com guarnição de trufas em juliana, e croquetes de pasta de fígado (*foie gras*).

Rossol
Consomê forte de galinha, vaca, vitela e toucinho fumado, engrossado com farinha. Guarnição: quadrados das carnes acima; cerefólio e salsa, picados e estufados em manteiga. (*Polaca*).

Rossolnick
Creme Aveludado, de consomê de pato e vaca. Guarnição: raiz de aipo, azeitonas, pepinos frescos e cerefólio. Ligado com natas. (*Polaca*).

Ruanesa (*Rouennais*)
Creme de pato com vinho tinto. Guarnição: juliana de pata.

Russo (*Russe*)
Creme de tomate e feijão-verde, ligado com natas e gemas de ovos. Guarnição: juliana de feijão-verde.

Saboiana (*Savoyarde*)
Creme de aipo e batatas, ligado com natas. Guarnição: 1 crostão redondo coberto de queijo derretido, por pessoa.

Sagamita
Purê de arroz e milho, com consomê. (*Indiana*).

Santo Condestável (*Saint-Condestabre*)
Purê de lentilhas com tapioca Guarnição: ovos cozidos picados. Ligado com natas.

Santo Huberto (*Saint-Hubert*)
Creme Aveludado com essência de caça. Guarnição: dados de caça e de trufas. Ligar com natas. Adicionar uma colher de sopa de geléia de groselha e um cálice de brande.

São Cloud (*Saint-Cloud*)
Purê de ervilhas frescas, com alface. Guarnição: crostões fritos e cerefólio. Adicionar manteiga e ligar ligeiramente com natas.

São Germano (*Saint-Germain*)
Purê de ervilhas frescas. Guarnição: ervilhas, cerefólio e crostões. Adicionar manteiga e ligar com natas. (*Pode servir-se sem crostões, se assim se desejar*).

São Marçalo (*Saint-Marceau*)
Purê de fígado fresco. Guarnição: juliana de porros e cerefólio. Adicionar manteiga e ligar com natas.

São Marcelo (*Saint-Marcel*)
Purê de ervilhas e caça. Guarnição: juliana de legumes vários e ervilhas.

Saúde (*Santé*)
Purê parmentier, com azedas picadas, estufadas; aparas de cerefólio. Ligado com natas À parte, fatias de pão (*cacetes*) torradas no forno.

Savoy
Consomê vulgar, com fundo claro de tartaruga. Ligado com tapioca e natas. Guarnição: juliana de legumes e peito de aves; quadrados de tartaruga.

Savoyarde
(*Ver* SABOIANA).

Schweinschrensuppe
Purê de ervilhas amarelas, com caldo da cocção de cabeça de porco. Guarnição: tiras de orelha de porco, cozida. (*Alemã*).

Sertório
Purê de castanhas com leite. Ligado com gemas de ovos. Guarnição: aipo e porros, em juliana.

Sevigné
Creme de aves e alface, misturados. Guarnição: juliana de alface e croquetes de ave.

Sigurd
Purê de batata e tomate, com manteiga. Guarnição: croquetes de ave atomatados. Ligado com gemas de ovos.

Siliciano (*Silicienne*)
Tapioca e Creme de Tomate em partes iguais, ligados com gemas de ovos. Passar pela peneira fino. Guarnição: pérolas-do-japão.

Silvestre
Creme Aveludado, de aves e pontas de espargos. Ligar com natas e gemas de ovos. Guarnição: pontas de espargos.

Soissonaise
Purê de feijão branco (*Soissons*). Adicionar manteiga e ligar ligeiramente com natas. Guarnição: crostões fritos.

Solférino
Cremes Parmentier e Tomates em partes iguais. Misturar. Guarnição: bolas de cenoura e batata, do tamanho de ervilhas.

Sorel
Creme de aves. Guarnição: juliana de língua, de aves e de champignons.

Steward
Purê de lentilhas, cozidas com perdiz e presunto, aromatizado com ervas de cheiro. Guarnição: croquetes e pequenos escalopes de aves, decorados com uma estrela de trufa.

Sultana (*Sultane*)
Creme Aveludado de aves, com leite de avelãs e Manteiga de Pistácias. Guarnição: crescentes (*croissants*) de recheio de aves, decorados com estrela de trufas; pistácias pisadas.

Suzom
Purê São Germano, com um cordão de natas batidas, ao redor do prato, ou na terrina, no momento de servir. Guarnecer com pequenos ovos escalfados.

Tartaruga Ligada (*Tortue Liée*)
O mesmo que a TARTARUGA CLARA, substituindo a araruta por Ru (*Roux*) louro.

Tartaruga Salgada, de conserva (*Tortue Verte de Conserve*)
Consomê de vitela e aves, bem forte e gelatinado, altamente aromatizado com raiz de salsa, champignons, porros, aipo, tomilho, louro, basílico e manjerona. Ligado com araruta. Guarnição: bocados de tartaruga verde, de conserva. Jerez, no momento de servir.

Tirolês (*Tyrolienne*)
Creme Aveludado, de pepinos frescos, alface, azedas, ervilhas e espargos. Adiciona-se consomê e leite, ligando com gemas de ovos.

Tomilho (*Thym*)
Fazer ferver pão, em água e leite, até formar creme; temperar com sal, um pouco de tomilho e manteiga. Retirar o tomilho e ligar com gemas de ovos.

Tordos à Antiga (*Crives à l'Ancienne*)
Creme Aveludado, com essência de tordos. Guarnição: juliana de peito de tordos. Ligar ligeiramente com natas e adicionar algumas gotas de brande, no momento de servir.

Tordos à Ardenesa (*Crives à l'Ardennaise*)
O mesmo que o anterior, mas com groselhas brancas como suplemento de guarnição.

Tourangelle
Purê dë feijão branco e feijão manteiga, misturados. Guarnição: dados de feijão-verde e pequenos feijões manteiga. Adicionar manteiga e ligar ligeiramente com natas.

Trassemana
Purê de milho, previamente assado e pisado, com um pouco de açúcar. Cozido em água e temperado. (*Indiana*).

Turitdo
Purê de tomate e beringelas. Guarnição: macarrões cozidos à parte, cortados em rodelas. À parte, parmesão ralado. (*Italiana*).

Valdez (*Valdés*)
Purê de tomate, ligado com tapioca e natas. Adiciona-se queijo ralado.

Valenciano (*Valencienne*)
Purê de legumes diversos. Guarnição: bagos de arroz. Ligado com natas.

Vam Duzer
Purê fino, de tomates e cevada pilada (*orge perlé*). Adicionar consomê. Guarnição: cevada pilada, cozida à parte.

Veloz (*Vitesse*)
Creme de galinha e tortulhos, ligado com natas e gemas de ovos Guarnição: fatias finas de pão e de tortulho, unidas, passadas por gemas de ovos e fritas.

Veludina (*Veloutine*)
Creme Aveludado de tudo o que se desejar, tomando o nome do corpo base, ex.: Veludina de cenouras, Veludina de ervilhas, etc.

Veludo (*Velours*)
Creme de cenouras, ligado com tapioca e natas batidas.

Verneuil
Purês de ervilhas frescas e de cevada, misturados. Guarnição: dados de cenouras e de champignons e pequenas rodelas de Real (*Royal*).

Vichy
Creme Aveludado de cenouras, com natas e gemas de ovos, como ligação.

Vichyssoise
O mesmo que cremes BOA MULHER e GAULÊS. Deve ser frio e com adição de mais nata.

Victor Hugo
Creme de alcachofras, ligado com tapioca. Guarnição: crostões pequenos, barrados de Roquefort e manteiga.

Villars
Purê de alcachofras e purê de feijão manteiga, com cebola. Guarnição: crostões fritos. Adicionar manteiga e ligar com natas.

Villemont
Purê de feijões. Guarnição: azedas picadas, estufadas e arroz. Adicionar manteiga e ligar com natas. À parte, crostões fritos.

Vinhateira (*Vigneronne*)
Creme de Abóbora e Purê Condé, com cebola e porros Tudo misturado. Guarnição: à parte, fatias de pão.

Viriato
Purê de arroz, tomate e feijão branco. Guarnição: pequenas fatias de pão cobertas com polpa de queijo da serra, gratinadas. Ligado com natas e gemas de ovos.

Vitorina Denia
Pão frito, depois de passado por ovo; em seguida, cozido em água com leite. Passar pela peneira, formando um creme ao qual se junta manteiga e gemas de ovos. Guarnição: gema de ovo cozido, ralada e cerefólio em juliana.

Vivianne
Creme de aves. Guarnição: dados de fundos de alcachofras, de trufas e de cenouras.

Vizinho (Voisin)
Creme de aves, guarnecido com ervilhas; cenouras; feijão-verde e branco de aves em cubos pequenos.

Waldéze
Cremes de tomate e tapioca, em quantidades iguais. Misturar. Guarnição: à parte, queijo ralado.

Waleska
Cremes de aves e cevada pilada, em idênticas porções. Guarnição: juliana de trufas e pérolas-do-japão.

Washington
Purê de Tomate e Creme de Lagosta ou de Lavagante, misturados e ligados com tapioca. Condimentado com pimenta de Caiena.

Wellington
Purê de batatas, champignons e cenouras, dissolvido com um pouco de caldo de carneiro. Ligado com tapioca ou araruta (*arrow-roor*). Guarnição: rodelas de champignons.

Westmoreland
Consomê de carne, ligado com araruta (*arrow-*roo) e gemas de ovos. Aromatizado com vinho da Madeira. Guarnição: cubos de cabeça de vitela, pepinos e trufas e croquetes pequenos de ave.

Windsor
Purê de arroz, dissolvido com fundo branco de vitela. Ligado com tapioca, natas e gemas de ovos e aromatizado com vinho da Madeira. Guarnição: pontas de espargos.

Woronzov
Creme de fígado de pato (*foie gras*), com vinho da Madeira. Guarnição: pequenos raviólis, juliana de aipo e cenouras. (*Russa*).

Xavier
Creme Aveludado de arroz. Guarnição: dados de ave e de Real (*Royal*).

SOPAS DE PEIXE E DE MARISCOS
(Bisques et Soupes de Poissons)

Aïgo Saou (*Sopa*)
Fatias de pão, ensopadas em azeite e passadas por pimenta. Cozer em água simples. Peixes brancos em bocados pequenos, batatas em quartos, cebolas e tomates picados grosso, dentes de alho, ramo de cheiros, sal e pimenta. Ferver 20 minutos. Retirar o peixe e passar o caldo,

ensopando depois o pão, que já se deve encontrar na terrina. Serve-se o peixe à parte, com molho alholi.

Aliotta
Fritar cebolas numa caçarola, com sal e pimenta. Juntar água. Ferver. Adicionar peixes em pedaços e bastante salsa picada No momento de servir, dissolver na terrina 2 gemas de ovos e sumo de meio limão, juntando fatias de pão. Misturar o caldo, mexendo lentamente. Servir o peixe à parte. (*Siciliana*).

Amêijoas (*Clovisses*)
(*Consomê*). consomê ligado com gema de ovo e tendo como guarnição amêijoas cozidas.

Amêijoas (*Clovisses*)
(*Sopa*). Refogar cebola em azeite; adicionar tomate, salsa e caldo de cocção de peixe, sal e pimenta. Amêijoas abertas e retiradas da casca. Juntam-se ao caldo anterior, com um pouco de água das amêijoas, passadas por um pano. Deixa-se ferver um pouco. Serve-se sobre fatias de pão torrada.

Amêijoas (*Clovisses*)
(*Creme*) Creme Aveludado, feito de caldo de amêijoas, atomatado, ligado com farinha, gemas de ovos e natas. Condimentado com páprica e aromatizado com vinho da Madeira seco. Guarnição: amêijoas, cozidas à parte.

Americano (*Américaine*)
(*Creme*). 1/3 de Creme Camarão, 1/3 de Creme Tomate, 1/3 de tapioca. Misturar. Guarnição: caudas de lagostins em dados. Adicionar manteiga.

Bacalhau (*Morue*)
(*Sopa*). Bacalhau cozido, com salsa, louro, azeite e cebola picada. Tira-se o bacalhau depois de cozido, passa-se o caldo e faz-se um ensopado com fatias de pão (*papo-seco*). Deixa-se ferver novamente, um pouco, e escalfam-se ovos no caldo (*1 por pessoa*).

Bacalhau (*Cabillaud*) (*Cod Chowder*)
Caldo da cocção de bacalhau fresco. Guarnição: picado de toucinho salteado, cubos de batata e pequenos filetes de peixe, servidos sobre fatias de pão, embebidas em leite. (*Americano*).
NOTA: **Morue** é a palavra francesa que designa o bacalhau seco e salgado. **Cabillaud** é a palavra que designa o peixe quando fresco. Damos esta elucidação como ajuda para melhor compreensão.

Bagration
(*Magro*). Creme de peixes com essência de linguado, guarnecido com filetes de linguado em *goujons*.

Borély
Creme Aveludado de peixe. Guarnição: croquetes de peixe e amêijoas sem casca. Ligado com natas.

Bortsch de Peixe, ou à Russa
(*Consomê*). Caldo da cocção de peixes e legumes (*beterraba, cebolas, porros, hortaliças, etc.*). Serve-se com pequenos filetes de peixe, como guarnição, e à parte pequenos raviólis com recheio de peixe. (*Russa*).

Bouillabaisse
Este prato, não estando bem definida a sua posição, pode servir-se como sopa ou prato de peixe. Damos, no entanto, a receita para a sua preparação, em PEIXES.

Britânia
(*Consomê*). Caldo de peixe um pouco ligado com araruta (*arrow-root*). Guarnição: Real (*Royal*) de lagosta, ou de lavagante.

Brodetto
(*Sopa*). Diversas qualidades de peixe, refogados com alho, cebola picada, salsa, tomate, louro e vinho. Molhar com água e deixar ferver, condimentando fortemente com pimenta de Caiena. Deve ficar espessa. (*Italiana*).

Buridda
(*Sopa*). Diversas qualidades de peixe, com azeite, alho, cebola, tomate, champignons secos, pinhões, aipo, açafrão, salsa picada miúda. Ligeiramente refogado, refrescado com água e cozinhado depois. (*Chama-se também,* **Pesce in Tocchetto**; *receita italiana*).

Camarão (*Bisque de Crevettes*)
(*Creme*). Mirepoix de legumes, puxados em manteiga, com camarões e pimenta em grão. Flamejado (*Flambée*) com brande e vinho branco. Molhar com 1/2 de Fumete de Peixe e 1/2 de consomê. Adicionar tomates frescos, ramo de cheiros e arroz, deixando ferver 30 minutos. Pisar

no almofariz e passar pela peneira. Ligar com manteiga e um pouco de natas. Guarnecer com camarão descascado e aromatizar com um pouco de brande, no momento de servir.

Camarão à Mignon, de (*Crevettes à la Mignon*)
Creme Aveludado de peixe, com Coulis de Camarão e suco de ostras. Guarnição: croquetes de peixe, metade brancos e metade rosados, com Coulis de Camarão; ervilhas, bolinhas de trufas. Adicionar manteiga e ligar com natas.

Camarão à Normanda, de (*Crevettes à la Normande*)
Creme Aveludado de peixe com Coulis de Camarão. Guarnição: camarão e ostras cozidas. Adicionar manteiga e ligar com natas.

Camhyse
(*Consomê*). Caldo de peixe com essência de ostras, ligado com natas, gemas de ovos e purê de champignons. Guarnição: pastelinhos muito pequenos, com recheio de ostras; ovo cozido picado e champignons.

Campbell
Creme Aveludado, com essência de linguado, vinho branco e caril. Guarnição: dados de linguado. Ligado com natas.

Cancalesa (*Cancalaise*)
Consomê de peixe com juliana. Guarnição: ostras cozidas, juliana de filetes de linguado, croquetes de pescada.

Cardeal (*Cardinal*)
Creme de Lagosta. guarnecido com Real (*Royal*) vermelho, muito vivo, cortado em cruz.

Carmelita (*Carmélite*)
Creme Aveludado de peixe. Guarnição: croquetes de pescada, juliana de filetes de linguado. Ligado com natas.

Chicago
(*Creme*). Purê de tomate, com Creme de Lagostins. Ligar com tapioca e natas. Guarnição: pérolas-do-japão e rodelas de cauda de lagostins.

Cônega (*Chanoinesse*)
Creme Aveludado de peixe, com Coulis de Lagostins. Guarnição: rodelas de ovas de peixe. Adicionar manteiga.

Dieppoise
Creme Aveludado de peixe, com suco de amêijoas, porros e champignons. Guarnição: camarões e amêijoas sem casca. Ligado com natas.

Divette
Creme Aveludado de lagostins e de biqueirões, sem serem misturados. Guarnição: croquetes de biqueirão, bolinhas de trufas, dados de lagostins. Adicionar manteiga e ligar com natas, cada um dos cremes em separado.

Enguias (*Anguilles*)
(*Consomê*). Caldo obtido pela cocção de enguia sem pele, com cebola previamente refogada. Ligar ligeiramente com tapioca; adicionar manteiga, sal, pimenta e salsa picada. (*Inglesa: Eel Broth*).

Enguias (*Anguilles*)
(*Sopa*). A receita acima, com adição de fatias de pão torrado (*papo* -seco).

Enguias (*Anguilles*)
(*Creme*). Refogar as enguias com manteiga, cebola, aromáticos, pimenta em grão. Molhar com água e deixar cozinhar as enguias. Tirar as enguias e fazer pequenos filetes; passar o caldo e ligar com farinha e natas. Guarnição: os filetes do peixe.

Eperlanos à Dieppoise, de (*Eperlans à la Dieppoise*)
Creme Aveludado, de Fumete de Eperlanos. Guarnição: camarões e amêijoas descascadas. Ligado com natas.

Eperlanos Lúculo, de (*Eperlans Lucullus*)
O mesmo que o anterior. Guarnição: camarões, croquetes de eperlanos, trufados.

Flor Selvagem (*Eglantine*)
Creme Aveludado de lagostins, ligado com tapioca. Guarnição: lagostins em rodelas.

George Sand
Consomê de peixe. Guarnição: croquetes com Coulis de Lagostins e quartos de tortulhos. À parte, rodelas de pão (*cacetes*), com escalopes de ovas de carpa.

Hamburger-Aalsuppe
(*Consomê*). Caldo de peixe cozido com presunto e um pouco de farinha de aveia.

Guarnição: troços de enguia e croquetes de legumes. À parte, peixe miúdo, frito muito seco. (*Alemã*).

Jacqueline
Creme Aveludado de peixe. Guarnição: cubos de cenoura, ervilhas, pontas de espargos verdes e arroz. Ligado com natas.

Jean-Bart
Creme Aveludado de peixe. Guarnição: croquetes de barbo, dados de tomates, macarrão cortado e juliana de porros. Ligado com natas.

Joinville
Creme Aveludado de peixe, com Coulis de Lagostins, dados de trufas e de champignons. Adicionar manteiga e ligar ligeiramente com natas.

Lady Morgan
Consomê de peixes com essência de ostras. Guarnição: filetes de peixe, croquetes de lagostins, juliana de trufas, champignons, lagostins cortados e ostras.

Lagosta (*Bisque de Langouste*)
(*Creme*). Como o de camarão, utilizando lagosta. Guarnição: escalopes de lagosta.

Lagostins (*Bisque d'Ecrevisses*)
(*Creme*). Em tudo como acima, substituindo a lagosta por lagostins.

Lagostins Joinville, de (*Ecrevisses à la Joinville*)
Creme Aveludado de peixe e Creme de Lagostins (*Bisque*), misturados. Guarnição: caudas de lagostins, juliana de trufas e champignons. Adicionar manteiga e ligar ligeiramente com natas. 1/4 de cálice de brande, para aromatizar.

Lagostins à Lúculo, de (*Ecrevisses à la Lucullus*)
Creme Aveludado de peixe, com Fumete de Linguado e Creme de Lagostins (*Bisque*), misturados. Guarnição: caudas de lagostins e croquetes de recheio de peixe, trufados Terminar como o anterior.

Lagostins Princesa, de (*Ecrevisses Princesse*)
Creme Aveludado, com Coulis de Lagostins. Guarnição: croquetes de pescada com Manteiga de Lagostins; pontas de espargos verdes. Terminar como os anteriores.

Lavagante (*Bisque d'Homard*)
(*Creme*). Idem como as anteriores, mas utilizando lavagante.

Lavagante Cleveland, de (*Homard à la Cleveland*)
Creme Aveludado, feito de Coulis de Lavagante à Americana. Guarnição: dados de lavagante e cubos de tomate. Adicionar manteiga e um cálice de brande, no momento de servir.

Lavagante à Indiana, de (*Homard à l'Indienne*)
O mesmo que o anterior, mas com caril. Guarnição: arroz cozido.

Lavagante com Páprica, de (*Homard au Paprika*)
Como o anterior, mas usando páprica. Guarnição: (*em suplemento*). Dados de pimentos.

Malbesburry
Consomê de peixe, ligado com natas. Guarnição: mexilhão, lavagante e filetes de peixe.

Marka
Peixes diversos. Fritar cebola em azeite. Pisar pimentos, pimenta, coentro, alho e sal. Juntar à cebola, mexer e acrescentar água. Misturar os peixes. Ferver um quarto de hora. Servir o caldo sobre fatias de pão, adicionando sumo de meio limão; os peixes à parte. (*Tunisiana*).

Mathurine
Creme Aveludado de peixe, com Fumete de Linguado. Guarnição: croquetes com recheio de salmão. Ligado com natas.

Moscovita (*Moscovite*)
Consomê de esturjão e pepinos, guarnecido com juliana de peixe e dados de Vésiga. (*Russa*).

Murillo
Creme de tomates, com essência de linguado e vinho branco. Guarnição: Mirepoix de legumes e croquetes de peixe.

Nantua
Creme de Lagostins (*Bisque*). Guarnição: caudas de lagostins picadas grosso.

Nélson
Consomê com Fumete de Peixe, ligeiramente ligado com araruta (*arrow-root*). Guarnição: arroz. À parte, pequenos pastéis folhados, com recheio de salpicão de Lagosta à Americana.

Ninfas (*Nimphes*)
Creme Aveludado de peixe. Guarnição: Real (*Royal*) e pernas de rãs em dados. Ligado com natas.

Ostendais
Creme Aveludado de essência de ostras e consomê, ligado com natas e gemas de ovos.

Ostras (*Huîtres*)
(*Consomê*). Caldo de peixe, ligado com gemas de ovos. Guarnição: juliana de azedas e ostras cozidas.

Ostras (*Huîtres*)
a) Creme Aveludado de peixe, com suco de ostras. Guarnição: ostras limpas e um pouco de caiena
b) Biscoitos secos esmagados, molhados com leite até à consistência de um creme vulgar. Adicionar suco de ostras. Guarnição: ostras cozidas.

Ostras e Quiabo (*Oyster and Okra*)
Consomê com Fumete de Tomates e cebola, condimentado com pimentos. Guarnição: tomates *concassés*, quiabos (*gombos ou okra*) e ostras. Ligeiramente ligado com araruta (*arrow*-root). (*Americana*).

Oukha
(*Sopa*). Caldo de peixe, preparado com esturjão ou percas, aparas e espinhas de peixe. Molhar com 1/2 de água e 1/2 de vinho branco; aromatizar com raízes de salsa, aipo, funcho, aparas de champignons, sal. Clarificado com pedaços de pescada e caviar. Guarnição: rolinhos de peixe, juliana de porros, aipo e raízes de salsa. À parte, Kache de trigo, rábano ralado e sumo de limão. (*Russa*).

Ovos, Ostras e Quiabo (*Oeufs, Huîtres et Okra*)
O mesmo que OSTRAS E QUIABO, mas com adição de ovos escalfados.

Pescada, de (*Colin*)
(*Sopa*). Cabeça de pescada cozida com sal, salsa, louro e azeite. Adicionar cebola e alho, refogados em azeite; juntar um pouco de vinagre e deixar reduzir, tirando o peixe. Acrescenta-se o tomate e serve-se sobre fatias de pão, com o peixe aproveitado, sem espinhas.

Pescadores de Castela (*Pêcheurs Castillans*)
(*Sopa*). Cebola e tomate, refogados em azeite; molhar com caldo de peixe, adicionando um pouco de arroz e deixando ferver até completa cocção, com alho, salsa, amêndoas torradas. Guarnição individual: rodelas de lagostins, pescada, etc.

Potemkim
Consomê de peixes com vinho branco. Guarnição: pontas de espargos, juliana de legumes e ervilhas.

Princesa (*Bisque Princesse*)
Creme de Lagostins, com guarnição de juliana fina de aves.

Raia (*Raie*)
(*Creme*). Caldo da cocção de raia, com cebola, aipo, louro, pimenta em grão e sal. Passar e ligar com gemas de ovos e natas. Guarnição: aletria (*vermicelle*) e filetes pequenos de raia (*Inglesa*: *Skate Soup*).

Rãs (*Grenouilles*)
O mesmo que NINFAS.

Russa (*Russe*)
Creme de Lagostins e tomates, com guarnição de pontas de couve-flor.

Russo (*Russe*)
Consomê de peixe, com bolas de pepino estufadas em manteiga e croquetes de ovas de peixe, com caviar.

Selianka de Peixe (*Selianka au Poisson*)
(*Creme*). Cebola picada, puxada em manteiga. Juntar chucrute picado, tomate em purê, azeitonas pretas, alcaparras, esturjão em dados, caldo de esturjão e folhas de salsa. Cozinhar e passar pela peneira. Servir com salsa picada e pirojkis. (*Russa*).

Siciliana (*Sicilienne*)
Creme Aveludado de peixe, ligado com gemas de ovos. Queijo ralado.

Siri (*Crabe*)
Como camarão, substituindo este por carne de siri.

Trouville
Creme Aveludado de peixe branco e camarões. Ligar com natas. Guarnição: camarões inteiros.

Uka
Ferver cabeças e espinhas de peixe, em água com cebolas, louro, sal e pimenta. Coar o caldo e adicionar carne crua de outros peixes e batatas cortadas em pedaços. Ferver. Com um pouco de caldo, dissolvem-se duas colheres de farinha e natas. No momento de servir, misturar na sopa, deixando ferver um pouco. (*Russa*).

Vatel
Consomê, com Fumete de Linguado. Guarnição: rodelas de Real (*Royal*) de Coulis de Lagostins e losangos de filetes de linguado.

Ventimiglia
Purê picante de lagostins, ligado com tapioca e natas. (*Italiana*).

Vitória (*Victoria*)
Purê de lagosta, ou lavagante, com arroz e tomate. Ligar com natas e gemas de ovos.

Winthertur
Creme de Lavagante (*Bisque*), com guarnição de juliana de trufas e dados do mesmo marisco.

Yvette
Creme de peixe, com adição de purê de lagosta. Guarnição: croquetes de peixe, trufas e lagosta picadas.

Zuppa di Pesce
Sopa de peixe, que se aproxima muito da nossa caldeirada. Dentro do mesmo método, com pequenas diferenças, segundo as regiões de Itália, há *Zuppa alla Marinara*, *Ciupin*, *Cacciucco*, etc.

OVOS
(OEUFS)

Como controlar a frescura dos ovos

Num litro de água, a 15 graus centígrados, derreter 125 g de sal. Lançar os ovos um por um, no líquido, e anotar o resultado.

Ovo do dia – Fica no fundo, horizontalmente.
Ovo de 1 dia – Levanta-se um pouco.
Ovo de 2 dias – Mantém-se vertical, tocando o fundo.
Ovo de 3 dias – Desloca-se do fundo, movendo-se.
Ovo de 4 dias – Mantém-se a meio do recipiente.
Ovo de 5 dias – Emerge à superfície, semi-submerso.
Ovo mais velho – Flutua, absolutamente descoberto.

MÉTODOS DE PREPARAÇÃO

Ovos na casca (*Oeufs à la coque*)
Diz-se também Ovos Quentes.
1º processo: Colocar os ovos numa caçarola com água fervente, e deixá-los 3 minutos. Retirá-los, passado esse tempo, com uma escumadeira.
2º processo: Pôr os ovos em água fervente, mantendo 1 minuto sobre o fogo. Retirar do fogo, e deixar 3 minutos na água.
3º processo: Pôr os ovos numa caçarola com água fria e levá-la ao fogo. Retirar quando a fervura estiver pronunciada.
4º processo: Cocção pelo vapor, que exige aparelhos especiais, e leva 3 minutos.

Ovos cozidos (*Oeufs durs*)
Mergulhar os ovos em água fervente, cozendo-os durante 10 minutos. Retirá-los e empregá-los depois de descascados, quentes ou frios, conforme a indicação.

Ovos escalfados (*Oeufs pochés*)
Partir a casca e lançar os ovos em água fervente, adicionada de uma colherada de vinagre e 10 g de sal, por litro. Cozer durante 3 minutos. Retirar com a escumadeira e passar por água fresca, aparando-os. Servi-los segundo a receita indicada.

Ovos estrelados (*Oeufs sur le plat*)
Aconselha-se que esta preparação, extremamente simples, seja feita em porções individuais, pois permite a preparação ao gosto do conviva; bem ou malpassado, etc. Partem-se as cascas dos ovos, e lançam-se estes numa frigideira, com 6 a 8 g de manteiga, bem quente. Põem-se um pouco no forno para regularizar a cocção, isto é, cozer a gema sem torrar demasiadamente a clara, o que acontece, inevitavelmente, sempre que se insiste em cozinhá-los na boca do fogão.

Ovos fritos (*Oeufs frits*)
Estes ovos podem ser feitos de duas maneiras: (*Fritos*) um por um, em bastante gordura; azeite

ou manteiga, e enrolados, de maneira que a clara tape completamente a gema. (*Salteados*) numa frigideira, com azeite ou manteiga, voltados e aparados para servir.

Ovos mexidos (*Oeufs brouillés*)
Estes ovos, desde que a sua preparação seja cuidada, são extremamente saborosos, e fornecem, quando macios e cremosos, um prato muito delicado e apreciado. Derreter manteiga numa frigideira (ou, *de preferência, numa pequena caçarola, em banho-maria*) e lançar-lhe os ovos batidos como para uma omelete, tendo o cuidado de mexê-los para que se não prendam ao fundo ou às paredes da caçarola ou frigideira. Ter o máximo cuidado em não deixar passar excessivamente. Pode-se, se se desejar (*sendo até aconselhável*), adicionar um pouco de natas frescas no momento de bater os ovos.

Ovos moles (*Oeufs mollets*)
Lançar os ovos numa caçarola, com água fervente, mantendo-os aí 6 minutos. Retirá-los, e conservá-los em água quente, até o momento de servir. São servidos de todas as maneiras indicadas para os ovos escalfados.

Ovos moldados (*Oeufs moulés*)
Partir os ovos, e colocá-los em pequenas fôrmas já preparadas para este fim, bem barradas, com manteiga e salsa, presunto, trufas ou outros, picados. Podem também, se a receita assim o indicar, utilizar-se outras guarnições. Cozer em banho-maria de 8 a 12 minutos, e deixar repousar antes de desenformar.

Ovos em tigelinha (*Oeufs en cocotte*)
Esta preparação tem semelhança, por um lado, com a dos Ovos na Casca; por outro, com a dos Ovos Escalfados. Barrar com manteiga pequenas tigelas de porcelana, vidro ou metal, redondas ou ovais, previamente aquecidas; ou, se assim for indicado, barrá-las com outro aparelho ou purê. Partir as cascas e colocar os ovos nas tigelas, um a um, ou dois a dois, conforme as possibilidades dos recipientes. Arrumar estas, depois, num tabuleiro com água quente, e cozer no forno, de 6 a 8 minutos, segundo o conteúdo seja de 1 ou 2 ovos. Pôr o sal quando retiradas do forno.

Omeletes (*Omelettes*)
A dificuldade de preparação da Omelete não existe em realidade; se forem observados os pontos a seguir, pode-se estar sempre certo de conseguir bom trabalho:
• Ter um fogo bem forte e certo.
• Ter uma frigideira bem limpa e que sirva apenas para esse fim.
• Ter cuidado no bater dos ovos (*não exagerar*), e fazê-lo só no momento de utilizar.
• Ter conta na porção de manteiga (*ou gordura*), que se coloca na frigideira (*nunca demasiada*).
• Ter confiança em si próprio.
• Nunca fazer omeletes de mais de 10 ou 12 ovos, pois as omeletes grandes, além de menos saborosas, são mais difíceis de trabalhar.
Preparação: Aquecer na frigideira 10 a 15 g de manteiga, para omelete de 2 ovos. Depois dos ovos batidos, sem excesso, e temperados com sal e pimenta, lançá-los na frigideira, colocada sobre fogo vivo. Misturar com um garfo, e mexer um pouco, para assegurar uma solidificação uniforme dos ovos. Enrolar as duas pontas, e voltá-la, dando uma pancada seca no cabo da frigideira, ao mesmo tempo que se lhe dá um pequeno movimento oscilante. Servir num prato, passando-lhe por cima um pouco de manteiga, para a tornar brilhante.

Tortilha (*Omelette plate*)
É uma omelete não enrolada, e pode ser feita com todas as preparações da omelete.

DIVERSAS PREPARAÇÕES DE OVOS
(Divers Apprêts d'Oeufs)

Para facilitar a consulta, as receitas são dadas por ordem alfabética absoluta.

Abissínia (*Abyssinienne*)
(*Estrelados*). Com croquetes de ave, e cordão de Molho Périgueux.

Africana (*Africaine*)
(*Moles ou escalfados*). Sobre torradas ovais, guarnecidos com fatias de presunto grelhado, Arroz Pilaw, tomates e beringelas, salteados em azeite. Cobertos com Molho de Tomate.

Agenaise
(*Estrelados*). Estrelar os ovos com um pouco de cebola picada e gordura de pato. Adicionar, depois de cozinhados, um pouco de alho e salsa, picados. Guarnecer com beringelas salteadas.

Agrião (*Cresson*)
(*Frios*). Escalfados, colocados sobre uma camada de agrião, e cobertos com Molho Verde, de agrião.

Aladino (*Aladin*)
(*Moles ou escalfados*). Colocar os ovos sobre arroz açafronado, em coroa. Guarnecer o meio com pimentões doces, cortados em dados e preparados à Oriental. Cobrir os ovos com Molho de Tomate e caiena.

Aladino (*Aladin*)
(*Estrelados*). Cozinhar os ovos com um pouco de cebola picada e manteiga. Guarnecer, alternando, com montinhos de pimentão doce estufado à Oriental, e arroz açafronado. Circundar com um cordão de Molho de Tomate.

Alexandra
(*Frios*). Escalfados e cobertos com *Chaud-Froid* de aves e trufas. Colocados individualmente sobre uma crustada ovalada. Guarnecer com caviar e gelatina picada.

Algeciras
(*Moles ou escalfados*). Colocar os ovos (*2 por pessoa*) sobre crostões fritos. Rodear de camarões descascados. Cobrir com Molho de Camarão ligado com natas.

Almirante Tirpitz
(*Fritos*). Colocados sobre tomates grelhados, recheados com salpicão de presunto. Cobertos com Molho de Tomate, feito de suco de carne.

Alsaciana (*Alsacienne*)
(*Estrelados*). Cozinhados com gordura de pato. Guarnecer com um pouco de chucrute estufada, e uma fatia de presunto. Cordão de Demi-glace ao redor.

Alsaciana (*Alsacienne*)
(*Fritos*). Colocar os ovos fritos sobre uma camada de chucrute estufada, alternando-os com cornucópias de presunto. Cordão de Demi-glace ao redor.

Alsaciana (*Alsacienne*)
(*Moles ou escalfados*). Colocar os ovos em coroa sobre uma camada de chucrute estufada. Guarnecer com fatias de presunto. Cobrir com Demi-glace.

Amélia (*Amélie*)
(*Estrelados*). Cozinhar, com o fundo da frigideira coberto de Mirepoix com vinho da Madeira. Guarnecer com creme de míscaros.

Amélia (*Amélie*)
(*Moles ou escalfados*). Colocar os ovos sobre crustadas de massa folhada, recheadas de Mirepoix passado em manteiga, com um pouco de vinho da Madeira. Cobrir os ovos com Molho de Natas, e guarnecer com creme de míscaros.

Americana (*Américaine*)
(*Estrelados*). Cozinhados sobre escalopes de Lagosta à Americana; cordão de Molho Americano ao redor.

Americana (*Américaine*)
(*Fritos*). Ovos colocados num prato, depois de fritos, guarnecidos com fatias de toucinho fumado (*bacon*) grelhado, e metades de tomate também grelhadas.

Americana (*Américaine*)
(*Mexidos*). Com pequenos escalopes de Lagosta à Americana. Guarnecer com tomates grelhados, cortados em cubos, colocados no meio do prato.

Americana (*Américaine*)
(*Moles ou escalfados*). Colocar os ovos sobre crostões fritos. Guarnecer com escalopes de Lagosta à Americana e cobrir com Molho Americano.

Anchovas (*Anchois*)
(*Fritos*). Cozinhados em azeite. Colocar cada ovo sobre um crostão oval de pão, frito em manteiga. Guarnecer com filetes de anchova, formando grelha sobre o ovo. Cobrir com Manteiga Noisette.

Anchovas (*Anchois*)
(*Estrelados*). Cozinhar os ovos, numa frigideira, sobre filetes de anchovas cortados em dados. Circundar as gemas de filetes de anchovas, formando um anel.

Anchovas (*Anchois*)
(*Moles ou escalfados*). Colocar os ovos sobre crostões, fritos em manteiga, ou sobre crustadas folhadas. Cobrir com Molho de Anchovas. Pôr sobre cada ovo um filete de anchova enrolado.

Andaluza (*Andalouse*)
(*Frios*). Sobre tampões de purê de tomate com geléia. O ovo escalfado, coberto com Molho *Chaud-Froid* à base de cebola e tomate. Lustrar com geléia. Circundar a base de rodelas de cebola cozida a branco. Geléia picada no centro.

Andaluza (*Andalouse*)
(*Fritos*). Cozinhar os ovos em manteiga. Empratá-los em coroa, alternando-os com metades de tomate grelhadas. Guarnecer o meio do prato com pimentões doces estufados e rodelas de cebola fritas em azeite.

Andaluza (*Andalouse*)
(*Estrelados*). Cozinhados em azeite, com alho. Guarnecer com tomates *concassés*, e pimentões doces estufados em azeite.

Antibesa (*Antiboise*)
(*Salteados*). Fritar em manteiga pequenos peixes (*blanchaille ou nonats*), passados em farinha. Quando estiverem bem secos, juntar queijo *gruyère*, em dados pequeníssimos, e alho picado. Partir quatro ovos sobre tudo isto e cozer no forno. Retirar, voltar sobre um prato de metal, bem quente, e polvilhar com salsa picada.

Antiga (*à l'Ancienne*)
(*Frios*). Cobrir os ovos (*moles ou escalfados*) de *Chaud-Froid* branco com vinho da Madeira. Decorá-los com trufas e lustrá-los com geléia. Empratá-los em prato de metal, sobre uma camada de geléia de aves, separando-os com fatias de língua escarlate, cortada em semicírculo. Cobrir com geléia, pondo mais geléia picada no centro. Conservar no fresco até o momento de servir.

Antiga (*à l'Ancienne*)
(*Moles ou escalfados*). Colocar os ovos sobre tampões de arroz, preparado com gordura. Cobrir com Molho Aveludado, pondo sobre cada ovo um pouco de juliana de trufas, ligada com Molho Madeira muito reduzido.

Anversoise
(*Moles ou escalfados*). Em tarteletas. Guarnecidos com folhas de lúpulo com natas. Cobrir com Molho Creme.

Anversoise
(*Estrelados*). Guarnecer os ovos, depois de fritos, com folhas de lúpulo ligadas com natas; circundar os ovos com um cordão de natas.

Apício (*Apicius*)
(*Moles ou escalfados*). Colocar os ovos sobre grandes tortulhos grelhados, empratados em coroa. Guarnecer o meio do prato com Lagostins Nantua. Cobrir os ovos com Molho Normando, colocando, sobre cada, um pouco de trufas picadas.

Apreciador (*Gourmet*)
(*Cozidos*). Cortados ao meio no sentido do comprimento. As gemas, pisadas, misturadas com salpicão de presunto, lagostins e trufas. Ligar com Molho Mornay. Rechear as claras em cúpula e gratinar.

Aranjuez
(*Mexidos*). O mesmo que ARGENTEUIL.

Aranjuez
(*Moles ou escalfados*). *Idem*.

Aranjuez
(*Frios*). (Ver ARGENTEUIL).

Argenteuil
(*Estrelados*). Colocar no fundo da frigideira um pouco de nata fresca, partindo-lhe os ovos em cima. Cozinhar no forno. Guarnecer com pontas de espargos brancos, estufados em manteiga.
Outro método: Colocar no fundo da frigideira uma camada de purê de espargos brancos. Partir os ovos sobre o purê e cozer no forno. Guarnecer com pontas de espargos verdes e circundar com um cordão de Molho de Natas.

Argenteuil
(*Frios*). Cobrir os ovos com Molho *Chaud-Froid*, decorá-los com pontas de espargos verdes e lustrá-los com geléia. Empratá-los sobre uma salada de pontas de espargos brancos, com Maionese, que servirá de tampão. Guarnecer o meio do prato com geléia picada.

Argenteuil
(*Moles ou escalfados*). Colocar os ovos sobre crostões, ou crustadas folhadas, cobrindo-os com purê de espargos brancos com Molho Aveludado. Guarnecer com pontas de espargos brancos, estufados em manteiga.

Argenteuil
(*Mexidos*). Depois de cozinhados, segundo a maneira habitual, guarnecer com pontas de espargos brancos e crostões em "Dentes de Lobo".

Arlesiana (*Arlésienne*)
(*Mexidos*). Misturar com tomates *concassés* e alho picado. Encher com os ovos pequenas barquetas de abóbora, cozidas em azeite. Cobrir com parmesão ralado e manteiga derretida. Gratinar. Molho de Tomate.

Armenonville
(*Moles ou escalfados*). Colocar os ovos sobre pequenas torradas ovais. Cobrir de Molho Aveludado com Jerez. Guarnecer com montinhos de cenouras e pontas de espargos. ligados com natas e manteiga.

Armoricana (*Armoricaine*)
(*Mexidos*). Com salpicão de lagosta ou lavagante. Servidos em tarteletas, com Molho Americano.

Arquiduque (*Archiduc*)
(*Estrelados*). Cozinhar os ovos sobre cebola picada passada por manteiga com páprica. Guarnecer com trufas em dados passadas por manteiga e rodear com um cordão de Molho Supremo com páprica.

Arquiduque (Archiduc)
(*Moles ou escalfados*). Colocar os ovos sobre crostões, ou crustadas folhadas. Cobrir com Molho Supremo, adicionado de cebola, passada em manteiga com páprica.

Arquiduquesa (*Archiduchesse*)
(*Mexidos*). Misturar com salpicão de presunto e champignons, com páprica. Colocar, no centro do prato, um pequeno monte de pontas de espargos.

Arquiduquesa (*Archiduchesse*)
(*Moles ou escalfados*). Em tarteletas, recheadas de fígado de aves e trufas, colocam-se os ovos, que depois se cobrem com Molho Húngaro. Guarnecer com escalopes de fígado de aves e trufas, salteados em manteiga.

Arroz branco (*Riz Blanc*)
(*Fritos*). Sobre pequenas fôrmas de arroz branco, cobertos com Molho de Tomate.

Auber
(*Frios*). Ovos escalfados, cobertos com Molho *Chaud-Froid* de essência de tomates. Decorar com trufas e lustrar com geléia. Empratar em coroa, cada um sobre um tomate marinado, recheado com salada de peito de aves e trufas, ligada com Maionese. Guarnecer com geléia picada.

Auber
(*Moles ou escalfados*). Colocar cada ovo sobre meio tomate com recheio de aves e trufas picadas. Cobrir com Molho Aveludado de essência de tomates, e enfeitar com juliana de trufas, aquecida, no último momento, em vinho de Jerez.

Augier
(*Estrelados*). Colocar, no fundo da frigideira individual, um purê de miolos com cerefólio picado. Colocar-lhe os ovos em cima e cozinhar no forno. Cordão de natas frescas ao redor.

Aumale
(*Mexidos*). Misturados com tomates. Guarnecer, no meio do prato, com dados de rim salteados com vinho da Madeira.

Aurora (*Aurore*)
(*Cozidos recheados*). Cortar ao meio no sentido do comprimento. Tirar as gemas e pisar 2/3, com quantidade igual de Bechamel e manteiga. Temperar e adicionar salsa picada. Reencher as claras com a massa, em cúpula; polvilhar com queijo ralado e gratinar. Enfeitar com o resto das claras, e circundar cada metade de ovo com um fio de Molho de Tomate.

Aurora
(*Moles ou escalfados*). Sobre crostões fritos. Cobertos com Molho Aurora, e um pouco de gema de ovo cozido, picada. Rodear com um cordão de Molho de Tomate.

Auvergnate
(*Moles ou escalfados*). Empratar os ovos em círculo, sobre repolho ou lombarda cozidos com gordura, alternando-os com rodelas de salsichão passadas em manteiga. Cobrir com fundo de vitela, reduzido com manteiga.

Avozinha (*Grand-Mère*)
(*Mexidos*). Misturados com pequenos crostões fritos, em dados. Polvilhar com salsa picada.

Azedas (*Oseilles*)
(*Moles ou escalfados*). Sobre uma camada de azedas, estufadas em manteiga. Cobertos com glace de vitela.

Babluski
(*Estrelados*). Sobre croquetes de aves redondos, enfeitados com champignons salteados com natas. Cordão de fundo de vaca reduzido com manteiga, ao redor.

Bachaumont
(*Em tigela*). Tigelas untadas com manteiga; no fundo, purê de aipo. Ao sair do forno, colocar à volta, no bordo da tigela, um cordão de Molho de Natas misturado com cerefólio.

Bacon
(*Estrelados*). Cozinhados no forno, sobre fatias de toucinho fumado (*bacon*).

Bacon
(*Fritos*). Fritar os ovos e servir depois, alternados com fatias de toucinho fumado (*bacon*) grelhadas.

Bagration
(*Moles ou escalfados*). Sobre uma crustada de massa de brioche, com dados de macarrão cozido natural, ligado com natas e trufas. Cobrir com Molho de Natas.

Bagration
(*Moldados*). Em fôrmas com o fundo coberto de macarrão, cujas pontas sobem em espiral até o bordo. Desenformar sobre pequenas crustadas redondas. Cobrir com Molho de Natas e colocar uma rodela de trufa sobre cada ovo.

Baionesa (*Bayonnaise*)
(*Estrelados*). Sobre fatias de presunto, com tortulhos salteados com alho e salsa picada.

Baionesa (*Bayonnaise*)
(*Fritos*). Sobre crostões fritos, com fatias de presunto no meio. Guarnecer com tortulhos salteados.

Balmoral
(*Em tigelas*). O fundo das tigelas coberto com Mirepoix de legumes, passado por manteiga Ao sair do forno, guarnecer com champignons picados, salteados em manteiga, ligados com fundo de vitela.

Balzac
(*Mexidos*). Com juliana de trufas e língua escarlate. Servem-se com crostões, untados de purê de cebola; cordão de Molho de Tomate ao redor.

Balzac
(*Frios*). Em tarteletas com o fundo coberto de massa de aipo. O ovo coberto com Molho *Chaud-Froid* de purê de aipo. Decorar com lâminas de trufa, e lustrar com geléia. Empratar em coroa, com geléia picada ao centro.

Banville
(*Moles ou escalfados*). Sobre fundos de alcachofras, estufados em manteiga depois de cozidos. Cobrir com Molho Chivry. Guarnecer o prato com picado (*Hachis*) de aves com natas, bem espesso.

Barcelona (*Barcelone*)
(*Moles ou escalfados*). Colocados, cada um, sobre meio tomate grelhado, guarnecendo-os com pimentos estufados e Demi-glace.

Bateleira ou Barqueira (*Batelière*)
(*Mexidos*). Com salsa e estragão picados. Cordão de purê de linguado com natas, ao redor.

Bearnesa (*Béarnaise*)
(*Moles ou escalfados*). Sobre pequenos croquetes ovais de Batata Duquesa (*Duchesse*), corados no forno. Cobrir com fundo de vitela reduzido: servir com Molho Bearnês, à parte.

Beauharnais
(*Moles ou escalfados*). Sobre fundos de alcachofras. com Molho Beauharnais. Cobertos com Demi-glace, reduzido com manteiga.

Beaumont
(*Escalfados*). Sobre crustadas folhadas de forma oval, com purê de fundos de alcachofras. Cobrir com Molho Bechamel, adicionado de purê de fundos de alcachofras. Guarnecer com pontas de espargos verdes, e fundos de alcachofras passados em manteiga.

Beauregard
(*Moles ou escalfados*). Em tarteletas ovais, guarnecidas com purê de beringelas. Cobrir com Demi-glace atomatado, e enfeitar com lâminas de trufas.

Bechamel
(*Moles ou escalfados*). Sobre crostões fritos em manteiga. Cobrir com Molho Bechamel.

Bechamel
(*Cozidos*). Cortados em fatias grossas; misturados com Molho Bechamel e colocados

num prato de ir ao forno. Polvilhar com queijo ralado, e corar no forno, ou na salamandra.

Bela Helena (*Belle-Hélène*)
(*Moles ou escalfados*). Sobre fundos ovais, de recheio de aves, panados e fritos em manteiga. Cobrir os ovos com Manteiga Colbert. Guarnecer com pontas de espargos e cobrir tudo com Molho Supremo.

Belleville
(*Estrelados*). Cozinhados em manteiga, sobre cebola picada, com rodelas de salsichão grelhado. Cozinhar no forno e juntar depois Molho Lionês.

Belloy
(*Cozidos*). Cortados ao meio no sentido do comprimento. Tirar a gema e passá-la pela peneira, adicionando-a depois a um salpicão fino de lagosta, trufas e champignons. Ligar tudo com Molho Mornay. Reencher os ovos com o recheio, cobrir com Molho Mornay e gratinar.

Beneditina (*Bénédictine*)
(*Moles ou escalfados*).
a) Em tarteletas recheadas com "Brandada de Bacalhau" trufado. Cobertos com Molho de Natas.
b) Sobre torradas ovais, com uma fatia de língua sobreposta. Cobrir com Molho Holandês.

Berço (*Berceau*)
Batatas cozidas, esvaziadas da polpa, formando um berço. Rechear com picado (*Hachis*) de aves com natas, colocar os ovos em cima e cobrir com Molho Aurora.

Bercy
(*Mexidos*). Depois de cozinhados, guarnecer com salsichas chipolatas grelhadas. Cordão de Molho de Tomate.

Berey
(*Estrelados*). Como vulgarmente. Guarnecer com salsichas quentes e Molho de Tomate, ao redor.

Berlioz
(*Moles ou escalfados*). Sobre crustadas ovais de Batata Duquesa, coradas no forno, com recheio de salpicão de trufas e champignons, ligado com Molho Madeira reduzido. Cobrir os ovos com Molho Supremo, e guarnecer com pontas de espargos verdes.

Bernis
(*Moles ou escalfados*). Sobre crustada folhada, redonda, com rebordos um pouco levantados; recheio de purê de aves. Cobrir com Molho Supremo e guarnecer com pontas de espargos.

Bibesco
(*Estrelados*). Cozinhados sobre uma juliana de língua escarlate. Cordão de Molho Périgueux ao redor.

Bignon
(*Moles ou escalfados*). Sobre um tampão de recheio de aves. Cobrir com Molho Aveludado de estragão. Decorar com folhas de estragão.

Bizet
(*Moldados*). Cobrir o fundo das fôrmas com língua escarlate e trufas, finamente picadas; colocar os ovos e cozinhar em banho-maria. Desenformar sobre fundos de alcachofras estufadas em manteiga; cobrir com Molho Périgueux e enfeitar com lâminas de trufa.

Boa-Dona (*Bonne-Femme*)
(*Recheados*). Abrir ao meio ovos cozidos. Pisar as gemas e misturá-las com miolo de pão embebido em leite, anchovas e salsa picada, sal e pimenta. Reencher as claras em cúpula, com este recheio. Regar com manteiga e passar no forno. Cobrir com Molho Bastardo ligado com natas. Servir.

Boêmia (*Bohémienne*)
(*Moles ou escalfados*). Sobre crustadas folhadas. Cobrir com Molho Mornay. Polvilhar com juliana de presunto e trufas. Cordão de Glace de Vitela ao redor. Gratinar ligeiramente.

Boieldieu
(*Moles ou escalfados*). Em tarteletas com recheio de salpicão de peito de aves, trufas e pasta de fígado (*foie gras*), ligado com Aveludado de Aves. Cobrir com suco de carne ligado.

Boitele
(*Moldados*). As fôrmas com o fundo coberto de champignons picados, salteados em manteiga. Cozinhar. Desenformar sobre torradas ovais. Cobrir com essência de champignons, levantada com manteiga.

Bombaim (*Bombay*)
(*Moles ou escalfados*). Em pequenos timbales de arroz de Caril, bem comprimido. Cobrir com Molho de Caril.

Bom Valete (*Bonvalet*)
(*Moles ou escalfados*). Sobre crostões ovais, dourados em manteiga. Cobrir com Molho Aveludado. Circundar com um cordão de Molho Bearnês, atomatado, e enfeitar com lâmina de trufa.

Bordalesa (*Bordelaise*)
(*Estrelados*). Cozinhados sobre uma camada de míscaros, cortados e salteados à Bordalesa.

Bordalesa (*Bordelaise*)
(*Fritos*). Sobre crostões fritos em manteiga. Guarnecer com míscaros, salteados à Bordalesa.

Bordalesa (*Bordelaise*)
(*Em tigelas*). Cobrir o fundo da tigelinha com rodelas de tutano cozido. Depois de preparados, cordão de Molho Bordalês ao redor.

Borgonhesa (*Bourguignonne*)
(*Escalfados*). Ovos escalfados em vinho tinto, colocados sobre crostões. Cobertos com o vinho da cocção, reduzido e ligado com Manteiga Trabalhada (*Manié*), e Demi-glace.

Borralheira (*Cendrillon*)
O mesmo que "Gata Borralheira".

Bragança (*Bragance*)
(*Moles ou escalfados*). Sobre meio tomate cozido no forno, em azeite. Cobrir com Molho Bearnês, e circundar com um cordão de suco de carne ligado (*jus lié*).

Brasileira (*Brésilienne*)
(*Mexidos*). Sobre crustadas folhadas, barradas com purê de anchovas, colocam-se os ovos que depois se cobrem com Molho de Tomate, condimentado com páprica.

Bretã (*Bretonne*)
(*Moles ou escalfados*). Em tarteletas recheadas de purê bretão. Cobrir o ovo com suco de carne ligado (*jus lié*) e polvilhar com salsa picada.

Bretã (*Bretonne*)
(*Cozidos*). Molho Bechamel, misturado com champignons, cebolas e porros, picados, estufados em manteiga. Empratar os ovos, abertos ao meio, com metade do molho por baixo e metade por cima.

Bretã (*Bretonne*)
(*Estrelados*). Cozinhados sobre purê, de feijão branco e cebola.

Brillat-Savarin
(*Estrelados*). Cozinhados sobre pontas de espargos e tortulhos, salteados em manteiga. Pôr, ao redor, um cordão de Molho Aveludado com Jerez.

Brillat-Savarin
(*Moles ou escalfados*). Sobre crustada de massa de brioche, com uma camada de tortulhos cortados, salteados em manteiga. Cobrir os ovos com Molho Aveludado, aromatizado ao Jerez, e guarnecer com pontas de espargos verdes.

Brimont
(*Moles ou escalfados*). Servir-se de uma fôrma de tarta, e fazer uma caixa de massa, onde os ovos são colocados juntos sobre uma camada de Creme de Champignons. Cobrir com Aveludado de Aves, reduzido ao Madeira. Guarnecer o meio da fôrma com pequenos croquetes de aves, e colocar uma rodela de trufa sobre cada ovo.

Bruxelense (*Bruxelloise*)
(*Moles ou escalfados*). Em tarteletas, com recheio de endívias estufadas, ligadas com Molho Creme. Cobrir os ovos com Molho Creme e polvilhar com pão ralado. Gratinar ligeiramente.

Bruxelense (*Bruxelloise*)
(*Estrelados*). Fundo da frigideira coberto de endívias estufadas, com Molho de Natas. Estrelar os ovos em cima.

Bulhão Pato
(*Estrelados*). Cozinhados sobre amêijoas, previamente refogadas em azeite, com alho e coentros.

Burguesa (*Burgeoise*)
(*Fritos*). Sobre beringelas fritas. Cobertos com Molho de Tomate e juliana de presunto. Polvilhar com salsa picada.

Cabrita (*Chevreuse*)
(*Estrelados*). Sobre purê de feijão-verde, cozinhar os ovos, cobrindo-os com queijo ralado, e terminando a cocção no forno.

Caçador (*Chasseur*)
(*Moles ou escalfados*). Em tarteletas, recheadas com fígados de aves e champignons salteados, ligados com Molho Caçador (*Chasseur*). Cobrir o ovo com Molho Caçador.

Caçador (*Chasseur*)
(*Estrelados*). Cozinhados sobre fígados de aves e champignons salteados. Cordão de Molho Caçador ao redor. Polvilhar com salsa picada.

Caçador (*Chasseur*)
(*Cozidos*). Abertos ao meio, no sentido do comprimento. Retiram-se as gemas, que se esmagam com fígados de aves e champignons, formando um purê. Fritam-se. À parte, Molho Caçador ou Molho de Caça

Caçoila de Ovos (*Oeufs en casserolle*)
Num tacho de barro, com azeite, alho picado, ervilhas e chouriço, adicionado de um pouco de caldo, escalfam-se ovos (*2 por pessoa*). Deixar cozinhar bem; sal e pimenta. Servir no tacho. (*Cozinha Portuguesa*).

Calinada (*Calinette*)
(*Frios*). Ovos escalfados, cobertos ou não de *Chaud-Froid* branco, decorados com trufas. Colocam-se sobre uma camada de Salada Raquel, decorando ao redor, com trufas e beterraba, alternadas.

Camarões (*Crevettes*)
(*Mexidos*). Ovos cozinhados com camarões descascados e um pouco de natas.

Camarões (*Crevettes*)
(*Estrelados*). Depois de cozinhados, juntar um montinho de camarões descascados. Molho de Camarões em volta.

Cambridge
(*Escalfados*). Colocam-se sobre uma pequena barqueta de abóbora estufada, recheada com purê de aves e natas. Cobrem-se com Molho Veneziano.

Canelões (*Cannelonis*)
(*Mexidos*). Cornucópias de massa folhada, com recheio de ovos mexidos, ou folhas de crepe, enroladas com recheio de ovos mexidos.

Capuchinho (*Capucine*)
(*Fritos*). Escalfados sobre um purê de bacalhau com trufas; cobertos com Molho *Chaud-Froid*.

Cardeal (*Cardinal*)
(*Moles ou escalfados*). Em tarteletas, recheadas com salpicão de lagosta ligado com Bechamel. Cobrir com Molho Cardeal e pôr uma lâmina de trufa sobre cada ovo.

Cardeal (*Cardinal*)
(*Moldados*). Em fôrmas barradas com manteiga, tendo as paredes e o fundo cobertos de coral de lagosta. Desenformar sobre tarteletas recheadas com salpicão de lagosta, ligado com Bechamel. Sobre cada ovo, colocar uma lâmina de trufa.

Carême
(*Mexidos*). Misturados com salpicão de fígado de pato (*foie gras*), trufas e aves. Ao centro, escalopes de pasta de fígado, com lâminas de trufa sobreposta

Carême
(*Cozidos*). Em tímbale. Aparelho composto de rodelas de ovo cozido, escalopes de fundos de alcachofras, e lâminas de trufas. Ligar com Molho Nantua. Cobrir com o mesmo molho, e decorar com lâminas de trufas.

Carême
(*Frios*). Em tarteletas ovais, recheadas de salmão ligado com Maionese. Ao ovo, estrelado, corta-se parte da clara com o corta-massa oval, e coloca-se sobre a tarteleta. Decora-se a gema com uma rodela de trufa, e a clara com um cordão de caviar. Lustrar com geléia.

Carignan
(*Moldados*). Fôrmas barradas de purê de aves. Desenformar sobre torrada. Cobrir com Molho Colbert. Servir, de preferência, enformados em fôrmas de Madalenas (*Madeleines*).

Carmelita (*Carmélite*)
(*Moles ou escalfados*). Em tarteletas, com recheio de mexilhões ligados com natas. Cobrir com Molho de Vinho Branco (*Vin Blanc*).

Carmen
(*Estrelados*). Cortar a clara com o corta-massa, de maneira a deixar apenas uma pequena circunferência ao redor da gema. Sobre crostões redondos, fritos em azeite, cobertos com uma fatia de presunto salteado. Cobrir com Molho de Tomate, com páprica.

Carnavalesco (*Carnavalet*)
(*Moles ou escalfados*). Colocar os ovos sobre Subrics de espinafres. Guarnecer com macedônia de legumes, ligada com Bechamel. Cobrir os ovos com Molho de Natas.

Carnot
(*Mexidos*). Adicionar cristas de galo e champignons. Guarnecer com rins de galo salteados.

Cartuxo (*Chartreux*)
(*Escalfados*). Colocados sobre crostões de pão, fritos. Decorados com folhas de estragão frescas, e aromatizados com suco da mesma planta.

Cartuxada (*en Chartreuse*)
(*Moldados*). Colocar, no fundo das fôrmas, cenouras e nabos em bolas minúsculas, ervilhas e feijão-verde em dados. Desenformar sobre crostões redondos, cobertos com couves estufadas e uma rodela de salsichão. Cobrir com fundo de vitela reduzido, adicionado de manteiga.

Castelã (*Châtelaine*)
(*Moles ou escalfados*). Em tarteletas, sobre castanhas cortadas e estufadas, ligadas com Glace de Carne. Cobrir o ovo com Molho Supremo à base de cebola. Enfeitar com lâminas de trufas.

Catalã (*Catalane*)
(*Estrelados*). Saltear tomates e beringelas, às fatias, com azeite, alho e salsa. Estrelar os ovos noutra frigideira, e servir sobre os legumes salteados.

Caterinazinha (*Catherinette*)
(*Estrelados*). Cebola picada, tomates *concassés*, fatias de beringelas e alho, tudo frito em azeite com salsa picada. Partir os ovos sobre tudo isto, e estrelá-los, levando ao forno para cozer melhor.

Cavaleiro (*Chevalier*)
(*Moles ou escalfados*). Sobre uma crustada de brioche, recheada com cristas e rins de galo salteados, ligados com Molho Aveludado. Cobrir os ovos com Molho Supremo e uma lâmina de trufa. Empratar, intercalando uma crista de galo panada entre dois ovos.

Cecília (*Cécilia*)
(*Cozidos ou escalfados*). Sobre crustadas folhadas, guarnecidas de pontas de espargos. Cobrir com Molho Mornay e gratinar. (*Os cozidos abrem-se ao meio*).

Ceifeiros (*Moissoneurs*)
(*Fritos*). Depois de cozinhados, empratam-se, alternados com fatias grossas de toucinho grelhado. Guarnecer com Ervilhas à Aldeã.

Celestina (*Célestine*)
(*Escalfados*). Sobre crostões fritos, cobertos com Manteiga de Camarão, purê de anchovas e Bechamel com Manteiga de Lavagante. Cobrem-se com Molho Aveludado, ligado com Manteiga de Lavagante.

Chabaissienne
(*Moles ou escalfados*). Em crustadas pequenas, com purê de feijão-verde. Cobrir com Molho de Natas, e colocar no centro um pequeno monte de tomates *concassés*.

Chalonnaise
(*Mexidos*). Adicionar cristas e rins de galo. Cordão de Molho Aveludado.

Champignons
(*Mexidos*). Adicionar dados de champignons.

Chantilly
(*Moles ou escalfados*). Sobre crustadas em Massa de Brioche, cobertas de purê de lentilhas. Cobrir os ovos com Molho Chantilly.

Chartres
(*Frios*). Sobre tampão de musse de aves, ovo – mole ou escalfado. Decorar com folhas de estragão branqueadas. Lustrar com geléia de estragão e enfeitar ao redor com Manteiga de Estragão.

Chartres
(*Moles ou escalfados*). Sobre crostões, decorados com folhas de estragão. Cobrir com Suco Ligado (*Jus lié*), aromatizado com estragão. (*Podem também fazer-se moldados*).

Châteaubriand
(*Moles ou escalfados*). Sobre fundos de alcachofras estufados em manteiga, cheios com Molho Bearnês espesso. Cobrir com fundo de vitela reduzido, e guarnecer com pontas de espargos, ligados com manteiga (*ou outro legume verde*).

Châtillon
(*Mexidos*). Guarnecer, no meio, com champignons picados, salteados e um raminho de salsa frita. Ao redor, pequenos florões.

Chaville
(*Estrelados*). Sobre salpicão de champignons salteados, cozinhar os ovos; sobre estes, colocar uma colher de chá de purê de tomate, com estragão picado.

Chékchuka
Refogar, em azeite, pimentos, tomates e cebolas, finamente cortados. Cobrir com água. Juntar sal, pimenta, tomilho, louro e noz-moscada. Cozer em fogo brando, bem tapado, mexendo. Passar os legumes pela peneira. Sobre o purê obtido, colocar ovos cozidos ou mexidos. Servir.

Chénier
(*Moles ou escalfados*). Sobre pequenas fôrmas individuais, de arroz açafronado. Guarnecer com fatias de beringela fritas em azeite e cobrir tudo com Molho de Tomate.

Chicória (*Chicorée*)
(*Fritos*). Acamados sobre chicória estufada em manteiga. Cordão de suco de carne ao redor. Pode-se fazer com azedas, espinafres ou outro legume.

Chimay
(*Cozidos, recheados*). Abrir os ovos ao meio, e tirar as gemas, que são passadas na peneira. Misturar com Duxelles seco e salsa picada. Temperar, misturar com nata, e rechear as claras. Cobrir com Molho Mornay e gratinar.

Chipolatas
(*Estrelados*). Cobrir o fundo da frigideira com cebola picada passada por manteiga, e cozinhar sobre ela os ovos. De cada lado da gema, enfeitar com uma salsicha Chipolata, grelhada. Cordão de Fundo de Vitela reduzido.

Chivry
(*Moles ou escalfados*). Sobre crostões fritos. Guarnecer com pontas de espargos verdes, passados por manteiga. Cobrir com Molho Chivry.

Chorão (*Choron*)
(*Moles ou escalfados*). Sobre crostões, um pouco maiores que os ovos, colocar estes, cobertos com Molho de Natas. Na parte que sobressai, colocar, em toda a volta, Molho Bearnês e, sobre este, ervilhas.

Cigana (*Gitane*)
(*Estrelados*). Pimentos, tomates e cebola, refogados em manteiga, servindo de guarnição aos ovos. De um lado, batata frita, de outro, Molho de Tomate; ao redor das gemas.

Cigana (*Gitane*)
(*Mexidos*). Adicionados de pimentos, tomates, cebolas, palitos de batata frita e pequenos crostões. Adicionar natas.

Cinderela
O mesmo que GATA BORRALHEIRA.

Cingalesa (*Cingalaise*)
O mesmo que BOMBAIM. À parte, arroz cozido natural.

Clamart
(*Mexidos*). Misturados com Ervilhas à Francesa. No centro, montinhos de ervilhas naturais.

Clamart
(*Moles ou escalfados*). Sobre tarteletas recheadas com Ervilhas à Francesa. Cobrir com Molho de Natas, adicionado de Manteiga de Ervilhas.

Clamart
(*Estrelados*). Fundo da frigideira coberto com ervilhas; cozinhar os ovos sobre elas.

Clarence
(*Moles ou escalfados*). Sobre tarteletas recheadas com juliana de língua escarlate, champignons e trufas. Cobrir com Molho Reforma, adicionado de manteiga.

Clélia
(*Estrelados*). Depois de cozinhados, colocam-se sobre espinafres, cobrem-se com Molho Mornay e queijo ralado, e gratinam-se. (*Faz-se, também, com cozidos ou escalfados, operando da mesma maneira*).

Cluny
(Estrelados). Guarnecidos com pequenos croquetes de aves, e Molho de Tomate ao redor das gemas.

Colbert
(*Moles ou escalfados*). Sobre tarteletas, recheadas com macedônia de legumes, ligada com Bechamel. Cobrir os ovos com Manteiga Colbert.

Colbert
(*Em tigelas*). Fundo da tigela coberto com creme de aves. Enfeitar nos bordos, depois de cozinhado, com cordão de Molho Colbert.

Colinette
(*Frios*). Ovo escalfado, numa fôrma oval encamisada com geléia branca, decorada com gema de ovo cozido e trufas. Desenformar em volta de uma Salada Raquel, com rodelas de batata e de trufas. Enfeitar o meio do prato com crescentes (*croissants*) de geléia.

Colombo
(*Mexidos*). Tomates salteados com manteiga, molhados com vinho branco. Adicionar salsichas às rodelas, e os ovos. Misturar bem.

Condé
(*Estrelados*). Cozinhados sobre feijão vermelho e fatias de toucinho grelhadas. Cordão de Molho de Vinho Tinto ao redor.

Condé
(*Moles ou* escalfados). Sobre torradas. Empratar em coroa, guarnecendo o centro com purê de feijão encarnado. Cobrir com suco de carne ligado (*Jus lié*). Salpicar com salsa picada.

Condessa (*Comtesse*)
(*Moles ou escalfados*). Sobre tarteletas recheadas de purê de ervilhas, pontas de espargos, trufas e champignons. Cobrir com Molho Supremo, perfumado com Jerez. Trufas picadas sobre cada ovo.

Conti
(*Moles ou escalfados*). Sobre tarteletas, recheadas com purê de lentilhas com natas.

Conti
(*Estrelados*). Cozinhar os ovos sobre purê de lentilhas e duas fatias de toucinho, grelhadas.

Continental
(*Moles ou escalfados*). Sobre escalopes de pasta de ligado (*foie gras*). Cobrir com Molho Périgueux, e colocar rodela de trufa sobre cada ovo.

Cortadora (*Bouchère*)
(*Moles ou escalfados*). Em crustada oval, cobertos com Molho de Tutano, e polvilhados com salsa picada.

Costeletas de Ovos (*Côtelettes d'Oeufs*)
(*Cozidos*). Dados de gemas e claras, misturados com Molho Bechamel. Ligar com gemas de ovos cruas. Reduzir, arrefecer, e dar-lhe a forma de costeletas. Panar e fritar. À parte, Molho de Tomate.

Costeletas Manon (*Côtelettes Manon*)
(*Cozidos*). Aparelho preparado apenas com claras. Rechear com um salpicão de gemas de ovos cozidas e presunto, ligados com Molho Soubise reduzido. Proceder como na receita anterior, para fazer as costeletas. À parte, Molho Soubise ligeiro.

Crécy
(*Estrelados*). Cozinhados sobre purê de cenouras. Cordão de Molho de Natas ao redor.

Crécy
(*Moles ou escalfados*). Colocar sobre tarteletas, recheadas de purê de cenouras, e cobrir com Molho de Natas.

Creme (*Crème*)
(*Moles ou escalfados*). O mesmo que BECHAMEL.

Creme (*Crème*)
(*Estrelados*). Cozinhados como vulgarmente, mas com um cordão de nata fresca ao redor.

Creme (*Crème*)
(*Em tigelas*). Colocar no fundo da tigela uma colher de nata fresca e, sobre a gema, uma pequena bola de manteiga Ao forno em banho-maria.

Crioula (*Créole*)
(*Escalfados*). Colocados sobre crustadas de arroz branco, com salpicão de champignons. Cobrem-se com Molho Bechamel, e gratinam-se ligeiramente.

Crioula (*Créole*)
(*Fritos*). Sobre pequenas fôrmas redondas, feitas de abóbora grelhada. Guarnecer com Arroz Crioula. Cobrir os ovos com Manteiga Noisette.

Cromesquis de Ovos (*Cromesquis d'Oeufs*)
(*Cozidos*). Aparelho composto de gemas e claras de ovos, champignons e trufas. Ligar com Molho Alemão. Arrefecer. Formar as palhetas, passá-las por massa de fritos e fritá-las. Servir com Molho de Tomate, à parte.

Croquetes de Ovos (*Croquettes d'Oeufs*)
(*Cozidos*). O mesmo aparelho anterior. Fazer os croquetes, passar e fritar. À parte, Molho de Natas.

Crostões (*Croûtons*)
(*Mexidos*). Adicionar crostões fritos em manteiga. Ao redor, crostões em triângulos isósceles.

Crus à Alemã (*Cru à l'Allemande*)
Picar 100 g de lombo de vaca, e temperar com sal e pimenta. Formar uma pasta com um orifício no centro, onde se coloca um ovo cru, bem fresco, sem casca. Servir.

Czarina (*Tzarine*)
(*Frios*). Moles; arrefecidos, decorados com filetes de anchovas e tiras de salmão fumado. Servido sobre crostões, guarnecidos com caviar e Salada Russa. Cobertos com Molho *Chaud-Froid* rosado, de peixe.

Dalmont
(*Moles ou escalfados*). Sobre crostões barrados com pasta de fígado (*Foie gras*). Cobrir com Molho Madeira atomatado.

Daudet
(*Moles ou escalfados*). Sobre crustadas folhadas, recheadas com picado de aves. Cobrir com purê de trufas, ligado com Molho Aveludado.

Daumont
(*Moles ou escalfados*). Sobre tortulhos grandes, estufados em manteiga; guarnecidos com salpicão de lagostins, ligado com Molho Nantua. Cobrir com Molho Nantua, e pôr sobre cada ovo uma lâmina de trufa.

Delfina (*Dauphine*)
(*Cozidos*). Panar os ovos cozidos, enquanto quentes e fritar em gordura fervente. Servir com Molho Bechamel, ligado com natas e gema de ovo.

Delmonico
(*Moles ou escalfados*). Cobrir os ovos com Molho Mornay, misturado com trufas picadas. Colocá-los sobre crustadas de Nulhes, recheadas com salpicão de molejas de carneiro, de champignons, e de trufas, ligados com Molho Madeira reduzido. Gratinar.

Diabo (*Diable*)
(*Estrelados*). Voltá-los para passar dos dois lados. Cobrir com Manteiga Noisette, e um filete de vinagre aquecido.

Diabo (*Diable*)
(*Fritos*). Como o anterior.

Diana (*Diane*)
(*Moles ou escalfados*). Sobre tarteletas feitas de miolo de pão, frito em manteiga, recheadas com purê de caça. Cobrir com Molho Salmis, adicionado de trufas em dados, e manteiga.

Diana (*Diane*)
(*Em tigelas*). O interior barrado com purê de caça. Depois da cocção, pôr em volta um cordão de Molho Salmis, e, no meio, uma rodela de trufa.

Dijonesa (*Dijonnaise*)
(*Moles ou escalfados*). Num pequeno anel (como um *vol-au-vent*), feito com recheio ou Batata Duquesa, e guarnecido com pequenas cebolas e champignons, estufados em manteiga e vinho tinto, colocar ovos. Cobrir com Molho de Vinho Tinto.

Dino
(*Moles ou escalfados*). Sobre crostões; cobrir com Molho de Caril. Enfeitar com juliana de aves e de tortulhos.

Diplomata (*Diplomate*)
(*Em tigelas*). Guarnecer o fundo com uma rodela de pasta de fígado (*foie gras*). Depois de cozinhados; cordão de Molho de Tomate, ao redor da tigela.

Divette
(*Mexidos*). Com lagostins e pontas de espargos. Cordão de Molho Nantua ao redor.

Divorciados (*Divorçons*)
Como **Halévy**.

Dória
(*Estrelados*). Como à MONAGASCA sem estragão. Enfeitar com trufas.

Dória
(*Moles ou escalfados*). Sobre fatias de língua. Cobrir com Molho Supremo. Polvilhar com trufas picadas.

Dreux
(*Frios*). (*Moles ou escalfados*). Sobre salada de pontas de espargos. Cobrir com Molho *Chaud-Froid*, a branco. Enfeitar com lâminas de trufa, em cima, e geléia, em volta.

Du Barry
(*Frios*). Purê de couve-flor, ligado com Maionese. Ovo escalfado em cima. Decorar com cerefólio e cobrir com geléia.

Ducal (*Ducale*)
(*Moles ou escalfados*). Sobre torradas redondas. Enfeitados com lâminas de trufas, e cobertos com Molho Supremo.

Dufferin
(*Moles ou escalfados*). Sobre champignons grandes, grelhados. Cobertos com Molho Rábano e natas batidas.

Duque de Aumale (*Duc d'Aumale*)
(*Mexidos*). Com natas; misturados depois de cozinhados, com rim de vitela salteado. Guarnecer, ao redor, com cordão de Molho de Tomate.

Duquesa (*Duchesse*)
(*Moles ou escalfados*). Em pequenas tarteletas, feitas de Batata Duquesa, passadas no forno. Cobertos com Molho Aveludado, de natas.

Duquesa (*Duchesse*)
(*Estrelados*). Fazer um 8 de Batata Duquesa e colocar na frigideira. Partir um ovo em cada intervalo. Cobrir com natas e cozinhar no forno.

Duxelles
(*Moles ou escalfados*). Sobre crostões ovais, fritos em manteiga, com fatias de presunto passada em manteiga. Cobrir com Molho Duxelles e polvilhar com salsa picada.

Eduardo VII (*Edouard VII*)
(*Moles ou escalfados*). Sobre arroz, com trufas em dados. Separados por uma fatia de língua escarlate, talhada em forma de crista de galo, aquecida em vinho da Madeira. Cobrir os ovos com fundo de vitela reduzido. Rodela de trufa sobre cada um deles.

Egípcio (*Egyptienne*)
(*Estrelados*). Cozinhados sobre juliana de porros e cebolas, ligada com Molho de Natas.

Eloísa (*Heloïse*)
(*Escalfados*). Sobre crostões de pão frito. Cobrem-se com Molho de Natas e enfeitam-se com língua escarlate e trufas. Cordão de Molho de Tomate, ao redor de cada ovo. Gratinar ligeiramente.

Ervas Finas (*Fines Herbes*)
(*Mexidos*). Com adição de ervas aromáticas, picadas.

Ervas Finas (*Fines Herbes*)
(*Cozidos*). Com Bechamel, mas com ervas aromáticas.

Esaú (*Esaü*)
(*Moles ou escalfados*). Em crustadas de pão, com recheio de purê de lentilhas. Cobrir com fundo de vitela reduzido.

Escada (*l'Échelle*)
(*Mexidos*). Misturados com queijo ralado. Colocar em prato de ir ao forno, com crostões fritos em manteiga, lâminas de trufa grossa, sal e pimenta. Alisar bem a superfície, e cobrir com queijo ralado e manteiga derretida. Gratinar.

Escarlate (*Écarlate*)
(*Moles ou escalfados*). Sobre crostões, fritos em manteiga. Cobrir com Molho de Tomate, e enfeitar com dados de língua escarlate.

Escarlate (*Écarlate*)
(*Estrelados*). Sobre língua escarlate em juliana, com Molho de Tomate.

Escarlate (*Écarlate*)
(*Frios*). Cobrir com geléia, adicionada de língua escarlate picada; sobre fatias de língua escarlate.

Escocesa (*Écossaise*)
(*Moles ou escalfados*). Sobre crustadas folhadas, guarnecidas com purê de salmão, ligado ao Bechamel. Cobrir com Molho de Camarões, e colocar uma lâmina de trufa sobre cada ovo.

Espanhola (*Espagnole*)
(*Estrelados*). Sobre cebola salteada em manteiga. Guarnecidos, depois de cozinhados, com tomates *concassés* e pimentos morrones estufados em manteiga.

Espanhola (*Espagnole*)
(*Fritos*). Empratar em coroa, alternando ovos com metades de tomate, fritas em azeite. Guarnecer o meio do prato com cebola frita em rodelas. Ao redor do prato, cordão de Molho de Tomate, misturado com pimentos morrones.

Espanhola (*Espagnole*)
(*Frios*). Cobertos com cebola, tomates e morrones, salteados com alho e azeite. Cobrir com geléia. Servir sobre torradas redondas, barradas com um purê de gemas de ovo cozidas, ligadas com manteiga. Pequenos tomates macerados em vinagre, azeite, sal e pimenta, recheados com juliana de pimentos verdes, temperada com vinagrete.

Espanhola (*Espagnole*)
(*Moles ou escalfados*). Sobre tomates cozidos em azeite, recheados dum salpicão de pimentos. Guarnecer com rodelas de cebola frita, e cobrir os ovos com Molho de Tomate.

Espelho (*Miroir*)
(*Estrelados*). Cobrir os ovos com natas espessas. Cozinhar em fogo bem forte, de maneira que a película branca sobre o ovo esteja cozida a tempo.

Estragão (*Estragon*)
(*Estrelados*). Cozinhados sobre suco de vitela, aromatizado com estragão. Cordão de Molho Estragão, ao redor. Sobre a gema, pequenas folhas de estragão em estrela.

Estragão (*Estragon*)
(*Frios*). (Ver CHARTRES).

Estragão (*Estragon*)
(*Moles ou escalfados*). (Ver CHARTRES).

Estragão (*Estragon*)
(*Mexidos*). Adicionados de estragão picado.

Estrasburguesa (*Strasbourgeoise*)
(*Em tigelas*). Sobre trufas picadas e escalopes de fígado de pato (*foie gras*). Cordão de Demiglace com vinho da Madeira, no final.

Falantes (*Parlants*)
(*Fritos*). Guarnecidos com fatias de língua escarlate. Sobre crostões. Cobertos com suco de vitela ligado (*Jus lié*).

Favart
(*Moles ou escalfados*). Sobre tarteletas, recheadas dum salpicão de molejas de carneiro, de trufas e champignons, ligado com Aveludado de carne. Guarnecer com croquetes grandes, trufados. Cobrir com Molho Supremo.

Fédora
(*Moles ou escalfados*). Em crustadas, guarnecidas com salpicão de fígado de pato (*foie gras*) e trufas, ligado com Molho Supremo. Cobrir os ovos com o mesmo molho.

Fígados de Aves (*Foie de Volaille*)
(*Mexidos*). Escalopes de fígado de aves salteados com vinho da Madeira. Colocar no centro do prato. Cordão de Molho Madeira ao redor.

Flamenga (*Flamande*)
(*Estrelados*). Como os ovos à BRUXELENSE. Podem também ser guarnecidos com rama de lúpulo, e manteiga, ou natas.

Flamenga (*Flamande*)
(*Moles ou escalfados*). Em tarteletas ou crostões, recheados com purê de endívias. Cobrir com Molho Alemão, ou Molho Natas, segundo se deseje (*Gordo ou Magro*).

Flora
(*Moles ou escalfados*). Sobre crustadas, cobertos com 1/2 de Molho de Tomate, 1/2 de Molho Supremo. Salsa picada sobre o encarnado, e trufa picada sobre o outro.

Floréal
(*Estrelados*). Gema rodeada de rodelas de nabo; a clara, de rodelas de cenoura. Cordão de purê de ervilhas, ao redor do prato.

Floréal
(*Moles ou escalfados*). Em crustadas. Cobrir os ovos com Molho Supremo, contendo salsa picada. A base rodeada com purê de ervilhas. Decorar com folhas de cerefólio.

Florentina (*Florentine*)
(*Estrelados*). Colocar sobre folhas de espinafres

estufadas em manteiga; cobrir com Molho Mornay e queijo ralado. Lançar sobre o queijo um pouco de manteiga derretida, e gratinar em forno bem forte.

Florentina (*Florentine*)
(*Moles ou escalfados*). A mesma preparação que para o anterior. (*Podem também ser utilizados ovos cozidos ou fritos*).

Florestal (*Forestière*)
(*Estrelados*). Sobre toucinho grelhado, cortado em quartos. Guarnecer com salpicão de míscaros, salteados em manteiga.

Florestal (*Forestière*)
(*Escalfados*). Em tarteletas, recheadas com toucinho e míscaros cortados aos quartos, salteados em manteiga. Cobrir com Molho Châteaubriand e salsa picada.

Florestal (*Forestière*)
(*Mexidos*). Com míscaros e toucinho, salteados em cubos.

Florestal (*Forestière*)
(*Em tigelas*). O fundo coberto com purê de míscaros, e cubos de toucinho salteados. Ao sair do forno, salsa picada sobre a gema.

Forasteira (*Étrangère*)
(*Mexidos*). Com presunto e cogumelos, previamente salteados.

Franciscano (*Franciscain*)
(*Cozidos*). Cortados em rodelas, e misturados com tomates de igual maneira preparados, fritos em azeite. Cobre-se com cebola, refogada em manteiga com um pouco de vinagre e salsa.

Francesa (*Française*)
(*Fritos*). Como guarnição, levam apenas salsa frita. Sobre fatias redondas de pão frito, passado por gema de ovo (*crostões à francesa*).

Franganita (*Poulette*)
(*Cozidos*). Rodelas de ovo cozido e champignons picados. Cobrir com Molho Franganita (*Poulette*) e salsa picada.

Frigideira (*à la Poêle*)
(*Fritos*). Em manteiga. Depois de enrolados, terminar a cocção no forno.

Frufru (*Frou-Frou*)
(*Em tigelas*). O fundo coberto de purê de aves. Cobrir o ovo com queijo ralado. Não deixar cozinhar excessivamente.

Frufru (*Frou-Frou*)
(*Frios*). Ovo escalfado, coberto com Molho *Chaud-Froid*, contendo gemas de ovo cozido, picadas. Decorar em cima com um anel de trufa. A base rodeada com um cordão de trufas picadas. Lustrar com geléia, e empratar ao redor de uma salada de ervilhas, pontas de espargos e feijão-verde em losangos, ligada com Maionese e geléia. Crostões de geléia e geléia picada, ao redor e no centro.

Galli-Marié
(*Moldados*). Sobre fundos de alcachofras, recheados com arroz à grega. Encher as fôrmas com um aparelho composto de 1/2 de ovos mexidos e 1/2 de ovos batidos. Cozinhar e desenformar sobre o arroz. Cobrir com Molho Mornay e gratinar

Gambetta
(*Estrelados*). Decorados com trufas e cordão de Molho Chorão.

Gambetta
(*Mistos*). Serve-se, por comensal, um ovo escalfado e um estrelado aparado em redondo, colocados sobre crostões, barrados de purê Soubise trufado. Guarnecem-se com Molho Bearnês atomatado. Põe-se uma lâmina de trufa sobre o ovo estrelado e salsa picada sobre o escalfado.

Gasconha (*Gascogne*)
(*Fritos*). Sobre rodelas de presunto e de beringela, grelhadas com azeite e sal, sobrepostas. Cobrir os ovos com tomates salteados.

Gastrônomo (*Gastronome*)
(*Mexidos*). Com salpicão de salmão fumado, trufas e lagostins. Cordão de Molho Americano.

Gastrônomo (*Gastronome*)
(*Cozidos*). Abertos ao meio. Pisam-se as gemas e unem-se a um salpicão de salmão frio, lagostins e trufas, ligando com Bechamel. Reenchem-se as claras, cobrem-se com o mesmo molho, e gratinam-se ligeiramente.

Gastrônomo (*Gastronome*)
(*Em tigelas*). Fundo coberto com purê de salmão e de lagostins. Depois de cozinhados, pôr trufas picadas e cordão de Molho Americano sobre a gema.

Gata Borralheira (*Cendrillon*)
(*Escalfados*). Em batatas assadas, ocadas. Cobrir com Molho Mornay e gratinar; colocar uma lâmina de trufa sobre cada ovo.

Gaulesa (*Gauloise*)
(*Escalfados*). Sobre crostões de pão frito, recheados com salpicão de tomate e presunto. Cobrem-se com Molho de Tomate, e guarnecem-se com cristas e rins de galo.

Gentil-homem (*Gentilhomme*)
(*Frios*). Cortados ao meio no sentido do comprimento. Misturam-se as gemas com purê de faisão. Reenchem-se as claras, cobrem-se com *Chaud-Froid* escuro, e enfeitam-se com trufas e gelatina.

Georgette
(*Moles ou escalfados*). Em batatas assadas no forno, ocadas, recheadas depois com salpicão de lagosta, ligado com Molho Americano. Cobrir com Molho Mornay, gratinar e enfeitar com lâmina de trufa.

Georgette
(*Mexidos*). Em batatas como os anteriores, mas o salpicão é adicionado aos ovos.

Gordon
(*Mexidos*). Com tutano de vaca e trufas. Cordão de Molho Châteaubriand.

Gralhas (*Gribouis*)
(*Moles ou escalfados*). Sobre crustadas guarnecidas de purê de champignons, adicionado de champignons picados. Cobrir com suco de carne ligado.

Granier
(*Estrelados*). Cozinhados sobre pontas de espargos e trufas. Decorar a gema, com rodela de trufa ao meio, e pontas de espargos em estrela.

Granville
(*Cozidos*). Cortados em quartos. Servidos em estrela, com champignons cozidos em manteiga, no centro. Molho Bordalês.

Grão-Duque (*Grand-Duc*)
(*Moles ou escalfados*). Em crustadas recheadas com pontas de espargos. Cobrir com Molho Mornay e glacear. Enfeitar com lâminas de trufas e raminhos de pontas de espargos.

Grão Duque (*Grand-Duc*)
(*Estrelados*). Cozinhados sobre pontas de espargos e trufas. Cobrir com Molho Mornay e queijo ralado, e gratinar.

Gratinados (*Gratin*)
(*Moles ou escalfados*). Sobre crostões. Cobertos com Molho Mornay e gratinados.

Gratinados (*Gratin*)
(*Estrelados*). Fundo da frigideira coberto com Molho Mornay. Partir o ovo em cima. Cobrir novamente com Molho, e cozinhar no forno, com bastante calor.

Grelhados (*Grillés*)
Ovos crus, metidos numa caixa de papel vegetal com manteiga, cozinhados sobre a grelha. Servir com suco de carne.

Grelhados à Diabo (*Grillés Diable*)
(*Escalfados*). Panar com manteiga derretida e grelhar. À parte, Molho Diabo.

Halévy
(*Moles ou escalfados*). Em tarteletas, recheadas com 1/2 de tomates *concassés*, 1/2 de picado de aves. Cobrir o ovo com 1/2 de Molho de Tomate e 1/2 de Molho Supremo. Separar por um cordão de Glace de Carne.

Henrique IV (*Henry IV*)
(*Moles ou escalfados*). Em crustadas. Cobrir com Molho Bearnês.

Hojos
(*Frios*). Sobre fundo de milho, cozido com natas. Cobrir o ovo com juliana de presunto e pimentos. Lustrar com geléia.

Holandesa (*Hollandaise*)
(*Moles ou escalfados*). Sobre crustadas com purê de salmão. Cobrir os ovos com Molho Holandês.

Holandesa, Em Chícara à (*En tasse à la Hollandaise*)
Untar as chícaras com manteiga. Cobrir todo o interior com queijo ralado, e o fundo com

pequenos cubos de presunto. Encher a chícara com ovos batidos, e cobrir com presunto e queijo ralado. Cozer 12 minutos em banho-maria, e servir com Molho de Tomate.

Hortaliceira (*Maraîchère*)
(*Estrelados*). Cozinhados sobre juliana estufada, de alface, azedas e cerefólio. Rodear a gema com retângulos de toucinho, grelhados.

Humberto de Sabóia
(*Estrelados*). Cozinhados sobre purê de caça. Cordão de Molho Poivrade.

Humberto de Sabóia
(*Fritos*). Sobre crostões barrados de purê de caça. Molho Poivrade.

Húngara (*Hongroise*)
(*Cozidos*). Cortados em rodelas. Cobrir com Molho Páprica, contendo cebolas picadas e rodelas de tomate, salteadas em manteiga.

Hussardo (*Hussarde*)
(*Moles ou escalfados*). Sobre metades de tomate, cozidos no forno, recheados de cebola picada salteada com manteiga, e dados de presunto. Ligar com Demi-glace. Cobrir de Molho Supremo condimento com caiena.

Igueldense
(*Estrelados*). Cozinhados sobre uma camada de tomate, rodelas de cebola, alho e salsa picada, passados em azeite. Cobrem-se os ovos com queijo ralado, e gratinam-se ligeiramente. (*Vascaína*).

Imperial
(*Moldados*). Colocar nos fundos das fôrmas champignons estufados. Cobrir os ovos com purê de trufas, ligado com Molho Madeira.

Indiana (*Indienne*)
(*Moles ou estufados*). Sobre tampões de arroz, com caril. Cobrir com Molho Caril.

Indiana (*Indienne*)
(*Cozidos*). Como PARISIENSES, mas purê de aves em vez de champignons. Adicionar ao Bechamel um pouco de caril em pó. Servir Molho Caril, à parte.

Infante
(*Moles ou escalfados*). Em tarteletas, recheadas com purê de champignons trufado. Cobrir com Molho Mornay e gratinar. Lâminas de trufas sobre os ovos.

Inglesa (*Anglaise*)
(*Fritos*). Como FRIGIDEIRA. Podem ser servidos ao natural.

Inglesa (*Anglaise*)
(*Estrelados*). Sobre duas fatias de toucinho fumado (*bacon*), grelhado.

Inglesa (*Anglaise*)
(*Moles ou escalfados*). Sobre torradas. Polvilhados com queijo de Chester ralado e cobertos com Manteiga Noisette. Glacear no forno.

Isabel (*Elisabeth*)
(*Escalfados*). Sobre fundos de alcachofras e lâminas de trufas. Cobrem-se com Molho Mornay, parmesão ralado, e gratinam-se.

Isabel (*Elisabeth*)
(*Recheados*). Abrir os ovos pela parte mais fina, e retirar as gemas. Passá-las pela peneira, e juntar purê de alcachofras e trufas picadas. Reencher as claras, colocar estas sobre fundos de alcachofras, cobrindo depois com Molho Mornay e queijo ralado. Gratinar.

Isolina
(*Estrelados*). Depois de cozinhados, guarnecer com metades de tomates tratados à Provençal, recheados com fígado de aves, salteados com vinho da Madeira. Decorar com salsa picada.

Italiana (*Italienne*)
(*Estrelados ou em tigela*). Cozinhados sobre presunto picado. Cordão de Molho Italiano ao redor.

Italiana (*Italienne*)
(*Fritos*). Empratar, alternados com fatias de presunto, e cobrir com Molho Italiano.

Italiana (*Italienne*)
(*Moles ou escalfados*). Sobre crustadas de pão, fritas em manteiga, guarnecidas dum salpicão de presunto, ligado com Demi-glace ao Madeira. Cobrir os ovos com Molho Italiano e salsa picada.

Jardineira (*Jardinière*)
(*Fritos*). Sobre tarteletas, recheadas com jardineira de legumes; cobertos com Demi-glace.

Jéssica
(*Escalfados*). Sobre crostões ovalados, guarnecidos com míscaros e pontas de espargos. Cobrir com Molho Châteaubriand.

Joaninha (*Jeanette*)
(*Frios*). Escalfados; colocar sobre fatias de presunto e de branco de aves, sobrepostas, cobrindo de geléia. Cortar crostões em forma de corações e colocar-lhe o ovo em cima. Polvilhar com presunto e trufas picadas. Enfeitar com geléia (*aspic*) picada.

Joaninha (*Jeanette*)
(*Em tigelas*). Barrar as tigelas com purê de aves e pasta de fígado. Depois da cocção, cordão de Molho Supremo.

Jockey Club
(*Estrelados*). Depois de cozinhados, cortar a clara, deixando apenas uma pequena faixa branca ao redor da gema. Colocar sobre torradas, cobertas com purê de pasta de fígado. Guarnecer com rim de vitela salteado em manteiga, e lâminas de trufa sobre os ovos.

Josefina (*Joséphine*)
(*Recheados*). Abrir ao meio ovos cozidos (*1 por pessoa*). Retirar as gemas, pisá-las e misturá-las com miolo de pão ensopado em leite, manteiga, salsa picada, sal e pimenta. Reencher, dando a forma do ovo. Passar por massa de fritos e fritar em gordura fervente. Servir quentes, com ou sem molho.

Languedociana (*Languedocienne*)
(*Fritos*). Sobre rodelas de beringela, fritas em azeite. Guarnecer com tomate salteado, em azeite e alho. Cobrir com Manteiga Noisette.

Lapérouse
(*Moles ou escalfados*). Sobre crostões, guarnecidos com purê de fundos de alcachofras. Cobrir com Molho Supremo. Lâminas de trufa.

La Vallière
(*Moles ou escalfados*). Em tarteletas, recheadas de purê de azedas com natas. Cobrir com Molho Supremo. Decorar com pontas de espargos cruzadas.

Lenhadora (*Bûcheronne*)
Antes de enrolar os ovos, polvilhar a gema com cebolinho picado. Servir com Batatas Macário.

Leontina (*Leontine*)
(*Em tigelas*). Cobrir o fundo com purê de peixe, misturado com um salpicão de lagostins e de trufas. Depois da cocção, pôr um cordão de Molho de Tomate.

Leuchtemberg
(*Mexidos*). Misturados com cebolinho picado e branqueado. Caviar ao centro.

Lille
(*Moldados*). Em fôrmas ovais, guarnecidas com ovos de lagosta, colocar os ovos mexidos, com trufas e lagostins picados. Molho de Camarão em volta.

Lili
(*Moldados*). Como LILLE.

Lionesa (*Lyonnaise*)
(*Estrelados*). Cozinhados sobre cebolas salteadas. Cordão de Molho Lionês.

Lionesa (*Lyonnaise*)
(*Cozidos*). Como BECHAMEL, mas sobre um leito de cebolas, salteadas em manteiga.

Lituaniana (*Lithuanienne*)
(*Escalfados*). Sobre crostões de pão frito, cobertos com purê de champignons. Cordão de Molho Périgueux.

Lorena (*Lorraine*)
(*Estrelados*). Cozinhados sobre quadrados de toucinho fumado (*bacon*). Colocar fatias finas, de queijo *gruyère*, sobre claras; cobrir com Molho Creme e gratinar.

Loreto (*Lorette*)
(*Escalfados*). Sobre crustadas de Batata Delfina (*Dauphine*). guarnecidas com pontas de espargos. Lâminas de trufa sobre os ovos. À parte, suco de carne ligado.

Lucas
(*Frios*). Ovos escalfados, colocados sobre crostões, cobertos com Molho *Chaud-Froid*, e decorados com folhas de estragão.

Lúculo (*Lucullus*)
(*Moles ou escalfados*). Sobre fundos de alcachofras, estufados em manteiga e recheados com um salpicão de moleja de cordeiro, trufas e champignons, ligado com Molho Aveludado reduzido.

Lúculo (*Lucullus*)
(*Cozidos*). Como PARISIENSE. Substituir o champignon por pasta de fígado (*foie gras*), e trufas em pequenos dados. Molho Madeira à parte.

Luisita (*Luisette*)
(*Escalfados*). Sobre croquetes redondos, de batata, com purê de presunto e trufas. Cobrir com suco de carne ligado.

Lulli
(*Estrelados*). Sobre presunto salteado. Aparar o ovo com o corta-massas redondo. Guarnecer com Macarrão à Napolitana.

Madalena (*Madeleine*)
(*Em tigelas*). Sobre recheio de aves, cobertos com Molho Alemão.

Madrasta (*Madras*)
(*Moles ou escalfados*). Sobre tarteletas recheadas com arroz natural. Cobrir o ovo com Molho Supremo adicionado de caril. (*O nome deste prato deriva da cidade de Madrasta, na costa do Choromândel (Índia), e não "da mulher que casou com o pai"*).

Magda
(*Mexidos*). Misturados com ervas aromáticas picadas, queijo ralado e mostarda. Ao redor, crostões em "dentes de lobo".

Magenta
(*Escalfados*). Sobre tarteletas, recheadas de camarões e pontas de espargos, com Bechamel. Cobrir com Molho de Camarões.

Maintenon
(*Escalfados*). Sobre pequenas crustadas, recheadas com purê de champignons. Cobrir com Molho Soubise cremado, e gratinar ligeiramente.

Maiorquina (*Majorquine*)
(*Estrelados*). Em manteiga, com tomate salteado, salsa, queijo ralado, sal. Cozinhar, sem deixar passar muito as gemas.

Malaguenha (*Malagueña*)
(*Estrelados*). Em azeite, com rodelas de chouriço, rodelas de tomate, alho, salsa picada.

Malmaison
(*Moles ou escalfados*). Sobre tarteletas recheadas com ervilhas, losangos de feijão-verde, pontas de espargos, misturados e ligados com natas. Base de ovo rodeada de um cordão de Molho Bearnês. Cerefólio e estragão picados, sobre este.

Manteiga Escura (*Beurre Noir*)
(*Estrelados*). Cozinhados em manteiga, que previamente se deixa adquirir uma cor alourada.

Marechala (*Maréchale*)
(*Estrelados*). Depois de cozinhados, cobrem-se com um pouco de Molho de Trufas, adicionado de pasta de fígado (*foie gras*).

Mariana (*Marianne*)
(*Moles ou escalfados*). Sobre metades de tomate, estufadas em manteiga e recheadas com purê dos mesmos. Colocar sobre cada ovo uma rodela de batata, estufada em manteiga. Cobrir com Manteiga Mordomo (*Maître d'Hôtel*), adicionada de Glace de Carne dissolvida.

Marivaux
(*Mexidos*). Misturados com purê de trufas e dados de champignons.

Marivaux
(*Moles ou escalfados*). Empratar os ovos numa caixa redonda de tarta, recheada dum salpicão de trufas e de champignons. Cobrir com Demi-glace ao Madeira, bastante reduzida.

Maruja ou Matalota (*Matelote*)
(*Estrelados*). Cozinhados sobre Molho Matalota (Matelote). Cordão do mesmo molho ao redor.

Maisena
(*Moles ou escalfados*). Sobre fundos de alcachofras, recheados com Molho Bearnês. Cobrir o ovo com Molho de Tomate. Rodelas de tutano e salsa picada, sobre cada ovo.

Massenet
(*Mexidos*). Misturados com fundos de alcachofras. Guarnecer com escalopes de fígado de pato (*foie gras*), trufas e pontas de espargos.

Massenet
(*Moles ou escalfados*). Sobre fundos de alcachofras recheados com uma pequena Batata Ana. Cobrir com Molho de Natas adicionado de purê de feijão-verde.

Maupassant
(*Frios*). Ovos escalfados, cobertos com Molho Matalota (*Matelote*) de vinho tinto, e geléia de

peixe. Lustrar com geléia de peixe. Enfeitar com mais geléia de peixe, rosada.

Maximiliano (*Maximilienne*)
(*Estrelados*). Cobrir os ovos com salsa picada, queijo ralado e miolo de pão frito, misturados. Cozinhar em fogo bem forte. Guarnecer com metades de tomate, fritas em azeite, polvilhadas, no interior, com alho e salsa picados.

Mayer
(*Estrelados*). Guarnecidos com rim salteado, e uma rodela de trufa sobre a gema.

Meio-Luto (*Demi-Deuil*)
(*Moles ou escalfados*). Sobre crustada folhada, recheada de champignons com natas. Cobrir com Molho Supremo, e guarnecer com trufas, ligadas com vinho da Madeira reduzido.

Mentonesa (*Mentonnaise*)
(*Moles ou escalfados*). Sobre pequenas crustadas. Cobrir com Molho de Natas adicionado de juliana de porros, e gratinar.

Metternich
(*Estrelados*). Cozinhados sobre champignons salteados. Polvilhar o ovo com queijo ralado, e gratinar.

Metternich
(*Moles ou escalfados*). Sobre fundos de alcachofras, recheados com juliana de língua, ligada com Aveludado. Cobrir com Molho Mornay e glacear.

Meyerbeer
(*Estrelados*). Depois de cozinhados, guarnecer com um rim de carneiro grelhado (*sem panar*). Cordão de Molho Périgueux.

Mignon
(*Moles ou escalfados*). Sobre fundos de alcachofras recheados, metade ervilhas e metade camarões, ligados com manteiga. Cobrir o ovo com Manteiga de Camarões, e lâmina de trufa.

Mikado
(*Frios*). Ovos escalfados, colocados sobre uma salada de arroz, pimentos e aipo. Cobrir com Maionese, e decorar com gemas de ovo cozido e salsa picada.

Milanesa (*Milanaise*)
(*Moles ou escalfados*). Em tarteletas, recheadas com Macarrão à Milanesa. Cobrir com Molho Mornay e gratinar.

Milanesa (*Milanaise*)
(*Fritos*). Sobre Macarrão à Milanesa. Cordão de Molho de Tomate.

Mimosa
(*Recheados*). Gemas de ovo cozido, passadas pela peneira com camarões, ligadas com Maionese e salsa picada. Reenchem-se as claras. Servem-se sobre uma camada de agriões.

Mirabeau
(*Estrelados*). Cozinhados com manteiga de anchovas. Circundar a gema com um filete de anchova. Decorar com folhas de estragão branqueadas, e azeitonas, recheadas com Manteiga de Estragão.

Mireille
(*Moles ou escalfados*). Sobre tampões de arroz açafronado. Guarnecer o prato com crostões fritos, barrados de tomates *concassés*.

Mirepoix
(*Moles ou escalfados*). Sobre crostões, guarnecidos duma fatia de presunto. Cobrir com Molho Madeira, adicionado de Mirepoix.

Mirrette
(*Cozidos*). Cozer só as gemas. Colocar cada uma numa tarteleta recheada com salpicão de branco de aves e trufas, ligado com Aveludado ao Madeira. Cobrir os ovos com Molho Supremo.

Moderna (*Moderne*)
(*Estrelados*). Cozinhados sobre batatas, cebolas, fígados de ave e ervilhas, previamente salteados e cortados em cubos.

Mogador
(*Moles ou escalfados*). Sobre crostões de Batata Marquesa (*Marquise*). Cobrir com Molho Supremo, adicionado de pasta de fígado (*foie gras*). Decorar com lâminas de língua e de trufa.

Molay
(*Cozidos*). Servidos frios, em rodelas; com azedas, e ligados com natas.

Mônaco
(*Moles ou escalfados*). Como NANTUA. Substituir os lagostins por lagosta. Molho Cardeal (*Cardinal*).

Mônaco
(*Mexidos*). Com dados de lagosta. Cordão de Molho Lavagante.

Moncelet
(*Moles ou escalfados*). Sobre crustadas. Cobrir com Molho Madeira atomatado. Polvilhar com juliana de fundos de alcachofras e trufas.

Monagasca (*Monégasque*)
(*Estrelados*). Cozinhados sobre tomate *concassé* e estragão picado. Depois da cocção, colocar um filete de anchova, em estrela, sobre a gema. Cordão de Molho de Tomate ao redor.

Montargis
(*Estrelados*). Cortar ao tamanho de tarteletas, com o corta-massa. Encher estas com juliana de fígados de aves, salteados em manteiga, juliana de língua e de champignons, ligados com Bechamel, misturado com Glace de Carne. Cobrir com Molho Mornay e gratinar, depois de ajustar o ovo a tapar a tarteleta. Decorar com rodela de língua.

Montglas
(*Moles ou escalfados*). Sobre tarteletas, recheadas com salpicão de presunto, pasta de ligado (*foie gras*) e trufas, ligado com Molho Madeira atomatado. Cobrir com o mesmo molho.

Montmorency
(*Estrelados*). Cozinhados sobre pontas de espargos com natas. Guarnecer com montinhos de pontas de espargos, e de fundos de alcachofras, picados, salteados em manteiga.

Montmorency
(*Moles ou escalfados*). Sobre torradas, cobertos com Molho Supremo, atomatado. Guarnecer com fundos de alcachofras, contendo pontas de espargos com natas.

Montpensier
(*Moles ou escalfados*). Sobre crustadas, recheadas de ovos mexidos com camarão. Cobrir com Molho de Camarões.

Montemürt
(*Moldados*). 1/2 de ovos mexidos e 1/2 de ovos batidos, moldados em pequenos timbales. Cozer em banho-maria. Desenformar sobre tarteletas, cheias com purê de champignons, e decorar com lâminas de trufa. À parte, Molho Colbert.

Montrouge
(*Moles ou escalfados*). Sobre champignons grelhados. Cobrir com Molho Supremo de purê de champignons.

Mornay
(*Moles ou escalfados*). (Ver GRATINADOS).

Mornay
(*Estrelados*). *Idem.*

Mosaico (*Mosaïque*)
(*Frios*). Em fôrma oval, encamisada com geléia, e decorada com mosaico de losangos de língua, clara de ovo cozido, trufas e feijão-verde. Colocar o ovo, e encher com geléia. Desenformar ao redor de uma Salada Russa, também decorada em mosaico.

Moscovita (*Moscovite*)
(Frios). Sobre fundos de alcachofras. Ovo cozido, com as duas extremidades cortadas, fingindo um barril; imitar os arcos, com filetes de anchovas. Tirar as gemas, encher com caviar, e tapar com rodelas de trufa. Geleia picada ao redor.

Moscovita (*Moscovite*)
(*Moles ou escalfados*). Em pequenas tigelas de porcelana, cheias com chucrute, recoberta duma salada de aipo, *cornichons* e trufas, ligada com natas.

Mourisca (*Mauresque*)
(*Fritos*). Sobre crostões fritos, cobertos de espinafres. À parte, Molho Holandês.

Nantua
(*Estrelados*). Cozinhados sobre um salpicão de lagostins. Rodelas de lagostins ao redor da gema, e lâmina de trufa ao centro. Cordão de Molho Nantua, em volta do prato.

Nantua
(*Frios*). Proceder com os ovos como para MOSCOVITA. Encher a cavidade com salpicão de lagostins, ligado com Maionese e Coulis de

Camarão. Decorar com rodelas de lagostins e losangos de trufas. Lustrar com geléia.

Nantua
(*Moles ou escalfados*). Em tarteletas, recheadas com salpicão de lagostins, ligado com Molho Nantua. Cobrir o ovo com Molho Nantua, decorando em cruz com lagostins cortados no sentido do comprimento.

Nantua
(*Mexidos*). Misturados com salpicão de lagostins e trufas. Cordão de Molho Nantua e lâminas de trufas.

Napolitana (*Napolitaine*)
(*Moldados*). 1/2 de ovos mexidos com parmesão e 1/2 de ovo batido. Colocar em fôrma e cozinhar. Desenformar sobre um prato de ir ao forno, untado de manteiga. Cobrir com Demi-glace atomatado e queijo ralado. Gratinar.

Natas (*à la Crème*)
(*Em tigelas*). Fundo da tigela coberto com natas frescas. Depois da cocção, cordão de natas bem espessas ao redor do ovo.

Navarra (*Navarraise*)
(*Estrelados*). Cozinhados sobre tomate salteado com alho e salsa. Cobrir os ovos com rodelas de salsichão frito, queijo ralado e um pouco de manteiga. Glacear no forno.

Negus
(*Estrelados*). Guarnecidos depois de cozinhados, com croquetes de ave. Cordão de Molho Périgueux.

Neorquina (*New-Yorkaise*)
(Escalfados). Colocados sobre uma camada de milho cozido, ligado com natas. Cobertos com Molho Bechamel.

Néron
(*Estrelados*). (Ver ESTRELADOS CLUNY).

Nicense (*Niçoise*)
(*Moles ou escalfados*). Em batatas fritas, aparadas como fundos de alcachofras, recheadas com feijão-verde cozido, ligado com manteiga. Colocar os ovos, e sobre estes um montinho de tomate *concassé*. Cordão de suco de carne ligado, ao redor.

Nicense (*Niçoise*)
(*Frios*). Em tarteletas com forma de medalhão, recheadas com dados de feijão-verde, tomates e batatas cozidas, ligados com Maionese atomatada. Cobrir o ovo com o mesmo molho, e lustrar com geléia.

Ninon
(*Moles ou escalfados*). Sobre crostões, ou tarteletas, recheados com pontas de espargos. Empratar em coroa, intercalando pontas de espargos; colocar, no centro, pontas de espargos ligadas com manteiga. Cobrir os ovos com Molho Supremo, leve; decorar com trufas.

Normanda (*Normande*)
(*Estrelados*). Colocados sobre uma camada de natas, temperadas com sal e pimenta, um pouco de essência de peixe e ostras cruas bem limpas, com um pouco da própria água. Cordão de Molho Nantua ao redor, depois de cozinhados no forno.

Normanda (*Normande*)
(*Mexidos*). Guarnecer, no meio, com ostras abertas em água a ferver, bem limpas. Cobrir com Molho Normando.

Normanda (*Normande*)
(*Moles ou escalfados*). Em tarteletas recheadas com ostras cozidas, ligadas com Molho Normando. Cobrir os ovos com o mesmo molho.

Norueguesa (*Norvégienne*)
(*Frios*). Ovos cozidos, em salada, com anchovas e camarões, temperados com Molho Vinagrete. Gratinar.

Offenbach
(*Mexidos*). Com salpicão de lagostins, filetes de anchovas, atum e crostões. Cordão de Molho de Tomate.

Omer Paxá (*Omer-Pacha*)
(*Estrelados*). Cozinhados sobre cebola picada, passada em manteiga; cobertos com queijo ralado. Cordão de Molho de Tomate.

Ópera (*Opéra*)
(*Estrelados*). Depois de cozinhados, guarnecer com fígados de aves salteados em vinho da Madeira, e pontas de espargos verdes. Cordão de fundo de vitela, reduzido com manteiga.

Orleães (*Orléans*)
(*Estrelados*). Cortar a clara com corta-massa redondo, e colocar o ovo sobre uma tarteleta, recheada com dados de tutano cozido e trufas, ligados com Molho Madeira. Rodear a base da tarteleta de Molho Châteaubriand.

Orleães (*Orléans*)
(*Moles ou escalfados*).
a) Em tarteletas, recheadas com salpicão de aves, ligado com Molho de Tomate. Cobrir o ovo com Molho Supremo e Manteiga de Pistácias.
b) Em tarteletas, recheadas com tutano e trufas, ligados com Demi-glace. Cobrir com Molho Colbert.

Orleanesa (*Orléanaise*)
(*Estrelados*). Cozinhados sobre um purê de chicória com natas. Cordão de natas espessas.

Orloff
(*Mexidos*). Misturados com lagostins. Lâmina de trufa no topo.

Orsay
(*Moles ou escalfados*). Sobre torradas amanteigadas. Cobrir o ovo com Molho Châteaubriand.

Ostendaise
(*Moles ou escalfados*). Sobre crustadas, recheadas com salpicão de camarões, champignons e trufas, ligados com Molho Nantua. Cobrir o ovo com o mesmo molho, e decorar com lâmina de trufa.

Otero
(*Cozidos*). Cortados ao meio, e colocados sobre uma meia batata cozida. Cobrir com Molho Bechamel e gratinar.

Otero
(*Moles ou escalfados*).
a) Como OSTENDAISE, substituindo a crustada por uma batata cozida, ocada.
b) Da mesma maneira que (*a*). Cobrir com Molho Mornay e glacear.

Padeira (*Boulangère*)
(*Cozidos*). Pãezinhos (*cacetes*) abertos ao meio, recheados com um aparelho composto de dados de clara e gema de ovo cozido e cebola picada, passada por manteiga, ligados com Bechamel. Cobrir com queijo ralado e gratinar. Polvilhar com gemas de ovo raladas, e fazer um fio de salsa picada no sentido do comprimento.

Padeira (*Boulangère*)
(*Mexidos*). Misturados com juliana de presunto e champignons. Servem-se dentro de pequenos pães redondos, sem miolo, passados por leite e fritos.

Paiva
(*Moles ou escalfados*). Em crustadas recheadas com purê de champignons. Cobrir com Molho Mornay e gratinar. Decorar com lâminas de trufas.

Palermitana (*Palermitaine*)
(*Moldados*). Em fôrmas de babás untadas com manteiga, tendo o fundo decorado com lâmina de trufa, e as paredes com língua picada. Cozer em banho-maria. Desenformar sobre tarteletas, recheadas de macarrão com natas.

Parisiense (*Parisienne*)
(*Cozidos*). Cortar os ovos ao meio, retirar as gemas e passá-las pela peneira fina, ligando depois com dados de champignons e Bechamel. Reencher as claras e dar ao ovo a sua posição natural. Panar e fritar. Servir com ramos de salsa frita, com Molho de Tomate à parte.

Parisiense (*Parisienne*)
(*Moles ou escalfados*). Em crustadas. Cobrir um ovo com Molho Mornay, outro com Molho Nantua. Gratinar. Polvilhar com trufas picadas.

Parisiense (*Parisienne*)
(*Em tigelas*). Interior das tigelas barrado com recheio de aves, misturado com salpicão de língua, champignons e trufas. Depois de cozinhados, cordão de Demi-glace.

Parmentier
(*Estrelados*). Sobre batatas salteadas. Cobrir com natas.

Parmentier
(*Moles ou escalfados*). *Purê* de batata, num prato de ir ao forno. Abrir buracos onde se colocam os ovos. Cobrir com Molho de Natas e queijo ralado. Gratinar ligeiramente no forno, ou na salamandra.

Parmentier
(*Mexidos*). Misturados com batatas salteadas.

Parmesão (*Parmesan*)
(*Estrelados*). Cozinhar, cobertos com queijo parmesão ralado.

Parmesão (*Parmesan*)
(*Em tigelas*). Como os OVOS COM NATAS. Cobrir com parmesão ralado, e um pouco de manteiga derretida.

Parmesão (*Parmesan*)
(*Mexidos*). Misturados com parmesão ralado.

Pastéis ou Dentados (*Bouchées*)
(*Cozidos*). Preparar como para os Croquetes, mas com mais molho, e menos ligados. Encher os Pastéis ou Dentados (*bouchées*), redondos em massa folhada, com pequena tampa. Molho à parte.

Pastelão Folhado (*Vol-au-Vent*)
(Ver VOL-AU-VENT ou PASTELÃO FOLHADO DE OVOS).

Pastora (*Bergère*)
(*Em tigelas*). Sobre picado de carneiro e míscaros ou, na falta destes, champignons. Depois da cocção, cordão de suco de carne reduzido.

Pastora (*Bergère*)
(*Moles ou escalfados*). Sobre picado de carneiro e champignons. Cobrir o ovo com Molho Mornay, e glacear.

Pastorinha (*Pastourelle*)
(*Fritos*). Em azeite. Empratados em coroa, alternados com retângulos de toucinho grelhado. Guarnecer o centro com tortulhos ou champignons picados, salteados com chalota picada. Sobre cada ovo colocar meio rim de cordeiro grelhado. Salsa picada por cima.

Patti
(*Estrelados*). Cozinhados sobre purê de trufas. Cordão de fundo de vitela, reduzido com vinho da Madeira.

Patti
(*Moles ou escalfados*). Em tarteletas recheadas com purê de alcachofras. Cobrir com Molho Supremo. Polvilhar com gemas de ovo cozido, picadas.

Patuscos (*Viveurs*)
(*Frios*). Ovo escalfado, coberto com Molho Americano adicionado de geléia. Colocar sobre escalopes de lagosta, cobertos de Maionese com geléia, ao redor de uma Salada de Batata à Parisiense. Enfeitar com rodelas de batata e de beterraba, cozidas.

Paxá (*Pacha*)
(*Moles ou escalfados*). Sobre uma camada de Arroz à Turca. Cobrir com Molho Mornay e glacear.

Pequeno Duque (*Petit-Duc*)
(*Estrelados*). Depois de cozinhados, rodeados com champignons grelhados, recheados de rábano ralado. Ao redor, cordão de Molho Châteaubriand.

Pequeno Duque (*Petit-Duc*)
(*Moles ou escalfados*). Sobre cogumelos grelhados. Cobrir o ovo com Molho Châteaubriand.

Pequeno Duque (*Petit-Duc*)
(*Em tigelas*). Sobre pontas de espargos, colocadas no fundo da tigela. Depois da cocção, cordão de Molho Périgueux.

Percheronne
(*Cozidos*). Rodelas de ovos e de batatas cozidas, alternadas. Cobrir com Bechamel, adicionado de manteiga.

Perigordina (*Périgourdine*)
(*Estrelados*). Cozinhados sobre suco de trufas. Guarnecer com montinhos de trufas em dados. Cordão de Molho Périgueux.

Perigordina (*Périgourdine*)
(*Moles ou escalfados*). Sobre uma grande lâmina de trufa. Cobrir o ovo com Molho Périgueux. (*Podem também ser MOLDADOS com* purê *de trufas*).

Perigordina (*Périgourdine*)
(*Em tigelas*). Lâminas de pasta de fígado (*foie gras*) no fundo. Depois da cocção, cordão de Molho Périgueux.

Périgueux
(*Fritos*). Sobre pequenos crostões. À parte, Molho Périgueux.

Périgueux
(*Em tigelas*). Cozinhar como vulgarmente. Depois da cocção, cordão de Molho Périgueux.

Périgueux
(*Moles ou escalfados*). Sobre pequenos croquetes, redondos e baixos. Cobrir com Molho Périgueux.

Phocéene
(*Moles ou escalfados*). Sobre crustada recheada com Brandada de Bacalhau. Cobrir com Molho de Natas e lâminas de trufas.

Piemontesa (*Piémontaise*)
(*Moles ou escalfados*). Sobre picado de cordeiro, gratinado. Cobrir com Molho de Tomate. Montinhos de Arroz à Piemontesa, no centro.

Piemontesa (*Piémontaise*)
(*Estrelados*). Como PARMESÃO. Guarnecer com Arroz à Piemontesa, depois de preparados.

Piparrada Zarazutarra
(*Mexidos*). Pimentos estufados, com azeite, alho, sal e pimenta. Adicionam-se os ovos e mexe-se bem. Servido acompanhado de crostões fritos. (*Espanhola,* Vascongadas).

Polonesa (*Polonaise*)
(*Moles ou escalfados*). Sobre picado de carneiro e champignons, ligado com Demi-glace, e gratinado. Cobrir com Manteiga à Polaca.

Polaca (*Polonaise*)
(*Recheados*). Ovos cozidos abertos ao meio. Retirar as gemas e pisá-las, misturando-as com salsa e cebolinho picado e miolo de pão ensopado em leite. Juntar natas, sal e pimenta. Rechear as claras Colocar num prato de ir ao forno. Regar com manteiga clarificada. Gratinar ligeiramente e servir.

Polignac
(*Moldados*).
a) Em fôrmas de babás, tendo o fundo decorado com lâmina de trufa. Cozer. Desenformar sobre crostões. Cobrir com Manteiga Mordomo (*Maître d'Hôtel*) e Glace de Carne dissolvida, misturadas.
b) Fôrma untada com manteiga, decorada com presunto e salsa picada. Cozer. Desenformar sobre crostões. Servir sobre Molho Périgueux.

Polignac
(*Frios*). Qualquer das receitas anteriores. Cobrir com geléia e servir com geléia picada.

Pompadour
(*Fritos*). Em tarteletas recheadas com picado de galinha, presunto e champignons, ligado com Molho BORDALÊS. Rodela de tomate frito, sobre o ovo.

Pontas de Espargos (*Pointes d'Asperges*)
(*Mexidos*). Misturados com pontas de espargos.

Pont-Biquet
(*Moles ou escalfados*). Sobre crustadas recheadas com purê de pregado. Cobrir com Molho Veneziano. Lâmina de trufa.

Portuguesa (*Portugaise*)
(*Moles ou escalfados*). Sobre metades de tomate, cozidas no forno. Cobrir com Molho Português.

Portuguesa (*Portugaise*)
(*Estrelados*). Depois de cozinhados, guarnecer com tomates *concassés*. Cordão de Molho de Tomate.

Portuguesa (*Portugaise*)
(*Cozidos*). Sobre metades de tomates, cozinhadas em azeite. Cobrir com Molho de Tomate.

Portuguesa (*Portugaise*)
(*Fritos*). Como os cozidos.

Portuguesa (*Portugaise*)
(*Mexidos*). Misturados com tomate *concassé*.

Portuguesa (*Portugaise*)
(*Em tigelas*). Fundo coberto com tomates *concassés*. Depois de cozinhados, cordão de Molho de Tomate.

Presunto (*Jambon*)
(*Moles ou escalfados*), (*Fritos*), (*Estrelados*). Com fatias de presunto, passado em manteiga.

Presunto (*Jambon*)
(*Mexidos*). Misturados com presunto picado.

Presunto (*Jambon*)
(*Em tigelas*). Fundo coberto com presunto picado. Cordão de suco de carne.

Primaveril (*Printanière*)
(*Moldados*). Ovo escalfado, colocado em fôrma hexagonal. Cozer. Desenformar sobre crostões.

Cobrir com Molho de Natas e Manteiga Primaveril.

Primaveril (*Printanière*)
(*Frios*). Em tarteletas recheadas de jardineira, ligada com Maionese, colocar ovos escalfados lustrados com geléia. Decorar com crostões de geléia, contendo cubos de legumes.

Princesa (*Princesse*)
(*Moles ou escalfados*). Em crustadas, recheadas com pontas de espargos ligadas com manteiga. Empratar em coroa. Intercalar cabeças de espargos entre os ovos e cobrir estes com Molho de Natas. Decorar com lâminas de trufas.

Princesa (*Princesse*)
(*Moldados*). Cobrir o fundo da fôrma com uma lâmina de trufa e as paredes com recheio de aves. Ovos mexidos, pontas de espargos, dados de trufas e ovos batidos, tudo misturado e colocado na fôrma. Recobrir com recheio de aves e cozer durante 6 a 7 minutos. Desenformar sobre crostões. Cordão de Molho Supremo ao redor da base.

Princesa Maria (*Princesse Marie*)
(*Mexidos*). Ovos mexidos com parmesão, servidos enformados em pequenos timbales, guarnecidos com dados de trufas.

Princesa de Wrede (*Princesse de Wrede*)
(*Cozidos*). Substitui-se a gema por purê de aves, pasta de fígado (*foie gras*) e trufas. Toma-se um quadrado de massa de Rissoles e envolve-se o ovo, juntando as quatro pontas como um lenço. Cozinham-se no forno, em tabuleiro untado com manteiga. Guarnição: pontas de espargos verdes, salteados e molheira com Molho Mornay adicionado de *gruyère* ralado, em bastante quantidade.

Príncipe de Gales (*Prince de Galles*)
(*Moles ou escalfados*). Sobre arroz de manteiga, cobertos com Molho Bearnês, enfeitados cada um com uma estrela de pimentos morrones.

Provençal (*Provençale*)
(*Estrelados*). Cozinhados sobre fatias de beringela, fritas com alho. Cordão de Molho Provençal, depois da cocção.

Provençal (*Provençale*)
(*Fritos*). Em azeite. Sobre metades de tomate, fritas em azeite. Sobre cada ovo uma rodela de beringela frita. Guarnecer com salsa frita.

Provençal (*Provençale*)
(*Frios*). Ovos cozidos, abertos no meio, cobertos com Maionese Verde. Enfeitar com alcaparras.

Provençal (*Provençale*)
(*Moles ou escalfados*). Sobre metades de tomate, fritas em azeite. Cobrir com Molho de Tomate, condimentado com alho. Guarnecer com beringelas fritas e polvilhar com salsa picada

Provinciana (*Provincienne*)
(*Cozidos*). Abertos no meio e colocados sobre cebola e tomate, picados, refogados com azeite, alho e um pouco de miolo de pão. Cobrir com Molho de Tomate e cebola picada, salteada. Corar ligeiramente no forno.

Quediva (*Khédive*)
(*Escalfados*). Sobre tarteletas, recheadas com purê de aves e espinafres. Cobrir com Molho Aveludado.

Quinteira (*Fermière*)
(*Fritos*).
a) Em azeite, empratados em coroa ao redor de uma Macedônia de Legumes, ligada com manteiga, enformada em cúpula. A base dos ovos rodeada com fatias de toucinho fritas e Batatas Avelãs (*Noisettes*).
b) Utilizar o mesmo refogado que para os OVOS CATERINAZINHA. Cobrir este com fatias de presunto salteadas em azeite e os ovos em cima.

Rainha (*Reine*)
(*Frios*). Ovo mole ou escalfado coberto com Maionese, colocado sobre uma pequena crustada recheada com picado de aves, ligado à Maionese. Decorar com lâmina de trufa e lustrar com geléia.

Rainha (*Reine*)
(*Cozidos*). O mesmo que PARISIENSE, substituindo os champignons por frango.

Rainha (*Reine*)
(*Mexidos*). Misturados com juliana de branco de aves com natas.

Rainha (*Reine*)
(*Moles ou escalfados*). Sobre crustadinas, guarnecidas dum salpicão fino de aves, ligado com Molho Supremo. Cobrir com o mesmo molho.

Rainha (*Reine*)
(*Moldados*). Em fôrmas hexagonais, untadas com manteiga, decoradas alternadamente com rodelas de branco de ave e trufas, colocar os ovos batidos. Cozer. Desenformar sobre crostões e enfeitar a base com Molho Supremo.

Rainha (*Reine*)
(*Em tigelas*). O fundo coberto com picado de galinha. Depois da cocção, cordão de Molho de Natas.

Rainha Margot (*Reine Margot*)
(*Mexidos*). Com manteiga de amêndoas doces. Servir em tarteletas, circundado de Molho Aveludado com Manteiga de Pistácias.

Raquel (*Rachel*)
(Estrelados). Depois de cozinhados, cortar a clara com o corta-massa e colocar sobre crostões fritos do mesmo tamanho. Lâmina de tutano cozido sobre a gema e lâmina de trufa sobre a primeira. Cordão de Suco de Carne ligado.

Raquel (*Rachel*)
(*Mexidos*). Misturados com pontas de espargos e dados de trufas. No meio do prato, raminho de pontas de espargos rodeado por pequenas rodelas de trufa, dispostas em coroa.

Raquel (*Rachel*)
(*Moles ou escalfados*). (Ver OVOS SANS-GÊNE).

Ravigote
(*Frios*). Ovo escalfado, colocado numa fôrma oval encamisada com geléia, decorada com folhas de estragão branqueadas, tiras de *cornichons* e alcaparras. Cobertos com Molho Remulada gelatinado. Desenformar depois de frio, sobre crostões de geléia ovais.

Real (*Royale*)
(*Moles ou escalfados*). Em tarteletas, recheadas com salpicão de rins de galo, trufas e champignons, ligado com Molho Supremo. Cobrir com o mesmo molho.

Regina (*Régina*)
(*Moles ou escalfados*). Em crustadinas recheadas com salpicão de filetes de linguado, camarões e champignons, ligado com Molho de Camarões. Cobrir o ovo com Molho Normando. Polvilhar com juliana de trufas.

Regional (*Régional*)
(Cozidos). Cortados às rodelas e alternados com batata cozida, cortada de igual maneira. Cobrem-se com Demi-glace atomatado e polvilham-se com miolo de pão fresco e queijo ralada. Salpica-se com manteiga derretida e cora-se no forno.

Ribancourt
(*Em tigelas*). Depois da cocção, colocar Molho Zíngaro ao redor e guarnição Zíngara, em dados, no centro.

Richemont
(*Estrelados*). Depois de cozinhados, guarnecer com montinhos de míscaros picados e salteados, com rodelas de trufas no topo. Cordão de Molho Madeira, ao redor.

Rissoles de Ovos (*Rissoles d'Oeufs*)
(*Cozidos*). O mesmo aparelho dos CROQUETES DE OVOS. Colocado numa circunferência de massa folhada, que, uma vez dobrada ao meio e bem fechada, se frita.

Rodesiana (*Rhodesienne*)
(*Escalfados*). Em cima de um escalope de lagosta coloca-se um filete de linguado enrolado em forma de anel e sobre este o ovo. Cobre-se com Molho de Lagosta. Guarnição: salpicão de Mariscos Nantua.

Rolando (*Roland*)
(*Moles ou escalfados*). Sobre crostões em forma de crustadas, recheados de salpicão de aves, ligado com natas. Cobrir com Molho Supremo contendo trufas e branco de aves, picados. Gratinar.

Romana (*Romaine*)
(*Estrelados*). Cozinhados sobre uma camada de espinafres em rama, estufados em manteiga com filetes de anchovas. Cobrir os ovos com parmesão ralado.

Romana (*Romaine*)
(*Fritos*). Sobre tarteletas recheadas de espinafres em rama, estufados em manteiga com filetes de anchovas.

Rosária (*Rosaire*)
(*Escalfados*). Sobre crostões fritos, cobertos com Molho Colbert, feito no momento. Champignon salteado sobre cada ovo. Guarnecer com croquetes de ave, trufados, aromatizados com vinho da Madeira.

Rosita (*Rosette*)
(*Frios*). Colocar o ovo escalfado sobre um tampão de geléia. Cobrir com Molho *Chaud-Froid* branco, contendo coral de lagosta. Decorar em escamas, com pequenos crescentes (*croissants*) de trufas. Lustrar com geléia. Guarnecer com pequenos tomates, recheados com purê de atum.

Rossini
(*Estrelados*). Depois de cozinhado, cortado em redondo com o corta-massa e colocado sobre um escalope de pasta de fígado (*foie gras*), cortado da mesma forma e salteado. Lâmina de trufa, e cordão de Molho Périgueux.

Rossini
(*Moles ou escalfados*). Em tarteletas, recheadas de pasta de fígado (*foie gras*) salteada. Cobrir os ovos com Molho Madeira e lâmina de trufa.

Rothomago
(*Estrelados*). Cozinhados sobre fatias de presunto, salteadas em manteiga. Depois da cocção, guarnecer com salsichas chipolatas, grelhadas. Cordão de Molho de Tomate.

Rothschild
(*Mexidos*). Misturados com Coulis de Lagostins. Ao centro do prato, um montinho de pontas de espargos, rodeado de lagostins abertos ao meio, fazendo estrela. Rodela de trufa à ponta de cada meio lagostim. Cordão de Molho Nantua, ao redor.

Rothschild
(*Escalfados*). Sobre crostões, barrados com purê de trufas e Manteiga de Lagostins. Cobrir com Molho Périgueux. Sobre cada ovo, meio lagostim, cortado no sentido do comprimento.

Rougemont
(*Moles ou escalfados*). Sobre tampões de Arroz à Milanesa. Cobrir com Molho Mornay e glacear. Circundar a base de Molho de Tomate.

Ruanesa (*Rouennaise*)
(*Frios*). Ovo escalfado, coberto de Molho *Chaud-Froid* com Fumete de Pato. Colocar sobre Musse de Pato, decorar com claras de ovo cozidas, picadas e lustrar com geléia.

Ruanesa (*Rouennaise*)
(*Em tigelas*). Untar o interior com recheio de pato. Depois da cocção, cordão de Molho Ruanês.

Rubens
(*Frios*). Em fôrmas de tarteletas, untadas com manteiga, colocar folhas de lúpulo temperadas, purê de tomates, cerefólio e salsa picada, misturados com geléia. Desenformar e colocar sobre elas os ovos cobertos com Molho *Chaud-Froid* com purê de pasta de fígado (*foie gras*). Decorar com folhas de estragão branqueadas e lustrar com geléia. Guarnecer com geléia picada. Sobre cada ovo, crostão de geléia imitando uma crista de galo.

Saboiana (*Savoyarde*)
(*Estrelados*). Cozinhados sobre batatas salteadas em cru e queijo ralado. Cobrir o ovo com natas antes de iniciar a cocção.

Saboiana (*Savoyarde*)
(*Moles ou escalfados*). Colocados sobre Batatas Saboiana (*Savoyarde*) e cobertos com Molho Mornay. Glacear.

Sagan
(*Estrelados*). Cobrir com queijo ralado e glacear no forno. Depois de cozinhados, colocar um escalope de miolos, coberto de Molho de Natas, sobre cada ovo. Cordão do mesmo molho, ao redor.

Salsicheira (*Charcutière*)
(*Fritos*). Em banha de porco. Alternar com salsichas grelhadas. Guarnecer com salsa frita. Molho Salsicheiro à parte.

Salsicheira (*Charcutière*)
(*Moles ou escalfados*). Colocados sobre salsichas grelhadas ou fritas e cobertos com Molho Salsicheira.

Sans-Gêne
(*Moles ou escalfados*). Sobre fundos de alcachofras. Cobrir com Molho Bordalês. Rodela de tutano cozido, em cima, enfeitada com salsa picada.

Santo Humberto (*Saint-Hubert*)
(*Estrelados*). Cozinhados sobre purê de caça. Cordão de Molho Poivrade.

Santo Humberto (*Saint-Hubert*)
(*Moles ou escalfados*). Em tarteletas recheadas com purê de caça. Cobrir com Molho Poivrade e lâmina de trufa.

Santo Humberto (*Saint-Hubert*)
(*Em tigelas*). O fundo coberto com purê de caça. Depois da cocção, cordão de Molho Poivrade. Decorar com uma pequena cruz de trufa.

Saquitel (*Panetière*)
(*Mexidos*). Misturados com champignons e presunto, em dados. Colocados num pequeno pão redondo (*vianinha*), sem miolo e frito. Cobrir com queijo ralado e manteiga derretida. Gratinar ligeiramente.

Sardo (*Sarde*)
(*Moles ou escalfados*). Introduzido num tomate, já cozido e esvaziado; adicionar manteiga. Tapar o tomate, panar à inglesa e fritar em bastante gordura. Decorar com salsa frita. À parte, Molho Demi-glace com salsa picada.

Schouvaroff
(*Escalfados*). Sobre fundos de alcachofras, recheados com purê de trufas, língua escarlate e pasta de fígado (*foie gras*). Cobrir com Molho Aveludado, adicionado de purê de cebola.

Sevigné
(*Moles ou escalfados*). Sobre crostões fritos, cobertos com alfaces estufadas. Cobrir os ovos com Molho Supremo e decorar com um anel de trufa.

Siberiana (*Sibérienne*).
(*Moles*). Sobre Musse de Aves, cobertos com Demi-glace ao Madeira.

Siciliana (*Sicilienne*)
(*Estrelados*). Decorar depois de cozinhados com meios tomates cobertos de Molho Italiano. Cordão do mesmo molho.

Skobeleff
(*Frios*).
a) Ovo escalfado sobre torrada, coberto com Molho Supremo atomatado, e folhas de estragão; encamisado com geléia. Servir sobre fatias de salmão muito finas.
b) Sobre tarteletas recheadas de salpicão de camarões. Cobrem-se com Molho Tirolês e servem-se com fatias finas de salmão.

Soberana (*Souveraine*)
(*Moles ou escalfados*). Sobre crustadinas recheadas com purê de espargos verdes. Cobrir com Molho Supremo e decorar com lâmina de trufa.

Soubeyran
(*Escalfados*). Em tarteletas quadradas, recheadas de Purê Soubise e trufas. Cobrir com Molho Supremo.

Soubise
(*Estrelados*). Cozinhados sobre Purê Soubise. Cordão de Demi-glace.

Soubise
(*Moles ou escalfados*). Sobre crustadinas recheadas com Purê Soubise. Cobrir com Molho Soubise.

Soubise
(*Em tigelas*). O interior barrado com Purê Soubise amanteigada. Depois da cocção, cordão de Glace de Carne.

Spatenza
(*Escalfados*). Sobre crostões fritos. Cobertos com Molho de Tomate amanteigado, juliana de pimentos assados e ovo cozido picado.

Stanley
(*Moles ou escalfados*). Em tarteletas recheadas de Purê Soubise com caril. Cobrir com Molho Caril cremado.

Suco (*au Jus*)
(*Moles*). Cozinhados no forno em banho-maria, em pequenas fôrmas barradas com manteiga. Quando estiverem nas condições de cocção requeridas, desenformam-se sobre crostões e cobrem-se com suco de vitela reduzido.

Suco (*au Jus*)
(*Em tigelas*). Depois da cocção, cordão de suco de vitela ao redor.

Sueca (*Suédoise*)
(*Frios*). Ovos cozidos abertos no meio no sentido do comprimento. Retirar as gemas, pisando-as e ligando-as com manteiga, sal, ervas aromáticas e pepinos verdes (*cornichons*) picados. Reencher as claras e cobrir com Maionese. Servir sobre folhas de alface, enfeitados com rodelas de beterraba.

Sultana (*Sultane*)
(*Mexidos*). Servir em crustadas de Batata Duquesa (*Duchesse*). Terminar os ovos com Manteiga de Pistácias (*Pistaches*).

Sultana (*Sultane*)
(*Moles ou escalfados*). Em tarteletas, recheadas de ovos mexidos com trufas. Crescente (*Croissant*) de trufas sobre o ovo.

Suzette
(*Moles ou escalfados*). Sobre batatas assadas, sem polpa, cheias de Molho Mornay. Cobrir o ovo com o mesmo molho e glacear. Decorar com lâmina de trufa.

Sylvette
(*Mexidos*). Misturados com cenouras em pequenos cubos e míscaros picados, estufados em manteiga. Decorar com lâmina de trufa.

Tártara (*Tartare*)
(*Recheados*). Ovos cozidos, abertos ao meio no sentido do comprimento. Retirar as gemas, pisá-las e misturá-las com Molho Tártaro. Reencher as claras e polvilhar com um pouco de gema cozida, ralada. Servir sobre folhas de alface.

Tártara (*Tartare*)
(*Estrelados*). Cozinhados sobre um picado de carne de vaca, com páprica. Cobrir os ovos com nata azeda e cebolinho picado.

Tártara (*Tartare*)
(*Em tigelas*). Cobrir o fundo com picado de vaca crua, adicionado de cebolinho picado, sal e pimenta. Colocar o ovo na tigela e sobre este natas frescas. Cozinhar como normalmente.

Tirolesa (*Tyrolienne*)
(*Moles ou escalfados*). Sobre crostões. Cobrir com Molho Supremo atomatado. Guarnecer com cebolas fritas.

Tomates
(*Mexidos*). Misturados com tomates *concassés* e cebola picada muito fina.

Tomates
(*Fritos*). Em azeite. Guarnecer com tomates *concassés*. Molho de tomate à parte.

Tortoni
Salsichas pequenas, salteadas em manteiga, colocadas num prato de ir ao forno. Cobrir com Molho de Tomate. Quebrar os ovos com jeito e colocá-los em cima. Cobrir estes com o mesmo molho e cozinhar no forno alguns minutos. Servir.

Toucinho (*Lard*)
(*Estrelados*). Cozinhados sobre fatias de toucinho.

Toucinho Fumado (*Lard fumé*)
(*Estrelados*). *Idem* como acima. Utilizando toucinho fumado (*bacon*).

Toupinel
(*Moles ou escalfados*). Como os OVOS SUZETTE. Substituir o recheio por purê de aipo.

Tourangelle
(*Moles ou escalfados*).
a) Como os OVOS À BORGONHESA.
b) Em tarteletas recheadas com purê de feijocas verdes. Cobrir o ovo com Molho de Natas, adicionado de manteiga de feijão-verde.

Toussenel
(*Moles ou escalfados*). Sobre croquetes espalmados, de caça de penas. Cobrir com Molho Salmis, adicionado de purê de castanhas. Polvilhar com trufas picadas.

Três Filetes (*Trois Filets*)
(*Estrelados*). Cozinhados sobre uma camada de juliana de língua, presunto e branco de aves. Guarnição do mesmo. (*Pode-se também fazê-los mexidos ou escalfados*).

Tripa (*Tripe*)
(*Cozidos*).
a) Cortados às rodelas, cobertos com Molho Soubise e salsa picada.
b) Como acima, adicionados de juliana de presunto e cobertos com Bechamel. Gratinar.

Trubetzkoy
(*Escalfados*). Sobre fundos de alcachofras, recheados com purê de caça e trufas. Cobrir com Demi-glace, adicionado de Fumete de Caça.

Trufas (*Truffes*)
(*Mexidos*). Misturados com pequenos cubos de trufas.

Turbigo
(*Estrelados ou mexidos*). Cozinhados com salsichas, presunto e tomates *concassés*.

Turca (*Turque*)
(*Estrelados ou mexidos*). Guarnecidos com montinhos de fígado de aves. Cordão de Molho Madeira.

Turca (*Turque*)
(*Cozidos*). Proceder como para os ovos PARISIENSE, juntando fígados de aves ao aparelho de recheio e ligando este com gemas de ovo. Servir com Demi-glace à parte.

Valentina (*Valentine*)
(*Em tigelas*). Ao redor, dados de champignons e tomates *concassés*. Suco de vitela ligado.

Vatel
Ovos crus, em caixas de papel celofane, com salpicão de molejas, trufas e tomates; cobertos com nata azeda. Cozinhados no forno.

Veaucourt
(*Mexidos*). Misturados com trufas e pontas de espargos. Colocados em crustadas de Batata Duquesa (*Duchesse*) e decorados com trufas.

Velidoff
(*Moles* ou *escalfados*). Em crustadinas, recheadas com pontas de espargos com natas. Cobrir com Molho de Camarões. Decorar com pontas de espargos e lâminas de trufas.

Verdi
(*Moldados*). Em fôrmas untadas com manteiga, tendo no fundo uma lâmina de trufa. Encher com um aparelho composto de 1/2 de ovos mexidos com parmesão e trufas e 1/2 de ovos batidos. Cozer. Desenformar sobre crostões. Rodear a base de Demi-glace com essência de trufas.

Verdi
(*Moles ou escalfados*). Sobre crostões. Cobrir com Molho Veneziano e lâminas de trufas.

Verdier
(*Recheados*). Cortar ovos cozidos ao meio, recheá-los com o aparelho seguinte: gemas de ovo cozido, passadas na peneira, e pasta de fígado, na proporção de um terço. Colocar depois os ovos sobre uma camada de cebola picada, ligeiramente passada em manteiga, ligada com Bechamel e um pouco de caril. Cobrir com Bechamel trufado, polvilhar com parmesão e gratinar.

Vienense (*Viennoise*)
(*Moles* ou *escalfados*). Sobre crostões fritos. Cobrir com Molho Páprica com natas.

Vienense (*Viennoise*)
(*Mexidos*). Misturados com purê de presunto, condimentado com páprica. Adicionar natas.

Vilares (*Villars*)
(*Estrelados;*. Cozinhados sobre toucinho grelhado. Cordão de Demi-glace.

Villeroy
(*Fritos*). Tomar um ovo escalfado e passá-lo por Molho Villeroy. Panar com ovo e fritar em bastante gordura. Servir sobre guardanapo, com salsa picada. À parte, Molho de Tomate.

Viroflay
(*Escalfados*). Sobre tarteletas, recheadas de espinafres com natas. Cobrir com Molho Alemão.

Vitória (*Victoria*)
(*Moles ou escalfados*). Sobre crustadas folhadas, recheadas com salpicão de lagosta e trufas, ligado com Molho Vitória. Cobrir com Molho Vitória e colocar sobre cada ovo um escalope de lagosta e outro de trufa.

Vitória (*Victoria*)
(*Mexidos ou estrelados*). Cozinhados, e guarnecidos com montinhos de lagosta e trufas picadas.

Vladimiro (*Wladimir*)
(*Estrelados*). Guarnecer com um montinho de trufas em dados e pontas de espargos. Polvilhar os ovos com parmesão.

Vol-au-Vent ou Pastelão Folhado de Ovos
(*Vol-au-Vent d'Oeufs*)
O mesmo aparelho que para os PASTÉIS ou DENTADOS DE OVOS. Encher os Pastelões Folhados (*Vol-au-Vent*). Servir.

Walewska
(*Mexidos*). Escalopes de lagosta empratados em coroa, com uma lâmina de trufa sobre cada um deles. Os ovos no centro. Cordão de Molho Nantua.

Wyvern
(*Estrelados*). Sobre crostões finos. Cobertos com Aveludado de peixe e polvilhados com

salsa picada e gema cozida, ralada. Pimenta de Caiena.

York
(*Cozidos*). Como PARISIENSE. Fiambre, picado fino, em vez de champignons. Molho Périgueux, ou tomate.

Yorkaise
(*Frios*). Ovo escalfado sobre uma fatia de fiambre. Decorar com estragão ou cerefólio. Cobrir com geléia, aromatizada ao Madeira.

Yorkshire
(*Fritos*). Em azeite. Empratar em coroa, alternando com fatias de fiambre salteadas a cru e crostões finos retangulares. Salsa frita à parte. Molho de Tomate.

Yvette
(*Mexidos*). Misturados com tomate, pontas de espargos e dados de lagostins. Servir em tarteletas, com lâminas de trufa no centro e ao redor um cordão ligeiro de Molho Nantua.

Zíngara
(*Escalfados*). Sobre crostões. Coberto com Molho Madeira atomatado, juliana de presunto e champignons.

Zurlo
(*Escalfados*). Sobre croquetes de batata, redondos e espalmados. Cobrir com Molho de Natas.

OVOS DE TARAMBOLA
(Oeufs de Pluvier)

Estes ovos são muito estimados e constituem um manjar de requinte, não verdadeiramente pelo seu paladar, mas pela dificuldade em obtê-los.

Dinamarquesa (*Danoise*)
(Escalfados). Em tarteletas, recheadas com purê de salmão.

Gabriela (*Gabrielle*)
(*Frios*). Em tarteletas, recheadas com purê de linguado, colocam-se os ovos escalfados encamisados em geléia. Decorar com ovos de lagosta cozida e terminar com geléia.

Geléia (*Aspic*)
(*Frios*). Em fôrma encamisada de geléia, colocar os ovos e encher o resto com geléia. Desenformar sobre um guardanapo.

Joaninha (*Jeannette*)
(*Frios*). Em tarteletas, recheadas com Musse de Presunto, colocar um ovo escalfado lustrado com geléia. Decorar com Musse de Presunto.

Moderna (*Moderne*)
(*Frios*). Em pequenas fôrmas, encamisadas com geléia, colocar os ovos escalfados. Desenformar ao redor de uma cúpula de Macedônia de Legumes, ligada com Maionese e geléia.

Moscovita (*Moscovite*)
(*Frios*). Ovos escalfados, servidos em tarteletas recheadas com caviar.

Ninho, no (*Au Nid*)
Fazer um pequeno ninho de Manteiga Mompilher. Colocar ovos moles ao redor do ninho e encher o centro de geléia picada. Rodear de agriões, em salada.

Omelete (*Omelette*)
Para cada seis ovos de tarambola, juntar um de galinha. Proceder como vulgarmente.

Pequena Rainha (*Petite Reine*)
(*Frios*). Em pequenas fôrmas, encamisadas com geléia, enfeitadas com trufas e ovos cozidos picados, colocar os ovos cozidos. Encher com geléia. Desenformar ao redor de uma salada de pontas de espargos, ligada com geléia. Rodear a base de crescentes (*croissants*) de geléia.

Real (*Royale*)
(*Quentes*). Em tarteletas, feitas de purê de aves ligado com ovos, colocar o ovo mole. Cobrir com purê de champignons cremado. Polvilhar com trufas picadas.

Trovadores (*Trobadours*)
Em tortulhos estufados com manteiga, preparados como tarteletas e recheados com purê de pasta de fígado (*foie gras*), colocar os ovos moles. Servir.

OMELETES E TORTILHAS
(Omelettes et Omelettes Plates)

As omeletes podem se dividir em: (**Omeletes recheadas** (*fourrées*) *e* **Omeletes guarnecidas** (*garnies*). *As primeiras envolvem uma outra substância que lhes é adicionada no momento de enrolar ou compõem-se de duas omeletes, uma menor, envolvida por outra maior. As segundas, feitas da forma natural, sofrem um corte longitudinal pouco profundo, onde se acomoda a guarnição, ou são cobertas, ou ainda ladeadas, pela mesma.*

As **Tortilhas** *podem ser apresentadas com quase todas as preparações das omeletes, mas diferem destas, pelo fato de não serem enroladas, apresentando-se como um crepe espesso.*

Africana (*Africaine*)
Recheada com cebola, tomate e presunto, salteados em azeite e arroz cozido.

Agnés Sorel
Recheada com champignons picados, salteados em manteiga e ligados com purê de aves. Sobre a omelete, rodelas de língua. Cordão de suco ligado,ao redor.

Albina
Bater os ovos com trufas picadas. Rechear a omelete com purê de aves com natas. Cordão de Molho Aveludado, ao redor.

Alcachofras (*Artichauts*)
Recheada com fundos de alcachofras salteados em manteiga Decorar com escalopes de fundos de alcachofras. Cordão de Fundo de Vitela reduzido.

Aldeã (*Paysanne*)
(*Tortilha*). Misturar os ovos com quadrados de toucinho e batata, salteados em manteiga, azedas e salsa picada.

Alemã (*Allemande*)
(*Tortilha*). Leite, ovos, farinha, manteiga e sal, formando uma massa como a dos crepes. (Os alemães chamam-na *Eierkuchen. Pfannkuchen* e *Palatschinken*).

Alemã (*Allemande*)
Ao bater os ovos, incorpora-se um pouco de farinha e leite. Fazer uma omelete vulgar. Guarnecer com purê de champignons. Ao redor, Demi-glace com vinho da Madeira.

Algeriana (*Algérienne*)
Recheada com tomate salteados, arroz cozido e fundos de alcachofras. Cordão de Molho de Tomate, ao redor.

Alsaciana (*Alsacienne*)
Feita com gordura de pato. Recheada com chucrute estufado. Colocar sobre a omelete fatias de presunto e rodear com cordão de Demi-glace.

Americana (*Américaine*)
Recheada com tomates *concassés*. Servir sobre fatias de toucinho fumado (*bacon*), grelhado.

Anchovas (*Anchois*)
Bater os ovos com filetes de anchovas. Decorar a omelete com filetes de anchovas.

Andaluza (*Andalouse*)
Recheada com tomates *concassés* e pimentos. Rodelas de cebola frita, ao redor.

André-Theuruet
Recheada de míscaros com natas. Guarnecer com pontas de espargos em manteiga; ao redor, um cordão de Molho Supremo. Sobre a omelete, lâminas de trufas.

Aranjuez
Recheada com pontas de espargos.

Argelina
Bater os ovos com leite e manteiga, sal e pimenta. Fazer a omelete. No momento de enrolar, rechear com Arroz Pilaw. Cobrir com Molho de Tomate. Servir.

Argenteuil
Recheada com pontas de espargos. Enfeitar com pontas de espargos e rodear com um cordão de Molho Alemão.

Arquiduque (*Archiduc*)
Recheada com fígados de aves, salteados em manteiga, com brande, ligados com Molho Demi-glace. Cordão de Molho Arquiduque, ao redor. Sobre a omelete, lâminas de trufas.

Atum (*Thon*)
Misturar os ovos com atum de conserva. Cobrir a omelete com Manteiga de Anchovas, derretida.

Atum à Brillat-Savarin, de (*de Thon à la Brillat-Savarin*)
Ovas de carpa, salteadas em manteiga, depois de passadas em água quente, cebolinho e atum de conserva, tudo picado, servem de recheio à omelete que se confecciona como vulgarmente. Deixar muito malpassada.

Avozinha (*Grand-Mère*)
Misturar os ovos, com salsa picada e pequenos crostões, fritos no momento.

Azedas (*Oseille*)
Misturar os ovos com azedas picadas, estufadas em manteiga.

Baiona (*Bayonne*)
Misturam-se os ovos com presunto, champignons e Molho Bearnês. Rechear, no momento de enrolar, com crostões fritos. Muito malpassada.

Beneditino (*Bénédictine*)
Recheada com purê de bacalhau com Bechamel. Guarnecida com pequenos crostões.

Bercy
Misturar os ovos com salsa picada. Depois de feita a omelete, guarnecê-la com salsichas chipolatas grelhadas. Cordão de Molho de Tomate, ao redor.

Bigourdane
Recheada com dados de trufas e pasta de fígado (*foie gras*). Cordão de Molho Madeira ao redor.

Boa Mulher ou Boa-Dona (*Bonne-Femme*)
Misturar os ovos com toucinho, champignons e cebolas, picados e passados em manteiga.

Boêmia (*Bohémienne*)
Recheada com salpicão de fígado de aves, presunto e trufas, ligado com Demi-glace.

Bolonhesa (*Bolognaise*)
Recheada com picado de carne, estufado em manteiga, com alho, cebola e tomate. Cobrir com queijo ralado.

Borgonhesa (*Bourguignonne*)
Recheada com caracóis do nome e nozes picadas. Cobrir com salsa picada.

Boulonnaise
Recheadas com ovas de peixe cozidas e Manteiga Mordomo (*Maître d'Hôtel*). Manteiga Mordomo, ao redor.

Bretã (*Bretonne*)
Misturar os ovos com branco de porros e cebolas, picados, e rodelas de champignons, tudo estufado em manteiga.

Brillat-Savarin
Recheada com um salpicão de galinhola e trufa, ligado com Manteiga de Galinhola. Decorar com lâminas de trufas. Suco de caça bem espesso, ao redor.

Bruxelense (*Bruxelloise*)
Recheada com endívias picadas, estufadas e ligadas com natas. Cordão de Molho Supremo, ao redor.

Cabreira (*Chevreuse*)
Misturar os ovos com dados de trufas, fundos de alcachofras e pontas de espargos. Decorar com lâminas de trufas e fundos de alcachofras.

Caçadora (*Chasseur*)
Recheada com escalopes de fígados de aves, salteados em manteiga e champignons: tudo ligado com Demi-glace ao Madeira. Guarnecer, depois de fazer um corte na omelete, com um pouco do recheio. Cordão de Molho Caçador; ao redor.

Camarões (*Crevettes*)
Recheada com camarões, ligados com Molho de Camarões. Guarnecer, depois de fazer um corte na omelete, com um montinho de camarões. Cordão de Molho de Camarões, ao redor.

Camponesa (*Campagnarde*)
(*Tortilha*). Misturar os ovos com presunto, crostões fritos, batata cozida e alho picado, estragão e um pouco de coentros. (*Espanhola*).

Canigo
(*Tortilha*). Misturam-se os ovos, com tortulhos cortados em fatias finas, fritos em azeite; cebolinho, sal, pimenta e salsa picada. Adicionar dados de salsichão, quando já esteja na frigideira. (*Espanhola*).

Capri
Misturar os ovos com queijo ralado, sal e pimenta. Rechear a omelete com Macarrões à Bolonhesa, cortados miúdo.

Cardeal (*Cardinal*)
Bater os ovos com natas, manteiga, sal e pimenta. Fazer a omelete. No momento de enrolar, rechear com tomates *concassés*, cebolas e champignons, estufados em manteiga. Cobrir com Molho Cardeal. Servir.

Carniceira (Bouchère)
Recheada com dados de tutano, cozido, ligados com Glace de Carne. Decorar com lâminas de tutano cozido. Cordão de suco de carne, ao redor.

Caseira (Menagère)
Recheada com presunto salteado em manteiga, queijo ralado e salsa picada.

Castelã (*Châteleine*)
a) Recheada de castanhas cozidas, ligadas com Glace de Carne. Cordão de Molho Supremo com cebola, ao redor.
b) Misturar os ovos com dados de trufas e fundos de alcachofras. Decorar com lâminas de trufas e fundos de alcachofras.

Catalã (*Catalane*)
(*Tortilha*). Misturar os ovos com batatas, toucinho fresco em cubos, salteados. Dourar a tortilha dos dois lados.

Chamberry
Recheada com toucinho, porros. batatas e queijo parmesão, estufados em manteiga.

Champignons
Misturar os ovos com champignons picados, salteados em manteiga. Decorar com lâminas de trufas.

Chartres
Misturar os ovos com estragão picado. Decorar a omelete com folhas de estragão branqueadas. Cordão de suco de carne com estragão.

Cherburgo (*Cherbourg*)
Recheada com camarões, ligados com manteiga dos mesmos.

Chevrosa (*Chevreuse*)
O mesmo que CABREIRA.

Chipolata
Recheada com salsichas chipolatas, grelhadas, cortadas às rodelas.

Choisy
Recheada com alfaces estufadas, ligadas com Molho Supremo. Cordão do mesmo molho, ao redor.

Clamart
Recheada com Ervilhas à Francesa. Fazer um corte na omelete e guarnecer com ervilhas salteadas em manteiga.

Cortadora (Bouchère)
O mesmo que CARNICEIRA.

Crécy
Recheada com Cenouras Vichy, em pequenos cubos.

Crioula (*Créole*)
Misturar os ovos com cebolas, pimentos e salsa picada, passados em manteiga. Rechear a omelete, no momento de enrolar, com quiabo (*gombo*) estufado em manteiga e tomates *concassés* com dente de alho. Cordão de Molho de Tomate.

Cultivador (*Cultivateur*)
Guarnecida com batatas, fundos de alcachofras e tomates salteados, depois de cortados em pequenos cubos. Abrir uma incisão na omelete, para alojar a guarnição.

Czarina (*Tzarine*)
Recheada com tiras de pepinos frescos, estufados e ligados com natas. Cordão de Molho Supremo.

Diana (*Diane*)
Misturar os ovos com champignons picados, salteados em manteiga. Rechear a omelete, no momento de enrolar, com salpicão de perdiz, ou outra caça de pena, ligado com Aveludado de Fumete de Caça. Lâminas de trufa sobre a omelete.

Diplomata (*Diplomate*)
(*Tortilha*). Cozinhar 3 ovos simples. Colocar a tortilha num prato de ir ao forno e sobre ela uma camada de salpicão de lagosta e de trufas, ligado com Molho Bechamel, terminado com Manteiga de Lagosta e brande. Sobre esta,

colocar uma segunda tortilha, também de 3 ovos, mas muito malpassada. Cobrir com Molho Mornay, queijo ralado e depois manteiga derretida. Gratinar em forno bem forte.

Donostiarra
(*Tortilha*). Misturar os ovos com refogado de pimentos, bacalhau desfiado, alho, salsa picada e sal.

Drotchêna
Com natas, ovos, farinha, leite, sal e pimenta, forma-se uma massa, que depois se frita em manteiga queimada, dourando dos dois lados. (*Russa*).

Du Barry
(*Tortilha*). Puxar em manteiga pequenas pontas de couve-flor e depois lançar em cima dela os ovos batidos, com cerefólio picado, sal e pimenta. Cordão de Molho de Natas, ao redor.

Durand
Misturar os ovos com champignons e fundos de alcachofras, picados e salteados em manteiga. Rechear a omelete, no momento de enrolar, com juliana de trufas e pontas de espargos, ligada com Molho Supremo. Cordão de Demi-glace atomatado, ao redor.

Duxelles
Rechear a omelete com Duxelles, misturado com presunto em dados. Cordão de Demi-glace atomatado.

Ervas Finas (*Fines Herbes*)
Misturar os ovos com salsa, cebolinho e cerefólio picados.

Escarlate (*Écarlate*)
Recheada com natas e tomate *concassé*. Coberta totalmente com Molho de Tomate.

Espanhola (*Espagnole*)
(*Tortilha*). Misturar os ovos com tomate *concassé*, juliana de pimentos morrones e cebola picada, refogados em manteiga.

Espanhola à Camponesa (*Espagnole à la Campagnarde*)
(*Tortilha*). Salteia-se em azeite, pimentos verdes ou encarnados, batatas, presunto, tomate e rodelas de cebola; juntam-se os ovos e faz-se a tortilha. (*Regional Espanhola*).

Espinafres (*Épinards*)
(*Tortilha*). Misturar os ovos com folhas de espinafres estufadas em manteiga.

Feydeau
Fazer uma omelete muito malpassada; dar-lhe um golpe e guarnecer com purê de champignons. Sobre a omelete colocar ovos escalfados (*1 por pessoa*). Cobrir com Molho Mornay, adicionado de juliana de trufas. Polvilhar com parmesão ralado e gratinar.

Fígado de Aves (*Foie de volaille*)
Rechear a omelete com fígados de aves, salteados e ligados com Demi-glace. Colocar sobre a omelete um montinho de fígado de aves, tratados de igual maneira. Cordão de Molho Madeira.

Flamenga (*Flamande*)
Recheada com endívias, estufadas e ligadas com nata. Cordão de Molho de Natas.

Florentina (*Florentine*)
Recheada com folhas de espinafres, estufados em manteiga. Cordão de Molho Bechamel. (*Pode-se, se se desejar, cobrir a omelete com molho Mornay, queijo ralado e manteiga derretida, e gratinar*).

Flor de Abóbora (*Fleur de Courge*)
Misturar os ovos com os cálices das flores de abóbora, salteados em manteiga.

Florestal (*Forestière*)
Misturar os ovos com toucinho picado. Rechear, no momento de enrolar, com míscaros e tortulhos picados, salteados em manteiga, ligados com Glace de Carne. Cordão de suco de carne ligado, ao redor.

Forasteira (*Étrangère*)
Recheada com cebola, presunto e champignons, picados e salteados, ligados com natas. Cordão de Molho de Natas ao redor.

Foulard
Batem-se mais gemas que claras, sendo estas últimas em castelo. Adiciona-se salsa picada e um pouco de manteiga. Enrola-se a omelete rapidamente e termina-se no forno. Cordão de natas, de uma ponta a outra da omelete.

Fundos de Alcachofras (*Fonds d'Artichauts*)
Misturar os ovos com fundos de alcachofras picados, salteados em manteiga. Decorar com

lâminas de fundos de alcachofras. Suco de carne ligado, ao redor.

Gascão (*Gasconne*)
(Tortilha). Misturar os ovos com dados de fiambre, cebola picada, alho e salsa picada. passados em manteiga.

Gastrônomo (*Gastronome*)
Recheada com salpicão de galinha, trufas e champignons, ligados com Molho Supremo. Cordão do mesmo molho, ao redor.

Gordon
Recheada com tutano de vaca e trufas. Decorada com os mesmos, alternados. Cordão de Molho Châteauhriand.

Grega (*Grecque*)
(*Tortilha*). De ovos, misturados com cebola picada e pimentos estufados em manteiga, fazer duas tortilhas. Colocar uma delas num prato redondo e cobri-la com uma camada de picado de carneiro. Colocar a outra tortilha em cima. Circundar com Molho de Tomate e alho. Polvilhar com salsa picada e cobrir toda a superfície com Manteiga Noisette.

Grimaldi
Fazer uma omelete pequena, recheada com camarões e purê dos mesmos. Fazer uma outra, com o dobro desta e, no momento de enrolar, polvilhar com bastante queijo ralado. Colocar a outra menor servindo de recheio. Enrola-se e serve-se.

Holandesa (*Hollandaise*)
Recheada com finos escalopes de salmão fumado, molhados em manteiga quente. Molho Holandês, ao redor.

Hortaliceira (*Verdurière*)
(*Tortilha*). Misturar os ovos, com juliana estufada de alface e azedas, salsa, estragão e cerefólio picados. Regar a tortilha com Manteiga Noisette.

Húngara (*Hongroise*)
Recheada com tomate *concassé* e cebolas picadas, estufadas em manteiga com páprica. Molho Húngaro, ao redor.

Indiana (*Indienne*)
Recheada com cebola estufada em manteiga e Arroz de Caril. Cordão de Molho Caril, ao redor.

Irunesa
(Tortilha) Como BAIONA, mas misturando o picado com os ovos.

Italiana (*Italienne*)
Bater os ovos com um pouco de água, queijo ralado, sal e pimenta. Fazer a omelete. No momento de enrolar, rechear com Macarrão à Italiana. Servir. (*Pode-se polvilhar com queijo ralado*).

Japonesa (*Japonaise*).
Misturar os ovos com salsa picada. Rechear com crosnes (*legume oriental pouco conhecido na Europa*), branqueados e salteados em manteiga. Cordão de Molho de Natas.

Jardineira (*Jardinière*)
Recheada com legumes diversos, previamente salteados em manteiga. Guarnecer a superfície da omelete com pontas de espargos e de couve-flor.

Jéssica
Rechear com míscaros salteados e pontas de espargos com natas. Decorar com míscaros e pontas de espargos. Cordão de Molho Châteaubriand.

Joinville
Recheada com salpicão de camarões, champignons e trufas. Cordão de Molho de Camarões.

Jurassiana (*Jurassienne*)
Misturar os ovos, com cebolinho e toucinho picados. Rechear com juliana estufada, de azedas.

Lafitte
(Tortilha). Misturar os ovos com cebolinho picado e queijo e fazer uma tortilha muito fina.

Lagosta (*Langouste*)
Recheada com salpicão de lagosta, ligado com manteiga do mesmo marisco.

Liège, à moda de (*Liègeoise*)
Bater os ovos com um pouco de leite, sal e pimenta. Adicionar pequenos cubos de toucinho e de batatas, salteados em manteiga. Fazer a omelete e servir.

Limusina (*Limousine*)
Misturar os ovos, batata e presunto em dados, puxados em manteiga.

Lionesa (*Lyonnaise*)
Misturar os ovos com cebola, estufada em manteiga. Guarnecer com cebolas preparadas de igual modo.

Lorena (*Lorraine*)
Misturar os ovos com tiras de toucinho e lâminas de *gruyère*, muito finas; adicionar natas e cebolinho picado.

Louis Forest
(*Tortilha*). Fazer duas tortilhas, uma com trufas e outra natural. Sobre a segunda, colocar pequenos escalopes de pasta de fígado (*foie gras*), salteados em manteiga; cobrir com a outra tortilha e, sobre esta, Fundo de Vitela reduzido, aromatizado com vinho da Madeira. Manteiga Noisette a terminar.

Lúpulo (*Jets de Houblon*)
Recheada com folhas de lúpulo com natas. Dar um golpe e guarnecer com as mesmas. Cordão de Molho de Natas.

Maintenon
Recheada com salpicão de aves, trufas e champignons, ligado com Molho Aveludado reduzido com natas. Cobrir com Bechamel adicionado de purê de cebola, polvilhar com parmesão ralado e regar com manteiga derretida. Gratinar em forno bem forte.

Mancelle
(*Tortilha*). Misturar os ovos com alcachofras, batatas salteadas e manteiga.

Maria
O mesmo que LIONESA, com adição de salsa picada.

Marselhesa (*Marseillaise*)
Guarnecida com Brandada de Bacalhau e trufas picadas. Molho Normando, ao redor.

Mascote (*Mascotte*)
Misturar os ovos com dados de fundos de alcachofras, de trufas e de batatas, salteadas em manteiga. Suco de carne ligado, ao redor da omelete.

Massena (*Masséna*)
Recheada com fundos de alcachofras picados, salteados em manteiga e ligados com Molho de Tomate. Decorar com rodelas de tutano, cobertas com Glace de Carne. Cordão de Molho Bearnês, ao redor da omelete.

Maxim's
Misturar os ovos com salsa picada. Decorar com metades de lagostins e crescentes de trufa, alternados. Ao redor, pernas de rã salteadas à Moleira (*Meunière*).

Mexicana (*Méxicaine*)
Misturar os ovos com tortulhos picados e juliana de pimentos, salteados em manteiga. Rechear, no momento de enrolar, com tomate *concassé*. Demi-glace atomatado, ao redor.

Mexilhão (*Moules*)
Recheada com mexilhões salteados, ligados com Molho Marinheiro (*Marinière*).

Milho com Natas (*Maïs à la Crème*)
Rechear a omelete de milho cozido ligado com natas. Cordão de Molho de Natas.

Mireille
Recheada com tomate *concassé*, adicionado de dentes de alhos. Fazer a omelete em azeite. Cordão de Molho de Natas, açafronado, ao redor.

Míscaros (*Morilles*)
Recheada com míscaros picados, estufados em manteiga e ligados com Demi-glace. Cordão do mesmo molho, ao redor.

Mistral
(*Tortilha*). Misturar os ovos, com cubos de tomate estufados com manteiga, alho e salsa picada. Lançá-los na frigideira, sobre fatias de beringela fritas em azeite.

Monselet
Recheada com juliana de trufas e champignons; pontas de espargos, ligados com purê de pasta de fígado (*foie gras*). Decorar com um champignon inteiro. De cada lado, pontas de espargos. Nos topos, lâminas de trufa. Cordão de Demi-glace, ao redor.

Monserrate (*Montserrat*)
Dois ovos escalfados; encerram-se numa peça de massa de rissoles, temperada com ervas aromáticas, picadas, e pimenta. Frita-se com bastante manteiga e serve-se com Molho Holandês.

Monthrey
(*Tortilha*). Misturar os ovos com rábano ralado, cebolinho e salsa, picados. Fazer duas tortilhas finas. Colocar uma delas sobre um prato de ir ao forno, cobrindo-a com salpicão de aipo, ligado com natas e temperado com páprica. Tapar com a segunda omelete, cobrindo tudo com Molho Mornay, parmesão ralado e depois manteiga derretida. Gratinar em forno bem forte.

Murciana (*Murcienne*)
Recheada de cebola, tomate, abóbora, beringela e presunto, cortados em quadrados e salteados em azeite.

Musselina (*Mousseline*)
Separar as gemas das claras. Misturar as gemas com natas e temperá-las. Bater as claras em castelo. Misturar tudo; fazer a omelete como vulgarmente e servir imediatamente.

Nancéienne
(*Tortilha*). Misturar os ovos com cebola e salsa picadas, puxadas em manteiga. Fazer duas omeletes. Colocar uma num prato e cobri-la de rodelas de morcela, ligeiramente passadas em manteiga. Tapar com a segunda omelete, polvilhar com salsa picada, banhá-la com Manteiga Noisette e rodear com fundo de vitela reduzido.

Nancéienne
(*Omelete*). Misturar os ovos com cebola e salsa picadas, puxadas em manteiga. Rechear, no momento de enrolar, com rodelas de morcela cozinhadas em manteiga. Cordão de fundo de vitela reduzido, adicionado de manteiga.

Nantua
Recheada com lagostins picados, ligados com Molho Nantua. Cordão do mesmo molho, ao redor. Decorar a omelete com lagostins e lâminas de trufas.

Natural (*Nature*)
Omelete vulgar, sem qualquer outra adição que os temperos.

Nicense (*Niçoise*)
(*Tortilha*). Misturar os ovos com tomates estufados, salsa e alho picados. Guarnecer com filetes de anchovas, dispostos em grade. Cobrir com Manteiga Noisette.

Nonats
Recheada com *nonats*, salteados em manteiga.(*Nonats* são peixes pequenos do Mediterrâneo, que são servidos fritos, muito secos).

Normanda (*Normande*)
Recheada com ostras cozidas, ligadas com Molho Normando. Cordão do mesmo molho, ao redor.

Novo México (*Nouveau México*)
Recheada com quadrados pequenos de batata e tomates. Decorada, obliquamente, com tiras de pimentos morrones.

Ostendesa (*Ostendaise*)
Recheada com salpicão de mexilhão, champignons e trufas, ligado com Molho Nantua. Cordão do mesmo molho, ao redor.

Panachée
Como GRIMALDI, mas substituindo os mariscos por purê de legumes. Cordão de Molho de Tomate, ao redor.

Parisiense (*Parisienne*)
Misturar os ovos com dados de trufas e de batatas, salteados em manteiga.

Parmentier
(*Tortilha ou omelete*). Misturar os ovos com batatas salteadas.

Parmesão (*Parmesan*)
Misturar os ovos com queijo parmesão, ralado.

Pascal (*Pascale*)
Recheada com dados de toucinho e salsa picada, passados em manteiga.

Pastora (*Bergère*)
Recheada com tomates, alho, salsa picada, filetes de anchovas; tudo salteado em azeite.

Patti
O mesmo que OMELETE CABREIRA.

Peregrina (*Pérégrine*)
Recheada com fígados de ave e ervas aromáticas, picados.

Périgord
Misturar os ovos com trufas em dados. Cordão de Molho Périgueux, ao redor.

Polonesa (*Polonaise*)
Recheada com um picado de carneiro estufado, ligado com Demi-glace. Golpeá-la e guarnecer com tomate *concassé* e salsa picada. Cordão de Molho de Tomate.

Pombalina
Recheada com purê de presunto e fígados de ave, atomatado.

Pontas de Espargos (*Pointes d'Asperges*)
Misturar os ovos com pontas de espargos, estufadas em manteiga. Decorar com pequenas pontas de espargos.

Portuguesa (*Portugaise*)
Recheada com tomates *concassés*. Molho de tomate, ao redor.

Poulard
Bater 6 gemas de ovos com 2 dl de natas frescas. Bater as claras em castelo e misturar. Sal e pimenta. Fazer a omelete como normalmente. Servir bem quente. (*Especialidade do Restaurante Poulard; Monte de Saint-Michet, Normandia*).

Prado Verde (*Vert-Pré*)
Recheada com purê de alfaces e agriões. Cordão de Molho Aveludado com salsa picada, ao redor.

Prelados (*Prélats*)
Recheada com um salpicão grosso de ovas de peixe cozidas, lagostins, camarões e juliana de trufas, tudo ligado com Molho Normando de Coulis de Lagostins. Cobrir a omelete com o mesmo molho e polvilhar com trufas picadas.

Presunto (*Jambon*)
Misturar os ovos com dados de presunto, salteados em manteiga. Decorar com losangos de presunto.

Princesa (*Princesse*)
Misturar os ovos com dados de carne de aves e pontas de espargos. Decorar com lâminas de trufas e pontas de espargos. Cordão de Molho Supremo, ao redor.

Provençal (*Provençale*)
Recheada de tomates *concassés*, com dentes de alho. Fazer a omelete em azeite. Cordão de Molho Provençal, ao redor.

Queijo (*Fromage*)
Guarnecida, depois de golpeada, com parmesão ralado.

Quinteira (*Fermière*)
(*Tortilha*). Misturar os ovos com dados de presunto e salsa picada.

Rainha (*Reine*)
Recheada com purê de aves. Cordão de Molho Supremo.

Real (*Royale*)
Recheada com cristas e rins de galo, champignons e trufas, estufados e ligados com Molho Aveludado; faz-se desta mistura uma pequena omelete. De ovos batidos com natas, faz-se uma omelete maior, que se recheia com a pequena, no momento de enrolar. Guarnecer com pequenos escalopes de pasta de fígado (*foie gras*) e lâminas de trufas. Cordão de Molho Supremo, aromatizado com vinho do Porto.

Reforma (*Réforme*)
Recheada com salpicão de trufas, língua, *cornichons* e claras de ovo cozido, ligado com Molho Poivrade com geléia de groselhas. Cordão do mesmo molho.

Richemont
Omelete natural, decorada com metades de míscaros e lâminas de trufa.

Rim (*Rognons*)
Recheada com dados de rim salteados, ligados com Molho Madeira. Abrir uma cavidade na superfície da omelete e guarnecer com rins como os do recheio. Cordão de Molho Madeira, ao redor.

Romana (*Romaine*)
(*Tortilha*). Fazer duas tortilhas, de ovos batidos com salsa e cebola, estufadas em manteiga. Sobre uma delas, colocar folhas de espinafres salteadas em manteiga, com filetes de anchovas. Tapar com a segunda omelete e cobrir tudo com Molho Mornay, queijo ralado e depois manteiga derretida. Gratinar.

Rossini
Recheada com escalopes de pasta de fígado (*foie gras*) e trufas. Decorar com escalopes de pasta de fígado, tendo uma lâmina de trufa sobreposta. Cordão de Demi-glace, com essência de trufas.

Ruanesa (*Rouennaise*)
Recheada com purê de fígados de pato. Cordão de Molho Ruanês, ao redor.

Saboiana (*Savoyarde*)
(*Tortilha*). Misturar os ovos com batatas salteadas a cru, em manteiga e lâminas de *gruyère*.

Saint-Flour
(*Tortilha*). Misturar os ovos com cebolas picadas e dados de toucinho, salteados em banha de porco. Fazer duas tortilhas. Colocar uma sobre a outra, tendo entre elas uma camada de repolhos estufados, picados. Cordão de Molho de Tomate, ao redor.

Salvator
Misturar os ovos com juliana de trufas, de presunto e de champignons.

Santo Humberto (*Saint-Hubert*)
Recheada com purê de caça, ligado a Demi-glace, reduzido com Fumete de Caça. Colocar sobre a omelete um cordão de champignons, picados e salteados em manteiga. Ao redor, cordão de Demi-glace com Fumete de Caça.

Sigurd
Recheada com batatas e trufas.

Siri
Recheada com carne de siri, preparada como se diz para camarões.

Soubise
Recheada com Purê Soubise. Molho Soubise, ao redor.

Sueca (*Suédoise*)
Recheada de urtigas estufadas e natas. Cordão de suco de carne ligado.

Suíça (*Suissesse*)
(Tortilha). Misturar os ovos com *gruyère* ralado. Polvilhar a tortilha com o mesmo queijo e passar no forno.

Talleyrand
(*Tortilha*). Misturar os ovos com cebola salteada em manteiga, com um pouco de caril. Guarnecer com escalopes de moleja de vitela, panados à inglesa, fritos em manteiga. Cordão de Molho de Natas.

Taustcheff
Recheada com cristas e rins de galo, champignons e trufas, salteados e ligados com Molho Alemão.

Tomates
Como OMELETE À PORTUGUESA.

Tortulhos (*Mousserons*)
Como OMELETE DE MÍSCAROS, substituindo estes por tortulhos.

Toucinho (*Lard*)
Misturar os ovos com toucinho ligeiramente frito. Servir sobre fatias de toucinho grelhadas.

Trufas (*Truffes*)
Misturar os ovos com dados de trufas. Decorar com lâminas de trufa. Cordão de Glace de Carne, ao redor.

Turca (*Turque*)
Recheada com fígados de ave picados, salteados em manteiga, ligados com Molho Madeira. Dar-lhe um golpe e guarnecer a cavidade com fígados de ave. Cordão de Molho Madeira ao redor.

Tutano (*Moelle*)
(*Tortilha ou omelete*). A primeira guarnece-se; a segunda recheia-se. Com rodelas de tutano cozidas em água e sal, ligadas com Glace de Carne ou Molho Tutano. Cordão do mesmo molho, ao redor.

Vichy
Recheada com Cenouras Vichy, em pequenos cubos.

Vitória (*Victoria*)
Recheada dum salpicão de lagosta e de trufas, ligado com Molho de Lagosta. Cordão do mesmo molho, ao redor. Decorar a superfície da omelete com escalopes de lagosta, tendo rodelas de trufa sobrepostas.

Walewska
Recheada com salpicão de lagosta e trufas, ligado com Molho Bechamel. Cordão de Molho de Camarões, ao redor.

Zíngara
Recheada com juliana de presunto, champignons e claras de ovo cozido, salteada em manteiga e reduzida com vinho da Madeira.

PEIXES, MOLUSCOS E CRUSTÁCEOS
(POISSONS, MOLLUSQUES, CRUSTACÉS)

Nota: Sempre que, em receitas de peixe ou filetes, se diga que os mesmos são cozidos, exceto quando se trate de peixe "graúdo", queremos dizer que eles são cozinhados em fundo de água, ou outro que se indique, apenas suficiente para os cobrir.

Compreende-se a razão desta explicação, atentando que, na maioria das receitas, o fundo, ou caldo da cocção, é reduzido para preparar o Molho. Se o mesmo for exagerado, haverá desperdício, tanto do aroma como do sabor.

Para a cocção dos filetes, ou rolinhos, é até aconselhável a utilização de tabuleiros untados com manteiga, onde é mais fácil conseguir cocção perfeita e uniforme, com todas as vantagens apontadas.

ALECRIM
(Aiglefin, Aigrefin)

Pequeno peixe da família do bacalhau, semelhante às pescadinhas. (*Ver* em PESCADINHAS).

ALECRIM FUMADO
(Haddock)

O alecrim, que os ingleses chamam haddock, *é um bacalhau pequeno, fumado sem levar sal. Na Inglaterra, é servido no café da manhã, seja grelhado ou cozido, acompanhado de manteiga derretida, ou do fundo levantado com natas.*

AMÊIJOAS
(Palourdes)

(*Deve-se sempre lavar muito bem as amêijoas, antes de qualquer preparação, para liberta-las da areia que geralmente contêm*).

Alicantina (*d'Alicante*)
Salteadas com azeite, alho, vinho branco, pimento encarnado, louro, tomilho, um pouco de água e sumo de limão.

Americana (*Américaine*)
Retirar as conchas. Fritar ligeiramente panadas. Preparar um Molho, como para LAGOSTA AMERICANA e servi-lo à parte.

Andaluza (*Andalouse*)
Saltear em fogo forte, com azeite, cebolinha picada, alho, sal, pimenta, aromáticos, vinho de Jerez e pão ralado. Deixar cozinhar, durante alguns minutos.

Bulhão Pato
Fritar, numa frigideira, alhos, com um pouco de azeite. Juntar as amêijoas, bem lavadas, temperando com sal e pimenta. Deixar abrir, adicionando sumo de um limão. Servir com salsa picada e quartos de limão.

Caldeirada
Colocar em caçarola rodelas de cebola, alho, tomates sem pele nem sementes, pimenta, louro,

salsa e água das amêijoas, passada. Deixar ferver, até cozinhar os ingredientes, juntando as amêijoas, sem conchas. Depois de completamente cozinhadas, servir em prato coberto.

Catalã (*Catalane*)
Saltear em azeite com aromáticos, regando com Molho Alholi, pouco espesso.

Coquetel (*Cocktail*)
(*Ver* COQUETEL DE OSTRAS).

Espanhola (*Espagnole*)
Refogar em azeite, cebola e salsa picadas. Juntar as amêijoas, tomates, pimentos assados, sal e pimenta, e deixar reduzir um pouco

Ferrolesa (*Ferrolienne*)
Cozinhar em azeite, com bastante cebola, amêijoas sem casca. Juntar um pouco de pão ralado, alho, salsa, vinho branco, pimentos encarnados, pimenta e algum caldo. Reduzir, adicionando sumo de limão.

Flamenga (*Flamande*)
Cozinhar em vinho branco, com manteiga e limão. Servir polvilhado com salsa e rodelas de limão.

Fricassé
Abrir as amêijoas, retirá-las da concha, e lavá-las com água fria. Refogar numa caçarola, cebola e salsa picada, pimenta, azeite e banha de porco, acrescentando com água das amêijoas, coada. Depois de bem cozinhado, passar o refogado, e juntar-lhe as amêijoas, gemas de ovo e limão, mexendo bem. Levar ao fogo para cozinhar a gemas, e servir bem quente.

Fritas (*Frites*)
Abrir as amêijoas e retirá-las da concha. Temperar com vinho branco, limão, salsa picada, pimenta e sal, deixando repousar durante algum tempo. Passar depois por massa de fritos e fritar. Servir com Molho de Tomate e batata cozida.

Nazarena (*Nazareth*)
Amêijoas abertas, das quais se retira uma das valvas. Com a água das amêijoas e chalota picada fazer uma redução, que se passa por um pano. Juntar a este Molho as amêijoas, aveludado de peixe, sumo de limão, sal e pimenta. Servir polvilhadas com salsa picada.

Presunto, com (*au Jambon*)
Abrir as amêijoas em vinho branco. Passar este por um pano. Noutra caçarola, incorporar em manteiga um pouco de farinha de trigo, acrescentando presunto finamente picado, cebola, aromáticos, cravinho e champignons picados. Juntar um pouco de vinho branco e deixar reduzir. Ligar com gemas de ovo, e mergulhar as amêijoas, sem concha.

Valenciana (*Valencienne*)
Fritar, em azeite, cebolinhas, pimentos, alhos, salsa e tomate, picados. Juntar arroz, em pouca quantidade, e as amêijoas, molhando com caldo. Adicionar sal, pimenta, açafrão e ervilhas, deixando cozinhar durante vinte minutos.

Villeroy
Preparam-se como todas as composições Villeroy. Servem-se com Molho de Tomate

ANCHOVAS
(Anchois)

(*Normalmente, a anchova emprega-se salgada ou em conserva. Quando utilizada fresca, pode grelhar-se, ou fritar-se*).

ANGULAS

Bilbaína
Colocam-se as angulas em caçarola de barro com azeite, alguns alhos e umas rodelas de malagueta, refogados. Cozinham-se em fogo vivo, mexendo-se com um garfo de madeira. Servir tal qual.

ARANHUÇO
(Vive)

(*Prepara-se como a* MARMOTA)

ARENQUE
(Hareng)

Bismark
Cozinhar em vinho branco, com vinagre, louro, tomilho, sal, pimenta em grão, rodelas de cenouras e de cebola. Servem-se frios, sem cabeça nem espinhas.

Bloater
Em inglês, diz-se *sour herring*. Existe também o conhecido *kipper*, arenque fumado, aberto ao meio. Estas duas variedades servem-se grelhadas, com Manteiga Mordomo, ou Molho apropriado.

Bolonhesa (*Bolognaise*)
Bem frescos. Cozer em Caldo Aromatizado (*Court-bouillon*). Guarnecer com mexilhões e cobrir com Molho feito do fundo da cocção, ligado com manteiga.

Calaisiana (*Calaisienne*)
Abrir pelo dorso e retirar a espinha. Rechear com ovas, chalotas, salsa e champignons picados, bem misturados com Manteiga Mordomo. Enrolar em papelotes e cozinhar no forno.

Diabo (*Diable*)
Limpar e aparar. Cobrir com miolo de pão ralado. Grelhar, regando com azeite. À parte, Manteiga Mordomo.

Grelhados (*Grillés*)
Limpar, aparar e grelhar. À parte, Manteiga Mordomo.

Marinados (*Marinés*)
Deixar marinar em vinho branco, com cebolas, aromáticos e especiarias. Servir frios

Moleira (*Meunière*).
Ver em LINGUADO. (*Prepara-se de igual modo*).

Mordomo (*Maître d'Hôtel*)
Muito frescos. (*Ver* GRELHADOS). Preparar de maneira idêntica.

Nantesa (*Nantaise*)
Limpar e aparar. Passar por farinha. Panar à inglesa. Cozinhar em manteiga. Cobrir com um Molho composto de purê de ovas amostardado, levantado com manteiga.

Papelotes (*Papillotte*)
Abrir pelo dorso e retirar a espinha. Rechear com Duxelles e fechar. Grelhar ou saltear. Encerrar em papelotes com Molho Italiano, e terminar no forno.

Paramé
Limpar e aparar. Passar por manteiga. Meter em papelotes, com Duxelles. Cozinhar no forno.

Porteira (*Portière*)
Preparar como moleira. Untar com mostarda, depois de cozinhado. Polvilhar com salsa picada, e regar com Manteiga Noisette

Recheados (*Farcis*)
Abrir pelo dorso e retirar a espinha. Encher com recheio de peixe e aromáticos. Meter em papelotes e cozinhar no forno.

Russa, à (*à la Russe*)
Cortar filetes muito finos, de arenque fumado, e colocá-los servindo de bordura a uma salada de legumes, com Maionese. Decorar com beterraba e salsa. Gelatinar levemente, se possível.

ATUM
(Thon)

Albardado (*Beignets*)
(*Ver* ORLY).

Algarvia (*Façon du Algarve*)
Cortar o atum em filetes, temperando-os com sal, pimenta, vinho branco, limão, salsa e louro. Passar por farinha e fritar em azeite. No mesmo azeite, fritar depois cebolas, sem as deixar corar muito, juntando-lhes vinagre, colorau e salsa picada. Cobrir os filetes com este Molho.

Assado (*au Four*)
Cortar em postas. Temperar com sal, pimenta e salsa. Regar com vinho branco, sumo de limão, azeite e manteiga. Cobrir com rodas de cebola e assar no forno. Servir com rodelas de limão.

Bifes (*Biftecks*)
Cortar em fatias delgadas. Deixar durante algumas horas, num Molho composto de vinagre, alhos pisados, sal, pimenta e vinho branco, com uma folha de louro. Fritar numa frigideira, com manteiga e alho, como bifes autênticos. Servir com batatas cozidas.

Bordalesa (*Bordelaise*)
Picar as postas com toucinho. Colocar em caçarola, sobre tiras finas de toucinho. Ao redor, cenouras às rodelas. Molhar com vinho branco e um pouco de caldo de peixe. Juntar sal, pimenta, ramo de cheiros, cebola, dente de alho e noz-moscada. Cozinhar 2 horas. Empratar, guarnecendo com crostões e champignons.

Cobrir com o Molho da cocção, ligado com manteiga e farinha.

Bretanha, à moda da (*Bretonne*)
Preparar como o anterior. Marinar. Cozinhar com a marinada, toucinho e azeite, cobrindo-o com pão ralado. Ao forno durante uma hora. Servir com purê de azedas.

Caldo Aromatizado ou Cozido (*au Court-bouillon*)
Cozer com cebolas, cenouras, aromáticos, pimenta, sal, salsa e louro. Servir com batatas cozidas e Molho à escolha.

Escabeche (*Escavèche*)
Fritar em bastante azeite. Com o resto da fritura, pimenta, sal, vinagre e alho, fazer um refogado com o qual se cobre o peixe. Servir frio ou quente, tendo em conta que quanto mais tempo estiver no Molho (sem ser exagerado) mais saboroso se torna.

Grelhado (*Grillé*)
Como SALMÃO.

Indiana (*Indienne*)
Picar com filetes de anchovas. Marinar e estufar. Cobrir com Molho Caril. À parte, arroz ao natural.

Marinado (*Mariné*)
Fatias cozinhadas em azeite, com vinagre, alho e folhas de louro. Servir frio.

Moleira (*Meunière*)
Como todos os peixes à Moleira. (*Ver* LINGUADO).

Orly
Cortar em agulhetas e preparar como FILETES DE LINGUADO do nome.

Provençal (*Provençale*)
Picar com filetes de anchovas. Marinar. Saltear em azeite, com alho, cebolas picadas, tomates *concassés* e aromáticos. Molhar com vinho branco e caldo. Estufar. Reduzir e cobrir com o Molho. Polvilhar com salsa picada e alcaparras.

Vinho-d'alhos (*Ail et Vin*)
Colocar, num recipiente, com alho, louro, sal, pimenta e vinho branco, bem como um pouco de colorau. Passado um mínimo de 24 horas, frita-se em azeite, ou banha de porco.

BACALHAU FRESCO OU BADEJO
(Cabillaud)

(*Todas as preparações da PESCADA, além das que a seguir indicamos*).

Andaluza (*Andalouse*)
Cozido com vinho branco, tomate, cebolas e batatas.

Dimitri
Com Molho de Vinho Branco, filetes de anchovas e batatas cozidas ao natural.

Flamenga (*Flamande*)
Postas cozidas com vinho branco, chalotas a aromáticos. Empratar. Sobre cada posta, uma rodela de limão sem pele nem sementes. Cobrir com caldo da cocção, engrossado e ligado com manteiga e pão ralado.

Frito (*Frit*)
Passado por farinha, e frito em azeite. Servir com Molho à escolha.

Halévy
Sobre um soco de Batata Duquesa. Cobrir com ovos escalfados Halévy.

Minerva (*Minerve*)
Cozido. Servir com filetes de anchovas, batata ao natural e Molho Bercy.

Padeira (*Boulangère*)
Em pedaços grossos. Picar e temperar. Meter num prato de ir ao forno. Rodear com batatas cruas, de tamanho médio. Cobrir com bom pedaço de manteiga. Regar de tempos em tempos. 3 ou 4 minutos antes de completar a cocção, polvilhar com alho e salsa picados e pão ralado. Este prato deve ser feito com bastante manteiga.

Portuguesa (*Portugaise*)
Em fatias, cozidas com cebolas picadas, dentes de alho, salsa, tomates *concassés* e vinho branco. Empratar. Reduzir a cocção e cobrir

Provençal (*Provençale*)
(*Ver* LÚCIO).

Rainha (*Reine*)
Cozido. Cobrir com Molho de Natas. Guarnecer com croquetes de batata.

Virgem (*Vierge*)
Como o anterior. Cobrir com Molho de Natas, e decorar com cerefólio e estragão.

BACALHAU SECO, SEM SAL
(Merluche, Stockfish)

Depois de remolhado, prepara-se como o BACALHAU SALGADO, em Brandada, Cozido, Lionesa, Provençal etc

Nicense (*Niçoise*)
Prepara-se como o BOUILLABAISSE, com adição de pimentos, azeitonas pretas e batatas novas.

BACALHAU SALGADO
(Morue)

Albardado (*Enrobée*)
Cortar em agulhetas, bem limpas de espinhas e pele. Depois de bem remolhado, passar por água fervente. Envolver em massa de fritos, adicionada de salsa picada. Fritar em azeite. Servir com Molho de Tomate

Albardado à Camponesa (*Enrobée Paysanne*)
Como o anterior, adicionando à massa de fritos, cebola picada, além da salsa.

Almocreve (*Muletier*)
Cortar em agulhetas e cozer com louro. Dourar em azeite, alhos, malagueta, pimentão encarnado e vinagre, tudo bem refogado, sem queimar. Juntam-se as agulhetas, tapa-se, e deixa-se terminar a cocção em conjunto. Pode-se adicionar batatas cozidas, em rodelas.

Andaluza (*Andalouse*)
Massa de fritos vulgar, perfumada com vinho de Jerez, pimenta em pó, açafrão, salsa e folhas verdes, de aipo, picadas. Misturar à massa boa quantidade de bacalhau cozido, desfiado. Fritar em pequenas porções, servindo com salsa frita e limão.

Angolana (*Façon d'Angola*)
Bacalhau ligeiramente fervido, desfiado. Adicionar a um refogado de manteiga, cebolas, salsa e Molho de Tomate, engrossado com farinha. Juntar leite de coco e deixar ferver durante dez minutos. Servir sobre fatias de pão torrado, polvilhado com salsa picada.

Bechamel (*Béchamel*)
Cozido com legumes e aromáticos. Separa-se da pele e das espinhas, e cobre-se com Molho Bechamel. Servir com crostões de pão frito, podendo-se gratinar ligeiramente, se o desejar.

Beirã (*Façon de Beira*)
Bacalhau cozido, com batatas e ovos. Cortar estes em rodelas, e desfiar o bacalhau. Colocar num prato de ir ao forno, em camadas alternadas, temperando com sal, pimenta, azeite e manteiga. Polvilhar com queijo ralado, regar com manteiga derretida e corar no forno.

Beneditina (*Bénédictine*)
Cozer. Desfiar e enxugar. Pisar no almofariz com batatas cozidas. Fazer absorver azeite, e leite, em quantidade não exagerada, até ficar numa pasta macia. Colocar num prato de ir ao forno, e gratinar ligeiramente.

Benoîton
Cebolas picadas, puxadas em manteiga e azeite. Molhar com Fumete de Peixe e vinho tinto. Juntar um dente de alho pisado, rodelas de batata crua, e bacalhau desfiado. Cozinhar 15 minutos e colocar num prato de ir ao forno. Polvilhar com queijo ralado e gratinar.

Biscainha (*Biscaïenne*)
Cubos de bacalhau cozido, salteados em azeite com tomates *concassés*. Juntar um dente de alho e salsa picada. Colocar em camadas, num tacho, alternando com juliana de pimentos. Ferventar no forno. Servir rodeado de crostões, em forma de coração.

Bouillabaisse
Faz-seguindo o método vulgar. (*Ver em* BOUILLABAISSE *a receita-tipo*).

Brandada (*Brandade*)
Proceder como para BENEDITINA com poucas batatas e um dente de alho pisado. Trabalhar vagarosamente. Condimentar fortemente.

Brandada à Marselhesa (*Brandade Marseillaise*)
Bacalhau desfiado, salteado com cebola, alho, azeite, noz-moscada e um pouco de leite

Brandada com Natas (*Brandade à la Crème*)
Seguir a receita da BRANDADA, substituindo o azeite e o leite por natas.

Brandada Trufada (*Brandade Truffée*)
Seguir a receita da BRANDADA, juntando trufas picadas. Decorar com rodelas de trufas.

Brás, à (*à la Braz*)
(*Ver* À LISBONENSE). Adicionar Batata Palha.

Calabresa (*Calabraise*)
Pequenos cubos de bacalhau dessalgado, passados na farinha e fritos em azeite. Cobrir com uma abundante juliana de alhos bravos (porros), cenoura e nabos, em porções iguais, estufados à parte. Recobrir tudo com Molho de Tomate, misturado com cebola frita em rodelas. Levar ao forno. Servir com batatas cozidas, regadas com manteiga e salsa picada.

Caldeirada
(*Ver* ENGUIAS). Procede-se de igual modo.

Camponesa (*Campagnarde*)
Cortar o bacalhau em agulhetas; molhá-lo em leite; passar por farinha e fritar. Servir com salada de tomate, batata e ovos.

Cartuxada (*Chartreuse*)
Cozer e desfiar. Misturar com Bechamel e champignons, lançando-o depois numa forma de charlota, com as paredes revestidas de fatias de cenoura, nabo e batatas, colocadas ao alto. Cozinhar no forno.

Cebolada à Alentejana (*Oignonade façon du Alentejo*)
Desfiar o bacalhau, e misturá-lo com um refogado de cebola, azeite e pimenta. Engrossar o Molho, com um pouco de farinha de trigo e água, deixando ferver algum tempo

Cebola Seca, em (*à l'Oignonade en Paté*)
Prepara-se o bacalhau como para os CROQUETES, juntando-lhe manteiga, pimenta e salsa. Mistura-se depois com cebola, frita em azeite, passando na frigideira para formar um bolo.

Chenemond
Filetes de bacalhau, sem espinhas, passados na farinha e alourados em azeite. Colocar numa caçarola, e cobrir com Molho de Tomate, perfumado com Jerez e azeite da fritura. Servir numa crustada de Batata Duquesa misturada com cebola frita, ovo e queijo ralado.

Congregado (*Congregué*)
Colocar em camadas alternadas, numa caçarola, batatas cruas e bacalhau, em tiras finas. Temperar bem com rodelas de cebola, salsa, alho, cravinho, sal e pimenta. Regar abundantemente com azeite e cozinhar no forno, abanando a caçarola de vez em quando.

Creme (*Crème*)
Cozer e desfiar o bacalhau. Cobrir com Molho de Natas.

Crioula (*Créole*)
Colocar num prato de ir ao forno, cebolas picadas estufadas em manteiga. Sobre as cebolas, Tomates à Provençal e, sobre estes, o bacalhau cozido, desfiado. Cobrir com Manteiga Moleira. Servir bastante quente

Croquetes (*Codfish-Balls*)
Misturar 1/3 de bacalhau pisado no almofariz com 2/3 de Batata Duquesa. Formar bolas do tamanho de tangerinas e enrolá-las. Passar por farinha, panar à inglesa e saltear em manteiga clarificada. À parte, Molho de Tomate. (*Receita Americana*).

Enfolado ou Suflê (*Soufflé*)
Passar o bacalhau pela máquina. Fazer pequeno guisado, com cebola picada, banha de porco e azeite, ao qual se junta o bacalhau. Adicionar miolo de pão embebido em leite, e deixar ferver. Fora do fogo, juntar gemas de ovos batidas, levando novamente ao fogo para as cozer. Adicionar depois as claras bem batidas, e levar ao forno, numa fôrma untada com manteiga.

Ervilhas, com (*aux Petits Pois*)
Fazer um Molho de azeite frito, com bastante salsa, alho e farinha; molhar com água e juntar o bacalhau, louro, pimenta e ervilhas. Deixar ferventar e servir bem quente

Espanhola (*Espagnole*)
Proceder como para BISCAINHA, juntando aos pimentos, rodelas de batata cozida, e regando as camadas com Molho de Tomate, feito do caldo do bacalhau.

Espinafres (*Épinards*)
Espinafres *concassés* temperados com sal, pimenta, noz-moscada e alho, misturados com salsa picada, bacalhau cozido desfiado e filetes de anchovas. Ligar tudo com Molho Bechamel.

Colocar num prato de ir ao forno, polvilhar com pão ralado e gratinar

Estremenha, à (*à la façon d'Estremadura*)
Proceder como para CONGREGADO, adicionando-lhe tomates *concassés*.

Estufado (*Braisée*)
Cortar o bacalhau salgado, em lascas, e colocá-lo numa caçarola, em camadas alternadas, com rodelas de batata. Temperar com bastante azeite, um pouco de vinagre, alho, pimenta e sal. Tapar e estufar em fogo brando.

Flametta
Bacalhau frito em azeite, sem pele nem espinhas. Pisar no almofariz, misturando igual quantidade de batatas cozidas e azeite. Colocar numa caçarola, em banho-maria, e trabalhar a mistura com Bechamel, sal e pimenta. Coloca-se depois na travessa, alisa-se por cima, e polvilha-se com salsa picada. Crostões de pão frito, ao redor

Francisco Lázaro
Bacalhau cozido, em lascas. Misturar com Bechamel atomatado, aromatizado com vinho do Porto, e um pouco de picante. Colocar num prato de ir ao forno, polvilhar com queijo ralado e gratinar. Servir com crostões fritos, em forma de meia-lua, colocados ao redor. (*Receita do autor*).

Fricassé
Bacalhau bem remolhado, passado por água fervente. Lascar em pedaços regulares, e passá-los por farinha e ovo, fritando-os em azeite. Refogar em azeite uma cebola picada, à qual se adiciona um pouco de farinha e água do bacalhau, até ficar em creme. Misturar este Molho, fora do fogo, com gemas de ovo e limão. Servir o bacalhau coberto com o Molho e polvilhado com salsa picada.

Frito à Alemã (*Frite à l'Allemande*)
Bacalhau cortado em dados, sem pele nem espinhas, e posto de Molho. Quantidade igual de batatas cozidas, esfriadas, cortadas do mesmo modo. Fritar em azeite alguns alhos que, depois de bem louros, se substituem pelo bacalhau e batatas. Temperar, fora do fogo, com sal, pimenta e sumo de limão, servindo numa travessa, polvilhado com salsa picada.

Frito à Jardineira (*Frite à la Jardinière*)
Preparar o bacalhau como para CAMPONESA, servindo-o depois com jardineira de legumes.

Frito à Veneziana (*Frite à la Vénitienne*)
Bacalhau cozido, limpo de pele e espinhas, colocado numa frigideira com azeite e rodelas de cebola já alourada. Servir tal qual.

Gasconha (*Gascogne*)
Limpo de peles e espinhas, e cortado em filetes. Colocar numa caçarola com azeite, manteiga, cebola, filetes de anchovas picados, salsa picada, pimenta e alcaparras. Servir bem quente na própria caçarola, com miolo de pão ralado por cima.

Gomes de Sá
Bacalhau e batatas, cozidos, cortados em pedaços pequenos. Fritar numa frigideira, com azeite, alho picado e cebola em rodelas finas, à qual se juntam o bacalhau e as batatas. Adicionar um ovo cozido e salsa picada. Colocar num timbale, e enfeitar com rodelas de ovo cozido e azeitonas, sendo estas facultativas.

Gratinado (*au Gratin*)
Desfiar depois de cozido. Colocar num prato de ir ao forno e cobrir com Molho Mornay. Ao redor, bordadura de Batata Duquesa. Polvilhar com queijo ralado e gratinar

Gratinado em Pastelão (*en Paté au Gratin*)
A mesma massa dos CROQUETES, adicionada de cebola picada, manteiga, queijo ralado, leite e ovos. Depois de tudo bem ligado, colocar num prato de ir ao forno, polvilhar com pão ralado e gratinar.

Grelhado (*Grillée*)
Postas de bacalhau grosso, bem remolhado, grelhadas. Servir com batatas cozidas, e acompanhar com Molho à escolha.

Grelhado à Maló (*Grillée Maló*)
Bacalhau grosso, remolhado em leite durante 24 horas. Espetar uma brocheta, e grelhar ao calor de um fogo bem forte, sem contudo colocá-lo em contato direto com a fonte de calor. Servir com Molho à escolha

Hércules (*Hercule*)
Colocar, numa caçarola, camadas sobrepostas de bacalhau cozido, batatas, cebola, pão ralado e

salsa picada. Molhar com um Molho de alhos, pisados com cebola, azeite, vinagre e Jerez. Tapar e cozinhar em forno brando. Servir tal qual.

Holandesa (*Hollandaise*)
Cozido, com batatas ao natural. Cobrir com Molho Holandês.

Indiana (*Indienne*)
Cozido e desfiado. Cobrir com Molho de Caril, de peixe. Servir com arroz natural, à parte.

Inglesa (*Anglaise*)
Cozido ao natural. Cobrir com ovo cozido picado e Molho Supremo. Servir com batatas cozidas.

Italiana (*Italienne*)
Bacalhau cru, cortado em cubos. Passar por farinha e fritar em azeite. Servir com Molho de Tomate, à parte.

João do Porto (*Jean du Porto*)
Bacalhau remolhado, passado por azeite e grelhado sobre as brasas. Cobrir com azeitonas sem caroço, ovos cozidos, às rodelas, e salsa picada. Regar com azeite, fervido com alhos. Servir com rodelas de batatas cozidas.

José Maria (*José Marie*)
Bacalhau escaldado e desfiado. Refogar cebola e alho, em azeite com alguma manteiga. Refrescar com vinho branco e reduzir. Juntar alguma farinha, caldo de peixe, o bacalhau e rodelas de batata. Temperar com sal, pimenta e salsa picada, deixando enxugar o líquido. Colocar num prato de ir ao forno, polvilhar com pão ralado e regar com manteiga derretida. Gratinar.

Lionesa (*Lyonnaise*)
Como FRITO À VENEZIANA. Cebola em bastante quantidade. Adicionar batatas cozidas e polvilhar com salsa picada.

Lisbonense (*Lisbonienne*)
Bacalhau escaldado, desfiado muito fino. Numa frigideira, estufar em azeite cebola picada. Juntar o bacalhau, um pouco de pimenta e misturar ovos batidos, mexendo muito bem.

Madrilena (*Madrilène*)
Bacalhau cozido, cortado em agulhetas e frito em azeite. Adicionar sumo de tomate, especiarias, pinhões. salsa picada e sumo de limão.

Makalua Pil-Pil'Ka
Cortar em pequenos cubos e remolhar. Cobrir com água e pôr sobre o fogo, durante hora e meia, à temperatura de 60 graus. Numa caçarola, à parte, põem-se 2,5 dl de azeite por quilo de bacalhau, e fritam-se alhos, sem os deixar alourar. Pôr dentro o bacalhau e um pouco de água de cozer o mesmo. Terminar de cozinhar em fogo muito forte, abanando o tacho para engrossar o Molho. Podem juntar-se malaguetas, para tornar o Molho picante. (*Receita espanhola*).

Manteiga (*Beurre*)
Cozer. Servir com manteiga derretida, Escura ou Noisette.

Mitridates (*Mithridate*)
Pisar em almofariz o bacalhau cozido e alho. Misturar com Molho Bechamel e gratinar.

Parisiense (*Parisienne*)
Bacalhau bem dessalgado cortado em pedaços com a forma de filetes de linguado. Passar por leite e por farinha. Fritar em gordura bem quente. Servir com Batatas Avelãs (Noisette) cobertas com natas.

Pastéis (*Croquettes de Morue*)
Preparar como os croquetes, adicionando à massa claras e ovos inteiros, cebola refogada e salsa picada. Fritar em azeite muito quente.

Pastelão Folhado (*Vol-au-Vent*)
Fazer um Molho com cebola, manteiga e azeite, em partes iguais. Ligar com farinha. Adicionar leite e água de cozer o bacalhau, em partes iguais, pimenta e noz-moscada. Misturar com o Molho o bacalhau em pequenas lascas sem pele nem espinhas, deixando ferver alguns minutos. Encher com este creme os pastelões folhados, previamente feitos segundo o método usual.

Patuscada (*Bamboche*)
Cortar em agulhetas. Mergulhar em leite e passar por farinha. Fritar em azeite fervente. Servir em timbale sobre Macedônia de Legumes.

Portuense, assado à (*au four, façon du Porto*)
Bacalhau bem remolhado, posto num tabuleiro, com azeite, salsa picada, batatas e cebolas

cortadas às rodelas, alho picado e louro. Temperar com sal e pimenta, regar com mais azeite e cozinhar no forno. Para não deixar queimar, refresca-se, de vez em quando, com o próprio Molho. Polvilhar com salsa picada.

Portuguesa (*Portugaise*)
Bacalhau bem remolhado e rodelas de batata, colocados num tacho e cobertos com Molho Português. Cozinhar no forno. Servir polvilhado com salsa picada.

Provençal (*Provençale*)
Cebola picada e tomates *concassés*, puxados em azeite. Juntar alcaparras, azeitonas pretas, salsa picada, alho e bacalhau lascado. Ferventar tudo, durante 10 minutos. Servir em timbale.

Pudim, em (*en Pouding*)
Bacalhau cozido, passado pela máquina. Misturar numa caçarola, com miolo de pão bastante ensopado em leite, manteiga e pimenta em pó. Ferver sobre o fogo, durante algum tempo. Deixar arrefecer um pouco e incorporar gemas de ovo batidas e sumo de limão. Lançar numa fôrma redonda, untada com manteiga e polvilhada com farinha. Corar no forno. Desenformar e servir com um Molho creme, feito de leite, manteiga, farinha e ovos, com sumo de limão.

Ricasoli
Saltear talharins, ou nulhes, cozidos em manteiga. Misturar com Bechamel e queijo ralado, deixando esfriar um pouco. Ligar com ovo batido, e colocar numa fôrma de savarino, em banho-maria. Desenformar, encher a cavidade com bacalhau desfiado, e colocar no topo, a toda a volta, croquetes do mesmo. Cobrir tudo em Molho Normando.

Romana (*Romaine*)
Bacalhau remolhado, cortado em agulhetas e regado com azeite, cebolinhas picadas, alho, salsa e tomate. Adicionar um pouco de água e cozinhar. Quando estiver cozido, coloca-se num timbale e polvilha-se com queijo ralado. Gratinar ligeiramente

Suflê (*Soufflé*)
Prepara-se como todos os suflês. (*Ver receita-tipo em* ENTRADAS LIGEIRAS).

Taipas, à moda das (*manière de Taipas*)
Prepara-se o bacalhau, como se diz em "Cebolada Seca", misturando-lhe Molho de Tomate suficiente para lhe dar cor rosada. Empratar em fôrma de pirâmide, num prato de ir ao forno. Polvilhar com queijo ralado e gratinar. Servir com azeitonas sem caroço ao redor.

Tigelinhas, em (*en Cocotte*)
Pisar bacalhau e batatas cozidas, num almofariz. Adicionar, sobre o fogo, azeite onde se fritaram alhos. Juntar sumo de limão, sal, pimenta e natas, ou leite. Colocar em pequenas tigelas, abundantemente untadas com manteiga. Polvilhar com queijo e pão, ralados, regar com manteiga derretida, e alourar no forno.

Timóteo (*Thimote*)
Colocar, em travessa, camadas alternadas de bacalhau cozido, desfiado e batatas cozidas, cortadas em rodelas. Cobrir com um Molho de cebola e alho, refogados com azeite, salsa e uns pingos de vinagre. Servir bem quente.

Torrejana, à (*façon de Torres*)
Bacalhau salgado, cortado em lascas, colocado numa caçarola, em camadas alternadas, com batata, cebola, tomates e pimentos. Temperar com azeite, alho e vinho branco. Tapar a caçarola, e pôr no fogo brando para estufar.

Transmontana, à (*façon de Trás-os-Montes*)
Cortar o bacalhau remolhado, em pedaços. Colocar numa assadeira, coberto com rodelas de cebola. Regar com bom azeite, adicionando manteiga, alho picado, pimenta e louro. Cozinhar em forno brando. bem corado. Servir com batatas assadas com pele

Valenciana (*Valencienne*)
Colocar num timbale por camadas: Arroz Pilaw, bacalhau em lasca, purê de tomate e rodelas de cebola, fritas. Terminar por uma camada de arroz. Rodear de quartos de ovo cozido. Cobrir com Manteiga Noisette, adicionada de miolo de pão. Terminar no forno e servir bem quente.

Valmina (*Valmine*)
Preparar um Molho, gênero Mornay, com caldo de bacalhau, essência de anchovas e queijo ralado. Bem temperado e espesso. Num prato fundo, colocar, em camadas, o Molho, o bacalhau, mistura de rodelas de ovo cozido e azeitonas pretas sem caroço. Cobrir com o Molho, polvilhar com pão ralado e gratinar.

BADEJO
(Cabillaud)

Também conhecido como Abadejo.
(*Ver* BACALHAU FRESCO)

BALEIA
(Baleine)

Ainda que utilizada, na alimentação, pelos esquimós e japoneses, a baleia está longe de ser um peixe delicado, ou sequer apetecível Como recurso, no entanto. os marinheiros polares salgam-na para dela se valerem em ocasiões difíceis.

Nesse caso, ela pode ser preparada como o atum, e se é um pouco indigesta, não é menos certo ser um alimento bastante azotado, e, por conseguinte, reparador.

Sem pretender defender ou apoiar a baleia como alimento, cito-a apenas pelo interesse de a fazer figurar neste trabalho, frisando, no entanto, que o baleote, ou balaote, pode muito bem, por ser mais tenro, ser utilizado com esse fim. Direi, até, que um restaurante de Paris, no princípio do século, servia com grande aparato ESCALOPES DE BALEIA À VALOIS.

BARBO
(Barbeau)

Assado (*Rôti*)
(*Barbo pequeno*). Picar com filetes de anchovas. Temperar. Regar com azeite e vinho branco. Assar no forno. À parte, Manteiga de Anchovas.

Borgonhesa (*Bourguignonne*)
Colocar numa "peixeira", untada com manteiga. Juntar aparas de champignons e ramo de cheiros. Molhar com vinho branco; sal e pimenta. Estufar. Ligar com Manteiga Trabalhada (*Manié*).

Grelhado (*Grillé*)
Picar. Temperar. Grelhar com fogo brando. Servir com Manteiga Mordomo.

Moleira (*Meunière*)
Passar por farinha. Saltear em manteiga. Adicionar sumo de limão, e deixar alourar o Molho. Salsa picada.

Molhos Diversos (*Sauces Diverses*)
Cozer em Caldo Aromatizado (*Court-bouillon*), com vinagre. Servir com Molho Branco, Holandês, Alcaparras ou outro. Guarnecer com Batatas à Inglesa.

Pescadora (*Mode du Pêcheur*)
(*Ver* CHOUPA)

BARBUDO
(Carrelet)

(*Ver as preparações do PREGADO, que se aplicam, quase todas, a este peixe. Servido também frito, grelhado, moleira, ou assado*).

BIQUEIRÃO MIÚDO OU PEIXE MIÚDO
(Blanchaille ou Whitebait)
Semelhante à Manjuba

Os peixes designados por este nome, na Inglaterra e na França, podem não ser verdadeiramente o biqueirão, pois não há certeza quanto à espécie. São peixes minúsculos, que aparecem em quantidade no Tâmisa, sem dúvida até, várias espécies misturadas. São, no entanto, muito agradáveis.

São passados na farinha e fritos em óleo fervente. Escorrer depois de bem fritos. Servir muito secos, sobre guardanapo, com limão e salsa. Se desejar, polvilhá-los com pimenta branca ou caiena.

BOGAS
(Supions)

(*São preparadas, sobretudo, fritas, muito secas*)

BOUILLABAISSE

Bacalhau, de (*Morue*)
Pedaços de bacalhau aparados. Preparação idêntica à Bouillabaisse vulgar, com adição de rodelas de batata.

Marselhesa (*Marseillaise*)
Peixes a empregar: peixe-galo, marmota, congro, salmonetes, tamboril, charroco e lagostins. Os peixes grossos, cortados em pedaços; os pequenos, inteiros, e os lagostins, cortados no sentido de comprimento. (*O rascasso é indispensável para a confecção deste prato*).

Preparação:
a) Puxar em azeite, a branco, cebolas e alhos bravos (*porós*), picados. Juntar um dente de alho, pisado, pitada de açafrão, folha de louro, segurelha, funcho e tomates *concassés*. Adicionar os peixes mais duros. Temperar com sal e pimenta do moinho. Cobrir com água. Fazer ferver (*7 ou 8 minutos*) e juntar os peixes tenros. Cozinhar 15 minutos. Servir sobre crostões fritos em azeite, rodeado dos lagostins.
b) Puxar os peixes em azeite, com a cebola e o alho bravo (*porro*), picados. Enxugar ligeiramente. Preparar como a anterior, adicionando vinho branco. Cozinhar e servir, da mesma maneira.

Parisiense (*Parisienne*)
Peixes empregados: congro, ruivo, sarda, marmota, linguado, aranhuço, lagostins e mexilhão (*facultativo*). Preparar como a MARSELHESA *a* ou *b*, adicionando brande ou aguardente velha.

BOURRIDE

Peixes de carne branca, cortados aos pedaços (charroco. congro, robalo, pescada. etc.). Meter numa caçarola, com sal, pimenta, ramo de cheiros e condimentos. Cobrir com água e cozinhar. Noutra caçarola, ligar Molho Alholi com uma gema de ovo por pessoa, dissolvendo com o fundo da cocção, sobre o fogo, batendo até estar completamente amalgamado. Empratar os peixes e cobrir com o Molho. À parte, fatias de pão, também cobertas com o mesmo Molho.

CAÇÃO
(Aiguillat, Chien de mer)

(*Devido à sua pele rija e cheia de papilas, este peixe deve ser esfolado, antes de preparado*).

Caldeirada
Cortar em postas, e colocar numa caçarola com rodelas de cebola, tomates sem pele, alho, louro, sal, pimenta e azeite. Cobrir com água e cozinhar tapado, durante meia hora. Servir sobre crostões de pão frito.

Cozido (*Bouilli*)
Cozer postas, previamente salgadas, com Caldo Aromatizado (*Court-bouillon*). Guarnecer com batata cozida, e servir com Molho adequado.

Frito (*Frit*)
Cortar em filetes, que se põem em vinho-d'alhos. Mergulhar em massa de fritos. Fritar. Servir com batata cozida, e Molho à escolha.

CADOZ
(Goujon)

Quando aparece este peixe em ementas francesas, é ao cadoz miúdo, de tamanho inferior à petinga, que a palavra se refere; daí a vulgarização do termo en goujons, *o que quer dizer: em pequenos filetes, compridos, imitando o peixe.*

O cadoz miúdo, que abunda nos rios e lagos da França, é servido geralmente frito, muito seco e acompanhado de limão. Alguns autores dizem que os nonats e blanchaille são também cadozes. o que não está provado.

Yerchis pa Rousski (*Filetes de Cadoz-Perca*)
Cadoz adulto, temperado e cozinhado em manteiga, com vinho branco. Servir frios, com salada e Maionese.

CALDEIRADA
(Ragout de Poissons)

Bacalhau, de (*Morue*)
(*Ver* em BACALHAU).

Cação, de (*Aiguillat*)
(*Ver* em CAÇÃO).

Enguias, de (d'Anguilles)
(*Ver* em ENGUIAS).

Fragateira (*Batelière*)
Colocar, numa caçarola, rodelas de cebola, tomates aos pedaços, ramo de salsa, azeite, sal, pimenta, colarau e um pouco de água. Deixar ferver algum tempo e adicionar peixe miúdo, o mais variado possível. Deixar levantar fervura novamente, e retirar do fogo passados alguns minutos. Servir sobre rodelas de batata cozida.

Lisbonense (*Lisbonienne*)
Com os ingredientes da CALDEIRADA À FRAGATEIRA, fazer um refogado, ao qual se juntam os peixes (miúdo e algum graúdo, em pedaços). Molhar com vinho branco e Fumete de Peixe. Deixar estufar. Servir sobre rodelas de batata cozida.

Lulas, de (*Calmars*)
(*Ver* em LULAS).

Pescadora (*Mode des Pêcheurs*)
Como FRAGATEIRA, mas ensopando fatias de pão torrado, esfregado com alho pisado.

Portuguesa (*Portugaise*)
Como FRAGATEIRA. Refogar primeiro os ingredientes, aos quais se adicionam pimentos. Cozinhar e servir de igual modo.

CAMARÃO, GAMBAS
(Crevettes, Gambas)

Albano
1/3 de Maionese, 1/3 de natas, 1/3 de *catchup* de tomate. Misturar bem e juntar os camarões, sal, pimenta e caiena. Colocar num recipiente bordeado com Batata Duquesa, polvilhar com queijo ralado e gratinar. (*Receita do autor*).

Aspic, em (*En Aspic*)
Camarão cozido, descascado e colocado numa fôrma que se enche com gelatina. (*Ver* em FUNDOS DE COZINHA).

Caril (*Curry*)
(*Ver* INDIANA).

Conchas (*Coquilles*)
a) Bordear as conchas (*metálicas ou naturais*) com Batatas Duquesa. Colocar os camarões, descascados e temperados. Cobrir com Molho de Vinho Branco, adicionado de trufas picadas. Gratinar.
b) Bordear as conchas, como na anterior. Guarnecer o fundo, com pontas de espargos e juliana de trufas. Colocar os camarões e cobrir com Molho Mornay. Polvilhar com queijo ralado e gratinar.

Coquetel (*Cocktail*)
a) Bater natas com *catchup*, adicionando pimenta de Caiena e aguardente velha. Cobrir os camarões já previamente preparados
b) Como a anterior, adicionando um pouco de Maionese.
c) Dissolver em *catchup* de tomate, uma colher de mostarda e Molho inglês (*Perrins*). Juntar um pouco de aguardente velha e Porto seco. Bater muito bem e juntar natas. Cobrir os camarões.

NOTA: Vulgarmente, serve-se o coquetel de camarão em taça de espumante; é, no entanto, mais vistoso servir numa taça sem pé, que, por sua vez, se ajusta dentro de um recipiente um pouco maior (vidro ou metal), cheio de gelo picado. Deve-se também ter o cuidado de servir o Molho bem gelado, e pôr os camarões sobre uma camada, não exagerada, de juliana muito fina de alface.

Escuros (*Grises*)
(*Só camarão preto*). Vivos. Molhar em leite. Passar por farinha e fritar imediatamente. Servir com limão, bem secos.

Fritos (*Frits*)
Como a anterior, mas serve qualquer camarão. Para as gambas, é preferível cozê-las e descascá-las, antes de as fritar.

Georgina (*Georgette*)
Assar no forno batatas grandes, inteiras. Retirar parte da polpa, reenchendo a cavidade com camarões, ligados com Molho Nantua. Gratinar.

Indiana (*Indienne*)
Camarões ou gambas, preparados com Molho de Caril, e servidos com Arroz à Indiana.

Livrinhos ou Livretes (*Livrets*)
Camarão refogado em manteiga, com cebola, salsa, pimenta e limão. Ligar com Molho Bechamel. Preparar Retângulos de massa folhada, e colocar neles o recheio, dobrando em seguida. Passar a superfície com gema de ovo batida, e cozinhar no forno

Maionese (*Mayonnaise*)
(*Ver* em SALMÃO). A receita da Maionese é igual, para todos os peixes ou mariscos

Musse (*Mousse*)
(*Ver* em ENTRADAS LIGEIRAS). As receitas de Musse são idênticas para peixes ou carnes.

Naturais (*Nature*)
Cozer em água, com sal, pimenta em grão, rodelas de cebola e cenoura, louro, salsa e um pouco de vinagre. Empratar sobre gelo pilado, ao redor de um limão, ou de um copo de pé, que se decora.

Pastelão Folhado, em (*en Vol-au-Vent*)
Preparar um creme, como se indica na receita-tipo. (*Ver* ENTRADAS LIGEIRAS). Encher com ele os pastelões.

Rissoles (*Rissoles*)
(*Ver* em ENTRADAS LIGEIRAS).

Salteados (*Sautés*)
Cozidos e descascados. Salteados em azeite, ou em manteiga clarificada, com sal e caiena.

Scampi
Gambas descascadas e fritas depois de panadas. Servidas sobre guardanapo, com quartos de limão. À parte, Molho à escolha

Sonhos (*Beignets*)
Camarões refogados em manteiga, com cebola e salsa picada, sal e pimenta. Misturar com massa de sonhos. Fritar em pequenas porções, em azeite fervente.

Timbale à Americana (*Timbale Américaine*)
Camarão cozido e descascado, preparado como a LAGOSTA AMERICANA. Colocar num timbale de massa folhada, sobre arroz de manteiga. Polvilhar com queijo ralado e gratinar.

CARACÓIS
(Escargots)

Molusco terrestre, de concha globulosa, bastante apreciado, o caracol é abundante em Portugal. Geralmente só se cozinham os grandes, chamados caracoletas.
PREPARAÇÃO: *Lavar em água com bastante sal e vinagre, até ficarem bem limpos. Em seguida, passá-los por sumo de limão, e cozê-los em água e sal com aromáticos. Conhece-se que estão cozidos quando largam facilmente a casca.*

Borgonhesa (*Bourguignonne*)
Depois de cozidos como se indica, deixar arrefecer no próprio caldo. Retirar das conchas, e aparar as extremidades. Ferver as conchas, com carbonato de sódio, durante 1/2 hora. Escorrer e lavar em água limpa. Meter os caracóis de novo nas conchas, com bastante manteiga preparada como segue: chalota finamente picada, alho, salsa picada, sal e pimenta do moinho. Pisar bem no almofariz, e incorporar na manteiga, com um cálice de aguardente velha. Tapar com a mesma manteiga, e cozinhar no forno, dentro de um tabuleiro com o fundo coberto de sal, para mais facilmente se arrumarem.

Chablisiana (*Chablisienne*)
Redução de vinho branco com chalota picada, ligado com Glace de Carne. Colocar no fundo da concha, meter o caracol e proceder como na receita anterior.

Dijonesa (*Dijonnaise*)
Redução de vinho, como a anterior. Misturar com manteiga, tutano passado pela peneira, sal, pimenta, pitada de especiarias, chalota picada, alho e trufas picadas. Proceder com este aparelho, como se diz para BORGONHESA.

Francesa (*Française*)
Como BORGONHESA, mas sem a adição de aguardente velha.

Guisados (*en Ragoût*)
Caracóis grandes, guardados num cesto durante 15 dias, para excretarem todas as substâncias nocivas. Preparar como se indica no inicio. Retirar das cascas. Aquecer azeite numa caçarola, e deitar dentro os caracóis, salsa, alho picado e vinho branco. Tapar a caçarola, e deixar refogar em fogo brando, até estarem bem passados. Servir com arroz.

Lisbonense (*Lisbonienne*)
Preparar como na receita anterior, adicionando cebola picada e um pouco de manteiga ao refogado.

Matalota (*Matelote*)
(*Ver receita-tipo*).

Moda d'Abadia (*Mode de l'Abbaye*)
Puxar em manteiga cebolas picadas. Juntar os caracóis cozidos. Temperar. Enxugar ligeiramente. Molhar com leite fervente. Deixar ferventar 15 minutos. Ligar com gemas de ovo e adicionar manteiga.

Omelete (*Omelette*)
(*Ver* em OMELETES. Omelete à Borgonhesa).

Portuguesa (*Portugaise*)
Preparados como se indica em GUISADOS, mas adicionando ao Molho tomates *concassés*. Servir do mesmo modo.

Villebernier
Redução de chalotas picadas, com vinho tinto, vinagre e pimenta do moinho. Levantar com manteiga. Os caracóis, cozidos e retirados da

casca, são lançados no Molho. Fazer ferver e servir bem quente.

Vinhateira (*Vigneronne*)
Caracóis cozidos, retirados da concha. Saltear em manteiga, com chalotas picadas, alho, sal e pimenta. Passar por massa de fritos, adicionada de cebolinho, picado finamente. Fritar em óleo de noz.

CARANGUEJOS E CARANGUEJOLAS
(Crabes verts et Crabes tortues)

Tal como as lagostas e os lavagantes, devem ser lançados vivos em água fervente, sendo, no entanto, a cozedura um pouco mais prolongada que a dos outros crustáceos. Pode-se acrescentar, com vantagem, à água da cozedura vinho branco, grãos de pimenta e aromáticos.

(Podem ser servidos simplesmente ao natural, ou, retirando a parte comestível, ligá-la com Maionese, e servi-la dentro da carapaça. decorada com salsa, morrones, ovo cozido etc.).

Maionese (*Mayonnaise*)
Retira-se da concha a parte comestível, que serve sobre juliana de alface, coberta com Maionese (como vulgarmente se preparam as Maioneses).

Mariazinha (*Mariette*)
Refogar em azeite, cebola, cenouras e alho, finamente picados. Adicionar os caranguejos, refrescando com vinho tinto e deixando reduzir. Juntar tomates picados, salsa, sal e pimenta. Cozinhar 20 a 30 minutos. Servir os caranguejos, cobertos com o Molho, reduzido.

CARPA
(Carpe)

Alsaciana (*Alsacienne*)
Depois de limpa, encher o interior com recheio de peixe. Cozer numa mistura de vinho branco e Fumete de Peixe, em partes iguais. Empratar sobre chucrute. À parte, Batatas à Inglesa e o fundo reduzido, ligado com Manteiga Trabalhada. (*Manié*).

Au bleu
(*Ver* TRUTAS do nome).

Barqueira (*Canotière*)
Sobre um prato de ir ao forno, untado com manteiga e polvilhado com chalotas picadas, colocar uma carpa pequena, recheada com recheio de peixe, picada e temperada. Rodear de champignons crus, torneados. Tratar *à Bercy*. Polvilhar com pão ralado, e colocar em cima pequenos pedaços de manteiga. Cozinhar no forno. Decorar com lagostins cozidos, peixe miúdo frito e florões

Caldo Aromatlzado (*Court-bouillon*)
Como LINGUADO do nome.

Cerveja, com (*Bière*)
Estufar com cebolas e aipo picados, cubos pequenos de pão integral, ramo de cheiros. Molhar com cerveja. Reduzir o fundo, depois da cocção. Passar pela peneira e adicionar manteiga. Guarnecer com rodelas de ovas cozidas. Cobrir a peça com o Molho

Chambord
a) (*à Antiga*). Uma carpa média, cheia com recheio de peixe. Tirar a espinha dorsal e picar com trufas. Estufar com vinho branco e Fumete de Peixe, em fundo de aromáticos. Guarnecer com cristas e rins de galo, trufas, champignons, lagostins, crostões e ovos fritos (não são obrigatórios). Cobrir com um Molho Genovês, feito do fundo da cocção.
b) (*à Moderna*). Cozinhada como a anterior. Empratar sobre um tampão de arroz, gratinado. Guarnecer com champignons canelados, croquetes grandes decorados, rodelas de ovos panadas e fritas, lagostins cozidos. Cobrir com Molho, como a anterior

Croquetes de Carpa Morland (*Quenelles de Carne Morland*)
(*Ver* CROQUETES DE LÚCIO MORLAND). Substituir o recheio de lúcio por recheio de carpa.

Estrasburguesa (*Strasbourgeoise*)
Uma carpa média, recheada, cozida com vinho branco. Guarnecer com chucrute e batatas ao natural. Com o fundo da cocção, reduzido, ligado com gema de ovo e manteiga, fazer um Molho com que se cobre o peixe.

Judaica (*Juive*)
Cebolas e chalotas picadas, estufadas em manteiga. Enxugar. Molhar com vinho branco

e Fumete de Peixe; juntar alho, caiena e ramo de cheiros. Lançar este Molho sobre postas de carpa, colocadas em fila numa caçarola. Fazer ferver. Depois de cozinhado, retirar as postas e repor o peixe no seu formato natural. Reduzir a cocção, levantar com azeite, fora do fogo, e lançar sobre as carpas. Deixar arrefecer. Polvilhar com salsa picada.

Judaica com Passas (*Juive aux Raisins*)
Como a anterior, adicionando açúcar em pó; passas de Málaga, sem grainhas; corintos, passados na água morna e vinagre

Judaica com Salsa (*Juive au Persil*)
Como JUDAICA, mas adicionando abundante quantidade de salsa.

Matalota (*Matelote*)
(*Ver* em MATALOTA).

Oriental (*Orientale*)
Como JUDAICA, mas adicionando ao Molho açafrão e amêndoas picadas.

Polonesa (*Polonaise*)
Rechear. Estufar com vinho tinto, cebolas, chalotas picadas, ramo de cheiros e cubos de pão integral. Reduzir o fundo da cocção, passando-o pela peneira como purê, ligado a caramelo escuro, dissolvido em vinagre. Levantar com manteiga, adicionando caiena e amêndoas picadas. Cobrir com o Molho

Pompadour
Cozinhada como CHAMBORD. Servir fria, guarnecida com metades de tomate e fundos de alcachofras, cheios com Salada Russa.

Real (*Royale*)
Cortar em filetes e cozer com vinho branco, Fumete de Peixe e aromáticos. Empratar em coroa. Guarnição Real, no centro. Cobrir os filetes com Molho Normando, e decorar com rodelas de trufas.

Valonne
Tirar a pele e picar com filetes de anchovas. Enrolar em papel, untado com azeite. Cozinhar no forno, e servir coberto com Molho Mornay.

Vicente (*Vincent*)
Cozer em Caldo Aromatizado (*Court-bouillon*). Servir frio, com Volho Vicente.

CARTA
(Cardine, Limandelle)

Peixe largo, chato de um lado e convexo do outro, onde tem os dois olhos. Não sendo peixe vulgar entre nós, confunde-se com o pregado. sendo às vezes vendido como tal, embora de qualidade inferior a este. Prepara-se assada. cozida, frita, gratinada ou, ainda, de qualquer das maneiras indicadas para o linguado.

CAVALA
(Maquereau espagnol, Cavaluca)

Prepara-se tal como a sarda, à qual se assemelha muito, cozida, frita, grelhada etc

Amêijoas, com (*aux Palourdes*)
Abrir as amêijoas, aproveitando-lhes a água, que se passa por um pano. Limpar as amêijoas depois de retiradas da casca, conservando-as quentes. Fazer com tudo isto um Molho, juntando-lhe parte do Caldo Aromatizado (*Court-bouillon*) em que se cozeram filetes de cavala, vinho branco e manteiga. Engrossar com farinha e caril em pó. Depois de ferver, liga-se, fora do fogo, com gemas de ovo e natas. Aquece-se bem, e cobrem-se com o Molho os filetes de cavala.

Cebolas, com (*aux Oignons*)
Corar vinte ou trinta cebolas pequenas, numa caçarola com manteiga e açúcar. Juntar um pouco de água, e deixar ferver até parecer geléia. Alourar em manteiga quatro cavalas, sem rabo nem cabeça, partidas ao meio. Temperar com sal, pimenta, e molhar com Molho branco. Misturar as cebolas e mais manteiga. Deixar reduzir em fogo brando e servir.

Ervilhas, com (*aux Petits Pois*)
Fazer um refogado, com manteiga e cebola, ao qual se juntam pedaços de cavala. Temperar com sal e pimenta. Adicionar ervilhas e um ramo de salsa. Deixar passar as ervilhas, no refogado, alguns minutos. Polvilhar com um pouco de farinha, e molhar com água, até cobrir. Deixar ferventar até completa cocção dos elementos. Incorporar algumas gemas de ovo e um pouco de manteiga. Aquecer bem e servir.

CHERNE
(Cernier)

Devido a ser um peixe grosso. raramente serve inteiro; prepara-se em Postas (Darnes), *Filetes* (Filets), *Medalhões* (Médaillons) *ou Supremos* (Suprêmes).

Açafrão (*Safran*)
Salteados em azeite. Adicionar fundo de peixe e deixar reduzir. Açafronar um pouco

Alcaparras, com (*aux Câpres*)
Preparado como MOLEIRA, com adição de alcaparras ao Molho.

Alcaparras, com Molho de (*à la Sauce Câpres*)
Cozido e servido com batatas ao natural. Bechamel ou Holandês, com alcaparras, à parte.

Alemã (*Allemande*)
Colocar o peixe cozido sobre uma juliana de legumes, com azedas. Cobrir com Bechamel espesso. Ao redor, purê de batata.

Alexandra
Cozidos com vinho branco e Fumete de Peixe. Levantar este Molho, com manteiga, trufas e Molho Nantua. Cobrir o peixe, e alourar no forno.

Alicantina (*Façon d'Alicante*)
Filetes de peixe, cozidos e colocados em prato de ir ao forno. Cobrir com um Molho feito de azeite, vinho branco, Molho de Tomate, pão ralado, pimenta, colorau, tomilho, louro e um pouco de água. Alourar no forno, depois de polvilhar com salsa e alho, picados. (*Espanhola*).

Almirante (*Amiral*)
Picar com filetes de anchovas e pepinos verdes (*cornichons*). Cozer em Caldo Aromatizado (*Court-bouillon*). Servir com Molho Almirante, guarnecido de trufas, champignons e mariscos (*ostras, amêijoas, lagostins etc.*).

Alsaciana (*Alsacienne*)
Cozer com vinho branco. Cobrir com o fundo da cocção, reduzido com manteiga. Guarnecer com chucrute estufada e batatas

Amélia (*Amélie*)
Cozido. Cobrir com Molho de Vinho Branco, adicionado de champignons picados. Guarnecer com batatas torneadas, e enfeitar com trufas.

Americana (*Américaine*)
Cozinhar em Fumete de Peixe. Empratar, enfeitado com rodelas de lagosta. Cobrir com Molho Americano.

Andaluza (*Andalouse*)
Cozido. Cobrir com tomates, estufados em manteiga. Polvilhar com queijo ralado e alourar no forno. Servir com croquetes de batata.

Anfitrião (*Anphitryon*)
Filetes finos de peixe, sobrepostos, envolvendo um recheio de ostras, com Manteiga de Anchovas e caiena. Panar e fritar. Servir com Molho Holandês, ligado com Manteiga de Anchovas.

Antiga, à (*Ancienne*)
Cozidos. Empratar, e cobrir com Molho Bercy. Enfeitar com crostões de pão frito.

Argenteuil
Cozer em Caldo Aromatizado (*Court-bouillon*). Guarnecer com pontas de espargos, salteadas em manteiga. Cobrir com Molho de Vinho Branco.

Armenonville
Filetes finos, recheados, dobrados, panados à inglesa. Fritar. Empratar em coroa, cobrindo com Demi-glace. Ao centro, bolas de pepinos frescos e azeitonas sem caroço. Ao redor, Molho Nantua e metades de lagostins.

Arquiduque (*Archiduc*)
Fazer uma crustada em massa folhada. Colocar no centro os filetes cozidos, rodelas de lagosta, croquetes e peixe trufados e ostras. Cobrir o peixe com Molho Normando, e enfeitar com trufas. Servir à parte mais Molho

Artois (*d'Artois*)
Medalhões do peixe, cozidos e colocados sobre crostões de pão frito, cobertos com Manteiga de Camarões. Decorar em volta, com purê dos mesmos e grandes croquetes de peixe, com Manteiga de Lagostins. Sobre cada medalhão, uma rodela de trufa e um pequeno champignon.

Astrônomo (*Astronome*)
Cozido. Cobrir com Molho Italiano. Guarnecer com beringelas recheadas de purê de míscaros, e gratinar no forno.

Barão de Brisse (*Baron de Brisse*)
Medalhões, molhados em azeite e grelhados. Servir com batatas cozidas ao natural e Manteiga Mordomo.

Barqueira (*Batelière*)
Filetes temperados e grelhados, servidos com Molho Verde.

Bechamel (*Béchamel*)
Cozidos. Regar com sumo de limão e cobrir com Molho Bechamel. Polvilhar com queijo ralado e um pouco de manteiga derretida. Gratinar.

Bedford
Filetes grelhados, cobertos com Molho Mornay e gratinados no forno. Guarnecer com crostões redondos, de pão, recheados de trufas e champignons, salteados com vinho branco, cobertos com creme de espinafres. Molho Mornay por cima. Gratinados

Bela Helena (*Belle Hélène*)
Fazer rolinhos (*paupiettes*) recheados com recheio de peixe e cozê-los em Caldo Aromatizado (*Court-bouillon*). Empratar em coroa, sobre um soco de espaguete. Sobre cada rolinho, uma rodela de trufa. Cobrir com Molho Mornay e gratinar.

Belezas de Noite (*Belles de Nuit*)
Filetes recheados com recheio de peixe, ligado com natas, tendo ao centro uma ostra. Cozinhar em Fumete de Peixe. Empratar em coroa e cobrir com Molho Normando, ligado com Manteiga de Camarão. Ao centro, Batatas Avelãs (*Noisettes*).

Beneditina (*Bénédictine*)
Medalhões, cozidos no forno com Jerez. Empratar. Fazer uma bordadura de purê de batata, e massa de Chus rosada. Cobrir o peixe com Molho Mornay, ligado com Manteiga de Lagostins. Em cima, rodelas de trufa e pequenos croquetes de Bacalhau à Provençal. Gratinar ligeiramente.

Bercy
Cozinhados em fundo de peixe, com Manteiga de Tomates, chalotas e cebolinhas. Cobrir com o fundo, reduzido com vinho branco e salsa picada.

Boa Dona (*Bonne-Femme*)
Cozer em Caldo Aromatizado (*Court-bouillon*), com vinho branco, champignons, cebolinhas e salsa. Empratar e cobrir com o fundo da cocção, reduzido, levantado com manteiga e levemente engrossado com farinha. Gratinar ligeiramente. (*A maneira como geralmente são servidos os peixes Boa Dona entre nós é uma variante fantasiada, que não é aconselhável seja servida com este nome*).

Boistèlle
Cozer com vinho branco, em caldo da cocção de champignons. Servir com o fundo, reduzido e levantado com manteiga, guarnecendo com champignons.

Bom Gastrônomo (*Grand Gourmet*)
Supremos ou Medalhões, cozinhados *à Moleira*, adicionando ao Molho, amêijoas e camarões. Servir com Batatas Avelãs (*Noisettes*).

Bonnefoy
Saltear em manteiga. Cobrir com Molho Bordalês. Guarnecer com batatas torneadas, cozidas ao natural.

Bordalesa (*Bordelaise*)
Cozinhar em manteiga. Cobrir com Molho Bordalês e enfeitar com rodelas de limão

Borgonhesa (*Bourguignonne*)
Filetes cozinhados em vinho tinto, com cebolinhas, champignons e salsa picada. Servir com o próprio fundo, reduzido, adicionado de manteiga.

Bosniac
Cozinhados em Fumete de Peixe. Cobrir com Molho de Vinho Branco, adicionado de páprica, guarnecendo com juliana de cenouras, trufas e champignons.

Bretã (*Bretonne*)
Cozinhados em manteiga. Cobrir com Molho Bretão e limão picado.

Brillat-Savarin
Cozer em Caldo Aromatizado (*Court-bouillon*). Guarnecer com trufas e champignons. Cobrir com Molho de Vinho Branco. Ao redor, cordão de Demi-glace atomatado e pequenos crostões.

Brocheta ou Espetada, em (*Brochette*)
Filetes pequenos, temperados, espetados numa brocheta, intercalando com fatias de presunto. Grelhar ou fritar. Servir com limão, ou Molho à escolha.

Bruxelense (*Bruxelloise*)
Filetes recheados e fritos. Servir com Molho Holandês.

Cadgery
Colocar num timbale camadas de filetes cozidos, ou grelhados, alternadas com outras de Arroz Pilaw, ligado com Bechamel e Caril, adicionado de cebolas estufadas no forno. Cobrir com o mesmo Molho.

Calaisiana (*Calaisienne*)
Filetes grelhados, cobertos com recheio de peixe, salpicão de champignons e Molho de Vinho Branco. Gratinar ligeiramente.

Calcutá (*Calcutta*)
Filetes, cobertos com recheio fino de peixe, e cozidos com vinho branco. Cobrir com Aveludado de Caril e champignons. Servir, à parte, Arroz à Indiana.

Cancalesa (*Cancalaise*)
Filetes cozidos. Empratar e guarnecer com mexilhões, camarões, amêijoas etc. Cobrir com Molho Normando.

Cardeal (*Cardinal*)
Filetes finos, cobertos com recheio de peixe e enrolados. Cozer e colocar num prato de ir ao forno, cobertos com Molho Cardeal, trufas e champignons. Guarnecer com rodelas de lagosta e passar ligeiramente no forno.

Careme
Recheados os filetes, com recheio de peixe, trufado, e champignons, cozinham-se com vinho tinto e aromáticos. Empratar, cobrir com Molho Holandês, colorido com tomate, e polvilhar com trufas picadas.

Carmen
Filetes cozidos, empratados sobrepostos, decorados com tiras de morrones. Cobrir com Bechamel, polvilhar com queijo ralado e gratinar.

Catalã (*Catalane*)
Refogar em azeite, bastante cebola, alho, salsa, ervas aromáticas, tomate, farinha e colarau, molhando depois com água. Guisar açafrão, amêndoas e avelãs torradas, dissolvendo em vinho velho e ligando, depois, ao Molho anteriormente feito. Cobrir com ele os filetes de peixe, já previamente cozidos. (*Receita espanhola*).

Cecília (*Cécile*)
Filetes passados na farinha e fritos em manteiga. Cobrir com o Molho de fritar, guarnecer com pontas de espargos e gratinar.

Chambertin
Filetes cozidos com vinho Chambertin. Guarnecer com croquetes de peixe e champignons. Cobrir com Molho Chambertin.

Chamhord
Filetes cozinhados com vinho tinto e guarnecidos com croquetes de peixe, rodelas de trufas, champignons e cebolinhas. Cobrir com Molho Chambord.

Champanha (*Champagne*)
Filetes temperados e cozidos. Empratar e servir com Molho Champanha.

Champerere
Cozidos com vinho branco e Mirepoix. Colocar sobre um soco de arroz, coberto com Molho Normando. Enfeitar com cebolinhas estufadas e salsa frita.

Chauchat
Cozinhados com manteiga e limão, guarnecidos com batata e cobertos com Molho Mornay de vinho branco. Gratinar no forno

Cherburgo (*Cherbourg*)
Filetes finos, recheados e cozinhados com Fumete de Peixe e vinho branco. Empratar em coroa. Ao centro, salpicão de camarões, mexilhões e ostras cozidas. Cobrir tudo com Molho de Camarão e gratinar no forno

Chivry
Filetes cozidos em fundo de peixe, cobertos com Molho de Vinho Branco. Guarnecer com trufas e champignons.

Clara Chimay
Fritar em manteiga, com salsa picada. Guarnecer com aipo, champignons e fundos de alcachofras.

Clarence
Filetes cozidos com Caldo Aromatizado (*Court-bouillon*). Envolver em Batatas Duquesa e enfeitar com trufas. Cobrir com Molho Mornay e queijo ralado. Gratinar.

Cleópatra (*Cléopâtre*)
Recheados os filetes, com recheio trufado, cozinham-se em vinho branco com caldo de champignons. Cobrir com Molho de Vinho Branco e juliana de trufas. Gratinar ligeiramente.

Colbert
Passar os filetes por manteiga e salsa picada. Panar e fritar. Servir com Molho Colbert e limão.

Condé
Filetes cozidos em Caldo Aromatizado. Cobrir com um refogado reduzido de chalotas, tomate, aromáticos, vinho branco, sumo de limão e manteiga.

Conti
Cozinhar em azeite e vinho branco. Cobrir com o fundo reduzido, e salsa picada. Guarnecer com pequenos crostões gratinados, cobertos com purê de lentilhas.

Cortesã (*Courtisane*)
Recheados com recheio de peixe e champignons, e cozinhados em vinho branco. Cobrir com Molho Aveludado, verde. Guarnecer com croquetes de batata.

Demétrio (*Dimitri*)
Cozidos com Molho de Vinho Branco. Enfeitar com filetes de anchovas e batatas torneadas, cozidas ao natural.

Du Barry
Cozer e cobrir com Molho Mornay. Guarnecer com trufas e ovas de peixe. Gratinar ligeiramente. Ao redor, um cordão de Glace de Carne, levantada com Manteiga de Lagosta, ou de lagostins.

Dugleré
Cozidos, cobertos com Molho feito de vinho branco, manteiga, chalotas, tomate e aromáticos, levantado com um pouco de fundo da cocção. Guarnecer com pequenos tomates ao forno. (*A receita original é só para pregado ou linguado*).

Duquesa (*Duchesse*)
Salteados em manteiga. Cobrir com Molho de Natas (Crème). Guarnecer com Batatas Duquesa.

Duse
Filetes recheados com recheio de peixe, cozidos e colocados sobre Arroz à Turca. Cobrir com Molho Mornay e gratinar no forno. Enfeitar com lagostins estufados em vinho branco, e trufas picadas.

Eloísa (*Héloïse*)
Salteados em manteiga. Cobrir com fundo de tomates e champignons, ligando o Molho

Embaixada (*Ambassade*)
Medalhões cozidos. Sobre cada um, um escalope de lagosta e uma rodela de trufa. Cobrir com Molho de Natas (Crème) levantado com Manteiga de Lagostins. Gratinar ligeiramente. Meias-luas de massa folhada, ao redor.

Embaixadora (*Ambassadrice*)
Cozidos com vinho branco, adocicado. Cobrir com o fundo da cocção, ligado com gemas e natas, e misturado com algumas ostras cozidas. Ao redor, pequenas Batatas Duquesa.

Epicuriana (*Epicurienne*)
Estufados com vinho branco, caldo da cocção de trufas e vinho da Madeira. O fundo reduzido levanta-se com Manteiga de Anchovas, salsa e sumo de limão.

Escocesa (*Écossaise*)
Cozidos e cobertos com Molho Holandês, e legumes em pequenos cubos.

Espanhola (*Espagnole*)
Filetes salteados em azeite e manteiga, com tomates, cebolas, pimentos e ervas aromáticas. Servir sobre crostões fritos, cobertos com o Molho.

Excelsior
Filetes finos, enrolados com recheio e cozidos. Colocam-se sobre um soco de arroz, em coroa, tendo ao centro Lagosta Salteada à Bordalesa. Cobrir os filetes com Molho Rico (*Riche*).

Fécampoise
Cozidos, e cobertos com Molho de Camarões. Guarnecer com mexilhões e camarões

Fédora
Cozidos, e cobertos com Molho Genovês. Guarnecer com Batatas Avelãs (*Noisettes*)

Fedorowna
Medalhões, recheados com recheio de peixe e caviar (*esturjão, se possível*), cozidos e cobertos com Molho de Lagostins. Guarnecer com trufas, caudas de lagostins, ou camarões e champignons. Em toda a volta, mexilhões Villeroy.

Finas Ervas (*Fines Herbes*)
Cozidos, ou fritos em manteiga, e cobertos com Molho de Vinho Branco, adicionado de salpicão de champignons e ervas aromáticas.

Flamenga (*Flamande*)
Estufados com vinho branco, e cobertos com o fundo, reduzido e levantado com manteiga, aromáticos e miolo de pão frito. Rodelas de limão, ao redor.

Floreal
Filetes cortados finos, recheados e enrolados. Saltear com manteiga, e colocar sobre croquetes espalmados, de tamanho idêntico. Guarnecer com pontas de espargos. Cobrir com Molho de Vinho Branco, levantado com Manteiga Primaveril. Enfeitar com rodelas de cenoura.

Florentina (*Florentine*)
Filetes cozidos, colocados sobre uma camada de espinafres estufados em manteiga. Cobrir com Molho Mornay e gratinar. Crostões de massa folhada, ao redor.

Flórida
Filetes fritos, servidos com Molho Remulada, adicionado de pimentos encarnados.

Francesa (*Française*)
a) Filetes cozidos, servidos cobertos com Molho Bearnês atomatado.
b) Filetes passados na ovo e fritos. Servir com batata cozida, salsa frita e Molho de Tomate.

Francilhão (*Francillon*)
Grelhados e colocados sobre crostões fritos. Guarnecer com Batatas Palha (*Paille*). Servir, à parte, Molho de Tomate.

Francisco I (François I)
Filetes cozinhados em vinho branco, manteiga, champignons, tomates, cebolas e ervas aromáticas. Cobrir com o fundo da cocção, depois de reduzido.

Galega, à (*Galicienne*)
Filetes cozidos em água, apenas suficiente, com rodelas de batata, azeite cru, tomilho, louro, salsa, vinagre e sal. Servir no próprio caldo.

Gastrônomo (*Gourmet*)
Cozidos com vinho branco, os filetes são depois cobertos com o Molho Bechamel e guarnecidos com caudas de lagostins.

Gayarre
Filetes finos, cozinhados no forno. Empratar em coroa e cobrir com um creme aveludado, aromatizado com Jerez e ligeiramente açafronado. Enfeitar com uma juliana muito fina, de pimentos encarnados, estufados em manteiga. À parte, Batatas Avelãs (*Noisettes*).

Genovesa (*Génoise*)
a) Cozinhar em Fumete de Peixe reduzido e cobrir com Molho Genovês. Servir, à parte, batatas cozidas ao natural.
b) Cozinhar com vinho tinto e cobrir com Molho Genovês. Guarnecer com champignons, caudas de lagostins e ovas de peixe.

George Sand
Filetes cozidos, empratados alternados, com croquetes de batata e lagostins. Cobrir com Molho de Camarão.

Godard
Cozinhar em vinho branco, reduzindo o fundo, e ligando com Bechamel, Manteiga de Lagosta e gema de ovo.

Granadina (Grenadine)
Medalhões bem redondos, ao centro dos quais se espeta uma trufa, cozinhada em vinho branco. Servir cobertos com o fundo reduzido, levantado com manteiga e sumo de limão.

Grão-Duque (*Grand-Duc*)
Filetes cozidos, empratados em coroa, sobrepostos, intercalando rodelas de trufa. Cobrir com Molho Mornay. Ao centro, pontas de Espargos à Inglesa. Gratinar no forno

Gratinado (*au Gratin*)
Cozidos ou estufados em manteiga. Empratar. Cobrir com Bechamel, queijo ralado e manteiga. Gratinar no forno ou na salamandra.

Gratinado à Espanhola (*Gratin Espagnol*)
Colocar em filetes sobre chalotas, finamente picadas. Regar com azeite e cobrir com Molho de Tomate. Polvilhar com pão ralado, alho e salsa, picados. Regar com azeite e limão. Gratinar.

Gratinado à Portuguesa (*Gratin Portugais*)
Estufados com vinho branco, colocam-se os filetes sobre uma camada de champignons e ervas aromáticas. Cobrir com o fundo, ligado com tomate e Molho Bechamel. Polvilhar com queijo ralado e bordear com purê de batata. Gratinar.

Gratinado à Solférino (*Gratin Solférino*)
Gratinado vulgar. Substituir a bordura de purê de batata por Purê Solférino.

Grega (*Grecque*)
Filetes passados na farinha e fritos em azeite. Colocar sobre um soco de Arroz Pilaw e cobrir com Molho de Tomate. Ao redor, juliana de pimentos encarnados, salteados.

Grelhado (*Grillé*)
Em filetes ou postas. Mergulhar em azeite ou manteiga e grelhar. Servir com batatas cozidas e Molho à escolha.

Grenoblesa (*Grenobloise*)
Filetes salteados em manteiga. Adicionar alcaparras, pepinos e limão picados. Enfeitar com beterrabas, cortadas em juliana.

Halévy
Cozinhado em vinho branco e coberto com Molho do mesmo. Polvilhar com trufas picadas. Cobrir o resto com Molho de Caranguejos e clara de ovo cozido, picada. Batata Duquesa, ao redor.

Havresa (*Havraise*)
Filetes recheados, cobertos com Molho de Vinho Branco e guarnecidos com mexilhões fritos.

Hebraica (*Hebraique*)
Cozer e deixar arrefecer. Cobrir com juliana abundante de legumes, champignons e estragão. Gratinar, e servir frio com Molho Tártaro.

Helena (*Hélène*)
Filetes cobertos com recheio. Enrolar e cozinhar com fundo de peixe. Servir sobre um soco de espaguete (*ou tarteletas com espaguete*) com natas. Cobrir com Molho Mornay e gratinar.

Holandesa (*Hollandaise*)
Cozidos. Servir com Molho Holandês e batatas cozidas ao natural.

Hoteleira (*Hôtelière*)
Filetes passados na farinha, salteados em manteiga e sumo de limão. Guarnecer com champignons picados, estufados em manteiga. Enfeitar com rodelas, ou quartos de limão

Imperial (*Impérial*)
Cozidos e cobertos com Molho de Natas, adicionado de juliana de trufas, camarões e ovas de carpa.

Indiana (*Indienne*)
Estufados em manteiga. Cobrir com Molho de Caril, e servir com Arroz à Indiana, à parte

Infanta
Cozidos. Cobrir com purê de champignons e Molho Mornay.

Inglesa (*Anglaise*)
Grelhados. Guarnecer com batatas cozidas ao natural e salsa fresca em montinhos. Servir com manteiga derretida, com sumo de limão.

Ivanhoe
Cozinhar no forno, em caçarola untada com manteiga, com limão picado sem casca, maçãs e fundos de alcachofras, tratados de igual modo. Cobrir com aveludado de peixe e Manteiga de Lagosta. Gratinar.

Ivette
Cozinhar em Fumete de Peixe, e guarnecer com trufas e camarões. Cobrir com Molho de Camarão e corar no forno.

Jardineira (*Jardinière*)
Cozidos. Cobrir com Molho de Vinho Branco. Guarnecer com montinhos de legumes estufados.

Joana d'Arc (*Jeanne d'Arc*)
Filetes salteados em azeite, colocados sobre tarteletas, cheias com arroz branco (*ou um soco de arroz branco*) com lagostins, ostras e champignons. Guarnecer com croquetes de peixe.

Joaninha (*Jeannette*)
Filetes, recheados com recheio de peixe e estragão, cozidos e cobertos com Molho de Creme. Decorar com rodelas de pasta de ligado (*foie gras*) e folhas de estragão.

Joinville
Filetes recheados, dobrados e cozidos. Cobrir com Molho de Camarões e guarnecer com trufas, camarões, croquetes e champignons

José I (*Joseph I*)
Filetes cozidos, que se empratam alternando com croquetes de batata e lagostins. Cobrir com Molho de Camarão. Polvilhar com trufas picadas.

Labouns Kaya
Cozidos. Cobrir com Molho de Vinho Branco, salpicão de camarões e de trufas.

Lacharme
Cozidos. Cobrir com Molho de Vinho Branco. Guarnecer com mexilhões, abertos ao natural, sem casca.

Laguipière
Cozidos e cobertos com Molho de Camarão. Guarnecer com tarteletas, recheadas de camarões e Molho Bordalês. Batata Duquesa

Leopoldo (*Léopold*)
Cozer os filetes (2 por pessoas). Guarnecer com rodelas de lagosta e de trufa. Cobrir um filete com Molho de Lagosta e o outro com Bordalês. Polvilha-se o primeiro com trufa picada, e o segundo com clara de ovo cozido, picada.

Lionesa (*Lionnaise*)
Cozidos e refogados com manteiga, cebolas, ervas aromáticas e vinho branco ou vinagre.

Lord Fuller
Filetes pequenos, cozidos, coberto cada um com seu Molho: Veneziano, Camarões, Vinho Branco. Bordadura de Batata Duquesa

Lorguette
Filetes pequenos, fritos e espetados em brochetas. Servir com Molho de Tomate, à parte.

Luis XIV (*Louis XIV*)
Cozidos e cobertos com Molho de Camarão. Polvilhar com trufa picada e gratinar ligeiramente.

Magny
Salteados ao natural, em manteiga.

Maionese (*Mayonnaise*)
Sobre leito de juliana de alface, colocam-se pequenos filetes de peixe, cozidos. Cobrir com Maionese e enfeitar com filetes de anchovas, alcaparras, azeitonas, ovos cozidos etc. (*Deve-se temperar a salada a utilizar, com azeite, vinagre e sal*).

Manchester
Estufados em manteiga, com vinho branco e chalotas picadas.

Manon
Filetes finos, recheados e enrolados. Cozinhar em vinho branco, com fundo de peixe, reduzido. Guarnecer com pontas de espargos, champignons e Batatas Duquesa, ao redor

Manteiga Escura (*Beurre Noir*)
Cozer e escorrer bem. Cobrir com manteiga, queimada com vinagre e alcaparras

Mantouane
Dois filetes finos, sobrepostos, encerrando um recheio de peixe trufado. Cozinhar. Cobrir com Molho Chambord e champignons picados

Margarida (*Marguerite*)
Filetes cozidos, guarnecidos com camarões e mexilhões, nos dois extremos da travessa. Cobrir com Molho de Vinho Branco e salsa picada. Gratinar ligeiramente, depois de salpicar com manteiga derretida

Maria Luísa (*Marie Louise*)
Filetes cozidos em Caldo Aromatizado (*Court-bouillon*). Colocar sobre um tampão de purê de batata. Cobrir com Molho de Vinho Branco. Ao redor, cordão de Molho Italiano. Polvilhar com trufas picadas

Matilde (*Mathilde*)
Saltear em vinho branco: fundo reduzido com purê de cebolas e purê de pepinos frescos e ligado com gema de ovo. Cobrir. Servir com batata cozida

Mignon
Cozinhados em vinho branco com fundo de peixe, reduzido. Adicionar Molho Português

Minerva (*Minerve*)
Cozinhados em fundo de peixe, com cebolinhas, tomates e chalotas. Guarnecer com filetes de anchovas e batatas ao natural

Mirabeau
Filetes temperados e passados na farinha, salteados em Manteiga de Anchovas. Na travessa, enfeitar com filetes de anchovas, azeitona e folhas de estragão fresco

Miramar
Filetes compridos e finos, passados na farinha e salteados em manteiga. Empratar sobre purê de batata. Guarnecer, em volta, com rodelas de beringelas fritas.

Moleira (*Meunière*)
Filetes temperados passados na farinha, salteados em manteiga que se deixa escurecer. Sumo de limão e salsa picada. Servir com batata cozida e rodelas de limão.

Mônaco
Filetes cozidos, cobertos com Molho de Vinho Branco, adicionado de salsa picada e polpa de tomate. Montinhos de ostras cozidas, nas extremidades da travessa. Enfeitar com triângulos de massa folhada.

Moncey
Cozidos. Cobrir com Molho de Vinho Branco, adicionado de mexilhões. Guarnecer com pequenos tomates estufados.

Monte Belo (*Montebello*)
Filetes recheados, cozinhados com vinho branco e aromáticos. Cobrir com Molho Aveludado, levantado com Manteiga de Anchovas. Guarnecer com ostras e mexilhões.

Monte Carlo (*Monte-Carlo*)
Filetes temperados, passados na farinha e salteados em manteiga. Empratar em diagonal. Enfeitar com filetes de anchovas e alcaparras. Regar com Manteiga de Anchovas, derretida, e polvilhar com salsa picada.

Montespan
Cozidos e cobertos com Molho de Vinho Branco. Polvilhar com salsa picada.

Montesquieu
Filetes, salteados em manteiga com cebolinhas picadas, salsa e muito sumo de limão.

Montgolfier
Cozinhados em caldo da cocção de champignons, com vinho branco. Cobrir com Molho de Vinho Branco e guarnecer com trufas, lagosta e champignons.

Montreuil
Filetes finos, espalmados, recheados e dobrados. Colocar, depois de cozinhados, sobre rodelas de batata cozida, empratando em coroa. Cobrir com Molho de Vinho Branco, Batatas Avelãs (*Noisettes*), também cobertas com Molho. Cordão de Molho de Camarão.

Montrouge
Cozidos e cobertos de Bechamel, misturado com purê de champignons. Gratinar ligeiramente.

Mordomo (*Maître d'Hotel*)
Grelhados. Servir com batata cozida e Manteiga Mordomo.

Mornay
Filetes cozidos, cobertos com Molho Mornay. Polvilhar com queijo ralado e gratinar

Moscovita (*Moscovite*)
(*Frio*). Cozido inteiro, deixa-se arrefecer. Decorar com trufas, Maionese e gelatina. Servir com Salada Russa. Molho de Maionese, à parte.

Murat
Filetes molhados em leite, passados na farinha. Saltear em manteiga clarificada. Guarnecer ao redor com cubos de batatas e fundos de alcachofras, salteados em manteiga. Enfeitar, no topo, com rodelas de tomate fritas em azeite. Regar com Manteiga *Noisette*. (Dita também **Príncipe Murat**)

Nantesa (*Nantaise*)
Grelhados os filetes, enfeitam-se com limão. Servir com batata cozida. Molho Chambord, à parte.

Nantua
Filetes cozidos, colocados num prato de ir ao forno, untado com manteiga. Guarnecer com lagostins, e cobrir com Molho Creme, de lagostins. Bordadura de Batata Duquesa. Gratinar.

Napolitana (*Napolitaine*)
Cozidos. Cobrir com Molho Italiano. Guarnecer com azeitonas sem caroço, salsa picada e batata cozida.

Nélson
Filetes cozidos. Cobrir com Molho Mornay. Guarnecer com batatas e gratinar.

Normanda (*Normande*)
Filetes cozidos em fundo de peixe e caldo de cocção de champignons. Cobrir com Molho Normando e guarnecer com amêijoas, champignons e camarões. Em volta, crostões de pão torrado, em forma de N.

Olga
Cozinhar com fundo de peixe. Molho Bercy e juliana muito fina de trufas.

Ópera (*Opéra*)
Filetes cozidos, cobertos com Molho de Vinho Branco. Guarnecer com pontas de espargos e trufas.

Oriental (*Orientale*)
Filetes cozidos em fundo de peixe, com azeite e limão. Servir sobre um tampão de arroz, cobrindo com um Molho Caril pouco forte, ligado com Bechamel.

Orleães (*Orléans*)
Filetes cozinhados em caçarola, com manteiga, trufas, camarões, vinho branco e aromáticos.

Orly
Filetes finos e compridos, passados na massa de fritos. Fritar bem dourados e servir com Molho de Tomate, à parte.

Otero
Filetes finos, recheados e enrolados, colocados sobre 1/2 de batata cozida. Cobrir com salpicão de lagostins, trufas e champignons. Recobrir com Molho Mornay. Enfeitar com uma rodela de trufa, polvilhar com queijo ralado e gratinar.

Padeira (*Boulangère*)
Filetes estufados no forno, com manteiga, vinho branco, cebola picada, aromáticos e juliana de toucinho magro.

Paganini
Filetes cozidos. Guarnecer com mexilhões, champignons, ostras. Cobrir com Molho de Vinho Branco. Polvilhar com queijo ralado e gratinar.

Parisiense (*Parisienne*)
Filetes pequenos, cozidos, servidos cobertos cada um com um Molho; Molho de Anchovas, Molho de Vinho Branco, Molho de Camarões.

Parmentier
Cozidos e cobertos com Molho Mornay. Polvilhar com queijo ralado. Bordadura de purê de batata. Cobrir o topo com gema de ovo batida. Polvilhar novamente com queijo ralado e gratinar.

Pedro, o Grande (*Pierre le Grand*)
Filetes cozidos. Cobrir com Molho de Vinho Branco. Polvilhar metade com presunto picado e a outra metade com trufas. Gratinar ligeiramente.

Pequeno Duque (*Petit-Duc*)
Filetes recheados com recheio de camarão. Cozer e colocar sobre crostões com tomate salteado. Cobrir com Molho Normando. Guarnecer com camarões, trufas e champignons.

Piemontesa (*Piémontaise*)
Fazer um recheio de peixe, com trufas brancas, com o qual se cobrem os filetes, já cozidos. Cobrir com fundo de peixe, reduzido e levantado com manteiga.

Polaca (*Polonaise*)
Filetes temperados, passados na farinha e salteados em manteiga. Ligar com natas e gemas de ovo. Cobrir e polvilhar com miolo de pão frito.

Polignac
Filetes cozidos, cobertos com Molho de Vinho Branco, adicionado de juliana de champignons, trufas, cebolinhas e ervas aromáticas. Gratinar no forno.

Pompadour
Filetes temperados, passados por ovo e cozidos em vinho branco. Empratar e cobrir com Molho Rico e Holandês.

Portuguesa (*Portugaise*)
Cozinhados em vinho branco, com tomate picado, ervas aromáticas, chalotas, champignons e salsa picada. Dourar no forno.

Primaveril (*Printanière*)
Cozidos. Cobrir com Molho Bechamel e Manteiga Primaveril. Guarnecer com legumes.

Princesa (*Princesse*)
Filetes temperados e cozidos. Empratar, guarnecendo com pontas de espargos e rodelas de trufa. Cobrir com Molho Mornay e gratinar no forno.

Principado (*Principauté*)
Filetes cozidos. Colocar sobre cada um uma rodela de trufa, e cobrir com Molho de Camarões e salpicão de trufas. Gratinar no forno.

Príncipe Henrique (*Prince Henry*)
Filetes recheados, com recheio de salmão e trufas. Cozinhar em vinho do Reno ou da Madeira. Cobrir com o fundo reduzido. Guarnecer com lagostins. amêijoas, champignons e croquetes de peixe.

Provençal (*Provençale*)
Filetes cozidos. Cobrir com um refogado feito de azeite, cebola, tomates, alho e salsa. Enfeitar com alcaparras, azeitonas pretas e filetes de anchovas.

Rabelais
Cozer em Fumete de Peixe. Cobrir com Molho de Anchovas, e enfeitar com coral de lagosta.

Rainha (*Reine*)
Cozidos. Cobrir com Molho Aveludado e guarnecer com trufas e croquetes de peixe.

Raquel (*Rachel*)
Filetes cozidos, que se empratam intercalando rodelas de trufa. Cobrir com Molho de Natas, adicionado de Manteiga de Camarão e salpicão dos mesmos. Gratinar ligeiramente.

Ravigote
Filetes cozidos ou grelhados, servidos com batata ao natural e Molho Ravigote. à parte

Real (*Royal*)
Cozidos. Cobertos com Molho Normando. Guarnecer com champignons. lagostins e croquetes de peixe.

Regência (*Régence*)
Filetes cozidos com vinho branco. Sobre cada um, uma rodela de trufa. Cobrir com Molho Normando. Guarnecer ao redor com champignons, ostras, ovas de arenque, croquetes de peixe e meias-luas de massa folhada.

Réjane
Filetes cozidos, cobertos com Molho de Vinho Branco. Guarnecer com camarões, pepinos frescos, em pequenas bolas estufadas em manteiga.

Religiosa (**Religieuse**)
Cozidos. Cobrir com Molho Holandês e estragão picado. Guarnecer com ovos cozidos, abertos ao meio e enfeitados com uma cruz de trufa. Igual decoração se faz no centro do filete, ou medalhão.

Renascença (*Renaissance*)
Cozidos em fundo de peixe, com ervas aromáticas e chalotas. Reduzir o fundo, e levantar com manteiga. Guarnecer com fundos de alcachofras, recheados com salpicão de lagostins e legumes, alternadamente

Reynière, Grimond de la
Cozidos. Cobrir com salpicão de lagostins, ligado com Bechamel. Recobrir com Bechamel e polvilhar com queijo ralado (*parmesão*). Gratinar.

Richelieu
Filetes panados à inglesa, fritos em manteiga. Rodear com Molho de Tomate e, no centro, com Molho Bearnês. Salpicar por cima com Glace de Carne.

Rochelesa (*Rocheloise*)
Cozidos com vinho tinto. Reduz-se o fundo com manteiga, e adiciona-se Molho Espanhol. Guarnecer com ostras, mexilhões e ovas de peixe.

Rodésía (*Rhodésienne*)
Filetes finos, cobertos com recheio de peixe, enrolados e cozidos com vinho branco e Fumete de Peixe. Cobrir com Molho Americano, levantado com Manteiga de Lagosta e natas batidas. Guarnecer com rodelas de Lagosta, ou Lavagante, à Americana.

Rosália (*Rosalie*)
Filetes salteados em azeite, com cebola picada, alho, chalotas, champignons e salsa

Rosinha (*Rosina*)
Cozidos em Caldo Aromatizado (*Court-bouillon*). Cobrir com Molho de Vinho Branco. Guarnecer com tomates, recheados de recheio de peixe.

Rossini
Filetes cozidos em Caldo Aromatizado (*Court-bouillon*). Cobrir o topo com pasta de fígado (*foie gras*). Recobrir tudo com Molho de Vinho Branco. Guarnecer com trufas e champignons.

Rougemont
Cozidos em fundo de peixe. Cobrir com Molho Aurora. Guarnecer com camarões e trufas. Rodear de Batatas Avelãs. (*Noisettes*).

Ruanesa (*Rouennaise*)
Cozidos com vinho tinto e chalotas. Levantar o fundo com manteiga e Glace de Carne. Guarnecer com ostras, escalopes de lagosta e champignons.

Russa (*Russe*)
Cozer em Caldo Aromatizado (*Court-bouillon*). com juliana de alhos bravos (*porros*), cenouras e aipo. Guarnecer com os referidos legumes. Cobrir com o caldo da cocção, reduzido e levantado com manteiga.

São Cláudio (*Saint-Claude*)
Cozidos. Cobrir com Molho de Vinho Branco. Cordão de Molho de Tomate, ao redor. Enfeitar com mexilhões fritos.

São Germano (*Saint-Germain*)
Filetes panados à inglesa, grelhados. Cordão de Molho Chambord, ao redor. Cobrir com Molho Tártaro, ou Bearnês, segundo o gosto.

São João (*Saint -Jean*)
Cozidos. Cobrir com Molho Bearnês, adicionado de bastantes ervas aromáticas.

São Salvador (*Saint-Salvateur*)
Cozidos e cobertos com Molho de Vinho Branco, adicionado de cebolinhas e aromáticos.

Sara (*Sarah*)
Cozidos e cobertos com Molho Veneziano, adicionado de juliana de aipo, cenoura e trufas, estufada.

Siciliana (*Sicilienne*)
Filetes recheados com recheio de peixe, Manteiga de Anchovas, ovos cozidos e aromáticos. Panar e fritar. Regar com manteiga queimada. Guarnecer com tomates estufados e Batatas Avelãs (*Noisettes*).

Sofia (*Sophie*)
Filetes temperados, marinados com aguardente velha (*conhaque*). Rechear com salpicão de cogumelos, lagostins, trufas e filetes de anchovas. Panar e fritar ligeiramente. Terminar a cocção, grelhando-os. Empratar. Regar com manteiga derretida e limão. Salsa frita.

Sullivan
Filetes delgadíssimos, recheados, dobrados e cozidos. Cobrir com Molho Mornay e gratinar. Guarnecer com pontas de espargos salteadas.

Sultana (*Sultane*)
Filetes finos, recheados, enrolados e cozidos. Empratar sobre um tampão de batata. Cobrir com Molho de Vinho Branco. Decorar com meias-luas e estrelas de trufa.

Tabelião (*Tabellion*)
Cozidos. Cobrir com Molho de Vinho Branco e trufas.

Tártara (*Tartare*)
Cozidos ou grelhados. Servir Molho Tártaro, à parte.

Tirolesa (*Tyrolienne*)
(*Quente*). Fritos, cozidos ou grelhados. Servir com Molho Tirolês.

Tirolesa (*Tyrolienne*)
(*Frio*). Cozido inteiro, se possível. Cobrir com gelatina e Maionese atomatada. Servir com tomates, recheados de Maionese.

Tolonesa (*Toulonaise*)
Filetes recheados, cozidos em fundo de crustáceos. Cobrir com Molho de Amêijoas

Tolstoi
Filetes compridos, panados e fritos. Molho de Vinho Branco e batata cozida ao natural

Torri
(*Frio*). Filetes cozidos com vinho branco, arrefecidos. Cobrir com Maionese e gelatina. Colocar sobre um tampão, enfeitado com gelatina.

Traviata
Cozidos. Cobrir com Molho de Lagostins. Guarnecer com tomates recheados.

Trouville
Filetes cozidos. Guarnecer com lagostins, mexilhões e rodelas de trufas. Cobrir com Molho de Camarões.

Turinesa (*Turinaise*)
Filetes cozidos, cobertos com Molho Mornay. Bordadura de purê de batata. Gratinar. Polvilhar com queijo ralado.

Urbano Dubois
Filetes cozidos com vinho branco. Cobrir com Molho Aurora, e guarnecer com trufas e lagostins. Bordadura de Aparelho de Suflê. Gratinar.

Valentino
Filetes cozidos com vinho branco e Fumete de Peixe. Empratar sobre crustado de Batata Duquesa, recheada com rizotto de trufas. Cobrir com Molho Mornay e gratinar

Valéria
Filetes cozidos, passados no Molho de Tomate com chalotas. Colocar em conchas e cobrir com Bechamel. Cordão de Molho de Tomate, ao redor. Enfeitar com rodelas de pepinos verdes (*cornichons*), polvilhar com pão e queijo ralado, gratinando depois.

Van der Berghe
Cozinhados com vinho branco, e cobertos com Molho do mesmo, adicionado de juliana de champignons, trufas, cebolas, tomates e ervas aromáticas. Gratinar no forno.

Vatel
Filetes, cozidos em Caldo Aromatizado (*Court-bouillon*). Guarnecer com pepinos estufados, recheados e filetes de linguado, *en goujons*. Cobrir com Molho Chambord.

Veneziana (*Vénitienne*)
Filetes temperados, passados no azeite e grelhados. Guarnecer com azeitonas recheadas e champignons. Molho Veneziano, à parte.

Villeroy
Filetes cozidos, passados no Molho Supremo de peixe, deixando esfriar. Panar à inglesa e fritar. Servir com salsa frita e limão. Molho de Tomate, frio ou quente.

Vinho Branco (*Vin Blanc*)
Filetes cozidos com Fumete de Peixe, cobertos com Molho de Vinho Branco. Bordadura de purê de batata.

Vinho Tinto (*Vin Rouge*)
Cozinhados com Fumete de Peixe e vinho tinto. Cobrir com o fundo da cocção, depois de reduzido e levantado com manteiga. Alourar no forno.

Virgem (*Vierge*)
Cozidos e cobertos com Molho de Natas. Guarnecer com croquetes de batata e tomate, untados com manteiga, gema de ovo e queijo ralado, gratinados no forno.

Vitória (*Victoria*)
Cozidos. Cobrir com Molho de Lagosta. Guarnecer com batatas, cozidas ao natural.

Vizinho (*Voisin*)
Cozidos e cobertos com recheio de peixe. Recobrir com aveludado, adicionado de aromáticos e champignons. Guarnecer com croquetes, em forma de costeletas.

Walewska
Filetes cozidos. Empratar, intercalando com escalopes de lagosta e trufa. Cobrir com Molho Mornay e gratinar.

Windsor
Cozer e cobrir com Molho de Ostras. Guarnecer com ostras e ovas de carpa.

CHOUPA
(Brême)

Pode ser servida cozida ou grelhada, com Molho picante ou, em caldeirada. estufada etc.

Pescadora (*Mode du Pêcheur*)
Limpar e escamar. Colocar num prato de ir ao forno, envolvida num aparelho composto de Duxelles seco, chalota picada e miolo de pão ralado, sobre uma camada do mesmo. Molhar com vinho branco e um pouco de manteiga. Cozinhar no forno, 20 a 25 minutos, regando, de vez em quando, e juntando pequenos pedaços de manteiga.

CHOCOS
(Séche. Seiche, Margade)

Embora de valor inferior às lulas, estes moluscos são bastante utilizados em culinária, podendo ser preparados de quase todas as maneiras indicadas para aquelas

CONCHAS DE PEIXE E MARISCOS
(Coquilles de Poissons et Fruits de Mer)

Caril (*Curry*)
Mistura de mariscos, cozidos com vinho branco e champignons. Ligar com Molho de Caril e Bechamel. Colocar dentro de uma concha, sobre arroz branco. Polvilhar com queijo ralado e gratinar.

Gratinadas (*au Gratin*)
Peixes ou Mariscos. Cortar em pedaços pequenos e estufar com vinho branco e cocção de champignons. Colocar nas conchas, sobre camadas de Molho para gratinados. Cobrir com o mesmo Molho. Polvilhar com pão ralado e gratinar.

Mornay
Proceder como para a anterior, utilizando Molho Mornay. Gratinar.

Nantesa (*Nantaise*)
Proceder como para GRATINADAS. Rodear de ostras e mexilhões, cozidos e limpos. Cobrir com Molho de Vinho Branco. Gratinar.

Ostendesa (*Ostendaise*)
Como a anterior. Guarnecer com camarões, champignons em pequenos cubos e ostras cozidas. Cobrir com Molho Nantua e decorar com rodelas de trufas.

Parisiense (*Parisienne*)
Como as anteriores. Bordadura de Batata Duquesa. Cobrir com Molho de Vinho Branco adicionado de trufas picadas. Gratinar

St. Jacques
(*Só vieiras ou amêijoas grandes*). Preparar um Molho, com ervas aromáticas, vinho branco, Duxelles, manteiga e miolo de pão ralado. Adicionar os mariscos, colocar na concha e gratinar. (*Adicionando à preparação Manteiga Bercy ou Molho Mornay, podemos chama-lo St. Jacques Bercy ou Mornay*).

CONGRO
(Congre ou Anguille de Mer)

O congro tem a carne algo coriácea, que pode, no entanto, ser utilizada em diversas preparações culinárias. Os maiores podem servir para as Caldeiradas, Matalotas ou Bouillabaisse. Os menores, de sabor mais agradável e carne menos dura, podem ser servidos cozidos (quentes ou frios), com Molho apropriado. Podem também ser cortados em filetes, e panar, fritar, grelhar, servidos com qualquer Molho, ou manteiga, à escolha.

CORVINA
(Maigre, Ombrine)

Peixe muito grande, utilizado apenas em postas ou filetes. Servir cozida, escabeche etc., com os Molhos geralmente usados para os outros peixes.

DOURADA
(Dorade)

Servir cozida ou frita, à inglesa, quente ou fria, com os Molhos indicados. Devido à sua concepção, não é possível, com vantagem, prepará-la em filetes.

ENGUIA OU EIRÓ
(Anguille)

Alho à Valenciana, com (*Ail à la Valencienne*)
Num tacho de barro, lançar um pouco de azeite, ao qual, depois de quente, se junta pimento e as enguias aos pedaços. Deixar refogar e cobrir com água. Cozinhar. Momentos antes de terminada a cocção, adicionar a seguinte mistura, pisada no almofariz: açafrão, alho cru, amêndoas torradas, salsa, sal e pimenta. (*Pode-se juntar, ou servir à parte, legumes cozidos*).

Ameixas, com (*aux Pruneaux*)
Cortar em pedaços de 4 cm. Passar por farinha e corar em azeite. Polvilhar com farinha e molhar com vinho tinto. Reduzir. Temperar com sal e pimenta, e adicionar cebolinhas estufadas em manteiga. Deixar cozinhar bem e juntar ameixas secas escaldadas. Servir bem quente, polvilhado com salsa picada e enfeitado com crostões fritos e quartos de ovo cozido.

Antiga (*Ancienne*)
Cortada em pedaços. Colocar num tacho de barro, com pontas de espargos e ervilhas. Cobrir com Molho Verde, e cozinhar. Servir tal qual.

Arlesiana (*Arlésienne*)
Pedaços sem espinha, recheados e apertados com um fio. Cozinhar numa caçarola, com azeite, cebolas, chalotas e alho, cobrindo com um papel untado. Servir com o Molho, reduzido, levantado com Manteiga de Anchovas.

Beaucaire
Retirar a espinha. Rechear com recheio de peixe, manteiga e champignons picados, passados na manteiga. Estufar em caçarola, com chalotas picadas, aguardente velha, vinho branco, manteiga, champignons e cebolas coradas.

Benoiton
Filetes de enguia, passados na farinha. Fritar. Empratar com salsa frita. À parte, redução feita com vinho tinto, aparas de enguia, chalotas e salsa picadas. Passar pela peneira e levantar com manteiga.

Caldeirada
Cortar em pedaços de 4 a 5 cm. Temperar com sal, pimenta, vinho branco e tinto, cebolas, cenouras, salsa e louro. Deixar mamar algumas horas. Retirar, enxugar, passar por farinha e alourar em azeite. Refogar numa caçarola, com 1/2 de azeite, 1/2 de manteiga, cebola e salsa picada. Ligar um pouco de farinha, e juntar as enguias, bem como o líquido da mamada. Reduzir. Adicionar caldo de peixe, até cobrir. Cozinhar 15 a 20 minutos e adicionar champignons e cebolinhas estufadas. Servir bem quente, com crostões de pão frito.

Caseira (*Ménagère*)
Pedaços temperados. Grelhar. Empratar, enfeitando com pepinos de conserva. Servir com Manteiga Mordomo amostardada.

Coulibiac
Pastelão feito com Massa de Brioche, recheado com filetes de enguia cozida. Arroz Crioula, ovos cozidos, champignons e cebolas picadas, tudo em camadas sobrepostas. Cozinhar no forno, durante 30 a 40 minutos, aproximadamente.

Durand
Pedaços sem espinha, recheados com recheio de peixe e enrolados em pano de Musseline, ou outro tecido. Cozer com Mirepoix à Bordalesa, estufado com manteiga. Molhar com água e vinho branco (*Pouilly no original*). Alourar no forno. Servir, à parte, o Molho da cocção, reduzido com manteiga e caiena.

Eel-Pie (*Pastelão de Enguias à inglesa*)
(*Ver* PASTELÃO QUENTE À INGLESA)

Espeto, no (*à la Broche*)
Cortar em pedaços e retirar a espinha. Mamar. Colocar no espeto, intercalando pedaços de toucinho fumado (*bacon*), ou de presunto. Mergulhar em azeite e grelhar, ou panar e cozinhar no forno. Servir com batatas cozidas e Molho à escolha.

Florimont
Temperada com sumo de limão, envolve-se em papel untado com manteiga, e grelha-se na chapa. Abrir o papel e adicionar Manteiga Mordomo. Guarnecer com batatas salteadas.

Franganita (*Poulette*)
a) Cebolas picadas, passadas em manteiga, e pedaços de enguia, passados na farinha. Molhar com água, sal, pimenta e ramo de cheiros. Cozinhar. Colocar os pedaços de enguia, em timbale, com champignons cozidos. Ligar o fundo, com Manteiga Trabalhada (*Manié*) e gemas de ovo. Salsa picada.
b) Pedaços de enguia, cozinhados em Fumete de Peixe. Cobrir com Molho Franganita.

Frita (*Frite*)
As grandes são cortadas em pedaços, passadas por farinha e/ou ovo batido, e fritar. As pequenas são preparadas do mesmo modo, mas com o rabo na boca. Servidas com Molho Maionese, ou outro, quartos de limão e salsa frita.

Frita à Inglesa (*Frite à l'Anglaise*)
Filetes mamados, temperados com aromáticos, azeite e sumo de limão. Panar à inglesa e fritar. À parte, Molho Bastardo (*Bastard*), com Manteiga de Anchovas.

Gastrônomo (*Gourmets*)
Pedaços cozidos com vinho branco (*Chablis, no original*). Cobrir com aveludado de peixe, ligado com Coulis de Lagostins. (*Molho de Lagostins*). Guarnecer com lagostins.

Grelhada (*Grillée*)
Proceder como para ESPETO. Grelhar sem embrochar. Servir do mesmo modo.

Guisadas à Portuguesa
(*Ver* SALTEADAS À PORTUGUESA).

Inglesa (*Anglaise*)
Pedaços cozidos, Molho de Aromáticos.

Maconesa (*Maconnaise*)
Fazer uma Matalota, com vinho tinto, cebolinhas, champignons e lagostins; enfeitar com crostões.

Malunaire
Marinada, enrolada, e assada no forno com manteiga. Decorar com rodelas de pepinos em conserva e servir com Molho Roberto, à parte.

Matalota (*Matelote*)
Pedaços de enguia, cozidos com vinho tinto e aromáticos. Ligar o fundo, reduzido, com Manteiga Trabalhada (*Manié*). Guarnecer com cebolas estufadas em fundo escuro, champignons e florões. Juntar, se desejar, alguns lagostins.

Moleira (*Meunière*)
Pedaços temperados, passados na farinha e cozinhados em manteiga. Terminar com manteiga escura, sumo de limão e salsa picada. Batatas cozidas.

Normanda (*Normande*)
Como MATALOTA, mas molhar com cidra. Guarnecer com ostras, em vez de lagostins.

Orly
Filetes temperados, panados à inglesa e fritos. À parte, Molho de Tomate.

Pastelão Quente de Enguias (*Paté Chaud d'Anguilles*)
Numa fôrma redonda, colocar massa de pastelão, forrando-a completamente. Untar as paredes com recheio de peixe, trufado e Manteiga de Anchovas. Colocar em camadas alternadas o mesmo recheio e escalopes de enguia, picados com trufas, temperados, marinados com vinho branco, aguardente velha (*conhaque*) e azeite, ligeiramente refogados em manteiga, com chalotas e salsa picada. Cobrir tudo com marinada e manteiga derretida. Cozinhar no forno durante 2 horas. Servir, à parte, Molho Demi-glace, magro.

Pastelão Quente à Inglesa (*Paté Chaud d'Anguilles à l'Anglaise*)
Camadas de filetes de enguia branqueados em água e sal, temperados com sal, pimenta, noz-moscada, salsa picada e camadas de rodelas de ovo cozido, colocadas alternadamente, num prato especial (*Pie-dish*). Cobrir com vinho branco. Tapar com uma folha de massa semifolhada. Cozinhar no forno. No último instante, introduzir no pastelão um Molho Demi-glace com essência de peixe. (*Receita inglesa: Eel-Pie*).

Pompadour
Picar as enguias. Enrolá-las em anéis. Cozer em Caldo Aromatizado (*Court-bouillon*), com vinho branco. Arrefecer. Escorrer. Envolver em Molho Villeroy, com purê de cebola. Panar à inglesa e fritar. Empratar sobre um guardanapo, com salsa frita e pequenos croquetes Delfina, ao redor. Servir com Molho Bearnês, atomatado

Riojana (*Riojane*)
Cortar em pedaços e estufar com azeite, vinho tinto, vinagre, alho, louro, tomilho, cebola, sal e pimenta em grão. Guarnecer com pimentos encarnados, salteados com ervas aromáticas. (*Cozinha Espanhola*).

Romana (*Romaine*)
Pedaços temperados, ligeiramente refogados em manteiga. Juntar ervilhas, alface picada, manteiga e vinho branco. Cozinhar lentamente. Empratar em timbale. Cobrir com o fundo, ligado com Manteiga Trabalhada (*Manié*).

Ruanesa (*Rouennaise*)
Enrolar em anel. Cozer em Mirepoix com vinho tinto. Alourar no forno. Empratar em prato redondo. No centro, champignons, ostras e ovas de peixe, estufadas a escuro. Cobrir com o Molho da cocção, reduzido e ligado com Molho Espanhol. Ao redor, Eperlanos à Moleira.

Salteadas à Portuguesa (*Sautées à la Portugaise*)
Pedaços alourados em azeite, depois de passados na farinha. Refogar no mesmo azeite, cebolas, alhos picados e ramo de cheiros. Juntar vinho e reduzir. Adicionar farinha, Molho de Tomate e molhar com caldo de peixe. Deixar ferver com as enguias, sal e pimenta. Quando estiver bem cozido, adicionar ervilhas cozidas e cebolas estufadas em manteiga.

São Menehould (*Saint-Menehould*)
Pedaços cozidos com vinho branco. Escorrer. Passar em manteiga derretida. Panar com miolo de pão, misturado com champignons crus picados. Grelhar. Empratar num prato decorado com pepinos de conserva. Guarnecer com filetes de anchovas.

Sol (*Soleil*)
Enrolar em espiral. Panar e grelhar. Servir com Molho de Tomate.

Suffren
Pedaços, picados com filetes de anchovas. Cozer com vinho branco. Empratar em timbale. Cobrir com o caldo da cocção reduzido e ligado com purê de tomates. Levantar com manteiga e terminar com essência de anchovas e caiena.

Tártara (*Tartare*)
Pedaços, cozidos em Caldo Aromatizado (*Court-bouillon*) com vinho branco. Escorrer. Panar à inglesa e fritar. Empratar num prato decorado com pepinos de conserva. Servir com Molho Tártaro.

Torta de Enguia à São Martinho (*Tourte d'Anguille à la Saint-Martin*)
Em fôrma de torta, colocar a massa folhada correspondente. Colocar uma camada de recheio de peixe, com ervas aromáticas. Em cima desta, uma camada de filetes de enguia temperados, refogados em manteiga, com cebolas, chalotas picadas e champignons. Tapar com outra camada de massa. Cozer no forno, de 20 a 25 minutos. Sendo para servir quente, fazer pequena abertura no topo por onde se introduz manteiga derretida

Veneziana (*Vénitienne*)
Pedaços, cozidos com vinho branco. Alourar no forno. Guarnecer com champignons cozidos e escalopes de ovas de peixe. Cobrir tudo com Molho Veneziano.

Verde (*Vert*)
(*Frio*). Pedaços, refogados com azedas, ortigas, salsa, pimpinela, Molho Verde, segurelha e estragão, estufados em manteiga. Molhar com vinho branco. Temperar. Ligar o Molho com gemas de ovo. Terminar com sumo de limão. Servir em timbale.

Verde à Flamenga (*Vert à la Flamande*)
Pedaços refogados em manteiga. Molhar com cerveja. Temperar com sal e pimenta. Juntar as mesmas ervas que na receita anterior. Servir em timbales, ou em tacho de barro.

Villeroy
Pedaços, cozidos em Caldo Aromatizado (*Court-bouillon*). Arrefecer. Envolver em Molho Villeroy. Panar e fritar. Servir com Molho de Tomate.

Waldorf
Filetes marinados. Passar por leite, farinha e manteiga derretida. Grelhar umedecendo. Empratar, com pequenas Batatas Brioche. Maionese à Americana, à parte.

EPERLANO
(Éperlan. Rondelet)

Assadeira, em (*sur le Plat*)
(*Ver* LINGUADO)

Bercy
(*Ver* MARMOTA BERCY)

Boistelle
Cozidos com vinho branco, champignons picados, ervas aromáticas, chalotas. Cobrir com o fundo, reduzido e levantado com manteiga. Gratinar ligeiramente no forno.

Brocheta (*Brochette*)
Espetar, pelas cabeças, numa brocheta. Passar no leite e na farinha. Fritar. Servir com salsa frita e limão canelado.

Colbert
Como INGLESA. Fritar. Servir com Molho Colbert, em vez de Manteiga Mordomo

Espinhal, em (*en Buisson*)
Fritar bem secos. Empratar em monte. Servir com limão e salsa frita.

Fritos (*Frits*)
Como ESPINHAL. Molho à escolha.

Gratinados (*Gratin*)
(*Ver* MARMOTA GRATINADA).

Grelhados (*Grillés*)
Abrir pelo dorso. Retirar a espinha. Passar na farinha e na manteiga derretida. Grelhar. Servir com salsa frita e limão. Molho à escolha.

Inglesa (*Anglaise*)
Abrir pelo dorso e retirar a espinha. Panar à inglesa. Cozinhar em manteiga clarificada. No momento de servir, colocar Manteiga Mordomo na abertura.

Moleira (*Meunière*)
Como todas as preparações do nome. (*Ver* TRUTA À MOLEIRA).

Musse Real (*Mousse Royale*)
Em fôrma de Charlota, coberta com papel amanteigado. Decorar com filetes de eperlano e rodelas de trufa, alternados. Colocar a musse em camadas, pondo sobre cada uma, uma fileira de trufas e de filetes de eperlano. Cozinhar lentamente em banho-maria. Desenformar. Decorar com um bom champignon, canelado. Cobrir com Molho Musseline, misturado com Molho de Camarões (Coulis de Camarão).

Musseline (*Mousseline*)
(*Ver fórmula-tipo em* ENTRADAS LIGEIRAS).

Musseline Alexandra (*Mousseline Alexandra*)
(*Ver* MUSSELINE DE SALMÃO ALEXANDRA).

Musseline Tosca (*Mousseline Tosca*)
(*Ver* MUSSELINE DE SALMÃO TOSCA)

Orly
Fritos, inteiros, passados na massa de fritar. Servir com Molho de Tomate.

Polonesa (*Polonaise*)
Recheados com recheio de peixe. Cozer com vinho branco. Servir com manteiga Polaca.

Richelieu
Como INGLESA. Colocar rodelas de trufa sobre a Manteiga Mordomo.

Rolinhos (*Paupiettes*)
(*Ver* MARMOTA).

Vinho Branco (*Vin Blanc*)
(*Ver* CHERNE ou LINGUADO).

ESTURJÃO
(Esturgeon)

Peixe originário dos climas frios, abundante nos rios da Rússia, Alemanha e Inglaterra, o esturjão não é usado entre nós. Pode ser servido cozido ou grelhado, além das maneiras que indicamos, pois a sua carne, que se assemelha à da vitela, recebe todas as preparações vulgares dos peixes designados por "grossos". É da espinha dorsal deste peixe, ou melhor, do nervo espinal, que os russos obtêm a "vésiga", tão utilizada na sua cozinha

Assado (*Rôti*)
Postas, enroladas em fatias de toucinho, assadas no forno, em tabuleiros ou em espetos. Servir com o suco reduzido, ou com Molho Bordalês.

Chambord
Posta do peixe, crua, picada como um *fricandó* e estufada. Guarnição e Molho Chambord.

Costeletas (*Côtelettes*)
Cortar em pedaços, com a forma das costeletas. Temperar, passar por azeite e grelhar. Servir com Molho de Anchovas.

Escalopes
Preparam-se como os de vitela. (*Ver* "Vitela" em ENTRADAS DE AÇOUGUE).

Fricandó (*Fricandeau*)
(*Ver* FRICANDÓ DE VITELA). Trata-se do mesmo modo e guarnece-se de maneira idêntica.

Frio (*Froid*)
Depois de cozido, cortar em pedaços. Cobrir com geléia de peixe. Guarnecer com jardineira gelatinada. Molho de Rábão, ou Rábano (*Raifort*), e Maionese, à parte.

Livoniana (*Livonienne*)
Postas, filetes ou medalhões, picados ou estufados com vinho branco. Molho do fundo de cocção, reduzido e ligado com Molho Smitano.

Matalota (*Matelote*)
Cortar a carne em cubos grossos. Preparar como a MATALOTA DE ENGUIAS.

Moscovita (*Moscovite*)
Inteiro ou em postas. Cozido em Caldo Aromatizado (*Court-bouillon*). Servir com guarnição à escolha e Molho de Vinho Branco.

Normanda (*Normande*)
Estufar com vinho branco e aromáticos, tendo o cuidado de seccionar previamente a espinha

dorsal, para evitar contração da mesma durante a cocção. Cobrir com o fundo reduzido, e dourar no forno. Guarnição Normanda. Molho Normando, à parte

Russa (*Russe*)
Cozido como Moscovita. Quente. Guarnecer com raízes de salsa cozida, azeitonas, champignons, lagostins, rodelas de rábano, limão e pepinos de conserva. Cobrir com Molho de Tomate, feito do caldo do esturjão, passado, levantado com Manteiga de Lagostins ou de lagosta. Trinchar à vontade.

Tartaruga (*Tortue*)
Preparar como FRICANDÓ. Picar. Estufar com vinho branco e fundo de aromáticos. Guarnição Tartaruga. Molho do mesmo nome, à parte.

FATAÇA
(Mulet)

Embora menos fino que o robalo, pode ser preparado como este, servindo-se sobretudo, grelhado, com Manteiga Mordomo. É das ovas deste peixe que se prepara a famosa POUTARGUE.

FOGGOSH

Peixe muito fino, abundante nos lagos da Áustria, que se prepara de todas as maneiras indicadas para a trufa. Não tem tradução conhecida em português. Fazemo-lo figurar aqui apenas pelo desejo de dar o máximo de informação possível aos que consultarem este livro.

GAROUPA
(Mèrou)

Muito semelhante ao CHERNE, pela apresentação e sabor, podendo ser aplicadas a ele todas as preparações indicadas para aquele.

GORAZ
(Rousseau, Pagre)

Peixe de tamanho médio, semelhante ao pargo, mas não atingindo nunca o tamanho daquele. Possui carne delicada. Distingue-se de outros peixes semelhantes por uma mancha escura, acima da linha média e atrás do opérculo. É preparado cozido, assado, frito ou gratinado. Servir, especialmente, cozido inteiro, pois a sua carne, muito fina, é, deste modo, saborosíssima. Qualquer dos molhos vulgares para peixe cozido pode ser apresentado com ele.

IMPERADOR
(Dorade Rouge)

Peixe bonito, de bela cor vermelho-vivo e de carne delicada, o imperador não é, infelizmente, visto em nossos mercados. Servir, especialmente, cozido inteiro, pois a sua carne, muito fina, é, deste modo, saborosíssima. Qualquer dos molhos vulgares para peixe cozido pode ser apresentado com ele.

LAGOSTA, LAVAGANTE, LAGOSTINS
(Langouste. Homard, Langoustines)

(*Os franceses dão à lagosta pequena o nome de "demoiselle"*).

Absinto (*Absinthe*)
Salteada como AMERICANA. Flamejar com absinto, em vez de aguardente velha (*conhaque*). O molho, mais abundante, é passado pela peneira, depois pela estamenha, e, finalmente, por um chinês fino. Ligar com um pouco de boas natas e algumas gotas de absinto. O molho deve ficar pouco picante e muito untuoso.

Albano
Cortar em pedaços e saltear com manteiga, azeite e aguardente velha, mostarda, champignons, e pedacinhos minúsculos de presunto. Juntar *catchup* e aromatizar com vinho da Madeira. Sal e pimenta. Ligar com natas. Servir com arroz branco. (*Do autor*). (*Pode ser preparado na sala*).

Americana (*Américaine*)
Cortar em pedaços. Temperar com sal e caiena. (*Guardar as partes cremosas da cabeça e o coral*). Puxar em manteiga e azeite, com cebolas picadas, adicionando depois chalotas picadas.

Flamejar com aguardente velha (*conhaque*). Molhar com vinho branco e com Fumete de Peixe. Juntar tomates *concassés* e um pouco de purê de tomate. Cozinhar durante 18 a 20 minutos. Retirar os pedaços, que são colocados num timbale. Reduzir o molho da cocção, ligado com as partes cremosas da cabeça e levantar com manteiga. Cobrir os pedaços e polvilhar com salsa picada. (*Esta preparação é feita com a lagosta crua, sendo cozinhada com a casca. Pode-se depois, a pedido do cliente, desossar-se os pedaços. cobrindo-os então com o molho*).

Aspic (*Fria*)
(*Ver* receita-tipo em FUNDOS DE COZINHA)

Bagration
Escalopes sobre torradas. Cobrir com Molho Maionese. Guarnecer com Salada Russa e folhas de alface.

Bela-Vista (*En Bellevue*)
(*Fria*). Os escalopes, cobertos com Chaud-Froid, são colocados sobrepostos no dorso da casca da lagosta. Decoração à vontade.

Bordalesa (*Bordelaise*)
Aberta ao meio, no sentido do comprimento, e cozinhada à Americana. Ao molho, mais reduzido, adiciona-se um Mirepoix à Bordalesa.

Brocheta (*Brochette*)
Escalopes de lagosta, ou lagostins inteiros, embrochetados, intercalando pedaços de presunto ou toucinho fumado. Regar com azeite, manteiga, sal e pimenta. Grelhar sobre o fogo, ou na chapa. Servir com qualquer dos molhos habituais.

Brunetière
Cozer em Caldo Aromatizado (*Court-bouillon*). Bordear a carcaça com Batata Duquesa, e perfumá-la com boa aguardente velha (*fine champagne*). Colocar no fundo uma camada de ostras, champignons, trufas em bolinhas, estufados e ligados com Molho Vitória. Em cima pôr os escalopes de lagosta. Cobrir com o mesmo molho, adicionado de purê de champignons. Gratinar.

Cabrita (*Chevreuse*)
(*Fria*). Cozer em Caldo Aromatizado (*Court-bouillon*). Abrir, guardando a carapaça. Cortar em escalopes e lustrá-los com geléia. Empratar sobre a casca da lagosta, alternando com rodelas de trufa. Cobrir tudo com geléia, e decorar com pontas de espargos e crostões de geléia. Servir com Molho Maionese.

Cardeal (*Cardinal*)
Cozer em Caldo Aromatizado (*Court-bouillon*). Abrir no sentido do comprimento e tirar a casca. Aquecer os escalopes em manteiga. Cobrir o fundo da carcaça, com 1/2 de Molho Mornay, 1/2 de Molho Americano, misturados. Colocar os escalopes e cobrir com o mesmo molho. Polvilhar com queijo ralado e gratinar.

Caril (*Curry*)
Cortar em cubos grossos, e cozinhar em Molho Caril, de peixe. Servir com arroz natural.

Carnot
(*Fria*). Sobre uma bordadura de Musse de Lagosta, colocar os escalopes, decorados com rodelas de trufa e lustrados com geléia. Decorar com crostões de geléia. Servir com Molho Russo, à parte.

Cettoise
Como AMERICANA. Servir com arroz de caril, em timbale.

Chantecler
Abrir ao meio. Temperar e polvilhar com caril. Saltear a cru, em manteiga. Desossar e cortar em escalopes. Colocar dentro da carapaça Arroz à Indiana e por cima os escalopes. Cobrir com 1/2 de Molho de Caril e 1/2 de Molho Nantua, misturados. Gratinar. Guarnecer com uma crista de galo em cada extremidade e, no meio, um champígnon.

Churchill (*dita Lord Randolph*)
Cortar viva, em dois, no sentido do comprimento. Temperar com mostarda, sal, pimenta, manteiga e coral. Gratinar.

Clarence
Como CHANTECLER. Fazer em Caldo Aromatizado (*Court-bouillon*). O Molho Nantua, substituído por Mornay. Gratinar. Decorar com rodelas de trufa.

Conchas (*Coquilles*)
(*Mornay, Vinho Branco, Parisiense, Cardeal*). Conchas bordeadas com Batata Duquesa. Corar no forno. Misturar os pedaços de lagosta com o

molho do nome. Colocar dentro da concha e gratinar, segundo o caso, com ou sem queijo.

Costeletas (*Côtelettes*)
Salpicão de lagosta, trufas e champignons, ligado com aveludado de peixe, Molho de Lagostins (*Coulis*) e gemas de ovo. Arrefecer. Dar a forma de costeletas. Panar à inglesa e fritar. Salsa frita e molho desejado

Costeletas Arcanjo (*Côtelettes Arkangel*)
(*Fria*). Salpicão de lagosta e caviar, em partes iguais. Misturar com Musse de Lagosta. Enformar em formas de costeleta, untadas com azeite. Arrefecer. Desenformar e cobrir com Molho Chaud-Froid de peixe e Molho de Lagostins (*Coulis*). Empratar, em volta de uma Salada Russa. Decorar com crostões de geléia e trufas. Lustrar com geléia.

Croquetes (*Croquettes*)
Preparar um aparelho idêntico ao das COSTELETAS, dando-lhe a forma de croquetes.

Delmonico
Como AMERICANA; o Molho, um pouco mais claro, é terminado com natas batidas.

Diabo (*Diable*)
Aberta viva, no sentido do comprimento. Temperar, untar com azeite e grelhar lentamente. Molho espesso.

Dumas
Cozer em Caldo Aromatizado (*Court-bouillon*). Tirar a casca e cortar em escalopes. Saltear em manteiga. Desengrossar com vinho branco. Molhar com Demi-glace atomatado. Empratar em timbale, enfeitando com florões.

Espeto, no (*à la Broche*)
Colocar no espeto. Regar com manteiga, condimentada com pimenta em grão e sal, adicionada de vinho espumante. Cozinhar durante 30 a 40 minutos. À parte, Molho Ravigote frio, adicionado do molho da cocção, reduzido, ou molho da cocção desengordurado, ligado com Glace de Carne, salsa picada, algumas gotas de Molho Inglês e sumo de limão; levantar com manteiga

Francesa (*Française*)
Cortar em pedaços. Temperar com sal, pimenta e caiena. Saltear em manteiga clarificada. Molhar com aguardente velha (*conhaque*) e vinho branco. Juntar cenouras e cebolas estufadas em manteiga, salsa e Fumete de Peixe. Cozinhar. Empratar em timbale. O molho da cocção, reduzido, ligado com aveludado de peixe, levantado com manteiga. Cobrir os pedaços com o molho obtido.

Grammont
(*Fria*). Metades da carapaça, cheias com Musse de Lagosta, condimentada com páprica. Colocar em cima os escalopes de lagosta decorados com rodelas de trufa e cobertos com geléia, intercalados com ostras cozidas, preparadas de igual modo. Empratar sobre um guardanapo, com a parte do dorso vis-a-vis. Decorar com olhos de alface e salsa.

Gratinada (*au Gratin*)
Dentro ou fora da casca. Cobrir os escalopes com Molho Branco e queijo ralado. Regar com manteiga derretida. Gratinar.

Grelhada (*Grillée*)
Abrir ao meio, crua. Temperar com sal e caiena. Grelhar, regando com azeite. Á parte, Molho Diabo, ou manteiga derretida. (*Pode-se utilizar o mesmo processo com a lagosta já cozida*).

Holandesa (*Hollandaise*)
Cozer em Caldo Aromatizado (*Court-bouíllon*). Abrir ao meio. Servir como qualquer outro peixe à Holandesa.

Húngara (*Hongroise*)
Proceder como para NEWBURG (cru), juntando, como condimento, cebola picada e páprica rosada, refogada em manteiga.

Indiana (*Índienne*)
Escalopes, com Molho de Caril levantado com Manteiga de Lagosta. Servir com Arroz à Indiana.

Infante
Como AMERICANA, com purê de champignons. (*Servir em timbale*).

Laguipière
Cortar ao meio. Saltear à AMERICANA. Retirar da casca, cortar em pedaços e repor. Cobrir com Molho Americano.

Majestic
Como BORDALESA. Cobrir com Molho Nantua e rodelas de trufas.

Maionese, com Molho (*à la Sauce Mayonnaise*)
Cozer em Caldo Aromatizado (*Court-bouillon*). Abrir ao meio. Decorar com salsa e servir com Maionese.

Maionese (*Mayonnaise*)
O fundo de uma saladeira, guarnecido com juliana de alface, ligeiramente temperada. Colocar os escalopes de lagosta. Cobrir com Maionese. Decorar com filetes de anchovas, alcaparras, coral etc. Decorar, ao centro e ao redor, com corações de alface e ovos cozidos em quartos.

Manteiga, com (*au Beurre*)
Como com MOLHO MAIONESE. Substituir esta por manteiga derretida.

Marinheira (*Marinière*)
Cozida com vinho branco e ervas aromáticas. Servida em timbale, com o molho da cocção, reduzido.

Moleira (*Meunière*)
Como qualquer outro peixe, do mesmo nome.

Mornay
Como GRATINADA. Utilizar Molho Mornay.

Musse (*Mousse*)
(*Ver receita-tipo em* ENTRADAS LIGEIRAS).

Musseline (*Mousseline*)
(*Ver receita-tipo em* ENTRADAS LIGEIRAS).

Nantua
Cozinhada à Bordalesa. Cobrir com Molho Nantua.

Natas, com (*à la Crème*)
Cortar como para AMERICANA. Saltear em manteiga clarificada. Desengrossar com aguardente velha (*conhaque*). Juntar trufas e natas simples. Temperar com sal e caiena. Cozinhar. Tirar as cascas. Empratar em timbale os pedaços e as trufas. Cobrir com o molho, reduzido, adicionado de glace de peixe e sumo de limão, passado por uma estamenha.

Newburg
(*Em cru*) Cortar como para AMERICANA. Temperar e saltear em azeite e manteiga. Desengrossar com aguardente velha (*conhaque*) e Marsala. Molhar com natas e Fumete de Peixe. Cozinhar 1/4 de hora. Retirar as cascas. Empratar os pedaços, em timbale. Reduzir o molho da cocção, e ligar com a parte cremosa da carapaça, previamente levantada com manteiga. Passar, e cobrir a lagosta.

Newburg
(*Cozinhada*). Escalopes de lagosta, aquecidos em manteiga. Molhar com aguardente velha (*conhaque*) e vinho da Madeira, até cobrir. Reduzir. Colocar os escalopes num timbale. Juntar ao molho da cocção gema de ovo e natas ligadas. Deixar engrossar e cobrir os escalopes.

Orly
Escalopes de lagosta, tratados como todo o peixe Orly.

Palestina (*Palestine*)
Cortar como para AMERICANA. Saltear com Mirepoix. Flamejar com aguardente velha (*conhaque*). Molhar com vinho branco e Fumete de Peixe. Tirar as cascas. Manter as carnes ao quente, com um pouco de manteiga. Pisar as carapaças e as aparas, salteando-as em azeite com Mirepoix fino e molhando-as com o molho da anterior cocção. Cozinhar 1/4 de hora. Passar por um tecido de Musseline e deixar repousar. Desengrossar. Reduzir o resto, ligar com a parte cremosa da carapaça e um pouco de aveludado de peixe. Levantar com Manteiga de Caril. Fazer uma bordadura de Arroz Pilaw. Colocar a lagosta no centro e cobrir com o molho, servindo o resto que ficar, à parte

Pão (*Pain*)
(*Ver receita-tipo em* ENTRADAS LIGEIRAS)

Parisiense (*Parisienne*)
(*Fria*) Escalopes decorados ao gosto e lustrados com geléia, colocados sobre a carapaça, já previamente montada sobre um crostão em cunha. Decorar o prato com fundos de alcachofras, guarnecidos de Salada Russa; ovos cozidos, com a gema trabalhada com maionese ou manteiga, tudo enfeitado com pequenas pontas de trufa e lustrado com geléia. Crostões de geléia, ao redor.

Phocéenne
Proceder como para BORDALESA. Juntar dente de alho, pimentos verdes e encarnados, açafrão, arroz e água ou Fumete de Peixe, em

maior quantidade para a cocção do arroz. Empratar em coroa, com o arroz ao centro.

Pompadour
Cortar como para AMERICANA. Guardar as partes cremosas da cabeça. Saltear os pedaços com Mirepoix fino de cenouras, cebolas, chalotas, tomilho e folhas de louro, deixando tomar cor. Condimentar fortemente. Flamejar com aguardente velha (*fine champagne*). Ferventar 5 minutos. Molhar com natas e bom Fumete de Peixe, terminando a cocção. Retirar os pedaços de lagosta e colocá-los em timbale, sem as cascas. Reduzir o molho, ligando-o com as partes cremosas que foram guardadas e manteiga. Cobrir a lagosta.

Potted-Lobster
(*Ver em* UMBLA, POTTED-CHAR). Fazer com lagosta. (*Cozinha inglesa*).

Remulada (*Remoulade*)
Como MANTEIGA. Servir com o molho do nome.

Rizotto
Preparar como MAJESTIC. Servir em timbale, com Rizotto.

Roscoff
Lagosta cozida, cortada em medalhões. Colocar estes numa caçarola com manteiga, sal e pimenta. Levar ao fogo sem deixar ferver. Ligar com Molho de Camarão e deixar reduzir bastante, até se assemelhar a um *Coulis*. Empratar os medalhões. Guarnecer com mexilhões cozidos, descascados. Cobrir com o molho. (*Roscoff é o nome de uma pequena praia de pescadores na Bretanha*).

Russa (*Russe*)
Como PARISIENSE. Os escalopes são cobertos com Maionese gelatinada, ou Chaud-Froid de peixe.

Suchet
Escalopes aquecidos com vinho branco e juliana de raízes de aromáticos. Recolocar nas carapaças. O fundo, reduzido, ligado com Molho Mornay e Molho de Vinho Branco, em partes iguais. Cobrir e gratinar ligeiramente.

Sueca (*Suédoise*)
Suflê guarnecido com escalopes de lagosta. Desenformar e cobrir com Manteiga de Anchovas derretida.

Suflê (*Soufflé*)
(*Ver receita-tipo em* ENTRADAS LIGEIRAS).

Termidor (*Thermidor*)
Abrir ao meio. Colocar nas carapaças os escalopes cobertos com redução de Molho Bercy amostardado, ligado com Molho Mornay. Gratinar.

Timbale à Epicuriana (*Timbale Epicurienne*)
Cozer em vinho branco, com essência de peixe e aromáticos. Retirar a carne e cortar em pedaços. Pisar a carapaça e proceder como para PALESTINA. Terminar com gemas de ovo, natas, vinho da Madeira, sumo de limão e caiena. Colocar em timbale, alternando com trufas e champignons. Cobrir com o molho e servir bem quente.

Tourville
Bordura de Rizotto. Guarnecer o centro com um salpicão composto de escalopes de lagosta, champignons salteados em manteiga, ostras, mexilhões cozidos e trufas, bem ligado com Molho Mornay. Polvilhar com queijo e gratinar.

Turca (*Turque*)
Lagosta à Americana, retirada da casca e servida numa bordura de Arroz Pilaw.

Valençay
Cortar ao meio uma lagosta cozida de fresco. Partir a carne em dados e recolocá-los na carapaça. Cobrir com o seguinte molho: pimentos encarnados, tomates, chalotas e salsa picada, refogados em manteiga; temperar; juntar purê de tomates, Glace de peixe e mostarda inglesa. Adicionar manteiga. Cobrir com miolo de pão ralado. Gratinar.

Vanderbilt
Cozinhada como BORDALESA. Cortar a carne em escalopes. Guarnecer o fundo das carapaças com um salpicão de lagostins, trufas e champignons, ligado com Molho Americano. Colocar em cima os escalopes de lagosta, alternando-os com rodelas de trufa. Cobrir com Molho Americano adicionado de natas. Gratinar ligeiramente.

Vinho Branco (*Vin Blanc*)
Como MORNAY. Utilizar Molho de Vinho Branco, em vez daquele.

Vitória (*Victoria*)
Abrir a lagosta ao meio, retirar a carne e guarnecer as cascas com um salpicão de lagosta, trufas e champignons, ligado com Molho Americano. Colocar em cima os escalopes de lagosta, e cobrir com o mesmo molho. Gratinar.

Washington
(*Ver* AMERICANA).

Winterthur
Como VITÓRIA, substituindo o salpicão de lagosta por um de camarões. Empregar Molho de Camarão. Polvilhar com trufas picadas e gratinar.

LAMPREIA
(Lamproie)

(*Prepara-se de todas as maneiras indicadas para a enguia*).

Estufada (*Braisée*)
(*Ver com* MOLHO DE SANGUE).

Malhoa
Cebola e alhos, refogados em manteiga, com ramo de salsa e folha de louro. Misturar tomates picados e lampreia cortada em pedaços. Temperar e deixar cozinhar com a caçarola tapada. Juntar cebolinhas coradas, água ou caldo de peixe, manteiga e um pouco de farinha. Passar o molho, juntar ervilhas e camarões cozidos. Ligar com o sangue e um pouco de vinho. Servir bem quente, rodeado de crostões fritos

Molho de Sangue, com (*dans son Sang*)
Pedaços com 6 cm aproximadamente, temperados com sal e pimenta. Refogar em manteiga, com cebola, cenoura, louro e salsa. Refrescar com vinho branco e caldo de peixe. Retirar a lampreia quando esteja cozida. Deixar apurar o molho. Misturar o sangue e sumo de limão. Servir bem quente, coberta com molho e guarnecida com crostões de pão frito.

LAPAS
(Bernicle, Patelle)

Mariscos univalves, ou seja, de uma única concha, bastante vulgares na costa européia; as lapas agarram-se aos rochedos, aos quais se ajustam, com força espantosa. As lapas maiores são chamadas de "laparões" ou "lapa-burra", os franceses denominam ormeau, ormet, oreille de mer *e* fisurelle. *São comidas cruas como as ostras, com sumo de limão, ou preparadas como as amêijoas.*

LAVARETO
(Lavaret)

(*Veja as preparações da* UMBLINA)

LIMA
(Limande)

Muito semelhante ao LINGUADO, *pode ser preparada como ele, seja inteira ou em filetes.*

LINGUADO E FILETES DE LINGUADO
(Sole et Filets de Sole)

(*Veja também as preparações indicadas para o* CHERNE, *que se adaptam a este peixe*).

Abóbora Mimosa (*Courgette*)
Filetes. Colocar, num prato de ir ao forno, untado com manteiga. Cobrir com o seguinte refogado: fatias finas de abóbora mimosa (*courgette*), tomates *concassés*, pontas de manjerico. Temperar com sumo de limão. Estufar com manteiga. Polvilhar com miolo de pão ralado. Gratinar e servir tal qual.

Adriana (*Adrienne*)
Filetes. Dobrar e cozer. Cobrir com Molho Polignac. Guarnecer com ovas cozidas e tarteletas recheadas com salpicão de lagostins, ligado com Molho Nantua. Florões.

Afonso XIII (*Alphonse XIII*)
Filetes. Saltear à Moleira. Empratar sobre 1/2 de beringelas fritas em azeite. À parte, Molho de Tomate, adicionado de juliana de pimentos.

Aguião (*Aiglon*)
Cozer. Empratar sobre purê de champignons. Cobrir com Molho de Vinho Branco, adicionado de purê de cebola. Cordão de Glace de Carne. Florões.

Aldeã (*Paysanne*)
Cozer com aldeã de legumes. O caldo de cocção, reduzido e levantado com manteiga, serve para cobrir os filetes.

Alexandra
a) Filetes. Cozer com Fumete de Peixe. Escorrer. Empratar e cobrir com Molho Nantua. Sobre cada um, rodelas de trufa. Gratinar e guarnecer com florões.
b) Filetes. Decorar com rodelas de tomate, champignons e trufas. Cozer. Empratar em coroa. Rodear a base de escalopes de lagosta e Batatas Avelãs, cozidas ao natural Entre cada filete, pontas de espargos verdes. Cobrir com Molho de Vinho Branco e gratinar

Alexandre VI
Filetes cozidos. Cobrir com Molho Holandês e trufas picadas. Guarnecer com batatas cozidas e tomates recheados com purê de salmão.

Alice
Cozer em Fumete de Peixe com manteiga. Mandar para a sala tal qual. À parte, ostras cruas; concha contendo cebola picada, tomilho moído, bolacha de água e sal, moída. (*Terminar na sala. ligando o molho com os ingredientes apontados. Tirar os filetes do peixe, passá-los no molho e servi-los cobertos com o mesmo*).

Almirante (*Amiral*)
Cozer. Cobrir com Molho Nantua, adicionado de natas. Guarnecer e decorar com rodelas de trufa, cabeças de champignons, ostras e Mexilhões Villeroy.

Alsaciana (*Alsacienne*)
Filetes. Cozer e empratar sobre chucrute. Cobrir com Molho Mornay. Gratinar.

Amélia (*Amélie*)
Cozer. Bordadura de rodelas de trufa e de batata. Cobrir com Molho Nantua. Crostões em forma de A.

Americana (*Américaine*)
Filetes. Dobrar e cozer. Empratar em timbale. Sobre cada filete, um escalope de lagosta. Cobrir com Molho Americano.

Andaluza (*Andalouse*)
Filetes. Rechear com recheio de peixe e juliana de pimentos doces. Enrolar em rolinhos. Cozer. Empratar sobre metades de tomate estufado, contendo arroz de pimentos; sobrepor estes a fatias de beringelas, fritas em azeite. Regar com Manteiga Noisette

Anfitrião (*Anphitryon*)
Filetes dobrados e cozidos. Colocar sobre Nhoques à Romana. Cobrir com Molho Holandês. Guarnecer em volta, com tomates recheados de atum, e conchas de camarão ligado com Bechamel, gratinadas. Sobre cada filete, uma rodela de ovo, tendo uma de beterraba e outra de trufa, sobrepostas.

Antiga (*Ancienne*)
Cozer. Guarnecer com pequenas cebolas em branco e cabeças de champignons. Cobrir com Molho de Vinho Branco.

Argenteuil
Cozer. Cobrir com Molho de Vinho Branco. Montinhos de pontas de espargos brancos

Arlesiana (*Arlésienne*)
Cozer com cebolas picadas, tomates *concassés*, dente de alho, salsa picada e Fumete de Peixe. Retirar o linguado e reduzir. Juntar abóbora mimosa (*courgette*), torneada em bolinhas e estufada. Cobrir o linguado. Nas extremidades, rodelas de cebola, fritas em azeite.

Armenonville
a) Filetes. Dobrar e panar à inglesa. Fritar. Enfeitar com uma pinça de lagostim, na extremidade menor. Empratar em coroa, num timbale. Guarnecer o centro com pepinos torneados, misturados com natas. Ao redor, Molho Nantua.
b) Cozer. Bordadura de batatas e trufas. Cobrir com Molho de Vinho Branco, contendo juliana de tortulhos. Gratinar. Florões

Armoricana (*Armoricaine*)
Filetes. Cozer. Sobre cada, uma ova cozida, tendo ao centro uma ostra cozida. Nas extremidades, escalopes de lagosta. Cobrir com Molho Americano, adicionado de natas. Florões.

Aromáticos (*Fines Herbes*)
Cozer. Cobrir com Molho de Vinho Branco, adicionado de ervas aromáticas.

Arquiduque (*Archiduc*)
Cozer com vinho da Madeira, do Porto, uísque e Fumete de Peixe. Retirar o linguado e reduzir o

fundo. Levantar com manteiga e terminar com natas, adicionadas de Brunesa de legumes e de trufas. Cobrir com o molho e enfeitar com florões.

Arquiduque em Rolinhos (*Archiduc en Paupiettes*)
Filetes. Rechear com recheio de peixe, contendo cebolinho picado e páprica. Cozer. Empratar em timbale. Ao centro, salpicão de lagosta, trufas e champignons, ligado com Molho Nantua ligeiro. Rodelas de trufas sobre salpicão. Ostras Víllerov sobre cada rolinho. Croquetes, entre cada uma delas.

Assadeira, em (Sur-le-Plat)
Separar os filetes parcialmente da espinha, colocando uma bolínha de manteiga sob cada um. Colocar o peixe num prato de ir ao forno, bem untado com manteiga. Cobrir com fundo de peixe e algumas gotas de sumo de limão. Cozinhar no forno até que o fundo adquira a consistência de xarope, tendo o cuidado de não deixar queimar o peixe. (*Pela adicão de vinho tinto, espumante. de Colares etc.. substituindo o fundo de champignons, pode-se variar o nome do prato*).

Aspic
(*Frio*). (*Ver receita-tipo em* FUNDOS DE COZINHA).

Bagration
(*Quente*). Cozer. Cobrir com Molho Mornay adicionado de juliana de trufas. Gratinar

Bagration
(*Frio*). Sobre escalopes de lagosta, ao redor de uma Salada Russa, empratar os filetes dobrados, cozidos e arrefecidos. Rodear com geléia picada.

Barão de Brísse (*Baron Brisse*)
Filetes. Rechear com recheio de peixe, adicionado de Molho de Lagostins. Enrolar em rolinhos. Cozer. Empratar sobre uma bordadura de recheio de peixe. Guarnecer o centro, com lagostins cobertos de Molho Americano. Os rolinhos e a bordadura, cobertos com Molho de Vinho Branco. Rodelas de trufa sobre os filetes.

Bateleira ou Barqueira (*Batelière*)
Filetes recheados e dobrados. Cozer. Colocar sobre barquetas, cheias de salpicão de camarões e mexilhão, ligado com Molho de Vinho Branco. Cobrir com Molho de Aromáticos. À ponta de cada barqueta, um filete de linguado, frio *en goujon*.

Beatriz (*Béatrice*)
Em rolinhos. Cozer. Empratar sobre champignons grandes. Rodear a base do rolinho com uma ova cozida. Cobrir com Molho de Vinho Branco, adicionado de Molho de Camarão, e camarão cozido. Decorar com rodelas de trufa e champignons, tendo espetados pela cabeça camarões com cauda descascada.

Beaumanoir
Cozer. Cobrir 1/2 de Molho de Vinho Branco e 1/2 de Molho Americano. Guarnecer com Ostras Villeroy e rodelas de trufa.

Bedford
Linguado Grelhado. Empratar sobre Manteiga Mordomo. Rodear de crostões redondos, cobertos: metade com purê de champignons, trufado, metade com espinafres, cobertos de Molho Mornay. Gratinar os crostões.

Belas ou Beleza da Noite (*Belles de Nuit*)
Filetes. Rechear com recheio de peixe, adicionado de Molho de Camarão (*Coulis*) e ostra cozida. Dobrar ao meio. Cozer. Empratar em coroa, num timbale. Guarnecer o centro com Batatas Avelãs (*Noisette*). Cobrir tudo com Molho Normando, adicionado de Molho de Camarão. Florões.

Benamor
Cozer com vinho branco. Reduzir o fundo. Ligar com Molho de Vinho Branco e Cardeal, em partes iguais. Cobrir o peixe com o molho. Guarnecer com Ostras Villeroy.

Beneditina (*Bénédictine*)
Filetes. Dobrar e cozer. Empratar em coroa, ao redor de Brandada de Bacalhau. Cobrir com Molho de Vinho Branco.

Bercy
Cozer com chalotas e salsa picada. Escorrer. Reduzir o fundo da cocção e levantar com manteiga. Cobrir e gratinar.

Boa Dona (*Bonne-Femme*)
Como BOISTELLE, com bordadura de Batatas Encamisadas (*Robe-de-Chambre*), descascadas e picadas.

Boieldieu
Em rolinhos. Rechear com recheio de peixe e salpicão de camarões. trufas e lagostins. Empratar sobre croquetes de lagosta, espalmados. Cobrir com Molho Nantua. Rodelas de trufas.

Boistelle
Como BERCY, adicionado de champignons crus, picados.

Bolivar
Retirar a espinha. Rechear com recheio de peixe atomatado, adicionado de purê de cebola. Cozer. Cobrir com Molho de Vinho Branco adicionado de purê de cebolas.

Bom Gastrônomo (*Grand Gourmet*)
Ver em CHERNE. *Prepara-se de igual modo. Inteiro ou em filetes*).

Bonaparte
Cozer. Cobrir com Molho de *au Plat*. Gratinar. Rodear com pequenas batatas, polvilhadas com salsa picada.

Bordalesa (Bordelaise)
Cozer com vinho tinto e chalotas picadas. Reduzir o fundo da cocção e adicionar Molho Bordalês. Cobrir o linguado com o molho obtido.

Bósnia
Cozer. Cobrir com Molho de Vinho Branco, condimentado, adicionado de juliana de trufas, cenouras e champignons.

Bouillard
Esfolar dos dois lados. Cozinhar com natas. Empratar e temperar. Guarnecer com lagostins,ao redor. Cobrir com molho da cocção, reduzido. Decorar com rodelas de trufas.

Borgonhesa (Bourguignonnel
Cozer com vinho tinto. Guarnecer com pequenas cebolas estufadas a branco, e cabeças de champignons. Cobrir com Molho de Vinho Tinto, adicionado de molho da cocção, reduzido.

Bretã (Bretonne)
a) Cozer. Guarnecer com cabeças de champignons. Cobrir com Molho Bretão. Gratinar. Enfeitar com florões.

b) Saltear como MOLEIRA. Cobrir o peixe com cebola picada e alcaparras, refogadas em manteiga. Regar com Manteiga Escura, e polvilhar com salsa picada. (*Esta receita é vulgarmente usada entre nós, mas. embora citada por Manuel Ferreira, em* Cozinha Ideal, *não a vi , noutro manual ou tratado, de cozinha francesa, Esta mesma preparação existe, sim, com o nome de* Charcutiére, *Salsicheira*). (*Ver* SALSICHEIRA).

Breteuil
Cozer em Caldo Aromatizado (*Court-bouillon*). Guarnecer com barquetas, recheadas de ovas. À parte, manteiga derretida e batatas ao natural.

Bréval
Como BOA DONA, adicionado de tomates *concassés*.

Brillat- Savarin
Cozer com vinho branco. Guarnecer com crestões, champignons e pequenas cebolas. Dourar ligeiramente no forno.

Byron
Cozer. Cobrir com Molho Genovês, adicionado de trufas picadas. Florões.

Café de Paris (*Café-de-Paris*)
Linguado *au Plat*, com juliana de trufas. Guarnecer com pontas de espargos. Ao centro, um champignon ornado de um camarão, espetado pela cabeça, com a cauda descascada. De cada lado do champignon, duas ostras cozidas. Cordão de Molho Vitória, ao redor.

Caldo Aromatizado, em (*au Court-Bouillon*)
Cozer em Caldo Aromatizado, com legumes à russa e vinho branco. Servir dentro do próprio caldo, com legumes. Ervas aromáticas por cima. À parte, Molho Holandês e manteiga derretida.

Calypso
(*Frio*). Em rolinhos. Rechear com Musseline de lagostins e salpicão dos mesmos. Sobre 1/2 tomates. Empratar em coroa. Decorar com ovas e lagostins. Geléia picada

Camarões (*Crevettes*)
Cozer. Guarnecer com camarões. Cobrir com Molho de Camarões.

Campanoff
Cozer. Cobrir 1/2 de Molho de Vinho Branco, 1/2 de Molho de Vinho Tinto. Cordão de Molho Vitória.

Cancalesa (*Cancalaise*)
Filetes. Dobrar, e cozer em água de ostras, com manteiga. Empratar em coroa. Guarnecer o centro com camarões e ostras cozidas. Cobrir tudo com Molho Normando.

Capricho (*Caprice*)
Filetes. Panar com manteiga derretida e dobrar. Grelhar. Guarnecer com metades de bananas salteadas. À parte, Molho Roberto.

Cardeal (*Cardinal*)
Filetes. Cobrir com recheio de peixe, adicionado de Molho de Lagosta. Dobrar e cozer. Empratar em coroa. Guarnecer com escalopes de lagosta. Cobrir com Molho Cardeal. Polvilhar com coral picado. Servidos em timbale, colocando sobre cada, uma rodela de trufa. (Pode-se fazer rolinhos. em vez de filetes).

Carême
Cozer. Guarnecer com ovas cozidas, cabeças de champignons e ostras cozidas. Cobrir com Molho de Vinho Branco, adicionado de purê de aipo. Guarnecer com rodelas de trufas e florões.

Carlier
Filetes. Cortar em *goujons*. Saltear à Moleira. Empratar sobre Macarrão com Natas. Cobrir com Molho Boistelle, perfumado com Porto. Gratinar.

Carmelita (*Carmélite*)
Como VILLARET, alternando com filetes de salmão. Encher a forma com recheio de peixe. Cozer e desenformar. Guarnecer a cavidade com camarão, lagosta, mexilhão, amêijoas e champignons cozidos, ligados com Molho de Camarão. Enfeitar em volta, no topo da fôrma, com rodelas de ovo e de trufas, alternadas.

Carmen
a) Filetes. Cozer. Guarnecer com rodelas de tomates. Cobrir com Molho de Vinho Branco, feito da redução de Bearnês. Folhas de estragão branqueadas, colocadas em cruz, sobre os tomates.
b) Inteiro. Grelhar. Decorar com tiras de pimentos doces e folhas de estragão, branqueadas. Servir com Manteiga de Pimentos

Casanova
Cozer. Rodelas de trufa, ao centro do linguado. Ao redor, ostras e mexilhões cozidos. Cobrir com Molho de Vinho Branco. Decorar com florões.

Caseira (*Ménagére*)
a) Cozer com vinho tinto e aromáticos. Passar o caldo da cocção, reduzi-lo, e ligá-lo com Manteiga Trabalhada (*Manié*). Cobrir o peixe.
b) Cozer. Cobrir com Molho de Vinho Branco, adicionado de juliana de cenouras, champignons e trufas.
c) Como BOA DONA, adicionando alcaparras.

Castiglione
Filetes. Cozer. Bordadura de batatas cozidas, picadas. Sobre cada filete, colocar um escalope de lagosta e uma cabeça de champignon. Cobrir com Molho de Vinho Branco e Molho de Natas, misturados em partes iguais. Gratinar.

Catalã (*Catalane*)
Em rolinhos. Colocar sobre 1/2 de tomates assados no forno, recheados com cebolas picadas, estufadas. Cobrir com Molho de Vinho Branco e gratinar.

Cavaleira (*Chevaliére*)
Filetes dobrados. Metê-los em carapaças de lagostins e cozer. Empratar em coroa, sobre bordadura de recheio de peixe. Guarnecer o centro, com trufas, ostras, champignons e lagostins, ligados com Molho Americano. No exterior, cordão de Molho de Vinho Branco.

Cecilia (*Cécilia*)
Filetes salteados à Moleira. Guarnecer com pontas de espargos. Polvilhar com queijo ralado e alourar no forno.

Cecil Rhodes
Filetes dobrados. Cozer em fundo de ostras. Reduzir e levantar com manteiga. Guarnecer os filetes com montinhos de pontas de espargos e de trufas (*em forma de azeitona*): em cada uma das extremidades. Ao centro, ostras cozidas. Cobrir com o molho e alourar no forno.

Chambertin
Cozer com vinho tinto. Escorrer e aparar o peixe. Cobrir com vinho tinto e redução da cocção. Alourar no forno. A cada extremidade, pequenos filetes de linguado, em *Goujons*, salteados à MOLEIRA.

Chambord
(*Ver* CARPA CHAMBORD).

Champanha (*Champagne*)
Cozer com Vinho de Champanha. Guarnecer como CHAMBERTIN. Cobrir com Molho Espumante. em lugar do vinho tinto

Champignons
Cozer com champignons picados. Cobrir com Molho de Vinho Branco, adicionado do caldo da cocção, reduzido, e de champignons. Guarnecer com florões.

Charlota (*Charlotte*)
(*Fria*). Filetes dobrados e cozidos. Deixar arrefecer. Empratar ao redor de uma Musse de Ovas com rábano-de-cavalo (*raifort*). Decorar com folhas de cerefólio e coral. Lustrar com geléia, e enfeitar com crostões da mesma.

Chauchat
Cozer. Bordura de batatas cozidas, picadas. Cobrir com Molho de Vinho Branco. Alourar no forno. Guarnecer com florões.

Chauchart
Filetes dobrados. Cozer. Guarnecer com escalopes de lagosta e cabeças de champignons. Cobrir com Molho de Vinho Branco. Alourar no forno. Rodelas de trufa e cordão de Glace de Carne.

Cherburgo (*Cherbourg*)
Em rolinhos. Cozer. Empratar em coroa. Guarnecer o centro com salpicão de camarões, ostras e mexilhões cozidos. Cobrir com Molho de Camarões. Alourar no forno

Chivry
Filetes dobrados e cozidos. Empratar em coroa. Cobrir com Molho Chivry. Enfeitar com florões.

Choiseul
Cozer. Cobrir com Molho de Vinho Branco, adicionado de juliana de trufas brancas.

Choisy
Cozer. Cobrir com Molho de Vinho Branco, adicionado de juliana de alface e de trufas.

Cingalesa (*Cingalaise*)
Filetes cozidos. Empratar em coroa. Guarnecer o centro com Arroz Pilaw, misturado com juliana de pimentos, verdes e encarnados. Cobrir os filetes, com Molho de Vinho Branco adicionado de Caril.

Clara-Wart
Filetes cortados em tiras (*Goujons*). Saltear à Moleira, com aipo-nabo e cubos de fundos de alcachofras. Manteiga Moleira.

Claremont
Cozer. Cobrir de Molho de Vinho Branco, com ervas aromáticas, adicionado de tomates *concassés*. Crostoes triangulares.

Clarence
Filetes cozidos. Guarnecer com ovas cozidas e camarões. Cobrir com Molho de Vinho Branco, de Manteiga de Anchovas.

Claudininha (*Claudinette*)
Filetes dobrados. Cozer com Mirepoix, vinho branco, tomates *concassés* e ervas aromáticas, picadas. Reduzir com Coulis de Lagosta. Empratar sobre Guarnição Joinville, em crustadas ou caixas de papel.
Cobrir com o molho. Polvilhar com ervas aromáticas. Recobrir com outra caixa e passar no forno.

Cleópatra (*Cléopâtre*)
a) (Como TRUTA CLEÓPATRA).
b) Inteiro. Retirar a espinha. Rechear com recheio de peixe, trufado. Cozer. Cobrir com Molho de Vinho Branco, adicionado de juliana de trufas e redução das mesmas. Alourar no forno.

Colares
Como VINHO TINTO, utilizando vinho de Colares.

Colbert
Abrir. Panar à inglesa. Fritar. Retirar a espinha e colocar Manteiga Mordomo na abertura.

Colbert
(*Filetes*). Cortar os filetes e mergulhá-los em leite. Passar por farinha. Tratar à inglesa, enrolando-os um pouco. Fritar e escorrer bem. Encher as cavidades com Manteiga Mordomo (*Maítre d'Hôtel*). Servir bem quente.

Colinette
Filetes dobrados, recheados com trufas e ervas aromáticas. Panar. Servir com Molho de Tomate, à parte.

Condé
Filetes cozidos. Cobrir com Molho de Vinho Branco. Cordão de purê de tomate, ao redor e no centro do prato. Alourar no forno.

Condorcet
(*Ver* SALMÃO *do nome*).

Cooch-Behar
Filetes salteados à Moleira. Colocar sobre metades de beringela, fritas em azeite. Enrolar em recheio de gratém, como segue: 1/3 de polpa de beringela: 1/3 de tomates *concassés*; 1/3 de Duxelles seco, misturado com cebolas picadas, refogadas em manteiga, chalotas picadas e dente de alho. Amalgamar tudo e deixar ferventar 15 minutos. Empratar em cúpula, polvilhar com miolo de pão ralado, e gratinar no forno. Servir com Manteiga Moleira.

Coquelin
Em rolinhos, com ostras no meio. Os filetes, cobertos com recheio atomatado. Empratar em timbale, sobre 1/2 de tomates assados no forno. Cobrir com Molho de Vinho Branco, pouco espesso. Alourar no forno. Rodela de trufa e pequeno escalope de lagosta, sobre cada rolinho.

Cornelain
Cozer. Cobrir com Molho de Vinho Branco. Polvilhar com trufas picadas e ovos de lagosta. Florões.

Crécy
Filetes dobrados. Rechear com recheio de peixe, adicionado de Purê Crécy. Cozer, juntando um pouco do mesmo purê. Reduzir o fundo e levantar com manteiga. Cobrir com ele os filetes. Guarnecer com pequenos fundos de alcachofras, recheados com bolas de cenoura estufadas em manteiga.

Crioula (*Créole*)
Filetes dobrados. Saltear à Moleira. Empratar sobre um soco de arroz de manteiga. Sobre cada filete colocar 1/2 banana frita em manteiga. Servir com Manteiga Moleira

Cubata (*Cubat*)
Cozer. Empratar sobre purê de champignons. Cobrir com Molho Mornay. Alourar no forno. Enfeitar com rodelas de trufas.

Czarina (*Czarine*)
Filetes dobrados. Cozer. Cobrir com Molho de Vinho Branco, ligado com natas e adicionado de rábão ralado. Guarnecer com crostões, cobertos de caviar.

Damas (*Damier*)
Filetes dobrados, cozidos com vinho branco. Colocar sobre pequenas crustadas de Batata Duquesa. Cobrir com Molho Holandês. Enfeitar os filetes, com rodelas de ovo, beterraba e trufa, alternadas.

Dartois
Folha rectangular de massa folhada, recheada com recheio de peixe. Colocar em cima agulhetas de filetes de linguado. Cobrir com outro retângulo de massa. Dourar e cozer no forno.

Daumont
a) Retirar a espinha e rechear com recheio de peixe, adicionado de Molho de Camarão. Cozer. Guarnição Daumont. Cobrir com Molho Nantua.
b) Em rolinhos. Rechear como a anterior. Cobrir com Molho Normando. Sobre cada rolinho, um champignon guarnecido com salpicão de Lagostins Nantua. Empratar em coroa. Entre cada rolinho, uma carapaça de lagostins, recheada. Ova, panada e frita, entre cada champignon.

Deauvillaise
Cozer, com natas e cebola picada. Reduzir. Levantar com manteiga. Cobrir com o molho, e enfeitar com losangos de massa folhada.

Déjazet
Como à INGLESA. Temperar com Manteiga de Estragão. Decorar com folhas de estragão branqueadas.

Delfina (*Dauphine*)
Filetes recheados e dobrados. Cozer e arrefecer. Passar por Molho Normando, reduzido e arrefecido. Terminar como VILLEROY. Servir com Molho Tártaro, adicionado de tomates *concassés*.

Desmoulins
Cozer com chalotas picadas, tomates *concassés*, champignons picados. aromáticos picados, vinho branco e Fumete de Peixe. Reduzir; adicionar manteiga e cobrir o peixe.

Desportivo (*Sportive*)
Filetes. Cozinhar na sala, com champignons picados, chalotas e ervas aromáticas, Mirepoix com Vinho Espumante (*champagne*) e Glace de Peixe. Tirar os filetes e reduzir. Ligar com manteiga e natas. Um pouco de sumo de limão. Cobrir os filetes com o molho obtido.

Dieppoise
Cozer. Guarnição Dieppoise. Cobrir com Molho de Vinho Branco, adicionado do fundo da cocção, reduzido.

Diplomata (*Diplomate*)
Cozer. Cobrir com Molho Diplomata. Rodelas de trufas.

Dominós (*Dominos*)
(*Frio*). Retângulos do tamanho de dominós, de Musse de Linguado com caviar, cobertos com retângulos de linguado, passados em Chaud-Froid e decorados com os dominós. Lustrar com geléia. Empratar, sobre uma cúpula de geléia picada.

Donia
Filetes. Cobrir com recheio de peixe, ligado com Molho de Lagostins. Dobrar e cozer. Empratar cm coroa, sobre um soco de arroz. Guarnecer o centro com salpicão de lagostins, trufas e champignons, ligado com Molho Nantua. Cobrir os filetes com Molho de Vinho Branco. O mesmo molho, ao redor do prato.

Dória
Saltear à Moleira, com pepinos torneados em bolinhas. estufados em manteiga.

Dourado (*Dorée*)
Saltear à Moleira. Ao centro, uma fileira de rodelas de limão, descascadas.

Dragomiroff
Cozer. Cobrir com Molho Mornay. Alourar no forno. Rodear de Mexilhões à Marinheira, em conchas.

Dubois
Filetes cortados em *goujons*. Saltear à Moleira. Cobrir com o seguinte molho: Fumete de Peixe e Molho de Vinho Branco em partes iguais, adicionado de chalotas picadas. Reduzir, juntar Glace de Carne e levantar com manteiga. Apurar com sumo de limão e pimenta do moinho.

Dugleré
(*Ver* PREGADO *do nome*). Qualquer peixe assim tratado, excepto Linguado, deve ser cortado em filetes ou medalhões.

Duguesclin
Cozer. Cobrir com Molho de Camarões. Guarnecer com fundos de alcachofras, cheios de camarões ligados com o mesmo molho.

Duse
Filetes recheados, dobrados e cozidos. Colocar em fôrma de savarino, cheia com Arroz Pilaw. Desenformar, empratar e cobrir com Molho Mornay. Gratinar. O centro, guarnecido com salpicão de camarões, ligado com Molho de Vinho Branco. Polvilhar com trufas picadas.

Eleanora (*Eléonore*)
Filetes cozidos. Empratar sobre juliana de alface. Cobrir com Molho de Vinho Branco, condimentado com páprica.

Embaixada (*Ambassade*)
Filetes cozidos. Guarnecer com rodelas de trufa e escalopes de lagosta. Cobrir com Molho de *Au Plat*. Alourar no forno. Cordão de Molho Americano e florões.

Embaixador (*Ambassadeur*)
Filetes cozidos. Empratar sobre purê de champignons. Cobrir com Molho de Vinho Branco. Alourar no forno. Enfeitar com rodelas de trufa e florões.

Embaixatriz (*Ambassadrice*)
Filetes enrolados, colocados em cascas de lagostins recheadas. Empratar em timbale. Guarnição e Molho Normando.

Emmanuel II
Saltear em manteiga. Desengrossar com Fumete de Peixe e Jerez. Reduzir e levantar com manteiga e natas. Cobrir o peixe. Guarnecer com fundos de alcachofras, cheios de salpicão de trufas e champignons, ligado com natas.

Epigrama (*Epigramme*)
Filetes recheados, dobrados e cozidos. Panar à inglesa e grelhar.

Escoffier
(*Frio*). Em rolinhos. Metade recheada com recheio de peixe e Coulis de Lagosta, outra

metade, com recheio de peixe adicionado de purê de trufas. Cozer. Arrefecer. Cortar em quatro. Colocar numa fôrma encamisada com geléia, alternando as cores. Encher a fôrma com Musse Fria de Lagostins. Desenformar sobre um guardanapo

Espanhola (*Espagnole*)
Saltear à Moleira. Empratar sobre tomates *concassés*, estufados em azeite. Cebola frita, nas extremidades. Juliana de pimentos encarnados, fritos, dos lados.

Estufado (*Etouffé*)
Cortar em pedaços, passar por manteiga quente e alourar. Terminar de cozinhar em caçarola, com sumo de limão. Polvilhar com salsa picada, no momento de servir.

Excelsior
Em rolinhos. Cozer e empratar em coroa, sobre um soco. Guarnecer o centro com salpicão de Lagosta à Newburg. Cobrir tudo com Molho Normando, adicionado de juliana de champignons. Sobre cada rolinho, uma rodela de trufa tendo um camarão espetado pela cabeça, com a cauda descascada.

Favorita (*Favorite*)
Pequenas fôrmas amanteigadas. encamisadas com tiras de filetes de linguado e cheias com recheio de peixe. Cozer e desenformar. Cobrir com Molho de Vinho Branco. Cordão de Molho Nantua, ao redor. Sobre cada fôrma, uma rodela de trufa

Fécampoise
Filetes cozidos. Guarnecer com mexilhões e camarões. Cobrir com Molho de Camarões. Cordão de Glace de Carne. Enfeitar com florões.

Flaubert
Cozer. Guarnecer com amêijoas cozidas, champignons e camarões. Cobrir com Molho de Vinho Branco, contendo Aldeã de Legumes. Alourar no forno.

Floréal
Em rolinhos. Empratar em caçarola, contendo pontas de espargos com natas. Cobrir com Molho de Vinho Branco, adicionado de Manteiga Primaveril. Decorar com rodelas de cenouras caneladas, estufadas em manteiga, e folhas de cerefólio

Florentina (*Florentine*)
Cozer. Empratar sobre uma camada de espinafres em rama, num prato de ir ao forno. Cobrir com Molho Mornay e gratinar

Foyot
LINGUADO BERCY, adicionado de Glace de Carne.

Francisco I (*François I*)
a) Filetes cozidos com vinho branco, manteiga, cebolas picadas, tomates *concassés*, champignons picados e ervas aromáticas picadas. Reduzir o caldo da cocção e cobrir com ele os filetes.
b) Panar à inglesa e fritar. Servir com salsa frita e limão. (*Maneira inglesa*).

Frito (*Frite*)
a) Passar por leite e farinha. Fritar. Servir com salsa frita e limão. (*Maneira vulgar*).
b) Panar à inglesa e fritar. Servir como o anterior. (*Maneira inglesa*).

Gália (*Gallia*)
Cozer com vinho branco, Fumete de Peixe, juliana de trufas frescas e de alface, e sumo de limão. Juntar Glace de Carne e reduzir. Levantar com natas. Cobrir com o molho. Florões.

Galliéra
Cozer com os mesmos ingredientes que a anterior, adicionar juliana de champignons. Suprimir a Glace de Carne. Levantar com manteiga, cobrir com o molho e alourar no forno. Florões.

Gastrônomos (*Gourmets*)
Cozer com Fumete de Peixe, caldo de champignons e vinho do Porto.

George Sand
Cozer. Empratar, rodeado de croquetes de peixe e de lagostins. Cobrir com Molho Normando, adicionado de Coulis de Lagostins.

Georgina (*Georgette*)
Filetes dobrados e cozidos. Colocar sobre batatas ao forno, recheadas com salpicão de lagostins e champignons. Cobrir com Molho Nantua, e enfeitar com rodelas de trufas.

Gillet
Cozer. Bordear com Batata Duquesa. Cobrir com Molho de Vinho Branco. Polvilhar com queijo ralado e gratinar.

Gisela (*Giselle*)
(*Ver* LINGUADO COM CAMARÕES). Adicionar montinhos de pontas de espargos

Gismonde
Cozer. Cobrir 1/2 com Molho de Vinho Branco, 1/2 com Molho Arquiduque.

Goujons
Filetes, cortados em tiras do tamanho de um dedo. Passar por leite e farinha. Fritar. Empratar em monte. Servir com salsa frita e limão.

Granville
Cozer. Guarnecer com camarões, cubos de champignons e de trufas. Cobrir com Molho de Vinho Branco.

Grão-Duque (*Grand-Duc*)
Filetes dobrados e cozidos. Empratar em coroa, num timbale. Cobrir com Molho Mornay e alourar no forno. Guarnecer o centro com pontas de espargos e lagostins. Enfeitar com rodelas de trufas.

Graduado (*Gratin*)
(*Ver* MARMOTA GRATINADA). Pode-se rodear de champignons.

Grega (*Grecque*)
Filetes de linguado, fritos em azeite. Empratar em monte, sobre Arroz Pilaw. Cobrir tudo com Molho de Tomate, adicionado de pequenos cubos de pimentos encarnados.

Grelhado (*Grillée*)
Passar por farinha e azeite. Grelhar. Servir com o molho desejado.

Grenoblesa (*Grenobloise*)
(*Ver* TRUTA do nome).

Grimaldi
Filetes em rolinhos ou dobrados, cobertos com Molho Nantua. Empratar em timbale, guarnecido de Espaguete com Natas. Ao centro, pôr do mesmo espaguete. Sobre cada filete, uma rodela de trufa.

Gringoire
Filetes cozidos. Empratar. Guarnecer com ovas cozidas e rodelas de lagosta. Cobrir com Molho Americano, ligado com natas.

Halévy
Filetes cozidos. Colocar sobre uma base de Batata Duquesa, passada com gema de ovo batida e alourada no forno. Cobrir os filetes, metade com Molho de Tomate e salsa picada, a outra metade com Molho de Natas e trufas picadas.

Havresa (*Havraise*)
Cozidos. Cobrir com Molho Bercy, pouco espesso. Guarnecer com mexilhões recheados, panados e fritos.

Helena (*Hélène*)
Cozer. Empratar sobre uma camada de nulhes frescas. Cobrir com Molho Mornay e alourar no forno.

Héliopolis
Filete dobrado, cozido. Colocar sobre meia casca de lagostim, recheada com salpicão de lagosta, champignons e trufas, ligado com Molho de Vinho Branco. Escalope de lagosta, sobre o filete. Cobrir com Molho Normando de Coulis de Lagosta, adicionado de juliana de trufas e champignons. Alourar no forno.

Heloísa (*Héloïse*)
Como BERCY. Champignons picados, em vez de chalotas.

Henriqueta (*Henriette*)
Filetes cortados em *Goujons*. Cozer. Ligar com Molho de Vinho Branco condimentado de páprica. Empratar sobre batatas assadas no forno. Cobrir com Molho Mornay, condimentado de páprica. Polvilhar com nozes picadas, e alourar no forno.

Holandesa (*Hollandaise*)
Cozer em água, leite e sal. Empratar sobre guardanapo, com salsa e batata ao natural. Servir, à parte, Molho Holandês.

Horley
Filetes marinados. Passar a massa de fritos pouco espessa. Fritar. Empratar em monte, com salsa frita. À parte, Molho Remulada.

Hoteleira (*Hôtelière*)
Saltear à Moleira. Empratar sobre Manteiga Mordomo. adicionada de Duxelles seco. Rodear com rodelas de limão.

Húngara (*Hongroise*)
Filetes dobrados. Cozer com páprica, cebolas picadas refogadas em manteiga, tomates *concassés*, vinho branco e Fumete de Peixe. Reduzir o fundo, e levantar com manteiga. Cobrir os filetes. Alourar no forno. Enfeitar com florões.

Imperatriz (*Impératrice*)
Filetes dobrados e cozidos. Empratar em coroa, sobre crostões. O centro, guarnecido com ostras cozidas. Cobrir com Molho Normando, e enfeitar com rodelas de trufas

Imperial (*Impériale*)
Guarnecer com lagostins e ovas cozidas. Cobrir com Molho de Vinho Branco, adicionado de juliana de trufas. Enfeitar com florões.

Indiana (*Indienne*)
Filetes dobrados e cozidos. Empratar em coroa. Guarnecer o centro com Arroz Pilaw. Cobrir os filetes com Molho Caril.

Infante
Linguado Mornay, empratado sobre uma camada de purê de champignons.

Inglesa (*Anglaise*)
Filetes panados à inglesa. Saltear em manteiga clarificada. Colocar em cima um filete de Manteiga Mordomo.

Ismail
a) Filetes, cobertos com champignons crus pisados, condimentados ligeiramente com caril. Molhar com Fumete de Peixe. Juntar passas de uvas brancas, sem grainhas. Cozinhar e reduzir até quase seco. Levantar com manteiga. Cobrir os filetes e alourar no forno.
b) Filetes dobrados e cozidos. Empratar no centro de uma bordadura de Arroz Pilaw, com ervilhas e cubos de pimentos encarnados, misturados. Reduzir o fundo, levantar com manteiga e cobrir os filetes.

Italiana (*Italienne*)
(*Frio*). Juliana de filetes de linguado, cozidos, e de pimentos encarnados. Colocar numa fôrma de savarino, encamisada com geléia. Encher com geléia e arrefecer. Desenformar sobre um tampão de sêmola. Guarnecer o centro com Salada Italiana. Crostões de geléia, ao redor. Servir com Molho Maionese, à parte.

Ivanhoe
Rolinhos, recheados com recheio de bacalhau. Colocar em cru, sobre fundos de alcachofras picados, dentro de uma caçarola pequena. Sobre os rolinhos colocar champignons cozidos. Regar com uísque e sumo de limão. Cozinhar em forno forte. Servir tal qual.

Jean-Bart
Cúpula de salpicão de camarão, mexilhões e champignons, ligado com Bechamel espesso. Formar arcos, com filetes de linguado semicozido, ao redor dessa cúpula. Terminar a cocção no forno. Cobrir tudo com Molho Normando. Rodear de mexilhões dentro de uma das próprias conchas, cobertos com Molho Mornay e gratinados.

Jeová (*Jéhovah*)
Filetes cozidos. Empratar sobre salpicão de pontas de espargos e camarões, ligado com Molho de Vinho Branco. Cobrir com Molho Mornay e alourar no forno.

Jetée-Promenade
Filetes intercalados com aipo estufado cortado no sentido do comprimento, rodelas de champignons e de trufas. Colocar em prato de ir ao forno, bem untado com manteiga. Cobrir com vinho branco e Glace de Peixe, em partes iguais. Cozinhar, regando constantemente com o molho. Terminar, alourando no forno.

Joaninha (*Jeanette*)
Em rolinhos. Cobrir com recheio de peixe, adicionado de pasta de fígado (*foie gras*). Cozer. Cobrir com Molho de Vinho Branco, adicionado de natas. Sobre cada rolinho, uma rodela de trufa. (*Podem ser servidos frios, rodeando o prato de geléia picada*).

Joinville
a) Filetes dobrados. Colocar em cada um, à ponta, uma pinça de lagostim. Cozer. Empratar em coroa, num timbale. Guarnição Joinville, no centro. Cobrir tudo com o molho do mesmo nome. Sobre cada filete, uma rodela de trufa
b) Filetes dobrados e cozidos. Colocar sobre crostões. Cobrir com Molho de Camarões. Decorar com champignons, camarões e trufas

Jouffroy
Cozer com vinho branco. Rodear de um picado de champignons cozidos. Cobrir com Molho de

Vinho Branco. Guarnecer com pequenos "Dentados» (*Bouchées*), recheados com pontas de espargos. Sobre cada filete. uma rodela de trufa.

Judic
Filetes dobrados e cozidos. Empratar em coroa. Guarnecer, ao centro, com uma pequena alface estufada. Em volta, croquetes de peixe. Cobrir com Molho Mornay e alourar no forno. Cordão de Glace de Carne

Jules Janin
Abrir o peixe, pelo lado da pele escura. Cozer com vinho branco, adicionado de Mirepoix à Bordalesa. Rechear a abertura com Molho Duxelles trufado, bastante reduzido. Voltar sobre o prato. Guarnecer com mexilhões sem concha e lagostins. Cobrir com Molho de Tartaruga, adicionado do caldo da cocção, reduzido com Coulis de Lagostins. Rodelas de trufa.

Juliana (*Julienne*)
Cortar os filetes em juliana, e proceder como para GOUJONS.

Killarney
Em rolinhos. Cozer. Empratar em coroa. Guarnecer o centro com salpicão de lagosta, trufas e champignons. Cobrir com Molho Normando.

Lacam
Cozer. Guarnecer com pequenos cubos de trufas. Cobrir com Molho de Vinho Branco. Cordão de Molho Genovês. Crostões em forma de corações.

Lacharme
Linguado Bercy sem salsa. Guarnecer nas extremidades com trufas estufadas, ligadas com natas.

Lady Egmont
Filetes dobrados. Cozer com Fumete de Peixe e champignons picados. Reduzir o caldo da cocção. Adicionar manteiga e natas. Juntar pontas de espargos aos filetes. Cobrir com o molho e alourar no forno.

Laguipière
Filetes cozidos. Cobrir com Molho de Vinho Branco. Polvilhar com Brunesa de trufas.

Lapérouse
Filetes cozidos. Colocar, entre cada filete, uma fila de mexilhões e camarões, cobertos com Molho de Camarão. Cobrir os filetes com Molho de Vinho Branco.

La Vallière
Filetes recheados e dobrados. Cozer e empratar em coroa, sobre uma bordadura de recheio de peixe. Cobrir ligeiramente com Molho Normando. Guarnecer o centro com ostras cozidas, croquetes, ovas cozidas e champignons, ligados com Molho Normando, de Coulis de Lagostins. Sobre cada filete, uma rodela de trufa.

Leopoldo (*Léopold*)
Filetes dobrados e cozidos. Empratar em coroa. Cobrir um filete com Molho Lagosta, polvilhando com Brunesa de trufas, outro filete com Molho Genovês, polvilhando com ovos de lagosta. Guarnecer o centro com salpicão de camarões, ligado com Molho de Vinho Branco.

Lídia (*Lydia*)
Filetes cozidos. Polvilhar com camarão miúdo e pontas de espargos. Cobrir com Molho de Vinho Branco. Alourar no forno e enfeitar com florões.

Livoniana (*Livonienne*)
Filetes, cobertos com recheio de peixe trufado, adicionado de champignons picados. Dobrar. Cozer com Fumete dum fundo Bercy, juliana de funcho e raízes de salsa. Reduzir e levantar com manteiga. Cobrir os filetes com o molho, e alourar no forno,

Luisiana (*Louisiane*)
Filetes preparados como Moleira, Na manteiga, saltear rodelas de banana e dados de pimentos encarnados. Colocar sobre os filetes. Cobrir tudo com Manteiga Moleira, adicionada de tomates *concassés*.

Luís XIV (*Louis XIV*)
Filetes cozidos. Cobrir com Molho de Camarão e Molho Nantua, misturados em partes iguais e adicionados de Brunesa de legumes. Alourar no forno.

Luís XV (*Louis XV*)
Cozer. Cobrir com Molho de Vinho Branco. Polvilhar com ovos de lagosta. Trufas cortadas em crescentes.

Lutécia (*Lutèce*)
Linguado Moleira, sobre uma camada de espinafres em rama. Bordear com rodelas de cebola, estufadas em manteiga, escalopes de fundos de alcachofras e rodelas de batata cozida. Terminar como MOLEIRA.

Maconesa (*Máconnaise*)
Filetes, cozidos em vinho tinto. Guarnecer com pequenas cebolas estufadas e cabeças de champignons. Cobrir com Molho de Vinho Tinto. Crostões, ao redor.

Madeirense (*Façon de Madère*)
Como CRIOULA. Substituir o arroz, por purê de batata-doce, que se deve servir como parte.

Magny
Filetes cozinhados em manteiga, numa caçarola de porcelana. Servir tal qual.

Manon
Em rolinhos. Empratar em coroa. Bordear com Batata Duquesa, previamente alourada no forno. Cobrir os rolinhos, ligeiramente, com Molho de Vinho Branco, adicionado de ervas aromáticas. Guarnecer o centro com pontas de espargos, juliana de trufas e champignons, ligados com manteiga e misturados.

Marcela (*Marcelle*)
Filetes dobrados, decorados com rodelas de trufas. Estufar com sumo de limão e manteiga. Colocar sobre barquetas, recheadas com purê de ovas de peixe.

Marechala (*Maréchale*)
Cozer com vinho branco e Fumete de Peixe. Guarnecer com dados de champignons e tomates *concassés*. Reduzir o caldo da cocção. Levantar com Glace de Carne e manteiga. Cobrir com o molho e polvilhar com ervas picadas.

Margarida (*Marguéry*)
Cozer. Guarnecer com camarões e mexilhões cozidos. Cobrir com Molho de Vinho Branco. Alourar no forno e enfeitar com florões.

Margaridas, com (*Aux Marguerittes*)
Cozer. Cobrir metade com Molho de Vinho Branco, polvilhado com juliana curta de trufas; a outra metade com Molho de Camarão, polvilhando com juliana curta, de clara de ovo. Decorar com flores de margarida, feitas de nabos cozidos. Imitar o centro da flor com gema de ovo cozido.

Maria Luísa (*Marie-Louise*)
Retirar a espinha. Rechear com recheio de peixe trufado, adicionado de Duxelles seco. Cobrir cada uma das metades, respectivamente, com Molho de Vinho Branco e Italiano, Em cada uma das extremidades. nabos e cenouras em bolinhas.

Maria Stuart (*Marie-Stuart*)
Filetes dobrados e cozidos. Cobrir com Molho Newburg. Guarnecer cada filete, com um croquete redondo e achatado, decorado com trufas.

Marinette
a) Retirar os filetes dum linguado cozido, enquanto ele está quente. Fazer uma massa com ovo batido, queijo ralado e Bechamel frio. Temperar. Rechear os filetes a dois e dois, de forma a dar ao linguado a sua forma natural. Deixar gelar sobre gelo. Passar por Molho Villeroy e panar à inglesa. Fritar e empratar. b) Filetes dobrados e cozidos. Colocar sobre 1/2 beringela, rechear com a própria polpa. Cobrir com Molho de Vinho Branco e alourar no forno

Marinheira (*Marinère*)
"Linguado Margarida", com ervas aromáticas, champignons e ostras. Não passar no forno.

Marquesa (*Marquise*)
a) Filetes dobrados e cozidos. Empratar em coroa, num prato bordeado com Batata Duquesa. Guarnecer o centro com croquetes de salmão, camarões e trufas, torneados como azeitonas. Cobrir tudo com Molho de Camarões, ligados com natas.
b) Cozer com chalotas picadas, champignons, tomates *concassés*, suco de trufas e Fumete de Peixe. Reduzir o fundo, e levantar com manteiga. Guarnecer o linguado ao centro com cabeças de champignons. Em cada uma das extremidades, montinhos de tomates *concassés*. Cobrir com o molho. Alourar no forno, Terminar a guarnição com pontas de espargos e trufas.

Marroquina (*Marocaine*)
Cozer. Empratar sobre purê de batata-doce. Cobrir com Molho de *au Plat*. Alourar no forno.

Cordão de Molho Americano. Enfeitar com florões.

Marselhesa (*Marseillaise*)
Cozer. Cobrir com Molho de Vinho Branco, açafronado.

Mascote (*Mascotte*)
Em rolinhos. Empratar em coroa, num prato bordeado com Batata Duquesa. Guarnecer o centro com salpicão de lagosta e trufas, ligado com Musseline de peixe. Empratar em cúpula. Cobrir tudo com Molho Mornay, pouco espesso. Alourar no forno. Enfeitar com florões.

Matilde (*Mathilde*)
Cozer. Cobrir com Molho de Vinho Branco, adicionado de purê de cebola. Em cada extremidade, montinhos de cebolas de pepino, estufadas em manteiga.

Maurício (*Maurice*)
"Linguado Fécampoise". Alourado no forno.

Meio-Luto (*Demi-Deuil*)
Filetes cozidos. Cobrir com Molho de Vinho Branco, ligado com natas. Rodelas de trufa, ao centro. Polvilhar com trufas picadas. Cordão de Glace de Carne ao redor. Enfeitar com florões.

Mercador de Vinhos (*Marchand de Vins*)
Linguado Bercy, com vinho tinto.

Mercedes (*Mercédès*)
Polvilhar o linguado com miolo de pão. Fundo Bercy, sem salsa. Cozinhar no forno, destapado. Reduzir o molho da cocção. Juntar Glace de Carne e levantar com manteiga. Colocar o molho ao redor do linguado. Enfeitar com crostões em losangos, gratinados.

Metternich
Filetes cozidos. Cobrir com Molho de Vinho Branco com páprica. Rodelas de trufas,em cima.

Mexicana (*Mexicaine*)
Em rolinhos. Cozer. Colocar sobre champignons grelhados, contendo tomates *concassés*. Empratar em coroa. Cobrir com Molho de Vinho Branco atomatado, adicionado de dados de pimentos.

Mexilhão, com (*aux Moules*)
Filetes dobrados. Cozer com caldo de mexilhões. Rodear de mexilhões cozidos. Cobrir tudo com Molho Normando, adicionado do caldo reduzido.

Mignonette
Em timbale, colocar meios filetes salteados em manteiga, Batatas Avelãs (*Noisettes*), passadas em manteiga, rodelas de trufas frescas, aquecidas em Glace de Carne, sumo de limão. Levantar com manteiga a Glace que serviu para aquecer as trufas. Lançar sobre tudo e servir bem quente.

Mimi
Filetes cozidos em vinho branco (*Chablis, no original*). Uma lagosta aberta ao meio, preparada à Americana. Retirar a carne da lagosta e cortar em tantos medalhões quantos são os filetes. Com a carne das patas e da carapaça, misturar duas colheres de natas e passar pela peneira, juntando a uma guarnição de Espaguete com natas, com que se enchem as carapaças. Colocar em cima os filetes, intercalando os medalhões e polvilhando com juliana de trufas. O molho da lagosta, ligado com natas, à parte. Servir bem quente e rapidamente.

Minuto (*Minute*)
Filetes, tratados à Moleira.

Mirabeau
a) Filetes, salteados em Manteiga de Anchovas. Decorar com filetes de anchovas, e folhas de estragão branqueadas.
b) Cozer. Cobrir com Molho de Anchovas. Decorar com filetes de anchovas e folhas de estragão.
c) Filetes cozidos. Cobrir uns com Molho de Vinho Branco, outros com Molho Genovês. Alternar as cores. Decorar os filetes de molho escuro com folhas de estragão branqueadas; os outros, com filetes de anchovas.

Miramar
a) Cortar os filetes em losangos. Saltear à Moleira. Misturar com beringelas, também salteadas. Colocar em timbale, sobre Arroz Pilaw. Terminar como MOLEIRA.
b) "Linguado à Portuguesa", adicionado de juliana de alface.

Mireille
a) "Linguado Colbert". Frito em azeite, recheado com Molho Bearnês de azeite, sem

ser passado. Rodear de tomates *concassés*, estufados com azeite e dente de alho. Polvilhar com salsa picada.
b) Colocar o linguado num prato de ir ao forno, untado com manteiga. Bordear com rodelas de trufas e batatas cozidas ao natural, alternadas com rodelas de fundos de alcachofras. Polvilhar o linguado com miolo de pão ralado e pequenos bocados de manteiga. Molhar com vinho branco e Fumete de Peixe. Cozinhar no forno.

Miromesnil
Cozer com vinho branco, Fumete de Peixe, juliana de trufas cruas, alfaces picadas e tomates *concassés*. Reduzir e levantar com manteiga. Cobrir com o molho.

Mogador
Fazer num prato uma bordadura de recheio de peixe, enchendo o interior com Guarnição Nantua. Colocar ao redor os filetes de linguado ligeiramente cobertos com recheio de peixe e decorados com rodelas de trufas. Em volta da base dos filetes, colocar cascas de lagostins recheadas com salpicão de camarão, ligado com recheio de peixe. Molho Nantua, à parte.

Moinho de Ouro (*Moulin d'Or*)
Abrir dos dois lados, como para COLBERT. Rechear com pasta de fígado (*foie gras*) trufada. Tratar em seguida como para GRATINADO, substituindo os champignons por tortulhos, colocados de cabeça para baixo. Rodelas de pasta de fígado, colocadas sobre os tortulhos, tendo sobrepostas rodelas de trufas. Sumo de limão e salsa picada.

Moleira (*Meunière*)
Temperar, passar por farinha e saltear com Manteiga Noisette. sumo de limão e salsa picada. (*Pode-se preparar, com adição de muitos outros ingredientes, beringelas, míscaros, salteados e colocados às rodelas sobre o linguado, ou ainda, champignons, pepinos, passas de uva, laranja, Provençal etc. Em qualquer destes casos, acrescenta-se ao nome do prato, o ingrediente adicionado. Ex.: "Linguado à Moleira com Beringelas" etc.*).

Mônaco (*Monaco*)
Filetes cozidos. Cobrir com Molho de Aromáticos, atomatado. Nas extremidades, montinhos de mexilhão ou ostras cozidas. Crostões triangulares, gratinados, ao redor

Monte Belo (*Montebello*)
Filetes, salteados à Moleira. Colocar sobre uma camada de espinafres em rama, salteados em manteiga. Cobrir com Demi-glace, bastante atomatado, adicionado de anchovas picadas e alcaparras.

Monte Carlo (*Monte-Carlo*)
a) "Filetes à Moleira", com alcaparras. Cobrir com Manteiga de Anchovas derretida
b) Filetes cozidos. Guarnecer em volta, com ostras cozidas. Cobrir com Molho de Vinho Branco. Ao centro, uma fileira de rodelas de trufas.

Montespan
Filetes cozidos com vinho branco, Fumete de Peixe, ervas aromáticas e champignons. Reduzir o caldo da cocção e levantar com manteiga. Cobrir os filetes com o molho obtido.

Montgolfier
Cozer. Cobrir com Molho de Vinho Branco, adicionado de juliana de champignons, cenouras e trufas. Enfeitar com florões.

Montmorency
Em rolinhos. Cozer e empratar em coroa. Guarnecer o centro com salpicão de camarões, trufas e champignons, ligado com Molho de Camarões. Cobrir os rolinhos com Molho de Vinho Branco, colocando entre eles uma Batata Avelã, grande, rolada em Molho Bearnês.

Montreuil
Cozer. Cobrir com Molho de Vinho Branco. Guarnecer com Batatas Avelãs, grandes, cozidas à inglesa e cobertas com Molho de Camarão.

Montreux
Filetes cozidos. Bordadura de rodelas de trufas e batatas cozidas, alternadas. Cobrir com Molho Mornay pouco espesso. Alourar no forno.

Montrouge
Filetes dobrados, cozidos. Empratar em coroa. Guarnecer o centro de champignons picados, com natas. Cobrir com Molho de Vinho Branco, adicionado de purê de champignons.

Mornay
Cozer. Cobrir com Molho Mornay e alourar no forno.

Mornay dos Provençais (*Mornay des Provençaux*)
Cozer com Fumete de Peixe e manteiga. Escorrer. Colocar em prato de ir ao forno. Cobrir com Molho de Vinho Branco e polvilhar liberalmente com queijo ralado. Gratinar rapidamente. (*Receita do antigo restaurante* "Les Frères Provençaux").

Moscovita (*Moscovite*)
(*Frio*). Como CALIPSO. Sobre pedaços de pepinos sem parte da polpa, estufados. Os rolinhos, recheados com caviar. Empratar em coroa. Geléia ao centro. À parte, Molho Russo.

Mourier
Cozer com vinho do Reno, Fumete de Peixe e Aldeã de aipo e trufas. Reduzir, levantar com manteiga e cobrir o linguado. Guarnecer com champignons estufados, pontas de espargos em manteiga e croquetes de lagosta, alternados.

Murat
Filetes cortados como *Goujons*. Saltear à Moleira, com batatas e fundos de alcachofras, em cubos, também salteados. Misturar, empratar em timbale e terminar como Moleira. Enfeitar no topo com rodelas de tomate

Musse e Musseline (*Mousse et Mousseline*)
(*Ver receita-tipo em* FUNDOS DE COZINHA).

Nacional (*National*)
Cozer e cobrir com Molhos de três cores: Vinho Branco com pistácias, Vinho Branco e Nantua.

Nantua
Filetes cozidos. Empratar em timbale, com guarnição e Molho Nantua.

Nélson
Filetes dobrados, cozidos. Empratar.em coroa. Cobrir com Molho de Vinho Branco e alourar no forno. Guarnecer o centro com Batatas Avelãs coradas em manteiga. Ao redor, ovas cozidas.

Nemours
Filetes recheados e dobrados. Cozer, Empratar em coroa. Cobrir com Molho de Camarão, pondo sobre cada urna rodela de trufa. Guarnecer o centro com croquetes, ovas cozidas, champignons, estufados e ligados com Molho Normando. Em volta, pequenos croquetes de camarão, panados com trufas picadas.

Newburg
Cozer, Guarnecer com escalopes de lagosta. Cobrir com Molho Newburg. Enfeitar com rodelas de trufas.

Nicense (*Niçoise*)
a) Linguado grelhado, com Guarnição Nicense, para peixes.
b) Filetes cozidos, Guarnecer com pequenos tomates e cobrir com Molho de Vinho Branco. A cada extremidade, montinhos de peixe miúdo, frito. Ao centro, azeitonas sem caroço. Rodear a base de filetes de anchovas.

Noilly
Cozer com vermute (*Noilly Prat*), Fumete de Peixe, champignons picados e sumo de limão. Juntar Molho de Vinho Branco e cobrir o linguado.

Normanda (*Normande*)
Inteiro ou em filetes. Cozer. Guarnição e Molho Normando.

Offémont, d'
Filetes cozidos com Fumete de Peixe e chalotas picadas. Reduzir o caldo da cocção. Acrescentar com Molho de Vinho Branco adicionado de natas. Cobrir o peixe. A cada extremidade, um montinho de miscaros ligados com natas, outro de trufas. torneadas como azeitonas.

Olga
Como GEORGINA. Cobrir com Molho de Vinho Branco, com Porto. Enfeitar com trufas e alourar no forno.

Opera (*Opéra*)
Cozer. Cobrir com Molho de Vinho Branco. Guarnecer com bolinhas de trufas, e pontas de espargos.

Oriental (*Orientale*)
Cozer. Cobrir com Molho Newburg, adicionado de caril. Servir com arroz ao natural

Orlando
Filetes dobrados, cozidos. Empratar em caixinhas, guarnecidas com amêijoas e champignons. Cobrir com Molho Americano, adicionado de caril.

Orleães (*Orléans*)
Rolinhos, recheados, cozinhados em caçarola, sobre salpicão de camarões, champignons e trufas, ligados com Molho de Vinho Branco. Cobrir os rolinhos com Molho de Camarão. Colocar sobre cada rolinho uma rodela de trufa, tendo um camarão descascado espetado pela cabeça.

Orly
Filetes passados na massa de fritar, panados à inglesa. Fritar. Servir com salsa frita e, à parte, Molho de Tomate.

Ornelas
Cozer com vinho branco e Fumete de Peixe. Reduzir o fundo, e ligar com Molho Holandês. Guarnecer com pequenas Batatas Delfina em estrela, fritas em azeite.

Ostendesa (*Ostendaise*)
Filetes recheados, dobrados. Cozer em caldo de ostras. Empratar em coroa, Guarnecer o centro com ostras cozidas. Cobrir com Molho Normando, adicionado do caldo de cocção, reduzido. Rodear de pequenos croquetes de linguado, em forma de losangos. Sobre cada filete, uma rodela de trufa

Ostras (*Huîtres*)
Linguado ao vinho branco. Guarnecer com ostras cozidas e florões.

Otelo (*Othello*)
Linguado *au Plat*, com adição de champignon picado, rodelas de trufas e essência de trufas.

Otero
Como GEORGINA. Cobrir com Molho Mornay e alourar no forno.

Paganini
Filetes cozidos com vinho branco e caldo de champignons. Guarnecer com champignons, mexilhões e ostras cozidas. Cobrir com Molho de Vinho Branco, adicionado do caldo de cocção, reduzido, Polvilhar com queijo ralado e alourar no forno.

Paillard
Linguado Bercy. Levantar o fundo com Glace de Carne. Guarnecer com miscaros salteados em manteiga, lagostins e crostões em forma de corações.

Palace
Colocar rodelas de tomates e de champignons, crus, sobre o linguado. Cozer com chalotas e estragão picado. Reduzir o fundo. Flamejar com aguardente velha (conhaque) e levantar com manteiga. Cobrir com molho e alourar no forno.

Parisiense (*Parisienne*)
a) "Linguado Bercy", rodeado de Batatas Parisiense, cozidas ao natural.
b) Coberto com três molhos: ao centro, Vinho Branco, dum lado Genovês e do outro Anchovas.
c) Guarnecer com champignons: cobrir metade com Molho de Camarão e metade com Molho de Vinho Branco. Cordão de Glace.
d) Guarnecer ao centro com champignons e rodelas de trufas, alternados. Cobrir com Molho de Vinho Branco, adicionado do caldo da cocção, reduzido. Guarnecer ao redor com lagostins.
e) Grelhar. Colocar em cima Manteiga Parisiense.

Paris-Plage
Filetes dobrados, cozidos. Sobre cada filete, um escalope de lagostins, com rodela de trufa sobreposta. Cobrir com Molho de Lagosta. Guarnecer com filetes *Goujons* e batata Purê, em pequenos palitos, panados e fritos. Crostões gratinados.

Parmentier
Como GEORGINA. Batatas sem recheio. Cobrir com Molho de *au Plat*. Alourar no forno.

Pastelão Folhado (*Vol-au-Vent*)
(*Ver receita-tipo em* ENTRADAS LIGEIRAS).

Paul-Bert
Cozer e cobrir com o molho do nome.

Paulina (*Paulette*)
Em rolinhos, recheados com recheio de peixe e Coulis de Lagostins. Cozer. Colocar sobre tarteletas, recheadas com salpicão de miscaros e trufas, com natas. Cobrir com Molho de Vinho Branco.

Pedro, o Grande (*Pierre-le-Grand*)
Filetes cozidos. Cobrir com Molho de Vinho Branco. Polvilhar metade com presunto, outra metade com trufas picadas. Alourar no forno.

Pequeno Duque (*Petit-Duc*)
Cozer com champignons picados e Fumete de Peixe. Cobrir com Molho de Vinho Branco, reduzido. Montinhos de pontas de espargos e rodelas de trufas. Alourar no forno.

Peregrino (*Pellegrine*)
Preparado à Moleira com Ostras. Alourar no forno, com vinho branco e pão ralado.

Pérsico (*Persan*)
Como NEWBURG, condimentado com páprica e pimentos em dados. Servir à parte Arroz Pilaw, açafronado.

Picarde
Linguado Margarida, com ostras e rodelas de trufas, sem passar no forno.

Piccadlily
Cozer com cebolas, chalotas e estragão, picados, e Fumete de Peixe. Mandar para a sala, com uma molheira do caldo da cocção. Na sala, retiram-se os filetes de linguado, enquanto o caldo reduz. Flameja-se com aguardente velha (conhaque) e uísque, juntam-se algumas gotas de Molho Inglês (*de frasco*), levanta-se com manteiga e cobrem-se os filetes,.já colocados no prato do cliente.

Pilaw à Levantina, em (*en Pilaw à la Levantine*)
Filetes cortados em pedaços e salteados em manteiga. Beringelas tratadas de igual modo. Misturar. Fazer uma bordadura de Arroz Pilaw adicionado durante a cocção de cubos de pimentos. Colocar no centro os filetes e as beringelas, cobrindo-os com Molho de Caril. sem tocar no arroz.

Plat, au
Cozer com Fumete de Peixe, vinho branco, chalotas. Reduzir o fundo da cocção, levantar com manteiga e cobrir o peixe. Alourar no forno. (*Ver em* ASSADEIRA).

Polaca (*Polonaise*)
Filetes passados no leite e farinha. Alourar em azeite, terminando de cozinhar no forno, Polvilhar com pão ralado. anchovas e salsa picada. Manteiga queimada e sumo de limão, no momento de servir. Guarnecer com batatas cozidas e rodelas de limão canelado.

Polignac
Cozer. Cobrir com Molho de Vinho Branco, adicionado de natas, juliana de champignons e trufas. Enfeitar com florões.

Pompadour
a) Cozer. Guarnecer, ao centro, com uma fileira de tomates *concassés*. Cobrir com Molho de Vinho Branco. Polvilhar com juliana curta de trufas.
b) Filetes panados com manteiga, grelhados. Entre eles, colocar um cordão de Molho de Camarão e Molho Bearnês. Em volta, Batatas Avelãs com manteiga. Sobre cada filete, uma rodela de trufa.

Portuguesa (*Portugaise*)
Cozer. Cobrir com Molho de Vinho Branco. Em volta, Molho Dugleré, com champignons picados.

Presidente (*President*)
Passar por azeite e grelhar. Colocar sobre uma camada de espinafres em rama, salteados em manteiga, com sal, pimenta e noz-moscada. Regar com manteiga derretida e sumo de limão. Ao centro, fileira de rodelas de ovo cozido, e outra de trufas. Guarnecer com Batatas Avelãs (*Noisettes*) cozidas ao natural, passadas por manteiga e polvilhadas com salsa picada.

Primaveril (*Printanière*)
Filetes dobrados e cozidos. Empratar em coroa. Cobrir com Molho de Vinho Branco, adicionado de Manteiga Primaveril. Guarnecer o centro com legumes cortados em bolas, passados na manteiga. Em volta, pequenas Batatas Avelãs (*Noisettes*), cozidas ao natural.

Princesa (*Princesse*)
Cozer. Cobrir com Molho de Vinho Branco, adicionado de purê de espargos verdes. Guarnecer com crustadas em Batata Duquesa, cheias com pontas de espargos em manteiga e rodelas de trufas.

Principesco (*Princière*)
Filetes cozidos. Cobrir com Molho Nantua, adicionado de cubos de trufas. Alourar no forno. Enfeitar com rodelas de trufas.

Provençal (Provençale)
Cozer. Cobrir com Molho Provençal. Polvilhar com salsa picada. Guarnecer em volta, com Tomates à Provençal.

Provinciana (*Provincienne*)
Preparar como MOLEIRA. Guarnecer em volta, com rodelas grossas de tomate e de batata frita. Sobre o peixe, azeitonas sem caroço.

Querubim (*Chérubin*)
Filetes dobrados e cozidos. Colocar em pequenas crustadas, cheias de champignons com natas. Cobrir um filete com Molho de Vinho Branco, outro com o mesmo molho, adicionado de purê de salmão fumado

Quinteira (*Fermière*)
Cozer com Aldeã de legumes, vinho branco e Fumete de Peixe. Reduzir e ligar com manteiga e natas. Cobrir com o molho e enfeitar com florões.

Quo Vadis
Cozer. Cobrir com Molho de Vinho Branco, adicionado de Manteiga de Estragão. Guarnecer com lagostins e rodelas de trufas

Rabelais
"Linguado à Normanda", polvilhado com ovos de lagosta.

Rainha Fiameta (*Reine Fiamette*)
Rolinhos, sobre pequenas crustadas, cheias com salpicão Joinville: uma coberta com Molho Nantua e polvilhada com Brunesa de lagosta, outra coberta com Molho de Vinho Branco e polvilhada com ovos de lagosta

Raquel (*Rachel*)
a) Filetes, recheados com uma rodela de trufa. Dobrar e cozer. Cobrir com Molho de Camarão, adicionado de cubos de trufas. Alourar no forno.
b) A mesma preparação. Cobrir com Molho de Vinho Branco, adicionado de pontas de espargos e dados de trufas.

Ravigote
Filetes cozidos, cobertos com Molho Ravigote.

Real (*Royale*)
Cozer. Cobrir com Molho de Vinho Branco. Guarnição Real para peixes.

Regência (*Régence*)
Cozer. Guarnição e Molho Regência para peixes.

Réjane
Filetes cozidos. Cobrir com Molho de Vinho Branco, adicionado de Manteiga de Agrião. Guarnecer com rosáceas de Batata Duquesa, alouradas no forno.

Renascença (*Renaissance*)
Cozer. Cobrir com Molho de Vinho Branco. Guarnecer em volta com montinhos de cenouras e nabos, tirados com colher de legumes: ervilhas, couve-flor. Batatas Avelãs (*Noisettes*) cozidas ao natural e pontas de espargos. Alternar as cores.

Richebourg
Filetes cozinhados em manteiga. Cobrir com Molho Americano e Ostras Villeroy. Enfeitar com rodelas de trufas.

Richelieu
Como COLBERT. Saltear em manteiga clarificada. Colocar na abertura, Manteiga Mordomo. Fileira de rodelas de trufas, ao centro do peixe.

Richepin
Em rolinhos. Cobrir com recheio de peixe, misturado com Duxelles seco. Cozer. Empratar em coroa, num timbale. Encher o centro com raviólis, feitos de espinafres em rama. Em volta, lagostins. Cobrir tudo com Molho Nantua, adicionado de natas. Enfeitar com rodelas de trufas.

Rico (*Riche*)
Cozer. Guarnecer com lagostins e trufas. Cobrir com Molho Nantua e enfeitar com rodelas de trufas.

Riviera
Filetes salteados à Moleira, com trufas, champignons e fundos de alcachofras picados. Empratar em caçarola e terminar como Moleira.

Rochelesa (*Rochelaise*)
a) Cozer em vinho tinto, com cebola picada. Guarnecer com ostras, mexilhões e ovas cozidas. Reduzir o caldo da cocção: juntar-lhe Demi-glace e manteiga. Cobrir o peixe com o molho obtido.
b) Cobrir com Molho de Camarão e fazer um cordão de Bearnês.

Rodésia (*Rhodésia*)
Rolinhos cozidos, colocados sobre escalopes de lagosta. Cobrir com Molho Americano

Rolinhos (*Paupiettes*)
Os rolinhos (*paupiettes*) são feitos enrolando os filetes de linguado sobre si próprios, a começar da extremidade mais grossa. São geralmente recheados, mas, caso não sejam, deve-se passar a extremidade mais fina por ovo batido, para que possa aderir a outra parte, evitando que se desenrole.

Rosina (*Rosine*)
Cozer. Cobrir com Molho de Vinho Branco, atomatado. Guarnecer com pequenos tomates, cheios de recheio de peixe e cozinhados no forno. Enfeitar com florões.

Rosita (*Rosette*)
Filetes cozidos com Fumete de Peixe, vinho branco e manteiga. Guarnecer em volta com batatas cozidas e tomates assados no forno, recheados com uma almôndega. Cobrir tudo com Molho de Vinho Branco, atomatado.

Rossini
Rolinhos recheados com recheio de peixe, adicionado de pasta de fígado (*foie gras*). Cozer e empratar em coroa. Cobrir com Molho de Vinho Branco. Polvilhar com trufas picadas. Guarnecer o centro com trufas estufadas, ligadas com Demi-glace.

Rougemont
Cozer e abrir com Molho de Vinho Branco, atomatado.

Ruanesa (*Rouennaise*)
Cozer com vinho tinto e chalotas picadas. Guarnecer com ostras e mexilhões cozidos, champignons e camarões. Cobrir com o fundo da cocção, reduzido, adicionado de Glace de Carne e levantado com manteiga. Completar a guarnição com lagostins, eperlanos fritos e crostões em losangos.

Russa (*Russe*)
Cozer. Cobrir com Molho de Vinho Branco, com natas, adicionado de Legumes à Russa. Salsa *concassé*. (*Fazer o molho pouco consistente*).

Salisbury
Filetes recheados e dobrados. Cozer e ernpratar em coroa. Cobrir com Molho de Lagosta. Sobre cada filete, rodela de trufa. Guarnecer o centro com Arroz Pilaw, ligado com Molho de Vinho Branco.

Salsicheiro (*Charcutière*)
Filetes ou medalhões, salteados como à Moleira. Cobrir com Manteiga Escura, adicionada de cebolas picadas e alcaparras, estufadas na própria manteiga. Polvilhar com salsa picada. (*Este processo é usado, geralmente, para o que se diz ser "à Bretã"; no entanto, queremos acentuar que o seu nome verdadeiro é o aqui citado*)

Salvador (*Salvator*)
Filetes condimentados com páprica. Cozer, escorrer e reduzir o fundo da cocção. Juntar champignons picados, lagostins, tomates *concassés*, gomos de limão descascados e ervas aromáticas. Ligar com Molho de Vinho Branco e cobrir o peixe. Alourar no forno.

São Germano (*Saint-Germain*)
Panar com manteiga derretida. Grelhar. Guarnecer com Batatas Avelãs (*Noisettes*) em manteiga. Servir, à parte, Molho Bearnês

São Henrique (*Saint-Henry*)
Grelhar. Servir com purê de ouriços do mar, à parte.

São Valério (*Saint-Valéry*)
Cozer. Guarnecer com camarões e cubos de champignons. Cobrir com Molho de Vinho Branco e alourar no forno.

Sapho
Cozer com vinho branco, suco de trufas e Fumete de Peixe. Reduzir e levantar com manteiga. Adicionar juliana de trufas e champignons. Cobrir o peixe com o molho. Guarnecer com croquetes de lagosta, lagostins e crustadas de Batata Duquesa, cheias com salpicão Joinville.

Sarah Bernhardt
Cozer. Cobrir com Molho Veneziano, adicionado de juliana de trufas e cenouras.

Sarcey
Cozer com Fumete de Peixe, juliana de champignons, trufas, pepinos de conserva e clara de ovo. Reduzir e levantar com manteiga. Cobrir o peixe com o molho obtido

Savoy
Cozer com Fumete de Peixe, vinho branco, caldo de champignons, suco de trufas e ervas

aromáticas. Empratar. Uma fila de champignons picados, ao centro do linguado. Colocar, em volta, montinhos de tomates *concassés* e de pontas de espargos, alternando. Reduzir o fundo da cocção e levantar com manteiga. Cobrir o peixe e alourar no forno

Schneider
Linguado Bercy guarnecido com mexilhão. Em cima, lançar miolo de pão, frito em manteiga clarificada.

Segóvia
Filetes cozidos. Colocar em barquetas feitas com pepinos, recheadas com Musseline de peixe. Cobrir com Molho de Vinho Branco, adicionado de Coulis de Lagostins. Alourar no forno.

Sílvia (*Sylvia*)
Rolinhos, recheados com recheio de peixe e purê de alcachofras. Cozer. Colocar sobre fundos de alcachofras. Cobrir com Molho de Vinho Branco e enfeitar com rodelas de trufas.

Suchet
Filetes cozidos. Cobrir com Molho de Vinho Branco, adicionado de juliana de legumes e trufas.

Suflê (*Soufflé*)
Retirar a espinha. Encher a cavidade com recheio de peixe. Cozer com Fumete de Peixe, vinho branco e caldo de champignons. Terminar como *au Plat*.

Sullivan
Filetes dobrados e cozidos. Guarnecer com pontas de espargos. Cobrir com Molho Mornay e alourar no forno. Enfeitar com rodelas de trufas.

Sully
Filetes panados à inglesa. Fritar. Servir com salsa frita. À parte, Molho Bearnês e Manteiga de Anchovas.

Sultana (*Sultane*)
Cozer. Cobrir com Molho de Vinho Branco, adicionado de Manteiga de Pistácias. Guarnecer com Dentados (*Bouchées*), recheados de camarões ligados com Molho de Camarão. Sobre cada, uma rodela de trufa

Susana (*Suzanne*)
Linguado Polignac, guarnecido com lagostins e ovas cozidas. Enfeitar com florões

Sylvette
Filetes dobrados. Cozer com Fumete de Peixe. vinho de Jerez, dados de trufas e de champignons e Brunesa grossa de legumes. Reduzir o caldo da cocção, levantar com manteiga e ligar com natas. Cobrir os filetes com o molho. Guarnecer com pequenos tomates recheados de purê de linguado, gratinados no forno.

Talleyrand
Colocar os filetes, crus, sobre uma camada de Espaguete com natas, adicionado de juliana de trufas. Cobrir com Molho de Vinho Branco, não ligado. Cozinhar ao forno, de maneira que os filetes estejam cozidos ao mesmo tempo que se aloura o molho.

Teodora (*Théodora*)
a) Filetes cozidos. Cobrir um filete com Molho de Vinho Branco, outro com o mesmo molho polvilhado de trufas picadas, outro, ainda, com Molho Veneziano. Alternar as cores.
b) Como BERCY. Guarnecer com ostras cozidas e trufas. Enfeitar com florões.

Teresa (*Thérèse*)
a) Filetes cozidos. Guarnecer com Batatas Avelãs (*Noisettes*), cozidas ao natural e dispostas em volta. Ao centro, uma fileira de rodelas de trufas. Cobrir tudo com Molho de Vinho Branco. Polvilhar com trufas picadas.

Termidor (*Thermidor*)
Linguado Bercy amostardado, sem alourar no forno. Cordão de Glace de Carne, em volta.

Timbale
Em rolinhos cozidos. Colocar sobre cada um champignon torneado. Cobrir com Molho de Vinho Branco.

Tivoli
Filetes cozidos. Guarnecer com ovas cozidas. Ao centro da ova, colocar uma ostra cozida, tendo um champignon sobreposto. Cobrir com Molho Genovês. Bordear com nulhes, salteados em cru com manteiga clarificada.

Tout-Paris
Filetes metidos em meias carapaças de lagostins. Cozer. Cobrir os filetes com Molho

Nantua e Molho de Vinho Branco. Guarnecer com lagostins rolados em Molho de Nantua, colocados à ponta das carapaças. Enfeitar com rodelas de trufas.

Traviata
Como BERCY. Rodear de pequenos tomates cozinhados no forno, recheados com um salpicão de Guarnição Nantua.

Trouvillaise
(Como FÉCAMPOISE).

Turenne
(*Ver* SALMÃO do mesmo nome).

Tzarina (*Tzarine*)
Cozer. Guarnecer com pepinos, torneados como azeitonas, estufados. Cobrir com Molho Mornay condimentado com páprica

Urville, d'
Filetes recheados e dobrados. Picar com trufas e cozer. Cobrir com Molho Americano. Guarnecer com barquetas, cheias de lagostins, ligados com o mesmo molho.

Valentino
Filetes cozidos. Cobrir com Molho Mornay e alourar no forno. Guarnecer com barquetas em Batata Duquesa, recheadas com Rizotto à Piemontesa.

Valois
Cozer. Cobrir com Molho de Vinho Branco, feito de redução de Bearnês.

Valquíria (*Walkyrie*)
Em rolinhos. Cozer (*guarnecer com rodelas de lagosta*). Cobrir com Molho de Vinho Branco. Enfeitar com rodelas de trufas. Molho Americano, à parte.

Van den Berg
Cozer. Cobrir com Molho de Vinho Branco, dados de champignons e tomates *concassés.*

Varsoviana (*Varsovienne*)
Cozer com Fumete de Peixe, juliana de cenouras, de cebolas, aipo e salsa *concassé.* Reduzir e levantar com manteiga. Cobrir com o molho e alourar no forno.

Vatel
Filetes cozidos. Cobrir com Molho Chambord. Guarnecer com pedaços de pepino, recheados e estufados, e filetes de linguado em *Goujons.*

Vendeia (*Vendée*)
Como GRIMALDI. Alourar no forno.

Vendome
Filetes cozidos com vinho branco. Empratar sobre um tampão de Espaguete com natas. Cobrir com Molho Nantua. Enfeitar com rodelas de trufas.

Veneziana (*Vénitienne*)
Cozer e cobrir com Molho Veneziano.

Verdi
Filetes cozidos, colocados sobre uma camada de Macarrão com Natas, misturado com salpicão de lagosta e trufas. Cobrir com Molho Mornay e alourar no forno.

Vernet
Filetes cozidos. Cobrir com Molho Vernet.

Véron
Filetes panados com manteiga. Saltear com manteiga clarificada. Empratar sobre Molho Véron.

Verônica (*Véronique*)
Cozer com Fumete de Peixe e curaçau. Guarnecer com passas de uva moscatel, sem grainhas. Reduzir o molho. Levantar com manteiga. Cobrir o peixe com o molho. Alourar no forno.

Villaret
Numa fôrma de Savarino colocar os filetes crus, um pouco obliquados, lado a lado, contra as paredes. Encher a cavidade com Musseline de Lagostins. Dobrar para dentro as pontas dos filetes. Cozer em banho-maria. Desenformar e deixar enxugar. Lustrar os filetes com manteiga clarificada. Guarnecer o centro, à vontade. (Se se desejar, pode-se alternar os filetes de linguado com filetes de salmão).

Villeroy
Filetes recheados e dobrados. Cozer. Passar em Molho Villeroy. Panar à inglesa e fritar. Servir com Molho de Tomate, à parte.

Vinho Branco (*Vin Blanc*)
Cozer com vinho branco. Cobrir com Molho de Vinho Branco, adicionado do caldo da cocção, reduzido.

Vinho Tinto (*Vin Rouge*)
Como o anterior, utilizando vinho tinto e Molho de Vinho Tinto.

Vitória (*Victoria*)
Cozer. Guarnecer com dados de lagosta e de trufas. Cobrir com Molho Vitória e alourar no forno.

Vladimiro (*Wladimir*)
Cozer com vinho branco. Guarnecer com ostras cozidas e cobrir com Molho Mornay. Alourar no forno.

Walewska
Filetes cozidos. Guarnecer com rodelas de trufas e escalopes de lagosta. alternados. Cobrir com Molho Mornay e alourar no forno.

Washington
Filetes cozinhados em manteiga. Guarnecer com escalopes de lagosta. Cobrir com Molho Americano. Polvilhar com juliana curta, de trufas.

Wilhelmine
Como GEORGINA. Guarnecer com pepinos, ligados com natas. Sobre cada filete, uma ostra. Cobrir com Molho Mornay e alourar no forno

Yvette
a) "Linguado com Aromáticos". Guarnecer com pequenos tomates, recheados com recheio de peixe.
b) "Filetes de Linguado com Camarões". Alourar no forno e enfeitar com rodelas de trufas

LÍRIO

Muito semelhante ao PEIXE-ESPADA, pelo qual é bastantes vezes vendido. o lírio é, no entanto, um pouco diferente e menos saboroso. Pode-se preparar como aquele, mas não é verdadeiramente um peixe apreciado.

LOTA
(Lotte)

Prepara-se de todas as maneiras indicadas para as ENGUIAS. O fígado, cozido é uma iguaria ótima, podendo ser servido como as ovas.

LÚCIO
(Brochet)

Barqueira ou Bateleira (*Batelière*)
Filetes mamados, passados na massa de fritos. Fritar em azeite a ferver. Servir com limão e Molho de Tomate.

Benoiton
Filetes fritos. Servir, à parte, Molho de Vinho Tinto.

Bleu, au
(*Ver* TRUTA *do mesmo nome*).

Bordalesa (*Bordelaise*)
Pedaços cozidos em vinho tinto com Mirepoix. Ligar o fundo da cocção com Manteiga Trabalhada. Cobrir os pedaços com o molho obtido.

Caldo aromatizado (*Court-bouillon*)
(*Ver* TRUTA).

Costeletas (*Côtelettes*)
Recheio de lúcio, colocado em formas de costeletas. Rechear interiormente com salpicão de trufas e champignon, ligado com Molho Alemão espesso. Desenformar, panar à inglesa e fritar em manteiga clarificada. Empratar em coroa. À parte, Molho Soubise.

Croquetes Lionesa (*Quenelles à la Lyonnaise*)
(*Ver* GODIVEAU LIONESA *em* FUNDOS DE COZINHA).

Croquetes Morland (*Quenelles à la Morland*)
Croquetes grandes, recheados com uma ova cozida. Rolar em ovo e panar com trufas picadas. Fritar em manteiga clarificada. Empratar em coroa, guarnecendo o centro com purê de champignons com natas

Filetes Regência (*Filets Régence*)
Cortar os filetes com a forma oval. Picar com trufas. Cozer em tabuleiros untados com manteiga. Molhar com vinho branco e Fumete de Peixe. Cobrir com um papel untado com manteiga. Depois de cozinhado, reduzir o fundo e alourar. Empratar em coroa, guarnecendo o centro com Guarnição Regência.

Granadinos (*Grenadins*)
Como na receita anterior, com guarnição à escolha.

Granadinos com azedas (*Grenadins à l'Oseille*)
Cortar, como nas anteriores. Picar, alternadamente, com tiras de pepino de conserva e de cenoura branqueada. Passar por manteiga clarificada, para entalar. Terminar de cozinhar com Fumete de Peixe. Reduzir o fundo e ligar com manteiga. Empratar em coroa. Cobrir com o molho e alourar no forno. Servir, à parte, purê de azedas.

Grelhado (*Grillé*)
Picar e temperar. Panar à inglesa. Grelhar lentamente, com cuidado. Servir com Molho Tártaro, à parte.

Inglesa (*Anglaise*)
Filetes de lúcio, temperados e panados. Cozinhar em manteiga, num prato de ir ao forno. Servir no mesmo prato. batata cozida, à parte.

Martinheira (*Martinière*)
Picar e marinar, com aromáticos, vinho branco e azeite. Temperar. Grelhar lentamente, regando com azeite. Servir, à parte, Maionese com nozes picadas.

Matalota (*Matelote*)
(*Ver sob este nome, na secção especial*).

Matalota Rémoise (*Matelote Rémoise*)
Como MATALOTA MARINHEIRA. Substituir o vinho branco por vinho espumante.

Moleiro, do (*du Meunier*)
Filetes cortados em pedaços bastante enfarinhados, salteados em manteiga clarificada. No momento de retirar da frigideira, juntar um pouco de chalota picada. Colocar os pedaços num prato. Desengrossar o molho com vinho branco e molhar com consomé. Cozinhar 10 minutos. Ligar o molho com gemas de ovos e natas. Passar e lançar sobre os pedaços. Polvilhar com salsa picada

Moleira (*Meunière*)
Filetes preparados como todos os outros peixes à Moleira.

Monte Belo (*Montebello*)
Esfolar de um lado e rechear com recheio de peixe. O lado esfolado, coberto com o mesmo recheio. Colocar em cima de pequenos filetes de linguado, espalmados e picados com trufas. Estufar com vinho branco e fundo de aromáticos. Tapar e cozer, 20 a 30 minutos, segundo o tamanho. Empratar sobre um tampão de arroz; cobrir com Molho de Vinho Branco, adicionado de Manteiga de Anchovas. Guarnecer com croquetes de camarão, barquetas, ovas e ostras. Lagostins panados

Normanda (*Normande*)
Lúcio recheado com recheio de peixe, envolto em fatias de toucinho. Estufar com vinho branco. Esfolar depois de cozinhado. Cobrir com Molho Normando. e rodear de guarnição do mesmo nome.

Orly
(*Ver* FILETES DE LINGUADO ORLY).

Pão (*Pain*)
Em fôrma amanteigada. Cozer e desenformar. Decorar com champignons canelados e rodelas de trufas. Servir, à parte, Molho Bastardo

Pompadour
Filetes marinados, panados à inglesa e fritos. Empratar em monte. Guarnecer com salsa frita e croquetes de batata. À parte, Molho Tártaro.

Provençal (*Provençale*)
Filetes cozidos. Empratar e cobrir com uma redução, feita do caldo, tomates *concassés*, salsa, chalotas, alho e champignons picados.

Reserva (*Réserve*)
Filetes cozidos, com vinho branco e aromáticos. Servir com Manteiga Bercy e lagostins.

Salsa (*Persil*)
Cortar em postas. Cozer em água com sal. Empratar, decorar com gomos de limão. Servir, à parte, Manteiga Noisette, adicionada de folhas de salsa.

Salsa, Molho de (*Sauce Persil*)
Cozer e servir com Molho de Salsa.

Valvins
Esfolar de um lado, e picar com filetes de anchovas. Embrulhar em papel untado com manteiga. Assar no forno. Servir, à parte, Molho Ravigote. ligado com Manteiga Mordomo, amostardada.

LÚCIO-PERCA
(Zandre ou Sandre)

O lúcio-perca é um peixe estupendo, que nós não possuímos. É encontrado, com freqüência, nos rios do Norte da Europa, sobretudo na Prússia. É bastante apreciado e muito servido na Alemanha. (*Os grandes, inteiros ou em pedaços, são preparados como o SALMÃO; os pequenos, como a TRUTA*).

LULAS
(Calmars)

Caldeirada
(Como CALDEIRADA DE ENGUIAS).

Grelhadas (*Grillé*)
Abrir ao meio, depois de amanhadas. Temperar com sal e pimenta. Passar por azeite, ou manteiga, e grelhar. Servir com batatas cozidas e manteiga derretida, azeite, sumo de limão ou Molho de Tomate.

Grelhadas em Espetada (*En Brochette*)
Lulas pequenas ou pedaços de grandes espetados numa brocheta, grelhados. Servir como a anterior.

Pescador (*Pêcheur*)
Lulas cortadas em pedaços, refogadas em azeite, com cebolas, alho, tomates, pimentos, salsa e louro. Cozinhar com a caçarola tapada durante 20 minutos e juntar batatas às rodelas. Servir com crostões de pão frito

Recheadas (*Farcis*)
(*Ver em* COZINHA PORTUGUESA).

Recheadas com Presunto (*Farcis au Jambon Cru*)
Preparam-se como as lulas recheadas, vulgares. Juntar ao recheio presunto picado e gema de ovo cru, batida.

MARMOTA
(Merlan)

A marmota é uma pescada pequena (dita pescadinha).

Aromáticos (*Fines Herbes*)
Cozer e escorrer. Cobrir com Molho de Aromáticos.

Bercy
Abrir pelo dorso e retirar a espinha. Colocar num tabuleiro untado com manteiga, com chalotas e salsa picada. Molhar com vinho branco, sumo de limão e Fumete de Peixe. Cozinhar. Reduzir o molho e levantar com manteiga. Cobrir o peixe e alourar no forno.

Boa-Dona (*Bonne Femme*)
Como BERCY, juntando champignons crus, picados. Bordear o prato, com batatas cozidas encamisadas, depois de descascadas e cortadas em pedaços.

Boitelle
Como BOA DONA, sem bordadura de batatas.

Bretã (*Bretonne*)
Salteada à Moleira. Cobrir, depois de cozinhada, com cebolas picadas e alcaparras, fritas em manteiga com sumo de limão.

Camarões (*Crevettes*)
Cozida. Guarnecer com camarões e Molho de Camarões.

Cancalesa (*Cancalaise*)
Filetes cozidos. Guarnecer com ostras, mexilhões cozidos e camarões. Cobrir com Molho Normando.

Cecília (*Cécilia*)
Filetes salteados à Moleira. Guarnecer com pontas de espargos. Polvilhar com queijo ralado e gratinar.

Chauchat
Abrir pelo dorso e retirar a espinha. Cozer. Colocar num prato com bordura de batatas cozidas, picadas grossas. Cobrir com Molho de Vinho Branco e alourar no forno.

Colbert
(*Ver* EPERLANO).

Coleira, em (*en Colère*)
Esfolar. Meter o rabo na boca. Fritar e servir com Molho de Tomate, à parte.

Croquetes (*Quenelles*)
(*Ver em* FUNDOS DE COZINHA).

Dieppoise
Cozida. Guarnecer com mexilhões, champignons e camarões. Cobrir com Molho de Vinho Branco.

Diplomata (*Diplomate*)
Abrir pelo dorso e retirar a espinha, não fazendo incisão no abdômen. Rechear com Guarnição Caçadora, bastante atomatada e reduzida. Cozer. Cobrir com Molho Mornay e alourar no forno.

Doria
Filetes salteados à Moleira, servidos com uma guarnição de pepinos, estufados em manteiga.

Duguesclin
Cozer. Guarnecer com fundos de alcachofras, cheios de camarões. Cobrir com Molho de Camarões.

Fécampoise
Cozer. Guarnecer com mexilhões e camarões, Cobrir com Molho de Camarões.

Francesa (*Française*)
Filetes, panados com leite e farinha. Fritar, Servir com salsa frita e limão. Molho à escolha, servido à parte.

Fritas (*Frits*)
Filetes panados e fritos. Servir como a anterior.

Gratinada (*Gratin*)
Inteira ou em filetes. Recheada ou não. Colocar em prato de ir ao forno, já cozida, Guarnecer com champignons e Duxelles. Cobrir com Molho de Gratém, para peixes. Polvilhar com pão ralado e regar com manteiga. Gratinar.

Grenoblesa (*Grenobloise*)
Saltear à Moleira. Colocar sobre o peixe alcaparras e pedaços de limão, cortado em pequenos cubos. Quartos de limão, ao redor

Heloísa (*Heloïse*)
Cozer. Cobrir com cebola refogada em manteiga, adicionada de Molho de Tomate, reduzido com Fumete de Peixe. Levantar com manteiga. Cobrir o peixe e alourar no forno. Servir sem guarnição.

Hoteleira (*Hotelière*)
Abrir pelo dorso e retirar a espinha. Panar à inglesa e fritar. Meter, na abertura, Manteiga Mordomo, adicionada de Duxelles seco

Jackson
Como PLAT. O fundo, adicionado de purê de cebola e aromáticos picados. Guarnecer com pequenas cebolas, estufadas a branco. Cobrir com o fundo levantado em manteiga. Alourar no forno e enfeitar com florões

Judaica (*Juive*)
Filetes, passados na massa de fritos pouco espessa. Fritar em azeite. Servir, à parte, Molho Tártaro.

Lorgnette
Cortar os filetes, dos dois lados, desde a cauda ao opérculo. Panar à inglesa e fazer os filetes em "rolinhos". Espetar numa brocheta e fritar. Servir com salsa frita e limão, levando, à parte, o molho desejado.

Lorgnette Gratinada (*Lorgnette au Gratin*)
Ver a receita anterior. Proceder do mesmo modo com os filetes, unindo-os com recheio de peixe. Cozinhar, como se indica para MARMOTA GRATINADA.

Mariscos (*Fruits de Mer*)
Cozer com vinho branco. Guarnecer com a maior variedade possível de mariscos. Cobrir com Molho Mordomo.

Médicis
Como INGLESA. Guarnecer com pequenos tomates grelhados, recheados de Molho Bearnês.

Mercador de Vinhos (*Marchand de Vins*)
Cozer com vinho tinto, chalotas picadas e Fumete de Peixe. Reduzir o fundo da cocção e levantar com manteiga. Cobrir o peixe

Mexilhão aux Maules
Cozida. Guarnecer com mexilhões e cobrir com Molho de Vinho Branco.

Moleira (*Meunière*)
(*Ver* LINGUADO).

Montreuil
(*Ver* LINGUADO *do nome*).

Mordomo (*Maître d'Hôtel*)
Como HOTELEIRA. Acompanhamento Mordomo, sem Duxelles.

Musse e Musseline (*Mousse et Mousseline*)
(*Ver receita-tipo em* ENTRADAS LIGEIRAS)

Nicense (*Niçoise*)
(Como SALMONETES NICENSE).

Oriental (*Orientale*)
(*Frio*). Cozido com guarnição da Bouillabaisse. Cobrir com o fundo, gelatinado. Servir frio.

Orly
(Como FILETES DE LINGUADO ORLY)

Plat, au
Abrir pelo dorso e retirar a espinha. Proceder, em seguida, como para LINGUADO do mesmo nome.

Raquel (*Rachel*)
Cozida. Cobrir com Molho Nantua e juliana de trufas.

Réjane
Rolinhos preparados como LORGNETTE, recheados com 1 ostra, 1 champignon, 1 rodela de trufa e 1 camarão. Colocar sobre um tampão de Batata Duquesa.

Rica (*Riche*)
Cozida. Cobrir com Molho de Lagostins e rodelas de trufa.

Richelieu
(*Ver* EPERLANOS).

Rolinhos (*Paupiettes*)
(*Ver* ROLINHOS DE LINGUADO).

Russa (*Russe*)
Cozida com Caldo Aromatizado (*Court-bouillon*), com salsa, cenouras, cebolas e vinho branco, Servir sobre crostões, com manteiga derretida, à parte. Quartos de limão, como enfeite.

Tabelião (*Tabellion*)
Preparar como LORGNETTE. Cozer. Cobrir com Molho de Vinho Branco e rodelas de trufas.

Tirolesa (*Tyrolienne*)
Preparar como EM COLEIRA, mas panado à inglesa. Molho Tirolês, à parte.

Verdi
Filetes cozidos. Cobrir com Molho Chorão, pouco espesso. Polvilhar com trufas picadas

Vinho Branco (*Vin Blanc*)
Como qualquer outro peixe ao VINHO BRANCO.

MATALOTAS
(Matelotes)

Matalota é o nome de um estufado de peixe, servido com pouco caldo e originariamente preparado com vinho tinto.

Barqueira (*Canotiére*)
Peixes diversos, flamejados com aguardente velha (conhaque). Molhar com vinho branco e cozinhar tapado. Reduzir o fundo e ligar com Manteiga Trabalhada (*Manié*). Guarnecer com champignons, pequenas cebolas estufadas, pequenos cadozes panados e lagostins, cozidos em Caldo Aromatizado (*Court-bouillon*).

Marinheira (*Marinière*)
Peixes diversos, flamejados com aguardente velha (conhaque). Molhar com vinho branco e reduzir. Juntar Molho Aveludado de peixe, e manteiga. Guarnecer com champignons, cebolas estufadas a branco, lagostins e crostões fritos.

Meurette
Peixes diversos, flamejados com aguardente bagaceira (*marc*). Molhar com vinho tinto. Ligar o fundo com Manteiga Trabalhada (*Manié*). Guarnecer com crostões untados com manteiga, secos no forno e esfregados com alho.

Moleira (*Meunière*)
Molhar com vinho tinto. Flamejar com aguardente velha (conhaque). Ligar com Manteiga Trabalhada (*Beurre Manié*). Guarnecer com lagostins e crostões fritos.

Normanda (*Normande*)
Proceder como para MEURETTE, mas com vinho branco. Utilizar linguado, congro etc., em pequenos pedaços. Flamejar com aguardente velha e molhar com cidra seca. Reduzir o fundo, juntar Molho Aveludado de peixe e natas. Guarnecer com champignons, ostras, mexilhões, lagostins. pequenos crostões fritos, em forma de coração

Pescador (*Pêcheur*)
MATALOTA feita só com peixes de água doce.

Pocheuse
Peixes diversos. Flamejar com aguardente velha (conhaque) e molhar com vinho tinto. Ligar o fundo com Manteiga Trabalhada (*Manié*). Guarnecer com toucinho fresco em pequenos dados, cebolas estufadas, champignons e crostões fritos.

Waterzoi
Enguia, carpa, tenca e lúcio, cozidos em Caldo Aromatizado (*Court-bouillon*), com sal, pimenta. salsa, salva, aipo picado e manteiga. Guarnecer com fatias vulgares de pão com manteiga.

MEXILHÃO
(Moules)

Americana (*Américaine*)
Abrir e desembaraçar das conchas. Colocar em conchas de vieira, ou de metal. Cobrir com Molho Americano e passar no forno.

Arroz à Toulonesa (*Rizotto Toulonnaise*)
Cozer e retirar as conchas. Ligar o caldo da cocção com Molho de Vinho Branco. Colocar no centro de uma bordura de Rizotto.

Boa-Dona (*Bonne Femme*)
Como MARINHEIRA. Juntar juliana fina de champignons e aipo cru.

Bordalesa (*Bordelaise*)
Mexilhões abertos e retirados da concha. Picar alho, salsa, cebola e presunto. Refogar tudo com azeite. Quando os alhos estiverem fritos, molhar com a água dos mexilhões. Sal, pimenta e ramo de cheiros. Deixar reduzir. Tirar o ramo de cheiros e adicionar miolo de pão esfarelado. Deixar engrossar bem e cobrir os mexilhões já empratados. (*Pode-se colocar numa bordadura de Batata Duquesa ou num* vol-au-vent)

Catalã (*Catalane*)
Abrir, com cebola picada, pés de salsa etc. Guardar o caldo e passá-lo. Reduzir. Puxar cebola picada, em manteiga, deixando enxugar. Molhar com o caldo, passado e reduzido. Juntar sumo de limão. Deixar os mexilhões só com uma das conchas. Empratar. Cobrir com o molho e alourar fortemente no forno.

Franganita (*Poulette*)
Abrir, retirando uma das conchas. Colocar num timbale. Cobrir com Molho Franganita. Polvilhar com salsa picada.

Fritos (*Frites*)
Cozer e desembaraçar das conchas. Marinar com sumo de limão, azeite e salsa picada. Passar por massa de fritos. Fritar.

Gratinado (*Gratin*)
Como VILLEROY. Colocar numa concha de vieira e cobrir com Molho Mornay. Gratinar. (*Podem ser gratinados dentro da própria concha, individualmente, procedendo do mesmo modo*).

Marinheira (*Marinière*)
Abrir com chalotas picadas, ervas aromáticas, vinho branco, Fumete de Peixe e pimenta do moinho. Guardar o caldo, que se passa por um pano. Ligar com Manteiga Trabalhada (*Manié*), ou Molho de Vinho Branco, adicionando sumo de limão. Lançar sobre os mexilhões colocados em timbale, depois de desembaraçados de uma das conchas.

Marselhesa (*Marseillaise*)
Abrir e retirar uma das conchas. Empratar. Cobrir com fundo de Bouillabaise.

Rochelesa (*Rochelaise*)
Abrir e retirar uma das conchas. Rechear com Manteiga Trabalhada (*Manié*), contendo tomilho, ervas aromáticas, chalotas picadas muito finas, e sumo de limão. Gratinar.

Salada (*Salade*)
Mexilhões abertos e marinados. Servem-se em salada, sobretudo como acepipe.

Villeroy
Cozer e libertar das conchas. Passar por Molho Villeroy e panar. Fritar.

MUGEM
(Mostélle)

Peixe de carne algo fina, abundante no Mediterrâneo. Prepara-se Bercy, Inglesa, Moleira, Portuguesa etc. (Ver preparações indicadas para a MARMOTA).

Costa Azul (*Côte-d'Azur*)
Colocar a mugem num prato de ir ao forno, untado com manteiga, depois de lhe ter dado um golpe no dorso, no sentido do comprimento. Temperar com sal e pimenta. Cobrir com

tomates *concassés*; juliana de alface e de aipo, branqueados; chalotas picadas; champignons; tomilho; louro e dente de alho espalmado. Molhar com Fumete de Peixe, vinho branco, sumo de limão e Glace de Carne. Juntar manteiga e deixar ferver sobre a boca do fogão. Terminar a cocção no forno. Passar o peixe para outro prato. Reduzir o fundo, ligando com manteiga e natas. Tirar o tomilho, o louro e o alho. Cobrir com o molho obtido, lançar algumas gotas de Molho Holandês e alourar no forno. Polvilhar com salsa picada

Lérina
Abrir pelo dorso e retirar a espinha. Colocar num prato de ir ao forno, sobre champignons picados, estufados em azeite com chalotas picadas. Entalar no forno. Flamejar com aguardente velha. Molhar com vinho branco e Fumete de Peixe. Rodear de tomates *concassés*, com dente de alho e salsa picada. Temperar com sal e pimenta do moinho. Regar com sumo de limão. Cozinhar no forno, destapado, regando frequentemente com o molho.

OSTRAS
(Huîtres)

Americana (*Américaine*)
a) Cozidas. Repor na concha, e cobrir com Molho Americano.
b) Cozer. Repor na concha: cobrir com miolo de pão, misturado com manteiga derretida, sumo de limão e caiena. Gratinar.

Anjos a Cavalo (*Anges à Cheval*)
Ostras e toucinho, grelhados. servidos sobre pão torrado. (*Podem servir de Acepipe ou Desenjoativo*). (*Na Inglaterra diz-se* "Oysters on Horseback").

Bercy
Cozer e repor na concha. Cobrir com Molho Bercy e alourar no forno.

Bretã (*Bretonne*)
Cobrir as ostras com uma redução igual à do Molho Bercy, adicionada de miolo de pão frito e manteiga.

Brocheta (*Brochette*)
(*Ver* á INGLESA).

Coquetel (*Cocktail d'Huîtres*)
a) As ostras, na própria concha, colocadas sobre gelo picado. Regar com um molho feito de 3 colheres da água das ostras, 3 colheres de vinagre de estragão; Molho Inglês (*Perrins*) e aguardente velha (conhaque), uma colher de cada; algumas gotas de angostura, sal e pimenta. (*Inglês* "Oyster Cocktail").
b) As ostras sem as conchas, colocadas numa taça. Cobrir com o molho anterior, ligado com uma colher de Maionese, outra de natas, e um pouco de *catchup*.

Estufadas (*Stewed*)
Cozinhar em leite e natas, temperadas com sal, pimenta e noz-moscada.

Favorita (*Favorite*)
Cozidas. Cobrir o fundo da concha com Molho Mornay. Colocar a ostra com uma rodela de trufa sobreposta. Recobrir com Molho Mornay. Polvilhar com queijo ralado e alourar no forno.

Florentina (*Florentine*)
Proceder como para FAVORITA, guarnecendo o fundo das conchas com espinafres em rama, salteados em manteiga. Suprimir as trufas

Fritas (*Frites*)
Passar por massa de fritos, ou panar à inglesa. Fritar.

Gratinadas
(Como AMERICANA b) ou FAVORITA)

Inglesa (*Anglaise*)
Espetadas em brocheta, alternando com pedaços de toucinho fumado (*bacon*). Temperar com caiena e grelhar.

Marinheira (*Marinière*)
(*Ver* ENGUIA *do nome*).

Mornay
Como FAVORITA, sem trufas,

Naturais (*Nature*)
Esta é ainda a maneira vulgar de servir as ostras. Sobre gelo picado ou sal, dentro da concha, com acompanhamento de sumo de limão, ou de vinagre, com chalotas picadas e pimenta do moinho.

Recheadas (*Farcies*)
Ostras refogadas com azeite, cebola e alho picados. Juntar vinho branco e reduzir. Ligar

com Bechamel. Repor na concha e terminar como Vladimiro.

Tártara (*Tartare*)
Cozidas. Temperar em conjunto, com azeite e sumo de limão. Repor na concha, com Molho Tártaro. Servir frio.

Villeroy
Cozidas. Passar por Molho Villeroy. Arrefecer e panar à inglesa. Fritar. Servir com salsa frita e limão.

Vladimiro (*Wladimir*)
Cozer. Colocar nas conchas e cobrir com Molho Supremo. Polvilhar com miolo de pão frito e queijo ralado. Alourar no forno.

OURIÇOS DO MAR
(Oursins)

(*Servidos geralmente crus, sobre gelo picado*).

OVAS DE PEIXE
(Laitances)

As ovas de carpa constituem delicado manjar. Podem ser servidas como prato de peixe num jantar, como acepipe num almoço, como guarnição de outros pratos depois de cozidas em água e sal etc. Na falta destas, contudo, podem ser utilizadas as ovas de outros peixes, que são preparados de maneiras diversas.

Americana (*Américaine*)
Cozidas com vinho branco e Fumete de Peixe. Colocar em conchas, cobertas com Molho Americano.

Aspic
Cozidas e preparadas em geléia. (*Ver* GELÉIA, *em* FUNDOS DE COZINHA).

Barquetas (*Barquettes*)
Cozidas e colocadas em tarteletas compridas, com Guarnição Florentina, Mornay, ou outra.

Czarina (*Tzarine*)
Cozidas com vinho branco. Servir com Vésiga picada, e caviar. (*Ver* VÉSIGA *em* GLOSSÁRIO DE TERMOS GASTRONÔMICOS)

Escocesa (*Ecossaise*)
Colocados em barquetas, com ovos mexidos. Cozinhar no forno.

Moleira (*Meunière*)
Salteadas em manteiga, com aromáticos e limão. Servir em timbale.

Ramequins de Ovas à Nantua
Cozer as ovas em água com sal. Cortar em tiras grossas. Fazer os ramequins, colocando meio lagostim de cada lado da tira da ova e enchendo o restante com Molho Nantua. Colocar uma rodela fina de trufa no centro de cada ramequim.

Villeroy
Cozidas. Passar por Molho Villeroy. Fritar e servir com Molho de Tomate.
Nota: *Podem também ser preparadas em Suflé, Musse ou Musselina, Dentados, Conchas, Gratinadas, Natural etc.*

PARGO
(Pageot)

Peixe de inúmeras variedades, muito vulgar no nosso país, é cotado, do ponto de vista alimentar, como um dos mais valiosos. Prepara-se de todas as maneiras indicadas para o IMPERADOR.

PEIXE-ESPADA
(Epée)

A denominação de espadon *em francês é incorrecta, pois esse nome identifica o* espadarte *e não este peixe. De entre todas as variedades, o peixe-espada preto, muito vulgar na Madeira, é o mais saboroso e agradável. A ele se podem aplicar todas as preparações indicadas para o* LINGUADO, *pois tanto em filetes, como rolinhos, é facílimo de trabalhar.*
(*Vulgarmente servido frito, grelhado, escabeche etc.*).

PEIXE-GALO
(Saint-Pierre, John Dory)

(*Prepara-se em filetes, com todas as receitas do* LINGUADO).

PEIXE MIÚDO
(Blanchaille ou Whitebait, Nonats)
(Dito no Brasil Manjuba)

Estes peixes miúdos são difíceis de identificar. Os primeiros abundam no Tâmisa, os segundos no Mediterrâneo. São, no entanto, quer uns quer outros, saborosíssimos. São servidos passados na farinha e fritos, bem secos. Empratar em monte, acompanhar de limão e salsa frita. Podem se misturar (diabler), *com pimenta preta e caiena.*

PERCA
(Perche)

(*Ver as preparações do* SÁVEL)

Existem duas espécies deste peixe: a branca e a preta. Vulgaríssimo, mas bastante apreciado, pertence à família dos gádidas, da qual faz parte o bacalhau. Os ingleses o chamam cod-fish *ou* hake, *consoante a espécie. Em certas regiões de França, designam-no por* merlus. *É um peixe que atinge, por vezes, proporções gigantescas. Sendo de fácil digestão, é aconselhável na alimentação dos doentes hepáticos, ou outros.*

(*Prepara-se de todas as maneiras indicadas para o* CHERNE).

PESCADA
(Colin)

Flamenga (*Flamande*)
Postas de pescada temperadas, cozidas com vinho branco, manteiga, cebola picada, alho e salsa. Reduzir o fundo e ligar com bolachas de água e sal embebidas em leite, amassadas. Passar o molho e cobrir a pescada

Frita à Francesa (*Frit á la Française*)
Postas de pescada, passadas por farinha e ovo batido, fritas, Servir com salsa frita e limão.

Frita à Portuguesa (*Frit à la Portugaise*)
Postas de pescada, fritas como a anterior. Servir com azeitonas e Molho de Tomate.

Frita à Sevilhana (*Frit á la Sevillaine*)
Como FRITA À PORTUGUESA, adicionar rodelas de cebola fritas, muito secas, e morrones. Substituir o Molho de Tomate por Andaluz.

Moda de Baiona (*Mode de Bayonne*)
Postas cozidas com vinho branco e manteiga. Refogar em azeite, alho picado, salsa e louro. Juntar Molho de Tomate, Molho Espanhol e o fundo da cocção. Reduzir e adicionar juliana de pimentos encarnados. Cobrir com o molho.

Portuguesa (*Portugaise*)
Postas cozinhadas no forno dentro de um tabuleiro, cobertas com tomates *concassés*; alho e cebola picada; salsa; azeite e vinho branco. Juntar pedaços pequenos de manteiga. Cozinhar. Servir coberta com o molho. Batatas cozidas, à parte.

Provinciana (*Provincienne*)
Postas de pescada. temperadas, passadas por leite e farinha. Corar em azeite, sobre o fogo. Terminar no forno. Guarnecer com rodelas de batata cozida e de tomate fritas; azeitonas, recheadas com Manteiga de Anchovas. Regar o peixe com Manteiga Moleira

PESCADINHAS
(Petits Merlans)

(*Todas as preparações indicadas para a* MARMOTA).

Aromáticos (*Fines Herbes*)
Em prato de ir ao forno, untado com manteiga, polvilhado com champignons, cebola e salsa picados, colocar o peixe temperado. Polvilhar com os mesmos condimentos e molhar com vinho branco. Cobrir com miolo de pão ralado e pedaços de manteiga. Cozinhar no forno.

Coleira (*Colère*)
(*Ver* MARMOTA).

Flamenga (*Flamande*)
Cozer em vinho branco e manteiga. Guarnecer com cebolas, champignons e salsa, picados. O caldo da cocção. reduzido, ligado com manteiga e acrescentado com Molho de Vinho Branco. Cobrir o peixe com o molho obtido.

Manteiga Derretida (*Beurre Fondu*)
Cozer com água e sal. Empratar sobre guardanapo. Em cada uma das extremidades, um raminho de salsa e batatas cozidas. Servir, à parte, manteiga derretida.

Mordomo (*Maître d'Hôtel*)
Em filetes, fritos, cozidos ou grelhados, com Manteiga Mordomo.

Supremos, ou Filetes (*Suprêmes, ou Filets*)
(*Podem ser servidos de quase todas as maneiras indicadas para os* FILETES DE LINGUADO).

PETINGA
(Poutine)

A petinga é uma sardinha pequena que se come inteira.
(*Ver o que se diz em* PEIXE MIÚDO)

Albardada (*Enrobée*)
Pegar em duas ou três, de cada vez, e passá-las por massa de fritos. Fritar bem alourado. Servir com salsa frita e limão.

POLVO
(Poulpe, ou Pieuvre)

De carne pouco estimada pela maioria, este molusco cefalópode, abundante em nossas águas, tem, no entanto, alguns amadores. Encontra-se à venda, fresco, salgado ou seco. Antes de serem cozinhados, devido à sua dureza, os de maior porte costumam ser mortificados por meio de pancadas. Prepara-se Cozido, Grelhado, Guisado, Bercy, Provençal. Caril etc.

Arroz, com (*au Riz*)
(*Como* CASEIRA).

Caseira (*Ménagère*)
Branquear e raspar. Cortar os tentáculos. Saltear como para a Caldeirada. Molhar do mesmo modo. Juntar arroz e cozinhar.

PREGADO
(Turbot, Turbotin)

Aída (*Aïda*)
Filetes cozidos. Colocar sobre uma camada de espinafres em rama. Temperar com sal e páprica. Cobrir com Molho Mornay, adicionado de páprica. Polvilhar com queijo ralado e miolo de pão. Alourar no forno.

Almirante (*Amiral*)
Retirar a espinha e encher com recheio de peixe, adicionado de Coulis de Lagostins. Estufar. Cobrir com Molho Nantua e decorar com rodelas de trufas. Guarnecer com ostras e mexilhões fritos, filetes de linguado em *Goujons*, lagostins e florões.

Americana (*Américaine*)
Estufar. Guarnecer com escalopes de lagosta, cobrir com Molho Americano.

Andaluza (*Andalouse*)
Colocar o pregado, temperado, em prato de ir ao forno, untado com manteiga. Cobrir com rodelas de cebola, alouradas em manteiga, tomates *concassés* e champignons picados. Enfeitar em forma de "grade" com tiras de pimentos doces. Polvilhar com miolo de pão ralado e pequenos pedaços de manteiga. Molhar com vinho branco e Fumete de Peixe. Cozinhar no forno

Arlesiana (*Arlésienne*)
Estufar com Molho Bercy. Cobrir com o mesmo molho e alourar no forno. Guarnecer com 1/2 tomates assados no forno, cheios com cebola frita.

Boa-Dona (*Bonne-Femme*)
(*Ver* CHERNE).

Boistelle
Como LINGUADO do mesmo nome,

Cadgery
(*Ver* SALMÃO).

Capétienne
Cozido. Servir com Molho Capétienne.

Chambertin
(*Ver* LINGUADO *do mesmo nome*).

Champanha (*Champagne*)
(*Ver* LINGUADO).

Champeaux
Cortar em pedaços e lançá-los numa caçarola com tomates *concassés*, cebola e salsa picada, sal, pimenta, Caldo de peixe, Glace de Carne, vinho branco e batatas descascadas. Cozer sobre um fogo forte, durante 20 minutos.

Chauchat
(*Ver* LINGUADO).

Comodoro (*Commodore*)
Cozido. Guarnecer com Batatas Avelãs (*Noisettes*) grandes, cozidas ao natural;

croquetes de peixe; lagostins; Ostras Villeroy; croquetes de lagosta. Servir, à parte, Molho Normando, adicionado de Manteiga de Anchovas.

Conchas (*Coquilles*)
(*Ver* SALMÃO, ou outro).

Couméig
(*Frio*). Estufar. Tirar os filetes enquanto quentes. Guardar a carcaça inteira e cobri-la com Musseline de peixe. Decorar, ao redor das espinhas, com um cordão saliente da mesma Musseline. Guarnecer esta cavidade com Salada Russa. Repor os escalopcs decorados, em cima. Lustrar com geléia. Servir com Molho Maionese, à parte

Couméig
(*Quente*). Proceder como no anterior, utilizando recheio de peixe em vez de Musseline, Encher a cavidade com Guarnição Regência, de peixe. Cobrir os filetes com Molho Nantua e decorar com rodelas de trufas

D'Antin
Preparar como DUGLERÉ e guarnecer com crostoes cortados em dados, fritos em manteiga.

Daumont
(*Como* SALMÃO *do mesmo nome*).

Dieppoise
(*Ver* LINGUADO).

Diplomata (*Diplomate*)
(*Ver* MARMOTA *do nome*).

Duquesa (*Duchesse*)
Colocar pequenos filetes de pregado cozido numa concha com bordadura de Batatas Duquesa. Cobrir com Molho de Natas e gratinar. Enfeitar com rodelas de trufas.

Embaixada (*Ambassade*)
Estufar. Guarnecer com escalopes de lagosta e rodelas de trufas. Cobrir com Molho de Vinho Branco, adicionado de Coulis de Lagostins.

Embaixador (*Ambassadeur*)
Cozer e retirar a espinha. Cortar em filetes e colocar em prato de ir ao forno. Cobrir com Bechamel, adicionado de camarões picados. Repor os filetes e cobrir com Molho de Camarão, Polvilhar com queijo ralado e manteiga derretida. Alourar no forno

Feuillantine
Retirar as espinhas e rechear com recheio de peixe, adicionado de Coulis de Lagosta. Cozer e colocar num prato. Cobrir com Molho Nantua, pouco espesso. No centro, fileira de trufas; de cada um dos lados, fileiras de ostras cozidas. À parte, Molho Bechamel, com natas, ligeiramente condimentado com caiena.

Francesa (*Française*)
Estufar. Cobrir metade (*no sentido do comprimento*) com Molho de Vinho Branco, metade com o mesmo molho, adicionado de Manteiga de Estragão. Guarnecer com pequenos Dentados (*Bouchées*) recheados de Mexilhão Franganita, lagostins picados e trufas

Francisco I (*François I*)
Como DUGLERÉ, adicionando champignons picados.

Gavarnie
Cozido. Servir, à parte, Molho Holandês com dados de trufas.

Gratinado (*Gratin*)
(*Ver* CHERNE *ou* LINGUADO).

Gratinado com Natas (*Crème Gratin*)
Bordadura de Batata Duquesa, num prato de ir ao forno. Cobrir o fundo com Molho Mornay, colocando em cima filetes de pregado cozido, passados em manteiga. Cobrir com o mesmo molho ligado com natas e alourar no forno.

Halévy
Colocar numa concha com bordadura de Batata Duquesa filetes de pregado cozido. Cobrir metade com Molho de Vinho Branco e trufas picadas; metade, com Molho Nantua e gema de ovo cozido picada.

Holanda, à moda da (*Mode de Hollande*)
Preparar como COUMÉIG (*quente*), sem recheio. Servir, à parte, Molho Holandês e batatas cozidas.

Holandesa (*Hollandaise*)
Cozer com água, leite e sal. Servir, à parte, batatas cozidas e Molho Holandês.

Húngara (*Hongroise*)
Cozer e cobrir com Molho de Vinho Branco, adicionado de páprica. Guarnecer com batatas cozidas.

Imperial (*Impérial*)
Cozer. Guarnecer com conchas de lagostins recheadas de Salpicão Nantua; peixe miúdo frito; ostras e mexilhões Villeroy. Servir, à parte, batatas ao natural e os Molhos Holandês, Genovês e Vitória.

Império (*Empire*)
Cozer e empratar. Guarnecer com ostras cozidas, escalopes de lagosta e champignons. Cobrir com Molho Nantua e rodelas de trufas. Enfeitar com florões.

Kleber
Estufar, guarnecer com dados de trufas, de champignons e lagostins. Cobrir com Molho Bercy, adicionado de Glace de Carne.

Laguipière
Cozer e cobrir com Molho Normando. Polvilhar com dados de trufas. Guarnecer com croquetes de batatas e conchas de ostras, recheadas com Salpicão Joinville.

Marquesa (*Marquise*)
(*Ver* LINGUADO).

Mirabeau
Cozer. Cobrir com tiras alternadas de Molho Genovês e Molho de Vinho Branco. Entre cada tira, um filete de anchovas. Decorar os brancos com meias-luas e trufas; os outros, com folhas de estragão branqueadas.

Moleira (*Meunière*)
(*Ver* LINGUADO).

Nélson
Preparar como DUGLERÉ e alourar no forno. Guarnecer com bolas de Batata Duquesa, fritas.

Ostendesa (*Ostendaise*)
(*Ver* LINGUADO).

Ostras (*Huîtres*)
(*Ver* LINGUADO).

Parisiense (*Parisienne*)
(*Ver* LINGUADO)

Polignac
Como LINGUADO *do mesmo nome.*

Príncipe de Gales (*Prince de Galles*)
Estufar. Cobrir com Molho de Vinho Branco, adicionado de caril e Coulis de Lagostins. Guarnecer com ostras e mexilhão Villeroy e croquetes de batata.

Quinteira (*Fermière*)
(*Ver* LINGUADO).

Rainha (*Reine*)
Cozer. Cobrir com Molho de Vinho Branco, levantado com natas. Guarnecer com croquetes grandes, decorados, e rodelas de trufas.

Raquel (*Rachel*)
(*Ver* LINGUADO).

Real (*Royal*)
(*Ver* SALMÃO).

Regência (*Régence*)
Como SALMÃO *do nome.*

Reynière
Retirar a espinha, rechear e cozer. Colocar no centro uma fileira de champignons. De cada um dos lados, ovas cozidas, intercaladas coni filetes de anchovas. À parte, Molho de Vinho Branco, com purê de cebolas.

Richemond
A mesma preparação de LINGUADO CHAMBORD, mas a branco.

Rostand
Cozer com Fumete de Peixe, suco de trufas, tortulhos picados e juliana de trufas. Reduzir e levantar com manteiga. Cobrir com o molho e alourar no forno. Guarnecer com Dentados (*Bouchées*), recheados com salpicão de Lagosta Americana, montinhos de peixes miúdos, fritos, e tarteletas recheadas com pontas de espargos.

Russa (*Russe*)
Como LINGUADO *do mesmo nome.*

Saint-Malo
Picar e temperar. Regar com azeite e grelhar. Guarnecer com Batatas Avelãs (*Noisettes*). À parte, molho do nome.

Salvador (*Salvator*)
Cozer com ervas aromáticas, tomates, cebolas e vinho branco. Reduzir o fundo, ligar com Molho de Vinho Branco e levantar com manteiga. Cobrir o peixe.

Sara (*Sarah*)
Cozer. Guarnecer com juliana de trufas e legumes. Cobrir com Molho Veneziano.

Sueca (*Suédoise*)
Como MIRABEAU.

Suzon
Estufar com vinho tinto e quartos de pêssego. Cobrir com a redução do fundo, levantada com manteiga.

Valentino
Em filetes (*Ver* LINGUADO).

Vatel
Filetes cozidos. Cobrir com Molho Genovês. Guarnecer com filetes de linguado em *Goujons*, e pedaços de pepinos recheados, estufados.

Vladimiro (*Wladimir*)
Tratar como RUSSA, com tomates *concassés* e amêijoas cozidas. Alourar no forno

RAIA
(Raie, Pocheton)

Fígado de Raia em Conchas (*Foie de Raie en Coquilles*).
Cozer em Caldo Aromatizado (*Court-bouillon*). Cortar em escalopes. Colocar em conchas, bordeadas com Batata Duquesa. Corar no forno. Regar com sumo de limão e polvilhar com salsa picada. Cobrir com Manteiga Polaca.

Fígado de Raia em Crostas (*Foie de Raie en Croûtes*)
Em caixas redondas feitas com pão de fôrma, fritas em manteiga clarificada, colocar cubos de fígado cozido, sumo de limão e salsa picada. Cobrir com Manteiga Noisette

Fritotes (*Fritots*)
Cortar e marinar. Passar por massa de fritos pouco espessa. Fritar. Empratar sobre um guardanapo, com salsa e cebola da marinada, fritas.

Geléia (*Gelée*)
Cozer e esfolar. Cobrir com geléia, feita do caldo da cocção.

Gratinada (*Gratin*)
Como MARMOTA.

Manteiga Escura (*Beurre Noir*)
(*Ver* LINGUADO).

Molhos Diversos, com (*aux Différantes Sauce*)
Cortar em pedaços e cozer em Caldo Aromatizado (*Court-bouillon*). Retirar a pele e empratar. Servir com salsa e batatas cozidas, como guarnição. À parte, o molho escolhido.

Norueguesa (*Norvégienne*)
Cozer em Caldo Aromatizado. Manter quente. Numa caçarola, fazer com o fígado, salsa, cebolinho, alho e champignons picados um pequeno refogado em manteiga. Adicionar farinha e molhar com um pouco de Caldo. Ferver. Juntar sal, pimenta, alcaparras e anchovas pisadas. Depois de cozinhado, vazar sobre a raia e servir.

Provençal (*Provençale*)
Pedaços cozidos, colocados num prato de ir ao forno, cobertos com tomates *concassés* e dente de alho picado. Regar com Fumete de Peixe, essência de anchovas e sumo de limão. Ferventar durante 1/4 de hora. Polvilhar com salsa picada.

RÃS
(Grenouilles)

Aromáticos (*Fines Herbes*)
a) Temperar e saltear em manteiga. Juntar sumo de limão e salsa.
b) Cozer em fundo branco. Ligar o fundo da cocção com Manteiga Trabalhada (*Manié*) e gemas de ovos. Servir em timbale, com salsa picada.

Cartuxada (*Chartreuse*)
Empratar, numa bordadura de Rizotto, uma mistura de filetes de perca em *Goujons*, salteados à Moleira, lagostins e pernas de rã cozidas, tudo ligado com Molho Nantua. Servir, à parte, queijo ralado.

Franganita (*Poulette*)
Cozer com vinho branco, caldo de champignons e cebolas picadas. Servir em timbale, coberto com Molho Franganita.

Fritas (*Frites*)
Marinar. Passar por massa de fritos e fritar. Empratar em monte. Servir com salsa frita e limão.

Gratinadas (*Gratin*)
(Como LINGUADO).

Moleira (*Meunière*)
Ver qualquer outro peixe do nome ou LINGUADO. Preparar de igual modo.

Musseline (*Mousseline*)
(*Ver receita em* ENTRADAS LIGEIRAS).

Ninfas (*Nymphes*)
Cozer com vinho branco e deixar arrefecer. Cobrir com Molho Chaud-Froid, adicionado de páprica. Empratar, intercalando folhas de estragão e rama de cerefólio. Lustrar com geléia. (*Esta preparação tem também a designação de* ***Ninfas Bailarinas*** *– Nymphes Ballerines*).

ROBALO
(Bar, Loup de Mer)

Prepara-se de todas as maneiras indicadas para o salmão, sendo, pelo seu aspecto e configuração, ótimo peixe para apresentar inteiro, tanto frio, como quente

Bom Gastrônomo (*Grand Gourmet*)
Inteiro ou em postas. (*Ver* LINGUADO).

Frio (*Froide*)
Cozido inteiro. ou em postas. Lustrar com geléia, ou não. Servir com Maionese.

Gastrônomo (*Gourmet*)
Inteiro ou em postas. (*Ver* LINGUADO).

Grenoblesa (*Grenobloise*)
Salteado à Moleira. Limão picado em cima.

Holandesa (*Hollandaise*)
Inteiro ou postas. Cozer com Caldo Aromatizado (*Court-bouillon*). Servir, à parte, batatas ao natural e Molho Holandês.

Russa (*Russe*)
(*Quente*) (*Ver* MARMOTA À RUSSA).

Russa (*Russe*)
(*Frio*). Inteiro. Cozer ao natural e arrefecer. Lustrar com geléia. Servir com Salada Russa e Maionese Russa.

ROBALINHO
(Petit-Bar)

(*Serve-se como as* TRUTAS)

RODOVALHO
(Barbue)

Muito semelhante ao pregado, é, no entanto, de qualidade inferior. Quando inteiro, prepara-se como aquele. Para filetes, ver LINGUADO.

Bonnefoy
Filetes salteados à Moleira. Cobrir com Molho Bercy, atomatado.

Chauchat
Cozido com vinho branco. Reduzir o fundo da cocção e levantar com manteiga. Cobrir o peixe e alourar no forno. Servir com batatas cozidas.

Croquetes (*Croquettes*)
Salpicão de aproveitamentos, com champignons e trufas, ligado com Molho Bechamel. Fazer os croquetes e panar à inglesa. Fritar, e servir com molho à escolha

Deus-Dado (*Dieudonné*)
Cozer com vinho branco, aromáticos, champignons e tomates. Reduzido o fundo, ligar com natas, manteiga e limão. Cobrir com o molho obtido.

Donier
Cortado em filetes. Empratar sobre uma crustada, de Arroz Pilaw e fundo de peixe, misturados, coberta com Molho Mornay e alourada no forno. Cobrir os filetes com Molho Nantua.

Dugleré
(*Ver* FILETES DE LINGUADO. do nome).

Eduardo VII (*Edouard VII*)
Cozer com vinho branco. Decorar com florões de Batata Duquesa. Servir com Molho Musseline, adicionado de ostras cozidas

Hoteleira (*Hotelière*)
Filetes passados no azeite, temperados e grelhados. Cobrir com Manteiga Mordomo

Laguipière
Cozido. Guarnecer com croquetes de batata e Conchas Joinville. Servir com Molho de Camarão, ou Musseline.

Orleães (*Orléans*)
Como CHAMBORD, a branco. Enfeitar com crostões e florões.

Rica (*Riche*)
Cozido. Cobrir com Molho de Camarão e rodelas de trufas.

São Germano (*Saint*-Germain)
Filetes panados, fritos em manteiga. Servir com Molho Bearnês.

Sara (*Sarah*)
Cozido. Guarnecer com juliana de trufa, cenouras e aipo, estufada em manteiga. Cobrir com Molho Veneziano.

Tirolesa (*Tyrolienne*)
Cozinhado Bercy. Guarnecer com 1/2 tomate estufado em manteiga, cebola e salsa frita.

Wellington
Filetes cozidos, colocados sobre uma camada de Puré Soubise. Cobrir com o mesmo puré, polvilhar com queijo ralado e manteiga derretida. Gratinar. Servir com Molho Normando.

ROTHEL, RUTHEL ou ROUET DE ZUG

(*Prepara-se como as* TRUTAS)

A carne deste peixe, nativo do lago de Zug, é muito fina e apreciada. Não chega, no entanto, até nós. Citamo-lo apenas pela razão que já apresentamos noutras ocasiões, ou seja, a imposição que fizemos a nós próprios de dar o máximo de informação possível

***Nota**: O lago do Zug está situado na Suíça, entre os cantões de Zug, de Lucerna e de Schwyz. Tem 18 km de comprimento e largura média de 4500 m.*

RUIVO
(Grondin)

Algo parecido com o salmonete, embora menos fino do que este, o ruivo tem, no entanto, uma carne de sabor agradável, a qual é bastante utilizada nas caldeiradas.

(*Prepara-se como o* SALMONETE, *quando pequeno. Os grandes, são cozidos em filetes, como o* LINGUADO).

SALMÃO
(Saumon)

O salmão deve ser servido o mais simples possível, seja cozido, quente ou frio, grelhado, ou Moleira. É sempre aconselhável, qualquer que seja a preparação seguida, fazê-lo acompanhar de uma salada de pepinos.

Alcaparras (*Câpres*)
Cozer. Cobrir com Molho de Alcaparras.

Almirante (*Amiral*)
Estufar e esfolar. Guarnecer com escalopes de lagosta, champignons canelados, ostras panadas e fritas, lagostins e rodelas de trufas. Cobrir com Molho de Lagosta.

Almirante Courbet
Esfolar em cru. Cobrir com recheio de peixe, formando as escamas com meias-luas, ou crescentes, de trufas. Estufar com vinho espumante. Guarnecer com croquetes em forma de crescentes, champignons canelados, trufas grandes, eperlanos fritos e lagostins. Cobrir com Molho Normando.

Americana (*A méricaine*)
Como LAGOSTA do nome.

Artois, à la d'
Em postas. Cozer e esfolar. Empratar sobre um crostão comprido. Decorar com recheio de peixe, ligado com Coulis de Camarão. Alourar à entrada do forno e guarnecer com croquetes, feitos do mesmo recheio. Cobrir com Molho de Camarões. Intercalar, entre os croquetes, uma tarteleta contendo champignons, trufa e camarão picado.

Brillat-Savarin
Estufar com cebola picada, juliana curta de aipo, alho porro e cenoura. Molhar com 1/3 de vinho

branco, 1/3 de fundo de Lagostins à Bordalesa, 1/3 de Fumete de Peixe. Cozinhar e esfolar. Reduzir o fundo, levantar com manteiga e terminar com natas. Cobrir o peixe com o molho, guarnecê-lo com conchas de Lagostins à Bordalesa, recheadas com salpicão composto de champignons, lagostins e salsa picada, ligado com Molho de Vinho Branco. Trufas estufadas e champignons canelados.

Cadgery
Cozer e desfiar. Passar por manteiga para aquecer; misturar com Arroz Pilaw e dados de ovo cozido. Servir em timbale, coberto com Bechamel. (*Pode-se ligar com Molho de Caril, se se* desejar).

Caldo Aromatizado (*Court-Bouillon*)
Cozer em Caldo Aromatizado. (*Ver em* FUNDOS DE COZINHA). Empratar sobre guardanapo, com Batatas à Inglesa e salsa, nas extremidades. Servir, à parte, o molho desejado.

Chambord
(*Ver* CARPA do nome).

Champerré
Cozido. Empratar sobre um soco de Batata Duquesa. Guarnecer com mexilhão, cebolas e salsa, fritos. Molho de Vinho Branco.

Conchas Eduardo VII (*Coquilles Edward VII*)
Montar na concha os filetes do peixe, cozido. Cobrir com Molho Caril e rodelas de trufas.

Conchas Mornay (*Coquilles Mornay*)
Cozer e desfiar. Passar por manteiga para aquecer. Colocar numa concha, com bordura de Batata Duquesa alourada no forno, tendo o fundo coberto com Molho Mornay. Cobrir com o mesmo molho e alourar no forno.

Conchas Vitória (*Coquilles Victoria*)
A mesma preparação anterior. Cobrir o fundo das conchas com Molho Nantua. Adicionar ao salmão pequenos escalopes de lagosta. Cobrir com o mesmo Molho e enfeitar com rodelas de trufas.

Condorcet
Cortar em supremos e cozer. Sobre cada supremo colocar rodelas de tomate, e de pepino estufado em manteiga. Cobrir com Molho de Vinho Branco. Salsa picada sobre as rodelas.

Costeletas, em (*en Côtelettes*)
Salpicão, composto de salmão cozido, champignons e trufas, ligado com Molho Bechamel reduzido e gemas de ovos. Deixar arrefecer, preparar as costeletas e panar à inglesa. Fritar. Espetar um espaguete cru, para imitar o osso da costeleta. Enfeitar com "papelote" e servir com guarnição e molho, à escolha.

Costeletas d'Artois (C*ôtelettes d'Artois*)
Cortar os filetes de salmão, em forma de costeletas. Envolver em recheio de peixe e decorar com pedaços de trufas. Saltear em manteiga, terminando de cozer no forno. Empratar e cobrir com Molho de Ostras.

Costeletas Clarence (*Côtelettes Clarence*)
Formas de costeletas, cobertas com um pequeno filete e cheias com recheio de salmão e lagosta, em partes iguais. Cozer e empratar em coroa, sobre um tampão de recheio de peixe. Sobre cada costeleta colocar um champignon, tendo espetado pela cabeça um camarão com a cauda descascada. Servir Molho Newburg, à parte.

Costeletas à Italiana (*Côtelettes Italienne*)
Preparar como d'ARTOIS. Cobrir com puré de champignons, ligado com gemas de ovos. Panar à inglesa, juntando queijo ralado ao pão. Fritar. Servir, à parte, Molho de Anchovas.

Costeletas Marechala (*Côtelettes Maréchale*)
Preparar como d'ARTOIS. Cobrir com recheio de peixe e decorar com aparas de trufas. Passar por manteiga clarificada e terminar no forno. Empratar sobre crostões e guarnecer com lagostins. Cobrir com Molho Nantua e decorar com rodelas de trufas, lagostins e florões.

Costeletas Pojarsky (*Côtelettes Pojarsky*)
3/4 de salmão cru e 1/4 de miolo de pão, ensopado em leite. Temperar, trabalhar a mistura para fazer uma massa, cortar em costeletas e panar à inglesa. Fritar em manteiga clarificada e guarnecer ao gosto.

Costeletas Soubise (*Côtelettes Soubise*)
(*Ver* COSTELETAS DE LÚCIO, *sendo a base do recheio, neste caso, carne de salmão*).

Coulibiac
Duas folhas de massa de brioche, uma maior que a outra, mas ambas retangulares. Cobrir a menor com camadas sobrepostas de Kache ou

de Arroz Pilaw; filetes finos de salmão cru; vésiga cozida picada, champignons; quartos de ovos cozidos; cebola e salsa picada. Recobrir com Kache, ou Arroz Pilaw. Tapar tudo com a folha maior de massa, até os bordos se encontrarem. Apertar bem com um rolo e dobrar os bordos para baixo. Abrir um buraco no topo e deixar levedar. Dourar com um ovo e cozer no forno, 30 a 45 minutos, consoante o tamanho. No momento de servir, lançar pelo buraco do topo manteiga derretida. (*Pode-se fazer o Coulibiac com massa folhada, tanto em proporções individuais como em grandes peças*). (*Cozinha russa*)
Nota informativa: *A vésiga. como já temos dito, é o nervo dorsal do esturjão, seco. Deve-se remolhá-lo antes de cozer. A sua cocção demora entre 5 a 6 horas e, durante ela, aumenta perto de 5 vezes o seu volume, Para Kache, veja* FUNDOS DE COZINHA

Cozido (*Bouilli*)
Quando cozido, o salmão deve sê-lo sempre em Caldo Aromatizado (*Court-bouillon*). Todos os molhos indicados para peixe lhe servem, mas especialmente o Holandês, Musseline, Nantua, Cardeal etc.

Epicurlana (*Epicurienne*)
Cozido. Guarnição Chambord e Molho de Vinho Branco.

Escalopes, Medalhões ou Supremos (*Escalopes, Médaillons ou Suprêmes*)
Sob este nome, apresentam-se fatias de salmão, ou qualquer outro peixe, retiradas ao comprido, grossas e sem espinhas.

Frio (*Froid*)
Em postas, ou inteiro. Emprata-se sobre um guardanapo e enfeita-se com salsa. Servir com Maionese. Tártaro, etc.

Frio Bela Vista (*Froid en Belle-Vue*)
Esfolar e aparar, depois de cozido. Decorar com gosto, utilizando trufas, ovos cozidos, folhas de estragão, cerefólio etc. Cobrir com geléia. Servir, de preferência, sobre geléia num recipiente de cristal com a forma de peixe, tendo a base rodeada de gelo picado

Frio *Chambertin* (*Froid Chambertin*)
Cozer com vinho de Chambertin. Arrefecer, decorar e cobrir com geléia, como se diz em BELA VISTA. Empratar de igual modo, preparando a geléia com o fundo da cocção.

Frio Champanhe (*Froid Champagne*)
Como a anterior, usando vinho de Champanha. (*A Champanha, dita em francês* Champagne, *é uma antiga província da França. Pertenceu, no século XI, à Casa de Vermandois e, a partir do século XI, à Casa de Blois. Foi reunida à coroa da França, em 1285, por Filipe, o Belo, por ocasião da sua subida ao trono. Os seus vinhos espumantes são bastante famosos e muito apreciados*).

Frio em Costeletas Alaska (*Froid en Côtelettes à l'Alaska*)
Cortar os filetes em forma de costeletas e cozer brandamente. Arrefecer, escorrer, passar com Molho Chaud-Froid e lustrar com geléia. Empratar em coroa, ao redor de uma Salada Russa. Servir, à parte, Molho Maionese.

Frio em Costeletas Arcanjo (*Froid en Côtelettes Arkangel*)
Como COSTELETAS DE LAGOSTA ARCANJO, usando salmão para o efeito.

Frio em Costeletas à Sueca (*Froid en Côtelettes Suédoise*)
Como ALASKA, sem passar por Molho Chaud-Froid.

Genebrina (*Genêvoise*)
Cozido. Servir com Batatas Natural e molho do nome.

Holandesa (*Hollandaise*)
Como a anterior, com Molho Holandês.

Inglesa (Anglaise)
Supremos panados e grelhados, servidos com Batatas Natural e manteiga derretida, à parte.

Maionese de Salmão (*Mayonnaise de Saumon*)
(*Ver* MAIONESE DE LAGOSTA). Empregar Salmão em vez desta.

Manteiga de Anchovas, com (*au Beurre d'Anchois*)
Postas grelhadas, servidas com batata cozida e Manteiga de Anchovas.

Manteiga de Mompilher, com (*Beurre de Montpellier*)
(*Frio*). Cozer em postas. Arrefecer e esfolar. Cobrir com Manteiga de Mompilher. Decorar

com a mesma manteiga, rodelas de trufas, rodelas de ovo cozido, filetes de anchovas, azeitonas, alcaparras, folhas de estragão etc., ao gosto. Lustrar com geléia. Servir rodeado de geléia picada e crostões da mesma.

Marcel Prévost
Posta enrolada em toucinho. Estufar. Empratar em timbale, sobre espinafres em rama. Rodear de mexilhões cozidos. Cobrir com Molho Matalota.

Mariana (*Marianne*)
Como a anterior.

Medalhões Médicis (*Médaillons Médicis*)
Panar os medalhões à inglesa, e grelhar. Guarnecer com pequenos tomates cozidos, recheados com Molho Bearnês.

Medalhões Metternich (*Médaillons Metternich*)
Estufar com vinho da Madeira e trufas picadas. Empratar sobre um tampão de arroz. Cobrir com o fundo da cocção, reduzido, adicionado de Molho Genebrino. Terminar com manteiga e natas. Guarnecer com trufas, recheadas de salpicão das mesmas com natas, alouradas no forno. Enfeitar com florões.

Medalhões Parisiense (*Médaillons Parisienne*)
Cozer com vinho tinto. Guarnecer com lagostins, champignons, ostras, croquetes pequenos, de peixe. Cobrir com Molho Genebrino, ligado ao fundo da cocção, reduzido.

Medalhões Turenne
Cozer e guarnecer com rodelas de pepinos e tomates. Cobrir com Molho de Vinho Branco, adicionado de essência de anchovas

Mompilher
(*Ver com* MANTEIGA DE MOMPILHER).

Mordomo (*Maître d'Hôtel*)
Postas grelhadas, servidas com manteiga do nome e batatas cozidas.

Moscovita (*Moscovite*)
(*Frio*). Preparar como BELA VISTA. Cobrir a peça com Maionese, ligada a Molho Chaud-Froid. Decorar e servir sobre Salada Russa. Ao redor, colocar fundos de alcachofras, cheios de Salada Russa, e metades de ovos cozidos, com caviar dentro. Lustrar com geléia e enfeitar com crostões da mesma.

Musse e Musseline (*Mousse et Mousseline*)
(*Ver receita em* FUNDOS DE COZINHA)

Musseline de Salmão Alexandra (*Mousseline de Saumon Alexandra*)
Fazer pequenas formas com o aparelho, colocando no topo um filete de salmão. Cozer tapado, em forno moderado. Empratar em círculo. Pequena rodela de trufa sobre cada filete. Cobrir com Molho Mornay e glacear. Guarnecer o centro com ervilhas ou pontas de espargos em manteiga

Musseline de Salmão Tosca (*Musseline de Saumon Tosca*)
Como a anterior. Adicionar ao aparelho Coulis de Lagostins. Guarnecer cada fôrma com rodelas de ovas e de lagostins salteados em manteiga.

Norueguesa (Norvégienne)
(*Frio*). Preparar como BELA VISTA. Empratar sobre um tampão de sêmola, com a forma do peixe, dentro de um prato com o fundo coberto de geléia. Colocar, no centro do puré, camarões espetados pela cabeça, com a cauda descascada. Rodear de pequenos timbales, feitos de pepinos, recheados com puré de salmão fumado. Metades de ovos cozidos, cheios de Musseline de Camarão; tomates pequenos; barquetas de beterraba, guarnecidas com salpicão de camarão, ligado com Maionese. Servir Salada Russa, à parte

Parisiense (Parisienne)
(*Frio*). Cozer o salmão e praticar na pele uma incisão transversal, de maneira a fazer um retângulo. Cobrir esta parte com Maionese gelatinada. Bordear com Manteiga Mompilher e decorar. Colocar o peixe sobre um tampão de arroz e cobrir o fundo do prato com geléia. Enfeitar em volta com fundos de alcachofras, cheios de Macedônia de Legumes ligada com Maionese. Crostões de geléia

Posta de Salmão (*Darne de Saumon*)
Fatia de peixe cortada a atravessar, sempre servida inteira e com a espinha central. (*Erradamente, aparece designada em francês por* Tranche).

Posta Daumont
Estufar com vinho branco e esfolar. Empratar sobre crostão, guarnecida com croquetes redondos decorados de trufas; champignons; lagostins; ovas panadas à inglesa, fritas. Cobrir com Molho Nantua e decorar com rodelas de trufas. Servir o mesmo molho, à parte.

Posta Dieppoise
Cozer e servir com guarnição e Molho Dieppoise.

Posta Dinamarquesa (*Danoise*)
Cozer e guarnecer com Batatas à Inglesa. Servir, à parte. Molho Bastardo ligado com Manteiga de Anchovas.

Posta Escocesa (*Ecossaise*)
Cozer e cobrir com Molho de Vinho Branco. Guarnecer com Brunesa de Legumes.

Posta Grelhada (*Grillée*)
Mergulhar em azeite e grelhar. Servir, à parte, Manteiga Mordomo.

Posta Lúculo (*Lucullus*)
Picar como CHAMBORD e estufar com vinho espumante. Guarnecer com Dentados (*Bouchées*), cheios de salpicão de lagostins, ligado com molho do fundo; tarteletas com ovas de peixe; pequenas musselines com ostras. Cobrir com molho feito do fundo, reduzido, levantado com manteiga e Coulis de Lagostins.

Posta Nesselrode
Retirar a espinha e cobrir com recheio de lúcio e de lagosta, misturados em partes iguais. Cozer dentro de uma massa de pastelão, com a forma redonda. Servir com Molho Americano, adicionado de ostras cozidas

Posta Radziwill
Uma posta grossa cortada junto à cauda, cozida. Rechear interiormente com salpicão de camarões e trufas, ligado com Molho de Camarão. Empratar ao alto e cobrir com Molho de Vinho Branco. Decorar com rodelas de trufas e guarnecer com pepinos, estufados em manteiga. Cordão de Molho de Camarão, em volta.

Posta Real (*Royal*)
Estufar em vinho branco. Guarnecer com tarteletas recheadas de lagostins, ligados com Molho Nantua; croquetes de recheio de peixe; champignons torneados; trufas do tamanho de azeitonas; Batatas à Inglesa. Cobrir com Molho Normando.

Posta Regência (*Régence*)
Estufar com vinho branco. Guarnecer com croquetes grandes de peixe; ostras, champignons e ovas cozidas. Cobrir com Molho Normando, adicionado de essência de trufas

Posta Suzette
Estufar e empratar sobre um crostão. Bordear com cordão de recheio de peixe e passar no forno. Cobrir o salmão com Guarnição e Molho Joinville. Em volta, Molho de Lagosta, com juliana de trufas e champignons

Posta Valois
Cozer. Guarnecer com Batatas à Inglesa, ovas cozidas e lagostins. Cobrir com Molho Valois.

Posta Vernet
Cozer e tirar a pele. Cobrir com Molho de Vinho Branco, adicionado de Manteiga de Anchovas. juliana de trufas, champignons e clara de ovo cozido.

Posta Vitória (*Victoria*)
a) Cozer. Empratar sobre um guardanapo, rodeando de pequenas tigelinhas de porcelana, contendo salpicão de lagosta e de trufas, ligado com Molho de Lagosta. Servir, à parte, o mesmo molho.
b) Estufar e tirar a pele. Guarnecer em cima com rodelas de lagosta. Cobrir com Molho Vitória e decorar com rodelas de trufas. Enfeitar com florões.

Real (*Royal*)
(*Frio*). Preparar como MOSCOVITA, tendo o cuidado de cobrir o peixe com musse fria de salmão, antes de cobrir com a Maionese. Enfeitar com uma coroa, feita em musse ou recheio.

Regência (*Régence*)
(*Ver* POSTA DE SALMÃO *do nome*).

Richelleu
Posta de salmão, cozida, coberta com Molho Nantua e guarnecida com ovas fritas.

Riga
(*Frio*) Preparar como PARISIENSE. Guarnecer com pedaços de pepino, recheados de salada

de legumes ligada com Maionese; tarteletas cheias da mesma salada e metades de ovo cozido, cheias de caviar. Juntar à guarnição cascas de lagostins recheadas com Musseline de Lagostins. Crostões de geléia, à volta.

Rothomago
Posta de salmão, estufada à Bercy. Alourar no forno, depois de rodear com cordão de Molho Nantua.

Salada (*Salade*)
Como MAIONESE, substituindo esta pelo tempero vulgar das saladas.

Santos-Dumont
(*Frio*). Preparação e Molho, iguais a MARCEL PRÉVOST. Enrolar em papelotes, com a forma de um dirigivel, rodeando de ostras cozidas.

Sévigné
(*Frio*). Posta de salmão, cozida e esfolada. Empratar e encher a cavidade com Musse de Lagostins em forma de cúpula. Decorar com folhas de estragão e lagostins. Rodear de pedaços de pepino, guarnecidos com salpicão de lagostins ligado com Maionese; pequenos tomates, recheados com Musse de Lagostins. Lustrar com geléia.

Turbante de Salmão à Villaret (*Turban de Saumon Villaret*)
(*Ver* LINGUADO À VILLARET). Alternar os filetes de linguado com filetes de salmão. Guarnecer o centro com camarões, trufas, champignons e ovas de peixe, ligados com Bechamel.

SALMONETES
(Rougets)

Açafrão (*Safron*)
Como ORIENTAL, com açafrão.

Alentejana (*Façon da Alentejo*)
Preparar como PROVENÇAL. Cobrir com Molho Normando e enfeitar com azeitonas verdes, recheadas com Manteiga de Atum

Barão Brisse (*Baron Brisse*)
Passar por farinha e azeite. Grelhar. Servir com Batatas Avelãs (*Noisettes*): Manteiga Mordomo sobre o peixe.

Bordalesa (*Bordelaise*)
Saltear em manteiga clarificada. Servir à parte, Molho Bordalês com vinho branco.

Bretã (*Bretonne*)
(*Ver* LINGUADO).

Caixas à Americana, em (*Caisses à l'Américaine*)
Guarnecer o fundo da caixa, com Arroz Pilaw. Colocar o salmonete grelhado, coberto com Molho Americano. Enfeitar com rodelas de trufas.

Caixas à Italiana, em (*Caisses à l'Italienne*)
Cobrir o fundo da caixa com Molho Italiano. O salmonete grelhado e salteado, rodeado de champignons picados e tomates *concassés*. Cobrir com o mesmo molho e polvilhar com miolo de pão, ralado. Gratinar

Danicheff
Cozer com juliana de trufas, chalotas picadas e Fumete de Peixe. Reduzir, ligar com manteiga e alourar no forno.

Epicurlana (*Epicurienne*)
Saltear. Cobrir com tomates estufados, misturados com Manteiga de Chalotas e suco de carne, ligado. Por cima, Manteiga Moleira.

Francilhão (*Francillon*)
Grelhar e colocar sobre um crostão do mesmo formato. Batata Palha de cada lado e salsa frita às pontas. Servir, à parte, Molho de Tomate com Manteiga de Anchovas.

Funcho (*Fenouil*)
Picar, temperar e marinar com azeite, sumo de limão e funcho picado. Incorporar marinada, salsa picada e toucinho gordo, picado. Panar o salmonete e enrolar em papel untado com azeite. Grelhar e servir tal qual

Graduado (*Gratin*)
(*Ver* MARMOTA GRATINADA).

Grelhado (*Grillé*)
Passar por farinha e azeite. Grelhar, e servir com Manteiga Mordomo ou de Anchovas

Grenoblesa (*Grenobloise*)
Saltear em manteiga. Colocar pedacinhos de limão, alcaparras e salsa picada em cima. Cobrir com Manteiga Moleira.

Inglesa (*Anglaise*)
Grelhado, servir com Batatas à Inglesa e manteiga derretida.

Italiana (*Italienne*)
Cozer e cobrir com Molho Italiano.

Judaica (*Juive*)
(Como TRUTA À JUDAICA).

Lisbonense (*Lisbonniene*)
Fazer um refogado com as tripas do salmonete, cebola, manteiga e azeite. Juntar vinho branco. Reduzir e juntar polpa de tomate, deixando ferver. Cobrir com o molho obtido, os salmonetes previamente temperados com sal e pimenta. Cozinhar lentamente no forno.

Livornesa (*Livournaise*)
Cozer com chalotas picadas, tomates *concassés*, juliana de trufas e Fumete de Peixe. Reduzir e levantar com manteiga. Cobrir com o molho obtido e alourar no forno.

Marechala (*Maréchale*)
Cortar em filetes, temperar e passar por manteiga derretida. Panar com trufas picadas e saltear.

Marselhesa (*Marseillaise*)
Preparar como BOUILLABAISSE, com pouco caldo, e Molho Alholi.

Moleira (*Meunière*)
Como LINGUADO do nome.

Montesquieu
Cortar em filetes e temperar. Mergulhar em manteiga derretida e passar por cebola e salsa picadas. Saltear e regar com sumo de limão.

Mordomo (*Maître d'Hôtel*)
Grelhados e servidos com Manteiga Mordomo.

Musseline (*Mousseline*)
(*Ver receita-tipo, em* ENTRADAS LIGEIRAS).

Nantesa (*Nantaise*)
Salmonetes grelhados. Empratar sobre um Molho composto de chalotas picadas, passadas com vinho branco, acrescentado com Demi-glace e levantado com manteiga. Em volta, rodelas de limão, caneladas.

Nicense (*Niçoise*)
Grelhar e guarnecer com tomates *concassés*. Decorar com filetes de anchovas e azeitonas pretas. Servir, à parte, Manteiga de Anchovas.

Olga
Cozido com Fundo Bercy e guarnecido com juliana de trufas e trufas inteiras.

Oriental (*Orientale*)
Cozinhado em azeite, com aromáticos e limão. Levantar o fundo, com azeite. Servir quente, ou frio.

Papelotes (*Papillotes*)
Colocar um salmonete grelhado, coberto com Molho Italiano, sobre uma fatia de presunto grelhado, dentro de uma folha de papel untada com azeite. Fechar bem, sem rasgar o papel. No momento de servir, meter no forno para encher o "papelote" de ar.

Plat, au
Cozinhar com azeite, num prato de ir ao forno. Polvilhar com salsa, cebola picada e miolo de pão ralado. Servir tal qual, regando com sumo de limão.

Polaca (*Polonaise*)
Saltear e cobrir com um Molho, composto de Fumete de Peixe reduzido, ligado com gemas de ovos e levantado com natas. No momento de servir, lançar por cima Manteiga Polaca.

Portuguesa (*Portugaise*)
Salmonetes cozidos, cobertos com Molho Português.

Provençal (*Provençale*)
Saltear. Guarnecer com tomates *concassés*, com alho picado. Sobrepor uma azeitona verde, com a base rodeada por um filete de anchova. Regar com Manteiga Moleira

Setubalense (*Façon de Setúbal*)
Salmonetes grelhados inteiros, sem lhes tirar as tripas. Já na sala, abrem-se, tiram-se-lhes as tripas, separando-as do fel. Refogam-se com cebola, picada muito finamente, manteiga e vinho branco. Adicionar sumo de limão, reduzir e cobrir os salmonetes com o molho obtido.

Teodora (*Théodore*)
Rechear com recheio de peixe. adicionado de Duxelles. Cozer com Vinho Branco. Cobrir com Molho de Vinho Branco.

Trouvillaise
Abrir e retirar a espinha. Rechear e cozer com vinho branco. Empratar, bordeado com rodelas de limão. Servir com Molho Colbert, à parte.

Veneziana (*Vénitienne*)
Cortar em filetes e saltear em azeite. Guarnecer com azeitonas recheadas e champignons. Cobrir com Molho Veneziano.

Villeroy
Cortar em filetes. marinar e enrolar em Molho Villeroy. Panar à inglesa e fritar. Servir com salsa frita e limão.

SANTOLA
(Crabe)

A santola é um siri de tamanho grande e de água salgada.
(São cozidos *com água e sal e servidos ao natural, Salada, Maionese, Recheadas etc.*)

Natural (*Nature*)
Depois de cozida, abrir e retirar toda a carne, que serve dentro da casca. Com a parte cremosa e o líquido interior faz-se um molho, adicionando mostarda, azeite, sumo de limão, sal e pimenta. Pode-se, se se desejar, ligar este molho com uma gema de ovo

Ramalho Ortigão
Cozer a santola. Abri-la em quente e misturar a carne cremosa e o liquido da carapaça, Parmesão ralado, dois cálices de vinho da Madeira (*ou menos, conforme o tamanho da santola*), pimenta de Caiena. Gratinar no forno e servir bem alourado. (*Receita do próprio Ramalho Ortigão, citada no* Cozinheiro dos Cozinheiros).

Recheada (*Farcie*)
a) (*Fria*). Preparar como a anterior, mas misturar o molho que indicamos e as carnes, com Maionese. Servir dentro da casca, enfeitado com beterraba, salsa, ovos cozidos etc.
b) (*Fria*). Picar as carnes e misturá-las com miolo de pão ensopado em leite. Ligar a mistura com o molho anterior, adicionado de natas, vinho da Madeira e um pouco de aguardente velha. Decorar como a anterior
c) (*Fria*). Misturar *catchup* com mostarda, Maionese e o líquido da santola. Sal e pimenta. Ligar com natas. Misturar a carne da santola, bem picada, adicionada em partes iguais, com miolo de pão, ensopado em leite e espremido. Repor dentro da casca e enfeitar como a). (*Receita do Autor*).
d) (*Quente*). Refogar cebola picada, com azeite e manteiga, juntando-lhe um pouco de farinha. Mexer, juntar o liquido da santola, bem como a parte cremosa da carapaça. Ligar com um pouco de natas e gemas de ovo, juntando o molho, a carne da santola picada, queijo ralado e manteiga derretida. Gratinar no forno.
Nota: *As receitas b) e c) podem também ser servidas quentes; para isso basta polvilhá-las com queijo ralado e manteiga, e gratinar*

SARDA
(Maquereau)

Água e Sal (*à l'Eau de Sel*)
Cortar em pedaços e cozer. Esfolar e servir com Molho de Aromáticos.

Aromáticos (*Fines Herbes*)
Como a anterior.

Barqueira ou Bateleira (*Batelière*)
Cortar em filetes e grelhar. Servir, à parte, Molho Verde.

Bonnefoy
Cortar em filetes e saltear à Moleira. Cobrir com Molho Bordalês. Guarnição Bonnefoy. Servir, à parte, batatas cozidas ao natural.

Boulonnaise
Cortar em pedaços e cozer em Caldo Aromatizado (*Court-bouillon*). Rodear de mexilhões cozidos e cobrir com Molho Bastardo. No fundo do prato, um pouco do caldo da cocção.

Calaisiana (*Calaisienne*)
(*Ver* ARENQUE *do nome*).

Chanoise
Cortar em filetes e preparar à Moleira. Fazer, com recheio de peixe, um 8 sobre o lado onde está a pele. Cozinhar no forno. Guarnecer o 8 com salpicão de camarão, ligado com Molho de Camarão. Servir, à parte, Molho de Anchovas.

Creme, com (*Crème*)
Cortar em filetes. Cobrir com Molho de Natas

Creme com Anchovas (*Crème d'Anchois*)
Como a anterior. Cobrir com Molho de Natas, adicionado de Manteiga de Anchovas

Dieppoise
Cortar em filetes, cozer com vinho branco e caldo de champignons. Esfolar e guarnecer com Guarnição Dieppoise. Cobrir com Molho de Vinho Branco.

Flamenga (*Flamande*)
Cortar em filetes e cozer. Cobrir com Molho Aveludado, de peixe, adicionado de mostarda.

Francilhão (*Francillon*)
Filetes grelhados, colocados sobre crostões do mesmo formato, untados com Manteiga de Anchovas. Montinhos de Batata Palha, nas pontas. Molho de Tomate, à parte.

Grelhada (*Grillé*)
Abrir ao meio, pelo dorso. Temperar e grelhar lentamente, regando com azeite. Servir com Manteiga Mordomo, Molho Tártaro ou Ravigote.

Indiana (*Indienne*)
Filetes cozidos. Cobrir com Molho Caril e servir com arroz ao natural.

Moleira (*Meunière*)
(*Ver* LINGUADO).

Natas, com (*Crème*)
(*Ver* SARDA COM CREME).

Oriental (*Orientale*)
(*Frio*). (*Ver* SALMONETES).

Ostendaise
(*Ver* LINGUADO).

Papelotes (Papillotes)
(Como SALMONETES).

Primaveril (*Printanière*)
Filetes cozidos. Cobrir com Molho Bastardo, adicionado de Manteiga Primaveril. Guarnecer, de um lado, com ervilhas em manteiga; do outro, com rodelas de batata natural

Provençal (*Provençale*)
(*Ver* SALMONETES).

Rosália (Rosalie)
Filetes, salteados em óleo de nozes. Cobrir com cebola, chalotas, champignons e alho picados, puxados em azeite de noz com um pouco de vinagre.

Salsa (*Persil*)
Filetes cozidos, cobertos com Molho de Salsa e servidos com batatas natural.

Tirolesa (*Tyrolienne*)
Preparar como GRELHADOS. Servir com Molho Tirolês.

Veneziana (*Vénitienne*)
Filetes cozidos, cobertos com Molho Veneziano. Batata cozida. (*Podem ser servidos com qualquer outro molho, recebendo o nome correspondente*).

SARDINHA
(Sardine, Royan)

A sardinha, peixe saboroso e muito abundante, pode ser preparada de diversas maneiras. Aparece à venda, fresca, salgada, seca, em salmoura ou em conserva. As primeiras são servidas geralmente grelhadas, fritas ou cozidas. As em salmoura são ótimas cozidas ou em caldeirada. Quanto às últimas, usam-se mais como acepipe, ou em saladas

Albardadas (*Enrobées*)
(*Ver* FRITAS À ITALIANA).

Antibesa (*Antiboise*)
Tirar as espinhas e a cabeça. Panar à inglesa. Fritar em azeite e servir em volta de um montinho de tomates *concassés*, à Provençal

Arlesiana (*Arlésienne*)
Preparar como a anterior. Enrolar com chalotas picadas e cozer com vinho tinto. Juntar purê de tomate, manteiga e salsa picada. Cobrir com o molho, reduzido e servir

Aurora (*Aurore*)
Preparar como as anteriores. Enrolar e colocar num tabuleiro, onde se cozinham, no forno. Cobrir com Bechamel, atomatado. Polvilhar com gemas de ovos picadas e queijo ralado. Gratinar.

Basca (*Basque*)
Preparar como ANTIBESA e empratar em coroa. Colocar, no centro, Molho Bearnês adicionado de alcaparras.

Boa-Dona (*Bonne Femme*)
Alourar cebolas picadas, em azeite; molhar com vinho branco e reduzir. Juntar tomates *concassés* e, depois de cozinhado, lançar num prato de ir ao forno. Empratar, em cima, as sardinhas já preparadas. Polvilhar com miolo de pão e pó de funcho, misturados. Gratinar.

Caldeirada
Preparar como a caldeirada vulgar. (*Ver* ENGUIAS). Utilizar sardinhas. Servir com crostões de pão, frito com alho. (*Pode-se fazer também, adicionando batatas ou legumes*).

Caseira (*Ménagère*)
Rechear como HAVRESA e colocar em prato de ir ao forno, untado com manteiga. Polvilhar com chalotas picadas. Em volta, champignons picados. Molhar com vinho branco e regar com manteiga derretida. Cozinhar no forno. Polvilhar com salsa picada e sumo de limão, no momento de servir.

Colbert
Preparar como ANTIBESA. Cozinhar e servir como FILETES DE LINGUADO COLBERT.

Cortesã (*Courtisane*)
Tirar as espinhas e rechear com recheio de peixe e Duxelles. Cozer com vinho branco. Empratar em coroa, sobre crostões fritos, com a mesma forma. Cobrir com Molho de Vinho Branco, adicionado de puré de espinafres. Alourar no forno. Rodear de croquetes de batata, redondos, do tamanho de Batatas Avelãs (*Noisettes*).

Coulibiac
(Como COULIBIAC DE SALMÃO. Substituir a Kache por arroz cozido e a vésiga por Poutargue.

Dartois
(*Ver* LINGUADO).

Escabeche (*Escavèche*)
Como ATUM do nome.

Filetes (*Filets*)
Preparar as sardinhas como ANTIBESA, passá-las por farinha e gema de ovo batido. Fritar em azeite e servir com salsa frita e limão. Batata cozida.

Filetes à Portuguesa (*Filets à la* Portugaise)
Como a anterior. Antes de fritar, deixar marinar algumas horas em vinho branco, alho, pimenta e louro. Servir com Molho de Tomate.

Fritas (*Frites*)
Passar por farinha e fritar em azeite. Empratar em monte. Servir com salsa frita e limão.

Fritas à Italiana (*Frites à l'Italienne*)
Passar por massa de fritos e fritar em azeite. Empratar em monte. Servir Molho de Tomate, à parte.

Gomes de Amorim
Preparar como ANTIBESA. Rechear com recheio de ostras ou outro marisco, bem apurado. Preparar exactamente como MARIA LUÍSA. (*Receita do próprio Gomes de Amorim, citada no* Cozinheiro dos Cozinheiros).

Grelhadas (*Grillées*)
Passar por azeite e grelhar. Servir naturais, com Manteiga Mordomo, Bercy etc.

Havresa (*Havraise*)
Preparar como CORTESÃ, sem juntar Duxelles. Cobrir com Molho de Vinho Branco e guarnecer com mexilhões fritos. Cordão de Glace de Carne, ao redor.

Hyroise
Alhos bravos (*porros*), picados e puxados em manteiga. Molhar com vinho branco e caldo de champignons, em partes iguais. Cozinhar as sardinhas, depois de recheadas como HAVRESA, neste molho. Empratar sobre crostões. Reduzir o fundo, ligar com gemas de ovos e levantar com manteiga. Adicionar um pouco de pimenta de Caiena e salsa picada. Cobrir as sardinhas com o molho.

Maria Luísa
Preparar as sardinhas como para ANTIBESA. Colocar num tabuleiro e pôr no forno a passar. Esfregar o fundo de uma frigideira com manteiga e alho. Bater ovos com queijo de cabra ralado, pimenta moida, e um pouco de vinagre; adicionar pão ralado até tornar a mistura espessa. Passar as sardinhas nessa massa, colocar na frigideira e polvilhar com pão ralado.

Meter no forno até alourar, sem deixar secar muito. Servir com Molho de Tomate ou não.

Moleira (*Meunière*)
Como qualquer outro peixe, à MOLEIRA.

Nicense (*Niçoise*)
a) Filetes recheados com Duxelles, enrolados. Encerrados os rolinhos, a dois e dois, em flores de abóbora, arrumam-se numa frigideira, untada com manteiga. Temperar e molhar com consomé (*pouco*). Cozinhar e retirar os rolinhos. Ligar o fundo com Manteiga Trabalhada (*Manié*). Juntar um pouco de essência de anchovas e cobrir os rolinhos com este molho.
b) Tirar as espinhas e temperar. Rechear com o seguinte aparelho: cebola picada, alourada em azeite; espinafres picados, cozidos até completa evaporação do caldo. Molhar com água de mexilhão. Juntar mexilhão cozido e dente de alho. Temperar as sardinhas. num prato de ir ao forno, sobre recheio de peixe. Polvilhar com miolo de pão ralado e gratinar, depois de regar com azeite

Pisane
Filetes recheados e enrolados, cozidos em vinho branco e caldo de champignons. em partes iguais. Colocar num prato de ir ao forno, ao centro de uma bordadura de espinafres picados, puxados em manteiga, com dente de alho e puré de anchovas. Quartos de ovos cozidos, ao redor. Cobrir com o fundo da cocção, misturado com tomates *concassés* e Molho Bechamel. Polvilhar com miolo de pão e queijo ralado. Gratinar.

Provençal (*Provençale*)
Passar por farinha. Saltear em azeite, com alho pisado, folhas de louro e bagas de tomilho. Servir numa caçarola, juntando vinagre, tomate *concassé* e salsa picada.

Santo Honorato (*Saint-Honorat*)
Cozinhar como COLBERT. Empratar em coroa. No centro, tomates *concassés*, estufados em manteiga. Molho Paloise, em volta.

Sicilana (*Sicilienne*)
Cozinhar como COLBERT. Empratar com ovo cozido picado, e alcaparras. Decorar com filetes de anchovas e regar com Manteiga Noisette.

Tulonesa (*Toulonnaise*)
Tirar as espinhas e rechear. Cozer com vinho branco. Empratar em coroa, com o centro guarnecido de mexilhões cozidos. Cobrir com Molho de Vinho Branco.

Vivandeira (*Vivandière*)
Rolinhos, preparados como NICENSE, empratados sobre pepinos branqueados, talhados no mesmo formato. Alinhar num prato untado com manteiga. Molhar com caldo de champignons e cozer no forno. Escorrer e cobrir com Molho de Tomate. Polvilhar com salsa picada.

SÁVEL
(Alose)

O sável é um peixe dos rios da Europa, com muita espinha, mas saboroso.

Bercy
Temperar e mergulhar em azeite. Cozinhar no forno. Servir com Molho Bercy.

Frito (*Frit*)
Cortar em postas finas e mergulhar algum tempo em água fria, com sal, pimenta, azeite, louro, vinho branco e limão. Retirar, enxugar e passar por farinha. Fritar em azeite bem quente. Servir com salsa frita e limão.

Gratinado (*Gratin*)
Colocar num prato de ir ao forno, untado com manteiga, tendo o fundo coberto com Molho Duxelles para peixe. Cobrir o sável com o mesmo molho. Polvilhar com miolo de pão ralado e pequenos pedaços de manteiga. Um copo de vinho branco, por cima. Cozinhar no forno, 40 a 45 minutos.

Grelhado (*Grillée*)
Cortar em postas, temperar e marinar, como se diz para FRITO. Azeite em vez de água. Grelhar e servir com Manteiga de Anchovas, ou Mordomo e rodelas de limão

Grelhado com Azedas (*Grillée à l'Oseille*)
Como GRELHADO. Servir com azedas estufadas em manteiga, num timbale. Manteiga derretida, à parte.

Grelhados com Espinafres (*Grillée aux Épinards*)
Como a anterior. Substituir as azedas por espinafres.

Grelhados à Inglesa (*Grillée à l'Anglaise*)
Como a anterior. Servir com Batatas ao Natural e manteiga derretida.

Grelhado à Nicense (*Grillée Niçoise*)
Como as anteriores. Guarnecer com rodelas de tomate, fritas em azeite. Manteiga de Anchovas.

Holandesa (*Hollandaise*)
Cozer em água, com sal, vinagre, pimenta e salsa. Empratar sobre guardanapo, com Batatas à Inglesa. Servir Molho Holandês, à parte.

Mordomo (*Maître d'Hotel*)
(*Ver* GRELHADO). Servir com Manteiga Mordomo.

Provençal (*Provençale*)
Rechear com recheio de peixe, ligeiramente condimentado com alho. Estufar num tabuleiro, com tomates picados, vinho branco, sal, pimenta e azeite. Empratar o sável, com tomates, o fundo reduzido e salsa picada

SOLHA
(Plie)

(*Prepara-se de todas as maneiras indicadas para o* LINGUADO).

SOLHO-REI
(Sterlet)

(*Ver* ESTURJÃO)

TAGANA
(Gardon)

È um peixe de rio, muito parecido com a Fataça e bastante apreciado. Embora, por vezes, devido aos lugares onde habita, tenha sabor pronunciado de lodo, este pode ser evitado marinando o peixe, ou esfregando-o com limão.
(*Prepara-se como a* MARMOTA)

TAINHA
(Muge, ou Mulet Capiton)

Peixe ciprínida, é, por vezes, chamado Fataça e Tagana. É muitas vezes confundido também com o Mugem e a Tenca. É de fácil cocção (15 a 20 minutos) *e de carne muito agradável, devendo, no entanto, ser esfregado com limão, antes de preparado. (Todas as preparações da* MARMOTA)

Caldo Aromatizado (*Court-bouillon*)
Depois de preparada. cozer em Caldo Aromatizado. Servir dentro do próprio caldo.

Grelhada (*Grillé*)
Escamar, lavar, limpar e enxugar. Golpear dos dois lados. Fazer uma marinada com azeite e deixar repousar algumas horas. Grelhar em fogo forte a princípio, abrandando-o depois. Servir com molho apropriado.

Italiana (Italienne)
Cozer em Caldo Aromatizado. Cobrir com Molho Italiano, feito com um pouco do caldo da cocção.

Molhos Diversos (*Sauces Diverses*)
Cozer em Caldo Aromatizado (*Court-bouillon*). Servir com Molho à escolha; depois de retirado do caldo e colocado sobre um guardanapo.

TARTARUGA
(Tortue, Terrapène)

A carne da tartaruga, bastante gordurosa e suculenta, é usada para fazer sopas (Turtle-soup). *É consumida, no entanto, também, em estufados, salteados ou cozidos, com molhos picantes: Americano, Caril. Gratinada etc. As barbatanas são preparadas do mesmo modo que a carne do interior da carapaça.*
Nota: *A tartaruga, que vive centenas de anos, é um animal de extraordinária vitalidade. Para darmos disso uma ideia, diremos aos nossos leitores que, quando se mata uma tartaruga, ao dar-lhe* o *primeiro golpe para separar o corpo da carapaça, acontece o mesmo que quando se destapa uma panela em ebulição, ou seja, uma lufada de vapor escaldante escapa pelo orifício. Do mesmo modo, a carne tem valor muito acima do normal nas outras espécies animais.*

Baltimore
Pedaços cozidos, salteados em Manteiga Noisette. Molhar com caldo da cocção, ligado com araruta (*arrow-root*). Adicionar um cálice de Jerez e servir em caçarola.

Maryland
Preparar como a anterior, ligando com manteiga e puré de gemas de ovos cozidos.

Barbatanas de Tartaruga à Americana (*Nageoires de Tortue à l'Américaine*)
Cozinhar até 2/3 da cocção. Terminar de estufar com vinho da Madeira. Cobrir com Molho Americano.

Barbatanas de Tartaruga com vinho da Madeira (*Nageoires de Tortue au Madère*)
Estufar com vinho Madeira. Reduzir o fundo e ligar com araruta (*arrow-root*). Cobrir as barbatanas com o molho.

TENCA
(Tanche)

(*Prepara-se Bercy, Gratinada, Moleira, Matalota, Frita etc.*).

TRUTA
(Truite)

A truta, peixe saboroso e muito apreciado, resiste muito pouco tempo à decomposição, razão por que deve ser cozinhada o mais rápido possível, após a pesca. A variedade conhecida por "salmonada", ou "salmoneja" atinge, por vezes, tamanhos que se aproximam do salmão, podendo ser cozinhada como este. A truta vulgar, "marisca ou rapeira", raramente atinge tamanho maior que a cavala, sendo quase sempre cozinhada inteira.

Americana (*Américaine*)
Filetes de truta salmonada, cozidos e cobertos com Molho Americano.

Astrônomo (*Astronome*)
Esvaziar uma beringela e recheá-la com Duxelles. Sobrepor um filete de truta cozido e cobrir com Molho Italiano. Passar no forno.

Bela Vista (*Belle-Vue*)
(*Fria*). Truta salmonada. (*Ver* SALMÃO).

Bleu, au
Abrir e retirar as tripas, enquanto estão vivas. Passar por vinagre e meter imediatamente em água a ferver, com sal e vinagre, onde são mantidas 2 minutos. Servir com Batatas à Inglesa e salsa. À parte, Molho Holandês e Manteiga Derretida.

Bretã (*Bretonne*)
Saltear à Moleira. Guarnecer com camarão, e champignons picados.

Caldo Aromatizado (*Court*-Bouillon)
(*Ver* LINGUADO).

Cambacérès
Esfolar, de um lado, uma truta salmonada. Picar com trufas e cenouras. Retirar a espinha, pelo lombo, desde a cabeça ao rabo. Rechear com recheio de peixe branco e fundo de aromáticos. Envolver em toucinho e cozinhar no forno. Empratar, sem o toucinho. Reduzir o fundo e levantar com manteiga. Juntar Molho de Vinho Branco e cobrir o peixe. Guarnecer com azeitonas sem caroço, Ovas à Moleira, miscaros salteados e rodelas de trufas.

Caruso
Filetes, cobertos com recheio de lagostins. Decorar com lagostins e rodelas de trufas. Cozinhar, escorrer e empratar. Cobrir com Molho de Vinho Branco e alourar no forno. Rodear de pequenos Dentados (*Bouchées*), recheados com caviar.

Chamberlain
Barrar com mostarda francesa e deixar secar. Molhar com manteiga derretida e panar com pão ralado e cerefólio picado. Grelhar. Servir sobre tampões de Batata Duquesa alourados no forno, com o tamanho da truta. Entre a truta e o tampão, uma camada de Espinafres à Inglesa. Molho Maltês, à parte.

Chambertin
(*Frio*). (*Ver* SALMÃO).

Champanha (*Champagne*)
(*Frio*). (*Ver* SALMÃO).

Cleópatra (*Cléopâtre*)
Saltear à Moleira. Guarnecer com camarões, alcaparras e Ovas à Moleira.

Coulibiac
(*Ver* SALMÃO).

Dória (*Doria*)
Saltear à Moleira e guarnecer com pepinos, estufados em bolinhas.

Escocesa (*Ecossaise*)
(*Ver* SALMÃO).

Félix
Filetes de truta salmonada, passados por farinha e salteados em manteiga. Cobrir com Molho Americano.

Frita (*Frite*)
Truta pequena. Fritar como qualquer outro peixe.

Gavarnie
Pequenas trutas do rio, preparadas em "papelotes" com Manteiga Mordomo. Servir tal qual, com Batatas à Inglesa.

Genebrina (*Genêvoise*)
Truta salmonada, cozida, empratada sobre guardanapo. Servir com salsa e batata cozida. Molho Genebrino, à parte.

George Sand
Filetes cozidos. Guarnecer com camarões e croquetes de peixe. Cobrir tudo com Molho de Camarão. Enfeitar com rodelas de trufas.

Grelhada (*Grillée*)
Preparar a truta. Passar por azeite, ou manteiga, e grelhar. Servir com Manteiga Derretida, de Anchovas, Maionese, etc. Batatas Cozidas.

Grenoblesa (*Grenobloise*)
Saltear à Moleira e guarnecer com alcaparras e limão descascado, picado.

Holandesa (*Hollandaise*)
Cozer e servir com Molho Holandês, à parte.

Hoteleira (*Hotelière*)
(*Ver* MARMOTA).

Hussardo (Hussarde)
Retirar a espinha e encher com recheio de peixe, adicionado de cebola picada, cozida. Cozer e cobrir com Molho de Vinho Branco, adicionado de puré de cebola, Alourar no forno.

Imperial (*Impérial*)
Truta salmonada, esfolada de um dos lados. Picar com trufas e estufar com vinho espumoso. Guarnecer com camarões e ovas cozidas. Reduzir o caldo e levantar com manteiga. Cobrir tudo com o molho. Polvilhar com juliana curta de trufas e enfeitar com florões.

Ivanhoe (*Ivanhoé*)
Filetes de truta salmonada. Cozinhar com manteiga, em caçarola, juntamente com quartos de limão descascados, maçãs e fundos de alcachofras picados, sobre os filetes. Cobrir com Molho de Vinho Branco, adicionado de Coulis de Lagostins.

Judaica (*Juive*)
Fritar em azeite e servir com Molho Tártaro, à parte.

Judaica (*Juive*)
(Frio). Cozer em Caldo Aromatizado (*Court-bouillon*). Decorar com folhas de estragão e cobrir com geléia.

Mantoue
Retirar a espinha e encher com recheio de peixe, trufado. Cozer e cobrir com Molho Italiano.

Médicis
(*Ver* SALMÃO).

Moleira (*Meunière*)
Como LINGUADO.

Monsenhor (Monseigneur)
a) Cozer com vinho tinto e guarnecer com cabeças de champignons. Cobrir com Molho de Vinho Tinto e completar a guarnição com tarteletas contendo ovos escalfados, cobertos com o mesmo molho: barquetas contendo ovas cozidas, cobertas com Molho de Vinho Branco. Enfeitar com rodelas de trufas.
b) Como REAL, sem ovas.

Montgolfier
Truta salmonada, sem a espinha. Encher com recheio de peixe, trufado. Cozer em Caldo Aromatizado (*Court-bouillon*). Esfolar e guarnecer com escalopes de lagosta e champignons. Cobrir com Molho de Vinho Branco e rodelas de trufas.

Musse e Musseline (*Mousse et Mousseline*)
(*Ver receita-tipo em* ENTRADAS LIGEIRAS).

Nansen
(*Frio*). Cozer, esfolar e empratar sobre um soco de arroz. Lustrar com geléia. Guarnecer com pequenas fôrmas de legumes em aspic: tomates,

recheados de um salpicão à escolha; pedaços dc pepino, guarnecidos com caviar. Molho Maionese, à parte.

Nantua
(*Ver* SALMÃO).

Norueguesa (*Norvégienne*)
(*Frio*). (*Ver* SALMÃO).

Ondinas (*Ondines*)
(*Frio*). Musse de truta com a forma oval, com o tamanho de um ovo. Guarnecer o interior com camarões. Empratar e picar com camarões descascados (*exceto a cabeça*). Cobrir com geléia, contendo aparas dc cerefólio.

Piemontesa (*Piémontaise*)
Cozer e esfolar. Cobrir com Molho de Vinho Branco e polvilhar com juliana curta de trufas. Servir, à parte, Arroz à Piemontesa.

Real (*Royal*)
(*Ver* SALMÃO).
Regência (*Régence*)
(*Ver* SALMÃO).

Rothschild
Rechear. cozer e terminar como REAL.
Suchet
(*Ver* LINGUADO

Vauclusienne
Preparar à Moleira, com azeite.

Vinho Branco (*Vin Blanco*)
(*Ver* LINGUADO)

Vinho Tinto (*Vin Rouge*)
(*Idem*).

Yvette
(*Ver* LINGUADO).

TUBARÃO
(Requin)

Não é verdadeiramente um peixe comestível, pelo que a sua carne não se cozinha. Servem-se, no entanto, por vezes, as barbatanas, geralmente com molhos picantes.

Barbatanas (*Ailerons ou Nageoires*)
Macerar durante algum tempo. Estufar. Servir com Molho de Tartaruga, bem picante.
Nota: O *nome de* ailerons, *em francês, embora bastante usado neste caso, é incorrecto, pois tem relação com asas e não com barbatanas.*

UMBLA
(Ombre-Chevalier)

(*Peixe de lago, que se prepara como a TRUTA*).

Potted-Char
Cozer em vinho branco, com Mirepoix e condimentos. Arrefecer e retirar os filetes, sem pele nem espinha. Alinhar num tacho de barro, cobrir com manteiga clarificada e cozinhar 15 minutos, no forno. Arrefecer e cobrir com manteiga clarificada. Guardar em lugar fresco. (*Pode-se fazer, também, com outros peixes*. (*Cozinha* Inglesa).

UMBLINA
(Féra)

Peixe dos lagos, preparados, geralmente, em Filetes, Bercy, Gratinada, Grelhada, Frita, Moleira, Polaca etc.

VIEIRA
(Coquille St. Jacques)

(*Ver em* CONCHAS DE PEIXE *e MARISCOS*).

ENTRADAS
(ENTRÉES)

No Brasil é hábito usar a palavra "Entrada", para designar o prato com que se inicia a refeição. Este em Portugal diz-se "Acepipes", em França "Hors d'Oeuvre" e em Itália "Antipasto". A palavra "Entrada", do francês "Entrée", designa, na culinária, o prato que dava, na antiga cozinha, entrada para o "Grande serviço" da refeição, o assado. Não deve ser usado para designar outro tipo de serviço. É, preferível, a nosso ver, usar o aportuguesamento do italiano, "Antepasto", como alguns restaurantes já fazem, mas manter a "Entrada" para a sua tradicional designação.

ENTRADAS DE MIUDEZAS
(ENTRÉES D'ABATS)

Ao iniciarmos este capítulo, daremos, a título informativo, pequena descrição das diversas miudezas, para elucidação dos nossos leitores. Em primeiro lugar, apresentaremos as miudezas de açougue (abats de boucherie), *que se distribuem assim.*

Vaca (*Boeuf*)
Miudezas brancas: Pés, tripas e miolos. *Miudezas sanguíneas*: Coração, baço. fígado e rins. (*A língua, tal como o rim, não faz parte das miudezas; no entanto, assim consideraremos o segundo*).

Vitela (*Veau*)
Coração, fígado, moleja, pulmão, redanho, cabeça, tutano, pés e rins.

Carneiro e Anho ou Cordeiro (*Mouton et Agneau*)
Rins, língua, miolos, pés, tripas e fressura.

Porco (*Porc*)
Rins, fígado, miolos, pés e cabeça. Todas as partes interiores do porco são utilizadas na charcutaria. As tripas, para salsichas, salsichão, chouriço etc., o sangue, para os chouriços de sangue.

Além das possibilidades culinárias, que são, em verdade, as que nos interessam, os animais de abate dão ainda produtos de muito valor comercial que não se utilizam na cozinha, O sangue, de que se preparam diversos produtos farmacêuticos e com os resíduos do qual se fazem botões, bolas de jogar e outros; os chifres, que se utilizam em pentes, com dezenas de outras aplicações, e os ossos, cujas possibilidades são incontáveis.

Miudezas de Aves (*Abatis de Volaille*)
Cabeça, pescoço, pés, asas, moela e fígado. Nos galos aproveitam-se também a crista e os rins, que se empregam freqüentemente em guarnições de grande cozinha, tais como, Financeira, Embaixatriz etc. Os fígados de pato e ganso não se consideram como fazendo parte das miudezas, pois sendo delicados e dum preço quase sempre elevado, são preparados isoladamente.

As miudezas, ainda que de valor nutritivo muito restrito, são saborosas e, em razão, sobretudo, dos condimentos que se lhes adicionam, permitem preparar, além de apetecíveis guisados, todos os pratos que a seguir enumeramos.

CABEÇA DE VITELA
(Tête de Veau)

Antes de ser preparada. duma maneira ou outra, a cabeça de vitela deve ser desossada e

longamente remolhada em água fria. Em seguida, branqueia-se, refresca-se e corta-se em pedaços, ou consoante a receita o exija.
Nota: *A cabeça de porco emprega-se, além do mais, para a Hure ou Tête d'Achard* (*Ver* ACEPIPES).

Americana (*Américaine*)
Tomates picados, ervas aromáticas, funcho. Bem temperada. Refogar e servir quente.

Azeite (*Huîle*)
Cozida. Molho Vinagrete.

Azeitonas (*Olives*)
Cortar em bocados. Colocar numa frigideira com Demi-glace ao Madeira. Adicionar azeitonas sem caroço, branqueadas. Deixar cozinhar lentamente.

Boa-Dona, ou Boa Mulher (*Bonne-Femme*)
Cozida a branco. Cortar em pedaços regulares. Fazer estufar lentamente, em Demi-glace, com tiras de toucinho fritas em manteiga, champignons, azeitonas e pequenas cebolas estufadas.

Financeira (*Financière*)
Cozida a branco e cortada em quadrados de 5 em de lado. Estufar com vinho da Madeira. Cobrir com Guarnição Financeira, à qual se adicionou língua e miolos, em pequenos escalopes quadrados.

Franganita (*Poulette*)
Cozida a branco. Cortada em pequenos escalopes. Preparada com Pés ou Mãozinhas de Carneiro à Franganita

Fria (*Froide*)
Com acompanhamento de alcaparras, salsa e cebola picadas. Molho Vinagrete.

Frita (*Frite, ou Fritot de Tête*)
Cortar em bocados quadrados e marinar uma hora em azeite, sumo de limão, sal, pimenta e salsa picada. Passar por massa de fritar pouco espessa e fritar no último instante em gordura fervente. Servir sobre guardanapo, com salsa frita: Molho de Tomate ou outro qualquer, especial para a cabeça, apresentado à parte.

Godard
Como à FINANCEIRA. Na cozinha antiga, servia-se inteira e quase sempre recheada.

Gribiche
Cozida com língua. Cortada em tiras e guarnecida com fatias de língua e escalopes de miolos cozidos à parte. Guarnecer com salsa fresca. À parte: Molho Gribiche.

Húngara, Salada à (*Salade de Tête de Veau Hongroise*)
Cortada em tiras finas. Temperada com sal, pimenta, azeite, vinagre, maionese e estragão; ovos cozidos, cerefólio e salsa picados. Decora-se com rodelas de ovo cozido.

Inglesa (*Anglaise*)
Servir com um bocado de toucinho cozido e Molho de Salsa.
Italiana (*Italienne*)
Cortada em quadrados. Coberta com Molho Italiano. Polvilhar com salsa picada.

Lionesa (*Lyonnaise*)
Cozida a branco. Colocar, depois de cortada em bocados, num prato de ir ao forno, cobrindo-a com cebola às rodelas estufadas em manteiga e Molho Lionês. Polvilhar com miolo de pão ralado, e lançar sobre o todo um pouco de manteiga derretida. Gratinar ligeiramente.

Piemontesa (*Piémontaise*)
Cozida a branco e cortada em pequenos quadrados. Tratar língua e miolos de igual maneira. Marinar uma hora em azeite, sumo de limão, sal, pimenta e salsa picada. Passar por massa de fritos pouco espessa e fritar em gordura fervente. Servir numa forma de Arroz à Piemontesa. (*Ver* ARROZ). Ao redor do arroz, Molho de Tomate pouco espesso.

Portuguesa (*Portugaise*)
Cabeça e língua, cortadas em quadrados, cozinhadas lentamente numa calda de tomate pouco espessa Servir sobre escalopes de miolos cozidos. Polvilhar com salsa picada.

Quente, com Molhos Quentes (*Neste caso, pode tomar o nome dos molhos*)
Cozida a branco. Cortada em bocados, com escalopes de língua e miolo; e guarnecida com salsa frita. Servir com molhos brancos: Alcaparras, Húngaro, Ravigote. Salsa. Ou molhos escuros, como: Diabo, Picante, Roberto, Salsicheiro etc. Pode também ser servido em timbales, já coberta com o respectivo molho.

Quente, com Molhos Frios (*Idem como a anterior*)
Empratar como a anterior e servir com molhos frios diversos, como: Alholi, Gribiche, Maionese, Ravigote, Remulada, Tártaro, Vicente ou Vinagrete.

Raquel (*Rachel*)
Cozida em bocados. Guarnecida com cristas e rins de galo, champignons, croquetes, trufas e Molho Alemão (*Allemande*).

Recheada (*Farcie*)
Cozida a branco. Cortar das partes magras, rodelas de 6 a 8 em. Guarnecer estas, pelo lado interior, com recheio de vitela adicionado de Duxelles seco, ovos cozidos e salsa, picados. Untar com manteiga derretida e pão ralado. Gratinar a fogo brando e servir com Molho Picante, Poivrade, Tártaro, Ravigote ou Bearnês.

Tartaruga, em (*En Tortue*)
Cozida com redução de aromáticos, em caldo de tartaruga com vinho da Madeira. Coberta com Molho Demi-glace e Molho de Tomate com Manteiga. Guarnecida com croquetes, azeitonas, *cornichons*, lagostins, ovos fritos e crostões.

Tertillière
Cozida a branco. Cortada em bocados pequenos que se colocam numa frigideira com juliana de língua escarlate, champignons e trufas, adicionada de Molho Madeira com essência de trufas. Deixar cozinhar lentamente 30 minutos. Juntar, no último instante, pequena colherada de casca de limão, cortada em juliana muito fina.

Tolosana (*Toulousaine*)
Cozida a branco. Cortar em bocados quadrados e empratar com bocados de língua e miolos. Cobrir com uma Guarnição Tolosana e aquecer. Recobrir de Molho Alemão com essência de champignons e guarnecer com lâminas de trufas.

Vinho Branco (*Vin Blanc*)
Salteada em manteiga. Molhar com vinho branco. Juntar Demi-glace. Servir em tiras, sobre crostões compridos, cobrindo com o molho.

CHOURIÇOS E ENCHIDOS
(Andouillettes et Andouilles)

(*São picados e servidos especialmente grelhados*)

Chouriço à Estrasburguesa (*Andouillettes à la Strasbourgeoise*)
Grelhado e servido sobre chucrute estufada, acompanhado de batata cozida.

CHOURIÇOS DE SANGUE E MORCELAS
(Boudins Blancs et Noirs)

Servidos cozidos ou grelhados. O primeiro, geralmente. como complemento do célebre Cozido à Portuguesa.

CORAÇÃO
(Coeur)

Boa-Dona, ou Boa Mulher (*Bonne-Femme*)
Num tacho de barro, com sal, pimenta, alho e louro, fazer pequeno refogado de coração, com manteiga. Juntar quartos de batata, pequenas cebolas e tiras de toucinho. Terminar a cocção a fogo brando e servir no mesmo recipiente.

Caçarola (*Casserole*)
Como a anterior, mas sem as batatas. Adicionar um pouco de suco de vitela ligado. Servir com legumes, à parte.

Inglesa (*Anglaise*)
Cortado em tiras finas. Temperar com sal e pimenta. Grelhar, depois de mergulhado em manteiga derretida. Servir com fatias de toucinho fumado (*bacon*), também grelhadas, e Batata à Inglesa. Cobrir as fatias com Manteiga Mordomo, meio derretida.

Salteado (*Sauté*)
Cortar em escalopes finos. Temperar com sal e pimenta. Saltear o mais fortemente possível, em manteiga bem quente. Adicionar ao molho, depois de retirar o coração, champignons picados e vinho da Madeira. Refrescar com um pouco de suco de vitela ligado. Juntar a este molho, que deve ser bem espesso, o coração. Manter um pouco sobre o fogo e servir em timbale.

CROQUETES DE AVES RECHEADOS
(Boudins de Volaille)

MODO DE PREPARAÇÃO: De massa de recheio de aves, espalmada sobre a mesa com um rolo, fazer pequenos quadrados. Rechear estes com um salpicão;
enrolar como os crepinetes, cozer, panar à inglesa e fritar, ou saltear.

Corigneau
Recheados de salpicão de champignons, ligado com Molho Alemão espesso. Saltear em manteiga clarificada. Empratar em coroa. O centro guarnecido com cristas de galo, passadas em massa de fritar e fritas depois em gordura fervente. À parte, Molho de Tomate.

Escocesa (*Ecossaise*)
Recheados de salpicão de língua escarlate, ligado com Demi-glace. Salteados em manteiga. Empratar em coroa, intercalando fatias de língua. À parte, Molho Escocês adicionado de Mirepoix.

Escarlate (*Ecarlate*)
A mesma preparação. À parte, Molho Supremo, adicionado de juliana de língua.

Estragão (*Estragon*)
Sem panar. Recheados com folhas de estragão, branqueadas e picadas. Cobrir com Molho Aveludado de estragão.

Morland
Panados com trufas. Salteados em manteiga clarificada. Empratar em coroa. Guarnecer o centro com purê de champignons. À parte, Molho Supremo.

Portuguesa (*Portugaise*)
Fritos em azeite. Recheados de tomate salteado com salpicão de toucinho e alho. À parte, Molho de Tomate. Empratar em coroa, com salsa fresca ao centro.

Richelieu
Recheados com salpicão de trufas, aves e champignons. Fritar. Empratar em estrela, com salsa frita ao centro. À parte, Molho Périgueux.

Soubise
Recheados com Purê Soubise. Proceder como para RICHELIEU. À parte, Molho Soubise.

Uzés
Sem panar. Cozer. Cobrir com Molho Aurora, adicionado de juliana de trufas.

Viriato
Recheados com salpicão de presunto e fígados de aves, salteado em manteiga Fritar. Empratar atravessados, num prato de ir ao forno. Cobrir metade com Bechamel atomatado e metade com Bechamel adicionado de verde de espinafres. Gratinar ligeiramente.

FÍGADO
(Foie)

Alsaciana, Croquetes à (*Quenelles Alsaciennes*)
1/2 de fígado de aves, 1/2 de fígado de vitela. Picar finamente. Misturar com cebola picada, estufada em manteiga; salsa picada; ovos inteiros, sal: pimenta de moinho e noz-moscada. Moldar com colher de sopa. Cozer. Empratar e servir com Manteiga Mordomo (*Maître d'Hôtel*).

Arroz (*Rizotto*)
(*Ver a fórmula-tipo em* ENTRADAS LIGEIRAS).

Bercy
Em fatias. Grelhado. Cobrir com Molho Bercy.

Bordalesa (*Bordelaise*)
Inteiro. Lardear e marinar em vinho branco. Puxar um pouco e envolver depois em redanho, com cebolas, chalotas, tortulhos picados e puxados em manteiga. Refrescar com vinho branco e Demi-glace. Estufar. Guarnecer, no momento de servir, com tortulhos salteados à Bordalesa.

Borgonhesa (*Bourguignonne*)
Proceder com o fígado, depois de cortado em fatias, como com o ENTRECOSTO À BORGONHESA.

Brocheta, ou Espetada (*Brochette*)
(*Ver a fórmula-tipo em* ENTRADAS LIGEIRAS).

Burguesa (*Bourgeoise*)
Inteiro. Lardeado. Marinado em vinho tinto e aromáticos, 2 ou 3 horas. Passar um pouco sobre o fogo, numa frigideira, adicionar fundo escuro de carne, champignons e ramo de cheiros. Terminar a cocção no forno. Guarnição Burguesa (*Bourgeoise*).

Cebolada (*Oignonade*)
Cortado em fatias; temperar com sal, pimenta e vinho branco. Passar por farinha e fritar com manteiga ou banha; adicionar rodelas de cebola, estufadas em manteiga e terminar a cocção conjuntamente.

Chanfaina
Fígado de porco, ou de carneiro, cozido. Refogar em manteiga, com cebola, pimentos,

salsa e hortelã fresca, picados; sal, pimenta e cominhos. Adicionar ao refogado o fígado cortado em pedaços. Molhar com um pouco de água da cocção, deixando ferver 5 minutos. Juntar, para engrossar o molho, um pouco de miolo de pão, ensopado em água. Temperar um pouco forte. (*Cozinha Espanhola*).

Ervas Finas (*Fines Herbes*)
Em fatias. Saltear em manteiga. À parte, Molho de Aromáticos.

Espanhola (*Espagnole*)
Em fatias. Grelhar. Guarnecer com tomates grelhados; montinhos de cebola às rodelas, frita em azeite; salsa frita.

Frito (*Frit*)
Em fatias muito finas (*aiguillettes*). Panar à inglesa e fritar. Guarnecer com salsa frita.

Inglesa, à (*À l'Anglaise*)
Em fatias. Grelhar. Intercalar fatias de toucinho, também grelhadas.

Iscas (*Aiguillettes de Foie à la Portugaise*)
Em fatias muito finas. Marinar, pelo menos 24 horas, em vinho branco, sal, pimenta, alho e louro. Adicionar a raspagem do Baço. Fritar em banha e servir com batata cozida, ou arroz, à parte.

Italiana (*Italienne*)
Em fatias. Saltear em azeite. À parte, Molho Italiano.

Lionesa (*Lyonnaise*)
Como CEBOLADA.

Passas de Uva, com (*Aux Raisins*)
Em fatias. Saltear. Adicionar um pouco de açúcar amarelo e uma colher de vinagre. Cobrir com Demi-glace, adicionada de passas de uva, previamente mergulhadas em água tépida.

Portuguesa (*Portugaise*)
Em fatias. Saltear com banha, alho, louro, vinho branco, sal e pimenta. Servir em pequena frigideira de barro, com uma fatia de presunto salteado e rodelas de batata cozida.

Provençal (*Provençale*)
Como ITALIANA. À parte, Molho Provençal.

Suflê (*Soufflé*)
Como SUFLÊ DE MIOLOS, substituindo o purê de miolos por purê de fígado.

Vienense, Croquetes à (*Quenelles Viennoise*)
O mesmo que ALSACIANA, com funcho picado.

FRESSURA DE CARNEIRO
(Fressure d'Agneau ou Coratella d'Agnello)

Fígado. coração, baço, pulmões e goela de carneiro constituem o que se chama a fressura. Estas miudezas, em conjunto, são preparadas, sobretudo, em guisados, com arroz, batata etc. Podem também ser preparadas salteadas com cebola, sumo de limão e salsa picada.

Fressura à Inglesa (*Fressure d'Agneau à l'Anglaise*)
Cortar em fatias. Temperar com sal e pimenta e passar por farinha. Cozinhar numa frigideira com manteiga clarificada. Retirar e adicionar ao molho um pouco de farinha, vinho da Madeira, suco de vitela e Molho Inglês (*de frasco*). Apurar este molho e servir a fressura.

FRITO MISTO
(Fritto-Misto)

Mistura de pepinos em conserva, pimentos, beringelas, miolos, molejas. fígado de vitela e tutanos. Tudo cortado em filetes, panado, adicionado de pequenos peixes. Fritar e servir em pequenos montinhos. (*Italiana*).

MIOLOS
(Cervelles)

Alemã (*à l'Allemande*)
Cozidos em Caldo Aromatizado (*Court-bouillon*). Cortar em fatias e passar por farinha. Estufar alguns minutos, em manteiga. Servir sobre crostões fritos, cobertos com Molho Alemão.

Bordalesa (*Bordelaise*)
Como o anterior, cobrindo com Molho Bordalês.

Borgonhesa (*Bourguignonne*
Como à ALEMÃ, substituindo o Molho por Borgonhês. Pode-se juntar uma Guarnição Borgonhesa.

Chaud-Froid
(*Cozidos*). Depois de bem frios, abri-los ao meio e cobrir com Molho Chaud-Froid branco.

Decorar com trufas, lustrar com geléia e servir sobre crostões fritos, barrados com manteiga. Guarnecer com geléia picada (*Aspic*).

Cromesquis à Francesa (*Cromesquis à la Française*)
(*Ver a fórmula dos* CROMESQUIS *em* ENTRADAS LIGEIRAS). Salpicão composto de trufas, miolos e champignons, ligado com Molho Alemão. Moldar em retângulos e passar por massa de fritos. Guarnecer com salsa frita. À parte, Molho Périgueux.

Cromesquis à Polaca (*Cromesquis à la Polonaise*)
Salpicão de miscaros, trufas e miolos, ligado com Molho Espanhol. Moldar em retângulos e embrulhar num crepe sem açúcar. Passar por massa de fritos. Servir com salsa frita. À parte, Molho de Ervas Finas.

Cromesquis *à* Russa (*Cromesquis à la Russe*)
O mesmo aparelho que para os anteriores e a mesma fôrma. Enrolar num crepe e passar por massa de fritos com cerveja. À parte, Molho Duxelles.

Croquetes (*Croquettes*)
(*Ver a fórmula em* ENTRADAS LIGEIRAS).

Crostas (*Croûtes*)
Em escalopes, sobre crostões. Polvilhar com queijo ralado. Gratinar.

Financeira (*Financière*)
(*Cozidos*). Colocar sobre crostões. Guarnição Financeira. Cobrir com Molho Madeira, com essência de trufas.

Franganita (*Poulette*)
Em timbale. Cortados em fatias. Cobrir com Molho Franganita.

Fritote (*Fritot*)
(*Ver a receita-tipo em* ENTRADAS LIGEIRAS).

Gratinados (*Gratin*)
Cozidos em Caldo Aromatizado (*Court-bouillon*). Colocar os escalopes de miolos, num recipiente de ir ao forno, levemente barrado de Molho Duxelles. Sobre cada um deles, uma rodela de champignon. Cobrir com Molho Duxelles, polvilhar com pão ralado, regar com manteiga derretida. Gratinar em fogo brando. Polvilhar com salsa picada

Húngara (*Hongroise*)
Cozidos. Cortar em fatias, temperar com páprica e passar por farinha Alourar em manteiga. Servir sobre crostões, guarnecido dum salpicão de champignons, ovos cozidos e trufas, tudo salteado em manteiga. Sobre cada escalope de miolos, uma pequena fatia de presunto, aquecida em manteiga. Rodear de Molho Páprica e polvilhar com salsa picada.

Indiana (*Indienne*)
Cortados em escalopes e salteados em manteiga. Servir com Arroz à Indiana, cobrindo os miolos de Molho Caril (*Curry*).

Inglesa (*Anglaise*)
Panar à inglesa. Fritar e servir com salsa frita. À parte, Molho de Tomate.

Italiana (*Italienne*)
Cortar em fatias, a cru. Passar por farinha e saltear em 1/2 de manteiga, 1/2 de azeite. Cobrir com Molho Italiano.

Manteiga Escura (*Beurre Noir*)
Cozidos. Cortar em fatias. Temperar. Cobrir com manteiga do nome e polvilhar com salsa picada.

Marinheira, ou em Matalota (*en Matelote*)
Cozer em vinho tinto. A mesma guarnição e molho que para MIOLOS À BORGONHESA.

Moleira (*Meunière*)
Com MANTEIGA ESCURA. Tratar à Moleira (*Meunière*).

Montrouge
Cortar em fatias. Colocar num prato de ir ao forno. Guarnecer de champignons, ligados com natas. Cobrir com Molho Mornay e gratinar.

Musseline (*Mousseline*)
(*Ver a receita-tipo em* ENTRADAS LIGEIRAS).

Pastelão (*En Mazagran*)
Colocar num recipiente de ir ao forno, sobre uma camada de Batata Duquesa (*Duchesse*); lâminas de trufas, escalopes de miolos e champignons, ligados com Molho Supremo. Cobrir com uma camada da mesma batata. Dourar com um pouco de gema de ovo. Meter no forno a corar. No momento de servir, enfeitar ao redor com Molho de Tomate e salsichas Chipolatas grelhadas.

Provençal (*Provençale*)
Proceder conto para ITALIANA, substituindo o Molho Italiano por Tomates à Provençal. Guarnecer com azeitonas pretas e polvilhar com estragão picado.

Ravigote
Em timbale. Cortados às fatias e cobertos com Molho Ravigote.

Romana (*Romaine*)
Preparar como para INGLESA. Servir em coroa, tendo ao centro espinafres em folhas, estufados em manteiga. Sobre cada escalope, um filete de anchova enrolado. Regar com Manteiga Noisette.

Subrics
(*Ver a fórmula-tipo em* ENTRADAS LIGEIRAS).

Suflê (*Souffé*)
Bechamel com purê de miolos, ligado com gemas de ovos. Misturar com claras de ovos (*em castelo*). Enformar e meter no forno. Servir rapidamente.

Timbale à Escocesa (*Timbale Ecossaise*)
Pequenas fôrmas redondas, decoradas com língua escarlate. Barrar com recheio de carne. Encher de salpicão de língua e miolos, ligado com Molho Supremo. Recobrir com um pouco de recheio. Cozer em banho-maria; desenformar. Servir com Molho Escocês, à parte.

Timbale à Napolitana (*Timbale Napolitaine*)
Pequenas fôrmas redondas, decoradas com macarrão em espirais. Passar sobre este um pouco de recheio de carne. Encher com salpicão de champignons e miolos, ligado com Demi-glace atomatado. Terminar como os anteriores. À parte, Demi-glace atomatado.

Timbale Vila Nova (*Timbale Villeneuve*)
Pequenas fôrmas ovais, untadas com manteiga e salsa picada Barrar com recheio de carne e encher a cavidade restante com salpicão de miolos e trufas, ligado com Molho Supremo. Terminar como ESCOCESA. À parte, Molho Soubise claro, adicionado de natas.

Villeroy
Cortar em fatias. Passar por Molho Villeroy e panar à inglesa. Fritar em bastante gordura. Servir com salsa frita. À parte, Molho Périgueux.

MIUDEZAS DE AVES
(Abatis de Volaille)

As miudezas de aves são utilizadas muitas vezes, se não quase sempre, para guisados. O Arroz de Miudezas (Riz d'Abatis) *é estupendo. As vísceras da galinha são também usadas para aumentar* o *sabor da Canja. No entanto, antes de serem cozinhadas de qualquer das maneiras, devem ser escrupulosamente limpas e arranjadas. A cabeça, pescoço e asas devem ser bem limpos de penas e ligeiramente queimadas à chama de álcool. Escaldar as patas, retirando a primeira pele que as envolve e cortar as garras. Abrir a moela e retirar com cuidado o saco interior, pois encerra, geralmente, a comida por último ingerida. Retirar o fel que se encontra no interior do fígado e aparar a parte superior do coração. Os fígados são guardados, geralmente, para serem preparados isoladamente; salteados, ou de outra forma. Se, por ventura, se desejar cozinhá-los com outras miudezas, deverá haver o cuidado de os adicionar, apenas 10 minutos antes de se retirar do fogo a preparação onde sejam incluídos, pois, sendo a sua cocção muito fácil, ficariam desfeitos se fossem submetidos à mesma fervura das moelas, por exemplo.*

Algumas Preparações de Miudezas

Boa-Dona, ou Boa Mulher (*Bonne-Femme*)
Estufadas com manteiga, toucinho, cebolinhas, Batatas Avelãs, vinho branco, ramo de cheiros, dente de alho, sal, pimenta e um pouco de água.

Borgonhesa (*Bourguignonne*)
Como a anterior, substituindo o vinho branco por tinto, e as batatas por champignons.

Burguesa (*Bourgeoise*)
Como BOA-DONA, substituindo as batatas por cenouras.

Caçadora (*Chasseur*)
Temperar com sal e pimenta, e saltear com 1/2 de manteiga, 1/2 de azeite. Retirar e, no mesmo molho, puxar: champignons, chalotas e vinho branco. Reduzir. Juntar Molho de Tomate e suco de vitela ligado. Colocar novamente as miudezas neste molho, sem deixar ferver. Polvilhar com salsa, cerefólio e estragão picados.

Chipolatas
Como BOA-DONA, com guarnição de chipolatas e castanhas em vez de batatas.

Escocesa (*Ecossaise*)
Como BOA-DONA, mas com as seguintes guarnições: Brunesa grossa de cenouras, aipo e cebola, semicozidas em manteiga; cevada perlada cozida em água e sal, durante 35 minutos.

Fritotes (*Fritots*)
Cozidos. Marinar 30 minutos em azeite, vinagre, salsa picada, sal e pimenta. Passar por massa de fritos. Fritar, servir sobre guardanapo, guarnecido com salsa frita e quartos de limão. Molho de Tomate.

Gänseklein
Miudezas de ganso, cozidas com aromáticos e condimentos, vinho branco e consomê. Com o caldo da cocção, passado, fazer uma ligação a um Roux Louro. Ligar com gemas de ovos. Cobrir com este molho as miudezas, adicionadas de míscaros cozidos. Servir tal qual.

Giblets
Em prato fundo, colocar as miudezas com todos os temperos da anterior, exceto vinho. Tapar com massa de brioche e cozinhar ao forno. (*Inglesa*). (*Pode-se chamar, em português,* Pastelão de Miudezas à Inglesa).

Inglesa (*Anglaise*)
Cozidas com cebolas, sal, pimenta e ramo de cheiros. Servir com batatas cozidas, polvilhadas de salsa picada.

Legumes (*Aux Légumes*)
Saltear em manteiga, com cebolas picadas. Molhar com consomê branco. Adicionar cenouras e nabos. torneados e salteados. No momento de servir, juntar feijão-verde em losangos e ervilhas.

Quinteira (*Fermière*)
Como BOA-DONA, substituindo a guarnição por Quinteira.

MOCOTÓ
(Pieds de Boeuf)

Veja PÉS ou MÃOZINHAS.

MOLEJAS DE VITELA OU CORDEIRO
(Ris de Veau ou d'Agneau)

Alexandra
Estufada em forno fraco, com fundo branco, numa caçarola adicionada de cenouras torneadas e pequenas cebolas branqueadas. Cobrir de nata fresca. Reduzir para ligar. Servir em travessa. com o excesso de molho à parte.

Anvers (*Anversoise*)
Estufada a branco. Servir com guarnição do nome.

Banqueira (*Banquière*)
Estufar a branco. Servir com Guarnição Banqueira.

Brighton
Estufada com língua e trufas. Servir fria, com fundos de alcachofras, cheios de macedônia com Maionese.

Brocheta Panada (*Attereaux*)
(*Ver receita-tipo em* ENTRADAS LIGEIRAS).

Cévenole
Estufar com Demi-glace, vinho da Madeira e suco de carne. Servir com purê de castanhas.

Champignons
Estufadas com champignons e Demi-glace.

Clamart
Estufada com fundo escuro de carne, Servir com Guarnição Clamart,

Condessa (*Contesse*)
Estufada; guarnecida com Dentados (*Bouchées*), contendo ervilhas, cenouras torneadas e feijão-verde em dados, salteados em manteiga.

Costeletas Princesa (*Côtelettes Princesse*)
Aparelho de Musse de Vitela, adicionado de molejas picadas. Dar a forma de costeletas pequenas e cozer em banho-maria. Panar à inglesa depois de fria. Fritar. Servir com Molho Supremo, guarnecidas de tarteletas, recheadas de pontas de espargos.

Crepinetes (*Crépinettes*)
Recheio de vitela, misturado, meio por meio, com Musse de Vitela. Adicionar metade do

volume de molejas picadas. Fazer os crepinetes, rolar em pão torrado e grelhar. Servir com purê ao gosto e molho adequado.

Escalopes
Fritos ou grelhados. Guarnição à vontade.

Financeira (*Financière*)
A branco, guarnecidas de champignons, croquetes, cristas e rins de galo, trufas, azeitonas, crostões, lagostins.

Franganita (*Poulette*)
Como MIOLOS FRANGANITA.

Geffroy
Moleja demolhada, branqueada durante 10 minutos em água fervente, com algum sal. Cortar em fatias e marinar em azeite, salsa, champignons, sal e pimenta Colocar em pequeninas tigelas de porcelana, untadas no fundo com azeite. Adicionar os condimentos da marinada. Cobrir com papel untado, levar ao forno bem quente e cozinhar durante meia hora. Regar com sumo de limão e servir.

Godard
Estufadas, com fundo escuro de carne. Guarnição Financeira (*Financière*).

Gratinadas (*Au Gratin*)
Estufadas a branco; cortadas em pedaços; empratadas em prato de ir ao forno, com rodelas de champignons. Cobrir de Molho Duxelles. Polvilhar com pão ralado e gratinar.

Guisadas (*Ragoût Fin*)
Com legumes novos, trufas e champignons.

Guizot
Estufada com suco de carne e hortelã. Guarnecer de croquetes de batata e tomates recheados.

Italiana (*Italienne*)
Salteadas em azeite. Cobrir com Molho Italiano.

Japonesa (*Japonaise*)
Estufada com fundo escuro de carne. Guarnição Japonesa.

Marechala (*Maréchale*)
Estufada. Guarnecida com juliana grossa de legumes.

Maria Stuart (*Marie-Stuart*)
Estufada. Purê de aipo e crostões de massa folhada, como guarnição.

Medalhões (*Médaillons*)
Aparelho das costeletas, cortado em rodelas. Panar e fritar. Molho Supremo.

Milanesa (*Milanaise*)
Escalopes panados com queijo e pão ralado. Guarnição Milanesa.

Montglas
Estufada. Guarnição Financeira, adicionando mais, língua, trufas e pasta de fígado (*foie gras*).

Nantua
Estufada a branco. Adicionar um salpicão de lagostins e champignons. Cobrir com Molho Alemão. Polvilhar com pão ralado. Gratinar. Guarnecer de pequenos Dentados (*Bouchées*), com recheio Nantua.

Parisiense (*Parisienne*)
Salteada em manteiga. Guarnecida com Batatas Avelãs (*Noisettes*).

Perigordina (*Périgourdine*)
Estufada com fundo escuro. Guarnecer com trufas em lâminas. Molho Madeira, com fundo da cocção reduzido.

Princesa (*Princesse*)
Cozidas, ou estufadas a branco. Guarnição Princesa. Molho Alemão, com fundo da cocção reduzido.

Quinteira (*Fermière*)
Estufada, com fundo escuro de carne. A meio da cocção, juntar uma Guarnição Quinteira e terminar de cozinhar em conjunto.

Raquel (*Rachel*)
Estufada. Guarnição de fundos de alcachofras salteados, e juliana de trufas.

Rossini
Em escalopes. Salteados em manteiga. Terminar como os ESCALOPES ROSSINI.

Talleyrand
Estufada. Guarnição de chicória com natas. Molho Perigordino.

Tolosana (*Toulousaine*)
A branco. Guarnição Financeira.

Villeroy
Estufada. Cortada em fatias. Passada por Molho Villeroy, panada e frita. Molho de Tomate, à parte.

Volnay
Estufada, com purê de champignons e Demiglace.

ORELHAS DE VITELA E PORCO
(Oreilles de Veau et Porc)

Frias (*Froides*)
Orelhas de vitela. Branqueadas. Estufadas. Cobrir com o fundo do estufado, depois de clarificado. Servir frio.

Fritas (*Frites*)
Orelhas de vitela. Branqueadas. Estufadas com vinho da Madeira. Cortar em tiras. Passar por massa de fritos. Fritar. Guarnecer com salsa frita. À parte, Molho de Tomate.

Grelhadas (*Grillées*)
Orelhas de vitela. Branquear. Estufar. Cortar ao meio no sentido do comprimento. Barrar com mostarda. Panar com manteiga derretida. Grelhar. À parte, Molho Diabo.

Italiana (*Italienne*)
Orelhas de vitela. Picadas e branqueadas. Estufadas. Cobrir com Molho Italiano.

Natural (*Naturel*)
Orelhas de porco. Branquear. Cozer em água com sal e aromáticos. Guarnecer com couves, chucrute, ou um purê ao gosto.

Recheadas (*Farcies*)
Orelhas de vitela. Branqueadas e recheadas. Enrolar, e cozinhar em fundo branco. Servir com o fundo do estufado, reduzido, ao redor.

Ruanesa (*Rouennaise*)
(*Porco*). Cozinhar como ao NATURAL. Retirar a parte carnuda e picar. Refogar em Molho Madeira. Arrefecer. Misturar com recheio igual ao utilizado na confecção de salsichas, e salsa picada. Fazer bolas, e colocá-las sobre a outra parte da orelha. Envolver em redanho e grelhar. À parte, Molho Madeira.

São Menehould (*Saint-Menehould*)
(*Porco*). Cozinhar como ao NATURAL. Cortar ao meio, no sentido do comprimento. Panar com manteiga derretida e grelhar.

Tartaruga (*Tortue*)
Como CABEÇA EM TARTARUGA. Orelhas de vitela

Tolosana (*Toulousaine*)
A mesma preparação que a anterior. Guarnição Tolosana

PALATO DE VACA
(Palais de Boeuf)

Atualmente, o palato (céu da boca) não é muito utilizado na cozinha. *Na prática antiga, contudo, usava-se bastante; como apontamento disso, aqui ficam algumas receitas.*

Aldeã (*Paysanne*)
Em retângulos. Saltear em manteiga. Guarnecer com Aldeã de legumes. Cobrir com Molho Madeira.

Cromesquis e Croquetes (*Cromesquis et Croquettes*)
(*Ver receita-tipo em* ENTRADAS LIGEIRAS).

Dinamarquesa (*Danoise*)
Em retângulos. Panado com manteiga. Grelhado. À parte, Molho Remulada.

Franganita (*Poulette*)
Em timbale. Cobrir com Molho Franganita.

Gratinado (*Au Gratin*)
Cortar em juliana grossa. Em Bordadura de Batata Duquesa (*Duchesse*). Cobrir com Molho Duxelles e gratinar.

Italiana (*Italienne*)
Em retângulos; saltear em manteiga. Cobrir com Molho Italiano.

PÉS OU MÃOZINHAS
Porco, Vitela ou Carneiro
(Pieds de Porc, Veau, Mouton)

O modo de cozer as mãozinhas é, geralmente, a branco, exceção feita para as de porco, que são cozidas com um fundo de aromáticos.

Blanqueta ou Branqueado (*En Blanquette*)
(*Ver* BLANQUETA DE VITELA, *em* ENTRADAS DE AÇOUGUE). As mãozinhas de carneiro são utilizadas desossadas.

Custine
Mãozinhas de Vitela. Branquear e estufar, Cortar em pequenos cubos. Misturar com Duxelles reduzido, adicionado de champignons

picados. Deixar arrefecer, e cortar em pedaços retangulares. Envolver em redanho de porco (*crépine*) e regar com manteiga derretida; corar no forno. À parte, Molho Demi-glace.

Feijão Branco (*Aux Soissons*)
Porco, vitela ou carneiro. Cozer e desossar. Fazer um refogado com pedaços de chouriço, toucinho, sal, pimenta e aromáticos; adicionar as mãozinhas em pedaços grossos. Estufar, juntando-lhe o feijão branco.

Franganita (*Poulette*)
Cozer e desossar. Empratar, cobrindo com Molho Franganita e salsa picada. (*Vitela* ou *carneiro*).

Fritas (*Frits*)
Branqueados. Cozer a branco. Desossar, panar à inglesa e fritar. Servir com salsa frita. À parte, Molho de Tomate. (*Vitela ou carneiro*).

Fritote (*En Fritot*)
(*Vitela ou carneiro*). Como os FRITOTES DE CABEÇA.

Grelhados (*Grillés*)
Cozer. Panar com manteiga derretida e grelhar. À parte, Molho Diabo. (*Vitela ou carneiro*).

Indiana (*Indienne*)
Cozer e desossar. Servir com Arroz à Indiana. As mãozinhas, cobertas com Molho Caril.

Italiana (*Italienne*)
Cozidas e desossadas, cortadas em pedaços de tamanho regular, e cobertas com Molho Italiano. (*Vitela ou* carneiro).

Jardineira (*Jardinière*)
O mesmo que FEIJÃO BRANCO, substituindo estes por legumes frescos, cortados em jardineira.

Portuguesa (*Portugaise*)
(*Porco*). A vulgar chispalhada. Estufadas com chouriço de carne e de sangue, feijão branco, nabos e outras hortaliças. Adicionar também um pouco de toucinho, presunto e orelha; sal, pimenta e aromáticos.

Ruanesa (*Rouennaise*)
Preparar um recheio, como para as orelhas de porco do mesmo nome. Cortar o pé em dois. Desossar e rechear. Colocar na sua posição normal, envolver em redanho de porco (*crépine*). Grelhar em fogo brando. (*Vitela e carneiro*)

São Menehould (*Saint Menehould*)
Cozer. Panar com miolo de pão ralado, e grelhar. (*Porco*).

Tártara (*Tartare*)
Cozer, desossar e cortar em pedaços iguais. Panar à inglesa; fritar em gordura bem quente. Servir com Molho Tártaro, à parte. (*Vitela*).

Tartaruga, em (*En Tortue*)
(*Ver* CABEÇA DE VITELA). (*Vitela*).

Tirolesa (*Tyrolienne*)
Cebolas picadas, puxadas em manteiga com tomates *concassés*. Temperar. Adicionar um dente de alho e salsa, picados. Juntar Molho Pimentada e as mãozinhas cozidas desossadas. Deixar ferver 10 minutos e servir em timbale (*Vitela ou carneiro*).

Trufadas (*Truffées*)
Estufar e desossar as mãozinhas. Cortá-las em cubos pequenos; juntar trufas picadas e o fundo do estufado, ligando tudo. Deixar arrefecer; cortar em retângulos. Embrulhar em recheio de porco trufado e redanho de porco (*crépine*). Saltear em manteiga e servir com Molho Madeira, à parte. (*Porco*).

Vinagrete (*Vinaigrette*)
Cozer e desossar. Servir quentes, ou frias, com Molho Vinagrete, à parte. (*No primeiro caso, obrigatoriamente*).

PULMÃO
(Mou)

O pulmão é muito pouco empregado em culinária, pois, além de pouco nutritivo, é poroso, tornando-se desagradável a sua mastigação. Antes de ser preparado, de qualquer maneira, o pulmão deve ser fortemente batido, *a fim de libertá-lo do ar que contém. Pode-se prepará-lo em Civete ou Guisado. Desta última forma, com Guarnição Burguesa ou Franganita.*

RABO DE BOI
(Queue de Boeuf)

Aldeã (*Paysanne*)
Em pedaços pequenos. Temperar e refogar com Mirepoix, pedaços de courato de porco e presunto. Molhar com vinho tinto e fundo branco. A 3/4 de completa cocção, retirar os pedaços e juntá-los numa caçarola com cenouras, e nabos branqueados. salteados com pequenas cebolas. Adicionar batatas novas e o fundo do refogado. Terminar a cocção e servir na própria caçarola.

Auvergnate
Em troços. Estufar com vinho branco. Guarnecer com pedaços de toucinho cozido, castanhas grandes, cozidas em consomê e cebolas estufadas. Cobrir com **o** fundo do estufado, depois de passado e reduzido.

Cavour
Em troços. Fazer suar com fundo de aromáticos e couratos de porco. Molhar com fundo escuro e vinho branco. Estufar. Empratar numa pequena caçarola, regando os pedaços com o fundo do estufado, depois de passado e reduzido. À parte, Lazanha à Italiana (*Lazagne: massa italiana*).

Charolesa (*Charolaise*)
Tratar como o precedente. Guarnecer com cenouras e nabos, torneados e cozidos; croquetes de picado fino de porco, com salsa. Empratar sobre uma bordadura de Batata Duquesa (*Duchesse*). Ao redor, fatias de toucinho frito.

Chipolata
Com a anterior. Chipolata, em vez das fatias de toucinho.

Daube
O mesmo tratamento. Guarnecer com cebolas pequenas, fatias de toucinho e juliana de mãozinhas de vitela.

Grelhada (*Grillée*)
Em troços maiores. Cozer. Barrar com mostarda e panar com manteiga derretida. Grelhar. À parte, Molho Diabo.

Marmita (*Hochepot*)
Troços da cauda, com orelha e pé de porco. Cozer com aromáticos. A meia cozedura, juntar cenouras e nabos torneados, pequenas cebolas e bolas de hortaliça. Terminar a cocção com os vegetais. Empratar em coroa, com os legumes no centro; fatias da orelha e chipolatas, ao redor, pelo lado de fora.

Nohant
Em troços. Preparar como CAVOUR. Empratar em coroa. Guarnecer o centro com Macedônia de legumes. Ao redor, moleja de carneiro estufada, alternada com fatias de língua escarlate.

Recheada (*Farcie*)
Desossar. Rechear com aparelho composto de carne magra de vaca, toucinho, miolo de pão ensopado em leite; tudo picado. Misturar com trufas cruas picadas. tempero necessário e ovos. Enrolar como uma Galantina. Cozer em água e sal, e depois estufar com fundo de aromáticos. Servir coberto com o molho do estufado, passado e reduzido. Guarnição à vontade.

REDANHO
(Fraise, Crépine)

O redanho é uma membrana gordurosa que envolve os intestinos da vitela, ou do porco, bem como dos outros animais. No entanto, apenas a dos dois citados é utilizada em culinária.
MODO DE COZEDURA: A branco. Servir sempre bem cozida e bem quente; a ferver mesmo.

Franganita (*Poulette*)
Picar. Misturar com Molho Franganita. Servir em timbale.

Frito (*Frite*)
Cortar aos bocados. Panar à inglesa e fritar. Salsa frita. À parte, Molho Diabo,

Lionesa (*Lyonnaise*)
Saltear em azeite fervente. Terminar como o FÍGADO À LIONESA.

Ravigote
Em timbale. À parte, Molho Ravigote.

Vinagrete (*Vinaigrette*)
Em timbale. À parte, Molho Vinagrete.

RINS

De anho, carneiro, porco, vaca e vitela

(Rognons d'Agneau, Boeuf, Mouton, Porc et Veau)

Americana (*Américaine*)
Grelhado. Colocado sobre 1/2 de tomates grelhados. Circundar com fatias de toucinho, grelhadas. Manteiga escura.

Arroz, com (*Au Riz*)
Salteado como MADEIRA. Servir em forma de Arroz Pilaw.

Bercy
Em fatias. Estufado. Servir em timbale. coberto com Molho Bercy.

Berrichone
Cortar ao meio. Saltear. Molhar com vinho tinto, e adicionar Molho Bordalês. Juntar pedaços de toucinho, pequenas cebolas estufadas e rodelas de champignons. Servir sobre crostões, coberto com o molho. Circundar com a guarnição. Polvilhar com salsa picada.

Boa-Dona ou Boa Mulher (*Bonne-Femme*)
Rim de vitela. Cortar em fatias, deixando a gordura. Cozinhar em caçarola, com Batatas Avelãs (*Noisette*), pequenas cebolas, pedaços de toucinho e ramo de cheiros. Molhar com vinho branco. Servir com a própria guarnição.

Bordalesa (*Bordelaise*)
Cortar em fatias. Saltear. Molhar com vinho tinto. Juntar Molho Bordalês, adicionado de pedaços de tutano e miscaros picados. Servir em timbale, com salsa picada por cima.

Brocheta, ou Espetada, em (*Brochette*)
Cortar aos pedaços e alternar com tiras de presunto e toucinho. Temperar e grelhar a fogo vivo. Servir com Manteiga Mordomo.

Caçadora (*Chasseur*)
Cortar em fatias. Saltear. Molhar com vinho branco. Juntar Molho Caçador. Servir em timbale, polvilhado com salsa picada.

Caçarola (*Casserole*)
Rim de vitela, com toda a sua gordura. Cozinhar em caçarola, com manteiga, cebolinhas, presunto e aromáticos. Juntar suco de vitela ligado. Servir na própria caçarola.

Caril (*Curry*)
Em timbale. Saltear. Cobrir com Molho Caril. À parte, Arroz natural.

Carvalho
Cortar o rim ao meio e saltear. Adicionar vinho da Madeira e um pouco de Molho Madeira. Servir sobre crostões. Guarnecer com trufas e champignons, em rodelas. Lâminas de trufa e cabeças de champignons, sobre o rim. Cobrir com o molho.

Champanha (*Champagne*)
Cortados em fatias e salteados com champignons, aromáticos, vinho da Champanha (*champagne*) e Demi-glace.

Champignons
Cortado em fatias. Saltear e molhar com vinho branco. Adicionar Demi-glace atomatado, com champignons e chalotas, picadas.

Châteaubriand
Grelhados. Guarnecer com raminhos de agrião e Batatas Castelo (*Château*). Molho Châteaubriand.

Chipolata
Como MADEIRA. Guarnição: Chipolata.

Cortadora (*Bouchère*)
Cortar em fatias. Saltear com chipolatas e cubos de lombo de vaca. Molhar com vinho da Madeira. Adicionar Molho Madeira. Servir em timbale, com salsa picada.

Flamejado (*Flambé*)
(*Rim de vitela*). Sem gordura e temperado. Cozinhar inteiro, numa caçarola com manteiga, durante 15 minutos. Terminar à mesa, sobre a lamparina (*Réchaud*). Aproveitando o molho que já existe, da cocção do rim, retira-se este, e molha-se com brande ou aguardente. Flamejar (*flamber*) e deixar reduzir para metade. Adicionar manteiga, sumo de 1/4 de limão e salsa. Cortar o rim, e aquecer um pouco, servindo com o molho. (*Há outra receita mais vulgar, que daremos no 2º volume – A Cozinha de Sala.*

Grelhado (*Grillé*)
(*Ver* BROCHETA). Cozinhar sem ser espetado.

Henrique IV (*Henry IV*)
Grelhar. Encher a cavidade com Molho Bearnês. Guarnecer com montinhos de Batata Ponte Nova (*Pont-Neuf*) e agrião.

Japonesa (*Japonaise*)
Grelhar aberto ao meio. Encher uma das cavidades com tomate *concassé*, a outra com ovos mexidos. Guarnecer com montinhos de Batata Palha e agrião.

Liégeoise
Corno CAÇAROLA. Flamejar (*flamber*) com genebra. Bagos de zimbro pisados, adicionados ao suco de vitela utilizado. Servir na própria caçarola.

Luís XIV (*Louis XIV*)
Em brocheta. Empratar sobre fatias de presunto grelhadas. Cobrir com suco de carne, ao estragão. Guarnecer com raminhos de agrião.

Madeira (*Madère*)
Cortar em fatias. Saltear e molhar com vinho da Madeira. Adicionar Molho Madeira. Servir em timbale. (*Pode ser servido, também, com Porto, Jerez, vinho branco etc., substituindo o vinho da Madeira pelo vinho respectivo*).

Mercador de Vinhos (*Marchand de Vins*)
Como BERCY, utilizando vinho tinto.

Mexicana (*Mexicaine*)
Servidos sobre pequenas crustadas de Batata Duquesa (*Duchesse*), atomatada. Cortados ao meio e recheados com picado de carne. Estufados. Cobertos com Molho Italiano.

Montpensier
Como MADEIRA. Guarnecer com pontas de espargos e Batatas Avelãs (Noisettes). Decorar com lâminas de trufas.

Oriental (*Orientale*)
Em pedaços. Saltear. Servir com Arroz Pilaw e Molho de Tomate com caril.

Parisiense (*Parisienne*)
Em Brocheta. Guarnecido com pontas de espargos e Batata Avelã (*Noisette*).

Pequeno Duque (*Petit-Duc*)
Grelhado. Cavidade cheia com rábano ralado. Empratar sobre Batata Ana (*Anna*), com cordão de Molho Castelo (*Château*).

Portuguesa (*Portugaise*)
Cortar ao meio. no sentido do comprimento. Saltear, adicionando vinho da Madeira. Juntar Demi-glace atomatado. Empratar em coroa, sobre metades de tomate, cozidos no forno. Guarnecer o centro com tomates *concassés* e cobrir o rim com o molho.

Presidência (*Présidence*)
Grelhar. Encher a cavidade com Molho Villeroy. Panar à inglesa. Fritar em manteiga clarificada. Empratar em coroa. com o centro guarnecido por uma jardineira de legumes.

Roberto (*Robert*)
Como em CAÇAROLA. Terminar na sala junto ao cliente. Picar o rim. Molhar na caçarola com brande ou boa aguardente. Flamejar (*flamber*). Adicionar mostarda francesa, sumo de limão, salsa picada, manteiga e os pedaços de rim com o seu próprio suco. Ligar tudo e servir imediatamente.

São Lázaro (*Saint-Lazare*)
Como BORDALESA. Cortar o rim ao meio, no sentido do comprimento.

Tirolesa (*Tyrolienne*)
Grelhar. Encher a cavidade com tomates *concassés*. Montinho de rodelas de cebola frita, aos extremos.

Turbigo
Cortar ao meio no sentido do comprimento e saltear, molhando com vinho branco. Adicionar Demi-glace atomatado. Empratar sobre crostões. Guarnecer com chipolatas e cabeças de champignons. Cobrir com o molho.

Verde Prado (*Vert-Pré*)
Grelhar. Manteiga Mordomo (*Maître d'Hôtel*), na cavidade. Guarnecer com montinhos de agrião, e de Batata Palha (*Paille*), nas extremidades.

SALSICHAS E CREPINETES
(Saucisses et Crépinettes)

Os crepinetes, na sua maneira original, são picados de carne, enrolados em redanho de porco (crépine), *aos quais se dá uma forma longa e achatada, diferindo nisso das salsichas, que, embora alongadas, são cilíndricas. A dificuldade na obtenção de redanho, sempre que se pretende fazer os crepinetes, levou à utilização, com muita freqüência. de folhas de crepe, pelo que isso se tornou quase normal, embora não seja a forma correcta.*

As salsichas, palavra que deriva do latim salsisium (de salsus. salgado), são, como o nome parece indicar, picados de carne bastante condimentados, que são ensacados em tripas finas e servidos, habitualmente, grelhados. Podem, no entanto, ser servidas fritas ou cozidas, sobretudo as salsichas secas ou fumadas, como as de Francfort, Estrasburgo ou Viena.

Crepinetes de Porco (*Crépinettes de Porc*)
Aparelho composto de picado de carne para salsichas, com salsa picada. Envolver no redanho (*ou folha de crepe*), podendo adicionar-se trufas picadas. É possível, também, preparar os aparelhos com picado de carneiro, moleja de vitela, perdiz, criação etc.; em qualquer destes casos, o nome será o do aparelho base.

Crepinetes Borralheira (*Crépinettes Cendrillon*)
Cozinhados dentro dum papel vegetal, barrado com azeite ou manteiga, com cinzas em fogo, por cima e por baixo. Desembrulhar no momento de servir.

Crepinetes de Liège (*Crepinettes Liégeoise*)
Cozinhar em manteiga clarificada. Molhar com genebra. Cobrir com suco de vitela ligado, adicionado de bagas de zimbro, pisadas.

Salsichas com Arroz (*Saucisses au Riz*)
Salsichas salteadas com vinho branco, servidas numa forma de arroz pilaw.

Salsichas com Couves (*Saucisses aux Choux*)
Cozer ou grelhar; com acompanhamento de couves estufadas, ou cozidas à inglesa.

Salsichas de Francfort ou Estrasburgo (*Francfort ou Strasbourg*)
Mergulhar em água a ferver. Guarnecer com chucrute estufada.

Salsichas Inglesas (*Saucisses Anglaises*)
Estas salsichas, que também se chamam de Cambridge, são servidas grelhadas. Acompanhar com Mostarda.

Salsichas com Marmelada (*Saucisses à la Marmelade*)
Salteadas. À parte, marmelada de maçãs.

Salsichas à Piemontesa (*Saucisses à la Piémontaise*)
Saltear em manteiga e vinho branco, salsichas chipolatas, adicionando-lhes trufas brancas. Servir com arroz de repolho enformado com cavidade ao centro, onde se colocam as salsichas.

Salsichas à Portuguesa (*Saucisses à la Portugaise*)
Salteadas com tomate, alho e vinho branco. Servidas com arroz de tomate e pimentos.

TRIPAS OU DOBRADA
(Tripes et Gras-Double)

Também chamado Bucho ou Buchada.

Enquanto, em português, não se faz verdadeiramente distinção (mas devia-se fazer), os franceses chamam gras-double *às partes gordurosas do estômago do animal, o que corresponde, finalmente, à nossa dobrada, ou seja, a parte folhada do estômago. O resto são* tripas *no francês, e, em português, tripas, o que está muito bem e tem relação. Além da Dobrada de Vaca, utiliza-se também a de vitela, as tripas de porco e de carneiro, estas últimas, sobretudo, na confecção de enchidos. Sendo ricas em gelatina, as tripas são, contudo, de difícil digestão, necessitando de prolongada cocção, o que as torna desaconselháveis para os dispépticos. O seu teor de gelatina e núcleo-proteínas torna-as igualmente proibidas aos gotosos e uricêmicos. Devido às funções a que se destinam no organismo do animal, as tripas e a dobrada requerem tratamento especial, antes de serem utilizadas na culinária.*

Primeiro, devem ser bem lavadas em águas frias: depois, raspadas, esfregadas com sal grosso, passadas por água quente, e esfregadas novamente com limão. São, em seguida, fervidas, durante 5 minutos, escorridas e cozidas então com sal, cebola e ramo de cheiros, Só depois disso estão prontas para serem utilizadas em qualquer receita.

Dobrada (*Gras-Double*)
Prepara-se em Blanqueta, Burguesa, Fritotes, Grelhada, Lionesa e quase todas as preparações dos PÉS ou MÃOZINHAS DE VITELA.

Dobrada Grelhada
A parte mais grossa, cozida. Cortar em pedaços. Cobrir com manteiga derretida ou azeite; salsa,

cebola e alho, picados miúdos, sal e pimenta. Embrulhar em papel untado com manteiga e grelhar. Servir com Molho Picante.

Dobrada à Lionesa
Dobrada cozida, salteada com Molho Lionês, engrossando com um pouco de farinha.

Dobrada à Milanesa
Dobrada cozida. Cortar em pedaços e colocar num tacho em camadas alternadas com canapés fritos e queijo ralado. Passar no forno.

Dobrada à Moda do Porto (*Gras-Double à la Mode du Porto*)
Cozida com presunto, mão-de-vaca, chouriço, chispe e galinha. Coze-se feijão branco com cenouras e junta-se à dobrada, depois de cozida, com um refogado de azeite, cebolas, ramo de cheiros, vinho branco e Molho de Tomate, Adicionam-se igualmente, depois de cortados aos pedaços, todos os componentes da primeira cocção. Servem-se na própria caçarola (*cocotte*). À parte, arroz com rodelas de chouriço, e salada de alface, agrião etc.

Dobrada à Portuguesa (*Gras-Double à la Portugaise*)
Cortada em pedaços. Em caçarola com tomates *concassés*, fervendo 20 minutos. Servir em timbale com salsa picada. (*Receita Francesa*).

Dobrada à Portuguesa (*Gras-Double à la Portugaise*)
Refogado de cebola, alho e toucinho, com vinho branco, aromáticos e azeite. Adiciona-se tomate *concassé*, consomê branco, chouriço, presunto e cenouras. Junta-se a dobrada e feijão branco, já previamente cozinhados em separado. Cozinha-se 30 minutos, e mistura-se um cálice de bom Porto. Serve-se na própria caçarola, com rodelas de chouriço e salsa picada. (*Cozinha Portuguesa*).

Tripas à Moda de Caen (*Tripes à la Mode de Caen*)
Utilizar um tacho de barro (*o que é primordial*) com fogo brando. Devem também ser cozinhadas hermeticamente fechadas, o que se pode fazer colocando a tampa e colando-a com um pouco de farinha, amassada com água. Para ter certeza de que o calor é regular e constante, pode-se cozinhar este prato num forno.
Ingredientes: Mão-de-vaca, dobrada e tripas em pedaços, cebolas, porros, cenouras picadas, tomilho, louro, dentes de alho, pimenta em grão, ramo de cheiros, vinho branco, gordura de vaca, brande, sal e pimenta do moinho.
Preparação: Sobre o fundo da caçarola, cebolas e cenouras em pedaços regulares; camada de mão-de-vaca com o osso, tripas (*misturando com estas parte dos temperos*); continuar, da mesma forma, até que a caçarola esteja cheia. Adicionar o vinho branco e o brande, e tapar com a gordura. Cobrir com a tampa e cozinhar durante 10 a 12 horas.

Negalhos, ou Nagalhos (*Tripons ou Paupiettes*)
Quadrados de bucho (*estômago*) de porco, com o seguinte recheio: picado de carne de porco fresca, presunto e salsa, com algumas tripas de permeio. Temperar com sal, pimenta e aromáticos. Enrolar e atar. Estufar em bastante molho, com vinho branco, aromáticos, gordura de porco e brande,

TUTANOS
(Amourettes et Animelles)

Em português, não se distinguem. Os franceses chamam amourettes *aos tutanos da espinha da vaca ou vitela,* animelles, *aos tutanos dos carneiros ou cabras, de idêntica parte,* moëlle *ao tutano do jarrete de vaca. Pode-se aplicar aos tutanos todos os tratamentos dos* MIOLOS.

ENTRADAS LIGEIRAS
(ENTRÉES LEGÈRES)

No capítulo ENTRADAS LIGEIRAS, *procuramos reunir todas as preparações que, peixe ou carne, pudessem servir de intermédio às verdadeiras entradas de aves, ou de açougue, muitas delas até podendo ser servidas* como *"Acepipes Quentes".*

ALBARDADOS
(Beignets)

Os albardados *são feitos, passando-se o aparelho indicado por massa de fritar, fritando-a depois em gordura fervente.*

Atum (*Thon*)
Rodela de atum marinado, guarnecida de um dos lados com pasta de anchovas.

Bacalhau (*Morue*)
(*Ver* PEIXES).

Canebière
Aparelho da Brandada de Bacalhau açafronado, polvilhado com salsa picada. Cortar em quadrados.

Diversos (*Divers*)
Com todo o aparelho desejado, carne ou peixe, se podem fazer os albardados, convindo, no entanto, temperar primeiro a matéria a preparar; anchovas, pasta de fígado, fígado de aves, tutanos, ovos, mariscos, beringelas etc.

Indiana (*Indienne*)
Salpicão de aves e ovos cozidos, ligado com Molho Caril e gemas de ovos; bem espesso. Cortar em quadrados, passar ligeiramente por recheio de aves e na massa de fritar.

Italiana (*Italienne*)
Salpicão de presunto, parmesão e aves, ligado com miolos. Fazer pequenas bolas, roladas em farinha.

Miolos (*Cervelles*)
Cozidos; cortados em fatias. Marinar durante 1 hora, em azeite, limão, cebola e aromáticos.

Normanda (*Normande*)
Camembert passado pela peneira, misturado com Bechamel bem espesso e gemas de ovos. Cortar em quadrados.

Ovas de Peixe (*Laitances*)
Cozer com vinho branco e marinar como os miolos.

Pignatelli
Presunto picado e pinhões.

Rainha (*Reine*)
Purê de aves. Em quadrados.

Rossini
Pasta de fígado (*foie gras*), misturada com trufas e Bechamel.

ALMÔNDEGAS
(Boulettes)

As almôndegas, em sua essência, são croquetes que, depois de fritos, se estufam em Demi-glace atomatado ou Molho de Carne. Podem também ser servidas só fritas, passadas por gema de ovo e pão ralado. Fazem-se de vaca, vitela ou porco, podendo, em sua decoração, ser aplicados diversos molhos e guarnições, segundo a carne utilizada.

ARROZES DIVERSOS
(Pilaw et Rizotto)

(Ver outras receitas em LEGUMES E MASSAS ALIMENTARES).

Arroz de Frango à Parisiense (*Riz de Volaille á la Parisienne*)
Os pedaços de frango puxados em manteiga são adicionados com tomate *concassé* ao arroz, durante a cocção. Misturar à saída do forno, com fundo de vaca reduzido. Servir em timbale. À parte, Molho de Tomate.

Branco (*Au Gras, au Beurre*)
Cozido com sal, escorrer a água. Passar por manteiga.

Paelha Valenciana (*Paella à la Valencienne*)
Frango refogado com azeite e alho. Refoga-se também o arroz e juntam-se este, o frango e água fervente. Adicionar feijão-verde, ervilhas, alcachofras, caracóis, enguias, mexilhões ou amêijoas, sal, pimenta, louro e açafrão. Deixar cozinhar bem, tendo cuidado para que o arroz fique solto. Serve-se na própria caçarola, com limão à parte.

Pilaw, ou Pilaf
Passado em manteiga, com cebolas picadas. Adicionar consomê branco, ramo de cheiros e temperos. Ferver 17 minutos. Retirar, desligando com um garfo e juntando manteiga.

Pilaw de Aves à Grega (*Pilaw de Volaille à la Grecque*)
Cortar as aves em pedaços e puxar em manteiga, com cebola picada. Molhar com Demi-glace atomatado, adicionado de juliana de pimentos encarnados. Servir com arroz de pimentos, enformado.

Pilaw de Aves à Oriental (*Pilaw de Volaille à l'Orientale*)
A mesma preparação que o anterior. Temperar com pimenta de gengibre. O molho e o arroz, com pimentos verdes em vez de encarnados.

Pilaw de Carneiro (*Pilaw de Mouton*)
Como o PILAW DE CORDEIRO.

Pilaw de Codorniz (*Pilaw de Cailles*)
Cozinhar as codornizes. Servi-las com um arroz enformado, adicionado de Glace de Carne. Cordão de suco de carne ligado.

Pilaw de Cordeiro (*Pilaw d'Agneau*)
Pedaços de cordeiro, salteados em manteiga, com cebolas picadas e caril em pó. Adicionar Demi-glace atomatado e servir com o arroz, enformado.

Pilaw de Fígado de Aves à Turca (*Pilaw de Foie de Volaille à la Turque*)
Puxar os fígados em manteiga, com cebola picada. Molhar com Demi-glace atomatado e servir com arroz enformado.

Rizotto
Como o PILAW, mas com a adição de Molho de Tomate açafronado.

Rizotto com Fígados de Ave
Como o seu nome indica.

Rizotto Rabaçada
Arroz com legumes e cogumelos, um pouco açafronado; alho e azeite refogados, servindo de base.

Rizotto Risi-Bisi
Arroz cozido com consomê, ervilhas, salsa, manteiga e queijo.

Rizotto à Russa
Cozinhado com consomê, manteiga, queijo e filetes de aves.

Rizotto Tibidabo
Arroz de frango com peixes, apimentado; coberto com lagostins, salteados com brande.

Rizotto com Trufas
Cozinhado com queijo, trufas e molho de carne atomatado.

BALOTINAS
(Ballotines)

Balotinas são uma espécie de galantina que se serve habitualmente como entrada quente, podendo também ser servida fria. Preparam-se de qualquer peça de carne, aves ou peixe; desossada, recheada e enrolada em forma de balote (fardo de algodão). Verdadeiramente, esta palavra devia aplicar-se apenas a uma peça de carne desossada, enrolada sem qualquer recheio. Por extensão, no entanto, esse nome dá-se às preparações acima citadas, que não são outra coisa senão galantinas.

Balotina de Anho Boa-Dona (*Ballotine d'Agneau Bonne-Femme*)
Perna de cordeiro desossada. Recheada com picado para salsichas e cebola picada. Enrolar e atar. Estufar com cebolas pequenas, toucinho, aromáticos, vinho branco e fundo branco de carne, em quantidade suficiente para cobrir a Balotina. Cocção: 60 a 70 minutos no forno. Servir na caçarola, com Batata Avelã (*Noisette*). (*Esta sendo a base, pode servir-se depois a Balotina, com todas as guarnições desejadas. Para Borgonhesa (Bourguignonne) substitui-se o vinho branco por tinto. Servida fria, aceita qualquer das guarnições utilizadas em tais casos*).

Balotina de Anho em Geléia (*Ballotine d'Agneau en Gelée*)
Perna de cordeiro, recheada com recheio de galantina, adicionado de um salpicão de língua escarlate, presunto e trufas. Enrolar, embrulhar num pano branco e atar. Cozinhar num fundo branco, como a galantina. Deixar arrefecer comprimida. Lustrar com geléia e servir com geléia (*Aspic*) picada.

Balotinas de Aves (*Ballotines de Volaille*)
Utilizando as pernas de diversas aves, preparam-se pequenas Balotinas, com o mesmo recheio e seguindo o indicado para a BALOTINA DE FRANGO.

Balotina de Carneiro (*Ballotine de Mouton*)
Perna de carneiro. Proceder como para BALOTINA DE ANHO.

Balotinas Diversas (*Ballotines Diverses*)
Utilizar peru, pato, pombo, perdiz ou qualquer outra ave, procedendo como para BALOTINA DE FRANGO.

Balotina de Frango (*Ballotine de Poulet*)
Frango desossado, recheado com recheio de croquetes ou picado de porco. Enrolar num pano, previamente molhado em água quente e espremido. Atar solidamente, dando uma forma correta à peça. Cozinhar em fundo branco de aves, durante 50 minutos. Escorrer. Deixar repousar 10 minutos à boca do forno (*isto é absolutamente necessário, para que o recheio "aperte"*). Reduzir o fundo da cocção. Glacear a balotina depois de desenrolado o pano, regando-a com o molho obtido. Guarnição segundo o nome.

Balotina de Galinha em Geléia (*Ballotine de Poularde à la Gelée*)
Como a de frango. Lustrar com geléia, em vez de estufar no forno.

Balotina de Porco (*Ballotine de Porc*)
Prepara-se com a perna de porco, seguindo as indicações da BALOTINA DE ANHO.

Balotina de Vitela (*Ballotine de Veau*)
Prepara-se com a perna de vitela desossada, ou com qualquer outra parte, recheada e enrolada. Seguir, em tudo, as indicações da BALOTINA DE ANHO.

BARQUETAS E TARTELETAS
(Barquettes et Tartelettes)

As barquetas *e as* tarteletas *são pequenos pedaços de massa, cozidos no forno em fôrmas de folha, recheadas com arroz ou feijão cru, a fim de conservarem a cavidade durante a cozedura. De muito antiga utilização na culinária, já no século XVI elas eram usadas largamente na cozinha francesa, sendo conhecidas por* flannets, *diminutivo de* flan.

Châtillon
Cheias de champignons picados, com natas. Cobrir com recheio de aves. Cozer no forno.

Diana (*Diane*)
Cheias com escalopes de perdiz e lâminas de trufas, ligados com Molho Salmis. Cobrir com recheio de caça. Cozer no forno.

Filetes de Linguado (*Filets de Sole*)
Recheadas com salpicão de filetes de linguado, trufas e champignons, ligado com Molho Normando.

Gaulesa (*Gauloise*)
Recheadas com cristas e rins de galo, ligadas com Glace de Carne e manteiga. Cobrir com recheio de aves, adicionado de presunto picado. Cozer no forno.

Joinville
Com guarnição e molho do mesmo nome.

Marly
O mesmo que DIANA. Faisão, em vez de perdiz.

Nantua
Com guarnição e molho do mesmo nome.

Nhoques (*Gnocchi*)
Recheadas com Nhoques e Molho Mornay. Gratinar.

Olga
Suflê de caça de pena. Cozer no forno. Cobrir com Molho Salmis. Champignons no topo.

Ostendesa (*Ostendaise*)
Rechear com ostras cozidas, ligadas com Molho de Vinho Branco. Polvilhar com trufas picadas.

Ovas à Florentina (*Laitances Florentine*)
Colocar no fundo uma camada de espinafres em rama. Sobre estes, as ovas cozidas. Cobrir com Molho Mornay e gratinar.

Ovas com Parmesão (*Laitances au Parmesan*)
O mesmo que a anterior, sem espinafres. Cobrir com aparelho de suflê com parmesão. Cozer no forno.

Portuguesa (*Portugaise*)
Recheadas com tomate *concassé*, salteado em azeite com alho. Cobrir com Molho Demi-glace.

Vitória (*Victoria*)
Recheadas de salpicão de lagosta, trufas e champignons, ligado com Molho Vitória. Decorar com trufas e coral de lagosta.

BEURRECK
(Beurrek)

Beurrek (*Cigarro*)
Mistura consistente, feita de Bechamel e pequenos dados de *gruyère* fresco. Cortar em forma de cigarro e passar ligeiramente por farinha. Enrolar em duas ou três camadas sucessivas de Massa de Nulhes. Panar à inglesa e fritar em manteiga. *(Turca)*

Beurreck (*Kémali*) Massa de Nulhes, cortada em pequenos ovais.
Rechear com pequeno filete de lombo e gordura de carneiro, picados em conjunto, temperados e puxados em manteiga com cebola picada. Enrolar, passar por farinha e fritar em manteiga. (*Cozinha turca*).

BROCHETAS PANADAS
(Attereaux)

Brochetas compostas de pequenos escalopes. dos ingredientes desejados. Cobrir com um molho reduzido. Panar à inglesa e fritar. Servir sobre um guardanapo. com salsa frita.

Genebrina (*Génevoise*)
Ingredientes: fígados de aves, molejas de cordeiro estufadas, miolos cozidos, champignons. trufas e fundos de alcachofras, envoltos em Molho Duxelles reduzido. Arrefecer. Envolverem recheio de carne, e terminar como se diz ainda.

Pahlen
Ingredientes: Escalopes de lagosta, champignons. trufas, mexilhões e ostras cozidos. Passar por Molho Villeroy. Terminar com se explica acima. Depois de cozinhado, retirar o espeto e guarnecer com pequena trufa e um croquete de arroz, recheado com Salpicão de lagosta. Sobre tampão de pão frito. Salsa frita ao entro.

Villeroy
Pode ser feito com os seguintes ingredientes: moleja de vitela ou de cordeiro, miolos, pasta de fígado (*foie gras*), cristas e rins de galo. Ingredientes complementares: champignons, trufas, língua e presunto. (*Dá-se sempre o nome do elemento principal, ex.: Brocheta de Miolos, Panada Villeroy etc.*).

CANELÕES
(Cannelons, Canneloni)

Retângulos de massa de Nulhes (alguns cozinheiros utilizam grossas folhas de crepe; outros, grossos macarrões), recheados com recheio de carne, de peixe ou de crustáceos. Dourar, no forno, com manteiga e Molho de Tomate ou Mornay, ou ainda fundo de carne.

Antiga (Ancienne)
Recheio de aves. Cozer; colocar sobre prato de ir ao forno, fundo de vitela e manteiga. Terminar no forno.

Italiana (*Italienne*)
Como o anterior. Terminar com queijo, manteiga e Demi-glace atomatado. Gratinar.
Para Sopas (*Pour Potages*)

Como as anteriores. Depois de Cozer, cortar em rodelas.

CONCHAS
(Coquilles)

Utensílios de metal ou de porcelana (São utilizadas também conchas de vieiras), com uma bordadura de Batata Duquesa. Cobre-se o fundo com o molho que vai ser utilizado, colocam-se os ingredientes picados grossos e cobre-se com o molho. Decorar e gratinar. Fazem-se conchas, com tutano, miolos, peixes, carnes, mariscos, fígado e pasta de fígado (foie gras), *ovos ou aves. Ver também em* PEIXES).

CREPINETES
(Crépinettes)

(*Ver também em ENTRADAS DE MIUDEZAS*)
Salpicão fino, ligado e temperado. embrulhado em redanho de porco. Grelhar dos dois lados.

Caçador (*Chasseur*)
Salpicão de caça, e de porco, ligado com Molho Salmis. Servir com purê de champignons.

Diversos (*Diverses*)
Salpicão à escolha. Servir com guarnição de acordo com o tipo.

São Germano com Aves (*Volaille Saint-Germain*)
Salpicão de aves e toucinho magro, ligado com natas. Servir com purê de ervilhas, feijão-verde e Batata Avelã (*Noisette*).

CRISTAS DE GALO
(Crêtes de coq)

Antes de se prepararem de qualquer das maneiras, as cristas de galo devem ser cozidas a branco. Servem-se em Brochetas, Brochetas Panadas, Fritotes, Villeroy ou Recheadas e Panadas.

CROMESQUIS
(Cromesquis)

Os cromesquis são, em tudo, semelhantes aos croquetes, mas distinguem-se destes por um invólucro exterior que os cobre, e que será:

À Antiga (*À l'Ancienne*)
Enrolados com Batata Duquesa (*Duchesse*), e depois em folha de crepe, sem açúcar.

À Francesa (*À la Française*)
Passados por massa de fritar e servidos com molho da receita escolhida.

À Polaca (*À la Polinaise*)
Como À RUSSA, mas substituindo o redanho por crepes sem açúcar.

À Russa (*À la Russe*)
Enrolados em redanho de porco e passados por massa de fritar.
Os cromesquis podem ser feitos de tutano, peixe, carne, fígado, bacalhau salgado etc.

CROQUETES
(Croquettes)

Picado de carne, ligado com molho reduzido e gemas de ovos (Ver FUNDOS DE COZINHA), *panado à inglesa e frito em gordura fervente.*

CROSTAS
(Croûtes)

Rodelas de pão frito, com *uma cavidade interior recheada segundo a indicação da receita.*

Recheios de Crostas

Aldeã (*Paysanne*)
Legumes em cubos. Cobrir com queijo ralado e gratinar.

Anchovas (*Anchois*)
Filetes de anchova. Polvilhar com miolo de pão ralado, frito em manteiga com caiena, Passar no forno, Polvilhar de salsa picada.

Brillat-Savarin
Salpicão de ovos cozidos, champignons e trufas, ligados com Bechamel. Sobre isto, filetes de anchova, formando grade. Gratinar ligeiramente.

Cardeal (*Cardinal*)
Salpicão de lagosta e trufas, ligado com Bechamel. Gratinar e enfeitar com trufas.

Clamart
Purê de ervilhas com natas. (*Receita vegetariana*).

Dubarry
Couve-flor. Cobrir com Molho Mornay. Gratinar.

Lionesa (*Lyonnaise*)
Carne de vaca cozida. Fazer uma cebolada, com a carne em pequenos cubos. Cobrir com pão ralado e manteiga derretida. Gratinar.

Rainha (*Reine*)
Salpicão de aves, trufas e champignons, ligado com Molho Aveludado reduzido. Polvilhar com pão ralado e alourar no forno.

Zíngara
Juliana de língua escarlate, presunto e trufas, ligada com Demi-glace atomatado. Cobrir com fatia de presunto, aquecido em manteiga, colocando sobre este um champignon.

CRUSTADAS
(Croustades)

As crustadas são pequenas fôrmas destinadas a levar um recheio. Pode ser feitas em Massa de Tarteletas, Batata Duquesa, arroz ou sêmola. Panam-se à inglesa e fritam-se.

Alsaciana (*Alsacienne*)
Aparelho Duquesa. Recheio: churute estufada. Sobre cada crustada, uma fatia redonda de presunto e uma de salsicha cozida.

Anversoise
Aparelho Duquesa. Recheio: folhas de lúpulo com natas.

Bretã (*Bretonne*)
Aparelho Duquesa. Purê de Feijão à Bretã.

Florestal (*Forestière*)
Aparelho Duquesa. Fôrma oval. Recheio: tortulhos salteados com aromáticos. Sobre cada crustada, uma fatia de toucinho frita em manteiga.

Grega (*Grecque*)
Aparelho de arroz. Fôrma oval. Recheio: Tomate à Grega. Sobre cada crustada, três rodelas de cebola frita passadas por massa de fritar.

Marinheira (*Marinière*)
Em massa de tarteleta. Recheada com Mexilhão à Marinheira.

Montrouge
Em massa de tarteleta. Recheio: purê de champignons com natas.

Napolitana (*Napolitaine*)
Em massa de tarteleta. Recheio: Espaguete Napolitana.

Tolosana (*Toulousaine*)
Em massa de tarteleta. Recheio: cristas de galo e pequenos croquetes, ligados com Molho Supremo. Sobre cada crustada, um pequeno escalope de moleja de vitela, uma lâmina de trufa e uma crista de galo, sobrepostos pela ordem indicada.

DARTOIS
(Dartois)

Os dartois *são, como os* palitos, *pequenos retângulos de massa folhada, envolvendo um recheio. Diferem destes apenas na maneira de talhar. visto que os* dartois *só se destacam da peça após a cocção. Podem ser usados para os* dartois *todos os recheios normalmente utilizados em cozinha.*

DENTADOS
(Bouchées)

Os dentados *são feitos, geralmente, em massa folhada, com uma pequena cavidade que, depois de cheia, se tapa com um tampão da mesma massa, previamente cortado para esse fim. (Ver a explicação que damos em* PASTELÕES FOLHADOS).

Boêmia (*Bohémienne*)
Pequenos brioches, cozidos em fôrmas caneladas. Abrir uma cavidade. Rechear com salpicão de pasta de fígado (*foie gras*) e trufas, ligado com Molho Madeira, ligeiro.

Diana (*Diane*)
Recheados com salpicão de caça de pena e trufas, ligado com Molho Salmis.

Grão-duque (*Grand-Duc*)
Rechear com juliana grossa de trufas e pontas de espargos, ligada com Molho Supremo. Podem ser utilizados como guarnição.

Holandesa (*Hollandaise*)
Rechear com salpicão de salmão fumado cozido, ligado com Molho Holandês. Sobre cada um, colocar uma ostra cozida.

Isabel (*Isabelle*)
Recheados com salpicão de língua e trufas, ligado a purê de aves. Lâmina de língua no topo.

Joinville
Recheados com guarnição e molho, do mesmo nome.

Maria Rosa (*Marie-Rose*)
Camarões, juliana de trufas, pequenos croquetes, ligados com Molho de Camarões. Rodela de recheio atomatado, servindo de pequeno tampão.

Mogador
Salpicão de língua 2/3, e branco de aves 1/3, ligado com Molho Supremo e purê de pasta de fígado (*foie gras*).

Monsenhor (*Monseigneur*)
Recheados com ovas de peixe (*Laitances*) cozidas, sobre um purê das mesmas, trufado. Cobrir com Molho de Camarões. Lâmina de trufa no topo.

Montglas
Salpicão de pasta de fígado (*foie gras*), champignons, língua e trufas, ligado com Molho Madeira. Lâminas de trufas.

Nantua
Recheados com guarnição e Molho Nantua.

Perigordino (*Périgourdine*)
Rechear com purê de trufas, ligado com Demiglace e vinho da Madeira.

Princesa (*Princesse*)
O mesmo que RAINHA, com pontas de espargos.

Rainha (*Reine*)
Salpicão de moleja de vitela, ou de cordeiro, branco de aves, champignons e trufas, ligado com Molho Supremo.

Santo Huberto (*Saint-Hubert*)
Recheados com purê de caça.

Stuart
Rechear 3/4, com picado de aves e champignons, ligados com Molho Supremo; 1/4, enche-se com Molho Supremo de Lagostins.

Vitória (*Victoria*)
Salpicão de lagosta e trufas, ligado com Molho Vitória.

ESPETADAS OU BROCHETAS
(Brochettes)

Pequenos escalopes de um ingrediente principal, enfiados num pequeno espeto, alternados com um ou mais elementos complementares. Passam-se por manteiga e grelham-se. Servidos com Manteiga Mordomo, Molho Picante, Molho Caril, Piripiri etc.

Ingredientes principais: *fígado, rim, aves, carne de vaca ou outra, molejas etc.*

Ingredientes complementares: *champignons. presunto, folhas de louro ou de hortelã etc,*

FONDANTES
(Fondants)

Fondantes *são croquetes em forma de pera, panados e fritos. Para os* fondantes, *podem ser utilizadas todas as fórmulas dos croquetes.*

FRICOTE
(Fritots)

Escalopes, ou rodelas, de miolos, aves, cabeça de vitela, mãozinhas de carneiro, de vitela etc. Marinar em azeite, sumo de limão e aromáticos. Escorrer, passar por massa de fritos, e fritar em gordura fervente. Servir com salsa frita e Molho de Tomate.

MUSSE, MUSSELINE E SUFLÊ
(Mousse, Mousseline et Soufflé)

Fórmula Tipo das Musses frias
Elemento principal cozido, picado e passado pela peneira. Temperar. Levantar o purê com natas, adicionando, de tempos em tempos, geléia fria em liquido. As musselines são

mussses servidas em pequenas fôrmas. Os suflês são musses quentes ligadas com claras, servidas nas fôrmas de ir ao forno.

Fórmula Tipo das Mussas quentes
Elemento principal cru, picado e passado pela peneira. Levantar com natas, sobre gelo, adicionando claras de ovos (*se necessário*). Enformar e cozinhar.

Fórmula Tipo dos Suflês
Purê do ingrediente principal, cru ou cozido, misturado com Bechamel quente. Ligar com gemas de ovos cruas. Amalgamar com claras de ovos, batidas em castelo (*en neige*).

Musse de Aves Perigordina (*Mousse de Volaille Périgord*)
(*Quente ou Fria*). Aves e dados de trufas. (*Ver Fórmula Tipo*). Decorar com lâminas de trufas.

Musse de Presunto com Páprica (*Mousse de Jambon au Paprika*)
(*Quente*) Presunto cru, com páprica. Proceder como é indicado na fórmula tipo. (*Fria*) O mesmo aparelho. Proceder como indicado na fórmula tipo.

Suflê de Aves Rainha (*Soufflé de Volaille la Reine*)
Ingredientes: carne de aves, cozida e passada na peneira, salpicão de aves ligado com Molho Supremo. Encher a fôrma até ao meio, com o aparelho. Juntar o Salpicão. Recobrir de aparelho. Cozer no forno.

PALITOS FOLHADOS
(Allumettes)

Tiras estreitas de massa folhada, recheadas e cozinhadas em forno bem quente.

Americana (*Américaine*)
Recheio de peixe com Manteiga de Lagosta; guarnecer, alternando lâminas de trufa e fatias finas de lagosta.

Anchovas (*Anchois*)
Recheio de peixe com Manteiga de Anchovas; guarnecer com filetes de anchovas, marinados.

Camarões (*Crevettes*)
Recheio de peixe com Manteiga de Camarões; guarnecer com salpicão de camarões.

Diversos (*Diverses*)
Com a guarnição escolhida.

Russa (*Russe*)
Recheio de peixe; guarnecer com cebola crua picada. Polvilhar com caviar, ao servir.

Santo Huberto (*Saint-Hubert*)
Purê de caça; guarnecer com champignons grelhados, picados.

PASTÉIS DE MASSA TENRA
(Petites Pâtes)

Pequena rodela de massa folhada, tendo ao meio uma bola do recheio escolhido. Dobra-se, e cozinha-se no forno, em tabuleiro untado com manteiga.

Americana (*Américaine*)
Purê de Lagosta, tomates e Soubise.

Massena
Picado de faisão e champignons.

Nérac

Picado de caça e trufas.

Souwarow
Purê de pasta de fígado (*foie gras*) e trufas.

Tourangelle
Calhandra desossada, recheada, e trufas picadas.

PASTELÕES OU EMPADÕES
(Patés, Mazagrans)

Os pastelões *são, nada mais nada menos, que fôrmas de Batata Duquesa com um recheio de carne picada, alouradas no forno. depois de ligeiramente passados no topo com gema de ovo batida. Os* empadões *diferem dos primeiros, pelo seu invólucro exterior, geralmente feito de Massa de Brioche.* Empadinhas *são, como o seu nome indica, pequenos empadões, em tudo semelhantes a estes, exceto no tamanho, utilizando-se para elas, normalmente, as fôrmas dos queques, ou taneletas. Os franceses fazem também pequenas empadas em Batata Duquesa, a que dão o nome de* Mazagrans.

PASTELÕES FOLHADOS
(Vol-au-Vents)

Estes pastelões, *que têm sempre a forma redonda, são preparados com diversas camadas de massa folhada, sobrepostas. Corta-se exteriormente a massa, com uma forma dentilhada. Pelo interior, corta-se também, à distância de 2 cm do bordo, para formar uma cavidade, deixando a última camada intacta, a qual servirá de fundo. Guarda-se uma das rodelas retiradas, que servirá de tampão. Cozem-se no forno, e servem-se com qualquer das guarnições seguintes*:

Banqueira (*Banquière*); Financeira (*Financière*); Godard; Tolosana (*Toulousaine*); Ovos, Nantua, Normanda (*Normande*); Cardeal (*Cardinal*); Molejas de Cordeiro (*Ris d'Agneau*); Aves (*Volailles*) etc.

PASTELÃO Á INGLESA
(Pie)

Obtém-se este prato, que denominamos pastelão, *por extensão, cozinhando os ingredientes desejados, num tacho ou caçarola de barro* (pie dish), *tapando depois a boca hermeticamente, com uma folha de massa de tarteletas ou semifolhada. Cozinhado, em seguida, no forno, lentamente.*

Pastelão do Corvo (*Paté de Corbeau*)
(*Ver em* AVES DE CAÇA *e* CAPOEIRA)

Pastelão de Vaca à Inglesa (*Beefsteak Pie*)
Colocar, na caçarola, pedaços de vaca, batata, presunto, cebola e aromáticos, previamente estufados com um pouco de vinho da Madeira e manteiga. Enfeitar com rodelas de ovo cozido, tapar com a massa e corar no forno.

Pastelão de Vaca e Rim à Inglesa (*Steak and Kidney Pie*)
Como o anterior, substituindo as batatas por rim de vitela ou carneiro.

Pastelão de Vaca com Ostras à Inglesa (*Steak and Oyster Pudding*)
Como os anteriores, mas adicionando ostras com abundância.

PICADOS
(Hachis et Emincés)

Americana (*Américaine*)
1/2 de picado de carne, 1/2 de cubos de batatas cozidas com casca (*en robe*). Ligar com Molho de Tomate. Polvilhar com pequenos cubos de batata salteada e salsa picada.

Avozinha (*Grand-Mére*)
Misturar 3/4 de picado, à escolha, com 1/4 de purê de batata. Cobrir do mesmo purê. Polvilhar com miolo de pão e queijo ralado. Gratinar.

Boa-Dona, ou Boa Mulher (*Bonne-Femme*)
Salpicão fino de aves, misturado com champignons picados e natas. Circundar com batatas salteadas.

Carteira, em (*En Portefeuille*)
Camadas sobrepostas de batatas salteadas à Lionesa, vaca, carneiro, anho etc., picados. Regar com Molho Roberto. Cobrir com batata purê e gratinar.

Conserva de Vaca (*Corned Beef Hash*)
1/2 de polpa de batatas cozidas no forno, pisada com garfo; 1/2 de vaca de conserva (*pressed beef*) picada, misturada com cebola picada e refogada previamente em manteiga. Fazer uma massa, a que se dá forma redonda e baixa. Salteia-se, dum lado e do outro, em manteiga. Termina-se a cocção, no forno, 15 a 30 minutos. Serve-se num prato pouco profundo. Molho desejado, à parte.

Frango (*Chicken Hash; Emincé de Volaille*)
Picado de frango com natas. Servir em timbale.

Gratinado (*Gratin*)
Em fôrma de Batata Duquesa, ou num prato de gratinar. O mesmo aparelho de Quinteira.

Maintenon
Em prato fundo; purê de champignons. Colocar, em coroa, croquetes de ave, redondos e espalmados. Guarnecer o centro com escalopes finos de peito de aves, de champignons e de trufas. Cobrir com Molho Soubise pouco espesso.

Mariana (*Marianne*)
Sobre camada de folhas de espinafres. Picado gratinado, circundado com uma bordadura de purê de batata.

Moussaka
Picado de carneiro gratinado, circundado de fatias de beringelas, salteadas ou fritas.

Parmentier
Camada de batatas salteadas. Colocar o picado e cobrir com purê de batata. Polvilhar com miolo de pão ralado e gratinar.

Portuguesa (*Portugaise*)
Picado de carne, misturado com tomates *concassés*. Gratinar. Servir com tomates recheados.

Quinteira (*Fermière*)
Fazer uma bordadura com purê de batata. Picado de vaca, carneiro, anho ou aves, misturado com o molho apropriado. Polvilhar com miolo de pão ralado e gratinar.

QUICHE
(Quiche)

A quiche, *ou* kiche, *como, por vezes, aparece escrita, é de origem Lorena (Lorraine), região da França junto à fronteira alemã. Dotada de bons gastrônomos e privilegiada quanto a vinhos (Riesling e Mosela), a Lorena tem pratos famosíssimos, um dos quais é a* quiche, *ou* kiche. *O fato de, por vezes, se utilizar a segunda grafia levou certos autores a apontarem-na como fazendo parte da cozinha alemã, pois o nome alemão de* Kuchen, *muito semelhante, serve de base a esta teoria.*

Quiche Lorena (*Quiche Lorraine*)
Utilizar uma fôrma de torta, e a respectiva massa. Colocar sobre esta pequenos pedaços de manteiga, com pequenos intervalos. Guarnecer o fundo com pedaços de toucinho, e encher a fôrma de natas e gemas de ovos batidas, com sal. Cozinhar no forno, durante 10 minutos, e servir bem quente.

Quiche de Queijo (*Quiche au Fromage*)
Como acima, mas colocando, no fundo da fôrma, tiras pequenas e muito finas de queijo *gruyère*.

RAMEQUINS

Os ramequins *são pequenas tarteletas com recheio de creme de queijo. gratinadas, e servidas de preferência quentes.*

RISSOLES
(Rissoles)

Fazem-se quadrados ou circunferências de massa própria ou semifolhada. Recheiam-se com uma pequena bola de salpicão, ou recheio qualquer; fecham-se e fritam-se, ou cozinham-se no forno.

Aves (*Volaille*)
Massa de rissoles; salpicão de aves, trufas e champignons, ligado com Molho Alemão.

Boêmia (*Bohémienne*)
Massa de rissoles; aparelho de pasta de fígado (*foie gras*), presunto e trufas, ligado com Molho Périgueux.

Caçador (*Chasseur*)
Massa semifolhada; salpicão de caça, trufas e champignons, ligado com Molho Caçador.

Joinville
Massa semifolhada; salpicão de camarões e trufas, ligado com Molho de Camarão.

Nantua
Massa semifolhada; salpicão de lagostins e trufas, ligado com Molho Nantua.

Ostras (*Huîtres*)
Massa semifolhada. Ostras cozidas e limpas, ligadas com Molho Normando.

Pompadour
Massa semifolhada; salpicão de pasta de fígado (*foie gras*), trufas, champignons e língua, ligado com Demi-glace. Rodela de tutano sobre cada rissole.

Primaveril (*Printanière*)
Massa semifolhada; Brunesa de legumes, ligada com Molho Alemão.

Talmouses
Massa semifolhada, cortada em quadrados. Rechear com aparelho de queijo para suflê e dados de *gruyère*. Dourar. Cozinhar no forno.

Walewska
Massa semifolhada: salpicão de linguado, lagostins e trufas, ligado com Molho Mornay.

SAUSSELYS

Nome russo que designa os dartois. (*Ver* DARTOIS)

SUBRICS

Os subrics *são pequenos croquetes não panados que se cozinham no forno em manteiga quente e não em fritura, como estes. São servidos ao natural, ou com molho, à parte.*

Florentina (*Florentine*)
Bechamel, gema de ovo batido, *gruyère* ralado, purê de espinafres, sal e pimenta.

Italiana (*Italienne*)
Idem. Parmesão em vez de *gruyère*.

Miolos (*Cervelles*)
Purê de miolos, *gruyère* ralado; ligar com gema de ovo e um pouco de farinha; sal e pimenta.

Pasta de Fígado (*Foie gras*)
Idem. Pasta de fígado em vez de miolos.

Piemontesa (*Piémontaise*)
Aparelho de arroz cozido, presunto magro, ovos inteiros, parmesão ralado.

TIMBALES
(Timbales)

Timbale *é, na linguagem corrente de cozinha, a vulgar legumeira de metal. Chamam-se também timbales as fôrmas ou crustadas destinadas a levar qualquer guarnição, podendo ser utilizados, para esse fim, todos os recheios de Pastelões Folhados* (Vol-au-Vent), *e dos Dentados* (Bouchées).

Bontoux
Encher o timbale até meia altura, de Espaguete à Italiana. Cobrir com uma guarnição de croquetes, cristas e rins de galo, tiras de peito de aves, moleja de carneiro ou vitela, ligados com Demi-glace atomatado.

Milanesa (*Milanaise*)
O mesmo que o anterior. Utilizar Espaguete à Milanesa.

Vizinho, de Pato (*Timbale de Caneton Voisin*)
Fundo do timbale coberto com Molho Salmis adicionado de geléia. Sobre este, camadas de peito de pato cortado em agulhetas (*aiguillettes*) e coberto com o mesmo molho. Alternar as camadas e terminar com o molho. Servir bem frio. (*Pode-se aplicar a qualquer peça de ave ou caça*).

ENTRADAS DE AVES
(DE CRIAÇÃO E CAÇA)
(VOLAILLE ET GIBIER A PLUMES)

ABETARDA
(Outarde)

Prepara-se especialmente assada. Para outras preparações, ver GANSO.

ALBATROZ
(Albatros)

Quando adulta, esta ave, além de pouco saborosa, tem a carne dura, pelo que só os pequenos dão possibilidades de serem cozinhados. Podem ser preparadas como o PATO BRAVO.

AVOCETA
(Avocette)

Podem ser aplicadas a esta ave todas as preparações culinárias do PATO BRAVO *(veja-se sob este nome).*

CALHANDRA
(Mauviette)

Além de todas as preparações apontadas para a cotovia, podem também servir-se:

Aldeã (*Paysanne*)
Como BOA-DONA.

Assadas (*Rôties*)
Com o seu próprio molho, ou servindo de acompanhamento a qualquer assado.

Boa-Dona, ou Boa Mulher (*Bonne-Femme*)
Estufadas em manteiga, com fatias de toucinho, cebolinhas, champignons, limão, Glace de Carne. Servir em timbale.

Brocheta (*Brochette*)
Desossadas. Entremeadas com fatias de presunto. Grelhadas, depois de mergulhadas em manteiga derretida, sal e pimenta.

Cerejas (*Cerises*)
Desossadas, recheadas e estufadas com cerejas. Cobrir com o molho da cocção. (*Frio*).

Pastelão (*Patê*)
Pode fazer-se servindo as calhandras, recheadas e estufadas, no interior de um invólucro de massa, ou fazendo um purê, que se serve numa crustada. Para cortar em fatias, a frio.

CAPÃO
(Chapon)

Chama-se capão o frango grande, ainda não galo.

Todas as preparações de FRANGO *ou* GALINHA. (*Ver na seção respectiva*).

CARDEAL OU PINTARROXO
(Rouge-Gorge, Linotte)

Prepara-se como a CALHANDRA, *mas sobretudo em brochetas.*

CERCETA
(Sarcelle)

Todas as preparações do PATO BRAVO. (*Ver sob este nome*).

CISÃO
(Canepetière)

(*Ver* ABETARDA)

CODORNIZ
(Caille)

Alexandra
Cozinhar em caçarola. Guarnecer com dados de trufas, quartos de alcachofras, cristas e rins de galo. Molho Madeira.

Marmelos (*Coings*)
Marinar as codornizes, 2 dias, em brande com cascas de marmelo. Cozinhar e servir em caçarola, reduzido o molho com a própria marinada. À parte, Geléia de marmelo.

Aléxis
(*Ver* MOSCATEL). Adicionar natas.

Arquiduque (*Archiduc*)
(*Ver* FRANGO *do mesmo nome*).

Bela Vista (*Belle-Vue*)
(*Ver* GALINHOLA *fria, do mesmo nome*).

Brocheta (*Brochette*)
Desossar, e grelhar em brocheta, com fatias de toucinho. Manteiga Mordomo (*Maître d'Hôtel*).

Caçarola (*Casserole, ou Cocotte*)
Cozinhar em caçarola, com manteiga. Reduzir com brande e Fumete de Caça

Caixas (*Caisses*)
(*Quente*). Desossar pelo lado do dorso. Rechear com recheio trufado, contendo os fígados. Enrolar em tiras de papel vegetal, fechar e cozer. Servir em caixas. Cobrir com Molho Duxelles de Fumete de Caça. Tira de trufa e cabeça de champignon, em cima.
(*Frio*). Como BELA VISTA. Servir em caixas.

Cármen
(*Fria*). Cozer em fundo de vitela, espesso e gelatinoso, com vinho do Porto branco. Deixar arrefecer no Fumete, e cobrir com ele. Empratar em redor de um centro, enfeitado com bagos de romã.

Cartuxa (*Chartreuse*)
Estufada. Coberta com couves estufadas e Demi-glace.

Cecília (*Cécilia*)
(*Fria*). Numa fôrma encamisada com geléia e decorada com trufas, colocar filetes de codorniz sobre escalopes de pasta de fígado (*foie gras*), com o mesmo formato. Cobrir com *Chaud-Froid* escuro. Decorar com trufas. Encher a fôrma com geléia. Arrefecer e empratar.

Cerejas (Cerises)
(*Quente*). Em caçarola. Reduzir com suco de cereja, e Fumete de Codorniz. Guarnecer com pasta de fígado (*foie gras*) e trufas. Envolver num pano de musselina. Cozer num bom fundo e arrefecer. Passar por *Chaud-Froid* encarniçado: lustrar com geléia. Empratar em redor de um soco gratinado, com cerejas sem caroço.

Chaud-Froid
Ver receita-tipo em FUNDOS DE COZINHA).

Cinzas (*Cendre*)
Puxar ligeiramente em manteiga, e lustrar com Glace de Carne. Envolver numa folha de massa folhada, fazendo no topo uma pequena abertura. Depois da codorniz cozida no forno, deitar pela abertura da massa um pouco de Molho Périgueux. À parte, Molho Périgueux.

Clermont
Como SOUVAROFF. Adicionar míscaros.

Delfina (*Dauphine*)
Recheada. Servir sobre batatas assadas no forno, nas quais se abriu uma cavidade. Cobrir com Molho Périgueux.

Delfinesa (*Dauphinoise*)
Assar como para FOLHAS DE VIDEIRA. Fazer um soco de purê de Ervilhas à Francesa, numa caçarola, incrustando as codornizes no purê. Guarnecer com fatias finas de presunto, e passar ao forno.

Demidoff
Cozinhar em caçarola. Terminar como MOLEJA DE VITELA do mesmo nome. (*Ver* ENTRADAS DE MIUDEZAS).

Diana (*Diane*)
Em caçarola, com guarnição de pequenos croquetes, cristas e rins de galo, ligados com

Demi-glace atomatado. Pequena alface estufada, sobre a codorniz.

Dodinette
Desossar, deixando na forma natural. Temperar com sal e condimentos. Enrolar em redanho de porco, com Mirepoix à Bordalesa, presunto cru e Glace de Carne. Corar no forno, em tacho de barro ou porcelana. Terminar a cocção, lentamente. com tampa.

Ervilhas (*Petits Pois*)
Em caçarola, com ervilhas em manteiga.

Espeto (*Broche*)
Assadas no espeto.

Félix
Em caçarola. Cobrir com Molho Arquiduque. Deixar cozinhar, hermeticamente fechada.

Fígaro
Rechear com trufas. Enrolar em pedaços de tripa de porco, com Glace de Carne. Cozer em fundo de vitela. Escorrer, e servir tal qual.

Folhas de Videira (*Feuilles de Vigne*)
Desossar, deixando inteira. Enrolar numa folha de videira, com tiras de toucinho. Assar no forno.

Grega (*Grecque*)
Cozinhar em caçarola. Empratar numa fôrma de Arroz à Grega. Cobrir com o molho, reduzido.

Judic
Saltear. Como DIANA, sem cristas de galo.

Júlia (*Julie*)
Abrir ao meio. Regar com manteiga derretida. Panar com trufas picadas. Enrolar num pedaço de redanho de porco. Molhar em manteiga derretida. Polvilhar com miolo de pão ralado. Grelhar. Gotas de agraço por cima.

Lúculo (*Lucullus*)
Desossar. Rechear com pasta de fígado (*foie gras*) e trufas. Enrolar num pano de musselina. Estufar com Mirepoix, as carcassas, aparas de champignons e fundo escuro de carne. Empratar com 1/2 de trufas cozidas, e champignons. Cobrir com Demi-glace e vinho da Madeira, misturados com o fundo do estufado, reduzido.

Maçã de Ouro (*Pomme d'Or*)
(*Fria*). Tirar os filetes. Esvaziar laranjas ou tangerinas, por um dos lados. Montar os filetes, com Geléia ao Porto, no interior dos frutos. Empratar em coroa. Ao centro, soco em *granité* do suco das frutas.

Marmelos (*Coings*)
Marinar as codornizes, 2 dias, em brande com cascas de marmelo. Cozinhar e servir em caçarola, reduzido o molho com a própria marinada. À parte, Geléia de marmelo.

Maryland
(Fria). Cozer. Moldar com geléia em fôrmas ovais. Empratar em redor de um *granité* de ananás.

Milanesa (*Milanaise*)
Abrir ao meio, como para grelhar. Cobrir com Molho Villeroy de queijo ralado. Panar à inglesa e fritar. À parte, Molho Diabo.

Minuto (*Minute*)
(*Ver* BORRACHO *do mesmo nome*).

Moscatel (*Muscat*)
Cozinhar em caçarola. Reduzir com curaçau e Demi-glace ao Fumete de Codorniz. Adicionar passas de uva moscatel, sem grainhas.

Musse e Musselina (*Mousse et Mousseline*)
(*Ver receita-tipo em* ENTRADAS LIGEIRAS).

Nélson
Estufadas com champanhe. Servir em Caixas. Rodear com rins de galo, estufados em manteiga.

Ninho (*Nid*)
a) Tratar como para LÚCULO. Colocar sobre fundos de alcachofras recheados com purê de castanhas bordados com o saco, de maneira a fazer uni ninho. Cobrir a codorniz de Demi-glace, com essência das mesmas. Rodear de croquetes, enformados como pequenos ovos.
b) O mesmo tratamento. Servir num ninho de batatas palha, semicheio com crepes em juliana. Rodear duma guarnição de azeitonas, trufas torneadas, cabeças de champignons e rins de galo, ligados com o fundo das codornizes.
c) Assar as aves, como para FOLHAS DE VIDEIRA. Colocar sobre crostões, barrados com pasta de fígado. Do lado das patas, um

ramo de agrião. Ninho de batata frita, contendo pequenas Batatas Suflês, do tamanho de ovos de pardal.

Normanda (*Normande*)
(*Ver* COTOVIA *do mesmo nome*). Pode também ser colocada numa crustada feita de maçã. Regar com algumas gotas de vinho da Madeira seco, e enrolar numa folha de massa de tarteletas, como para CINZA.

Passas de Uva (*Raisins*)
Preparar como para MOSCATEL, molhando com vinho branco e agraço.

Perigordina (*Périgourdine*)
Em caçarola. Guarnecidas com dados de trufas e de champignons.

Piemontesa (*Piémontaise*)
Em caçarola: com arroz de trufas e fígados de aves como guarnição.

Príncipe Alberto (*Prince Albert*)
Como NINHO b).

Rainha Amélia (*Reine Amélie*)
(*Fria*). Tratar com MARYLAND. Empratar, em redor dum soco de tomates *concassés*, em geléia

Regência (*Régence*)
Desossar. Rechear e cozer. Molho e guarnição Regência. Em timbale.

Richelieu
(*Quente*). Em caçarola. Molhar com vinho da Madeira e Demi-glace de Fumete de Codornizes, adicionados de juliana de cenouras, trufas e aipo.

Richelieu
(*Frio*). A receita anterior. Em geléia.

Rumanesa (*Roumaine*)
Cozinhar em caçarola. Servir em pilaw de arroz, contendo pinhões e passas de corinto.

Salvini
Como DIANA. Substituir a alface por macarrão grosso, recheado de pasta de fígado (*foie gras*).

Santo Huberto (*Saint-Hubert*)
Em caçarola, com um pedaço de trufa no interior. Molhar com vinho da Madeira e fundo de carne. Guarnecer com rins de galo e trufas.

Sand
Como CINZA. A codorniz desossada, e recheada com pasta de fígado (*foie gras*) e trufas.

Singapura, ou Suco de Ananás (*Singapoore, ou Suc d'Ananas*)
Como MOSCATEL. Substituir as passas por dados de ananás. Molhar com sumo de ananás.

Souvaroff
Como a PERDIZ do mesmo nome.

Suflês à Rotschild (*Soufflés Rotschild*)
Desossadas; recheadas com musse de aves, trufas e pasta de fígado (*foie gras*). Cada uma em sua caçarola, cobertas com papel, untado de manteiga. Cozinhar em forno pouco quente, voltando-as a meio da cocção. Fazer com os ossos um Molho Supremo, com fundo branco, natas espessas e um pouco de aveludado. Guarnecer com pontas de espargos. Molho, à parte.

Tangerinas (*Mandarines*)'
(*Fria*). Esvaziar as tangerinas por um dos lados, deixando a casca intacta. Reencher 3/4 com recheio de aves: sobre isto, colocar um filete de codorniz em *Chaud-Froid* e rodear com 2 gomos de tangerina aparados. Colocar o pequeno tampão da casca.

Timbale Czarina (*Timbale Tzarine*)
(*Fria*). Encamisar uma fôrma de Pastelão, com massa própria. Cobrir com fatias de toucinho. Ao centro, colocar um fígado de pato, inteiro, cru e temperado, rodeando-o das codornizes recheadas com trufas. Terminar de encher com trufas cruas descascadas. Cobrir com toucinho e tapar com massa igual à exterior. Dourar e cozer no forno uma hora e um quarto. Ao retirar do forno, lançar para o interior geléia com vinho da Madeira, por um orifício aberto para esse fim.

Trufas (*Truffes*)
Em caçarola, com trufas.

Turca (*Turque*)
Cozinhar em caçarola. Servir sobre um soco de Arroz á Turca.

Valenciana (*Valencienne*)
Cozinhar em caçarola. Servir com Arroz à Valenciana.

Vindimadeira, ou Vinhateira (*Vigneronne, ou Vendengeuse*)
(*Fria*). Estufadas com passas de uva. Arrefecer. Cobrir de geléia, com aguardente.

CORVO
(Corbeau)

Apenas as aves de pouca idade têm algum valor culinário para caldos, pois a carne das adultas, além de dura e coriácea, não é saborosa.

Não cremos que alguém venha a preparar, ou a apresentar, o prato que a seguir transcrevemos, contudo, é nosso dever informar.

Pastelão de Corvo (*Paté de Corbeau*)
Esfola-se a ave, em vez de a depenar, guardando apenas a parte do peito (*as pernas são duras e as carcaças amargas*), Depois de bem lavado o peito, remolha-se em leite, 5 ou 6 horas. No fundo de um tacho de barro, colocam-se algumas fatias de carne de vaca, os filetes de peito de corvo, algumas fatias de toucinho e rodelas de ovo cozido. Tempera-se, bem condimentado, e tapa-se o tacho com uma folha de massa de tarteletas. Deixar cozinhar no forno, uma hora e meia aproximadamente. À saída do forno, junta-se um pouco de Demi-glace. (*Receita inglesa: Rook-pie. Citada por Alfred Suzanne, em* La Cuisine et la Pâtisserie Anglaises).

COTOVIA
(Alouette)

Além de todas as preparações apontadas para as CALHANDRAS, *podem também servir-se*:

Aldeã (*Paysanne*)
Puxar em manteiga, com fatias de toucinho e folhas de louro. Molhar com fundo branco e temperar. Adicionar pequenas cebolas e Batatas Avelãs (*Noisettes*), Completar a cocção em fogo vivo.

Caixas (*Caisses*)
(*Ver* CODORNIZ *do mesmo nome*).

Geléia, em (*Aspic*)
(*Ver fórmula-tipo em* FUNDOS DE COZINHA).
Desossar e rechear.

Gratinados, ou Gratém (*Gratin*)
Rechear com Recheio de Gratém, condimentado com bagas de zimbro. Colocar sobre camada do mesmo recheio, em prato fundo. Cobrir com Molho Duxelles espesso. Polvilhar com pão ralado. Regar com manteiga derretida. Gratinar a fogo vivo.

Mariana (*Marianne*)
Saltear em manteiga. Empratar em caçarola, sobre uma camada de folhas de espinafres. Cobrir com o molho. reduzido.

Normanda (*Normande*)
Maçãs picadas, salteadas em manteiga. Cotovias salteadas em manteiga. Colocar em caçarola, entre duas camadas de maçãs. O molho do salteado, adicionado de natas, a cobrir. Terminar a cocção em fogo vivo.

Padre Filipe (*Père Philippe*)
Batatas inteiras assadas no forno, esvaziadas da polpa, para conterem uma cotovia cada. Guardar o tampão. Colocar na cavidade a cotovia ligeiramente passada em manteiga com toucinho. Regar com a própria gordura. Repor o tampão e enrolar em papel untado. Terminar a cocção em fogo brando.

Phitiviers, Empadão de (*Paté de Phitiviérs*)
Desossar. Rechear com vísceras, miolos e recheio fino, de aves. Enrolar no mesmo recheio, temperando forte. Colocar dentro de uma fôrma de massa para empadão. Tapar e unir os bordos. Dourar e cozinhar no forno.

Piemontesa (*Piémontaise*)
Sobre Arroz à Piemontesa colocar as codornizes salteadas. Em redor, Demi-glace com Fumete de Caça.

ESTORNINHO
(Etourneau)

Todas as preparações dos TORDOS *e* MELROS

FAISÃO
(Faisan)

(*Salmis, Supremos e Estufados*)

Alcântara
(*Ver* GALINHOLA *do mesmo nome*).

Angoulemoise
Rechear com castanhas e quartos de trufas, passados por banha de porco. Apertar com um fio, e assar. À parte, Molho Périgueux.

Arquiduque (*Archiduc*)
(*Ver em* DERIVADOS DE AVES, SUPREMOS DE AVES, *do mesmo nome*).

Assado (*Rôti*)
Com o seu próprio molho, e guarnição desejada.

Berchoux
Supremos recheados, cozinhados em brande, sumo de limão e manteiga. Servir em barquetas, contendo Musse de Faisão, cozinhadas à boca do forno. À parte, Molho Demi-glace, com Fumete de Faisão.

Boêmia (*Bohémienne*)
Em caçarola, com chucrute. Recheado com pasta de fígado (*foie gras*). e flamejado com brande.

Bruxelense (*Bruxelloise*)
Em caçarola, com couve-de-bruxelas.

Caçadora
Como FRANGO SALTEADO do mesmo nome.

Caçarola (*Casserole*)
Em caçarola. Molhar com brande e fundo de caça.

Carême
Como NATAS. Guarnecer com aipo estufado.
Cartuxada, em (*Chartreuse*)
(*Ver* PERDIZ *do mesmo nome*).

Castelã (*Châtelaine*)'
(*Frio*). Supremos, abertos na espessura. Rechear metade com Musse de Aves, metade com Musse de Faisão. Cozer e arrefecer. Cobrir a branco os recheados com Musse de Faisão; os outros, a escuro. Decorar. Empratar em prato fundo, alternando as cores. Cobrir com geléia.

Cavour
Em caçarola, com manteiga, lazanhas e ramo de cheiros. (*Lazanhas, "lazagnes" é uma massa Italiana*).

Champignons
Como FRANGO SALTEADO do mesmo nome.

Chaud-Froid
(*Ver fórmula-tipo em* FUNDOS DE COZINHA).

Chucrute (Choucroute)
Estufar. Guarnecer com chucrute estufada.

Couves (*Choux*)
Assado ou estufado. Guarnecido com couves estufadas.

Cruz de Berny (*Croix de Berny*)
(*Frio*). Retirar os supremos e o osso do peito de um faisão assado. Guarnecer a cavidade com purê de pasta de fígado (*foie* gras) e cobrir com musse do mesmo. Cortar os supremos em fatias, e colocá-los no lugar. Cobrir com *Chaud-Froid* escuro, decorar e lustrar com geléia. Empratar e rodear de calhandras recheadas, em *Chaud-Froid*, decoradas com língua e trufas. Geléia picada, e crostões da mesma.

Demidoff
(*Ver* MOLEJA DE VITELA *em* ENTRADAS DE MIUDEZAS).

Gastrônomo (*Gastronome*)
(*Frio*). Agulhetas (*Aiguilletes, fatias finas de peito de faisão*) passadas em *Chaud-Froid* e decoradas, dispostas em redor de uma Musse de Faisão. Circundar de trufas descascadas, cozidas em vinho de Champanha, lustradas com geléia. Em redor, geléia picada e em triângulos.

Georgiana (*Georgienne*)
Estufar com vinho malvasia; infusão de folhas de chá verde; sumo de uvas brancas e de laranja; nozes frescas descascadas e manteiga. 40 minutos de cocção. Reduzir e adicionar Demi-glace. Cobrir o faisão. À parte, o resto do molho.

Grelhado (*Grillé*)
Como FRANGO grelhado. À parte, Molho Diabo.

Gunsbourg
Rechear com Musse de Galinhola trufada. Cozinhar em caçarola. Adelgaçar com aguardente velha (*conhaque*) e Fumete de Galinhola.

Imperial (*Impériale*).
(*Ver* GALINHOLA *do mesmo nome*).
Kotschoubey
Cozinhar em caçarola, com trufas cruas em fatias. Molhar com vinho da Madeira e Glace

de Caça. Adicionar manteiga. À parte, fatias de toucinho, misturadas com couves-de-bruxelas cortadas grossas, temperadas com sal, pimenta e noz-moscada.

Liburnesa (*Libournaise*)
Em caçarola, com tortulhos e champignons.

Lúculo (*Lucullus*)
Supremos; recheados e salteados. Molhar com vinho da Madeira e Molho Madeira. Cobrir com o molho. Guarnição Lúculo.

Luizinha (*Louisette*)
Supremos, envoltos em Molho Villeroy. Panar à inglesa e fritar em manteiga clarificada. Empratar em redor de uma musse quente, de faisão. À parte, Demi-glace, com trufas e Fumete de Faisão.

Musse e Musselina
(*Ver fórmula-tipo em* ENTRADAS LIGEIRAS).

Natas (*Crème*)
Cozinhar em caçarola, com cebola picada. Molhar com Glace de Carne e adicionar natas. Cobrir com o molho.

Neva
(*Frio*). (*Ver* GALINHA *do mesmo nome*).

Normanda (*Normande*)
(*Ver* PERDIZ *do mesmo nome*).

Périgueux
Rechear com trufas e banha de porco. Estufar. À parte, Molho Périgueux.

Pilaw
Em pedaços salteados. Servir num soco de Arroz Pilaw apimentado.

Regência (*Régence*)
Estufar. Guarnição Regência.

Rossini
Supremos, recheados com pasta de fígado (*foie gras*). Molho Périgueux.

Salmis
(*Ver* SALMIS DE PERDIZ).

Salmis Cussy (*Salmis à la Cussy*)
Cortado em pedaços, salteados com champignons e trufas. Servir sobre crostões, rodeado de crustadas recheadas de cristas e rins de galo.

Santa Aliança (*Sainte-Alliance*)
Rechear com Musse de Galinha adicionada de tutanos e trufas. Preparar um crostão frito, recheado com fígados e intestinos de galinholas, misturados com toucinho pisado, purê de anchovas e de trufas. Assar o faisão sobre uma grelha. A 3/4 da cocção, colocar o crostão por baixo, para o umedecer com o suco do assado. Empratar sobre o crostâo, rodeando de laranjas azedas. À parte, suco de caça

Smitana (*Smitane*)
Supremos. Salteados. Adicionar natas azedas e Molho Smitana. Cobrir com o molho.

Souvaroff
Supremos, ou faisão inteiro. Como PERDIZ do nome. (*Escreve-se também* **Schouwarof**).

Suflê (*Soufflé*)
(*Ver fórmula-tipo em* ENTRADAS LIGEIRAS).

Sumo de Ananás, Tangerina, Laranja etc.
(*Suc d'Ananas, de Mandarine, d'Orange etc.*)
Cortar e saltear, como o FRANGO SALTEADO. Molhar com brande, sumo do fruto e Demi-glace. Guarnecer com dados, ou gomos, do fruto.

Vosgiana, (*Vosgienne*)
Em caçarola, com dados de batata, toucinho, cebolinhas e bagas de zimbro.

FALCÃO
(Faucon)

Recebe todas as preparações da PERDIZ, *mas vulgarmente não se utiliza em culinária.*

FRANCOLIM
(Râle de Genêt)

Ave galinácea, espécie de perdiz, o francolim é do tamanho de um pombo. com pernas mais compridas e magras. As penas são de cor castanho-carregado, com reflexos metálicos sobre o dorso. Sua carne é muito delicada e fina, preparando-se só assada, para o que se deve ter o cuidado de embrulhar a ave em folhas de couve, de videira ou de papel. É de cocção rápida, bastando 15 a 20 minutos para estar pronta para ser servida.

FRANGO
(Poulet)

Frango diz-se, de maneira geral, todo o galináceo em meio crescimento. Na culinária, no entanto, há que especificar a qualidade do frango. em função das possibilidades de trabalho que a ave oferece, consoante é maior ou menor o seu tamanho. Dividiremos a parte que diz respeito à preparação do frango em três: primeiro, uma referente ao Frangainho (Poussin), *ou frango de poucas semanas. Frango de Grão, ou Primavera* (Poulet Grain), *ou seja, um frango de peso aproximado de 600/ 900 g e Frango* (Poulet Reine) *com 1000 a 1300 g, em segundo. Por último, os Frangos Salteados, Estufados e Guisados* (Poulet Sauté, Braisé et en Ragoût), *que apresentamos à parte. devido à forma como é feita a sua preparaçao, pois, enquanto os outros são servidos inteiros, mesmo quando cozinhados em caçarola, estes são apresentados em pedaços.*

FRANGAINHO
(Poussin)

Preparam-se de todas as maneiras indicadas para os BORRACHOS *e* POMBOS.

FRANGO E FRANGO DE GRÃO, OU PRIMAVERA
(Poulet Reine et Poulet Grain)

São servidos em caçarola, salteados, grelhados, assados ou fritos. Para estas receitas o frango é apresentado sempre inteiro, isto é. não cortado em pedaços.

Aldeã (*Paysanne*)
Cozinhar em caçarola. Molhar com vinho branco e Demi-glace. Guarnição Aldeã.

Americana (*Américaine*)
Rechear com Recheio Americano (*ver* FUNDOS DE COZINHA). Cozinhar em caçarola. Servir com fatias de toucinho fumado (*bacon*), grelhado, colocadas sobre o frango.

Armenonville
Cozinhar em caçarola. Guarnição Armenonville.

Avozinha (*Grand-Mére*)
Em caçarola. Guarnecer com crostões e dados de champignons.

Bela Moleira (*Belle Meunière*)
Rechear com trufas, champignons e fígados de aves, cortados e salteados. Cozinhar em tacho de barro. Guarnecer com fatias de toucinho e champignons.

Boa-Dona, ou Boa Mulher (*Bonne-Femme*)
Cozinhar em caçarola. Guarnecer com Batatas Avelãs (*Noisettes*), cubos de toucinho e cebolas estufadas.

Bordalesa (*Bordelaise*)
Em caçarola. Guarnecer como FRANGO SALTEADO À BORDALESA.

Caçarola (*Casserole ou Cocotte*)
Temperar e corar ligeiramente no forno. Terminar na caçarola, adicionando Molho de Assado. Servir como está, na própria caçarola.

Castelã (*Châtelaine*)
Em caçarola. Molhar com vinho branco e Demi-glace. Guarnição: quartos de alcachofras, trufas e batatas estufadas.

Champeaux
Em caçarola. Adicionar vinho branco e Demi-glace. Guarnecer com pequenas cebolas e batatas, estufadas.

Compota (*Compote*)
Em caçarola. (*Ver* POMBO *do mesmo nome*).

Crapaudine
Aberto ao meio e grelhado. (*Ver* POMBO *do mesmo nome*).

Demidoff
Em caçarola. (*Ver* MOLEJA DE VITELA *do mesmo nome, em* ENTRADAS DE MIUDEZAS).

Diabo (*Diable*)
Untado com mostarda e panado com manteiga, depois de aberto ao meio. Grelhar e servir com Molho Diabo (*Diable*).

Estragão (*Estragon*)
Em caçarola, adicionando suco de estragão.

Falcoeiro (Falconnet)
Em caçarola. Refrescar com vinho branco e Demi-glace atomatado. Guarnecer com ervilhas, tomates, fundos de alcachofras e batatas estufadas.

Florestal (Forestiére)
Cozinhar em caçarola. Molhar com vinho branco e Demi-glace. Guarnição Florestal (*Forestière*).

Frito (*Frit ou Poêlé*)
Alourado em gordura fervente. Guarnecido com ramo de agriões, entre as patas, Batata Suflê e um legume verde, à escolha.

Gastrônomo (*Gastronome*)
Recheado com míscaros, passados por manteiga. Frito como acima. Guarnecido com trufas e rins de galo. Coberto com um pouco de gordura da cocção, reduzida com Molho Périgueux.

Grelhado (*Grillé*)
Abrir ao meio, passar por gordura e grelhar. Pode ser servido com qualquer guarnição, tomando o nome desta.

Joaquim (Jacques)
Rechear com Recheio Gratém. Saltear. Adicionar vinho tinto e fundo de vitela atomatado. Reduzir o fundo, adicionando um pouco de manteiga. Cobrir com o molho obtido.

Katoff
Abrir ao meio, como para grelhar. Cozinhar em manteiga, no forno. Terminar sobre a grelha. Empratar sobre um tampão em Batata Duquesa (*Duchesse*). Cordão de suco de vitela, em redor.

Limusina (*Limousine*)
Rechear com picado de carne para salsichas, adicionado de dados de champignons salteados. Cozinhar em caçarola. Guarnecer com tiras de toucinho e castanhas cozidas. Adicionar suco de vitela.

Mascote (*Mascotte*)
Cozinhar em caçarola. Adicionar Demi-glace. Guarnição Mascote.

Massena (*Massena*)
Assado. Servido com fundos de alcachofras e Molho Périgueux.

Matignon
Rechear com legumes à Aldeã (*Paysanne*). Cozinhar em caçarola. Antes de completa cocção, cobrir com Molho Matignon e embrulhar em redanho de porco. Terminar no forno. Reduzir com vinho da Madeira e Demi-glace, cobrindo com o molho.

Mireille
Abrir ao meio, como para grelhar. Cozinhar no forno, em caçarola. Empratar sobre Batata Mireille. À parte, o molho, reduzido com vinho da Madeira.

Míscaros (*Morilles*)
Cozinhar em caçarola. Guarnecer com míscaros salteados. Adicionar suco de vitela

Padre Luís (*Père Louis*)
Frango semi-assado. Num tacho de barro, com tampa, fazer um fundo de alho, com manteiga, sal e pimenta. Picar o frango com um garfo, colocá-lo no tacho, tapar bem e pôr no forno. De vez em quando, movimentar o tacho, para que o molho regue o frango. Servir tal qual.

Palácio (*Palace*)
Abrir ao meio, como para grelhar. Cozinhar no forno. Refrescar com brande, vinho do Porto e Glace de Carne. Adicionar estragão picado e manteiga. Cobrir com o molho.

Parmentier
Em caçarola. Molhar com vinho branco e Demi-glace. Guarnecer com Batatas Parmentier.

Pastora (*Bergère*)
Em caçarola. Guarnecer com tortulhos salteados e fatias de toucinho.

Périgueux
Frito em manteiga. Cobrir com Molho Périgueux.

Piemontesa (*Piémontaise*)
Em caçarola. Recheado previamente com arroz, trufas e fígados de aves. (*Ver também* FRANGO SALTEADO À PIEMONTESA, *na parte respectiva*).

Primaveril (*Printanière*)
Em caçarola. Refrescar com vinho branco e Demi-glace. Guarnição Primaveril.

Primores (*Primeurs*)
Cozinhar em caçarola. Refrescar com vinho branco e Demi-glace. Guarnição Primores.

Quinteira (*Fermière*)
Em caçarola. Guarnição Quinteira.

Raviólis
Em caçarola. Molhar com vinho branco e Demi-glace. Guarnição Raviólis.

Richelieu
Cozinhar em caçarola. Refrescar com vinho da Madeira e fundo de vitela. Guarnecer com juliana grossa, de cenouras, aipo e trufas.

Sal Grosso (*Gros Sel*)
Cozido a branco, com cenouras torneadas e pequenas cebolas. Suco reduzido, a acompanhar. Sal grosso, *à parte.*

Souvaroff
Cozinhado em caçarola. Terminar como PERDIZ do nome. (*Diz-se também* **Schouwarof**).

Tártara (*Tartare*)
Aberto ao meio. Espalmado e grelhado. Servir com Molho Tártaro.

Vienense (*Viennoise*)
Aberto ao meio e espalmado, ou em quartos. Passar por farinha e panar à inglesa. Fritar em gordura fervente. Servir com manteiga escura e limão. Batata salteada. (*Ver em* FRANGO SALTEADO *a receita de igual nome*).

Vladimiro (*Wladimir*)
Recheado com arroz, pasta de fígado (*foie gras*) e trufas. Salteado em manteiga, condimentado, e terminado de cozinhar no forno. Servir com o próprio molho.

FRANGO SALTEADO, ESTUFADO E GUISADO

(Poulet Sauté. Braisé, et en Ragoût)

Para estes pratos, as aves devem ser desmanchadas da seguinte maneira: tirar as pernas, dividindo-as em duas partes, a anca e o coto; em seguida, as asas. Separar o peito, tanto quanto possível inteiro, da carcaça. Cortar esta última em duas partes, que se aparam. Para a preparação culinária propriamente dita, temperam-se os pedaços e colocam-se numa frigideira (sautoir), *vulgarmente dita* sauté, *com alguma manteiga. Deixar ganhar cor, voltando de um e outro lado. Retiram-se, no fim de algum tempo, as asas e os peitos, insistindo um pouco mais com as pernas, que demoram mais a cozinhar.*

Aldeã (*Paysanne*)
Pedaços salteados. Molhar com vinho branco e suco de carne ligado, adicionado de legumes à Aldeã. Cobrir com o molho.

Alexandra
Saltear sem deixar corar. Adicionar Soubise ligeiro, cremado. Guarnecer com pontas de espargos.

Algeriana (*Algérienne*)
Saltear. Refrescar com vinho branco. Juntar tomates *concassés*, dente de alho e Demi-glace.

Aninhas (*Annette*)
Saltear. Molhar com vinho da Madeira, aguardente. Molho Soubise e suco de carne ligado. Cobrir com o molho. Rodear com crostões de Batata Ana (*Anna*) e Demi-glace atomatado.

Antiga (*Ancienne*)
(*Fricassé*). Pedaços estufados a branco com pequenas cebolas, champignons e manteiga. Cobrir com Molho Aveludado (*Velouté*). Servir em timbale, com crostões fritos.

Anversoise
Saltear sem deixar corar. Misturar natas e Molho Supremo, adicionado de folhas de lúpulo e juliana de língua.

Arlesiana (*Arlésienne*)
Saltear em azeite. Molhar com vinho branco; dente de alho. Guarnecer com fatias de beringela e rodelas de cebola, fritas em azeite.

Armagnac
Saltear sem deixar corar, com lâminas de trufas cruas. Molhar com aguardente ou brande; Coulis de Lagostins, sumo de limão. Adicionar manteiga. Empratar e cobrir com o molho.

Armenonville
Saltear. Refrescar com brande e Demi-glace. Cobrir com o molho. Guarnição Armenonville.

Arquiduque (*Archiduc*)
Saltear sem corar. Refrescar com Jerez, vinho do Porto, uísque. Juntar natas e Molho Aveludado de carne, adicionado de Brunesa de legumes e trufas.
(*Pode ser feito na sala*).

Artois, d'
Saltear. Molhar com vinho da Madeira e Glace de Carne, adicionada de cenouras torneadas, fundos de alcachofras e pequenas cebolas estufadas. Adicionar manteiga. Cobrir com o molho.

Bagatela (*Bagatelie*)
Saltear. Molhar com vinho da Madeira e natas. Cobrir com o molho. Guarnecer com cenouras torneadas e pontas de espargos.

Bazard
Saltear. Refrescar com vinho da Madeira e Demi-glace, adicionado de quartos de alcachofras, champignons em rodelas, fatias pequenas de toucinho, azeitonas sem caroço e cebolas estufadas. Regar os pedaços com o molho. Rodear de Batatas Avelãs (*Noisettes*) e fatias de beringela fritas.

Beaulieu
Saltear. Refrescar com vinho branco e fundo de vitela. Guarnecer com quartos de alcachofras, tomates *concassés*, azeitonas pretas sem caroço e batatas estufadas. Cobrir com o molho.

Béhanzin
Saltear. Molhar com vinho branco e suco ligado. Guarnecer com chuchus em quartos. Cobrir com o molho.

Bela Gabriela (*Belle Gabrielle*)
Saltear sem corar. Adicionar natas e Molho Supremo. Cobrir com o molho e polvilhar de trufas picadas. Crostões em forma de coração, em redor.

Bercy
Saltear. Adicionar chalotas picadas, vinho branco, Glace de Carne e sumo de limão. Levantar com manteiga. Juntar champignons picados, salteados; salsichas chipolatas. Cobrir os pedaços com o molho.

Biarrotte
Saltear em azeite. Refrescar com vinho branco e adicionar purê de tomates. Empratar e cobrir com o molho. Guarnecer com dados de beringela frita, rodelas de cebola frita, cogumelos salteados em azeite e Batatas Avelãs (*Noisettes*). Condimentar com páprica.

Boa-Dona, ou Boa Mulher (*Bonne-Femme*)
Saltear. Molhar com vinho branco e suco de carne ligado. Guarnecer com fatias de toucinho, pequenas cebolas e batatas estufadas.

Boêmia (*Bohémienne*)
Saltear em azeite. Molhar com vinho branco e Demi-glace atomatado: dente de alho e funcho. Cobrir com o molho. Guarnecer com rodelas de tomate salteadas, pimentos grelhados e cebolas estufadas. À parte, arroz branco natural.

Boissy d'Anglas
Saltear com pequenas cebolas, quartos de alcachofras branqueadas e Batatas Caçarola (*Cocotte*). Molhar com consomê, Glace de Carne, sumo de limão. Levantar com manteiga. Regar os pedaços com o molho.

Bordalesa (*Bordelaise*)
Saltear. Adicionar chalotas, picadas, vinho branco e Demi-glace. Guarnecer com quartos de alcachofras, rodelas de cebola frita, cogumelos salteados, batatas salteadas.

Borgonhesa (*Bourguignone*)
Saltear. Molhar com vinho tinto e Demi-glace; dente de alho. Guarnecer com cebolas estufadas, tiras de toucinho e champignons salteados. Salsa picada.

Branco (*Blanc*)
Saltear em manteiga. Ao fim da cocção, adicionar cebolas picadas e rins de galo frescos. Molhar com vinho branco e reduzir. Juntar natas, deixando ferventar 10 a 12 minutos. Cobrir com o molho. Guarnecer com trufas e lagostins.

Bretã (*Bretonne*)
Saltear sem corar, com porros, cebolas e champignons picados. Adicionar natas e Molho Supremo. Cobrir os pedaços com o molho obtido.

Caçador (*Chasseur*)
Saltear. Adicionar champignons picados, chalotas picadas, vinho branco, brande e Demi-glace atomatado. Cobrir com o molho e polvilhar com salsa picada.

Caçadora (*Cacciatora*)
Como CAÇADOR. Utilizar vinho de Chianti. (*Italiana*).

Capilotada (*Capilotade*)
Saltear. Molhar com vinho branco e Molho Italiano, trufado. Servir coberto com o molho.

Caril (*Au* Curry)
Condimentar com caril. Saltear em azeite e manteiga. Adicionar um pouco de vinho branco e Molho Caril. Cobrir com o molho obtido. À parte, arroz natural.

Catalã (Catalane)
Saltear em azeite. Molhar com vinho branco e Demi-glace. Adicionar champignons picados, cebolas estufadas, castanhas cozidas em consomê, chipolatas e tomates *concassés*. Cobrir os pedaços com o molho e tudo o mais.

Cécil
Como BORDALESA. Adicionar Demi-glace atomatado. Substituir as rodelas de cebola por 1/2 de tomates estufados em manteiga.

Champeaux
Saltear. Molhar com vinho branco, fundo de vitela e Glace de Carne. Levantar com manteiga. Guarnecer com pequenas cebolas estufadas e Batatas Caçarola. (*Ver* BATATA, *em* LEGUMES).

Chandon
Saltear. Molhar com espumante (*champagne*), natas e Glace de Carne. Levantar com manteiga. Guarnecer com cristas e rins de galo. Cobrir com o molho. Completar a guarnição, com croquetes de ave, trufados. (*Como o nome indica, a marca do champanhe deve ser Moët* Chandon).

Cogumelos (*Cèpes*)
Saltear em azeite. Adicionar chalotas picadas, vinho branco e Demi-glace. Guarnecer com cogumelos, salteados à Bordalesa.

Costa Azul (*Côte-d'Azur*)
Como PRIMAVERIL; adicionar quartos de alcachofras, pontas de espargos e trufas.

Crecy
Saltear sem deixar corar. Adicionar natas e Molho Supremo, com Aldeã (*Paysanne*) de cenouras.

Cynthia
Saltear. Molhar com vinho espumante (*champagne*). curaçau, sumo de limão e Glace de Carne. Levantar com manteiga. Cobrir com o molho, e guarnecer em volta, com gomos de laranja e passas de uva, sem caroço.

Delfina (*Dauphine*)
Saltear. Adicionar Molho Périgueux. Servir em pequenos ninhos de Batata Delfina (*Dauphine*).

Demidoff
Saltear. Terminar como MOLEJAS DE VITELA do mesmo nome. (*Ver* ENTRADAS DE MIUDEZAS).

Dinamarquesa (*Danoise*)
Saltear. Molhar com vinho da Madeira e Demi-glace. Cobrir com o molho. Guarnecer de tomates recheados, pequenas cebolas e Batatas Avelãs (*Noisettes*).

Dória
Saltear. Adicionar sumo de tomate, e Demi-glace misturada com pepinos, torneados e estufados.

Durand
Passar por farinha. Saltear em azeite. Empratar em coroa. Guarnecer o centro com rodelas de cebolas fritas, colocadas em redor de uma cornucópia (*cornet*) de presunto, contendo tomates *concassés*.

Duroc
Como CAÇADOR. Guarnecer com montinhos de tomates *concassés* e Batatas Caçarola (*Cocotte*).

Egípcia (*Egyptienne*)
Saltear em azeite, com cebola, presunto em dados e champignons picados. Meter num tacho de barro e terminar de cozinhar com rodelas de tomate. Adicionar fundo de vitela e servir no próprio tacho de barro.

Escocesa (*Écossaise*)
Saltear. Molhar com Jerez e Demi-glace, adicionando salpicão de língua, trufas e feijão-verde.

Escorial (*Escuriale*)
Saltear. Molhar com vinho branco e Demi-glace, adicionando dados de presunto e trufas,

salteados; champignons picados, salteados; azeitonas recheadas. Servir numa fôrma de arroz natural. Em redor desta, pequenos ovos fritos.

Espanhola (*Espagnole*)
Saltear em azeite. Adicionar Arroz Pilaw, dados de pimentos, ervilhas, rodelas de salsicha cozida. Glace de Carne. Meter num tacho de barro. Estufar 10 minutos no forno. Servir tal qual.

Estragão (*Estragon*)
Saltear. Molhar com vinho branco e suco de carne, ligado com estragão. Cobrir com o molho e decorar com folhas de estragão, branqueadas.

Fédora
Saltear sem corar, com lâminas de trufas cruas. Adicionar natas, sumo de limão. Molho Supremo de Coulis de Lagostins; caiena. Empratar e cobrir com o molho. Guarnecer com montinhos de pontas de espargos.

Finas Ervas (*Fines Herbes*)
Saltear. Molhar com vinho branco; chalotas picadas; fundo de vitela e Demi-glace, em partes iguais. Levantar com manteiga Adicionar estragão, cerefólio e salsa picada Cobrir com o molho.

Florestal (*Forestière*)
Saltear, alguns minutos. Antes da cocção completa, adicionar chalotas picadas e míscaros em quartos; na falta destes, champignons. Molhar com vinho branco e fundo de carne. Cobrir com o molho. Guarnecer com montinhos de Batata Parmentier. Entre cada montinho, fatias de toucinho grelhado.

Frufu (*Frou-Frou*)
Saltear. Molhar com vinho da Madeira e Demi-glace. Servir em caçarola. Rodear com quartos de alcachofras e de trufas; rissoles de espinafres. Cobrir com o molho.

Funcho (*Fenouil*)
Saltear, com raizes de funcho branqueadas. Adicionar natas. Empratar. Rodear os pedaços com funcho. Cobrir tudo com Molho Mornay, adicionado do molho do frango. Corar ligeiramente no forno.

George Sand
Saltear sem corar. Adicionar natas, Glace de Aves, e Coulis de Lagostins. Levantar com manteiga. Guarnecer com caudas de lagostins. Cobrir com o molho e rodelas de trufas.

Georgina
Saltear com cebolas novas e ramo de cheiros, contendo funcho. Molhar com vinho do Reno, caldo da cocção de champignons e natas. Reduzir. Adicionar cabeças de champignons, cerefólio e estragão picados. Cobrir com o molho obtido.

Hermione
Saltear. Molhar com vinho branco e suco ligado, atomatado. Empratar em coroa. Guarnecer o centro com rodelas de cebola fritas, em redor de uma cornucópia (*cornet*) de presunto, contendo pontas de espargos. Polvilhar a cornucópia com trufas picadas. Em redor do frango, montinhos de champignons, salteados em rodelas, ou quartos de alcachofras, e Batatas Cabeção (*Collerette*).

Húngara (*Hongroise*)
Condimentar com páprica. Saltear com cebolas picadas. Adicionar natas e Molho Húngaro, com tomates *concassés*. Empratar numa fôrma de Arroz Pilaw, e cobrir com o molho.

Indiana (*Indienne*)
Como CARIL (*Curry*)

Italiana (*Italienne*)
Como CAPILOTADA. Adicionar quartos de Alcachofras à Italiana, como guarnição.

Japonesa (*Japonaise*)
Saltear. Molhar com vinho branco e Demi-glace. Guarnecer com crosnes brancos salteados em manteiga. (Crosnes, *legume orientaL pouco divulgado na Europa*).

Joana Granier (*Jeane Granier*)
Saltear sem corar. Molhar com brande e Molho Supremo, de Coulis de Lagostins. Guarnecer com lagostins, champignons e trufas.

Josefina (*Joséphine*)
Saltear. A 3/4 da cocção, adicionar fatias de presunto, Mirepoix de legumes e champignons. Terminar de cozinhar. Molhar com aguardente velha, suco de carne e caldo de champignons. Reduzir e adicionar manteiga. Cobrir com o molho, e guarnecer com cogumelos, salteados em azeite.

Judic
Saltear. Molhar com vinho branco e Demi-glace. Guarnecer com rins de galo e cobrir com o molho. Completar a guarnição com alfaces estufadas e lâminas de trufas.

Jurassiana (*Jurassienne*)
Saltear. A 3/4 da cocção, adicionar pedaços de toucinho. Molhar com Demi-glace e juntar cebolinho picado. Cobrir com o molho.

Languedociana (*Languedocienne*)
Saltear com gordura de pato. Molhar com vinho branco e suco de carne ligado. Guarnecer com Tomates Provençal e fatias de beringela fritas.

Lapérouse
Saltear. Refrescar com aguardente velha, natas, e purê de champignons. Ligar com gemas de ovos. Guarnecer com fundos de alcachofras cheios de purê de champignons, ligeiramente gratinados.

Lathuile
Saltear, com dados de batata e de fundos de alcachofras. Colocar os pedaços de frango e os legumes numa frigideira, de forma que formem uma peça única. Corar de um lado e voltar do outro, auxiliando-se de uma tampa. Corar do outro lado e empratar tal qual. Regar com Glace de Carne (*líquida*) e Manteiga Noisette. Guarnecer com rodelas de cebola e salsa, fritas.

Leopoldo (*Léopold*)
Saltear sem corar. Adicionar chalotas picadas, vinho branco e natas. Guarnecer com endívias estufadas.

Lionesa (*Lyonnaise*)
Saltear. A 3/4 da cocçâo, adicionar cebolas picadas, salteadas em manteiga. Refrescar com fundo de carne ligado. Cobrir com o molho e salsa picada.

Madrasta (*Madras*)
(*Ver* STANLEY). Sem trufas. Servir dentro de um melão, aberto num dos topos, limpo das pevides e filamentos, semicheio de Arroz à Indiana. (*O nome deste prato deriva do da cidade de Madrasta, centro industrial e porto de mar, na costa do Choromândel, Sueste do lndostão*).

Marengo
Saltear em azeite. Molhar com vinho branco, tomates *concassés*, Demi-glace bastante atomatado, alho. Adicionar champignons e lâminas de trufas. Cobrir com o molho. Guarnecer de crostões, lagostins e ovos fritos. Polvilhar com salsa picada.

Maria Luísa (*Marie-Louise*)
Saltear. Molhar com vinho branco e Demi-glace. Preparar, à parte, batatas salteadas em cru, colocando metade num prato de ir ao forno. Pôr sobre estas batatas os pedaços de frango e guarnecer com rodelas de trufas e Tortulhos à Bordalesa. Recobrir com o resto das batatas, formando monte. Corar no forno e rodear com o molho de saltear o frango, reduzido.

Marigny
Saltear. Molhar com vinho branco e fundo de carne ligado. Guarnição Marigny.

Marroquina (*Marocaine*)
Saltear em azeite. Molhar com vinho branco e Demi-glace, adicionando tomates *concassés* e dente de alho. Guarnecer com chuchus recheados, tomates *concassés*, quiabos e cebolas picados, puxados em manteiga; Batatas Avelãs (*Noisettes*).

Marselhesa (*Marseillaise*)
Como a anterior, mas sem guarnição. Juntar ao fundo de cocção pimentos verdes, cortados em tiras e sumo de limão. Salsa picada.

Mascote (*Mascotte*)
Saltear. Molhar com vinho branco e Demi-glace. Guarnição Mascote.

Matilde (*Mathilde*)
Saltear. A 3/4 da cocção, adicionar cebola picada. Molhar com vinho espumante (*champanhe*) e Molho Supremo, adicionado de pepinos torneados, branqueados e estufados em manteiga. Cobrir com o molho obtido.

Mexicana (*Mexicaine*)
Saltear em azeite. Molhar com vinho branco e fundo de vitela. atomatado. Cobrir com o molho. Guarnecer com champignons grelhados, tomates *concassés* e pimentos grelhados.

Minuto (*Minute*)
Saltear. Molhar com vinho da Madeira e vinho branco. Levantar com manteiga. Polvilhar com salsa picada.

Míscaros (*Morilles*)
Salteado. A 3/4 da cocção, adicionar míscaros. Molhar com aguardente velha e Demi-glace. Levantar com manteiga e cobrir com o molho.

Monselet
Saltear. Refrescar com Jerez e Demi-glace, adicionando fundos de alcachofras e trufas picadas. Cobrir com o molho.

Natas, com (*Crème, à la*)
Como ARQUIDUQUE, sem trufas.

Nicense (*Niçoise*)
Saltear em azeite. Molhar com vinho branco e Demi-glace atomatado. Guarnição Nicense.

Normanda (*Normande*)
(*Ver* PERDIZ *do mesmo nome*).

Novo Século (*Nouveau Siècle*)
Saltear. Molhar com vinho branco e Demi-glace, adicionando pepinos torneados, estufados em manteiga, pequenas cebolas, tortulhos, tomates *concassés*, beringelas fritas em dados, crosnes e Batatas Caçarola. Misturar tudo com o frango. Servir em tacho de barro, ou porcelana.

Orleanesa (*Orléanaise*)
Saltear. Molhar com vinho tinto e suco de carne ligado. Reduzir. Levantar com manteiga. Cobrir com o molho. Guarnecer com montinhos de champignons canelados e cebolas picadas.

Ostras (*Huîtres*)
Saltear sem corar. Molhar com vinho branco, suco de ostras, natas e Molho Supremo. Guarnecer com ostras cozidas. Cobrir tudo com o molho.

Otero
Saltear sem corar. Flamejar com aguardente velha e molhar com vinho do Porto, natas e suco de carne ligado. Adicionar rins, cristas de galo e rodelas de trufas. Cobrir com o molho. Guarnecer com ovo frito e croquetes de aves.

Páprica
(*Ver* **HÚNGARA**).

Parmentier
Saltear. Molhar com vinho branco e suco de carne ligado. Guarnecer com Batatas Parmentier e salsa picada

Passarinho, à
Frango cortado em pequenos pedaços (imitando passarinhos) e frito com alho e óleo.

Pastora (*Bergère*)
Saltear sem corar. Molhar com vinho da Madeira e fundo de vitela. Reduzir. Levantar com natas. Guarnecer com champignons salteados e Batata Palha (*Paille*).

Pequeno Duque (*Petit-Duc*)
Saltear. Adicionar natas e Glace de Carne. Levantar com manteiga. Juntar rodelas de trufas e míscaros estufados em manteiga. Cobrir com o molho.

Périgord
Saltear com trufas cruas, torneadas como azeitonas. Molhar com vinho da Madeira, Demi-glace e manteiga. Cobrir com o molho.

Périgueux
Saltear. Adicionar Molho Périgueux.

Piemontesa (*Piémontaise*)
Saltear com lâminas de trufa, cruas. Molhar com vinho branco e Glace de Carne. Empratar numa bordura de Arroz à Piemontesa. Cobrir com o molho, reduzido. Polvilhar com salsa picada. Manteiga Noisette, no momento de servir. (*Ver em* FRANGO DE GRÃO *a receita de idêntico nome, para caçarola*).

Portuguesa (*Portugaise*)
Saltear em manteiga e azeite. A 3/4 da cocção, adicionar cebola picada, vinho branco, tomates *concassés*, champignons picados, salteados, e dente de alho. Terminar de cozinhar. Empratar, deixando a guarnição por cima. Rodear de tomates recheados.

Provençal (*Provençale*)
Saltear em azeite. Molhar com vinho branco e Molho Provençal, perfumado com basílico picado. Adicionar azeitonas pretas, torneadas e branqueadas.

Quinteira (Fermière)l
Saltear. Adicionar suco de carne ligado, terminando de cozinhar em caçarola, com Guarnição Quinteira.

Rivoli
Saltear. Molhar com Jerez e fundo de vitela atomatado. Guarnecer com crostões de Batata Ana (*Anna*) e rodelas de trufas.

Romana (*Romaine*)
Saltear em azeite. Molhar com vinho de Asti e Demi-glace. Empratar sobre espinafres em rama. (*O vinho de Asti, que provém de uma região da Itália, o Piemonte, junto à cidade do mesmo nome, nas margens do rio Bolbo, é uma variedade de moscatel*).

Rostand
Saltear. Molhar com aguardente velha e suco de carne ligado, adicionando Aldeã (Paysanne) de legumes, míscaros e trufas. Cobrir com o molho.

Samos (*Au Samos*)
Saltear com azeite. Molhar com vinho de Samos e tomates *concassés*. Guarnecer com passas de uvas, sem casca nem grainhas. Cobrir com o molho. (*Samos, vinho licoroso, produzido na ilha grega do mesmo nome, no mar do Arquipélago*).

Sanguine
Cubos de toucinho e pequenas cebolas, alourados em gordura. Retirar, e dourar no mesmo fundo os pedaços de frango. Molhar com consomê. Adicionar o toucinho e as cebolas, mais dente de alho picado, salsa e tomilho. Fazer uma ligação de farinha e sangue, incorporando à cocção do frango, sem deixar ferver. Empratar e cobrir com o molho, passado. Guarnecer com crostões de pão fritos.

São Jaime (*Saint-James*)
Saltear. Molhar com vinho da Madeira e Demi-glace. Guarnecer com montinhos de Jardineira.

São Lamberto (*Saint-Lambert*)
Saltear. Molhar com vinho branco e caldo de cozer champignons. Juntar purê de legumes e manteiga. Cobrir com o molho. Polvilhar com ervilhas, bolas de cenoura e salsa picada.

São Mandé (*Saint-Mandé*)
Saltear. Molhar com suco de vitela. Guarnição do mesmo nome.

Spatzélis, com (*aux Spatzélis*)
Saltear sem corar. Adicionar natas. Guarnecer com Spatzélis ou Spetzli, salteados. (*Os Spetzlis são pequenas bolas de massa do tamanho de nozes, que se obtêm cozendo em água e sal a seguinte massa: farinha, 0,500; ovos, 4; natas, 2 colheres; sal, pimenta e noz-moscada*). (*Cozinha alsaciana*).

Stanley
Estufar com cebolas picadas. Empratar o frango. Adicionar às cebolas um pouco de Molho Soubise. Passar pela estamenha Juntar natas, juliana de língua, champignons e trufas. Cobrir o frango com o molho e guarnecer com crostões.

Trufas (*aux Truffes*)
(*Ver* PÉRIGORD).

Van Dyck
Saltear sem corar. Molhar com natas e Molho Supremo, adicionando folhas de lúpulo branqueadas.

Vapor (*Vapeur*)
Saltear com Batatas Avelãs (*Noisettes*) e pequenas cebolas, em manteiga e vinho branco.

Vaucanson
Saltear. Adicionar tomates picados. Molhar com vinho branco e levantar com manteiga.

Vendeiana (*Vendéenne*)
Saltear sem corar. A 3/4 da cocção, adicionar pequenas cebolas estufadas a branco. Estufar, molhando com vinho branco e Molho Supremo, adicionado de salsa picada. Cobrir com o molho.

Verdi
Saltear. Molhar com vinho de Asti (*vinho italiano do Piemonte*) e suco de carne ligado. Levantar com manteiga. Empratar em bordadura de Arroz à Piemontesa, tendo uma coroa de rodelas de trufas e pasta de fígado (*foie gras*). sobreposta. Cobrir os pedaços de frango com o molho.

Vichy
Saltear. Molhar com o fundo de vitela, adicionando cenouras Vichy. Cobrir com o molho.

Vienense (*Viennoise*)
Panar os pedaços à inglesa. Saltear e empratar. Sumo de limão e salsa picada. Mnteiga Noisette, no momento de servir. (*Ver, em* FRANGO DE GRÃO, a receita com o mesmo nome, para o frango inteiro).

Vizinho (Voizin)
(*Ver* BOISSY D'ANGLAS). Cozinhar de igual modo. Adicionar ervilhas e cenouras.

Waterzoi, em
Em tacho fundo. Adicionar aos pedaços de frango, juliana de aipo, de raízes de salsa e de porros. Cobrir de consomê branco e cozer. Servir no próprio tacho, tal qual. (*Cozinha flamenga*).

GALINHA
(Poule, Poularde)

Afonso XIII (*Alphonse XIII*)
Rechear com Arroz Pilaw, adicionando dados de presunto e de trufas. Saltear com Mirepoix. Molhar com vinho branco e Molho Supremo. Empratar sobre uma camada de Arroz Pilaw. Cobrir com o molho. Guarnecer com croquetes em forma de medalhões. Decorar com flores-de-lis feitas de trufas, trufas como azeitonas e rins de galo, alternados com os croquetes.

Aipo (*Céleri*)
Estufar em manteiga. Adicionar fundo de vitela espesso. Guarnecer com aipo estufado.

Albufera
Rechear com Arroz Pilaw, adicionando dados grandes de trufas e de fígado de pato (*foie gras*), salteados. Apertar com fio, e cozinhar, Cobrir com Molho Albufera. Guarnecer com trufas inteiras.

Aldeã (*Paysanne*)
Cozer. Passar numa caçarola, com vinho branco e Demi-glace. Guarnição Aldeã.

Alexandra
Picar com língua e trufas. Cozer. Tirar os supremos e substituí-los por musselina de aves, dando a forma original. Cobrir com Molho Mornay e gratinar ligeiramente. Guarnição: tarteletas contendo pontas de espargos, com um escalope dos supremos sobreposto. Em redor, Glace de Carne.

Americana (*Américaine*)
Como FRANGO DE GRÃO do mesmo nome.

Andaluza (*Andalouse*)
Estufada; coberta com Molho Supremo, de Manteiga de Pimentos. Guarnecer em redor, com pimentos recheados com arroz; rodelas de beringela salteadas; montinhos de rodelas de chouriço cozido,

Argenteuil
Cozer. Cobrir com Molho Supremo, de purê de espargos. Guarnecer com pontas de espargos.

Arroz (*Riz*)
Cozer. Empratar sobre Arroz Pilaw. Cobrir com Molho Supremo.

Aumale, d'
Picar com trufas. Rechear com Recheio Musselina. trufado. Estufar. Empratar; guarnecer com tarteletas, contendo pepinos torneados, estufados em manteiga;
cebolas cozidas, recheadas com salpicão de língua e pasta de fígado (*foie gras*), ligado com Molho Madeira. Alternar com florões. À parte, fundo do estufado, ligado com araruta (*arrow-root*) e perfumado com vinho da Madeira.

Aurora (*Aurore*)
Rechear com Godiveau, adicionado de tomates. Cozer. Cobrir com Molho Aurora.

Banqueira (*Banquière*)
Estufar. Molhar com vinho da Madeira, 1/2 de fundo de vitela e 1/2 de Molho Supremo. Cobrir com o molho. Guarnição Banqueira.

Beaufort
Rechear parcialmente com pasta de fígado (*foie gras*), terminando com picado de carne para salsichas. Picar com trufas. Estufar com pouco molho. Empratar sobre um tampão de pão frito. Guarnecer com línguas de cordeiro estufadas e fundos de alcachofras cheios com Puré Soubise. À parte, fundo do estufado.

Boieldieu
Rechear com Musselina de Aves e purê de pasta de fígado (*foie gras*). Picar com trufas. Cozer. Passar por vinho branco e fundo de aves, ligando com araruta (*arrow-root*). Empratar. Guarnecer com trufas do tamanho de avelãs. À parte, o molho, obtido na segunda passagem da galinha.

Cardeal (*Cardinal*)
Cozer. Cobrir com Molho Supremo atomatado. Guarnecer com tomates recheados.

Carmelita (*Carmélite*)
(*Fria*). Cortar os supremos em escalopes, passá-los em *Chaud-Froid*' e decorá-los com trufas. Encher a carcaça com Musselina de Lagostins. Colocar os escalopes sobre a musselina, dando a forma o mais aproximada possível do naturaL Fazer, no centro da ave, uma linha, com caudas de lagostins. Empratar e cobrir com geléia.

Casadinha (*Petite Mariée*)
Cozer. Cobrir com Molho Supremo. Guarnecer com montinhos de bolas de cenouras, de nabos, de ervilhas e de Batatas Avelãs (*Noisettes*).

Casa d'Ouro (*Maison d'Or*)
Bridar. Estufar com fundo de aromáticos. Molhar com vinho da Madeira, suco de carne ligado e Demi-glace atomatado. Passar o molho e empratar a galinha. Rodear com uma guarnição de cristas e rins de galo, champignons, croquetes e trufas, ligada com o próprio fundo da cocção. Adicionar, no último momento, escalopes de fígado (*foie gras*), salteados. Cobrir com o fundo do estufado.

Caseira (*Ménagère*)
Cozer com cenouras, cebolas e batatas picadas, num fundo gelatinoso de aves. Servir no próprio recipiente da cocção, que será em barro, de preferência.

Castelã (*Châtelaine*)
Estufar. Molhar com vinho branco e fundo de vitela. Guarnição Castelã b). À parte, o fundo do estufado.

Cavaleiro (*Chevalière*)
Supremos, picados com língua e trufas. *Filets mignons* em anéis, cobertos com trufas. Colocar os supremos numa frigideira, untada com manteiga, e os *Filets mignons* numa outra. Separar as pernas, da carcaça, e desossá-las até 1 cm acima da junta da pata; cortar esta última em diagonal, a imitar um bico. Rechear e atar com um fio, dando a forma de um pequeno pato. Coser as coxas, e cozinhar os supremos e os *Filets mignons*. Empratar como segue: colar um crostão de pão frito, com 12 cm de altura e 3 cm de lado, sobre o meio de um prato redondo. Rodear a base de quatro croquetes grandes, chatos, decorados. Colocar sobre estes os *Filets mignons*, os supremos e as coxas, alternados. Entre as coxas e os supremos colocar pequenos montinhos de cristas e rins de galo e champignons. No topo do crostão enfeitar com cristas e rins de galo e trufas. À parte, Molho Supremo.

Champanhe (*Champagne*)
(*Fria*). Rechear como LUÍSA DE ORLEÃES. Estufar. Molhar com vinho espumante (*champanhe*), e fundo de aves. Arrefecer. Adicionar geléia de aves ao fundo do estufado. Cobrir com esta a galinha já empratada.

Champignons
(*A branco*). Cozer. Cobrir com Molho Supremo, adicionado de champignons canelados.

Champignons
(*Alourado*). Estufar em Demi-glace, com essência de champignons. Adicionar cabeças de champignons, caneladas.

Chimay
Rechear com nulhes, adicionando dados de pasta de fígado (*foie gras*) e natas. Estufar. Cobrir com o fundo do estufado, ligado com araruta (*arrow-root*). Polvilhar com nulhes, salteados em cru.

Chipolata
Estufar. Molhar com vinho branco e Demi-glace. Guarnição Chipolata.

Chivry
Cozer. Cobrir com Molho Chivry. Guarnecer com tarteletas, contendo Macedônia de legumes ligada com natas.

Cônega (*Chanoinesse*)
Preparar como GALINHA SUFLÊ. Empratar. Rodear com escalopes de Supremos, sobre crostões, tendo uma rodela de trufa sobreposta; tarteletas recheadas com caudas de lagostins, ligadas com Molho Supremo de Coulis de Lagostins. À parte, o mesmo molho.

Coq-en-Pâte
Rechear com trufas e dados de pasta de fígado (*foie gras*). Corar no forno. Enrolar numa folha de massa folhada. Terminar a cocção no forno. Abrir na massa uma pequena abertura, por onde, durante a cocção, se lança Molho Périgueux para o interior.

Cussy
Estufar. Molhar com vinho da Madeira e Demi-glace. Guarnição Cussy.

Dampierre
(*Fria*). Desossar a parte do peito, a cru, recheando com Musselina de Aves. Cozer e deixar arrefecer no próprio caldo da cocção. Escorrer. Cobrir com Molho *Chaud-Froid*, de leite de amêndoas. Guarnecer com pequenas musses, de língua e pasta de fígado. Lustrar com geléia. Crostões da mesma.

Demidoff
Estufar. Terminar como MOLEJA DE VITELA, do mesmo nome. (*Ver em* ENTRADAS DE MIUDEZAS).

Derby
Rechear como ALBUFERA. Estufar. Guarnecer com trufas, cozidas em vinho espumante (*champanhe*), crostões, guarnecidos com escalopes de fígado (*foie gras*), salteados. Reduzir o fundo, com o caldo das trufas e fundo de vitela ligado com araruta.

Devonshire
Retirar o osso do peito. Rechear com 1/2 de musselina de aves e 1/2 de picado de carne para salsichas, misturados, pondo ao meio uma língua de vaca salgada. Cozer. Trinchar a galinha, de maneira a retirar inteiro o peito, o recheio e a língua. Colocar a carcaça sobre um tampão baixo. Cortar ao meio, o peito, a língua e o recheio; depois a atravessar, fazendo fatias, sem deixar perder a forma. Repor o peito trinchado no seu lugar, sobre a carcaça. Cobrir com Molho Supremo, adicionado de Brunesa de língua. Guarnecer com fundos de alcachofras, recheados com purê de ervilhas. À parte, o mesmo molho.

Diva
Rechear com Arroz Pilaw, adicionando pasta de fígado (*foie gras*), e trufas. Estufar. Cobrir com Molho Húngaro. Rodear com montinhos de pepinos, ligados com natas.

Dreux
Picar com trufas e língua. Cozer. Cobrir com Molho Supremo. Guarnição Regência b).

Duquesa (*Duchesse*)
Bridar. Retirar os filetes e cortar em fatias. Rechear a carcaça. com aparelho de cevada pilada e pontas de espargos, ligado com Glace de Aves. Empratar dentro de uma bordadura do mesmo aparelho. Colocar parte dos escalopes sobre a carcaça e parte sobre a bordadura. Intercalar pequenos montes de pontas de espargos. Cobrir tudo com o fundo da cocção, ligado com araruta (*arrow-root*).

Duroc
Rechear com Recheio Gratém, de purê de pasta de fígado (*foie gras*), adicionado de juliana de língua e de trufas. Estufar. Rodelas de trufa sobre o peito. À parte, Molho Madeira.

Eduardo VII (*Edouard VII*)
Rechear como DIVA. Cobrir com Molho Supremo com caril, adicionado de pimentos encarnados em dados. À parte, pepinos com natas.

Eliseu (*Elysée*)
Rechear com musselina de aves e purê de pasta de fígado (*foie gras*), trufado. Incrustar com trufas. Cozer. Guarnição Regência, em redor. À parte, Molho Supremo.

Embaixatriz (*Ambassadrice*)
Picar com trufas. Cobrir com cenouras, ervilhas e nabos, estufados em manteiga (*Matignon*). Envolver num pano de musselina e estufar; levantar os supremos e retirar o osso do peito. Encher a cavidade com pontas de espargos, ligadas com manteiga, de maneira a dar à peça a sua forma natural. Tapar com os supremos cortados em fatias. Cobrir tudo com Molho Supremo. Guarnecer com moleja de cordeiro, estufada com trufas; montinhos de pontas de espargos

Escarlate (*Écarlate*)
(*Fria*). Rechear como DAMPIERRE. introduzindo uma língua escarlate no interior. Cobrir com Molho *Chaud-Froid*, branco. Decorar com trufas e língua. Lustrar com geléia. Crostões de geléia a guarnecer.

Escocesa (*Écossaise*)
Rechear com Godiveau, adicionado de Brunesa grossa. Cozer. Cobrir com Molho Escocês. À parte, feijão-verde com natas.

Escorial (*Escuriale*)
Rechear com Arroz Pilaw, dados de presunto e de champignons. Estufar. Molhar com vinho branco e Demi-glace. Guarnecer com azeitonas recheadas e ovos fritos Cobrir com o molho estufado.

Espanhola (*Espagnole*)
Rechear com Arroz Pilaw, adicionando dados de pimentos e grão-de-bico. Estufar. Empratar e cobrir com o fundo do estufado, ligado. Guarnecer com tomates grelhados e rodelas de cebola, fritas em azeite.

Estragão (*Estragon*)
Estufar. Adicionar suco de carne com essência de estragão. Decorar o peito, com folhas de

estragão branqueadas. Cobrir com o molho do estufado.

Favorita (*Favorite*)
Rechear com Musselina de Aves, adicionada de purê de pasta de fígado, trufado. Cozer com aromáticos Cobrir com Molho Supremo. Guarnecer com cristas e rins de galo, e lâminas de trufas.

Financeira (*Financière*)
Estufar. Molhar com vinho da Madeira e Molho Madeira. Guarnição Financeira.

Gastrônomo (*Gastronome*)
Rechear com míscaros salteados. Estufar. Molhar com vinho espumoso (*champanhe*), Demi-glace e essência de trufas. Empratar. Rodear com montinhos de trufas e de castanhas; crista de galo entre cada um deles. À parte, o molho do estufado.

Geraldina (*Geraldine*)
Estufar com fundo de aromáticos. Adicionar Molho São Marcelo, seco, e fundo de vitela. Empratar. Cobrir com o molho, reduzido e adicionado de aveludado de carne. Rodear com chuchus, tomates e beringelas, recheados à Grega.

Godard
Estufar. Guarnição e Molho Godard.

Grammont
Cozer com aromáticos. Tirar os supremos e o osso do peito. Encher a cavidade com um recheio composto de: filetes de calhandra salteados, cabeças de champignons, cristas e rins de gaio, ligados com Molho Supremo de essências de trufas. Repor os supremos, cortados em fatias, no seu lugar normal. Cobrir com Molho Supremo. Polvilhar com queijo ralado e gratinar ligeiramente.

Grande Hotel (*Grand-Hôtel*)
Cortar em pedaços. como para saltear. Cozinhar em manteiga, tapado. Molhar com vinho branco e fundo de aves. Empratar num prato de porcelana com bordo alto, com rodelas grossas de trufas cruas.

Grega (Grecque)
Rechear com Arroz à Grega. Estufar. Cobrir com o fundo do estufado, reduzido.

Heloísa (*Héloïse*)
Cozer com aromáticos. Tirar os supremos e o osso do peito. Encher a cavidade com musselina de aves bastante trufada. Incorporar neste recheio os supremos cortados em pedaços. Decorar com claras de ovos cozidas. Cobrir com papel amanteigado, e cozinhar em forno brando. Cobrir com Molho Supremo pouco espesso.

Holandesa (Hollandaise)
Cozer com fundo de aromáticos. Rodear com batatas cozidas à inglesa. À parte, Molho Holandês.

Hortaliceira (*Maraichère*)
Cozer com fundo de aromáticos. Passar por vinho da Madeira e Demi-glace. Empratar, num prato de bordo alto. Guarnição Hortaliceira, em redor. Cobrir com o molho e tapar o prato hermeticamente. Corar no forno e servir tal qual.

Húngara (*Hongroise*)
Estufar. Cobrir com Molho Húngaro. À parte, timbale de Arroz Pilaw, adicionado de dados de tomate.

Imperatriz (Impératrice)
Cozer com aromáticos. Cobrir com Molho Supremo adicionado de purê de aves. Rodear com montinhos de miolos de vitela, em dados; moleja de cordeiro e pequenas cebolas, tudo cozido a branco. Alternar.

Indiana (*Indienne*)
Cozer com aromáticos. Cobrir com Molho Caril (*Curry*). À parte, Arroz Natural.

Infante
Cozer com aromáticos. Cobrir com Molho Supremo e purê de champignons. Guarnecer com tomates grelhados.

Inglesa (*Anglaise*)
a) Cozer com aromáticos. Cobrir com Molho Supremo. Rodear a base com fatias de língua, montinhos de cenouras e nabos torneados, pela parte exterior do prato. A cada extremo, um montinho de aipo estufado e um de ervilhas.
b) Cozer em água, com toucinho. Empratar. Rodear com retângulos de toucinho. À parte, Molho Salsa (*Persil*) e outra molheira com caldo da cocção.

Isabel de França (*Isabelle de France*)
Rechear com arroz açafronado, caudas de lagostins e rodelas de trufas. Cozer em fundo

branco e vinho branco. Preparar com o fundo da cocção um Molho Supremo. Empratar sobre um tampão. Cobrir com o molho. Rodear de trufas cozidas com espumante (*champanhe*), colocadas sobre crostões de pão frito, com uma pequena cavidade no centro.

Joaquim (*Jacques*)
Rechear com fígados, miolo de pão e aromáticos. Estufar. Cobrir com o fundo, reduzido com vinho tinto, Demi-glace e sumo de limão.

Lady Curzon
Rechear como DIVA. Cozer com aromáticos. Cobrir com Molho Italiano condimentado de caril. À parte, pepinos com natas.

Lambertye
(*Fria*). Cozer com aromáticos. Cortar os supremos em fatias, no sentido do comprimento. Passar por *Chaud-Froid* branco e decorar com trufas. Encher a carcaça com musse de aves e purê de pasta de fígado (*foie gras*). Colocar os supremos no seu lugar, lustrar com geléia e rodear de crostões da mesma.

Languedociana (*Languedocienne*)
Estufar. Guarnição Languedociana. Cobrir com suco de aves ligado, perfumado com vinho da Madeira.

Leão X (*Léon X*)
Em caçarola. Guarnecer com croquetes, champignons, trufas e macarrão. Molho Périgueux.

Lúculo (*Lucullus*)
Rechear com musselina de aves trufada. Estufar. Servir rodeada de trufas cozidas com espumante (champanhe) e cristas de galo. Cobrir de Demi-glace com essência de trufas, adicionada do fundo do estufado, reduzido.

Luísa de Orleães (*Louise d'Orléans*)
Rechear com pasta de fígado (*foie gras*); picar com trufas; marinar em brande e vinho da Madeira. Corar no forno. Recobrir com rodelas de trufas, e envolver em fatias de toucinho. Fechar numa envoltura de Massa de Empadão (*Patê*). Cozinhar no forno. Servir tal qual. (*Quente ou fria*).

Luisiana (*Louisiane*)
Rechear de milho com natas, adicionando dados de pimentos. Estufar. Refrescar com vinho da Madeira e fundo de aves. Guarnecer com pequenos timbales de Arroz Pilaw; bananas fritas e tarteletas, contendo milho com natas. À parte, o molho do estufado.

Maintenon
Picar com trufas e língua. Estufar a branco. Cobrir com Molho Supremo. Rodear de croquetes; cabeças de champignons caneladas; fundos de alcachofras recheados com trufas, cobertos de Molho Mornay e gratinados.

Mancini
Cozer com aromáticos. Tirar os supremos e o osso do peito. Colocar a carcaça sobre um tampão de pão frito. Encher a cavidade com Macarrão à Italiana, adicionando dados de pasta de fígado (*foie gras*) e juliana de trufas. Repor os supremos em fatias sobre o macarrão, alternando com trufas. Cobrir com Molho Mornay e gratinar.

Marechala (*Maréchale*)
Rechear com pedaços de moleja de cordeiro, miolos de vitela e champignons, ligados com Molho Supremo. Envolver em fatias de toucinho e cozer. Cobrir com Molho Supremo. Guarnição Marechala b).

Marfim (*Ivoire*)
Cozer com aromáticos. À parte, Molho Supremo e molheira com caldo da cocção. Cogumelos com natas.

Margarida de Sabóia (*Marguerite de Savoie*)
Rechear com calhandras salteadas em manteiga, com trufas brancas. Estufar com 1/2 de vinho branco, 1/2 de fundo de vitela. Empratar sobre tampão de pão frito. Rodear com pequenos palitos de polenta polvilhados de queijo, gratinados. Cobrir com o fundo do estufado, ligado com araruta (*arrow-root*). À parte, timbale de trufas brancas, aquecidas em manteiga e consomê.

Maria Luísa (*Marie-Louise*)
Rechear com Arroz Pilaw; champignons picados, salteados; rodelas de trufa, ligadas com Molho Soubise. Cozer com aromáticos. Empratar e cobrir com Molho Supremo. Guarnecer com alfaces estufadas e fundos de alcachofras, contendo purê de champignons e cebola.

Meio-Luto (*Demi-Deuil*)
Rechear com musselina de aves, trufada. Picar com trufas. Cozer com aromáticos. Cobrir com Molho Supremo, adicionado de lâminas de trufas.

Metrópole (*Métropole*)
Cozer com aromáticos. Guarnecer com montinhos de fundos de alcachofras, pequenas cebolas e champignons. Cobrir tudo com Molho Supremo. Crostões com forma de corações, em redor.

Monte Carlo
Cozer com aromáticos. Cobrir metade com Molho Supremo, metade com Molho Aurora. Guarnecer o lado branco com croquetes atomatados e o lado rosado com croquetes vulgares.

Montfermeil
Estufar. Molhar com vinho branco e fundo de vitela. Guarnecer com cenouras, nabos torneados, pequenas cebolas, ervilhas e Batata Castelo (*Château*). Servir em prato de porcelana com o bordo alto.

Montglas
Estufar. Molhar com vinho da Madeira e Demi-glace, adicionada de juliana de trufas, língua, presunto e champignons. Cobrir com o molho.

Montmorency
Picar com trufas. Estufar com vinho da Madeira e Demi-glace. Cobrir com o molho. Guarnição Montmorency.

Nantua
Cozer com aromáticos. Cobrir com Molho Supremo de Coulis de Lagostins. Lâminas de trufa sobre o peito. Guarnecer com montinhos de caudas de lagostins e croquetes a cuja massa se adicionou Coulis de Lagostins.

Neva
(*Fria*). Rechear e cozer como DAMPIERRE, juntando, em redor, dados de pasta de fígado (*foie gras*) e trufas. Cobrir com *Chaud-Froid* a branco. Guarnecer com pequenas fôrmas de Salada Russa, em redor.

Nicense (*Niçoise*)
Estufar. Molhar com vinho da Madeira e fundo de vitela atomatado. Guarnição Nicense, com azeitonas pretas sem caroço em vez de batatas. Cobrir com o molho do estufado.

Normanda (*Normande*)
Cozer com aromáticos. Cobrir com Molho Supremo. Guarnecer com cenouras; nabos e batatas torneadas; porros, tudo cozido à inglesa.

Nulhes (*Nouilles*)
Rechear com nulhes. ligados com queijo ralado e natas, adicionando trufas e pasta de fígado. Cozer com aromáticos. Cobrir com Molho Mornay e gratinar.

Oriental (*Orientale*)
Rechear com Arroz Pilaw açafronado. Cozer com aromáticos. Retirar os supremos e o osso do peito (*bréchet*). Cobrir o arroz com Molho Aurora açafronado. Repor os supremos cortados em fatias. Cobrir com o mesmo molho. Guarnecer com quartos de chuchus. cozinhados em manteiga.

Ostras (*Huîtres*)
Cozer com aromáticos Cobrir com Molho Supremo, de suco de ostras, adicionado de ostras cozidas e limpas.

Ovos d'Ouro, ou Galinha de Ouro (*Oeufs d'Or* ou *Poule d'Or*)
Cozer com aromáticos. Cobrir com Molho Supremo. Rodear com ovos cozidos, recheados com purê de aves, panados e fritos; rodelas de trufa e batata, passadas por ovo, de forma a parecerem libras de ouro.

Paramé
Envolver em Matignon, e enrolar num pano de musselina. Estufar. Desenrolar. Empratar e guarnecer com montinhos de cenouras, nabos e alfaces. À parte, suco de carne ligado.

Parisiense (*Parisienne*)
Cozer com aromáticos. Cobrir com Molho Supremo. Decorar o peito com rodelas de trufas e de língua. Guarnição Parisiense b). Cordão de Glace de Carne.

Parisiense (*Parisienne*)
(*Fria*). Preparar como LAMBERTYE. Adicionar à musse, croquetes de ave. Guarnecer como NEVA.

Patti Adelina
Rechear como DIVA. Cozer com aromáticos. Empratar sobre um tampão baixo. Cobrir de

Molho Supremo com páprica. Guarnecer com fundos de alcachofras, contendo uma trufa inteira coberta com Glace de Carne. À parte, o mesmo molho.

Périgord
Rechear com trufas cruas misturadas com banha de porco, temperadas e pisadas com aparas de trufas. Estufar lentamente. Molhar com vinho da Madeira e Demi-glace, com essência de trufas. Empratar em prato de porcelana, com bordo alto. Cobrir com o molho.

Perigordina (*Périgourdine*)
Como a anterior. Juntar às trufas e banha de porco, cubos de pasta de fígado (*foie gras*). Cozer com aromáticos. Cobrir com Molho Supremo de essência de trufas.

Piemontesa (*Piémontaise*)
Rechear com Arroz à Piemontesa. Estufar. Adicionar manteiga e Demi-glace. Empratar em prato de porcelana fundo, e cobrir com o molho.

Poincaré
Envolver em fatias de toucinho. Estufar com pouco molho, á base de fundo de vitela. Reduzir o fundo da cocção; adicionar aveludado de Coulis de Lagostins e natas. Cobrir com o molho. À parte, conchas de creme, ligado com manteiga e queijo, misturando trufas e lagostins. Enfeitar com cristas de galo.

Polignac
Cozer com aromáticos Retirar os supremos e o osso do peito (*bréchet*). Encher a cavidade com musselina de aves, adicionada de juliana de aves e trufas. Estufar à boca do forno. Repor os supremos, cortados em fatias, intercaladas com tiras de trufa. Cobrir com Molho Supremo de purê de champignons, adicionado de juliana de trufas e champignons.

Portuguesa (*Portugaise*)
Rechear com Arroz Pilaw, adicionado de tomates *concassés*. Estufar. Cobrir com Molho Português. Guarnecer com tomates recheados.

Primaveril (*Printanière*)
Estufar. Molhar com vinho branco e Demi-glace. Empratar em prato de porcelana, fundo. Regar com o molho. Guarnição Primaveril, em redor. Tapar o prato hermeticamente e levar ao forno.

Princesa (*Princesse*)
Cozer com aromáticos. Cobrir com Molho Supremo de purê de espargos verdes. Guarnecer com crustadas de Batata Duquesa (*Duchesse*), cheias com pontas de espargos, tapadas com um croquete espalmado.

Princesa Helena (*Princesse Hélène*)
Como DIVA. Empratar. Cobrir com Molho Supremo. Guarnecer com conchas, recheadas de Subrics de Espinafres e trufas brancas.

Quinteira (*Fermière*)
Estufar. Molhar com vinho da Madeira e Demi-glace. Guarnição Quinteira.

Rainha (*Reine*)
Cozer com aromáticos Cobrir com Molho Supremo. Rodear com pequenos timbales de purê de aves.

Rainha Ana (*Reine Anne*)
Estufar. Retirar os supremos e o osso do peito. Encher a cavidade com Macarrão à Italiana, adicionando dados de trufas e de pasta de fígado (*foie gras*). Cobrir com Molho Mornay e gratinar. Empratar sobre um tampão. Guarnecer em redor, com tarteletas contendo cristas e rins de galo, ligados com Molho Supremo, coroadas com um escalope dos supremos de frango; concha de metal, contendo pirâmide de trufas. À parte, Molho Supremo, com essência de trufas.

Rainha Branca (*Reine Blanche*)
Rechear com musselina de aves, adicionada de dados de língua e de trufas. Cozer com aromáticos. À parte, cristas e rins de galo, rodelas de trufas e cabeças de champignons, ligados com Molho Supremo.

Rainha Margarida (*Reine Marguerite*)
Cozer com aromáticos Retirar os supremos e cortá-los em fatias muito finas. Tirar o osso do peito. Rechear com Suflê de Parmesão. Repor os supremos, alternando com lâminas de trufas. Tapar a superfície com aparelho do suflê. Rodear com uma tira de papel untado com manteiga, para evitar que o suflê transborde. Pôr sobre o suflê fatias finas de queijo *gruyère*. Cozinhar no forno. À parte, Molho Supremo, adicionado de trufas brancas.

Rainha Margot (*Reine Margot*)
Rechear com Musselina de Aves, adicionada de purê de amêndoas. Cozer com aromáticos.

Cobrir com Molho Supremo de leite de amêndoas. Guarnecer, alternando croquetes com Manteiga de Pistácias, e croquetes com Coulis de Lagostins.

Ramalheteira (*Bouquetière*)
Estufar. Molhar com vinho da Madeira e Demi-glace. Guarnição Ramalheteira.

Regência (*Régence*)
Rechear com Musselina de Aves e purê de lagostins, misturados. Cozer com aromáticos. Guarnição Regência b). Cobrir com Molho Supremo.

Renascença (*Renaissance*)
Cozer com aromáticos. Cobrir com Molho Supremo. Guarnição Renascença.

Rosa de Maio (*Rose de Mai*)
(*Fria*). Supremos cortados em fatias, passados por *Chaud-Froid*, a branco. Decorados com trufas. lustrados com geléia e colocados sobre barquetas, contendo Musse de Tomates. A carcaça é igualmente passada por *Chaud-Froid*, a branco, depois de cheia com Musse de Tomate, de forma a simular a galinha inteira. Decorar com enfeites de trufas e de clara de ovo cozido. Lustrar com geléia. Empratar sobre tampão de arroz. Rodear com as barquetas dos supremos, e crostões.

Rosa Maria (*Rose Marie*)
(*Fria*). Proceder como para ROSA DE MAIO; Musse de Presunto, em vez de Musse de Tomate. Passar em *Chaud-Froid*, feito com Molho Supremo e condimentado com páprica, tanto a carcaça como os supremos.

Rossini
Estufar. Molhar com vinho da Madeira e Demi-glace. Empratar em prato fundo de porcelana. Guarnecer, em redor, com rodelas de pasta de fígado (*foie gras*) salteadas e quartos de trufas. Cobrir hermeticamente, com uma tampa, e passar no forno.

Russa (*Russe*)
Cozer com aromáticos. Cobrir com Molho Supremo de suco de beterraba. Guarnecer com pés de funcho, estufados

Sal Grosso (*Gros Sel*)
Cozer com aromáticos. Guarnecer com cebolas e cenouras torneadas, cozidas ao mesmo tempo. À parte, fundo da cocção, e uma pequena concha com sal grosso.

Santa Aliança (*Sainte-Aliance*)
Rechear com trufas, cozidas em vinho da Madeira. Estufar. Molhar com o fundo da cocção das trufas e fundo de aves. À parte, escalopes de pasta de fígado (*foie gras*) salteados e hortulanas estufadas, servidos no próprio fundo. (*A última parte desta preparação deve ser feita na sala, mas executada muito rapidamente*).

Santa Lúcia
Rechear como SANTA ALIANÇA. Estufar com marsala (*vinho italiano da Sicília*), e fundo de vitela. Empratar. Guarnecer com Nhoques à Romana, alternados com rodelas de pasta de fígado (*foie gras*). salteadas.

São Ciro (*Saint-Cyr*)
Proceder como para ROSA DE MAIO; Musse de Pasta de Fígado (*foie gras*), em vez de Musse de Tomates. Passar a carcaça por *Chaud-Froid* alourado; os supremos também, mas a branco. Sobre os supremos colocar meia calhandra recheada, passada por *Chaud-Froid* alourado. Terminar do mesmo modo que a indicada. (*Fria*).

Siciliana (*Sicilienne*)
Cozer com aromáticos. Retirar os supremos e o osso do peito. Encher a cavidade com Espaguete à Napolitana, adicionando dados de trufas e de champignons, cristas e rins de galo. Envolver em redanho de porco, regar com manteiga derretida, polvilhar com miolo de pão ralado e corar no forno. Guarnecer, em redor, com tarteletas recheadas com fatias dos supremos, tendo sobreposta uma rodela de pasta de fígado (*foie gras*) salteada e, sobre esta, uma outra, de trufa. À parte, Glace de Carne amanteigada.

Silvana (*Sylvana*)
Rechear com tortulhos salteados Estufar. Empratar em prato fundo de porcelana, com Ervilhas à Francesa e ramos de cheiros, adicionado de folhas de hortelã-pimenta. Cobrir hermeticamente com uma tampa e passar no forno. Servir tal qual. À parte, soco de aves.

Souvaroff
(*Ver* PERDIZ *do mesmo nome*).

Stanley
Rechear com Arroz Pilaw, adicionando juliana de champignons, trufas e língua. Cozer com

aromáticos. Terminar como FRANGO SALTEADO do mesmo nome.

Suflê (*Soufflée*)
Cozer com aromáticos. Retirar os supremos e cortá-los em fatias finas. Tirar o osso do peito. Rechear a cavidade com camadas sobrepostas de Musselina de Aves, com purê de pasta de fígado (*foie gras*), tiras dos supremos e fatias de trufas. Terminar com a musselina e alisar, dando a forma natural. Cozinhar no forno. À parte, Molho Supremo.

Suprema (*Suprême*)
Estufada. Coberta com Molho Supremo. Decorar com lâminas de trufa, champignons e cristas de galo. (*Servir só os supremos*).

Talleyrand
Estufar. Retirar os supremos e cortá-los em cubos grandes. Tirar o osso do peito. Misturar os cubos de supremo com Guarnição Talleyrand e rechear a carcaça. Recobrir com uma camada de Musselina de Aves. Decorar com lâminas de trufas. Cozinhar no forno e empratar. À parte, Demi-glace com essência de trufas.

Tivoli
Estufar. Molhar com vinho branco, sumo de limão e fundo de vitela. Levantar com manteiga. Guarnecer com champignons grelhados; cristas e rins de galo, ligados com Molho Supremo; montinhos de pontas de espargos.

Tolosana (*Toulousaine*)
Cozer com aromáticos. Guarnição e Molho Tolosana.

Tosca
Rechear com Arroz Pilaw. Estufar. Molhar com vinho da Madeira e Demi-glace ligeiro. Adicionar manteiga. Empratar sobre tampão. Rodear de pés de funcho estufados. À parte, o fundo do estufado da galinha.

Toscana (*Toscane*)
Como DIVA, utilizando no recheio nulhes, dados de pasta de fígado (*foie gras*) e trufas.

Trianon
Cozer com aromáticos. Cobrir com Molho Supremo, de purê de pasta de fígado (*foie gras*). Guarnecer com croquetes grandes, recheados de purê de pasta de fígado, em 3 cores. (*Verdes*), salsa: (*vermelhos*), língua picada; (*pretos*), trufas picadas. Sobre a peça, decorações feitas com trufas, champignons e croquetes vermelhos (*língua*).

Valenciana (*Valencienne*)
Estufar. Fazer uma base de risoto, adicionado de cubos de presunto, cobrindo-a com fatias de presunto grelhado; sobre o presunto, pôr a galinha. Cobrir com Molho Aurora.

Veneziana (*Vénitienne*)
Cozer com aromáticos. Cobrir com Molho Supremo, adicionado de Manteiga Ravigote. Guarnecer com champignons canelados; escalopes de miolos de vitela; cristas de galo.

Verde Prado (*Vert-Pré*)
Cozer com aromáticos. Cobrir com Molho Supremo, adicionado de Manteiga Primaveril. Rodear de montinhos de ervilhas, feijão-verde e pontas de espargos.

Vestefaliana (*Westphalienne*)
Estufar. Cobrir com Molho Supremo. Guarnecer com nulhes e dados de presunto.

Vichy
Cozer com aromáticos. Cobrir com Molho Supremo adicionado de purê de cenouras. Guarnecer com tarteletas, contendo Cenouras Vichy.

Vilares (*Villars*)
Cozer com aromáticos. Cobrir com Molho Supremo. Guarnecer com molejas de cordeiro, rins de galo e champignons. Entre cada um destes, uma fatia de língua, talhada em forma de crista de galo.

Villeroy
Cozer com aromáticos. As pernas, recheadas e estufadas; os supremos decorados com trufas e língua, empratados sobre um tampão. Molho Villeroy, contendo cristas, rins de galo, trufas, champignons e pequenos croquetes.

Virgem (*Vierge*)
Cozer com aromáticos. Cobrir com Molho Supremo. Guarnecer com fatias de moleja de vitela, cozida, e miolos de igual maneira; entre cada um deles, uma crista de galo.

Vitória (*Victoria*)
Rechear como SOUVAROFF. Estufar até 3/4 de cocção. Empratar em prato de porcelana

fundo, com Batatas Parmentier. Terminar de cozinhar no forno.

Vladimiro (*Wladimir*)
Cozer com aromáticos. Cobrir com 1/2 de Molho Bearnês e 1/2 de Molho Supremo, misturados e adicionados de juliana de aipo, cenouras e trufas. Decorar com folhas de estragão branqueadas, e cerefólio.

Washington
Rechear com milho. Estufar. Molhar com uísque, aguardente velha (*conhaque*), vinho do Porto e Molho Supremo. Cobrir com o molho, depois de reduzido. À parte, timbale de milho com natas.

Zaluar
Estufada. Cobrir com Molho de Tomate. Guarnecer com arroz e dados de presunto, em pequenas formas.

GALINHA BRAVA (DAS ESTEPES, DO BOSQUE) (dita também Gelinota)

(Gélinotte, Poule des Bois)

As preparações que melhor convêm a esta ave são, sem dúvida: Assada, Caçarola, Natas, Salmis ou Smitana. Pode-se preparar, no entanto, como segue:

Avozinha (*Grand-Mère*)
Em caçarola. Molhar com aguardente velha (*conhaque*) e Fumete de Caça. Guarnecer com cubos de pão frito e champignons salteados.

Gastrônomos (*Gourmets*)
A mesma preparação, com guarnição de dados de trufas e de pasta de fígado (*foie gras*).

Savoy
Cozinhar numa caçarola, que previamente se esfregou com alho. Um dente de alho no interior da ave. Guarniçao vulgar de caçarola.

GALINHOLA

(Bécasse)

Alcântara
Desossar, retirando o osso do peito. Rechear com cubos de fígado de pato (*foie gras*) e de trufas. Marinar em vinho do Porto, 2 dias. Cozinhar em caçarola. Molhar com vinho do Porto. Servir sobre uma camada de trufas, cozinhadas em vinho do Porto. Reduzir o molho com a marinada, e cobrir a ave com ele.

Antiga (Ancienne)
Assar durante 10 minutos. Desmanchar e tirar as peles. Picar as carcaças, fazendo um Fumete, com Mirepoix puxado em manteiga. Flamejar com aguardente velha (*conhaque*). Molhar com fundo de vitela. Passar, apertando, pela estamenha. Ligar com os intestinos pisados, e purê de pasta de fígado (*foie gras*). Servir num prato fundo, de porcelana, guarnecido com champignons, trufas, cristas e rins de galo. Cobrir todo com o molho. Crostões em forma de coração, em redor.

Aspic
(*Ver fórmula-tipo em* FUNDOS DE COZINHA). Desossar e rechear.

Bela Vista (*Belle-Vue*)
(*Fria*). Desossar. Rechear 1/2 com recheio de gratém, 1/2 com recheio de caça, tendo ao meio pequenas fatias de pasta de fígado (*foie gras*). Enrolar num pano de musselina e cozinhar em fundo de caça. Cobrir com Molho *Chaud-Froid*, escuro. Decorar com trufas recortadas e lustrar com geléia. Empratar em redor de um tampão. As cabeças em *Chaud-Froid*, sendo os olhos imitados com trufa e clara de ovo cozido. Dispor com gosto e polvilhar com geléia picada. Crostões de geléia.

Bengalinas (*Bengalines*)
Em fôrmas ovais, tendo o fundo coberto com Fumete de Caça espesso, colocar uma fatia de peito de galinhola com uma rodela de trufa sobreposta. Cobrir com Musse de Narcejas. Deixar prender um pouco e desenformar. Cobrir com Molho *Chaud-Froid*, decorar e colocar num prato fundo. Cobrir com geléia.

Carême
Assar no forno, deixando em sangue. Tirar os filetes do peito, cortá-los ao meio no sentido do comprimento, e barrá-los interiormente com mostarda francesa, adicionada de gotas de sumo de limão. Colocar num timbale e manter no calor. Preparar um Fumete com o molho, adicionando os intestinos. Passar sob pressão, pela estamenha, e cobrir a peça.

Cecília (*Cécilia*)
(*Ver* CODORNIZ do *mesmo nome*).

Chaud-Froid
(*Ver fórmula-tipo em* FUNDOS DE COZINHA).

Escamadeira (*Ecaillère*)
Rechear, com um aparelho composto dos intestinos picados, aves, champignons, toucinho e cebolinhas picadas, com aguardente velha, ostras cozidas, limpas, sal e páprica. Cozinhar em caçarola. Molhar com o caldo de cozer as ostras, natas azedas, essência de anchovas e sumo de limão. Temperar ao gosto e guarnecer com ostras cozidas. Cobrir com o molho e polvilhar com salsa picada.

Esclarmonde
(*Fria*). Fatias de peito de galinhola, barradas com musse da mesma, colocadas sobre escalopes de pasta de fígado (*foie gras*). Decorar e lustrar com geléia. Empratar em redor de uma Musse de Galinhola, decorada, colocada sobre um tampão de arroz. Geléia picada, em redor.

Estufada (*Braisée*)
Assada, com bastante molho e aromáticos. Com a guarnição desejada.

Financeira (*Financière*)
Supremos salteados em manteiga. Molhar com vinho da Madeira. Terminar com o molho e a guarnição do mesmo nome.

Flamejante (*Flambée*)
Assar, deixando em sangue. Trinchar. Preparar com o fundo do assado um molho ao qual se adiciona aguardente velha e os intestinos picados. Juntar o soco da carcaça, que se espreme, um pouco de Fumete de Caça, sumo de limão, caiena e manteiga. Passar os pedaços, ligeiramente, neste molho, regando-os depois com ele. (*Esta preparação deve, normalmente, ser terminada na sala*).

Fumete, com (*au Fumete*)
Assada, deixando em sangue. Trinchar e manter em calor brando. Barrar um ou mais crostões com um purê feito dos intestinos, ligeiramente condimentado. Com o suco da carcaça. fazer um molho a que se junta manteiga, suco de caça, vinho tinto ou porto, aromáticos, sal e pimenta. Flamejar com boa aguardente velha. Empratar os filetes de peito e as pernas, sobre os crostões, cobrindo com o molho. (*Este prato deve ser terminado na sala*).

Grelhada (*Grillée*)
Abrir ao meio, pelo dorso. Panar e grelhar. Os intestinos, picados, temperados com sal, pimenta do moinho e mostarda, são passados ligeiramente em manteiga e servem para barrar pequenas rodelas de pão torrado que se colocam em redor da peça. À parte, Molho Diabo.

Húngara (*Hongroise*)
Supremos condimentados com páprica, salteados em manteiga com cebola picada. Adicionar natas. Cobrir com o molho.

Imperial (*Impériale*)
Rechear com trufas. Saltear. Molhar com Jerez e Demi-glace. Servir sobre crostões com pasta de fígado (*foie gras*). Trufas estufadas.

Marivaux
(*Fria*). Tirar os supremos a uma galinhola assada, respeitando tanto quanto possível a carcaça. Rechear esta última de Musse de Galinhola com pasta de fígado (*foie gras*), dando-lhe a forma da ave. Passar por *Chaud-Froid* as pernas e a parte traseira. Colocar os supremos em filetes no seu lugar, intercalados com fatias de fígado de pato (*foie gras*). No meio do peito, uma fileira de rodelas de trufas. Pôr num prato fundo. Cobrir a ave com geléia, enchendo os vazios com geléia picada.

Musse e Musselina (*Mousse et Mousseline*)
(*Ver fórmula-tipo em* ENTRADAS LIGEIRAS).

Nagornoff
Supremos de galinhola, salteados em manteiga. Molhar com vinho da Madeira e Fumete de Galinhola, ligado com araruta (*arrow-root*). Empratar em redor de uma Musse de galinhola. Sobre cada supremo, uma rodela de pasta de fígado (*foie gras*), tendo uma rodela de trufa sobreposta. Cobrir tudo com o molho da cocção.

Natas (*Crème*)
Asas e peito, salteados em manteiga. Adicionar um pouco de vinho da Madeira, natas e Molho Aveludado de caça.

Salmis
(*Quente ou frio*). (*Ver* SALMIS DE PERDIZ).

Salteada com Espumante (*Sautée au Champagne*)
Desmanchar a cru. Temperar e saltear com manteiga. Deixar passar 5 minutos e mudar para um timbale. Ao molho, juntar os intestinos e a carcaça, picados. Molhar com vinho espumante (*champanhe*). Pisar no almofariz. Adicionar manteiga, sumo de limão e caiena. Passar pela estamenha, reaquecer e lançar sobre os pedaços, no timbale. (*Diz-se, também,* **Salteada com Vinho de Champanha**).

Salteada com Trufas (*Sautée aux Truffes*)
Proceder como na receita anterior, empregando vinho da Madeira, em vez de espumante (*champanhe*), e utilizando essência de trufas e trufas em quartos.

Sanhard
(*Ver* TORDO *do mesmo nome*).

Souvaroff
(*Ver* PERDIZ *do mesmo nome*).

Suflê Favart (*Soufflé Favart*)
Assar, deixando em sangue. Retirar os supremos que são guardados à parte, e o osso do peito. Aparar a carcaça com a tesoura e enchê-la com um aparelho a musse quente, de galinhola, com os intestinos picados Dar à ave a forma natural. Estufar a branco, com aromáticos. Cortar os supremos em fatias e colocá-los sobre a musse. No centro do peito, uma carreira de rodelas de trufas. Cobrir de Molho Demi-glace, com Fumete de Galinhola.

Timbale Diana (*Timbale Diane*)
(*Ver* PERDIZ *do nome*).

Timbale Metternich (*Timbale Metternich*)
Colocar num timbale os supremos e fatias de pasta de fígado (*foie gras*), salteados, alternando. Fazer com a carcaça um aveludado espesso, molhando com brande. Passar sob pressão e levantar com manteiga. Cobrir os pedaços com o molho.

Timbale Nesselrode (*Timbale Nesselrode*)
A mesma preparação que o anterior. Guarnecer com castanhas cozidas em consomê, estufadas.

GALINHOLA DE ÁGUA
(Gélinotte d'eau)

Todas as preparações da GALINHOLA *ou da* PERDIZ. (*Ver sob estes nomes*).

GALINHOTA
(Foulque, Poule d'eau)

Todas as preparações do PATO BRAVO. (*Ver mais adiante*).

GALISPO, GALO DA INDIA, OU GARNISÉ
(Cochelet)

Prepara-se como a GALINHA *ou o* FRANGO.

GALO
(Coq)

O galo, devido à dureza da sua carne, pouco se utiliza na culinária. As receitas que a seguir damos são para galo em meio crescimento, o vulgar capão, *que também pode preparar-se, de qualquer das maneiras indicadas para o* FRANGO *ou* GALINHA.

Capão com Vinho (*Coq au Vin*)
Reservar o sangue, adicionando-lhe um pouco de vinagre. Desmanchar a ave. Alourar em manteiga, com cubos de toucinho magro, pequenas cebolas, míscaros ou champignons, aromáticos e dente de alho picado. Flamejar com aguardente velha (*conhaque*). Molhar com 1/2 litro de vinho tinto. Tapar e cozinhar 20 minutos. Ligar com o sangue e servir bem quente, mas sem ferver. Fatias de pão torrado. (*Receita do Auvergnate*).

Capão com Vinho (*Coq au Vin*)
Temperar os pedaços de ave, com sal, pimenta e aromáticos, deixando macerar algumas horas. Depois alourar como indicado acima e terminar do mesmo modo, salvo que se junta uma colher de Manteiga Trabalhada (*Ver* MANTEIGAS), antes de ligar o sangue. Cobrir com o molho e guarnecer com crostões fritos em manteiga. (*Receita borgonhesa* (*Bourguignonne*).

Capão em Pastelão (*Coq-en-Pâte*)
Esta preparação, que se utiliza mais para galinha, é dada nessa secção, sob o nome **Coq-en-Pâte**. (*Ver* GALINHA).

GALO BRAVO, OU "DAS ESTEVAS"
(Coq de Bruyère)

Todas as preparações do FAISÃO (*Ver sob este nome*).

GANSO – GANSINHO
(Oie – Oison)

Serve-se geralmente assado, quer seja recheado ou não. Acompanha-se com purê de maçãs e suco do assado. Pode também receber qualquer das preparações indicadas para o PATO.

Cassolete (*Cassoulet*)
(*Ver em* ENTRADAS DIVERSAS).

Chipolata
Rechear com picado de carne para salsichas e panada. Estufar. Guarnecer com chipolatas salteadas e pequenas cebolas estufadas. O fundo reduzido, ligado com Demi-glace.

Chucrute (*Choucroute*)
Estufado. Guarnecer com chucrute estufada, Batatas Castelo (*Château*) e presunto salteado.

Inglesa (*Anglaise*)
Recheado e assado, ou cozido. Servir com Molho de Maçãs (*Apple Sauce*).

Weiss Sauer
Cozido com jarrete de vitela, toucinho, aromáticos e condimentos. Trinchar e colocar num prato fundo, alternando com pepinos verdes (*cornichons*) salgados. Clarificar o caldo da cocção e despejar, cobrindo tudo. Deixar a parte gelatinosa ganhar um pouco de consistência e servir. (*Alemã*).

HORTULANA, ORTOLANO
(Ortolan)

Além de servirem como guarnição para peças maiores, as hortulanas servem-se também:

Aspic
(*Ver fórmula-tipo em* FUNDOS DE COZINHA).

Brocheta, ou Espetada, em (*Brochette*)
Abrir pelo dorso. Espetar numa brocheta, alternando com fatias de toucinho fumado. Grelhar.

Caixas (*Caisses*)
(*Ver* CODORNIZ *do mesmo nome*).

Lúculo (*Lucullus*)
Cozinhar em caçarola. Colocar sobre uma trufa grande, cozida com vinho da Madeira, esvaziada. Cobrir com o molho do estufado, pondo o tampão da trufa por cima.

Mariana (*Marianne*)
Cozinhar em caçarola. Empratar sobre uma camada de folhas de espinafres.

Quetches
Ameixas abertas ao meio (*retirar o caroço*). Cozinhar no forno. Colocar sobre as ameixas uma hortulana temperada com alguma gordura, enrolada em folhas de videira. Cozinhar 5 minutos em fogo vivo. Desembrulhar. Recolocar sobre as ameixas. Regar com agraço.

Rothschild
(*Frio*). Trufas esvaziadas como para LÚCULO. Meter a hortulana assada, dentro. Cobrir com geléia, adicionada de palhetas douradas, e tapar a trufa com o tampão. Gelatinar as trufas.

Sílfides (*Sylphides*)
Caçaroletes de cristofle. guarnecidos até ao meio com musselina de hortulanas trufada. Cozer à boca do forno. Cozinhar a hortulana durante 3 minutos e colocá-la sobre o caçarolete. Cobrir com Glace de Carne, sumo de ananás e Manteiga Noisette.

Sumo de ananás (*Suc d'ananas*)
(*Ver* CODORNIZ *do mesmo nome*).

Tangerinas (*Mandarines*)
(*Ver* CODORNIZ *do mesmo nome*).

Timbale Czarina (*Timbale Tzarine*)
(*Frio*). (*Ver* CODORNIZ *do mesmo nome*).

Timbale Rothschild (*Timbale Rothschild*)
(*Frio*). Timbale de massa. Guarnecer o centro com purê de pasta de fígado (*foie gras*), trufado. Em redor, dispor hortulanas (*com 2 minutos de cocção*). intercaladas de trufas inteiras, cozidas com vinho da Madeira. Duas camadas

sobrepostas e o fundo da cocção das trufas. Colocar um tampão, que se fecha hermeticamente. Cozinhar durante 1/4 de hora, no forno. Introduzir no interior uma boa geléia com vinho da Madeira. (*Servir 2 dias, aproximadamente, após a preparação*).

Vinhateira, ou Vindimadeira (*Vendengeuse,*)
(*Ver* CODORNIZ *do mesmo nome*).

LAMEIRÃO
(Traquet)

Todas as preparações da HORTALANA ou CALHANDRA.

MELRO
(Merle)

Todas as preparações do TORDO *ou* CALHANDRA.

NARCEJA
(Bécassine)

Todas as preparações da GALINHOLA

PAPA-FIGO
(Bec-Figue, Bec Fin, Beguinette)

Boa Dona, ou Boa Mulher (*Bonne-Femme*)
(*Ver* CODORNIZ *do mesmo nome*).

Liégeoise
(*Ver* TORDO).

Polenta, com (*á la Polenta*)
Sobre polenta, servido em timbale. Colocar as aves salteadas, regando-as com boa manteiga. Reduzir suco de vitela com aguardente velha (*conhaque*) e lançar sobre as peças.

PARDAL
(Moineau)

Arroz (*au Riz*)
Refogar com cebola, alho, aromáticos, manteiga e azeite, vinho branco. Molhar com consomê e adicionar arroz cru. Deixar ferver até cozer o arroz. Enxugar à boca do forno.

Brocheta, ou Espetada, em (*Brochette*)
Abrir pelo dorso e espetar numa brocheta, com fatias de toucinho fumado (*bacon*). Grelhar, depois de mergulhar em gordura.

Caçarola (*Casserole*)
Cozinhar em caçarola, com cebolinhas, cubos de toucinho, aromáticos, vinho branco, sal, pimenta. banha de porco.

Caçarola à Portuguesa (*Casserole à la Portugaise*)
Como a anterior, adicionando cubos de tomate e alho.

Lionesa (*Lyonnaise*)
Como FÍGADO DE VITELA. (*Ver em* ENTRADAS DE MIUDEZAS).

PATO, PATINHO
(Canard, Caneton)

(*Na redação de ementas em francês, a palavra* caneton *é sempre preferível, havendo, no entanto, certas exceções*).

Alsaciana (*Alsacienne*)
Como CHUCRUTE.

Arquiduque (*Archiduc*)
Rechear com pasta de fígado (*foie gras*) e trufas. Dar um pequeno "entalão" no forno. Meter numa bexiga, adicionando-lhe sobre o peito Brunesa de cenouras e de trufas. À parte, Molho Madeira pouco espesso, levantado com purê de pasta de fígado (*foie gras*).

Assado (*Rôti*)
Temperado, colocado numa caçarola com aromáticos, manteiga, vinho branco, cenouras. Ao forno. Servir decorado com agrião, com o suco do assado, à parte.

Azeitonas (*Olives*)
Proceder como para NABOS. Azeitonas em vez destes.

Beaulieu
Estufado. Empratar numa caçarola de porcelana. Rodear de azeitonas pretas sem caroço, tomates *concassés*, batatas estufadas. Reduzir o molho do estufado, com vinho da Madeira e Demi-glace. Lançar sobre o pato.

Bigarrada (*Bigarade,*)
Estufar sem passar demasiado. Cortar em fatias finas (*aiguillettes*). Cobrir com Molho Bigarrada.

Bordalesa (*Bordelaise*)
Rechear com miolo de pão molhado em leite, espremido; fígado picado; salsa picada; azeitonas sem caroço; cogumelos picados e salteados; dente de alho; ovo cozido; sal e pimenta; tudo misturado. Assar no forno. À parte, suco do assado.

Camisa, em (*en Chemise*)
Desossar o peito. Rechear como RUANESA. Apertar com um fio. Enrolar num guardanapo e cozer em fundo escuro. Tempo de cocção: 40 a 45 minutos. Retirar o guardanapo. Empratar sobre um guardanapo franjado, rodeado com quartos de laranja. À parte, Molho Ruanês.

Cerejas (*Cerises*)
Preparar como BIGARRADA. Molhar com vinho da Madeira e fundo de vitela, ligado com araruta (*arrow-root*). Adicionar cerejas sem caroço. Cobrir as fatias de peito (*aiguillettes*), com o molho.

Chipolata
Estufado, guarnecido com salsichas chipolatas.

Chucrute (*Choucroute*)
Estufado. Guarnecer com chucrute estufada e Batata à Inglesa.

Croquetes de Pato à Perigordina (*Croquettes de Caneton Périgourdine*)
Feitos de carne de pato, trufas e champignons. Fritos. Servir, à parte, Molho Périgueux.

Dodine com Chambertin (*Dodine au Chambertin*)
Pato assado, em sangue. Cortar filetes. Cobrir estes com um estufado de rodelas grossas de trufas; champignons frescos em rodelas, salteados; Glace de Carne. Recobrir tudo com Molho Salmis, feito das carcaças do pato, com vinho de Chambertin. À parte, Nulhes com manteiga.
Nota: *Podem ser adicionados à guarnição escalopes de pasta de fígado (foie gras), míscaros ou tortulhos. A Dodine pode também ser servida fria, com o nome de* **Dodine em Geléia** (*Dodine en Gelée*). (*Esta receita, muito usada por A. Escoffier, é antiquíssima; era preparada, outrora, com vinhos de Suresnes e de Argenteuil*).

Ervilhas (*Petits Pois*)
Estufar, até 3/4 da cocção. Terminar de cozinhar com Ervilhas à Aldeã (*Paysanne,*). Adicionar Demi-glace.

Escarlate (*Écarlate*)
(*Frio*). Em fatias finas (*aiguillettes*). Passar por *Chaud-Froid* escuro, decorar com trufas e lustrar com geléia. Empratar sobre Musse de Pato, intercalando fatias de língua do mesmo tamanho. Cobrir tudo com geléia.

Espumante, com (*Champagne*)
Estufar com BIGARRADA. Molhar com vinho espumante (*champanhe*) e fundo de vitela ligado. Servir com o molho, à parte.

Hortelã, com (*à la Menthe*)
Estufar. Adicionar suco de carne ligado e hortelã-pimenta.

Inglesa (*Anglaise*)
Rechear com Recheio à Inglesa. Assar. Servir com o suco do assado.

Lambertye
(*Frio*). (*Ver* GALINHA LAMBERTYE).

Laranja (*Orange*)
Estufar como com NABOS. Adicionar Demi-glace, sumo de laranja. juliana de cascas de laranja e de limão, branqueadas. Cobrir com o molho. Rodear de gomos de laranja.

Lionesa (*Lyonnaise*)
Estufar. Guarnecer com cebolas estufadas em fundo escuro, e castanhas cozidas em consomê, coradas no forno.

Málaga
Pato não recheado, cozinhado à Ruanesa. Peito e membros, trinchados, colocados numa geléia com vinho de Málaga. Servir muito frio.

Moliére
Desossar. Rechear com 1/2 recheio de gratém com pasta de fígado (*foie gras*), 1/2 picado de carne para salsichas; misturar os recheios e adicionar trufas. Enrolar como uma galantina. Cozinhar em fundo de pato. Retirar o pano e

passar ligeiramente ao forno. para dar cor. À parte, Molho Madeira com essência de pato, adicionado de trufas picadas grossas.

Musse e Musselina (*Mousse et Mousseline*) (*Ver fórmula-tipo em* ENTRADAS LIGEIRAS).

Nabos, com (*aux Navets*)
Estufar em Demi-glace. Guarnecer com nabos torneados passados por manteiga, cozinhados no fundo do estufado.

Nivernesa (*Nivernaise*)
Estufar. Guarnição Nivernesa. Servir com o fundo do estufado.

Poltava
Cebolas em rodelas, passadas a branco em bastante manteiga; temperar. Adicionar cogumelos dissecados (*gribouis*) picados, miolos de carneiro passados na peneira, sumo de limão. Lançar sobre o pato semi-assado, já trinchado em pedaços. Cobrir com natas azedas e tapar. Terminar no forno. (*Receita russa*).

Porto
Assar, deixando malpassado. Empratar. Na sala, com o fundo do assado, fundo de vitela e vinho do Porto, preparar um molho, que se liga com o sangue da carcaça, prensada. Cobrir os pedaços com o molho obtido e servir.

Prensado (*à la Presse*)
Assar, deixando malpassado. À parte, o molho do assado. *Preparação na sala*: O trinchador ou o chefe de mesa retira as coxas e manda grelhá-las; corta as agulhetas (*aiguillettes,* fatias finas do peito) e coloca-as sobre um prato quente, temperando-as com sal, pimenta do moinho e sumo de limão. Prensa depois a carcaça. para lhe retirar o sangue. Numa frigideira para preparada para esse fim, flameja um pouco de aguardente velha (*conhaque*) e adiciona o suco do assado e o sangue do pato; liga bem tudo isto, sem deixar ferver. Depois do molho pronto, rega com ele as agulhetas do peito. (*Caso o sangue conseguido seja pouco, pode-se adicionar ao molho um pouco de vinho tinto, para lhe acentuar a cor. Mas só em último caso*).

Ruanesa (*Rouennaise*)
Rechear à Ruanesa (*ver recheio do nome, em* FUNDOS DE COZINHA). Terminar como PATO PRENSADO. (*Pode-se adicionar ao molho um pouco de purê de fígado cru*).

Santo Albino (*Saint-Albin*)
(*Frio*). Cobrir as agulhetas (*aiguillettes*). Fatias finas do peito do pato, com Recheio de Gratém e pasta de fígado (*foie gras*). Passar por Molho *Chaud-Froid*, escuro. Decorar em quadrados, com clara de ovo cozido, língua e casca de laranja branqueada. Encamisar, numa fôrma em cúpula, com geléia. Colocar as agulhetas primeiro e encher o interior com Musse de Pato. Desenformar sobre um tampão de arroz. Rodear de geléia picada e crostões da mesma. No topo da cúpula colocar uma trufa.

Sevilhana (*Sévillaine*)
(*Frio*). Desossar o peito. Rechear com Recheio de Gratém e musselina, misturados em partes iguais. Juntar purê de tomates reduzido e cubos de pasta de fígado (*foie gras*). Apertar com fio. Enrolar num pano de musselina. Cozer. Desenrolar, sacar o peito, cortá-lo em agulhetas e repor no seu lugar. Cobrir com *Chaud-Froid* ao Jerez. Lustrar com geléia. Rodear de azeitonas grandes, recheadas com pasta de fígado (*foie gras*).

PATOS BRAVOS
(Canards Sauvages)

Pato Mandarim (*Canard Mandarin*). Pato dos Gelos (*Êider, Eideer*). Pato dos Rios (*Rouge de Rivière, Souchet*). Pato Negro (*Macreuse*). Todas as preparações do PATO DOMÉSTICO. *São servidos geralmente Assados, com Laranja, ou Salmis.*
Nota: *Estas aves têm, normalmente, um sabor de peixe que não agrada a toda a gente, mas que tem de ser aceito como natural, devido à sua forma de alimentação. Pode-se evitar um pouco, preparando os molhos algo mais condimentados.*

PATO GANSO
(Oie)

Todas as preparações do PERU. *Dos fígados, obtém-se o famoso* foie gras, *para o que os animais são submetidos a um processo especial de alimentação que obriga ao desenvolvimento exagerado das citadas vísceras.*

PAVÃO
(Paon)

Embora pouco utilizado, devido ao seu alto custo e raridade, o pavão pode se preparado de todas as maneiras indicadas para o FAISÃO.

PAVONCINHO, ABIBE
(Vanneau)

Servem-se geralmente Assado, Salmis, ou como o PATO BRAVO.

PEGA PARDA
(Rouge-Queue)

Mais saborosa e agradável que a pega vulgar, com a qual tem só analogia no nome, esta ave é preparada como as CODORNIZES.

PERDIZ, PERDIGOTO
(Perdrix, Perdreau)

Alcântara
(*Ver* GALINHOLA *do mesmo nome*).

Alexis
(*Ver* CODORNIZ).

Assada (Rôti)
Enrolada em toucinho. Assar. Servir sobre crustada, ou crostão, barrado com purê das vísceras. Suco da cocção.

Avozinha (*Grand-Mére*)
(*Ver* CODORNIZ).

Azeitonas (*Olives*)
(*Ver* POMBO do *mesmo nome*).

Boa-Dona ou Boa Mulher (*Bonne-Femme*)
(*Ver* CALHANDRA *do mesmo nome*).

Boa Mamã (*Bonne-Maman*)
Rechear com aparelho composto de 1/3 de fígado de perdiz e 2/3 de pasta de fígado (*foie gras*). Adicionar salsa e trufas picadas, e um pouco de miolo de pão, frito em manteiga. Apertar com um fio e enrolar em toucinho. Cozinhar em caçarola, com dente de alho branqueado. Juntar, durante a cocção, rodelas grossas de trufas e um cálice de aguardente velha (*conhaque*). Tapar hermeticamente, até terminar a cocção, e servir tal qual. (*Exceção feita para o fio*).

Borgonhesa (*Bourguignonne*)
Saltear até 3/4 de cocção. Molhar com vinho tinto e Demi-glace de Fumete de Caça. Colocar numa caçarola, com cebolas estufadas e champignons cozidos. Cobrir com o molho. Terminar de cozinhar. Servir tal qual.

Caçarola (*Casserole*)
Cozinhar no utensílio do nome, com cubos de toucinho, pequenas cebolas, champignons, ervas aromáticas e limão. Manteiga e vinho branco. Estufar e servir tal qual.

Carême
Saltear. Adicionar natas e Molho Supremo, com purê de aipo; um pouco de Glace de Carne. Empratar. Guarnecer com aipo estufado. Cobrir com o molho.

Cartuxada, em (*en Chartreuse*)
Fórmula-tipo da Cartuxada: Barrar abundantemente com manteiga uma fôrma de Charlota. Decorar com palitos de cenouras e nabo, cozidos em água e sal. Montar a Cartuxada, alternando os palitos, tanto em redor das paredes da fôrma, como no fundo. Soldar por meio de um recheio fino de aves, com que se cobrem. Encher a cavidade com couves estufadas, uma perdiz e pedaços de outras, assadas no momento, fazendo a montagem por camadas sobrepostas. Cozinhar em banho-maria. Desenformar. Em redor, Demi-glace com Fumete de Perdiz.
Fórmula rápida: Num timbale, colocar pedaços de perdiz assada, recobertos com couves estufadas, alisadas e montadas em cúpula. Decorar com tiras de cenoura e fatias de toucinho da cocção das couves e rodelas de salsichão. Em redor, Demi-glace com Fumete de Perdiz.

Chocadeira, em (*en Couveuse*)
Cozinhar em caçarola. Molhar com Jerez e fundo de caça. Empratar num ninho de Batata Palha. Dispor, em redor, croquetes de perdiz e trufas, torneados em forma de ovos de ave. À parte, o molho da cocção, passado.

Couves (*Choux*)
A mesma fórmula da CARTUXADA, sendo a perdiz colocada inteira, sobre as couves decoradas.

Crapaudine
(*Ver* POMBO *do mesmo nome*).

Crepinetes (*Crépinettes*)
(*Ver fórmula-tipo em* ENTRADAS LIGEIRAS).

Diabo (*Diable*)
Abrir pelo dorso. Panar e grelhar. À parte, Molho Diabo.

Epigramas (*Epigrammes*)
Os supremos, salteados em manteiga. Empratar, alternando com Costeletas de Perdiz Morland. (*Ver* COSTELETAS DE LEBRE *do nome*). À parte, Demi-glace com Fumete de Perdiz; purê de castanhas.

Escabeche (*Escavèche*)
Fritar em azeite, numa frigideira, um dente de alho e um crostão de pão. Retirar estes e passar bem a perdiz no mesmo azeite. Juntar aromáticos e condimentos Molhar com vinagre e vinho branco. Depois da perdiz cozinhada, retirar do fogo e deixar arrefecer. Servir tal qual.

Estufada (*Etuvée*)
Como CAÇAROLA. Molhar com vinho do Porto. Servir tal qual.

Estufado, em (*en Estouffade*)
Cozinhar em caçarola. Empratar com Matignon, condimentada com pó de bagas de zimbro, colocada sob a peça. Flamejar com aguardente velha. Adicionar Fumete de Caça e manteiga.

Grenoblesa (*Grenobloise*)
Desmanchar a ave. Saltear com dentes de alho não descascados, fatias de toucinho e crostões. Molhar com vinho da Madeira e Demi-glace. Empratar e cobrir com o molho.

Karapanésa
Cozinhar em caçarola. Molhar com vinho da Madeira e Demi-glace. Servir sobre Puré Soubise, espesso. Guarnecer em redor, com cristas e rins de galo, azeitonas recheadas, purê de pasta de fígado (*foie gras*). Cobrir tudo com o molho, adicionado de juliana de trufas.

Koutschoubey
(*Ver* CALHANDRA *do mesmo nome*).

Lady Clifford
Cozinhar em caçarola. A 3/4 da cocção, juntar rodelas de trufas cruas, aguardente velha (*conhaque*) e Glace de Carne, diluída com Fumete de Caça. À parte, Molho Soubise.

Lautrec
Grelhar. Guarnecer, em redor, com champignons grelhados, recheados com Manteiga Mordomo (*Maître d'Hôtel*). Fundo de caça, em redor.

Marly
Corar em manteiga. Colocar em caçarola, com tortulhos salteados em manteiga. Tapar hermeticamente. Cozinhar no forno. Servir tal qual.

Meio-Luto (*Demi-Deuil*)
Retirar o osso do peito. Rechear como PERDIZ TRUFADA. Colocar algumas rodelas de trufa sobre os supremos. Enrolar num pano de musselina. Cozinhar a branco. Desenrolar e servir sobre um crostão. À parte, fundo da cocção, reduzido com aguardente velha (*conhaque*).

Molho Vilão, com (*Sauce Vilain*)
Perdiz fria cortada em pedaços, servida coberta com Molho Vilão.

Musse e Musselina (*Mousse et Mousseline*)
(*Ver fórmula-tipo em* ENTRADAS LIGEIRAS).

Natas (*Crème*)
(*Ver* COSTELETAS DE CABRITO MONTÊS, CHEVREUIL).

Normanda (*Normande*)
(*Ver* GALINHOLA ou CALHANDRA *do mesmo nome*).

Périgueux
(*Ver* FAISÃO *do mesmo nome*).

Polonesa (*Polonaise*)
(*Ver* FRANGO *do mesmo nome*).

Príncipe Vitor (*Prince Victor*)
Desossar. Rechear com Recheio de Perdiz. Cozinhar em fundo de caça. Servir sobre um

crostão. Reduzir o fundo. Flamejar com aguardente velha (*fine champagne*). Ligar com araruta (*arrow-root*) e cobrir a perdiz.

Quinteira (*Fermière*)
Cozinhar em caçarola, com guarnição do mesmo nome.

Salmis
Trinchar uma ou mais perdizes. Deixar ferver lentamente, num Molho Salmis. Empratar. Adicionar champignons e trufas. Cobrir com o molho, passado. Crostões recheados, em redor.

Salmis à Barqueira (*Salmis Batelière*)
Como a anterior. Adicionar pequenas cebolas estufadas. Acrescentar à guarnição ovos fritos e lagostins.

Serra Morena (*Sierra Morena*)
Perdiz enrolada em tiras de toucinho, cozinhada em caçarola, com azeite, cubos de presunto, aromáticos e condimentos. Deixar passar bem. Molhar com vinagre e caldo de carne. Deixar ferver lentamente, passar o fundo e ligar com miolo de pão, frito em azeite. Cobrir a perdiz com o molho e servir. (*Espanhola*).

Smitana (*Smitanne*)
(*Ver* FAISÃO).

Souvaroff
Cozinhar em caçarola. A 3/4 da cocção, juntar dados de trufas e de fígado de pato, fresco. Adelgaçar com aguardente velha (*conhaque*) e suco de caça. Tapar hermeticamente, fechando a união da tampa com farinha e água. Terminar no forno.

Suflê (*Soufflé*)
(*Ver fórmula-tipo em* ENTRADAS LIGEIRAS).

Supremos Chantilly (*Suprême Chantilly*)
Como SUPREMOS VÉRON. Guarnecer com purê de lentilhas, levantado com pasta de fígado (*foie gras*).

Supremos Magenta (*Suprêmes Magenta*)
Saltear em manteiga. Deixar arrefecer. Cobrir em cúpula, de um dos lados, com aparelho de suflê de perdiz. Decorar com rodela de trufa. Meter no forno. Cobrir de Molho Madeira com essência de trufas.

Supremos Véron (*Suprêmes Véron*)
Saltear. Empratar em coroa. Guarnecer o centro com purê de perdiz e de castanhas, misturados. Cobrir com Demi-glace e Fumete de Caça. Crostões, em redor.

Timbale Diana (*Timbale Diane*)
Cozinhar em caçarola. Servir em timbale, com pequenos croquetes, cristas e rins de galo, ligado com Demi-glace atomatado. Pequena alface estufada sobre a perdiz.

PERU, PERUZINHO
(Dinde, Dindonneau)

(*Na redação de ementas em francês o termo* Dindonneau *é o mais usado*).

Aipo Estufado (*Céleri Braisé*)
Cozinhar com fundo de aromáticos. Terminar como GALINHA COM AIPO.

Alemã (*Allemande*)
Supremos enrolados, cozinhados em caçarola, com manteiga ou a branco. Servir com Molho Pimentada (*Poivrade*), reduzido e levantado com natas.

Avozinha (*Grand-Mère*)
Rechear com aparelho de morcelas e castanhas cozidas. Assar. À parte, o suco do assado.

Burguesa (*Bourgeoise*)
Estufar. Guarnição Burguesa.

Castanhas (*Marrons*)
Desossar o peito. Rechear a cavidade, com picado de carne para salsichas, misturado com castanhas cozidas. Assar. À parte, suco do assado.

Catalã (*Catalane*)
Cortar em pedaços, como para saltear. Temperar. Puxar em manteiga e molhar com vinho branco. Juntar Demi-glace atomatado, dente de alho e ramo de cheiros (*bouquet garni*). Tempo de cocção: 40 minutos. Empratar. Guarnição Catalã.

Champignons
(*Ver* GALINHA *ou* FRANGO *do mesmo nome*).

Chipolata
Saltear ou estufar. Guarnecer com chipolatas.

Dampierre
(*Frio*). (*Ver* GALINHA *do mesmo nome*).

Diversos (*Divers*)
(*Ver as preparações da galinha*). Em caçarola ou salteado, com nabos, pequenas cebolas, castanhas etc.; ou assado, com guarnição à escolha.

Ervilhas (*Petits Pois*)
(*Ver* PATO).

Estragão (*Estragon*)
(*Ver* GALINHA *do mesmo nome*).

Financeira (*Financière*)
Estufar. Guarnição e Molho Financeira.

Godard
Estufar. Guarnição e Molho Godard.

Inglesa (*Anglaise*)
Cozer. Preparar como GALINHA À INGLESA. (*Ver* GALINHA).

Jardineira (*Jardinière*)
Assar. Guarnição Jardineira, em redor.

Nabos (*Navets*)
(*Ver* PATO *do mesmo nome*).

Natal, do (*Noël*)
Rechear, com picado de carne para salsichas e purê de castanhas. Estufar. Guarnecer com castanhas estufadas no forno, depois de cozidas. Molho do fundo do estufado, reduzido e ligado. (*Receita inglesa. Christmas Turkey*).

Nivernesa (*Nivernaise*)
(Ver PATO *do mesmo nome*).

Perfume de Apreciadores (*Parfum des Gourmets*)
Desossar o peito. Rechear com picado de carne para salsichas, misturado com cubos de pasta de fígado (*foie gras*) e trufas. Assar. À parte, Demi-glace com essência de trufas, adicionada de lâminas grossas de trufa.

Pobre Homem (*Pauvre Homme*)
(*Ver* AVOZINHA). Sem castanhas.

Primores (*Primeurs*)
Assado. Guarnição Primores, em redor. À parte, suco do assado.

Ramalheteira (*Bouquetière*)
O peito, picado com toucinho. Estufar. Guarnição Ramalheteira.

Supremo (*Suprême*)
Estufado. Cobrir com Molho Supremo. Decorar com trufas, champignons e cristas de galo. Servir só os supremos em fatias.

Tortulhos (*Cèpes*)
Rechear com aparelho composto de vitela; toucinho fresco; miolo de pão, molhado em leite e espremido; Duxelles de tortulhos; sal; pimenta e noz-moscada. Picar e misturar tudo. Estufar até 3/4 da cocção. Meter numa caçarola, com fatias de toucinho e tortulhos salteados. Cobrir com o fundo e terminar a cocção. Servir com a guarnição em redor. À parte, fundo do estufado.

Trufas (*Truffes*)
(*Ver* GALINHA PÉRIGORD).

PICANSO, PICA-PAU OU PETO
(Pic, Pivert)

Prepara-se como a GALINHA, *mas não é famoso.*

PICA-PEIXE
(Martin Pêcheur)

Ver preparações do PARDAL

PINTADA OU GALINHA DE ANGOLA (dita da Índia)
(Pintade)

Em caçarola ou assada, com guarnição à escolha. Esta ave, que é, afinal, de capoeira, pelo menos na Europa, classifica-se entre as aves de caça, devido ao paladar da sua carne que se aproxima do do FAISÃO. *Todas as receitas apontadas para este podem ser aplicadas à Pintada.*

PINTARROXO
(Linotte ou Rouge-Gorge)

Ver as preparações indicadas para a COTOVIA *ou* CALHANDRA.

PINTASSILGO
(Chardonneret)

Ver PARDAL, COTOVIA *e* ESTORNINHO

PINTO
(Poussin)

Ver as preparações indicadas para POMBOS *e* BORRACHOS.

PISCO
(Bouvreuil)

Todas as maneiras de preparar indicadas para a COTOVIA *servem a esta ave.*

POMBO, BORRACHO
(Pigeon, Pigeonneau)

Aldeã (*Paysanne*)
Cozinhar como CAÇAROLA. A 2/3 da completa cocção, adicionar pedaços de toucinho branqueados e batatas cruas picadas.

Alemã (*Allemande*)
Em caçarola. Molho Pimentada (*Poivrade*) reduzido, levantado com natas.

Americana (*Américaine*)
Em caçarola. Recheado com miolo de pão e aromáticos. Servido com toucinho fumado (*bacon*), grelhado.

Assado (*Rôti*)
Decorado com limão, salsa e agriões. Servido com o seu próprio suco.

Azeitonas (*Olives*)
Saltear. Molhar com Demi-glace. Guarnecer com azeitonas sem caroço e terminar de cozinhar.

Boa Dona, ou Boa Mulher (*Bonne Femme*)
Saltear com manteiga e aromáticos. Guarnecer com cebolas assadas no forno, champignons salteados às rodelas, Batata Caçarola (*Cocotte*). Suco do assado.

Bordalesa (*Bordelaise*)
Abrir ao meio, espalmar e saltear em manteiga. Guarnição do Frango com o mesmo nome.

Bréssane
Rechear com risoto, contendo fígados de aves. Saltear. Adicionar Demi-glace e manteiga. Empratar sobre risoto com fígados de aves e cobrir com o molho.

Bretã (*Bretonne*)
Rechear e trufar. Saltear com aromáticos. Molhar com vinho da Madeira e Demi-glace. Guarnecer com míscaros salteados e Batatas Cabeção ou Colar (*Collerette*). Cobrir com o molho.

Caçarola (*Casserole*)
Saltear em caçarola. Adicionar suco do assado. Servir na própria caçarola.

Cartuxada (*Chartreuse*)
(*Ver* CARTUXADA DE PERDIZ).

Casanova
Abrir ao meio pelo lado do dorso, separando as duas partes e espalmando-as. Temperar. Amostardar. Panar com miolo de pão, adicionado de presunto, salsa e alho picados. Grelhar. Empratar sobre Batatas Ana (*Anna*). À parte, Molho Châteaubriand.

Chipolata
Corar em manteiga. Molhar com vinho branco, Demi-glace e fundo escuro. Terminar de cozinhar neste molho. Juntar Guarnição Chipolata. Servir tal qual.

Compota (*Compote*)
Cozinhar como TIGELA. Juntar Guarnição Compota.

Costeletas em Chaud-Frold (*Côtelettes en Chaud-Froid*)
(*Frio*). Desossar os borrachos, conservando os ossos das patas. Rechear com pasta de fígado (*foie gras*), envolvida em recheio de gratém. Dar a forma natural. Enrolar num pano de musselina. Atar e cozinhar. Deixar arrefecer e escorrer. Cortar em dois. Cobrir com *Chaud-Froid* escuro. Decorar com trufas. Colocar num

prato fundo, sobre uma camada de geléia. Cobrir com geléia.

Costeletas à Nesles (*Côtelettes à la Nesles*)
Abrir ao meio. Puxar em manteiga, do lado da carcaça. Rechear este lado com Godiveau trufado, misturado com recheio de gratém (*Ver* FUNDOS DE COZINHA). Alisar em cúpula. Completar a cocção no forno. Empratar em coroa, alternando com escalopes de moleja de vitela, panados e salteados. Guarnecer o centro com fígados de aves e champignons salteados, ligados com Molho Madeira.

Costeletas em papelotes (*Côtelettes en papillotes*)
Preparar o borracho, como para NESLES. Saltear em manteiga e terminar como SALMONETE EM PAPELOTES.

Costeletas Sévigné (*Côtelettes Sévigné*)
Metades de borracho puxadas em manteiga, arrefecidas. Encher o lado de dentro com salpicão de aves, trufas e champignons, ligado com Molho Alemão espesso. Panar à inglesa. Corar em manteiga clarificada. Empratar em coroa. Centro guarnecido com pontas de espargos. À parte, Molho Madeira.

Crapaudine
Cortar desde as asas até à ponta do papo, dos dois lados dum borracho. Abrir; espalmar; temperar; panar com manteiga derretida e grelhar. À parte, Molho Diabo. Colocar de cada lado da ponta do papo uma rodela de clara de ovo, com outra de trufa, menor, sobreposta.

Diabo (*Diable*)
Abrir pelo dorso. Temperar. Panar com manteiga derretida e grelhar. À parte, Molho Diabo.

Ervilhas (*Petits Pois*)
Saltear. Molhar com Demi-glace. Guarnecer com Ervilhas à Francesa.

Estufado, em (*en Estouffade*)
Corar os pombos. Molhar com aguardente velha (*conhaque*). Meter num tacho, contendo fatias de toucinho salteadas. Rodear com rodelas de champignons e pequenas cebolas salteadas. Juntar o molho e um pouco de fundo escuro. Cobrir hermeticamente e cozinhar em forno brando, 3/4 de hora. Servir tal qual.

Financeira (*Financière*)
Estufado. Guarnição do nome.

Gautier (*Gauthier*)
Abrir ao meio. Cozinhar em manteiga acidulada. Empratar em coroa. Cobrir com Molho Supremo de Coulis de Lagostins.

Geléia, em (*en Gelée*)
Retirar o osso do peito. Rechear com Recheio de Galantina, trufado. Cozer. Arrefecer. Colocar num prato fundo e cobrir com geléia.

Inglesa (*Anglaise*)
Rechear com miolo de pão e fígados de aves, picados e passados em manteiga com cebolas picadas. Temperar. Saltear. Servir com suco do assado. Fatias de toucinho fumado (*bacon*), grelhadas, colocadas sobre o pombo.

Joaquim (*Jacques*)
Rechear com Recheio de Gratém. Saltear. Molhar com vinho branco, Demi-glace e sumo de limão. Servir em prato fundo, de porcelana, coberto com o molho.

Laurette
(*Frio*). Fazer uma galantina, com um pombo desossado; cozer e arrefecer. Cortar em fatias (1 cm de espessura). Cobrir com Molho *Chaud-Froid*. Decorar com meia pistácia. Fazer uma rosácea no meio, com clara de ovo cozido. Lustrar com geléia. Empratar em redor de uma pirâmide de geléia picada.

Minuto (*Minute*)
Cortar em quatro. Saltear com cebolas picadas. Molhar com aguardente velha (*conhaque*), Glace de Carne e sumo de limão. Levantar com manteiga. Empratar os pedaços, em coroa. Cobrir com o molho. Guarnecer o centro com rodelas de champignons salteadas em manteiga. Salsa picada por cima.

Musse e Musselina (*Mousse et Mousseline*)
(*Ver fórmula-tipo em* ENTRADAS LIGEIRAS).

Naná
Preparado como CRAPAUDINE. Em caçarola, com trufas, pequenas cebolas, azeitonas e batatas.

Pastelão à Inglesa (*Pidgeon Pie*)
(*Ver em* ENTRADAS LIGEIRAS, *PASTELÃO À INGLESA*). Emprega-se o pombo, como elemento principal.

Polonesa (*Polonaise*)
Rechear com Recheio de Gratém. Saltear. Colocar em prato fundo de porcelana, com suco ligado no fundo; sumo de limão, salsa e ovo picado, por cima. Lançar sobre tudo isto, no momento de servir, miolo de pão frito, com Manteiga Noisette.

Primaveril (*Printanière*)
Saltear. Regar com Demi-glace. Legumes novos, em redor.

Richelieu
Saltear. Guarnição Richelieu.

Salmis
(*Ver* SALMIS DE PERDIZ).

São Carlos (*Saint-Charles*)
Picar com língua. Estufar. Cobrir com o fundo do estufado, reduzido, adicionado de sumo de limão. Guarnecer com tortulhos recheados.

Sauternes
Saltear. Molhar com vinho Sauternes (*bordéus adocicado*) e Glace de Carne, ligeiramente levantada com manteiga. Cobrir com o molho obtido.

Supremos Diplomata (*Suprêmes Diplomate*)
Os peitos, passados em manteiga quente. Cobrir com Villeroy, adicionado de ervas aromáticas e champignons picados. Panar à inglesa. Fritar. Empratar em coroa. O centro, guarnecido com croquetes de pombo, trufas em forma de azeitonas e champignons. Demi-glace, como molho, a acompanhar.

Supremos Marigny (*Suprêmes Marigny*)
Os peitos, enrolados em fatias de toucinho, são salteados sem deixar passar muito. Retira-se-lhes a pele e colocam-se sobre crostões feitos com recheio de carne. Passar no forno. Empratar em redor de uma pirâmide de purê de ervilhas. Cobrir com Molho Supremo, com essência de pombo.

Supremos São Carlos (*Suprêmes Saint-Clair*)
Os peitos, salteados, desembaraçam-se da pele. Empratar em coroa, em redor de uma pirâmide de tortulhos salteados. Cobrir com Molho Soubise. Rodear com croquetes de pombo.

Supremos com Trufas (*Suprêmes aux Truffes*)
Os peitos, salteados. Molhar com vinho da Madeira e Demi-glace com essência de trufas, adicionada de rodelas de trufa. Cobrir com o molho.

Tigela (*Cocotte*)
Cozinhar com manteiga, num prato fundo, de porcelana. Adicionar suco de assado.

Sylvain
Cortar em quatro, temperar e saltear. Juntar durante a cocção tortulhos ou míscaros picados, salteados em manteiga, salva e sarpão. Terminar de cozinhar e servir tal qual.

Valenciana (*Valencienne*)
Rechear com Recheio de Gratém, contendo pedaços de fígado de ave e champignons. Estufar. Molhar com vinho branco e Demi-glace atomatado. Empratar sobre Arroz Valenciana. Um coração, feito de presunto, sobre o pombo. Molho em redor.

Vienense (*Viennoise*)
Cortar em quatro, temperar, panar à inglesa e fritar em bastante gordura fervente. Servir com salsa frita e limão.

Villeroy
Proceder como para qualquer dos pratos, chamados Villeroy.

POMBO BRAVO
(Biset, Ramier, Palombe)

Todas as preparações do POMBO *doméstico*

ROLA
(Tourterelle)

Qualquer das preparações do POMBO *ou* CALHANDRA.

ROUXINOL
(Rossignol)

(*Ver as receitas indicadas para* COTOVIA, PARDAL *ou* ESTORNINHO).

TARALHÃO
(Ortolan)

(*Ver em* HORTULANA).

TARAMBOLA
(Pluvier)

Prepara-se como o PATO BRAVO.

Assada (*Rôti*)
Com guarnição à escolha.

Douglas
Estufada. O peito e as asas são servidos sobre torrada, barrada com vísceras e pasta de fígado (*foie gras*). Flamejada com aguardente velha (*conhaque*), no momento de servir. (*Parte da preparaçao pode ser feita na sala*).

TENTILHÃO
(Pinson)

Prepara-se como os TORDOS *ou* CALHANDRAS.

TORDO
(Grive)

Aldeã (*Paysanne*)
Cozinhar em caçarola. Molhar com aguardente velha (*conhaque*) e Fumete de Caça. Guarnecer com pequenas cebolas, cubos de toucinho e crostões.

Antiga (*Ancienne*)
Cozinhar em caçarola. Molhar com aguardente velha (*conhaque*) e Fumete de Caça. Guarnecer com cubos de presunto e de pão frito e bagas de zimbro.

Boa Dona, ou Boa Mulher (*Bonne-Femme*)
(*Ver* CALHANDRA *do mesmo nome*).

Boa Vista (*Bellevue*)
(*Frio*). (*Ver* GALINHOLA).

Caixas, em (*en Caisses*)
(*Ver* CODORNIZ).

Chaud-Froid
(*Frio*). Os peitos, passados em *Chaud-Froid*. Decorar com trufas. Colocar num prato fundo sobre Musse de Caça. Cobrir com geléia.

Crostas, em (*en Croûtes*)
Desossar e rechear com um pedaço de pasta de fígado (*foie gras*). enrolado em Recheio de Gratém. Cozer. Passar no forno, com um pouco de fundo da cocção e Demi-glace reduzido. Colocar sobre uma crostada de pão frito. À parte, Demi-glace com Fumete de Tordos

Genebra (*Genièvre*)
Em caçarola. Adicionar zimbro picado.

Gratinados, ou Gratém (*Gratin*)
(*Ver* COTOVIA *do mesmo nome*).

Liégeoise
Cozinhar em caçarola. Um pouco antes de completa a cocção, adicionar bagas de zimbro pisadas e crostões redondos, fritos. Servir bastante quente.

Moderna (*Moderne*)
(*Frio*). Peitos de tordo em *Chaud-Froid*. Colocar em fôrmas de tarteleta encamisadas com geléia e cheias com Musse de Tordos. Empratar em redor de Musse de Tordos, com geléia picada em volta.

Ninho, no (*au Nid*)
(*Ver* CALHANDRA).

Risoto
Cozinhar em caçarola. Servir sobre RISOTO.

Sanhard
Desossar, deixando ficar a parte de trás intacta. Rechear com fígado de porco e banha, picados finamente; temperar com sal, pimenta, dente de alho. noz-moscada, baga de zimbro em pó; incorporar algumas gotas de aguardente velha (*conhaque*). Enrolar em redanho de porco. Cozinhar em caçarola. Algumas gotas de vinho branco no momento de servir. Apresentar na mesa, tal qual.

Sob a Cinza (*Sous la Cendre*)
(*Ver* CODORNIZ *do mesmo nome*).

TORDOVEIA
(Tourdelle)

Todas as preparações da CALHANDRA.

VERDELHÃO
(Verdier)

Prepara-se como o PARDAL, CODORNIZ ou CALHANDRA.

DERIVADOS DIVERSOS DE AVES de caça e de criação ou capoeira

Balotinas (*Ballotines*)
Coxas de galinha, recheadas e cozidas. Guarnição e molho desejados. (*Ver* ENTRADAS LIGEIRAS).

Blanqueta, ou Branqueado (*Blanquette*)
Pedaços desossados, com Molho Supremo e champignons.

Capilotada (*Capilotade*)
Pedaços, estufados com manteiga, pequenas cebolas, chalotas e champignons. Molhar com vinho branco. Servir em timbale; regar com o molho da cocção, reduzido com purê de tomates e Demi-glace. Polvilhar com salsa picada.

Caril (*Curry*)
Pedaços, salteados em manteiga, com cebola picada. Adicionar leite de coco, vinho branco, Molho Caril e maçãs em cubos. Servir em timbale, com o molho. À parte, arroz natural.

Caril à Javanesa (*Curry Javanais*)
O mesmo da anterior. Termina-se colocando os pedaços de ave, guarnição e molho, dentro de um coco inteiro, no qual se fez uma abertura num dos topos. Adicionam-se legumes em cubos, em vez do arroz, tapa-se hermeticamente e deixa-se cozinhar algum tempo em banho-maria. Serve-se tal qual.
Nota: *Não se retira a noz do coco para a preparaçao deste prato.*

Conchas Duquesa (*Coquilles Duchesse*)
Bordeadas com Batata Duquesa. Colocar fatias de ave, cozidas. Cobrir com Molho Supremo e dourar no forno.

Conchas Escarlate (*Coquilles Êcarlate*)
O fundo, coberto com Molho Alemão. Fatias de peito de aves ou aproveitamentos e fatias de língua escarlate. Cobrir com o mesmo molho. Polvilhar com língua picada e passar no forno.

Conchas Gratinadas (*Coquilles Gratin*)
O fundo e a parte superior, cobertos com Molho Mornay. No meio, picado de aves e champignons. Polvilhar com miolo de pão ralado e gratinar.

Conchas à Italiana (*Coquilles Italienne*)
Cobrir o fundo com Duxelles. Rechear com aves e presunto, picados. Cobrir com Molho Italiano e passar no forno.

Conchas à Portuguesa (*Coquilles Portugaise*)
Como ITALIANA. As aves e o presunto, salteados com tomate e alho. Gratinar com queijo ralado.

Costeletas (*Côtelettes*)
(*Ver* ENTRADAS LIGEIRAS).

Costeletas Marechala (*Côtelettes Maréchale*)
Supremos, cozinhados em manteiga. Cobrir com Molho Supremo. Guarnecer com cristas e rins de galo, trufas e croquetes decorados.

Costeletas Pojarsky (*Côtelettes Pojarsky*)
Peito de aves picado muito fino, adicionado de 1/4 do seu volume, de miolo de pão ensopado em leite e espremido (*misturar tudo e picar bem*). Adicionar natas em manteiga. Dividir em partes iguais e formar costeletas. Rolar em pão ralado. Fritar lentamente em manteiga clarificada, deixando corar bem, para o que se termina na boca do forno. As costeletas incham e conservam o seu suco. Guarnecer com ervilhas, pontas de espargos ou outra guarnição.

Coxas de Aves (*Canetons de Volaille*)
Coxas desossadas, à exceção da ponta, do lado da pata. Recheadas como para BALOTINAS (*ver sob este nome*). Embrulhar num pano de musselina. Estufar. Desembrulhar e passar no forno. Empratar sobre um tampão, ou crostão. Guarnição e molho indicados.

Crepinetes (*Crépinettes*)
(*Ver* ENTRADAS LIGEIRAS).

Cromesquis
(*Ver* ENTRADAS LIGEIRAS).

Croquetes (*Croquettes*)
De aves, champignons, trufas, presunto. Tudo picado e reduzido, com Molho Supremo. Arrefecer; cortar à vontade; panar e fritar, em manteiga de preferência. Servir com molho. (*Ver* ENTRADAS LIGEIRAS).

Crustadas (*Croustades*)
(*Ver* ENTRADAS LIGEIRAS).

Enchidos de Aves (*Boudins de Volaille*)
Aparelho de Musselina, bem ligado com ovos e natas, ou Molho Supremo. Encher pedaços de tripa. ou fôrma própria, e cozer. Panar à inglesa. Fritar em manteiga clarificada. Servir com Demi-glace, Molho de Tomate, ou outro; como guarnição, Puré Soubise ou outro à escolha. (*Esta receita pode ser aplicada a peixe, caça etc. Os enchidos podem também servir-se estufados, dentro do próprio molho, em vez de panados*). (*Ver em* ENTRADAS LIGEIRAS, *sob o nome de* CROQUETES RECHEADOS).
Nota: *Para não criarmos confusão aos nossos leitores, com o fato de citarmos os* Croquetes Recheados, *aqui diremos que, em francês, eles são designados pela mesma palavra* (Boudin), *que significa* enchido. *Nós lhe demos aquela designação, que julgamos estar, em português, mais de acordo com a realidade.*

Fritotes (*Fritots*)
Ave cozida, cortada em pedaços, marinada e fria. Decorada à vontade. Molho indicado. (*Ver* ENTRADAS LIGEIRAS).

Gigó, ou Gigote
Pedaços de aves, de aproveitamentos, desfiados e cozinhados com cebola, Batata Palha, aromáticos e vinho da Madeira, numa pequena frigideira de barro bordeada com purê de batata. Um ovo estrelado, colocado no topo, no momento de servir. (*Pode-se utilizar, também, carne de vaca para este prato*). (*Cozinha Portuguesa*).
Nota: *Erradamente, aparece por vezes a palavra* Gigot, *a designar este prato. Sendo aquela uma palavra francesa, e este prato, português, apelo para que todos os profissionais corrijam este erro, por amor próprio.*

Maionese (*Mayonnaise*)
Ave cozida. Os pedaços, desfiados, são colocados numa saladeira ou timbale. sobre um pouco de juliana de alface, temperada, se se desejar. Cobrir com Maionese. Decorar com filetes de anchovas, azeitonas, alcaparras, ovos cozidos, pepinos verdes (*cornichons*), salsa picada ou olhos de alfaces.

Marinada (*Marinade*)
Aves cozidas, cortadas em pedaços e postas numa marinada de sal, pimenta. azeite e vinagre.

Miudezas (*Abatis*)
(*Ver* ENTRADAS DE MIUDEZAS).

Musse (*Mousse*)
(*Ver em* ENTRADAS LIGEIRAS).

Musse Eduardo VII (*Mousse Edouard VII*)
Musse quente de aves ligada com Molho de Natas e aromatizada com vinho da Madeira.

Musse com Espumante (*Mousse au Champagne*)
Musse quente de aves com Molho de Natas, levantada com vinho espumante ou de Champanha.

Musse Meio-Luto (*Mousse Demi-Deuil*)
Musse de aves, decorada com lâminas de trufas; Molho Supremo.

Nhoque à Romana (*Gnocchi à la Romaine*)
Massa de Chus, não açucarada e recheio de aves, misturados meio por meio. Polvilhar com queijo ralado. Cortar em losangos. Enfarinhar e cozer. Escorrer, acamar numa caçarola, polvilhar com queijo ralado e regar com manteiga derretida e suco de vitela. Gratinar.

Pão de Aves Eduardo VII (*Pain de Volaille Edouard VII*)
No interior, fígado de pato (*foie gras,*) salteado, arroz e dados de trufas. Molho Supremo. Decorar com rodelas de língua.

Pão de Aves Imperatriz (*Pain de Volaille Impératrice*)
Musse com fígado de aves e pasta de fígado (*foie gras*), adicionada de dados de trufas e coberta com Molho Imperatriz.

Pão de Aves Vulgar (*Pain de Volaille Ordinaire*)
Pequenas fôrmas, encamisadas com recheio musselina. Encher o interior com cubos de fígado de aves e de pasta de fígado (*foie gras*), salteados. Cobrir com recheio. Cozer em banho-maria e desenformar. Molho indicado.

Pastelões Folhados (*Vol-au-vent*)
De aves. (*Ver* ENTRADAS LIGEIRAS).

Picado (*Emincé*)
Aproveitamentos de aves, picados. Guarnição e molho à vontade. (*Ver* ENTRADAS LIGEIRAS).

Picado Duquesa (*Hachis Duchesse*)
Como ITALIANA. Com bordadura de Batata Duquesa (*Duchesse*).

Picado à Italiana (*Hachis Italienne*)
Picado de aves, coberto com Molho Mornay, gratinado numa bordadura de macarrão, com queijo.

Picado Napolitana (*Hachis Napolitaine*)
Como ITALIANA, mas com nulhes. (*Ver* ENTRADAS LIGEIRAS).

Pilaw à Grega (*Pilaw à la Grecque*)
Como à ORIENTAL, mas bastante condimentado. (*Ver cocção do* ARROZ COM LEGUMES *em* LEGUMES *e* MASSAS ALIMENTARES).

Pilaw Oriental (*Pilaw à l'Orientale*)
Pilaw de arroz, com pedaços de aves. Molho de Tomate a cobrir, ou à *parte.*

Pilaw Persa (*Pilaw Persane*)
Como ORIENTAL com pequenos pimentos em cima. Molho de Tomate.

Pilaw à Turca (*Pilaw Turque*)
Como PERSA.

Piroghe Tziplonnkomme (*Pastelão de Aves*) (*Paté de Volaille*)
Frangos abertos ao meio, salteados com manteiga e aromáticos Temperar. Metê-los num tacho de barro, com o fundo e os lados cobertos de Musse de Culibiac, tendo já três camadas sobrepostas de Kasche de Sêmola, ovos cozidos picados, cogumelos desidratados (*gribouis*), picados e salteados em manteiga.
Sobre os frangos: funcho picado e as mesmas camadas de Kasche, ovos e cogumelos. Fechar com a massa e desenformar, deixando a parte da união para baixo.
Rodear, para ajudar a massa a agüentar-se durante a cocção, com uma tira de papel untado com manteiga. Fazer um buraco no topo. Depois de 1/4 de hora de repouso, cozinhar no forno. (*Cozinha russa*).

Pojarsky Mistos (*Pojarsky Mixtes*)
As Costeletas Pojarsky atrás descritas, variando a matéria empregada na sua confecção. Peixe, aves, caça etc. São utilizados para Acepipes Quentes (*Hors-d'oeuvre chaud*), ou como prato (*2 por pessoa*) com molho apropriado à natureza do preparado.

Purê (*Purée*)
Branco de aves, e aproveitamentos, pisados com Bechamel. Temperar e passar. Pode servir para Dentados (*Bouchées*), Pastelões Folhados (*Vol-au-vent*), Rissoles (*Rissoles*) etc.

Ragosto Menuto
Guisado fino, de asas de aves desossadas; moleja de cordeiro; cristas de galo;: tutanos de vitela; rins; manteiga; Molho Espanhol e vinho branco. Guarnecer com pequenos crostões de massa folhada (*Cozinha italiana*).

Raviólis (*Ravioli*)
Massa de nulhes cortada em rodelas, recheada com picado de aves e queijo. Cozer e passar no forno, com Demi-glace atomatado. (*Ver* MASSAS ALIMENTARES).

Recheios (*Farces*)
(*Ver* FUNDOS DE COZINHA).

Salada (*Salade*)
Pedaços de aves cozidas, desossados. Misturar com filetes de anchovas, azeitonas, alcaparras, alface, ovos cozidos, pepinos verdes (*cornichons*), e ervas aromáticas. Temperar.

Stucchi Genovese
Fígados de ave, molejas e tutanos de vitela branqueados. Passar em manteiga, com cebola, presunto e trufas picadas. Cozinhar e deixar arrefecer no molho, ligado com gemas. Espetar numa brocheta, alternando e deixando o molho aderente. Envolver em recheio de croquetes cru e panar à inglesa. Fritar. (*Cozinha italiana*).

Suflê (*Soufflé*)
Aparelho de musse quente, bem ligado com gemas de ovos; incorporar claras de ovos em castelo (*en neige*). Colocar em pequenos recipientes, untados com manteiga. Cozinhar em forno brando. (*Ver* ENTRADAS LIGEIRAS).

SUPREMOS DE AVES
(Suprêmes de volaille)

Por supremo, entende-se o meio peito da ave, limpo de ossos e pele,

Agnés Sorel
Cozer. Colocar sobre tarteletas, preparadas como segue: untar o fundo e as paredes de fôrmas de tarteletas, com Recheio Musselina;

encher com champignons picados, salteados. Recobrir com recheio. Cozinhar. Cobrir com Molho Supremo. Decorar com lâminas de trufas e de língua. Cordão de Glace de Carne.

Albufera
Rechear. Estufar com manteiga. Servir sobre tarteletas, contendo Recheio Albufera. Cobrir com Molho Albufera.

Alexandra
Estufar em manteiga. Rodelas de trufas por cima. Cobrir com Molho Mornay. Passar ao forno. Guarnecer com montinhos de pontas de espargos.

Arlesiana (*Arlésienne*)
Enfarinhar. Saltear em manteiga. Guarnição Arlesiana. Á parte, Demi-glace atomatado.

Arquiduque (*Archiduc*)
Estufar em manteiga. Servir sobre crostões. Cobrir com Molho Arquiduque.

Bela Helena (*Belle Hélène*)
Saltear. Empratar sobre croquetes de pontas de espargos, com a forma dos supremos. Lâminas de trufas sobrepostas. Suco de carne, ligado com Manteiga Noisette.

Boitelle
Rechear de Musselina, adicionada de purê de champignons crus, sumo de limão e manteiga. Estufar. Empratar em coroa. O centro, guarnecido com champignons salteados. Cobrir com o fundo de cocção, reduzido e adicionado de manteiga. Polvilhar com salsa picada.

Cavour
Supremos salteados, servidos num tampão oco, recheado com trufas e Molho Périgueux.

Champignons, com (*Aux Champignons*)
(*A branco*). Cozer em caldo de cocção de champignons. Empratar em coroa. O centro, guarnecido com cabeças de champignons, caneladas. Cobrir tudo com Molho Supremo, adicionado do caldo da cocçao, reduzido.
(*A escuro*). Cozer da mesma maneira. Empratar. Rodear de champignons picados e salteados. Cobrir tudo com Molho Champignons, adicionado do fundo da cocção, reduzido.

Chimay
Saltear. Empratar. Guarnecer com míscaros salteados e pontas de espargos ligadas com manteiga. Suco de carne ligado, em redor.

Cussy
Fatias de supremos. Panar à inglesa. Saltear. Empratar sobre fundos de alcachofras. Rodelas de trufas, com rim de galo sobreposto, colocadas em cima das fatias de supremos. À parte, suco de aves ligado.

Dória
Panar com manteiga. Saltear. Guarnecer com pepinos torneados, estufados em manteiga. Sumo de limão. Manteiga Noisette, no momento de servir.

Dreux
Picar os supremos com trufas e língua. Saltear. Empratar e guarnecer com cristas e rins de galo e rodelas de trufas. Cobrir a guarnição com Molho Supremo.

Embaixatriz (*Ambassadrice*)
Cozer. Empratar. Cobrir com Molho Supremo. Guarnecer com molejas de anho picadas com trufas e cozinhadas a branco e montinhos de pontas de espargos.

Escarlate (*Écarlate*)
Fazer incisões nos supremos, onde se colocam rodelas de língua. Estufar em manteiga. Empratar sobre crostões de recheio de croquetes. Cobrir com Molho Supremo. Polvilhar com língua picada.

Escocesa (*Écossaise*)
Cozer. Empratar. Cobrir com Molho Escocês.

Favorita (*Favorite*)
Saltear. Empratar em coroa, sobre rodelas de pasta de fígado (*foie gras*), salteado. Guarnecer o centro com pontas de espargos. À parte, Glace de Carne, adicionada de manteiga.

Financeira (*Financière*)
Rechear com Musselina de Aves, trufada. Empratar em coroa, sobre crostões fritos. Guarnição e Molho Financeira.

Florentina (*Florentine*)
Cozer. Empratar sobre uma camada de folhas de espinafres. Cobrir com Molho Mornay.

Fundos de Alcachofras (*Fonds d'Artichauts*)
Saltear. Empratar sobre uma camada de fundos de alcachofras picados em cru, salteados. Suco de carne, ligado. Manteiga Noisette e ervas aromáticas.

Georgette
Em batatas assadas no forno, às quais se retira parte da polpa, colocar os supremos cozidos. Cobrir de Molho Supremo com Coulis de Lagostins. Rodelas de trufa.

Henrique IV (*Henri IV*)
Fatias de supremos. Enfarinhar e saltear. Empratar sobre fundos de alcachofras, contendo Glace de Carne amanteigada. À parte, Molho Bearnês.

Húngara (*Hongroise*)
Condimentar com páprica. Saltear. Adicionar natas e Molho Húngaro. Empratar sobre Arroz Pilaw, contendo tomates *concassés*. Cobrir com o molho.

Imperial (*Impériale*)
Picar com trufas. Saltear. Molhar com Jerez e Demi-Glace. Empratar sobre crostões de pasta de fígado (*foie gras*) e guarnecer com trufas estufadas.

Indiana (*Indienne*)
Saltear. Deixar ferver depois de adicionar Molho Caril (*Curry*). Servir em timbale. À parte, arroz natural.

Isabel (*Elisabeth*)
Estufar com manteiga e sumo de limão. Empratar em coroa. Guarnecer o centro com um crostão, sobre o qual se coloca uma concha contendo: ostras cozidas, frias. Cobrir os supremos com Molho Supremo e rodelas de trufas.

Italiana (*Italienne*)
Saltear. Cobrir com Molho Italiano, adicionado de quartos de alcachofras.

Jardineira (*Jardinière*)
Saltear. Empratar em coroa. Guarnecer o centro com Jardineira. Suco de carne, ligado com Manteiga Noisette.

Joaninha (*Jeannette*)
Supremos ovais, recheados com pasta de fígado (*foie gras*), cobertos com *Chaud-Froid*' e servidos num pão de geléia.

Marechala (*Maréchale*)
Panar e saltear. Guarnição Marechala. Suco de carne ligado e Manteiga Noisette.

Maria Luísa (*Marie Louise*)
Escalopes de supremos. Panar à inglesa. Saltear. Empratar sobre fundos de alcachofras recheados com purê de champignons e Soubise. Manteiga Noisette.

Maria Teresa (*Marie Thérèse*)
Moldar Arroz Pilaw, contendo cubos de aves, numa fôrma em cúpula. Desenformar sobre o prato. Colocar em redor supremos de aves estufados em manteiga, intercalados com fatias de língua, em forma de cristas de galo. Cobrir com Molho Supremo. À parte, Molho Supremo.

Maryland
Panar à inglesa. Saltear. Empratar sobre toucinho fumado (*bacon*) grelhado. Guarnição Maryland. À parte, Molho de Rábano (*Raifort*) com natas.

Mireille
Saltear. Guarnição Mireille. Suco de carne ligado. Manteiga Noisette.

Montpensier
Saltear. (*Ver* TORNEDÓS *do mesmo nome*).

Oriental (*Oriental*)
Saltear. Empratar sobre barquetas de abóbora com a mesma forma. Cobrir com Molho Aurora, perfumado de açafrão. À parte, Arroz Pilaw, contendo dados de pimentos.

Orly
Proceder como para FILETES DE LÍNGUADO ORLY.

Papelotes, em (*en Papillotes*)
Saltear. Terminar como SALMONETES EM PAPELOTES.

Páprica
(*Ver* HÚNGARA). Sem Arroz Pilaw.

Parisiense (*Parisienne*)
Estufar. Guarnição Parisiense b).

Pastoril (*Bergère*)
Supremos espetados em brochetas, grelhados depois de mergulhados em gordura. Servir guarnecidos com agriões, quartos de tomates crus e rodelas de limão. Uma fatia de toucinho fumado (*bacon*), sobre cada supremo. (*Pode-se servir, á parte, uma guarnição de legumes* à *inglesa*).

Périgueux
Rechear com Recheio Musselina, trufado. Estufar. Cobrir com Molho Périgueux.

Pojarsky
(*Ver* COSTELETAS POJARSKY *em* DERIVADOS DIVERSOS DE AVES).

Polignac
Estufar. Cobrir com Molho Supremo, adicionado de juliana de trufas e champignons.

Porto
Saltear. Molhar com vinho do Porto e molho do mesmo nome. Cobrir com o molho obtido na cocção.

Princesa (*Prtncesse*)
Picar com trufas. Estufar. Adelgaçar com vinho branco e Molho Supremo. Empratar sobre crostões, com o molho em redor. Guarnecer com pontas de espargos e trufas.

Regência (*Régence*)
Cozer. Guarnição e Molho Regência.

Richelieu
Panar à inglesa. Saltear. Fila de rodelas de trufas por cima. Manteiga Mordomo (*Maître d'Hôtel*).

Rimini
Picar com trufas. Cozer. Empratar sobre barquetas, recheadas com purê de champignons. Cobrir com Molho Supremo.

Rossini
Saltear. Empratar sobre rodelas de pasta de fígado (*foie gras*). Cobrir com Molho Madeira, adicionado de lâminas de trufas.

São Jaime (*Saint-James*)
(*Frio*). Sobre fatia de presunto, coberto com *Chaud-Froid*. Salada de arroz apimentado e tomates.

Tolosana (*Toulousaine*)
Cozer. Guarnição e Molho Tolosana.

Talleyrand
Rechear com Godiveau (*Ver* FUNDOS DE COZINHA) adicionado de purê de pasta de fígado (*foie gras*). Empratar em timbale, sobre Guarnição Talleyrand. À parte, Molho Madeira, adicionado de juliana de trufas.

Valençay
Rechear com salpicão de trufas, ligado com Molho Alemão. Panar à inglesa. Saltear. Empratar em coroa. Guarnecer o centro com purê de champignons. Rodear de crostões, em forma de crista de galo, recheados com Musselina de Aves, trufada.

Valois
Panar à inglesa. Saltear. Empratar em coroa. Guarnecer o centro com azeitonas recheadas. À parte, Molho Valois.

Verneuil
Como ORLY. Empratar em coroa. Cobrir com Molho Colbert. Centro guarnecido com purê de alcachofras.

Villeroy
Saltear, malpassado. Envolver em Molho Villeroy. Panar á inglesa. Fritar. Empratar e enfeitar com salsa frita. À parte, Molho Périgueux.

Wolseley
Rechear com Recheio Musselina. Estufar. Empratar, em redor dum tampão de pão frito. Cobrir com Molho Supremo. Montinhos de pontas de espargos entre os supremos.

ENTRADAS DE CAÇA E CRIAÇÃO DE PÊLO
(LAPIN DE CLAPIER ET GIBIER À POIL)

ANTÍLOPE
(Antílope)

Mamífero ruminante, de formas elegantes e velocíssimo, o antílope é algo semelhante à palanca. embora de menor porte. Tal como a gazela, faz parte do grupo dos Antilopidae. *Prepara-se como o* CABRITO MONTÊS.

BISÃO, OU BISONTE
(Bison)

Espécie de boi selvagem, da América do Norte, caracterizado por uma bossa na cruz. Prepara-se como a VACA.

BÚFALO
(Buffle)

Boi selvagem, de enorme armação recurvada, que existe também no estado doméstico, em certas regiões da Itália e do Brasil. Pode servir-se como a VACA.

CABRITO MONTÊS
(Chevreuil)

As partes que não servem para tratar como adiante explicamos, utilizam-se em:

Civete (*Civet*)
Como o CIVETE DE LEBRE. Serve-se com geléia de groselha à parte.

Salteado à Caçadora (*Sauté Chasseur*)
Como a VITELA do nome.

Medalhas – Costeletas – Filetes Mignons
(*Noisettes – Côtelettes – Filets Mignons*)

Badoise
Saltear. Desengrossar com natas, suco de cerejas e de pintada. Guarnecer com cerejas sem caroço. Cobrir com o molho da cocção.

Caçadora (*Chasseur*)
Como COSTELETAS DE VITELA CAÇADORA.

Cerejas (*Cerises*)
O mesmo que BADOISE. Sem natas.

Conti
Saltear em azeite. Escorrer. Molhar com vinho branco e Molho Pimentada (*Poivrade*). Empratar em coroa. Alternar com fatias de língua. O centro, guarnecido com purê de lentilhas. Cobrir as peças com o molho.

Diana (*Diane*)
Saltear. Desengrossar com Molho Diana. Empratar em coroa. Alternar com crostões triangulares, de recheio de caça. Centro guarnecido com purê de castanhas. Cobrir com o molho.

Genebra (*Genièvre*)
Saltear. Molhar com genebra; pó de bagas de zimbro; natas; Molho Pimentada (*Poivrade*) e sumo de limão. Empratar em coroa. Alternar com crostões. Cobrir com o molho. À parte, marmelada de maçãs, pouco açucarada.

Húngara (*Hongroise*)
Saltear. Adicionar natas azedas e Molho Húngaro. Empratar e cobrir com o molho.

Minuto (*Minute*)
Saltear com cebola picada. Desengrossar com aguardente velha (*conhaque*) e Molho Pimentada (*Poivrade*). Levantar com manteiga. Sumo de limão. Empratar em coroa. Centro guarnecido com champignons picados, salteados em manteiga. Cobrir as costeletas com o molho.

Napolitana (*Napolitaine*)
Estufar em fundo de vitela. Meter no forno, com o fundo do estufado. Empratar em timbale, semicheio de Macarrão à Napolitana. Cobrir com o fundo do estufado.

Nesselrode
Saltear. Adicionar Molho Pimentada (*Poivrade*). Empratar em coroa. O centro, guarnecido com purê de castanhas. Cobrir com o molho.

Pobre Homem (*Pauvre Homme*)
Saltear. Desengrossar com vinagre e marinada, Juntar algumas rodelas de pepinos verdes (*cornichons*). Ligar com Manteiga Trabalhada (*Manié*). Cobrir com o molho.

Romanoff
Saltear. Desengrossar com Molho Pimentada (*Poivrade*). Empratar em coroa. O centro, guarnecido de tortulhos com natas. Cobrir as costeletas. Dispor em redor barquetas de pepino, concavadas e estufadas, recheadas com purê de champignons.

Smitana (*Smitanne*)
Saltear. Desengrossar com natas e Molho Smitano. Cobrir com o molho obtido.

Trufas e Champignons (*Truffes et Champignons*)
Saltear. Molhar com vinho da Madeira e Demi-glace com essência de trufas. Empratar em coroa. Centro guarnecido com champignons salteados. Rodelas de trufas sobre as peças. Molho, em redor.

Valência
Saltear. Desengrossar com Molho Bigarrada. Empratar em coroa. Cobrir com o molho. Guarnecer com gomos de laranja, alternados com crostões de brioche.

Valquíria (*Walkyrie*)
(*Ver adiante, em* WALKYRIE).

Veação (*Venaison*)
Saltear. Desengrossar com Molho Veação (*Venaison*). Empratar em coroa. Cobrir com o molho. Guarnecer o centro com purê de aipo.

Vila Nova (*Villeneuve*)
Apertar em manteiga. Arrefecer. Envolver com salpicão de caça, frio. Enrolar num pedaço de redanho de porco. Aquecer no forno. Empratar. À parte, Coulis de Caça, adicionado de juliana de trufas.

Walkyrie
Saltear. Desengrossar com natas e Molho Supremo, com genebra. Empratar em coroa. Purê Soubise ao centro. Cobrir as costeletas com o molho. Champignons grelhados no topo. Batatas Bercy, em croquetes, em redor.

LOMBO – PERNA – SELA
(Cimier – Cuissot – Selle)

(*Ver Antílope e Búfalo*)

Alemã (*Allemande*)
Picar. Marinar. Assar, sobre fundo de legumes da marinada. Desengrossar com a marinada, natas e Glace de Carne. Empratar. Cobrir com o molho, ou servi-lo à parte.

Baden-Baden
Proceder como para ALEMÃ. Desengrossar com fundo de caça. Ligar com araruta (*arrow-root*). Guarnecer com quartos de peras, cozidas com juliana de casca de limão e canela. À parte, o molho e geléia de groselhas.

Badoise
O mesmo que ALEMÃ, com cerejas sem caroço.

Beaujeau
Picar e assar. Guarnecer com fundos de alcachofras, recheados com purê de lentilhas e castanhas cozidas em consomê, passadas no forno. À parte, Molho Monteiro-Mor.

Cerejas (*Cerises*)
Picar. Marinar e assar. À parte, Molho Pimentada (*Poivrade*) misturado com geléia de groselhas, adicionado de cerejas sem caroço.

Crioula (*Créole*)
Picar, marinar e assar. Rodear de bananas salteadas em manteiga. À parte, Molho Roberto e Pimenta, misturados.

Monteiro-Mor (*Grand-Veneur*)
Picar, marinar e assar. À parte, purê de castanhas e Molho Monteiro-Mor.

CERVO OU VEADO E CORÇA
(Cerf et Biche)

Os melhores pedaços, lombo, sela, perna etc., são marinados, picados e tratados como o CABRITO MONTÊS. *O resto, em* CIVETE.

COELHO BRAVO
(Lapin de Garenne)

Usando a fantasia, ou seguindo os clássicos, conforme as circunstâncias o exijam, o coelho bravo pode ser preparado de inúmeras maneiras. Os champignons ou os miscaros são sempre de aconselhar nessas preparações. Além da tradicional GIBELOTA, *o coelho pode também ser preparado como segue*:

Assado (*Rôti*)
Inteiro, ou só o lombo e coxas. Picado, ou não, segundo o gosto. Meter as patas da frente no interior do peito. Cruzar as traseiras, uma sobre a outra, fixando-as com um fio. Assar em forno quente, 25 a 30 minutos.

Blanqueta, ou Branqueado (*Blanquette*)
Como BLANQUETA VULGAR. (*Ver em* ENTRADAS DIVERSAS).

Caçadora (*Chasseur*)
(*Ver* FRANGO SALTEADO *do nome*).

Chipolata
a) Recheado, adicionando ao recheio salsichas chipolatas. Guarnição Chipolata.
b) Salteado. (*Ver* FRANGO SALTEADO *do nome*).

Estufado (*Braisé*)
Preparar como para ASSAR, utilizando só a parte posterior. Estufar no forno. Servir sobre Purê Soubise, de castanhas, de chicória etc., com o suco, reduzido, ligado com fécula.

Flamenga (*Flamande*)
Cortar em pedaços. Marinar com vinho tinto, tomilho e louro, durante 12 horas. Enxugar os pedaços com um pano, antes de os corar em manteiga. Polvilhar com farinha e deixar alourar. Molhar com vinho tinto e caldo de carne; juntar ameixas secas, branqueadas, tapar e continuar a cocção no forno, durante 1 hora. O molho deve se bem reduzido, para estar em condições de servir.

Franganita (*Poulette*)
Cortar em pedaços e puxar em manteiga. Polvilhar com farinha e deixar alourar. Desengrossar com um pouco de caldo. Levantar fervura e tapar. Cozinhar durante uma hora. Deixar reduzir o molho e ligá-lo com gema de ovo. Juntar sumo de limão e cobrir os pedaços. Polvilhar com salsa picada.

Grelhado à Tártara (*Grillé Tartare*)
Cortado em pedaços, como para saltear. Marinar uma hora em azeite; salsa e cebolinho picados; sal e pimenta. Panar à inglesa. Grelhar sobre fogo lento, regando com azeite da marinada. Empratar os pedaços em monte. Servir com Molho Tártaro.

Mostarda, com (*á la Moutarde*)
Untar exteriormente, com uma forte camada de mostarda vulgar (*não inglesa*). Enrolar o coelho em dois pedaços de toucinho, grandes mas finos, fixados com um fio. Regar com manteiga derretida e assar no forno. Cada 0,500 g de peso deverá ter 20 minutos de cocção.

Recheado (*Farci*)
Com recheio de porco ou de salsichas, trufado. Cozer o ventre com um fio. Assar. Servir com Molho Pimentada, ou Soubise, à parte. (*Ver também* COELHO E LÁPARO).

COELHO, LÁPARO
(Lapin, Lapereau)

Todas as preparações apontadas para a LEBRE, *ou* COELHO BRAVO.

Filete à Italiana (*Filet à Italienne*)
Salteado. Adicionar vinho branco e Duxelles.

Filete Sorel (*Filet Sorel*)
Como FILETE DE VACA SOREL.

Gibelota (*Gibelotte*)
Cortado em pedaços. Saltear com cebolas pequenas e batatas. (*Ver* ENTRADAS DIVERSAS).

Marinada (*Mariné*)
Lombo marinado. Saltear com ervas aromáticas, limão e Demi-glace.

Salada (*Salade*)
Aproveitamentos, cortados em pedaços pequenos. Preparar como uma salada vulgar. Pode-se adicionar juliana fina de língua, tomate fresco etc.

Salteado à Caçadora (*Sauté Chasseur*)
Como FRANGO do mesmo nome.

Salteado Marengo (*Sauté Marengo*)
Como FRANGO do nome.

GAMO, GAZELA
(Daim, Gazelle)

Serve-se como o CERVO, *a* CORÇA *ou o* CABRITO MONTÊS

JAVALI, JAVARDO
(Sanglier. Marcassin)

Segundo a idade e a dureza da carne, serve-se em CIVETE, ASSADO, MARINADO, ESTUFADO *ou ainda, de qualquer das maneiras indicadas para o* CABRITO MONTÊS. *A cabeça prepara-se como a de* PORCO.

LEBRE, LEBRACHO
(Lièvre, Levraut)

Alemã (*Allemande*)
Lombo picado, marinado. Assar em caçarola. Desengrossar com vinagre e natas. Empratar sobre crostões. Cobrir com o molho.

Badoise
(*Ver* COSTELETAS *de* CABRITO MONTÊS *do mesmo nome*).

Bulhão Pato
Esfregar com pimentão e sal. Meter num recipiente onde esteja o sangue, ligado com vinagre forte e vinho tinto; rodas de cebola; dentes de alho, louro; salsa e tomilho. Deixar marinar 12 horas. Enrolar em fatias de toucinho e assar no espeto, molhando com a marinada. Regar com aguardente velha (*conhaque*) momentos antes de servir. (*Fria ou quente. Receita do próprio Bulhão Pato, citada no* Cozinheiro dos Cozinheiros).

Cerejas (*Cerises*)
ldem, como a anterior.

Civete (*Civet*)
Pedaços de lebre (*coelho ou cabrita montês*), temperados, puxados em manteiga com cebolas e cenouras picadas. Molhar com fundo escuro. Juntar dente de alho e ramo de cheiros. Deixar cozinhar, consoante a carne seja mais ou menos tenra. Retirar os pedaços para outra frigideira. Adicionar pequenas cebolas, cubos de toucinho e champignons. Passar o molho e cobrir as peças. Deixar ferver. lentamente, durante 1/4 de hora. Antes de servir, ligar com o sangue do animal, guardado à parte, ou, na falta deste, com sangue de porco.

Civete à Borgonhesa (*Civet Bourguignonne*)
Com vinho tinto, champignons, cubos de toucinho, cebolas e crostões.

Civete à Francesa (*Civet à la Française*)
Como acima, adicionado de castanhas.

Civete Mãe João (*Civet Mére Jean*)
Proceder como para o CIVETE vulgar. Ligar com natas. À parte, Tortulhos à Provençal, adicionados de crostões de pão frito, cortados em palitos.

Costeletas com Champignons (*Côtelettes aux Champignons*)
Croquetes em forma de costeletas. Empratar em coroa. Centro guarnecido com champignons salteados. À parte, Molho Champignons.

Costeletas Diana (*Côtelettes Diane*)
Como as anteriores. Guarnecer com purê de castanhas. À parte, Molho Diana.

Costeletas Mina (*Côtelettes Mirza*)
Sobre tampão de maçãs, limpas. ocadas e assadas no forno, recheadas depois com geléia de groselhas.

Costeletas Morland (*Côtelettes Morland*)
Como POJARSKY, mas panadas com trufas picadas. À parte, purê de champignons e Molho Monteiro-Mor.

Costeletas Pojarsky (*Côtelettes Pojarsky*)
Como COSTELETAS DE FRANGO do nome. (*Ver em* DERIVADOS DIVERSOS DE AVES).

Chucrute (*Choucroute*)
Assar em caçarola. Desengrossar. Servir sobre chucrute estufado.

Dampierre
Filetes simples picados com trufas e filetes de lombo em forma de crescentes picados com língua, colocados numa frigideira untada de manteiga. Regar com um pouco de aguardente velha (*conhaque*). Tapar e cozinhar. Empratar em rosácea, sobre uma musse trufada com forma cônica (*altura 5 cm; raia, da largura de dois filetes*) alternando os filetes simples e os do lombo. A base, rodeada de castanhas cozidas em consomê, passadas no forno; cebolas estufadas e champignons alternados. No meio da rosácea, uma bela trufa. À parte, Molho Pimentada (*Poivrade*) ligeiro.

Florestal (*Forestière*)
Lombo estufado, servido com purê de champignons e castanhas cozidas em consomê, passados no forno. Molho Pimentada (*Poivrade*).

Genebra (*Genièvre*)
Lombo. Proceder como para TORDO LIÉGEOISE.

Jugged-Hare
Maneira inglesa de designar o CIVETE DE LEBRE. (*Pode-se adicionar ao malho, caso se deseje, um pouco de natas*).

Minuto (*Minute*)
(*Filetes*). Retirar os filetes do lombo e de outras partes. Cortar os mais grossos em três, no sentido da diagonal. Espalmar. Temperar com sal, pimenta, tomilho, noz-moscada. Deixar passar um pouco em manteiga, depois saltear em fogo vivo. Tirar os pedaços; desengrossar o molho com vinho da Madeira e passar sobre os filetes já empratados. Purê de champignons com natas, a acompanhar. (*L. Raffutin em* Abrégé de Cuisine).

Monteiro-Mor (*Grand-Veneur*)
Lombo cozinhado em caçarola. Desengrossar com Molho Monteiro-Mor. Cobrir com o molho obtido. À parte, purê de castanhas e geléia de groselhas.

Morland
Lombo cozinhado em caçarola. Desengrossar com Molho Pimentada (*Poivrade*), adicionado de juliana de casca de limão e trufas.

Mornay
Escalopes salteados; rodelas grossas de trufas, cozidas com vinho da Madeira; crostões redondos, fritos; tudo misturado. Cobrir com o fundo das trufas e dos escalopes, reduzido, adicionado de Glace de Carne e levantado com manteiga. Servir em timbale.

Mortemart
Escalopes de lombo, salteados, alternados com crostões de recheio de lebre, tendo rodelas de trufas sobrepostas. Empratar em redor duma Musse de Lebre, adicionada de tortulhos, míscaros e laranjas, picados e salteados. Cobrir os escalopes e a musse com Demi-glace ao Marsala (*vinho italiano da Sicília*).

Musses e Musselinas (*Mousses et Mousselines*)
(*Ver fórmula-tipo em* ENTRADAS LIGEIRAS).

Navarresa (*Navarraise*)
Lombo. Picar e marinar em vinho tinto. Assar sobre legumes da marinada. Desengrossar com o líquido da marinada e reduzir. Adicionar manteiga e cobrir com o molho. Guarnecer com champignons grelhados, recheados com purê de cebolas e alhos, em fundo de vitela.

Perigordina (*Périgourdine*)
Ao esvaziar a lebre, guardar o sangue. Tirar os nervos às coxas e filetes. Rechear com aparelho composto de fígado; coração e pulmão de lebre; fígado de aves; toucinho gordo; salsa; miolo de pão ensopado em leite, espremido; cebola cozida; trufas e alho; tudo picado e misturado com o sangue. Cozer as peles do ventre e enrolar com um fio. Estufar com vinho branco, sobre fundo de aromáticos. Tempo de cocção: 2 horas a 2 1/2 horas. Empratar e passar ao forno. Rodear de Molho Périgueux, adicionado do fundo do estufado. reduzido. À parte, o mesmo molho.

Pompadour
Lombo. Picado e marinado. Assar. Empratar sobre crostões. Molho Chorão, em redor. Fileira

de rodelas de trufa, em cima. Montinhos de Batata Avelã (*Noisette*), nos dois extremos.

Rábano e Groselhas (*Raifort et Groseilles*)
Lombo. Picar e Assar. À parte, geléia de groselhas, contendo rábano ralado, perfumada com noz-moscada, canela e vinho do Porto.

Real (*Lièvre á la Royal*)
(*Ver* LEBRE REAL *em* ENTRADAS DIVERSAS).

Recheada Beauval (*Farcie Beauval*)
(*Fria*). Desossar, começando pelo dorso e respeitando a pele do abdômen. Cortar as espáduas e as coxas, conservando a cabeça presa ao corpo. Marinar com aguardente velha (*conhaque*), sal e pimenta. Preparar um Recheio Gratém, com fígado de lebre, toucinho e aparas de trufas; um outro recheio, com a carne das espáduas e coxas, toucinho, ovo, especiarias, sal, pimenta e serpão. Misturar os dois recheios e rechear, adicionando cubos de toucinho e de trufas. Apertar com um fio, rodear com fatias de toucinho e colocar num tacho, de maneira a reproduzir a lebre na toca. Dar uma pequena passagem no forno. Estufar em seguida, molhando com a marinada, vinho tinto e cálice de aguardente velha. Tempo de cocção: 3 horas. Deixar semi-arrefecer. Desembaraçar de impurezas. Recolocar no tacho. Passar o molho e adicionar-lhe geléia. Cobrir a lebre com o molho e manter ao frio.

Santo Huberto (*Saint-Hubert*)
Lombo. Picar e marinar. Cozinhar em caçarola. Desengrossar com a marinada e Molho Pimentada (*Poivrade*). Cobrir com o molho obtido. Rodear de champignons grelhados, recheados com purê de caça

Suflê (*Soufflé*)
(*Ver fórmula-tipo em* ENTRADAS LIGEIRAS).

Sully
Proceder como para DAMPIERRE; os filetes e os lombos, picados apenas com toucinho. Empratar os filetes em rosácea. Cobrir com Molho Pimentada (*Poivrade*). Entre cada braço da rosácea, colocar purê de aipo e de lentilhas, alternados. Sobre o purê, colocar os filetes de lombo, passados no forno, com rodela de trufa sobreposta. No centro, uma trufa bonita.

Vendôme
Filetes espalmados, com trufas incrustadas, enrolados em redor de fôrmas de babás untadas com manteiga, apertados com um fio e cosidos. Guarnecer o interior com escalopes de lombo, champignons e trufas salteadas, ligados com Molho Pimentada (*Poivrade*). À parte, purê de castanhas e Molho Pimentada.

URSO
(Ours)

Perna Cumberland (*Cuissot Cumberland*)
Assada; servida com Molho Veação (*Venaison*) e marmelada de maçãs, sem açúcar.

Perna à Francisco José (*Cuissot François-Joseph*)
Assada. Servir com Molho Monteiro-Mor de vinho de Champanha (*champagne*).

Perna à Monteiro-Mor (*Cuissot Grand-Veneur*)
Marinada e assada. Molho Monteiro-Mor e Geléia de Groselhas.

Perna à Vila Viçosa (*Cuissot Vila Viçosa*)
Marinada e assada. Molho Pimentada (*Poivrade*). Guarnição de Batatas Castelo. Doce de tomate, com pouco açúcar.

Patas (*Pattes*)
Retirar o pêlo, lavar e marinar 48 horas. Branquear e refrescar. Cozer em fundo de aromáticos com a marinada Escorrer. Cortar em fatias, panar à inglesa, grelhar e servir com um molho picante.

VEADO, VAPITE
(Cerf, Vapite)

O vapite é uma espécie de veado, branco e muito grande, oriundo da América. (Ver CERVO).

ENTRADAS DIVERSAS
(ENTRÉES DIVERSES)

BIGOS

Num tacho de barro, colocam-se camadas sobrepostas de chucrute cozido, entre as quais se intercalam carnes cozidas, picadas (carneiro, presunto, caça, aves, salsichas, toucinho). Cobrir e cozinhar durante uma hora, em forno brando. Servir.

BLANQUETA, OU BRANQUEADO
(Blanquette)

Vitela ou Anho à Antiga, de (*de Veau, ou Agneau à l'Ancienne*)
Pedaços de espádua e costelas, branqueadas, refrescados e escorridos. Adicionar durante a cocção, fundo branco, cenouras, cebola, cravinho, ramo de cheiros. Cozer. À parte, preparar um *roux* branco, e molhar com um pouco da cocção anterior. Ligar com gemas de ovo e natas. Passar sobre os pedaços, adicionados de pequenas cebolas e de champignons. Servir em timbale, polvilhado com salsa picada.

BRASCIOLE MILANESE

Pedaços de lombo de vitela, cortados finos e bem espalmados. Guarnecer com um picado de vitela, presunto e aromáticos, ligado com gemas de ovos. Enrolar em forma de charuto e espetar numa brocheta, alternando com fatias de presunto. Passar por farinha e fritar em manteiga.

CAPILOTADA
(Capilotade)

Pedaços de aves, de aproveitamentos, aquecidos em Demi-glace, adicionados de cebolas estufadas e champignons. Serve-se num tacho, ou travessa funda de porcelana, com salsa picada.

CARBONADA
(Carbonade)

Escalopes de vaca salteados, colocados numa caçarola, em camadas sobrepostas, alternadas com cebolas picadas, salteadas. Reduzir com o fundo dos escalopes, um pouco de cerveja e fundo escuro. Ligar com roux escuro, previamente preparado. Juntar um pouco de açúcar mascavado e passar sobre as carbonadas. Terminar de cozinhar no forno (2 a 2 1/2 horas).

CARIL
(Curry)

Pedaços da carne que se deseja cozinhar, salteados com cebola picada e maças em dados. Molhar com Molho Caril, adicionado de leite de coco. Cozinha. Servir com arroz natural.

CASSOLETE
(Cassoulet)

Cozer feijão branco, com dentes de alho, cenouras; cebola; ramo de cheiros; coiratos frescos, branqueados; um pouco de sal e água. Ao fim de uma hora, juntar toucinho branqueado e salsichão com alho. À parte, puxar pedaços de espádua e peito de carneiro, desossados, ou pedaços de pato; juntar, um pouco antes de estes começarem a corar, cebolas picadas e dentes de alho picados. Molhar com caldo de feijão e deixar cozinhar.

Empratar num prato fundo, em camadas alternadas de feijão, carne, cubos de toucinho e rodelas de salsichão, terminando por uma camada de feijão. Cobrir com caldo, polvilhar com pão ralado e gratinar no forno.

Castelnaudary
Guisado de feijão branco, com toucinho magro, salsichas, pato ganso e salsichão.

Provençal (*Provençale*)
Como o anterior, com bastante alho.

Tolosana (*Toulousaine*)
Como o anterior, adicionado ou não, de carneiro.

"CHOESELS"

Puxar pedaços de rabo de boi e moleja de vitela, em gordura de assado, clarificada (deixar corar 1/2 hora). Juntar pedaços de peito de vitela e cebola picada. Puxar ainda 1/2 hora. Adicionar pedaços grandes de rim de vaca e, logo que estes estejam semicozinhados, molhar com cerveja. caiena, sal e ramo de cheiros. Deixar passar mais 30 minutos e juntar tripas (pâncreas de vaca, sobretudo). Completar o molho com mais um pouco de cerveja e caldo de champignons. Deixar cozinhar ainda 1 1/2 hora. Um quarto de hora antes de servir, misturar mãozinhas de carneiro, champignons e ligar com araruta (arrow-root). Aromatizar com vinho da Madeira. (Cozinha belga).

(Sendo esta uma das maneiras vulgares de preparar este prato, ele pode, no entanto, sofrer algumas modificações, com a adição ou substituição de qualquer dos elementos, segundo o desejo do cozinheiro).

CIVETE
(Civet)

(Ver em LEBRE, ENTRADAS DE AVES, CRIAÇÃO E CAÇA).

COUSCOUS, OU COUSCOUSSOU

Sêmola de milho, cozida no vapor, servida em timbale, com um caldo de aves, carneiro e legumes, bastante condimentado e apimentado. As carnes, em pedaços, servem-se ao mesmo tempo, completamente imersos os pedaços, no molho. À parte, arroz natural (Prato predileto dos naturais do Norte de África).

"DAUBE"

Maneira de preparar carnes, aplicável não só à carne de vaca, mas a todas as outras carnes, aves e caça. Designa-se, no entanto, vulgarmente por Daube, *sem qualquer outro qualificativo, uma peça de vaca, cozinhada desse modo, ou seja, num fundo geralmente de vinho tinto, carregado com princípios nutritivos e bem aromatizado.*

Na cozinha antiga, esta preparação se aplicava, quase exclusivamente, às carnes destinadas a ser ingeridas frias. Na prática moderna, o nome Daube designa sobretudo pratos quentes. Em qualquer ementa, fazendo figurar este prato, como não há palavra portuguesa que o defina, poderemos pôr: Daube de Lebre, Carneiro em Daube etc.

Avinhonense, à (*à la Avignonnaise*)
Pedaços grandes de perna de carneiro, atravessados por uma tira de toucinho condimentado, marinados em vinho tinto; azeite; cenouras e cebolas picadas; dentes de alho; pés de salsa; tomilho e louro. Rodear uma caçarola com fatias finas de toucinho. Colocar os pedaços de carneiro em camadas, alternadas com cebolas picadas, fatias de toucinho e coiratos em dados, branqueados. Polvilhar cada camada com pó de tomilho, louro, sal e pimenta. Molhar com a rnarinada e fundo escuro, até à altura das carnes. Colocar no centro um ramo de cheiros, contendo casca de laranja, seca. Recobrir com fatias de toucinho. Tapar hermeticamente e, "apertar" no fogão. Cozinhar no forno durante 5 horas. Retirar as fatias superiores de toucinho e a gordura exagerada do topo. Servir tal qual.

Provençal (*Provençale*)
Cubos de carne de vaca, atravessados por uma fatia de toucinho, rolado em salsa picada e alho pisado, marinados em vinho branco, aguardente velha (*conhaque*) e azeite. Colocar numa caçarola, em camadas alternadas, os pedaços de vaca, cubos de coiratos branqueados, toucinho, rodelas de cenoura, cebola picada. champignons crus, tomates *concassés*, alho pisado, tomilho, folhas de louro, azeitonas

pretas sem caroço e ramo de cheiros, contendo casca de laranja, seca. Molhar com a marinada e sumo de limão. Fechar hermeticamente e cozinhar. Proceder, antes de servir, como com a anterior. Servir tal qual.

ESTUFADO
(Estouffade)

Pedaços de carne, ou peças maiores, temperadas; fatias de toucinho branqueadas, cebolas em quartos. Puxar o toucinho em manteiga, e escorrer. Na mesma gordura, puxar a carne e as cebolas. Juntar um dente de alho pisado. Ferventar. Molhar com partes iguais de fundo escuro e vinho tinto. Adicionar ramo de cheiros. Cozinhar 2 1/2 a 3 horas. Servir com o molho. (Pode-se fazer o estufado com vinho branco. adicionando tomates concassés *e azeitonas sem caroço, passando, nesse caso, a chamar-se* **Provençal** *(Provençale). Ao estufado vulgar podem também juntar-se champignons, se se julgar necessário).*

FEIJOADA DE CARNEIRO
(Haricot de Mouton)

Não confundir com a feijoada Brasileira.

Fórmula tipo: *Puxar em gordura clarificada pedaços de peito, aba, pescoço e espádua de carneiro ou anho, temperados com sal e pimenta. Deixar corar. com cebola em quartos e rodelas de cenoura. Ferventar. Molhar com um fundo leve. Adicionar tomates* concassés *ou, na falta destes,* À parte, *de tomates; dente de alho e ramo de cheiros* (bouquet garni). *Cozinhar cerca de 1 1/2 hora e adicionar feijão branco, já previamente cozido. Deixar cozinhar mais algum tempo e servir.*

FRICASSÊ
(Fricassée)

O Fricassê é apenas uma BLANQUETA, na qual os elementos de guarnição são cozinhados ao mesmo tempo que o elemento principal. No entanto, para servir supremos de frango, galinha ou noutros casos em que, por necessidade, as guarnições se apresentam separadas da peça, estas são cozinhadas separadamente, sendo apenas a peça principal coberta com o molho creme, indicado para a Blanqueta.

GIBELOTA
(Gibelotte)

Cortar pedaços de coelho, como para CIVETE. *Fazer um refogado, com manteiga, azeite, cebolas e toucinho magro. Juntar os pedaços de coelho, temperados com sal. Deixar alourar. Polvilhar com farinha, mexendo bem. Adicionar vinho branco, caldo de carne, sal e pimenta, deixando ferver alguns instantes. Adicionar ramo de cheiros e alho pisado. Tapar hermeticamente e meter no forno. No fim de meia hora, misturar champignons em quartos e continuar a cocção por mais 2 horas, se necessário. Servir bem quente, em timbale. (Pode-se fazer com o coelho bravo* (lapin de garenne) *ou doméstico).*

Gibelota à Caseira (*Gibelotte à la Ménagère*) Como a GIBELOTA vulgar, adicionando batatas, na proporção de 1 para 2 partes de coelho. (*Faz-se apenas com coelho doméstico*).

GIGÔ, OU GIGOTE DE VACA
(Gigote de Boeuf)

Procede-se como para o GIGOTE DE GALINHA (Ver DERIVADOS DIVERSOS DE AVES), *substituindo-se a galinha por vaca. (Pode-se também fazer o Gigote com qualquer outra carne, ou caça, havendo quem no fim de cozinhado lhe ponha em cima um ovo estrelado, o que depende do gosto).*

GOULASH

(*Em português pode-se dizer* Gulache)

Goulash Vulgar
Cubos de carne de vaca, magra, cebolas picadas, dente de alho, páprica, fatias de toucinho fumado (*bacon*) e água. Cozinhar em caçarola. Começar com fogo forte, mantendo depois em calor mais brando. Juntar um pouco de água, se o molho se mostrar demasiado reduzido. Guarnecer com batata natural.

Goulash à Húngara (*Goulash Hongroise*)
Pedaços de costela, ou aba, temperados com sal e páprica rosa, puxados em banha de porco, com cubos grandes de cebola. Ferventar. Molhar com fundo escuro. Juntar tomates *concassés* e purê de tomate. Cozinhar 2 1/2

horas, aproximadamente. Passar os pedaços para outra caçarola, juntando-lhes batatas torneadas. Cobrir com o molho e terminar a cocção conjuntamente.

Goulash Tolstoi
Pedaços médios, de pontas de lombo de vaca, temperados com sal e páprica. Saltear e molhar com Molho de Tomate, adicionando tomates *concassés*, cebola picada, puxada em manteiga e pedaços de *agoursis (cogumelos russos desidratados)*. Acrescentar fundo branco e cozer 1/4 de hora. Servir em timbale, rodeado de batatas (*tiradas com a colher de legumes, grande*) cozidas ao natural.

GRELHADA MISTA
(Mixed Grill, ou Grillade Assortie)

Mistura de carnes diversas: vitela, vaca, porco, costeletas de carneiro, rim, fígado, fatias de toucinho fumado (bacon) *e salsichas. Grelham-se as carnes em separado e servem-se com o toucinho e as salsichas no topo. Todas as guarnições e molhos habituais dos grelhados.*

GUISADO E NAVARINO
(Ragoût et Navarin)

Seguir, em tudo, a fórmula-tipo da FEIJOADA DE CARNEIRO. *Devemos, no entanto, frisar que. enquanto o guisado pode ser preparado com qualquer carne, o Navarino é sempre com carneiro.*

Guisado de Carneiro com Arroz (*Ragoût de Mouton au Riz*)
Na segunda parte do tratamento, adicionar arroz, em vez do feijão branco.

Navarino Primaveril (*Navarin Printanier*)
Na segunda parte do tratamento, adicionar cebolas puxadas em manteiga, batatas torneadas, cenouras e nabos, também torneados e salteados em manteiga. Deixar cozinhar até os legumes estarem cozidos. Servir em timbale, polvilhando com losangos de feijão-verde e ervilhas cozidas.

GUISADO À IRLANDESA
(Irish-Stew)

Utilizam-se as mesmas carnes que para a Feijoada e para o Navarino. Branquear, escorrer e cozer com cebolas, branco de porros, aipo e batatas, tudo picado. Adicionar um forte ramo de cheiros (bouquet garni). *Cozer durante uma hora aproximadamente. Escolher os pedaços de carne; colocá-los numa frigideira, com cebolas pequenas, cruas, e batatas torneadas como à inglesa. Passar os legumes e o caldo da cocção, de forma a obter um purê líquido. Lançar sobre os pedaços de carne. Terminar de cozinhar e servir bem quente, em timbale, polvilhado com salsa picada.*

LEBRE REAL
(Lièvre à la Royale)

Cobrir o interior duma caçarola, com fatias de toucinho. Colocar sobre elas uma lebre lardeada, da qual se guardaram as vísceras e o sangue. Rodear de cenouras picadas, cebolas, cravinho, dez dentes de alho, quarenta chalotas, ramo de cheiros (bouquet garni). *Molhar com meia garrafa de bom vinho tinto, acidulado com vinagre. Estufar em forno brando, durante 6 horas. Preparar um picado muito ,fino, com as vísceras (coração, pulmões e fígado), toucinho, dez dentes de alho e chalotas picadas. Retirar a lebre. Adicionar ao fundo do estufado, passado pela estamenha sob pressão, o picado e mais 1/ 2 garrafa de vinho. Repor na caçarola, com a lebre. Estufar durante mais duas horas. Ligar com o sangue, no momento de servir. O molho deve ter a consistência dum purê fraco. Servir.*

MIROTÃO
(Miroton)

Este prato é feito com aproveitamento de carnes, sobretudo de vaca. Cebola branqueada, picada, refogada em manteiga, até alourar. Polvilhar com farinha, deixando ferventar alguns minutos. Molhar com vinho branco, caldo de carne, sal e pimenta. Deixar cozinhar 30 minutos. Fazer uma bordadura com rodelas de batata cozida; colocar no centro a carne em pequenas fatias, muito finas, previamente passadas no molho, onde são fervidas 10 minutos. Cobrir com o molho anterior, que deve estar consistente. Polvilhar com pão ralado e pequenos pedaços de manteiga. Gratinar.

PAELHA
(Paella)

Este prato, complicado e dispendioso, aparece-nos como a negação completa do

método na culinária. É, no entanto, inegável que, quando bem-feito, satisfaz qualquer paladar exigente.
Composição: Pedaços de vaca e de porco, presunto, chouriço, coelho, frango, pombo e perdiz; enguia, caracóis e amêijoas; alcachofras, favas, ervilhas e pimentos, além do arroz.
Confecção: Refogam-se as carnes e os peixes, separadamente, em azeite e alho, Colocam-se depois num tacho, onde se faz um pequeno estufado, com um pouco de água. Junta-se mais água, o arroz e mariscos perto do fim, açafronando um pouco. Servir bem enxuto. Usa-se, também, o processo de cozinhar tudo em separado, servindo depois, ao mesmo tempo, em diversos recipientes. (*Ver algo mais sobre este prato em* COZINHA ESPANHOLA).

PASTELÕES Á INGLESA
(Pies et Puddings)

Ver sob o mesmo nome em ENTRADAS LIGEIRAS.

PERKOELL

Pequenos cubos de cebola, puxados em banha de porco, com alho, louro e páprica. Juntar cubos grandes de vitela e de lombo de porco. Puxar. Terminar em estufado. Servir no centro de um Risoto, cobrindo as carnes com Demi-glace.

ROLINHOS RECHEADOS
(Paupiettes)

Escalopes ou filetes compridos, espalmados, temperados e recheados com picado de porco, ou recheio, depois enrolados e apertados.

Algeriana (*Algérienne*)
Rechear com Godiveau, adicionado de pimentões cozidos. Estufar, Empratar em coroa, Guarnição Algeriana. Regar com Molho de Tomate, pouco espesso, adicionado de juliana de pimentos verdes.

Anversoise
Recheio de aves; estufar e empratar em coroa, com Guarnição Anversoise. Molho de Tomate.

Bela Helena (*Belle-Hélène*)
Rechear com Godiveau, estufar e empratar em coroa. Centro guarnecido com croquetes de pontas de espargos. Rodela de trufa sobre cada rolinho. Cobrir o fundo do prato com suco de carne ligado.

Brabançonne
Rechear com Godiveau e estufar. Guarnição Brabançonne. Suco de carne ligado.

Champignons
Recheio de aves, adicionado de Duxelles Seco. Estufar. Guarnição e Molho Champignons.

Fontanges
Rechear com Godiveau, estufar e empratar em coroa. Centro guarnecido com purê de feijão branco. Cobrir o fundo do prato com o fundo da cocção reduzido. Rodear de croquetes de batata, achatados.

Hussardo (*Hussarde*)
Rechear com Godiveau, estufar e guarnecer com Tomates Hussardo. Batata Duquesa (*Duchesse*) sobre cada rolinho. Fundo do estufado.

Loose Wicken
(*Vaca*). Rechear com picado de porco. A mesma preparação da CARBONADA.

Madalena (*Madeleine*)
Recheio de aves. Estufar. Guarnição Madalena. À parte, Demi-glace e fundo do estufado, misturados.

Maria Luísa (*Marie-Louise*)
A mesma preparação do anterior, com guarnição Maria Luisa a) ou b).

Milanesa (*Milanaise*)
A mesma preparação, com guarnição do nome.

Napolitana (*Napolitaine*)
Idem. Guarnição Napolitana.

Portuguesa (*Portugaise*)
O mesmo, com guarnição do nome.

Provençal (*Provençale*)
Idem. Guarnição Provençal.

Renascença (*Renaissance*)
Idem. Guarnição Renascença.

SALTEADOS
(Sautés)

Anhos ou Cordeiros e Vitela
(Agneau et Veau)

Beringelas (*Aubergines*)
Os mesmos pedaços que para a BLANQUETA; puxados em manteiga até dourar. Escorrer a gordura. Juntar cebola picada e dente de alho. Puxar novamente. Molhar com vinho branco, 1/3 de Molho de Tomate e 2/3 de fundo escuro. Adicionar ramo de cheiros. Cozinhar no forno 1 1/2 hora. Servir em timbale, coberto com o próprio molho e rodeado de rodelas de beringela, fritas.

Catalã (*Catalane*)
Proceder como para o anterior, mas com a seguinte guarnição: quartos de tomate, salteados em manteiga; castanhas cozidas em consomê, passadas no forno; chipolatas; azeitonas sem caroço, branqueadas. Deixar ferventar 1/4 de hora.

Caçadora (*Chasseur*)
(*Ver* FRANGO SALTEADO *do nome*).

Champignons
Idem.

Finas Ervas (*Fines-Herbes*)
Proceder como para BERINGELAS. Servir sem guarnição, polvilhado de ervas aromáticas.

Indiana (*Indienne*)
Puxar os pedaços em azeite, condimentar com caril (*curry*) e molhar com Molho Caril. À parte, arroz natural.

Marengo
Proceder como para SALTEADO COM BERINGELAS, puxando, no entanto, as carnes, em azeite, e adicionando tomates *concassés*, durante a cocção. Ao colocar no timbale, juntar cebolas estufadas, champignons cozidos e salsa picada. Crostões fritos em forma de coração e ovos fritos, em substituição às beringelas.

Minuto Diabo (*Minute Diable*)
Pequenos cubos de pojadouro de vitela, temperados com sal e pimenta, salteados vivamente em manteiga clarificada. Escorrer. Ligar com Molho Diabo. Servir com crostões.

Minuto à Húngara (*Minute à l'Hongroise*)
Como o anterior. Temperar com sal e páprica rosada. Ligar com Molho Páprica.

Nicense (*Niçoise*)
Como MARENGO. Juntar Guarnição Nicense.

Nulhes, Espaguete etc. (*Nouilles, Spaghetti etc.*)
Proceder como para BERINGELAS, substituindo estas por nulhes, espaguete etc.

Oranesa (*Oranaise*)
Como MARENGO. Juntar tomates *concassés* e legumes torneados, branqueados e escorridos. Ferventar 1/4 de hora. Servir em timbale, com rodelas de cebola frita, em volta.

Primaveril (*Printanier*)
Como BERINGELA. Guarnição Primaveril.

Portuguesa (*Portugaise*)
Como MARENGO. Juntar tomates *concassés*, ao servir.

Provençal (*Provençale*)
Como PORTUGUESA, adicionando dente de alho e azeitonas sem caroço, branqueadas.

TACHADA OU TERRINA, GALANTINA, EMPADÃO
(Terrine, Galantine, Paté)

Receita-tipo

Galantina (*Galantine*)
Estufar e desossar a peça (*ave*). Temperar os filetes do peito, mariná-los com pedaços de toucinho, língua, trufas, pistácias, aguardente velha (*conhaque*) e vinho da Madeira. Preparar um recheio, com o resto das carnes, vitela, porco e toucinho, temperados com sal e especiarias, adicionando-lhe a marinada. Estender a pele da ave sobre um pano; colocar por baixo uma camada de recheio; dispor sobre ela uma carreira de fatias de toucinho, uma de língua, uma de trufas e outra de filetes do peito. Polvilhar com pistácias. Recobrir de uma outra camada de recheio e repetir a operação com a língua, trufas e filetes. Terminar com o recheio, pondo algumas fatias de toucinho no topo. Enrolar como um salsichão e cozinhar uma hora,

num bom fundo. Desenrolar o pano enquanto está morno, apertá-lo fortemente e deixar arrefecer sob pressão.

Empadão (*Paté*)
Massa: 500 g de farinha peneirada, 125 g de manteiga, 3 g de sal, 2 dl de água. Fazer um monte com a farinha; no centro, pôr sal, manteiga e a água Misturar estes ingredientes com a farinha, lentamente, no princípio, mais viva e gradualmente em seguida. Enrolar e deixar repousar. Encamisar uma fôrma de borda baixa, com esta massa, untando depois o fundo e as bordas com recheio, Colocar camadas de escalopes do elemento principal, temperados e marinados, alternadas com outras de fatias de toucinho. Completar até a borda. Colocar uma camada de recheio, uma de fatias de toucinho e fechar com massa. Dourar com gema de ovo, Decorar e cozinhar no forno.

Tachada, ou Terrina (*Terrine*)
Proceder como para o EMPADÃO, substituindo a massa por um tacho de barro, hermeticamente tapado. Cozinhar no forno, em banho-maria.
(*A denominaçao de* Tachado *é mais correta e portuguesa que* Terrina, *aportuguesamento da palavra francesa, semelhante ao nome de um utensílio onde geralmente é servida a sopa*).

ENTRADAS DE AÇOUGUE
(ENTRÉES DE BOUCHERIE)

ANHO OU CORDEIRO
(Agneau)

A carne do cordeiro é muito gelatinosa, adocicada e pouco nutritiva. Aconselhável às constituições robustas, é prejudicial aos estômagos fracos, não devendo ser usada na alimentação de crianças e convalescentes.

Em geral, quase todas as preparações do carneiro são aplicáveis ao anho ou cordeiro.

Barão
(*Baron*)

O barão é urna peça grande, composta pelas duas pernas e a sela, não separadas. É servido vulgarmente assado, com o suco, e qualquer guarnição ou molho. (*Diz-se também* **quarto de cordeiro**).

Costeletas
(*Côtes – Côtelettes*)

Bela Vista (*Bellevue*)
Salteadas e colocadas frias sobre um soco. Cobrir com geléia e guarnecer com Jardineira.

Cabreira (*Chevreuse*)
Guarnição Tolosana e pepinos.

Chartres
Estufadas com estragão e suco de estragão.

Cova
Panadas e fritas. Molho Bigarrada com curaçau e ervilhas.

Dubellay
Grelhadas. Guarnecidas com champignons grelhados e crustada de batata, contendo purê de champignons.

Lamb-Chop
Costeletas duplas, apanhando o lombo, grelhadas e servidas sem osso, com a guarnição indicada.

Lavallière
Grelhadas, guarnecidas com fundos de alcachofras, cheios com purê de pontas de espargos. Molho Bordalês, com tutanos.

Maria Luísa (*Marie-Louise*)
Grelhadas. Guarnecidas de crustadas, cheias com bolas de cenoura, nabos e ervilhas.

Guisados
(*Ragoûts*)

Pedaços, salteados com legumes ou doutra maneira indicada. (Ver receita de GUISADOS em ENTRADAS DIVERSAS).

Blanqueta ou Branqueado
(*Ver* ENTRADAS DIVERSAS).

Indiana (*Indienne*)
(*Ver* FRANGO SALTEADO *em* ENTRADAS DE AVES).

Pilaw
(*Ver* PILAW DE CARNEIRO).

Lombo ou Rilada
(*Carré*)

O lombo (carré) é a parte que se situa na região lombar, à altura dos rins, ficando entre a sela, da qual faz parte, e as costeletas. A maior parte das vezes o lombo (carré) é dividido em costeletas, ou lamb chop, podendo, no entanto, ser servido inteiro. Neste caso, o lombo (carré) não deve constar de mais de 8 ou 9 vértebras, a partir das primeiras costeletas.

Pá
(*Épaule*)

Prepara-se como a PÁ DE CARNEIRO.

Em Pato (*En* Caneton)
Desossar, com exceção do osso da ponta, que deve imitar a cabeça e pescoço. Temperar. Rechear com recheio de galantina e fressura. Coser, dando a forma dum pato. Cozinhar em Caldo Aromatizado e deixar arrefecer. Picar o corpo com fatias de toucinho. Estufar, retirar o toucinho, imitar os olhos com trufas e ovo. Servir com o molho do estufado.

Perna
(*Gigot*)

Prepara-se como a PERNA DE CARNEIRO.

Kêbad

Dagh Kêbab
(*Ver em* COZINHA GREGA E TURCA).

Oriental (*Orientale*)
Brocheta de cordeiro, marinada com cebolas, tomilho, louro e azeite. Grelhar e servir com arroz e Molho de Tomate, á parte.

Tártaro (*Tartare*)
Como o anterior. Servido com Molho Tártaro.

Schasschliks, ou Schasschleuks

Karsky
Pedaços de sela, marinados como o KÊBAD, colocados em brocheta com rins de cordeiro, apenas abertos no meio. Grelhar em fogo vivo, bem corado e todo por igual. Colocar sobre tomates, grelhados inteiros. Guarnecer com quartos de limão, cebola e salsa picada, pedaços de rábano, cebola verde, Batata Palha e agrião. Molheira com suco de carne ligado, temperado com *babarinska* (*pó de romãs*). (J. Lemaire, em *Abrégé de Cuisine*).

Tártaro (*Tartare*)
Kêbad, ao qual se adicionam, no momento de colocar na brocheta, rodelas de cebola e de tomate, presunto e toucinho. Servir com molho picante feito da base da marinada, e Arroz Pilaw feito com caldo de carneiro.

Sela
(*Selle*)

Chama-se sela o prolongamento do carré ou lombo, desde as costeletas às pernas, com o próprio lombo incluído. É servida estufada, ou assada, com guarnição à escolha.

Príncipe Orloff (*Prince Orloff*)
Estufada. Cortar em toda a volta, 1 cm do bordo e retirar os lombos, separando-os do osso. Barrar com Molho Soubise. Reformar a sela, com os lombos em fatias, barradas com Molho Soubise, alternando com rodelas de trufa. Cobrir com Mornay adicionado de Soubise. Gratinar no forno.

CABRITO
(Chevreau)

A carne do cabrito, ao contrário da do cordeiro, é um alimento assaz agradável, leve e de fácil digestão, que se pode aconselhar às pessoas de estômago fraco ou convalescentes. Só pode, no entanto, ser preparado com vantagem até à idade de três ou quatro meses aproximadamente, pois a partir de então a carne adquire o cheiro tão característico à espécie, denominado bodum. (Prepara-se de todas as maneiras indicadas para o anho ou cordeiro).

CARNEIRO
(Mouton)

Balotina
(*Ballotine*)

Balotina (*Ballotine*)
Para descrição e definição (*ver* ENTRADAS LIGEIRAS). Faz-se geralmente da pá,

desossada, recheada e estufada. É servida inteira ou em fatias, como segue:

Bretã (*Bretonne*)
Com Guarnição Bretã, sem Molho de Tomate. Fundo do estufado, com molho.

Provençal (*Provençale*)
Guarnição de champignons, alho e tomates. Molho do estufado.

Varsóvia (*Varsovienne*)
Guarnecido com Couves de Varsóvia. Molho do Estufado.

Barão, ou Quarto
(*Baron*)

Como BARÃO *de ANHO ou CORDEIRO*

Borgonhesa (*Bourguignonne*)
Corar em manteiga numa caçarola. Molhar com água e vinho tinto. Juntar salsa, cebolinhas, alho, cravinho, sal e pimenta. Deixar cozinhar lentamente, durante 5 horas. Desengordurar o molho e reduzir. Ligar com manteiga, farinha e salsa picada; um golpe de vinagre. Servir coberto com o molho.

Provençal (*Provençale*)
Lardear com toucinho, filetes de anchovas e pepinos verdes (*cornichons*). Colocar numa caçarola com toucinho, aipo, cenouras e cebolas. Cozinhar tapado, com brasas sobre a tampa. Adicionar, querendo, alcachofras e champignons. Servir rodeado das guarnições.

Carbonada
(*Carbonade*)

Ver em ENTRADAS DIVERSAS *a indicação de confecção. Lombos desossados, picados, estufados e servidos com guarnição à escolha.*

Cassolete
(*Cassoulet*)

(*Ver em* ENTRADAS DIVERSAS)

Costeletas
(*Côtes – Côtelettes*)

Bela Vista (*Belle Vue*)
(*Ver* COSTELETAS DE VITELA).

Bretã (*Bretonne*)
Panar. Saltear. Empratar em coroa. Centro guarnecido com Feijão à Bretã. Suco de carne ligado, ao redor.

Buloz
Grelhar um lado e cobri-lo com Molho Mornay reduzido. Panar à inglesa com 1/2 de miolo de pão e 1/2 de queijo parmesão. Corar o outro lado, em manteiga. Gratinar na salamandra. Empratar sobre Arroz Pilaw com trufas.

Carignan
Panar à milanesa. Fritar. Empratar em coroa. Centro guarnecido com cristas e rins de galo, em Fritotes. (*ver* ENTRADAS LIGEIRAS). À parte, Molho de Tomate.

Champvallon
Baixas costelas, estufadas com batatas em pedaços, cebolas, salsa. Como em guisado.

Charleroi
Saltear de um lado e cobrir em cúpula com Purê Soubise. Panar á inglesa. Cozer o outro lado em manteiga. Passar à salamandra. Servir com suco de carne ligado.

Châtillon
Saltear dos dois lados. Rechear com champignons picados, ligados com Bechamel reduzido. Terminar como CHARLEROI. Guarnecer de Purê Favorita. Ao redor, Molho Colbert.

Chaud-Froid
(*Ver fórmula-tipo em* FUNDOS DE COZINHA).

Choiseul
Como CHÂTILLON. Rechear com recheio de vitela, misturado com salpicão de trufas e língua. Decorar com rodelas das mesmas. Terminar a cocção em fogo brando. Empratar em coroa. Centro guarnecido com champignons, molejas e alcachofras.

Cirando (*Cyrano*)
Saltear em manteiga. Empratar em coroa. Alternar com crostões de pão em forma de

coração, fritos. Guarnecer, ao redor. com fundos de alcachofras cheios de purê de pasta de fígado, decorados com rodelas de trufa. À parte, Molho Châteaubriand.

Cortadora (*Bouchère*)
Cortadas, sem aparar nem arredondar. Grelhadas.

Financeira (*Financière*)
Abrir as costeletas de lado e recheá-las com recheio trufado. Corar os dois lados. Terminar de cozinhar em estufado e passar no forno. Empratar em coroa. No centro, Guarnição Financeira.

Henriot
Grelhadas. Arrefecer. Passar por Molho Villeroy. Panar à inglesa e fritar em manteiga. Empratar em coroa. Centro guarnecido de musselina com natas.

Italiana (*Italienne*)
Panar à milanesa. Fritar. Empratar em coroa. Centro guarnecido com quartos de alcachofras com Molho Italiano.

Laura
Grelhar. Enrolar em redanho, contendo espaguete com natas e tomates *concassés*. Polvilhar com pão ralado. Regar com manteiga derretida. Corar na salamandra. Ao redor, cordão de Demi-glace atomatado.

Maintenon
Saltear dum lado. Cobrir com aparelho Maintenon em cúpula. Terminar de cozinhar do outro lado. Gratinar na salamandra. À parte, Molho Périgueux.

Malmaison
Panar à inglesa e fritar em manteiga. Empratar em coroa, sobre tampão de Batata Duquesa (*Duchesse*) corado no forno. Rodear de tarteletas com purês de lentilhas e de ervilhas frescas; tomates recheados.

Marechala (*Maréchale*)
Panar à inglesa e fritar em manteiga. Empratar em coroa. Rodela de trufa sobre cada costeleta. Centro guarnecido de pontas de espargos.

Maria Luísa (*Marie Louise*)
Panar e fritar em manteiga. Guarnecer com fundos de alcachofras, contendo purê de champignons e Soubise, misturados. À parte, suco de carne ligado.

Minuto (*Minute*)
Cortar finas. Saltear vivamente. Juntar à manteiga ervas aromáticas (*fines herbes*) e sumo de limão.

Mirecourt
Saltear de um lado. Rechear com recheio com natas. Terminar de cozinhar tapado, no forno. Guarnecer com purê de champignons. À parte, Molho Supremo com essência de champignons.

Montglas
Preparar como a anterior. Rechear com Aparelho Montglas. Polvilhar com pão ralado. Terminar de cozinhar. Gratinar. Cordão de Molho Demi-glace.

Morland
Panar com trufas picadas. Fritar em manteiga. Empratar em coroa. Centro guarnecido com purê de champignons. Ao redor, cordão de Glace de Carne amanteigada.

Mosqueteiro (*Mousquetaire*)
Marinar. Saltear de um lado, com azeite. Cobrir com Godiveau, adicionado de Duxelles Seco e ervas aromáticas. Terminar de cozinhar no forno. Empratar em turbante. Centro guarnecido com champignons e fundos de alcachofras estufadas, ligados com Molho Duxelles.

Murillo
Como CHÂTILLON. Rodear com tomates *concassés* e pimentões grelhados.

Mutton-Chop
Peça dupla, de lombo, sem osso, grelhada e guarnecida.

Navarresa (*Navarraise*)
Saltear de um lado. Rechear com aparelho composto de salpicão de presunto, champignons, pimentões doces, ligado com Molho Bechamel e reduzido com essência de champignons. Acabar de cozinhar. Polvilhar com queijo ralado e gratinar. Rodear de tomates à Navarresa.

Nélson
Proceder como para a anterior. Rechear com recheio, adicionado de Soubise. Miolo de pão

frito, em cima. Guarnecer com croquetes de batata. À parte, Molho Madeira.

Orsay
Saltear. Empratar em coroa. Centro guarnecido com juliana grossa de champignons, trufas e língua, ligada com aveludado.

Parisiense (*Parisienne*)
Grelhadas ou estufadas. Guarnecidas com pontas de espargos e Batatas Avelãs. Molho Bearnês (*Bearnaise*).

Pastora (*Bergère*)
Panar. Fritar em manteiga clarificada. Empratar em coroa. Alternar com fatias de presunto grelhado. Guarnecer no centro, com Batatas Palha (*Paille*); ao redor, com míscaros ou tortulhos salteados e pequenas cebolas estufadas.

Pompadour
Grelhadas. Guarnecidas de fundos de alcachofras e Batatas Avelãs. Molho Chorão.

Provençal (*Provençale*)
Estufadas. Recheadas com Soubise atomatado e um pouco de alho. Molho de Tomate.

Reforma (*Réforme*)
Panar com manteiga derretida e miolo de pão, adicionado de presunto picado. Fritar. Molho Reforma. Cordão de Molho Groselha, sobre a costeleta.

Sévigné
Saltear de um lado. Cobrir com um aparelho, composto de salpicão de champignons e fundos de alcachofras. Panar à inglesa. Terminar de cozinhar no forno. Guarnecer com alfaces estufadas e champignons grelhados. Molho Colbert.

Sueca (*Suédoise*)
Marinar. Panar com manteiga derretida. Grelhar. À parte, Molho Sueco, morno.

Valois
Como MONTGLAS. Guarnição, azeitonas recheadas. Á parte, Molho Valois.

Villeroy
Panadas, como todos os Villeroy.

Dolmas

Recheio, feito de carneiro e gordura da cauda do mesmo, arroz cru, cebolas e salsa picadas, bastante picante. Cortar em bolas e enrolar em folhas tenras de figueira, ou de videira (de preferência), branqueadas, ou ainda, na falta de qualquer destas, folhas de couve. Colocar em camadas numa caçarola. Molhar com caldo de carneiro. Cozer lentamente. Colocar num prato e passar o caldo da cocção, reduzido, ligando com gemas de ovos. Sumo de limão. Servir.

Dupla
(*Double*)

Chama-se dupla ao conjunto das duas pernas, não separadas, assadas ou estufadas. Guarnição à escolha.

Epigramas
(*Epigrammes*)

Henrique IV (*Henry IV*)
Peito estufado. Desossar, cortar em pedaços, panar e grelhar. Servir com costeleta grelhada e guarnição do nome.

Soubise
Como HENRIQUE IV, com Guarnição Soubise.

Feijoada
(*Haricot*)

(*Ver em* ENTRADAS DIVERSAS)

Filetes Mignons de Pré-Salé
Pré-salé é o nome dado na França aos carneiros engordados nos prados com pasto salgado e abundante. A engorda e crescimento rápido dos animais permite conseguir carne suculenta e muito tenra que, servida em sangue, quase se derrete na boca como manteiga.

Arlesiana (*Arlésienne*)
Salteado. Guarnecido com meio tomate estufado em manteiga, cebolas e salsa fritas.

Dickson
Estufado. Servido sobre torrada, com trufas e azeitonas estufadas.

Durand
Salteado. Guarnecido com croquetes trufados, azeitonas e endívias gratinadas com parmesão.

Nevers
Guarnecer com pepinos estufados, pequenas cebolas, Batatas Avelãs (*Noisettes*) e Demi-glace atomatado.

Persa (*Persane*)
Guarnecido com estragão e Batatas Palha (*Paille*).

Tirolesa (*Tyrolienne*)
Guarnecido como ARLESIANA.

Guisado à Irlandesa
(*Irish Stew*)

(*Ver em* ENTRADAS DIVERSAS)

Lombo, ou Rilada
(*Carré*)

Assado ou estufado, com guarnição à escolha. (*Ver em* ANHO, *ou* CORDEIRO *a explicação dada*).

Moussaka

Moldave
Picado de tomates, beringelas e carneiro, refogado com azeite, cebola e salsa. Gratinar. Servir com Demi-glace atomatado. (*Turco*).

Vulgar
Fôrma de Charlota encamisada com fatias de beringelas fritas. Interior recheado com camadas de refogado de carneiro magro em cubos; champignons e cebola picados; 1 dente de alho; sal, pimenta e especiarias, ao qual se junta Molho Espanhol bastante atomatado e 2 ou 3 ovos. Entre as camadas do refogado acima, colocar outras de fatias de beringela fritas. Cozer em banho-maria e desenformar. (*Pode-se gratinar ou não, depois de desenformada*).

Mutton Collops
(*Escalopes de Carneiro*)

Fatias de carneiro assado ou cozido. Passar por gemas de ovos, depois por uma mistura de pão ralado, sal, pimenta e um pouco de farinha. Fritar em manteiga, alourando dos dois lados. Guarnecer com batatas às rodelas. (Inglesa).

Navarino
(*Navarin*)

(*Ver em ENTRADAS DIVERSAS*)

Hammelkartoffeln
Cebola picada, refogada em manteiga. Juntar carneiro magro, em pedaços. Temperar um pouco picante. Adicionar caldo de carneiro e cozinhar lentamente. Ligar com Purê de Batatas à Inglesa e gratinar ligeiramente. Servir. (*Cozinha alemã*).

Primaveril (*Printanière*)
Como QUINTEIRA.

Quinteira (*Fermière*)
Guisado, com legumes Primaveril.

Pá
(*Épaule*)

Estufada (*Braisée*)
Desossada, enrolada e cozinhada. Guarnição à escolha.

Padeira (*Boulangère*)
Desossada da omoplata. Cozinhada no forno, sobre Batatas Padeira. (*Ver também* BALOTINAS, *em* ENTRADAS LIGEIRAS).

Perna
(*Gigot*)

Assada (*Rôti*)
Com e sem guarnição, Padeira, Primaveril etc.

Bordalesa (*Bordelaise*)
Desossar a perna, com exceção do coto. Lardear com filetes de anchovas e incrustar dez ou doze dentes de alho. Assar no espeto e servir sobre guisado de alho. *Guisado de alho*: 500 g de alhos passados em várias fervuras. Escorrer e lançar numa caçarola com 2 dl de Molho Espanhol reduzido, um pouco de manteiga e caldo. Reduzir e servir com a perna.

Cozida à Inglesa (*Poché Anglaise*)
Passada em farinha. Cozer malpassada. Guarnecida com cenouras, nabos, couves e batatas.

Estufada (*Braisé*)
Com o próprio molho. Guarnição à escolha.

Infanta
Picar com toucinho grosso temperado. Marinar 12 horas em azeite com sal, pimenta e aromáticos. Cozinhar em caçarola com chouriços e cebolas pequenas, molhando com meia garrafa de vinho branco e um copo de vinho da Madeira. Conservar a caçarola tapada e deixar cozer em fogo lento 4 ou 5 horas. Servir tal qual, adicionando o sumo de duas laranjas.

Italiana (*Italienne*)
Pedaços de carne e aparas de aproveitamento. Cobrir com Molho Italiano.

Molho de Hortelã (*Sauce Menthe*)
Assada ou Cozida à Inglesa. Quente ou fria. Servir com Molho de Hortelã (*Mint Sauce*). (*Inglesa*).

Sete Horas (*Sept Heures*)
Perna estufada, num fundo escuro. Bastante cozinhada. Apresentar inteira, com guarnição à escolha.

Turca (*Turque*)
Brocheta de perna, cortada em cubos grandes, alternados com rodelas de gordura, da cauda do carneiro. Temperar. Regar com azeite e limão. Grelhar e servir com purê de beringelas grelhadas, terminadas com manteiga.

Picado
(*Hachis*)

(*Ver em* ENTRADAS LIGEIRAS).

Pilaw

Persa (*Persan*)
Cubos de sela de carneiro, puxados em manteiga com cebolas picadas. Juntar arroz e molhar com caldo de carneiro, condimentos, aromáticos e pimentos. Cozer. Regar com manteiga, ou gordura de carneiro, derretida. Servir. (*Também chamado* **Adjem Pilaw**).

Pré-Salé

Nome dado, na França, aos carneiros engordados nos prados de pasto salgado, abundante e aromatizado. Isso dá à carne um gosto muito agradável, razão por que os animais são preferidos. (*Ver* FILETES DE PRÉ-SALÉ).

Sela
(*Selle*)

A sela é a parte que vai desde o lombo à cauda. É servida estufada ou assada, com guarnição à escolha. Por vezes, apresenta-se com o nome de FILET DE CARNEIRO, *assada, estufada, grelhada em fatias etc. Para o* mutton-chop, *essas fatias são mais grossas* (2 cm).

LEITÃO
(Cochon de Lait)

Assado inteiro, natural ou recheado, com molho picante. (Em *Cozinha Portuguesa*, damos outras preparações do leitão).

Americana (*Américaine*)
Rechear com o seguinte aparelho: Recheio de Graténs, feito com o fígado do porco, adicionado de picado de carne para salsichas, miolo de pão molhado em leite e espremido, ovos, tomilho ou serpão. Assar. Tempo de cocção: 2 1/2 horas, aproximadamente.

Bairrada, à moda da
(*Ver em* COZINHA PORTUGUESA).

Inglesa (*Anglaise*)
Rechear com Recheio à Inglesa. Assar. Servir com legumes à inglesa.

Russa (*Russe*)
Recheado com uma mistura de fressura picada e Kasche. Cozer. Assar no espeto. Molho à parte.

São Fortunato (*Saint-Fortunat*)
Regar o interior com aguardente velha (*conhaque*). Rechear com o seguinte: cebolas picadas e cevada, cozidas com Arroz Pilaw (*Ver* ARROZ PILAW), durante 35 minutos; fígado

do animal, em cubos ligeiramente salteados; castanhas estufadas; chipolatas e aromáticos, tudo bem misturado e um pouco picante. Coser. Assar, regando constantemente com o molho. Empratar. Ligar o molho com o fundo de vitela. Acompanhamento: Batatas ao Forno, Molho Groselha, com rábano e suco do fundo do assado.

PORCO
(Porc)

Mamífero paquiderme, doméstico e de grande valor na alimentação, o porco é de fácil manutenção e engorda rapidamente. A sua carne só deve ser ingerida muito bem cozinhada.

Cabeça
(*Tête*)

Cozida, em Salada, Galantina ou Outros. (Ver ACEPIPES).

Carapulca
Lombo de porco, cortado em pedaços, puxados em banha com cebolas e cubos de presunto cru. Temperar. Molhar com vinho branco. Colocar num tacho de barro; pôr-lhe por cima fatias de salsichas quentes, quartos de ovo cozido e polvilhar com amêndoas fritas, esmagadas. Terminar no forno e gratinar. Servir tal qual (Cozinha sul-americana).

Chispe
(*Pied*)

O chispe é a extremidade do membro pélvico, cortada no nível da fenda articular fêmoro-tibial. Dele fazem parte, além da pele e dos ossos, aponevroses, tendões, músculos, vasos e nervos. Prepara-se geralmente cozido, depois de mantido em salmoura durante algum tempo. Guarnição de legumes diversos, cozidos conjuntamente, chouriço, presunto etc. (Ver em ENTRADAS DE MIUDEZAS).

Costeletas
(*Côtes*)

Avozinha (*Grand-Mère*)
Picar a carne das costeletas, com cebola puxada em manteiga, ovo, manteiga e temperos. Reformar as costeletas, colocando o osso na sua posição normal. Enrolar em redanho. Grelhar lentamente. À parte, Batata em purê.

Flamenga (*Flamande*)
Puxar fortemente. Terminar de cozinhar com maçãs picadas. Servir tal qual.

Milanesa (*Milanaise*)
(*Ver* COSTELETAS DE VITELA *do nome*).

Roberto (*Robert*)
Grelhadas ou fritas. Molho Roberto.

Salsicheiro (*Charcutière*)
Grelhadas ou fritas. Molho Salsicheiro.

Entrecosto, Entremeada, Toucinho
(*Plat de Côtes, Lard Gras, Lard Maigre ou de Poitrine*)

Entrecosto (*Plat de Côtes*)
Em qualquer animal, entrecosto é o espinhaço com as costelas, ou melhor, a carne entre as costelas, junto ao espinhaço. No porco, identifica a porção da meia carcaça, correspondente à extensão da parede costal, situada abaixo da lombada, que na vaca se denomina aba. Exteriormente, o entrecosto encontra-se recoberto pela entremeada, que, por sua vez, faz parte da vulgarmente chamada *manta de toucinho*. Apresenta-se, geralmente, salgado ou em salmoura (*Petit-Salé*). Cozinha-se como o chispe, sendo utilizado, sobretudo, para dar sabor a certos pratos.

Entremeada (*Lard de Poitrine*)
Peça comprida, larga e achatada, é constituída pelos elementos aponevróticos, musculares e cutâneo da parede abdominal lateral, parte dos quais aplicados contra o entrecosto. É desta peça que se prepara o tão vulgar *bacon*, sendo para esse efeito submetida a defumação. Na sua preparação industrial, a entremeada é aparada, ficando reduzida a uma peça simétrica, de forma retangular. Pode, pois, apresentar-se salgada ou fumada; no primeiro caso, utiliza-se tal como o chispe e o entrecosto, para dar sabor a certos pratos e é conhecido por *toucinho entremeado*; no segundo caso, é servida grelhada ou frita, também como acompanhamento, mas sempre em fatias finas, muito bem passadas, quase a partirem-se de tão secas.

Toucinho (*Lard*)
A vulgarmente dita *manta de toucinho* é o revestimento cutâneo e subcutâneo da lombada, entrecosto, escápula, bacia, coxa e parede abdominal. É uma peça adiposa que, conforme as regiões que cobre, se denomina faceira, toucinho do lombo, toucinho da entremeada etc. Utiliza-se em culinária, geralmente, como tempero, fresca, salgada ou fumada.

Couratos (*Couennes*)
Quando, para certas preparações, se retira do toucinho a camada de gordura que constitui a região subcutânea, fica-se apenas com a pele ou courato, que se utiliza para os mesmos fins que o toucinho.

Espinhaço, ou Cachaço
(*Échine*)

Situado entre o pescoço e as costeletas, o espinhaço pode preparar-se como o lombo ou, depois de salgado, como elemento de estufados, guisados, feijoadas etc.

Lombada, ou Lombo
(*Carré*)

Assado ou estufado, com guarnição à escolha. Inteiro, ou cortado em pedaços.

Alentejana (*Façon du Alentejo*)
Como PORTUGUESA, mas adicionado de amêijoas frescas.

Inglesa (*Anglaise*)
Recheado com miolo de pão e salva. Assado, em papel untado com azeite. Molho de Maçã ou de caça.

Portuguesa (*Portugaise*)
Pedaços de lombo, marinados com vinho branco, alho, louro, sal e pimenta, fritos em banha, com a própria marinada e picles picados. À parte, batatas no forno.

Perna e Pá
(*Jambon et Épaule*)

Temperar de véspera. Retirar, ou não, o osso interior. Branquear. Estufar ou Assar.

Aldeã (*Paysanne*)
Assada. A meio da cocção, juntar quartos de batata e de cenoura. Terminar de cozinhar em conjunto.

Chucrute (*Choucroute*)
Assar. Empratar sobre chucrute estufado. Suco do assado.

Couve-de-Bruxelas (*Choux de Bruxelles*)
Assar. Suco do assado e couve-de-bruxelas, ao redor.

Couve-Roxa (*Chou Rouge*)
Assar. Servir sobre couve-roxa, estufada. Suco do assado.

Eisbein
Marinada com bastante sal. Cozida. Servir com chucrute estufado e batatas no forno. (*Cozinha alemã*).

Espinafres (*Épinards*)
Estufar. À parte, purê de espinafres. Demi-glace com vinho da Madeira.

Fria (*Froid*)
Cobrir com geléia. Decorar. Rodear de geléia picada.

Maillot
Estufar. Guarnição Maillot. À parte, Molho Madeira.

Marmelada de Maçã (*Marmelade de Pommes*)
Assada. À parte, Suco do assado e marmelada de maçãs, sem açúcar.

Metternich
Preparar como SOB A CINZA. À parte, escalopes de pasta de fígado (*foie gras*), salteados, tendo sobreposta uma rodela de trufa; pontas de espargos. Molho Madeira em timbale.

Musse e Musselina (*.Mousse et Mousseline*)
(*Ver fórmula-tipo em* FUNDOS DE COZINHA).
Serve-se com acompanhamento de espinafres, ervilhas etc.

Sob a Cinza (*Sous la Cendre*)
Desossar. Rechear com recheio de vitela e trufas inteiras. Atar. Envolver numa folha de massa. Cozinhar no forno, durante o tempo considerado normal para a perna. À parte, espinafres em purê e Molho Périgueux.

Soissonaise
Assada. Guarnição do nome e suco do assado.

Zampino
Perna de porco, recheada, atada e cozida. Servida com couves estufadas ou chucrute. Molho Madeira ou Tomate. Existe um produto comercial com este nome, que é uma conserva deste prato.

Pés, ou Chispes
(*Pieds*)

(*Ver em* ENTRADAS DE MIUDEZAS)

Presunto e Fiambre
(*Jambon Cru ou Fumé – Jambon Cuit ou d'York*)

Servido frito, grelhado ou natural; das duas primeiras formas, acompanhado de arroz, purê de espinafres, soubise ou outro, ou, ainda, de legumes. Quando natural, ou seja, frio, é servida com picles, salada etc.

Cornucópias à Russa (*Cornets à la Russe*)
Fatias de presunto enroladas em cornucópia, soldadas com Demi-glace e gelatina, cheias com Salada Russa.

VACA
(Boeuf)

Acém
(*Train de Côtes*)

Esta peça de açougue divide-se em duas partes. Uma, o acém comprido (train de côtes découvert), que tem por base esquelética as metades laterais das 5 primeiras vértebras dorsais e as extensões próximas das 5 primeiras costelas. A outra, o acém redondo (train de côtes couvert) é o bloco açougueiro posterior, a partir da 6ª costela e até à décima segunda. Nas ementas em francês, o prato confeccionado com esta parte aparece com o nome de Côte de Boeuf. *Assado ou estufado inteiro, é uma peça de agrado. Nos bons restaurantes, serve-se em carro de quentes, sendo cortada à vista do cliente, de modo a guardar todo o seu valor culinário. Classificada por uns como carne de 1ª, como de 2ª por outros, o acém, quando desossado, corta-se em fatias transversais, que são servidas, sobretudo, grelhadas, com o nome de* entrecosto (entrecôte).

Alcatra
(*Cullote, ou Pièce*)

Aproveita-se geralmente a ponta da Alcatra, do lado do lombo; pica-se transversalmente com pedaços de toucinho, condimentados e marinados em aguardente velha (conhaque). Depois de picada. marina-se com vinho tinto e aromáticos, durante 4 ou 5 horas. Corar no forno; molhar com vinho da marinada e fundo escuro. Juntar aromáticos, ramo de cheiros e champignons. Cozinhar no forno.

Bordalesa (*Bordelaise*)
Estufada; com Molho Bordalês.

Borgonhesa (*Bourguignonne*)
Lardear e marinar com brande e vinho tinto, durante 3 horas. Estufar, a princípio, com o liquido da marinada, depois adicionando suco de carne e Molho Espanhol. Terminar como se indica. Guarnição Borgonhesa.

Burguesa (*Bourgeoise*)
Estufada. Guarnição Burguesa.

Daube
(*Ver em* ENTRADAS DIVERSAS).

Flamenga (*Flamande*)
Cozida. Servir em fatias, guarnecida com couves, toucinho, miolos, cenouras e batatas ao natural.

Moderna (*à la Mode*)
Lardeada e estufada com vinho da Madeira, aguardente velha, ervas aromáticas e tomate picado. A 3/4 de cocção, guarnecer com cenouras e cebolas estufadas, bem como mãozinhas de vitela em pequenos cubos. Serve-se também fria, coberta com geléia, adicionada do molho.

Noailles (*à la* Noailles)
Proceder, na primeira parte da preparação, como para BORGONHESA. A meia cocção da carne, juntar cebolas estufadas e arroz. Completar a cocção. Retirar a carne. Fazer um purê com o restante, Cortar a carne em fatias e recompor entremeando o purê. Cobrir com o mesmo. Polvilhar com crostões fritos em manteiga e regar com manteiga derretida. Gratinar com forno forte.

Varsoviana (*Varsovienne*)
Estufada. Guarnecida com couves do nome.

Bifes e Entrecostos
(*Bifteck, steak, rumpsteak ou romsteck, entrecôte*)

Aldeã, à (*à la Paysanne*)
Colocar, num prato de ir ao forno, uma camada de cebolas e outra de batatas cozidas em rodelas, Em cima, pôr os bifes do lombo, cobrindo com outra camada de cebola e de batatas. Molhar com consomê. Sal, pimenta e manteiga. Tapar e cozinhar no forno durante uma hora. Servir tal qual.

Americana (*Américaine*)
Grelhado. Ovos Fritos à Francesa, colocados em cima. À parte, Molho de Tomate, (*Só para* ENTRECOSTO. *Para* BIFE À AMERICANA, *Ver em* BIFES CRUS).

Avozinha (*Grand-Mère*)
Frito. Guarnecido com pequenas cebolas estufadas, cubos de toucinho, ervas aromáticas. Filete de vinagre.

Bearnesa (*Béarnaise*)
Grelhado. Montinhos de agrião. À parte, Molho Bearnês.

Bercy
Grelhado. Cobrir com Molho Bercy.

Bife à Russa (*Bifteck à la Russe*)
Maneira de designar os Bitoques. (*Ver* BITOQUES).

Bistec Espanhol (*Bistec Espagnol*)
Lombo de vaca e toucinho fresco, picados. Temperar um pouco forte. Misturar com gemas de ovos cruas. Dar a forma dos tornedós. Passar por ovos batidos e panar. Alourar dos dois lados, em manteiga fervente. Colocar numa caçarola, molhar com suco de carne e cozinhar, Servir com o fundo da cocção, ligado com Molho de Tomate.

Bordalesa (*Bordelaise*)
Grelhado. Rodelas de tutano de vaca. Cobrir com Molho Bordalês,

Caçarola (*Casserole*)
Salteado em manteiga, com pedaços de toucinho, chalotas, legumes. Servir em caçarola, com o molho adicionado de Demi-glace e vinho branco. Salsa picada.

Cavalo, a (*À Cheval*)
Grelhado. Dois ovos estrelados em cima.

Cecília (Cécilia)
Salteado. Guarnecer com champignons grandes, grelhados, recheados com pontas de espargos. Batatas Sufladas, ou Suflês (*Soufflés*).

Champignons
Salteado. Cobrir com Molho Champignons, adicionado de cabeças dos mesmos.
Nota: *Reduz-se o molho do entrecosto com um pouco de vinho branco, juntando-se depois ao Molho Champignons.*

Chez Soi
Frito. Guarnecer com Batatas Avelãs (Noisettes), cebolas, cubos de presunto, ervas aromáticas e sumo de limão.

Clermont
Como os TORNEDÓS CLERMONT.

Entrecosto à Vienense (*Entrecôte Viennoise*)
O entrecosto, bem espalmado, temperado com sal e páprica. Polvilhar com farinha e saltear fortemente em banha de porco. Empratar. Cobrir com rodelas de cebola, feitas na mesma gordura, escorridas e adicionadas de manteiga e vinagre. Servir com Batatas à Inglesa, à parte. (*Cozinha austro-húngara*).

Florestal (*Forestière*)
Como CHAMPIGNONS. Guarnecer com míscaros salteados, pedaços de toucinho. Batatas Parmentier.

Hamburgo, ou Bismarque (*Hambourg, ou Bismarck*)
Carne crua, picada. Temperar com sal, pimenta e noz-moscada. Adicionar ovo cru, cebola picada puxada em manteiga e misturar, Dar a forma dum tornedó. Passar por farinha e fritar em manteiga clarificada, (*Dito* **Bife à Hamburguesa**).

Hamburger
Como acima; fiambre picado além da cebola e não leva ovo. Terminar como o anterior.

Henrique IV (*Henry IV*)
Grelhado. Guarnecer com Batata Ponte Nova. Molho Bearnês. Ou, como diz Escoffier: fundo

de alcachofras com Batatas Avelãs (*Noisettes*). Molho Bearnês.

Hoteleira (*Hotelière*)
Frito. Cobrir com Manteiga Hoteleira.

Húngara (*Hongroise*)
Frito. Cobrir com Molho Húngaro. Guarnecer com cubos de toucinho e batatas cozidas, à inglesa.

Jussien
Frito. Guarnecido com alfaces estufadas e cebolas também estufadas.

Lionesa (*Lyonnaise*)
Frito, com cebolas picadas, salteadas em manteiga. Adicionar Demi-glace.

Marrare
Bife frito numa frigideira de barro, com manteiga, vinho branco, suco de carne, mostarda e pimenta do moinho, Ligar com natas. (*Especialidade do extinto Restaurante Marrare*).

Marselhesa (*Marseillaise*)
Grelhado. Guarnição Marselhesa.

Mercador de Vinhos (*Marchand de Vins*)
Grelhado. Cobrir com Molho Bercy com vinho tinto.

Mexicana (*Mexicaine*)
Grelhado. Guarnição Mexicana. À parte, Suco de carne ligado, atomatado.

Minuto (*Minute*)
Muito fino. Salteado vivamente dos dois lados, ou passado com azeite e grelhado.

Mirabeau
Grelhado. No topo, colocar filetes de anchova em fôrma de grade. Guarnecer com azeitonas sem caroço e decorar com folhas de estragão. À parte, Manteiga de Anchovas.

Monagasca (*Monégasque*)
Guarnecido com tomates, fundos de alcachofras, batatas fritas e azeitonas.

Nicolau II (*Nicolas II*)
Salteado com vinho da Madeira, guarnecido com trufas inteiras e pasta de fígado (*foie gras*). Servir em caçarola.

Poivrade (*Steak Poivrade*)
Bife de lombo, cortado pouco grosso e polvilhado dos dois lados com sal e pimenta do moinho. Saltear em manteiga e aveludado de carne. Molhar com vinho da Madeira e juntar mais pimenta do moinho. Ligar com Demi-glace e natas. (*Pode ser feito na sala*).

Porterhouse Steak
Pedaço grosso de rosbife, tendo o osso agregado com uma costeleta. Temperar, molhar com azeite e grelhar. Servir com molho à escolha, batatas e cebolas fritas. (*Nos Estados Unidos, esta peça é considerada de primeira qualidade, sendo sempre servida grelhada e sem qualquer guarnição. Pode. no entanto, ser acompanhada, segundo Escoffier, de qualquer guarnição ou molho indicados para grelhados*).

Portuguesa, á
(*Ver em* COZINHA PORTUGUESA).

Prado Verde (*Vert-Pré*)
Grelhado. A cada lado, montinhos de Batata Palha (*Paille*) e agriões.

Tirolesa (*Tyrolienne*)
Grelhado. Guarnecer de cada lado, com montinhos de cebolas fritas e tomates *concassés*.

Vienense (*Viennoise*)
(*Bife*). Carne crua, picada com cebola. Panar e fritar em manteiga.

Wiener Rostbraten
Bife batido, temperado com sal e páprica. Aquecer em manteiga e terminar em timbale, entre duas camadas de cebolas picadas. Regar com manteiga derretida. Servir no timbale, com um pouco de natas azedas. (P. Dagouret, em *Abrégé de Cuisine*).

Bifes crus

Americana, à (*Américaine*)
Carne de lombo muito fresca, picada. Mistura-se com gema de ovo, alcaparras, cebola picada, azeite, sumo de limão, sal e pimenta; um pouco de mostarda. Tudo bem ligado. Dar a forma de um tornedó. (*Este bife, que os franceses chamam* Filet Américaine, *é erroneamente chamado, entre nós,* Bife Tártaro).

Inglesa (*Anglaise*)
Bife de lombo, alto, apenas passado na chapa, para alourar na parte exterior. Servido com legumes ao natural.

Paillard
Bife de vazia muito fino, levemente aquecido dos dois lados, em gordura ou sobre a chapa. Guarnição à escolha.

Tártaro (*Tartare*)
Carne de lombo crua, misturada com Molho Tártaro. Repor o bife na sua forma natural. (*Os tártaros, nômades e guerreiros por nascimento, passavam o seu tempo sobre a sela, desmontando apenas para dormir. Costumavam, segundo alguns historiadores, repartir entre eles fatias de carne crua, que colocavam sob o arção. Com o andamento e o suor do animal, a carne ficava semitriturada e, absorvendo o salgado e o calor, semicozinhada. Dela se alimentavam esses intrépidos guerreiros, e assim nasceu o bife, que hoje se serve mais higienicamente*).

Bitoques, Fricadelles, Keftédès
(*Bitoks, Fricadelles. Keftédès*)

Bife, ou Bitoque, à Russa (*Bitoks à la Russe*)
Carne de vaca crua, picada; miolo de pão ensopado em leite, espremido; cebola picada, puxada em manteiga e ovo cru (*se necessário*). Temperar e misturar. Dar a forma redonda dos tornedós, Fritar em manteiga clarificada. Cobrir com Molho Smitano.

Bitkis
Diminutivo de Bitoques. Aquilo a que vulgarmente chamamos *Batoquetes*.

Fricadelles
Para os feitos com carne crua, o mesmo Aparelho dos Bitoques.
Receita para os de carne cozida: 1/3 de carne de vaca, picada; 2/3 de purê de batata; cebolas picadas, puxadas em manteiga; salsa picada; um ovo inteiro. Temperar e misturar tudo. Proceder como para os Bitoques. São servidos acompanhados de purês de legumes e molhos fortemente condimentados.

Keftédès
O mesmo aparelho a cru, sem cebolas. Podem também ser feitos com carne de porco ou vitela.

Châteaubriand

Châteaubriand
É um bife de lombo de duplo tamanho, com 4 cm de espessura e pesando por volta de 400 g, que é servido grelhado. Pode ser acompanhado de qualquer guarnição aplicável aos bifes, sendo, no entanto, mais clássica a de Batatas Castelo (*Château, abreviatura de Chateaubriand*) e Manteiga Mordomo (*Maître d'Hôtel*).

Chateaubriand Marquesa (*Chateaubriand Marquise*)
Guarnecido com fundos de alcachofras, contendo, cada, uma alface recheada.

Língua
(*Langue*)

A língua emprega-se fresca ou salgada. Salgada, basta cozê-la; quando fresca, é servida estufada. As guarnições que mais se empregam são: Alsaciana, Burguesa, Flamenga, Italiana, Jardineira, Milanesa, Nivernesa, Nulhes, Tourangelle etc. Como purês de acompanhamento, eis os mais usados: Aipo, Azedas, Batata, Castanhas, Dubarry, Ervilhas, Espinafres. Os molhos seguintes: Champignons, Italiano, Madeira, Picante, Romano etc.

Fria (*Froide*)
Em salmoura, durante 10 dias. Retirar. Mergulhar em água algumas horas. Cozer em água simples durante 3 horas. Deixar arrefecer enrolada em papel untado com manteiga (*para evitar que enegreça*). Cobrir com gelatina encarniçada ou enrolar em redanho. Podem também ser servidas frias as línguas estufadas, depois de cobertas com gelatina. Esta é a vulgarmente dita *Língua Escarlate*.

Menschikoff
Estufada com Mirepoix e vinho branco, cortada em fatias e reconstituída. Guarnecida de pequenas cebolas, champignons. passas de uva e pepinos verdes (*cornichons*), em pequenos montinhos. Molho Madeira.

Soubeyran
Estufada com vinho da Madeira. Servida com Purê Soubise, trufado.

Lombo, Rosbife e Vazia
(*Filet, Aloyau et Contre-Filet*)

Lombo (*Filet*)
Parte interna do Rosbife (*músculos aplicados contra a face inferior da base óssea deste*). Geralmente picado com toucinho e assado. Guarnições diversas. Do lombo, que se divide em cabeça, meio e rabo. saem também os Filetes Mignons, o Châteaubriand, os Tornedós e outros bifes.

Rosbife (*Aloyau*)
Região lombar do quarto posterior da vaca, situada entre a alcatra e a aba descarregada. Peça triangular e irregular de forma, que apresenta a última vértebra dorsal e todas as lombares, sendo forrada na parte superior pela gordura de cobertura e recoberta na inferior pela fáscia lomboilíaca. Dele fazem parte, quando inteiro, o lombo interiormente e a vazia exteriormente. Servido, geralmente, assado, com todas as guarnições do lombo.

Vazia (*Contre-filet*)
Parte externa do rosbife, comprida e espessa; a sua face superior é natural, recoberta por uma folha fibrosa e alguma gordura; a inferior mostra os sulcos dos ossos, dos quais é despegada. Servida, geralmente, picada e assada. Guarnições do Rosbife e Lombo. (*Da vazia saem também bifes, entrecostos e* rump-steak, *este último, embora muito vulgar, erradamente, pois o sítio de onde deve sair normalmente é a ponta da alcatra, na junção com o rosbife, sendo uma peça grande, como o Châteaubriand*).

Camargo
Abrir ao meio, no sentido do comprimento, um lombo de vaca. Retirar a carne do interior de forma a deixar uma parede circular de 2 cm. Picar a carne muito bem e misturar com natas, pasta de fígado, trufas, sal e pimenta. Rechear o lombo. Cobrir com fatias de toucinho e atar com um fio. Passar numa frigideira e terminar no forno. Guarnecer de tarteletas com espaguete em natas, e rodelas de pasta de fígado com trufas. Acompanhar do molho da cocção adicionado de Molho Périgueux.

London-House, ou Príncipe Alberto (*Prince Albert*)
Abrir ao meio, no sentido do comprimento, um lombo de vaca. Guarnecer o interior com rodelas de pasta de fígado (*foie gras*) e trufas. Picar a parte superior com trufas. Estufar com fundo de ervas aromáticas. Molhar com vinho da Madeira e suco de vitela. Rodear de trufas e champignons cozidos. Servir com Demi-glace.

Matignon
Lombo picado com trufas e língua escarlate. Cobrir com uma camada de Matignon e enrolar em fatias largas e finas, de toucinho. Apertar com fio. Estufar com aromáticos e vinho da Madeira, bem tapado. Desapertar, retirar o toucinho e a Matignon. Corar na boca do forno, servir sobre um soco de pão. Guarnição Matignon e molho do estufado; parte deste último em volta, o resto numa molheira, à parte.

Perigordina (*Périgourdine*)
Lombo picado com trufas, enrolado em fatias de toucinho e apertado com um fio. Estufar com um fundo à base de vinho da Madeira. Rodear de escalopes de pasta de fígado (*foie gras*), salteados em manteiga e de tarteletas cheias com salpicão de trufas. Cobrir com o fundo do estufado, reduzido e passado.

Wellington
Lombo picado, puxado em manteiga e corado no forno. Enrolar em recheio de aves, adicionado de Duxelles Seco. Meter numa folha de massa folhada, que se fecha. Cozinhar no forno. Guarnecer com tomates, alfaces e Batatas Castelo (*Château*).

Lombo de Vaca Frio
(*Filet de Boeuf Froid*)

Chevet
Lustrar com geléia. Empratar sobre geléia, moldada em Cartuxada. Geléia picada e crostões da mesma. enfeitando em volta.

Coquelin
Em tacho de barro. Cortar em fatias. Cobrir com uma juliana, como para Calhandra Richelieu. Recobrir com geléia aromatizada com vinho da Madeira.

Escandinava (*Scandinave*)
Em tacho de barro. Cortar em fatias e repor na forma natural. Cobrir com geléia aromatizada com vinho da Madeira. Rodear de montinhos de legumes diversos.

Estrasburguesa (*Strasbourgeoise*)
Preparar o lombo, como para *London House*. Deixar arrefecer completamente. Cobrir com Geléia ao Porto. Empratar sobre um soco de pão, ou um tampão de arroz. Em cada uma das extremidades, um montinho de Trufas com Porto, arrefecidas e cobertas com geléia. Guarnecer os lados do lombo com geléia picada e raminhos de salsa fresca (*Pode também ser servido num prato oval, fundo, inteiramente coberto de geléia aromatizada com vinho do Porto*).

Mistral
Lustrar com geléia. Guarnição de Tomates Provençal e crostões de geléia

Montléry
Lustrar com geléia. Colocar num prato comprido. Rodear de pequenos timbales de feijão verde com geléia, recheados com Macedônia de Legumes ligada com Maionese, e fundos de alcachofras guarnecidos com pontas de espargos, ligadas com geléia. Crostões de geléia. À parte, Maionese.

Nicense (*Niçoise*)
Colocar o lombo numa fôrma retangular, encamisada de geléia perfumada com estragão, decorada com clara de ovo cozido, trufas e folhas de estragão branqueadas. Encher a fôrma com geléia e deixar prender. Desenformar num prato comprido, sobre geléia com estragão, picada. Rodear de tomates esvaziados, marinados com azeite, vinagre, sal e pimenta, guarnecidos dum salpicão de trufas. Fundos de alcachofras, recheados com salada de pontas de espargos verdes. Em cada extremidade, azeitonas sem caroço, cheias de Manteiga de Anchovas, gelatinadas.

Parisiense (*Parisienne*)
Lustrar com geléia. Colocar num prato comprido, sobre um soco de pão, ou de arroz. Rodear de pequenos timbales de Macedônia de Legumes, ligada com geléia. Crostões de geléia. Servir com Molho Maionese, à parte,

Russa (*Russe*)
Em tacho de barro. Cortar em fatias e repor no seu formato normal Cobrir com geléia, contendo trufas picadas.

Peito e Aba Carregada (Vaca Cozida)
(*Poitrine et Plate Côte 'Boeuf Bouilli'*)

A aba é conhecida no Brasil como costela.

Peito (*Poitrine*)
É a extensão da parede torácica da meia carcaça. Tem por base esquelética as porções das costelas, abaixo do bordo superior do músculo peitoral, as cartilagens costais respectivas e metade lateral do esterno. Divide-se em maçã do peito, peito alto e prego do peito.

Aba Carregada (*Plate Côte*)
É uma peça com osso, achatada e, mais ou menos, triangular, que corresponde à parede torácica, situada entre o acém e o peito. (*Qualquer destas carnes serve para cozer. Servem-se com cenouras, nabos e couves, também cozidos, com Batatas à Inglesa, Molho de Rábano* (Raifort), *quente ou frio, se se desejar*).

Cozido de Vaca à Espanhola (*Boeuf Bouilli á l'Espagnole*)
Como o COZIDO À PORTUGUESA. Adiciona-se grão-de-bico cozido. Serve-se a carne rodeada dos legumes. (*Chama-se também* Cozido à Madrilena.

Cozido de Vaca à Húngara (*Boeuf Bouilli à l'Hongroise*)
Vaca cozida, cortada em dados grossos. Alourar numa frigideira, com cebolas estufadas em manteiga; temperar com páprica. Molhar, no último instante, com Molho de Natas.

Cozido de Vaca à Indiana (*Boeuf Bouilli à l'Indienne*)
Como à HÚNGARA, substituindo a páprica por caril. Servir com Arroz à Indiana, à parte.

Cozido de Vaca à Inglesa (*Boeuf Bouilli à l'Anglaise*)
Carne de vaca, cozida com toucinho, cebola, cenoura, aipo, batata ou farinha, para engrossar o caldo. Reduzir o caldo, passar e servir com o cozido.

Cozido de Vaca à Lionesa (*Boeuf Bouilli Lyonnaise*)
Como HÚNGARA, sem Molho de Natas. Adicionar maior porção de cebolas. Sal e pimenta. Servir em timbale, polvilhado com salsa picada. Regar com 2 colheres de vinagre,

aquecido na mesma frigideira que serviu à preparação.

Cozido de Vaca à Parisiense (*Boeuf Bouilli Parisienne*)
(*Frio*). Cortar em fatias finas, colocando-as numa só camada, sobre um prato comprido. Em volta, intercalados. montinhos de batatas cozidas em rodelas; tomates, às rodelas; feijão-verde; ovos cozidos, em quartos; agrião e outros legumes. Sobre a carne, rodelas finas de cebola. Regar com Molho Vinagrete, polvilhar com salsa, cerefólio e estragão. Servir bem frio.

Cozido de Vaca à Portuguesa (*Boeuf Bouilli à la Portugaise*)
Pedaços de carne de vaca, chouriço de carne, de sangue e farinheira, toucinho entremeado, presunto ou carne de porco, hortaliça, nabos, cenouras. Tudo cozido. Serve-se com frango ou galinha cozida, arroz natural e batata, também cozida.

Cozido de Vaca à Provençal (*Boeuf Bouilli* á la Provençale)
Como HÚNGARA. Substituir o Molho de Natas, por tomates estufados com alho. Servir em timbale, polvilhado com salsa picada.

Picanha

Usar todas as preparações indicadas para Lombo, Rosbife e Vazia.

Tornedós, Filets Mignons, Medalhões e Medalhas
(*Tournedos. Filets Mignons, Médaillons et Noisettes*)

Abrantes (*Abrantés*)
Temperar com sal e páprica. Saltear em azeite. Empratar sobre rodelas de beringelas, grelhadas. Guarnecer com batatas cozidas, cortadas em pequenos gomos. Cobrir o tornedó com o molho, adicionado de cebola estufada em manteiga, salpicão de pimentos e Molho de Tomate.

Alexandra
Saltear, guarnecer com rodelas de trufas e quartos de alcachofras.

Algeriana (*Algérienne*)
Temperar com sal e páprica. Saltear em manteiga. Empratar sobre crostões fritos. Guarnição Algeriana. Cobrir com o molho, reduzido com vinho branco e fundo de vitela atomatado.

Alsaciana (*Alsacienne*)
Grelhar. Colocar sobre crostões. Guarnecer com chucrute e toucinho magro.

Americana, à (*à l'Américaine*)
(*Ver em* BIFES E ENTRECOSTOS). (*Não confundir com* FILET AMERICAINE. *Para esse, veja em* BIFES CRUS).

Andaluza (*Andalouse*)
Saltear. Guarnecer ao redor, com pimentos recheados e chipolatas. Sobre a peça, uma fatia de beringela. com tomate *concassé* e presunto picado, misturados.

Arenberg, D'
Saltear. Molhar com vinho da Madeira e Demi-glace. Molho Bearnês e rodelas de trufa, sobre a peça. Guarnecer com tarteletas; uma cheias de espinafres em rama, outras, de cenouras com natas.

Arlesiana (*Arlésienne*)
Saltear. Molhar com vinho da Madeira e fundo atomatado. Sobre crostões. Guarnecer com fatias de beringelas fritas, rodelas de cebola frita e fatias de tomate salteadas.

Armenonville
Saltear. Molhar com vinho da Madeira e fundo de vitela. Colocar sobre crostões de Batata Ana. Guarnecer de míscaros com natas, cristas e rins de galo.

Baltimore
Saltear. Empratar sobre tarteletas cheias de milho. Em cima, rodela de tomate salteado, tendo sobreposta outra rodela menor de pimento, também salteada. Molho Châteaubriand.

Banqueira (*Banquière*)
Saltear. Molhar com vinho da Madeira e Demi-glace. Empratar sobre crostões. Guarnição Banqueira.

Barão de Brisse (*Baron de Brisse*)
Marinar. Saltear. Tomates *concassés*, colocados em cúpula sobre a peça. Guarnecer com montinhos de Batatas Sufladas (*Soufflées*) e fundos de alcachofras, cheios de trufas em bolinhas. Molho Demi-glace, com essência de trufas.

Bearnesa (*Béarnaise*)
(*Ver* ENTRECOSTO *do mesmo nome*).

Beatriz (*Béatrice*)
Saltear. Guarnecer com míscaros salteados, cenouras torneadas, quartos de alcachofras e batatas novas. Cobrir com Demi-glace.

Beaugency
Saltear. Molhar com Demi-glace. Empratar sobre crostões, rodeando estes com cordão de Molho Chorão. Centro do tornedó guarnecido com fundos de alcachofras, recheados com tomates *concassés*, tendo uma rodela de tutano sobreposta. Salsa sobre o tutano. Molho da cocção reduzido, ao redor.

Beauharnais
Saltear. Molhar com vinho da Madeira e Molho Périgueux. Guarnecer com champignons recheados e quartos de alcachofras.

Bela Helena (*Belle-Hélène*)
Grelhar. Guarnecer com Batata Palha (*Paille*), fundos de alcachofras cheios com Molho Bearnês, agrião.

Benjamim
Saltear. Molhar com vinho da Madeira e Demi-glace. Empratar sobre crostões. Guarnecer com pequenos croquetes de batata. Champignons recheados, sobre o tornedó. À parte, o molho reduzido.

Bercy
(*Ver* ENTRECOSTO *do mesmo nome*).

Berny
Marinar. Saltear em azeite. Empratar sobre tampão de Batata Berny. Rodela de trufa. Cobrir com Molho Pimentada (*Poivrade*) ligeiro.

Bizantina (*Byzantine*)
Grelhar. Empratar sobre crostões. Guarnecer com crustadas de Batata Duquesa (*Duchesse*), cheias de purê de couve-flor com natas; alfaces estufadas, recheadas. À parte, Molho Madeira.

Boêmia (*Bohémienne*)
Saltear. Empratar sobre tampão de risoto. Tomates *concassés*, em cima. Rodelas de cebola fritas, ao redor.

Bordalesa (*Bordelaise*)
(*Ver* ENTRECOSTO *do mesmo nome*).

Borralheira (*Cendrillon*)
Saltear. Empratar sobre fundos de alcachofras, cheios com Purê Soubise trufado, ligeiramente gratinados. Suco de carne ligado, atomatado, ao redor.

Brabançonne
Saltear. Molhar com vinho da Madeira e Demi-glace. Guarnecer com tarteletas, cheias de couves-de-bruxelas, cobertas com Molho Mornay. Gratinar. Croquetes de batata. Molho reduzido, ao redor.

Branquinha (*Blanchette*)
Saltear. Molhar com vinho da Madeira e Demi-glace. Cobrir com Molho Bordalês, contendo juliana de trufas, presunto e champignons. Rodela de tutano em cima. O molho, reduzido, ao redor.

Brébant
Grelhar. Bordear com cordão de Molho Bearnês. Um pouco de Glace de Carne, no centro. Guarnecer com montinhos de Batata Palha (*Paille*) e agrião.

Bréhan
Saltear. Molhar com vinho da Madeira e Demi-glace. Guarnecer com fundos de alcachofras, cheios de purê de favas verdes; pedaços de couve-flor, cobertos com Molho Holandês; batata frita.

Bristol
Saltear. Molhar com vinho da Madeira e fundo de vitela. Guarnecer com croquetes de arroz; feijão branco com manteiga; Batatas Castelo (*Château*), roladas em Glace de Carne.

Bruxelense (*Bruxelloise*)
Saltear. Molhar com vinho da Madeira e Demi-glace. Guarnecer com couves-de-bruxelas, endívias estufadas e Batatas Castelo (*Château*). Cobrir com o molho, reduzido.

Cabreira (*Chevreuse*)
Saltear. Molhar com vinho da Madeira e Demi-glace. Cobrir com o molho. Guarnecer com fundos de alcachofras, cheios de purê de champignons, tendo uma rodela de trufa sobreposta.

Cabrito, em (*en Chevreuil*)
Marinar. Saltear em azeite. Cobrir com Molho Pimentada (*Poivrade*), ligeiro. À parte, purê de castanhas.

Caçadora (*Chasseur*)
Saltear. Molhar com vinho branco e Molho Caçador. Cobrir com o molho, reduzido.

Carignan
Saltear. Molhar com vinho do Porto e fundo de vitela atomatado. Empratar sobre crostões de Batata Ana. Guarnecer com fundos de alcachofras, recheados de pontas de espargos e com pequenos ovos em Batata Duquesa (*Duchesse*), panados, fritos, esvaziados e recheados com purê de pasta de fígado (*foie gras*).

Caseira (*Ménagère*)
Numa caçarola de porcelana, colocar feijão-verde, ervilhas, cenouras picadas e pequenas cebolas. Cobrir com água, sal e manteiga. Tapar hermeticamente e cozinhar. Saltear os tornedós. Desengrossar o molho. Colocar sobre os legumes, no momento de servir.

Castelã (*Châtelaine*)
Saltear. Molhar com vinho branco e fundo de vitela. Guarnecer com Batatas Avelãs (*Noisettes*) e fundos de alcachofras.

Castelhana (*Castillane*)
Saltear. Empratar sobre crostões. Guarnecer com tarteletas, cheias de tomates *concassés*; rodelas de cebola frita, ao redor. O molho, adicionado de fundo de vitela atomatado.

Catalã (*Catalane*)
Grelhar. Empratar sobre fundos de alcachofras. Rodear de tomates grelhados. À parte, suco de carne ligado.

Catarina (*Catherine*)
Saltear. Molhar com vinho branco e Molho Bordalês de vinho branco, atomatado. Empratar sobre crostões de Batata Macário (*Macaire*). Rodela de tutano, sobre o tornedó.

Champignons
(*Ver* ENTRECOSTO *do mesmo nome*).

Chantecler
Saltear. Cobrir com Molho Porto e juliana de trufas. Guarnecer com rim de cordeiro, ligeiramente incisado e salteado, tendo na cavidade uma bonita crista de galo. Pôr o rim sobre o tornedó. Ao redor, ninhos de rins de galo, Villeroy e tarteletas cheias com pontas de espargos.

Chartres
Saltear. Desengrossar com suco de estragão. Cobrir com o molho. Decorar com folhas de estragão branqueadas. Pequenas Batatas Castelo (*Château*), ao redor.

Chevrosa (*Chevreuse*)
O mesmo que CABREIRA.

Choisy
Saltear. Desengrossar com vinho branco e Demi-glace. Empratar sobre crostões. Cobrir com o molho. Guarnecer com alfaces estufadas e Batatas Castelo (*Château*).

Chorão (*Choron*)
Grelhar. Cobrir o topo com Molho Bearnês, atomatado. Guarnecer de fundos de alcachofras, cheios com ervilhas e Batatas Avelãs (*Noisettes*).

Cinderela
O mesmo que BORRALHEIRA.

Clamart
Saltear. Apurar com vinho da Madeira e suco de carne ligado. Guarnecer com fundos de alcachofras, cheios de ervilhas.

Cláudio (*Claude*)
Saltear. Apurar com vinho e fundo de vitela. Cobrir com o molho. Guarnecer com crustadas de Batata Duquesa (*Duchesse*), cheias de cenouras com natas; alfaces estufadas como complemento.

Clermont
Saltear. Molhar com vinho da Madeira e suco de carne ligado. Cobrir com o molho. Guarnecer com cebolas recheadas e quartos de alcachofras.

Cocarde
Saltear. Empratar sobre fundos de alcachofras. Colocar sobre o tornedó meio tomate salteado em manteiga; sobre este, uma rodela de pasta de fígado (*foie gras*), tendo outra de trufa sobreposta. Cobrir com Molho Madeira ligeiro. Guarnecer com Batata Parisiense, ao redor.

Colbert
Saltear. Apurar com vinho da Madeira e Glace de Carne. Levantar com manteiga Empratar sobre crostões de croquetes de ave. Cobrir com o molho. Colocar sobre a peça um ovo frito, com rodela de trufa sobreposta.

Coligny
Saltear. Apurar com Molho Provençal ligeiro, adicionado de Aldeã (*Paysanne*). Empratar sobre crostões de Batata Duquesa (*Duchesse*). Cobrir com o molho.

Continental
Grelhar. À parte, Manteiga Mordomo (*Maître d'Hôtel*). Guarnecer com champignons e tomates grelhados. Batatas Sufladas ou Suflês (*Soufflées*) e agriões.

Crécy
Saltear. Apurar com vinho da Madeira e Demi-glace. Guarnecer com cenouras torneadas, estufadas em manteiga.

Cussy
Saltear. Apurar com Molho Porto, adicionado de cristas e rins de galo. Guarnecer com fundos de alcachofras, cheios com purê de champignons, gratinados.

Delfina (*Dauphine*)
Saltear. Cobrir com Molho Madeira. Guarnecer com croquetes de Batata Delfina.

Deslignac
Grelhar. Cobrir com Molho Chorão, no topo. Batatas Castelo (*Château*).

Dubarry
Saltear. Apurar com vinho da Madeira e Demi-glace. Rodear de pequenas couves-flores, cobertas com Molho Mornay, gratinadas.

Dugleré
Saltear. Empratar sobre crostões. Guarnecer com tomates inteiros, cozidos, endívias e champignons. Demi-glace.

Duquesa (*Duchesse*)
Grelhar. Empratar sobre crostões de Batata Duquesa. Cobrir com Molho Castelo (*Château*).

Duroc
Como CAÇADOR. Guarnecer, em cima da peça, com tomates *concassés*. De cada lado Batatas Avelãs (*Noisettes*).

Edesse
Saltear. Apurar com vinho da Madeira e Demi-glace, adicionada de juliana de trufas, cristas e rins de galo. Cobrir com o molho. Rodear de rosáceas de Batata Duquesa (*Duchesse*), coradas no forno.

Embaixada (*Ambassade*)
Grelhar. Molho Chorão (*Choron*), em cima. Empratar sobre crostões. Guarnecer com fundos de alcachofras, cheios de pepinos torneados, estufados.

Embaixatriz (*Ambassadrice*)
Saltear. Molhar com vinho da Madeira e suco de carne ligado. Guarnecer com fígados de aves e champignons, salteados; cristas e rins de galo; alfaces estufadas e Batatas Avelãs (*Noisettes*).

Estrasburguesa (*Strasbourgeoise*)
Como NANCY.

Falcate
Saltear. Enrolar em purê de champignons. Recobrir com redanho de porco (*crépine*). Grelhar lentamente. Cobrir com Molho Madeira, leve.

Favorita (*Favorite*)
Saltear. Apurar com vinho da Madeira e Demi-glace. Empratar sobre crostões. Guarnecer o topo do tornedó com rodela de pasta de fígado (*foie gras*), tendo uma rodela de trufa sobreposta. De cada lado, um montinho de pontas de espargos. Cobrir o tornedó com o molho.

Florentina (*Florentine*)
Grelhar. Colocar sobre uma camada de folhas de espinafres. Cobrir com Molho Châteaubriand. Guarnecer com croquetes de sêmola.

Florestal (*Forestière*)
Saltear. Empratar sobre crostões fritos, guarnecidos com míscaros salteados; fatias de toucinho; Batata Parmentier.

Florista (*Fleuriste*)
Saltear. Molhar com vinho branco e Demi-glace. Cobrir com o molho. Guarnecer com meios tomates, cheios de jardineira.

Freddy
Saltear. Colocar sobre crostões de Batata Ana (*Anne*). Guarnecer em cima, com fígados de aves salteados inteiros; cristas de galo sobre estes. Ao redor, montinhos de cenouras e de pontas de espargos, moldados em pequenas formas.

Gabriela (*Gabrielle*)
Saltear. Apurar com vinho da Madeira e Demi-glace. Empratar sobre crostões, feitos de croquetes de ave trufados. Cobrir com o molho. Colocar sobre o tornedó uma coroa de trufas e tutanos, alternados. Ao redor, croquetes de batata e alfaces recheadas, estufadas.

Gastrônomos (*Gourmets*)
Dar um golpe sobre a espessura. Rechear com uma rodela de pasta de fígado (*foie gras*). Panar à inglesa. Saltear. Apurar com vinho da Madeira, essência de trufas e Demi-glace. Rodelas de trufas, em cima. Guarnecer com Batatas Castelo (*Château*) e cabeças de champignons.

Givry
Saltear. Apurar com aguardente velha (*conhaque*) e Molho Diabo (*Diable*). Cobrir com o molho. Guarnecer com Batatas Parmentier, cubos de fundos de alcachofras, rodelas de cebolas fritas e salsa frita.

Grão-Duque (*Grand-Duc*)
Saltear. Apurar com vinho da Madeira e Molho Perigordino (*Périgourdine*). Guarnecer o topo com rodela de tutano, tendo outra de trufa, sobreposta. Cobrir com o molho. De cada lado, montinhos de pontas de espargos.

Hélder
Saltear. Apurar com vinho da Madeira e fundo de vitela. Cordão de Molho Bearnês (*Béarnaise*), sobre o tornedó. O centro, guarnecido com tomates *concassés*. Montinhos de Batata Parisiense (*Parisienne*), ao redor.

Henrique IV (*Henry IV*)
Batatas Ponte Nova (*Pont-Neuf*) e Molho Bearnês. Ou, o que é menos usual, fundos de alcachofras cheios de Batatas Avelãs (*Noisettes*). Molho Bearnês.

Ismail Bayeldi
Saltear. Colocar sobre fatias de beringelas fritas. Meio tomate frito, sobre o tornedó. Ao redor, pequenas fôrmas de Arroz Pilaw. Cobrir com suco de carne ligado, atomatado.

Italiana (*Italienne*)
Saltear. Apurar com Molho Italiano, ligeiro. Guarnecer com quartos de Alcachofras à Italiana.

Japonesa (*Japonaise*)
Saltear. Apurar com Demi-glace. Colocar sobre crostões de croquetes de batata. Cobrir com o molho. Guarnecer com crustadas, recheadas de crosnes. (*legume oriental*) com natas.

Jetée-Promenade
Grelhar. Empratar sobre crostões. Em cima, 1/2 de tomate grelhado, cheio de Molho Bearnês (*Bearnaise*). Ao redor, Batatas Sufladas (*Soufflées*) e agriões.

Jovem França (*Jeune France*)
Grelhar. Rodear com cordão de Molho Bercy. Como guarnição, champignons grelhados e Batatas Chatouillard. Em cima do tornedó, meio tomate grelhado contendo um ovo estrelado, cortado redondo com o corta-massas.

Judic
Saltear. Apurar com vinho da Madeira e Demi-glace. Cobrir com o molho. Guarnição Judic.

Lakmé
Saltear. Em cima, um champignon grelhado. Colocar sobre uma tarteleta, recheada de purê de favas com natas. Suco de carne ligado, ao redor.

Langtry
Saltear. Empratar sobre crostões. Sobre a peça, um tomate assado no forno, tendo uma azeitona no topo e folhas de cerefólio de cada lado. Molho Périgueux, ao redor.

Lesdignières
Grelhar. Colocar sobre cebolas grandes, branqueadas. Guarnecer com folhas de espinafres estufadas. Cobrir com Molho Mornay e gratinar ligeiramente.

Lili
Saltear. Empratar sobre crostões de Batata Ana (*Anne*). Em cima, um fundo de alcachofra contendo uma rodela de pasta de fígado (*foie gras*), com outra de trufa sobreposta.

Lionesa (*Lyonnaise*)
(*Ver* ENTRECOSTO *do mesmo nome*).

Loreto (*Lorette*)
Saltear. Apurar com vinho da Madeira e Demi-glace. Empratar sobre crostões e cobrir com o molho. Guarnecer ao redor com croquetes de

aves e tarteletas recheadas com pontas de espargos, tendo rodelas de trufa no topo.

Lucerna (*Lucernoise*)
Saltear. Apurar com vinho do Porto e fundo de vitela. Bordear com cordão de Molho Bearnês (*Bearnaise*). Empratar sobre crostão. Em cima, fundo de alcachofra cheio de tomates *concassés*, tendo rodela de tutano no topo. Salsa picada, sobre o tutano. Guarnecer com uma crustada de pão frito, em forma de taça, contendo pequenos croquetes de batata, esvaziados, recheados com purê de arroz.

Lúculo (*Lucullus*)
Saltear. Apurar com Molho Périgueux. Empratar sobre crostão. Cobrir com o molho. Em cima, rodela de trufa, tendo sobreposto um champignon canelado. Ao redor, cristas e rins de galo; montinhos de pontas de espargos. Cobrir tudo com o molho.

Mac-Mahon
Saltear. Molhar com vinho branco e Glace de Carne. Levantar com manteiga. Empratar em caçarola de porcelana, sobre uma camada de batatas, salteadas em cru com cebola picada. Cobrir com o molho.

Madalena (*Madeleine*)
Saltear. Molhar com vinho branco e Glace de Carne. Levantar com manteiga. Cobrir com o molho. Guarnecer com fundos de alcachofras, cheios de Purê Soubise e timbales de purê de feijão branco. Alternar.

Marechala (*Maréchale*)
(*Ver* COSTELETAS DE CARNEIRO *do mesmo nome*).

Margarida (*Marguery*)
Saltear. Apurar com vinho do Porto e natas; reduzir. Empratar sobre um fundo de alcachofras, cheio de salpicão de trufas com natas. Guarnecer com míscaros salteados em manteiga e montinhos de cristas e rins de gaio. Cobrir o tornedó, com o molho.

Maria Luísa (*Marie Louise*)
Saltear. Apurar com Demi-glace. Empratar sobre um crostão fino, frito. Cobrir com o molho. Guarnecer com fundos de alcachofras, cheios de 1/2 de Purê Soubise, 1/2 de purê de champignons, misturados.

Maria Teresa (*Marie-Thérèse*)
Saltear. Apurar com Demi-glace atomatado. Cobrir com o molho. Guarnecer, ao redor, com timbales de risoto. Rodelas de trufas sobrepostas.

Marigny
Saltear. Apurar com vinho da Madeira e Demi-glace. Cobrir com o molho. Guarnecer com Batatas Fondantes e tarteletas cheias de ervilhas e losangos de feijão-verde, alternadas.

Marion-Delorme
(*Ver* MARIA LUÍSA).

Marly
Saltear. Apurar com vinho da Madeira e Demi-glace. Cobrir com o molho. Guarnecer com fundos de alcachofras, cheios de bolas de cenouras.

Marquesa (*Marquise*)
Saltear. Apurar com vinho da Madeira e Demi-glace. Empratar sobre crostão. Cobrir com o molho. Guarnição Marquesa.

Marselhesa (*Marseillaise*)
Saltear. Empratar sobre crostão. Cobrir com Molho Provençal. Guarnecer no topo com azeitona sem caroço, rodeada de um filete de anchova. Ao redor Tomates Provençal e Batatas Cavaco (*Copeau*). alternados.

Mascote (*Mascotte*)
Saltear. Molhar com vinho branco e suco de carne (*jus lié*). Cobrir com o molho. Guarnição Mascote.

Massena (*Masséna*)
Saltear. Apurar com Molho Périgueux. Guarnecer o topo com fundo de alcachofra, contendo rodela de tutano. Cobrir com o molho obtido.

Matignon
Saltear. Molhar com vinho branco e Glace de Carne, levantada com manteiga. Juntar Aldeã (*Paysanne*) fina, de legumes, champignons e trufas. Cobrir com o molho. Rodear de Batata Palha (*Paille*).

Médicis
Saltear. Apurar com vinho da Madeira e Demi-glace. Molho Bearnês (*Bearnaise*), no topo. Molho de tornedó, ao redor. Guarnição Médicis.

Melba
Saltear. Apurar com vinho do Porto e Demi-glace. Cobrir com o molho. Guarnecer de pequenos tomates, recheados com salpicão de aves, trufas e champignons, ligado com Molho Aveludado (*Velouté*), gratinados; alfaces estufadas.

Mexicana (*Mexicaine*)
Saltear. Apurar com suco de carne atomatado, picante. Empratar sobre champignons grelhados e tomates *concassés*. Cobrir com o molho. Guarnecer com pimentões grelhados.

Mignon
Saltear. Apurar com vinho da Madeira e Demi-glace. Cobrir com o molho. Colocar em cima um croquete achatado, tendo rodela de trufa sobreposta. Guarnecer com fundos de alcachofras, cheios de ervilhas.

Mikado
Saltear. Apurar com Molho Provençal. Empratar sobre 1/2 de tomate grelhado. Cobrir com o molho. Guarnecer com crosnes (*legume oriental*), salteados em manteiga.

Mirabeau
(*Ver* ENTRECOSTO *do mesmo nome*).

Mireille
Saltear. Apurar com vinho da Madeira e Demi-glace atomatado. Empratar sobre crostão de Batata Mireille. Cobrir com o molho.

Mírette
Saltear. Molhar com vinho branco e Glace de Carne. Levantar com manteiga. Cobrir com o molho. Guarnecer de Batatas Mirette.

Míscaros, com (*aux Morilles*)
Saltear. Molhar com vinho branco e Demi-glace. Cobrir com o molho. Guarnecer com míscaros salteados.

Moderna (*Moderne*)
Saltear. Molhar com vinho da Madeira e Demi-glace. Empratar sobre champignons grelhados. Cobrir com o molho. Guarnecer com croquetes de batata e alfaces estufadas, com rodelas de trufas sobrepostas e tomates inteiros, estufados.

Mônaco
Saltear. Apurar com vinho da Madeira e Demi-glace, adicionada de juliana de champignons e trufas. Empratar sobre crostão. Cobrir com o molho. Sobre a peça, rodela de presunto salteado, com escalope de Miolos à Moleira (*Meunière*) sobreposto. Champignon grelhado sobre os miolos.

Monte Carlo
Cortar os tornedós e pôr-lhes em volta uma tira de toucinho, atada com um fio. Fritar em azeite com manteiga. Sal e pimenta. Polvilhar com farinha e deixar cozinhar mais 1 minuto sem tomar cor. Juntar geléia de groselhas, vinho do Porto e passas de uvas sem grainhas. Deixar ferver. Empratar e servir cobertos com o molho. Muito quentes.

Monteiro-Mor (*Grand-Veneur*)
(*Ver em* ENTRADAS DE CAÇA, **Cabrito Montês).**
Molho Monteiro-Mor, em vez de Molho Pimentada (*Poivrade*).

Montgolfier
Grelhar. Manteiga Mordomo (*Maître d'Hôtel*) em cima. Batatas Sufladas (*Soufflées*), ao redor.

Montgomery
Saltear. Molhar com vinho branco e Demi-glace. Empratar sobre tampão de espinafres misturados com recheio, cozido numa fôrma de tarteleta. Decorar o topo, com rosácea de Purê Soubise espesso; no centro, rodela de trufa. O molho, reduzido, ao redor.

Montmorency
Saltear. Molhar com vinho branco e Demi-glace. Empratar sobre crostões. Cobrir com o molho. Guarnecer com Guarnição Montmorency.

Montmort
Saltear. Apurar com vinho da Madeira e suco de vitela, levantado com purê de pasta de fígado (*foie gras*). Empratar sobre crostão de brioche, frito, recheado com purê de pasta de fígado trufado. Cobrir com Glace de Carne. Decorar com rodelas de trufas. Molho do tornedó, ao redor.

Montpensier
Saltear. Apurar com vinho da Madeira e Demi-glace, adicionada de juliana de trufas. Cobrir com o molho. Guarnecer com fundos de alcachofras, recheados com pontas de espargos ligadas com manteiga

Mordomo (*Majordome*)
Marinar. Saltear. Apurar com a marinada e Demi-glace. Cobrir com o molho. À parte, purê de lentilhas.

Nancy
Como ROSSINI, sem trufas.

Napolitana (*Napolitaine*)
Saltear. Molho de Tomate em volta. Guarnição Napolitana.

Narbonesa (*Narbonnaise*)
Saltear. Apurar com vinho da Madeira e Demi-glace. Empratar em caçarola de porcelana, sobre purê de feijão branco, de *Cassolete* (*Ver* CASSOLETE *em* ENTRADAS DIVERSAS). Em cima, uma rodela de beringela frita, coberta com tomates *concassés*. Cobrir com o molho.

Nicense (*Niçoise*)
Saltear. Molhar com vinho branco e suco de carne ligado, atomatado. Guarnição Nicense.

Nichette
Saltear. Molhar com vinho branco e Molho Tutano (*Moelle*), adicionado de cristas e rins de galo. Cobrir com o molho. Guarnecer com champignons grelhados e tarteletas cheias de bolas de cenoura com natas.

Ninon
Saltear. Apurar com vinho da Madeira e suco de carne ligado. Empratar sobre Batatas Ana (*Anne*). Cobrir com o molho. Colocar, sobre a peça, um pequeno Dentado (*Bouchée*), recheado com pontas de espargos e juliana de trufas, ligados com manteiga. Molho, ao redor.

Ópera (*Opéra*)
Saltear. Apurar com vinho da Madeira e Demi-glace. Empratar sobre tarteletas, contendo fígados de aves salteados, ligados com Molho Madeira. Cobrir com o molho. Ao redor, crustadas recheadas com pontas de espargos.

Oriental (*Orientale*)
Saltear. Apurar com suco de carne ligado, atomatado. Empratar sobre crostão. Cobrir com o molho. Em cima, um pequeno croquete de batata, achatado. Ao redor, pequenos tomates estufados e pequenos timbales de Arroz à Grega (*Grecque*).

Paloise
Grelhar. Molho Bearnês (*Béarnaise*) com hortelã, em cima. Ao redor, Molho Tutano (*Moelle*). Ninhos de Batatas Avelãs (*Noisettes*), como guarnição.

Parisiense (*Parisienne*)
Saltear. Apurar com vinho da Madeira e Demi-glace. Cobrir com o molho. Guarnição Parisiense.

Parmentier
Saltear. Apurar com vinho da Madeira e Demi-glace. Cobrir com o molho. Guarnecer com Batatas Parmentier.

Pequeno Duque (*Petit-Duc*)
Saltear. Apurar com vinho da Madeira e Demi-glace. Empratar sobre tarteletas cheias com purê de aves com natas. Guarnecer com montinhos de pontas de espargos. Rodela de trufa no topo.

Perigordina (*Périgourdine*)
Como ROSSINI, sem pasta de fígado (*foie gras*).

Persa (*Persane*)
Saltear. Empratar sobre 1/2 de tomate grelhado. Cobrir com Molho Châteaubriand. Guarnecer com pimentos verdes, recheados com arroz, estufados; bananas fritas.

Peruano (*Péruvienne*)
Grelhar. Cobrir com Molho de Tomate pouco espesso. Guarnecer com oxálidas (*oxalis*) recheadas. (*A oxálida é uma planta dicotiledônea dialipétala, também conhecida por trevo-azedo. Pertence à família das azedas* (oxalidaceae) *e cresce nos sítios úmidos*).

Piemontesa (*Piémontaise*)
Saltear. Apurar com vinho da Madeira e Demi-glace. Cobrir com o molho. Guarnecer com tarteletas de Arroz à Piemontesa.

Pompadour
Saltear. Apurar com Molho Périgueux. Molho Chorão sobre o tornedó. Molho da peça reduzido, ao redor. Guarnecer com fundos de alcachofras, cheios de Batatas Avelãs (*Noisettes*).

Portuguesa (*Portugaise*)
Saltear. Apurar com suco de carne ligado, atomatado. Topo guarnecido com tomates

concassés; salsa picada sobre estes. Molho, ao redor.

Princesa (*Princesse*)
Saltear. Molhar com vinho branco e Demi-glace. Cobrir com o molho. Rodelas de trufa, em cima. Montinhos de pontas de espargos, ao redor.

Provençal (*Provençale*)
Saltear. Guarnição e Molho Provençal.

Quinteira (*Fermière*)
Saltear. Apurar. Guarnição Quinteira.

Ramalheteira (*Bouquetière*)
Saltear. Apurar com vinho Madeira e Demi-glace. Guarnição Ramalheteira.

Raquel (*Rachel*)
Saltear. Apurar com Molho Bordalês (*Bordelaise*). Empratar sobre crostão. Topo guarnecido com fundo de alcachofras, contendo rodela de tutano (*moelle*).
Cobrir com o molho.

Regência (*Régence*)
Saltear. Empratar sobre crostão. Guarnição Regência.

Renascença (*Renaissance*)
Saltear. Apurar com vinho da Madeira e Demi-glace. Guarnição Renascença.

Richemont
Saltear. Apurar com vinho da Madeira e suco de carne ligado, adicionado de Aldeã (*Paysanne*) de míscaros e trufas. Cobrir com o molho.

Rico (*Riche*)
Saltear. Apurar com vinho da Madeira e Demi-glace. Rodela de pasta de fígado (*foie gras*), com outra de truta em cima. Cobrir com o molho. Guarnecer com fundos de alcachofras, cheios com pontas de espargos.

Rivoli
Saltear. Apurar com Molho Périgueux. Empratar sobre crostões de Batata Ana (*Anne*). Cobrir com o molho.

Rohan
Saltear. Apurar com vinho de Jerez e Demi-glace. Cobrir com o molho. Guarnecer ao redor com fundos de alcachofras contendo purê de pasta de fígado (*foie gras*); tarteletas, cheias com rim de vitela salteado; crista de galo, entre cada uma.

Romana (*Romaine*)
Tornedós, nos quais se abre uma bolsa, onde se coloca uma fatia de toucinho ou presunto. Saltear em manteiga com azeite. Empratar sobre crostões. Fundo de alcachofras sobre cada tornedó. Cobrir com um molho feito de vinagre, vinho branco, chalota, cerefólio e estragão picados, passado pela peneira. Ligar com gemas de ovos e um pouco de manteiga. Servir bem quentes.

Rossini
Saltear. Apurar com vinho da Madeira, essência de trufas e Demi-glace. Colocar sobre a peça uma rodela de pasta de fígado (*foie gras*), tendo outra de truta sobreposta. Cobrir com o molho.

Roumanille
Saltear. Apurar com suco de carne ligado. Empratar sobre 1/2 de tomate, grelhado. Cobrir com Molho Mornay, atomatado. Passar no forno ou na salamandra. Molho da peça, reduzido, em volta. Guarnecer com rodelas de beringelas, fritas em azeite.

São Florentino (*Saint-Florentin*)
Saltear. Cobrir com Molho Bordalês (*Bordelaise*), de vinho branco. Guarnição São Florentino.

São Germano (*Saint-Germain*)
Saltear. Cobrir com Molho Bearnês (*Bearnaise*). Guarnição São Germano.

São Gotardo (*Saint-Gothard*)
Grelhar. Empratar sobre um crostão. Em cima, 1/2 de tomate grelhado, cheio com Molho Bearnês (*Bearnaise*). Ao redor, Batatas Sufladas (*Soufflées*).

São Mandé (*Saint-Mandé*)
Saltear. Molhar com vinho branco e suco de carne ligado. Amanteigar. Empratar sobre crostão de Batata Macário (*Macaire*). Cobrir com molho. Guarnecer com montinhos de ervilhas e pontas de espargos, alternados.

Sarah Bernhardt
Saltear. Apurar com vinho do Porto e Demi-glace. Empratar sobre crostão; rodela de tutano,

em cima. Cobrir com o molho. Guarnecer com pequenos tomates estufados; alfaces estufadas.

Sardo (*Sarde*)
Saltear. Apurar com Molho de Tomate, pouco espesso. Guarnição Sarda (*Sarde*).

Seymour
Saltear. Apurar com vinho da Madeira e Demiglace, adicionada de azeitonas recheadas. Cobrir com o molho. Em cima, colocar um fundo de alcachofra, cheio de Molho Bearnês (*Bearnaise*). Dados de trutas, sobre o Molho Bearnês.

Staël
Saltear. Apurar com vinho da Madeira e Demiglace. Empratar sobre croquete de ave, redondo e achatado. Cobrir com o molho. Champignons grelhados e purê dos mesmos. Ao redor, tarteletas cheias com ervilhas.

Sully
Como JUDIC, com Batatas Parisiense (*Parisienne*). Cobrir com Molho Madeira, ligeiro, adicionado de cristas e rins de galo.

Talleyrand
Saltear. Apurar com Molho Périgueux. Empratar sobre crostão de Batata Ana (*Anne*). Em cima, colocar um fundo de alcachofra, contendo rodela de pasta de fígado (*foie gras*). Cobrir com o molho, reduzido.

Tirolesa (*Tyrolienne*)
(*Ver* ENTRECOSTO *do mesmo nome*).

Tivoli
Saltear. Apurar com vinho da Madeira e Demiglace. Empratar sobre crostão. Cobrir com o molho. Guarnecer com champignon grelhado; cristas e rins de galo, ligadas com Molho Supremo, em tarteletas; montinhos de pontas de espargos.

Trufas, com (*aux Truffes*)
Saltear. Apurar com vinho da Madeira e Demiglace, adicionada de trufas torneadas como azeitonas.

Tutano (*Moelle*)
Grelhar. Colocar no topo uma rodela de tutano. Cobrir com Molho Tutano *Moelle*).

Valência (*Valence*)
Saltear. Apurar com vinho da Madeira e Demiglace, adicionada de Guarnição Financeira (*Financière*). Cobrir com o molho. Guarnecer com croquetes de nulhes (*nouilles*), redondos e achatados.

Valenciana (*Valencienne*)
Saltear. Molhar com vinho branco e Demiglace. Sobre tampão de Arroz Pilaw, contendo dados de pimentos encarnados. Cobrir com o molho, reduzido.

Valentim (*Valentin*)
Como PORTUGUESA. Juntar Batatas Avelãs (*Noisettes*).

Valentino
Saltear. Apurar com vinho da Madeira e Demiglace. Empratar sobre crostão feito de um nabo ocado, branqueado; recheado com sêmola cozida em consomê, polvilhado com queijo ralado e gratinado. Rosácea de Purê Soubise espesso, no topo. Molho reduzido, ao redor.

Valois
Saltear. Molhar com vinho branco e Demiglace, adicionado de fundos de alcachofras picados. Empratar sobre crostão de Batata Ana (*Anne*). Cobrir com o molho.

Vatel
Saltear. Molhar com vinho branco e Demiglace. Empratar sobre crostão de Batata Ana (*Anne*). Bordear com purê de ervilhas frescas. A cavidade, cheia com tomates *concassés*, polvilhados com estragão picado. Guarnecer com tortulhos salteados e endívias. Molho da peça, reduzido em volta.

Ventadour
Saltear. Empratar sobre tarteleta, cheia com purê de alcachofras. Rodelas de tutano e de trutas, colocadas sobre a peça. Cobrir com Molho Châteaubriand. Batatas Avelãs (*Noisettes*), em volta.

Verde Prado (*Vert-Pré*)
(*Ver* ENTRECOSTO PRADO VERDE).

Verdi
Saltear. Apurar com vinho da Madeira e Demiglace. Empratar sobre crostão de pasta de fígado (*foie gras*). Cobrir com Molho Soubise e passar no forno ou na salamandra. Guarnecer com crustadas em Batata Duquesa (*Duchesse*), cheias com bolas de cenoura em manteiga e alfaces estufadas.

Villaret
Grelhar. Empratar sobre tarteletas, cheias com purê de feijão. Champignon grelhado, no topo. Cobrir com Molho Châteaubriand.

Villemer
Grelhar. Empratar sobre crostão côncavo, cheio com Purê Soubise, trufado. Lustrar com Glace de Carne. Rodela de trufa, em cima, Ao redor, Molho Madeira.

Vitória (*Victoria*)
Saltear. Apurar com vinho da Madeira e Demi-glace. Empratar sobre croquete de aves, redondo e achatado. Guarnecer com tomates, recheados com purê de champignons, passados no forno. Cobrir com o molho.

Vizinho (*Voisin*)
Saltear. Apurar com suco de estragão. Guarnecer com pequenas fôrmas de espinafres, com recheio de aves, cozidas em banho-maria. Empratar sobre crostão de Batata Ana (*Anne*). Cobrir com o molho.

Xavier Léroux
Saltear. Apurar com vinho do Porto e Molho Porto. Empratar sobre tampão de espinafres, preparado como para VIZINHO. Crustada cheia de purê de aves, decorada com pontas de espargos, colocada em cima. Guarnecer com Batatas Avelãs (*Noisettes*); fundos de alcachofras, cheios com bolas de cenoura com natas, outros com bolas de beterraba com manteiga, alternados.

Zíngara
Saltear. Apurar. Adicionar Guarnição Zíngara. Cobrir com o molho.

VITELA
(Veau)

Vitela é a novilha com menos de um ano, vulgarmente chamada bezerra. A sua carne é muito branca, ou antes, rosada, devendo ser sempre muito bem cozinhada, antes da sua ingestão.

Alcatra e Rabadilha
(*Quasi – Rouelle*)

Prepara-se estufada, com todas as guarnições indicadas para o pojadoro ou sela.

Chambão ou Sarrafo e Aba
(*Jarret et Tendron*)

O chambão (jarret) é vulgarmente apresentado com o nome de osso buco. A aba (tendron) pode inscrever-se nas ementas usando a tradução literal tendrão.

Burguesa (*Bourgeoise*)
Rodelas de chambão, ou pedaços de aba, puxados em manteiga. Estufar. Guarnição Burguesa.

Estragão (*Estragon*)
Pedaços redondos do chambão da perna, ou aba, puxados em manteiga. Molhar com fundo de estragão. Estufar. Cobrir com o fundo do estufado, passado pela estamenha.

Osso Buco, ou Osso Boccone
Pedaços redondos do chambão, com o osso agregado, passados em manteiga com cebolas picadas. Juntar tomates *concassés* e Demi-glace, fortemente atomatado; ramo de cheiros. Estufar. Empratar e cobrir com o molho e salsa picada. Como guarnição, podem ser apresentadas batatas cozidas, nulhes, espaguete, arroz etc.

Primaveril (*Printanière*)
Proceder como para BURGUESA. Servir com Guarnição Primaveril.

Provençal (*Provençale*)
Pedaços redondos do chambão, ou da aba, temperados com sal e pimenta, puxados em azeite. Juntar cebola picada, tomates em cubos e alho picado. Molhar com vinho branco e fundo de vitela. Ramo de cheiros. Estufar. Servir.

Costeletas
(*Côtes, Côtelettes*)

Antiga (*Ancienne*)
Saltear em manteiga. Empratar em prato redondo, guarnecida com cristas e rins de galo, moleja de cordeiro, trufas e champignons, tudo aquecido em vinho da Madeira e ligado com Molho Aveludado de aves, reduzido com natas. Cobrir a costeleta com o seu fundo, apurado com vinho da Madeira, fundo de vitela e natas frescas, reduzido e passado.

Aromáticos (*Aromates, ou Fines Herbes*)
Saltear. Molhar com vinho branco, suco de carne ligado e aromáticos.

Basílico (*Basilic*)
Saltear. Molhar com vinho branco. Terminar com Glace de Carne, levantada com Manteiga de Basílico (*variedade de manjerico*).

Bela Vista (*Belle Vue*)
Estufar. Decorar ao gosto, com aparas de trufas e legumes cozidos. Lustrar com geléia. Ao redor, geléia picada.

Boa-Dona, ou Boa-Mulher (*Bonne-Femme*)
Saltear. Guarnição Boa-Dona.

Borgonhesa (*Bourguignonne*)
Saltear em manteiga. Juntar cebolas pequenas, champignons e pedaços de toucinho, picados. Empratar. Cobrir com o molho, apurado com vinho tinto, adicionado de um pouco de manteiga e Glace de Carne.

Caçadora (*Chasseur*)
Como todos os pratos do mesmo nome.

Caçarola (*Casserole*)
Cozinhar no objecto do nome, com guarnição das caçarolas. Apurar com suco de carne, ligado.

Caçarola à Aldeã (*Cocotte Paysanne*)
Em caçarola de barro, com Guarnição Aldeã.

Carteira, em (*en Portefeuille*)
Faz-se uma incisão longitudinal na costeleta e tempera-se esta, exterior e interiormente, com sal e pimenta. Enche-se a cavidade com um recheio de carne, à escolha. Enrola-se a costeleta em redanho de porco, grelha-se em fogo brando, ou salteia-se em manteiga. Guarnição de legumes.

Champignons
Saltear em manteiga, adicionando champignons. Apurar com vinho da Madeira e Demiglace.

Cortadora (*Bouchère*)
Chama-se assim uma costeleta tomada à ponta, junto ao cachaço, grelhada sem aparar. Pode-se também saltear em manteiga, se se desejar. Serve-se com legumes ao gosto.

Cussy
Pratica-se na costeleta uma incisão em forma de saco, que se enche com salpicão de champignons, cenouras e presunto magro, ligado com Bechamel bem apurado. Panar a costeleta e fritar em manteiga clarificada. Guarnecer com risoto cremoso, adicionado de trufas. Ao redor, suco de carne atomatado; sobre a costeleta, Manteiga Noisette.

Custine
Estufar as costeletas. Cobrir com Duxelles e panar. Panar segunda vez, sobre a primeira, com gema de ovo. Fritar em manteiga clarificada e regar com Molho de Tomate. (*Receita de Carême*).

Dreux
Picar com língua, presunto e trufas. Fritar em manteiga. Empratar em coroa. Guarnição Financeira (*Financière*).

Estufada (*Braisée*)
Proceder como normalmente. Guarnição à escolha.

Financeira (*Financière*)
Saltear. Guarnição Financeira.

Grimod de Reynière
Picar as costeletas, adicionando-lhes 1/3 do seu peso de miolo de pão molhado em leite, espremido. Juntar um pouco de trufas picadas, sal, pimenta, noz-moscada. Repor na sua forma natural, com o osso; panar e fritar. Guarnecer com pontas de espargos. Cordão de fundo de vitela, ao redor. Manteiga Escura (*Beurre Noir*), sobre as costeletas.

Guizot
Saltear. Adicionar vinho branco, cebolas e aromáticos. Panar e fritar. Decorar com rodelas de trufas. Molho Périgueux.

Hortaliceira (*Maraîchère*)
Saltear. Guarnecer com sersifins salteados, feijão-verde, Batata Castelo (*Château*). Suco de carne ligado.

Húngara (*Hongroise*)
Saltear com cebola e páprica, em fogo brando. Apurar o molho com vinho branco, natas e manteiga. Cobrir a costeleta com o molho.

Indiana (*Indienne*)
Saltear com cebola e caril, em fogo brando. Apurar o molho, com vinho branco, natas e um pouco de limão. Cobrir a costeleta. Servir com Arroz à Indiana.

Inglesa (*Anglaise*)
Panar e grelhar. Servir com batatas cozidas e manteiga derretida.

Languedociana (*Languedocienne*)
Saltear com gordura de pato. Juntar cebola picada e presunto. Adicionar, mais tarde, azeitonas sem caroço e alho picado. Servir com batatas coradas no forno, cobrindo a peça com o molho e as azeitonas.

Lionesa (*Lyonnaise*)
Saltear com cebola, Glace de Carne, um fio de vinagre. Cozinhar lentamente. Polvilhar com salsa picada.

Maintenon
(*Ver* COSTELETAS DE CARNEIRO *do mesmo nome*).

Marechala (*Maréchale*)
(*Ver* COSTELETAS DE CARNEIRO).

Marigny
Saltear. Guarnecer com tarteletas de ervilhas e de losangos de feijão-verde, alternadas. Suco de carne ligado.

Milanesa
(*Ver* ESCALOPES DE VITELA).

Montholon
Saltear. Decorar com rodelas de língua e de trufas; champignons canelados. Cordão de Molho Supremo, ao redor.

Morland
Saltear. Passar por gema de ovo batida e panar com trufas, picadas muito finas. Fritar em manteiga clarificada. Empratar em coroa. No centro, purê de champignons. Demi-glace. (*Receita de Caréme*).

Napolitana (*Napolitaine*)
Panar. Saltear. Guarnição Napolitana. Suco de carne ligado.

Natas (*Crème*)
Saltear em manteiga. Apurar com vinho da Madeira ou vinho branco e natas. Cobrir com o molho obtido.

Orleanense (*Orléanaise*)
Saltear. Guarnição Orleanense. Suco de carne ligado.

Orloff
Ver COSTELETAS MAINTENON. Juntar rodelas de trufas e Guarnição Orloff.

Papelote, em (*Papillote*)
Saltear. Proceder como para o SALMONETE EM PAPELOTE.

Parmentier
Temperar com sal e pimenta. Saltear. A meio da cocção, adicionar batatas, em cubos de 2 cm de lado. Terminar de cozinhar tudo junto. Empratar em prato redondo. Cobrir com o molho, adicionado de suco de carne. Salsa picada.

Perigordina (*Périgourdine*)
Saltear. Envolver em picado de porco com purê de pasta de fígado (*foie gras*), trufado. Enrolar em redanho de porco. Grelhar lentamente. À parte, Molho Périgueux.

Piemontesa (*Piémontaise*)
Temperar com sal e pimenta. Panar com ovo, miolo de pão e queijo ralado. Fritar em manteiga clarificada. Servir com Arroz à Piemontesa. Cordão de Demi-glace atomatado.

Pojarsky
Recheio de vitela, adicionado de miolo de pão ensopado em leite, espremido, misturado com natas. Dar a forma de costeletas e colocar o osso. Panar à inglesa. Fritar em manteiga clarificada e guarnecer á vontade.

Portuguesa (*Portugaise*)
Saltear em azeite. Apurar o molho com vinho branco, tomate e alho. Reduzir. Adicionar salsa picada. Cobrir a costeleta com o molho.

Primaveril (*Printanière*)
Estufar. Guarnição Primaveril.

Provençal (*Provençale*)
(*Ver* COSTELETAS DE CARNEIRO).

Quinteira (*Fermière*)
Em caçarola, com Guarnição Quinteira.

Rubens
(*Frias*). Estufar. Guarnecer o topo com pontas de lúpulo. Cobrir com Molho de Tomate, adicionado de geléia. Terminar como BELA VISTA.

Suco (*Jus*)
Como CAÇAROLA.

Talleyrand
Saltear. Arrefecer. Cobrir dos dois lados, com recheio de aves. Panar com trufas, picadas finas. Fritar em manteiga. Guarnição Talleyrand. Cordão de Molho Périgueux.

Tomates
Grelhada ou salteada. Guarnecida com tomates salteados.

Trufas (*Truffes*)
Saltear. Guarnecer o topo com rodelas de trufas. Apurar com essência de trufas e Glace de Carne. Levantar com manteiga. Cobrir com o molho.

Verde Prado (*Vert Pré*)
Grelhadas. Montinhos de agrião e Batata Palha (*Paille*). Manteiga Mordomo (*Maître d'Hôtel*).

Veronesa (*Véronaise*)
Empratar sobre tampão de Polenta. Em cima, tomates *concassés*. Ao redor, feijão-verde. Suco de carne ligado, atomatado, sobre as peças.

Vichy
Saltear. Guarnição Vichy. Suco de carne ligado.

Vienense (*Viennoise*)
(*Ver* ESCALOPES *do mesmo nome*).

Zíngara
(*Ver* ESCALOPES *do mesmo nome*).

Língua
(*Langue*)

(Ver LÍNGUA DE VACA)

Lombo, Lombinho, Sela, Vão do Lombo
(*Longe. Filet, Selle, Carré*)

A divisão açougueira de Lisboa, em comparação com a francesa, não permite apresentar uma nomenclatura perfeita; no entanto, para melhor compreensão dos leitores, faremos a explicação detalhada destas peças.

Lombo (*Longe*)
É a parte que, na vaca, se chama *rosbife*, ou seja, a que, partindo da anca, termina nas primeira costelas.

Lombinho (*Filet*)
É, tal como o lombo de vaca, a porção de carne alojada no interior das costelas. Quando a rês é pequena, esta parte não se separa, a fim de enriquecer as chamadas *costeletas de fundo*.

Sela (*Selle*)
Esta peça é constituída pelo lombo e costeletas de fundo, que chamamos vão do lombo. Abrange, assim, todo o dorso do animal.

Vão do Lombo (*Carré*)
Pelo seu enorme tamanho, o vão do lombo, que verdadeiramente se chama vão de costeletas, poucas vezes é servido inteiro. Quando, no entanto, se pretender fazê-lo, deve o mesmo ser libertado dos ossos da espinha, a fim de facilitar o seu corte pelo trinchador.

Agnés Sorel
Picar com língua e trufas. Estufar. Passar ao forno. Guarnecer como os SUPREMOS DE AVES do mesmo nome. À parte, fundo do estufado, apurado e sem gordura.

Caçadora (*Chasseur*)
Picar. Assar. À parte, Molho Caçador.

Cartuxa (*Chartreuse*)
Estufar. Empratar. Em cada extremo, Cartuxada de Legumes.

Dreux
Picar com toucinho e presunto. Estufar. Guarnição Financeira (*Financière*).

Matignon
Estufar até meia cocção. Envolver em Matignon, depois em fatias de toucinho e presunto. Enrolar, por fim, em redanho de porco. Terminar de cozinhar. Servir tal qual. À parte, Fundo do estufado, apurado.

Metternich (*Sela*)
Estufar. Retirar o lombo, deixando-o ficar seguro apenas pela extremidade cartilaginosa da aba. Cortar no lombo fatias no sentido do comprimento; cobri-las com Bechamel, adicionado de páprica e recolocar na sua posição

normal, intercalando com trufas. Cobrir tudo com o mesmo molho. Gratinar na salamandra. À parte, Arroz Pilaw e fundo do estufado, apurado.

Nélson (*Sela*)
Preparar como a anterior. Cobrir as fatias de lombo com Molho Soubise e intercalá-las com fatias de presunto. Cobrir tudo, com aparelho a Suflê de Parmesão, trufado. Cozinhar e passar no forno. À parte, fundo do estufado.

Oriental (*Orientale*)
(*Sela*). Proceder como para METTERNICH. Cobrir as fatias de lombo com Bechamel ao caril. Cobrir a peça com Bechamel atomatado. Gratinar. Rodear de aipos estufados. À parte, Arroz Pilaw e fundo do estufado.

Orloff
(*Sela*). Proceder como para METTERNICH. Cobrir as fatias de lombo com Purê Soubise e champignons; rodelas de trufas, intercaladas. Cobrir a peça com Molho Maintenon. Gratinar. Ao redor, Guarnição Orloff. À parte, fundo do estufado, apurado e passado.

Páprica
Picar, temperar com páprica e estufar com cebolas picadas. Empratar. Guarnição Húngara (*Hongroise*). Apurar o molho com natas, passar e servir à parte.

Piemontesa (*Piémontaise*)
(*Sela*). Como METTERNICH. Cobrir as fatias de lombo com Molho Mornay, adicionado de trufas. Cobrir a peça com o mesmo molho. À parte, fundo do estufado, apurado e passado; timbales de Arroz à Piemontesa.

Renascença (*Renaissance*)
Estufar. Guarnição Renascença. Demi-glace, adicionado do fundo do estufado.

Romanoff
(*Sela*). Como METTERNICH. Cobrir as fatias de lombo com Molho de Natas, adicionado de champignons picados. Cobrir a peça com Bechamel ao Coulis de Lagostins. Guarnecer com pés de funcho, estufados. À parte, fundo do estufado, apurado e passado.

Siciliana (*Sicilienne*)
Picar. Passar numa frigideira. Envolver em Guarnição Siciliana e enrolar em redanho de porco. Polvilhar com miolo de pão e regar com manteiga derretida. Corar no forno. À parte, o molho da primeira passagem, apurado.

Talleyrand
Incrustar com trufas e envolver em fatias de toucinho. Estufar. Aparar depois de estufar. À parte, fundo do estufado e Guarnição Talleyrand.

Tosca
(*Sela*). Como METTERNICH. A cavidade quase cheia com Macarrão à Italiana, adicionado de juliana de trufas. As fatias de lombo, colocadas em cima, cobertas com Molho Soubise. Gratinar. Rodelas de trufa, no topo. À parte, fundo do estufado.

Turca (*Turque*)
Picar. Passar numa frigideira. Estufar. Guarnecer com Beringelas à Turca. À parte, fundo da cocção. apurado.

Medalhões, Medalhas, Granadinos, Escalopes
(*Médaillons, Noisettes, Grenadins, Escalopes*)

Medalhão (*Medaillon*)
O medalhão, que significa o mesmo que escalope, é uma porção de carne de vaca, vitela, carneiro ou até de aves, arredondada e aparada.

Medalha (*Noisette*)
Em principio, esta palavra designa uma pequena fatia arredondada, de carne de carneiro ou cordeiro, saída do lombo ou da perna, com o peso aproximado de 80/90 gramas. Por extensão, emprega-se também a palavra para designar um pequeno escalope de lombo de vitela ou de vaca.

Granadino (*Grenadin*)
Originalmente, esta palavra se destina a pequenas fatias triangulares, ou retangulares, de pojadouro de vitela, que, uma vez picadas com tiras finas de toucinho, se preparam estufadas. Por extensão, no entanto, designam-se desse modo os escalopes de qualquer carne, desde que sejam picados com toucinho gordo. As guarnições mais utilizadas são: Caçador, Crosnes, Espinafres, Financeira, Japonesa, Jardineira, Orleanense, Pontas de Espargos, Vichy e todos os purês de legumes.

Escalopes

Sob este nome, são designadas diversas fatias de carne (*ou peixe*), ligeiramente espalmadas, que são cozidas em manteiga ou outra gordura. Na antiga cozinha francesa, esta palavra servia para designar um prato composto de carne cortada em fatias, estufada numa caçarola.

Anversoise

Saltear em manteiga. Empratar sobre crostões redondos, fritos em manteiga Guarnecer com pontas de lúpulo com natas e pequenas batatas ao forno, em manteiga. Ao redor, o fundo do salteado, apurado com vinho branco e Glace de Carne.

Brancas

Cobrir os escalopes, depois de temperados com sal e pimenta, duma camada ligeira de Mirepoix de legumes, estufado em manteiga. Panar à inglesa e fritar em manteiga. Empratar sobre pequenos fundos de Batata Ana (*Anne*). Sobre cada escalope, um pouco de juliana de alface, estufada Ao redor, Demi-glace com vinho da Madeira.

Casimiro

Temperar com sal e páprica. Saltear em manteiga. Empratar sobre fundos de alcachofras, estufados em manteiga. Cobrir com uma juliana curta de cenouras, estufadas em manteiga, adicionada de trufas, cortadas de igual modo. Cobrir com o fundo, apurado com natas e páprica.

Champignons

Panar à inglesa. Fritar. À parte, Molho Champignons.

Fritti Quanti

Pequenos escalopes, salteados vivamente com suco de carne ligado. Servir com Manteiga Noisette e crostões. (*Italiana*).

Holstein

Panar. Fritar. Guarnecer com um ovo estrelado. Filetes de anchovas, formando grade sobre a peça.

Inglesa (*Anglaise*)

Panar à inglesa. Saltear. Empratar, intercalando com fatias de presunto grelhadas. Manteiga Noisette. (*Inglesa:. Veal Collops*).

Italiana, à (*Italienne*)

Panar com queijo ralado. Saltear. Guarnição Italiana (*Italiana: Scalopini di vitelo*).

Jardineira (*Jardinière*)

Panados à inglesa (*ou não*). Saltear em manteiga. Guarnição Jardineira.

Milanesa (*Milanaise*)

Panar à inglesa. Fritar. Guarnição Milanesa.

Montholon

Estufados. Guarnecer com fatias de língua, cristas de galo, champignons e trufas. Molho Supremo.

Natas, com (*Crème*)

Saltear. Apurar com natas. Sumo de limão. Cobrir com o molho.

Páprica

Polvilhar com páprica. Saltear. Apurar com natas. Cobrir com o molho.

Rosmaninho (*Romarin*)

Temperar com sal e pimenta; passar por farinha. Saltear em manteiga. Molhar com vinho branco. Juntar um pequeno ramo de rosmaninho, o mais fresco possível. Cobrir hermeticamente e deixar estufar lentamente, sem ferver, 18 a 20 minutos. Empratar. Cobrir com o molho. (*Cozinha italiana*).

Vienense (*Viennoise*)

a) Panar à inglesa. Saltear. Guarnecer o prato com gemas, claras de ovos e salsa picados. Sobre os escalopes, uma rodela de limão, tendo um filete de anchova enrolado, sobreposto. Suco de carne ligado. Manteiga Noisette. Batata Salteada, à parte.

b) Mergulhar em massa de fritar. Fritar com bastante gordura. Escorrer. Servir.

Wienner Schnitzel

Temperar com sal. Passar por farinha e panar à inglesa. Fritar em banha de porco. Escorrer. Empratar. Servir com 1/2 de limão e ramo de salsa (*Austríaca*).

Yorkshire

Como INGLESA, com fatias de presunto e alcaparras.

Zíngara

Passar por pão ralado. Saltear. Adicionar Guarnição e Molho Zíngara.

Pojadouro, Ganso Redondo, Fricandó
(*Noix, Sous-noix. Fricandeau*)

Modo de preparação: *Picar. Estufar com fundo de aromáticos e passar no forno.*

Briarde
Picar, estufar e guarnecer com alfaces estufadas e recheadas. À parte, timbales de cenouras com natas e o fundo do estufado.

Burguesa (*Bourgeoise*)
Estufar. Guarnição Burguesa. Fundo do estufado.

Chatham
Picar, estufar e passar no forno. À parte, timbale de nulhes frescos; dispor em cima ovais de língua e Molho Soubise leve, adicionado de champignons picados.

Chicória (*Chicorée*)
Estufar. À parte, purê de chicória e fundo do estufado.

Dória
Estufar. Abrir uma cavidade, redonda e profunda, com uma faca. Cortar a carne retirada, em fatias. Encher a cavidade com uma guarnição Regência b). Colocar as fatias de carne, em cima. Cobrir com Molho Supremo. Guarnecer com Batatas Duquesa (*Duchesse*).

Espinafres (*Épinards*)
Estufar. Guarnecer com purê de espinafres. Fundo do estufado.

Frio (*Froide*)
Estufar. Cobrir com o fundo do estufado, adicionado de geléia. Guarnição à escolha.

Nivernesa (*Nivernaise*)
Estufar. Guarnição Nivernesa. Fundo do estufado.

Renascença (*Renaissance*)
Estufar. Guarnição Renascença. Fundo do estufado.

Pá e Peito
(*Épaule et Poitrine*)

A pá é servida, geralmente, desossada e recheada. O peito, recheado também e enrolado.

Recheado (*Farcie*)
Rechear com picado de carne para salsichas, adicionado de cebolinho picado e Duxelles Seco. Enrolar, atar e estufar. À parte, um purê de legumes qualquer e o fundo do estufado, ou Guarnição Burguesa, Padeira, Primaveril etc.

Recheado à Inglesa (*Farcie à l'Anglaise*)
Rechear com Recheio à Inglesa e tratar como o anterior. Estufar. Servir com toucinho cozido e fundo do estufado.

Perna
(*Cuisseau*)

Esta é uma das peças que, normalmente, são servidas assadas, aconselhando alguns autores que se bata bem, antes de preparar. Na redação de ementas em francês, deverá ter-se cuidado quanto à grafia que, neste caso, é, como acima se indica, e não Cuissot, apenas aplicável à perna de cabrito montês ou doutra espécie de caça grossa.

Todas as guarnições de assados lhe são aplicáveis.

Cebolas, com (*aux Oignons*)
Lardear com toucinho, temperado com aromáticos. Corar. Lardear 10 ou 12 cebolas de bom tamanho, do mesmo modo que a carne. Condimentar a perna com coiratos, vinho branco, sal, pimenta, louro, tomilho e cravinho. Cozinhar. A meio da cocção, juntar as cebolas, que, no final, são colocadas ao redor da peça a decorar.

Peregrina (*Pélerine*)
Lardear como a anterior e corar dos dois lados em azeite. Molhar com água; deitando sal, pimenta, cravinho e aromáticos. Cozinhar. À parte, corar com manteiga e açúcar 12 cebolas de bom tamanho, molhando-as com suco da vitela, vinho branco e alguns champignons. Servir a perna rodeada das cebolas com o seu próprio molho. O suco do assado, ligado com fécula, a cobrir a perna.

Rolinhos Recheados
(*Paupiettes*)

(*Ver em ENTRADAS DIVERSAS*)

SALADAS
(SALADES)

Saladas são os pratos compostos de plantas herbáceas, legumes, ovos, carnes e peixes. temperados com azeite, vinagre, sal, pimenta ou mostarda, com ou sem outros ingredientes. As saladas de herbáceos no estado cru são, com os frutos, os únicos alimentos que ingerimos não cozinhados. Elas constituem um alimento refrescante, rico em vitaminas, substâncias minerais e celulose, formando um corretivo aos regimes habitualmente demasiado carnívoros. Devem ser interditas, no entanto, como a maioria dos alimentos crus, aos que sofram de doença intestinal, sendo de aconselhar aos adolescentes, a quem, por vezes, são negadas, em nome duma higiene alimentar mal compreendida. As saladas são um ótimo alimento, desde que se evite o abuso do sal e se use vinagre de absoluta pureza, ou, melhor ainda, sumo de limão em vez deste.

As saladas dividem-se em simples e compostas. As primeiras podem se subdividir em saladas verdes, ou cruas, e saladas de legumes cozidos.

A utilização das saladas na América é grande; deu azo, por isso, a numerosas fórmulas, mais ou menos complicadas, que muitos defensores do classicismo consideram pouco de aconselhar gastronomicamente, mas que são, no entanto, bastante usadas. Delas damos nota, sob o nome de SALADAS AMERICANAS.

SALADAS SIMPLES (VERDES, OU CRUAS)
(Salades simples "Vertes, ou Crudes")

Acelga (*Poirée*) .... Vinagrete
Agrião (*Cresson*) .... Vinagrete
Aipo (*Céleri*) .... Mostarda
Alfaces (*Laitues*) .... Vinagrete
Beldroega (*Pourpier*)...................... Vinagrete
Chicória (*Chicorée*) .... Vinagrete
Couve roxa (*Chou rouge*)
Em juliana, com ovos cozidos
e toucinho .... Vinagrete
Dente-de-Leão ou Taráxaco
(*Pissenlit*)
Com toucinho .... Vinagrete
ou Mostarda
Endívias (*Endíves*)
Com ovos cozidos .... Vinagrete
ou Mostarda
Favas (*Féves*)
As folhas tenras .... Vinagrete
Nabos (*Navets*)
Folhas tenras de nabos novos .... Vinagrete
Pepino (*Concombre*) .... Vinagrete
ou outro
Pimpinela (*Pimprenelle*) .... Vinagrete
Rabaças (*Berles*) .... Vinagrete
Rabanetes (*Radis*)
As folhas tenras e os
tubérculos picados .... Vinagrete
Rapôncio (*Raiponce*) .... Vinagrete
Repolho (*Chou-pomme*)
Em juliana fina .... Maionese
Vinagre, Natas

Romana (*Romaine*) .... Vinagrete
Sersifim ou Escorcioneira
(*Salsifis*) .... Natas
Soja .... Mostarda
Tomate (*Tomate*) .... Vinagrete
ou outro

SALADAS SIMPLES (LEGUMES COZIDOS)

(Salades simples – Légumes cuits)

Aipo-Nabo (*Céleri Rave*)
Em juliana .... Vinagrete
Alcachofras (*Artichauts*)
Os fundos .... Vinagrete
Batatas (*Pomme de terre*)
Cozidas, cortadas em quente .... Vinagrete
Maionese
Beterrabas (*Beterraba*)
Em rodelas, sobretudo nos
acepipes .... Mostarda
Bróculos (*Chou-brócoli*) .... Vinagrete
Cenoura (*Carotte*) .... Azeite, Vinagre
ou outro
Couve-de-bruxelas (*Chou-de-bruxelles*) .... Vinagrete
Couve-flor (*Chou-fleur*) .... Vinagrete
Couve Roxa (*Chou-rouge*)
Em juliana .... Vinagrete
Couve Vulgar (*Chou vert*)
Como acepipe .... Vinagrete
Crosnes do Japão .... Com ovos
cozidos
Espargos (*Asperge*)
Brancos ou verdes .... Vinagrete
ou Maionese
Espinafres (*Épinard*)
Ligeiramente branqueados .... Vinagrete
Favas (*Féves*) .... Vinagrete
com segurelha
Feijão Branco (*Haricot Blanc*) ..... Vinagrete
Feijão Frade (*Haricot Prince*) ...... Vinagrete
Feijão-Verde (*Haricot Vert*) .... Vinagrete
Grelos de Nabos (*Pousse de Navet*) .... Vinagrete
Lentilhas (*Lentilles*) .... Vinagrete
Sersifim ou Escorcioneira
(*Sasifis ou Scorsonières*) .... Vinagrete
Topinambo (*Topinambour*) .... Vinagrete
ou Maionese

SALADAS COMPOSTAS

(Salades Composées)

Agrioneira (*Cressonière*)
Rodelas de batata e folhas de agrião. Polvilhar com ovo cozido e salsa picada.

Aída (*Aïda*)
Chicória frisada; tomates limpos e fundos de alcachofras, picados; juliana de pimentos verde e clara de ovo cozido. Cobrir com gema de ovo cozido, passada pela peneira grossa. Vinagrete amostardado.

Albignac
Branco de aves, finamente picado; trufas brancas, em rodelas; pretas, em juliana. Caudas de lagostins; juliana de rábano; corações (*olhos*) de alface; ovos cozidos; cerefólio e estragão. Empratar em camadas circulares, ao alto, de fora para dentro, numa saladeira. Temperar as aves com Vinagrete, os lagostins com *catchup*, as trufas brancas só com azeite e vinagre. Enfeitar com as alfaces e o ovo cozido. Sobre o rábano, a juliana de trufas. Azeite e vinagre por cima. no momento de servir.

Alemã (*Allemande*)
1/2 de maçãs, 1/2 de batatas cozidas com pele, picadas. Cubos de pepinos verdes (*cornichons*) e filetes de arenque; cebolas e salsa, picadas. Vinagrete com ovos. Decorar com beterraba.

Ali-Babá (*Ali-Baba*)
Batata-doce cozida, cortada em fatias; chuchus em quartos, cozidos em água e sal: tomates picados; quartos de ovos cozidos; camarões escuros, temperados com Maionese e salsa; cerefólio e estragão picados. Empratar em cúpula os camarões e a Maionese. Rodear com as outras guarnições, dispostas em montinhos. No momento de servir, regá-los com Vinagrete.

Alice
Maçãs grandes esvaziadas da polpa, cheias com bolas de batata verde, do tamanho de ervilhas; groselhas; amêndoas cortadas finas. Ligar com natas aciduladas. Recolocar o tampão nas maçãs.

Alsaciana (*Alsacienne*)
Como ALEMÃ; rodelas de trufas e quartos de nozes descascadas, em lugar de *cornichons* e de arenques.

Americana (*Américaíne*)
a) Rodelas de tomates limpos; rodelas de batata; juliana de aipo; rodelas de cebola e de ovos cozidos. Vinagrete.
b) Folhas de alface, tomates *concassés*. Vinagrete.

Andaluza (*Andalouse*)
Quartos de tomates; juliana de pimentos doces; arroz natural; dente de alho; cebola e salsa picada. Vinagrete.

Argenteuil
Batatas em cubos, misturadas com Maionese adicionada de cerefólio picado. Empratar em cúpula. Colocar em cima pontas de espargos brancos com azeite e vinagre. Guarnecer com uma bordura de juliana de alface e quartos de ovos cozidos.

Arlesiana (*Arlésienne*)
Rodelas de batata; fundos de alcachofras picados. Temperar com azeite, vinagre, sal, pimenta, cerefólio e estragão picados. Empratar em cúpula. Guarnecer com ramos de chicória cozida a branco, quartos de tomate e azeitonas grandes sem caroço. No topo, filetes de anchovas colocados em grade.

Arquiduque (*Archiduc*)
Juliana de beterrabas, endívias, trufas e batata. Vinagrete.

Augustino (*Augustin*)
Alface; feijão-verde; tomates em quartos; ervilhas. Maionese com Molho Inglês (*Worcestershire*).

Bagatela (*Bagatelle*)
Juliana de cenouras e champignons; pontas de espargos. Vinagrete.

Bagration
Juliana de aipo e de aves; rodelas de fundos de alcachofras; macarrão com 5 cm de comprimento; tomates. Decorar em estrela, composta de trufas, língua, gemas e claras de ovo cozido; salsa picada. Maionese.

Beatriz (*Béatrix*)
Juliana de branco de aves; de trufas; de batatas; pontas de espargos. Molho Maionese, ligeiramente amostardado.

Beaucaire
Juliana de aipo, rábano, endívias, presunto magro, maçãs (*ácidas*). Salsa, cerefólio e estragão picados. por cima. Bordura de rodelas de batata e beterraba. Maionese.

Belas da Noite (*Belles de Nuit*)
Rodelas de trufa e caudas de lagostins. Vinagrete, fortemente condimentado com pimenta do moinho.

Bela Quinteira (*Belle Femière*)
Aipo, batata, beterraba e pimentos verdes cortados em juliana, em quantidades iguais. Molho de Mostarda com natas.

Beterraba à Polonesa (*Betterave à la Polonaise*)
Cortar a beterraba em juliana. Temperar com mostarda, natas, sumo de limão, sal e pimenta. Colocar na saladeira e polvilhar com rábano-de-cavalo ralado e ovos cozidos picados.

Borralheira (*Cendrillon*)
Juliana de rábano-de-cavalo, de trufas e de fundos de alcachofras; batatas e maçãs picadas; pontas de espargos. Vinagrete.

Bressane
Cobrir o fundo da saladeira com juliana de alface com Vinagrete, apertando bem. Sobre esta, fatias finas de aves, temperadas com azeite, sumo de limão, sal, pimenta e cerefólio. Recobrir com Maionese, adicionada de suco de tomates e páprica. Decorar com rodelas de trufas, montinhos de pimentos verdes e encarnados, temperados com Vinagrete; pontas de espargos verdes e quartos de ovo cozido. (*Pode ser servidos como* ENTRADA FRIA).

Brimont
1/2 de batatas. 1/2 de fundos de alcachofras, cortados em cubos. Misturar com Maionese. adicionada de caril. Rodear de caudas de lagostins, azeitonas sem caroço, temperados com azeite e vinagre, separados por quartos de ovo cozido. Guarnecer o topo com rodelas de trufa.

Camarão à Dieppoise, de (*Crevettes à la Dieppoise*)
Como CANCALESA, substituindo as ostras por camarões e amêijoas, temperados com azeite, vinagre e pimenta. (*Pode ser servido como* ACEPIPE FRIO).

Canalha (*Canaille*)
Quartos de tomates, pontas de espargos, cebolas, bananas, arroz natural, juliana de aipo. Natas azedas.

Cancalesa (*Cancalaise*)
Preparar folhas de alface como se fossem conchas, colocando, dentro de cada, uma quantidade de batata em cubos, temperada com Maionese. Sobre estas, três ostras cozidas, temperadas com azeite, limão e pimenta. Sobre cada ostra, uma rodela de trufa. Empratar em rosácea. (*Pode ser servido como* ACEPIPE FRIO).

Cappone Magro
Salada de legumes e peixes de todas as qualidades, em cubos. Colocar numa fôrma, em cúpula. Desenformar. Cobrir com Maionese verde e rosada. Rodelas de lagosta, ou lavagante, em volta (*Italiana*).

Capricho (*Caprice*)
Juliana de língua, presunto, trufas, endívias e aves; fundos de alcachofras picados em cru. Vinagrete amostardado.

Capricho de Rainha (*Caprice de Reine*)
Endívias, maçãs picadas, juliana de trufas e de aipo. Maionese.

Carmen
Pimentos encarnados, grelhados e pelados; cubos de branco de frango; ervilhas; arroz natural. Vinagrete amostardado, adicionado de estragão picado.

Castelã (*Châtelaine*)
Ovos cozidos, trufas, fundos de alcachofras e batatas picadas. Vinagrete, adicionado de estragão picado.

Chicago
Quartos de tomates; pontas de espargos; feijão-verde; rodelas de pasta de fígado (*foie gras*); juliana de cenouras e champignons. Maionese.

Chucrute à Alemã, de (*Choucroute à l'Allemande*)
Chucrute, cozida em consomê ou água, montada em cúpula numa saladeira. Decorar com ovos cozidos e rodelas de beterraba. Vinagrete.

Crémone
Crosnes à Grega; rodelas de tomate sem sementes; filetes de anchovas. Vinagrete amostardado.

Crioula (*Créole*)
Pequenos melões abertos no topo, desembaraçados das sementes e fibras. Tirar a polpa e cortar em cubos grossos. Temperar com sal e gengibre. Misturar com arroz natural. Ligar com natas aciduladas. Recolocar dentro da casca do melão. Repor o tampão e servir rodeado de gelo picado.

Dalila
Bananas e maçãs, picadas; juliana de aipo. Maionese.

Danicheff
Cabeças de espargos; rábano branqueado; batatas em fatias; juliana de fundos de alcachofras e champignons crus. Maionese. Decorar com caudas de lagostins, trufas e ovos cozidos.

Delicias (*Délices*)
(*Ver* JAPONESA c)).

Dória
Rábano em juliana. Juntar Maionese e empratar em cúpula. Cobrir com rodelas muito finas, de trufas brancas. Guarnecer em montinhos, separados com pontas de espargos verdes e juliana de beterraba. Polvilhar com gema de ovo cozido e salsa, picados.

Dubarry
Colocar, numa saladeira, pequenos ramos de couve-flor, cozida em água e sal. Guarnecer com rabanetes e montinhos de juliana de agriões. Temperar com azeite, sumo de limão, sal, pimenta e cebolinho picado.

Egípcia (*Egyptienne*)
Arroz pilaw. Adicionar salpicão de fígados de aves, presunto, champignons, fundos de alcachofras, ervilhas, tomates *concassés* e losangos de pimentos encarnados.

Eleonora (*Eléonora*)
Corações de alface. Rodear de fundos de alcachofras guarnecidos com ovos escalfados e pontas de espargos. Maionese.

Espanhola (*Espagnole*)'
Centro da saladeira, guarnecido de 1/2 de feijão-verde, 1/2 de salada de quartos de tomates e pimentos. Estrela de pimentos encarnados sobre o feijão-verde. Rodelas de cebola e de champignons sobre os tomates e pimentos.

Estrées, d'
Juliana de trufas cruas e aipo branco. Maionese com mostarda, ou com caiena.

Eva (*Eve*)
Preparar maçãs, como para SALADA ALICE. Guarnecer com dados de polpa de maçã, de bananas, de ananás e de nozes. Temperar com natas, sumo de limão e sal.

Fanchette
Juliana de aves, champignons crus, endívias e trufas. Vinagrete.

Favorita (*Favorite*)
Caudas de lagostins; rodelas de trufas brancas; pontas de espargos. Temperar com sumo de limão, azeite, sal, pimenta, misturados com aipo e ervas aromáticas picadas.

Flamenga (*Flamande*)
Juliana de endívias e batatas, com cebola cozinhada no forno, picada. Temperar com azeite, vinagre, sal e pimenta. Empratar em cúpula e guarnecer com filetes de arenque. Polvilhar com salsa e cerefólio picados.

Florida (*Floride*)
Alfaces e quartos de laranja. Temperar com natas e sumo de limão.

Francesa (*Française*)
Juliana fina, de aipo, misturada com purê de tomate, natas, açúcar e sumo de limão. Rechear tomates, sem pele, com esta mistura. Servir sobre juliana de alface. (*Receita Italiana*).

Francilhão (*Francillon*)
Partes iguais, de mexilhão e batatas cozidas, picadas, marinadas com vinho branco (*Chablis*). Cobrir com rodelas de trufas. Molho Vinagrete.

Freiras, das (*des Nonnes*)
Arroz natural; juliana de aves. Misturar com Vinagrete amostardado. Empratar em cúpula. Polvilhar com trufas picadas.

Gaulesa (*Gauloise*)
a) Trufas, batatas, aipo e champignons, tudo picado. Maionese.
b) Folhas de alface, juliana de nozes frescas. Maionese com natas.

Gobelins
Aipo-nabo cozido; batatas cozidas; cortar em fatias. Fundos de alcachofras cozidas e champignons crus, tudo picado. Rodelas de trufas e pontas de espargos. Maionese com sumo de limão e estragão picado.

Grã-Duquesa (*Grande Duchesse*)
Feijão-verde; juliana de batatas cozidas com casca e de aipo. Maionese.

Hermínia (*Hermine*)
Juliana de aves e de aipo; endívias; batatas. Maionese.

Holandesa (*Hollandaise*)
Cubos de salmão fumado, de batatas cozidas, caviar; cebola e cebolinho fresco, picados. Sumo de limão; azeite.

Hortaliceira (*Maraîchère*)
Rapôncios, pontas de sersifim e aipo-nabo, picados. Decorar com batatas e beterraba. Molho Mostarda com natas, adicionado de rábão ralado.

Húngara (*Hongroise*)
Juliana de couves, ligeiramente branqueadas; pedaços de toucinho; dados de batata cozida. Sumo de limão, azeite e rábano-de-cavalo ralado.

Império (*Empire*)
Escolher folhas brancas de alface, de tamanho igual. Enchê-las com salada, composta de pontas de espargos verdes e trufas frescas. Empratar as folhas em rosácea.

Imperial (*Impériale*)
Feijão-verde, cenouras em palitos, juliana de batatas e trufas. Vinagrete, adicionado de ervas aromáticas.

Indiana (*Indienne*)
Arroz; pontas de espargos; juliana de pimentos doces; dados de maçãs. Natas com caril.

Irma
Pepinos picados; pontas de espargos; losangos de feijão-verde; pontas de couve-flor. Misturar com Maionese e natas, adicionadas de cerefólio e estragão picados. Empratar em cúpula. Polvilhar com juliana de alface e agrião. Bordura de rodelas de rabanetes.

Isabel (*Isabelle*)
Trufas, aipo e champignons, crus; batatas e fundos de alcachofras, cozidos; tudo picado. Vinagrete, adicionado de cerefólio picado.

Italiana (*Italienne*)
Salada de legumes, com dados de salame e filetes de anchova. Maionese.

Japonesa (*Japonaise*)
a) (*Ver* SALADA FRANCILHÃO).
b) Dados de filetes de arenque; rodelas de trufa; ostras cozidas; rodelas de batata cozida. Temperar separadamente com Vinagrete e empratar em montinhos alternados. Polvilhar com salsa picada.
c) Dados de tomates, temperados com açúcar, sal e sumo de limão. Dados de ananás, macerados com sumo de limão; dados de laranja natural. Pôr a refrescar. No momento de servir, colocar as frutas em corações (*olhos*) de alface, ou numa saladeira, rodeadas de folhas de alface. Cobrir com natas, aciduladas com sumo de limão. À parte, Molheira do mesmo molho.

Javanesa (*Javanaise*)
Gomos de laranja; juliana de casca de laranja, muito fina. Natas, com sumo de limão e rábano-de-cavalo ralado.

Jockey Club
Pontas de espargos, juliana de trufas cruas. Temperar antes, separadamente, com Vinagrete. Ligar no momento, com Maionese picante.

Lagosta (*Langouste*)
Como SALADA DE LAVAGANTE.

Lakmé
Dados de pimentos encarnados e de tomates; arroz natural; cebola picada. Vinagrete com caril.

Lapérouse
Quartos de tomate; dados de presunto; feijão-verde; fundos de alcachofras picados; cebolas. Ligar com natas azedas.

Laranjas (*Orange*)
Gomos de laranja. Regar com Kirsch.

Lavagante (*Homard*)
Colocar, no fundo da saladeira, uma juliana de alface temperada com azeite, vinagre e sal. Sobre a alface, colocar toda a carne das patas e pinças do lavagante, bem como alguma outra da cabeça. Cobrir com medalhão da cauda. Temperar com Vinagrete. Guarnecer com quartos de ovo cozido e corações de alface. Polvilhar com cerefólio e estragão, picados.

Legumes, de
Jardineira, dados de batata cozida; losangos de feijão-verde; ervilhas; couve-flor. Vinagrete com aromáticos.

Legumes com Maionese, de
Como a anterior. Ligada com Maionese. Enformar. (*Esta salada, também dita* MAIONESE DE LEGUMES, é *erroneamente chamada* SALADA RUSSA).

Lordes, dos (*des Lords*)
Folhas de alface, rodeadas de gomos de laranja, juliana de casca de laranja, de nozes e de amêndoas. Natas aciduladas, pimenta do moinho, sal.

Loreto (*Lorette*)
Alface de cordeiro, juliana de aipo e de beterraba. Vinagrete.

Luisinha (*Louisette*)
Corações de alface. Quartos de tomates, passas de uva branca, sem pele nem grainha. Vinagrete.

Macedônia (*Macédoine*)
Dados de beterraba, feijão-verde em cubos, ervilhas, cenoura picada, aipo picado; misturar com Maionese e sumo de limão.

Manon
Folhas de alface, gomos de toranja (*pamplemousse*), sumo de limão, sal, açúcar, pimenta do moinho, um pouco de Vinagrete (*muito pouco*).

Marajá (*Maharadjah*)
Arroz natural, misturado com cubos de santola. Temperar com azeite, vinagre, caril e sal. Empratar em cúpula, numa saladeira. Rodear de aipo-nabo em cubos, chuchus em cubos, branqueados e temperados. Quartos de tomates.

Maria Stuart (*Marie Stuart*)
Juliana de aipo e de alfaces. Vinagrete. Decorar com quartos de ovos cozidos e rodelas de trufas.

Marieta (*Mariette*)
Juliana de cenouras cozidas e de cascas de laranjas; gomos de laranjas. Sumo de laranja e Vinagrete.

Mariscos (*Crustacés divers*)
Prepara-se com lagosta, lavagante, santola, lagostins, amêijoas etc. Seguir o indicado para

SALADA DE LAVAGANTE. Guarnecer com filetes de anchovas, alcaparras, azeitonas sem caroço, ovos, corações de alface.

Mascote (*Mascotte*)
Cabeças de espargos, ovos de tarambola cozidos, rins de galo picados, caudas de lagostins e rodelas de trufas. Mostarda com natas. Decorar ao gosto.

Meio-Luto (*Demi-Deuil*)
Juliana de batatas e de trufas, em igual quantidade. Decorar com rodelas de trufas, tendo outras de batata, menores, sobrepostas; rodelas de batata, de igual modo apresentadas. Alternar as rodelas. Molho de Mostarda com natas.

Mercedes (*Mercédès*)
Juliana de aipo e de beterraba, rodelas de tomates limpos de sementes, chicória. Empratar em montinhos. Temperar com sal, pimenta, ervas aromáticas, gemas de ovo passadas pela peneira, vinagre e óleo de nozes.

Midinette
Juliana de maçãs azedas, de aves, de aipo e de *gruyère*. Maionese dissolvida com Vinagrete.

Mignon
Caudas de lagostins e dados de fundos de alcachofras. Bordadura de rodelas de trufas. Maionese com natas e pimenta de Caiena.

Mignonne
Dados de trufas, fundos de alcachofras, aipo-nabo, batatas e pontas de espargos. Temperar em separado. Empratar em montinhos. Maionese no centro.

Mignonnette
Salada de legumes, cortados em Brunesa grossa. Maionese.

Mikado
a) Ostras, arroz natural, dados de pimentos encarnados e verdes, grelhados. Vinagrete amostardado.
b) Crosnes cozidos, juliana de aipo, dados de batata cozida. Maionese.
c) Crosnes cozidos; feijão-verde; rodelas de tomate; alface. Ligar com Molho Gribiche.

Mimosa
Meios corações de alface. Guarnecer com gomos de laranja, passas de uva, sem pele nem grainha, bananas picadas. Natas e sumo de limão.

Miolos de Vitela (*Cervelles de Veau*)
(*Ver em* ENTRADAS DE MIUDEZAS: **Cabeça de Vitela**).

Monagasca (*Monegasque*)
Rodelas de batata cozida, angulas branqueadas, quartos de alcachofras, rodelas de tomate sem sementes, azeitonas pretas. Temperar com sal, pimenta, mostarda, anchovas passadas na peneira, azeite, sumo de limão.

Monte-Carlo
Dados de ananás fresco e de laranja, grãos de romã, temperados com sumo de limão, natas e sal. Colocar em cascas de tangerina, libertas de polpa com cuidado, para ficarem inteiras. Servir sobre gelo picado. Colocar corações de alface, entre as tangerinas, como decoração.

Monte-Cristo
Dados de lavagante, trufas, batata cosida, ovos cozidos. Empratar ao redor, em montinhos, com corações de alface no centro. Maionese amostardada.

Montfermeil
Palitos de sersifim; fundos de alcachofras e batatas cozidas, picados; juliana de clara de ovo cozido. Misturar com Vinagrete. Empratar em cúpula. Polvilhar com gema de ovo cozido passada na peneira e salsa picada.

Montmorency
Juliana de rama de aipo; cerejas. Natas, rábano-de-cavalo ralado, sumo de limão.

Moscovita (*Moscovite*)
Salada Russa, moldada em fôrma de Perfeito (*Parfait*). Empratar. Rodear de tarteletas, recheadas com 1/2 de caviar e 1/2 de purê de sigui. (*Peixe russo fumado*).

Mousmé
(*Ver* MONTMORENCY).

Muguette
Branco de chicória frisada, maçãs reinetas picadas, juliana de aipo, rodelas de tomate sem sementes, nozes marinadas com agraço. Maionese com gemas de ovo cozido. Bordura de rodelas de rabanete e pontas de cerefólio.

Natal, do (*de Noël*).
Chicória, alface de cordeiro, juliana de aipo e de trufas. Empratar em montinhos. Vinagrete.

Nélusko
Juliana de beterrabas; batatas cozidas, torneadas como azeitonas; pontas de espargos. Maionese, adicionada de Molho Roberto.

Nicense (*Niçoise*)
Feijão-verde, quartos de tomates, rodelas de batata cozida. Decorar com filetes de anchovas, azeitonas e alcaparras. Vinagrete.

Ninon
Quartos de alface. Decorar com gomos de laranja. Temperar com sumo de laranja e sumo de limão, sal e azeite.

Noêmia (*Noémi*)
Pedaços de frango assado, caudas de lagostins, corações de alface. Temperar com natas, adicionadas de Coulis de Lagostins, sal, pimenta do moinho, sumo de limão. Polvilhar com aparas de cerefólio.

Nova Japonesa (*Nouvelle Japonaise*)
Folhas de alface inteiras, recheadas com quartos de nozes, juliana de amêndoas e rodelas de bananas. À parte, Natas Azedas.

Ópera (*Opéra*)
Juliana de aves, língua, aipo, trufas, pontas de espargos. Empratar em montinhos. Bordadura de rodelas de rins de galo e de pepinos verdes (*cornichons*) alternados. Maionese pouco espessa.

Oriental (*Orientale*)
Arroz natural; metades de tomate, salteados em azeite com alho; dados de pimentos, encarnados e verdes, grelhados; palitos de feijão-verde. Vinagrete, adicionado de filetes de anchovas.

Paloise
Pontas de espargos, quartos de alcachofras, juliana de aipo-nabo. Vinagrete amostardado.

Parisiense (*Parisienne*)
Fôrma sem abertura central, encamisada com geléia. Decorar com rodelas de cauda de lagosta, tendo rodela de trufa sobreposta. Encher a cavidade com "Salada de Legumes com Maionese" adicionada de dados de lagosta e lavagante. Desenformar no momento de servir.

Paulina (*Paulette*)
Juliana de aipo, de batatas cozidas, de trufas cruas e feijão-verde. Maionese.

Peixe, de (*de Poisson*)
Faz-se com mistura de diversos peixes ou com uma qualidade apenas. Tempera-se com Vinagrete ou Maionese. Rodear de tomates, salada de legumes, alfaces etc.

Pernollet
Camarões, misturados com dados de trufas. Ligar com Maionese. Colocar no centro do prato. Ao redor, formando rosácea, folhas de alface contendo pontas de espargos verdes, temperadas com azeite e limão. (*Pode ser servido como* ACEPIPE FRIO).

Piemontesa (*Piémontaise*)
Batatas cozidas e trufas brancas, picadas. Decorar com filetes de anchovas. Vinagrete.

Pimentos à Crioula, de (*Piments à la Créole*)
Pimentos verdes e encarnados, branqueados fortemente em água e sal. Cortar em fatias e colocar em montinhos, alternados com outros de arroz natural. Sobre o arroz, colocar rodelas de tomate; sobre os pimentos, cebolinho picado. Temperar com azeite, vinagre, sal e páprica.

Polonesa (*Polonaise*)
Dados de cenouras, nabos, beterraba, pepinos verdes (*cornichons*), batatas, ovos cozidos, filetes de arenque. Empratar em pequenos montinhos, separadamente. Entre cada montinho, quartos de ovos cozidos cheios com Maionese espessa. Vinagrete, adicionado de salsa e estragão picados.

Porto Real (*Port-Royal*)
Batata cozida; maçãs reinetas, cortadas em rodelas; feijão-verde em dados. Ligar com Maionese. Empratar. Cobrir com Maionese. Rodear com quartos de alface e de ovos. Decorar o topo da salada com dados de feijão-verde.

Portuguesa (*Portugaise*)
Rodelas de tomate e de pepino; tiras de pimentos verdes, grelhados; rodelas de cebola, de aipo e de chouriço. Temperar com azeite, vinagre, alho, sal e pimenta.

Provençal (*Provençale*)
Quartos de alcachofras, tomates picados, juliana de pétalas de flor de abóbora, azeitonas pretas

sem caroço. Vinagrete com purê de anchovas, adicionado de alho picado e basílico picado.

Rafael (*Raphaël*)
Colocar, no fundo da saladeira, uma juliana de alface ligada com Maionese e páprica. Ao redor, em pequenos montinhos, colocar: rodelas finas de pepinos, maceradas com sal; pontas de espargos brancos, cozidos; quartos de tomate descascados, sem sementes; corações de alface e rabanetes em rodelas. Temperar com um molho feito de azeite, sumo de limão, sal, pimenta e cerefólio picado.

Rainha Pédauque
Quartos de coração de alface, colocados em coroa, num prato redondo. Cobrir com um molho, feito de natas frescas, azeite, mostarda, sumo de limão, sal e páprica. Encher o centro com juliana de alface temperada com azeite e vinagre. Sobre a juliana, colocar cerejas sem caroço; sobre a outra alface, gomos de laranja.

Raquel (*Rachel*)
Juliana de aipo, de trufas, de fundos de alcachofras e de batatas; pontas de espargos. Maionese pouco espessa.

Regência (*Régence*)
Pedaços de trufas cruas, rodelas de rins de galo, juliana comprida de aipo, pontas de espargos. Sumo de limão, azeite, sal e pimenta do moinho.

Réjane
Pontas de espargos, dados de batata cozida, juliana de trufas. Vinagrete.

Rossini
Trufas, cortadas em pedaços miúdos. Temperar com azeite, mostarda, vinagre, sumo de limão, pimenta e sal (*bem batido*).

Russa (*Russe*)
Cenouras e nabos, cortados em jardineira; palitos de feijão-verde; ervilhas; dados de trufas, de champignons cozidos, de língua, de presunto, de lagosta, de *cornichons*, de salsichão, de filetes de anchovas; alcaparras. Ligar com Maionese. Decorar ao gosto, com beterrabas, ovos cozidos, caviar, alcaparras etc. Molda-se em geléia ou não.

Salmão (*Saumon*)
Colocar, no fundo da saladeira, juliana de alface. Cobrir com fatias de salmão frio, sem pele nem espinhas. Decorar com filetes de anchovas, alcaparras, azeitonas sem caroço, rodelas de ovo cozido e de rabanetes, corações de alface. Vinagrete.

São João (Saint-Jean)
Pontas de espargos; losangos de feijão-verde; ervilhas; fundos de alcachofras crus, finamente picados; rodelas de pepinos; cerefólio. Maionese pouco espessa, fortemente acidulada. Bordura de rodelas de ovos cozidos e de pepinos verdes (*cornichons*), alternadas. Decorar com folhas de estragão.

São Silvestre (*Saint-Sylvestre*)
Metade, juliana grossa de aipo-nabo, semicozido; outra metade, composta de 1/3 de fundos de alcachofras, picadas, 1/3 de champignons cozidos, picados e juliana de trufas, 1/3 de claras de ovos cozidas. Decorar com rodelas de batata, com outras de trufas e, no centro, pontas de cerefólio. Maionese, com gemas de ovo cozidas e nozes, picadas.

Sardinhas à Portuguesa, de (*Sardines à la Portugaise*)
Sardinhas, alcaparras, azeitonas. Juliana de alface no fundo da saladeira; as sardinhas, sem pele nem espinhas, em cima. Enfeita-se com as alcaparras, azeitonas e rodelas de ovo cozido. Maionese ou Vinagrete.

Siciliana (*Sicilienne*)
Dados de maçãs reinetas, de aipo-nabo branqueado, de tomates e de fundos de alcachofras. Maionese.

Sueca (*Suédoise*)
Fatias finas e curtas, de vaca assada; cubos de batata cozida, de maçã e de arenque fumado; filetes de anchovas, alcaparras, *cornichons*, ovo cozido picado, azeitonas sem caroço. Misturar bem. Temperar com azeite, vinagre, sal e estragão. Guarnecer por cima, com ostras.

Suíça (*Suisse*)
Juliana de batata, de língua, de beterraba, de cenouras, de maçã crua, de arenque fumado. Misturar bem e temperar com Vinagrete.

Tanagra
Juliana de aipo, tomates e bananas. Ligar com natas azedas.

Tártara (*Tartare*)
Juliana de carne assada, em sangue, fria; juliana de aipo e de batata cozida, em partes iguais. Ligar com Molho Tártaro. Guarnecer com beterraba e alcaparras.

Tosca
Dados de aves, de trufas brancas, de aipo e de parmesão. Maionese com essência de anchovas, dissolvida em Vinagrete amostardado.

Tourangelle
Juliana de batatas; feijão-verde; feijocas. Maionese com natas, adicionada de estragão picado.

Tredern
Caudas de lagostins, cortadas ao meio no sentido do comprimento; ostras cozidas; pontas de espargos; trufas cruas em pedaços. Maionese, com Coulis de Lagostins e natas.

Trufas, de (*aux Truffes*)
Trufas cruas, descascadas, cortadas em pedaços. Temperar com gemas de ovo cozido raladas, sal, pimenta do moinho, sumo de limão e azeite.

Vaca à Parisiense, de (*Boeuf à la Parisienne*)
Cortar a carne cozida, em fatias finas. Colocar num prato e enfeitar ao redor, alternando com montinhos de batata cozida, às rodelas; rodelas de tomate, feijão-verde, ovos cozidos em quartos, agriões e outros legumes da época. Colocar, sobre as fatias de carne, rodelas de cebola. Regar tudo com Vinagrete. Polvilhar com salsa e estragão picados. (*Pode ser servido como* ACEPIPE FRIO ou ENTRADA LIGEIRA).

Vienense (*Viennoise*)
Juliana de endívias. de língua, de *cornichons* e de trufas; chicória, pétalas de crisântemos. Polvilhar com páprica. Vinagrete.

Vinhateira (*Vigneronne*)
Corações de alface. Guarnecer com passas de uva, sem pele nem grainhas. À parte. Natas azedas e sumo de limão.

Vitória (*Victoria*)
Dados de lagosta. trufas e pepinos; pontas de espargos. Maionese, adicionada das partes cremosas da lagosta e de purê de coral.

Waldorf
Dados de aipo-nabo e de maçãs reinetas, metades de nozes frescas, descascadas. Maionese pouco espessa.

Windsor
Juliana de aipo, trufas cruas, aves, língua, picallilis (*conserva inglesa, de legumes diversos com molho de mostarda*), champignons cozidos. Misturar Molho Maionese, condimentado com Molho Escoffier (*comercial*). Empratar em cúpula. Bordadura de rapôncios.

Yam-Yam
Feijão-verde, rodelas de pepino, juliana de aiponabo, quartos de alface. Vinagrete.

SALADAS AMERICANAS
(Salades Américaines)

Aimée
Alface. Endívias. Peras. Toranja. Avelãs sem serem torradas, pisadas. Servir numa molheira à parte. Vinagrete com cebolinho picado.

Alexandra
Gomos de toranja, peras picadas, maçãs em fatias. Aipo em juliana. Passas de uva branca, abertas no meio. Gomos de laranja. Tudo servido numa saladeira, com folhas de alface em volta. Servir ao mesmo tempo, numa molheira. Maionese com nozes picadas.

Algonquin
Corações de alface cortados ao meio, sobre os quais se colocam gomos de toranja e de peras cruas, descascadas. Espalhar, sobre cada salada, pimento verde cru, em juliana. Cobrir com Vinagrete, misturado com clara de ovo picada.

Alice
Dados de ananás fresco. Folhas de alface. Gomos de toranja. Polvilhar com avelãs torradas e picadas. Temperar com sal, pimenta, azeite e sumo de limão.

Allan
Folhas de escarolas. Aipo em juliana. Maçãs em juliana. Pimentos doces em juliana. Servir com Maionese atomatada, numa molheira.

Alma
Corações de alface cortados ao meio. Colocar-lhes em cima quartos de toranja e de pera, do mesmo tamanho. (*Esta maneira de servir as saladas é muito utilizada na América, ou seja, a alface colocada no prato e as frutas que compõem a decoração colocadas com graça sobre ela*). Servir à parte Vinagrete.

Arlesiana (*Arlésienne*)
Batatas cozidas, picadas. Tomates, pontas de espargos. Beringelas cruas em juliana. Polvilhar com amêndoas picadas. Servir, ao mesmo tempo, numa molheira, rábano-de-cavalo ralado e um pouco de natas. Temperar com sal e pimenta.

Beach
Retirar completamente a polpa de uma toranja. Guarnecer todo o interior com folhas de alface. Recolocar os gomos tentando reconstituir a sua forma e decorar com metades de cereja, maceradas em marrasquino. Temperar com sumo de toranjas, azeite, sal e pimenta.

Beira-Tejo (*Rive du Tage*).
Cubos de batata cozida, de tomates, filetes de anchova, amêijoas e mexilhão cozidos; pequenos cubos de lagosta; juliana de alface. Maionese, *catchup*, sal e pimenta. Temperar a salada com Vinagrete e cobrir com a Maionese, misturada com os ingredientes citados. (*Receita do autor*).

Bela Vista (*Bellevue*)
Chicória. Rama de aipo cortada em juliana. Couves-de-Bruxelas cortadas ao meio. Endívias e rapôncio. Maionese com caril, à parte, numa molheira.

Bismarque (*Bismarck*)
Corações de alface e couves roxas, em juliana. Vinagrete com rábano-de-cavalo picado, como tempero.

Bombaim (*Bombay*)
Folhas de alfaces; mangas; pimentos encarnados em juliana; arroz cozido, frio. Temperar com azeite, vinagre, sal e pimenta.

Brasileira (*Brésilian*)
Aipo em juliana. Maçãs em dados. Polvilhar com nozes pisadas. Servir com um pouco de geléia, ou doce de goiaba, adicionado de vinagre.

Bruxelas (*Bruxelles*)
Endívias e chicória. Temperar com sal, pimenta, azeite e vinagre.

Chifonada (*Chiffonnade*)
Alfaces verdes e roxas. Juliana de rama de aipo. Chicória. Escarolas. Quartos de tomates. Agriões. Ovos cozidos picados. Juliana de beterraba. Cebolinho picado, servido à parte com Vinagrete.

Cold Slow, ou Cold Slaw
Juliana muito fina de repolho cru. Temperar com Maionese, natas, vinagre, sal, mostarda e pimenta (*Americana*).

Danicheff
Cabeças de espargos, batatas, aipo-nabo, fundos de alcachofras e champignons; tudo finamente picado. Molho Maionese pouco espesso. Decorar com caudas de lagostins, ovos cozidos, rodelas de trufas.

Delmonico
Aipo-nabo em juliana e maçãs em dados. À parte, Molheira em Maionese, adicionada de natas.

Escocesa (*Écossaise*)
a).Juliana comprida de cenoura cozida, de feijão-verde branqueado, de beterraba, de salmão fumado, de nabo cozido. Maionese amostardada e natas.

Escocesa (*Scotch*)
b) Ovos cozidos, pisados com um pouco de salmão cozido. Batatas em dados. Juliana de trufas. Juliana de alface. Molheira de Maionese, com um pouco de caril em pó por cima.

Fantasia (*Fantaisie*)
Aipo em juliana. Maçãs em dados. Ananás em dados. Juliana de alface, ao redor. Vinagrete com hortelã.

Fédora
Corações de alface. Fatias de maçã. Gomos de laranja. Juliana de alface roxa. Maionese em volta.

Fígaro
Juliana de língua; rodelas de beterraba; rama de aipo picada e algumas folhas de aipo. Folhas de alface e filetes de anchovas. Servir à parte, Maionese adicionada de tomate *concassé*.

Florentina (*Florentine*)
Alface. Dados de rama de aipo. Pimentos verdes, cortados em rodelas. Rama de espinafres branqueada; folhas de agrião. Molheira com Vinagrete.

Florida (*Floride*)
Gomos de toranja; ananás fresco em cubos; juliana de rama de aipo. Bananas picadas. Dados de maçã. Fazer de todos estes elementos uma salada, que se liga com Maionese e é servida na casca das bananas.

Fushini
Chicória; fatias de pera; champignons frescos, crus, em juliana. Pimentão encarnado em fatias. Feijão-verde cozido. Decorar com metades de passas de uva branca. Molheira com Vinagrete, à parte.

Gadski
Corações de alface abertos ao meio. Sobre estes, fatias de pera. Cobrir com dados de batata, de pimentos, juliana de trufas, passas de uva branca. Molheira de Vinagrete, com nozes picadas.

Globo (*Globe*)
Juliana de ananás. Dados de maçã. Gomos de toranja e de tangerina. Molho Vinagrete, com azeitonas picadas.

Gracia
Aipo-nabo em juliana. Fatias de maçã. Juliana de pimentos verdes. Dados de pimentos encarnados. Maionese, à parte.

Harvey
Folhas de alface. Chicória. Agriões. Servir com Vinagrete e grãos de cassis (*Groselha preta*).

Havanesa (*Havanaise*)
Folhas de alface. Camarões descascados, picados. Pontas de espargos. Maionese, adicionada a um purê de pepinos crus.

Helena (*Hélène*)
Rodelas de pimentos verdes. Rodelas de trufas. Pontas de espargos. Gomos de tangerina sem pele. Molheira de vinagrete, com um pouco de aguardente velha (*conhaque*).

Imperatriz (*Impératrice*)
Cortar uma toranja ao meio e retirar a polpa. Encher a cavidade com juliana de alface. Gomos de toranja. Pimentos encarnados e ananás fresco picados. Servir à parte, numa molheira, Vinagrete vulgar com um pouco de uísque.

Indiana (*Indienne*)
Cubos de pera. Maçãs cortadas ao meio. Gomos de toranja. Juliana de rama de aipo e de pimentões encarnados. Castanhas cozidas picadas. Juliana de ananás fresco. Guarnecer o topo com juliana de pimentos verdes. Molheira com Maionese, adicionada de pequenos pedaços de manga.

Japonesa
Chicória. Gomos de toranja. Dados de ananás. Molheira de Maionese com ervas aromáticas, à parte.

Joaninha (*Jeanette*)
Agrião. Couve-flor. Feijão-verde. Bastantes ervas aromáticas. Molheira com Vinagrete.

Lehr
Fundos de alcachofras. Endívias. Beterrabas. Vinagrete, adicionado de Molho Escoffier (*comercial*).

Lisboa Antiga (*Vieille Lisbonne*)
Dados de tomate, temperados com sal, açúcar e sumo de limão. Dados de ananás com sumo de limão. Dados de laranja. Gomos de toranja. Colocar em folhas de alface. Cobrir com natas, batidas com um pouco de Maionese e sumo de limão. (*Receita do autor. Old Lisbon Salad*).

Lourenço (*Lorenzo*)
Aipo-nabo em pequenos pedaços. Juliana de beterraba. Alfaces. Chicória. Escarolas. Fatias de pera e de ovos cozidos. À parte, Molheira de Maionese com natas.

Luísa (*Louise*)
Sobre folhas de alface, bem lavadas (*uma por pessoa*), colocar passas de uva sem grainha, gomos de toranja (*grape-fruit*) e bastantes nozes picadas. Vinagrete.

Luisiana (*Louisiane*)
Rodelas de tomates. Rodelas de bananas. Gomos de laranjas sanguíneas. Molho de Tomate cremado, frio, à parte.

Marquesa (*Marquise*)
Juliana de alface. Rodelas de tomate. Juliana de aipo—nabo. Nozes picadas. Molheira com Molho Tomate, frio, misturado com natas batidas. Misturar primeiro a salada; cobrir depois com o molho.

Mexicana (*Mexicaine*)
Aipo-nabo ralado. Frango frio, em juliana. Juliana de pimentos verdes; ovos cozidos,

picados, cebolinho novo ou, na falta deste, rodelas de cebola pequena, crua. Chicória frisada. Juliana de ruibarbo cru. À parte, Vinagrete com um pouco de açafrão.

Miami
Corações de alface. Gomos de tangerina. Fatias de tomates. Rodelas de limão sem casca. Temperar com azeite, sal, pimenta e um pouco de açúcar.

Micael (*Mikael. ou Michael*)
Corações de alface. Rodelas de banana e de pera. Framboesas. Folha de hortelã e de estragão. À parte, Molheira com Vinagrete.

Milikan
Trufas em dados; arroz cozido, frio. Pimentos encarnados em dados. Estragão. Sumo de toranja. Sal, pimenta, azeite. Servir em folhas de alface grandes, sobre um prato.

Milionário (*Millionnaire*)
Corações de alface. Rodelas grandes de trufas. Quartos de peras. Amêndoas em juliana. À parte, Molheira com Maionese, aromatizada com essência de trufas.

Mona Lisa (*Mona-Lisa*)
Corações de alface, cortados ao meio. Maçãs em juliana; trufas *idem*, misturadas e colocadas sobre as metades da alface. Molheira com Maionese, misturada com *catchup*.

Nantesa (*Nantaise*)
Pepinos em rodelas. Agrião. Rodelas de tomates. Feijão-verde quase picado. Molheira com Molho Tártaro e cebolinho picado.

Neva
Alfaces. Endívias. Juliana de beterraba. Trufas e chicória ao centro. Vinagrete à parte.

Ninon
Juliana de maçãs. Dados de ananás. Folhas de alface. Camarões descascados. Gribouis (*pepinos russos desidratados*), cozidos. Molheira de Maionese. com rábano-de-cavalo ralado, misturado.

Olga
Aipo-nabo em juliana. Dados de batata cozida. Rodelas de trufa. Juliana de maçãs. Juliana de fundos de alcachofras. Vinagrete.

Olinda
Retirar a polpa de uma laranja e cortá-la transversalmente. Encher o vazio com gomos de laranja sem pele e gomos de toranja; dados de maçã; rama de aipo em juliana; pimentos encarnados e Maionese.

Oriental (*Orientale*)
Escarolas. Rodelas de tomate. Guarnecer com pimentos verdes em fatias. Molho Vinagrete, com nozes picadas, salteadas em manteiga.

Orleães (*Orléans*)
Gomos de toranjas. Passas de uvas brancas e pretas, abertas ao meio. Ananás picado. Dados de banana. Gomos de laranja. Fatias de pera. Servir sobre folhas grandes de alface, com meias rodelas de limão. Temperar com sal, caiena e azeite.

Oto (*Otto*)
Juliana de alface. Ananás em juliana. Maçãs em juliana. Gomos de laranja. Passas de uva preta cortadas ao meio. Fatias finas de melão. Molheira com Maionese, à parte.

Oxford
Trufas cortadas em pedaços pequenos; dados grandes de branco de aves; clara de ovo picada, pepinos verdes (*cornichons*). Colocar sobre uma folha grande de alface. Cobrir com rodelas de tomate. Molheira de Vinagrete, com bastante estragão picado.

Piquenique (*Pick*-nick)
Macarrão, favas, salsichas em fatias. Maionese com rábano-de-cavalo ralado e mostarda. Colocar em saladeira, com alface e agrião, temperados com Vinagrete.

Rancheira (*Rancher's*)
Champignons em rodelas finas. Temperar com Vinagrete e deixar marinar. Servir rodeado de agriões, temperados com o mesmo molho.

Regente (*Régent*)
Juliana de rama de aipo. Fatias de pera. Dados de batata. Pontas de espargos. Juliana de trufas cruas. À parte, Molheira com Vinagrete, adicionado de pasta de fígado (*foie gras*) passada pela peneira.

Repolho e Frutas (*Fruited Cabbage*)
Juliana de repolho, fina; bagos de uva branca, sem grainha; cubos de maçã. Misturar com

Maionese, sumo de limão, mostarda, açúcar e sal. Servir em folhas grandes de alface, com fatias de maçã como decoração.

Riviera
Gomos de tangerina. Aipo-nabo em meias-luas. Juliana de maçãs. Quartos de morangos. Juliana de alface. Dados de ananás. Molheira de Maionese, com pimentos picados.

Rochela (*Rochelle*)
Aipo-nabo em pequenos dados. Ananás em pequenos dados. Maçãs, *idem*. Rabanetes em rodelas. Molheira de Vinagrete, com um pouco de noz-moscada ralada.

Roosevelt
Fundos de alcachofras em rodelas. Maçãs em juliana. Corações de alface. Nozes picadas. Alguns bagos de cravinho. Chicória. Maionese, à parte, adicionada de um pouco de purê de milho fresco, cozido em água e leite.

Rossini
Juliana de alface. Rama de aipo em meias-luas. Escarolas. Chicória frisada. Agrião. Barbadinho. Vinagrete em molheira.

Salisbury
Endívias. Barbadinhos. Juliana de aipo. Chicória. Juliana de beterraba. Taráxaco. Ovos picados. Estragão. Azeitonas picadas. Molheira com Vinagrete adicionado de suco de beterraba. (*O nome desta salada deriva do Marquês Roberto de Salisburv, diplomata e estadista inglês* (*1830-1903*). *Existem duas cidades com esse nome, uma na Inglaterra, outra na Rodésia do Sul, as quais são conhecidas em português por Salisbúria*).

Santo Condestável (*Condestabre*)
Pasta de fígado (*foie gras*) em cubos; cabeça de porco em cubos; azeitonas sem caroço; tomates em cubos; filetes de anchova. Temperar com Vinagrete e empratar em cúpula, sobre juliana de alface. Cobrir com Maionese, adicionada de *catchup*. Decorar com rodelas de cebola, tendo outras de ovo cozido sobrepostas. com filete de anchova e alcaparra no centro da gema. (*Do autor*).

São Pedro (*Saint-Pierre*)
Juliana de trufas, de fundos de alcachofras e de beterrabas; folhas de endívias. Molheira de Vinagrete. com um pouco de hortelã picada.

São Regis (*Saint-Régis*)
Dados de ananás. Gomos de toranja (*grape-fruit*). Rama de aipo picado. Dados de batata. Pontas de espargos. Macerar em Vinagrete, com natas.

Sevilha (*Séville*)
Corações de alface. Gomos de toranja (*grape-fruit*). Gomos de laranja. Molheira com Vinagrete.

Sherrywise
Juliana de alface. Rodelas de beterraba. Algumas cerejas sem caroço. Avelãs picadas. À parte, Molheira de Vinagrete, com um pouco de canela ralada.

Tosca
Juliana de peito de frango, de língua, de beterraba, de fundos de alcachofras. Clara de ovo em meias-luas. Molheira de Maionese, com um pouco de sumo de uvas pretas.

Turquesa (*Turquoise*)
Chicória. Rodelas de tomates. Pimentos encarnados em quartos. Juliana de aipo. Maionese, à parte.

Veneziana (*Vénitienne*)
Rodelas de aipo, azeitonas sem caroço. Pequenos dados de trufas. Gomos de laranja, picados. Fígado de aves salteados em manteiga, pisados, passados pela peneira e misturados numa molheira, com Molho Verde.

Visconde (*Vicomte*)
Pontas de espargos. Dados de língua. Dados de pimentos verdes. Dados de trufas. Juliana de aipo. Molheira de Molho de Tomate, arrefecido, com uma ligeira redução de vinagre.

Waldorf
Dados de aipo. Maçãs em dados. Bananas, quartos de noz. Molheira de Maionese.

Windsor
Tirar a polpa de maçãs grandes, cortando-as ao meio em seguida. Reencher com dados da polpa da maçã e de ananás, ligados com Maionese. Servir as metades de maçã sobre as folhas grandes de alface, rodeadas de rodelas de tomate. Molheira de Maionese, à *parte*. (*Existem duas cidades com este nome: uma na Inglaterra* (*Condado de Berks*), *com um castelo real, construído por ordem de Eduardo III; outra no Canadá* (*Ontário*), *grande porto de*

mar. A casa real de Inglaterra tomou, também. em 1917. o nome de Casa de Windsor).

Yolanda (*Yolande*)
Rama de aipo em meias-luas. Juliana de cenouras cozidas. Beterraba crua, ralada. Dados de batata doce. Molheira de Vinagrete com hortelã.

Zanzibar
Arroz à Indiana; ervilhas cozidas; pimentos verdes, grelhados; tomates em cubos; ananás em cubos; passas de uva sem grainha; cubos de batata-doce fritos, arrefecidos. Temperar com azeite, sumo de limão, sal e pimenta. (*Do autor*).

LEGUMES
(LÉGUMES)

Legumes são todos os vegetais empregados como alimento. Duma maneira geral, porém, quando nos referimos a legumes, queremos citar as plantas da horta, talvez pela grande força impressiva das leguminosas ou faseoláceas ali cultivadas. Aqui, porém, reunimos todos os legumes sem exceções.

ABÓBORA
(Courge)

Austríaca (*Autrichienne*)
Cortar em tiras. Estufar em manteiga, cebolas, alfavacas, raiz de funcho, sal, pimenta; juntam-se natas azedas para terminar. (*A alfavaca é uma planta algo semelhante ao manjericão. Existe também a chamada alfavaca-do-campo ou segurelha, muito usada em culinária. A alfavaca-de-cobra, planta urticácea, nada tem que ver com estas*).

Bernardo (*Bérnard*)
Cortada em pedaços grandes, faz-se estufar com Molho de Tomate, apurado.

Castelã (*Châteleine*)
Cortar em fatias grossas e estufar com aromáticos e especiarias.

Crocoecelli
Abóbora cozida com água e sal. Escorrer bem e saltear com manteiga. (*Receita Italiana*).

Grega (*Grecque*)
Pedaços pequenos de abóbora, ou abóboras pequenas, recheadas com carneiro estufado e arroz. Estufar com azeite, manteiga, vinho branco e ervas aromáticas.

Húngara (*Hongroise*)
O mesmo que AUSTRÍACA. Adicionando-se bastante páprica. (*Pode também ser utilizada em sopas, suflês, saladas. compotas ou confeituras. preparando-se seguindo a maneira usual. consoante o caso*).

ABÓBORA MIMOSA
(Courgettes)

Andaluza (*Andalouse*)
Recheadas com um misto de cebola, alho, pimenta, tomate e escabeche de peixe, tudo frito. Estufar com azeite e vinho branco.

Caseira (*Ménagère*)
Abrir ao meio, no sentido do comprimento. Retirar a polpa e picar. Adicionar a esta um aparelho do recheio das Couves Vivaraise. Estufar com fundo de aromáticos. Molhar com consomê.

Fritas (*Frites*)
(*Ver* BERINGELAS).
Gratinadas (*au Gratin*)
(*Ver* BERINGELAS).

Inglesa (*Anglaise*)
Cortar e cozer como NATAS. Servir com manteiga derretida, Molho Holandês, Molho Musselina, ou outro idêntico, à parte.

Natas (*Crème*)
Cozer em pedaços de 3 cm de lado. Cozer em água e sal. Escorrer. Estufar em manteiga. Cobrir com Molho de Natas, pouco espesso.

Nicense (*Niçoise*)
Saltear e rechear com arroz, cebola e alho estufados com azeite. Queijo ralado por cima. Gratinar. Servir com Molho de Tomate.
Provençal (*Provençale*)
(*Ver* BERINGELAS).
Recheadas (*Farcies*)
Abrir ao meio e cozer como para INGLESA. Rechear à vontade, como Duxelles, recheio de carne ou de peixe. Estufar em manteiga. Gratinar no forno.
Romana (*Romaine*)
Cortar em fatias. Passar por Massa de Fritos com queijo ralado e fritar. Cobrir de um lado com Molho Mornay e queijo ralado. Gratinar.

ACELGA
(Bette)

Folhas
Branqueadas e picadas. Utilizam-se como as dos espinafres ou azedas.
Caules
Cozidos. Preparam-se como os CARDOS.

AGRIÃO
(Cresson)

Utilizado, como os ESPINAFRES, *em sopas, estufados, para recheios de pastéis ou crustadas, molho etc.*

AIPO
(Céleri)

Preparação: Cortar os pés, cerca de 20 cm acima da base. Retirar os ramos verdes. Pelos pés, tirar os filamentos. Lavar em água salgada, acidulada, para os livrar das impurezas que porventura contenham. Branquear. Lavar com cuidado. Pôr para estufar com pouca gordura. Quando estão cozidos, são divididos ao meio no sentido do comprimento, dobrados e aparados.

Espanhola (*Espagnola*)
Branquear. Estufar, molhando com Demi-glace e vinho de Jerez; adicionar tomate e cebola picados, salteados de antemão.

Frito (*Frit*)
Branquear. Pôr para macerar com vinagre, sumo de limão, um pouco de azeite, pimenta, sal e salsa picada. Passar por massa de frios e fritar em gordura fervente.

Italiana (*Italienne*)
Cortar em pedaços e cozer. Estufar com Molho Italiano. Polvilhar com salsa picada.

Milanesa (*Milanaise*)
Cozer com consomê. Cortar em pedaços e empratar. Colocar por cima, rodelas de tutano cozido. Polvilhar com queijo ralado, regar com manteiga derretida e gratinar.

Parmesã, à (*Parmesane*)
Branquear. Estufar com fundo de vitela. Polvilhar com parmesão ralado e regar com manteiga derretida. Gratinar.

Purê de Raiz de Aipo (*Puré de Céleri-racine*)
Cortar a raiz de aipo em pedaços. Cozer com água e sal. Escorrer e passar pela peneira. Junta-se a uma quantidade igual de purê de batata. Adiciona-se manteiga e sobre fogo vivo, mexendo sempre, leite, pimenta e noz-moscada.

Rainha (*Reine*)
Cozer com consomê. Passar por massa de fritos e fritar. Polvilhar com açúcar amarelo e glacear no forno.

Suco (*Jus*)
Cortar em pedaços e cozer com consomê. Estufar com um pouco de caldo, adicionando manteiga.

Villeroy
Cozem-se e salteiam-se em manteiga. Envolver em Bechamel, panar e fritar.

AIPO-NABO
(Céleri-rave)

Cortar em crescentes. Branquear até 3/4 da cocção. Terminar de cozinhar em manteiga. Servido sobretudo como guarnição.

Italiana (*Italienne*)
Descascar em cru. Cortar em pedaços e branquear com água e sal. Terminar de cozinhar com Molho Italiano.

Natas, com (*à la Crème*)
Preparar como o anterior. Terminar de cozinhar em manteiga, ligando com natas.

Suco de Carne, com (*au Jus*)
Como o anterior, ligando com suco de carne em vez de natas.

ALCACHOFRAS
(Artichauts)

Aldeã (*Paysanne*)
Em quartos. Branquear. Refogar em caçarola, com pedaços de toucinho, cebolas estufadas. Batatas Castelo (*Château*). Molhar com consomê. Juntar pimenta, sal e ramo de cheiros. Cozer vivamente, até à evaporação completa do caldo.

Arábica (*Arabique*)
Alcachofras inteiras, ou só os fundos, cozidos ou estufados. Servir com Molho Árabe, à parte.

Barigoule
Aparar. Branquear 5 minutos. Refrescar e tirar as barbas. Rechear com Duxelles adicionado de presunto picado e ervas aromáticas. Enrolar em fatias de toucinho e atar. Colocar sobre fundo de estufado; molhar com vinho branco. Retirar as alcachofras e libertá-las do fio e do toucinho. Passar o molho e reduzir. Juntar a este Demi-glace ligeiramente atomatado. Levantar com manteiga e servir sobre as alcachofras.

Bearnesa (*Béarnaise*)
Cozidas ou estufadas a branco. Servir sobre guardanapo. À parte, Molho Bearnês.

Bordalesa (*Bordelaise*)
Fundos de alcachofras, recheados com um picado estufado, de cebola, salsa, presunto e tutano. Estufar com Molho Espanhol e vinho tinto.

Castelã (*Châtelaine*)
Fundos estufados, recheados com purê de castanhas, polvilhado com queijo, gratinados. Servir com o fundo do estufado.

Cavour
Tornear em forma de ovos, pequenas alcachofras tenras. Cozer em consomê. Escorrer. Molhar em manteiga derretida e rolar em queijo ralado. Colocar em prato de ir ao forno e corar. Lançar por cima Manteiga Cremosa, contendo ovos cozidos picados e essência de anchovas.

Clamart
Os corações bem aparados. Em caçarola, com cenouras novas torneadas, ervilhas e ramo de cheiros. Molhar com um pouco de água e sal. Retirar o ramo de cheiros, depois da cocção. Amanteigar. Servir na caçarola.

Colbert
Fundos recheados com Duxelles cobertos com um outro fundo. Panar e fritar bem dourados. Servir com Molho Colbert, à parte.

Conti
Fundos estufados, recheados com purê de lentilhas. Cobrir com queijo ralado e gratinar.

Cozidas (*A blanc*)
Cozer em água e sal. Servir com molho à escolha.

Cromesquis e Croquetes
(*Ver fórmula-tipo em* ENTRADAS LIGEIRAS).

Cussy
Fundos cozidos. Rechear com purê de pasta de fígado (*foie gras*) trufado. Cobrir com Molho Villeroy. Panar. Fritar. À parte, Molho Madeira.

Designy
Alcachofras estufadas, servidas em legumeiras. À parte, Molho Designy.

Diétrich
Quartos de alcachofras, sem as barbas. Branquear. Refogar em manteiga, com cebola picada. Molhar com Molho Aveludado, pouco espesso. Empratar em bordadura de risoto. Cobrir com o molho da cocção, reduzido, adicionado de natas.

Favorita (*Favorite*)
Fundos previamente cozidos a branco. Rechear com pontas de espargos. Cobrir com Molho Mornay. Gratinar. Rodelas de trufa, no topo.

Flamenga (*Flamande*)
Fundos estufados, recheados de cenouras com natas.

Florentina (*Florentine*)
Fundos previamente cozidos a branco. Rechear com folhas de espinafres. Cobrir com Molho Mornay e gratinar.

Franganita (*Poulette*)
Estufadas com manteiga. Molhar com Molho Franganita. Salsa picada.

Fritas (*Frits*)
Cortar em quartos. Marinar e fritar.

Gastronômica (*Gastronomique*)
Fundos estufados, recheados com salpicão de trufas, champignons e tortulhos com Molho Mornay. Gratinar.

Grão-Duque (*Grand-Duc*)
Tornear em forma de coração. Cozer em água e sal. Colocar em prato de ir ao forno, formando rosácea. Cobrir com Molho de Natas. Polvilhar com queijo ralado. Gratinar. Centro guarnecido com pontas de espargos, em pequenos ramos. Rodelas de trufa sobre as alcachofras.

Gratém (*Gratin*)
Fundos cozidos. Colocar em prato de ir ao forno, sobre Molho Mornay. Cobrir com o mesmo molho. Polvilhar com queijo ralado. Gratinar.

Gratém à Andaluza (*Gratin à l'Andalouse*)
Fundos estufados com azeite e vinho Montilha. Recheados com salpicão de cebolinha, pontas de espargos, presunto, ovo cozido picado, salsa, tudo estufado. Cobrir com pão ralado e manteiga derretida. Gratinar.

Gratém à Castelã (*Gratin Châtelaine*)
Fundos estufados. Rechear com purê de castanhas, cobrir com Bechamel e queijo ralado. Gratinar. Servir com um pouco de Glace de Carne.

Gratém Condessa (*Gratin Contesse*)
Fundos estufados em azeite e vinho branco. Rechear com purê de favas secas, espesso e bem apurado. Sobre cada fundo colocar uma rodela de trufa branca, frita. Polvilhar com miolo de pão e gratinar.

Gratém Conti (*Gratin Conti*)
Fundos estufados. Rechear com purê de lentilhas. Polvilhar com pão ralado e queijo. Gratinar.

Gratém à Crioula (*Gratin à la Créole*)
Fundos estufados em banha, com sal, pimenta e vinho branco. Recheados com arroz natural, misturado com rodelas de banana frita e salsa picada. Cobrir, com Molho de Tomate, pão ralado. Gratinar.

Gratém Dubarry (*Gratin à la Dubarry*)
Fundos estufados. Rechear com purê de couve-flor. Gratinar.

Gratém à Florentina (*Gratin à la Florentine*)
Fundos estufados. Rechear com purê de espinafres. Cobrir com Molho Bechamel. Polvilhar com queijo ralado e gratinar.

Gratém à Havanesa (*Gratin à l'Havanaise*)
Fundos estufados com azeite e vinho branco. Rechear com purê de feijão preto sobre este, rodelas de banana frita. Polvilhar com queijo e pão ralado. Gratinar.

Gratém à Inglesa (*Gratin à l'Anglaise*)
Fundos estufados. Rechear com purê de couve-flor e batata. Cobrir com Molho Mornay e queijo ralado. Gratinar.

Gratém à Japonesa (*Gratin à la Japonaise*)
Fundos estufados com azeite e vinho branco. Rechear com beterraba em purê, ligado com gemas. Bordadura de pasta de fígado (*foie gras*), ligada com Bechamel. Cobrir com miolo de pão frito e queijo ralado. Gratinar.

Gratém Marquesa (*Gratin à la Marquise*)
Fundos, estufados com manteiga e vinho branco. Rechear com purê de batata e de tomate, ligado com gemas de ovos, queijo ralado e salpicão de presunto. Cobrir com Bechamel e queijo ralado. Gratinar.

Gratém à Maruja (*Gratin à la Matelote*)
Fundos estufados com azeite, vinagre de maçã, sal, pimenta; rechear com salpicão de cebola, lagostins, anchovas, ovo cozido e espinafres, salteado em azeite, sal e pimenta. Sobre o salpicão colocar meio tomate pequeno salteado com alho, coberto com pão ralado. Gratinar.

Gratém Mornay
Fundos estufados. Cobrir com Molho Mornay e queijo ralado. Gratinar.

Gratém Parmentier
Fundos estufados, Rechear com purê de batata; passar gema de ovo no topo. Polvilhar com queijo ralado e gratinar.

Gratém Rossini (*Gratin à la Rossini*)
Fundos estufados. Rechear com purê de pasta de fígado, ligado com Bechamel. Rodela de trufa, em cima. Polvilhar com queijo ralado. Gratinar.

Gratém à Solferino (*Gratin à la Solferino*)
Fundos estufados. Rechear com purê de batata e tomate, ligado com gemas de ovos. Polvilhar com queijo ralado. Gratinar.

Gratém Soubise
Fundos estufados. Rechear com purê de cebola, ligado a Bechamel, gemas e manteiga. Polvilhar com queijo ralado. Gratinar.

Gratém à Turca (*Gratin à la Turque*)
Fundos estufados com azeite e vinho branco. Rechear com purê de fígado de aves, salteados em vinho branco. Polvilhar com queijo e pão ralado. Gratinar. Sob os fundos, Molho de Tomate.

Grega (*Grecque*)
Fundos esfregados com limão. Estufar em caçarola, com azeite, vinho branco, cebolinho e tomates picados, sal, pimenta. Servir tal qual.

Holandesa (*Hollandaise*)
Retirar as primeiras folhas. Cortar a alcachofra a 3/4 da sua altura. Apertar com um fio. Cozer em água e sal. Escorrer. À parte, Molho Holandês.

Hortaliceira (*Maraîchère*)
Tornear em coração. Em tacho de barro, refogar ligeiramente cebolas picadas, branco de porros picado, tomate *concassé*, alho. Colocar as alcachofras, intercalando com batatas novas cortadas de igual modo. Temperar com sal e pimenta. Molhar com vinho branco. Polvilhar com azedas e espinafres picados, cobrir hermeticamente e cozinhar no forno. Servir tal qual.

Italiana (*Italienne*)
Em quartos. Branquear. Colocar sobre um fundo de estufado. Molhar com vinho branco e reduzir. Molhar de novo, com fundo escuro. Cozinhar no forno. Colocar em legumeira. Cobrir com Molho Italiano, adicionado do fundo do estufado reduzido.

Judaica (*Juive*)
Pequenas alcachofras sem barbas. Abrir as folhas, para rechear com miolo de pão, hortelã fresca picada, alho, sal e pimenta. Cozinhar com azeite, numa frigideira, até que elas estejam bem encrespadas. No último momento, adicionar uma colher de sopa de água.

Lionesa (*Lyonnaise*)
Em quartos. Preparar como ITALIANA; sobre uma camada forte de cebola picada, passada em manteiga. Colocar em legumeira. Reduzir o fundo e adicionar manteiga. Lançar sobre as alcachofras. Polvilhar com salsa picada.

Lúculo (*Lucullus*)
Fundos cozidos. Cobrir com Demi-glace, adicionada de purê de trufas e vinho da Madeira.

Monástica (*Monastique*)
Tornear e esfregar com limão. Cortar em quartos. Colocar em caçarola, com bastante azeite, azeitonas negras sem caroço, alho picado, sal e pimenta. Cozinhar lentamente.

Mulher do Diabo (*Diablesse*)
Aparar as pontas e tirar as folhas duras. Cortar em quartos, que se metem dentro de massa de fritar, condimentada com caiena. Abrir bem as folhas, para que a massa nelas penetre. Fritar em azeite fervente, bem encrespadas. (*Receita italiana: Carciofo àl'Inferno*).

Nicense (Niçoise)
Fundos, semicozidos em água e sal. Estufar em azeite com tomate, filetes de anchova, alho pisado. Colocar em prato de ir ao forno. Polvilhar com miolo de pão ralado e azeite fino. Gratinar um pouco.

Padeira (*Boulangère*)
Retirar as barbas. Rechear a cavidade com picado de carne para salsichas. Enrolar cada alcachofra numa folha de Massa de Pão (*Pain*). Cozinhar no forno. Tempo de cocção: 1, 1/2 horas. Servir tal qual.

Parisiense (*Parisienne*)
Fundos de alcachofras, recheados com chalotas, cebolinho, ervas aromáticas, champignons, tudo estufado em manteiga. Cobrir com toucinho e estufar no forno.

Provençal (*Provençale*)
Pequenas alcachofras sem barbas. Aparar. Colocar numa caçarola contendo azeite a ferver.

Temperar com sal e pimenta. Cobrir a caçarola com a tampa. Cozinhar 10 minutos. Juntar ervilhas novas, cruas. e alfaces cortadas grossas. Tapar hermeticamente e cozinhar lentamente, sem adicionar algo mais.

Purê, em (*en Purée*)
Fundos cozidos. Passar pela peneira. Ligar com natas. Temperar.

Sagan
Fundos estufados. Rechear com purê de cogumelos, misturado com ervas aromáticas, gema de ovo cozido e queijo. Polvilhar com queijo ralado e gratinar.

Stanley
Fundos, estufados com vinho branco, cebolas e pedaços de presunto. Reduzir. Juntar Molho Bechamel pouco espesso e terminar de cozinhar. Servir em legumeira, cobrindo com o fundo reduzido.

Tirolesa (*Tyrolienne*)
Alcachofras cozidas ao natural. Servir sobre guardanapo. À parte, Molho Tirolês.

Turca (*Turque*)
Fundos, estufados com cebola, tomate e pedaços (*cubos pequenos*) de carne de carneiro.

Veneziana (*Vénitienne*)
Fundos estufados. Cobrir com Molho Alemão (*Allemande*). adicionado de estragão e cerefólio.

Vinagrete (*Vinaigrette*)
Preparar como para HOLANDESA. Servir frias, com Molho Vinagrete.

Vizinho (*Voisin*)
Fundos estufados. Rechear alternadamente com ervilhas e espinafres com natas. Fundo do estufado.

ALFACE
(Laitue)

PREPARAÇÃO: *Tirar as primeiras folhas. Lavar. Branquear. Refrescar. Lavar uma vez mais, com cuidado. Apertar um pouco, para tirar a água. Pôr a estufar sobre fundo de aromáticos. Molhar com caldo de carne; sal. Depois da cocção, escorrer. Cortar a alface em 2 ou 4, conforme o fim a que se destina. Enrolar cada pedaço numa bola. Colocar num timbale. Cobrir com suco de carne ligado, Demi-glace etc. Crostões, ao redor.*

Flamenga (*Flamande*)
Cozidas. Estufar em manteiga com Molho de Natas.

Grega (*Grecque*)
Rechear com Arroz à Grega. Cobrir com suco de vitela.

Kloski
Rechear com ovos cozidos e cebolas picadas; presunto picado salteado em manteiga; miolo de pão molhado em leite, espremido. Cozer as bolas de alface recheada, em água e sal. Servir com natas azedas, à parte. (*Russa*).

Leipziger Allerlei
Prato de legumes diversos, cozidos, estufados com manteiga. Regar com Molho de Lagostins. Decorar com croquetes. (*Alemão*).

Natas, com (*à la Crème*)
(*Ver* **CHICÓRIA** *do nome*).

Recheada (*Farcie*)
Duxelles, picado de aves, presunto, ovos etc. Enrolar e estufar.

ARROZ
(Riz)

PREPARAÇÃO:

a) **Natural** (*Nature*). *Cozido em água e sal. 17 minutos de ebulição. Mexer no princípio. Refrescar. Enxugar no forno.*

b) **Pilaw, ou Pilafe**. *Cebola picada, refogada em manteiga, com arroz. Molhar com* consomê. *2 vezes a quantidade do arroz. Ramo de cheiros. Cobrir com a tampa. Ferver 17 minutos. Mudar de recipiente. Esfarelar. Adicionar manteiga.*

c) **Misto ou Composto**. *Damos as receitas que seguem.* (*Ver* também, em ENTRADAS LIGEIRAS, **Arrozes Diversos**).

Abanada
Refogado de azeite, com cebola picada, alho. Junta-se o arroz. Molhar com caldo de cozer lagostins, mexilhões, raia, ervas aromáticas.

Servir os peixes à parte. com Molho Alholi ou Maionese.

Alicante (*Alicantine*)
Fritar num tacho, com azeite, pimentos verdes, alho e alcachofras, cortadas em pedaços; juntar tomates e ervilhas. Molhar com água. Juntar o arroz, açafrão e pimenta. Adicionar mais alguns pimentos fritos, picados.

Amêijoas (*Palourdes*)
Refogar, em azeite e manteiga, alho e cebola; salsa e louro. Juntar o arroz. Adicionar tomate picado. Molhar com água. Juntar as amêijoas, previamente abertas, sem casca, depois de muito bem lavadas. Ferver 17 minutos. Enxugar no forno.

Americana (*Américaine*)
Arroz Natural, adicionado de banha frita com alho. Serve para guarnições.

Berbigão (*Bucarde ou Coque*)
Como AMÊIJOAS. substituindo estas por berbigão.

Brócolos (*Brocolis*)
Cebola refogada em azeite. Juntar o arroz, mexendo. Adicionar os brócolis cozidos. Molhar com água, sal, pimenta. Ferver e terminar no forno.

Cabidela (*Abatis au Sang*)
Miudezas de ave, cortadas em pequenos cubos. Refogar em manteiga, com cebolas picadas, salsa, louro. Molhar com água e deixar cozer. Noutra caçarola. cozer o arroz, com bastante manteiga, 7 a 8 minutos. Juntar as miudezas com o próprio caldo (*não exagerado*) e cozinhar lentamente no forno. Adicionar, mexendo para ligar bem, o sangue de aves já previamente misturado com uma colher de vinagre ou vinho tinto. (*Pode-se utilizar a ave inteira, ou só as miudezas, como se desejar*). (*Cozinha Portuguesa*).

Camarão (*Crevettes*)
Como AMÊIJOAS, utilizando camarão em vez destas. Usa-se para o arroz a água de cozer os camarões, depois de passada.

Caril (*Curry*)
Preparar como PILAW. Juntar ao arroz caril em pó. na proporção de 1/100.

Chau-Chau (*Chow-Chow*)
Pedaços de aves cozidas ou assadas, ou cubos de porco cru, que se fritam; presunto e fiambre, passados numa frigideira com manteiga. Misturar ovos batidos para omelete e mexer bem. Adicionar arroz cozido salteado em manteiga, salsa picada, nozes e amêndoas picadas. (*Cozinha portuguesa de Macau*).

Clube Naval
Pedaços de frango, chouriço e fígados de aves, refogados em banha com cebola picada. Molhar com consomê. sal, especiarias, louro. Juntar o arroz. Ferver. Terminar no forno.

Crioula (*Créole*)
Arroz Pilaw. Adicionar champignons picados, dados de pimentos verdes e de tomates *concassés*.

Croquetes (*Croquettes*)
(*Ver* fórmula-tipo *em* ENTRADAS LIGEIRAS).

Cubana (*Cubaine*)
Forma redonda de Arroz Pilaw, decorada no topo com fatias de banana fritas, intercaladas com ovos fritos. Ao redor, fatias de banana fritas. Molho de Carne ou de Tomate.

Egípcia (*Egyptienne*)
Arroz Pilaw. Adicionar salpicão de fígados de aves, presunto e champignons.

Ervilhas (*Petits Pois*)
Como BRÓCOLIS, utilizando ervilhas em vez destes.

Grega (*Grecque*)
Arroz Pilaw, cozinhado com pedaços de carne, de picado de salsichas. Juntar Ervilhas à Francesa e dados de pimentos encarnados.

Grelos (*Pousses de Navets*)
Como BRÓCOLIS. Substituir estes por grelos.

Indiana (*Indienne*)
Arroz cozido natural. Bem solto e enxuto.

Mariscos (*Fruits de Mer*)
Como AMÊIJOAS, utilizando outras variedades de mariscos ou peixe.

Mexilhão (*Moules*)
Como o anterior, utilizando mexilhão.

Miramar
Arroz de Mariscos, a que se juntam pedaços de presunto fresco, alcachofras e salsichas chipolatas.

Paelha Valenciana (*Paella à la Valencienne*)
(*Ver em* DIVERSOS DERIVADOS DE AVES).

Parisiense (*Parisienne*)
Arroz Pilaw. Adicionar dados de champignons. Ligar com Molho de Tomate e queijo ralado.

Peixe, de (*Poisson*)
Como AMÊIJOAS, utilizando, em vez destas, o peixe escolhido, desfiado sem espinhas. Usar para este arroz a água de cozer o peixe.

Pilaw Persa
(*Ver em* CARNEIRO, ENTRADAS DE AÇOUGUE).

Pilaw, ou Pilafe
(*Ver a Receita* b), *no início desta série*).

Pimentos
Arroz Pilaw. Adicionar pimentos, salteados em azeite.

Portuguesa (*Portugaise*)
Arroz Pilaw. Adicionar cubos de tomate e pimentos, salteados com azeite e alho.

Presunto (*Jambon*)
Arroz Pilaw, adicionado de pequenos cubos de presunto, salteados com a cebola.

Risoto com Fígado de Aves (*Rizotto aux Foies de Volaille*)
Arroz Pilaw, ligado com queijo ralado e manteiga. Adicionar fígados de aves, salteados em manteiga.

Risoto à Italiana (*Rizotto à l'Italienne*)
Arroz Pilaw. Ligar com queijo *gruyère* e parmesão ralados e manteiga. Adicionar um pouco de consomê branco. Terminar no forno.

Risoto à Milanesa (*Rizotto Milanaise*)
Como a anterior. Corar com água de açafrão. Juntar champignons crus picados e tomates *concassés*.

Risoto *à* Napolitana (*Rizotto Napolitaine*)
Arroz Pilaw, ligado com *gruyère* ralado, manteiga e noz-moscada. Cobrir com queijo ralado e gratinar. À parte, Molho de Tomate.

Risoto à Piemontesa (*Rizotto Piémontaise*)
Como MILANESA, sem açafrão. Juntar rodelas de trufas.

Risoto Rabaçada (*Rizotto Rabassada*)
Arroz Valenciana com bastantes míscaros e tortulhos.

Risoto à Tibidabo (*Rizotto Tibidabo*)
Arroz com peixe e frango, enformado; coberto com lagostins, salteados com aguardente velha (*conhaque*).

Salmão (*Saumon*)
Como AMÊIJOAS, utilizando salmão cozido, desfiado, em vez destas. Usar água de cozer o salmão, para fazer o arroz.

São Dinis (*Saint-Denis*)
Como PARISIENSE. Ligar com Glace de Carne em vez de tomates.

Substância
O mesmo que Arroz Pilaw. Faz-se, também, com adição de outros ingredientes, fígados de aves, frango, carne etc., tomando o nome da matéria adicionada.

Turca (*Turque*)
Como MILANESA. Sem champignons e sem ser ligado com queijo e consomê.

Valenciana (*Valencienne*)
Arroz Pilaw. Adicionar dados de presunto, de pimentos, de tomates e ervilhas.

AZEDAS
(Oseille)

São preparadas como os ESPINAFRES: *em manteiga, com natas, gratinadas, em* purê *etc.*

BATATA
(Pomme de terre)

Afonso (*Alphonse*)
Cozer ENROUPADAS (*Robe de Chambre*). Descascar, pisar, ligar com Manteiga Mordomo (*Maître d'Hôtel*). Temperar. Polvilhar com queijo ralado. Gratinar.

Aldeã (*Paysanne*)
Cortar em rodelas espessas. Estufar em manteiga. Juntar consomê, dente de alho, azedas picadas e estufadas, cerefólio.

Alemã (*Allemande*)
BATATAS SALTEADAS. Cortadas grossas e cozinhadas com bastante manteiga.

Algeriana (*Algérienne*)
Purê de batata-doce e de castanhas, misturados. Ligar com gemas de ovos. Formar palitos. Panar e fritar em manteiga clarificada.

Alsaciana (*Alsacienne*)
Novas. Cozinhar em manteiga, com pedaços de toucinho e pequenas cebolas. Polvilhar com salsa picada.

Ana (*Anna*)
Aparar em forma cilíndrica. Cortar às rodelas. Colocar em camadas, numa caçarola, contendo manteiga clarificada. Cozinhar no forno. A meio da cocção, apertar e voltar as batatas, para as corar dos dois lados. Escorrer a manteiga. Para guarnição, servir em pequenas formas.

Arcadas (*Sablées*)
Cortar em dados, a cru. Saltear em manteiga. Juntar miolo de pão depois de cozinhadas.

Arlie
Cozinhar no forno. Retirar a polpa. Misturar esta com cebolinho picado, manteiga e natas. Rechear. Polvilhar com queijo ralado. Gratinar.

Assada (*Rôtie*)
O mesmo que NO FORNO.

Avarento (*en Liard*)
Batatas Cabeção, sem serem caneladas, nem furadas no centro.

Avelã (*Noisette*)
Tornear com a colher de legumes, do tamanho de avelãs. Cozinhar como CASTELO.

Batalha (*Bataille*)
Cortar em dados. Fritar.

Beneditina (*Bénédictine*)
Cortar em espiral, com máquina própria. Fritar.

Berny
Em croquetes, adicionados de trufas picadas. Dar a forma de alperches. Panar com amêndoas picadas. Fritar.

Berrichone
Tornear. Cozer em consomê, com cebolas picadas, pedaços de toucinho e ervas aromáticas.

Bertoldo (*Bertholdy*)
Batatas cozidas. Cortar em cubos. Passar por manteiga. Cobrir com Glace de Carne.

Biarritz
Em purê. Adicionar dados de presunto, de pimentos e ervas aromáticas.

Bignon
Cortar as batatas, depois de descascadas, em pequenas caixas. Encher com recheio de salsichas. Polvilhar com miolo de pão ralado. Cozinhar no forno. Servir com Molho Madeira.

Boa-Dona, ou Boa Mulher (*Bonne-Femme*)
BATATA CAÇAROLA. Cozinhar com cebolas, estufadas em fundo escuro.

Boêmia (*Bohémienne*)
Descascar. Cozinhar no forno. Retirar a polpa. Rechear com picado de carne para salsichas. Terminar a cocção no forno.

Bolacha (*Galette*)
BATATA DUQUESA, em forma de pequenas bolachas.

Bordalesa (*Bordelaise*)
BATATA PARMENTIER, adicionada de alho picado.

Borralheira (*Cendrillon*)
Cortar em cru, com a forma de tamanco. Panar à inglesa e fritar. Retirar a polpa, reenchendo novamente depois desta ligada com natas.

Bretã (*Bretonne*)
Cortar em dados grossos. Cozer em consomê, com cebolas e alhos picados e tomates *concassés*.

Brioche

BATATA DUQUESA em forma de Brioches.

Bussy
BATATAS LORETO, adicionadas de trufas e salsa picadas.

Byrin
BATATAS MACÁRIO. Pequena cova no topo. Polvilhar com queijo de Chester, picado. Recobrir com natas. Glacear no forno.

Cabeção (*Collerette*)
Cortar em forma cilíndrica. Canelar em volta, com uma faca. Retirar o interior com o corta-

massa, a 1 cm do bordo. Fritar sem as deixar suflar.

Cabelo de Anjo (*Cheveu d'Ange*)
Cortar em juliana muito fina. Fritar bem seca.

Caçarola (*Cocotte*)
Tornear em forma de azeitona longa, com 1/4 do tamanho da CASTELO. Cozinhar como esta última.

Caseira (*Ménagère*)
BATATA GRATINADA. b). Adicionar dados de presunto e cebolas picadas, puxados em manteiga.

Castelo (*Château*)
Tornear de forma alongada. Branquear. Alourar, carregado, em manteiga clarificada.

Cavacos (*Copeaux*)
Cortar em tiras estreitas e finas. Fritar sem fazer suflar.

Chambéry
(*Ver* BATATA SAVOYARDE).

Chamonix
BATATA DELFINA, com queijo ralado.

Champignol
BATATAS FONDANTES, polvilhadas com queijo e glaceadas.

Chatouillard
Cortar em forma de fita. Cozinhar como as SUFLES.

Chester
Croquetes de batata, adicionados de queijo de Chester, ralado, gemas de ovos e manteiga.

Chip
Cortar em rodelas muito finas. Fritar bem secas.

Cinderela
O mesmo que BORRALHEIRA.

Colombina (*Colombine*)
Cortar em rodelas, a cru. Saltear. Juntar juliana de pimentos.

Continental
Fatias de batata com forma ovalada, salteadas em manteiga, com trufas picadas.

Creme (*Crème*)
Cozer com casca. Descascar. Picar. Molhar com leite. Juntar manteiga e sal. Cozinhar. No último instante, adicionar natas.

Crétan
BATATAS FONDANTES, adicionadas de tomilho fresco, picado.

Croquetes
(*Ver* BATATA DUQUESA). Dar a forma desejada. Panar à inglesa e fritar.

Delfin (*Dauphin*)
Cortar em juliana. Cozinhar como ANA.

Delfina (*Dauphine*)
2/3 de BATATA DUQUESA, 1/3 de Massa de Chus, sem açúcar. Fazer croquetes em forma de rolha.

Delfinense (*Dauphinoise*)
Picar em cru. Cozinhar no forno, com leite e queijo. *Gruyère* ralado.

Delmonico
Cortar a cru, em dados. Cozinhar como CREME. Gratinar com pão. sem queijo.

Duparchy
Batatas em pedaços finos, cebola picada, toucinho em pequenos cubos e sal. Saltear tudo em manteiga. Formar um bolo, ou pastelão, e terminar no forno, gratinando.

Duquesa (*Duchesse*)
Cozinhar como para PURÊ. Passar pela peneira. Temperar. Ligar sobre o fogo com gemas de ovos cruas, mexendo. Dar o formato desejado, com o saco e boquilha.

Embaixador (*Ambassador*)
(*Ver* VIZINHO).

Enfeitadas (*Gaufrettes*)
Cortar da forma ou feitio desejado, com aparelho especial. Fritar.

Enroupadas (*Robe de Chambre, ou Robe des Champs*)
Lavar. Cozer com pele, em água. (*Em francês, é mais correto dizer-se* Robe des Champs, *que* Robe de Chambre, *visto que a segunda é apenas uma deturpação, feia, da primeira*).

Escura (*Brune*)
Cozer em água. Descascar. Picar. Saltear em manteiga. Devem ficar bem alouradas.

Favorita (*Favorite*)
Como ANA. Intercalar com camadas de feijão-verde cozido, salteado à inglesa. Dourar no forno e servir em forma de pastelão.

Flamenga (*Flamande*)
Tornear como CASTELO. Cozer com pequenas cebolas, cenouras torneadas e consomê branco.

Fondantes
a) BATATA CASTELO. Cozer tapado. Molhar ligeiramente com consomê branco.
b) Polpa de BATATA NO FORNO, esmagada e adicionada de manteiga. Temperar. Formar pequenas bolas. Colocar num tabuleiro amanteigado. Corar no forno.

Forno, no (*au Four*)
Batatas grandes, bem lavadas. Cozinhar no forno. tal qual.

Fritas (*Frites*)
Ver PONTE NOVA).

Gastrônomo (*Gastronome*)
Cortar a cru, com a forma de uma rolha. Branquear. Cozinhar em manteiga. Rolar em Glace de Carne, adicionada de trufas picadas.

Gigolette
Batatas cozidas. Cortar em pedaços e saltear com tiras de presunto e manteiga. Proceder como para BATATA ANA, alternando com camadas de tomate e seu suco, presunto e queijo ralado. Servem-se de igual modo.

Godard
BATATA DUQUESA e Massa de Chus, misturadas. Enformar à colher e fritar.

Gratinadas (*Gratinées*)
a) Purê de batata, com bastante manteiga. Colocar num prato de ir ao forno. Polvilhar com queijo ralado. Gratinar.
b) BATATAS NO FORNO. Abrir ao meio no sentido do comprimento. Retirar a polpa, esmagá-la e adicionar manteiga. Temperar. Repor nas cascas, polvilhar com queijo e gratinar.

Grelhadas (*Grillées*)
Fatias com 1 cm de espessura. Untar com manteiga e grelhar.

Hortelã (*Menthe*)
BATATA À INGLESA. Adicionar folhas de hortelã, branqueadas.

Húngara (*Hongroise*)
Cebola picada, puxada em manteiga, com páprica. Juntar tomates *concassés* e rodelas grossas de batata crua. Molhar a cobrir, com consomê. Cozer reduzindo. Salsa picada.

Ideal (*Idéale*)
BATATA DELFIM, adicionada de juliana de trufas.

Inglesa (*Anglaise*)
Tornear. Cozer no vapor. Temperar com sal.

Irlandesa (*Irlandaise*)
Cortar como fitas. Cozer no vapor.

Isabel (*Elizabeth*)
BATATAS DELFINA. Rechear de espinafres com natas.

Jetée-Promenade
BATATA DELFIM, adicionada de juliana de alcachofras e trufas.

Joaninha (*Jeanette*)
Lavar. Retirar a pele, em volta, na largura de 1 cm. Cozinhar no vapor.

Juliana (*Julienne*)
Cortar em juliana. Fritar.

Laffite
Croquetes compridos, da grossura de um dedo. Panar e fritar.

Lagareira (*Pressureur*)
Batatas novas, bem lavadas. Assar no forno, com casca. Temperar com bastante azeite cru, adicionado de alho picado.

Lídia (*Lydie*)
Pequenas tarteletas, feitas de batata crua, fritas em gordura bem quente. Rechear com purê de batata espesso, um pouco apurado.

Lionesa (*Lyonnaise*)
Saltear. Juntar CEBOLAS À LIONESA.

Loreto (*Lorette*)
BATATAS DELFINA, em forma de charuto.

Lulu (*Loulou*)
(*Ver* ENFEITADAS).

Macário (*Macaire*)
Polpa de BATATA NO FORNO. Esmagar. Temperar. Adicionar manteiga. Cozinhar em manteiga clarificada. como a BATATA ANA.

Maire
Como CREME.

Manteiga (*Beurre*)
Torneadas como azeitonas e cozidas, ou estufadas com manteiga e sal.

Marquesa (*Marquise*)
BATATA DUQUESA. Misturar com Molho de Tomate reduzido. Preparar como BOLACHA.

Miniatura (*Mignonnette*)
O dobro da grossura dos PALITOS. Tratar de igual modo.

Milanesa (*Milanaise*)
Rodelas de batata cozida. Ligar com Bechamel, salpicão de língua e trufas, Polvilhar com queijo ralado e gratinar.

Mireille
BATATA ANA. Adicionar camadas de pedaços de fundos de alcachofras e rodelas de trufas.

Mirepoix
Cortadas em pequenos cubos. Saltear em manteiga, com legumes cortados de igual modo, na proporção de 3 partes de batata para 1 de legumes.

Mirette
Cortar em dados. Cozinhar em manteiga. Juntar juliana de trufas. Rolar em Glace de Carne. Colocar em timbale. Polvilhar com queijo ralado e glacear.

Mongollenne
Misturar BATATA CAÇAROLA e Crosnes salteados, em partes iguais.

Monselet
Rodelas espessas de batatas cruas. Saltear em manteiga. Empratar em coroa. Guarnecer o centro com champignons picados grossos, salteados, adicionados de trufas e terminados com manteiga e leite.

Monte Dourado (*Mont-Doré*)
Purê, ligado com manteiga e gemas de ovos. Fazer com o "saco" pequenos montes que se cobrem com manteiga e queijo ralado. Gratinar.

Mordomo (*Maître d'Hôtel*)
BATATA CREME, polvilhada com salsa picada.

Musselina (*Mousseline*)
Purê, adicionado de natas batidas.

Naná
BATATA DELFIM.

Natural (*Nature*)
(*Ver* BATATA À INGLESA).

Ninho, no (*au Nid*)
a) BATATA SUFLÊ. Colocar num ninho. feito de BATATA PALHA.
b) Servir num ninho, BATATA À PARISIENSE. (*Os ninhos são feitos comprimindo as batatas palha, semicozinhadas, entre os fundos de duas tigelas, uma dentro da outra*).

Normanda (*Normande*)
Cortar fino. Cozer com cebola e branco de porros picados, puxados em manteiga. Escorrer. Molhar com leite. Temperar. Gratinar.

O'Brien
BATATA ESCURA. Adicionar pimentos picados.

Ortiz
Como a anterior. Preparar em cru.

Padeira (*Boulangère*)
Picar cebolas e batatas. Puxar um pouco as cebolas em manteiga e juntar as batatas. Temperar. Molhar ligeiramente com consomê; cozinhar no forno.

Palha (*Paille*)
Cortar em juliana grossa. Fritar.

Palitos (*Allumettes*)
Cortar como paus de fósforos. Fritar. Bem enxutos.

Panamá
Saltear a cru, em manteiga. Comprimir, para que se soldem durante a cocção.

Parisiense (*Parisienne*)
BATATA AVELÂ. Rolar em Glace de Carne.

Polaca (*Polonaise*)
Cozidas. Cortar em rodelas finas. Terminar de cozinhar com leite e manteiga, ou nata em principio de azedar. Servir em legumeira, enfeitando por cima com pequenas alcachofras.

Polvilhadas (*Persillées*)
BATATA À INGLESA. Temperar. Rolar em manteiga derretida. Salsa picada por cima.

Ponte Nova (*Pont Neuf*)
Cortar em palitos, com 1 cm de lado por 3 de comprido. Fritar.

Portuguesa (*Portugaise*)
Batata assada no forno, com casca. Abrir ao meio no sentido do comprimento, retirar a polpa e fazer um purê que se mistura com tomates em cubos, salteados com azeite e alho. Reencher as cascas. Servir como guarnição. (*Receita do autor*).

Provençal (*Provençale*)
BATATAS SALTEADAS, com alho picado.

Purê (*Purée*)
Descascar. Cortar em quartos. Cozer em água e sal, 18 a 20 minutos. Escorrer. Passar pela peneira. Temperar. (*Há quem adicione leite, gemas de ovos, noz-moscada etc.; no entanto, é preferível que da cozinha o purê venha sempre natural, juntando-se depois na sala, sobre um aquecedor, o mais que se desejar*).

Quelin
BATATAS AVELÃS, de tamanho maior. Cozer ao natural. Proceder como para as POLVILHADAS.

Real (*Royale*)'
Croquetes de batata. Adicionar trufas picadas e dar a forma de paletas.

Recheadas (*Farcies*)
Descascar. Retirar a polpa em cru. Rechear com recheio de carne cozida. Estufar com fundo de aromáticos.

Rissoladas (*Rissolées*)
Como CASTELO. Bastante alouradas (*escuras*).

Roberto (*Robert*)
BATATA MACÁRIO. Adicionar ovos cozidos batidos e cebolinha picado.

Rosinha (*Rosette*)
BATATA DUQUESA. Em rosáceas, sobre um prato de ir ao forno untado com manteiga. Regar amiúde com manteiga derretida. Cozinhar no forno.

Roxelane
Aparelho de suflê. Adicionar polpa de batata assada, passada pela peneira. Colocar em brioches sem topo, ou tarteletas. Cozinhar.

Russa (*Russe*)
BATATA DUQUESA. Formar pequenas rodelas, no topo das quais se coloca uma fatia de presunto e ovas de arenque. Cobrir com creme, feito de gemas de ovos, natas, farinha e queijo. Gratinar.

Saboiana (*Savoyarde*)
Proceder como para DELFINENSE, molhando com consomê.

Salteadas (*Sautées*)
Cozer ENROUPADAS. Descascar. Cortar em rodelas, com 2 mm de espessura. Saltear na frigideira, com manteiga clarificada. Temperar. Salsa picada.

São Florentino (*Saint-Florentin*)
Croquetes de batata. Adicionar presunto picado. Panar com aletria (*vermicelle*).

Sara (*Sarah*)
SALTEADAS. Adicionar trufas picadas, à salsa.

Schneider
Proceder como para BATATA CREME, molhando com consomê e Glace de Carne. Adicionar manteiga. Ervas aromáticas, picadas.

Serrana (*Montagnarde*)
Como PORTUGUESA. Cobrir com queijo da Serra amanteigado e gratinar ligeiramente. (*Receita do autor*),

Suflês, ou Sufladas (*Soufflées*)
Cortar fatias, com aproximadamente 3 mm de espessura, Lançar uma por uma, dentro de gordura quente. aumentando o grau de calor e mexendo sempre. A meia cocção. escorrer e deixar arrefecer um pouco. Mergulhar noutra gordura muito mais quente que a anterior para conseguir que a batata inche. Escorrer. Polvilhar com sal,

Surpresa (*Surprise*)
Cozer no forno. Retirar a polpa por uma pequena abertura. Esmagar esta. temperar, misturar com manteiga e natas. Rechear. Colocar os pequenos tampões.

Suzette
Aparar em forma de ovo. Preparar como RECHEADAS.

Toucinho, com (*au Lard*)
Em quartos. Cozinhar com pedaços de toucinho alourados em manteiga e pequenas cebolas estufadas em fundo escuro. Molhar com consomê. Salsa picada.

Vapor (*Vapeur*)
(*Ver* INGLESA).

Varsoviana (*Varsovienne*)
Folhas de couve cozida, recheadas com BATATA DUQUESA. Estufar em manteiga.

Vauban
Cortadas de formas diversas. Fritas.

Vila das Flores (*Ville des Fleurs*)
BATATA DELMONICO. com queijo.

Vizinho (*Voisin*)
BATATA ANA, adicionada de queijo ralado.

Vosgiana (*Vosgienne*)
Cubos de batata, assados no forno com toucinho, cebolas, manteiga e ervas aromáticas.

BATATA-DOCE
(Patates Douces)

São preparadas como as batatas vulgares, principalmente no forno. Salteadas, Fritas, Duquesa, Purê etc.

Continental (*Continentale*)
Preparadas DUQUESA. Misturadas com toucinho e cebola picada. Fazer croquetes. Panar com trufas. Fritar.

Lavigerie
Cozinhar no forno. Retirar a polpa e misturá-la com purê de castanhas. Rechear a casca.

BELDROEGA
(Pourpier)

Este legume é usado bastante em saladas. Fora disso, apenas é utilizado como guarnição de sopas.

BERINGELA
(Aubergine)

Ás beringelas podem ser aplicadas muitas das preparações das ALCACHOFRAS, *como. Americana. Catalã, Napolitana etc.*

Algeriana (*Algérienne*)
Abrir ao meio no sentido do comprimento e fritar. Retirar a polpa e rechear com carneiro picado, adicionado à polpa retirada. Polvilhar com picado de ervas aromáticas e cobrir com Molho de Tomate. Gratinar.

Andaluza (*Andalouse*)
Em pedaços redondos. Retirar a polpa e rechear com tomates *concassés*, dados de pimentos encarnados e de presunto, estufados em manteiga. Ao redor, Demi-glace atomatado.

Barigoule
Recheadas com salpicão de presunto, toucinho, cogumelos e aromáticos; estufadas com vinho branco. Servir regado com o fundo da cocção, adicionado de um pouco de Molho Espanhol.

Castelã (*Châtelaine*)
Abrir ao meio, no sentido do comprimento. Fritar. Retirar um pouco da polpa. Guarnecer com salpicão de aves, língua, trufas e champignons, ligado com Molho Alemão (*Allemande*). Adicionar manteiga e glacear no forno. Polvilhar com trufas picadas. Demi-glace, ao redor.

Egípcia (*à l'Egyptienne*)
Cortar ao meio, no sentido do comprimento. Fritar. Retirar a polpa, deixando inteira a casca,

e picá-la grosseiramente. Juntar uma cebola picada, cozinhada em azeite. Recompor a beringela, com este recheio. Regar com azeite. Cozinhar no forno. No momento de servir, colocar sobre as beringelas algumas rodelas de tomate salteadas em azeite, tendo ao centro um pouco de salsa picada.

Frita (*Frite*)
Descascar. Cortar em rodelas finas. Passar por farinha e fritar. Bem seca.

Frita à Francesa (*Frite à la Française*)
Cozer em água e sal. Cortar como a anterior. Passar por farinha e ovo, ou massa de fritos. Fritar.

Frita à Romana (*Frite à la Romaine*)
Como acima. Adicionar queijo ralado. À parte, Molho de Tomate.

Gratinada (*Gratin*)
(*Ver* RECHEADA).

Grelhada à Provençal (*Grillée à la Provençale*)
Cortar ao meio, no sentido do comprimento. Regar com azeite. Temperar. Grelhar em fogo brando. Colocar num prato. Lançar por cima Manteiga Noisette, contendo miolo de pão, ervas aromáticas e alho. picados.

Italiana (*Italienne*)
Como RECHEADA. Ao redor, um cordão de Molho Italiano.

Natas, com (*à la Crème*)
Descascar. Cortar em rodelas com 1 cm de espessura. Polvilhar com sal. Estufar em manteiga. Ligar com Molho de Natas.

Nîmoise
Cortar em dois, no sentido do comprimento. Dar um corte a toda a volta; golpear a polpa. Polvilhar com sal. Fritar em azeite. Guarnecer no topo, com aparelho composto de tomates *concassés* dados de pimentos salteados, dente de alho e aromáticos.

Oriental (*Orientale*)
Descascar. Cortar em seis fatias, no sentido do comprimento. Fritar. Recompor a beringela, colocando as fatias com o aparelho utilizado na BERINGELA RECHEADA. (*Ver sob este nome*). Colocar num prato. Regar com azeite e terminar de cozinhar no forno. (*Servidas quentes ou frias*).

Provençal (*Provençale*)
Proceder como para BERINGELAS RECHEADAS. juntando ao recheio de gratém, para legumes, maior quantidade de tomates *concassés*. Terminar como as citadas. Cordão de Molho de Tomate, ao redor.

Recheadas (*Farcies*)
Dividir em dois, no sentido do comprimento. Dar um golpe junto ao bordo. Golpear a polpa. Fritar. Retirar a polpa, respeitando a casca; picar. juntar tomate *concassé* e recheio de gratém para legumes. Rechear as cascas com a mistura. Polvilhar com miolo de pão. Regar com manteiga derretida. Gratinar no forno. Servir com Demi-glace atomatado, ao redor.

Rumanesa (*Roumanienne*)
Cortar em cubos pequenos. Temperar com sal e polvilhar com farinha e páprica. Saltear em azeite, adicionando tomate picado, estragão e cerefólio.

Salteada à Nicense (*Sauté à la Niçoise*)
Descascar. Cortar em rodelas. Polvilhar com farinha. Saltear em azeite. À parte, tratar de igual modo rodelas de tomate e pimentões, com alho. Misturar tudo. Polvilhar com salsa picada.

Suflê (*Soufflée*)
Proceder como para EGÍPCIA, na primeira parte do tratamento. Picar a polpa, muito fina. Misturar com um aparelho de Suflê de Parmesão. Colocar nas cascas da beringela e terminar como um vulgar suflê.

Turca (*à la Turque*)
Proceder como para EGÍPCIA, na primeira parte do tratamento. A polpa, picada, mistura-se com carneiro picado, arroz natural e Duxelles Seco. Ligar tudo com Demi-glace. Colocar nas cascas. Polvilhar com miolo de pão. Cozinhar no forno. Cordão de Molho de Tomate.

BRÓCOLIS
(Brocolis)

Preparados como a maioria das receitas apontadas para a COUVE-FLOR.

CARDOS
(Cardons)

PREPARAÇÃO: *Tiram-se as folhas exteriores, que normalmente são muito duras. As folhas tenras, são cortadas em pedaços de 8 cm de comprimento aproximadamente. São tirados os filamentos e a pele exterior e esfregados com limão, para evitar que enegreçam. Cozer a branco, cobrindo com um pouco de gordura da rilada de vaca. ou vitela. Tempo de cocção: 1. 1/2 a 2 horas. Depois de cozidos, os cardos podem ser servidas, com Molho Mornay, Natas, Aurora, Bordalês, Holandês, Demi-glace, Italiano, Vinagrete etc., ou, ainda, das maneiras seguintes*:

Burguesa (*Bourgeoise*)
Cozidos primeiro em água e depois em consomê. Juntar a um estufado de cebola e presunto picado, cobrindo com um molho feito de Roux, caldo da cocção, manteiga e sumo de limão.

Demi-glace
Depois de cozidos, escorrer. Cobrir com Demi-glace, adicionado de manteiga.

Espanhola (*Espagnole*)
Estufados. Cobrir com Demi-glace. Guarnecer com tutanos cozidos e crostões de massa folhada.

Graduados (*Gratin*)
Depois de cozidos, escorrer. Cobrir com Molho Mornay. Polvilhar com queijo ralado. Gratinar.

Italiana (*Italienne*)
Como o anterior. Cobrir com Molho Italiano.

Milanesa (*Milanaise*)
Proceder como para ESPARGOS À MILANESA.

Mornay
Depois de cozidos, escorrer. Cobrir com Molho Mornay e parmesão ralado. Gratinar.

Natas (*à la Crème*)
Depois de cozidos, escorrer. Estufar com manteiga. Cobrir com Molho de Natas.

Nivernesa (*Nivernaise*)
Estufados. Empratar em coroa. Centro enfeitado, de cenouras novas com natas.

Polonesa (*Polonaise*)
Proceder como para ESPARGOS do nome.

Suco, com (*au Jus*)
Depois de cozidos, escorrer. Cobrir com bom suco de vitela, adicionado de manteiga.

Tutano, com (*à la Moelle*)
Guarnecer com rodelas de tutano cozido e cobrir com Molho de Tutano.

Tutano Graduado (*Moelle Gratinée*)
Preparar como os anteriores. Polvilhar com queijo ralado e gratinar.

CASTANHAS
(Marrons)

PREPARAÇÃO: *Dar um golpe na casca. Meter no forno bem quente, sobre um tabuleiro, 5 minutos aproximadamente. Descascar enquanto bem quentes.*

Estufadas a Escuro, ou à Espanhola (*Braisés*)
Colocar numa caçarola. Molhar com fundo de vitela espesso. Cozinhar. Escorrer e glacear no forno.

Estufadas a Branco, ou à Francesa (*Etuvés*)
Colocar em cocção, com rama de aipo e consomê branco. Servir quando cozinhadas.

Mulher do Diabo (*Diablesse*)
Estufadas com manteiga, caiena e sal.

Purê, em (*en Purée*)
CASTANHAS À FRANCESA. Passar na peneira. Terminar com manteiga e natas.

CEBOLAS
(Oignons)

Espanhola (*Espagnole*)
Cebolas grandes, cozidas em leite. Passar por manteiga quente. Servir com Molho Espanhol.

Fritas (*Frits*)
Cortar em rodelas de 2,5 mm de espessura. Desfazer estas em anéis. Temperar. Passar por farinha. Fritar em azeite, ou óleo bem quente. Bem secas.

Glaceadas a branco (*Glacés à blanc*)
Cebolas pequenas, descascadas. Cobrir de consomê branco. Juntar manteiga. Cozer. Reduzir o caldo, até quase a seco.

Glaceadas a escuro (*Glacés à brun*)
Pequenas cebolas descascadas, passadas em manteiga. Adicionar um pouco de açúcar. Corar lentamente, em manteiga. Molhar com fundo escuro. Reduzir, à consistência de glace.

Lionesa (*Lyonnaise*)
Descascar. Picar. Estufar em manteiga, corando ligeiramente.

Recheadas (*Farcis*)
Cebolas médias. Fazer uma cavidade na polpa. Branquear fortemente. Rechear com Duxelles, Risoto, suflê de espinafres, de tomate, picado de carne, ou outro, Terminar no forno.

Recheadas à Espanhola (*Farcis à l'Espagnole*)
Como as anteriores. Rechear com miolo de pão, salsa picada, ovo, sal, pimenta e vinho branco. Passar por farinha e fritar. Terminar a cocção numa caçarola, com Molho Espanhol e bastante tomate.

Recheadas à Portuguesa (*Farcis à la Portugaise*)
Preparar como as anteriores. Rechear com tomates *concassés*, refogados em azeite com alho e presunto, levados à condição de purê. Terminar de cozinhar no forno com Molho de Carne, polvilhadas com queijo ralado. (*Do autor*).

Surpresa (*Surprise*)
Cebolas grandes, preparadas como para RECHEADAS. Recheiam-se com rins de cordeiro, salteados; terminam-se, estufadas em suco de carne.

CENOURAS
(Carottes)

PREPARAÇÃO: *Cortar as cenouras, se são velhas, ou deixá-las inteiras, se são novas. Branquear. Cozer em água, sal, açúcar e manteiga, até à completa evaporação do líquido, de forma que as cenouras se apresentem envoltas numa camada brilhante. Estarão prontas para ser utilizadas, em guarnições ou outros.*

Aldeã (*Paysanne*)
Estufadas com manteiga, cebola e um pouco de consomê. Ligar com natas azedas.

Burguesa (*Bourgeoise*)
Estufadas em manteiga.

Croquetes (*Croquettes*)
Utilizando purê de cenouras, ligado com Bechamel e ovos, segue-se o método usual.

Natas, com (*à la Crème*)
Depois das cenouras preparadas, como indicamos no início. adicionar-lhes natas, o dobro do seu volume, e deixar ferventar até à consistência desejada.

Prussiana (*Prussienne*)
Estufadas com consomê, manteiga e um pouco de açúcar, ligando o molho com Roux Branco. Na altura de servir, adiciona-se arroz cozido, de grãos bem soltos.

Purê (*Purée*)
Depois de cozidas e escorridas, passar por peneira fina. Ligar com manteiga e natas.

Vichy
Cortar em rodelas. Cozer como indicado na PREPARAÇÃO, utilizando água das Pedras Salgadas (*na receita original, usa-se água de Vichy*). Servir em timbale. polvilhadas com salsa picada.

Vidago
O mesmo que VICHY, com água de Vidago.

CHICHARO
(Gesse)

Prepara-se como o GRÃO *ou o* FEIJÃO BRANCO.

CHICÓRIA
(Chicorée)

PREPARAÇÃO: *Lavar. Branquear. Cortar. Estufar com manteiga e Bechamel, em partes iguais. Recebe a maior parte das preparações indicadas para os Espinafres.*

Natas (*Crème*)
Branquear. escorrer e picar. Terminar com manteiga e natas.

Suco de carne, com (*au Jus*)
Como a anterior. Suco de carne em vez de natas.

CHUCHUS
(Chayotte, ou Brionne)

Preparam-se como os PEPINOS, BERINGELAS *ou* **ABÓBORAS MIMOSAS**.

CHUCRUTE
(Choucroute)

Prato típico da Alemanha, onde se chama Sauerkraut, *vai-se pouco a pouco tornando familiar à cozinha de outros países, sobretudo França e Inglaterra.*

PREPARAÇÃO: *Repolhos brancos cortados em pedaços, colocados num recipiente. intercalando sal entre as camadas. Na superfície, mais sal e pimenta em grão. Comprime-se e deixa-se fermentar, durante 2, 3 ou mesmo 4 semanas. Pode-se comer nesse estado, ou estufá-la no forno, com cebolas, vinho branco, especiarias e gordura. Serve-se simples. com salsichas ou toucinho.*

COGUMELOS

Agruparemos sob esta epígrafe todas as criptogâmicas, sem separar as de cultura (champignons), *das bravas: míscaros* (morilles), *tortulhos* (cèpes); *ditas "funghi" em italiano*; oranges, *outra variedade de míscaros escuros, e* gribouis, *cogumelos de origem russa que se apresentam em latas, desidratados.*

Devemos notar que os champignons utilizados na maior parte das receitas são champignons grandes, que nós aqui não conseguimos; permitem tal como os fundos de alcachofras, a acomodação de recheios, depois de retirada parte da polpa carnosa. Os pequenos são normalmente utilizados para molhos, sopas e congêneres.

Andaluza (*Andalouse*)
Salteados com azeite, cebola picada, presunto, tomate, vinho branco, juliana fina de pimentos morrones e Molho Espanhol.

Bordalesa (*Bordelaise*)
Cortar em rodelas. Saltear em azeite bem quente. Temperar com sal e pimenta. Juntar chalotas, salsa picada e alho,

Capucho (*Capucine*)
Salteados em azeite, com salsa picada e pedaços de branco de ave. Ligar com Molho Alemão.

Crosta, em (*en Croûte*)
Champignons com Natas. Colocar em crustadas de miolo de pão, fritas em manteiga.

Forasteira (*Etrangère*)
Picados, salteados com salsa e picado de carne para salsichas. Rechear os cogumelos, com o aparelho; polvilhar com miolo de pão e regar com manteiga. Gratinar.

Franganita (*Poulette*)
Estufados com manteiga e sumo de limão. Ligar com o molho do nome,

Fritos (*Frits*)
Temperar com sal fino, passar por farinha e fritar.

Genovesa (*Génoise*)
Saltear com manteiga e sumo de limão. Ligar com Molho Genovês.

Graduados (*Gratin*)
Preparar como NATAS. Polvilhar com queijo ralado. Gratinar.

Grelhados (*Grillés*)
Cabeças aparadas. Molhar com azeite. Sal. Grelhar em fogo vivo.

Grelhados à Borgonhesa (*Grillés Bourguignonne*)
Como a anterior. Utilizar, em vez de azeite, manteiga dos caracóis do mesmo nome.

Gribouis
Cogumelos secos. Remolhar em água. Lavar, Estufar em manteiga. Ligar com Molho Smitano,

Livoniana (*Livonienne*)
Cabeças grandes de champignons. Cozer em marinada, com água, azeite, alho e ervas aromáticas. Adicionar quantidades iguais de beterraba. Sumo de limão. (*Servido frio ou quente*).

Mordomo (*Maître d'Hôtel*)
Grelhados. Servir com manteiga do nome.

Natas (*Crème*)
Em rodelas. Estufar em manteiga, com cebola picada. Molhar com natas. Temperar e reduzir. Servir em timbale.

Perigordina (*Périgourdine*)
Como BORDALESA. Polvilhar com trufas picadas, no momento de servir.

Piemontesa (*Piémontaise*)
Rechear, com salpicão de champignons salteados. Estufar com azeite e alho,

Provençal (*Provençale*)
Salteados em azeite, com chalotas, ervas aromáticas, tomate, alho e um pouco de Demi-glace.

Purê (*en Purée*)
Cozer. Passar pela peneira grossa. Puxar um pouco em manteiga. Juntar Bechamel e nata. Passar pela estamenha (*étamine*) sob pressão.

Ranini
COGUMELOS COM NATAS. Adicionados de rodelas de trufa fresca, durante a cocção.

Recheados (*Farcis*)
Cabeças de champignons, estufadas em manteiga. Temperar. Rechear com Recheio de Gratém, de legumes. Gratinar.

Rossini
Recheados com pasta de fígado (*foie gras*). Cobrir com Bechamel e queijo ralado. Gratinar. Cordão de Demi-glace, ao redor.

Russa (*Russe*)
Cortar em rodelas. Saltear com manteiga e cebola, Reduzir. Adicionar natas azedas, salsa e funcho. picados.

Salteados (*Sautés*)
Cortar em rodelas. Saltear com azeite e manteiga. Temperar durante a cocção. com sal e pimenta. Polvilhar com salsa picada.

Suzy
Champignons frescos ou outros cogumelos, cozidos. Cortam-se os pés, que se misturam com um recheio de vitela e salsa picada, bem temperado. Rechear os cogumelos com este recheio. Sobre cada cogumelo, uma rodela de toucinho fumado (*bacon*). Cozinhar no forno com Demi-glace. Servir sobre pequenos crostões, com o molho da cocção.

Tarteletas (*En Tartelettes*)
Preparar como NATAS. Servir em tarteletas.

Tolosana (*Toulousaine*)
Cortar em rodelas. Saltear em manteiga, azeite, cebolas, chalotas e alho picado. Misturar dados de presunto e tomates *concassés*. Decorar com crostões.

Torneados ou Canelados (*Tournés ou Cannelés*)
Cabeças, torneadas ou caneladas. Cozer em água, manteiga, sal e sumo de limão. Em ebulição durante 3 minutos. (*Servidos como guarnição*).

Tourangelle
Inteiros. Estufar lentamente, em manteiga. Juntar cebolas, chalotas, alho e salsa picados. Ligar tudo com Glace de Carne.

Vila Nova (*Villeneuve*)
Estufados com manteiga. Reduzir e adicionar natas. Servir em Pastelão Folhado (*Vol-au-vent*).

COUVES
(Choux)

Incluímos na mesma série todas as couves, sem exceção (salvo as bruxelas e flor), *dado que designá-las separadamente não traria vantagens e tornaria mais difícil a consulta.*

Chucrute (*Choucroute*)
Empregar de preferência chucrute fresco. Cenouras. cebolas, cravinho, ramo de cheiros. Molhar com 1/2 de vinho branco, 1/2 de consomê. Cozer lentamente, durante 3 a 4 horas. (*Ver* CHUCRUTE).

Estufadas (*Braisées*)
Cortar em quatro. Lavar. Branquear. Retirar as partes duras. Temperar. Pôr a estufar com cenouras, cebolas, cravinho, ramo de cheiros. Molhar com consomê branco. Tempo de cocção: 1 hora.

Flamenga (*Flamande*)
Couves roxas. Cortar em quartos. Lavar. Cortar em juliana. Temperar. Cozinhar em caçarola de barro, com manteiga e vinagre. A 3/4 de cocção, juntar dados de maçã, açúcar em pó e um pouco de mascavado.

Inglesa (*Anglaise*)
Couve vulgar. Retirar os talos duros. Cozer em água com sal. Escorrer. Espremer entre dois pratos. Cortar em pedaços. Servir sobre uma grade.

Limusina (*Limousine*)
A mesma preparação que FLAMENGA. Molhar com caldo, juntando pedaços de castanhas cruas, descascadas, e gordura de assar carne de porco.

Recheadas (*Farcies*)
Desfolhar. Lavar. Branquear. Escorrer. Escolher as folhas maiores, colocando sobre estas as mais pequenas (4 ou 5 sobrepostas). Temperar. Colocar, no centro, uma bola de picado de carne cozida, ou crua. Enrolar as folhas, formando uma pequena bola. Cobrir com tiras de toucinho. Pôr a estufar, com fundo de aromáticos. Molhar com consomê branco, gordo. Tempo de cocção: 1 hora aproximadamente. Podem ser feitas também com as couves inteiras,

San-fasson
Branquear a couve inteira. Refrescar. Colocar sobre um guardanapo. Retirar as folhas interiores. Rechear com o seguinte aparelho: picado de carne para salsichas, folhas de couve picadas, folhas de acelga branqueadas, dados de toucinho magro corados, cebola picada. puxada em manteiga, tomates *concassés*, arroz, branqueado, ervilhas frescas e dente de alho. Tudo misturado. Reformar a couve. Embrulhar num guardanapo. Pôr a cozer, em caldo de carne. Tempo de cocção: 3 a 4 horas,

Valenciana (*Valencienne*)
Como FLAMENGA, com chipolatas ao redor.

Vestefaliana (*Westphalienne*)
Como FLAMENGA. Juntar cebola picada, puxada em manteiga. Molhar com 3/4 de vinho tinto, 1/4 de vinagre. Cozinhar como a citada.

Vivaraise
A mesma preparação que SOU-FASSUN, sem arroz, ervilhas e folhas de acelga. Estufar como as COUVES RECHEADAS.

COUVES-DE-BRUXELAS
(Chou de Bruxelles)

Boa-Dona, ou Boa Mulher (*Bonne-Femme*)
Cozer um pouco dura. Temperar com sal. Estufar em manteiga, 1/4 de hora.

Flamenga (*Flamande*)
Estufada em manteiga. Juntar batatas, torneadas com o tamanho de azeitonas.

Gratinada (*Gratin*)
Cozer. Colocar num prato de ir ao forno, Temperar. Cobrir com Molho Mornay. Polvilhar com queijo ralado. Gratinar.

Inglesa (*Anglaise*)
Cozer em água e sal. Escorrer. Servir sobre uma grade.

Italiana (*Italienne*)
Cozer. Saltear com Manteiga de Anchovas e salsa picada.

Limusina (*Limousine*)
Cozer. Saltear em manteiga, com pedaços de castanhas cozidas.

Manteiga, com (*au Beurre*)
Cozer. Saltear ligeiramente em manteiga.

Milanesa (*Milanaise*)
(*Ver* COUVE-FLOR de igual nome).

Moderna (*à la Mode*)
Cozidas. Temperar com Molho Alemão e salsa picada. Guarnecer com crostões.

Natas (*Crème*)
Cozer. Enxugar numa frigideira com manteiga. Picar. Ligar com natas.

Polaca (*Polonaise*)
(*Ver* COUVE-FLOR do mesmo nome).

Purê, em (*en Purée*)
Cozer. Passar pela peneira. Ligar com manteiga e natas.

COUVE-FLOR
(Chou-Fleur)

PREPARAÇÃO: *Retirar as folhas que envolvem a flor. Cortar o caule, pela base desta.*

Colocar em água, ligeiramente acidulada (com sumo de limão ou vinagre) *e salgada. Cozer com água e sal. Molhos de acompanhamento: Bastardo, Holandês, Musselina, Natas, Manteiga Derretida etc.*

Almocreve, ou Arrieiro (*Muletier*)
Depois de cozida, escorrer. Fritar alhos com pimentão encarnado, em azeite, Molhar com vinagre. Reduzir. Lançar sobre a couve-flor, previamente posta numa caçarola. Deixar cozinhar alguns minutos. (*Espanhola*).

Andaluza (*Andalouse*)
Cozer. Escorrer. Cobrir com um refogado do seguinte: azeite; cebola e presunto, picados; Jerez; tomate; um pouco de açafrão e cominhos. Molhar com consomê e vinagre. Polvilhar com pão ralado, sumo de limão e manteiga. Gratinar.

Aurora
Cozer. Cobrir com Molho Mornay atomatado e queijo ralado, Gratinar.

Dubarry
Pequenas couves-flores, gratinadas, colocadas sobre fundos de alcachofras.

Fritotes, em (*en Fritot*)
Pequenos ramos de couve-flor. Marinar. Mergulhar em massa de fritos. Fritar. Á parte, Molho de Tomate.

Gratinada (*Gratin*)
Saltear em manteiga raminhos de couve-flor cozida. Colocar em prato de ir ao forno, sobre Molho Mornay. Cobrir com o mesmo molho. Polvilhar com queijo ralado. Gratinar.

Ignatief
Cozer. Regar com Manteiga Escura (*Beurre* Noir). Pequenos crostões fritos por cima.

Inglesa (*Anglaise*)
Cozer como indicado na PREPARAÇÃO, deixando em volta algumas das folhas verdes.

Italiana (*Italienne*)
Cozer. Cobrir com Molho Mornay atomatado, adicionado de salpicão de língua e champignons. Polvilhar com queijo ralado. Gratinar.

Marinada (*Marinée*)
Como FRITOTES.

Milanesa (*Milanaise*)
Cozer. Colocar em prato de ir ao forno. Polvilhar com queijo ralado. Regar com manteiga derretida. Gratinar. No momento de servir, lançar por cima um pouco de Manteiga Noisette.

Mornay
Como GRATINADA.

Polaca (*Polonaise*)
Raminhos de couve-flor cozida. Temperar. Recompor a couve, num timbale. Polvilhar com ovo cozido picado, salsa e miolo de pão, frito em Manteiga Noisette.

Purê, em (*en Purée*)
Couve-flor cozida. Passar pela peneira. Ligar com manteiga e natas.

CROSNES DO JAPÃO
(Crosnes ou Stachys)

PREPARAÇÃO: *Branquear com água, contendo bastante bicarbonato de soda. Lavar com água simples. Cozer a branco, como os* CARDOS.

Aveludado, com (*Au Velouté*)
Cozer um pouco duros. Escorrer. Estufar em manteiga. Ligar com Molho Aveludado.

Beignets
A mesma preparação dos CROQUETES. Mergulhar em massa de fritos. Fritar.

Croquetes (*Croquettes*)
Cozer. Misturar com Molho Alemão reduzido. Arrefecer. Fazer os croquetes. Fritar.

Gratinados (*Gratin*)
Ver COUVE-FLOR).
Milanesa (*Milanaise*)
Idem como o anterior.

Natas (*Crème*)
Cozer. Estufar em manteiga. Juntar natas e reduzir. Servir em timbale,

Polaca (*Polonaise*)
(*Ver* COUVE-FLOR).

Purê, em (*en Purée*)
Cozer. Passar pela peneira. Temperar. Ligar com manteiga e natas.

Salteados (*Sautés*)
Cozer um pouco duros. Escorrer. Saltear em manteiga.

ENDÍVIAS
(Endives)

PREPARAÇÃO: *Lavar. Colocar numa caçarola untada com manteiga. Sal, sumo de limão, um pedaço de manteiga. Tapar hermeticamente. Cozinhar 30 a 35 minutos.*

OBSERVAÇÃO: *Para cozinhar as endívias, não há necessidade de adicionar água, pois este legume possui em si agua suficiente para a sua cocção. Depois de cozidas, as endivias podem ser preparadas, seja como as* ALFACES *ou as* COUVES-FLORES.

Ardenesa (*Ardenaise*)
Siga a PREPARAÇÃO acima indicada, sem limão. A meia cocção, juntar presunto picado e cubos de toucinho branqueados.

Mornay
Cozer. Cobrir com Molho Mornay. Polvilhar com queijo ralado. Gratinar.

Natas, com (*à la Crème*)
Cozer. Ligar com natas espessas.

Natural (*Nature*)
Cozinhar como indica a PREPARAÇÃO. Servir em timbale, com o suco da cocção reduzido.

Suco, com (*au Jus*)
Cozer. Ligar com Suco de Vitela.

ERVILHAS
(Petit-Pois)

As ervilhas são, na França, objecto de especial tratamento. Em jantares de requinte, dão, só por si, a idéia do pouco ou muito cuidado com que se tratou da ementa. Primordial é, sem dúvida, a utilização de ervilhas miúdas, calibradas e escolhidas para esse efeito; naturalmente mais caras. mas de melhor sabor. As maiores são utilizadas em sopas. purês e preparações idênticas.

PREPARAÇÃO: *Há duas maneiras básicas de cozinhar as ervilhas, bem diferentes, por sinal, uma da outra: à Inglesa e à Francesa.*

À Inglesa (*à l'Anglaise*)
Descascar. Cozer com água e sal de 15 a 20 minutos, segundo a qualidade de ervilhas empregadas.

À Francesa (*à la Française*)
Ervilhas miúdas. Descascar. Cozinhar com pequenas cebolas novas, descascadas; alfaces cortadas grossas; manteiga; açúcar: sal: água, a cobrir. Tapar e cozer em fogo vivo.

Aldeã (*Paysanne*)
Cozer à francesa. Juntar Aldeã (*Paysanne*) de legumes.

Alface, com (*aux Laitues*)
Cozer à francesa. Servir em timbale. Alfaces estufadas por cima.

Antiga (*Ancienne*)
Cozer à inglesa, um pouco duras. Estufar com manteiga e aromáticos. Momentos antes de servir, ligar com gemas de ovos e manteiga.

Boa-Dona, ou Boa Mulher (*Bonne-Femme*)
Cozer à francesa. Adicionar pedaços de toucinho. Servir em tacho de barro. Cozinhar hermeticamente tapado.

Burguesa (*Bourgeoise*)
Como à ANTIGA. Adicionar Molho de Carne.

Estufadas (*Etuvées*)
Cozer à francesa, em tacho de barro. Adicionar um pouco de Molho de Carne, ou Demi-glace; tapar hermeticamente e terminar no forno.

Flamenga (*Flamande*)
Cenouras cozidas e Ervilhas à Inglesa, em partes iguais.

Hortelã (*Menthe*)
Cozer à inglesa, com um ramo de hortelã branqueada, por cima.

Manteiga, com (*au Beurre*)
Cozer à inglesa. Escorrer. Ligar com manteiga fresca.

Parisiense (*Parisienne*)
Cozer à francesa. Adicionar manteiga e servir. Salsa em vez de alface.

Pavilhão (*Pavillon*)
Cozer à inglesa. Saltear em manteiga. Servir em timbale, com bordadura de pepinos estufados. Cobrir com Molho Aurora, fatias de língua e queijo ralado. Gratinar,

Presunto, com (*au Jambon*)
Cozidas com cebolas e presunto. Passar por um pouco de manteiga e Demi-glace. (*Pode-se também substituir o presunto por chouriço ou toucinho.*

Purê (*Purée*)
Cozer à inglesa. Passar pela peneira. Ligar com manteiga e natas.

Purê para Guarnições (*Purée pour Garnitures*)
3/4 de purê de ervilhas, 1/4 de recheio de aves. Misturar. Ligar com gema de ovo. Encher pequenas fôrmas, que se cozem em banho-maria.

Salteadas (*Sautées*)
Cozidas à inglesa. Saltear em manteiga. (*Podem ser preparadas com presunto. chouriço ou toucinho*).

ERVILHAS DE VAGEM, OU DE QUEBRAR
(Pois Mange-tout)

Preparadas de todas as maneiras indicadas para as ERVILHAS DE DESCASCAR.

ESCORCIONEIRA, OU SERSIFIM
(Saisifis, ou Scorzonères)

PREPARAÇÃO: *Raspar. Lavar. Cozer a branco. como os cardos. As pontas dão uma boa salada.*

Ervas finas (*Fines Hermes*)
Como SALTEADA.

Frita (*Frite*)
Cozer. Escorrer. Cortar em pedaços de 5 cm. Mergulhar em massa de fritos. Fritar.

Gratinada (*Gratin*)
Como NATAS. Cobrir com Molho Mornay. Polvilhar com queijo ralado. Gratinar.

Natas (*Crème*)
Cozer. Escorrer. Cortar em pedaços de 5 cm. Colocar em timbale. Cobrir com Molho de Natas.

Polonesa (*Polonaise*)
Como COUVE-FLOR do nome.

Salteadas (*Sautées*)
Cozer. Escorrer. Cortar em pedaços de 5 cm. Corar na frigideira, com manteiga bem quente. Temperar. Salsa picada.

ESPARGOS
(Asperges)

PREPARAÇÃO: *Raspar. Lavar. Atar em ramos. Cozer em água e sal. Tempo de cocção: 18 a 20 minutos. Servidos, normalmente, acompanhados com molhos: Holandês, Espuma, Musselina, Verde, Manteiga Derretida etc.*

Chantilly
Cozer. Estufar em manteiga, adicionando natas. Servir em timbale, cobertos com natas (*exceto a ponta do caule*). Crostões folhados, como enfeite.

Cleópatra (*Cléopâtre*)
Servir sobre guardanapo; enfeitar com um ramo de agrião. Molho Musselina, adicionado de cerefólio e estragão fresco, picados. Polvilhar com miolo de pão, frito no momento de servir.

Espanhola (*Espagnole*)
Cozer. Escalfar ovos na mesma água. Molho Vinagrete.

Flamenga (*Flamande*)
a) Cozidos. Molho feito de gemas de ovos cozidos, esmagadas, levantadas com manteiga derretida.
b) Como a anterior. Rodeados de metades de ovos, recém-cozidos.

Frios (*Froides*)
Sobre guardanapo. À parte, Molho Vinagrete.

Genovesa (*Génoise*)
Cozidos. Em prato de ir ao forno. Cobrir com *gruyère* ralado e regar com manteiga derretida. Gratinar.

Gratinados (*Gratin*)
Colocar os espargos em camadas. Cobrir as pontas com Molho Mornay. Tapar os pés com um papel amanteigado. Polvilhar as pontas com queijo ralado. Gratinar. Retirar o papel e servir.

Italiana (*Italienne*)
Como MILANESA. Sem os ovos estrelados.

Milanesa (*Milanaise*)
Colocar os espargos em camadas. Polvilhar as pontas com queijo ralado. Lançar por cima Manteiga Noisette. Ao redor, ovos estrelados cortados com o corta-massa, de maneira a deixar muito pouco branco em volta da gema.

Mornay
Como GRATINADOS.

Piemontesa (*Piémontaise*)
Como ITALIANA.

Polonesa (*Polonaise*)
Colocar uma única camada. Polvilhar com ovos cozidos e salsa, picados. Lançar sobre as pontas miolo de pão frito em manteiga, bem alourado.

Siberiana (*Sibérienne*)
Frios, Empratar sobre uma camada de gelo picado. À parte, Maionese.

Pontas de Espargos (*Pointes d'Asperges*)
(*Espargos verdes pequenos*). Cortar a 7 cm, aproximadamente, da cabeça. Atar em molhinhos, passando o fio a 2 cm da cabeça. Cortar em tiras de meio centímetro, começando pelo pé, até 1 cm do fio. Mergulhar em água fervente, com sal, e cozer vivamente. Refrescar.

Pontas com Manteiga (*Pointes au Beurre*)
Escorrer. Temperar com sal e açúcar. Lançar em manteiga bem quente. Servir em timbale.

Pontas com Natas (*Pointes à la Crème*)
Como a anterior. Cordão de natas espessas, ao redor.

Pontas Real (*Pointes Royale*)
Pontas de espargos e juliana de trufas, ligadas com Molho Alemão. Servir em timbale.

ESPARREGADO
(Purée)

Não sendo. verdadeiramente. um termo usado na indústria, Esparregado *é uma palavra portuguesa que designa os purês apurados, de legumes verdes, ou ervas, razão por que entendemos dever incluí-la aqui. As receitas de como preparar esses purês são indicadas na seção que ao legume disser respeito; e é ai que está a diferença; o esparregado completa-se com a adição de manteiga, alho picado. farinha, noz—moscada e azeite cru, além do sal e pimenta. Faz-se esparregado dos seguintes legumes*:

Alface (*Laitue*)
As folhas frescas bem lavadas e escorridas. Fazer o purê e proceder como indicado.

Chicória (*Chícorée*)
Escolher bem para eliminar as folhas velhas e secas. Cozer. Fazer o purê e preparar o esparregado pela maneira indicada.

Espinafres (*Épinards*)
(*ldem* como CHICÓRIA).

Nabiças (*Navet Jeune*)
Como CHICÓRIA. Cozer destapado. com um pouco de bicarbonato, para as nabiças conservarem a cor verde. Fazer o esparregado como se indica.

Ortigas, ou Urtigas (*Ourties*)
Com a ajuda de luvas, ou pinças, aparar as urtigas, aproveitando as partes mais tenras, Lavar num recipiente com bastante água, com a ajuda de um talher, até ficarem bens limpas. Preparar como as NABIÇAS.

Papoilas (*Pavots*)
Prepara-se com as folhas verdes que crescem junto ao terreno (*não a flor, que para nada serve*). Seguir o indicado para NABIÇAS.

Rabanete, folhas de (*Feuilles de Radis*)
As folhas mais viçosas, bem escolhidas. Como NABIÇAS.

Rama de beterraba (*Feuilles de Beterrave*).
Como FOLHAS DE RABANETE.

Rama de nabos (*Feuilles de navets*)
Como NABIÇAS.

ESPINAFRES
(Épinards)

PREPARAÇÃO: *Lavar bem, depois de retiradas as folhas velhas e secas. Cozer em água e sal. Refrescar. Apertar. Picar, passar pela peneira ou pela máquina. Para os espinafres em rama* (épinards en branches), *retira-se o talo antes de os cozer.*

Avozinha (*Grand-Mère*)
Purê. Adicionar queijo ralado, natas, presunto picado, alourado em manteiga. Guarnecer com cubos de pão frito. no momento de servir.

Bechamel
Como NATAS. Utilizar Molho Bechamel.

Condessa (*Contesse*)
Cozidos e estufados em manteiga, com algum caldo. Misturar com gemas de ovos cozidos, picadas, salsa picada. Guarnecer como AVOZINHA.

Crostões, com (*aux Croûtons*)
Como NATAS. Crostões triangulares, ao redor.

Florões, com (*aux Fleurons*)
Como NATAS. Crostões folhados, ou florões. ao redor.

Gratinados (*au Gratin*)
Em rama. Saltear com manteiga. Juntar queijo ralado. Colocar em prato de ir ao forno. Polvilhar com bastante queijo ralado. Regar com manteiga derretida e gratinar.

Guarnição, para (*pour Garniture*)
Recheio de aves e purê de espinafres, misturados em partes iguais. Colocar em pequenas fôrmas e cozer em banho-maria.

Inglesa (*Anglaise*)
Em rama, Escorrer. Apertar ligeiramente. Servir em timbale, sem refrescar.

Natas, com (*à la Crème*)
Em purê. Enxugar numa frigideira, contendo Manteiga Noisette. Juntar nata espessa, para obter a consistência desejada. Temperar. Empratar em timbale, Cordão de natas, ao redor.

Ovos, com (aux *Oeufs*)
Como NATAS. Quartos de ovos cozidos, ao redor.

Portuguesa (*Portugaise*)
(*Ver em* ESPARREGADO, *a receita indicada para este*).

Purê (*Purée*)
(*Ver em* PREPARAÇÃO, *no início desta série*),

Russa (*Russe*)
(*Ver* ESPINAFRES COM OVOS). Proceder de igual modo.

Salteados (*Sautés*)
Em rama. Passados por manteiga e um pouco de açúcar, adicionando-se alguma pimenta e noz-moscada.

Subrics
Enxugar em manteiga. Juntar fora do fogo, Molho Bechamel muito reduzido, ovos batidos, sal, pimenta, noz-moscada. Com uma concha de bico, tirar pequenas porções deste aparelho e deixar cair numa frigideira, contendo manteiga clarificada. Recomeçar a operação, até utilizar todo o aparelho. Servir em timbale. À parte, Molho de Natas. (*Os Subrics ficam com a forma de charutos, mais ou menos grossos*).

Suflê (*Soufflé*)
Misturar purê de espinafres e Bechamel reduzido, em partes iguais. Ligar com gemas de ovos. Temperar com sal, pimenta e noz-moscada. Levantar as claras, em castelo bem firme. Proceder à mistura. Colocar em forma de suflê. Cozinhar durante 10 minutos aproximadamente. (*Algumas vezes, adicionam-se filetes de anchovas, ou rodelas de trufas*).

Viroflay
Enrolar SUBRICS, em folhas de espinafres branqueadas. Colocar num prato de ir ao forno, untado com manteiga. Cobrir com Molho Mornay. Polvilhar com queijo ralado. Gratinar,

FAVAS
(Fèves)

PREPARAÇÃO: *Descascar. Cozer em água e sal, adicionando um ramo de cheiros contendo segurelha. Retirar a pele.*

Bretã (*Bretonne*)
Como FEIJÃO BRANCO do nome.

Inglesa (*Anglaise*)
Cozer, como indicado na PREPARAÇÃO. Tirar a pele. À parte, Manteiga fresca.

Manteiga, com (*au Beurre*)
Cozer. Saltear em manteiga. Temperar.

Natas, com (*à la Crème*)
Cozer. Terminar com natas frescas.

Presunto, com (*au Jambon*)
Como TOUCINHO. Substituir este, por presunto.

Purê, em (*en Purée*)
Cozer. Passar pela peneira. Ligar com manteiga e natas.

Salteadas (*Sautées*)
(*Ver com* MANTEIGA).

Toucinho, com (*au Lard*)
Cebola picada, refogada em manteiga. Juntar pedaços de toucinho branqueados. Enxugar. Molhar com fundo branco. Lançar neste molho as favas cozidas e ferventar l0 a 15 minutos. (*Seguindo esta regra, podem também ser feitos com chouriço*).

FEIJÃO BRANCO
(Haricots Blancs)

PREPARAÇÃO: *Remolhar, um mínimo de 10 horas. Cozer em bastante água, com fogo lento, mas certo. A meio da cocção, adicionar sal. Juntar cebola picada, cravinho, quartos de cenoura e ramo de cheiros.*

Americana (*Américaine*)
Cozer com toucinho. Cortar este em pedaços. Misturar tudo com Molho de Tomate.

Boston Beans
Pequenos feijões brancos. Cozer num tacho de barro, com toucinho, melaço e um pouco de sal. Servir em timbale, com pedaços de toucinho da cocção e salsa picada, por cima, (*Cozinha Americana*).

Bretã (*Bretonne*)
Cozer. Escorrer. Temperar. Ligar com Molho Bretão. Salsa picada.

Chouriço, com (*Saucisse Fumée*)
À AMERICANA, sem tomate. Adicionar chouriço às rodelas e um pouco de suco de carne, (*Podem também ser feitos com presunto, utilizando o mesmo processo*).

Gratinados (*Gratin*)
Ligar com suco de carne gorda. Colocar num prato de ir ao forno, untado com manteiga. Polvilhar com pão ralado, Regar com manteiga derretida. Gratinar.

Lima Beans
A mesma preparação dos BOSTON BEANS, utilizando feijocas em vez dos feijões brancos. (*Cozinha Americana*).

Lionesa (*Lyonnaise*)
FEIJÕES COM MANTEIGA. Misturar com cebola do nome.

Manteiga, com (*au Beurre*)
Cozer. Escorrer. Temperar. Ligar com manteiga fresca. Salsa picada.

Pancho Villa
À AMERICANA, com chouriço e presunto. Polvilhar com salsa picada e colocar, no topo, ovos estrelados. (*Cozinha mexicana*).

Purê, em (*en Purée*)
Passar pela peneira. Ligar com manteiga e natas.

Purê à Bretã (*Purée Bretonne*)
Juntar ao purê, Molho Bretão.

Puré Musard
Purê de feijão, misto.

FEIJÃO ENCARNADO
(Haricots Rouges)

Prepara-se o feijão encarnado do mesmo modo que o BRANCO, *com adição, à cocção inicial, de vinho tinto e toucinho.*

FEIJÃO-VERDE
(Haricots Verts)

PREPARAÇÃO: *Cortar as pontas e retirar os fios das bordas exteriores. Cortar, consoante o fim a que se destina, em cubos, tiras, ou deixar mesmo inteiro. Mergulhar em água fervente, com sal. Cozer em bastante fervura durante 15 minutos, se eles forem bem frescos. Escorrer. Evitar refrescar, se possível.*

Alemã (*Allemande*)
Branquear ligeiramente. Refogar cebola picada em manteiga. Enxugar. Molhar com consomê

branco. Terminar de cozinhar o feijão, neste molho.

Francesa (*Française*)
Cortar em tiras. Cozer. Saltear com manteiga, sumo de limão e pimenta. Salsa picada.

Fritotes (*Fritots*)
Cozer inteiros. Temperar. Passar por massa de fritos. Fritar em bastante gordura. Servir como guarnição, ou bem enxutos, sobre guardanapo.

Inglesa (*Anglaise*)
Cozer. Colocar numa legumeira, com bastante manteiga fresca.

Lionesa (*Lyonnaise*)
Cozer. Saltear com manteiga e cebola picada, em abundância. Salsa picada.

Manteiga, com (*au Beurre*)
Como à INGLESA.

Mistos (*Panachés*)
FEIJÃO-VERDE COM MANTEIGA e feijão de descascar preparado de igual modo, em partes iguais. Misturar. (*Fazem-se também Mistos, de feijão-verde com ervilhas, couve-flor e outros legumes*).

Mordomo (*Maître d'Hôtel*)
Como à INGLESA, com Manteiga Mordomo.
Peixes da Horta (*Poissons du Jardin*)
O mesmo que FRITOTES.

Portuguesa (*Portugaise*)
Estufados, com um pouco de banha; azeite; bastante tomate; toucinho em pedacinhos, refogado em azeite; suco de carne; pimenta; salsa e um pouco de vinho branco, ou vinagre.

Purê, em (*en Purée*)
Passar pela peneira. Juntar um pouco de purê de feijão de descascar, se possível. Ligar com manteiga e natas.

Tomate, com
Cozer. Saltear em manteiga e azeite, com cebola picada, estufada em manteiga; tomate *concassé* em abundância. Salsa picada.

Tourangelle
Branquear ligeiramente. Terminar a cocção, em Bechamel pouco espesso, adicionando um pouco de manteiga, gema de ovo e dente de alho. Salsa picada.

Vienense (*Viennoise*)
Cozer. Ligar com Molho Aurora e purê de azedas.

Vilares (*Villars*)
Cozer. Enxugar e temperar com sal e pimenta. Passar por farinha e fritar. Servir bem enxutos, sobre guardanapo.

FUNCHO TUBEROSO
(Fenouil Tubéreux)

Cozer em água e sal. Todas as preparações dos CARDOS.

GOMBOS OU QUIABOS
(Gombos)

PREPARAÇÃO: *Cortar as extremidades. Cozer em água com sal. Escorrer.*

Estufados (*à l'Etuvée*)
Cebola picada, puxada em manteiga. Juntar pedaços de toucinho e os quiabos, ambos branqueados. Molhar com suco de vitela (*jus de veau*).

Guarnição, para (*pour Garniture*)
Branquear. Estufar em manteiga, com tomate *concassé*.

Janina
Cebolas branqueadas, puxadas em gordura de rabo de carneiro. Juntar tomates *concassés* e dados de carne de carneiro, crua. Saltear tudo junto, 7 a 8 minutos, Adicionar os gombos. Molhar com um pouco de água. Cozer lentamente. Temperar, bem apurado. Servir tal qual.

Natas, com (*à la Crème*)
Estufar em manteiga. Ligar com natas espessas.

Recheados (*Farcis*)
Retirar o interior. Rechear com Duxelles de Legumes. Estufar em fundo de aromáticos, com suco de vitela (*jus de veau*).

Turca (*Turque*)
Como JANINA. Puxar os ingredientes em azeite, em vez de utilizar gordura de carneiro para esse efeito.

GRÃO
(Pois-chiches)

Não sendo muito utilizado na cozinha "internacional" (exceto para sopas e purês). *o grão tem, no entanto, lugar especial na cozinha portuguesa, onde, além de ser o companheiro inseparável do bacalhau cozido, se consome também guisado.*

INHAME
(lgname)

De gosto semelhante à batata, embora um pouco mais fibroso. o inhame pode ser servido cozido, frito, salteado ou assado no forno.

LEIPZIGER ALLERLEI

Prato de legumes diversos, cozidos. estufados com manteiga. Regar com Molho de Lagostins. Decorar com croquetes. (Cozinha Alemã).

LENTILHAS
(Lentilles)

Modos de preparação e cocção idênticos ao FEIJÃO BRANCO. *O seu emprego principal é em sopas ou purês de guarnição.*

MILHO
(Maïs)

De todos os países, é a América o que mais consumo dá ao milho, como alimento, escolhendo, para esse fim, as espigas verdes. Na Inglaterra, é usado, no pequeno almoço, com leite e açúcar, na forma dos conhecidos Corn Flakes, *milho esmagado e torrado. Em Portugal, além do pão de milho (broa) das nossas províncias, fazem-se as* papas, *com ou sem legumes, que, tendo certo valor alimentar, não são, no entanto, prato de valor gastronômico; citamo-las apenas como apontamento de interesse. Na ilha da Madeira, o* Milho frito *(papa arrefecida, cortada quando consistente e frita em azeite) é considerado manjar de primeira ordem. Tendo-me sido dado provar dele, confesso não ter sentido qualquer inclinação para repetir, o que não impede o meu reconhecimento do seu valor alimentar.*

PREPARAÇÃO: *Cozer a espiga inteira, envolta em algumas das folhas exteriores, em água com sal, ligeiramente acidulada com limão. Servir sobre guardanapo, com manteiga derretida à parte.*

Assadas (*Grillés*)
Espigas inteiras, assadas no forno. Servir como as cozidas.

Carolo
Milho moído grosseiramente, ou apenas partido, cozinhado com água e sal, em forma de papa. (*Cozinha Portuguesa: Beira Alta*),

Croquetes (*Croquettes*)
(*Ver* fórmula-tipo *em* ENTRADAS LIGEIRAS. *Servidos, geralmente, como guarnição do Rosbife*).

Homminy Friters
Farinha de milho cozida em água, ligada com manteiga, ovos e açúcar. Deixar arrefecer. Formar bolas, que se fritam em manteiga quente. (*Americana*)

Milho Frito
Papa de milho, deixada arrefecer num tabuleiro, onde se torna consistente. Cortar em retângulos, quadrados ou triângulos; fritar em azeite, ou banha. Servido como guarnição de pratos de carne, ou polvilhado com açúcar. (*Cozinha Portuguesa: ilha da Madeira*).

Natas, com (*à la Crème*)
Podem ser usados grãos de milho estufados. no entanto, as Pipocas, ou *Pop Corn*, são, a meu ver, mais aconselháveis neste caso. Passar por manteiga para amolecer. Ligar com natas espessas. Temperar com sal e açúcar. Servir em timbale.

Papas de Milho
Farinha de milho, dissolvida em água fria para não formar grumos, cozida em água fervente, com sal. Pode-se adicionar hortaliça. *Cozinha Regional Portuguesa*).

Polenta
Papa de milho arrefecida e frita em cubos. (*Italiana*).

NABOS
(Navets)

Para as cabeças, veja as preparações das CENOURAS. *Para as folhas e grelos, veja* COUVES À INGLESA *e* ESPARREGADO.

ORTIGAS, OU URTIGAS
(Orties)

Utilizadas em sopas e purês, tal como as folhas do nabo; Veja em ESPARREGADO.

OXÁLIDAS
(Oxális)

PREPARAÇÃO: *Lavar. Cozer em água com sal. Servidas Gratinadas, com Natas, em Purê, Recheadas etc., como as Batatas.*

PEPINOS
(Concombres)

Aldeã (*Paysanne*)
Rechear, com picado de carne para salsichas. Estufar e gratinar.

Clermont
Tornear como fundos de alcachofras. Estufar em manteiga, juntamente com igual quantidade de fundos de alcachofras. Temperar.

Duquesa (*Duchesse*)
Estufar pequenas bolas de pepino, em manteiga. Colocar em crustada de Batata Duquesa; cobrir com Bechamel e queijo ralado. Gratinar,

Glaceados (*Glacés*)
Tornear como azeitonas. Branquear. Cozer em água, com sal e manteiga. Reduzir na boca do forno, até completa evaporação da água. Servir como guarnição.

Natas, com (*à la Crème*)
Tornear como azeitonas. Branquear fortemente. Cozinhar em natas frescas, até estas terem a consistência desejada.

Portuguesa (*Portugaise*)
Como ALDEÃ. Adicionar tomate *concassé*, cebola e alho picado.

Recheados (*Farcis*)
Descascar inteiros. Cortar aos pedaços, ou abrir ao meio no sentido do comprimento. Retirar a polpa. Branquear. Rechear com Duxelles de Legumes, adicionando ou não recheio de aves, ou outro.

Turca (*Turque*)
Cortar em rodelas. Cozer. Passar por massa de fritos. Fritar. Gratinar, com purê de tomate em cima. Untar os topos com gemas de ovos, dissolvidas em sumo de limão. Deixar um pouco no forno.

PIMENTÕES DOCES
(Piments Doux)

Guarnição, para (*pour Garniture*)
Grelhar para tirar a pele. Estufar. Cortar como se desejar.

Purê, em (*en Purée*)
Pimentos encarnados, estufados com arroz. Passar pela peneira. Adicionar manteiga.

Recheados (*Farcis*)
Grelhar para tirar a pele. Retirar o pedúnculo. Encher com Arroz Pilaw. Estufar em fundo de vitela.

Vivaraise
Rechear com recheio do nome sem toucinho, adicionado de dados de pimentão.

PORROS (ALHOS) ditos Alhos Bravos
(Poireaux)

Podem ser servidos cozidos, ou estufados em azeite, com Bechamel ou manteiga derretida.

Gratinados (*Gratin*)
Cozer. Colocar em prato de ir ao forno, sobre Molho Mornay. Cobrir com o mesmo molho. Polvilhar com queijo ralado. Gratinar.

Mornay
Como a anterior.

Sarda (*Sarde*)
Picados. Passados em manteiga, com rodelas de beringela. Molho de Carne.

PURÊS
(Purées)

Normalmente, os purés de legumes são servidos como guarnição; resolvemos, pois, incluir na parte referente a esta uma série de purês. (Ver em GUARNIÇÕES, "Purês para Guarnição").

QUIABOS, GOMBOS
(Gombos)

(*Veja atrás, em GOMBOS*)

RAMA DE LÚPULO (PONTAS)
(Jets de Houblon)

PREPARAÇÃO: Como *as pontas de* ESPARGOS. *Lavar. Cozer em água com sal, acidulada com sumo de limão. São preparadas com Aveludado, Natas etc.. acompanhadas com ovos escalfados e crostões fritos em manteiga.*

RUIBARBO
(Rhubarbe)

Planta oriental, muito usada na França e na Inglaterra. Os pecíolos carnudos do ruibarbo são preparados estufados e servidos em timbale. As folhas são cozinhadas como as dos espinafres. Com estas plantas fazem-se também compotas e confeituras, servindo-a os ingleses numa espécie de tarta ou pastelão, preparado como as tortas vulgares, a que chamam Rhubarbe Pie.

SOJA
(Soja)

Além de preparada em salada, a cru, a soja pode também, depois de branqueada, ser servida em manteiga ou outro molho.

TOMATES
(Tomates)

Americana (*Américaine*)
Tomates pequenos. Limpar o interior. Temperar bem. Rechear com purê de milho tenro, ligado com ovos. Polvilhar com queijo ralado e gratinar. Servir com suco de carne.

Andaluza (*Andalouse*)
Idem como acima. Rechear com cebola picada e presunto, refogados em azeite; salsa; ovo cozido picado e Molho de Tomate. Ligar com gema de ovo cozido. Polvilhar com miolo de pão frito, regar com azeite e gratinar.

Antiga (*Ancienne*)
Tomates pequenos, preparados para rechear. Encher com Duxelles de Legumes, adicionado de dados de presunto e salsa picada. Regar com azeite e um pouco de alho. Cozinhar no forno. Servir com Molho Madeira.

Carmelita (*Carmélite*)
Retirar parte da polpa. Rechear com Musselina de Linguado e purê de ouriços do mar, adicionados de dados de ovo cozido. Colocar tampão no topo. Cozinhar no forno.

Caseira (*Ménagère*)
Rechear como COUVE À VIVARAISE. Estufar.

Concassés (*Concassées*)
Descascar. Cortar ao meio. Limpar. Cortar grosso. Cozinhar lentamente, numa frigideira contendo cebola picada, puxada em manteiga. Temperar. Deixar ferventar, até à evaporação completa da umidade.

Fritos (*Frites*)
Cortados em rodelas grossas. Temperar com sal. Passar por massa de fritos e fritar, bem alourados. (*Podem também se chamar* **Fritotes**).

Genovesa (*Génoise*)
Preparados para rechear. Encher de recheio com ervas aromáticas. Polvilhar com miolo de pão e queijo ralado. Gratinar.

Gratinados (*Gratin*)
Cortar ao meio. Colocar em prato de ir ao forno. Polvilhar com pão e queijo ralados. Regar com manteiga e gratinar.

Hussardo (*Hussard*)
Preparar para rechear. Encher com salpicão de pimentos, champignons, língua de pepinos verdes (*cornichons*), ligado com Bechamel reduzido. Polvilhar com pão ralado, regar com manteiga e gratinar.

Indiana (*Indienne*)
Como GREGA, utilizando Arroz à Indiana.

Italiana (*Italienne*)
Rechear com Arroz à Italiana. Gratinar. Adicionar Glace de Carne.

Katalas
Cubos de tomates estufados em azeite, aos quais se adiciona feijão-verde, beringela, pimentos encarnados e gombos. (*Turca*)

Navarresa (*Navarraise*)
Rechear com Musselina de Aves, adicionada de dados de aves e de trufas.

Polonesa (*Polonaise*)
Recheados com miolo de pão, ovos, alho e manteiga. Estufados em manteiga.

Portuguesa (*Portugaise*)
a) Rechear com Arroz Pilaw, adicionado de tomates *concassés*. Regar com azeite e gratinar.
b) Cortar às rodelas. Saltear em azeite, com alho e salsa, picados.

Provençal (*Provençale*)
Cortar ao meio. Temperar. Polvilhar com miolo de pão, salsa e alho picados. Regar com azeite. Cozinhar no forno.

Recheados (*Farcis*)
Praticar, no lado do pedúnculo, uma cavidade com perto de 2 cm de diâmetro de boca. Profundá-la, retirando a polpa. Temperar. Rechear com Duxelles de Legumes. Polvilhar com pão ralado. Regar com manteiga derretida. Gratinar. Servir com Demi-glace atomatado.

Rivoli
(*Frios*). Rechear com Musse de Tomates. No centro, um rim de galo. Lustrar com geléia.

Salteados (*Sautées*)
Cortar em rodelas grossas, ou ao meio. Temperar. Passar por farinha. Saltear em manteiga.

São Francisco (*San-Francisco*)
(*Frios*). TOMATES SALTEADOS. Colocar em pequenas fôrmas e cobrir com gelatina de aves.

Suflê (*Soufflé*)
(*Ver* fórmula-tipo, *em* ENTRADAS LIGEIRAS).

Turca (*Turque*)
Preparar para rechear. Encher de Arroz Pilaw e funcho. Estufar em azeite.

TOPINAMBO5
(Topinambours)

Este legume, também conhecido por alcachofras de Jerusalém, é bastante apreciado pelos gastrônomos. Prepara-se cozido com água, leite, ou consomê; estufado; em fritotes; suflê etc.

Cracoviana (*Cracovienne*)
Cozer. Cortar em rodelas. Saltear em manteiga e servir, polvilhando com miolo de pão frito, regado com Manteiga Escura (*Beurre Noir*).

Fritos (*Frits*)
(*Ver* BATATA CHIP. *Preparadas de igual modo*).

Inglesa (*Anglaise*)
(*Ver* BATATA À INGLESA. *Idem*).

Purê (*Purée*)
Procede-se como para o PURÊ DE BATATA.

TRUFAS
(ditas também Túberas)
(Truffes)

Champanha (*Champagne*)
Raspar trufas grandes. Temperar. Cozer com Mirepoix à Bordalesa e vinho de Champanha (*champagne*). Tapar hermeticamente. Colocar em pequenas legumeiras de metal. Reduzir o vinho. Juntar suco de vitela espesso. Passar e servir sobre as trufas.

Cinzas, sob as (*Sous la Cendre*)
Raspar trufas grandes. Temperar. Regar com vinho de Champanha (*champagne*). Enrolar em massa de tarteletas. Cozinhar no forno, 20 a 30 minutos.

Guardanapo, no (*Serviette*)
Como CHAMPANHA. Utilizar vinho do Porto. Servir em timbale, no centro de um guardanapo dobrado de maneira especial para esse fim. (*Não são as trufas que se põem dentro do guardanapo. mas o timbale que as contém*).

Natas (*Crème*)
Descascar. Cortar em rodelas grossas. Temperar. Estufar em manteiga. Flamejar com aguardente velha (*fine champagne*). Reduzir. Juntar natas espessas e manteiga. Terminar a cocção, até atingir a consistência desejada.

Porto
Como CHAMPANHA. Utilizar vinho do Porto.

Provençal (*Provençale*)
Rodelas de trufa salteadas em azeite, com cebolinhas, salsa, alho, vinho branco e Manteiga de Anchovas.

Sonho de Amor (*Rêve d'Amour*)
Cozinhar em vinho de Champanha, com ramo de cheiros. Tempo aproximado: 25 minutos. Deixar arrefecer no próprio molho, 24 horas antes de servir.

Talleyrand
Rodelas de trufas, salteadas com vinho da Madeira. Servir numa crustada de brioche.

Vitória (*Vitoria*)
Como CHAMPANHA.

MASSAS ALIMENTARES
(PÂTES ALIMENTAIRES)

Para MASSAS DOCES, ver também SOBREMESAS DOCES E PASTELARIA.

BEURRECK

Cigara
Mistura consistente, feita de Bechamel e de pequenos dados de *gruyère* fresco. Cortar em forma de Charuto. Passar por farinha. Enrolar, sucessivamente, em duas ou três capas de Massa de Nulhes (*Nouilles*). Panar à inglesa. Fritar em manteiga. (*Cozinha Turca*).

Kémali
Massa de Nulhes (*Nouilles*), cortada em folhas muito finas, de forma oval. Rechear com lombo de carneiro e gordura do rabo do mesmo, picados em conjunto, temperados e puxados em manteiga, com cebola picada. Fechar enrolando. Passar por farinha e fritar em manteiga. (*Cozinha Turca*).

BLINIS

Pequenas rodelas finas de massa de batata, ou de farinha de trigo, com ovos, natas e sal. São servidas com caviar e natas azedas. (*Cozinha Russa*).

Hahiska
Massa de Nulhes cortada em redondo, cozida em água e sal. Dourar com manteiga. Toucinho frito e queijo sem gordura, em cima. Passar no forno. (*Húngara*)

BRIOCHE

Fermento
Farinha, dissolvida com água morna e levedura. Deixar levantar para o dobro, colocando a mistura num lugar quente durante o tempo necessário.

Massa
Farinha, manteiga, ovos, sal e açúcar, trabalhados e amassados. Misturar ao fermento. Deixar levantar 5 ou 6 horas, antes de cozinhar.

CANELÕES
(Cannelons, Canneloni)

PREPARAÇÃO: *Utiliza-se a mesma massa e recheio indicados para os* RAVIÓLIS. *Cortar a massa em retângulos, de 6 cm por 8. Cozer em água com sal. Refrescar e escorrer. Colocar o recheio. Enrolar. Colocar lado a lado, num prato de ir ao forno untado com manteiga, polvilhado com queijo ralado. Juntar fundo de vitela* (atomatado ou não). *Polvilhar com queijo ralado. Gratinar.* (*Há cozinheiros que utilizam folhas de crepe na confecção deste prato, embora a forma não seja correta. Nesse caso, as pontas deverão ser aparadas rente ao recheio*). *Além do fundo de vitela, pode-se também utilizar Bechamel, Molho de Tomate ou outro, consoante o gosto.* (Ver também em ENTRADAS LIGEIRAS).

CHUS OU FARTOS
(Choux)

A mesma massa dos SONHOS (Beignets Soufflés), *com pouco açúcar e bastante manteiga.* (*Ver* MASSA DE CHUS em FUNDOS DE COZINHA).

CIERNIKIS

Gastrônomo (*Lakamba*)
Palito, feito com massa de Coulibiac, ou massa de Brioche sem açúcar. (*Ver* ENTRADAS LIGEIRAS).

CREPINETES
(Crépinettes)

Embora originariamente este prato seja confeccionado com redanho (crépine) *de porco. muitos, ou quase todos os cozinheiros, os preparam com folhas de crepe, em substituição deste. Neste caso, a sua preparação aproxima-se da indicada para os* CANELÕES, *exceto que. em vez de as extremidades serem aparadas, são dobradas para o interior, durante o enrolamento. Deixamos a critério do leitor a escolha da preparação a seguir.* (*Ver* CREPINETES *em* ENTRADAS LIGEIRAS).

CREPES
(Crêpes)

Farinha, açúcar, ovos, sal, leite, aroma. Ver MASSAS DOCES, *em* SOBREMESAS, DOCES E PASTELARIA).

ESPAGUETE
(Spaghetti)

Cozer em água com sal. Deixar ferver lentamente, 10 minutos, para servi-lo natural. (*O Espaguete, quando se destina a ser trabalhado depois de cozido, deve ferver um pouco menos, só 8 minutos, aproximadamente, pois, caso contrário, ficará muito mole, partido e sem graça. Os italianos chamam à sua maneira de o cozer um pouco duro* al dente. *Para as outras maneiras de preparar.* (*Ver* MACARRÃO).

FARTOS
(Choux)

(*Ver em* CHUS)

FOLHADA (MASSA)
(Feuilletage)

Farinha, água e sal. Amassar. Juntar manteiga. Trabalhar, espalmando com o rolo, untado com manteiga e dobrando, 6, 7 ou 8 vezes, com intervalos de 1/4 de hora de cada vez.

Semifolhada (*Demi-Feuilletage*)
Como a anterior, mas com metade da manteiga. Dobrar só 3 ou 4 vezes.

FRITOS (DE)
(à Frire)

Massa de SONHOS VULGARES. (Ver em FUNDOS DE COZINHA).

LASANHA
(Lasagne)

A Lasanha é preparada com Massa de Nulhes, colocando num tabuleiro camadas alternadas de massa e recheio de Bolonhesa, com queijo ralado. Cobrir com Molho de Tomate e fatias de queijo mussarela. Cozinhar no forno e cortar em porções individuais.

MACARRÃO
(Macaroni)

PREPARAÇÃO: *Cozer em água, com sal. Deixar ferver lentamente, 15 minutos (18, no máximo).*

Amundsen
Cozido. Ligar com Manteiga de Anchovas.

Anchovas (*Anchois*)
Como ITALIANA, com purê de anchovas.

Bolonhesa (*Bolognese*)
Como ITALIANA. Juntar carne de vaca picada, salteada com cebola picada, alho, azeite, fundo de vitela e ramo de cheiros.

Genovesa (*Génoise*)
Como GRATINADO. Juntar champignons secos, estufados.

Gratinado (*Gratin*)
Como ITALIANA. Juntar um pouco de Molho Mornay. Polvilhar com queijo ralado, adicionado de pão ralado. Regar com manteiga derretida. Gratinar.

Italiana (*Italienne*)
Cozer. Enxugar numa frigideira. Temperar. Juntar manteiga, natas e queijo ralado. Ligar tudo.

Milanesa (*Milanaise*)
Como NAPOLITANA, adicionado de Guarnição Milanesa.

Napolitana (*Napolitaine*)
Como ITALIANA. Juntar tomates *concassés* e Molho de Tomate.

Nicense (*Niçoise*)
Como ITALIANA. Juntar cebola picada, puxada em azeite com dente de alho e tomates *concassés*.

Siciliana (*Sicilienne*)
Como ITALIANA. Juntar cebola picada, cozida, bem como purê de fígado de aves, com Aveludado, para fazer a ligação.

Suco (*Jus*)
Cozer. Cortar aos pedaços. Ferventar em suco de vitela.

Veneziana (*Vénitienne*)
Como ITALIANA. Juntar juliana de aves, trufas, champignons e presunto, ligada com Aveludado.

NALESNIKIS

Os Nalesnikis são pequenos croquetes de MASSA DE TWAROGUE, enrolados em folhas de crepe, sem qualquer aroma. Passam-se depois por massa de fritos e fritam-se.

NHOQUES
(Gnokís – em italiano, Gnocchi)

Nhoques (*Gnokis*)
Podem ser preparados das seguintes maneiras:

a) Massa de Chus (*Choux*) adicionada de queijo ralado. Com o saco de pasteleiro, comprimir, cortando em pedaços de 2 cm de comprimento. Cozer em água fervente, com sal. Depois de cozidos, escorrer. (*Ver Nota*).

b) 1 litro de leite, 80 g de manteiga, sal, noz-moscada. Fazer ferver. Adicionar em cascata 200 g de sêmola. Mexer bem. Cozinhar 20 minutos. Juntar 2 gemas de ovos. Espalhar sobre um tabuleiro untado com manteiga. Arrefecer. Cortar com o corta-massa redondo. de 3 cm de diâmetro. (*Ver Nota*).

c) Polpa de batatas, cozidas no forno. Incorporar, mexendo, volume igual de recheio de aves. Formar bolas. Canelar com os dentes dum garfo. Cozer em água com sal,

Nota: *Os Nhoques podem ser preparados gratinados com fundo de vitela, Bechamel atomatado etc.*
Como atrás apresentamos dois termos diferentes, informamos aos nossos leitores que Gnocchi é a designação original italiana; Gnokis, a tradução francesa da mesma palavra.

Parisiense (*Parisienne*)
Massa a): Depois de cozidos, escorrer. Ligar com Bechamel quente, sem os partir. Juntar parmesão e *gruyère* ralados. Colocar em prato de ir ao forno. Polvilhar com queijo ralado e regar com manteiga derretida. Gratinar. Servir imediatamente.

Romana (*Romaine*)
Massa b): Cortar redondos, ou em meias-luas (*crescentes*). Colocar em prato de ir ao forno, untado com manteiga. Polvilhar com queijo ralado. Regar com manteiga derretida e gratinar. Servir depois de bem corados. À parte, Demi-glace atomatado.

NULHES
(Nouilles – Em italiano, Fettucine)

PREPARAÇÃO: *Cozer 3 minutos em água fervente. Refrescar. Escorrer. Preparar como o* MACARRÃO.

Massa dos Nulhes (*Pâte à Nouilles*)
500 g de farinha; 5 ovos inteiros; 2 gemas; 15 g de sal. Ligar a farinha com os ovos e o sal. Amassar. Deixar repousar. Estender com o rolo, em folhas muito finas. Cortar finalmente. Polvilhar com farinha. (*Ver* PREPARAÇÃO).

Alsaciana (*Alsacienne*)
Cozidos. Ligar com queijo ralado e juliana de presunto. Polvilhar com queijo ralado e regar com manteiga. Gratinar.

Gratinados (*Gratin*)
Como MACARRÃO.

Italiana (*Italienne*)
Cozidos. Ligados com queijo ralado e Molho de Tomate.

Manteiga (*Beurre*)
Cozidos. Ligados com manteiga fresca.

PASTELÃO POLACO
(Polsky Pirogue)

Fazer crepes grandes, sem açúcar. Untar uma frigideira, ou fôrma baixa, com manteiga, polvilhando-a a seguir com pão ralado, Guarnecer as paredes e o fundo com os crepes. Juntar por camadas; Kacha de trigo; picado de carnes; ovos cozidos; champignons com natas. Tapar com mais crepes. Cozinhar no forno e desenformar. Servir Molho Madeira, à parte.

PIROGUIS

Os Piroguis ou Pirojkis são pequenas bolas de aparelho de Croquetes de Aves, enroladas em massa de Coulibiac, panadas á inglesa e fritas. (Ver em ENTRADAS LIGEIRAS).

PIZZA ITALIANA
(Pizza Italienne)

Com massa de Pão espalmada sobre a mesa, faz-se uma rodela com o seguinte recheio: manteiga, bastante tomate, alho, segurelha, bastante queijo ralado e salsa picada, adicionando um pouco de azeite, Depois de preparada, regar com azeite, polvilhar com queijo ralado ou cobrir com fatias de queijo e cozinhar no forno.

PIZZA NAPOLITANA
(Pizza Napolitaine)

Folha de massa de Pão cortada em redondo, um pouco espessa e com as bordas levantadas como para uma torta, Untar interiormente com azeite, Rechear com filetes de anchovas frescas, ou de conserva; tomates picados; aromáticos, Regar com azeite, cobrir com fatias de queijo. Cozinhar no forno e servir bem quente.

POLENTA

Em aproximadamente um litro de água a ferver, com 75 g de sal, lançar 250 g de farinha de milho. Mexer bem. Juntar 60 g de parmesão ralado, Se a Polenta se destina a guarnição, deixa-se arrefecer num tabuleiro, corta-se em rodelas ou palitos e frita-se em manteiga clarificada. Caso contrário, procede-se de igual modo, colocam-se as rodelas em prato de ir ao forno, polvilha-se com queijo ralado, rega-se com Manteiga Escura e gratina-se. (Com a massa da Polenta podem ser preparadas diversas guarnições, timbales, ou crustadas, à escolha).

PROFITEROLES
(Profitérolles)

Massa de Chus., Colocar no "saco" com bico fino. Sobre um tabuleiro untado com manteiga, fazer pequenas bolas. Cozinhar no forno. Rechear com purê, se indicado. Utilizam-se como guarnição de sopas, consomês etc., e em doces, com Molho de Chocolate, ou outro.

RAMEQUINS

Massa de Chus com leite (sem açúcar), *adicionada de dados de* gruyère *ralado. Cortar e formar pequenas bolas. Dourar. Sobre cada um, colocar uma pequena rodela de* gruyère. *Cozinhar no forno.*

RASTEGAIS

Os Rastegais são pequenas empadas ovais, feitas em massa de Coulibiac, guarnecidas com vésiga, ovos cozidos picados e dados de salmão cru, temperado. Deixar levantar meia hora. Cozinhar no forno. Regar cada um com um pouco de manteiga derretida. Servir;

RAVIÓLIS
(Raviolis)

PREPARAÇÃO: *Cozer em água, com sal. Escorrer e enxugar sobre um guardanapo. Num timbale pôr uma camada de bom fundo de vitela, adicionado de tomates* concassés; *sobre esta camada colocar outra de Raviólis. Polvilhar com queijo ralado. Regar com o mesmo fundo. Polvilhar novamente com queijo ralado e gratinar.*

Massa para Raviólis (*Pâte à Raviolis*)
500 g de farinha, 2 ovos inteiros, 15 g de sal, água morna, 30 g de manteiga. Ligar a farinha com os ingredientes. Amassar. Deixar repousar. Abaixar com o rolo, em folhas finas. Colocar sobre a massa pequenas bolas do recheio escolhido. Molhar com manteiga e gema de ovo. Cortar, com o corta-massa redondo. Fechar e cozer. (*ver* PREPARAÇÃO).

Recheio para Raviólis (*Farce à Raviolis*)
Vaca estufada, miolos, espinafres picados, etc. Temperar. Adicionar, para a cocção, um bom fundo de vitela.

Agneletti di Torino
Raviólis quadrados, recheados com picado condimentado, de: champignons; vaca e presunto cozidos, picados; queijo ralado. Proceder como diz a PREPARAÇÃO, sem tomates.

Espinafres, de (*aux Épinards*)
Rechear com purê de espinafres, ligado com natas, manteiga e queijo ralado. Proceder como se diz na PREPARAÇÃO.

Peixe, de (*aux Poissons*)
Com sobras de peixe, fazer um picado com que se recheiam os Raviólis. Cozinhar como se indica.

Pellmènes
Com massa de Nulhes; enrolados. Rechear com salpicão de presunto, perdiz e salsa. Ligar muito espesso, com Molho Espanhol condimentado. Cozer. Servir em timbale, com manteiga e Glace de Carne.

Rainha (*La Reine*)
Recheio de picado de aves e trufas. Depois de recheados, saltear em manteiga, adicionando bastante parmesão ralado e leite. Deixar ferventar em fogo vivo, a fim de que se liguem entre si. Servidos sem gratinar.

Rossini
Rechear com pasta de fígado (*foie gras*) e purê de trufas. Cozer. Colocar em prato de ir ao forno. Regar com manteiga, Molho de Tomate e queijo ralado, com abundância. Gratinar,

RISSOLES
(Rissoles)

(*Ver em* ENTRADAS LIGEIRAS)

SAUSSELYS

O mesmo que DARTOIS. (Ver em ENTRADAS LIGEIRAS)

SONHOS
(Beignets)

Suflês (*Soufflés*)
Água; manteiga; sal e açúcar; casca de limão picada. Ferver. Juntar farinha, mexendo. Engrossar. Adicionar ovos inteiros, batidos. Aromatizar.

SPATZELLIS

PREPARAÇÃO: *Cozer em água fervente, comprimindo o aparelho com um batedor, num passador de buracos grandes. Ficam como fios. Escorrer. Refrescar, Preparar como o* MACARRÃO.

Massa de Spatzellis (*Pâte à Spatzellis*)
250 g de farinha; água suficiente; 5 ovos inteiros; sal e noz-moscada. Fazer a massa pouco espessa.

TALHARINS
(Taglierini)

Os Talharins são, em tudo (até na massa), *idênticos aos Nulhes, diferindo apenas destes pelo fato de serem mais estreitos. Preparam-se como os* NULHES.

TWAROGUE

O Twarogue, ou Twarok, é uma massa pouco espessa originária da cozinha russa, que se utiliza bastante como guarnição de sopas, ou outros pratos, recheios de massas duras, tarteletas etc,

Massa Twarogue (*Pâte Twarogue*)
250 g de queijo branco, espremido, trabalhado com igual porção de manteiga; 2 ovos batidos, sal, pimenta, noz-moscada etc. Obtém-se uma massa lisa, muito leve e pouco espessa.

VARÉNIKIS, VISNIKIS, WATROWSCHKIS

Varénikis
Raviólis grandes, cortados de massa para Nulhes com purê de batata. Rechear como os WATROWSCHKIS. Cozer. Saltear em manteiga. Servir com natas azedas, à parte. (*Cozinha russa*).

Visnikis
Feitos de massa de Coulibiac, com a forma de pequenos croquetes. Rechear com picado de peixe, ligado com Molho Aveludado. Deixar levedar ao quente. Fritar em azeite. Servir Molho de Tomate com natas, se desejado. (*Cozinha russa*).

Watrowschkis s'twarogome (*Raviólis grandes, com queijo*)
Massa de Coulibiac, cortada em pequenas folhas redondas. Guarnecer com Twarogue. Recobrir com outra folha. Fechar. Deixar levedar um pouco. Colocar num tabuleiro untado. Corar 15 minutos no forno. Dourar por cima com gema de ovo. (*Cozinha russa*).

COMPOSIÇÕES AUXILIARES DE CONFEITARIA

CREMES
(Crèmes)

Caramelo ou Pudim Flan *Renversée*)
1 litro de leite, 4 ovos, 8 gemas. Misturar com 500 g de açúcar baunilhado.

Chantilly
Nata espessa. Bater bem. Adicionar açúcar e aroma.

Frangipana *Frangipane*)
500 g de açúcar. Levantar com 8 ovos e 16 claras; 300 g de farinha. Juntar 2, 1/2 litros de leite fervente, adicionado de baunilha.

Inglês *Anglaise*)
16 gemas de ovos. Trabalhar com 500 g de açúcar em pó, baunilha, 1 litro de leite fervente. Cozinhar lentamente até que o creme se mantenha sobre a espátula. *Cozinha inglesa: Cream Custard*).

Manteiga *Beurre*)
16 gemas de ovos. Trabalhar; cozinhar em banho-maria, com 500 g de açúcar. Juntar perfume *aroma*). Arrefecer. Misturar com 500 g de manteiga.

Merengue *Meringue*)
8 claras de ovos, levantadas em castelo. Misturar com 500 g de açúcar baunilhado.
Nota: *Para que as claras se levantem, terá de haver o máximo cuidado, não lhes deixando agregada a menor partícula de gema, nem utilizando objectos engordurados.*

Merengue Italiano *Meringue Italienne*)
500 g de açúcar em Ponta de Bola. Lançar em fio, sobre 8 claras de ovos, batidas em castelo.

Confeiteiro *(Pâtissière*)
12 gemas de ovos. Levantar com 500 g de açúcar. Juntar 125 g de farinha. Adicionar 1 litro de leite fervente, com paladar de baunilha.

FONDANTE
(Fondant)

Açúcar, preparado como se indica em PONTOS DE AÇÚCAR, levado a PONTO DE FIO FORTE (39°). *Juntar sumo de limão e vazar sobre uma mesa de mármore, onde se trabalha bem, com uma pá ou espátula de madeira, até formar uma pasta. Caso não se utilize imediatamente, pode-se guardar, coberto com um pano umedecido. Para aplicar, amorna-se em banho-maria sobre fogo brando. mexendo constantemente. Não aquecer demasiado. Cobrem-se os bolos com o auxílio de uma espátula.*

GLACE

A Glace, que substitui o Fondante na cobertura de certos bolos, como sejam os de casamento, ou batizado, obtém-se misturando 125 g de açúcar com 1 clara de ovo, sumo de meio limão e algumas gotas de ácido cítrico. Misturar bem, até conseguir uma massa espessa e consistente.

MASSAS
(Pâtes)

Açucarada *Sucrée*)
500 g de farinha; açúcar, 250 g; 250 g de manteiga; 6 gemas de ovos, 2 dl de leite, casca de limão e de laranja.

Amêndoas, de *d'Amandes*)
500 g de amêndoas moídas; 500 g de açúcar; 4 claras. Misturar.

Areada *Sablée*)
1 kg de farinha; 500 g de manteiga; 500 g de açúcar; 6 ovos; casca de limão ralada, Amassar, sem trabalhar demasiado.

Babá, de *à Baba*)
500 g de farinha. Incorporar 7 ovos; 13 g de sal; 30 g de açúcar; 1/2 litro de leite; 20 g de fermento; 100 g de passas de uva. Misturar tudo muito bem.

Biscoitos (ditos Palitos la Reine) *Biscuits à la Cuiller*)
500 g de açúcar. Misturar com 24 gemas de ovos. Amassar. Juntar 500 g de farinha e 24 claras, batidas em castelo. *Ver* PALITOS RAINHA).

Biscoito Ponche *Biscuit Parfumé*)
500 g de açúcar; 10 gemas de ovos; 4 ovos; 250 g de manteiga; 300 g de farinha; 1 limão; 1 laranja; 2 cálices de rum.

Bolo-Rei *Gâteau de Noël*)
1500 g de farinha; 450 g de manteiga; 300 g de açúcar; 500 g de frutas secas, sortidas; 30 g de fermento; 20 g de sal; 2 dl de leite; 1 dl de aguardente velha *conhaque*); 12 ovos; casca de limão ralada. *Parte das frutas são utilizadas na decoração exterior do bolo*).

Bolo de Sabóia *Gâteau de Savoie, ou Biscuit de Savoie*)
500 g de açúcar. Misturar com 16 gemas de ovos. Juntar 250 g de fécula e 125 g de farinha, mais as 16 claras em castelo. Incorporar na mistura 185 g de açúcar. *A este bolo dá-se também correntemente o nome de* Pão-de-Ló, *sendo esta massa a base de quase todos os bolos que se fazem diariamente, nos quais apenas varia a cobertura*).

Branca
A mesma do BOLO DE SABÓIA.

Brioche
500 g de farinha; 13 g de sal; 30 g de açúcar. Trabalhar com 7 ovos. Incorporar 375 g de manteiga e um fermento, composto de 125 g de farinha, 15 g de fermento comercial e um pouco de água morna. *Ver também em* MASSAS ALIMENTARES).

Brioche Musselina *Brioche Mousseline*)
1,200 g de farinha; 500 g de manteiga sem sal; 200 g de açúcar; 20 g de fermento comercial; 10 g de sal e 10 ovos. Prepara-se como a anterior.

Chocolate, de *au Chocolat*)
Prepara-se como o BOLO DE SABÓIA. Substituir 100 g de farinha por igual porção de cacau em pó, sem açúcar.

Chus, ou Fartos *Choux*)
500 g de manteiga; 1 litro de água; 13 g de sal; 100 g de açúcar. Ferver. Misturar fora do fogo, com 500 g de farinha peneirada. Enxugar. Incorporar 18 ovos.

Coscorões
500 g de farinha; 10 g de sal; 1 dl de aguardente velha *conhaque*); 1 copo médio de sumo de laranja; 2 colheres de sopa de azeite; 1 ovo. Fritar em azeite e servir polvilhados com açúcar e canela. Molho de sonhos, à parte.

Crepes *Crêpes*)
a) 500 g de farinha; 150 g de açúcar; 2 g de sal; 12 ovos, 1, 1/2 litro de leite. Baunilha ou licor, ao gosto.
b) 400 g de farinha; 200 g de manteiga; 6 ovos; 6 gemas; 1 litro de leite.

Doce *Sucrée*)
O mesmo que AÇUCARADA.

Dumplings, de *à Dumplings*)
500 g de farinha; 300 g de gordura de rim de vaca, picada; 15 g de sal; 2 dl de água.

Encamisar, de *à Foncer*)
Ver MASSA DE ESTALADINHOS).

Estaladinhos *Brisée*)
500 g de farinha; 300 g de manteiga; 2 dl de água.

Fartos, ou Chus *Choux*)
Ver em CHUS).

Filhós
1 litro de leite; 600 g de farinha; 100 g de manteiga; 50 g de açúcar; 6 gemas; 6 ovos;

sumo de 3 laranjas. Depois de bem amassadas, fazem-se as filhós, que são fritas em azeite. Polvilham-se com açúcar e canela. Molho de Sonhos, à parte.

Folhada *Feuilletage*)
500 g de farinha; 13 g de sal; 3 dl de água. Misturar. Repousar 15 minutos. Estender. Juntar 500 g de manteiga. Enrolar. Espalmar com o rolo e dar 6 dobras *2 de cada vez*), com 10 minutos de repouso entre cada dobra. Cortar e preparar. *Ver também em* MASSAS ALIMENTARES). *A massa Meia—Folhada leva preparação idêntica, mas menos dobras*).

Fritos (de), ou de Fritar *à Frire*)
500 g de farinha; 13 g de sal; 1 dl de azeite; 1 ovo inteiro; 3 dl de cerveja ou leite; 6 dl de água morna; 3 gemas; 4 claras batidas em castelo.

Genovesa *Génoise*)
500 g de açúcar, misturado em fogo brando com 16 ovos, até amornar. Incorporar 500 g de manteiga derretida e 50 g de farinha, ao mesmo tempo. Adicionar baunilha. Cozinha-se no forno, em tabuleiro ou em forma alta.

Massapão *Massepain*)
300 g de açúcar, fervido com água (2,5 dl) até ao ponto de bola (43º). Misturar, fora do fogo, 100 g de amêndoas não torradas, picadas. Deixar arrefecer e picar. *Utiliza-se em decorações, ou em pequenos doces*).

Ovos, de *Farce d'Oeufs*)
500 g de açúcar pilé; 30 gemas de ovos, 2,5 dl de água; baunilha. Prepara-se o açúcar com água, até ao ponto de fio e junta-se-lhe os ovos, lentamente, mexendo sempre. *Esta massa, que se utiliza sobretudo em recheio de bolos, deve, depois de fria, ser trabalhada com uma espátula para lhe tirar os grumos*).

Palitos Rainha *Biscuits à la Cuiller*)
500 g de açúcar; 600 g de farinha; 30 ovos; 1 limão. Separar as claras das gemas, batendo as primeiras em castelo. Adicionar ao resto dos ingredientes. *Ver* BISCOITOS).

Panqueques *Pannequets*)
A mesma massa dos CREPES. Estes diferem daqueles apenas na maneira de apresentar, pois se servem enrolados, com recheios diversos.

Pão-de-ló *Biscuit de Savoie*)
Ver BOLO DE SABÓIA).

Pão-de-Ló com Chocolate *Gâteau Chocolat*)
Ver MASSA DE CHOCOLATE).

Pão-de-Ló de Ovar *Gâteau d'Ovar*)
9 ovos inteiros; 27 gemas batidas; 500 g de açúcar branco. Mistura-se com colher, até formar uma pasta branca, muito fluida. Adicionar, sem bater, 250 g de farinha de trigo. Cozinhar em fôrmas forradas. semicheias, coberto com papel e com forno pouco forte. Retirar 15 minutos depois. Tirar o papel quando estiver frio.

Profiteroles *Profiterolles*)
Massa de Chus ou Fartos, sem açúcar.

Real *Royal*)
Ver FARTOS, OU CHUS).

Sabóia *Savoie*)
Ver BOLO DE SABÓIA).

Savarino *Savarin*)
Como MASSA DE BABÁ; sem passas de uva. Depois de cozido, o Savarino é "ensopado" em xarope, aromatizado com rum ou licores, limão ou canela.

Sonhos *Beignets*)
Como MASSA DE FRITOS. Juntar açúcar branco e aguardente velha *conhaque*). Fritam-se em partes iguais de banha e azeite, à vontade, pois crescem muito. Servem-se quentes, polvilhados com açúcar e com o molho à parte. *Ver* MOLHOS DE SOBREMESA).

MOLHOS DE SOBREMESA
(Sauces à Dessert)

Alperche *Abricot*)
Purê de alperches frescos ou em conserva. Juntar Xarope a 18º.

Ananás *Ananas*)
Pedaços de ananás (1/4), fervidos com água (1/4) e açúcar (1/2). Deixar ferver alguns minutos e passar por um passador fino.

Avelãs *Noisette*)
CREME INGLÊS, com avelãs picadas.

Baunilha *Vanille*)
CREME INGLÊS, com bastante baunilha.

Cerejas *Cerises*)
1/2 compota de cerejas, 1/2 geléia de groselha. Perfumar com *kirsch*. Adicionar um pouco de Xarope, a 18°.

Chocolate *Chocolat*)
250 g de chocolate ou cacau, dissolvidos em 4 dl de água. Juntar açúcar baunilhado. Tempo de fervura: 25 minutos. Juntar natas e manteiga, em pequena quantidade.

Filhós, de
O mesmo molho que para os SONHOS.

Framboesa *Frambroise*)
Como MORANGOS, utilizando framboesas.

Frutas, de *aux Fruits*)
500 g de açúcar, com 2,5 dl de água. Ferver. Juntar 500 g da fruta escolhida, sem caroços. Ferventar até cozer a fruta. Passar pela peneira. Tornar ao fogo e, depois de ferver, passar definitivamente por um passador fino.

Groselhas *Groseilles*)
Geléia de groselha, dissolvida com Xarope a 18°. Perfumar com *kirsch*.

Inglesa, à *Anglaise*)
Ver CREME INGLÊS).

Laranja *Orange*)
2/3 de doce de laranja; 1/3 de puré de alperche. Dissolver com Xarope a 18°. Perfumar com curaçau.

Maçã *Pommes*)
Ver MOLHO DE FRUTAS, *ou utilize doce de maçã, dissolvido com Xarope a* 18°).

Morangos *Fraises*)
Purê de morangos ou doce dos mesmos. Dissolver com Xarope a 18°. Perfumar com *kirsch*.

Sabaião *Sabaion*)
250 g de açúcar. Trabalhar com 6 gemas de ovos. Juntar 3 dl de vinho branco. Bater sobre fogo muito brando. Deve ficar espumoso e espesso. Pode fazer-se com vinho do Porto, ou perfumar à vontade com licores. *Os italianos a chamam* **Zabaglione**).
Sonhos, para *à Beignets*)
Ver XAROPE).

Xarope *Sirop*)
a) Açúcar em caramelo escuro, dissolvido com água.
b) 250 g de açúcar, 1 dl de água. Ferventar com canela, ou casca de limão. Passar ao fim de 10 minutos.

NOGADO
(Nougat)

O Nogado, que é utilizado sob múltiplas formas. quer como ornamentação, quer na preparação de diversas peças decorativas, faz-se da união de açúcar, amêndoas e sumo de limão.

PREPARAÇÃO: Levar ao fogo 1 kg de açúcar, que se mexe constantemente até estar derretido. Juntam-se 700 g de amêndoas não torradas, mas bem secas e sumo de 1/2 limão, mexendo muito rapidamente. Colocar num recipiente untado com azeite e conservar na boca do forno, enquanto durar a sua utilização. (Todos os utensílios e fôrmas que sirvam ao nogado devem ser untados, pois, de outro modo, a massa, agarrando-se, torna difícil o trabalho).

PONTOS DE AÇÚCAR
(Cuisson du Sucre)

Utilizando como ponto de partida uma mistura de 1 kg de açúcar pilé e 1/2 litro de água, faz-se sobre o fogo a redução pela fervura da calda obtida. Deve-se acompanhar a operação até se atingir a densidade desejada (ponto), o qual se conhece pela prática, ou com o auxilio de um pesa-xaropes, ou de um termômetro especial, de vidro. Seguindo a ordem natural das fases, temos: 1°. Ponto de Fio, ou Cabelo; 2°. Ponto de Pérola; 3°. Ponto Empolado, de Voar, ou de Espadana; 4°. Ponto de Bola; 5°. Ponto de Rebuçado; 6°. Ponto de Caramelo, ou de Areia.

Denominação do ponto	Pesa-xaropes graus	Termômetro graus cent.
Fio Fraco (*Lissé, ou Filet*)	25°	103°
Fio Forte (*Grand Lissé, ou Grand Filet*)	30°	103,5°
Pérola (*Perlé*)	33°	104,5°
Pérola Forte (*Grand Perlé*)	35°	105°
Empolado, ou de Voar (*Soufflé*)	37°	109°
Empolado Forte (*Grand Soufflé*)	38°	109,5°
Bola Mole (*Boulé*)	39°	115°
Bola Rija (*Grand Boulé*)	40°	121°
Rebuçado (*Cassé*)	–	130°
Rebuçado (*Cassé Extradur*)	–	168°
Caramelo (*Sucre au Caramel*)	–	180°

Os graus que indicamos acima são para o pesa-xaropes Baumé, marcado de 0º a 44º; o Ponto de Rebuçado e o Caramelo não podem ser pesados com esse Instrumento, pois ultrapassam essa marca, podendo, no entanto, ser utilizado o termômetro. Frisamos que deve haver o máximo cuidado durante a preparação do açúcar, pois os pontos (graus), *uma vez atingidos, são rapidamente ultrapassados. Para melhor compreensão, diremos que:*

1º – *Logo que se inicia a ebulição, sob a forma de pequenas borbulhas muito juntas, a evaporação da água é completa, sendo, a partir daí, que começa a cocção do açúcar, operação a seguir atentamente, para que se possa suspender no momento preciso;*

2º – *Antes de chegar ao grau de Caramelo, o açúcar pode ser reconhecido nos seus pontos sucessivos, do seguinte modo:*

Fio Fraco *Lissé, ou Filet*)
Tomar entre o polegar e o indicador uma gota de açúcar em fusão. Afastar os dedos. Os pequenos filamentos que se formam indicam este ponto.

Fio Forte *Grand Lissé, ou Grand Filet*)
Recomeçar, depois de alguns momentos, a operação anterior. Os fios, mais fortes, em maior quantidade e mais longos, dão-nos a indicação do Ponto de Fio Forte.

Pérola *Perlé*)
O xarope movimenta-se, formando bolinhas semelhantes a pérolas.

Pérola Forte *Grand Perlé*)
Como o anterior, mas bolas majores e mais destacadas.

Empolado ou de Voar *Soufflé*)
Conhece-se, quando, ao mergulhar a escumadeira na calda, se conseguem destacar, soprando pelos orifícios, pequenos flocos que ficam voando.

Empolado Forte *Grand Soufflé*)
Quando os flocos se assemelham a partículas de neve caindo.

Bola Mole *Petit Boulé*)
Molhar os dedos em água fria, na calda do açúcar e novamente em água fria. Sob a influência da água, o açúcar se destaca dos dedos e forma uma espécie de goma, que se enrola como uma bola mole. Atingiu o grau indicado, quando assim é.

Bola Rija *Grand Boulé*)
Depois de alguma fervura, repetir o exercício anterior. A bola que se formará entre os dedos será mais resistente, indicando o Ponto de Bola Rija.

Rebuçado *Cassé*)
A seguir ao ponto atrás descrito, poucos segundos são precisos para se chegar ao Ponto de Rebuçado, que se conhece, procedendo como para os de Bola, mas verificando que a partícula de açúcar já não se enrola, antes estala, entre os dedos.

Caramelo *Caramel*)
Chegado ao grau anterior, o açúcar passa imediatamente a caramelo, forma sob a qual ele será impossível de utilizar na pastelaria. Adiciona-se-lhe então um pouco de água e deixa-se ferver. Utiliza-se para o Pudim Caramelo.

Açúcar Queimado *Caramel Fort*)
O caramelo depois da água adicionada, deixa-se passar um pouco mais, queimando-o. Destina-se a servir de corante a consomês, geléias, molhos etc.

Calda de Açúcar *Sirop de Sucre*)
O mesmo que XAROPE.

Xarope *Sirop de Sucre*)
2 quilos de açúcar, 1 litro de água. Mistura-se a água com o açúcar, até derreter. Ferve-se e limpa-se de impurezas.
Para outras receitas de açúcar, ver adiante)

DERIVADOS DE AÇÚCAR EM PONTO

(Dérivés du Sucre Cuit)

Balas
Ver *Candy*.

Bombons com licores *Bonbons aux Liqueurs*)
Para os centros: 50 g de goma arábica; 2 colheres de sopa, de licor; *Icing Sugar*; um pouco de água quente.
Para a cobertura: 750 g de *Icing Sugar*; 2 claras de ovo; 1 colher de chá, de sumo de limão; essência de café; caramelo. Peneirar o açúcar muito fino. Amolecer a goma na água quente e

passar por pano de musselina, fino. Juntar o licor e açúcar bastante, até formar uma massa suficientemente firme para se cortar e bastante líquida para se utilizar no saco do pasteleiro. Trabalhar até se tornar elástica. Pô-la num saco, ou canudo de papel, e fazer bolinhas sobre um papel polvilhado com açúcar. Deixar enxugar. Misturar o sumo de limão e as claras de ovos, gradualmente, com 350 g de açúcar e trabalhar até ficar bem macio. Juntar a essência de café e o caramelo, ambos quanto baste. Mergulhar os centros nesta composição e deixá-los enxugar sobre uma rede. *Se a cobertura exterior se deseja de chocolate, adiciona-se à massa, em vez de café e caramelo, um molho grosso de chocolate*).

Candy
Nome inglês para os rebuçados. Obtém-se do açúcar em ponto, a 130° pelo termômetro. Despeja-se num tabuleiro untado e corta-se antes de arrefecer completamente. No caso de se desejar aromatizado, junte-se a essência, ainda sobre o fogo.

Caramelos de Chocolate *Chocolate Caramels*)
100 g de chocolate baunilhado; 500 g de açúcar; 2 dl de natas e 2 dl de leite. Dissolver o açúcar no leite, juntar as natas e fazer ferver lentamente, até que uma gota lançada em água fria se torne rija. Deitar num tabuleiro untado. Quando frio, cortar em quadrados pequenos, com uma faca untada com manteiga.

Caramelos de Morango *Strawberry Caramels*)
1 kg de açúcar; 100 g de mel; 25 g de manteiga; 1 dl de natas; 1/2 dl de água; essência de morango; corante vermelho. Derreter o açúcar com a água, juntar o mel, natas e manteiga. Ferver até ao Ponto de Rebuçado; juntar a essência e o corante e lançar num tabuleiro untado. Cortar em quadrados pequenos, com uma faca untada com manteiga.

Delícia Turca *Délice Turque*)
250g de *Icing Sugar*; 500 g de açúcar vulgar; 1 folha de gelatina (30 g); 60 g de amêndoas; 1 laranja; 1 limão; 1 colher de rum; um pouco de água. Ferver o açúcar vulgar com água, o sumo e as cascas dos frutos, em juliana muito fina. Juntar a gelatina, já amolecida em água fria. Depois de estar derretida, passar por um pano para outra caçarola, adicionar o rum e as amêndoas. Lançar então num tabuleiro molhado. Quando tiver secado e se apresentar como geléia, corta-se em quadrados, que se rolam no *Icing Sugar*.

Drops
Proceder como para o CANDY, retirando o açúcar um pouco antes. Essência à escolha.

Macarão *Macaroom*)
250 g de amêndoas, cortadas grossas; 500 g de açúcar; 6 gemas de ovos; casca de 1 limão, ralada. Misturar os ingredientes e aquecê-los numa caçarola. Com uma concha ou colher, fazer rapidamente pequenos bolos redondos, que se alinham num tabuleiro, forrado com papel untado de manteiga. Cozer em forno brando.

Marshmallows
250 g de *Icing Sugar*; 125 g de goma arábica; 3 claras de ovos; 2 dl de água; essência à escolha. Amolecer a goma em água; depois, aquecer lentamente até dissolver. Passar por musselina fina. Recolocar numa caçarola, juntar o açúcar e, depois de este dissolvido, os ovos. Bater bem, até a mistura ficar espessa. Adicione a essência. Deixar enxugar num tabuleiro pequeno, durante 10 horas. Cortar em quadrados e polvilhar com bastante açúcar.

Massapão *Massepain*)
Ver MASSAS *em* COMPOSIÇÕES AUXILIARES).

Nogado *Nougat*)
Ver sob este nome).

Toffee
O mesmo que CANDY.

Toffee à Russa *Russian Toffee*)
250 g de açúcar; 125 g de manteiga; 2 dl de natas; uma colher de sopa de geléia de morangos; baunilha ou outra essência. Pôr o açúcar, manteiga e natas, numa caçarola. Deixar aquecer ao lado do fogo, até engrossar e se despegar das bordas. Adicionar os outros ingredientes. Lançar num tabuleiro untado e deixar arrefecer. Cortar em quadrados.

DOCES DE SOBREMESA
(ENTREMETS)

ARROZ-DOCE
(Riz au Lait, ou Riz Sucré)

Condé
500 g de arroz; 300 g de açúcar; 3 g de sal; 2 litros de leite; 16 gemas de ovos; aroma; 100 g de manteiga. Lavar o arroz e branqueá-lo. Escorrer. Lavar de novo. Escorrer segunda vez. Cozer com leite fervido, açucarado e adicionado do sal, aroma e manteiga. Fazer ferver e levar ao forno 25 a 30 minutos. Retirar. Adicionar as gemas. lentamente e com precaução. (*Este arroz é a base de todos os outros, aquele que vulgarmente, entre nós, tem a designação de* ARROZ-DOCE).

Federal (*Fédérale*)
ARROZ IMPERATRIZ em fôrma de Charlota, tendo o fundo decorado com uma cruz de geléia de groselha.

Imperatriz (*Impératrice*)
Preparar o arroz como CONDÉ, sem o ligar. Juntar frutas cristalizadas, cortadas finas e maceradas com *kirsch* e marrasquino, e um aparelho de Bávaro, aromatizado com *kirsch*. Lançar, numa fôrma de centro aberto, com o fundo coberto de geléia de groselha. Gelar ligeiramente.

Infante
Arroz CONDÉ, aromatizado com baunilha. Colocar em fôrma de centro aberto. Arrefecer. Desenformar e encher o vazio com compota de pêssegos e cerejas. Cobrir o topo com doce de alperche.

Inglesa, à (*à l'Anglaise*)
Arroz CONDÉ. Polvilhar com bastante açúcar. Caramelizar o açúcar, com um ferro em brasa.

Maltesa, à (*Maltaise*)
Arroz IMPERATRIZ, perfumado com laranja. Decorar com gomos de laranja.

Merengado (*Meringué*)
Arroz CONDÉ, em fôrma de centro aberto. Arrefecer. Desenformar. Cobrir e encher o centro com Merengue. Passar ligeiramente no forno.

Musselina (*Mousseline*)
Arroz CONDÉ. Adicionar claras de ovos em castelo, imediatamente a seguir às gemas.

Natas, com (*à la Crème*)
Arroz CONDÉ. Substituir parte das gemas por igual quantidade de natas frescas. Juntar estas ao arroz, do mesmo modo. Tratar como o ARROZ-DOCE À INGLESA.

Palermitana (*Palerme*)
Arroz IMPERATRIZ, em fôrma de Savarino previamente encamisada com geléia de frutas, encarnada. Centro guarnecido com Monte Branco e morangos.

Pompadour
Encamisar uma fôrma de Savarino, com aparelho de Bávaro ou Chocolate. Encher com ARROZ CONDÉ. Decorar com Creme Chantilly e línguas-de-gato.

Portuguesa, à (*à la Portugaise*)
Como CONDÉ. Aromatizar durante a cocção, com baunilha e uma casca de limão. Servir em pequenos recipientes (individuais, se possível), decorado no topo com canela em pó.

Russa, à (*à la Russe*)
Arroz CONDÉ, sem ovos. Fazer pequenas fôrmas. que se cobrem com gelatina de frutas.

Siciliana (*Sicilienne*)
Fôrma de Savarino, decorada com frutas e cheia de ARROZ IMPERATRIZ. Arrefecer. Desenformar. Encher o vazio com sorvete de baunilha e decorar com morangos.

Wellington
Creme de arroz, com Xarope, gelatina, açúcar, baunilha e natas batidas, colocado em fôrma de centro aberto. Desenformar. Encher o vazio com gelado de frutas. Guarnecer com cerejas e ameixas, em compota.

BÁVARO
(Bavarois)

APARELHO a) *500 g de açúcar. Trabalhar com 16 gemas de ovos. Adicionar leite fervido, baunilhado e engrossado com 25 g de gelatina. Cozinhar em fogo lento, como o CREME INGLÊS. Arrefecer. Abanar de quando em quando. Juntar, quando esteja quase frio, 1 litro de natas batidas com açúcar e aroma de baunilha.*

APARELHO b) *1 litro de purê de frutas; 1 litro de Xarope a 30º;. sumo de limão; 60 g de gelatina dissolvida; 1 litro de natas batidas.* (*São servidos sempre frios*)

Amêndoas, com (*aux Amandes*)
Amêndoas torradas, moídas, adicionadas ao Aparelho a).

Chocolate, de (*au Chocolat*)
Adicionar cacau em pó ao Aparelho a).

Clermont
Aparelho a), com baunilha. Juntar purê de castanhas e castanhas assadas, picadas.

Diplomata (*Diplomate*)
Gelar uma fôrma ao máximo e rodeá-la de gelo. Encamisar com Aparelho a). Encher o interior por camadas: Aparelho b) com chocolate, b) com morango etc. (*Deixar gelar bem a primeira camada, antes de adicionar a segunda e assim sucessivamente*).

Diplomata com Frutas (*Diplomate aux Fruits*)
"Bávaro com Frutas". Servir sobre um fundo de Genovesa (*Génoise*). Rodear de compota de frutas, iguais às utilizadas na preparação do Bávaro. (*Estes doce são também conhecidos por* **Moscovitas**).

Fígaro (*Figaro*)
Encamisar a fôrma com Aparelho b) de morangos. No interior, camadas sobrepostas de Aparelho a) de baunilha e chocolate.

Garibaldi
Quantidades iguais de Aparelho a) de pistácia, morango e baunilha, em camadas sobrepostas. Cobertura de geléia.

Listrado (*Rubané*)
Camadas sobrepostas de Aparelho a), de diversas cores e perfumes.

Marquesa Alice (*Marquise Alice*)
Bávaro com amêndoa picada, guarnecido com Palitos Rainha embebidos em anisete, moldado em fôrma de centro aberto. Desenformar. Cobrir com Creme Chantilly. Decorar com traços de geléia de groselhas. Com a ponta de uma faca, fazer diversos riscos. Pequenos triângulos folhados com recheio de amêndoas, rodeando a base. (*Estes pequenos bolos são vulgarmente chamados* Condés).

My Queen
Fôrma encamisada com Aparelho a), de baunilha. Interior com Aparelho b), de morangos. Adicionar morangos grandes, macerados em *kirsch*.

Normanda (*Normande*)
Aparelho b), com maçãs e dados de maçãs.

Religiosa (*Religieuse*)
Fôrma encamisada com Aparelho a), de baunilha. Interior, recheado com Aparelho b), de chocolate.

Tivoli (*Tivoli, au Fraises*)
Fôrma encamisada com geléia ao *kirsch*. Interior recheado com Aparelho b), de morangos. Empratar. Rodear de geléia ao *kirsch*.

Tricolor (*Tricoleur*)
Como LISTRADO. Apenas com três cores diferentes.

BOLOS
(Gâteaux)

Alemão (*Allemande*)
3 ovos inteiros; 250 g de açúcar e 250 g de manteiga. Bater muito bem, até ficar como uma

nata. Juntar 250 g de farinha e uma casca de limão, ralada. Ligar tudo bem. Meter em fôrma, forrada com papel untado de manteiga. Passar um pouco no forno. Polvilhar com 80 g de amêndoas picadas e canela. Repor no forno, para terminar.

Americano (*Américaine*)
Massa Genovesa. Abrir ao meio, horizontalmente. Rechear com Massa de Ovos. Cobrir com Fondante branco, enfeitado com pequenas bolinhas. Coco ralado, ao redor, nas paredes laterais.

Areado (*Sablé*)
Rodelas de Massa Areada sobrepostas, com geléia de alperche nos intervalos. Barrar em volta e no topo, com a mesma geléia. Enfeitar com Creme Chantilly.

Balmoral
1 kg de farinha; 400 g de manteiga; 500 g de açúcar; 20 g de anis em grão; 60 g de abóbora cristalizada, picada; 7 ovos; 4 dl de leite; 2 colheres pequenas de fermento em pó.
Preparação: Misturar a manteiga com o açúcar, os ovos um por um e amassar vivamente. Junte-se, pouco a pouco, o anis, o fermento, a farinha, a abóbora e o leite. Cozinhar como o PLUM-CAKE, durante 45 minutos. (*Inglês: especial para chás*).

Blattertorte
250 g de farinha; 250 g de manteiga; 120 g de açúcar; 125 g de amêndoas descascadas, pisadas; 1 clara de ovo.
Preparação: Amassar tudo e estender a massa com um rolo. Cortar em rodelas do tamanho de um prato (*5 rodelas*), com a espessura de meio centímetro. Cozer, bem louras, no forno. Colocar as rodelas umas sobre as outras, intercalando camadas de geléias diversas. A rodela que fica por cima polvilha-se com açúcar.

Café (*Café*)
250 g de manteiga; 250 g de açúcar amarelo; 1 dl de Xarope; 250 g de passas de uvas; 750 g de farinha; 15 g de fermento em pó; 2 ovos; 20 g de noz-moscada; canela. Misturar tudo muito bem e adicionar o Xarope. Juntar 1,5 dl de café frio, bem forte, adicionando um pouco de leite, se estiver muito espesso. Cozinhar em fôrma quadrada.

Castilho
6 ovos, peso igual de manteiga, açúcar e farinha, uma colher de chá de fermento em pó, um cálice de aguardente velha. Bater a manteiga com o açúcar, ligando depois as gemas. Trabalhar muito bem, adicionar as claras em castelo, a aguardente e, por último, a farinha. Forrar a fôrma com papel untado de manteiga. Polvilhar o bolo com amêndoa picada e canela em pó. Meter no forno.

Céu, do (*Gâteau du Ciel*)
250 g de manteiga; 700 g de açúcar; 12 gemas e 6 claras. Misturar tudo muito bem. Adicionar 900 g de amêndoas pisadas, um pouco de fruta cristalizada e 200 g de farinha. Bater bem, lançar numa fôrma untada com manteiga e cozinhar no forno.

Chocolate (*Chocolat*)
MASSA DE CHOCOLATE. Rechear com Creme de Manteiga, com chocolate. Barrar, por cima e em volta, com o mesmo creme. Enfeitar com boquilha de feitios. Ao redor, aparas de chocolate.

Cubano (*Gâteau Cuban*)
Ralar um coco inteiro. Juntar 3 ovos batidos; 500 g de açúcar; canela em pó; 100 g de manteiga; 250 g de farinha e sal. Colocar em fôrma untada com manteiga, polvilhada com farinha. Cozinhar no forno.

Damas (*Damier*)
(Ver BOLO MOSAICO).

Escocês (*Écossais*)
Bater 350 g de açúcar com 500 g de manteiga, até fazer creme. Juntar 750 g de farinha; 20 g de semente de alcaravia; 20 g de canela e 2 cascas de limão cortadas em pedaços, mexendo até formar uma pasta. Adicionar um pouco de leite, se necessário. Cozinhar no forno, em fôrmas untadas com manteiga. (*Cozinha Inglesa: Scotch Cake*).

Fofo, ou Musselina (*Mousseline*)
250 g de açúcar; 250 g de farinha; 10 ovos; 10 g de fermento em pó. Misturar o açúcar, a farinha, as gemas e o fermento. Juntar as claras em castelo. Levar ao forno em fôrma untada de manteiga, polvilhada com farinha.

Francês (*Français*)
1 kg de farinha; 10 g de fermento em pasta; 500 g de manteiga; 6 ovos; 100 g de passas;

100 g de groselhas; 100 g de açúcar. Com 750 g de farinha, água quente e o fermento preparar uma massa que se deixa levedar num lugar quente. Depois de levantada suficientemente, adiciona-se-lhe a manteiga, misturada com os ovos e o resto da farinha. Amassar, adicionando mais um ovo, se estiver muito espesso. Juntar o resto dos ingredientes e colocar numa fôrma untada, onde se deixa levedar 1 ou 2 horas. Levar a forno moderado, para cozer.

Frutas (*Fruits*)
Como BOLO INGLÊS DE FRUTAS. Cozinhar em fôrmas retangulares, sem claras em castelo.

Genovês (*Génoise*)
Aquecer levemente, num recipiente bem limpo, 125 g de manteiga. Batê-la com colher de madeira, juntando-lhe 125 g de açúcar. Bater até formar creme. Adicionar 4 ovos, um por um; misturar 200 g de farinha. Levar ao forno, em fôrma quadrada. Cortar ao meio horizontalmente e rechear com doce de alperche. Cobrir com Fondante e decorar ao gosto.

Grego (*Grec*)
6 ovos; 150 g de açúcar; 250 g de miolo de noz; 100 g de amêndoas; 50 g de manteiga; 50 g de farinha; 50 g de maisena. Misturar tudo e levar ao forno, num tabuleiro. Cortar em duas partes iguais que se sobrepõem, intercalando uma camada de Creme Chantilly. Cobrir com Glace de Chocolate. Enfeitar com nozes e amêndoas picadas, nas paredes laterais.

Holiday
1 kg de farinha; 375 g de açúcar; 375 g de manteiga, com alguma banha misturada; 500 g de groselha; 250 g de passas de uva, sem grainha; 125 g de frutas cristalizadas; 50 g de fermento em pó; 3 ovos; 1/2 litro de leite. Amassar todos os ingredientes, de maneira a ficarem bem misturados. Levar ao forno, em fôrma forrada de papel untado com manteiga. Cobrir com um papel, para não queimar por cima.

Imperial
500 g de açúcar; 250 g de amêndoas bem picadas; 50 g de farinha; 12 gemas; 1 clara; 100 g de manteiga; frutas cristalizadas ao gosto, picadas miudinhas. Cozer o açúcar até ao ponto de Fio Fraco, deixando arrefecer um pouco. Juntar as gemas, a clara e o resto dos ingredientes. Levar ao fogo, até que a massa ema da colher, formando pasta. Meter no forno em fôrma untada, polvilhada com farinha. Cobrir com Glace, ou só com açúcar.

Indianerkrapfen
Massa de PALITOS RAINHA, com o dobro da farinha e de claras de ovos batidas. Cortar em retângulos pequenos. Rechear com Creme de Natas, abaunilhado. Cobrir, exteriormente, com Glace de Chocolate. (*Doce alemão*).

Indiano (*Indian*)
250g de açúcar; 250g de farinha; 100 g de manteiga; 3 ovos; 10 g de fermento em pó; 2,5 dl de leite; canela. Mexer os ovos com o açúcar e a canela, adicionar a manteiga, o leite e, por último, a farinha com o fermento. Levar ao forno, em fôrma untada com manteiga. Forno brando.

Inglês (*Anglais*)
a) 3 ovos; 2,5 dl de natas; 500 g de manteiga; 250 g de açúcar; 80 g de gengibre; 1 kg de farinha; algum sal. Bater os ovos e as natas, em conjunto. Colocar a mistura numa caçarola, mexendo até amornar. Adicionar a manteiga, açúcar e gengibre, mexendo cuidadosamente sobre o fogo brando. Quando a manteiga estiver derretida, juntar a farinha e o sal, formando uma pasta (*a manteiga deve ser fina*). Passar para fôrmas pequenas e cozer em forno brando. (*Este bolo, que os ingleses chamam* Yorkshire Ginger Cake*, é por mim considerado o verdadeiro* **Bolo Inglês**, *independentemente do já popularizado, que poderemos chamar* Bolo Inglês de Frutas).

Inglês (*Anglais*)
b) 250 g de açúcar mascavado; 250 g de farinha; 250 g de manteiga; 4 ovos. Bater a manteiga até parecer nata; adicionar o açúcar; depois deste bem ligado, junta-se a farinha, meio cálice de aguardente velha (*conhaque*) e continua-se a mexer. Batem-se as gemas à parte, juntando-lhe 100 g de passas e 100 g de corintos. Misturam-se ao resto, com as claras em castelo. Põe-se 1,5 dl de leite a ferver, ao qual se junta uma colher mal cheia de bicarbonato de sódio. Adicionar à massa. Depois de tudo bem ligado, vai ao forno, não muito quente, em fôrma untada com manteiga.

Inglês (*Plum Cake*)
c) 250 g de farinha; 150 g de manteiga; 250 g de açúcar; 200 g de passas; 200 g de corintos; 50 g de casca de limão cristalizada; 50 g de amêndoas; 2 ovos; 1 colher de chá de fermento; leite. Misturar a farinha com o fermento e as frutas. Bater os ovos com um pouco de leite frio e misturar com os outros ingredientes. Lançar numa fôrma untada com manteiga. Cozer em forno brando.

Inglês de Frutas (*Anglais aux Fruits*)
Bolo Inglês b), com adição de 1 kg de frutas secas, incluindo nozes e amêndoas. Levar ao forno em fôrmas redondas.

Inglês de Natal (*Plum Pudding*)
250 g de farinha; 250 g de passas; 250 g de ameixas secas sem caroço; 125 g de manteiga; 3 ovos; 1 casca de limão ralada; noz-moscada; 1 colher de chá de fermento em pó. Misturar muito bem os ingredientes, colocar numa fôrma untada com manteiga e cozer em banho-maria, durante 3 a 4 horas.
Molho para o bolo: 1 cálice de brande; 1 cálice de vinho da Madeira; 50 g de manteiga; açúcar. Derreter a manteiga, adicionar o açúcar, o vinho da Madeira e o brande. Regar o bolo com o molho ou servir à parte em molheira. (*Para maior efeito, o bolo deve ser servido Flamejante. depois de regado com rum*).

Japonês (*Japonais*)
MASSA BRANCA. Cortar em quadrado e abrir ao meio, horizontalmente. Rechear com Creme de Manteiga, de café. Barrar em volta com o mesmo creme e enfeitar com amêndoa picada. No topo, fazer uns traços em forma de grade com Glace. Os quadrados correspondentes enchem-se com Fondante de Café e Fondante de Chocolate, intervalados.

Joãozinho (*Johnny*)
1 chávena de chá de farinha; 1 chávena de leite; 1 chávena de água; 1 colher de sopa de açúcar amarelo; 1 colher de chá de fermento em pó; 2 ovos e um pouco de sal. O leite pode ser fresco ou meio azedo. Misturar os ingredientes sólidos e os líquidos, em separado. Juntá-los, misturar bem e colocar numa fôrma untada. Cozer em forno forte, durante 1/2 hora.

Knapkuch
125 g de manteiga; 125 g de amêndoas descascadas; 100 g de açúcar; 100 g de farinha; 5 ovos; 1 cálice de rum. Bater bem a manteiga (*que deve ser fresca*) até ficar em creme. Juntar os ovos um por um, o rum, as amêndoas bem picadas, o açúcar e a farinha. Trabalhar bem, até a massa ficar bem fina. Lançar numa fôrma untada com manteiga. Cobrir com uma camada de claras batidas a meio castelo e amêndoas picadas. Cozer em forno médio. Deixar arrefecer na fôrma.

Laranja, de (*Orange*)
Preparar um BOLO GENOVÊS. Cortar ao meio, horizontalmente. Rechear com Glace de laranja. Cobrir o topo com Glace de laranja e recobrir com Fondante. Decorar ao gosto. (*Pode-se também rechear com doce de laranja*).

Limão, de (*Citron*)
Bater 8 ovos, com 250 g de açúcar. Juntar 1 colher de sopa de água de flor de laranjeira; o sumo e a casca de 1 limão. Continuar a bater, durante 10 minutos. Juntar 500 g de farinha, mexendo com uma colher. Untar uma fôrma com manteiga derretida, polvilhando-a depois com farinha e açúcar. Cozer no forno, com um papel à volta do topo da fôrma, para evitar que transborde. Forno médio.

Lincoln
Fazer com 15 g de fermento, 2,5 dl de água e a suficiente farinha uma massa que se deixa levedar. Com o resto da farinha, para perfazer 1 kg, amassar 500 g de manteiga e 250 g de açúcar, até formar uma massa macia. Adicionar 6 ovos e um pouco de fermento levedado, misturando bem. Juntar 8 g de açafrão que previamente esteve de infusão em 1,5 dl de água quente. Misturar na massa 125 g de passas de uva Málaga e 125 g de corintos. Deixar levedar algum tempo e cozer em forno médio, 1,30 a 2 horas.

Madeira (*Madeira Cake*)
Pôr, dentro de uma caçarola, 500 g de manteiga, 500 g de açúcar e uma casca de limão, batendo até formar creme. Adicionar 5 ou 6 ovos, um de cada vez, batendo bem após cada adição. Quando estiver bem cremado, juntar 750 g de farinha. Dividir em 2 fôrmas redondas. Polvilhar com açúcar e colocar no topo uma casca de limão.

Majestoso (*Majestic*)
2 ovos; 200 g de açúcar; 150 g de manteiga; 200g de maisena; 100 g de farinha de trigo; 1,5

dl de leite; 1 colher de sopa de fermento em pó. Bater o açúcar com a manteiga; juntar as farinhas e o leite com o fermento; misturar, juntando, por último, as claras batidas em castelo. Meter logo no forno bem quente, em fôrma untada com manteiga.

Mármore (*Marbre*)
4 ovos; o peso destes em açúcar; manteiga, e um pouco menos do mesmo peso. de farinha. Bater a manteiga até deslaçar; deitar o açúcar e mexer até ligar. Juntar as gemas e bater muito bem. Adicionar as claras em castelo e, por fim, a farinha, trabalhando tudo. Retirar uma terça parte da massa e misturar-lhe chocolate (*o bastante para dar cor*). Em fôrma bem untada com manteiga, misturam-se grosseiramente as duas massas de maneira a formar laivos escuros na branca. Cozer no forno. Decorar ao gosto.

Marmoreado (*Marbré*)
Massa Genovesa, com recheio à escolha. Cobrir com Fondante branco, que se alisa. Enquanto morno, laivar este com Fondante de chocolate, grosseiramente misturado.

Mascote (*Mascotte*)
MASSA BRANCA, recheada com Creme de Manteiga, de café. Cobrir, por cima e em volta, com o mesmo creme, fazendo uma bordadura e enfeites com o saco e boquilha. Amêndoa picada, em volta. No centro, com creme branco, escrever a palavra Mascote.

Mel, de (*de Miel*)
250 g de açúcar; 250 g de natas; 500 g de farinha; meia colher de chá de bicarbonato de sódio; mel, quanto baste. Misturar os ingredientes muito bem. Amassar, batendo a massa para amaciá-la. Cozer em fôrma untada, durante 30 a 45 minutos. Servir quente.

Mil-Folhas (*Mille-Feuilles*)
Duas camadas sobrepostas de Massa Folhada, cortadas em redondo, recheadas com Creme Pasteleiro. Polvilhar com açúcar.

Mil-Folhas à Húngara (*Mille-Feuilles à l'Hongroise*)
Como o anterior. Cortar em retângulos. Rechear com Creme Húngaro.

Mil-Folhas Recheado (*Mille-Feuilles Farcie*)
Como os anteriores. Rechear com doce de frutas diversas.

Mil-Folhas à Russa (*Mille-Feuilles à la Russe*)
Como HÚNGARA, rechear com Creme Russo.

Mirabeau
3 ovos; 75 g de farinha; 75 g de manteiga fresca, 125 g de chocolate; 125 g de açúcar; 40 g de amêndoas pisadas; 1 dl de leite; baunilha. Desfazer o chocolate no leite, deitar a manteiga, as gemas, a farinha, as amêndoas e o açúcar. Bater, juntar as claras em castelo e mexer. Levar ao forno, não muito quente, em fôrma untada. Polvilhar com açúcar pilé.

Mohrenkopf
O mesmo que INDIANERKRAPFEN. (*Doce Alemão*)

Moka
Como MASCOTE, com recheio e cobertura de Creme de Manteiga, de café. Escrever na superfície a palavra Moka, com creme branco.

Monte Carlo
1 kg de açúcar; 800 g de amêndoas; 600 g de manteiga; 600 g de farinha; 28 ovos; casca de 1 limão, ralada. Passar as amêndoas com 200 g de açúcar, pela máquina. Misturar os ingredientes com as gemas (uma a uma) e as claras em castelo. Cozer em fôrmas untadas com manteiga. Polvilhar com açúcar em pó.

Mosaico (*Mosaïque*)
MASSA GENOVESA. Rechear com creme ao gosto. Proceder como se indica para o BOLO JAPONÊS. Encher os quadrados com geléia. Fondante de cores etc., de forma a dar a idéia de um mosaico de cores diversas.

Moscovita (*Moscovite*)
Pão-de-ló, cozido em fôrmas redondas, lisas. Cortar uma capa na parte superior, com aproximadamente 1 cm de altura. Cortar essa capa, em cruz, depois de barrada com chocolate. No topo do bolo, colocar uma fôrma cônica de Creme Chantilly ou Merengue, à qual se encostam os pedaços triangulares cobertos de chocolate, com o bico para cima. Enfeitar com o mesmo creme.

Napolitano (*Napolitaine*)
125 g de manteiga; igual quantidade de farinha, açúcar e amêndoas; geléia de alperche, ou outra; algumas cerejas em compota; 2 ovos; 250 g de Fondante. Amassar a farinha com a manteiga,

adicionando as amêndoas. Misturar as gemas dos ovos. Com o rolo, abaixar a massa; cortar em rodelas o mais finas possível, com o diâmetro dum prato. Cozer no forno, até alourar. Quando frias, colocá-las sobrepostas, intercalando camadas da geléia. Cobrir com Fondante e decorar com as cerejas.

Natal, de (*de Noël*)
500 g de manteiga: 500 g de açúcar; 500 g de passas; 500 g de corintos; 350 g de frutas cristalizadas; 1 kg de farinha; 15 g de fermento em pó; 8 ovos; leite. Misturar o fermento com a farinha. Pôr a manteiga e o açúcar numa frigideira sobre o fogo, para amolecer. Adicionar os ovos um a um, batendo muito bem. Juntar o resto dos ingredientes, adicionando leite suficiente para dar a consistência desejada. Cozer em fôrma quadrada. Podem ser cobertos com Fondante branco ou de cores, ao gosto. (*Cozinha Inglesa: Christmas Cake*).

Negrita
MASSA DE CHOCOLATE, cozida em fôrma quadrada ou em tabuleiro. Rechear com Creme de Manteiga, de chocolate. Cobrir e barrar em volta com o mesmo creme, fazendo uma bordadura nos topos superiores. Enfeitar as paredes com amêndoas picadas, e escrever com creme branco a palavra Negrita, no centro do bolo.

Neve (*Snow Cake*)
250 g de farinha de araruta (*arrow-root*); 125 g de açúcar; 125 g de manteiga; 1 ovo; 2 claras; sumo de 1 limão. Bater a manteiga até parecer nata, adicionar o ovo previamente batido e os outros ingredientes (se necessário, mais um ovo). Bater bem, durante 15 minutos, até a massa ficar branca e leve. Forrar a fôrma com papel, untado com manteiga. Cozer em forno muito brando, sem deixar o bolo tomar cor.

Noiva, de (*de Mariage*)
800 g de farinha; 500 g de açúcar; 360 g de manteiga; 15 ovos; 1 dl de rum; canela em pó. Amassar os ingredientes e cozer em rodelas de tamanhos diversos. Rechear com creme de ovos. Sobrepor as rodelas a partir das maiores. Cobrir com Fondante branco, alisando bem. Com Glace, num saco de boquilha fina, fazem-se os enfeites ao gosto, realçando com pequenas pérolas de açúcar, de cor prateada. No topo, um ramo de flor de laranjeira como decoração principal. (*Usam-se, também, pequenas figuras ou alegorias; no entanto, não devemos esquecer que muitas vezes o encanto está na simplicidade*).

Normando (*Normande*)
Misturar muito bem 250 g de manteiga com 250 g de açúcar; bater, em separado, 3 ovos e 4 gemas; juntar à manteiga e tornar a bater. Adicionar 250 g de farinha, 30 g de amêndoas pisadas, um cálice de vinho branco e passas. Cozer, em fôrma untada com manteiga. Decorar ao gosto.

Nozes ou Amêndoas (*Noix ou Amandes*).
a) 250 g de açúcar; 250 g de manteiga; 250 g de farinha; 125 g de nozes ou amêndoas; 4 ovos inteiros. Bater a manteiga com metade do açúcar, até fazer creme; juntar os ovos e, a seguir, a farinha. Ao resto do açúcar juntar as nozes cortadas miúdas, casca de limão ralada e canela em pó. Depois de bem misturado, deitar sobre a massa, que já deve estar na fôrma untada com manteiga. Forno não muito quente.

Nozes (*Noix*)
b) 8 ovos; 250 g de açúcar; 250 g de nozes descascadas, pisadas no almofariz. Bater bem as gemas com o açúcar, durante meia hora, juntando-lhes as nozes; a seguir, as claras levantadas em castelo, continuando a bater tudo. Cozer em fôrma quadrada. Rechear com Creme de Ovos, adicionado de nozes pisadas. Decorar à vontade, mas com base em nozes.

Nozes com Ovos-Moles (*Noix à la Crème d'Oeufs*)
2 kg de nozes; 1 kg de açúcar e 18 ovos. Bater as gemas com o açúcar, depois com as nozes, que já devem estar bem pisadas. Juntar as claras em castelo. Cozer em fôrma quadrada. Cortar ao meio, horizontalmente, recheando com ovos-moles. Cobrir com açúcar, ou Glace de Chocolate.

Opera (*Opéra*)
MASSA AREADA, cozida em fôrmas redondas de borda direita. Cortar ao meio, horizontalmente, recheando com Creme de Manteiga e amêndoas picadas. Cobrir com igual creme, de ligeira cor rosada. Com o saco e boquilha, fazer enfeites, utilizando ainda o mesmo creme.

Oxford
Em fôrmas redondas de borda direita, colocar no alto 1/2 de Massa Branca, 1/2 de Massa de Chocolate, completamente separadas. Cozer. Esfriar. Cobrir com Fondante, sobre a Massa de Chocolate; Fondante de Chocolate, sobre a Massa Branca. Utilizando ainda os Fondantes com as cores invertidas e um pequeno saco, escrever a palavra Oxford, três letras a chocolate sobre branco e vice-versa.

Páscoa, de (*Gâteau de Pâques*)
6 ovos; 700 g de farinha de trigo; 350 g de manteiga; 120 g de passas; 120 g de corintos e 2 colheres de fermento de cerveja. Desfaz-se o fermento com farinha, um pouco de leite morno e água. Obtém-se assim uma massa, que deve ficar como um creme grosso. Deixar junto ao fogão. Bater bem a manteiga com 1 chávena de açúcar, 3 ovos e 1 colher de farinha; juntar os outros 3 ovos e 2 colheres de farinha, mexendo. Mais 3 colheres de farinha, leite morno (*1/2 chávena*), ainda 3 colheres de farinha, sucessivamente, até terminar. Depois, juntar o fermento que está junto ao fogão, as passas e os corintos, batendo um pouco. Deve-se fazer a massa, com 16 horas de antecedência pelo menos. Pôr em tabuleiro com o fundo forrado de papel e as bordas untadas. Deixar crescer um pouco. Passar no topo manteiga derretida. Sobre a manteiga, espalhar em camada delgada a seguinte mistura: 50 g de farinha; 100 g de açúcar; amêndoas em tiras e casca de limão. Regar com mais manteiga derretida. Cozer no forno.

Passas, de (*aux Raisins*).
250 g de manteiga; 250 g de açúcar; 7 ovos; 300 g de farinha e passas. Bater a manteiga, até ficar como creme. Juntar, pouco a pouco, o açúcar, as gemas, a farinha, as claras em castelo, 1/2 cálice de aguardente velha (*conhaque*) e as passas. Bater bem e cozer no forno.

Piccolomini
Misturar 1 colher de chá de bicarbonato de sódio com 250 g de farinha. Bater 125 g de manteiga, com 250 g de açúcar, até formar um creme. Adicionar 4 ovos (*um por um, batendo bem após cada adição*) e noz-moscada. Juntar a farinha, levando à consistência desejada com a adição de algum leite. Cozer em fôrma forrada com papel untado, em forno de temperatura média.

Plum Cake
(Ver INGLÊS c))

Podre (*Pourri*)
a) 125 g de manteiga; 250 g de açúcar; 500 g de farinha; 1,5 dl de leite; 5 ovos; 1 dl de vinho do Porto; canela em pó: 15 g de fermento em pó e nozes picadas. Misturar os ingredientes, batendo bem. Cozer, em fôrma untada com manteiga.

Podre (*Pourri*)
b) 12 ovos; 1/2 litro de leite; 1 litro de mel; 175 g de açúcar; 1 colher de chá de erva-doce; 1 colher de canela; 4 cravinhos. Pisar a erva-doce e os cravinhos, num almofariz. Misturar com os outros ingredientes, batendo muito bem. Levar ao forno em fôrma untada.

Português (*Portugais*)
400 g de açúcar; 200 g de fécula de arroz; 10 ovos; 4 claras; 1 casca de laranja, ralada. Misturar as gemas com o açúcar, batendo bem, até fazer uma massa espessa. Juntar as claras em castelo e o resto dos ingredientes. Cozer em fôrma redonda de borda direita, untada e polvilhada com farinha, Não encher a fôrma totalmente. Servir polvilhado com açúcar em pó.

Praliné
MASSA DE AMÊNDOA, com recheio à escolha: café, chocolate etc., tomando, nesse caso, o bolo a designação adequada. Cobrir com Fondante igual ao recheio e bordadura do mesmo creme. No centro, escrever Bolo Praliné.

Primaveril (*Printanier*)
MASSA BRANCA. Rechear com Creme de Manteiga. Cobrir com o mesmo creme, mas de cores diferentes. Ao redor, enfeitar com coco ou amêndoa ralada. A superfície pode ser decorada com frutas, de preferência, ou com os mesmos cremes. alternados, postos com boquilha de feitios.

Princesa (*Princesse*)
Como MOSCOVITA. Decorar com creme rosado, ao redor.

Queijo (*Fromage*)
Fazer um Bolo de Amêndoas, como se indica para NOZES a). Cozer num tabuleiro, em fôrmas redondas, tendo no máximo 1 cm de altura de massa. Rechear depois com o seguinte aparelho: 2 claras, ligadas com 125 g de açúcar; leva-se ao

fogo para amornar, tira-se e bate-se, até ficar bem espesso. Ligar a 124 g de manteiga sem sal, mexendo bem. Rechear o bolo sobrepondo três rodelas e polvilhar o topo com açúcar em pó, fazendo traços cruzados com uma espátula.

Rei
(*Ver em* MASSAS).

Rosinha (*Rosette*)
Massa de Pão-de-Ló, cozida em fôrmas redondas de borda direita. Rechear com Creme de Manteiga, com cacau. Enfeitar com Creme de Manteiga, fazendo, com o saco e boquilha de feitios, três rosáceas dentro de um losango (*a do centro maior que as outras*). Com pétalas de chocolate, realçar o efeito das rosáceas.

Russo (*Russe*)
Bater 6 gemas, com 125 g de açúcar, até ficar uma gemada. Juntam se 6 claras em castelo, adicionam-se 100 g de amêndoas e 150 g de nozes, bem pisadas e 50 g de farinha. Cozer a massa num tabuleiro, cortar em dois pedaços iguais, que se sobrepõem. entremeando o seguinte recheio: 50 g de manteiga sem sal, batidas com 50 g de açúcar, adicionadas de 1 clara em castelo. Polvilhar o bolo com açúcar fino. (*Há quem adicione frutas a este bolo; pode-se fazer, mas não consta da receita original*).

Sabóia (*Savoie*)
(*Ver* MASSAS em COMPOSIÇÕES AUXILIARES).

Santo Honorato (*Saint-Honoré*)
Uma fatia de massa folhada, tendo sobre ela, em coroa, uma bordadura de Massa de Chus. Sobre esta, colados com açúcar em ponto de rebuçado, Profiteroles de tamanho médio, recheados com Creme Russo, polvilhados com amêndoa verde, picada. Enche-se a cavidade com Creme Russo e gela-se. No momento de servir, barrar a bordadura com geléia de fruta e enfeitar com amêndoa picada.

Santo Honorato com Chantilly (*Saint-Honoré au Chantilly*)
O bolo anterior, substituindo o Creme Russo por Creme Chantilly.

Savoy
O peso de 4 ovos, de açúcar; o peso de 6 ovos, de farinha; 7 ovos; casca de limão ralada. Separar as gemas das claras. Bater as primeiras, misturá-las com o açúcar e os outros ingredientes, incluindo as claras batidas em castelo. Continuar batendo a mistura, durante 15 minutos. Lançar em fôrma untada, polvilhada com farinha e cozer no forno. Cobrir com Fondante e decorar ao gosto. (*Pode ser recheado com geléia, se se desejar*).

Shortcake de Morangos (*Strawberry Shortcake*)
2 dl de leite azedo; 1 colher de café de bicarbonato de sódio; 1 colher de café de sal; 50 g de manteiga; 100 g de farinha. Misturar os ingredientes. Dividir em quatro, enrolar com a mão e abaixar com o rolo. Colocar em fôrmas e cozinhar no forno. Deixar arrefecer; sobrepô-los, untados com manteiga e recheados com purê de morangos frescos e açúcar. Polvilhar, no topo, com açúcar em pó.

Soda (*Soda Cake*)
500 g de farinha; 125 g de manteiga; 125 g de açúcar; 250 g de passas; 1 ovo; 1 copo de leite; 1 colher de chá de bicarbonato; noz-moscada, quanto baste. Misturar os ingredientes e cozer no forno. (*Especial para chás*).

Suíço (*Suisse*)
375 g de farinha; 250 g de manteiga; 125 g de açúcar. Amassar muito bem, para ligar. Deixar descansar uns minutos. Fazer duas rodelas com a massa. Depois de cozidas, sobrepõem-se, intercalando uma boa camada de doce de damascos, ou creme. Cobrir com creme e amêndoas picadas, ou só açúcar fino.

Sultana (*Sultane*)
MASSA BRANCA, recheada com Creme de Manteiga, com cacau. Cobrir e barrar em volta com o mesmo creme, alisando bem. Com a boquilha e saco, fazer no topo uns traços cruzados. Em volta, com a boquilha chata, cobre-se de creme branco em traços verticais, feitos de baixo para cima.

Tia, da (*de la Tante*)
375 g de farinha de milho; 250 g de farinha de trigo; 15 g de fermento em pó; casca de 2 limões pequenos; 250 g de açúcar; 375 g de manteiga; 4 ovos. Misturar os ingredientes, batendo muito bem. (*Começar pela manteiga, com o açúcar; por último, a farinha*). Se necessário, adicionar um pouco de leite. Untar as fôrmas com manteiga derretida. Cozer em forno médio.

Tia Betsy (*Aunt Betsy*)
500 g de farinha; 200 g de açúcar; 100 g de manteiga; 1 dl de xarope; 1 dl de água; 2 ovos; 250 g de passas, picadas; 1 colher de chá de cada: bicarbonato, cravinho, canela. Bater a manteiga com o açúcar, adicionar os ovos e os restantes ingredientes. Cozer em fôrma quadrada, num forno moderado. Enfeitar com creme, à escolha. Fazer um laço, em açúcar, para aplicar num dos cantos.

Todos-os-Santos (*Thanksgiving*)
500 g de manteiga; 9 ovos; 500 g de açúcar; 625 g de farinha; meia noz-moscada; 1 colher de chá de canela; 50 g de casca de limão picada; 50 g de amêndoas picadas; 500 g de corintos. Bater a manteiga com o açúcar, até formar um creme; adicionar os restantes ingredientes. Bater tudo muito bem e cozer numa fôrma forrada com papel untado com manteiga. Forno moderado.

Vatel
MASSA DE AMÊNDOAS, cozida em fôrma redonda, de borda direita. Cortar horizontalmente, em três fatias (rodelas). Rechear com Creme de Manteiga. Cobrir, no topo, com Fondante rosado, tendo no centro uma tira de Massapão, na qual se escreve com Glace: BOLO VATEL. Faz-se uma bordadura com Creme de Manteiga, barram-se os lados com o mesmo creme e enfeita-se com amêndoas picadas.

Vermen
460 g de manteiga. Bater bem e adicionar 8 gemas, já batidas com 460 g de açúcar. Juntar 8 claras em castelo, 460 g de farinha e 2 dl de leite. Bater muito bem e juntar 1 colher de chá de canela. Levar ao forno, em fôrma untada com manteiga.

Visitandine
200 g de açúcar; 100 g de farinha; 100 g de manteiga; 75 g de amêndoas pisadas; 4 claras em castelo. Bater a manteiga até ficar em creme, juntando-lhe depois o açúcar, a farinha, as claras e, por fim, as amêndoas. Cozer no forno, em fôrma redonda.

BOLO ENROLADO
(Biscuit Roulé)

Dito no Brasil Rocambole.
PREPARAÇÃO: *250 g de açúcar; 700 g de farinha; 15 ovos; casca de limão ralada. Misturar as gemas com 200 g de açúcar e o limão, até formar massa espessa. Bater as claras em castelo, com o resto do açúcar. Juntar à outra massa, adicionando a farinha. Pôr num tabuleiro sobre o papel untado com manteiga, em camadas muito finas* (1/2 cm de altura). *Cozer 8 minutos. Barrar com Creme Confeiteiro ou outro, pelo lado de onde se tira o papel. Enrolar com cuidado, para não estalar. Polvilha-se com açúcar ou cobre-se com Creme, Fondante etc., conforme indique a receita.* (É aconselhável, para enrolar o bolo, servir-se de um pano com o qual se ajuda a pressão).

Braço de Cigano (*Brazo de Gitano*)
Como BOLO LISBONENSE.

Cubano (*Cubane*)
Rechear e cobrir com Massa de Ovos. Enfeitar com pequenos montinhos em bico, feitos com Creme de Manteiga espremido com saco, por boquilha de fantasia.

Espargos, Bolo (*Gâteau Asperges*)
Recheado com Creme de Manteiga. Com o mesmo creme, posto no saco com boquilha redonda, fazem-se cordões paralelos, duma ponta a outra, imitando os espargos. O mesmo creme, mas com cor verde, serve para fazer as pontas (*pequenas bolas*). Com Creme de Café, fazem-se uns pequenos cordões transversais muito finos, imitando os atilhos dos molhos.

Lisbonense (*Lisbonienne, à la*)
Bolo Enrolado, recheado com Creme Pasteleiro. Cobrir com Fondante rosado. Decorar ao gosto, adicionando pequenas bolinhas de Massa de Ovos, no centro das quais se espetam filetes de amêndoas.

Luís XIV (*Louis XIV*)
Rechear e enfeitar com Creme de Chocolate. Riscar em ziguezague toda a superfície, utilizando os dentes dum garfo.

Luís XV (*Louis XV*)
Como o anterior. Enfeitar com fios finos de Creme de Chocolate.

Parisiense (*Parisienne*)
Rechear com geléia. Cobrir com a mesma geléia e decorar com nozes e frutas cristalizadas.

Rocambole
Rechear com goiabada. Cobrir com Creme de Chocolate. Polvilhar com canela e açúcar. (*Vulgar no Brasil*).

Tronco ou Acha de Natal (*Bûche de Noël*)
Rechear com geléia. Fazer duas saliências com massa enrolada mais fina, as quais simularão ramos cortados. Cobrir com Creme de Chocolate, em cordões. Nos topos, cobertos com Creme de Manteiga, fazem-se pequenas circunferências imitando o interior dum tronco.

Turca, à (*à la Turque*)
Como LISBONENSE. Enfeitar com Fios de Ovos.

CHARLOTAS OU CARTUXADAS
(Charlottes, Chartreuses)

Quentes
(*Chaudes*)

Maçãs, de (*de Pommes*)
Fatias retangulares de pão de fôrma torrado, colocadas numa fôrma de Charlota bastante untada com manteiga. Rechear o interior com quartos de maçãs descascadas, salteados em manteiga. Polvilhar com açúcar. Cozer no forno. Desenformar e cobrir com Molho de Alperche.

Portuguesa (*Portugaise*)
MASSA GENOVESA, cozida em fôrma de Charlota. Cortar em rodelas e regar com curaçau. Rechear com Creme de Laranja. Decorar com Merengue. Levar ao forno, para secar o Merengue.

Rainha (*Reine*)
Preparar como NAPOLITANA. Rechear com salpicão de ananás e pêssego. Cobrir com Merengue. Levar ao forno, para enxugar.

Frias
(*Froides*)

Polvilham-se sempre com açúcar, salvo indicação contrária.

Arlequim (*à l'Arlequine*)
Emparedar a fôrma em retângulos de Massa Genovesa glaceados de cores diversas. Rechear o interior com Aparelho Bávaro a), também de diversas cores. Fechar no topo com Aparelho Bávaro b), com natas. Desenformar. Glacear o topo e decorar com frutas.

Bananas, com (*aux Bananes*)
(Ver RUSSA; adicionar ao creme rodelas de bananas maceradas com *kirsch*).

Carmen
Emparedar a fôrma com Palitos Rainha. Rechear com 2/3 de doce de tomate; 1/3 de pimentos encarnados; misturados com dados de gengibre cristalizado, sumo de 3 limões, gengibre em pó. Xarope quente a 32º, 10 folhas de gelatina e 1 litro de natas batidas.

Chantilly
Emparedar com Palitos Rainha. Rechear com Creme Chantilly.

Colinette
Emparedar com Merengue, em retângulos. Rechear com Creme Chantilly.

Inglesa (*Anglaise*)
Emparedar com retângulos de Bolo Inglês b). Rechear com Creme de Bávaro a), com baunilha.

Monte Nevado (*Mont Neigé*)
Fazer uma fôrma redonda e profunda, com purê de castanhas cozidas com xarope abaunilhado. Rechear com Creme Chantilly. Polvilhar com chocolate raspado.

Montreuil
Emparedar com Palitos Rainha, Rechear com Aparelho de Bávaro a), com *kirsch*.

Moscovita (*Moscovite*)
Emparedar como ARLEQUIM, mas só com branco e rosa. Rechear com Creme Inglês, adicionado de purê de maçãs e natas cor-de-rosa, Enfeitar com frutas.

Napolitana (*Napolitaine*)
Cozer Massa Genovesa em fôrma de Charlota. Praticar uma cavidade no centro. Rechear com Creme Chantilly, adicionado de purê de castanhas. Decorar com Creme Chantilly e frutas.

Normanda (*Normande*)
Emparedar como COLINETTE. Rechear com Aparelho de Bávaro b), de maçã. Cobrir com

natas batidas, sem açúcar e enfeitar com Creme de Chantilly, rosado.

Ópera (*Opéra*)
Emparedar com Palitos Rainha, bem torrados, Rechear com Aparelho de Bávaro a), com baunilha, adicionado de purê de castanhas e frutas cristalizadas, picadas e maceradas com *kirsch*.

Plombières
Emparedar com Palitos Rainha. Rechear, no momento de servir, com Sorvete de Baunilha, adicionado de salpicão de frutas cristalizadas (*Sorvete Plombières*).

Princesa (*Princesse*)
Como CHANTILLY. Adicionar pedaços de ananás fresco.

Renascença (*Renaissance*)
Proceder como para RUSSA. Rechear com Aparelho de Bávaro a), baunilhado, adicionado de dados de morangos, de pêssegos e de alperches crus, macerados com *kirsch*. Por cima, rodelas de ananás decoradas com frutas cristalizadas.

Romanoff
Como CHANTILLY. Adicionar ao creme morangos frescos macerados com *kirsch*.

Russa (*Russe*)
Emparedar a fôrma com Palitos Rainha. Rechear com Aparelho de Bávaro a), baunilhado e Creme Chantilly, misturados.
Saboiana (*Savoyarde*)
Preparar como NAPOLITANA. Rechear com Creme Chantilly. Enfeitar exteriormente, com frutas cristalizadas.

São José (*Saint-José*)
Cobrir o fundo da fôrma com gelatina, sobre a qual se põem pedaços de ananás, cortados em triângulos. Alinhar nos bordos os Palitos Rainha, enchendo com Aparelho de Charlota Russa, adicionado de ananás em cubos e essência de ananás,

Siciliana (*Sicilienne*)
Idem como a anterior. Rechear com frutas picadas, maceradas com *kirsch* e marrasquino. Cobrir com doce de alperche.

CREMES (FRIOS)
(Crèmes-Froides)

(*Ver também em* COMPOSIÇÕES AUXILIARES)

Baco (*Bacchus*)
Ovos batidos, com mais algumas gemas. Levantar, adicionando vinho branco fervido, açúcar e canela, Passar pelo chinês. Meter com formas e cozer em banho-maria.

Baunilhado (*Vanillé*)
Pudim Flan, com perfume de baunilha.

Beaurivage
Um Pudim Flan, em fôrma de fundo aberto. Encher a cavidade com Creme Chantilly e decorar com confeitos.

Beijos de Virgem (*Baisers de Vierge*)
Creme Chantilly, adicionado de violetas brancas e pétalas de rosas brancas, cristalizadas. Colocar entre duas conchas, feitas com Merengue.

Brisa da Primavera (*Brise de Printemps*)
Creme Chantilly, com perfume de violeta. Servir em taças.

Capricho (*Caprice*)
Creme Chantilly, adicionado de pedaços de Merengue. Enformar.

Caramelo (*Caramel*)
Encamisar uma fôrma redonda, com caramelo. Encher com Aparelho de Flan. (*Ver* COMPOSIÇÕES AUXILIARES). Cozer. Arrefecer. Desenformar.

Chantilly com Frutas (*Chantilly aux Fruits*)
Creme Chantilly, adicionado de purê de frutas e frutas maceradas com licores.

Chocolate (*Chocolat*)
Creme Inglês. (*Ver* COMPOSIÇÕES AUXILIARES), adicionado de chocolate derretido.

Dalmaciano Bávaro (*Dalmatienne Bavaroise*)
Creme com Marrasquino. Adicionar fatias de Massa Genovesa e salpicão de frutas cristalizadas, regado com marrasquino. Cozinhar no forno. Desenformar e enfeitar no topo com fatias de ananás.

Flan
O mesmo que CARAMELO.

Florentino (*Florentine*)
Como CARAMELO. Utilizar caramelo com amêndoas picadas (*praliné*). Desenformar. Decorar com Creme Chantilly, perfumado com *kirsch*. Polvilhar com amendoim picado.

Francês (*Français*)
Creme de Baunilha, com amêndoas e amendoins pisados.

Frito (*Frite*)
Creme Pasteleiro. Deixar arrefecer num tabuleiro. Cortar em quadrados e fazer pequenos croquetes. Passar por ovo, pão ralado e fritar. Servir com Creme Inglês. (*Ver* COMPOSIÇÕES AUXILIARES).

Imperial (*Imperial*)
Encher uma fôrma com pedaços de ananás, gelatina aromatizada com vinho de Champanhe e amendoim. Arrefecer entre gelo.

Inglês (*Anglaise*)
(*Ver* COMPOSIÇÕES AUXILIARES).

Leite Creme (*Crème au Lait*)
a) Numa caçarola, misturar 6 ou 7 gemas, 200 g de açúcar e 25 g de farinha. Adicionar 2,5 dl de leite, fervido com baunilha, limão ou canela. Mexer um pouco, sobre o fogo, sem deixar levantar fervura. Passar e servir, polvilhado com canela.
b) Como CREME INGLÊS.

Leite Creme Queimado (*Crème Brulée*)
Leite creme, sobre o qual se espalha uma porção de açúcar em pó que se queima com um ferro em brasa.

Moka
CREME INGLÊS, adicionado de café frio bem forte.

Monte Branco (*Mont-Blanc*)
Creme Chantilly, com purê de castanhas cozidas em Xarope.

Monte Branco com Morangos (*Mont-Blanc aux Fraises*)
Preparar o Monte Branco vulgar, com morangos misturados. Formar pirâmide. Rodear a base de morangos grandes, rolados em açúcar pilé.

Monte Branco Mãe Joana (*Mont-Blanc Mère Jeane*)
Savarino com amêndoas, ensopado em *kirsch*. Cobrir com purê de castanhas, em fios (*Vermicelle*). Centro guarnecido com Creme Chantilly.

Monte Rosado (*Mont-Rosé*)
Charlota Plombières. Decorar com Creme Chantilly, adicionado de purê de framboesas frescas.

Musse Monte Carlo (*Mousse Monte Carlo*)
Creme Chantilly, adicionado de pedaços de Merengue seco.

Natas, de (*Crème Chantilly*)
(*Ver* CREME CHANTILLY).

Ninho (*Nid*)
Fazer um ninho com purê de castanhas, espremido através de saco com boquilha. Centro guarnecido com ovos, feitos de Creme Chantilly.

Ópera (*Opéra*)
Como FLAN. Cozer em fôrma de centro aberto. Guarnecer, na cavidade, com Creme Capricho. Em volta, morangos grandes macerados com *kirsch*.

Queimado (*Brulée*)
(*Ver* LEITE CREME QUEIMADO).

Santo Honorato (*Saint-Honoré*)
Creme Pasteleiro. Juntar 4 ou 5 claras, em ponto de Merengue. No Verão, para dar mais consistência, podem juntar-se 5 folhas de gelatina por litro de leite.

Vienense (*Viennoise*)
Creme Caramelo com leite. caramelizado.

CREMES (QUENTES)
(Crèmes-Chaudes)

Custard-Pudding, ou Caramel Custard
(*Ver* FLAN em CREMES FRIOS). Servir quente.

Frito (*Frite*)
(*Ver em* CREMES FRIOS). (*Pode-se servir frio ou quente*).

Ilha Flutuante (*Ille Flotante*)
O mesmo que OVOS EM NEVE. (*Pode-se fazer também com pedaços de Massa Genovesa, em vez de Merengue, e servir frio*).

Inglês (*Anglaise*)
(*Ver* COMPOSIÇÕES AUXILIARES).

Merengada (*Meringuée*)
Creme Regência, moldado em fôrma de centro aberto. Cavidade guarnecida com Merengue, adicionado de frutas cristalizadas maceradas com *kirsch*. Decorar com Merengue. Corar no forno. À parte, Molho Inglês de sobremesa, perfumado com laranja.

Ovos em Neve (*Oeufs à la Neige*)
Pedaços de Merengue em forma de ovos. Cozer em leite açucarado, abaunilhado. Com o leite da cocção, fazer um Creme Inglês, com o qual se cobre abundantemente o Merengue.

Regência (*Régence*)
200 g de Biscoitos embebidos em *kirsch* e marrasquino, ensopados com 1 litro de leite. Passar pela peneira. Juntar 8 ovos; 10 gemas; 300 g de açúcar; uma pitada de sal fino. Cozer em fôrma de Charlota. Ao redor, uma coroa de compota de damascos, cada um com uma cereja sobreposta. Molho de Damascos, cobrindo tudo.

Tigelinhas de Creme (*Petits Pots de Crème*)
Leite Creme com diversos perfumes. Servir nas tigelinhas dos Ovos em Tigela (*Oeufs Cocotte*).

CREPES
(Crêpes)

Para as folhas, ver MASSAS *em* COMPOSIÇÕES AUXILIARES. *É da máxima conveniência utilizar só folhas finas, feitas no momento de preparar* (a massa, no entanto, deve ser feita com antecedência, para que possa repousar). *Devem se apresentar dobradas em forma de triângulo, com a base arredondada. Quando enrolados, denominam-se Panqueques.*

Açúcar, com (*au Sucre*)
Folhas de crepe simples, bem quentes, dobradas ou não, polvilhadas com açúcar fino.

Aldeã (*Paysanne*)
Adicionar ao aparelho dos crepes perfume de laranja. Podem ser recheados com gomos de laranja. Polvilhar com açúcar.

Ananás, com (*à l'Ananas*)
Como GEORGINA.

Continental
Preparar como GIL-BLAS. Cobrir com um molho feito com manteiga, sumo de laranja, tríplice e vinho da Madeira, sumo de limão e um pouco de canela.

Convento, do (*du Couvent*)
Rechear com pedaços de pera, salteada em manteiga e açúcar. Dobrar em quatro. Servir bem quentes.

Creme, com (*à la Crème*)
Cobrir um lado com Creme Pasteleiro. Dobrar em quatro. Servir bem quentes.

Crioula (*Créole*)
Cortar fatias triangulares, muito finas, de abacaxi. Passar por massa de crepes abaunilhada e cozer como um crepe. Polvilhar com açúcar e caramelizar com ferro em brasa.

Dejazet
Rechear com Creme de Café. Pôr num prato de ir ao forno, coberto com aparelho de suflê. Glacear no forno. Servir com Molho de Alperches ao *kirsch*.

Doce de Frutas, com (*aux Confitures*)
Rechear com doce da fruta escolhida. Dobrar em quatro, polvilhar com açúcar e servir.

Eduardo VII
Seguir na parte inicial a receita de Suzette b). Terminar com Tríplice, Madeira e Grande Âncora. Polvilhar com um pouco de canela em pó e adicionar, perto do fim, sumo de meio limão. (*Receita do autor*).

Geléia, com (*à la Gelée*)
Rechear com Geléia de Frutas. Dobrar ou enrolar. Polvilhar com açúcar. (*Enrolados, voltamos a dizer, dizem-se* **Panqueques**).

Georgina (*Georgette*)
Proceder como para CONVENTO. Em vez de pera, utilizar fatias triangulares de ananás, muito finas e embebidas em *kirsch*.

Gil-Blas
Rechear as folhas de crepe com o seguinte aparelho: 100 g de manteiga, trabalhada sobre

o fogo com 100 g de açúcar até formar uma goma. Juntar aguardente velha e Manteiga de Avelãs. (*Para se obter a goma, deve-se trabalhar o açúcar em pó com a manteiga, muito lentamente, sobre fogo brando*).

Joaninha (*Jeannette*)
Rechear como GIL-BLAS, com marrasquino.

Kirsch, com (*au Kirsch*)
Rechear com mistura de Creme Pasteleiro e Natas, em partes iguais. Dobrar em quatro. Polvilhar com açúcar em pó e caramelizar com um ferro em brasa. Regar com *kirsch* e flamejar. Servir em chama.

Limão, com (au Citron)
Adicionar à massa casca de limão ralada. Servir como CREPES COM AÇÚCAR, acompanhados de quartos de limão, sem casca.

Normanda (*Normande*)
Como CONVENTO. Maçãs, em vez de peras.

Parisiense (*Parisienne*)
Adicionar ao aparelho dos crepes 1,5 dl de natas e Palitos Rainha desfeitos em pó. Fazer as folhas e servir polvilhadas com açúcar. (*Por muito que esta receita possa impressionar os profissionais, habituados a ver servir estes crepes, geralmente recheados com doce de frutas e flamejados com kirsch, ela é a autêntica e original; as outras, apenas fantasias*).

Russa (*Russe*)
Como a PARISIENSE. Perfumados com *kummel*.

Suzette
a) Como GIL-BLAS. Adicionar curaçau, sumo de tangerina e um pouco de natas. Cobrir com um molho feito com manteiga, açúcar, curaçau e sumo de tangerina. (*Receita original*).
b) Fazer um molho com manteiga, açúcar, sumo de laranja e uma casca da mesma, onde se vão passando os crepes, dobrados. Regar com curaçau, aguardente velha (*conhaque*) e deixar flamejar polvilhando, ao mesmo tempo, com açúcar em pó. Serve-se com o molho por cima. (*Receita usada nos restaurantes*).(*Fazem-se outras variantes com mais ou menos licores, que não são Crepes Suzette; estes, mesmo, não devem ser considerados como tal*).

CROQUETES
(Croquettes)

Arroz ou Sêmola, de (*de Riz ou Semoule*)
Arroz doce. Cortar em formas diversas depois de frio. Panar à inglesa e fritar. Servir com Molho de groselha, framboesa, alperche etc.

Frutas, de (*de Fruits*)
Salpicão de frutas, ligado com Creme Frangipana. Panar à inglesa e fritar.

FATIAS
(Croûtes)

Bispo, de (*Bishop Slices*)
Como DOURADAS. Antes de fritar, embeber em Xarope de açúcar em vez de leite.

China, da (*Chinoises*)
Bater 20 gemas de ovos com 250 g de açúcar, durante bastante tempo, até engrossarem. Pôr em fôrma untada com manteiga e cozer em banho-maria. Depois de cozida e fria, cortar esta massa em fatias. Passar ao fogo, por calda de açúcar em Ponto de Voar, ou Empolado. Servir dentro da calda, polvilhadas com canela.

Douradas (*Pain Doré*)
Embeber fatias de pão em leite açucarado, baunilhado. Passar por gemas de ovos batidas. Dourar em manteiga clarificada. Polvilhar com açúcar e canela.

Frutas, com (*aux Fruits*)
Fatias de brioche. Polvilhar com açúcar em pó. Glacear. Colocar frutas em compota, por cima. Cobrir com Molho de Alperche, perfumado com *kirsch*.

Joinville
(*Fria*). Fatias de Savarino, embebidas em *kirsch*. Colocar em coroa, alternando com fatias de ananás com o mesmo perfume. Pastilhas de chocolate sobre o ananás. Centro guarnecido com Creme Chantilly. Xarope de alperche com *kirsch*, ao redor.

Lionesa (*Lyonnaise*)
Fatias Douradas, cobertas com purê de castanhas baunilhado. Recobrir com doce de alperches, cozidos em açúcar ao Ponto de Fio, ou Cabelo. Polvilhar com amêndoas torradas,

picadas. Empratar em coroa. Centro guarnecido com castanhas glaceadas.

Madeira (*Madère*)
Colocar em coroa. Centro guarnecido com dados de frutas cristalizadas e passas de uva. Cobrir com Molho de Alperche. perfumado com vinho da Madeira.

Marechala (Maréchale)
Cortar em triângulos. Polvilhar com amêndoa ralada. Empratar ao redor de um tampão de pão frito, sobre salpicão de ananás, passas, cerejas e casca de laranja, ligado com doce de maçãs. Sobrepor uma pera, cozida em Xarope rosado. Base rodeada de metades de pera, cozidas em Xarope. Cobrir tudo com marmelada de maçãs pouco espessa, perfumada com *kirsch*.

Mexicana (*Méxicaine*)
(*Fria*). Fatias de Genovesa. Cobrir com amêndoas, frutas picadas e açúcar. Glacear. Empratar em coroa. Centro guarnecido com Sorvete Plombières.

Normanda (*Normande*)
Preparar como MEXICANA. Substituir as amêndoas e frutas por doce de maçã. Cobrir com doce de maçã pouco espesso, perfumado com *kirsch*.

Pão Dourado (*Pain Doré, ou Tartines Dorées*)
O mesmo que FATIAS DOURADAS ou RABANADAS.

Parisiense (*Parisienne*)
Como MARECHALA, com ananás e todas as qualidades de frutas.

Rabanadas
(Como FATIAS DOURADAS).

Rabanadas com Mel
Como a anterior. Regar com um Xarope adicionado de vinho do Porto e mel em partes iguais.

Resende
Fatias de Genovesa cobertas com Fondante Branco, depois de embebidas em Xarope de açúcar com rum e canela.

Torradas (*Biscuit Doré*)
Massa Branca alta, cortada em fatias. Colocar num tabuleiro e torrar no forno. (*Próprias para servir com chá*).

Vitória (*Victoria*)
Como MADEIRA, com cerejas e castanhas.

GELÉIAS
(Gelées)

APARELHO a). *Uma mão de vaca, por cada litro de água fria. Fazer ferver. Escumar com cuidado. 7 horas de cocção. Para cada litro de geléia obtida, juntar 250 g de açúcar, casca e sumo de limão e laranja. Clarificar.*

APARELHO b). *Um litro de água, 35 g de gelatina, 250 g de açúcar, casca e sumo de limão e laranja. Clarificar*

Frutas, com (*aux Fruits*)
Adicionar à geléia, tendo em conta as quantidades, sumo filtrado do fruto escolhido.

Licores, com (*aux Liqueurs*)
Juntar à geléia, tendo em conta a quantidade, o licor desejado.

Listrada (*Rubanée*)
Camadas sobrepostas. de geléia de diversas cores e perfumes.

Marmoreada (*Marbrée*)
Geléia Russa, de diversas cores.

Miss Helyett
Geléia com *kirsch* e framboesa. Decorar com Creme Chantilly e frutas secas cozidas, arrefecidas.

Moscovita (*Moscovite*)
Geléia, ligeiramente encarniçada.

Russa (*Russe*)
Geléia batida quando quase fria. Enformar imediatamente.

Sueca (*Suédoise*)
Guarnecer com frutas cozidas, de diferentes qualidades e cores.

KAIMAC

Leite não desnatado, conservado quente durante duas horas, depois ao fresco 12 horas. Tirar a nata talhada, com uma escumadeira. Cortar à vontade. Polvilhar com açúcar aromatizado e servir. (Espécie de leite coalhado ou requeijão, que se serve como o Iogurte à sobremesa). (*Turca*).

MANJAR-BRANCO (Frio)
(Blanc-Manger)

APARELHO a). *500 g de amêndoas doces. Descascar. Pisar com 8 colheres de água. Espremer o liquido obtido. Misturar com 200 g de açúcar em cubos e 30 g de gelatina dissolvida. Passar. Perfumar a vontade. Faz-se também com frutas, licores, listrado, etc., como os Bávaros.*

APARELHO b). *Um litro de leite fervente, contendo 125 g de açúcar. Lançar no leite 125 g de maisena, dissolvida com 2,5 dl de leite frio. Cozer, mexendo, durante 2 minutos. Perfumar e enformar.*

MAZARINO
(Mazarin)

Massa de Bábás pouco espessa. Cozer em fôrma própria. Ensopados em kirsch e cobertos com Molho Sabaião.

MERENGUE
(Meringue)

PREPARAÇÃO: *A 35 ou 36 claras de ovos (1 litro) batidas em castelo, juntam-se 2 quilos de açúcar e o aroma desejado. Colocam-se em tabuleiros forrados com papel branco, ou placas polvilhadas, e cozem-se em forno brando. Servem-se recheados com Chantilly, Creme Bávaro, Creme de Chocolate ou de Manteiga, Purê de Fruta, Sorvetes etc.*

OMELETES SIMPLES E OMELETES SUFLÊS
(Omelettes, Omelettes Soufflées et Rouches)

(*Proporções para 4 pessoas*)

Omelete Suflê
3 gemas, 8 claras bem levantadas, 150 g de açúcar, perfume ao gosto. Batem-se as claras com o açúcar e o aroma e cobrem-se com as gemas batidas à parte. Cozinha-se no forno como um suflê vulgar, mas sempre com a forma de uma omelete.

Omelete Simples
As mesmas doses de qualquer omelete vulgar, adicionando açúcar.

Ruche
Sempre em forma redonda. A cobertura, de Merengue, é decorada em losangos, como um favo de mel.
Nota: *A omelete de sobremesa não suflês costumam ser apresentadas pela maior parte dos nossos profissionais como a omelete vulgar. Ganhará, no entanto, em apresentação e valor gastronômico, se as claras correspondentes à omelete a preparar forem batidas à parte, em castelo, e depois adicionadas às gemas. Pode-se então fazer a omelete da maneira normal, tendo o cuidado de, ao enrolá-la, colocar um pouco de manteiga fresca no interior. A omelete assim preparada apenas com um pequeno excesso de trabalho, ficará fofa, agradável, uma autêntica omelete de sobremesa.*

Absinto (*Absinthe*)
Omelete açucarada, aromatizada com absinto. Regar com absinto e flamejar.

Açucarada (*Sucrée, ou au Sucre*)
Fazer a omelete como se indica na **Nota** acima. Cobrir com açúcar e queimar este com um ferro em brasa.

Alaska
Como NORUEGUESA.

Celestina (*Célestine*)
Fazer uma omelete pequena, que se recheia com doce, pouco espesso, de maçã ou marmelo. Fazer uma segunda maior, que se recheia com doce de morangos. Antes de enrolar a segunda omelete, colocar dentro dela a primeira. Enrolar. Polvilhar com açúcar e queimar com um ferro em brasa.

Cerejas (*Cerises*)
Como NORUEGUESA. Utilizar sorvete de cerejas e de framboesa, adicionando cerejas maceradas com *kirsch*. Ao redor, cerejas com aguardente velha. Regar com *kirsch* e flamejar (*flamber*).

Confeituras (Confitures)
Fazer a omelete como se indica na **Nota**. Ao enrolar, rechear com a confeitura desejada. Polvilhar com açúcar. Com um ferro em brasa, marcar por cima, em grade.

Frangipana
Fazer a omelete, como se diz na **Nota**. Rechear com Creme Frangipana. Polvilhar com açúcar e queimar com ferro em brasa.

Geléia, com (*à la Gelée*)
Como CONFEITURAS. Rechear com geléia de frutas.

George Sand
Omelete Açucarada. Rechear com pedaços de fruta, cozida em Xarope. Cobrir com Creme Natas e decorar com cerejas cristalizadas. Ao redor, castanhas cristalizadas.

Isabel (Elisabeth)
Como NORUEGUESA. Sorvete de baunilha. Polvilhar com violetas cristalizadas, picadas. Decorar com violetas cristalizadas. Cobrir com açúcar em Ponto de Fio, ou Cabelo.

Islandesa (*Islandaise*)
Como NORUEGUESA. Genovesa em forma redonda. Sorvete à escolha. Cobrir com o Aparelho de Suflê. Colocar em cima um capacete de Merengue. Decorar. Corar no forno. No centro do Merengue, em cavidade previamente feita, coloca-se rum quente, que se inflama na sala.

Kirsch
Como ABSINTO. Utilizar *kirsch*.

Milady
Como NORUEGUESA. Adicionar pêssegos cozidos em Xarope, cobertos com sorvete de framboesa.

Mil e Uma Noites (*Mille et une Nuits*)
Omelete Açucarada. Polvilhar com fruta cristalizada, picada. Regar com licores diversos. Flamejar.

Milorde
Como NORUEGUESA. Adicionar peras em compota, cobertas com o Sorvete de Baunilha.

Napolitana (*Napolitaine*)
Como ISLANDESA. Sorvete de Baunilha e Morango. Guarnecer com castanhas cristalizadas. Encher a barqueta do topo com Cerejas Jubileu.

Natal (*Noël*)
Aparelho perfumado com rum. Fazer como AÇUCARADA. Rechear com salpicão de frutas cristalizadas.

Norueguesa (*Norvégienne*)
Soco de Massa Genovesa pouco grossa, cortada em fôrma oval. Colocar num prato de ir ao forno com a mesma fôrma. Sobre a Genovesa colocar sorvete do aroma desejado. Cobrir tudo com aparelho de Omelete Suflê (*também pode-se utilizar Merengue*). Decorar e cozer no forno.

Ruche Eduardo VII (*Rouche Edouard VII*)
Como NORUEGUESA. Genovesa redonda. Sorvete de Morango, polvilhado com pêssego cozido. Perfumar o aparelho com laranja. Decorar em forma de favo de mel. Corar no forno.

Ruche Jorge V (*Rouche George V*)
Como a anterior. Sorvete de Baunilha, em vez de Morango.

Rum, com (*Rhum*)
Como ABSINTO. Utilizar rum, em vez deste.

Silfos, dos (des Sylphes)
SAVARINO, ensopado em Xarope com marrasquino. O centro do Savarino tapa-se com Massa Genovesa e enche-se com Musse de Morangos. Cobrir com aparelho de Omelete Suflê, ou de Merengue. Corar no forno. (*Silfo era, na mitologia céltica e germânica da Idade Média, um gênio do ar. Sílfide é o seu feminino*).

Suflê (*Soufflé*)
Colocar o aparelho indicado, num prato oval. Alisar em forma de omelete. Decorar. Passar no forno. Glacear com açúcar.

Surpresa (*Surprise*)
Como NORUEGUESA.

Surpresa à Crioula (*Surprise Créole*)
Como NORUEGUESA. Rodelas de ananás cobertas com Sorvete de Baunilha, colocadas no interior.

Surpresa da Jamaica (*Surprise de Jamaique*)
Como NORUEGUESA. Flamejar com rum.

Xeherazade
Como MIL E UMA NOITES.

PANQUEQUES
(Pannequets)

Os Panqueques, como já indicamos, são, em tudo, idênticos aos Crepes, exceto na maneira de apresentar, pois, enquanto aqueles se servem dobrados, estes se apresentam enrolados, recheados com Confeitura. Creme etc.

PÃO-DE-LÓ
(Biscuit)

A massa a que vulgarmente se chama Pão-de-Ló é a Massa Branca. A Sabóia se assemelha a ela e se identifica-se muitas vezes como tal. Como a estas já nos referimos em MASSAS *(ver* COMPOSIÇÕES AUXILIARES*), aqui daremos, apenas, outras que se apresentam sob o nome de* Pão-de-Ló. *Muito embora os franceses a chamem* Biscuit *e nós assim o tenhamos traduzido, entendemos que alguns, como os de Alfeizerão, Ovar etc., nada têm de comum com esta palavra, razão por que traduziremos* Gâteau, *o que corresponde a* Bolo.

Pão-de-Ló de Alfeizerão (*Gâteau de Alfeizerão*)
Misturar 8 ovos e 36 gemas com 500 g de açúcar, até formar uma massa espessa e esbranquiçada. Juntar 250 g de farinha, mexendo sempre, de baixo para cima, com uma colher de pau. Colocar em fôrmas redondas, altas, forradas com papel, enchendo só até o meio. Cobrir com um papel e cozer em forno brando. O centro deverá ficar pastoso, no fim do bolo cozido.

Pão-de-Ló de Chocolate (*Biscuit au Chocolat*)
(*Ver* MASSA DE CHOCOLATE *em* COMPOSIÇÕES AUXILIARES).

Pão-de-Ló de Margaride (*Gâteau de Margaride*)
Com 500 g de açúcar, 350 g de farinha e 22 ovos, seguir as instruções dadas para o de Alfeizerão. Utilizar fôrmas redondas, polvilhadas com farinha depois de untadas com manteiga.

Pão-de-Ló de Ovar (*Gâteau de Ovar*)
(*Ver em* MASSAS, COMPOSIÇÕES AUXILIARES).
Utilizar, de preferência, fôrmas cônicas como as do Savarino.

Pão-de-Ló de Peniche (*Gâteau de Peniche*)
700 g de açúcar, 250 g de farinha. 24 gemas, 15 claras. Proceder como para o de Alfeizerão.

PUDINS
(Puddings)

Os Pudins são preparados de diversas maneiras e são servidos com ou sem molhos de acompanhamento. Por Pudim entende-se uma composição espessa que, uma vez cozida, se mantém fofa e leve, devendo engrossar no banho-maria e ser servida quase sempre quente. Entre nós dá-se o nome de Pudim Flan a uma composição que não é mais que um creme enformado e sai um pouco fora do âmbito, ou da idéia, que damos. Como, no entanto. "não há regra sem exceção" e "o hábito faz lei", limitamo-nos a frisar este ponto, sem pretender atacá-lo ou defendê-lo.

Africano (*Afrikander*)
Cozer 1 litro de leite; 200 g de açúcar; 200 g de manteiga e 200 g de farinha, dissolvida com os outros ingredientes. Mexer bem e juntar 15 gemas e 15 claras levantadas. Cozer em fôrmas cilíndricas. Servir com Molho de Alperche.

Aldeão (*Paysanne*)
(*Frio*). 2 maçãs e 2 pêras, cortadas em Aldeã. Partir 150 g de bolos secos. Bater 4 ovos e 4 gemas, com 250 g de açúcar e adicionar 1 litro de leite fervente. Misturar tudo, juntando 1/2 dl de Anis e *kirsch*, em partes iguais. Cozer em banho-maria, dentro de fôrmas untadas, polvilhadas com açúcar. Servir frio.

Alemão (Allemande)
Miolo de pão escuro (*integral de preferência*), ensopado com vinho do Reno. Juntar açúcar mascavado e canela. Passar pela peneira. Misturar com gemas de ovos inteiros, manteiga derretida e claras em castelo. Cozer em banho-maria. Servir com Molho de Frutas.

Aletria, de (*Vermicelle*)
Como TAPIOCA. Utilizar aletria.

Amêndoa, de (*aux Amandes*)
250 g de amêndoas, pisadas num almofariz. Juntar canela, 250 g de açúcar e 6 ovos. Bater muito. Cozer em fôrma untada com manteiga. Servir com Molho Sabaião.

Apple-Pudding
(*Ver* PUDIM DE MAÇÃ).

Aremberg
(*Frio*). BÁVARO AO KIRSCH, adicionado de peras cruas. Enformar em fôrmas de Madalenas, tendo o fundo decorado com quartos de peras com 2 cores, frutas cristalizadas e guarnecidas em volta com fatias de Bolo Punch. embebidas em *kirsch*.

Arlequim (*Arlequin*)
PUDIM DE SÊMOLA, servido com Molho de Morangos.

Arroz (*Riz*)
Como TAPIOCA. Utilizar arroz.

Austríaco (*Autrichien*)
PUDIM SUFLÊ a). Adicionar amêndoas picadas; cerejas cristalizadas como decoração. Molho de Framboesas.

Auvergne, d'
Cozer 125 g de chocolate num decilitro de água. Acrescentar meio litro de leite com aroma de baunilha. Juntar purê de 30 castanhas cozidas em leite sem açúcar e adicionar três ovos batidos. Vazar em fôrma de Charlota caramelizada e cozer em banho-maria durante uma hora. Servir, à parte. Creme Inglês aromatizado com rum.

Bacharel (*Bachelier*)
PUDIM DE MAÇÃ, com passas de Corinto e de Esmirna. Servir com Molho de Marmelada, de maçãs.

Baronesa (*à la Barone*)
350 g de sebo de vitela picado finamente; 350 g de farinha; 350 g de passas de uva sem grainha; 2,5 dl de leite; uma pitada de sal. Misturar bem os ingredientes secos; juntar o leite e mexer bem. Cozer em banho-maria, numa fôrma untada com manteiga. Servir com Molho de Frutas, creme bem doce, ou polvilhado com açúcar.

Berlim (*Berlinois*)
Fazer com 100 g de farinha torrada e leite, uma massa algo consistente, bem batida. A 100 g de manteiga e 1 dl de leite, aquecidos numa frigideira, adicionar 100 g de açúcar e a massa anterior, mexendo bem para dissolver, até engrossar. Deixar arrefecer um pouco. Adicionar 4 gemas de ovos, uma por uma, batendo bem. Juntar 100 g de amêndoas finamente picadas e 4 claras em castelo. Cozer em banho-maria. Servir com Creme Inglês.

Brasileiro (*Brésilien*)
PUDIM TAPIOCA, feito em fôrma caramelizada.

Bread-and-Butter
(*Ver* PUDIM DE PÃO). Denominação inglesa.

Cabinet
Em fôrma de Charlota untada com manteiga, emparedada com Palitos Rainha, lançar salpicão de frutas cristalizadas, passas de Esmirna e de Corinto. Encher até à borda, com aparelho de Pudim Flan. (*Ver* CREMES FRIOS). Cozer em forno brando. Perfumar. Desenformar e cobrir com Molho Sabaião. (*Os palitos podem também ser partidos e misturado no aparelho*).

Cabreira (Chevreuse)
PUDIM DE SÊMOLA, adicionado de frutas cristalizadas maceradas com *kirsch*.

Café, de (*au Café*)
PUDIM DE OVOS, com adição de infusão de café muito forte. Fazer o ponto com o próprio café, em vez de com água.

Cambacères
PUDIM DE AMÊNDOAS. Servir com Molho de Avelãs.

Canadiano (*Canadian*)
6 colheres de mandioca; 2 colheres de açúcar; 4 ovos; 1 casca de limão; 1 litro deleite; passas de uvas sem grainha. Misturar, a frio, a mandioca com metade do leite e a casca de limão. Juntar ao resto do leite, a ferver. Levar ao fogo, adicionar o açúcar e ferver 15 minutos. Deixar arrefecer e misturar os ovos, bem batidos. Cozer em fôrma untada, tendo as passas

todas no fundo. Banho-maria. Servir com qualquer molho adequado.

Caramelo (*Caramel*)
(*Ver* CREME CARAMELO em CREMES FRIOS).

Carne Picada, de (*Minced Meat*)
250 g de gordura de rim de vaca, picada; 300 g de lombo de vaca, em cubos; 250 g de passas de uva de Málaga, sem grainha; 250 g de corintos; 250g de passas de Esmirna; 250 g de cascas de frutas, cristalizadas; 120 g de maçã em cubos. Esmagar tudo, adicionar 1 dl de rum, 1 dl de aguardente velha e 1 dl de vinho da Madeira. Colocar num tacho de barro e cozer, hermeticamente fechado. (*Cozinha Inglesa*).

Castanhas, de (*aux Marrons*)
Aparelho do PUDIM SUFLÊ, com adição de purê de castanhas e castanhas cristalizadas. Servir com Molho de Alperche.

Chinês (*Chinois*)
460 g de açúcar, em calda bem grossa. Bater à parte 12 gemas, muito bem batidas; juntar à calda, com o sumo de 6 laranjas. Misturar tudo muito bem, deitar em fôrma untada e cozer em banho-maria. Costuma ficar transparente.

Chocolate, de (*au Chocolat*)
a) 250 g de chocolate; 1/2 litro de leite; 10 gemas; 2 claras; 250 g de açúcar. Raspar o chocolate e misturar no leite, com o açúcar. Mexer bem e passar pela peneira. Adicionar as gemas e as claras, misturadas, mas não batidas. Cozer em banho-maria, numa fôrma untada, polvilhada com farinha torrada.

Chocolate, de (*au Chocolat*)
b) Como PUDIM DE PÃO, com adição de 50 g de chocolate em pó.

Chocolate Gelado, de (*au Chocolat Frappé*)
15 folhas de gelatina; 250 g de chocolate; 1/2 litro de leite; 500 g de açúcar e 12 ovos. Adicionar o chocolate ao leite, ferver e passar. Bater o açúcar com gemas e juntar à preparação precedente. Misturar a gelatina, previamente derretida num pouco de água quente. Colocar numa fôrma umedecida com leite e deixar gelar.

Churchill
PUDIM DE CREME, com ananás picado em bastante quantidade. Molho de Ananás feito com Xarope do mesmo, levantado com gemas e manteiga.

Clermont
(*Frio*). BÁVARO AO RUM, adicionado de purê de castanhas e castanhas cristalizadas.

Coimbra
Levar 500 g de açúcar a Ponto de Fio Fraco. Deixar arrefecer, misturar 16 gemas de ovos, previamente batidas com 25 g de manteiga. Bater muito bem. Cozer em fôrma untada com manteiga.

Creme, de (*à la Crème*)
12 gemas, 12 claras, 250 g de açúcar, 250 g de farinha. Misturar tudo muito bem, sem bater. Juntar 1/2 litro de natas, pouco espessas. Cozer em fôrma caramelizada.

Cumberland
PUDIM SUFLÊ b). Adicionar maçã cortada em cubos grossos e passas de uva. Molho Sabaião,

Custard
(*Ver em* CREMES FRIOS).

Diplomata (*Diplomate*)
(*Frio*). PUDIM CABINET, adicionado de frutas secas. Servir frio.

Escocês (*Écossais*)
PUDIM FRANCÊS, adicionado dum salpicão de frutas frescas.

Fofo (*Mousseux*)
Como PUDIM SUFLÊ b).

Francês (*Français*)
Como ALEMÃO. Miolo de pão de fôrma e açúcar em pó. Cobrir com Creme Inglês, Sabaião ou Xarope de Frutas.

Franklin
PUDIM DE AMÊNDOAS, adicionado de frutas.

Gladstone
Como CABINET, com peras. Servir com Creme de Amêndoas, baunilhado.

Hernâni
(*Frio*). PUDIM DIPLOMATA. Gelar bem. Enfeitar com Creme Chantilly. Servir com Molho de Alperche.

Humboldt
Crepes, recheados com confeituras diversas. Colocar numa fôrma redonda. Encher com Aparelho de Flan. (*Ver* CREMES FRIOS). Cozer como o Flan normal. Desenformar e servir frio.

Indiano (*Indienne*)
PUDIM DE ARROZ, com gengibre. Servir com Xarope de gengibre.

Israelita (*Israélite*)
PUDIM DE AMÊNDOAS. Servir com Molho de Cerejas ao *kirsch*.

Jardineira (*Jardinière*)
PUDIM DE PÃO. Servir enfeitado com frutas, cozidas em Xarope. À parte, Molho de Frutas.

Kielmansegg
PUDIM DE AMÊNDOAS, com amendoim pisado. Servir com Creme de Amêndoas, com amêndoas picadas.

Laranja, de (*d'Orange*)
Ferver 1 litro de leite, com 300 g de miolo de pão. Juntar 600 g de açúcar pilé. Ferver 15 minutos. Passar pela peneira. Misturar 22 gemas e cascas de 4 laranjas, raladas. Cozer em banho-maria, em fôrmas untadas com manteiga, passadas com Calda de Açúcar. (*Há quem coza este pudim dentro de areia, o que lhe dá uma cocção mais certa*).

Limão, de (*au Citron*)
Como LARANJA. Substituir esta por limão.

Maçã (*Apple-Pudding*)
Encamisar uma fôrma de pudim, com massa de tarta. Encher com purê de maçã, adicionado de açúcar mascavado e cravinho. Cobrir com a massa e cozer em banho-maria. (*Pode-se também cortar as maçãs em fatias, que se acamam, polvilhando com o açúcar. Há quem adicione sebo de vaca ou vitela, na proporção de 6 para 1 de açúcar*).

Malakoff
(*Frio*). BÁVARO, composto de camadas de aparelho baunilhado, biscoitos embebidos em licores, amêndoas picadas, corintos, esmirnas e dados de casca de laranja. Cobrir com Molho Sabaião ao *kirsch*.

Maltês (*Maltais*)
PUDIM SUFLÊ, com perfume de laranja.

Metternich
Manteiga, ovos e castanhas, passados pela peneira. Adicionar cacau, leite e baunilha. Massa de Chus ou Fartos, ligada com gemas. Enfeitar com castanhas cristalizadas. Molho de Chocolate.

Mince-Meat
O mesmo que de CARNE PICADA.

Montmorency
PUDIM SUFLÊ, com adição de cerejas maceradas em *kirsch*. Molho de Cerejas.

Nesselrode
(*Frio*). CREME INGLÊS com frutas cristalizadas, passas de Esmirna e de Corinto e purê de castanhas. Misturar com quantidade igual de natas batidas. Enformar e gelar. Cobrir com Molho Sabaião e enfeitar a base com castanhas cristalizadas.

Nulhes (*Nouilles*)
Como TAPIOCA. Utilizar nulhes.

Oriental (*Orientale*)
Misturar 200 g de açúcar, 3 gemas, 600 g de manteiga, 100 g de miolo de pão, 50 g de nozes pisadas, mexendo com uma colher de pau. Ralar 80 g de chocolate e incorporar. Acrescentar 3 claras em castelo e vazar tudo numa fôrma untada com manteiga, cujo fundo foi forrado com papel também untado. Cozer 20 minutos em forno bem quente e desenformar.

Orleães (*Orléans*)
CREME DE BAUNILHA, com passas de Málaga. Misturar amêndoas pisadas. Molho de Creme de Baunilha.

Palácio de Cristal (*Cristal Palace*)
(*Frio*). Bater 2,5 dl de natas e juntar a 2 folhas de gelatina, derretidas em água morna. Misturar 1 colher de sobremesa, bem cheia, de farinha de milho, com 1,5 dl de leite e juntar ao resto. Açucarar ao gosto. Levar a fervura branda, durante 10 minutos. Deixar arrefecer um pouco, juntar 2 gemas de ovos e algumas gotas de essência de baunilha. Colocar em forma decorada com cerejas cristalizadas. Gelar.

Plum Pudding
250 g de corintos; 375 g de passas de Esmirna; 375 g de passas de Málaga, sem grainha; 125 g de casca de laranja; 125 g de maçãs picadas; 12 g de gengibre, noz-moscada e canela, misturadas; 250 g de farinha; 250 g de miolo de pão; 375 g de gordura do rim de vitela; 2 dl de Jerez; 1,5 dl de aguardente velha; 1 dl de cerveja preta; 6 ovos e 4 gemas. Misturar tudo muito bem. Enformar e cozer em banho-maria, durante 4 horas. Flamejar com rum quente, no momento de servir. (*Pode ser flamejado na sala, cada fatia por sua vez, no momento de servir*).

Princesa (*Princesse*)
1/2 litro de leite; 250 g de Palitos Rainha; 150 g de frutas cristalizadas; 150 g de açúcar; 125 g de manteiga; 1 dl de *kirsch*; 5 gemas; 3 claras. Com os palitos, açúcar e o leite bem quente, fazer uma massa. Adicionar as frutas cristalizadas maceradas com *kirsch*, as gemas e a manteiga. Bater as claras em castelo e juntar à massa, no momento de cozer. Levar ao forno em fôrmas untadas, polvilhadas com pão ralado. Servir com Molho de Alperche.

Príncipe de Gales (*Prince de Galles*)
Numa fôrma untada, colocar em camadas sucessivas: cerejas maceradas, pêssegos, biscoitos, passas de Corinto. Encher com Creme de Flan. Cozer em banho-maria. Servir com Molho Sabaião, de rum.

Radziwill
PUDIM DE SÊMOLA, com chocolate. Servir com Molho de Chocolate.

Rainha (*la Reine*)
PUDIM SUFLÊ, cozinhado em fôrma com abertura central. Guarnecer o interior com frutas cristalizadas, maceradas com *kirsch*. Molho de Alperche.

Real (*Royal*)
PUDIM SUFLÊ, com aroma de limão. Cozer em fôrma de Charlota, encamisada com rodelas de Bolo Enrolado. Servir com Molho de Alperche ao Marsala (*vinho italiano*).

Regência (*Régence*)
PUDIM SUFLÊ a). Cozer em fôrma caramelizada. Enfeitar com metades de alperches em compota e cerejas. Molho Caramelo.

Rizzio
Como DIPLOMATA, com adição de biscoitos embebidos em *kirsch*.

Rolado (*Rolly*)
Fazer uma massa com 300 g de farinha; 150 g de sebo de rilada de vitela e 50 g de açúcar, adicionando água necessária. Estender com o rolo, dando-lhe a forma retangular. Cobrir com doce de fruta. Enrolar como uma galantina e envolver num pano. Cozer 1 1/2 hora, em água a ferver. Servir bem quente, às rodelas. Molho de frutas. (*Inglês: Roly Poly ou Rolled Pudding*).

Sagu (*Sagou*)
Como TAPIOCA. Utilizar sagu.

Sans-Souci
PUDIM SUFLÊ, com adição de passas de Corinto e dados de maçãs, cozidas em manteiga. Molho de Maçã.

São Cloud (*Saint-Cloud*)
Picar 100 g de amêndoa torrada. Polvilhar com elas o interior de uma forma de Charlota, previamente untada com manteiga clarificada. Encher a fôrma até 3/4 com pedaços de qualquer bolo já duro, entremeando mais amêndoas picadas. Dissolver 100 g de açúcar, em 1/2 litro de café forte; adicionar 4 ovos bem batidos, 2 colheres de marrasquino, 2.5 dl de natas. Colocar na fôrma, deixando ensopar o bolo. Ferver lentamente, durante 2 horas. Deixar arrefecer. Cobrir com Doce de Alperche e decorar com cerejas.

Saxão (*Saxon*)
PUDIM SUFLÊ, perfumado com baunilha. Creme Inglês a cobrir. (*Ver* CREME).

Sêmola, de (*Semoule*)
Como TAPIOCA. Substituir esta por sêmola.

Sueco (*Suédois*)
Como PUDIM DE PÃO. Adicionar salpicão de frutas cristalizadas.

Suflê (Soufflé)
a) 100 g de manteiga; 100 g de açúcar em pó; 50 g de farinha; 50 g de fécula; 3 dl de leite; 5 gemas; 5 claras batidas em castelo. Pôr o leite a ferver com a manteiga, o açúcar e o perfume escolhido. Depois de ferver, juntar a farinha e a fécula, sem deixar formar grumos. Engrossar,

mexendo. Retirar do fogo. Deixar arrefecer. Misturar primeiro as gemas, em seguida as claras batidas. Enformar. Cozer em banho-maria. (*A fôrma deve ser untada e passada por açúcar em pó*).
b) 100 g de manteiga; 100 g de açúcar em pó; 30 g de fécula; 4 gemas; 4 claras batidas em castelo. Cozer em banho-maria, gemas, açúcar, manteiga e fécula, até à consistência desejada. Retirar do fogo. Deixar arrefecer, batendo. Misturar as claras em castelo. Enformar, como se indica para a anterior. Cozer de igual modo.

Suflê com Ananás (*Soufflê à l'Ananas*)
PUDIM SUFLÊ a), com adição de ananás em dados. Molho de Ananás.

Suflê com Baunilha (*Soufflé à la Vanille*)
PUDIM SUFLÊ a), aromatizado com baunilha.

Suflê com Laranja (*Soufflé à l'Orange*)
PUDIM SUFLÊ a), aromatizado com casca de laranja, que se ferve com o leite. (*Pode também ser feito com limão*).

Suflê com Licores (*Soufflé aux Liqueurs*)
PUDIM SUFLÊ a), adicionado do licor escolhido: anis, curaçau, marrasquino, *kirsch* etc.

Tapioca à Brasileira (*Tapioca à la Brésilienne*)
PUDIM TAPIOCA, cozido em fôrma caramelizada, ou servido com Molho de Caramelo.

Tapioca à Inglesa (*Tapioca à l'Anglaise*)
1 litro de leite; 150 g de açúcar, 50 g de tapioca, 2 ovos inteiros, baunilha. Fazer ferver o leite, adicionar o açúcar e a baunilha. Lançar a tapioca lentamente, polvilhando. Cozer. Juntar os ovos batidos. Cozer em prato oval de bordas altas (*pie-dish*), em forno médio. (*O* pie-dish *é vulgarmente designado por* canoa, *na gíria de cozinha*).

Tapioca Suflê (*Tapioca Soufflé*)
1/2 litro de leite, 75 g de açúcar, 25 g de manteiga; 100 g de tapioca; 26 g de fécula, 5 claras em castelo, aroma à escolha. Proceder como para o Pudim Suflê, começando por cozer a tapioca sem o leite.

Tia Maria (*Tante Marie*)
PUDIM DE AMÊNDOAS, com passas de Esmirna. Molho de Caramelo, à parte.

Tia Suzana (*Tante Suzanne*)
PUDIM DE ARROZ, adicionado de bastante abóbora cristalizada.

Toucinho-do-Céu (*Pudding Paradis*)
300 g de amêndoas, 600 g de açúcar pilé, 30 gemas, baunilha. Pisar as amêndoas depois de torradas, com 100 g de açúcar. Adicionar às gemas e mexer bem. Levar o resto do açúcar a Ponto de Bola. Juntar em fio à mistura anterior, mexendo bem até estar ligado. Pôr a cozer, mexendo com colher de pau. Lançar em fôrma untada. Enxugar no forno. Arrefecer. Desenformar e polvilhar com açúcar em pó. Marcar losangos na parte superior, com uma espátula. Servir frio.

Trauttmansdorf
PUDIM DE ARROZ, servido com Xarope de framboesas. (*Cozinha Alemã*).

Vestefaliano (*Westphalien*)
PUDIM DE AMÊNDOAS. Servir com Molho de Cerejas.

Vesuviano (*Vésuvienne*)
PUDIM SUFLÊ, feito numa fôrma com orifício central. Adicionar ao aparelho doce de tomate e passas de Málaga sem grainhas. Molho de Alperche, ao redor. No centro, rum quente, que se inflama no momento de servir.

Vicente (*Vincent*)
PUDIM DE CASTANHAS, com Salpicão de Frutas ao *kirsch*. Enfeitar com cerejas maceradas em *kirsch*, Creme Inglês.

Vienense (*Viennoise*)
375 g de manteiga; 225 g de açúcar em pó, 225 g de miolo de pão escuro, 25 g de chocolate, 25 amêndoas picadas, 1 casca de limão, 35 g de frutas cristalizadas, 10 gemas, 2 ovos e 10 claras em castelo. Trabalhar, numa tigela, a manteiga e o açúcar. Incorporar pouco a pouco as gemas e os ovos, bem como os outros ingredientes. Quando tudo estiver bem misturado, incorporar as claras em castelo. Terminar como os Pudins Suflês.

Vitória (*Victoria*)
PUDIM SAXÃO, com adição de arroz cozido.

RAMADAN MAHLIBE

*Farinhas de arroz e de trigo dissolvidas em leite a ferver, sobre o fogo. Cozer até ficar consistente. Perfurar com essência de rosas. Despejar num tabuleiro, até um dedo de espessura. Arrefecer. Polvilhar com açúcar e cortar á vontade. (*Doce Turco*).*

ROCAMBOLE

Veja Bolo Enrolado.

SAVARINO
(Savarin)

Cardeal (*Cardinal*)
Preparar o Savarino como se indica em MASSAS. (*Ver* COMPOSIÇÕES AUXILIARES). Ensopar em Xarope, com rum. Encher a cavidade central com morangos inteiros e purê de morangos ou de alperche. Servir gelado.

Crioula (*Créole*)
Idem como a anterior. Xarope com *kirsch*. Encher a cavidade com Arroz-Doce à Portuguesa, sem gemas. Adicionar ao arroz natas batidas com purê de frutas em partes iguais e frutas picadas.

Frutas, com (*aux Fruits*)
Proceder como para CARDEAL. Rechear, no centro, com frutas cozidas em Xarope. Barrar exteriormente com geléia de frutas.

Natas, com (*à la Crème*)
Idem como a anterior. Ensopar com Xarope, perfumado de canela. Creme de Natas, no centro.

Richelieu
(*Ver* CARDEAL). Guarnecer com 1/2 de alperches. Interior cheio com doce dos mesmos. Molho Sabaião.

Romanoff
Como o anterior. Utilizar, para encher a cavidade central. Morangos Romanoff e Creme de Natas.

Siberiano (*Sibérien*)
Ensopado em marrasquino. Bem gelado. Recheado com Sorvete de Frutas.

Sueco (*Suédoise*)
Como CARDEAL. Recheio de maçãs torneadas com colher de legumes, branqueadas em Xarope fervente. Creme de Pêssegos.

SOBREMESAS DE OVOS
(Dessert d'Oeufs)

Doce de Ovos (*Oeufs Sucrés*)
225 g de açúcar; 7 gemas de ovos; meia chávena de leite. Ligar as gemas com o açúcar e o leite. Colocar sobre o fogo, mexendo sem parar. Retirar quando começar a engrossar. Servir em recipientes individuais.

Doce de Ovos Fofos (*Oeufs Sucrés Mousseline*)
Levar 250 g de açúcar a Ponto de Pérola Forte. Deixar arrefecer um pouco e juntar 6 gemas, bem batidas. Repor sobre o fogo, mexendo sempre, alguns minutos. Deixar arrefecer e juntar 6 claras batidas em castelo. Levar novamente ao fogo, mas por poucos minutos. Polvilhar com canela em pó.

Fios de Ovos (*Oeufs Filés, ou Fils d'Or*)
Gemas de ovos batidas, lançadas num recipiente com vários bicos, já preparado para o efeito. Fazer um Xarope a 30º, onde se deixam cair os ovos, pelos bicos do aparelho, imprimindo à mão que o conduzir um movimento rotativo. Deixar ferver 1 minuto e retirar com a escumadeira. Passar (refrescar) em Xarope frio a 25º, retirando imediatamente. Pôr a escorrer sobre uma grade, rede ou passador, salpicando com água fria.

Ovos Brancos (*Oeufs Blancs*)
Pôr 250 g de açúcar pilé em Ponto de Fio, ou Cabelo. Bater 15 gemas de ovos e 5 claras, muito bem, até estarem grossos. Misturar com a calda, um pouco arrefecida, batendo sempre. Recolocar sobre o fogo, mexendo com uma colher de pau, até perder o sabor a cru. Tirar do fogo. Continuar a bater. Terminar de cozer sobre o fogo. Enformar.

Ovos do Convento (*Oeufs du Couvent*)
Ovos escalfados em leite fervente com baunilha. Colocar em fôrma de Massa de Tarta, intercalando triângulos de ananás. Cobrir com Creme de Leite e polvilhar com amêndoas torradas, pulverizadas. Corar no forno.

Ovos à Freira (*Oeufs à la Nonne, ou à la Religieuse*)
Como OVOS DO CONVENTO.

Ovos-Moles (*Oeufs Cremés*)
Pôr 450 g de açúcar, em Ponto de Fio Fraco. Bater 15 gemas de ovos muito bem, adicionar a calda, lentamente, batendo sempre até ficar bem ligado. Levar ao fogo para engrossar e deitar em fôrmas, ou recipiente, onde vai ser servido.

Ovos-Moles de Aveiro (Oeufs Cremés d'Aveiro)
Como os OVOS MOLES vulgares. Adicionar ao Xarope 125 g de arroz cozido, feito em purê muito fino. Aumentar mais 150 g de açúcar.

Ovos Nevados (*Oeufs à la Neige*)
Como Farófias, Ovos com Neve ou Ilha Flutuante. (*Ver em* CREMES QUENTES).

Ovos Nevados Moldados (*Oeufs à la Neige Moulés*)
Ovos Nevados, colocados em fôrma de Savarino. Cobrir com Creme Inglês, ligado ligeiramente com gelatina.

Ovos Nevados Réjane (*Oeufs à la Neige Réjane*)
Como a anterior. Adicionar metades de alperches.

Ovos Reais (Oeufs Royaux)
Como FIOS DE OVOS.

Palitos de Ovos (*Allumettes d'Oeufs*)
Preparar como FATIAS DA CHINA. (*Ver em* FATIAS). Cortar como palitos. Passar por Calda de Açúcar. Enxugar e servir tal qual.

Trouxas de Ovos (*Pannequets d'Oeufs*)
Fazer pequenas folhas, utilizando a massa e o processo dos Fios de Ovos. Deitar os ovos no Xarope com uma colher ou concha, em pequenas quantidades. Retirar com a escumadeira depois de cozidos. Enrolar como os Panqueques. Servir com o mesmo Xarope em que são cozidos, o qual deve estar apenas a 30°.

SONHOS
(Beignets)

Servidos sempre bem quentes, acompanhados do molho correspondente. Para a massa, ver MASSAS *em* COMPOSIÇÕES AUXILIARES.

Frutas ou Flores (*Fruits et Fleurs*)
Escolher as partes tenras das flores, ou rodelas de fruta. Mergulhar em Massa de Sonhos. Fritar. Molho de Sonhos, à parte.

Rica, à (*à la Riche*)
Rechear com Doce de Alperche, adicionado de ananás e casca de tangerina cozidos cm Xarope. Polvilhar com açúcar. Molho, à parte.

Suflês (*Soufflés*)
Pedaços de Massa de Chus ou Fartos. Fritar. Rechear com geléia, creme, doce de fruta etc. Molho, à parte.

Surpresa (*Surprise*)
Rechear com Creme de Baunilha. Molho, a parte.

Vienense (*Viennoise*)
Massa de Brioche, envolvendo geléia de groselha. Fritar como os sonhos, em bastante gordura. Polvilhar com açúcar em pó.

SUFLÊS
(Soufflés)

MODO DE PREPARAÇÃO: *Colocar o aparelho numa fôrma para suflê, untada com manteiga e polvilhada com açúcar. Alisar por cima. Cozer em forno médio. Polvilhar com açúcar em pó.*

APARELHO (a) – Creme, 1/2 litro; 6 ovos, 2 claras, aroma desejado. Creme Pasteleiro quente; ligar com as gemas e juntar o aroma. Misturar as claras, em castelo.

APARELHO (b) – 1 litro de leite, 500 g de açúcar, 150 g de farinha, 60 g de manteiga, 12 ovos, 4 claras, baunilha. Dissolver a farinha no leite, sobre o fogo. Adicionar o açúcar, baunilha e pitada de sal. Cozer, até ficar um pouco grosso. Juntar as gemas. Passar pela estamenha. Juntar as claras, em castelo. (*Este aparelho, tal como o anterior, serve de base à maior parte dos suflês*).

APARELHO (c) – Mistura 500 g. Claras 6 ou 7. Açúcar em Ponto de Rebuçado. Juntar purê de frutas, na proporção de 5 de purê e 4 de açúcar. Misturar as claras em castelo.

APARELHO (d) – 4 ovos, 2 claras, 50 g de açúcar, aroma escolhido. Misturar as gemas com o açúcar, mexendo muito bem até formar pasta. Ligar as claras em castelo. (Para utilizar em serviço à carta, onde a rapidez é necessária).

Nota: *Para bater as claras em castelo, deve haver o máximo cuidado em separá-las bem limpas de gema e, para isso, não utilizar utensílios engordurados. Do contrário, será impossível obter a consistência desejada. Para maior segurança, podem ser inflamados com um pouco de álcool os objectos que irão servir.*

Aida (*Aída*)
Aparelho c). Perfume de laranja. Adicionar frutas frescas maceradas em curaçau.

Alemão (*Allemande*)
Como CACAU.

Amêndoas (*Amandes*)
Aparelho a) ou b). Com leite de amêndoas.

Ananás (**Ananas**)
Aparelho c). Adicionar dados de ananás. Perfumar com *kirsch*.

Arlequim (*Arlequin*)
Aparelho a) ou b). 1/2 baunilha e 1/2 chocolate.

Avelãs (Avelines)
Aparelho a) ou b), com leite de avelãs.

Bananas, com (*aux Bananes*)
Aparelho c), com dados de bananas e perfume de *kirsch*.

Baunilha (*Vanille*)
Aparelho a) ou b). Perfume de baunilha.

Cacau (*Cacao*)
Aparelho a) ou b). Adicionar 200 g de cacau.

Camargo
Suflê de Avelãs e Suflê de Tangerina, em camadas sobrepostas. Entre as camadas, Palitos Rainha embebidos em curaçau.

Cambacères
Sobre um tampão de Arroz Creme colocar Sorvete de Baunilha. Cobrir com Aparelho d), adicionado de amêndoas picadas. Perfumar com *kirsch*. Cozer. Servir rapidamente.

Cavaleira (**Cavalière**)
Tampão de Massa Genovesa. Sobre este colocar 1/3 de Sorvete de Morango, 1/3 de Sorvete de Ananás, 1/3 de Sorvete de *kirsch*. Cobrir com Aparelho a) ou b), perfumado de chocolate.

Cerejas (*Cerises*)
Aparelho c), adicionado de cerejas sem caroço, ligadas com purê de framboesas. Perfumar com *kirsch*.

Chocolate (*Chocolat*)
Aparelho a) ou b), com perfume de chocolate.

Fogo do Inferno, ao (*au Feu de l'Enfer*)
Aparelho a) ou b), com perfume de baunilha. No topo, antes de ir ao forno, coloca-se uma tarteleta que, depois do suflê cozinhado, se enche com rum quente e se inflama.

Frutas, com (*aux Fruits*)
Aparelho c), com a fruta desejada.

Grande Sucesso (*Grand Succès*)
Tampão de Massa Genovesa. Sobre este, Sorvete de Morango. Cobrir com Aparelho d), de baunilha. Colocar no topo um timbale de massa. Cozer. Encher o timbale com cerejas maceradas em *kirsch*. Flamejar estas, no momento de servir.

Ideal (*Idéal*)
Aparelho a) ou b), com avelãs picadas. Guarnecer o interior com biscoitos secos, embebidos em licores. Cozer em fôrma quadrada.

Ilda (*Hilda*)
Aparelho c), com perfume de limão. À parte, morangos frescos, cobertos com purê de framboesas.

Isabel (*Elizabeth*)
Aparelho a) ou b). Guarnecer o interior com biscoitos secos embebidos em *kirsch* e violetas cristalizadas, picadas. Perfumar com baunilha.

Javanês (*Javanais*)
Aparelho a) ou b). Chá em vez de leite. Adicionar amendoim picado.

Licores, com (*aux Liqueurs*)
Aparelhos a), b) ou c). Perfumes: anisete, chartreuse. curaçau, absinto, rum etc.

Limão (*Citron*)
Aparelho c). Perfumar com limão.

Lúculo (*Lucullus*)
Aparelho c). Suflê com purê de frutas. Colocar no centro dum Savarino, ensopado em *kirsch*.

Rodear o Savarino dum papel untado com manteiga, para cozer o suflê.

Maçã, de (*aux Pommes*)
Aparelho c). Purê de maçã. Perfumar com *kirsch*.

Mercedes (*Mercédès*)
Aparelho a) ou b). Perfume de baunilha, *kirsch* e marrasquino. Guarnecer o interior com salpicão de frutas cristalizadas, maceradas com o mesmo licor.

Moka
Aparelho a) ou b). Substituir metade do leite por café muito forte.

Montmorency
Aparelho a). Perfumar com cherry. Adicionar cerejas cristalizadas, maceradas com boa aguardente velha (*conhaque*).

Morangos (*Fraises*)
Aparelho c). Purê de Morangos. Perfumar com *kirsch*.

Moscovita (*Moscovite*)
Perfume de curaçau e morangos.

Nassau
Suflê de Laranja. Cozer em cascas de laranja, sem polpa.

Nogado (*Nougat*)
Como PRALINÉ.

Oriental (*Orientale*)
Suflê Moka, adicionado de grãos de chocolate.

Orleães (*Orléans*)
Aparelho a) ou b). Adicionar pedaços de biscoitos embebidos em *kirsch*; creme de pêssegos, metades de cerejas semicristalizadas.

Palácio (*du Palais*)
Aparelho a) ou b). Fundo guarnecido com maçãs cozidas com manteiga. Perfumar com *kirsch* e baunilha.

Palmira (*Palmyre*)
Aparelho a) ou b). Perfume de baunilha. Adicionar pedaços de Palitos Rainha, embebidos em *kirsch* e anisete. (*Frutas cristalizadas à opção*).

Paulina (*Paulette*)
Aparelho a). Perfume de baunilha e morangos.

Pera (*Poire*)
Aparelho c). Purê de Pera. Perfumar com *kirsch*.

Praliné
Aparelho a) ou b), com perfume de baunilha. Adicionar amêndoas picadas. Polvilhar, depois de enformado, com amêndoas torradas, picadas.

Primaveril (*Printanière*)
Aparelho a) ou b), com perfume de baunilha. Rechear com Macedônia de frutas secas.

Raquel (*Rachel*)
Aparelho a) ou b). Metade com baunilha e metade com amendoim.

Real (*Royale*)
Como ROTSCHILD. Perfumar com *kirsch* e adicionar frutas cristalizadas.

Rothschild
Aparelho a) ou b). Perfumar com Licor de Ouro. Adicionar salpicão de frutas secas, maceradas no mesmo licor. Decorar com fatias de ananás e morangos.

Rothschild (*outra variante*)
Aparelho Baunilhado, aromatizado com *kirsch*. Adicionar frutas cristalizadas picadas. (*Esta receita deve ser usada apenas em ultimo recurso*).

Siciliano (*Sicilien*)
Aparelho a) ou b). Perfume de laranja e amêndoas picadas. Juntar gomos de laranja.

Skobileff
Aparelho a) ou b). Adicionar amêndoas picadas e perfume de anisete. Misturar biscoitos, embebidos em anisete e groselhas.

Tangerinas (*Mandarines*)
Aparelho c). Perfumar com tangerinas e gomos de tangerina.

Violeta (*Violete*)
Aparelho a) ou b). Perfume de baunilha. Adicionar violetas cristalizadas, picadas. Enfeitar com violetas cristalizadas.

TARTAS, TORTAS
(Tartes ou Tourtes)

A Tarta é uma folha redonda, de massa, colocada num arco com 1,5 a 2 cm de altura por 8 a 10 de raio, contendo um recheio de creme, frutas etc. Sempre que o creme intervém na composição, os franceses chamam-na Flan.

Alsaciana (*Alsacienne*)
Recheada com frutas cristalizadas, picadas. Encher com Creme Flan.

Amêndoas (*Amandes*)
Rechear com Massa de Pudim de Amêndoa.

Bom Bocado (*Bon Morceau*)
Forrar os arcos com Massa Doce. Rechear com creme dos Pastéis de Nata.

Castanhas (*aux Marrons*)
Forrar os arcos com Massa Doce. Rechear com purê de castanhas adicionado de Creme Chantilly. Servir gelado.

Cerejas (*Cerises*)
Forrar os arcos com Massa Doce. Rechear com Doce de Cerejas. Cobrir com geléia de fruta.

Chocolate (*Chocolat*)
Rechear com aparelho do Pudim de Chocolate.

Frutas, de (*aux Fruits*)
a) Rechear com purê da fruta escolhida, adicionado de açúcar em Ponto de Fio, ou Cabelo, na proporção de 5 partes de fruta para 4 de açúcar.
b) Rechear até o meio com creme de Pastéis de Nata. Terminar de encher com a fruta escolhida. Levar ao forno. Cobrir o topo com geléia de frutas. (*Toma o nome da fruta utilizada, a menos que seja feita com um misto de frutas*).

Frutas à Inglesa, de (*Tarte de Fruits à l'Anglaise*)
Forrar uma fôrma de abas não muito altas com massa folhada. Colocar as frutas limpas, descascadas ou picadas. conforme o caso. Polvilhar com açúcar mascavado. Recobrir com uma folha da mesma massa. Dourar com gema de ovo e cozer no forno.

Húngara (*Hongroise*)
Folha redonda de Massa Folhada, colocada no aro das tortas. Adaptar-lhe uma circunferência com uma cruzeta interior, feita com Massa de Chus ou Fartos. Encher as cavidades com Creme Húngaro. Servir tal qual.

Lionesa (*Lyonnaise*)
Aro forrado com Massa de Tarta. Rechear com aparelho feito de: 100 g de miolo de pão, 2,5 dl de leite, 1 cálice de *kirsch*, 3 amêndoas amargas pisadas, 90 g de açúcar, 4 gemas, 3 claras em castelo. Cozinhar no forno durante meia hora.

Mosaico (*Mosaïque*)
Rechear com Aparelho do Pudim Alemão, substituindo o pão por biscoitos secos. Cobrir com geléia. Com Glace, fazer traços horizontais, que depois se riscam com o bico de uma faca.

Ponte Nova (*Pont-Neuf*)
Rechear com Creme Pasteleiro e Massa de Chus ou Fartos, misturados na proporção de 4 de creme para 1 de massa. No meio da Tarta, colocar uma tira de massa semifolhada. Dum lado, polvilhar com açúcar em pó; do outro, cobrir com geléia de frutas.

Real (*Royal*)
Forrar os arcos com Massa Folhada. Rechear com Aparelho de Pudim de Coco, perfumado com *kirsch*. Voltar quando estiver fria. Cobrir com geléia e proceder como para a Tarta Mosaico.

TIMBALES

Os Timbales são, como o seu nome parece indicar, fôrmas de Massa de Brioche ou Savarino, contendo um recheio à escolha. São, portanto, Tartas de borda alta, com aparência de Charlotas. São utilizadas, normalmente, para servir frutas e compotas. Alguns Pudins são apresentados como Timbales, sem, contudo, o serem, verdadeiramente. Aliás, esta denominação pouco se usa.

TORTA, ou TARTA
(Tarte, ou Tourte)

*Torta, ou Tarta, é precisamente a mesma coisa, havendo, no entanto, quem chame Tartas aos Bolos Enrolados (*Biscuit Rolé*), denominação esta que não deve ser usada para esse fim.*

(*Para preparações*, ver TARTA)

DOCES E BOLOS DIVERSOS
(ENTREMETS DIVERS)

Castiçais
Pequenas fôrmas redondas feitas com Merengue, contendo um Pudim de Laranja. (*Individuais*)

Chaussons
Margaridas de tamanho maior (*5 ou mais pessoas*). Polvilhar com açúcar e servir com Creme Inglês ou Molho de Alperche.

Chus (*Choux*)
O mesmo que FARTOS.

Cocada (*Pudding de Coco*)
Amêndoa de 1 coco ralada, aproveitando-se-lhe o líquido. Misturar com 2,5 dl de leite. Ferver 500 g de açúcar pilé, com 2 dl de água do coco e adicionar à mistura anterior. Cozer no fogo. Servir, polvilhado com canela.

Estaladinhos (*Croquembouches*)
Chus ou Fartos, cobertos com açúcar em Ponto de Rebuçado. (*Recheiam-se à vontade*).

Eton Mess
(*Frio*) Morangos, pisados com um garfo. Misturar com igual quantidade de natas batidas. Decorar.

Eugênia à Italiana (*Eugénie a l'Italienne*)
(*Frio*). Descascar. Picar. Marinar em Xarope com marrasquino. Colocar em timbale, sobre Sorvete de Baunilha. Decorar com Creme Chantilly. Polvilhar com violetas cristalizadas.

Farófias (*Oeufs á la Neige*)
(*Ver* OVOS EM NEVE).

Farófias à Inglesa (*Oeufs Neige à l'Anglaise*)
Como as Farófias vulgares, tendo cada uma 1/2 de alperche em compota, em cima.

Fartos (*Choux*)
(*Ver a* MASSA, em COMPOSIÇÕES AUXILIARES). Recheio à escolha.

Fatias (*Tranches*)
(*Ver, na seção respectiva*, FATIAS).

Filhós (*Beignets*)
(*Ver* MASSA em COMPOSIÇÕES AUXILIARES).

Flamri
(*Frio*). Ferver 1/2 litro de vinho branco e 1/2 litro de água. Juntar, lentamente, 250 g de sêmola fina. Cozer 20 minutos. Juntar 300 g de açúcar em pó, sal, 2 ovos inteiros e 6 claras em castelo. Lançar em fôrma untada. Cozer em banho-maria. Cobrir com purê de frutas, à escolha.

Flan
Chama-se, vulgarmente, Flan ao Pudim Caramelo. No entanto, o Flan é apenas uma Torta de Creme, com ou sem guarnição de frutas.

Genovesa (*Génoise*)
Bolo de Massa Genovesa, feito em fôrma de Charlota. Fazer, no centro, uma cavidade. Cobrir a borda, ao redor (1 a 1,5 cm de largura), com Fondante. Rechear com frutas frescas: laranja, ananás, morangos etc., misturadas com Creme de Natas e aromatizadas com licores.

Gollatschen
Massa de Brioche ou Savarino, a meio levedar. Abaixar com o rolo. Fazer rodelas num tabuleiro. Cobrir com doce de ameixas secas, pedaços de queijo fresco, passas de Corinto e de Esmirna. (*Doce Boêmio*).

Ilha Flutuante (*Île Flottante*)
(*Frio*). Bolo Savóia, cortado em fatias. Embeber em *kirsch* e marrasquino. Cobrir com Doce de Alperche. Polvilhar com amêndoas picadas e passas de Corinto. Reformar o bolo. Cobrir com Creme Chantilly. Colocar em prato de vidro com borda alta, rodeando o bolo com Creme Inglês.

Jungfraukiechlas
Deitar num recipiente 300 g de farinha, 3 ovos, 150 g de açúcar, 1 colher de rum, 1 colher de azeite, 1 colher de água de flor de laranjeira, 1/2 colher de chá de bicarbonato de sódio. Misturar bem e vazar sobre mesa de pedra, polvilhada com farinha. Abaixar com o rolo até 3 mm de espessura. Recortar com o corta-massa de feitios variados. Fritar em gordura bem quente, até alourar. Escorrer e polvilhar com açúcar em pó. (*Doce alsaciano*).

Junket-Milk
(*Frio*) 1 litro de leite, aquecido lentamente até (35º). Retirar do fogo. Juntar 50 g de açúcar, 6 gotas de essência de reinetas e o perfume. Deitar num timbale e servir bastante frio.

Kirschenstrudel
STRUDEL, feito com cerejas frescas.

La Fernandina
Fazer Arroz-Doce pouco açucarado, lançando-o num prato de ir ao forno. Cobrir, antes de arrefecer, com uma camada de chocolate bastante espessa. Recobrir com uma massa batida (1/2 h), feita de 2 claras de ovos e 4 colheres de açúcar. Meter no forno até se apresentar como um Merengue. Servir.

Madrilenos (*Madrilènes*)
6 ovos e 125 g de farinha. Bater as claras em castelo e juntar as gemas, em fio. Ligar bem. Misturar rapidamente a farinha. Cozer em fôrmas de tarteletas, untadas com manteiga. Depois de cozidos, ensopar em Xarope com rum. Servir frios, polvilhados com canela. (*Pode-se utilizar qualquer outro licor, à escolha*).

Malibe
O mesmo que RAMADAN MAHLIBE.

Mantecados
Massa feita de farinha, açúcar em pó e banha de porco, perfumada com canela e sésamo. Fazer bolas de tamanho médio. Colocar num tabuleiro, forrado com papel untado. Cozer no forno. (*Sésamo, ou Gergelim, é uma planta pedaliácea, de cujas sementes se extrai um óleo de muito valor. Essas sementes são também usadas como condimento, na pastelaria, devido ao seu odor agradável*).

Marinos
Bater 18 gemas, com 100 g de açúcar. Juntar 18 claras em castelo e farinha. Colocar em pirâmides, num tabuleiro forrado com papel. Cozer no forno. Cobrir com açúcar em Ponto de Fio, batido fora do fogo para adquirir uma cor esbranquiçada.

Milanesas (*Milanoises*)
Rodelas de Massa Doce com bordadura de Massa de Fartos. Cozer. Depois de frias, polvilhar com açúcar e encher a cavidade com Creme Russo. Polvilhar com canela em pó.

Mince-Pie
500 g de sebo picado; 600 g de lombo de vaca, picado miúdo depois de assado; 500 g de passas de uvas; 500 g de corintos; 250 g de laranja cristalizada, picada; 500 g de maçã crua, picada; sumo e casca ralada de uma laranja; 25 g de especiarias; 1 dl de aguardente velha; 1 dl de vinho da Madeira; 1 dl de rum. Misturar os ingredientes, num tacho, onde ficarão de infusão alguns dias. (*Mexer diariamente*). Cozer como uma Torta, cobrindo com uma folha de massa. No centro, deixar um orifício. Servir bem quente, acompanhado, ou não, de sorvete.

Ninhos de Andorinha (*Nids d'Hirondelles*)
Com purê de castanhas cozidas em leite, manteiga e açúcar, fazer pequenas fôrmas com o feitio de ninhos. Forrar com Fios de Ovos e, sobre estes, colocar pequenas bolas de Fondante Branco, Massapão etc., simulando ovos.

Nuvens (*Nuages*)
(*Ver* FARÓFIAS).

Pastéis de Nata (*Tartelettes à la Crème*)
150 g de farinha, dissolvida com um pouco de leite frio. O resto, até perfazer 1 litro, ferve-se, adicionando-lhe depois o preparado anterior. Juntar 1 kg de açúcar e 7 dl de água. Depois de ferver 2 minutos, tira-se do fogo e deixa-se arrefecer. Ligar com 16 gemas de ovos e 1 casca de limão, ralada. Encher fôrmas de tarteletas,

encamisadas com massa semifolhada. Cozer no forno, bem forte. Servir polvilhados com canela.

Rahmstrudel
STRUDEL, feito com natas azedas.

Strauben Spritzkrapfen
Massa de Chus ou Fartos, lançada, por uma boquilha estrelada, em banha de porco fervente, onde se frita. Polvilhar com açúcar. À parte, Xarope de Framboesas.

Strudel
Amassar 150 g de farinha com 1 ovo inteiro, 1 gema, 40 g de manteiga e um pouco de água morna. Bater muito bem, até a massa ficar muito macia. Deixar repousar 1/2 hora. Abaixar com o rolo. Colocar em cima da massa rodelas finas de maçã, passas de Corinto e de Esmirna, canela em pó, amêndoa ralada fina, açúcar em pó molhado com rum. Enrolar como o BOLO ENROLADO. Colocar num tabuleiro. Dourar com gema de ovo, açúcar e manteiga. Cozer no forno. Servir quente ou frio, em fatias ou inteiro. (*Doce austríaco, vulgarmente chamado Appfelstrudel*).

Syllabub
Deixar a casca de um limão, tão fina quanto possível, imersa em l,5 dl de Jerez ou Madeira, durante 12 horas. Passar e adicionar 2,5 dl de natas, 2 colheres de brande, sumo de 1 limão, e açúcar quanto baste. Bater fortemente; quando começa a ficar em espuma, coloca-se em recipientes próprios, deixando repousar algumas horas antes de servir.

Suspiros (*Soupirs*)
Pequenas pirâmides de Merengue cozidas no forno, recheadas pelo fundo com Creme de Natas. Unir dois a dois, pelos fundos.

Tailli-Kataif
Massa de Talharins, açucarada. Cortar em tiras de largura regular, não muito compridas. Cozer e servir com xarope de rosas. (*Doce turco*).

Topfenstrudel
STRUDEL, feito com queijo branco desnatado (*Requeijão*).

Torrejas (*Torrijas*)
Preparadas como as FATIAS DOURADAS, ensopando em natas açucaradas. Fritar em banha de porco. Servir polvilhadas com açúcar ou cobertas com Molho Sabaião.

Torrejas Bela Otero (*Torrijas Belle Otero*)
Preparar FATIAS DOURADAS. Antes de passar por ovo, unir duas fatias recheadas com mel, passas de uvas e rum. Depois de fritas, cobrir com Fondante de Chocolate. Com Glace escrever Bela Otero na parte superior.

Torrejas à Madrilena (*Torrijas Madrilène*)
Como FATIAS DOURADAS.

Toucinho-do-Céu (*Pudding Paradis*)
(*Ver* em PUDIM).

Traubenstrudel
STRUDEL, feito com uvas frescas.

Turban de Creme Sévigné
Caixa feita com Massa Genovesa como se indica para a Genovesa. (*Ver* GENOVESA, nesta série). Encher com Creme Pasteleiro, merengado. Servir com Molho de Frutas.

Vacarino, ou Himalaia (*Vacherin, ou Himalaia*)
Fazer uma rodela de Merengue, com pequenas pirâmides do mesmo ao redor. Cozer no forno. Encher o centro com Creme de Natas em cones, ficando no meio um mais alto, que se enfeita com uma cereja, morango etc.

Vacarino Misto (*Vacherin Panaché*)
Como a anterior. Rechear 1/2 com Creme Chantilly baunilhado e 1/2 com Creme de Chocolate.

Zuppa à Inglesa (Zuppa à l'Anglaise)
Cozer Massa Branca, em fôrmas usadas para o Bolo Inglês. Cortar em fatias horizontais, salpicar com licor de fruta e barrar com Creme de Manteiga. Unir as fatias e barrar exteriormente com Merengue. Fazer com o saco losangos de Merengue no topo. Enxugar no forno. Encher as cavidades dos losangos com geléia de frutas.

Zwetschkenknödeln
Enrolar ameixas frescas, polvilhadas com açúcar, em quadrados de massa de Talharins, dando a forma de croquetes. Cozer em água a ferver. Depois de cozidos, passar por miolo de pão frito, ou de biscoitos esfarelados. Polvilhar com açúcar. Pode ser feito com alperche, cerejas etc. (*Doce austríaco*).

SOBREMESAS DE FRUTAS
(ENTREMETS AUX FRUITS)

A fim de facilitar a consulta, daremos esta série pela ordem alfabética das preparações, sem distinção das frutas a utilizar. Estas serão indicadas pelas abreviaturas seguintes:

Alperche (*Alberge*) (Alp.)
Ananás (*Ananas*) (An.)
Banana (*Banane*) (Ba.)
Cerejas (*Cerises*) (Ce.)
Damascos (*Abricot*) (Da.)
Groselhas (*Groseilles*) (Gr.)
Laranja (*Orange*) (La.)
Maçã (*Pomme*) (Ma.)
Melão (*Melon*) (Me.)
Morangos (*Fraises*) (Mo.)
Pera (*Poire*) (Per.)
Pêssegos (*Pêche*) (Pês.)
Tangerina (*Mandarine*) (Tan.)

Sempre que haja mistura de frutas, indicar-se-á; do contrário, entende-se que será utilizada apenas uma das frutas, à escolha.

Aguião (*Aiglon*)
(Per.; Da.). Descascar. Cozer. Colocar sobre Sorvete de Baunilha. Polvilhar com violetas perfumadas. Cobrir.

Alexandra
(*Frio*) (Per.; Da.). Descascar. Cozer. Colocar sobre Sorvete de Baunilha. Cobrir com purê de morangos. Polvilhar com pétalas de rosas encarnadas e brancas.

Alma
(*Frio*). (Per.). Cozer com Porto. Polvilhar com pó de amêndoas torradas. Decorar com Creme Chantilly.

Almina
(*Frio*). (Tan.). Cozer. Tirar a polpa. Encher com Creme Bávaro ao *kirsch*. Adicionar violetas picadas.

Andaluza (*Andalouse*)
(Lar.). Pudim de Sêmola gelatinado, adicionando-se ao aparelho, em frio, natas levantadas e curaçau. Enformar em fôrma de feitios. Enfeitar, por cima, com juliana de cascas de laranja, cozidas em Xarope. Ao redor, gomos de laranja caramelizados.

Andaluza (*Andalouse*)
(*Quente*). (Da.; An.; Pês.; Per.; Ma.). Cozer. Empratar sobre Arroz-Doce baunilhado. Cobrir

e decorar com Merengue rosado. À parte, Xarope de Frutas.

Aurora (*Aurore*)
(*Frio*). (Da.; Pês.). Descascar. Cozer. Empratar sobre Musse de Morangos. Molho Sabaião.

Avozinha (Grand Mère)
(An.). Cortar ao meio; depois, a atravessar, em fatias finas. Cobrir com açúcar e sumo de limão. Servir bem frio.

Banana Split
Cortar a banana ao meio. Colocar sobre Palitos Rainha; cobrir com Sorvete de Baunilha. Recobrir com Molho de Chocolate quente. (*Americano*).

Baunilha (*Vanille*)
(*Frio*). (Da.; An.; Per.; Ma.). Descascar. Cozer em Xarope de baunilha. (*Pode ser preparada na sala, utilizando o processo dos Flamejantes*).

Bela Dijonesa (*Belle Dijonnaise*)
(Mo.; Pês.; Per.; Alp.). Empratar sobre Sorvete de Fruta, perfumado com aguardente velha. Cobrir os frutos com purê de fruta. Polvilhar com amêndoa picada.

Boa Dona (*Bonne-Femme*)
(*Quente*),. (Ma.). Retirar a medula, com uma faca ou aparelho especial. Pôr manteiga na cavidade. Picar em volta. Cozer no forno. Polvilhar com açúcar em pó.

Bordalesa (*Bordelaise*)
(*Quente*). (Da.; Pês.; Ba.). Cozer em Xarope de baunilha. Colocar em crustada (*ou tarteleta*) cheia com Creme Inglês. Cobrir com o mesmo creme e corar no forno. Servir com Xarope, aromatizado com *kirsch*.

Bourdaloue
(*Quente*). (Da.; Ba.; Pês.; Per.; Ma.). Descascar. Cozer. Cortar ao meio. Empratar. Cobrir com Creme Frangipana baunilhado. Polvilhar com biscoitos secos. pisados. Regar com manteiga derretida e glacear no forno.

Bristol
(Per.). Tarteletas de massa meio folhada. Rechear com Creme Pasteleiro ao Marrasquino. Colocar em cima as peras cozidas em Xarope. Cobrir com gelatina de groselhas. Enfeitar com Creme Chantilly e frutas cristalizadas.

Cabreira (*Chevreuse*)
(*Quente*). (Per.). Fazer um tampão com Aparelho a Croquetes de Sêmola; colocar em cima, junto da borda, quartos de peras cozidas. Guarnecer o centro com salpicão de frutas cristalizadas e passas de uva, ligado com purê de damascos. Recobrir com o aparelho do tampão. Tapar com Merengue, em forma de cúpula. Polvilhar com amendoim pisado. Cozer no forno.

Cardeal (*Cardinal*)
a) (*Frio*). (Mo.; Pês.; Per.). Descascar. Cozer. Empratar sobre Sorvete de Baunilha. Cobrir com purê de framboesa. Polvilhar com amêndoas picadas.
b) (*Quente*). (Pês.; Ma.). Descascar. Cortar em quartos. Cozer. Empratar. Cobrir com o xarope da cocção bem reduzido, adicionado de purê de fruta. Enfeitar com quartos de nozes frescas, descascadas.

Carignan
(*Frio*). (Ma.; Pês.; Per.). Cozer. Tirar parte da polpa. Encher a cavidade com Sorvete de Chocolate. Empratar sobre Massa Genovesa. Cobrir com Fondante claro, perfumado de baunilha.

Carolina (*Caroline*)
(*Frio*). (An.). Rodelas finas de Massa Genovesa ensopadas em rum. Cobrir, alternando pedaços de ananás macerados em *kirsch*, com Sorvete de Baunilha.

Castelã (*Châtelaine*)
(*Quente*). (Per.). Como MANTEIGA. Encher a cavidade com dados de cereja cristalizada, ligados com purê de damasco. Cobrir com Crepe Frangipana pouco espesso. Polvilhar com biscoitos pisados. Glacear.

Cecílio (*Cécil*)
(Mor). Macerar em sumo de laranja e limão, com açúcar. Misturar com natas espessas. Servir bem gelado.

Cevenole
(*Frio*). (Ma.) Tirar a medula e as sementes. Cozer em Xarope de baunilha. Depois de frias, encher a cavidade com Creme Chantilly e purê de castanhas, misturados em partes iguais.

Champanha (*Champagne*)
(Per.; Pês.; Alp.; Mo.). Cozer. Cobrir com vinho de Champanha (*champagne*) e Sorvete de Amêndoa.

Chantilly
(An.; Mo.; Ba.). Morangos ou ananás, ao natural, cobertos com Creme Chantilly. (*As bananas são servidas abertas ao meio ou cortadas às rodelas, maceradas em kirsch e cobertas com Creme Chantilly*).

Château-Laffite
(*Frio*). (Per.). Descascar. Cortar ao meio. Cozer em vinho branco (*do nome, se possível*) adicionado de açúcar. Arrefecer. Reduzir o fundo da cocção, com geléia de groselhas e framboesas. Cobrir e servir frio.

Colbert
(*Quente*). (Da.). Cozer. Tirar o caroço. Encher a cavidade com Arroz-Doce. Panar à inglesa. Fritar. Servir com Molho de Damascos.

Colômbia
(Ba.). Bananas meio verdes. Pôr em tabuleiro com banha de porco, bastante açúcar, um pouco de água e baunilha. Meter no forno até ficar caramelado. Colocar cada banana sobre um crostão frito, coberto com Doce de Maçã. Regar com Caramelo baunilhado.

Compota (*Compote*)
(*Quente ou Frio*). (Todas as frutas). Descascar segundo o caso. Cozer em Xarope de 12 a 18º. Perfume desejado.

Condé
(An.; Al.; Ba.; Pês.; Per.; Ma.). Descascar. Cozer. Empratar sobre tampão de Arroz-Doce. Cobrir com doce do fruto, perfumado com *kirsch*.

Continental (*Continentale*)
(Mo.; Pês.). Como Maconesa. Adicionar canela em pó.

Coquetel (*Cocktail*)
(Melão; toranja; papaia; mamão). Fazer pequenas bolas (*a toranja em gomos*) com a colher de legumes. Cobrir com açúcar e gelar. Temperar com um ou mais licores (*não muitos*), adicionando sempre um pouco de sumo de limão. (*Pode-se, para efeitos de confecção da ementa, colocar o nome do licor, ou vinho adicionado, acrescentado à palavra. Ex.: Coquetel de Melão com Marrasquino etc.*).

Costa Azul (*Côte-d'Azur*)
(La.; Ta.). Cascas do fruto, aparadas em forma de cesto. Encher com salada de frutas maceradas em curaçau. Cobrir com Sorvete, feito da polpa do fruto, cuja casca se utilizou.

Creme (*Crème*)
(Ma.). Um pouco mais de semicozidas, em Xarope baunilhado. Colocar em compoteira. Cobrir com Creme Inglês.

Crioula (*Créole*)
(*Frio*). (Mo.). Morangos macerados com *kirsch* e marrasquino. Colocar sobre fatias finas de ananás.

Crioula (*Créole*)
(*Quente*). (An.; Da.). Descascar. Cozer. Empratar sobre um soco de arroz baunilhado, ou numa casca de ananás esvaziada, sobre o mesmo arroz. Cobrir com Molho de Damascos ao rum.

Cussy
(*Quente*). (Da.; Pês.). Descascar. Cozer. Cortar ao meio. Colocar sobre Macarão (*doce*), guarnecido com salpicão de frutas ligado com purê de damascos. Cobrir com Merengue. Cozer em forno brando. À parte, Molho de Damascos com perfume de *kirsch*.

Dama Branca (*Dame Blanche*)
(*Frio*). (Pês.). Descascar. Cozer. Colocar sobre Sorvete de Baunilha, coberto com fatias finas de ananás maceradas em *kirsch* e marrasquino. Decorar entre cada pêssego. com Creme Chantilly.

Delfina (*Dauphine*)
(Ma.). Preparar como BOA DONA. Rechear com Creme Inglês. Cereja cristalizada no topo. Servir regadas com Molho de Alperche ou geléia de groselhas.

Diabo (*Diable*)
(*Quente*). (Pês.; Da.; Per.; Ma.). Descascar. Cozer. Cobrir rapidamente com Creme Chantilly. Regar com *kirsch*: Flamejar.

Duquesa (*Duchesse*)
(Per.; Pês.; Ma.). Descascar. Cozer em Xarope. Cortar ao meio. Colocar num timbale. Cobrir com Creme Frangipana. Guarnecer com gelatina de licores.

Espanhola (*Espagnole*)
(Ba.). Cortar ao meio. Passar por farinha e ovo. Fritar. Servir regadas com *kirsch* e açúcar em pó.

Eva (*Eve*)
Maçãs sem medula e parte da polpa. Guarnecer a cavidade com Aparelho de Suflê de Baunilha adicionado de doce de maçã, cerejas maceradas em *kirsch* e biscoitos embebidos em anisete.

Favorita (*Favorite*)
(*Quente*). (An.; Al.; Da.;: Pês.; Per.; Ma.). Descascar. Cozer. Arrefecer. Passar por Creme Frangipana. Panar à inglesa, adicionando amendoim pisado. Preparar como os Sonhos.

Felícia (*Félicie*)
(*Frio*). (Da.; Pês.; Per.; Ma.) Descascar. Cozer. Colocar sobre Creme Vienense. Cobrir com Creme Chantilly. Polvilhar com amêndoas pisadas.

Fêmina
(*Frio*). (Todas as frutas). Descascar, se necessário. Macerar em curaçau. Colocar sobre Sorvete de Laranja, num timbale.

Flamejante (*Flambé*)
(*Quente*). Como FOGO DO INFERNO. Pode se apresentar sobre purê do fruto.

Flamejante (*Flambé*)
(*Quente*). (Pês.; Ba.; An.). Cozer o fruto, lentamente, num molho idêntico ao que se indica para os "Crepes Suzette" (*Receita dos Restaurantes*). Adicionar, já no fim, um pouco de canela. (*Para preparar na sala*).

Florentina (*Florentine*)
(Ma.). Cozidas. Retirar parte da polpa. Encher com Arroz-Doce baunilhado. Servir sobre purê de castanhas, açucarado.

Fogo do Inferno (Feu d'Enfer)
(*Quente*). (Todas as frutas). Descascar, se necessário. Cozer. Regar com o licor escolhido. Inflamar e servir.

Fogo-Fátuo (*Feu-Follet*)
(*Quente*). Como o anterior.

Fool
(*Frio*). (Todas as frutas). Cozer em Xarope. Passar pela peneira. Misturar com Creme Chantilly.

Forno, no (*au Four*).
(Ma.). Retirar a medula. Assar no forno com manteiga, açúcar, canela e sumo de limão.

Georgina (*Georgette*)
(*Frio*). Salpicão de frutas frescas, geralmente com groselhas. Macerar com *kirsch* e marrasquino. Misturar com Creme Bávaro, de ananás. Servir num ananás esvaziado.

Gratinado (*Gratiné*)
(*Quente*). (Da.; Per.). Cozer em quartos. Colocar sobre doce de frutas. Cobrir com massa de açúcar. Glacear no forno.

Grega (*Grecque*)
(Pês.). Cozidos em Xarope de baunilha. Macerar em *kirsch*. Colocar sobre uma camada de figos frescos, temperados com açúcar em Xarope. Cobrir de natas levantadas com *kirsch*.

Guilhermina (*Wilhelmine*)
(*Frio*). (Mo.). Macerar com sumo de laranja, *kirsch* e açúcar em pó. Servir em timbale. À parte, Creme de Natas baunilhado.

Gulosa (*Friande*)
(Pês.; Da.; Alp.). Cozer. Descascar. Flamejar com *kirsch*. Colocar sobre fatia de ananás, macerada com marrasquino. Rodear de framboesas. Entre cada framboesa, uma bolinha de Sorvete de Limão. À parte, purê de morangos, açucarado.

Helena (*Hélène*)
(*Frio*). (Pe.; Ma.). Descascar. Cozer. Colocar sobre Sorvete de Baunilha, recoberto de violetas cristalizadas. À parte, Molho de Chocolate, quente.

Imperatriz (*Impératrice*)
(Per.). Em timbale, formado por um Savarino vazio forrado interiormente com Arroz-Doce, colocam-se as peras em compota. Cobrir com Creme de Amêndoas e castanhas cristalizadas passadas pela peneira.

Infante
(La.; Tan.). Retirar os gomos, deixando a casca intacta. Encher até perto da borda, com Sorvete de Morangos. Terminar de encher com Aparelho a Suflê, do próprio fruto.

Irene (*Irène*)
(*Frio*). (Ma.). Descascar. Retirar a polpa. Encher a cavidade até ao meio, com purê da polpa adicionado de açúcar. O resto, com Sorvete de Baunilha adicionado de salpicão de

pêssegos cozidos. Cobrir com Merengue Perfumado ao *kirsch*. Glacear no forno.

Joana d'Arc (*Jeanne d'Arc*)
(Alp.; Pês.; Per.; Ma.; Mo.). Colocar sobre Massa Branca, glaceada com perfume de marrasquino. Cobrir com o aparelho da Massa Branca. Tapar. Passar ligeiramente no forno.

Josefina (*Joséphine*)
(Ma.; Per.). Cozer. Retirar a polpa. Empratar em volta de Arroz-Doce Imperatriz. Decorar em forma de favo com Creme de Amendoim. Rechear as peras com o mesmo creme e cobrir com purê de framboesas.

Jubileu (*Jubilée*)
(*Quente*). (Ce.). Descaroçar. Cozer. Colocar em pequenos timbales. Reduzir o xarope da cocção e ligar com araruta (*arrow-root*). Regar com *kirsch* e inflamar. Servir flamejando.

Kirschunter Gläselocke
Bananas grandes, maceradas em *kirsch* e açúcar. Colocar sobre canapés de Massa Genovesa cortados do tamanho da fruta (*com 5 mm de espessura*). cobertos com manteiga, açúcar e gratinados, no forno. Barrar os canapés com Doce de Alperche; cobrir depois as bananas com o mesmo doce. Regar com *kirsch*. Colocar num prato de pirex com tampa e levar ao forno em banho-maria, 20 minutos. Servir tal qual. Só na mesa se retira a tampa.

Lérina
(*Frio*). (Mo.). Morangos macerados com Lérina (*Licor muito aromatizado*). Misturar com polpa de melão, açucarada. Servir dentro duma casca de melão, esvaziada.

Listrado (Rubané)
(*Frio*). (La.; Tan.). Tirar os gomos, deixando as cascas intactas. Encher com geléia ou Creme de Bávaro, de diferentes cores e perfumes em camadas sobrepostas. Arrefecer. Cortar em quartos.

Lombardo (*Lombarde*)
(*Frio*). (Ba.; Da.; Pês.; Per.; Ma.). Descascar. Cozer. Empratar sobre tampão de Arroz-Doce Imperatriz. Decorar com Creme Chantilly. Perfumar com marrasquino.

Luísa (*Louise*)
(*Frio*). (Da.; Pês.). Descascar. Cozer. Retirar o caroço e um pouco de polpa. Encher a cavidade com sorvetes diversos.

Luís Filipe (*Louis Philippe*)
(Per.). Como anterior.

Macedônia de Frutas (*Macédoine de Fruits*)
Salpicão de frutas da época. Colocar em timbale. Regar com Xarope a 30°. Perfumar com *kirsch* e marrasquino. Refrescar ligeiramente.

Maconesa (*Mâconnaise*)
(Mo.; Pês.). Morangos ou pêssegos picados, macerados e servidos com vinho tinto e açúcar. Bem gelado.

Magali
(Mo.). Cozer 100 gr de amêndoas moídas, com meia garrafa de vinho de Asti. Juntar 5 gemas, 1 ovo inteiro, 150 gr de açúcar. Colocar numa fôrma lisa, redonda. Cozer em banho-maria. Arrefecer. Colocar em cima, numa pirâmide, os morangos passados por açúcar pilé. (*O vinho de Asti é uma variedade italiana de moscatel, obtida na região do Piemonte, margens do rio Belbo, junto à cidade de Asti de onde lhe vem o nome*).

Maintenon
(*Quente*). (Pês.). Massa Branca, cozida com 1 cm de altura. Cortar ao meio e rechear com salpicão de frutas e amêndoas torradas. Cobrir com Merengue e corar no forno. Ao redor, metades de pêssegos cozidos cobertos com Xarope ao *kirsch*.

Maltesa (*Maltaise*)
(*Frio*). (Todas as frutas). Descascar, se necessário. Empratar sobre tampão de Arroz-Doce, adicionado de salpicão de cascas de laranjas cristalizadas. Molho de Laranja, com perfume de curaçau.

Manteiga (*Beurre*)
(*Quente*). (Ma.). Descascar. Tirar a medula com uma fôrma especial. Cozer no forno, com manteiga e xarope baunilhado. Empratar. Cobrir com Molho de Damascos, amanteigado.

Margarida (*Marguerite*)
(*Frio*). (Mo.). Morangos macerados com *kirsch* e marrasquino. Misturar com Carapinhada de Romã (*Grenadine*). Empratar e decorar com Creme Chantilly ao marrasquino.

Maria Stuart (*Marie Stuart*)
(*Quente*). Maçãs, a que se retira a polpa. Encher a cavidade com creme ou doce de maçã. Colocar

cada uma sobre um quadrado de massa folhada. Fechar e cozer a maçã em forno forte.

Marieta (Mariette)
(Per.; Ma.). Cozer. Colocar sobre purê de castanhas. Cobrir com Molho de Alperche, perfumado ao rum.

Marquesa (*Marquise*)
(*Frio*). (Mo.). Morangos macerados em *kirsch*, rolados em açúcar. Colocar sobre Creme Chantilly, adicionado de purê de morangos.

Marquesa (*Marquise*)
(*Frio*). (Per.). Sobre um tampão de arroz baunilhado, colocar as peras em compota. Enfeitar com Chantilly e cerejas cristalizadas.

Mary Garden
(*Frio*). (Per.). Descascar. Cozer. Colocar sobre Molho Melba, adicionado de cerejas semicristalizadas, amolecidas. Decorar com Creme Chantilly.

Master Joe
(*Frio*). (An.). Rodelas de ananás cozidas em Xarope (*ou não*), maceradas em *kirsch* e marrasquino. Decorar com morangos e gomos de laranja. Servir muito frio.

Melão (*Melon*)
(*Ver em* COQUETEL).

Melão à Crioula (*Melon Créole*)
Como MELÃO GELADO COM LICORES. Utilizar obrigatoriamente ananás e morangos, além da polpa do melão. Tudo macerado com *kirsch* e marrasquino. Servir bem gelado.

Melão Gelado com Licores (Melon Frappé)
Cortar ao redor do pedúnculo. Retirar a polpa com uma colher e macerar com licores. Reencher a casca com a polpa e Sorvete de Melão, colocados por camadas. Apresentar sobre um bloco de gelo, com uma cavidade onde assenta o melão.

Melão à Oriental (*Melon à l'Orientale*)
Proceder como para o anterior. Substituir o sorvete por morangos.

Melão com vinho do Porto (*Melon au Porto*)
Como MELÃO GELADO COM LICORES. Utilizar vinho do Porto. (*Pode-se também fazer com Jerez etc.*).

Melão Surpresa (*Melon Surprise*)
Como a anterior. Com Macedônia de Frutas, ligada com purê de morangos. Perfumar com *kirsch*.

Melba
(*Frio*). (Mo.; Pês.; Per.). Descascar. Cozer. Servir sobre Sorvete de Baunilha. Cobrir com purê de framboesas.

Merengada (*Meringué*)
(*Quente*). (Ba.; Da.; Pês.; Ma.). Descascar. Cozer. Colocar sobre um tampão de Arroz-Doce. Recobrir e decorar com Merengue. Colocar bolinhas de geléia de groselha, na decoração.

Mireille
Como MISTRAL. Servir-se das amêndoas dos frutos. Perfumar com baunilha. Polvilhar com violetas e jasmim, cristalizados.

Mistral
(Pês.; Da.; Alp.). Descascar em cru. Empratar. Polvilhar com açúcar em pó. Cobrir com purê de morangos. Polvilhar com amêndoas frescas. Recobrir com Creme Chantilly baunilhado.

Montreuil
(*Frio*). (Pês.). Descascar. Cozer. Colocar sobre Sorvete de Baunilha. Um lado do fruto coberto com purê de framboesas, o outro, com purê de damascos.

Morangada dos Bosques (*Fraisette des Bois*)
(Per.; Pês.: Alp.). Cozer. Descascar. Cobrir com purê de morangos açucarado. Servir muito frio.

Moscovita (*Moscovite*)
(*Quente*). (Ma.). Descascar. Cozer. Retirar parte da polpa. Encher metade da cavidade com purê da polpa; o resto com Aparelho de Suflê feito com purê do fruto, perfumado de *kirsch*.

Mulher do Diabo (*Diablese*)
(*Quente*). Pêssegos cozidos em Xarope. Descascar. Regar com *kirsch* quente e polvilhar com açúcar. Flamejar.

Nina
(*Frio*). (Mo.). Como MARGARIDA. Carapinhada de ananás. em vez de romã (*grenadine*).

Ninette
(*Frio*). (Pês.). Metades de pêssego semicozido, macerado em aguardente velha. Colocar sobre Sorvete de Baunilha, intercalando pedaços de ananás macerados com *kirsch* e marrasquino. Guarnecer os pêssegos: uns com Chantilly, outros com purê de morangos.

Ninon
(*Frio*). (An.; Mo.). Num timbale, colocar Sorvete de Baunilha com uma cavidade no centro. Fatias de ananás, em cima. O centro, guarnecido com morangos em pirâmide. Cobrir com purê de framboesas e polvilhar com pistácias picadas.

Norueguesa (*Norvégienne*)
(*Frio*). (La.; Tan.; Ba.). Retirar a polpa. Encher com sorvete do fruto. Cobrir com Merengue perfumado com rum. Glacear no forno.

Olga
(*Quente*). (Pês.). Cozer o fruto, lentamente, no mesmo molho indicado para os Crepes Suzette. (*Receita dos Restaurantes*). Adicionar canela. Depois de cozido, tirar o caroço e um pouco da polpa, com cuidado, para não desmanchar a fruta. Encher a cavidade com Sorvete de Chocolate. Cobrir com o molho. (*Para fazer na sala*). (*Receita do autor*).

Oriental (*Orientale*)
(*Frio*). (Pês.; Da.). Cozer. Arrefecer. Macerar com *kirsch* e marrasquino. Colocar sobre Sorvete de Baunilha. Cobrir com Sorvete de Baunilha. Cobrir com Sorvete de Morangos.

Palikare
(*Quente*). (La.; Tan.). Retirar os gomos, deixando intactas as cascas. Encher com Arroz-Doce. Colocar estas ao redor de uma pirâmide de arroz. Decorar com os gomos. Cobrir com Xarope do fruto utilizado.

Parisiense (*Parisienne*)
(*Quente*). (Per.; Ma.). Descascar. Cozer. Partir em dois. Colocar sobre um fundo de Massa Genovesa embebido em *kirsch*, sobre cúpula de arroz baunilhado. Os interstícios, guarnecidos com Merengue. Uma rosácea no topo. Corar no forno. Rodear a base com cerejas cristalizadas. As peras, glaceadas com Xarope de alperche, reduzido.

Pequeno Duque (*Petit-Duc*)
(*Frio*). (Pês.; Per.). Descascar. Cozer. Tirar a polpa. Guarnecer a cavidade com amêndoas, nozes e avelãs, ligadas com natas. Colocar sobre Sorvete de Baunilha. Cobrir com doce de groselhas.

Piemontesa (*Piémontaise*)
(Pês.). Descascar. Cozer. Tirar o caroço e rechear com amêndoas cobertas com açúcar. Servir sobre crostões de Massa Genovesa, torrada. Enfeitar ao redor com Creme Chantilly.

Porto
(Mo.; An.). Macerar com vinho do Porto e açúcar. Servir gelado. (*Pode-se fazer com vinho da Madeira, de Jerez etc.*).

Portuguesa (*Portugaise*)
(*Quente*). (Ma.). Como MOSCOVITA: Encher a cavidade com salpicão de casca de laranja. Macarões (*doce*), corintos e esmirnas, ligado com Creme Frangipana perfumado de curaçau. Colocar sobre tampão de massa de croquetes de sêmola. Cozer no forno. Cobrir com geléia de groselhas dissolvida, adicionada de juliana de casca de laranja.

Primaveril (*Printanière*)
(*Frio*). (Todas as frutas). Descascar, se necessário. Cozer. Colocar sobre geléia de groselhas. Cobrir com Creme Chantilly, perfumado com violetas.

Princesa (*Princesse*)
(Pês.). Descascar. Cortar em pedaços. Macerar com aguardente velha, curaçau, marrasquino e açúcar. Servir numa taça de vidro, colocada sobre gelo picado. Enfeitar com morangos, macerados em *kirsch* e marrasquino.

Rainha (*Reine*)
(An.). "Pudim Diplomata", adicionado de salpicão de ananás. Coroa de ananás no topo. Regar com xarope.

Real (*Royale*)
(*Frio*). (An.). Retirar a polpa, deixando a casca intacta. Encher com Macedônia de frutas frescas, maceradas em *kirsch*. Colocar numa saladeira de vidro. Rodear a base com pêssegos cozidos e morangos macerados em *kirsch*, alternados.

Refrescadas (*Refraîchies*)
(An.; Mo.). Macerar em *kirsch*, com açúcar. Servir bem gelado, sobre gelo picado. Juntar marrasquino e curaçau, no momento de servir. (*Pode-se fazer com salada de frutas*).

Religiosa (*Religieuse*)
(*Frio*). (Per.). Descascar. Cozer. Cortar em dois. Colocar num timbale. Cobrir com Creme Bávaro ao Chocolate. Gelar bem.

Richelieu
(Pês.). Cozer. Tirar o caroço e alguma polpa. Encher com Merengue, adicionado de amêndoas picadas. Colocar sobre um soco de Massa Branca e glacear no forno.

Richelieu
(*Frio*). (Per.). Colocar quartos de peras em compota, no centro de uma bordadura de "Flamri". (*Ver em* DOCES E BOLOS DIVERSOS). Cobrir com Creme Chantilly, adicionado de Frangipana e Macarões (*doce*) pisados. Decorar. À parte, Molho de Damascos com *kirsch*.

Ritz
(*Frio*). (Mo.). Morangos açucarados e refrescados. Cobrir com Creme Chantilly adicionado de purê de morangos e purê de framboesas, em partes iguais.

Romanoff
(*Frio*). (Mo.). Macerar em curaçau. Cobrir e decorar com Creme Chantilly.

Rosa Pompom (*Rose Pompon*)
(*Frio*). (Pês.). Descascar. Cozer. Tirar o caroço. Encher a cavidade de baunilha. Colocar sobre Sorvete de Framboesas. Cobrir com Creme Chantilly.

Rosa Querida (*Rose Chérie*)
(*Frio*). (Pês.). Descascar. Cozer. Colocar num timbale, sobre Sorvete de Ananás. Cobrir de Molho Sabaião com Espumante. Polvilhar com pétalas de rosas, cristalizadas.

Salada de Frutas (*Salade de Fruits*)
(Todas as frutas). (*Ver* MACEDÔNIA). Sem Xarope. Pode-se pôr um licor, mas não é aconselhável; apenas açúcar e sumo das próprias frutas.

Salambo
(Pês.). Descascar. Cozer em xarope. Colocar sobre Sorvete de Laranja. Cobrir com Creme Pasteleiro, perfumado de laranjas. Polvilhar com amêndoas pisadas. Enfeitar em volta com Creme Chantilly. No topo, recobrir com açúcar em Ponto de Fio, ou Cabelo.

Sarah Bernhardt
(*Frio*). (Mo.; Pês.). Descascar e cozer, se necessário. Colocar sobre Sorvete de Ananás. Cobrir com Musse de Morangos e Curaçau. Ao redor, frutas maceradas com curaçau e aguardente velha.

Siciliana (*Sicilienne*)
(Per.). Cozer. Retirar parte da polpa. Rechear com Creme de Avelãs cristalizadas. Colocar sobre soco de Massa Branca. Polvilhar com açúcar e glacear no forno.

Sonho de Bebê (*Rêve de Bébé*)
(*Frio*). (An.; Mo.). Rodelas finas de ananás, maceradas em *kirsch*; morangos, macerados com marrasquino e sumo de ananás. Colocar em camadas alternadas, numa casca de ananás conservada intacta. Entre cada camada, Creme Chantilly baunilhado. Colocar sobre um tampão de Massa Genovesa e decorar.

Sultana (*Sultane*)
(*Quente*). (Da.; Per.). Tampão de Massa Genovesa, com bordadura de Merengue. Corar no forno. Fazer sobre este uma pirâmide de arroz adicionado de Creme Frangipana e amendoim picado. Colocar em cima as frutas em metades. Polvilhar com amendoim picado. À parte, xarope com leite de amêndoas, amanteigado.

Sultana (*Sultane*)
(*Frio*). (Pês.). Descascar. Cozer. Colocar num timbale sobre Sorvete de Amêndoa. Cobrir com Xarope de essência de rosas.

Surpresa (*Surprise*)
(*Quente*). (La.; Tan.). Tirar os gomos, sem estragar a casca. Rechear com suflê do fruto. Cozer no forno,

Trédern
(*Frio*). (Ba.). Cortar ao meio. Guardar as cascas. Enchê-las com Creme Bávaro feito do purê da polpa. Colocar em cima 1/2 banana cozida, coberta com Doce de Damasco. Decorar com frutas cristalizadas.

Trianon
(Alp.; Pês.; Per.). Cozer. Colocar sobre Musse de Baunilha, adicionada de Macarões fragmentados, embebidos em licor de nozes. Cobrir os frutos com purê de morangos.

Turban
(An.). "Savarino", embebido em rum. Colocar fatias de ananás no topo e encher a cavidade com cubos do mesmo fruto. Regar com Xarope alourado.

Valéria
(*Frio*). (Ce.). Cobrir o fundo de tarteletas com Sorvete de Groselhas com natas. Tapar com Merengue. Colocar em cima cerejas sem caroço, cozidas em vinho tinto açucarado. Pôr num prato, dentro de um tabuleiro contendo gelo picado. Passar no forno. Cobrir as cerejas com geléia de groselhas dissolvida. Polvilhar com amendoim picado.

Vienense (*Viennoise*)
(Per.). Descascar. Partir em quartos. Cozer em Xarope baunilhado. Arrefecer. Colocar sobre um Pudim Flan. Servir.

Vinho, em (*au Vin*)
(*Frio*). (Da.; An.; Ba.; Pês.; Per.; Ma.). Descascar. Cozer com açúcar em vinho à escolha, do qual tomará o nome.

Virgínia (*Virginie*)
(*Frio*). Como GEORGINA. Com Creme Bávaro de Morangos.

Vitória (*Victoria*)
(Da.; Alp.; Pês.). Cozer em Xarope. Colocar sobre um soco de Massa Genovesa. Cobrir com Molho de Damascos.

Windsor
(Ma.). Cozidas em xarope. Cada pedaço, colocado sobre um tampão redondo de Arroz-Doce Baunilhado. Guarnecer com Macedônia de Frutas.

Zelma Kuntz
(*Frio*). (Mo.). Morangos refrescados, colocados num timbale ou taça individual. Cobrir e decorar com Creme Chantilly, adicionado de purê de framboesas. Polvilhar com avelãs pisadas.

GELADOS
(GLACÉS)

Os gelados vieram do Oriente, segundo alguns cronistas, tendo sido introduzidos na Europa pelos italianos. Eram conhecidos desde o século XIV, embora só passados muitos anos, mercê dos esforços de alguns cozinheiros, tenha sido criado um método de fabricação, começando a fazer-se distinção entre os diversos preparados e designações para as novas variedades.

A mistura inicial, usada pelos povos que a criaram, era feita de água, sumo de frutos e suco de cana, à qual por vezes se adicionava espírito de vinho. Colocada num cântaro de barro, enrolado, por sua vez, em panos de lã molhados, era exposta a uma corrente de ar, durante algumas horas. Quando estava suficientemente resfriada, apresentava-se como uma bebida agradável e refrescante.

Embora muito aperfeiçoada, a indústria dos gelados só começou verdadeiramente com o advento do processo de congelação, pois, antes disso, ninguém pensara em conservar gelados todo o ano. Atualmente, depois da Itália, são os Estados Unidos o país onde a fabricação e consumo dos gelados se opera em mais alto grau.

A preparação dos gelados exige precauções absolutamente indispensáveis, que vão desde a maneira como se faz a mistura congeladora (salitre e gelo) para a sorveteira, até ao bater do creme, passando pelo ambiente em que se procede à operação, o qual deve ser fresco e enxuto, isento de correntes de ar.

Uma vez iniciado o processo de congelação, não poderá mais suspender-se o movimento, pois, caso contrário, o creme converte-se em líquido, apesar do gelo que o rodeia, e tudo terá que recomeçar.

Quando se preparem gelados à base de frutas, deve-se ter em conta a maior ou menor acidez das mesmas, bem como o seu tamanho, pois, como é óbvio, as frutas azedas ou amargas devem ser empregadas em pequenas doses.

Os gelados de frutos vermelhos (groselha, cereja, morangos etc.) devem ser pouco trabalhados, pois, caso contrário, perdem a sua matéria corante natural, tornando-se brancos.

COMPOSIÇÕES
(Compositions)

Bolo Gelado (*Biscuit Glacé*)
12 gemas de ovos; 500 g de açúcar; 250 g de Merengue Italiano; 1 litro de natas batidas. Guarnições e perfumes à escolha.

Bomba (*Bombe*)
32 gemas de ovos; 1 litro de Xarope a 28°; 1,5 litros de natas batidas. Perfume à escolha.

Carapinhada (*Sorbet*)
Proceder como para PONCHE GELADO, levando a graduação-peso a 15°, pela adição de licor, vinho ou sumo de frutas. Juntar Merengue Italiano. Servir em copos. (*Pode-se também adicionar gelatina e servir em fatias, enfeitada com Chantilly*).

Carapinhada de Frutas (*Sorbet aux Fruits*)
1/2 litro de purê ou sumo da fruta e 1 litro de Xarope de 18° a 22°. Gelar.
Nota: *Juntar o sumo de um ou dois limões a todos os gelados de frutas.*

Espumone
Designação usada por vezes para os **Spooms**, que suponho seja de origem italiana.

Granitados (*Granités*)
Xarope de fruta a 14°, com o perfume escolhido. Gelar.

Marquesas (*Marquises*)
Xarope com *Kirsch* a 17°, com adição de Creme Chantilly e purê de ananás ou morangos.

Musse Gelada (*Mousse*)
Xarope a 35°, adicionado do mesmo volume de purê de frutas e do dobro do volume de Creme Chantilly.

Perfeito (*Parfait*)
A mesma composição que a BOMBA. Usar fôrmas de Perfeito.

Ponche Gelado (*Punch Glacé*)
Xarope a 22°, misturado com a quantidade necessária de vinho branco seco, ou espumante, para baixar a 17°. Juntar sumo e casca de laranja e de limão. Deixar de infusão. Reduzir até 18°, se necessário. Quando estiver gelado, adicionar 1/4 do volume de Merengue Italiano. Licores, no momento de servir.

Sherbet
Nome por que é vulgarmente designada, nos Estados Unidos e noutros países da América Latina, a vulgar Carapinhada.

Sorvete (*Glace*)
a) (Creme). 10 gemas de ovos; 300 g de açúcar; 1 litro de leite. Perfume à escolha: baunilha, amêndoa, chocolate etc.
b) (Frutas). 1 kg de purê do fruto; 1 litro de Xarope com 18° a 22°. Juntar algumas natas (*1/2 litro*).
c) (Licores). Xarope a 20° e Aparelho a) em partes iguais. Licor escolhido. Para os sorvetes de café ou de chá, reduz-se o leite a 7,5 dl, juntando 2,5 dl de uma infusão bem forte de café ou chá, conforme o escolhido.

Spoom
Como a CARAPINHADA. Adicionar o dobro de Merengue.

BOLO GELADO
(Biscuit Glacé)

(*Em caixas de papel ou fôrmas retangulares. Colocar o Aparelho em camadas sobrepostas. Gelar. Para o Aparelho ver* COMPOSIÇÕES).

Beneditino (*Bénédictine*)
1ª camada, Aparelho de Morango; 2ª, Aparelho de Bénédictine (*Licor*); 3ª, Aparelho de Violetas.

Excelsior
1ª camada, Aparelho de Baunilha; 2ª, Aparelho de Framboesa adicionado de Palitos Rainha embebidos em marrasquino; 3ª, Aparelho de Pistácias.

Maire
Aparelho de Baunilha, entre duas camadas de Bolo Palmer.

Marquesa (*Marquise*)
1ª camada, Aparelho de Baunilha; 2ª, Aparelho de Morango; 3ª, Aparelho de Baunilha: 4ª, Aparelho de Morango.

Monte Branco (*Mont Blanc*)
1ª camada, Aparelho de Rum; 2ª, Aparelho de Castanhas; 3ª, Aparelho de Baunilha.

Napolitano (*Napolitaine*)
1ª camada, Aparelho de Baunilha; 2ª, Aparelho de Morango; 3ª, Aparelho de Pistácias.

Princesa (*Princesse*)
Aparelho de Amêndoa. Polvilhar com amêndoas torradas, picadas. Decorar com Aparelho de Baunilha e tangerinas.

Sigurd
1ª camada, Aparelho de Morango; 2ª, Aparelho de Pistácias.

Tortoni
1ª camada, Aparelho de Baunilha; 2ª, Aparelho de Morango. Rosácea de Creme Chantilly, no topo.

BOMBAS
(Bombes)

(*Em formas cônicas. Ver COMPOSIÇÕES, para o Aparelho*).

O processo de preparação das bomba é simples; consiste em encamisar uma fôrma adequada (cônica) *com sorvete* (do indicado na receita), *recheando depois com Creme de Bomba.* (*Ver* COMPOSIÇÕES). *Há quem simplifique, recheando com sorvete; no entanto, é de aconselhar o creme próprio, pois só assim será bomba; do contrário, será um gelado misto enformado e nada mais. A bomba distingue-se exatamente pelo seu creme interior mais fofo, ou melhor ainda, pelo recheio, diferente do invólucro.*

Aboukir
Encamisar com Sorvete de Pistácias. Interior com Creme de Bomba de Amêndoas, com pistácias picadas.

Abricotine
Encamisar com Sorvete de Damascos. Interior com Creme de Bomba de *Kirsch*, alternando em camadas com marmelada de damascos.

Africana (*Africaine*)
a) Encamisar com Sorvete de Chocolate. Interior com Creme de Bomba de Baunilha.
b) Encamisar como a). Interior com Sorvete de Pêssego. (*Não é tão correta como a anterior*).

Aguião (*Aiglon*)
Encamisar com Sorvete de Morango. Interior com Creme de Bomba de Chartreuse.

Aída (*Aïda*)
Encamisar como a anterior. Interior com Creme de Bomba de *Kirsch*.

Alasca
Como OMELETE SUFLÊ do nome.

Albufera
Encamisar com Sorvete de Baunilha. Interior com purê de castanhas, ligado com natas e perfumado com anisete.

Alexandra
Encamisar como a anterior. Interior com Creme de Bomba de Nozes.

Alhambra
Encamisar como ALBUFERA. Interior com Creme de Bomba de Morango. Rodear a base de morangos macerados em *Kirsch*.

Alméria
Encamisar com Sorvete de Anisete. Interior com Creme de Bomba de Romã (*Grenadine*).

Alsaciana (*Alsacienne*)
Encamisar com Sorvete de Pistácia. Interior: 1/2 Creme de Bomba de Baunilha com amêndoas, 1/2 *idem*, de chocolate.

Americana (*Américaine*)
Encamisar com Sorvete de Morango. Interior com Creme de Bomba de Tangerina. Decorar com pistácias.

Andaluza (*Andalouse*)
Encamisar com Sorvete de Damascos. Interior com Creme de Bomba de Baunilha.

Árabe (*Arabe*)
Encamisar com Sorvete de Café. Interior com Creme de Bomba de Baunilha com Rum.

Arquiduque (*Archiduc*)
Encamisar com Sorvete de Morango. Interior com Creme de Bomba de Baunilha, com amêndoas picadas.

Batávia
Encamisar com Sorvete de Ananás. Interior com Creme de Bomba de Morangos, com dados de gengibre.

Bernoise
Perfeito de Anisete, adicionado de Salpicão de Frutas, maceradas no mesmo licor. Decorar com frutas.

Bordalesa (*Bordelaise*)
Encamisar com Sorvete de Baunilha. Interior com Creme de Bomba de Anisete. Enfeitar com violetas cristalizadas.

Bordaloue
Como a anterior. Este nome é o mais usado, embora por vezes seja citado o outro.

Brasileira (*Brésilienne*)
Encamisar com Sorvete de Ananás. Interior com Creme de Bomba de Baunilha e Rum, com dados de ananás.

Camargo
Encamisar com Sorvete de Café. Interior com Creme de Bomba de Baunilha.

Cardeal (*Cardinal*)
Encamisar com Sorvete de Groselha, perfumado de framboesa. Interior com Creme de Bomba de Baunilha, adicionado de pétalas de rosas vermelhas, cristalizadas.

Carnot
Encamisar com Sorvete de Framboesa. Interior com Creme de Bomba de Marrasquino. À parte, Molho Sabaião baunilhado.

Cecílio (*Cecil*)
Encamisar com Sorvete de Baunilha. Interior com camadas alternadas de Creme de Bomba de Laranja, Licores e Morangos.

Ceilão (*Ceylan*)
Encamisar com Sorvete de Café. Interior com Creme de Bomba de Rum.

Chantilly
Encamisar com Sorvete de Chocolate. Interior com Creme de Bomba de Marrasquino e *Kirsch* e Creme Chantilly, em camadas alternadas. Enfeitar com Creme Chantilly.

Châteaubriand
Como ANDALUZA.

Chinesa (*Chinoise*)
Encamisar com Sorvete de Chá. Interior com Creme de Bomba de Baunilha, perfumado com marrasquino.

Cigana (*Gitane*)
(*Ver* TZIGANE; em português deve se preferir a designação de Cigana).

Clarence
Encamisar com Sorvete de Ananás. Interior com Creme de Bomba de Violetas.

Cleópatra (*Cléopâtre*)
Encamisar com Sorvete de Pistácia. Interior com Creme de Bomba com Rum.

Colômbia
Encamisar com Sorvete de *Kirsch*. Interior com Creme de Bomba de Peras. Decorar com cerejas, cristalizadas a meio açúcar.

Condessa Maria (*Comtesse Marie*)
Encamisar com Sorvete de Baunilha. Interior com Creme de Bomba de Morangos.

Condessa Sara (*Comtesse Sarah*)
Encamisar com Sorvete de Framboesa. Interior com Creme de Bomba de Damascos.

Condessa Tosca (*Comtesse Tosca*)
Encamisar com Sorvete de Baunilha. Interior com Creme de Bomba de Café.

Confeito (*Confetti*)
Encamisar com Sorvete de Baunilha e *Kirsch*. Interior com Musse de Kummel Gelada, adicionada de Pétalas de rosas brancas e vermelhas.

Copélia (*Coppélia*)
Encamisar com Sorvete de Café. Interior com Creme de Bomba, com amêndoas cristalizadas.

Crioula (Créole)
Encamisar com Sorvete de Ananás. Interior com Creme de Bomba de Morangos e Ananás.

Cressane
Encamisar com Sorvete de Baunilha. Interior com Creme de Bomba de Peras, adicionado de quartos de peras.

Ciclame (*Ciclamen*)
Encamisar com Sorvete de Pistácias. Interior com Creme de Bomba de *Kirsch*, adicionado de pétalas de ciclame.

Cirano (*Cyrano*)
Encamisar com Sorvete de Amêndoa. Interior com Creme de Bomba de Cerejas, perfumado com *Kirsch*.

Czarina (*Czarine*)
Encamisar com Sorvete de Baunilha. Interior com Creme de Bomba de Kummel. Decorar com violetas cristalizadas.

Dama Branca (*Dame Blanche*)
Encamisar com Sorvete de Baunilha. Interior com Creme de Bomba de Leite de Amêndoas.

Dama Joana (*Dame Jeanne*)
Encamisar com Sorvete de Baunilha. Interior com Creme Chantilly, adicionado de pétalas de flor de laranjeira, cristalizadas.

Danicheff
a) Encamisar com Sorvete de Café. Interior com Creme de Bomba de *Kirsch*.
b) Encamisar como a). Interior como Creme de Bomba de Amêndoas cristalizadas, adicionado de grãos de café.

Delfinense (*Dauphinoise*)
Encamisar com Sorvete de Nozes. Interior com Creme de Bomba de *Kirsch*.

Deliciosa (*Délicieuse*)
Encamisar com Sorvete de Pêssego. Interior com Creme de Bomba de Aguardente Velha (*Fine Champagne*).

Diabo Rosado (*Diable Rose*)
Encamisar com Sorvete de Morango. Interior com Creme de Bomba de *Kirsch*, adicionado de cerejas cristalizadas a meio açúcar.

Diplomata (Diplomate)
Encamisar com Sorvete de Baunilha. Interior com Creme de Bomba de Marrasquino, adicionado de frutas cristalizadas.

Dora
Encamisar com Sorvete de Baunilha. Interior com Creme Chantilly perfumado com *Kirsch*, adicionado de ananás em cubos e groselhas encarnadas.

Duquesa (*Duchesse*)
Encamisar com Sorvete de Ananás. Interior com Creme de Bomba de Peras, perfumado com *Kirsch*.

Egípcia (*Egyptienne*)
Encamisar com Sorvete de Pêssego. Interior com Creme de Bomba de Vinho de Champanha (*Champagne*), adicionado de pedaços de pêssegos.

Espanhola (*Espagnole*)
Encamisar com Sorvete de Café. Interior com Creme de Bomba de Baunilha, adicionado de amêndoas picadas.

Esperança (*Esperanza*)
Encamisar com Sorvete de Laranja. Interior com Creme de Bomba de *Kirsch* e Amêndoa, adicionado de groselhas encarnadas. Decorar com Sorvete de Baunilha.

Ester Hazy (*Esther Hazy*)
Encamisar com Sorvete de Baunilha. Interior com Creme Chantilly e salpicão de frutas.

Excelsior
a) Gelado de Merengue com rum. Enfeitar exteriormente com Creme Chantilly.
b) Encamisar com Sorvete de Laranja. Interior com Creme de Bomba de Rosas.

Falstaff
Encamisar com Sorvete de Amêndoa. Interior com Creme de Bomba de *Kirsch*, adicionado de pequenos bombons de café (*ou grãos de café*).

Fanfreluche
Encamisar com Sorvete de Baunilha. Interior com Creme de Bomba de Tangerina.

Farândola (*Farandole*)
Encamisar com Sorvete de Tangerina. Interior com Creme de Bomba de Café.

Fauvette
Encamisar com Sorvete de *Kirsch*. Interior com Creme de Bomba de Pistácias Verdes.

Fédora (*Fedora*)
Encamisar com Sorvete de Laranja. Interior com Creme de Bomba de Amêndoa.

Felá (*Fellah*)
Encamisar com Sorvete de Pistácia. Interior com Creme de Bomba de Laranja. (*Felá é o nome por que são designados individualmente os trabalhadores ou camponeses do Egito. Derivado da palavra árabe "fallâh"*).

Fiammetta
Encamisar com Sorvete de Marrasquino. Interior com Creme de Bomba de Baunilha.

Florentina (*Florentine*)
Encamisar com Sorvete de Framboesas. Interior com Creme de Bomba de Amêndoas.

Formosa
Encamisar com Sorvete de Baunilha. Interior com Creme de Bomba de Morangos, adicionado de morangos grandes.

Francilhão (*Francillon*)
Encamisar com Sorvete de Café. Interior com Creme de Bomba de Aguardente Velha.

Frú-Frú (*Frou-Frou*)
Encamisar com Sorvete de Baunilha. Interior com Creme de Bomba de Rum, adicionado de frutas cristalizadas.

Gabriela (*Gabrielle*)
Encamisar com Sorvete de Pêssego. Interior com Creme de Bomba de Baunilha.

Gastrônomo (*Gourmet*)
Encamisar com Sorvete de Baunilha, adicionado de amêndoas picadas. Interior por camadas; Sorvetes de Castanhas e de Rum; Creme Chantilly baunilhado. Polvilhar com amêndoas picadas.

Georgina (*Georgette*)
Encamisar com Sorvete de Amêndoas. Interior com Creme de Bomba de *Kirsch*.

Gismonda (*Gismonde*)
Encamisar com Sorvete de Amêndoa. Interior com Creme de Bomba de Anisete, adicionado de groselhas brancas.

Gladstone
Encamisar com Sorvete de Gengibre. Interior com Creme de Bomba de Zimbro (*ou Genebra*), adicionado de dados de gengibre cristalizado e losangos de angélica.

Grã Duquesa (*Grande Duchesse*)
Encamisar com Sorvete de Pera. Interior com Creme de Bomba de Chartreuse (*licor*).

Grão-Duque (Grand-Duc)
Encamisar com Sorvete de Laranja. Interior com Creme de Bomba de Bénédictine (*licor*).

Havanesa (*Havanaise*)
Encamisar com Sorvete de Café. Interior com Creme de Bomba de Baunilha, com rum.

Holandesa (*Hollandaise*)
Encamisar com Sorvete de Laranja. Interior com Creme de Bomba de Curaçau.

Ilda (*Hilda*)
Encamisar com Sorvete de Avelã. Interior com Creme de Bomba de Chartreuse (*licor*), adicionado de avelãs picadas.

Ilhas, das (*des Îles*)
Encamisar com Sorvete de Baunilha. Interior com Sorvete de Ananás. (*Colocamos esta receita nesta série, apenas para simplificar; não deve, no entanto, ser considerada como* Bomba).

Jafa (*Jaffa*)
Encamisar com Sorvete de Amêndoa. Interior com Creme de Bomba de Curaçau. (*Jafa, outrora chamada Jopé, é uma cidade e porto da Palestina (Israel), que, em 1799, foi tomada por Napoleão Bonaparte, quando este ali fez a sua famosa campanha. Produção de laranjas*).

Jamaica (*Jamaique*)
Encamisar com Sorvete de Ananás com Rum. Interior com Creme de Bomba de Laranja.

Japonesa (*Japonaise*)
Encamisar com Sorvete de Pêssego. Interior com Musse de Chá.

Javanesa (*Javanaise*)
Encamisar com Sorvete de Café. Interior com Creme de Bomba de Chocolate.

Joana d'Arc (*Jeanne d'Arc*)
Encamisar com Sorvete de Baunilha. Interior com Creme de Bomba de Chocolate, com amêndoas.

Jocelyn
Encamisar com Sorvete de Pêssego. Interior com Creme de Bomba de Marrasquino. (*Jocelyn é um famoso poema de paixão, escrito por Lamartine*).

Johanisberg
Encamisar com capas delgadas de Sorvete de Baunilha, alternando com chocolate ralado. Interior com Creme de Bomba de Chocolate e Baunilha. Servir com Molho de Chocolate, Creme de Chantilly, ou só chocolate ralado.

Josefina (*Joséphine*)
Encamisar com Sorvete de Café. Interior com Creme de Bomba de Pistácias.

Jubileu (*Jubilé*)
Encher a fôrma com Creme de Bomba de Baunilha. A parte, cerejas maceradas em aguardente velha. Inflamar no momento de servir.

Leopoldo (*Léopold*)
Encamisar com Sorvete de Baunilha. Interior com Creme de Bomba de Morangos, perfumado com *Kirsch*.

Madalena (*Madeleine*)
Encamisar com Sorvete de Amêndoa. Interior com Creme de Bomba de Baunilha e *Kirsch*, adicionado de frutas cristalizadas.

Madrilena (*Madrilène*)
Encamisar com Sorvete de Café e Amêndoa. Interior com Creme de Bomba de Baunilha.

Málaga
Encamisar com Sorvete de Baunilha. Interior com Granitado de Vinho de Málaga, misturado com natas, passas de Málaga sem grainha e Xarope natural.

Maltesa (*Maltaise*)
Encamisar com Sorvete de Laranjas sanguíneas. Interior com Creme Chantilly, perfumado com tangerinas.

Marechala (*Maréchale*)
Encamisar com Sorvete de Morangos. Interior com Creme de Bomba de Pistácias, Baunilha e Laranja, colocados em camadas sobrepostas.

Margarida (*Marguerite*)
Encamisar com Sorvete de Limão. Interior com Creme de Bomba de *Kirsch* e Marrasquino.

Margaridinha (*Margot*)
Encamisar com Sorvete de Amêndoa. Interior com Creme de Bomba de Pistácias. Decorar com Sorvete de Baunilha.

Maria Luísa (*Marie Louise*)
Encamisar com Sorvete de Chocolate. Interior com Creme de Bomba de Baunilha, adicionado de morangos e gomos de laranja.

Maria Stuart (*Marie Stuart*)
Encamisar com Sorvete de Baunilha. Interior com Creme de Bomba de Anisete.

Maria Teresa (*Marie Thérèse*)
Encamisar com Sorvete de Chocolate. Interior com Creme de Bomba de Amêndoas Cristalizadas.

Marquesa (*Marquise*)
Encamisar com Sorvete de Damasco. Interior com Creme de Bomba de Vinho de Champanha. (*Champagne*).

Mascote (*Mascotte*)
Encamisar com Sorvete de Pêssego. Interior com Creme de Bomba de *Kirsch*.

Matilde (*Mathilde*)
Encamisar com Sorvete de Café. Interior com Creme de Bomba de Damascos.

Médicis
Encamisar com Sorvete de Aguardente Velha (*conhaque*). Interior com Creme de Bomba de Framboesa.

Mefistófeles (*Mephisto*)
Encamisar com Sorvete de Damasco. Interior com Creme de Bomba de Rum e Curaçau. (*Designação vulgarizada do Diabo, citada por Goethe na sua ópera "Fausto"*).

Menelique (Menelik)
Encamisar com Sorvete de Tangerina. Interior com Creme de Bomba de Rum. (*Imperador da Etiópia que, ao derrotar os italianos, em Aduá (1896), os levou a reconhecerem por tratado a independência do seu país*).

Mercedes (*Mercédès*)
Encamisar como a anterior. Interior com Creme de Bomba de Chartreuse (*licor*).

Mignon
Encamisar com Sorvete de Damasco. Interior com Creme de Bomba de Avelãs Cristalizadas, picadas.

Mikali
Encamisar com Sorvete de Ananás. Interior com Creme de Bomba de *Kirsch*, adicionado de groselhas encarnadas.

Mireille
Encamisar com Sorvete de Groselha. Interior com Creme de Bomba de Morango. Perfumar com *Kirsch* e marrasquino.

Miss Helyett
Encamisar com Sorvete de Framboesa. Interior com Creme de Bomba de Baunilha.

Mogador
Encamisar com Sorvete de Café. Interior com Creme de Bomba de *Kirsch.*

Moldávia (*Moldave*)
Encamisar com Sorvete de Ananás. Interior com Creme de Bomba de Curaçau. (*Principado danubiano que antigamente fazia parte da Romênia*).

Monte Carlo
Encamisar com Sorvete de Tangerina. Interior com Creme de Bomba de Anisete.

Monte Cristo
Encamisar como a anterior. Interior com Musse Gelada de Tangerina, com amêndoa picada.

Montmorency
a) Encamisar com Sorvete de Cereja. Interior com Creme de Bomba de *Kirsch.*
b) Encamisar como anterior ou com Baunilha. Interior com Creme de Bomba de Vinho de Champanha (*Champagne*) com cerejas cristalizadas, maceradas em *Kirsch.*

Moscovita (*Moscovite*)
Encamisar com Sorvete de Kummel. Interior com Creme de Bomba de Amêndoas Amargas, adicionado de frutas cristalizadas.

Musselina (*Mousseline*)
Encamisar com Sorvete de Morangos. Interior com Creme Chantilly, adicionado, de purê de morangos.

Nababo (*Nabab*)
Encamisar com Sorvete de Amêndoa. Interior com Creme de Bomba de Aguardente Velha, adicionado de frutas cristalizadas.

Nélusko
Encamisar com Sorvete de Amêndoa. Interior com Creme de Bomba de Chocolate.

Nero (*Néron*)
Encamisar com Sorvete de Baunilha com Caramelo. Interior com Musse de Baunilha Gelada, adicionada de bombons de chocolate. Desenformar sobre um tampão de Massa Branca. Cobrir e decorar com Merengue Italiano. Colocar no topo uma tarteleta untada com Doce de Damasco. Passar no forno. Deitar rum quente na tarteleta, inflamar e servir flamejante.

Nesselrode
Encamisar com Sorvete de Baunilha. Interior com Creme de Bomba de Castanhas.

Odessa
Encamisar com Sorvete de Damasco. Interior com Creme de Bomba de Morangos.

Odete (*Odette*)
Encamisar com Sorvete de Baunilha. Interior com Creme de Bomba de Amêndoa.

Oriental (*Orientale*)
Encamisar com Sorvete de Gengibre. Interior com Creme de Bomba de Pistácias.

Otelo (*Othello*)
Encamisar com Sorvete de Amêndoa. Interior com Creme de Bomba de Pêssego. (*Personagem da célebre tragédia de Shakespeare: o mouro que, em Veneza, num acesso de ciúme infundado, mata sua mulher Desdêmona*).

Otéro
Encamisar com Sorvete de Damasco. Interior com Creme de Bomba de Cassis (*Groselhas pretas*).

Parisiense (*Parisienne*)
Encamisar com Sorvete de Morango. Interior com Creme de Bomba de Nozes.

Patrícia (*Patricienne*)
Encamisar com Sorvete de Baunilha. Interior com Creme de Chocolate, com amêndoas.

Pequeno Duque (*Petit Duc*)
Encamisar com Sorvete de Morango. Interior com Creme de Bomba de Avelãs, adicionado de groselhas encarnadas.

Plombières
Encamisar com Sorvete de Baunilha. Interior com Creme de Bomba de *Kirsch*, adicionado

de salpicão de frutas cristalizadas. Enfeitar exteriormente com Creme Chantilly.

Pompadour
Encamisar com Sorvete de Espargos. Interior com Creme Bomba de Romãs (*Grenadine*).

Porto Rico
Encamisar com Sorvete de Leite. Interior com Creme de Biscoito Gelado, de Café.

Portuguesa (*Portugaise*)
Encamisar com Sorvete de Tangerina. Interior com Creme de Bomba de Curaçau.

Primaveril (*Printanière*)
Encamisar com Sorvete de Morangos. Interior com Creme Chantilly, adicionado de morangos.

Princesa (*Princesse*)
Encamisar com Sorvete de Baunilha. Interior com Creme de Bomba de Anisete, adicionado de Macarões.

Príncipe Pueckler
Encamisar metade da fôrma com Sorvete de Chocolate; a outra metade, com Sorvete de Marrasquino de cor rosada. Interior com Creme Chantilly, adicionado de purê de castanhas. Enfeitar exteriormente com o mesmo creme.

Profeta (*Prophète*)
Encamisar com Sorvete de Morango. Interior com Creme de Bomba de Ananás.

Rainha (*Reine*)
Encamisar com Sorvete de Baunilha. Interior com Creme de Bomba, adicionado de castanhas picadas.

Ratisbona (*Ratisbonne*)
Encamisar com Sorvete de Pistácia Verde. Interior com Creme de Bomba de Xarope. (*Cidade alemã à beira do Danúbio, onde Napoleão I venceu os austríacos em 1809. Em alemão diz-se Regensburg*).

Real (*Royal*)
Encamisar com Sorvete de *Kirsch*. Interior com Creme de Bomba de Chocolate, com amêndoas. (*Dita "à la Royale"*).

Richelieu
Encamisar com Sorvete de Rum. Interior com Creme de Bomba de Café. Polvilhar com grãos de café, depois de desenformar.

Rosinha (*Rosette*)
Encamisar com Sorvete de Baunilha. Interior com Creme Chantilly, adicionado de groselhas.

Russa (*Russe*)
Encamisar com Sorvete de Baunilha. Interior com Creme Chantilly, adicionado de purê de castanhas cristalizadas.

Safo (*Sapho*)
Encamisar com Sorvete de Morango. Interior com Creme de Bomba de Baunilha. Misturar morangos inteiros. (*Safo era o nome de uma poetisa grega, do princípio do século VI a. C.. Os seus versos eram famosos, mas deles apenas restam fragmentos. Suicidou-se, num ato de desespero, lançando-se ao mar do rochedo de Lêucade*).

Sans-Gêne
Encamisar com Sorvete de Pistácia. Interior com Creme de Bomba de Aguardente Velha.

Santiago
Encamisar com Sorvete de Aguardente Velha. Interior com Creme de Bomba de Pistácia.

São Carlos (*Saint-Charles*)
Encamisar com Sorvete de Pêssego. Interior com Creme de Bomba de Framboesa.

São Jorge (*Saint-George*)
Encamisar com Sorvete de Laranja. Interior com Creme de Bomba de Curaçau e Rum.

São Laud (*Saint-Laud*)
Encamisar com Sorvete de Framboesa. Interior com Creme de Bomba de Melão, até meio; o resto, com Creme Chantilly.

Sarasate
Encamisar com Sorvete de Café. Interior com Creme de Bomba de Natas, com baunilha. Misturar gomos de laranja, cristalizados.

Selianka
Encamisar com Sorvete de Amêndoa. Interior com Creme de Bomba de Curaçau.

Siciliana (*Sicilienne*)
Encamisar com Sorvete de Limão, interior com Creme de Bomba de Baunilha, com amêndoa. Decorar com amêndoas torradas.

Skobeleff
Encamisar com Sorvete de Vodca. Interior com Creme Chantilly perfumado com kummel.

Soberana (*Souveraine*)
Encamisar com Sorvete de Chocolate. Interior com Creme Chantilly, bem gelado.

Solférino
Encamisar com Sorvete de Morangos Cristalizados. Interior com Creme de Bomba de Curaçau.

Strogoff
Encamisar com Sorvete de Pêssegos. Interior com Creme de Bomba de Vinho de Champanha (*Champagne*). (*Célebre personagem de Júlio Verne*).

Sucesso (Succès)
Encamisar com Sorvete de Damasco. Interior com Creme Chantilly, perfumado com *Kirsch* e adicionado de cubos pequenos de damascos.

Sultana (*Sultane*)
Encamisar com Sorvete de Chocolate. Interior com Creme de Bomba de Amêndoas.

Susana (*Suzanne*)
Encamisar com Sorvete de Rum, de cor rosada. Interior com Creme de Bomba de Baunilha, adicionado de groselhas encarnadas.

Suzette
Encamisar com Sorvete de Pêssego. Interior com Creme de Bomba de Baunilha, com rum e groselhas encarnadas.

Tango
Encamisar com Sorvete de Laranja. Interior com Creme de Bomba de Chocolate e de Chá, em camadas alternadas.

Teodora (*Théodore*)
Encamisar com Sorvete de *Kirsch*. Interior com Creme de Bomba de Baunilha.

Tortoni
Encamisar com Sorvete de Amêndoa. Interior com Creme de Bomba de Café, adicionado de grãos de café.

Tosca
Encamisar com Sorvete de Damasco. Interior com Creme de Bomba de Marrasquino, adicionado de frutas. Decorar com Sorvete de Limão.

Trocadéro
Encamisar com Sorvete de Laranja, adicionado de tiras de casca de laranja cristalizada. Interior com camadas de Creme Chantiliy e fatias de Genovesa com avelãs embebidas em curaçau, polvilhadas com tiras de casca de laranja cristalizada.

Troféu (*Trophy*)
Encamisar com Sorvete de *Kirsch*. Interior com Creme de Bomba de Tomates.

Tutti-Frutti
Encamisar com Sorvete de Morango. Interior com Creme de Bomba de Limão, adicionado de dados de frutas cristalizadas.

Tzigane
Encamisar com Sorvete de Amêndoa. Interior com Creme de Bomba de Pistácias, adicionado de amêndoas torradas, picadas.

Valençay
Encamisar com Sorvete de Baunilha com amêndoas picadas. Interior por camadas: Creme Chantilly, perfumado com *Kirsch*, e Doce de Damascos.

Veneziana (*Vénitienne*)
Encamisar metade com Sorvete de Baunilha, metade com Sorvete de Morangos. Interior com Creme de Bomba de Marrasquino.

Vestefaliana (*Westphalienne*)
Encamisar com Sorvete de Baunilha. Interior com Creme Chantilly, adicionado de quartos de nozes frescas, descascadas.

Vitória (*Victoria*)
Encamisar com Sorvete de Morangos. Interior com Gelado Plombières. (*Ver em* GELADOS DIVERSOS).

Zamora
Encamisar com Sorvete de Café, interior com Creme de Bomba de Curaçau.

Zanzibar
Como anterior. Adicionar ao Creme de Bomba de Amêndoas Cristalizadas, picadas.

TAÇAS MISTAS
(Coupes)

Ainda que alguns autores e profissionais defendam a ideia de que as "Taças", em francês "Coupes", são os sorvetes servidos em taça de metal ou de vidro, isso é inexato, porquanto, ainda que o sorvete, geralmente colocado em forma de bola e tirado com colher especial, sirva de base à composição, nela entrarão sempre, obrigatoriamente, ou frutas ou creme. Chantillv ou outro, ou ainda um Molho de Chocolate, de Frutas etc. Foi baseado neste princípio que adotamos a denominação de "Taças Mistas", pois julgamos enquadrar-se ela melhor na linguagem e no significado. (Ex.: **Taça Mista Antigny** *etc.). Há casos em que, na composição da ementa, se pode utilizar apenas o nome próprio, sem acrescentar mais nada, desde que isso soe bem, ou baste. (Ex.:* **Dama Branca, Monte Cristo,** *ou ainda* **Taça Monte Cristo** *etc.).*

Adelaide (*Adèle*)
Sorvete de Baunilha, sobre picado misto de frutas. Enfeitar com Creme Chantilly rosado.

Afonso XIII (*Alphonse XIII*)
Sorvete de Baunilha. Cobrir com Creme Chantilly. No topo, cereja cristalizada; ao redor, triângulos de ananás.

Alexandra
Sorvete de Morango, sobre Macedônia de Frutas com *Kirsch.*

Alsaciana (*Alsacienne*)
Sorvete de Chocolate. Polvilhar com amêndoa torrada, picada e chocolate ralado. Pequenos triângulos de bolacha de baunilha, ao redor.

Andaluza (*Andalouse*)
Sorvete de Limão, sobre gomos de laranja macerados em marrasquino.

Antigny
Sorvete de Morango adicionado de natas. Colocar em cima metades de pêssego. Regar ligeiramente, com açúcar em Ponto de Rebuçado.

Arlequim (*Arlequin*)
Sorvete Misto. Rodear de Creme Chantilly. Enfeitar com Xarope de Groselhas, de Hortelã-Pimenta (*verde*) etc., em fios cruzados.

Aurora (*Aurore*)
Como anterior. Em vez do açúcar, cobrir com Creme de Natas. Um morango, no topo.

Baunilha (*Vanille*)
Sorvete de Baunilha, sobre salada de frutas. Cordão de Creme de Natas, ao redor. Enfeitar com as frutas.

Bebé
Metade Sorvete de Framboesas, metade Sorvete de Ananás; adicionar morangos. Decorar com Creme Chantilly e violetas cristalizadas.

Brasileira (*Brésilienne*)
Sorvete de Limão, sobre dados de ananás macerados em marrasquino.

Camargo
Salada de frutas frescas e cristalizadas, maceradas em *Kirsch* e marrasquino, bem gelada. No momento de servir, adicionam-se pequenas bolas de sorvetes diversos.

Cardeal (*Cardinal*)
Sorvete de Baunilha. Pôr em cima 1/2 pêssego de compota. Cobrir com geléia de morangos. Polvilhar com amêndoas picadas (*não torradas*).

Carmen
Sorvete de Melão, tendo no topo 1/2 alperche. Rodear de Creme Chantilly e enfeitar com cerejas.

Chamberlain
Sorvete de Laranja adicionado de natas. Cobrir com Creme Chantilly. Enfeitar no topo com um pequeno cone de chocolate.

Chantilly
Sorvete Misto enfeitado com Creme Chantilly. Pode-se utilizar como adorno um salpicão de frutas cristalizadas.

Clo-Clo
Sorvete de Baunilha, adicionado de pedaços de castanhas cristalizadas maceradas em marrasquino. Decorar com Chantilly, adicionado de purê de morangos. No topo, uma castanha cristalizada.

Colonial (*Coloniale*)
Sorvete de Café. Cobrir com Creme de Natas. Polvilhar com amêndoas picadas. Decorar com

meias rodelas de laranja formando dentilhado, ao redor.

Crioula (*Créole*)
Sorvete de Limão, sobre pedaços de ananás e banana macerados com *Kirsch*. Regar com rum.

Dama Branca (*Dame Blanche*)
a) Sorvete de Leite de Amêndoas. Colocar em cima 1/2 pêssego com a cavidade cheia de groselhas brancas. Decorar com Sorvete de Limão.
b) Sorvete de Baunilha. Cobrir com Molho de Chocolate, quente.

Denise
Sorvete de Café. Rodear de Creme Chantilly. Decorar com bombons de licor, com rum.

Edna May
Sorvete de Baunilha, sobre compota de cerejas. Cobrir e decorar com Creme Chantilly, adicionado de purê de framboesas.

Eduardo VII (*Edouard VII*)
Sorvete de Baunilha. Bordadura de Creme Chantilly cobrindo o sorvete, à exceção do topo. Com gomos de laranja espetados ao redor, formar em coroa. Encher a cavidade com purê ou geléia de morangos. (*Do autor*).

Ema Calvé (*Emma Calvet*)
Sorvete de Baunilha com amêndoas picadas, sobre compota de cerejas com *Kirsch*. Cobrir com purê de framboesas.

Eugênio (*Eugène*)
Como CLO-CLO. Cobrir com Creme Chantilly. Polvilhar com violetas cristalizadas.

Favorita (*Favorite*)
Cobrir o fundo com três bolas pequenas de Sorvete de Baunilha, de *Kirsch* e de Marrasquino. Ao redor, cordão de Sorvete de Ananás. No centro, Creme Chantilly adicionado de purê de morangos.

Germana (*Germaine*)
Sorvete de Baunilha. Polvilhar com cerejas cristalizadas a meio açúcar, maceradas com *Kirsch*. Cobrir com purê de castanhas em fios (*vermicelle*). Bordadura de Creme Chantilly.

Gressac
Sorvete de Baunilha. Colocar em cima 1/2 pêssego com a cavidade cheia de groselhas encarnadas, rodeado de 3 pequenos macarões (*macarons*), embebidos em *Kirsch*. Bordadura de Creme Chantilly.

Helena (*Hélène*)
Sorvete de Baunilha. Enfeitar com Creme Chantilly e violetas cristalizadas. Polvilhar com chocolate ralado.

Isabel (*Elisabeth*)
Cerejas cozidas, maceradas em *Kirsch* e "cherry brandy". Cobrir e decorar com Creme Chantilly, bem gelado. Polvilhar com canela em pó e especiarias.

Jacques
Cobrir o fundo com Macedônia de Frutas macerada em *Kirsch*. Em cima, 1/2 Sorvete de Limão, 1/2 Sorvete de Morango. No centro, uma passa de uva com boa aparência.

Jamaica (*Jamaique*)
Dados de ananás, macerados em rum. Em cima, Sorvete de Café. Polvilhar com grãos de café.

Joinville
Sorvete de Baunilha. Cobrir com Chantilly. Enfeitar ao redor, com dois gomos de tangerina e dois triângulos de ananás. Cereja no topo.

Malmaison
Sorvete de Baunilha, adicionado de passas de uva moscatel. Cobrir com Glace rosada.

Marechala (*Maréchale*)
Como JOINVILLE. Sem ananás, nem tangerina.

Mariana (*Marianne*)
Sorvete de Baunilha. Bordadura de Creme Chantilly. Cerejas ou compotas das mesmas, sobre o sorvete.

Mexicana (*Mexicaine*)
Sobre dados de ananás, colocar Sorvete de Tangerina.

Mireille
1/2 Sorvete de Baunilha, 1/2 Sorvete de Groselha com natas, sobre metades de alperches. Decorar com Creme Chantilly e groselhas brancas.

Monte Cristo
Macedônia de Frutas, macerada em *Kirsch*. Cobrir com Sorvete de Pistácias e de Baunilha, em partes iguais.

Montmorency
Sorvete de Baunilha, sobre cerejas maceradas em aguardente velha.

Montreuil
Sorvete de Frutas, sobre pedaços de pêssegos macerados em Kirsch.

Nicense (*Niçoise*)
Macedônia de Frutas, macerada em Curaçau. Em cima, Sorvete de Laranja.

Pequeno Duque (*Petit-Duc*)
Sorvete de Baunilha. Em cima, 1/2 pêssego cozido. Cobrir com groselhas encarnadas. Cordão de Sorvete de Limão, ao redor.

Pôr-do-Sol (*Coucher du Soleil*)
Musse de Morangos Gelada, com perfume de Grand Marnier. Enfeitar com Creme Chantilly.

Rainha Margot (*Reine Margot*)
Sorvete de Baunilha. Cobrir com Purê de Morangos, perfumado com curaçau e adicionado de Glace Real. Recobrir e enfeitar com Creme Chantilly.

Real (*Royale*)
Sorvete de Baunilha, sobre Macedônia de Frutas macerada em *Kirsch*.

Sans-Gêne
Sorvete de Baunilha. Cobrir e rodear de groselhas encarnadas. Recobrir e decorar com Creme Chantilly.

Savoy
Macedônia de Frutas, macerada em anisete. Em cima, 1/2 Sorvete de Café e 1/2 Sorvete de Violetas.

Silesiana (*Silésienne*)
Pedaços de castanhas cristalizadas, maceradas em *Kirsch*. Em cima, Sorvete de Baunilha. Decorar com Creme de Natas.

Suzette
Como CLO-CLO. Decorar com Creme de Natas, perfumado com *Kirsch*.

Thaïs
Macedônia de Frutas e pedaços de castanhas cristalizadas, maceradas em *Kirsch*. Em cima, Sorvete de Baunilha. Decorar com Creme Chantilly.

Tutti-Frutti
Sobre um salpicão de frutas cristalizadas, maceradas em *Kirsch*, colocar camadas de Sorvete de Morangos, de Ananás e de Limão.

Veneziana (*Vénitienne*)
Sorvete de Morango, sobre pequenos dados de ananás. Cobrir com Creme de Natas.

Vênus
Sorvete de Baunilha, tendo sobrepostos meio pêssego cozido e um morango. Decorar com Creme de Natas.

Verdoot
Sobre Sorvete de Baunilha, 1/2 pêssego cozido. Cobrir com o mesmo sorvete. Rodear de morangos e framboesas, cobrindo estas com geléia de marmelo liquido. Violetas cristalizadas sobre o pêssego.

Virgínia (*Virginie*)
Metades de pêssego cozido, sobre Sorvete de Baunilha. Cobrir com Molho Sabaião, frio, adicionado de natas batidas.

Vitória (*Victoria*)
Macedônia de Frutas, macerada em aguardente velha. Em cima, 1/2 Sorvete de Morango e 1/2 Sorvete de Pistácias.

GELADOS DIVERSOS
(Glaces Diverses)

Bischoff Gelado
Colocar num quilo de açúcar a 20º as cascas de dois limões e de uma laranja, 4 g de canela e 4 g de cravinho. Deixar de infusão 4 horas. Depois, juntar sumo de dois limões e passar por peneira de seda. Gelar na sorveteira e adicionar um litro de vinho branco. Trabalhar durante 10 minutos. com uma espátula de pau e servir em taças ou chávenas.

Carmen
Fazer um Bolo Gelado com fôrma quadrada, colocando camadas verticais de Sorvete de Framboesa, de Sorvete de Café e de Sorvete de Baunilha.

Dama Branca (*Dame Blanche*)
(*Ver em* TAÇAS MISTAS).

Estrela do Caminhante (*Étoile du Chemineau*)
Em forma de coração. Encamisar com Sorvete de Baunilha. Interior com Creme de Natas, adicionado de pequenos Macarões (*Macarons*), embebidos em *Kirsch*. Desenformar. Rodear o coração de bons morangos, cobertos com purê de morangos. Sobre o coração, uma estrela em açúcar.

Estrela do Pastor (*Étoile du Berger*)
Em forma de estrela. Encamisar com Sorvete de Frarnboesa. Interior com Musse de Framboesa Gelada e Musse de Bénédictine Gelada. Servir sobre uma camada de açúcar, em Ponto de Fio ou Cabelo.

Francilhão (*Francillon*)
Encamisar uma fôrma quadrada com Sorvete de Café. Interior com Sorvete de Aguardente Velha.

Florzinha (*Fleurette*)
Encher uma fôrma quadrada com camadas de Sorvete de Ananás e de Morango. Decorar com Sorvete de Limão.

Madalena (*Madeleine*)
Sorvete de Baunilha enfeitado com Creme Chantilly, polvilhado com frutas cristalizadas maceradas em *Kirsch*.

Merengues Gelados (*Meringues Glacés*)
Entre duas conchas de Merengue, colocar o sorvete desejado.

Moldados (*Moulées*)
Em formas diversas, representando peras, corações, estrelas etc., enformar o sorvete escolhido.

Musses (*Mousses Glacés*)
As Musses são preparadas com base em Creme Inglês ou em Xarope, sendo este último processo mais usado para as Musses de Frutas. *Preparação das Musses*: Fazer o Creme Inglês e quando ele estiver quase frio adicionar natas na proporção de 1/3, bem como o aroma escolhido. Se a Musse é de fruta, adicionar também purê da mesma, em quantidade igual. Bater sobre gelo até que a preparação esteja bem ligada e muito leve. Colocar em fôrmas e gelar bem. (*Por vezes simplifica-se a preparação da Musse adicionando ao Creme claras de ovos batidas em castelo. A preparação assim obtida é, no entanto, mais suscetível de se liquefazer em curto período, pelo que apenas se deve usar se for para servir imediatamente*).

Perfeito (*Parfait*)
Inicialmente, o termo "Perfeito" aplicava-se apenas ao "Perfeito de Café". Actualmente, usa-se para designar qualquer Creme de Bomba, de um único aroma, servido em taças sem qualquer cobertura, apenas com decoração de frutas ou Chantilly.

Plombières, Sorvete (*Glace Plombières*)
Sorvete de Baunilha, adicionado de Doce de Damasco e frutas cristalizadas maceradas em *Kirsch*.

Queijos Gelados (*Fromages Glacés*)
Em fôrmas redondas, colocar dois sorvetes de perfume e cores diferentes.

Sanduíches Geladas (*Sandwiches Glacés*)
(*Ver* WAFER).

Tangerinas Geladas (*Mandarines ou Mandarinettes Givrées*)
Cascas de Tangerinas, cheias com sorvete do mesmo fruto. Colocar em câmara bem forte. (*Pode-se fazer também com laranjas*).

Tangerinas com Pérolas dos Alpes (*Mandarines aux Perles des Alpes*)
Como as anteriores. Adicionar ao sorvete pequenos bombons de chartreuse.

Wafer
Entre duas bolachas de baunilha (*Wafer*), colocar o sorvete escolhido.

DESENJOATIVOS
(SAVOURIES)

Ditas no Brasil tira-gosto. Estas composições, que se servem geralmente no fim da refeição, em substituição das sobremesas ou depois destas, são pouco utilizadas entre nós com esta finalidade. Algumas, como o Welsh Rarebit, podem, devido à sua composição, ser servidas em lugar do queijo, numa refeição onde este possa ser incluído. Outras usam-se nos serviços de coquetéis, como aperitivos de bar etc. Uma coisa, no entanto, pode ser tomada como regra, ou seja, a necessidade de as apresentar sempre fortemente condimentadas, dado o fim a que se destinam: excitar o paladar, para bebidas ou outros.

Anchovas (*Anchois*)
Canapés. Cobrir com filetes de anchovas. Aquecer ligeiramente.

Anjos a Cavalo (*Anges à Cheval*)
Torradas. Ostras lavadas e limpas. Enrolar em fatias finas ou toucinho. Grelhar em brocheta e colocar sobre as torradas, tal qual, uma por uma.

Arenques Fumados (*Harengs Fumés*)
Canapés. Guarnecer com filetes de arenque fumado.

Bacalhau (*Morue*)
Canapés. Guarnecer com filetes de bacalhau, grelhados ou salteados, em azeite ou manteiga.

Barão (*Baron*)
Crustadas. Toucinho, champignons e tutano, grelhados. Intercalar.
Beurreck à Turca (*Beurreck à la Turque*)
Aparelho de queijo *gruyère* derretido. Enrolar em massa de Nulhes. Panar à inglesa e fritar.

Cadogan
Canapés. Cobrir com Ostras à Florentina.

Carlos Magno (*Charles Magno*)
Canapés. Camarões em Caril.

Carlos V (*Charles V*)
Em barquetas. Rechear com ovas. Cobrir com aparelho de Suflê de Queijo. Cozinhar no forno, como o suflê.

Champignons
Canapés. Champignons inteiros, grelhados.

Champignons em Sino (*Champignons sous Cloche*)
Torradas. Champignons médios voltados, contendo Manteiga Mordomo (Maître d'Hôtel) Cozinhar lentamente e servir num utensílio especial, constando de um prato com uma tampa de vidro, em forma de sino.

Croque-Monsieur
Crustadas. Fatias de fiambre. Colocar entre duas lâminas de *gruyère* e depois entre duas fatias de pão, muito finas. Cortar com um corta-massa redondo. Fritar dos dois lados, em manteiga clarificada.

Delicias Chinesas (*Délices Chinoises*)
Canapés redondos. Untar com manteiga. Colocar em cima fatias muito finas de bacon grelhado. Cobrir com queijo derretido. Servir bem quente.

Derby
Crustadas. Guarnecer com purê de fiambre. 1/2 de noz cristalizada, no topo.

Diabinhos (*Diablotins*)
Canapés. Guarnecer com pequenos Nhoques. Polvilhar com queijo ralado. Gratinar.

Diana (*Diane*)
Crustadas. Escalopes de fígados de aves, ligeiramente salteados. Enrolar em fatias de toucinho. Colocar numa brocheta e grelhar. Dispor nas crustadas.

Epicuro (*Epicure*)
Canapés. Cobrir com um aparelho composto de 1/3 de "roquefort", 1/3 de manteiga, 1/3 de nozes secas picadas.

Escocês (*Écossais*)
Canapés. Cobrir com OVOS mexidos. Filetes de anchovas no centro.

Eureca (*Eureka*)
Em barquetas. Guarnecer com aparelho de Suflê de Champignons, contendo no centro um filete de anchova. Cozinhar no forno.

Favorita (*Favorita*)
Em tarteleta. Rechear com aparelho de Suflê de parmesão, adicionado de dados de trufas e camarões. Cosinhar no forno.

Fédora
Canapés. Guarnecer com champignons grelhados, toucinho grelhado e azeitona recheada.

Florentina (*Florentino*)
Em tarteletas. Guarnecer o fundo com espinafres em folhas. Cobrir com aparelho de Suflê de Parmesão, adicionado de purê de anchovas. Cozinhar no forno.

Gastrônomo (*Gourmet*)
Canapés. Cobrir com presunto picado muito fino, ligado com manteiga amostardada.

Haddock
Como BACALHAU. Utilizar o peixe fresco.

Holandesa (*Hollandaise*)
Canapés. Cobrir com bacalhau desfiado. Rodela de ovo cozido, no topo.

Indiana (*Indienne*)
Dentados (*Bouchées*). Rechear com Camarões em Caril e *chutney* picado.

Ivanhoe
Crustadas. Guarnecer com purê de bacalhau fresco, com natas. Colocar em cima um pequeno champignon grelhado.

Julieta (*Juliette*)
Barqueta contendo uma sardinha. Cobrir com Maionese, adicionada de *catchup*.

Kippers, ou Bloaters
Como ARENQUE FUMADO.

Lisboeta (*Lisbonienne*)
Como ROQUEFORT. Adicionar purê de atum. Terminar de igual modo. (*Do autor*). (*Pode-se fazer também em tarteletas*).

Lúcifer
Ostras cozidas, enroladas em mostarda inglesa pouco espessa. Panar à inglesa. Fritar. Servir tal qual.

Marquesa (*Marquise*)
Em tarteletas. Untar as paredes com aparelho de Nhoque. O centro guarnecido com Molho Mornay, adicionado de bastante caiena.

Mefistófeles (*Méphisto*)
Em barquetas. Guarnecer com ovas cozidas. Regar com Molho Diabo (*Diable*).

Nina
Canapés. Guarnecer com champignons grelhados. 1/2 tomate grelhado e 1/2 noz verde, cristalizada.

Omelete Saborosa (*Omelete Savoury*)
Pequena omelete com ervas aromáticas. Condimentar um pouco forte.

Ovas (*Laitances*)
Torradas. Guarnecer com ovas cozidas, condimentadas com caiena.

Palhetas de Parmesão (*Pailletes au Parmesan*)
Pequenos palitos de massa folhada, com bastante queijo parmesão e caiena.

Portuguesa (*Portugaise*)
Bacalhau desfiado, refogado com tomate *concassé*, azeite e alho. Condimentar um pouco

forte. Adicionar ovos e mexer bem. Servir sobre canapés. (*Do autor*).

Príncipe de Gales (*Prince de Galles*)
Retângulos de massa folhada, contendo creme de parmesão.

Quo Vadis
Canapés. Guarnecer com ovas cozidas e champignons grelhados.

Raglan
Em tarteleta. Fundo guarnecido com purê de ovas de arenque fumado. Recobrir com purê de bacalhau fresco.

Rajá (*Radjah*)
Crustadas. Guarnecer com Musse de Fiambre, com caril. Cobrir com *chutney* picado.

Real (*Royale*)
Crustadas. Bordar com um cordão de recheio de aves. Encher a cavidade com purê de aves. Gratinar.

Ritchie
Canapés. Cobrir com bacalhau picado, ligado com natas. Polvilhar com queijo. Gratinar.

Roquefort
Purê de queijo de Roquefort e manteiga em partes iguais, ligado com claras de ovos batidas em castelo. Colocar sobre pequenos canapés e passar ligeiramente no forno.

Sardinhas (*Sardines*)
Torradas. Guarnecer com filetes de sardinhas, sem pele nem espinha.

Scotch Woodcock
Torradas. Guarnecer com ovos mexidos. Colocar em cima, em fôrma de grelha, filetes de anchovas.

Suflê Champignons (*Soufflé Champignons*)
Aparelho de suflê com purê de champignons, sobre canapés. Gratinar.

Suflê Florentino (*Soufflé Florentine*)
Com Molho Bechamel e purê de espinafres. Terminar como a anterior.

Suflê Parmesão (*Soufflé Parmesan*)'
Idem como a anterior. Purê de parmesão.

Suflê, Preparado do
Molho Bechamel reduzido, ligado com gemas de ovos. Misturar com claras de ovos em castelo.

Tosca
Em tarteletas. Fundo guarnecido com Lagostins à Americana. Cobrir com aparelho de Suflê de Parmesão.

Tutano (*Moelle*)
Torradas. Guarnecer com pedaços de tutano cozido.

Vendôme
Em tarteletas. Guarnecer com o seguinte aparelho: Tortulhos à Bordalesa, picados; cubos de tutano cru; ovo cozido, picado; miolo de pão; temperos; sumo de limão; Glace de Carne dissolvida. Misturar tudo. Aquecer no forno. Rodela de tutano, no topo.

Viriato
Pequenos canapés de pão de milho, cobertos com queijo da Serra derretido. (*Do autor*).

Vitória (*Victoria*)
Purê de fiambre e pasta de fígado (*foie grãs*),. sobre torrada. Filetes de anchovas, em cruz, no topo.

Welsh Rarebit
Torradas. Cobrir com uma massa feita de queijo Chester derretido e cerveja. Gratinar.

Windsor
Crustadas. Guarnecer com purê de fiambre. Cobrir com champignons grelhados, picados.

COZINHAS REGIONAIS E TÍPICAS
(CUISINE TIPIQUE)

Apesar de termos incluído, nos seus capítulos respectivos, muitos pratos da cozinha internacional, pensamos, todavia, criar esta seção, onde, numa breve consulta, o profissional interessado possa encontrar algum pratos de caráter verdadeiramente típico, com os quais possa elucidar-se, elaborar uma ementa do gênero, ou satisfazer um pedido. Claro está que, aqui, poremos em primeiro lugar o nome autêntico e apenas traduziremos os significados, uma vez que, neste caso, o paladar deve ser acompanhado (!) da nomenclatura original. É mais típico e mais elucidativo.

COZINHA PORTUGUESA
(Cuisine Portugaise)

Alheiras à Transmontana
Fazer uma massa, com presunto velho; chouriço de carne; pé de porco; vaca; toucinho; galinha e peru; cozidos em conjunto e adicionados de pão de trigo. Adicionar banha derretida, pimentos e alho, bem pisados. Deixar arrefecer um pouco e ensacar morno, em tripas previamente lavadas, deixadas dois dias em água com aguardente, rodelas de laranja e folhas de louro. Servem-se grelhadas ou fritas.

Amêijoas com presunto
Abrir as amêijoas numa caçarola, cobertas com vinho branco. Tirar das cascas e deixar arrefecer. Passar o vinho por um pano. para tirar a areia. Incorporar à parte, num pouco de manteiga, alguma farinha de trigo. Juntar presunto picado, cebola, cogumelos, ramo de cheiros e cravinho. Regar com caldo e deixar reduzir. Passar, aquecer e ligar fora do fogo, com gemas de ovos. Passar as amêijoas por este molho, deixar arrefecer e fritar.

Amêijoas de caldeirada
Preparar as amêijoas, como se diz na receita anterior. Colocar numa caçarola com cebola em rodelas, dente de alho, tomate, pimenta, louro, salsa e o vinho das amêijoas, coado. Deixar ferventar muito lentamente. Servir em timbale de metal.

Bifes de Vitela à Bragantina
Fazer fatias delgadas de lombo de vitela. Cortar fatias de presunto de igual tamanho e remolhá-las durante 15 minutos. Esfregar os bifes com alho esmagado, sal e pimenta e fritar em banha de porco. Procede-se de igual modo com o presunto, bem enxuto. Fritam-se, no mesmo, molho, rodelas de cebola, adicionando um pouco de caldo. Juntar os bifes de vitela com os de presunto, sobrepondo-os, e cobrir com o molho. Batata cozida em rodelas.

Bifes na Frigideira
Este bife, que é chamado vulgarmente Bife à Portuguesa, faz-se da seguinte maneira. Cortar duas fatias finas de lombo de vaca. Colocar entre elas, uma outra de presunto, remolhado em leite e salteado em manteiga. Fritar numa frigideira, com banha de porco, alho, louro, vinho verde branco, sal e pimenta. Deixar ferventar lentamente. Servir com batata cozida, em rodelas. (*Há quem corte só uma fatia de carne e apresente o presunto em cima. Pesssoalmente. prefiro a maneira que indico*).

Borrachos com ervilhas
Passar os borrachos, depois de convenientemente limpos, num refogado com banha, manteiga, cebola, pedaços de presunto, chouriço e vinho branco. Adicionar um pouco de caldo e ervilhas tenras. Cozinhar lentamente.

Cabeça de Vitela
Cozer a cabeça, sem miolos nem língua. Limpar dos ossos, partir em pedaços e colocar numa caçarola, em que se refogou cebola picada, salsa, pimenta, banha e manteiga. Acrescentar caldo da cozedura e deixar apurar. (*Pode-se adicionar legumes, se se desejar*).

Cabidela de Galinha
Aproveitar o sangue da galinha, que se liga com vinagre. Preparar a galinha, em forma de guisado bastante apetitoso. Ligar o sangue, quando estiver quase cozinhado. Servir em tacho de barro, sobre fatias de pão torrado. (*Pode-se juntar algum vinho tinto ao refogado do guisado*).

Cabrito Assado à Minhota
Prepara-se um cabrito inteiro, ou só o quarto traseiro. Esfregar bem, com dentes de alho e sal refinado. Untar com toucinho derretido e pimenta. Regar com vinho verde branco e juntar algumas folhas de louro. Deixar repousar 1 hora. Colocar num tabuleiro ou assadeira de barro. Cobrir com fatias de toucinho e regar com bom azeite, juntando o molho em que esteve marinado. Levar ao forno para alourar, voltando de vez em quando. Depois de cozinhado, serve-se com batatas coradas ensopadas no próprio molho, dentro da assadeira de barro em que foi cozinhado.

Cabrito Recheado à Bragantina
Untar o cabrito com uma massa feita de banha de porco, manteiga, pimenta, colorau e sal. Cobrir com rodelas de limão e deixar por algumas horas. Picar as miudezas, com batatas, ovos cozidos e salsa, refogando em banha, com pimenta, cebola picada e alho. Juntar azeitonas e rechear o cabrito com a massa, que deve ser suficiente. Coser com fio e agulha e assar no forno. Servir em assadeira de barro.

Caldeirada à Fragateira
Colocar, numa caçarola de barro, cebola às rodelas, tomates em pedaços, salsa, peixe miúdo variado, convenientemente amanhado. Regar com azeite e vinho branco, sal, pimenta e colarau. Cobrir com água. Tapar e deixar ferver lentamente. Servir sobre batata cozida, cortada às rodelas.

Carneiro à Transmontana
Perna de carneiro, assada com banha de porco, vinho branco, caldo de carne, sal e pimenta, cebola e louro. Regar continuamente, para não crestar. Depois de assada, untar com gema de ovo batida e polvilhar com pão ralado. Corar no forno novamente. Pode-se servir fria.

Chanfana
O mesmo que LAPANTANA.

Costeletas de Capado à Beirã
Cortar e bater as costeletas. Acamá-las num tacho de barro, com sal, pimenta e alho. Regar com vinho branco. No dia seguinte, passar por ovo batido e pão ralado, fritando em banha de porco.

Costeletas de Vitela à Portalegrense
Costeletas bem temperadas, fritas em banha. Numa caçarola, colocar uma colher de manteiga, azeite e cebolas às rodelas. Quando a cebola alourar, juntam-se tomates sem pele nem sementes, salsa, sal, pimenta e vinho branco. Deixar cozer bem, tirar a salsa e deitar dentro as costeletas. Ferver algum minutos e servir com couve lombarda, estufada.

Cozido à Portuguesa
(Ver em ENTRADAS DE AÇOUGUE. "Vaca").

Favas com Chouriço e Toucinho
Favas tenras, estufadas sobre um refogado de chouriço, toucinho, banha de porco, cebola picada, vinho branco, sal e pimenta, que se acrescenta com um pouco de água no momento de juntar as favas.

Fava Rica
Prepara-se com favas secas, que depois de bem escolhidas são deixadas de molho em água e sal. Cozer em água, com sal, até se conseguirem esmagar com um garfo. Escorrem-se e temperam-se com azeite e alho picado. (*Pode-se fazer com favas verdes, utilizando-se, neste caso, as que começam a endurecer. Há também quem junte azeite e alho à cozedura, em razão do que a Fava Rica se apresenta, pela evaporação da água, com o aspecto de um guisado*).

Feijão Branco à Alentejana
Cozer o feijão, com cebola, cenoura, ramo de cheiros e pimenta. Depois de cozido, juntar toucinho em cubos e chouriço às rodelas, refogados ligando com Molho de Tomate.

Feijão-Verde Guisado
Fazer um refogado, com tomate, cenoura, salsa, azeite, banha. sal e pimenta, adicionando um pouco de água. Passar pelo passador. Cozer neste caldo o feijão-verde, inteiro ou cortado em tiras grossas, mantendo a caçarola tapada.

Iscas de Fígado
Cortar em fatias, o mais fino possível. Temperar num tacho de barro, com sal, pimenta, alho pisado, vinagre e vinho branco, até cobrir as iscas. Juntar o baço raspado e deixar marinar o mais possível. Fritar as iscas em banha de porco e retirá-las; adicionar então a marinada com o baço, deixar reduzir e engrossar. Cobrir as iscas com o molho e servir com batatas cozidas, arroz ou batatas fritas.

Lampreia à Minhota
Amanhar a lampreia, como se diz no capítulo respectivo. Cortar em pedaços de 4 cm, temperando com sal e pimenta. Refogar em manteiga, com cebola, cenoura, louro e aromáticos. Refrescar com vinho branco e caldo de peixe. Tapar e deixar cozinhar. Misturar parte do sangue e sumo de limão, mantendo em sítio quente, sem ferver. Com o resto do sangue, preparar um arroz enxuto, que é servido ao mesmo tempo. (*O sangue deve ter sido previamente misturado com vinho tinto, o que, aliás, é do conhecimento geral*).

Lapantana
Cortar pedaços de carne, de cabra ou carneiro, em tamanho regular. Colocar num tacho, temperando com sal, pimenta, louro, ramo de salsa, rodelas de cebola e vinho tinto, até cobrir completamente. Juntar uma pequena porção de azeite e deixar marinar 24 horas. No momento de cozinhar, adicionar um bom pedaço de banha e meter no forno. Deixar cozer bem, tendo o cuidado de substituir o vinho que desaparece pela evaporação. Serve-se com batatas cozidas ou coradas, ensopadas no próprio molho.

Lebrada
Partir em pedaços os quartos dianteiros da lebre. Colocá-los num tacho de barro, com manteiga, banha de porco, toucinho picado, azeite e cebola picada, previamente refogados. Juntar ao molho um pouco de farinha de trigo, deixando incorporar bem. Adicionar 2 dl de caldo, igual porção de vinho tinto, sal, pimenta, noz-moscada e especiarias. Quando está quase cozinhado, lança-se no molho o fígado cortado em pedaços. Fora do fogo, junta-se o sangue, mistura-se bem e leva-se novamente a levantar fervura. Servir tal qual.

Leitão Assado à Portuguesa
Depois de preparado o leitão, limpa-se interiormente e tiram-se-lhe as vísceras. Lava-se então por dentro, com uma mistura de vinho branco, dentes de alho pisados e sal. Deixar escorrer pendurado, até ao momento de assar. Untar com azeite e banha, pondo numa assadeira de barro, rodeado de cebolas, cenouras, louro, salsa, sal e pimenta. Refrescar com vinho verde branco, tendo o cuidado de regar repetidamente com o molho, para não deixar estalar a pele com o excesso de calor. Observação: *A segunda parte da preparação pode ser feita espetando o leitão num tronco de loureiro descascado e expondo-o a fogo forte, tendo o cuidado de untar com azeite de vez em quando, para que a pele não rebente.*

Leitão à Bairrada
Preparar uma massa com banha, pimenta e alho, num tacho de barro, sobre o fogo. Barrar o leitão por dentro e por fora, com essa massa. Em seguida, proceder como se indica na observação da receita anterior, refrescando o leitão com vinho branco, adicionado do restante da massa com que se barrou. Servir quente ou frio, sendo, no entanto, mais aconselhável a primeira modalidade. O molho é servido quente, à parte.

Lombo de Porco à Noitinha
Marinar um lombo de porco, em partes iguais de vinho verde branco e vinagre, dentes de alho pisados, sal, pimenta, colorau, folha de louro. Passadas 24 horas, assar no espeto ou em tabuleiro, com banha de porco em abundância. Servir com croquetes de batata.

Lombo de Vitela à Portuguesa
Proceder como se diz na receita anterior, utilizando lombo de vitela.

Lulas recheadas
Escolher lulas pequenas; tirar-lhes a cabeça e lavar muito bem. para rechear. Picar os

tentáculos, asas e cabeça, depois de cozidos em água com sal. Fazer um refogado com cebola picada, salsa, pimentos, azeite e colorau, até a cebola estar loura. Adicionar o picado de lula. Tirar do fogo e juntar gema de ovo e sumo de limão. Com esta mistura encher os sacos das lulas, coser a boca com um palito e deitar em água a ferver durante algum tempo. Estufar num refogado idêntico ao que se fez para o recheio, com bastante gordura. Servir dentro do próprio molho.

Mão de Vaca Guisada
Depois de cozida e desossada, prepara-se um refogado com toucinho ou banha, cebola, salsa picada e pimenta. Juntar a mão de vaca, deixando-a guisar e acrescentando a pouco e pouco pequenas porções do caldo da cozedura, até o molho estar apurado. Querendo, pode-se juntar ao guisado ervilha ou feijão branco, na altura de acrescentar o molho.

Magas à Alentejana
Acorda de pão de trigo. Servir com carne de porco cortada em pedacinhos, temperada com sal, pimenta, colorau, louro, vinho branco, vinagre e alhos esmagados, frita depois de bem maquinada. (*Noutras regiões, chamam também magas ao miolo de pão de milho, feito em acorda crua, com azeite, alho, sal e pimenta, adicionado de paio picado*).

Migas de Feijão Branco
Açorda de pão de milho, como se diz na receita anterior, adicionada de feijão branco cozido e um pouco da sua água.

Papas de Sarrabulho à Minhota
Galinha, presunto, vaca e vitela, cozidas e desfiadas. Fazer uma açorda com o caldo e pão de trigo. Juntar sangue de porco cozido, desfeito. Temperar com sal, pimenta e cominhos.

Pato ao forno com Arroz
Pato depenado, chamuscado e limpo. Cozer com água, sal, pimenta em grão, cebola. toucinho, presunto e chouriço de carne. Quando meio cozido. retira-se a panela do fogo, coa-se o caldo e nele se coze o arroz. previamente branqueado. Num tabuleiro de pirex. ou assadeira de barro que possa ir à mesa. coloca-se o prato, trinchado, sobre uma camada de arroz. Cobrir com o restante arroz, regar com manteiga e dourar a superfície com clara de ovo. Enfeitar com rodelas de chouriço, pedaços de toucinho e presunto. Levar ao forno, para corar a superfície do arroz. Serve-se, enfeitando com ramos de salsa.

Peixe no forno
Escolher um peixe inteiro, de bom tamanho. Depois de amanhado, colocar numa assadeira de barro. com cebolas, pimentos, tomates, cenouras, sal, pimenta. colorau, vinho branco, azeite e manteiga. Assar no forno. Refrescar com um pouco de caldo de peixe e deixar cozinhar bem. Servir tal qual.

Perdiz na Púcara
Numa púcara de barro com boca estreita, colocar a perdiz crua, Juntar tomates, cenouras em tiras, cebolas pequenas. pedaços de toucinho, banha de porco. vinho branco, sal, pimenta e louro. Tapar hermeticamente e deixar cozinhar a fogo brando. Servir tal qual. (*Pode-se fazer também com pombo ou frango*).

Perdizes de Escabeche à Alentejana
Corar as perdízes no espeto e deixá-las arrefecer. Fazer uni refogado com azeite, bastante vinagre, cebola em rodelas, bagos de pimenta e cravinho. Lançar dentro as perdizes e um pouco de água. deixando-as cozer sempre cobertas com o molho. Deixá-las algum dias imersas e servir depois, quentes ou frias.

Porco Frito á Alentejana
Pedaços de carne de porco. maquinados durante 24 horas em: vinho branco. vinagre (1 colher), alho, louro, salsa, cebola, cenouras, colorau, sal e pimenta. Fritar em banha de porco e juntar amêijoas. Servir polvilhado com salsa picada e picles. com quartos de limão. (*Deve ser servido em prato de sopa*).

Sarapatel à Minhota
Fritar em banha, carne, fígado e rins de porco, cortados em fatias. Juntar sangue do animal, cozido em água com sal e vinagre, desfeito; alho e cravinho. Temperar com sal, pimenta e cominhos. Servir acompanhado de quartos de limão.

Sarrabulho
Picar cebolas e alhos, muito fino; refogar em banha, com uma folha de louro. Refrescar com vinho branco e deixar reduzir, Juntar fígado de

porco cortado em fatias, sal, pimenta, cominhos e um pouco de água. Tapar. Depois de os fígados estarem cozinhados, adicionar o sangue cozido, desfeito. Servir bem quente, com açúcar ou mel, se se desejar.

Tobafadas
Cozer buchos de porco. Picá-los, bem como a carne da cabeça e do espinhaço. Misturar e juntar algum vinho, sal, água. pimenta moída, alhos pisados e um rabinho de manjericão. Mexer bem e deixar repousar 24 horas. Adicionar pão ralado e banha de porco, de modo a formar uma massa sólida mas mole. Ensacar em tripa de porco.

Tripas à Moda do Porto
(*Ver em* ENTRADAS DE MIUDEZAS. "Tripas").

COZINHA PORTUGUESA (DOS ANTIGOS TERRITÓRIOS)

(Cuisine Portugaise d'Outre-Mer)

Arroz Chau-Chau
(*Ver em* LEGUMES, "Arroz". (*Macau*)

Bife à Indiana
Preparar um bife de lombo de vaca, em cebolada, temperado com leite de coco, gengibre, pimenta, cominhos, malagueta e sal. Servir com batata cozida. (*Goa, Damão e Diu*).

Cachupa
Carne de porco salgada. Cozer com milho pilado e feijoca, adicionando chouriço, toucinho e galinha, refogados com cebola, manteiga ou banha. Temperar com sal e pimenta. Servir bem quente. (*Cabo Verde*).

Caril
Carne, peixe ou legumes, cozinhados com curcuma; sementes de coriandro. feno grego, cravinho, pimenta em grão e caiena, adicionados de um pouco de caldo, sal, açafrão e outros condimentos. (*Goa. Damão e Diu*).

Cherenque
Milho pilado, refogado em caldo de carne, com cebola e manteiga. Utiliza-se como guarnição para carne assada. (*Cabo Verde*).

Chilimisso, ou Achar
Preparado gelatinoso, bastante picante e aromático, que se obtém pela maceração de pedaços de limão, tomates ou outras frutas ácidas, com sal, açúcar, malagueta. etc. (*Serve de acompanhamento a diversos pratos, incluindo o caril*).

Chirmut
O mesmo que MANGO CHUTNEY. Pedaços de manga macerados em sal, vinagre e açúcar, que se servem como acompanhamento do caril.

Churrasco
Pedaços de carne de vaca ou outro animal semelhante, tratados pelo processo utilizado para o FRANGO À CAFREAL e grelhados no espeto, sobre fogo forte. (*Angola*).

Esparregado Ultramarino
Como o METROPOLITANO, utilizando coco ralado em vez de farinha e juntando malagueta picada.

Farófia Angolana
Farinha de pau, amassada com sumo de laranja, cebola picada e salsa. Coze-se sobre lajes muito quentes. (*Chama-se farinha de pau, à farinha de mandioca*).

Frango à Cafreal
Frango limpo, bem espalmado. Esfregado com sal, malagueta, gindungo ou piripiri e assado no espeto ou na grelha, depois de untado com azeite ou óleo de amendoim (*na Metrópole usa-se manteiga*). Regar com leite de coco, durante a cocção.

Funche
Papa grossa de farinha de milho, que serve de guarnição a diversos pratos. (*Angola*).

Gilibi
Espécie de doce feito com farinha de grão-de-bico, manteiga, leite e açúcar, cozinhado como uma papa.

Jogó
Folhas de hortaliça cozidas, cortadas finas. Refogadas em óleo de palma. temperadas com picantes e engrossado o molho com farinha de trigo ou de pau. (*São Tomé*).

Kalulu
Galinha, peixe fresco ou seco, carne fumada ou porco, cozida com quiabos e azeite de palma, rodelas de cebola, tomates, beringelas, malagueta, pau de pimenta e folha de mesquite,

pisados em almofariz. Serve-se acompanhado com purê de batata, de banana cozida, ou papas de farinha de pau. enxutas. (*São Tomé*).

Muamba
Galinha ou peixe fresco, refogada em cebola picada e óleo de palma, com rodelas de batata, abóbora e quiabos. (*Angola*).

Mufete Angolano
Peixe fresco, grelhado depois de tratado como o FRANGO A CAFREAL. Serve-se com batatas cozidas.

Paparis, ou Papodums
Pequenas bolachas picantes muito finas, feitas sobretudo com massa de farinha de feijão. São secas ao sol e fritas em gordura vegetal no momento de servir. (*Para acompanhamento do caril*).

Pulau
O mesmo que PILAW. Denominação local. (*Goa*).

Sacarbat
Arroz cozinhado com manteiga e açúcar. (*Goa*).

Sarapatel Goês
Cabeça de porco cozida, cortada em pedaços. Saltear com rim, coração, torresmos e sangue de porco previamente cozido. Molhar com caldo da cabeça, vinagre, malagueta, curcuma, pimenta, cominhos e gengibre. Deixar ferver até reduzir. Servir tal qual.

Xiró
Doce feito com rolão de trigo, leite, manteiga, açúcar e passas. (*Goa*).

COZINHA ALEMÃ
(Cuisine Allemande)

Não sendo das mais famosas, a cozinha alemã tem, no entanto, algum pratos que, conhecidos em todo o mundo, passaram a figurar já nas ementas dos melhores restaurantes. As saladas, das quais eles possuem grande variedade, são excelentes. Entre elas, muitas há que não são por nós utilizadas, tais como chicória, taráxaco ou dente de leão, milho, hortaliça marinada e de salmoura (Sauerkraut) etc. As sopas, bastante nutritivas, são consideradas obrigatórias num jantar. A par da vulgar sopa de carne e de legumes, fazem-se na Alemanha, entre outras, sopa de leite, adocicada, engrossada com farinha e maçãs: sopa de amêndoas; sopa de chocolate; sopa de vinho, com folhas de videira; sopa de batata, com ameixas e maçãs; sopa de cerveja (Biersuppe) etc. As carnes e os peixes são também usados em salmoura ou com molhos abundando em natas, As salsichas (Würsten) são famosas e fazem quase sempre parte das refeições. Apesar de não prepararem muitos pudins, pois estes são quase desconhecidos, os alemães têm, no entanto, uma pastelaria variada, na qual alinham os famosos Sandtorte, Kugelhopf, Waffeln, Krachtort etc. Entre as variedades de pão, o Schwarzbrod ou Pumpernickel, integral e saudável, é muito apreciado.

As principais refeições alemãs são:

Frühstück – Pequeno-almoço, de composição semelhante à do nosso. Café com leite, pão, manteiga, geléia etc.

Mittagessen – Almoço: geralmente sopa e prato de carne, legumes ou salada, com cerveja ou vinho leve.

Caffeeklatsch – Lanche: café, bolos etc.

Nachtessen, Abendessen ou Abendmahl – Jantar: servido vulgarmente às 7 ou 8 horas, que no Verão consiste apenas no famoso decai Milch e frutas, carnes frias, ou omelete.

Apfel Torte (*Torta de Maçã*)
Numa caçarola com 2 dl de natas, casca de limão ralada, 125 g de manteiga derretida e 3 ovos bem batidos, pôr 3 colheres de sopa de farinha. Misturar tudo muito bem e juntar 10 ou 12 maçãs descascadas, cortadas em fatias. Deixar repousar, enquanto se branqueiam e picam 100 g de amêndoas. Colocar a mistura em fôrmas de tarta, dentro de massa, polvilhar com as amêndoas e cozer em forno moderado, de 35 a 45 minutos. Polvilhar abundantemente com açúcar amarelo. Servir quente, ou frio.

Bayerische Knödeln (*Croquetes Bávaros*)
Fazer pequenas bolas com o seguinte aparelho: carne picada (250 g), pão ralado (60 g), 1 colher de chá de aromáticos picados, 1 ou 2 ovos, noz-moscada, sal e pimenta; tudo bem amassado. Cozer em molho de carne assada, a ferver. Deixar enxugar e servir cobertos com manteiga derretida.

Biersuppe (*Sopa de Cerveja*)
1/2 litro de cerveja, 2 fatias de pão. 50 g de manteiga, 2 ovos, gengibre e sal. Deixar ferver

a cerveja com o pão em pedaços e os condimentos; lançar sobre os ovos batidos, já dentro da terrina onde vai ser servida.

Fladehen mit Spinat (*Crepinetes de Espinafres*)
Fazer um esparregado de espinafres, com cebola refogada em manteiga. Enrolar em folhas de crepes, alinhando estes num prato de ir ao forno. Bater bem 3 ovos, com 2 dl de leite, sal e pimenta; cobrir com eles os crepinetes. Cozinhar em forno brando, até que o creme solidifique. Servir imediatamente.

Fleischkuchen (*Omelete à Alemã*)
Picar finamente alguma carne de cozido. Refogá-la em manteiga, com cebola picada, molho de carne, um pouco de farinha, sal e pimenta. Numa frigideira untada com banha, lançar massa de crepes como para preparar estes, Colocar em cima duas colheres do refogado anterior e cobrir imediatamente com mais uma pequena quantidade de massa de crepes. Terminar de cozinhar no forno, bem quente, até estar alourada. Servir com salada verde.

Gefüllte Leber (*Fígado Recheado*)
Fígado de vitela, toucinho fumado (*bacon*) e cebola, cortados finamente e fritos em manteiga. Adicionar noz-moscada, sal e pimenta. Deixar arrefecer numa terrina. Entretanto, ensopar pão em leite. até amolecer, bater algum ovos inteiros e misturar todos os ingredientes. Enrolar tudo em tripa de vitela ou de porco e estufar no forno com molho de carne. Servir bem quente.

Gehirnschnitten (*Miolos com Torradas*)
Miolos ligeiramente fritos, colocados sobre torradas do mesmo tamanho. Temperar com sal e pimenta: polvilhar abundantemente com queijo e pão ralado. Regar com manteiga derretida e gratinar. Servir com limão.

Kartoffeln mit Käse (*Batatas com Queijo*)
Batatas cozidas, frias, cortadas às rodelas e colocadas num prato de ir ao forno, em camadas cobertas com ovos (2), batidos com leite (3,5 dl) e polvilhadas com queijo. Gratinar no forno.

Kirschen Sauce (*Molho de Cerejas*)
Cerejas pretas (250 g), fervidas em 2,5 dl de vinho tinto, com casca de limão, cravinho, canela em pau, molho de carne e 1 colher de sopa de farinha: sal.

Leberkloesse (*Croquetes de Fígado*)
Fazer uma massa com fígado picado, pão ensopado em leite, cebola, casca de limão, salsa picada e farinha. Temperar com noz-moscada, sal e pimenta; juntar ovos batidos, quanto baste para dar a consistência desejada. Formar pequenas bolas e cozê-las em molho de carne. Servir regados com manteiga derretida.

Milchbrod Suppe (*Sopa de Pão de Leite*)
Com brioches ou pãezinhos de leite, fazer um ensopado em molho de carne pouco gorduroso. Temperar com sal, pimenta e noz-moscada. Ligar fora do fogo, com ovos batidos.

Pfannkuchen
Nome alemão para os CREPES.

Polnischer Boel (*Vitela Estufada*)
Fatias de lombo de vitela, picadas com pedaços de toucinho fumado (*bacon*), cebola, casca de limão e anchovas. Temperar com sal e pimenta, enrolar e apertar com um fio. Saltear em manteiga, adicionando *bacon*, cebola, casca de limão e molho de carne, Tapar e cozinhar lentamente, durante 2 horas. Servir quente, sem os fios que apertam.

Sacher Torte (*Torta de Chocolate à Alemã*).
Bater 250 g de manteiga até ficar em creme; juntar 8 gemas de ovos, depois 200 g de açúcar, 100 g de chocolate ralado, casca de limão ralada e por fim 125 g de farinha. Bater bem durante 20 minutos. Adicionar 8 claras de ovos em castelo. Colocar em fôrmas redondas e cozer no forno durante 45 minutos. Depois de bem frio, cobrir a superfície com uma camada espessa de geléia de alperche e decorar com natas batidas.

Schlachtbraten, ou Sauerbraten (*Assado de Vaca Amargo*)
Corar em manteiga, dentro de uma frigideira, 1,5 kg de lombo de vaca, lardeado de um dos lados. Polvilhar o lado não lardeado com farinha e continuar fritando a carne, adicionando 1 cebola em rodelas. Juntar água ou molho de carne, vinagre, cravinho e louro; fazer ferver. Colocar no forno e cozinhar durante 1 1/2 horas. Numa frigideira, alourar 30 g de açúcar com algumas gotas de água e juntar 2 dl de natas, mexendo sempre. Passar o molho de cozinhar a carne e juntar às natas, bem como o sumo de um limão. Cobrir a carne com este molho e servir com macarrão.

Wassersuppe (*Sopa de Água*)
Bater muito bem 2 ovos, com duas colheres de farinha e 50 g de manteiga derretida. Ferver 1 litro de água, juntar cebola picada e a massa anterior, batendo bem até levantar fervura. Deixar ferver 10 minutos, temperar ao gosto e polvilhar com salsa

Weisskraut mit Wurst (*Repolho com Salsichas*)
Cozer um repolho e cortá-lo finamente, Fritá-lo, sem deixar alourar, em manteiga refogada com cebolas. Empratar em pirâmide e cobrir com salsichas cozidas ou fritas. Colocar no centro 2/2 ovos cozidos. Ao redor, molho de carne.

Zwetschen Sauce (*Molho de Ameixas*)
Ameixas secas, remolhadas, Tirar os caroços, parti-los e guardar o miolo. Ferver tudo em vinho do Porto ou Clarete, com casca de limão, canela e sumo de limão. Passar. Se necessário, dissolver com um pouco mais de água ou vinho. Serve-se com qualquer bolo simples.

COZINHA AMERICANA
(Cuisine Américaine)

A América do Norte e o Canadá, ainda que mantendo um gênero de alimentação estandardizado, com base nas saladas e steaks, portanto sem grandes alardes culinários, guardam ainda algum dos pratos que para lá foram levados pelos colonos europeus, e por estes adaptados ao seu novo ambiente. País abundante em peixe, com enorme faixa costeira, inúmeros lagos povoados e rios de recursos inesgotáveis, a carne é, no entanto, a sua base alimentar. Devido ao fato de a consumirem quase só grelhada, e ao seu gosto por pratos doces, aliás já notado também nos ingleses, que eles devem, quase, por assim dizer, a sua reputação gastronômica. É no fabrico de doces, os chamados Candies, que se têm destacado, enquanto, nos sorvetes (ice-creams) e bebidas geladas (punch e outros), são verdadeiramente famosos.

Clam Chowder (*Sopa de Amêijoa*)
Fazer um refogado com porco, ou toucinho fumado (*bacon*). cebola e manteiga, até alourar. Juntar batatas em cubos, tomates e água até cobrir, sal e pimenta. Deixar ferver 30 minutos e adicionar as amêijoas, sem conchas. Se se desejar, pode-se engrossar o caldo com miolo de pão torrado.

Cold Slaw
Picar em juliana muito fina um repolho sem os talos. Lançar dentro de uma frigideira, onde se aqueceu 50 g de manteiga e 1,5 dl de vinagre. Adicionar uma colher de farinha e uma pitada de sal, deixando cozinhar algum minutos. Bater 1 ovo levemente e adicionar aos outros ingredientes cozinhando algum minutos. Servir frio. (*Faz-se também diretamente a frio, por outro processo. Ver* SALADAS AMERICANAS). (*Diz-se também* **Col Slaw**, ou *Cold Slow, consoante a região*).

Crullers
Bater 1 ovo com 1 chávena de açúcar, 1 chávena de natas azedas, sal, canela e uma colher de chá de bicarbonato de sódio dissolvido em água. Adicionar farinha suficiente para dar consistência e amassar. Abaixar com o rolo, até 2 cm de altura. Cortar em rodelas, fazendo ao centro um pequeno buraco. Fritar e servir quente.

Halibut Steaks (*Bifes de Halihute*)
Cortar filetes de peixe, enxugar, temperar com sal e pimenta. Passar por farinha, ovo batido e pão ralado. Fritar e servir com salsa frita. (*O Halibute é um peixe gigantesco, com o formato do pregado, embora muito maior. Comum nas águas frias do pólo, é bastante conhecido na América e Inglaterra*).

Hot Slow
Picar as folhas tenras de um repolho, o mais finamente possível. Derreter 50 g de manteiga numa frigideira com alguma água. Pôr dentro o repolho. Temperar com sal e pimenta e ferver lentamente até cozer a hortaliça. Adicionar 1 ovo batido. Ferver mais 3 a 4 minutos e juntar 1,5 dl de natas azedas. Aquecer bem e servir.

Jombalayah
Cozer bom arroz de Patna, deixando os bagos um pouco firmes e soltos. Misturar com fiambre picado muito fino e folhas de alface. Coração da alface ao centro. Serve-se frio, geralmente ao pequeno-almoço. (*Existe uma sopa árabe, com o mesmo nome. Desconheço quais as razões que levaram a chamar assim, este prato, uma salada, deveremos acrescentar*).

Mush
Papas de farinha de milho branco. Serve-se quente, com leite, manteiga ou Xarope (melaço).

Mush Croquettes
Prepara-se um litro de papas de milho branco com sal. Quando estiver suficientemente cozido, juntam-se 50 g de manteiga e 2 ovos batidos, deixando algum minutos ao calor, mas fora do fogo. Despejar num prato e deixar arrefecer. Fazer em croquetes com a forma vulgar e fritar em óleo. Servir bem enxutos.

Mush, Fried (*Papas de Milho Fritas*)
Preparar o MUSH como se indica acima. Deixar arrefecer. Cortar em tiras do tamanho de um dedo. Passar por gema de ovo e pão ralado. Fritar e servir quente.

Pop Overs
Massa preparada com 1 chávena de farinha, 1 chávena de leite, 1 ovo e sal quanto baste. Cozinhar no forno dentro de uma fôrma untada, previamente aquecida.

Succotash
Cozer separadamente em água e sal, feijão não seco e grão de milho verde, na proporção de 4 para 1. Misturar. Pôr numa frigideira, com manteiga, natas. pitada de açúcar e pimenta. Mexer até estar completamente ligado. No caso de se utilizarem legumes secos, deixá-los de molho antes de preparar.

Waffles
250 g de farinha; 250 g de manteiga; 80 g de açúcar; 3 ovos; l/2 litro de leite; 1/2 colher de chá de sal. Bater a manteiga. o açúcar e as natas. Adicionar as gemas de ovos, sal, farinha e leite, alternadamente, de maneira a não deixar a mistura muito espessa, nem muito lassa. Depois de bem misturado, adicionar as claras de ovos bem batidas. Preparar uma fôrma especial de ferro, que deve ser bem aquecida e untada, antes de se lhe colocar a massa. (*Este doce, que se pode fazer também com adição de um pouco de levedura, popularizou-se entre nós com o nome de* **Bolacha Americana**).

COZINHA AUSTRALIANA
(Cuisine d'Australie)

A Austrália, de cozinha caracteristicamente inglesa, é abundante em carnes, carneiro sobretudo. Verdadeiramente típica é a Sopa de Rabo de Canguru, uma vez que este é indígena da região. Apesar de bastante povoados os rios e as costas, devido às deficiências no abastecimento dos mercados, o peixe é caro e pouco consumido, sendo as ostras, de boa qualidade, as mais utilizadas. Grande parte dos peixes, das frutas e dos vegetais são quase desconhecidos no nosso hemisfério, como por exemplo os trumpeter *e* barracouda, *de entre os primeiros. O* sour sop, *fruto muito parecido com a anona depois de maduro, pode, enquanto verde, ser utilizado como legume. A papaia (*paw paw*) é também um fruto com a dupla possibilidade de ser cozinhado em verde como legume e consumido como fruta, depois de maduro. O* choko, *legume pouco conhecido cá, é excelente quando cozido, servido com molho branco.*

Codsteaks (*Bifes de Bacalhau*)
Postas de bacalhau fresco regadas com óleo de amendoim, grelhadas. Servir com um molho feito de gemas de ovos, óleo de mendobi, vinagre, alcaparras, sal e pimenta, batidos até à consistência de Maionese.

Fish Klosh
Presunto e *bacon* finamente picados com chalota ou cebola, fritos em manteiga durante algum minutos. Juntar 50 g de manteiga e 1,5 dl de leite, deixando ferver 5 minutos. Misturar 1 ovo, 250 g de peixe cozido, desfiado, temperar e deixar arrefecer. Formar pequenas bolas e cozê-las em fundo de peixe. Servir coberto com Molho de Anchovas.

Kangaroo Tail, Curried (*Caril de Rabo de Canguru*)
Lavar, branquear e fritar em manteiga o rabo do canguru, seguindo depois o processo usual de preparar o caril.

Kangaroo Tail Soup (*Sopa de Rabo de Canguru*)
Seguir as indicações dadas para a Sopa de Rabo de Boi. (*Ver* SOPAS), substituindo esta pela de Canguru.

Loquat Pie or Tart (*Torta de Nêsperas*)
Lavar e preparar 1 kg de nêsperas. sem pele nem caroços. Colocar numa caçarola, com açúcar (250 g). 2,5 dl de água e sumo de limão. Deixar ferver 10 minutos. Passar o molho e tornar a colocar a fruta com o xarope numa caçarola, fervendo até estar cozida, Colocar numa fôrma de torta encamisada com a massa

respectiva, polvilhar com açúcar e cozinhar no forno,

Melbourne Pancakes (*Crepes de Melburne*)
Preparar as folhas de crepes, como vulgarmente, fritando-as em banha de porco. Fazer urna pilha de altura regular (5 cm), colocando entre cada folha uma camada de purê de frutas com açúcar. Polvilhar no topo com açúcar e servir.

Parrot Pie (*Pastelão de Papagaio*)
1 dúzia de periquitos (*pequenas aves tropicais semelhantes ao papagaio*), 6 fatias finas de carne de vaca, 4 fatias de toucinho fumado (*bacon*), 3 ovos cozidos. Preparar as aves como normalmente. Cobrir o fundo da caçarola própria (*terrina oval chamada vulgarmente* canoa *ou* pied dish) com as fatias de carne. Colocar 6 dos periquitos, intercalando rodelas de ovo, salsa picada e rodelas de limão. Polvilhar com farinha, temperar com sal e pimenta. Cobrir com o *bacon* e proceder com o resto das aves, de igual modo para uma segunda camada. Encher com água até 3/4, cobrindo com massa meio folhada. Cozinhar no forno. (Pode-se fazer com outras aves, uma vez que, entre nós, com periquitos seria impossível).

Pumpkin Pie (*Pastelão de Abóbora*)
Cortar uma abóbora em pedaços e colocá-la numa caçarola especial para estes pratos (*pie dish*). Polvilhar cada camada com açúcar e pimenta de moinho. Cobrir com massa semifolhada e cozinhar em forno forte. Servir com natas espessas e açúcar.

Wallaby, Roasted (*Canguru Pequeno. Assado*)
Preparar como qualquer animal de caça. Deixar algum tempo dentro de água, para tirar o sangue que se tenha empastado. Lavar bem o interior do animal e recheá-lo com recheio de carne. Molhar com leite e cozinhar em forno brando, regando depois regularmente, com manteiga. Na última parte da preparação forçar mais o calor do forno para corar bem, o que não se faz logo de início, para evitar que a parte de fora fique queimada e o interior cru.

COZINHA AUSTRÍACA
(Cuisine Autrichienne)

A Austria, mercê da sua posição geográfica e do fato de ter, durante muito tempo, pertencido ao antigo império austro-húngaro, tem muito de comum, na sua cozinha, com a Hungria e a Alemanha, sendo algum dos pratos destes países vulgares aí, salvo pequenas exceções ou modificações. O Gullash, *os* Strudel *e outros são comum a qualquer desses países da Europa Central, apenas adaptados, com ligeiras alterações, às possibilidades das diferentes regiões.*

Baumwollemuppe
Misturar uma colher de sopa de farinha com sal, noz-moscada, 1 colher de sopa de manteiga derretida e 2 ovos. Bater, até fazer uma massa aveludada. Preparar 1 litro de bom fundo escuro de carne, livre de gordura e bem quente. Adicionar-lhe sobre o fogo, a massa anterior passada pelo chinês, mexendo sempre. Deixar ferver, levemente, durante 10 minutos. Temperar ao paladar e servir.

Gullash ou Gulias-Hus
Cortar em cubos 1 kg de vitela ou vaca tenra. Temperar levemente com sal e pimenta. Picar uma cebola finamente e alourá-la em manteiga, adicionando a carne. Saltear brandamente 10 a 15 minutos. Polvilhar com 1 colher de sopa de farinha e juntar 1 cálice de vinho da Madeira e 1 concha de fundo escuro de carne. Deixar ferver e adicionar 3 ou 4 batatas salteadas em manteiga, com toucinho e um pouco de páprica. Deixar cozinhar lentamente, verificar o tempero e servir. (*Cozinha Austro-Húngara*).

Kahab (*Salteado de Vitela*)
Cortar a vitela em pedaços e saltear em manteiga, com sal, pimenta, cebola às rodelas e limão. Deixar cozinhar a cebola. Cobrir com uma boa porção de natas, tapar bem a caçarola e deixar cozinhar no forno até a carne estar bem tenra. Servir guarnecido com rodelas de limão e raminhos de agrião.

Kaisersuppe
Cortar 1 nabo. 1 cenoura, 1 cebola, 1 alho porro e 1/4 de repolho, em pedaços pequenos, e fritá-los em manteiga durante 15 a 20 minutos, sem deixar tomar cor. Adicionar arroz cru, um pouco de açúcar e mexer bem até a manteiga estar absorvida. Molhar até cobrir, com fundo branco de carne. Tapar. Deixar ferver 1/2 hora. Temperar ao paladar e adicionar queijo ralado, imediatamente, ou à mesa no momento de servir,

Kalbsvoegel (*Rolos de Vitela*)
Fatias finas de vitela, polvilhadas com sal e pimenta. Sobre cada fatia, uma outra de toucinho fumado *bacon*. Enrolar e apertar com um fio. Fritar em manteiga, até estarem bem dourados. Retirar. Adicionar à manteiga um pouco de farinha que previamente se aloura, vinho branco, fundo de carne, salsa picada, casca de limão. Deixar ferver e repor a carne no molho, onde se termina a cocção depois de tapada. Servir sobre uma camada de purê de batata, cobertos com o fundo reduzido.

Käsegebäck (*Fofos de Queijo*)
Cortar fatias quadradas de queijo *Gruyère* e enrolá-las em Massa de Chus. Polvilhar com sal e caiena (*esta abundante*). Panar duas ou três vezes com ovo e pão ralado, e fritar em gordura bem quente.

Nudelsuppe (*Sopa de Nulhes*)
Com 125 g de farinha, sal e 2 gemas de ovos, fazer uma massa que se trabalha muito bem, durante 15 minutos. Abaixar com um rolo passado 1 1/2 horas, deixando-a o mais fina possível. Cortar em quadrados, depois em palitos como fósforos. Deixar enxugar. No momento de servir, mergulhar em fundo branco sem gordura, ou consomê, fervendo 10 minutos aproximadamente.

Wiener Schnitzel (*Escalopes Vienense*)
Preparar escalopes de vitela panados e ovos fritos em manteiga clarificada. Colocar um ovo sobre cada escalope e, sobre aquele, algum filetes de anchova. Servir sobre purê de batata, guarnecido com rodelas de limão, picles e alcaparras. Apurar o molho da fritura com sumo de limão e servir à parte.

Wiener Steaks (*Bifes Vienemes*)
Carne de vaca picada em cru, misturada com salsa e aromáticos picados, noz-moscada, sal, pimenta, 1 ovo e uma gema. Formar bifes com o formato do vulgar tornedó, polvilhar com farinha e fritar. Servir com rodelas de cebola passadas por farinha e clara de ovo, fritas em gordura bem quente. até ficarem bem secas. Molho de Carne, à parte.

COZINHA BRASILEIRA
(Cuisine Brésilienne)

De maneira geral, as preparações culinárias quotidianas são muito semelhantes, idênticas, talvez, às portuguesas. Devido, no entanto, à grande diferença de clima e vegetação, muitos produtos há que tiveram que ser postos de parte, sendo substituídos por outros, nativos. Estão neste caso o azeite e as azeitonas, pois as oliveiras não crescem no Brasil. Por essa razão, grande parte da culinária típica é feita com óleo de palma e de soja, manteiga de coco e margarina, sendo comum também vegetais comestíveis que os portugueses não utilizam: mandioca, inhame, gombos ou quiabos. A verdadeira cozinha típica. é no Norte que se encontra, tendo fama as cozinheiras baianas. De acentuado sabor africano, devido a migrações do passado, a Cachupa, o Cherenque e o Mufete são comuns no Brasil, a par de pratos europeus, alemães e italianos, trazidos pelos colonos dessas nacionalidades.

Acaçá
Bolo de farinha de milho ou de arroz, que serve de acompanhamento a diversos pratos.

Angu Baiano
Esta preparação, tal como o Pirão, é uma espécie de papa condimentada que serve de acompanhamento a diversos pratos, sobretudo peixes. Fazer ferver um pouco de água, com uma colher de manteiga, aromáticos e pimentas. Juntar farinha de arroz, lentamente e mexendo sempre, para não pegar. Deve ficar bem cozido e não muito duro. (*Pode-se fazer com farinha de mandioca, fubá ou outra*).

Almogabanas (*Sobremesa*)
Bater 6 claras em castelo, juntando depois 6 gemas e 150 g de açúcar. Continuar batendo. Misturar, sem bater, 150 g de farinha. Amassar. Colocar em fôrmas pequenas, untadas. Cozinhar no forno. Arrefecer. Meter em calda de açúcar com *kirsch*, deixando ferver 3 minutos. Servir, depois de escorridos, com um molho doce.

Baianinhas (*Sobremesa*)
Misturar 500 g de açúcar, 2 colheres de sopa de manteiga, 1 coco ralado e 18 gemas de ovos. Deixar repousar 15 a 20 minutos. Colocar em tigelinhas untadas com manteiga e cozinhar em forno regular.

Bananada Paulista (*Sobremesa*)
Descascar 12 bananas e misturar com sumo de 2 limões, 500 g de açúcar e a polpa de 4 laranjas-bahia. Levar ao fogo e mexer sempre, logo que

comece a ferver. Quando começa a se despegar do fundo, retira-se do fogo. (*Fica com cor avermelhada*).

Camarão à Baiana
Camarões limpos e descascados. Fazer um refogado com azeite ou gordura, cebola picada, pimenta, tomates, ramo de cheiros. Adicionar as cabeças dos camarões e 2 chávenas de água a ferver. Deixar cozinhar; passar pela peneira. Adicionar os camarões a este molho. Fazer uma mistura com 1 chávena de leite de coco e 1 colher de farinha de trigo. Incorporar no molho dos camarões, deixando engrossar em fogo brando. (*Bem condimentado*).

Carne Recheada com Farofa
Um pedaço de alcatra, sem peles e bem batido, para estender. Temperar com sal, alho, gotas de vinagre e pimenta. Fazer uma farofa, com farinha de mandioca e manteiga, adicionando-lhe azeitonas e pedaços de ovo cozido. Colocar no meio da peça de carne, estendida; enrolar e coser. Estufar no forno, como outra peça qualquer. Servir bem quente, com guarnição de legumes.

Caruru
Erva muito saudável e rica em ferro, o caruru, também chamado **Caruru de Porco**, é muito usado em sopas e papas, entrando como base em algum pratos típicos da cozinha baiana.

Coelho à Baiana
Pôr o coelho, depois de limpo e partido, numa caçarola com banha. Cozinhar sobre o fogo e, logo que tenha tomado cor, tirar os pedaços, passá-los em farinha de trigo e colocá-los de novo na caçarola. Adicionar 1 chávena de consomê, 1 chávena de sumo de laranja azeda, algumas malaguetas, 2 pimentões, gengibre, sal, salsa e champignons. Deixar ferver algum tempo e servir tal qual.

Churrasco
Pedaços de carne de vaca, espetados num pau ou espeto próprio e grelhados sobre fogo forte, depois de bem untado com azeite dendê, óleo de palma e sal. Serve-se, geralmente, com a FAROFA. (*O azeite dendê é um produto gorduroso muito picante, bastante usado na Cozinha Brasileira*).

Ensopado de Mamão
Pegar um mamão verde, descascar, tirar o miolo e partir em pedaços. Lavar bem em duas águas e estufar com Fundo de Carne e aromáticos. Pode-se fazer também, adicionando carne ou camarões; neste último caso, substituindo o Fundo de Carne por azeite e caldo de peixe. (*O mamão, tal como a papaia, são frutas que, quando verdes, podem ser usadas como legumes*).

Farofa
Farinha de mandioca, torrada ou não, amassada com azeitonas, cebola e azeite quente, passada depois numa frigideira. Pode ser feita com carne seca desfiada, manteiga, ovos, frutas etc. Serve para recheio ou guarnição.

Feijoada
Colocar de molho, na véspera, 560 g de carne seca, 1 pé, 1 orelha e um focinho de porco, salgados. No dia seguinte, cozer 1 quilo de feijão preto e, à parte, dar uma fervura nos outros elementos. No fim de 1 hora de cocção do feijão, misturar tudo, e mais: 500 g de carne de vaca, 500 g de lingüiça, 1 osso de presunto, 1 paio, 100 g de toucinho, 500 g de lombo de porco fresco. Quando tudo estiver mais ou menos cozido, juntar um refogado feito à parte com cebola picada, gordura, alho pisado e ervas aromáticas. Não pôr sal sem retificar, pois os elementos salgados têm, por vezes, sal que basta ao cozinhado. Serve-se numa terrina ou tacho de barro, com os elementos arrumados com graça. Acompanha-se com laranjas doces picadas, polvilhadas com sal fino, farofa e couve galega frita em juliana com *bacon*.(*A feijoada deve ser feita sempre com feijão preto, embora, por vezes, na falta deste, se utilize o cinzento*).

Goiabada
Goiabas bem maduras, lavadas e escorridas. Escolher uma parte dos miolos das goiabas, pondo-os de molho em pouca água. Ferventar as goiabas, passando-as depois por uma peneira fina. Fazer uma calda de açúcar, em ponto de Espadana, com peso igual à massa de goiaba. Juntar esta e levar o tacho ao fogo, mexendo sempre com colher de pau. Adicionar a água onde os miolos estiveram de molho e continuar mexendo. A goiabada estará pronta quando, ao tirar-se um pouco com uma faca fria, ela não se pegar aos dedos.

Lombo de Porco à Mineira
Como o LOMBO DE PORCO À PAULISTA. Depois de assado, serve-se coberto com um molho feito de tomate, limão, cebola e pimenta,

com couve galega feita em juliana e feijão guisado com toucinho.

Lombo de Porco à Paulista
Um lombo magro, que se tempera com alho, cebolas. limão e sal. Deixar ficar assim, algumas horas. Colocar numa assadeira, cobrindo-o com pedaços de toucinho. Assar no forno. Tirar, depois de bem corado e servir com rodelas de limão e uma Farofa de farinha de mandioca, feita com manteiga.

Mocotó
Este é o nome interessante com que no Brasil se designam as *mãos de vaca*. São preparadas geralmente ensopadas ou em refogados, conhecidos por Mocotó. São servidos sobre crostões torrados com manteiga.

Moqueca
Prato típico. que se pode preparar com peixe seco ou fresco, ou com carne.

Moqueca de Galinha
Picado de galinha cozida, refogado com manteiga, cebola picada e pimenta. Juntar um pouco de caldo da galinha e deixar reduzir. Engrossar com farinha de mandioca, até ficar com a consistência de um recheio. Fazer croquetes, que se enrolam um por um, em folhas de bananeira. Atar com um fio e fritar em gordura bem quente ou grelhar sobre as brasas.

Moqueca de Peixe
Fazer um refogado com azeite, cebola às rodelas, sal, tomates, pimenta em grão, ramo de cheiros e pimenta em pó. Juntar uma boa quantidade de peixes miúdos e mariscos, tudo bem limpo, ou um peixe grande, em postas. Cobrir com folhas de bananeira ou de inhame. Tapar e deixar cozinhar em fogo brando. Pouco antes de servir, tirar o peixe com algum caldo e engrossar o resto com farinha de mandioca, fazendo um pirão, com o qual se serve o peixe.

Moqueca de Peixe à Baiana
Como a anterior, utilizando peixe seco e adicionando azeite-de-dendê e leite de coco,

Moqueca de Peixe à Caipira
Como a MOQUECA vulgar. Terminar como a MOQUECA DE GALINHA, isto é, fazendo pastelinhos (*pamonhas*), que se enrolam em folhas de bananeira e se assam sob cinza quente.

Paçoca
Carne magra seca, cozida. Cortar em pedacinhos e fritar em gordura bem quente. Misturar farinha de mandioca ou de milho e pisar bem num almofariz.

Pamonhas (*Sobremesa*)
Tirar as folhas de 24 espigas de milho verde, fazendo com elas saquinhos, cozidos à máquina. Ralar as espigas para dentro de uma caçarola; molhar com leite quente até formar uma papa ligeira, adoçando ao gosto. Encher os saquinhos com essa massa, atá-los pela boca e lançá-los numa panela com água a ferver. Quando a palha fica amarela, as pamonhas estão cozidas. Retirar e escorrer sobre uma rede. Servir frias, sem retirar dos saquinhos.

Pamonhas do Norte
Com fubá, leite de coco (*1 copo pequeno*), manteiga, erva-doce e um pouco de leite, fazer as pamonhas como as anteriores. Usam-se saquinhos de pano, que se retiram enquanto quentes. Servidas frias.

Pirão
Espécie de papa que acompanha o cozidO, sendo feita com o caldo do mesmo. Faz-se do seguinte modo: no caldo de cozido, misturar pouco a pouco farinha de mandioca, mexendo até que tome consistência. Urna vez pronto, juntar um refogado feito com um pouco de gordura, cebola picada, temperos e algum caldo do cozido. Pôr num prato, dando-lhe forma com uma colher.

Pirarucu
Peixe seco que substitui muitas vezes o bacalhau, embora de gosto diferente.

Quibebe de Abóbora
Purê de abóbora, misturado com um refogado de cebola, alho pisado, pimenta e sal, com um pouco de caldo e açúcar,

Quindins (*Sobremesa*)
Juntar um coco ralado, com 500 g de açúcar em Ponto de Cabelo. Acrescentar 125 g de manteiga e 60 g de farinha de trigo. Por último, 6 gemas e um pouco de água de flor de laranjeira. Colocar em pequenas fôrmas untadas com manteiga, levando ao forno, quente.

Quindim de Ialá (*Sobremesa*)
Bater conjuntamente: 1 coco ralado de tamanho regular, 200 g de manteiga, 500 g de açúcar, 11

gemas e 2 claras. Quando começar a abrir olhos, colocar em pequenas fôrmas untadas, levando ao forno brando. Depois de corados, tirar e desenformar ainda quentes, ajudando com a ponta de uma faca.

Sarapatel
Cozinhar em água com sal as miudezas de um leitão: coração, fígado, rins, bucho e tripas (*estes bem lavados com água, sal e limão*). Picar tudo muito miudinho e refogar numa caçarola, com gordura, sal, alho e cebola picada. Depois de bem refogado, tapar o recipiente e adicionar água lentamente, até ficar bem cozido. Pouco antes de servir, amassar com um garfo o sangue do leitão previamente cozido e juntá-lo com um pouco de cebola, pimenta e salsa picada. Misturar tudo, deixar cozinhar um pouco mais e servir com Angu de Fubá,

Siricaia (*Sobremesa*)
Bater 4 ovos e acrescentar: 1/2 litro de leite, 1 colher de manteiga, uma colher de chá de canela em pó, alguns cravos e açúcar ao gosto. Depois de bem misturado, pôr numa fôrma de pirex, cobrir com canela e levar ao forno em banho-maria. Quando se transformar num creme semiduro, está pronto. Serve-se quente.

Taioba
Legume muito usado pelo seu paladar e riqueza em princípios albuminosos, fosfato e azoto,

Tutu
Guisado de feijão, com bastante gordura, cebola, sal, alho, pimenta e farinha de mandioca, para engrossar. Serve-se enfeitado com torresmos e toucinho fumado *bacon*).

Vatapá
Peixe marinado com sal, pimenta, malagueta, coentros, louro, alho e azeite de palma. Duas horas depois, cozinhar em fogo brando. Coar o líquido e juntar a este: camarões, amendoins, caju e cebolas, passados pela máquina de picados, bem como um pouco de azeite-de-dendê. Ferver, mexendo de vez em quando. Engrossar com farinha de arroz, torrada no momento. Servir o peixe, cozinhado como se diz, na primeira parte da preparação, cobrindo-o com o molho (Vatapá). Separadamente, prepara-se um pirão de fubá com leite de coco, para servir com o Vatapá. (*Há outra variedade deste prato, em que o peixe é desfiado e misturado com a preparação; do mesmo modo, também certos cozinheiros aconselham que se sirva arroz branco com este prato. (Cozinha baiana).*

Virado de Feijão
Como o TUTU, substituindo a farinha de mandioca por farinha de milho. Guarnecer com lingüiça frita e ovos estrelados, ou costeletas de porco.

Zorô
Espécie de guisado ou ensopado de peixe, com azeite, tomate, cominho, azeite-de-dendê, cebolas, quiabos e cambuquira. Serve-se sobre um pirão de farinha de mandioca, ou um angu de fubá ou arroz. (*Pode-se juntar um pouco de camarão, se se desejar*).

Peixes nativos do Brasil:

Acará	Farnangalho	Piraúna
Bijupirá	Goete	Prejereba
Cangoá	Guaribira	Sairu
Cangulo	Jaguariçá	Sioba
Cangupiri	Manjuba	Siri
Canhanha	Marimbá	Sororoca
Caranho	Muzumbo	Traíra
Carapeba	Palombeta	Ubarana
Caratinga	Papaterra	Vermelha
Corcoroca	Parati	Xeréu
Enxada	Pirajica	Xerelete

Todos estes peixes, por serem de água doce, podem ser preparados com as receitas indicadas na cozinha internacional.

Azeites e óleos comestíveis do Brasil:

O Brasil pode ser considerado, sem receio de errar, o país mais rico em plantas oleíferas. Entre aquelas que podem substituir, muitas vezes com vantagem, as gorduras comestíveis de outras origens, poderemos citar:

Azeite de caroço de algodão;
Azeite de castanha-do-pará;
Azeite de batiputá (*coqueiro de cujos frutos se extrai o óleo assim chamado*);
Óleo de sapucaia;
Óleo de indaiaçu;
Óleo de umirium (*planta muito comum no Amazonas e no Pará, cujo óleo, muito aromático, é agradabilíssimo ao paladar*);
Óleo de cumaru;
Óleo de amendoim;
Óleo de gergelim.

Além destes, há ainda o azeite-de-dendê, que, sendo de origem africana, é hoje a base de muitos pratos de cozinha típica, sendo indispensável na preparação de todas as receitas onde se aponta como interveniente.

COZINHA CHINESA
(Cuisine Chinoise)

A cozinha chinesa não é, como geralmente se julga, um amálgama de pratos repugnantes e sem nexo; antes pelo contrário, é uma cozinha cuidada e de muita delicadeza, que tem os seus apreciadores entre os próprios ocidentais.

As suas preparações parecerão talvez exóticas e sê-lo-ão, mas denunciam um requinte de gosto que leva muitos a considerarem-na a primeira do mundo.

A origem da cozinha chinesa perde-se no longo passado deste país e apresenta-se como uma arte, ligada a uma página invulgar de História, da Antigüidade.

A civilização chinesa nasceu e desenvolveu-se consideravelmente num período primário, sendo uma das primeiras civilizações conhecidas. Um dos aspectos mais acentuados da sua grande cultura era e é o conhecimento profundo da arte de cozinhar, a qual, sendo então como ainda hoje uma ciência doméstica, tornou-se famosa pela larga expansão que lhe foi dada pelos profissionais.

Será interessante apontar que, na China, não se divide uma refeição por pratos como no Ocidente. Todas as variedades que vão ser servidas são trazidas para a mesa ao mesmo tempo. A sopa, por exemplo, não é considerada um prato inicial: toma-se como bebida, durante a refeição.

O arroz, base da alimentação chinesa, tal como de mais de metade da população mundial, é o principal alimento. Sendo isento de sabor próprio, é um estupendo complemento para os pratos de sutil paladar, da comida chinesa.

Como bebida, os chineses têm usado o chá, desde há muitas centenas de anos. Tomam-no agradavelmente perfumado e muito doce. Por vezes, adicionam-lhe flores e outros aromáticos, fazendo misturas estupendas, adequadas à ocasião e ao gosto dos convivas.

Um bule de porcelana é o escolhido para a preparação desta tradicional bebida, que deve ser servida com todas as preparações da cozinha chinesa.

NOTA: Sempre que, nas receitas de cozinha chinesa, fazemos referência a vinho do Porto, fácil será compreender que foi adaptação feita por nós, porquanto, nas receitas originais, aponta-se o famoso vinho de arroz, tão comum na China. O Molho de Soja é um produto comercial que não será difícil encontrar em bons estabelecimentos do gênero. Pela mesma razão indicada para o vinho do Porto, também algum legumes de difícil aquisição foram substituídos, sem prejuízo do êxito, estamos certos.

Baat Bo Fon (*Pudim de Arroz*)
Cozer 125 g de arroz, com 2,5 dl de água, 25 g de açúcar, sal, 50 g de manteiga sem sal. Cozinhar em fogo brando até o líquido estar absorvido. Misturar com 100 g de compota de frutas, picada, 50 g de nozes ou amêndoas, picadas. Lançar numa fôrma untada com manteiga. Cozinhar 20 minutos em banho-maria. Deixar arrefecer, retirar da fôrma e guarnecer no topo com metades de nozes,

Bawl Law Op (*Pato com Ananás*)
Cortar o pato em pedaços e alourar em óleo bem quente. Cobrir com água e deixar ferver durante 40 minutos. Juntar 1 colher de sopa de mostarda inglesa, sal, pimenta, 20 g de açúcar, 4 fatias de ananás picadas, 1/2 cebola. Cozinhar, mexendo, durante 10 minutos. Adicionar 50 g de fécula de milho, molho de soja, 1 dl de sumo de ananás. Deixar engrossar um pouco sobre o fogo e servir imediatamente.

Bok Choy Tong (*Sopa de Legumes à Chinesa*)
1 litro de consomê, 250 g de carne de porco magra, cortada em tiras finas. Fazer ferver durante 5 minutos. Adicionar um repolho pequeno, cortado em juliana. Temperar com sal, pimenta e gengibre. Deixar cozer a hortaliça e servir bem quente.

Bow Pe (*Brioches Recheados*)
Retirar parte do miolo de 12 brioches e recheá-los com 500 g de tâmaras, 50 g de sementes de sésamo, 50 g de manteiga de amendoim, 10 g de gengibre. Fazer uma combinação racional dos ingredientes sem os misturar. Aquecer os brioches depois de recheados e servir. (*Um pouco de mel à parte, para quem quiser*).

Chaah Sieu (*Carne de porco assada*)
500 g de carne de porco magra, marinada durante 1 hora com 1/4 de cálice de porto seco,

sal, pimenta, cebolas, canela, 50 g de açúcar, 1 colher de sopa de molho de soja. Assar em forno moderado, durante 30 minutos. Cortar em fatias finas e servir com mostarda.

Char Sieu Bow (*Pãezinhos Recheados*)
Com 50 g de salsa picada, 100 g de pão ralado, 1/2 dl de óleo de mendobi, 1 colher de sopa de molho de soja, 100 g de Chaah Sieu, bem picada; fazer uma massa muito bem misturada. Tirar o miolo de pãezinhos (*vianinhas*), muito pequenos, recheando-os com o picado. Aquecer no forno e servir. (*Ter todo o cuidado, para que a abertura por onde se mete o recheio não seja exageradamente grande*).

Chow Bok Gup (*Pardais Fritos*)
Abrir 4 pardais, como para grelhar. Esfregar com gengibre, molho de soja, sal e pimenta. Fritar em óleo bem quente, durante 15 minutos. Servir bem secos.

Chow Fon (*Arroz Frito*)
Em 1 dl de óleo bem quente fritar 500 g de arroz já cozido, mexendo sempre. Juntar 2 chalotas picadas, 2 pimentos verdes picados, 1 lata de champignons picados grossos, 50 g de castanhas cozidas picadas grossas, 5 g de salsa picada, sal, pimenta e feijões frescos. Depois de bem misturados. fazer um buraco no centro, lançando aí 3 ovos batidos. Deixar os ovos semicozer e misturar imediatamente com o resto. Servir polvilhado com salsa.

Don Far Tong (*Sopa de Frango com Fios de Ovos*)
Fazer ferver 1 litro de consome, com 3 chalotas picadas. Guarnecer com fios de ovos sem açúcar, feitos diretamente no consomê.

Dong Gwah Jong (*Sopa de Melão*)
Retirar toda a polpa de um melão por um das topos, conservando a casca intacta. Preparar uma sopa com 1 litro de consome, 50 g de miolo de bambu em cubos, 150 g de champignons picados, 50 g de presunto em cubos, 50 g de peito de galinha cozido, picada, 1 fatia de gengibre de conserva, 25 g de açúcar, sal, pimenta. Um pouco antes de servir, adicionar a polpa do melão (300 g) e lançar tudo na casca vazia, previamente aquecida com água quente. Polvilhar no topo com amêndoas torradas, picadas. Servir imediatamente.

For Toy (*Tortilha de Presunto*)
Num pouco de óleo, saltear 2 chalotas picadas, 2 fatias de presunto em cubos, 1 pé de aipo picado, 50 g de amêndoas picadas. Juntar sal, pimenta, molho de soja (*1 colher de sopa*). Tirar da frigideira, misturar com 6 ovos batidos e preparar como a vulgar tortilha, alourando dos dois lados.

Ghuy Don Go (*Pão-de-Ló*)
Como a MASSA SABOIANA, adicionada de baunilha e casca de laranja ralada.

Ghuy Gon Chow Fon (*Fígados de Aves Fritos com Arroz*)
Cozinhar 500 g de fígados de aves, num forno brando, durante 10 minutos. Picar grosseiramente. Num pouco de óleo, alourar ligeiramente 1 cebola. Fazer uma tortilha com 2 ovos, cortá-la em cubos e juntar-lhe 500 g de arroz cozido. Misturar todos os ingredientes, aquecê-los em conjunto com sal, pimenta, molho de soja e os fígados. Polvilhar com 1 chalota picada.

Ghuy Sub Gum (*Frango com Legumes*)
Cortar pedaços de frango cru e saltear em óleo até ficar semicozinhado. Adicionar champignons, pimentos verdes em tiras, repolho picado, cebola picada e ervilhas. Juntar água, fécula de milho e molho de soja, mexendo bem. Cozinhar em conjunto, mexendo até engrossar. Servir imediatamente, polvilhada com amêndoas,

Hang Yang Woo (*Sopa de Amêndoas*)
Fazer urna massa com 100 g de amêndoas branqueadas. Adicionar a uma pasta feita com 150 g de farinha de arroz, 100 g de açúcar, sal e 1/2 litro de água. Ferver durante 5 minutos, mexendo constantemente. Depois de engrossar, passar e servir bem quente.

Ju Har Kow (*Camarões Fritos*)
Com ovo, farinha, sal, pimenta e gengibre, fazer um polme alga espesso. Tirar as cascas dos camarões e abri-los ao meio sem separar completamente (*ficam semelhantes a borboletas*). Mergulhar bem na massa e fritar em gordura fervente. Servir bem quentes e secos.

Ju Mein (*Aletria Frita*)'
500 g de aletria, cozida durante 5 minutos em água com sal. Fritar em óleo de amendoim bem

quente, 1/4 de cada vez. Retirar quando começam a alourar. Enxugar e servir sobre papel absorvente.

Op Tong (*Duck Soup*)
Cozer o pescoço e as asas de um pato grande em 1,5 litros de água, com 10 g de gengibre, 2 pés de aipo, 3 chalotas, sal. Adicionar folhas de agrião cruas, no momento de servir.

Siew Me (*Croquetes de Carne*)
Picar champignons e salteá-los em óleo quente. Adicionar: carne de porco, lagosta, feijões frescos e salsa, bem picados, sal, pimenta, um pouco de água fria e molho de soja. Amassar, enrolar, passar por farinha e alourar em óleo quente.

Sieu Op (*Pato Assado*)
Depois do pato preparado para assar, mariná-lo durante 1/2 hora com 1 dente de alho picado, molho de soja, 10 g de açúcar, 30 g de mel, sal, pimenta, gengibre e 1 dl de consomê. Assar durante 2 horas em forno regular, voltando e regando com o suco, de vez em quando.

Sieu Pikwat (*Aba Estufada*)
Cortar 1,500 g de aba de vaca, em pedaços do tamanho de entrecostos. Marinar durante 1 hora com: 50 g de açúcar, 100 g de mel, uma concha de fundo de galinha, sal, pimenta e molho de soja. Mexer freqüentemente. Tirar a carne da marinada e colocar numa assadeira, com um pouco de água no fundo, Assar em forno moderado, durante 1 1/2 horas.

Tim Shun Har Know (*Camarões com Molho Agridoce*)
Cortar dois pimentos verdes em tiras e duas cebolas pequenas às rodelas, cozer em água com sal. Numa frigideira com 2 colheres de óleo, sal e pimenta, fritar os camarões até ficarem bem alourados, retirando-os depois para um prato quente. Em 1 dl de fundo de aves, cozinham-se durante 10 minutos 4 rodelas de ananás em pedaços, os pimentos e as cebolas. Adicionam-se depois 50 g de açúcar, 1/2 dl de vinagre, 2 colheres de chá de malha de soja, 50 g de fécula de milho e 1 dl de fundo de aves. Mexer constantemente até engrossar. Lançar sobre os camarões cobrindo-os.

Wor Tip Har (*Lagosta com Toucinho Fumado*)
Cortar em pedaços 500 g de carne de lagosta. Cortar em tiras 250 g de toucinho fumado (*bacon*). Bater 1 ovo com 1 colher de sopa de água e 2 colheres de chá de molho de soja. Enrolar os pedaços de lagosta no toucinho e mergulhar na mistura do ovo. Fritar em óleo a ferver. Enxugar e servir bem quente, com molho feito de 1 dl de fundo de aves, 50 g de fécula de milho e 1 colher de chá de molho de soja.

Yu Yok Jok (*Sopa de Peixe*)
Em 1/2 litro de consomê, colocar 500 g de filetes de linguado cortados finos (*goujons*), sal, fécula de milho, molho de soja, açúcar (*uma pitada*), páprica, 1/2 cálice de porto seco, 1 chalota picada. Fazer ferver, mantendo em fogo um pouco mais brando, durante 15 minutos. Servir imediatamente.

COZINHA ESPANHOLA
(Cuisine Espagnole)

Com um território vasto, desmembrado pelos diferentes gostos e maneiras de ser das populações das várias províncias, a Espanha é abundante em peixes e mariscos, mas tem muito mais carnes e criação. A cozinha, exceto em pequenos pormenores, pouco difere da nossa. No campo, cozinha-se sem grandes pretensões: uma sopa de hortaliça, feijão e batata é prato quase diário, como aliás nas nossas regiões serranas. A Olla e a Berga aparecem-nos como pratos de distinção servidos ao jantar: em casas modestas, compõem por si só toda a refeição, fornecendo o caldo e o prato de resistência. Na sua essência, são um cozido de vaca, chouriço ou porco, com ervilhas, feijão. hortaliça ou outros legumes, juntando-lhes, os que mais podem, cenouras, tomates, caça ou aves e um pouco de arroz. Entre outros, os pratos mais dignos de menção pela riqueza do seu paladar. são:

Albóndigas de Bacalao (*Pastéis de Bacalhau*)
Bacalhau passado pela máquina, adicionado de alho e salsa picados, canela e pimenta. Ligar com miolo de pão ensopado em leite e ovos batidos. Fazer umas bolas de tamanho vulgar e fritar, Servir com molho feito de alhos refogados com farinha, caldo de peixe, canela, pimenta, sal e algumas amêndoas pisadas no almofariz. Cobrir, com o molho obtido desta mistura.

Albondiguillas a la Casera
Carne de vitela, toucinho fresco e salgado, alho e salsa, passados pela máquina. Amassar com

miolo de pão, malhado em leite. Temperar com sal e especiarias e ligar com ovos. Formar bolas e fritar em azeite, onde previamente se fritaram alhos. Servir dentro de um molho feito com o azeite da fritura, molho de carne, alho picado, canela e especiarias.

Angulas de Aguinaga
Numa frigideira de barro lança-se um pouco de azeite, um dente de alho e uma malagueta, cortada em fina juliana. Incorporar as angulas (*enguias muito pequenas*), dando-lhes umas voltas e temperando com sal. Deixar cozinhar e servir tal qual.

Arroz Riojano
Dente de alho, cebola e rodelas de bom chouriço (*riojano*), refogados em azeite. Juntar tomates em quartos. Molhar com água. Adicionar ervilhas, pimentos morrones grelhados e malagueta. Quando começar a ferver, juntar o arroz. Serve-se com ou sem ovos fritos.

Bacalao Pil Pil
Bacalhau remolhado, colocado em pedaços numa caçarola, onde com bastante azeite se refogaram um dente de alho e cebola picada. Tapar e deixar ferventar meia hora, mexendo sempre. Temperar um pouco picante. Polvilhar com salsa picada e servir.

Bacalao Zaragozano
Num tacho de barro com bastante azeite, colocar rodelas de batata, uma folha de louro, tomilho e uma cebola regular bem picada, deixando fritar bem. Juntar bacalhau remolhado, em pedaços regulares (*de antemão refogados*), tomates em quartos, alho picado, canela moída e salsa. Molhar com água até cobrir e deixar ferver até cozer. Servir tal qual.

Cabrajo o Bogavante a la Aragonesa (*Lavagante à Aragonesa*)
Pedaços de lavagante (*ou lagosta*), passados por farinha e refogados com bastante azeite. Mudar para uma caçarola e, ao azeite que fica, juntar dentes de alho muito picados, folha de louro, cebola e pimentos. Depois de bem frito, adicionar tomates grelhados. Passar o molho por um passador, para cima dos pedaços de lavagante. Molhar com vinho branco (*Cariñena, no original*), e deixar cozinhar até quase enxugar. Molhar novamente com um bom caldo de peixe ou de carne, pimenta, sal, canela. Cozer mais 25 minutos. Retirar a lagosta e passar o molho, juntando-lhe nozes, amêndoas, alho e salsa, tudo bem pisado. Deixar ferver novamente e servir na mesma caçarola, com crostões de pão frio.

Callos a la Madrilena
Tripas, mão e cabeça de vitela, cozidas com cebola, alho, cenouras, nabo, ramo de cheiros, pimenta em grão, malagueta seca e uma morcela. Refogar em azeite, alhos, cebolas, folha de louro. Adicionar colorau e um pouco de farinha, molhando com o caldo da cocção anterior; juntar as tripas, mãos e cabeça, cortadas em pedaços. Estufar e servir com a morcela cortada às rodelas, por cima. Este prato, preparado com 24 horas de antecedência, fica mais saboroso.

Chipirrones en Su Tinta (*Calamares*)
Limpar os chocos muito bem, guardando a tinta à parte; cobri-los com um pouco de água e recheá-los com os tentáculos. Fechar com um palito. Fritar em azeite, depois de passadas por farinha, colocando-os num tacho de barro. Com o azeite que fica, refogar alho, cebola e tomates picados (*previamente grelhados*), deixando reduzir bem. Adicionar a tinta e temperar um pouco forte. Passar o molho, lançá-lo sobre os chocos e deixar ferver tudo junto durante 1 hora, lentamente.

Colache
Guisado de vitela, com tomates, cebolas, pimentos, azeite, toucinho, sal e pimenta.

Cordero Chilindrón
Pedaços de cordeiro, salteados em banha de porco. Retirar. Na mesma gordura, refogar alhos, cebola picada, um pedaço de malagueta e tomates ou purê de tomate. Passar pelo chinês e cobrir o cordeiro. Temperar e adicionar umas tiras de pimentos morrones. Deixar ferver, até cozer o cordeiro. Servir, polvilhado com salsa picada.

Cordero a la Panadera
Numa caçarola de barro com um pouco de banha de porco, colocar rodelas grossas de batatas, rama de salsa, dentes de alho, folha de louro e tomilho. Em cima, uma perna de cordeiro ou outra parte que se queira preparar. Temperar com sal e pimenta. Regar só a carne com manteiga e meter no forno. Algum minutos

antes de retirá-lo, regar com azeite, adicionado de vinagre, alho e salsa pisados.

Elzekaria
Cortar 100 g de cebolas e pô-las a fritar; acrescentar um repolho branco cortado em pedaços, 250 g de feijões remolhados de véspera e 2 dentes de alho pisados. Sal e pimenta. Molhar com 4 litros de água e deixar cozer tapado, durante 3 horas. Servir. (*Sopa Basca*).

Estofado a la Catalana
Um pedaço de lomba de vaca, cortado em cubos, uma cebola grande, alhos e presunto picados, ramo de cheiros, pimentos encarnados, condimentos e sal, colocados em cru numa caçarola de barro. Molhar com azeite, um pouco de vinho branco, aguardente e umas gotas de vinagre. Reduzir bem e molhar com calda de carne. Servir com batatas novas coradas, metidas no molho. Polvilhar com salsa.

Fabada Asturiana
Feijão branco, cozido com pedaços de *bacon*, cabeça, orelha e rabo de porco salgados (*remolhados*), um pedaço de vaca e um chouriço de sangue. A meio da cocção, temperar bem e juntar uma morcela e dois chouriços de carne. Servir os feijões com o caldo numa terrina, as carnes, numa travessa.

Gaspacho Andaluz
Pisar alhos e sal no almofariz, adicionando miolo de pão caseiro. Juntar alguns tomates e fazer uma massa. Temperar, adicionando azeite e gotas de vinagre. Malhar com uma quantidade proporcionada de água, de forma a não ficar muito líquido, nem muito espesso; guarnecer com pequenos cubos de pepinos e pimentos. Deixar em maceração algumas horas e servir muito fresco, com pedaços de côdea de pão em pequenos dados.

Jamón a la Riojana
Pedaços de presunto, fritos em azeite. Retirar e na mesma gordura fritar tomate em quartos, malagueta e pimentos morrones, Repor o presunto, temperado ao paladar. Servir rodeado das guarnições. No caso de o presunto ser salgado, remolhar previamente, em leite.

Lomo de Cerdo a la Zaragozana
Lombo de porco cortado em fatias, temperado com sal, passado por farinha e frito em azeite. Conforme se vai fritando, põe-se num tacho de barro; no mesmo azeite, frita-se depois um dente de alho, meia cebola picada, tomates assados no forno, picados. Lançar sobre os pedaços de porco e cobrir com vinho branco. Temperar com canela, pimenta e sal. Levar ao forno. A meio da cocção, adicionam-se alguns ovos cozidos, picados. Servir tal qual, polvilhado com salsa.
Manos de Cordero a la Madrileña
Limpá-los muito bem e prepará-las como os CALLOS, sem chouriço nem morcela.

Molejas de Ternera a la Aragonesa
Molejas inteiras, bem limpas. Pôr a estufar com banha de porca, dente de alho, cebola picada fina, salsa picada, louro, tomilho, canela e cravinho. Molhar com vinho branco. Deixar reduzir tapado, aumentando com caldo e adicionando batatas novas pequenas, que se deixam cozinhar, Servir tal qual.

Nesckazarra con Patatas
(*Peixe dourado, abundante na costa cantábrica*). Preparar em cru, com bastante azeite, dentes de alho, cebola picada e batata em rodelas. Cobrir com água e polvilhar com salsa picada e pimentas em fatias. Temperar com sal e especiarias; tapar e cozinhar lentamente.

Olla Podrida
Sopa de COZIDO Á ESPANHOLA, servida com as carnes, a parte.

Paella a la Valenciana
Ver ARROZ em LEGUMES). A Paelha Valenciana, coma nós a chamaríamos, tem diversas maneiras de ser apresentada e, mesma nos guias e tratados de cozinha em língua castelhana, se incluem por vezes três e mais maneiras de apresentá-la. Assim, podemos ver que:
O arroz pode ser preparado com frango e caracóis, além dos indispensáveis condimentos, tomate e pimentos.
Pode fazer-se com frango, toucinho, enguias. ervilhas, além dos já citados condimentas.
Cama a anterior, adicionando lulas, amêijoas. lagostins. pontas de espargos. salsichas grelhadas e chouriça. Há até um autor que nos diz poder a Paelha servir-se em bordaduras de Charlota, decorada com os pimentos, chouriço, amêijoas e pontas de espargos.

Paella a la Aragonesa
Cortar um coelho em pedaços e saltear em azeite. Incorporar um pouco de cebola, alho e

tomate picados, ervilhas e 3 dúzias de caracóis, previamente limpos. Deixar cozinhar, malhar com calda e adicionar 1 quilo de arroz, sal, especiarias e louro. Cozinhar, enxugar no forno e servir tal qual.

Perdiz a la Catalana
Depois de preparadas as perdizes, branqueá-las e refrescá-las. Rechear com um picada (recheio) de vitela, carne magra de porco, miudezas de ave e numa caçarola, com o seguinte fundo: couratos de porca, cenouras, alhos porros, cebola, sal, pimenta e especiarias. Molhar com caldo e cozinhar. Uma vez terminada a cocção, tirar a perdiz, ligara molha com chocolate ralado, deixando reduzir. Servir a perdiz sobre crostões fritos, com cenouras, nabos e cebolas estufadas. Molho, ô parte.

Perdices a la Noya
Perdizes estufadas num tacho de barro, com lingüiça, presunto, alho, cebolinha, rama de cheiros, tomates, canela, vinho branco, vinagre, sal, azeite cru e um cálice de aguardente. Adicionar os fígados bem picados. Servir sobre crostões de pão frito, cobertas com o molho.

Pollo en Chanfaina a la Catalana
Um frango pequeno, cortado em quatro ou oito pedaços. Saltear em azeite, com alho; adicionar cebola, presunto. pimentos e beringelas, cortados em juliana grossa. Depois de bem refogado, juntar tomate em pequenos cubos, molhar com caldo e temperar com sal, pimenta, noz-moscada e ramo de cheiros. Servir com triângulos de pão frito.

Pollo Chilindrón
Como o CORDEIRO, substituindo este por frango.

Shangurro o Centollo Relleno
Abrir uma santola, deixando a casca inteira, Retirar todas as febras das patas, com cuidado para não deixar passar algumas cascas. Fritar uma cebola picada, com alho: incorporar, depois destes refogados,. tomates bem picados, malagueta e, um pouco depois, a carne da santola, Deixar cozinhar uns minutos e rechear a casca, que deve estar bem limpa. Polvilhar com salsa picada e meter no forno uns minutos antes de servir. (*Pode-se fazer, também, juntando ao molho um pouco de farinha, aguardente velha, vinho branco e natas*).

Sopa Escudella
Cozer com caldo de carne: batatas, repolho, nabos, cenouras, alho porro, aipo e feijão branco. Adicionar pouco antes de servir: aletria, arroz, açafrão, toucinho salgado picado e salsa.

Sopa Marmita Kua
Em azeite, refogado com alho, fritar alho porro, folha de louro e rama de salsa, Adicionar umas cabeças de salmão ou pescada. Molhar com caldo e juntar batatas às rodelas, temperando um pouco forte. Servir com fatias de pão torrado. (*Popular dos pescadores da Biscaia*).

Toregas
Com farinha, ovos, leite e um pouco de sal, fazer uma massa não muito espessa. Deixar repousar 1 hora e fritar em gordura de porco, ficando como bolachas grossas. Servir com Xarope, perfumado de canela.

Zarzuela de Mariscos a la Catalana
Numa caçarola com azeite, refogar um pouco de cebola, alho e tomate picado muito fino. À parte, saltear lulas às rodelas, mexilhões, amêijoas, lagostins, ou lagosta, cortados em pequenos dados. Molhar com vinho branco e incorporar no molho previamente feito. Temperar com sal e pimenta. Servir na própria caçarola, polvilhado com salsa picada.

Zurrugutina
Numa caçarola. com bastante azeite aquecido, colocar uma cebola grande picada e seis dentes de alho. Fritar bem e adicionar algumas batatas em cubos, e um papo-seco cortado de igual modo. Juntar bacalhau remolhado, desfiado; molhar com água, temperar com sal e malagueta e deixar cozer. Servir em tigelas de barra.

COZINHA FINLANDESA
(Cuisine Finlandaise)

De clima, recursos e costumes diferentes dos nossos, este país que teve a pouca sorte de a sua situação geográfica o colocar na fronteira com a Rússia, soube adaptar-se às dificuldades naturais, que o cobrem de neve 7 a 8 meses por ano, sem possibilidades de cultura. A bebida nacional é o leite, seguida do café; chá e cacau são muito pouco consumidos. A cerveja é talvez a única bebida alcoólica livremente autorizada, pois a venda e consumo dessas bebidas é controlada pelo Estado. Aliás, uma importante parte da opinião pública condena o abuso do álcool, tendo havido mesmo, de 1917 a 1932, uma lei de proibição rigorosamente observada. Seguindo o velho costume russo das "Zakouski", e talvez sob a influência do "Smörgasbord" sueco, é uso verem-se nos restaurantes os acepipes apresentados sobre grandes mesas, onde o "muikku" (peixe nativo) salgado se encontra ao lado dos arenques, salmões, salsichas, queijos, ovos ou da famosa "piirakka". Como o clima severo não permite variações, o finlandês habituou-se pouco a pouco a uma alimentação forte, mas pouco pesada. Comem-se muitas batatas, pão negro (centeio), rico em calorias, e carne, sobretudo de porco. Os peixes finlandeses, salmão, arenques, percas etc. são consumidos, geralmente. secos e fumados. A rena, animal comum àquelas regiões, oferece um ótimo assado, normalmente acompanhado com doce de camarinhas. As sobremesas são pouco variadas, mas apetecíveis; no Verão, leite cortado, espécie de iogurte, ou "porridge"; na Páscoa, o doce tradicional Mämmi (espécie de bolo de centeio com malte); no Natal Arroz-Doce com amêndoa. Como complemento, a "mesimarja". licor de fabrico nacional.

Alkupalat (*Acepipes*)
Nome por que é designada a variedade de acepipes, servida ao princípio de uma refeição.

Juustohera (*Suflê de Queijo*)
Com leite, miolo de pão branco, ovos e queijo ralado faz-se uma massa que se tempera com sal e pimenta. Coloca-se num recipiente untado com manteiga e leva-se ao forno durante meia hora, aproximadamente.

Kalakeitto (*Sopa de Peixe*)'
Limpar e preparar os peixes; metê-los em água, temperando com sal, pimenta e folhas de louro; juntar alho bravo ou porro e cenouras. Colocar sobre o fogo. Quando está quase cozinhado, adiciona-se manteiga, leite e gemas de ovos. Os habitantes do arquipélago juntam à sopa sanduíches inteiras.

Mämmi (*Bolo de Centeio*)'
Farinha de centeio e malte, às quais se junta água e sal. Cozinhar no forno e enfeitar com cascas de laranjas azedas.

Munaleivos (*Bolo de Ovos*)
Ovos, manteiga e leite bem misturados. Cozinhar em banho-maria.

Piirakka (*Pastelão*).'
Peixe ou carne, cozinhado dentro de um invólucro de massa. (*Preparação semelhante aos vulgares "Patês" franceses*).

Poropaisti (*Rena Assada*)
Assado de lombo ou perna de rena fresca, que geralmente se serve acompanhado de doce de camarinhas.

Talkkuna
Farinha de cevada, preparada de maneira quase semelhante aos flocos de aveia.

Uunijuusto (*Queijo no Forno*)
Espécie de suflê preparado como a anterior, mas com leite especial (*colostro*), ao qual se mistura leite vulgar, açúcar aromatizado, canela e cardamoma.
Nota: *"Colostro". é o primeiro leite dado por um animal logo a seguir ao parto. É aguado e pouco nutritivo, tendo, no entanto, propriedades purgativas.*

COZINHA GREGA E TURCA
(Cuisine Grecque et Turque)

Botzaris
Caldo de carneiro, com pedaços de carne do mesmo, macedônia de legumes, um pouco de arroz cozido e purê de ervilhas, dissolvido. (*Grega*).

Cigara Beurreck
Mistura consistente, feita de Bechamel e pequenos dados de *gruyère* fresco. Cortar em forma de charuto, enrolar em Massa de Nulhes, panar à inglesa e fritar. (*Turca*).

Dag Kebab
Brocheta composta de pedaços de chambão de vitela, alternados com rodelas de cebola branca e rodelas de tomate. Grelhar, polvilhada com tomilho. Servir com Arroz Pilaf, gombos e outras guarnições. (*Turca*).

Dólmãs *(Bolinhas de Carneiro)*
Recheio de carneiro, gordura do rabo do mesmo, arroz cru, cebola e salsa picada. Temperar bem

picante. Cortar em bolas e enrolar em folhas tenras de figueira, branqueadas (*ou na falta destas, folhas de videira ou de couve*). Colocar por camadas, numa caçarola, cobrindo com caldo de carneiro. Cozer lentamente. Servir numa travessa, coberto com o molho da cocção ligado com gemas de ovos e sumo de limão. (*Turca*).

Kaimac
Sobremesa, à base de leite não desnatado. (*Ver em* SOBREMESAS).

Kemali Beurreck
Massa de Nulhes, cortada em folhas finas ovais. Rechear com lombo de carneiro e gordura do mesmo, picadas em conjunto, temperadas e refogadas em manteiga, com cebola picada. Enrolar e fritar. (*Turca*).

Moussaka
Picado de tomates, beringelas e carneiro, gratinado. Servir com Demi-glace atomatado. (*Grega*).

Ouseun Kébad
Pequenos pedaços de lombo de vaca, espetados numa brocheta, alternados com rodelas de gordura de rabo de carneiro e folhas de louro. Temperar com sal, pimenta e limão. Grelhar. Servir com Molho de Tomate, açafronado. (*Turca*).

Pilaw
Caldo de galinha, ou de carneiro de preferência, guarnecido com Arroz Pilaw, cozido com gordura de carneiro.

Pilaw, Arroz
(*Ver* ARROZ em LEGUMES).

Pilaw Persan
Arroz Pilaw, feito com pedaços de carneiro salteados com cebolas, aromáticos e pimentos. Regar com gordura de carneiro e manteiga. Servir.

Sopa Fria
Picar cebola, cebolinha, salsa e pimenta, adicionando a um iogurte. Juntar algum cubos de gelo e servir bem gelado. (*Turca*).

Schasschleuks
Brocheta de pedaços de lombo de carneiro marinados, alternados com toucinho cru e presunto. Grelhar. Servir com Arroz Pilaw, de caldo de carneira.

COZINHA INDIANA
(Cuisine Indienne)

A arte culinária dos Hindus e dos Maometanos da Ásia difere consideravelmente, pois, enquanto a carne é rigorosamente excluída da alimentação dos primeiros, o Maometismo permite-a, embora com algumas restrições. O hindu alimenta-se com farináceos, tais como bolos de trigo ou outros cereais, caril de legumes. frutas etc., com o picante ainda carregado pelos chutneys *e, muitas vezes, picles. Os maometanos comem caris,* Pilleaus, *picados de carne, bolos etc. Um rápido olhar às receitas orientais para o caril explica imediatamente a razão por que ele se diferencia tanto do servido entre nós. Alguns dos ingredientes utilizados são aqui desconhecidos; outros são usados em verde, conseqüentemente com maiores possibilidades de transmitirem ao prato todo o seu paladar. O pó comercial que geralmente se emprega procura, dentro do possível, remediar essas dificuldades, não podendo, no entanto, consegui-lo completamente, devido ao que já apontamos. Para se fazer um bom caril, deve-se utilizar um tacho de barro, uma colher de pau e nunca utensílios de cobre. Para se servir um caril à maneira típica. deve-se fazê-lo acompanhar de pequenas bolachas, ou crepes, fritos, feitas de massa picante, sobretudo purê de feijão. chamada Papodums ou Paparis, e finas fatias de peixe seco. (Na Índia há um peixe usado especialmente para esse fim, chamado Bombay duck).*

O Pilleau (Pilaw) é um prato puramente oriental e bastante usado; confeccionado com arroz, carne seca, caça ou aves; tem a particularidade de, como o Pilaw Persa, que apontamos em COZINHA GREGA E TURCA, levar a carne picada dentro.

O arroz é parte preponderante da cozinha nativa, não só como acompanhamento, mas até como base principal, caso do Pilleau e dos Brianes. Não sendo uma cozinha de grande aparato, deve toda a sua popularidade à grande expansão que os ingleses lhe deram e à tendência especial de todos os gastrônomos para os pratos fortemente condimentados.

Bananas Chaffee-Khan
Bananas bem alouradas em manteiga, com açúcar e vinho branco, ou espumante (*champagne*).

Briane Mahee
1 quilo de peixe grosso; 1/2 quilo de arroz, 125 g de manteiga, 80 g de farinha torrada (*chennah*); 70 g de gengibre, 70 g de sementes de coriandro, 30 g de anis, cravinho, cominhos, canela, açafrão, 2 cebolas às rodelas, 1,5 dl de leite, sal, 3 colheres de óleo de gergelim. Cortar o peixe em pedaços e deixar no óleo. Enxugar com a farinha e o anis em pó. Regar com leite e os condimentos. Repousar durante 1 hora. Fazer um refogado com a cebola e adicionar o peixe. Cobrir com o arroz e adicionar mais leite. Tapar e cozinhar lentamente. Servir quente.

Briane Noomalee
Como a anterior, sem anis nem farinha, substituindo o leite por molho de carne e o peixe por carneiro,

Burlas
Nome dado a uma mistura de legumes fritos em *ghee* (*gordura vegetal que se pode substituir por manteiga ou óleo*). A mistura mais vulgarmente utilizada é a de batatas com repolho, conhecida como *Colleanum* pelos ingleses.

Ceylon Lobster Curry (*Caril de Lagosta de Ceilão*)
Lagosta cortada em pedaços, passada num refogado de cebola e alho, com manteiga, adicionando cubos de pepino cozido. Cozinhar durante 1/4 de hora, depois de se ter juntado farinha de arroz, gengibre, curcuma, canela, cravinho, açúcar e sal, Deixar impregnar bem com o gosto dos condimentos, fora do fogo, durante 1/2 hora. Reaquecer, adicionar leite de coco e sumo de limão. Ferver e servir.

Chitchkee Curry
Refogado de *ghee* (*ou outra gordura*) com cebolas, ao qual se adiciona pó de caril. Ferver 20 minutos e juntar couve-flor, nabo, cenoura, feijão-verde, batatas etc., em pequenos cubos, bem como um pouco de caldo, se estiver muito seco. Servir com arroz cozido.

Curry Powder (*Pó de Caril*)
250 g de curcuma, 200 g de sementes de coriandro, 100 g de feno grego, 30 g de cravinho, 30 g de pimenta em grão, 20 g de caiena. Secar bem e moer os ingredientes indicados, primeiro separadamente, depois em conjunto. Passar por uma peneira fina e guardar em frascos bem rolhados,

Cutcheree
Arroz preparado com ervilhas, gengibre, noz-moscada, sal e pimenta. Servir com metades de ovo cozido, no topo; com rodelas de cebolas fritas, em volta,

Dâl
Lentilhas cozidas em molho de carne. Fritar cebolas em óleo e adicionar pó de caril. Juntar as lentilhas e cozinhar em conjunto, durante 20 minutos. Servir com arroz natural.

Dâl Pooree
Preparar as lentilhas, como se diz na receita anterior. Fritar cebolas em manteiga, juntando as lentilhas, malaguetas, curcuma, sal e alho. Mexer muito bem. Preparar sobre rodelas de massa, como os rissoles. Fechar pelo mesmo processo e fritar em óleo, sem panar.

Dumpoke
Arroz frito em manteiga até alourar. Cobrir com molho de carne e cozer, enxugando bem. Misturar com cebola frita em óleo e ovos cozidos picados, temperando com sal e caiena. Rechear um frango desossado com a preparação atrás descrita. Estufar este como normalmente. Servir coberta com Molho Branco.

Hash Bogurrah
Carneiro picado com cebola, transformado numa pasta, com água e adicionado de gengibre, canela moída, cravinho, cardamona, sal, sementes de coriandro moídas, açafrão e caiena. Fritar em óleo vegetal até alourar; cobrir com água fria e cozinhar tão lentamente quanto possível, até a carne estar tenra. Com farinha e gema de ovo, preparar uma massa que se adelgaça com o rolo e se corta em tiras finas. Adicionar as tiras à proporção anterior, depois de cozidas em água fervente. Servir polvilhada com açafrão.

Hash Sungshere
Dados de carneiro e cebola picada, fritos em óleo vegetal até bem alourados. Adicionar farinha e deixar tomar uma cor castanho-carregada. Cobrir com molho de carne e ferventar lentamente até cozer o carneiro. Escorrer todo o molho, passando novamente a carne em óleo vegetal, com cravinhos e sementes de coriandro em pó. Adicionar novamente o molho passado e leite. Fazer ferver. Engrossar com arroz. Temperar com sal,

gengibre, canela. cardamona, cravinho, cenouras e amêndoas branqueadas, fritas. Deixar terminar a cocção e servir bem quente.

Hash Pooloot
Pedaços pequenos de frango frito, colocados num fundo de manteiga, cebolas, maçãs picadas, farinha, pimenta, sal, pó de noz-moscada, vinagre e caril em pó. Molhar com caldo de aves e deixar ferver. Servir com Arroz à Indiana.

Hulluah
Pudim vulgar, tendo como bases principais: purê de morangos, passas sultana, amêndoas picadas e canela.

Kalleah-Yekhunee
Carneiro magro picado, estufado com cebolas, sal, pimenta e gengibre. Malhar com fundo de carne e sumo de limão. Uma colher de açúcar e um pouco de pó de caril. Servir com arroz natural.

Kidgeree, ou Kedgery
Peixe cozido (*ou aparas do mesmo*), cortado em juliana grossa e colocado num timbale sobre Arroz à Indiana, polvilhado com ovos cozidos, picadas. Cobrir com Molho de Caril, aveludado. Utilizar este processo em algumas camadas sobrepostas. Passar no forno e servir tal qual.

Kuhab Fowl
Preparar uma galinha para assar e picá-la toda com um garfo. Esfregar com uma mistura de sementes de coriandro torradas, cravinho, cardamoma, gengibre, pimenta e sal. Colocar numa caçarola, onde em óleo vegetal se fritaram cebolas e curcuma. Adicionar leite e molho de carne. Tapar hermeticamente e cozinhar lentamente. Servir rodeada do molho, passada.

Kulleah Yekhanee
Carne de carneiro cortada fina, coberta com água morna. Juntar cebola picada, sumo de limão, açúcar, pó de caril, gengibre, cravinho e sal. Cozinhar lentamente 2 horas e servir com arroz natural.

Mango Chutney
Mangas verdes, descascadas e cortadas em pedaços, bem como passas de uvas, gengibre verde e alho. Dissolver açúcar e sal, em vinagre, fazendo ferver. Misturar malaguetas, pisadas no almofariz. Deixar arrefecer e misturar as mangas. Colocar em frascos bem tapados, onde se deixa macerar um mínimo de 10 dias, antes de servir.

Mangoes Mahrattee
Mangas bem maduras cortadas ao meio, servidas sobre gelo picado, polvilhadas com açúcar e regadas com licor à escolha.

Mole
Peixe, carne ou aves, preparadas com cebolas e alho, fritos em óleo vegetal, farinha de arroz, leite de coco e a noz deste, ralada, sumo de limão, sal, gengibre e malaguetas picadas finamente. Deixar ferver e servir quente.

Pilau ou Pilloff
Dourar uma galinha em óleo vegetal, juntando-lhe mangas em pedaços e cebolas. Fritar, 15 minutos, cobrir com água ou caldo de carne, cravinho e sal. Cozinhar lentamente, durante 45 minutos. Mudar para outra caçarola, regar com óleo quente e assar em forno brando, cerca de 1 hora. Servir com arroz e passas de uva, guarnecido com quartos de ovo cozido. O molho de galinha, à parte.

Pooloot
Frango cozido, trinchado, salteado com cebolas picadas, sumo de limão, sal e gengibre. Servir sobre arroz, com cebolas, rodelas de ovo cozido e fatias de toucinho fumado (*bacon*), fritas. Polvilhar com cardamoma e pimenta em grão. Molho de Tomate com canela, à parte.

Quoorma-Curry
Pedaços de carneiro preparados em caril, com farinha de arroz (*1 colher de sobremesa*), açúcar, leite, amêndoas, sumo de limão e fundo de carneiro.

Alguns peixes nativos dos mares indianos

Bombay Duck
Peixe de tamanho médio, que depois de estripado e bem seco, serve para acompanhar os pratos de caril, apresentando-se em palitos finos.

Calcutta Becktie
Peixe muito parecido com o bacalhau fresco e que pode ser preparado como este.

Chilwars
Peixes pequeninos como a petinga. São servidos fritos, muito secos, com limas em vez de limão

Hilsa
Parecido com a cavala, prepara-se como esta.

Pomplet
Com as mesmas formas do pregado ou rodovalho, espécie a que pertence, é servido como estes.

Seer, ou Seir
Este peixe, que em tamanho ou forma se assemelha ao salmão, exceto pela brancura da carne, similar, no entanto, em firmeza e sabor, é um dos mais valiosos produtos dos mares das Índias Ocidentais. Quase todas as receitas do salmão podem se aplicar a ele.

COZINHA INGLESA
(Cuisine Anglaise)

Os ingleses, devido talvez ao seu temperamento, ou às condições climáticas do seu habitat foram sempre, segundo nos é contado, de extraordinária frugalidade. Isso não obsta a que, nos tempos dos reis normandos e Plantagenetas, o cozinheiro tivesse grau de grande personagem, comandando o serviço de cozinha duma cadeira altamente colocada, de onde, com o auxílio de uma comprida colher, provava os diferentes pratos.

De maneira geral, porém, os cozinhados na Grã-Bretanha são simples e pouco condimentados, devendo todo o seu sucesso às excelentes qualidades da matéria base: boa carne, boa manteiga. bom leite. A carne de porco é excelente, contribuindo para tal as raças de Berkshire, Large Black, Tanwort e Yorkshire, ou ainda os Sussex, Dorset e Essex.

O carneiro é do melhor do mundo, sendo famoso o de Gales (Welshmutton), os de Dartmoor e Cumberland (Herdwick).

Entre as raças de bovídeos dignos de menção, os Herefords, Devons, Galloways, Aberdeen-Angus, West Highlanders e Pembrokes fornecem a base dos famosos Roastbeefs e combinam as duas principais bases de boa alimentação, boa carne e bom leite. Com rios e costas abundantes de peixes, florestas de boa caça e raças selecionadas de animais produtores, a Inglaterra é, sem dúvida, paraíso dos cozinheiros e dos gastrônomos. Como nos capítulos respectivos citamos as receitas dos famosos Cocky-Leeky, Hotch-Potch e Oxtail, bem como dos Pies, Irish-Stew e Potted-Char (peixes), julgamos desnecessário repeti-las aqui, deixando apenas o registro delas. Assim, citaremos, em complemento, apenas mais algum pratos de sabor local e típico.

Scotch Haggis
Um bucho de carneiro, ou de cordeiro, voltado, lavado e marinado em água, com sal e cebola; recheado com um picado de vaca, cebolas e miudezas de carneiro, refogados. Adicionar flocos de aveia, sal, pimenta, noz-moscada, sumo de limão e molho de carne. Depois de recheado, fechar com agulha e fio; cozer em água salgada. Picar antecipadamente com um garfo, para evitar que rebente. Tampouco deixar muito cheio, pois, caso contrário, a farinha, ao crescer, rebentará o invólucro. Como regra, serve-se o Haggis sem molhos.

Scotch Oat Cakes
Flocos de aveia, farinha de trigo, açúcar, manteiga, bicarbonato de sódio, sal, leite e uma pitada de ácido tartárico. Amassar tudo, fazendo uma massa algo consistente, mas não muito grossa. Abaixar muito fina e enrolar com um rolo da grossura de um dedo. Cozinhar no forno. Manejar estes bolos com cuidado, pois quebram-se facilmente.

Scotch Shortbread
Farinha amassada com manteiga, açúcar e amêndoas doces, branqueadas e picadas. Formar bolos pequenos de forma quadrada. Decorar no topo, com casca de laranja cristalizada. Cozinhar no forno.

Squab Pie
Pescoço de carneiro, colocado numa caçarola ou *pie-dish*. com rodelas de maçã e cebola, purê de champignons, açúcar, sal e pimenta. Cobrir com água. Tapar com massa de tarteleta e cozinhar no forno (*O* pie-dish *é um utensílio de porcelana vulgarmente designado por* canoa, *na gíria da cozinha*).

Yorkshire Pudding
2,5 dl de leite, 2 ovos, 4 colheres bem cheias de farinha e sal, tudo bem misturado, numa massa não muito espessa. Colocar numa fôrma untada com manteiga, muito bem aquecida

previamente. Dar uma passagem sobre a chapa do fogão, para cozer o fundo; depois, deixar cozinhar o pudim frente ao fogo e nunca dentro do forno. (*Servido como guarnição do* Roastbeef).

COZINHA ITALIANA
(Cuisine Italienne)

Os italianos afirmam, e nós concordamos, terem herdado dos seus antepassados, os Romanos, o paladar pelos bons pratos e a possibilidade de cozinhar bem. Com efeito, muitos dos pratos favoritos daqueles que, mercê das conquistas, podiam conferir honras e extravagantes remunerações para terem o prazer de comer bem, são ainda hoje comuns na Itália.

Do ponto de vista gastronômico, a reputação mantém-se, muito embora em certos campos tenha sido ultrapassada pela França, mais objetiva e variada.

A Polenta, o Risoto e os Fettuccine, bem como outros farináceos, podem ser apontados como pratos nacionais e recebem as honras dos gastrônomos. Sem complicadas preparações culinárias, esses pratos, ricos de valor nutritivo, obtêm sucesso apenas pela aplicação de manteiga muito fresca e de sabor agradável, e queijo de boa qualidade, ralado no momento de ser utilizado. Os italianos são, com efeito, o único povo que parece ter compreendido como se deve utilizar o queijo, sendo inultrapassáveis nesse ramo da culinária. Os legumes, as carnes e os peixes apresentam-se das mais variadas formas, sempre com benefício e sempre tentadores do paladar. Simples como são todos os processos, eles parecem, no entanto, só conseguirem sair perfeitos das mãos dos italianos, ainda que, na realidade, isso seja acessível a quem tentar usar os mesmos meios.

Será interessante apontar, aqui, o fato de os italianos não usarem as massas como guarnição de pratos. Apresentam-nas como sopa, ou como prato "pasta asciuta", mas nunca com outro fim. Apesar de, na cozinha internacional, aparecerem muitos pratos à italiana, onde o espaguete entra como ornamento, isso se deve apenas à imaginação dos mestres, não tendo nenhuma origem na cozinha típica italiana.

Abbacchio Brodettato
Cordeiro cozinhado em caçarola, com toucinho, presunto, cebolas, salsa, manjerona e casca de limão. Adicionar sal, pimenta, um pouco de caldo e vinho branco. Cozinhar. Juntar ao molho um ou dois ovos batidos,

Agnolotti, ou Agnelotti
Quadrados de massa de ovos, recheados com picados de carne, aves, arroz. queijo, ovos, etc. Cozem-se em água com sal, e são servidos regados com manteiga ou molho de carne, polvilhados com queijo.

Agnolini
Espécie de raviólis com recheio de miolo de pão, ovos e parmesão, ligado com molho de carne muito espesso. Servidos com molho de carne.

Baccalà alla Fiorentina
Fatias de bacalhau remolhado passadas por farinha, cozinhadas numa caçarola com bastante azeite, alho, sal e pimenta.

Baccalà alla Napoletana
Bacalhau remolhado, passado por farinha e frito em azeite. Depois, estufado com tomates, alcaparras, alho e azeitonas pretas.

Baccalà alla Viccentina
Cozinhado em azeite ou manteiga, com tomates, cebolas, pinhões, alho, salsa, purê de anchovas, cebola e pimenta, tudo passado por leite.

Battuto
Toucinho entremeado, picado com cebola e salsa. Fritar em azeite. Quando alourar, juntar calda de tomate, sal e pimenta. Molhar com água e adicionar ervilhas sem vagem; depois destas cozidas, arroz bem lavado e um pouco mais de água, se necessário. Cozinhar meia hora e servir. (*Pode ser preparado com favas, o que torna este prato ainda mais agradável*).

Bistecca alla Pizzaiola
Bife de lombo de vaca, salteado em azeite fervente e, depois, passado num molho de tomate, com alho, sal, pimenta e oréganos.

Brasciole Milanese
Escalopes muito finos de carne de vaca ou vitela, estufados e servidos com Espaguete à Milanesa.

Caciucco
Peixes diversos, cozinhados com um picado de cebola, pimenta, tomate, alho frito e azeite. Molhar com vinho tinto, Servir com pedaços de pão torrado, esfregados com alho.

Cappon Magro
Salada composta de diversas qualidades de legumes cozidos, empratados em camadas a formar pirâmide. Colocar, no topo, triângulos de pão frito ou torrado, esfregado com alho, e pedaços de peixe ou de lagosta, cozidos ao natural. Servir com um molho feito de anchovas, gema de ovo, pinhões, alcaparras, salsa e azeitonas sem caroço, tudo passado pela peneira com Vinagrete.

Cassola, Posciandra ou Bottaggio
Carne de porco, tomada das diversas partes do animal (*Cabeça, pés, orelha, lombo etc.*) e cozida com legumes verdes (*couves, aipo, cenouras, cebola, alho, batatas*). Serve-se com o caldo da cocção.

Ciambota
Mistura de pimentos, beringelas, batatas e abóbora, refogados em azeite ou outra gordura.

Coda alla Vaccinara
Rabo de vaca cozinhado com tomates, toucinho, alho, cebolas, aipo, pinhões e vinha, juntando bastante pimenta.

Crostini all Provatura
Fatias de pão torrado, cobertas com purê de anchovas ou de pasta de fígados de aves.

Cutturidi
Pedaços de carneiro, cozinhados com cebolas, aipo, rosmaninho, sal e pimenta; um pouco de gordura. (*Especialidade da Lucânia*).

Farsumagru
Escalopes de vaca ou de vitela cortados muito finos, recheados com picado de carne para salsichas, adicionado de ovos cozidos, cebolas, salsa e queijo ralado. Estufar em azeite, com Molho de Tomate,

Fettucine
O mesmo que Nulhes (*Nouilles*), porquanto este é o nome italiano que designa tais massas.

Fritole
Sobremesa veneziana. Prepara-se com Massa de Fartos, adicionada de pinhões e passas de uva, Frita-se em azeite e serve-se polvilhada com açúcar.

Fritelle
Fartos ou Chus, recheados com doce de frutas, creme ou legumes, ou ainda de arroz, ovos e leite.

Fritto Scelto alla Romana
Miolos de carneiro ou de vitela, tutanos, moela e fígado de vitela, batatas, quartos de alcachofras e crostões, passados por ovo batido e farinha, ou por massa de fritos. Fritar em azeite e servir.

Fusilli
Nulhes entrançadas, servidas com Molho de Carne,

Gnumiriddi
Fressura de cordeiro picada muito fina. Temperar e meter em tripas frescas, muito bem lavadas. Grelhar em brocheta ou estufar em caçarola.

Incasciata
Numa caçarola, colocar, em camadas alternadas, nulhes, espaguete ou macarrão cozido, pedaços de carne já cozinhada e ovos cozidos. Cobrir com molho de carne e deixar enxugar no forno. Servir tal qual.

Imbrogliata
Mistura de ovos mexidos com qualquer picado de carne ou legumes, do qual toma o nome.

Involtini
Sobre escalopes finos de vitela, colocar uma fatia de presunto e uma folha de salva. Enrolar e apertar com um fio. Estufar em caçarola.

Maccheroni (*Macarrão*)
Para nós, macarrão é uma massa curta e grossa. Para a maior parte dos povos, *macaroni* são todas as massas sem exceção. Na Itália, *maccheroni* são as massas de interior aberto. Elas são, depois, individualmente designadas pelo seu nome comum, entre os quais citaremos os *rigatoni, bucatini, zitoni, mezzani* e *maltagliati*. Preparam-se de muitas maneiras: *alle vongole*, com amêijoas e tomate; *alla marinara*, com alho, azeite, tomate e salsa; *alla pescatora*, com anchovas, azeitonas, alcaparras, alho, salsa e tomates; *a tre dita*, com beringelas,

carne picada, açúcar, canela e queijo; *alla trapanese*, com lagosta picada etc.

Olivette di Vitello
Prepara-se como os Involtini, com um picado de alcaparras e anchovas bastante condimentado. Cozinham-se com base de vinho branco e gordura, ou fritam-se, depois de passados por massa de fritar,

Padellotto alla Macellara
Tripas, tutano de vitela, lombo de vitela, molejas e fígado de vitela, cortados em pedaços e salteados em azeite, com alho, vinho branco, sumo de limão e folhas de salva.

Pagliata
Miudezas sanguíneas e tripas de vitela maceradas em leite, cozinhadas em caçarola com toucinho, miolo de pão ensopado em leite, cebolas, aipo, salsa, sumo de tomate e vinho branco, Serve-se com *rigatoni* (*massa gigante canelada*) ou com risoto. (*Cozinha romana*).

Pasta (*Massa*)
Sob este nome englobam os italianos todas as massas, ou os pratos com elas preparados. As massas ligeiras, espaguete, macarrão, *fettuccine* etc., podem ser servidas *asciutti*, ou seja, cozidas em água a ferver, escorridas e temperadas com manteiga ou molho; as massas miúdas são servidas, em geral, *in brodo*, cozidas num caldo de carne e apresentadas como sopa. (*De maneira geral, as massas ligeiras nunca se cozem demasiado, deixando-as, de preferência, um pouco duras* al dente).

Peperonata
Pimentos fritos em azeite, com tomates, cebolas, beringelas e sal.

Porchetta
Leitão inteiro, limpo e preparado para assar. Esfregar interiormente com sal, pimenta, alho, rosmaninho e outros aromáticos, pisados em azeite, Assar, regando com azeite cru.

Puddighinos apienu
Franguinhos de Primavera, recheados com um picado de moela, fígado de aves. ovos cozidos, leite, miolo de pão e tomates, Assar no forno.

Sartú
Arroz, cozinhado com rolinhas de carne, picado de carne para salsichas, queijo mozarela, ovos, fígados de aves, tomates, champignons e manteiga. Cobre-se com água ou caldo e mete-se no forno onde cozinha,

Scaloppine alla Bolognese
Fatias de vitela, com picado de presunto e purê de batata, regado com molho de carne e cozinhado no forno com algumas bolas de manteiga.

Torroni
Amêndoas, nozes, amendoins e mel, misturados com açúcar caramelo, o que dá uma espécie de Nógado. Corta-se em quadrados ou retângulos e serve-se tal qual.

Turdiddi
Com farinha, ovos, vinho branco e açúcar, fazer uma massa um pouco espessa. Fritar em azeite, por pequenas porções. Passar por mel e chocolate, deixar enxugar e servir.

Zampone
Picado de carne de porco, com alho, pimenta e especiarias. Desossar uma mão de porco cozida e reenchê-la com o picado. Serve-se grelhado, cozido ou assado. Em fatias, ou inteiro.

Zeppole
Preparar massa folhada açucarada, como para os Mil-Folhas. Cortar em retângulos e fritar ou cozer no forno. Servir polvilhados com açúcar e canela.

COZINHA JUDAICA
(Cuisine Juive)

É fora de dúvida que os Judeus têm beneficiado imenso, como raça, do código higiênico tão sabiamente concebido, que forma a parte essencial da vida religiosa da nação hebraica.

Esse esquema compreensivo, que regula os próprios movimentos sociais e domésticos, inclui regras para a seleção e preparação da comida, dividindo-a em duas classes, puros e impuros, sendo estes últimos proibidos.

Entre os alimentos interditos, estão o porco, enguias e peixes que vivem no lodo. Temos que concordar que, do ponto de vista de higiene alimentar, tão útil a qualquer povo, não é exagerada esta medida, pois o porco, alimentando-se de detritos, sem controle, expõe-se a doenças de parasitas, internas e externas, sobretudo nos climas quentes. Pela mesma razão, os peixes estão sujeitos a esse mal, sobretudo os peixes gordos e dificilmente digeríveis que se criam no lodo.

Tão profunda é a consciência do perigo de uma alimentação mal cuidada, pelo consumo de alimentos impróprios, que os regulamentos exigem o exame e abate dos animais feito pelo sacerdote (rabino), pessoa de conhecimentos vastos, capaz de reconhecer o impróprio e recusar a sua utilização. Os animais são mortos obedecendo a um ritual, sendo obrigatória a remoção completa do sangue, o que é absolutamente aceitável, porquanto a ciência demonstra que ele muitas vezes contém micróbios malignos, causa forte de corrupção e doença. Certas partes são também rejeitadas, sobretudo dos órgãos digestivos, para nós tão comuns como alimento.

Perdem assim algum prazer gastronômico, mas deixam de correr os riscos que daí advêm. À parte as precauções religiosas, escrupulosamente seguidas, há também regras domésticas de cocção e preparação dos alimentos (casher), sobretudo carnes, todas visando ao mesmo ponto: higiene alimentar.

Amnastich
Galinha recheada com picado de carne, cozida com fundo branco de carne, adicionando-se arroz, cebola inteira, ramo de cheiros e cravinho. Quando a galinha está cozida, retira-se, bem como a cebola e o ramo de cheiros. Juntam-se ao arroz 4 gemas de ovos batidas e sumo de limão. Serve-se este ao redor da galinha.

Asbanne
125 g de carne de vaca, miolo de pão, 2 ovos cozidos picados, aromáticos, alho, salsa, cominhos, pimenta, sal, 125 g de arroz cru lavado e 2 ovos crus. Misturar tudo muito bem e meter em tripa de boi. Apertar dos dois lados, cozer em caldo da Marga. (*Sopa*).

Berbouche
Espécie de cuscuz que se serve com a Marga. Deve ser aromatizado com salva, tomilho, hortelã, pimenta, cominho, milho, pimpinela, coriandro, louro e casca de laranja.

Chotquada
Robalo ou Dourada, cozido com água, sal, aromáticos e vinho branco. Cobrir com um molho feito em caçarola, como segue: 2,5 dl de azeite, alho e salsa, bem picados e refogados; molhar um pouco com vinho branco, sal, pimenta e açafrão. Ligar com 4 gemas de ovos. Sumo de limão, alcaparras e pepinos verdes (*cornichons*) picados. Servir, depois de bem cobertos com o molho.

Couscouss
Bolinhas de sêmola de milho ou de trigo, amassadas com açafrão. Cozer sobre um passador de rede (*Keskis*) ao vapor da sopa Marga. Depois de cozidos, embebê-los em manteiga. (*Servem-se como guarnição da sopa Marga, ou com legumes e carnes em fatias, regados com o caldo da mesma*).

Frimsel, Sopa
Com um ovo, toda a farinha que se possa amassar com ele e sal, fazer uma massa que se abaixa com o rolo e se corta em tiras finas. Cozê-las em fundo de carne e servir como sopa, tal qual.

Grimslichs
Fazer uma massa com farinha de milho, açúcar e ovos. Misturar à parte: ovos, com amêndoas, passas de uvas, açúcar, um pouco de canela e noz-moscada. Tomar pedaços da massa anterior, rechear com a outra mistura e enrolar. Passar por farinha e fritar. Servir com Xarope de frutas.

Hobar
Vitela natimorta, retirada do útero materno. Desentranhar, lavar muito bem e cortar em pedaços. Temperar com o mesmo molho do Mérot e guarnecer com azeitonas e champignons. Estufar e servir tal qual.

Loubia
O mesma que a TAFFINA, mas mais condimentada e fortemente apimentada.

Marga
Um pedaço de aba de vaca, bem lavado. Colocar ao fogo, coberta com água. Juntar alho bravo (*porro*), cenouras, nabos, aipo, grão-de-bico, olhos de couve, pequenas abóboras mimosas, favas e feijão branco. Uma galinha *casher* e uma *asbanne*. Condimentar e temperar. Cozer e adicionar cuscuz. (*Ver* ASBANNE e COUSCOUSS).

Mekina
Carne de vaca bem cozida, picada fino com cebola, alho, miolo de pão, açafrão, pimenta, sal e salsa. Misturar com ovos batidos. Fazer uma tortilha e fritá-la dos dois lados. Servir bem tostada.

Mérot
(*Molho encarnado*). Em tacho de barro, colocar 1/2 litro de azeite, 15 dentes de alho, 160 g de salsa picada, 250 g de polpa de tomates maduros, picada, 100 g de colorau doce, uma pitada de bagas de erva-doce, 2 folhas de louro, sal e caiena. Chega para 2 quilos de peixe ou de carne, cortados em pedaços. Cobre-se e cozinha-se em fogo forte. Servir no próprio tacho, com crostões fritos em azeite.

Motza Kleis
(*Para Sopas*). Ensopar em água um pedaço de pão de milho e espremer. Alourar em manteiga uma cebola picada. misturar com o miolo de pão, juntar um ovo bem batido, gengibre, sal e pimenta, bem como um pouco de farinha de milho cozida em água (papas). Fazer bolas que se cozem no próprio caldo da sopa que vão guarnecer, durante 20 a 25 minutos.

M'Stell
O mesmo aparelho da MEKINA. Rechear com ele pequenos rissoles de massa semifolhada. Fritar em azeite.

N'y-a-Preach
O mesmo aparelho do ASBANNE sem arroz. Fazer pequenas bolas, que se fritam em azeite bem quente. Num tacho de barro. à parte: 2.5 dl de azeite, uma cebola picada, 1 quilo de grão remolhado. 12 abóboras mimosas (*courgettes*) cortadas às rodelas, açafrão e bastantes condimentos. Cobrir com água, colocar em cima as bolas fritas e tapar. Cozer no forno, durante 6 horas.

Pudim Jacob
Cortar 4 fatias de pão de fôrma em palitos e cobrir com doce de frutas. Colocar numa terrina oval ou *pie-dish*. Bater 2 ovos, com 2,5 dl de leite e um pouco de sal, deitando sobre o pão. Deixar ensopar durante 1 hora. Cozer em forno brando, durante 40 minutos.

Tafetá
Num tacho de barro colocar 1 quilo de feijão branco remolhado, 4 pés de vitela, 3 cabeças de alho, 1 cebola, 1 quilo de chambão de vitela, ramo de cheiros, 150 g de colorau doce, pitada de pimenta do moinho e de especiarias, 3 tomates sem pele picados. 2,5 dl de azeite e sal. Cobrir de água. Tapar com papel vegetal e colocar a tampa; cozer no forno, durante 12 horas.

CARDÁPIOS
Em Portugal se designam EMENTAS
(MENUS)

A palavra Cardápio, bem como outras geralmente usadas, exemplo de Ementa e Lista (esta última, no entanto, erradamente, pois só se deve utilizar, quando se refira ao serviço à Lista, à la Carte, designa uma folha de papel ou cartolina, na qual se apontam os nomes dos pratos a servir, pela ordem natural da sua apresentação aos convivas.

É delicada e merece muita atenção, a elaboração de um cardápio, pois ele nos diz, tanto das possibilidades ou conhecimentos de quem o elabora, como a apresentação de um prato, dos recursos do cozinheiro. A propósito desta asserção, traduzirei uma frase que li na carta de um hotel alemão, a qual nos esclarece a esse respeito: "Uma ementa é uma sinfonia, e depende da sua composição o bom efeito da harmonia".

Antigamente, os banquetes eram prolongados e os cardápios complicados, dividindo-se em 5 serviços. Com o tempo, foram sendo naturalmente equilibradas as proporções com o bom senso, e chegamos ao ponto de aparecerem os dois serviços. Compunha-se o primeiro da sopa ou acepipe, prato de peixe e entrada ligeira de carne; o segundo, do assado (caça ou ave de preferência, e, mais raramente, uma peça de açougue), dos legumes e sobremesa.

Nos nossos dias, a tendência é para simplificar; dentro deste critério, foi, pois, suprimido um dos pratos, mantendo-se o assado para os banquetes, ou substituindo este por uma entrada de aves ou de açougue, para um cardápio de menos responsabilidade. Assim, o primeiro serviço estende-se até à altura dos legumes; sendo o segundo serviço composto pelas sobremesas.

COMPOSIÇÃO DE UM CARDÁPIO DE BANQUETE

Uma Sopa
Se o serviço é feito ao jantar; no Verão, pode-se substituir esta por um Coquetel de Melão, ou um Consomê Frio. Não se aprova, de maneira alguma, o antigo costume de apresentar duas sopas à escolha, ou servir canapés depois desta.

Acepipes
Em vez da sopa, se o serviço é feito ao almoço, podendo também servir-se um Coquetel de Mariscos, bem gelado.

Prato de Peixe
Deve ter-se em atenção, para a escolha, qual a época, categoria do serviço, e qual o prato anterior. Não servir lagosta, peixe frito, nem Peixe à Gastrônomo, no caso de ter apresentado um coquetel de mariscos. Escolher, no entanto, um

peixe que, pela sua categoria e confecção, seja atrativo, apresentando-o inteiro, se possível.

Prato de Carne
Um assado de ave, ou caça de preferência; em último caso e mais raramente, uma peça de açougue.

Legume
Espargos, couves-de-bruxelas, abóboras mimosas, beringelas ou endívias, são legumes que se podem apresentar num cardápio de banquete. Para este prato é de aconselhar a maior simplicidade de confecção e de molhos.

Sobremesas doces
Num serviço de banquete não é usual inscrever-se queijo, o que a verificar-se, seria imediatamente a seguir aos legumes e antes dos doces. Apresentam-se, pois, doces, quentes ou frios, ou sorvetes.

Frutas
Segundo a estação do ano, escolhe-se a fruta que mais convier, apresentando-a da maneira mais atraente, ou que mais sucesso possa fazer.

Nos serviços vulgares de almoço ou jantar, embora a ordem seja a mesma, os pratos se apresentam de acordo com as possibilidades da cozinha e dos cozinheiros, sendo, portanto, a elaboração do Cardápio menos rígida, o que não quer dizer que possa, ou deva, ser menos cuidada.

Uma das faltas que, normalmente, se notam nos Cardápios escritos em francês é a utilização da locução à la muito freqüentemente. É de aconselhar que assim não seja, exceto nos casos em que isso significa à moda de, ou à maneira de. Exemplo: em vez de Sole à la Meunière, Sole Meunière, e, em vez de Soufflé à la Reine, Soufflé la Reine.

Outra falta é – e essa mais grave – a de acrescentarem a nomes já feitos, aditamentos ridículos, como, por exemplo, Irish Stew à Alsaciana, erro gravíssimo, ou Wienner Schnitzel à Milanesa, pior ainda.

Damos adiante alguns cardápios de almoço e jantar com as traduções em francês e inglês, para auxiliar os que delas pretendam se servir.

CARDÁPIOS DE ALMOÇO

Acepipes Variados
Salmonetes à Italiana
Costeletas de Vitela,
Molho Picante
Batatas novas em manteiga
Creme de Espinafres
Queijos
Fartos com geléia de Groselhas
Frutas

Hors d'Oeuvre
Rougets à l'Italienne
Côtelettes de Veau,
Sauce Piquante
Pommes nouvelles au beurre
Épinards à la Crème
Fromages
Beignets de Groseilles
Fruits

Appetizers
Red Mullet with Italian
Sauce
Veal Cutlets, Piquante Sauce
New potatoes buttered
Creamed spinach
Cheeses
Red currant Fritters
Fruits

Ostras do Tejo, sobre gelo
Conchas de Linguado Cardeal
Bifinhos de Vaca Prado Verde
Feijão-Verde à Francesa
Queijos
Tarteletas de Maçã
Frutas

Huîtres du Tage, sur glace
Coquilles de Sole Cardinal
Petits Mignons de Boeuf Vert Pré
Haricots Verts à la Française
Fromages
Tartelettes aux Pommes
Fruits

Oysters from Tagus beds, on ice
Sole in shells Cardinal
Fillets of Beef with Water cress
Green Beans, French style
Cheeses
Apples Tartelets
Fruits

Melão Gelado
Trutas do rio com vinho
de Colares
Frango Salteado Armenonville
Salada Verde
Queijos
Cartuxada de Bananas
Frutas

Melon Refrâichi
Truites de riviére au vin
de Colares
Poulet Sauté Armenonville
Salade Verte
Fromages
Chartreuse de Bananes
Fruits

Iced Melon
River Trouts with Colares wine
Chicken "Sauté"
Armenonville style
Green Salad
Cheeses
Bananas Moulded in Jelly
Fruits

Ovos Toupinel
Costeletas de Lagosta
Medalhas de Carneiro
à Caçadora
Espargos Vapor com manteiga
Queijos
Pudim de Chocolate
Frutas

Oeufs Toupinel
Côtelettes de Homard
Noisettes de Mouton
Chasseur
Asperges frais au beurre
Fromages
Pouding au Chocolat
Fruits

Eggs Toupinel
Lobster Cutlets
Filets of Mutton with mushrooms
Steamed Asparagus in butter
Cheeses
Chocolate Pudding
Fruits

Figos com Presunto
Postas de Cherne à Moleira
Porter house Steak
Couve-Flor em Fritotes
Queijos
Bolos de Nozes
Frutas

Figues au Jambon Fumé
Darnes de Cernier Meunière
Porter house Steak
Chou-Fleur en Fritots
Fromages
Gateau de Noix
Fruits

Smoked Ham with Figs
Slices of Grouper in Brown
Butter
Porter house Steak
Brussel Sprouts Fritots
Cheeses
Walnut Cake
Fruits

Ovas de Peixe em Vinagrete
Crepinetes de Camarão
Lombo de Carneiro à Inglesa
Queijos
Torta de Maçã
Frutas

Laitances au Vinaigrette
Crépinettes aux Crevettes
Carré de Mouton à l'Anglaise
Fromages
Tarte aux Pommes
Fruits

Soft Roes in Vinegar Sauce
Shrimp Crepinettes
Mutton
Chop GarnishedCheeses
Apple Tart
Fruits

CARDÁPIOS DE ALMOÇO (Especiais)

Agulhetas de Salmão Fumado Molho Rábano	Tranches de Saumon Fumé Sauce Raifort	Thin slices of Smoked Salmon Fluffy Horseradish Sauce
Lagosta Fria Bela Vista Molho Rico	Homard Froid en Bellevue Sauce Riche	Fresh Lobster Bellevue Chef's Sauce
Faisão Assado em caçarola Molho Smitano Batata Mascote	Faisan en cocotte Sauce Smitane Pommes Mascotte	Roast Pheasant in "Cocotte" Smitane Sauce Mascotte Potatoes
Couves-de-Bruxelas com manteiga	Choux de Bruxelles au beurre	Brussels Sprouts in butter
Charlota Metternich	Charlote Metternich	Pudding with Chestnut Purée
Morangos Romanoff	Fraises Romanoff	Strawberry Romanoff
———	———	———
Pasta de fígado em tigela (do Chefe) Pão integral amanteigado	Terrine de Foie Gras du Chefe Pumpernickel	Chef's Foie Gras in Terrine Pumpernickel
Supremos de linguado Príncipe Murat	Suprêmes de Sole Prince Murat	Filet of Sole with truffles
Sela de Cordeiro à Turca Batatas Miniatura Salpicão de Alcachofras	Selle d'Agneau à la Turque Pommes Mignonnettes Salpicon d'Artichauts	Saddle of Lamb Turkish style Miniature Potatoes Diced Artichokes
Bolo Suíço com *kirsch*	Gâteau Suisse au *kirsch*	Swiss Cake with *kirsch*
Taça mista à Havaiana	Coupe Hawaiienne	Hawaian Coupe
———	———	———
Santola Recheada Tostas de Centeio	Crabe Farcie Toste de pain de Saigle	Stuffed Crab Rye Bread Toast
Lampreia à Minhota	Lamproie façon du Minho	Lamprey in Red Wine Sauce
Tornedó Alexandra Fundos de Alcachofra Batatas Suflês	Tournedo Alexandra Fonds d'artichauts Pommes Soufflées	Tournedo Alexandra Hearts of Artichoke Puffed Potatoes
Bolo Gelado de Café	Biscuit Glacé Moka	Iced Moka Cake
Ananás com Kirsch	Ananas au *Kirsch*	Pineapple with Kirsch

CARDÁPIOS DE JANTAR

Consomé Dubourg
Lagostins Gratinados
Nantua
Sela de Cordeiro Talleyrand
Pontas de espargos com natas
Pudim *Cabinet*
Ananás com vinho do Porto

Consommé Dubourg
Gratin de queues d'écrevisses
Nantua
Selle d'Agneau Talleyrand
Pointes d'asperges à la crème
Pouding Cabinet
Ananas au Porto

Dubourg Clear Soup
Prawns Baked
Nantua style
Roast Saddle of Mutton
Asparagus tips with cream
Cabinet Pudding
Pineapple flavored with Port

Creme Rainha
Pastelões folhados de Lagosta
Patos assados em sangue
Salada Danicheff
Sorvete de Café
Laranja com Creme de Natas

Potage Crème la Reine
Petits Pâtés d'Homard
Caneton Rôti au Sang
Salade Danicheff
Glace au Moka
Orange au Chantilly

Queen Soup
Lobster Patties
Roast Duckling "au Sang"
Danicheff Salad
Coffee Ice Cream
Oranges with Whipped Cream

Coquetel de melão com *kirsch*
Supremos de Linguado
com Natas
Lombo de Vaca à Financeira
Couve-flor Gratinada
Creme Garibaldi
Frutas

Cocktail de melon au *kirsch*
Suprêmes de Sole
à la Crème
Filet de Boeuf Financiére
Chou-fleur au Gratin
Crème Garibaldi
Fruits

Melon Cocktail with *kirsch* flavor
Supremes of Sole with Cream
Sauce
Tenderloin of Beef "Financière"
Baked Cauliflower
Garibaldi Custard
Fruits

Creme de Cevada pilada
Pregado Coz, em Caldo
Aromatizado
Tornedós Pompadour
Alcachofras com manteiga
Bávaro de Morangos
Frutas diversas

Potage Crème d'Orge
Turbot Poché
au Court-bouillon
Tournedos Pompadour
Artichauts au beurre
Bavarois aux Fraises
Corbeille de Fruits

Cream of Barley Soup
Boiled Turbot in "Court-
bouillon"
Fillets of Beef Pompadour
Buttered Artichokes
Strawherry Bavarian Cream
Fruits Basket

Sopa Purê de Alcachofras
Suflê de Ostras
Peru Assado à Stanley
Abóbora Estufada com Natas
Charlota Russa
Taça de Frutas Frescas

Purée à la Palestine
Soufflé aux Huîtres
Dindonneau Rôti Stanley
Courge à la Crème
Charlotte Russe
Coupe de Fruits

Artichoke Soup
Oyster Soufflé
Roast Turkey Poult
Vegetable Marrow
Russian Charlotte
Assorted Fruits Cup

Tostas de Salmão
Conchas de Peixe Nantua
Escalopes de Vitela à Vienense
Tomates Recheados com Natas
Sonhos de Alperche
Pêssego Melba

Saumon sur Toast
Coquilles de Poisson Nantua
Wiener Schnitzel
Tomates Farcis à la Crème
Beignets d'Abricots
Pêche Melba

Salmon on Toast
Scalloped Fish Nantua
Austrian Veal Collops
Stuffed Tomatoes
Apricot Fritters
Peach Melba

CARDÁPIOS DE LANCHES (só frios)

Consomé Gelatinado	Consommé en Gelée	Jellied Clear Soup
Dentados de Ostras	Petits Pâtés aux Huîtres	Oyster Patties
Filetes de Linguado em Geléia	Filets de Sole en Aspic	Fillets of Sole in Jelly
Timbale de Pregado à Russa	Timbale de Turbot à la Russe	Russian Timbale of Turbot
Costeletas de Salmão	Côtelettes de Saumon	Salmon Cutlets
Salada de Lagosta	Salade d'Homard	Lobster Salad
Zéfiros de Aves	Zéphires de Volaille	Chicken Creams Moulded
Medalhões de pasta de fígado	Medaillons de Foie Gras	Foie Gras Slices (goose liver)
Costeletas de Cordeiro em "Chaud froid"	Côtelettes d'Agneau en Chaud froid	Lamb Cutlets masked with Sauce
Frangos assados, trinchados	Poulets rôtis découpés	Roast Chickens, Carved
Peru Recheado	Dindonneau Farci	Stuffed Turkey Poult
Pastelão de Pombos à Inglesa	Pâté de Pigeon à l'Anglaise	Pidgeon Pie
"Chaud froid" de aves	Chaud Froid de Volaille	Poultry Masked with Sauce
Galantina de Vitela Gelatinada	Galantine de Veau en Gelée	Galantine of Veal
Presuntos de Lamego	Jambon Fumé de Champagne	Smoked Ham, Farm Style
Língua Escarlate	Langue Écarlate	Pressed Tongue
Saladas	Salades	Salads
Creme de Alperches	Crème d'Abricot	Apricot Cream
Bávaro com Amendoins	Bavaroise aux Pistaches	Pistachio Bavarian Cream
Macedônia de Frutas com *kirsch*	Macédoine de Fruits au *kirsch*	Mixed Fruits with *kirsch*
Cartuxada de Bananas	Chartreuse de Bananes	Bananas in Jelly
Charlota S. José	Charlotte St. Joseph	Pineapple Charlotte
Merengues com Natas	Meringues à la Crème	Creamed Meringues
Pastelaria	Pâtisserie	French Pastry
Sorvetes Diversos	Glaces au Choix	Ice Cream Varieties
Frutas	Fruits	Fruits

MISTAS

Pratos Quentes	Plats Chauds	Hot Dishes
Consomé em taças	Consommé en Tasse	Chicken Clear Soup in Cups
Lagosta Endiabrada	Langouste à la Diable	Devilled Crayfish
Filetes de Linguado Orly	Filets de Sole Orly	Fried Fillets of sole
Molejas de Vitela à Financeira	Ris de Veau Financière	Calves Sweetbread
Calhandras em Caçarola	Cailles en Casserole	Quails stewed in Casserole

Pratos Frios	Plats Froids	Cold Dishes
Camarão com geléia	Crevettes en Aspic	Shrimps in Aspic
Salada de Lavagante	Salade d'Homard	Lobster Salad
Dentados Rainha	Bouchées la Reine	Sweetbread Patties
Musse de Fígado	Mousse de Foie Gras	Foie Gras (goose liver) Creams
Frango assado trinchado	Poulet rôti découpé	Carved, Roast Chickens
"Chaud froid" de Perdizes	Chaud Froid de Perdreaux	Partridges masked with sauce
Galantina de Pato	Galantine de Canard	Galantine of Duck
Pastelão de Caça à Francesa	Paté de Gibier à la Française	French Game Pie
Faisão assado	Faisan Rôti	Roast Pheasant
Presunto em Cornucópias	Jambon en Cornucopes	Rolled Sliced Ham
Língua Fumada	Langue Fumée	Smoked Tongue
Salada	Salades	Salade

Doces	Entremets	Sweets
Bávaro de Chocolate	Bavarois au Chocolat	Bavarian Chocolate Mould
Creme de Amêndoas	Crème aux Amandes	Creamed Almond
Compota de Peras com Creme Natas	Compote de Poires à la Chantilly	Stewed Pear with Whipped Cream
Cartuxada de Laranjas	Chartreuse d'Oranges	Oranges in Jelly
Charlota Russa	Charlotte Russe	Russian Charlotte
Nógado com Fios de Ovos	Nougat aux Oeufs Fillés	Nougat with Egg strings
Pastelaria Sortida	Pâtisserie	French Pastry
Pudim Gelado Nesselrode	Pouding glacé Nesselrodc	Iced Pudding Nesselrode
Sorvetes	Glaces au Choix	Ice Cream
Frutas	Fruits	Fruits

GLOSSÁRIO DE TERMOS DE COZINHA E GASTRONOMIA - SUA DEFINIÇÃO

A branco (*A Blanc*)
Cozinhar "a branco" é cozinhar em caldo sem quaisquer condimentos ou temperos (Veja também Branquear).

Abaixar (*Mouiller*)
Juntar algum líquido ou retirar do fogo para conter a fervura.

Abatises (*Abatis*)
Aportuguesamento da palavra francesa, com o significado de Miudezas de Aves. (*Apresentado por Cândido de Figueiredo e citado por Bento da Maia*).

Abaunilhado (*Vanillé*),
Aromatizado com baunilha em pó ou em vagem. Do mesmo modo se diz apimentado, quando o condimento usado é a pimenta.

Abeberar (*Tremper*)
Com o mesmo significado de ensopar. Fazer absorver água, caldo, leite etc.

Abrir (*Ouvrir*)
Para os mariscos bivalves, significa passá-los no calor o tempo suficiente para que as conchas se separem. Para o arroz, indica que se retira antes de completamente cozido. Em peixes ou aves, diz que se deve fazer uma incisão ao longo do ventre, o que só em casos especiais acontece.

Acamar (*Coucher*)
Colocar em camadas. Por vezes, diz-se acamar num tabuleiro, referindo-se apenas à colocação de uma única camada.

Acepipe (*Hors-d'Oeuvre*)
Embora adotada geralmente para indicar o prato de frios que se serve no início dos almoços, esta palavra tem um significado mais amplo, podendo aplicar-se a todas as pequenas coisas que se servem como frivolidades.

Acomodar (*Accommoder*)
O mesmo que "Atar".

Afiambrar (*Saumurer*)
Colocar carnes em salmoura, com o fim de as tornar rosadas, caso dos fiambres e línguas.

Agar-Agar
Nome por que é designada a gelatina vegetal de certas algas marinhas, que substitui, por vezes com certa vantagem, a gelatina animal.

Agraço (*Verjus*)
Suco de uvas verdes, usado por vezes em substituição do vinagre para certos pratos.

Agulheta (*Aiguillette*)
Fatia fina e comprida, de peixe ou carne.

Aldeã (*Paysanne*)
Termo que designa o modo de cortar os legumes em meias-luas,

Albardar (*Barder*)
Envolver em fatias de toucinho, aves, carne ou peixe, antes de levá-las ao forno. Generalizou-se este termo, em relação ao bacalhau e às sardinhas pequenas. Neste caso, significa passar por massa de fritar.

Alourar (*Rissoler*)
Saltear em gordura, dando um pouco mais de cor.

Alourar no forno (*Glacer*)
Passar determinados pratos pelo calor do forno, para lhes acentuar a cor. (*Podem também ser passados na salamandra*).

Alperches (*abricot*)
É uma fruta semelhante ao pêssego, chamado aqui abricó.

Amalgamar (*Amalgamer*)
Misturar diversos ingredientes, incorporando-os completamente.

Amanhar (*Vider*)
Preparar o peixe para cozinhar (*abrir, escamar, cortar as barbatanas etc.*), polvilhando-o depois com sal.

Amanteigar (*Beurrer*)
Untar o fundo e os bordos das fôrmas, ou tabuleiros, que vão ser utilizados. Diz-se também do ato de ligar qualquer molho, com manteiga.

Amassar (*Pétrir*)
Trabalhar, com força, massas, recheios etc., com vista a obter uniformidade e ao mesmo tempo amaciar a composição. Diz-se também "bater", quando a operação é feita com máquinas.

Amolecer (*Ramollir*)
Diz-se em relação às massas. Adicionar água, leite. ou caldo, com o fim de tornar a composição menos dura, portanto mais fácil de trabalhar.

Aparar (*Parer*)
Tornear ou embelezar um elemento, desembaraçando-o das matérias supérfluas, para lhe dar uma forma apropriada.

Aparas ou Aproveitamentos (*Parures*)
Pequenos pedaços que se destacam dos elementos aparados e que servem para ser utilizados noutros pratos: picados, recheios etc.

Aparelhos (*Appareils*)
Preparação composta de um ou mais elementos de natureza diferente, misturados para a preparação de um prato. A palavra "Aprestos" é também usada com o mesmo sentido.

Apertar (*Réduire*)
Usa-se este termo para designar o ato de deixar ferver um molho para reduzir ou engrossar.

Apurar (*Relever*)
Acentuar o paladar de um molho, pela adição de condimentos, ou pelo fato de o deixar reduzir um pouco mais.

Arear (*Sabler*)
Diz-se do açúcar que ultrapassa o Ponto de Espadana, ou do que se junta nos lados da caçarola, durante a preparação do ponto. Diz-se também do ato de polvilhar bolos ou pastelaria, com açúcar pilé, cru.

Aromáticos (*Aromates*)
Designação usada para as ervas, plantas ou raízes, que expandem um odor agradável.
Aspic
Geléia dissolvida em caldo de carne, servindo para encamisar fôrmas ou moldes, onde se colocam os elementos a servir.

Assar (*Rôtir*)
Princípio usado para cozinhar peças grandes, com a mesma vantagem dos grelhados (*concentração do sabor*), pois, pela exposição direta da peça ao fogo, uma grande camada seria carbonizada, antes de se conseguir uma cocção perfeita. Moderando e uniformizando a intensidade do calor, consegue-se a cocção das carnes, evitando a sua dissecação e mantendo todas as propriedades nutritivas.

Atar (*Ficeler*)
Dar às carnes e às aves, antes de as cozinhar, a forma mais regular, atando-as com um fio. Às aves, passa-se um fio nas asas para as unir bem ao corpo, procedendo-se de igual modo para as pernas.

Au Bleu
Vocábulo francês que indica que o peixe a cozinhar é aberto em vida, limpo das tripas e cozido imediatamente em Caldo Aromatizado, sem ser escamado.

Banho-Maria (*Bain-Marie*)
Processo de cocção que consiste em mergulhar o utensílio com o que se pretende cozinhar, dentro de outro com água a fervente, mantendo a temperatura entre 90º-95º. Utiliza-se para certos doces e molhos. Tem em vista evitar que os mesmos se agarrem às paredes da caçarola ou se estraguem pelo contato direto com o calor, ou ainda, permitir que a distribuição deste seja uniforme. (*Convém notar que, se, por qualquer motivo, os fundos das duas vasilhas se tocam, todo o processo do banho-maria resulta desnecessário, pois o fogo, incidindo diretamente através dos dois corpo, danificará a* preparação).

Barrar (*Masquer*)
Untar ou cobrir, com manteiga, recheio, purê etc., deixando uma camada algo espessa.

Bordear (*Border*)
Colocar Bordura ou Bordadura.

Bordura ou Bordadura (*Bordure*)
Decoração feita com purê, manteiga ou creme em volta de certos pratos, para o que se utiliza geralmente o saco e boquilha de feitios.

Branquear (*Blanchir*)
Ação de imergir, durante alguns instantes, um alimento em água a ferver, antes de o cozinhar definitivamente. Destina-se a desembaraçá-lo de impurezas e, no caso de legumes, de um excesso eventual de amargor.

Bridar (*Brider*)
O mesmo que Atar, mas usado apenas em relação às aves, ou peças de caça inteiras.

Brocar (*Broquer*)
Abrir cavidades em legumes ou tubérculos, com o auxilio da colher própria.

Brocheta (Brochette)
Aportuguesamento da palavra francesa. Pequeno espeto.

Brunesa (*Brunoise*)
Legumes cortados em pequenos cubos ou dados, de 1 a 3 mm de lado.

Caldo aromatizado (*Court-Bouillon*)
Água salgada, vinagre, cenouras, cebola e ramo de cheiros. (*Composição que se destina à cocção de certos peixes. transmitindo-lhes um agradável sabor*).(*Ver* FUNDOS DE COZINHA).

Canapés
Fatias de pão torrado que se cobrem com diversas preparações. Utilizam-se também como soco para aves ou caça. Neste último caso, são mais grossas e maiores do que no primeiro, em que não devem exceder os 5 cm de lado.

Canelar (*Caneler*)
Fazer incisões, com faca ou aparelho especial, ao redor de limões, cenouras, champignons etc.

Canelões (*Canelonni*)
Macarrão grosso, recheado com picado de carne. Folhas de crepe, enroladas sobre um recheio de carne.

Capilotada ou Caperotada (*Capilotade*)
O segundo termo, mais correto, é usado por Cândido de Figueiredo e citado por Bento da Maia, para indicar pedaços de aves que se preparam como um estufado e se servem em caçarola.

Cardápio (*Menu*)
O mesmo que Ementa ou Menu. Usa-se também lista para o Serviço à la Carte.

Caracóis (*Escargots*)
Molusco terrestre de casca fina, de pequeno tamanho.

Caramelo (*Caramel*)
Açúcar levado a um ponto alto, bastante utilizado tanto na cozinha como na pastelaria.

Carretilha (*Coupe-pâte*)'
Aparelho composto por uma roda dentada, adaptada num cabo, que se utiliza para cortar massas.

Cartuxada de Legumes
Aportuguesamento da palavra "Chartreuse".

Cassonada (*Cassonade*)
Açúcar não refinado, em pó ou em pedra. (*Açúcar mascavado*).

Castelo, em (*en Neige*)
Diz-se das claras de ovo quando, depois de bem batidas, adquirem uma consistência semi-sólida, semelhante a um monte de neve.

Carta ou Lista (*Carte*)
Lista de pratos que podem ser servidos fora da Ementa, com os respectivos preços.

Cebolinho (*Ciboulette*)
Haste verde da cebola, incluída no "Cheiro Verde".

Chalotas (*Échalotes*)
O mesmo que échalota. Variedade de cebola de pequeno tamanho.

Chamuscar (*Roussir*)
Passar (*sobretudo aves*) por uma chama, sem fumo, para queimar pontas de pêlos ou penas.

Charlota (*Charlotte*)
Bolo, cujas paredes exteriores são formadas por Palitos Rainha e o interior por um creme

variável. Aceitamos esta tradução, que não é nossa, pois dela gostamos.

Chaud-Froid
Peça cozinhada, servida fria, com cobertura de aspic.

Cheiros (*Aromates*)
O mesmo que "Aromáticos".

Chinês (*Chinois*)
Tipo de passador ou coador de forma cônica usado em cozinha.

Cidrão (*Cédrat*)
Variedade de cidra com a casca muito grossa. Em linguagem vulgar de pastelaria, o cidrão é sempre a casca de cidra cristalizada. (*Cédrat confit*).

Civete (*Civet*)
Guisado de lebre (*ou outra peça de caça*), feito com vinho, cebolas e, quase sempre, o sangue do animal.

Clarificar (*Clarifier*)
Limpar de impurezas e tornar transparente.
Consomê: Clarificam-se por meio de suco de carne crua.
Geléias: Adicionando claras de ovo e fazendo levantar fervura.
Manteiga: Colocar na estufa, até que as impurezas se depositem no fundo, ou passá-la depois de derretida, pela peneira fina.

Coagular (Coaguler)
O mesmo que "Coalhar". Usa-se, sobretudo, quando se refere ao sangue.

Coalhar (*Cailler*)
Adicionar ao leite qualquer ácido que, atuando sobre a caseína, o lance no processo de coagulação. Utilizam-se diversos processos, consoante o fim a que se destina, seja para fabricação de queijos ou para a fabricação de iogurte e de certas sobremesas, como o "Kaimac", por exemplo.

Coalho (*Présure*)
Nome por que vulgarmente se designa uma espécie de leite coalhado que se encontra no estômago do cabrito de mama, usado como coagulador para o leite.

Coar (*Couler, Passer*)
Passar através de um pano qualquer elemento líquido ou liquidificado, a fim de o libertar de impurezas.

Cobrir (*Napper*)
Tapar com uma camada leve de molho, ou geléia, os pratos quentes ou frios.

Cocção (*Cuisson*)
Ato de cozinhar os alimentos. Diz-se geralmente cozer, cozinhar em água fervente, ou pelo vapor de água.

Colar (*Coler*)
Cobrir com gelatina ou glace de carne, de forma a permitir a aderência de qualquer matéria a aplicar.

Compota (*Compote*)
Doce de fruta cozida em calda de açúcar.
Concasser
Cortar legumes grosseiramente, sem medida certa ou regular.

Condimentos (*Condiments*)
O mesmo que temperos, substâncias que ativam o sabor: açúcar, sal, pimenta, mostarda etc.

Condimentar (*Saisoner*)
O mesmo que temperar. Dar gosto ou acentuar este, pela adição dos condimentos.

Corar (*Colorer*)
Dar um tom aloirado a qualquer prato, quer no forno, quer na salamandra, ou ainda, como no caso dos consomês, pela adição de caramelo.

Cordão (*Cordon*)
Fio que se faz ao redor de alguns pratos, com o intuito de decorá-los. Executam-se sempre com uma composição diferente do preparado base e, geralmente, com molhos, glace de carne, suco de peixe ou carne etc.

Coroas em (*en Couronne*)
Maneira de empratar em forma circular, geralmente com as pontas sobrepostas, intercalando ou não um ou vários elementos.

Corta-Massa (*Emporte-Pièce*)
Objeto circular, em metal, com o qual se tiram sobre as folhas de massa, pedaços uniformes do tamanho desejado. Apresentam-se,

geralmente, em jogos de tamanhos diversos, lisos ou canelados.

Cosidas a Branco (*a blanc*)
Peças cozidas sem qualquer condimento.

Coulis
Purê líquido, obtido pela cocção condimentada de carnes, peixes, legumes ou mariscos, pisados e passados pela peneira e estamenha.

Couratos (*Couennes*)
Pedaços de pele de porco, sem o toucinho. Muito empregados na cozinha francesa como tempero, para transmitir untuosidade a certas peças de carne.

Cozedura (*Cuisson*)
O mesmo que "Cocção". Diz-se, vulgarmente, da cocção em água. O caldo de cozedura é muitas vezes usado na preparação de molhos.

Cozer (*Pocher*)
Podemos dar desta palavra diversas definições, consoante o elemento a cozinhar.
Aves: Cozer completamente, pela ebulição lenta, em caçarola.
Carnes: Ferver bem tapada, sem deixar cozinhar excessivamente.
Ovos: Segundo o sentido português da palavra, fervê-los com a casca, durante 15 minutos, aproximadamente (*oeufs durs*). Pelo sentido francês, que nós dizemos "escalfar", partir os ovos, deixando-os cair em água a ferver, com um pouco de sal; retirar 3 minutos depois.
Peixe: Cozinhar em Caldo Aromatizado; com pouca água; ou com Fumete de peixe.

Cravejar (*Contiser*)
Picar cebolas, chalotas, etc., com cravinhos.

Crepes
O mesmo que Crepinetes. Quadrados de massa, com recheios diversos.

Crescente (*Levure*)
O mesmo que Fermento. Pedaços de massa que se prepara com alguma antecedência e se reserva para, depois de fermentada, juntar a outras massas, tornando-as lêvedas.

Crescente (*Croissant*)
Diz-se de qualquer elemento cortado em forma de meia-lua. Espécie de pequeno bolo, de massa idêntica ao Brioche, que, depois de enrolado, fica com o formato de meia-lua.

Criação (*Volaille*)
Nome por que são designadas as aves de capoeira.

Croquetes (*Croquettes*, Quenelles)
Preparação de recheio ou picado (*carne, aves, caça ou peixe*) com miolo de pão e farinha. Enrolam-se à mão, dando-lhes a forma de pequenos cilindros. Fazem-se também de Batata Duquesa ou arroz, sobretudo para guarnições.

Crosne (Legume Oriental)
O crosne, também chamado Stachys, é um legume semelhante ao cardo, com pouco valor alimentar.

Crostões (*Croûtons*)
Pedaços de pão, torrado ou frito, cortados em pequenos cubos, losangos, triângulos ou retângulos. Empregam-se como guarnição, tanto em sopas, como noutros pratos. Por extensão e devido ao seu formato, usamos também neste livro a expressão "Crostões de Geléia", para designar os triângulos da mesma que, geralmente, se colocam como guarnição de pratos frios.

Crustada (*Croustade*)
Pastel de massa folhada, ou não, de formato não obrigatório, que, depois de cozido no forno, se destina a comportar qualquer elemento de guarnição.

Crustadinhas (*Croustadines*)
Pequenas crustadas.

Dados (*Dés*)
Cortar em dados significa talhar uma carne, um peixe ou um legume, em pequenos cubos, tanto quanto possível uniformes, que não excedam 2 cm de lado.

Dar um Golpe Sobre a Espessura
Significa que a peça deve ser cortada a meio da sua altura.

Decantar (*Décanter*)
Separar um líquido das impurezas que se depositaram no fundo da vasilha, passando-o para outra. No que diz respeito aos vinhos, é mais aconselhável servi-los com cuidado, num cesto próprio, do que decantá-los, privando-os do seu aroma, do seu paladar, enfim, da sua qualidade.

Decorar (*Décorer*)
Enfeitar ou adornar. Usam-se, nas decorações, legumes, manteigas, purês etc.

Defumado (Fumé)
Tratado pela defumação em aparelhos próprios ou em fumeiros (chaminés de fumização).

Demi-Glace
A Demi-glace é um fundo gelatinoso leve, usado como molho para carnes.

Desengrossar (*Déglacer*)
Juntar um líquido, caldo. consomê, vinho, suco etc., num recipiente onde se cozinhou carne ou peixe, com o fim de tornar o fundo menos espesso, obtendo dessa mistura o molho.

Desengordurar (*Degraisser*)
Tirar a gordura dum suco de carne, dum caldo ou de um molho, geralmente com uma escumadeira.

Dessalgar (*Déssaler*)
Remolhar em água fria, para livrar de grande parte do sal.

Dourar (*Dorer*)
Diz-se, sempre que se passa gema de ovo na superfície de uma preparação culinária, esperando depois, ao contato com o calor, obter uma cor dourada. Passar um pincel com gema de ovo sobre um pastelão ou torta; passar por ovo batido para fritar etc.

Duxelles
Champignons e chalotas picados, salteados e reduzidos com ervas aromáticas. Demi-glace e Molho de Tomate.

Ebulição (*Ebullition*)
O mesmo que "Fervura".

Em Cru
Quando se usa esta expressão, quer dizer que a peça deve ser preparada antes da cocção.

Embamata (*Roux*)
O mesmo que Ru; mistura de manteiga e farinha que serve de base a diversos molhos, e que se deixa tomar cor conforme a necessidade. (*Branco, louro. escuro*).

Ementa (*Menu*)
Lista, previamente elaborada, que descreve pormenorizadamente, em seqüência natural, os pratos correspondentes a uma refeição (Veja Cardápio).

Empratar (*Dresser*)
Dispor as iguarias nos pratos ou travessas, de forma a obter do conjunto o máximo de harmonia e apresentação.

Enchido (*Boudin*)
Termo vulgar que designa, sem distinção, todos os produtos de salsicharia que sejam ensacados (*paios. chouriço, morcelas, salsichas etc.*).

Endiabrar (*Diabler*)
Termo que designa o ato de adicionar a meio da cocção (*Frango, Pombo, Lombo de carneiro, Peixe frio*), mostarda, miolo de pão e manteiga. Terminar de cozinhar.

Encamisar (*Chemiser*)
Cobrir o interior de uma fôrma com uma camada fina de geléia, fundo, glace etc., antes de a encher com um aparelho qualquer.

Encorpado (*Corsé*)
Diz-se dos molhos ou cremes que atingiram certa consistência. Usa-se também quanto aos vinhos, com o significado de cheios, isto é, que se sentem na boca ao tomá-los.

Engrossar (*Corser*)
Dar mais consistência a uma sopa ou molho, ligando-lhe farinha, gema de ovo ou natas.

Entalar (*Tomber*)
Passar por água fervente ou gordura, com o fim de evitar a decomposição, no caso de não ser cozinhado imediatamente.

Entrada (*Entrée*)
Nos *menus* de antanho, *entrada* era o prato servido precedendo o assado, a que nós chamávamos *prato do meio*. Com a simplificação das ementas pela eliminação de pratos supérfluos, deixaram de servir-se as entradas; o nome subsistiu, no entanto, para designar os pratos que, não sendo assados, são contudo pratos de carne.

Entremeios (*Entremets*)
Pratos ligeiros: legumes, cremes ou pequenos pastéis, geralmente servidos entre o assado e as sobremesas.

Enxugar (*Singer*)
Juntar farinha às substâncias puxadas em manteiga ou gordura, antes de molhar. Também

se passa por farinha o peixe que se vai fritar, para enxugá-lo.

Ervas Aromáticas (*Fines Herbes*)
O mesmo que Aromáticos ou Cheiros.

Escalfar (*Pocher*)
Ovos. (*Ver* o que dizemos em COZER). Os espanhóis utilizam esta palavra para os peixes, no sentido de cozer com pouco caldo.

Escalopear ou Escalopar (*Escaloper*)
Cortar em pedaços carne ou aves.

Escalopes
Fatias de carne (*bifes*) finas e pequenas, servidas fritas, grelhadas ou panadas. Fatias finas e pequenas, de peito de aves; as rodelas vulgares de lagosta etc.

Escarolas (*Escaroles*)
O mesmo que Endívias.

Especiarias (*Épices*)
Designam-se geralmente por este nome os condimentos finos que, noutros tempos, eram comprados a peso de ouro, provenientes das Índias. Pão de especiarias (*Pain d'épices*) é uma espécie de "Folar", com canela, cravinho etc. As quatro especiarias (*Les quatre épices*), mistura de noz-moscada, cravinho, pimenta branca e de caiena.

Espinhela (*Brechet*)
Apêndice cartilaginoso da parte posterior da quilha das aves. É pela flexibilidade da espinhela que os entendidos avaliam a dureza da carne, ou o contrário.

Essência (*Essence*)
Suco do elemento indicado, reduzido a extrato concentrado.
Esterilizar (*Estérilizer*)
Elevar a temperatura suficiente para eliminar os microrganismos causadores de fermentação ou decomposição.

Estufar (*Braiser*)
Significava, outrora, cozinhar numa estafadeira (*étouffoir au braisière*) coberta, colocada sobre as brasas ou sobre o fogo. Hoje, estufam-se no forno peças inteiras ou pedaços grandes, com fundo escuro ou branco, conforme a necessidade. Com o mesmo significado existem os vocábulos franceses (*Etuver ou Etouffer*).

Estrugir (*Ragoûter*)
O mesmo que "Refogar".

Febras
Em Portugal, usa-se esta palavra para designar pequenos pedaços de lombo de porco.

Fécula (*Fécule*)
Farinha branca e insípida, obtida dos vegetais. Obtém-se reduzindo a polpa, ralando-os ou moendo-os, desfazendo essa polpa em água onde é lavada e passando depois por uma peneira. Depois de seca, é guardada e utilizada como a farinha.

Feijocas
Tipo de feijão grande, normalmente consumido fresco (não seco).

Feno (*Foin*)
Designação dada às "barbas" das alcachofras.

Fermentação (*Fermentation*)
Alteração orgânica, provocada por microrganismos de origem animal ou vegetal. Pode traduzir-se por uma oxigenação, uma hidratação etc., podendo ser natural ou provocada.

Fermento (*Levure*)
O mesmo que "Crescente". Existe também o fermento em pó. ou em massa, que se adiciona à amassadura com o mesmo fim.

Ferventar (*Mijoter*)
Fazer cozer lentamente, com fogo muito brando, de forma a manter apenas uma ligeira ebulição.

Florões (*Fleuron*)
Losangos, triângulos, crescentes ou outra forma de massa folhada pintada com ovo, que se utiliza na decoração de pratos quentes.

Folhar (*Efeuiller*)
Fazer dobras numa massa muito fina, colocando entre cada dobra um pouco de manteiga e apertando com o rolo. Ao contato do calor, a massa cresce e a manteiga separa-a, tornando-se folhada.

Folhada, Massa (*Feuilletage*)
A massa que foi tratada pelo processo anterior, tornando-se muito leve e agradável.

Forrar (*Fourrer*)
O mesmo que "Encamisar", apenas com a diferença de que, no caso presente. será sempre utilizado um recheio (*carne ou peixe*).

Fressura
Conjunto de miudezas, dos animais de açougue. Traquéia, pulmões, coração e fígado.

Frigideira (*Sauteuse; Plat à Sauter*)
Recipiente de borda pouco elevada, onde se fritam ou salteiam os alimentos. O segundo termo francês indica mais uma caçarola de borda baixa, quase semelhante a um tacho, com cabo em vez de asas.

Frigir (*Poêler*)
Tratamento que se dá às peças grandes; espécie de entaladela, apenas com manteiga e sem molho, antes de as cozinhar definitivamente.

Fritar (*Frire*)
Cozinhar qualquer peça, por imersão em gordura fervente.

Fritura (*Friture*)
Designação dada a qualquer elemento frito. O mesmo que "fritada". Por vezes e por extensão, designa-se do mesmo modo a gordura que serve para fritar.

Fumado (*Fumé*)
Ver Defumado.

Fumete de Peixe (*Fumet de Poisson*)
Fundo à base de peixe, com água e vinho branco ou tinto.

Fundear (*Foncer*)
Cobrir o fundo de um recipiente com cebolas e cenouras picadas, elementos do ramo de cheiros, couratos e gordura, ou manteiga. Usa-se, também, para indicar o ato de cobrir o fundo da fôrma com massa ou geléia, conforme indicação.

Fundo (*Fonds*)
O caldo de cocção de um elemento, onde ele tenha deixado o seu essencial.

Fundo Branco (*Fonds Blanc*)
Carnes brancas, ossos e aparas das mesmas, cozidos em água com diversos legumes e aromáticos.

Fundo Escuro (*Fonds Brun*)
Como o anterior, com carne sanguínea, ossos e aparas.

Fundo de Caça (*Fonds de Gibier*)
Aparas, pedaços de menos valor, carcaças etc., cozinhados para obter um molho base.

Galantina (*Galantine*)
Recheio servido num invólucro (*geralmente uma ave desossada*) que se serve prensado e frio, acompanhado de gelatina preparada com o próprio fundo da cocção.

Gastrônomo (*Gastronome, Gourmet*)
Apreciador de iguarias bem preparadas. Que se interessa pela qualidade e não pela quantidade. Gastrônomo não é sinônimo de comilão.

Gelatina (*Gélatine*)
Preparado extraído de ossos, ou da bexiga natatória de certos peixes. Dissolve-se em água, caldo de peixe ou de carne, segundo a necessidade, para depois aplicar.

Gibelota (*Gibelotte*)
Espécie de guisado de coelho, feito com vinho branco.

Glace de Carne (*Glace de Viande*)
Extrato ou suco de carne, que se levou, por meio de cocção prolongada, ou de uma longa evaporação, à consistência da geléia. Demi-glace é a mesma preparação levada apenas à consistência de um xarope.

Glacear ou Glaçar (*Glacer*)
Operação que consiste em passar sobre uma peça, com um pincel, glace de carne. Usa-se o mesmo termo na pastelaria, indicando a maneira de cobrir certos doces com calda de açúcar, elevada a certo grau de viscosidade. Muito usado em culinária, no sentido de "Alourar no Forno".

Glucose
Espécie de açúcar que se encontra nas frutas e em certos sacos vegetais.

Glúten (*Gluten*)
Substância que se encontra em grande quantidade na farinha de trigo, constituindo a parte nutritiva daquele cereal.

Golpear (*Ciseler*)
Praticar incisões pouco profundas num peixe ou numa carne, para que mais facilmente se embebam de manteiga ou do próprio suco, facilitando, ao mesmo tempo, a cocção.

Grangeia ou Confeitos (*Dragée, Confetti*)
Conjunto de grânulos de açúcar diversamente corados, que servem para decorar certos bolos.

Gratinar (*Gratiner*)
Passar no forno ou à salamandra, num prato polvilhado de miolo de pão ou queijo ralado, para fazer tomar uma cor dourada.

Granadinos (*Grenadins*)
Fatias, geralmente de vitela, com 2 cm de espessura por 6 a 7 cm de largura, que se picam com tiras de toucinho antes de cozinhar.

Gruau
Espécie de papa de trigo, aveia ou cevada, apenas temperada com sal.

Guisado (*Ragoût*)
Prato ou iguaria, cujo tempero principal é o refogado (*ragoût*).

Incisar (*Inciser, Ciseler*)
O mesmo que "Golpear".

Incrustar (*Contiser*)
Dar pequenos golpes na peça (*peixe, carne, aves etc.*), para neles introduzir trufas, presunto, língua, ou outro qualquer ingrediente.

Isco (*Levure*)
O mesmo que "Crescente".

Jardineira (*Jardinière*)
Legumes diversos, cortados em tirinhas com 3 a 5 cm de comprimento e 1 a 3 mm de espessura.

Juliana (*Julienne*)
Forma de cortar os legumes, muito fino, tipo couve do Caldo Verde.

Juliana Curta
Corte em Juliana, mas em pedaços curtos.

Lâminas (*Lâmes*)
Fatias finas, ou rodelas delgadas, que se empregam em enfeites e guarnições.

Lardear (*Larder*)
Introduzir, por meio de uma agulha especial (*lardeadeira*), tiras de toucinho (*só toucinho*) numa peça de carne, atravessando-a de lado a lado ou profundamente. Este processo é diferente de "Picar" ou "Incisar". (*Ver* "Picar", "Incisar").

Lardões (*Lardons*)
Tirinhas de toucinho, estreitas e compridas, que se empregam para lardear ou para picar.

Levantar (*Monter*)
Misturar azeite, manteiga, natas etc., a um molho, batendo-o fortemente para o tornar leve pela adição de moléculas de ar. Bater fortemente natas ou claras, para lhes aumentar o volume pelo mesmo processo.

Ligar (*Lier*)
Tornar mais grosso e homogêneo, pela adição de elementos que, como, por exemplo, as gemas de ovos e as natas, adquirem sob a ação do calor consistência mais ou menos densa.

Lustrar (*Lustrer*)
Cobrir uma peça com geléia ou glace de carne gelatinada, para lhe dar brilho.

Macedônia (*Macédoine*)
Legumes ou frutas de diversas qualidades, cortados em cubos e misturados.

Macerar (*Macérer*)
Deixar repousar depois de temperado. Emprega-se, sobretudo, para frutas, colocadas em vinho ou licores.

Macio ou Poroso (*Moelleuse*)
Diz-se dos molhos que, depois de levantados, se apresentam leves e aveludados. Igualmente se diz de certas massas que, depois de submetidas a uma amassadura prolongada e hábil, se apresentam muito macias.

Maionese (*Mayonnaise*)
Incorporação de azeite com gema de ovo, de modo a fazer um molho. Pratos frios, com base em saladas, que são ligados com esse mesmo molho.

Marinada (*Marinade*)
Preparação composta de vinho, vinagre, sal, azeite e às vezes outras substâncias ainda, na

qual se mergulham, carnes, peixes etc., durante um espaço de tempo maior ou menor, para os aromatizar ou tornar mais tenros.

Marinar (*Mariner*)
Mergulhar numa "Marinada".

Massa de Fartos
Significa a massa usada para os "Fartos". (Veja em Massas).

Massas (*Patês*)
Mistura de fécula ou farinha, com um elemento líquido, de modo a formar uma pasta mais ou menos consistente, consoante o fim a que se destina.

Matalota (*Matelote*)
Preparação culinária, composta de peixes, de vinho (*algumas vezes tinto*), cebola e outros condimentos. que difere da "Caldeirada" pela quase ausência de caldo.

Matignon
Cenouras, cebolas, presunto, aipo, tomilho e louro, cortados finamente, à Aldeã, estufados em manteiga. Desengrossar com vinho da Madeira.

Mirepoix
Redução de ervas aromáticas, toucinho, cebolas e cenouras em dados, pimenta em grão.

Míscaro
Tipo de champignon silvestre que os italianos designam por "Funghi".

Mitra (*Mitre d'Evêque*)
Uropígio das aves, o qual, como pela sua forma lembra uma mitra, justifica o nome.

Molejas (*Ris*)
Chamam-se molejas umas massas glandulares que se encontram nas vitelas novas, na parte anterior do peito, junto à traqueia. De tamanho muito variável, são um manjar muito apreciado. Por vezes, cozinha-se o pâncreas, com o nome de Falsas Molejas, mas este, apesar de semelhante na aparência, é de menor valor culinário.

Molhar (*Mouiller*)
Juntar, durante a cocção, um líquido ou fundo, apropriado às substâncias em preparação, com vista a aumentar o molho.

Molhear (*Saucer*)
Lançar molho ao redor de uma iguaria cozinhada, no momento de empratar.

Mortificar (*Mortifier*)
Suspender, durante algum tempo, carne, aves ou caça, para lhes dar tempo de se tornarem tenras. Quando não há possibilidade de tal, usa-se o processo de mortificar batendo bastante, utilizado para os bifes, polvo etc.

Musse (*Mousse*)
Nome adotado para designar certas preparações de consistência ligeira que nos dão a idéia de um creme espumoso. Fazem-se com elementos leves, tais como miolos, molejas, picados de carne ou de peixe etc. Servem-se frias ou quentes. Também se aplica a certos doces e gelados.

Ninhos (*Nids*)
Designação dada a formas de batata palha que se enchem com outras preparações.

Panada (*Panade*)
Mistura de pão, água ou leite e, por vezes, manteiga, que tem muitas aplicações na cozinha, sobretudo em recheios. Nome de uma sopa de pão, água e manteiga que, depois de fervida, se assemelha à açorda ou às migas.

Panar (*Paner*)
Rolar os elementos em pão ralado antes de cozinhar.

Panar à Inglesa (*Pané Anglaise*)
Mergulhar o elemento em azeite, sal e ovos batidos, antes de passar pelo pão ralado (*fresco ou torrado*) para fritar.

Panar com Manteiga (*Paner au Beurre*)
Panar com miolo de pão fresco, ralado, depois de previamente mergulhada a peça em manteiga clarificada.

Peça (*Pièce*)
Designa-se por peça cada uma das unidades trabalhadas. Pode ser uma posta, um filé mignon ou uma sela de cordeiro.

Pedaços (*Tronçons*)
Diz-se "cortado em pedaços", quando se corta um peixe para caldeirada em cubos de 3 a 5 cm de comprimento.

Peixeira (*Poissonière*)
Recipiente próprio para cozer peixes inteiros. Comprimido e dotado de um fundo móvel, toma em francês, quando adaptado à forma do pregado, o nome de "Turbotière".

Peneira (*Tamis*)
Utensílio utilizado na cozinha para passar sopas e purês. É formado por um aro de madeira, suportando uma rede.

Picar (*Emincer, Hacher*)
Cortar carne, aves, trufas, presunto ou outro elemento, em juliana muito fina.

Picar (*Piquer*)
Guarnecer superficialmente uma carne ou ave, com tiras estreitas de toucinho, presunto, língua, trufas. Não confundir com "Lardear". (*Ver* LARDEAR).

Pie-Dish
Utensílio de barro vulgarmente designado por CANOA.

Pimento (*Piments*)
O mesmo que pimentão.

Pisar
Trabalhar no almofariz, pisando com o maço.

Polme
Nome dado à massa usada para fritar ou envolver peças.

Polvilhar (*Saupoudrer*)
Cobrir regularmente, atirando de uma certa altura, com sal, farinha, açúcar etc.

Posta (*Darne*)
Fatia de peixe, cortada a atravessar.

Preparo (*Ingredient*)
Usado por vezes com o sentido de indicar um aparelho, é, no entanto, mais significativo, se utilizado para indicar cada um dos ingredientes por si só.

Puxar (*Revenir*)
Saltear vivamente, em manteiga, uma carne ou um legume, para lhe dar cor antes de molhar.

Quilha (*Bréchet*)
Saliência do osso externo das aves, na extremidade do qual se encontra o apêndice cartilaginoso denominado espinhela.

Ramo de cheiros (*Bouquet Garni*)
Plantas aromáticas, atadas em conjunto. Geralmente usa-se salsa, tomilho, aipo, louro e coentros. Deve ser retirado sempre, antes de servida a peça ou o molho em que foi utilizado.

Real (*Royal*)
Também chamado Pudim Real, é uma mistura de ovos, batidos com consomê, cozidos em banho-maria e cortados depois de frios, para guarnição de sopas ou consomês.

Rechear (*Farcir*)
Encher o interior de uma ave, peixe, pastel etc., com recheio, arroz, picado etc.

Recheio (*Farce*)
Preparação culinária consistente, geralmente constituída por amalgamados de carne ou peixe, picados, com miolo de pão, ou farinha, leite, ovos etc. Destinam-se a encher peças (*aves, peixes*) que vão ser cozinhadas, ou a preparar croquetes, pastelões, dartois etc.

Redanho (*Crèpine*)
Dobra do peritoneu do carneiro e do porco. Esta membrana serve nos talhos para envolver certas partes do corpo do animal; é também empregada como envoltura, para certas preparações culinárias.

Reduzir (*Réduire*)
Fazer ferver um molho, ou um fundo, para o tornar mais espesso.

Refogado (*Ragoût*)
Molho espesso, escuro e aromático, que se obtém frigindo cebola picada e salsa, em azeite, banha ou outra gordura, e que entra como base nos guisados. Também chamado "estrugido".

Refogar (*Ragouter*)
Fritar cebola e salsa em gordura, até alourar bastante, de forma a obter um molho escuro e aromático, dito "Refogado".

Reformar (*Renformer*)
O correto seria reenformar. Significa colocar de novo na forma.

Refrescar (*Refraîchir*)
Deitar vinho, água ou outro líquido num assado, de forma a repor o que tenha desaparecido por evaporação. Ato de passar os legumes, depois de cozidos, por água fria.

Regar (*Arroser*)
Remover a gordura que se encontra no recipiente, sob os assados, lançando-a por sobre estes, para os manter com bonita cor e não muito secos. Lançar o fundo da cocção por sobre uma peça que se vai servir.

Reinetas
Variedade de maçã.

Rissoles (*Rissoles*)
Rodelas de massa contendo um recheio de carne, peixe ou legumes, panadas e fritas.

Rissolar (*Rissoler*)
Fritar demoradamente, de modo que a superfície fique bem tostada e com uma crosta fina e quebradiça (*croustillante*).

Rolinhos (*Paupiettes*)
Escalopes ou filetes, recheados e enrolados.

Ru, ou Embamata (*Roux*)
(*Ver* EMBAMATA).

Salamandra (*Salamandre*)
Aparelho a gás em forma de grade que substitui o forno para gratinar ou glacear certos pratos.

Salmis
Espécie de guisado, feito com peças de caça ou de aves domésticas, previamente assadas no espeto ou no forno.

Salmoura (*Saumure*)
Preparação líquida ou seca que tem por base o sal e o salitre (*água, quando líquida*). Usa-se para salgar as línguas, presuntos, ou outras peças, dando-lhes aquela cor rosada, denominada "Afiambrada".

Salpicão (*Salpicon*)
Mistura de diversas substâncias, ou uma só, cortada em pequenos pedaços e ligada, ou não, com um molho. Nome de uma espécie de enchido, preparado com picado de carne bastante condimentado.

Saltear (*Sauter*)
Cocção em manteiga, a fogo vivo, de carnes, legumes etc., cortados em pedaços pequenos, fazendo-os saltar por pequenas sacudidelas.

Sanduíche (*Sandwich*)
Iguaria de origem inglesa, constando de duas fatias de pão, encerrando outras de queijo, carne etc.

Sangrar (*Sangler*)
Meter carne ou peixe dentro de água, para que se torne branco. Colocar num recipiente rodeado de gelo e sal. (*Caso das bombas, por exemplo*). Retirar a água do descongelamento, à sorveteira.

Sangue, em (*Saignant*)
Diz-se de um bife, ou peça de carne, incompletamente cozinhados que sob a pressão do garfo exsudam sangue.

Santola (*Crabe*)
Tipo de marisco semelhante ao siri, mas de tamanho grande. Pode pesar de 0,800 a 1,5 kg.

Sarapatel, ou Sarrabulho
Espécie de guisado, feito com sangue de porco.

Sersifim
O mesmo que BELDROEGA.

Sertã (*Sauteuse*)
O mesmo que "Frigideira".

Seco (*Sec*)
Diz-se do vinho que, em virtude do desdobramento do açúcar da uva (*glucose*) em álcool, perdeu a doçura natural. O vinho doce e o abafado obtêm-se adicionando aguardente ao mosto, evitando (*abafando*) o desdobramento da glucose.

Soco ou Suporte (*Socle*)
Base sobre a qual se procede ao empratamento de certos pratos. É feito geralmente de pão, arroz, sêmola ou purê de batata, podendo também utilizar-se, para os pratos frios, socos de madeira recobertos com papel de estanho.

Soluto (*Solution*)
Resultado de dissolução, ou seja, assimilação por um corpo líquido, de um outro sólido, passando tudo ao estado líquido.

Sonhos (*Beignets*)
Aparelho ou elemento envolto em massa de fritos. Servem-se geralmente com um molho.

Suar (*Suer*)
Cozinhar numa caçarola contendo um corpo gorduroso, hermeticamente tapado e em fogo brando.

Supremos (*Suprêmes*)
Peitos de aves. Filetes de peixe, com uma espessura maior que a vulgar. Rodelas de lagosta.

Suflé (*Soufflé*)
Preparação constituída por uma massa leve de farinha, em que se incorporam claras de ovo batidas. Sob a ação do calor, as moléculas de ar dilatam, entumescendo a massa por um curto período.

Tampão de Batata
Cobertura que se faz com massa ou purê de batata.

Tapioca
Substância amidácea, obtida da raiz da mandioca e com a qual se faz o popular "mingau" dos brasileiros.

Tarteletas (*Tartelette*)
Tipo de salgadinho ou doce, enformado em bases de massa.

Temperar (*Saisonner*)
Aplicar, segundo as necessidades, os temperos a um prato. Acentuar o paladar pela adição dos mesmos.

Tender (*Tourner*)
Dar a forma desejada às massas ou recheios, geralmente à mão.

Timbale
Utensílio metálico, vulgarmente chamado legumeira. Pastel de massa, mais ou menos fina, cozido geralmente em fôrma redonda, servindo a comportar qualquer preparação culinária.

Tornear (*Tourner*)
Dar aos legumes uma forma regular. Usa-se, para esse efeito, a faca ou uma colher especial. Diz-se também "Tirar à colher".

Tornedó (*Tournedo*)
Pedaço de lombo de vaca talhado com forma circular, de 2 1/2 a 2 cm de espessura e com 110 a 120 g de peso.

Torrar (*Torrefier*)
Submeter a calor forte, para secar e alourar completamente. Torram-se amêndoas, amendoins etc.

Tortulho
Semelhante ao míscaro (Veja Míscaro).

Trabalhar (*Travailler*)
Submeter qualquer mistura a movimentos rápidos, tendentes a conseguir homogeneidade dos mesmos. Diz-se trabalhar as massas, trabalhar os molhos, as manteigas etc.

Trufa (*Truffe*)
Tubérculos brancos ou negros, muito utilizados na cozinha, pelo seu valor aromático. Diz-se também "Túbera"; escolhi, no entanto, este termo, por mais generalizado.

Trufado (*Truffé*)
Recheado ou adicionado de trufas.

Ultimar, Terminar (*Finir*)
Retomar uma iguaria ou prato que se deixou momentaneamente de parte, para lhe dar os últimos toques necessários, antes de servir. Diz-se também de pratos que, sendo iniciados na cozinha, são acabados na sala.

Veação (*Venaison*)
Caça brava ou caça dos montes. Iguaria preparada com essa caça.

Velar (*Voiler*)
Rodear ou cobrir certas peças de pastelaria, ou gelados, com açúcar em "Ponto de Fio ou Cabelo".

Vésiga
Preparado obtido do nervo espinal do esturjão. Muito usado na cozinha russa e base principal dos Coulibiacs.

Vianda (*Viande*)
Qualquer carne que serve de alimento. O seu plural, Viandas, significa, por extensão, "Iguarias" (*Mets*).

Voltar/Voltados (*Tourner*)
Diz-se "voltar", o ato de alterar a posição da peça, para que cozinhe do outro lado.
Pode ser no forno, na frigideira ou no tabuleiro.

Este livro foi composto na
VIDA EDITORAÇÃO ELETRÔNICA
e-mail: juniacs@uol.com.br
e impresso nas oficinas da
EDITORA VOZES
Rua Frei Luís, 100 – Petrópolis, RJ
para a
THEX EDITORA LTDA.
em fevereiro de 2002

Qualquer livro desta Editora não encontrado nas livrarias pode ser pedido pelo reembolso postal, à THEX EDITORA E DISTRIBUIDORA LTDA.

Rua da Lapa, 180 – grupo 804/05
CEP 20021-180 – Rio de Janeiro, RJ
Tel.: (21) 2221-4458 – Fax: (21) 2252-9338
e-mail: thexedit@domain.com.br
home page: www.thexeditora.com.br